CONNAISSANCE DU VIEUX-PARIS

Jacques HILLAIRET

CONNAISSANCE DU VIEUX PARIS

METRO EDITIONS INTERNATIONALES
PARIS

PRODUCTION AGENCE INTERNATIONALE D'EDITION
JEAN F. GONTHIER
8, avenue Villardin 1009 PULLY (Suisse)

La présente édition a été établie en 1956 à partir des trois volumes parus aux Editions de Minuit, Paris, sous le titre général EVOCATION DU VIEUX PARIS.
Les modifications intervenues depuis cette date font l'objet d'une mise à jour permanente dans les éditions successives du DICTIONNAIRE HISTORIQUE DES RUES DE PARIS. du même auteur.

EDITIONS PRINCESSE, PARIS

PREFACE

Depuis quelque 30 ans que Jacques HILLAIRET a réuni dans ces pages tant d'indications sur le Vieux Paris, ce volume ne cesse d'être conseillé par les amoreux de Paris et réclamé par ceux qui ne le possédaient pas encore. Les hasards de l'édition l'ont laissé manquant quelques années.

Le revoici aujourd'hui tel quel, tel qu'il sut s'imposer auprès de nombreux amateurs et devenir le compagnon privilégié des bibliothèques, comme du promeneur attentif. D'aucuns regretteront que cette édition ne tienne pas compte du passage de certains bulldozers et ne comporte pas de mise à jour depuis 1956, mais n'oublions pas qu'il s'agit d'une „Connaissance du Vieux Paris" et qu'il faut, pour ceux-là, se reporter à l'imposant „Dictionnaire Historique des Rues de Paris"*, d'où sont tirés les renseignements, et qui, lui, est sans cesse remis à jour. L'histoire se fait chaque jour, et le „Vieux Paris" se défait un peu chaque jour.

Ici donc, point de Beaubourg, point de building, point de verre et d'acier, il faudra pour cela que ces nouveaux éléments résistent quelques siècles pour appartenir au Vieux Paris des années 3 000. Mais l'on apprendra que Garanella (petite Garenne) devint Guarnelles, Garnelles et Grenelle et que ce fut peut-être là que s'affrontèrent, en 52 avant J.C., les Gaulois de Camulogène et les légions romaines de Labienus. Ou que la rue Mouffetard, ancienne voie romaine, menant à l'Italie via Fontainebleau et Lyon, doit son nom au mot „moffettes" appliqué à l'odeur des exhalaisons putrides de la Bièvre. On saura aussi que le quartier de Gros Caillou (angle rue Saint-Dominique-rue Cler) indiquait les limites de l'abbaye de Saint-Germain des Prés et de l'abbaye Sainte-Geneviève. Ce rocher fut démoli en 1738, mais le nom de „Gros Coillou" continua toutefois à subsister, ayant été pris comme enseigne par une maison de prostitution bien achalandée. On remarquera encore que l'avenue Franklin-Roosevelt (entre le cours la Reine et le Rond-Point) fut longtemps aussi mal fréquentée que sa voisine, l'allée des Veuves (avenue Montaigne); elle fut, comme elle, un repaire de bandits. Sous Charles X, au n° 1, le bal d'Isis, et son voisin le bal des Nègres, ne devaient pas améliorer sa réputation. Et saviez-vous que la place Valois est l'ancienne cour des cuisines du Palais-Royal, nom qu'elle porta, du reste, au XVIII-e siècle? Mais, sans doute, l'aviez-vous oublié . . .

Alors pour qu'il n'en soit pas ainsi d'autres anectotes ou de détails plus connus, plongez-vous vite dans ce recueil qui fourmille autant de curiosités que renseignements sur l'architecture et la vie du Paris de jadis. Bonne promenade!

* Le présent ouvrage est tiré de l'édition de 1956 du Dictionnaire Historique des Rues de Paris — Editions de Minuit —

[illegible]

[illegible] et de Paris [illegible] à [illegible] les produits [illegible] Françaises [illegible]

[illegible]

rive droite

1 GÉNÉRALITÉS

Le Vieux Paris : ses enceintes / Ses quartiers, ses rues, les noms, l'éclairage, l'alimentation en eau, la circulation / Ses maisons, les enseignes, le numérotage.

L'ENCEINTE GALLO-ROMAINE / Lorsque Lutèce n'était, avant l'invasion romaine, qu'un petit îlot, elle n'avait comme défense que la Seine : « La grève de cette île fut sa première enceinte, et la Seine son premier fossé », a écrit Victor Hugo.
Pendant l'occupation romaine, Lutèce s'étendit sur la rive gauche, sur les pentes de la montagne Sainte-Geneviève, la rive droite étant inhabitable du fait de ses vastes marais. Mais vers l'an 285, pour fuir les invasions des Barbares, les habitants de la rive gauche durent abandonner celle-ci et se réfugier dans l'île dont ils coupèrent les ponts. De plus, ils doublèrent, dans l'intérieur de l'île, le fossé naturel que constituait la Seine d'un rempart de pierres ; n'ayant pas le temps de tailler celles-ci, ils prirent les pierres équarries là où elles se trouvaient, à savoir dans les monuments publics, aux Arènes par exemple. Des traces de ce premier rempart de Paris, retrouvées en grande partie sous Napoléon III, sont indiquées sur la chaussée de la rue de la Colombe par deux raies de pavés.

L'ENCEINTE DE PHILIPPE-AUGUSTE / Philippe-Auguste, partant pour la troisième croisade, décida, avant son départ, de mettre Paris et ses 190.000 habitants à l'abri des invasions et des coups de force de l'ennemi. D'où la construction de cette célèbre enceinte, commencée en 1190 sur la rive droite, continuée vers 1200 sur la rive gauche, terminée en 1213, dont il nous reste tant de vestiges.
L'enceinte de Philippe-Auguste fut utilisée pendant un siècle et demi environ. Lorsqu'elle fut remplacée par celle de Charles V, elle ne fut pas démolie (sauf ses portes qui, gênant la circulation, le furent sous François Ier), mais abandonnée, ce qui explique le grand nombre de ses vestiges.
Cette enceinte avait englobé très largement le Paris d'alors, y incorporant des terrains encore inhabités, des prés, des vignobles et des enclos.
Pendant ces 150 ans ces terrains inhabités se peuplèrent tandis que d'importantes agglomérations se développèrent hors les murs, tels les quartiers de Saint-Pol-des-Champs, du prieuré de Sainte-Catherine-du-Val-des-Ecoliers, de l'enclos des Templiers, du prieuré de Saint-Martin-des-Champs, de la collégiale Saint-Honoré et du château du Louvre.

L'ENCEINTE DE CHARLES V / En 1356, le roi, Jean le Bon, fut fait prisonnier après la désastreuse bataille de Poitiers. Le prévôt des marchands, Etienne Marcel, qui, en fait, s'était emparé du pouvoir, fit restaurer le vieux rempart de Philippe-Auguste pour mettre Paris à l'abri des Anglais, puis entreprit la construction d'une nouvelle enceinte qui, continuée sous Charles V par le prévôt de Paris, Hugues Aubriot, fut terminée, en 1383, sous Charles VI. Paris comptait alors 280.000 habitants.
Paris s'étant surtout étendu sur la rive droite, le tracé de l'enceinte de Charles V différa sur cette rive sensiblement de celui de l'enceinte de Philippe-Auguste, alors que sur la rive gauche il restait le même.
Cette enceinte comporta sept portes sur la rive droite : la *porte Saint-Antoine* (rue de la Bastille, à mi-distance, entre les rues Beausire et des Tournelles), la *porte du Temple* (intersection des rues du Temple et Meslay), la *porte Saint-Martin* (intersection des rues Saint-Martin et Blondel), la *porte Saint-Denis* (intersection des rues Saint-Denis et Blondel), la *porte Montmartre* (nº 71, rue Montmartre), la *porte Saint-Honoré* (place du Théâtre-Français), et plus tard, en 1537, en bordure de la Seine, la *Porte-Neuve* (guichets du Carrousel). Sur la rive gauche, les portes restèrent les mêmes que celles de l'enceinte de Philippe-Auguste, à savoir : les *portes de Buci* (rue Saint-André-des-Arts, entre les débouchés actuels du passage du Commerce-Saint-André et de la rue Mazet), *Saint-Germain* (intersection de la rue de l'Ecole-de-Médecine et du boulevard Saint-Germain), *Gibard* ou *Saint-Michel* (carrefour de la rue Monsieur-le-Prince et du boulevard Saint-Michel), *Saint-Jacques* (nº 172, rue Saint-Jacques), *Bordelles* ou *Saint-Marcel* (nºs 47-50, rue Descartes).

L'ENCEINTE DE LOUIS XIII / Continuant un projet de François Ier, repris par Henri II et par Charles IX, Louis XIII étendit vers l'ouest la partie nord-ouest de l'enceinte de Charles V de façon à englober dans Paris les Tuileries et les quartiers Saint-Honoré et Gaillon.
Des portes monumentales furent ouvertes sur cette nouvelle enceinte, à savoir : les *portes de la Conférence* (sud de l'Orangerie du jardin des Tuileries), *Saint-Honoré* (angle des rues Royale et Saint-Honoré), *Gaillon* (angle des rues du 4-Septembre et de La Michodière), *Richelieu* (angle des rues de Richelieu et de la Bourse), et *Montmartre* (angle des rues Montmartre et des Jeûneurs).
L'enceinte de Louis XIII, construite de 1633 à 1636, subsista jusqu'en 1754, tandis qu'ailleurs le rempart de Charles V était détruit et remplacé, de 1670 à 1705, époque où Paris comptait 500.000 habitants, par des « cours » qui sont devenus nos grands boulevards et qu'ornent nos portes Saint-Martin et Saint-Denis, arcs de triomphe à la gloire de Louis XIV, élevés à une centaine de mètres au nord des anciennes portes fortifiées.

LES QUARTIERS DU VIEUX PARIS / Dès ses débuts, Paris fut divisé en trois parties : le quartier *Outre-Petit-Pont*, c'est-à-dire la rive gauche, le quartier de la *Cité*, et le quartier *Outre-Grand-Pont* ou rive droite; ces appellations furent remplacées plus tard par celles de l'*Université*, de la *Cité* et de la *Ville* qui durèrent jusqu'à la Révolution.

Avant Philippe-Auguste, Paris comprenait quatre quartiers, son enceinte en engloba huit. Avec l'enceinte de Charles V, Paris s'agrandit sur la rive droite où huit nouveaux quartiers s'ajoutèrent aux précédents; d'où seize quartiers.

Sous Louis XIV, Paris s'agrandit encore et comporta, à partir de 1702, vingt quartiers dont les numéros sont, à certains endroits, encore lisibles en dessous des inscriptions des noms des rues gravées dans la pierre.

Comme densité de population, la rive gauche a compté plus d'habitants que la rive droite pendant l'occupation romaine; les deux rives furent à égalité au temps de Charles VII, puis la rive droite l'emporta avec le défrichement des marais, la création du palais du Louvre et, plus tard, celle du château des Tuileries.

LES RUES DU VIEUX PARIS / Jusqu'à Louis XVI le tracé des rues de Paris a épousé celui d'anciens sentiers ou d'anciens chemins, même s'il était sinueux. Ce ne fut qu'à cette époque qu'on ouvrit des rues de toutes pièces en les perçant au travers des biens-fonds.

Le premier pavage fut entrepris sous Philippe-Auguste qui avait eu à se plaindre de l'odeur pestilentielle exhalée par la boue des rues au passage des charrois. Il fut alors limité aux voies les plus fréquentées : Saint-Jacques, Saint-Martin, Saint-Honoré et Saint-Antoine, qui formaient ce qu'on appelait la « croisée de Paris » et aussi aux deux ponts d'alors, le Pont-au-Change et le Petit-Pont.

Pendant quatre siècles et jusque sous Louis XIII, les rues, fort étroites, ne permirent guère la circulation des voitures; le cheval, la mule et la haquenée furent les moyens de locomotion de qui n'allait pas à pied. Ces rues, sombres, boueuses, avaient un caniveau unique placé en leur milieu. Pas de trottoirs, des bornes latérales servaient de protection aux piétons. Ce ne fut qu'en 1805 que les trottoirs remplacèrent ces bornes et que le caniveau axial fut supprimé.

Les noms des rues n'ont pas été inscrits sur les murs avant 1729. Ces noms résultaient d'une habitude provenant :

— d'un lieu traversé (rue du Bourg-l'Abbé, du Clos-Bruneau...),
— d'un notable (rue Simon-le-Franc, Aubry-le-Boucher...),
— d'un édifice (rue Saint-Germain-l'Auxerrois, rue du Temple...),

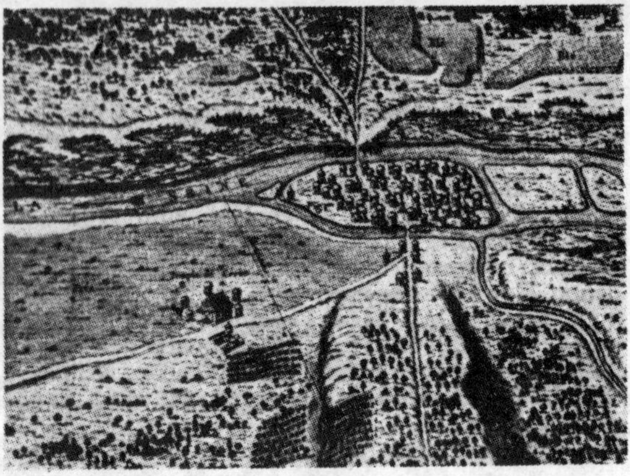

Paris tel qu'il était à son origine

Paris vers 1570

— d'un ensemble de métiers (rue de la Ferronnerie, de la Verrerie...),
— d'une particularité (rue de l'Abreuvoir, de l'Egout...),
— et, surtout, d'une enseigne (rue de l'Arbre-Sec, rue de la Huchette...).

Ces noms n'étant pas affichés, il fallait souvent marcher longtemps avant de trouver la rue que l'on cherchait. On cite un greffier de Schaffhouse qui, en 1663, erra ainsi pendant trois heures dans le voisinage de la rue où il se rendait.
En 1729, le nom des rues fut gravé sur une pierre dure incorporée dans la façade de la première et de la dernière maison de chacune d'elles, avec, au-dessous, le numéro du quartier. De nos jours, un grand nombre de ces inscriptions subsiste.

L'ÉCLAIRAGE / Sous Philippe-le-Bel, Paris ne possédait, la nuit venue, que trois lumières : une sous la voûte du Grand-Châtelet, une à la tour de Nesle et une au cimetière des Innocents.
Diverses ordonnances, parues sous les règnes de Louis XII, François Ier et Henri II, prescrivirent la pose de chandelles à une des fenêtres de chaque maison. Ces prescriptions restèrent sans effet, aussi le guet ramassait-il chaque nuit les corps d'une quinzaine de personnes assassinées dans les rues.
En 1662, l'abbé Caraffe fit adopter un éclairage « mobile «. On trouvait à certains carrefours des porteurs qui vous accompagnaient en vous éclairant, soit à l'aide de flambeaux de cire moyennant cinq sols la tranche de cire consumée (le flambeau était divisé en dix tranches), soit à l'aide de lanterne à huile; ces derniers porteurs, munis d'un sablier, prenaient trois sols par quart d'heure d'éclairage [1]. Dans les deux cas on était conduit jusqu'à la porte de son appartement, même s'il était situé au sixième étage.
L'évolution de l'éclairage passa ensuite par des phases diverses : en 1667, ce sont des lanternes garnies d'une chandelle que l'on posait sur des fenêtres; vers 1700, on les suspendit aux façades à l'aide d'une corde et d'une poulie. En 1745, Bourgeois de Châteaublanc inventa la lanterne à réverbère pourvue d'un réflecteur et où l'huile remplaça la chandelle; le lieutenant de police, M. de Sartine, fit expérimenter cet éclairage dans une des plus belles rues du Paris d'alors, la rue Dauphine. Puis, vers 1769, ces lanternes furent hissées au milieu des rues à 5 mètres de haut, à 60 mètres de distance les unes des autres. Un contemporain écrivit : « De loin, cette flamme brûle les yeux, de près elle donne peu de lumière, dessous vous êtes dans l'obscurité. »
En 1791, Lebon inventa le gaz d'éclairage, mais ce ne fut seulement qu'en 1829 qu'eut lieu le premier éclairage au gaz d'une voie publique de Paris.

1. Cette mesure fut étendue, en 1769, à des porteurs de parapluie.

L'ALIMENTATION EN EAU / La première eau utilisée à Paris fut, naturellement, celle de la Seine dont le général Julien a écrit, en 358, qu'elle était « très pure et très riante à la vue ». Il fit toutefois construire un aqueduc conduisant les eaux de Rungis dans des thermes situés à l'emplacement du Collège de France; cet aqueduc franchissait la vallée de la Bièvre à Arcueil.

Sous Philippe-Auguste, on capta les eaux du Pré-Saint-Gervais (Romainville) et des hauteurs de Belleville que deux aqueducs conduisirent dans de grands réservoirs alimentant deux communautés religieuses et quelques fontaines publiques dont les trois premières furent celles des Halles, du cimetière des Saints-Innocents et la fontaine Maubuée. Il y avait sous le règne de Louis XII 16 fontaines à Paris, toutes sur la rive droite; les habitants de la rive gauche n'avaient que des puits et que la Seine, dont l'eau était alors loin d'avoir la pureté qu'elle avait eue au temps du général Julien (déjà en 1351, sous Jean le Bon, une ordonnance avait interdit aux Parisiens de balayer les rues en temps de pluie afin de ne pas souiller davantage l'eau de la rivière).

En 1605, Henri IV compléta la distribution d'eau en utilisant l'eau de la Seine à l'aide d'une pompe, dite de la Samaritaine, installée sur le Pont-Neuf. Cette pompe fut doublée, en 1673, par celle du pont Notre-Dame. Marie de Médicis, ayant eu besoin d'eau pour son palais et ses jardins du Luxembourg, fit construire, de 1613 à 1624, à l'emplacement du vieil aqueduc romain d'Arcueil, un nouvel aqueduc dont l'eau arriva dans un grand réservoir situé à l'actuel n° 71 de la rue Denfert-Rochereau où il sert de dortoir à une communauté. La première pierre du nouvel aqueduc fut posée par Louis XIII, le 17 juin 1613, après une fastueuse cérémonie. Dix-huit pouces d'eau furent livrés au roi et douze à la ville qui les répartit entre 14 fontaines installées sur la rive gauche (rue du Pot-de-Fer, Censier, de la Montagne-Saint-Geneviève, etc.) et 2 sur la rive droite.

Le débit de toutes ces fontaines était assez mince, car des princes du sang, des grands personnages, des collèges, des communautés religieuses, obtenaient souvent d'avoir une dérivation particulière sur les conduites, dérivation dont l'unité de grosseur était celle d'un petit pois.

Finalement, les Parisiens ne disposaient à la Révolution que d'un litre d'eau environ par personne et par jour; il n'y en avait donc pas pour arroser la chaussée, laver le ruisseau et déblayer les égouts. Bonaparte, ayant un jour demandé au préfet Chaptal ce qu'il pourrait faire pour être agréable aux Parisiens, Chaptal lui répondit : « Donnez-leur de l'eau ». D'où la construction, en 1808, du canal de l'Ourcq, ce qui améliora très nettement la situation.

LA CIRCULATION / Nous avons vu que le cheval et le mulet furent pendant longtemps le seul moyen de transport de qui n'allait pas à pied. L'homme portait sa femme en croupe, deux bourgeois chevauchaient la même mule, la noble dame montait sa haquenée. A bien des seuils de porte il y avait des montoirs, appelés « pas-de-la-mule », pour aider à la mise en selle des dames et des cavaliers.

L'apparition des carrosses fut une véritable révolution, comparable à celle qui résulta de l'apparition des automobiles. Ils épouvantaient les piétons et, pourtant, en 1550, il n'y en avait que trois dans Paris : celui de Catherine de Médicis, celui de Diane de France et celui de Jean de Laval, seigneur tellement obèse qu'aucune bête ne pouvait le porter.

En 1563, le parlement supplia Charles IX de les interdire, aussi n'y en avait-il que huit en 1594. Ces carrosses — tel celui dans lequel Henri IV fut assassiné (il y était avec sept autres personnes) — étaient de lourdes caisses suspendues au châssis par des cordes et des courroies, surmontées d'un toit que portaient six à huit colonnes, auquel pendaient des rideaux de cuir. En 1614, le parlement limita le nombre de carrosses à un par ménage. La chaise à bras est de 1620, le fiacre, de 1640, le premier omnibus, de 1662, la « vinaigrette », chaise à porteur montée sur deux roues, de 1669. Sous Louis XV apparurent les cabriolets, voitures légères à un cheval, dont la rapidité remplit les Parisiens d'épouvante et fit dire au roi que s'il était lieutenant de police il les supprimerait.

LES MAISONS DU VIEUX PARIS / Les maisons de Paris avaient au Moyen Age, un rez-de-chaussée en pierre de taille, que surmontaient des poutres de bois sur lesquelles prenait appui une charpente de poteaux de bois, verticaux et obliques, dite à colombage, dont les interstices étaient remplis par des moellons recouverts de ce plâtre de Paris qui donnait à la ville une blancheur que, depuis longtemps, elle ne connaît plus.

Au XVe siècle, les maisons avaient deux, trois, quatre étages qui étaient, en général, en saillie les uns sur les autres. Toutes avaient « pignon sur rue », c'est-à-dire qu'elles présentaient sur la rue leur petit côté. Cela donnait aux files des toitures une allure en dents de scie d'autant plus pittoresque que certains de ces pignons, enjolivés, coiffaient l'immeuble d'un auvent que supportaient des consoles de bois sculptées. Le tout offrait une grande diversité. Le Paris actuel compte encore une trentaine de ces vieilles maisons à pignon.

A partir du XVIe siècle ces étages ne furent plus en saillie mais, au contraire, en retrait les uns sur les autres, ce qui donna aux façades cette inclinaison vers l'arrière qui surprend tant de nos jours. Beaucoup de ces maisons, et il en reste encore, faites pour une seule famille, n'avaient qu'une seule fenêtre par étage. Celui-ci ne comportait qu'une pièce donnant sur la rue et un petit cabinet noir derrière. Une maison à 4 étages formait un appartement de 4 pièces. Pas de gouttières avant 1764, date à laquelle M. de Sartine les imposa aux maisons neuves; jusqu'alors des gargouilles ou des toits débordants rejetaient l'eau au milieu de la chaussée.

LES ENSEIGNES / Jusqu'aux approches de la Révolution les enseignes ont été pour nos ancêtres ce que sont pour nous les numéros de nos maisons. Les premières apparurent vers l'an 1200 pour indiquer certaines habitations privées; c'étaient, soit des armoiries sculptées au-dessus du fronton des portes, soit des statues de plâtre ou de bois mises dans des niches creusées dans les façades.
Les enseignes des marchands furent de beaucoup postérieures. Les premières furent celles des hôtelleries et des auberges, car elles étaient nécessaires à l'étranger qui cherchait où aller pour se nourrir et se coucher. Elles étaient constituées par un simple bouchon de paille suspendu au-dessus de la porte (d'où l'appellation de « bouchon » appliquée encore de nos jours à certains cabarets). Rares au XIIIe siècle, les enseignes furent nombreuses au XIVe siècle, et générales à partir du XVe où chaque maison, chaque boutique, chaque échoppe eut la sienne [1]. Faites d'une plaque de tôle, peinte, découpée, ouvragée, suspendue à l'extrémité d'une longue potence de fer qui débordait largement les auvents, elles étaient, afin d'attirer davantage l'attention, d'une grandeur excessive : celle d'un arracheur de dents était une molaire de la taille d'un fauteuil, celle d'un marchand d'éperons, une molette grande comme une roue de carrosse, celle d'un parfumeur, un gant suspendu dont chaque doigt aurait pu contenir un enfant. Elles jetaient de l'ombre dans des rues déjà sombres; mal accrochées, agitées par le vent, elles étaient aussi bruyantes que dangereuses. Il faut arriver en 1752 pour que M. de Sartine réussisse à supprimer toutes les enseignes pendantes. Celles-ci furent, dès lors, remplacées par des tableaux, de format limité, appliqués au-dessus des façades des boutiques.
Malgré ses rues étroites, tortueuses, sombres et boueuses, malgré son manque d'eau et d'éclairage, malgré ses enseignes grinçantes et dangereuses, malgré la circulation difficile, Paris n'en était pas moins, dès la fin du Moyen Age, une très belle et très agréable ville ainsi que le rappelle cet acrostiche de Pierre Grosnet qui y vivait sous le règne de François Ier :

Paisible domaine,
Amoureux vergier,
Repos sans danger,
Justice certaine,
Science haltaine,
C'est Paris entier.

1. Gui Patin écrivait en 1653 : « Cet étudiant est logé rue de la Harpe chez un chapelier à la *Main Fleurie*, à la troisième chambre vis-à-vis de la *Gibecière*, bien près de l'*Arbalestre*. »

2 DE LA PLACE DE LA BASTILLE A L'ARSENAL

La porte Sainte-Antoine, la prison de la Bastille, la place de la Bastille, la Colonne / La rue Saint-Antoine : le Couvent des Filles de la Visitation Sainte-Marie, l'Hôtel de Mayenne et d'Ormesson / La rue du Petit-Musc : le Couvent des Célestins, l'Hôtel de Fieubet / L'Arsenal.

Point de départ : 5, rue Saint-Antoine

LA BASTILLE / Le célèbre château-fort qui a projeté pendant plus de quatre siècles son ombre sur un quartier de Paris répondait à un triple but militaire : renforcer, du côté est, l'enceinte de Charles V, défendre la porte Saint-Antoine, et protéger l'Hôtel Royal Saint-Pol, séjour de Charles V.
Sa première pierre fut posée, sous le règne de ce roi, le 22 avril 1370 ,par le prévôt de Paris Hugues Aubriot. A son achèvement, le « chastel Saint-Antoine » formait un rectangle allongé, d'environ 66 mètres sur 30, présentant, du nord au sud : côté campagne, les tours du *Coin*, de la *Chapelle*, du *Trésor* et de la *Comté* et, côté Paris, les tours du *Puits*, de la *Liberté*, de la *Bertaudière* et de la *Bazinière*. La forteresse était, ainsi que ces huit tours, haute d'environ 24 mètres; elle était entourée d'un fossé de 25 mètres de large et de 8 mètres de profondeur, confondu ici avec le fossé de l'enceinte de Charles V qui aboutissait, au sud, à la Seine; celle-ci l'alimentait (ce fossé, élargi, est devenu, depuis, le bassin de l'Arsenal).
On peut suivre actuellement le contour de la célèbre forteresse aux débouchés de la rue Saint-Antoine et du boulevard Henri IV où il est caractérisé par un pavage spécial que l'on retrouve également dans la station du métro (ligne n° 5). De plus, son plan est indiqué par une plaque de marbre apposée sur la façade du n° 3 de la place de la Bastille.
L'entrée de la Bastille était située rue Saint-Antoine, presque en face de la rue des Tournelles, à hauteur du n° 5 actuel (inscription). Elle ouvrait sur une allée nommée « cour de l'Avancée » (la rue Jacques-Cœur la suit à peu près), bordée, à gauche, par des boutiques adossées au mur dressé le long de la contrescarpe et, à droite, par la caserne des gardes, des écuries et des remises. Ces boutiques étaient louées à quelques commerçants, fournisseurs des prisonniers.

La Bastille à vol d'oiseau d'après un plan du 18e s.

Plan de la Bastille.

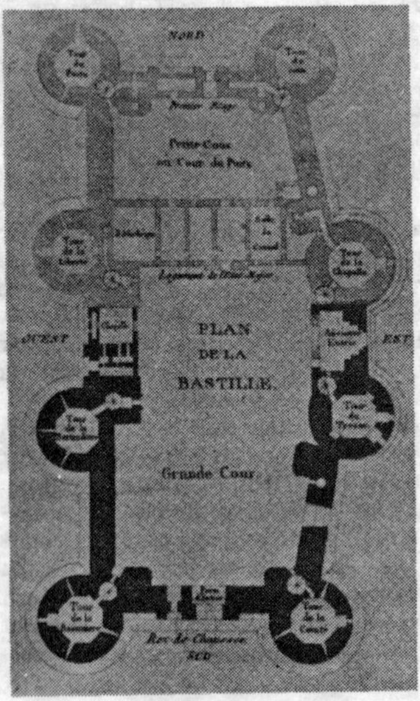

Le rôle militaire de la Bastille prit fin après le règne d'Henri IV, au cours duquel Sully l'utilisa pour abriter le trésor royal, et les vingt-cinq millions d'économies que Marie de Médicis dilapida rapidement. La Bastille ne devint prison que sous Richelieu. Ses tours avaient cinq étages et des caves en dessous. Chacun de ces étages fut aménagé en une prison, avec porte, barreaux, serrures, verrous; les prisons situées en haut des tours étaient les plus défavorisées, étant glaciales l'hiver et torrides l'été. Les caves devinrent des cachots; ils étaient situés à six mètres au-dessous du niveau de la cour, et, quoique à deux mètres au-dessus du fond des fossés, les rats, les crapauds et les araignées y pullulaient.

La Bastille ainsi transformée fut utilisée comme prison d'Etat, c'est-à-dire qu'on n'y était enfermé que par ordre du roi, à la suite d'une lettre de cachet. La plupart de ses prisonniers furent des personnes illustres; aussi l'a-t-on définie comme étant une prison de luxe, celle de la noblesse et de la pensée. Le nombre des prisonniers n'a d'ailleurs jamais été considérable; la moyenne annuelle fut de 40 sous Louis XIV, de 43 sous Louis XV et de 19 sous Louis XVI.

Citons parmi les plus célèbres d'entre eux : sous Louis XI, Louis de Luxembourg, connétable de Saint-Pol, le duc de Nemours, Jacques d'Armagnac, et l'évêque de Verdun, Guillaume de Haraucourt; le roi tint les deux derniers enfermés dans une cage de fer; sous Henri III, Bernard Palissy, incarcéré à la Bastille, en 1588, comme huguenot, à 78 ans, y mourut deux ans après; sous Louis XIII, Eléonore Galigaï, sœur de lait de Marie de Médicis et épouse de Concini, maréchal d'Ancre; sous Richelieu, le maréchal de Bassompierre; sous Louis XIV, Fouquet et Pélisson, puis le célèbre *Homme au masque de fer*.

Citons encore Voltaire, qui avait 23 ans lorsqu'il y fut enfermé pour la première fois, en 1717.

Puis, ce fut le célèbre Latude, fils naturel d'un chevalier de Saint-Louis. Il avait 23 ans et vivait à Paris d'expédients lorsqu'il envoya, en 1749, à la marquise de Pompadour, d'une façon anonyme, un paquet renfermant des produits aussi mystérieux qu'inoffensifs et, par le même courrier, une lettre où il l'informait qu'il avait entendu des personnes parler d'un paquet explosif qu'elles lui avaient expédié afin d'attenter à ses jours; cette lettre se terminait, naturellement, par son nom et par son adresse.

Récompensé d'abord, Latude fut arrêté ensuite et enfermé à la Bastille, le lieutenant de police n'ayant pas été dupé. Transféré au donjon de Vincennes, il s'en évada en 1750; repris, il fut réincarcéré à la Bastille d'où, en 1756, il s'échappa, avec un complice, à l'aide de la fameuse échelle de corde que l'on voit au musée Carnavalet. Repris trois mois après, il fut renvoyé à la Bastille, puis, en 1764, à Vincennes,

d'où il s'évada à nouveau en 1765. Encore repris, il fut ramené à Vincennes d'où on le transféra, en 1775, à Charenton. Libéré en 1777, il fut arrêté peu après pour escroquerie et enfermé à Bicêtre, d'où il fut définitivement libéré en 1784 après avoir passé 35 ans de sa vie dans différentes prisons. Il mourut en 1805, à 80 ans.
Citons comme autres prisonniers célèbres : Marmontel, Lally-Tollendal, le cardinal Louis de Rohan, Cagliostro, la comtesse de la Motte et le marquis de Sade; ce dernier fut libéré peu de temps avant le 14 juillet 1789.

D'une façon générale, les prisonniers étaient bien traités. Ils pouvaient se meubler eux-mêmes, avoir leur domestique, recevoir parfois des visites (le cardinal de Rohan y donna un dîner de 20 couverts), sortir parfois dans le jardin du gouverneur, nouer des idylles, etc. La Bastille coûtait très cher au roi du fait des dépenses nécessitées par le traitement du gouverneur (60.000 livres), l'entretien des officiers, médecins, chirurgiens, apothicaires, aumôniers, sage-femme (l'emploi de cette dernière n'était pas une sinécure), par la nourriture des prisonniers, plutôt copieuse (Latude se plaignit de ce que « les poulets étaient insuffisamment lardés »), leur linge, etc.
Aussi Necker, qui avait déjà fermé, en 1784, le donjon de Vincennes pour raison d'économies, songea à supprimer aussi la Bastille, et à créer à son emplacement une place publique. La démolition de la Bastille, après le 14 juillet 1789, fut donc une sérieuse économie pour le Trésor. Elle devint un but de promenade pour beaucoup, tels Beaumarchais, Mirabeau, les enfants de Philippe-Egalité..., Latude servait de guide ! 800 ouvriers à 45 sous par jour furent employés à cette démolition; au début d'octobre 1792 il ne restait de la Bastille qu'un mur de 0 m. 50 de haut. Nombre de ses pierres furent utilisées pour l'achèvement du pont de la Concorde, tandis que le citoyen Palloy faisait fabriquer, à l'aide de ces pierres, 83 maquettes de la prison qui furent envoyées en province, à raison d'une par département, « pour y perpétuer l'horreur du despotisme ».

LA PLACE DE LA BASTILLE / La place de la Bastille a été créée en 1803. Mais ce n'est que dans la seconde partie du XIXe siècle qu'elle a pris sa physionomie actuelle avec les percées de la rue de Lyon (1847), du boulevard Henri-IV (1866) et la construction de la gare de Vincennes (1859).

LA COLONNE / Une loi prescrivit, en 1830, d'ériger à Paris un monument en mémoire des personnes tuées au cours des *Trois Glorieuses*, c'est-à-dire au cours des combats des 27, 28 et 29 juillet 1830, qui mirent fin au règne de Charles X. Une ordonnance de 1831 précisa qu'une colonne symbolique serait, en

conséquence, édifiée place de la Bastille. Les travaux commencèrent en 1833; ils furent confiés à Alavoine, qui en était à son septième projet de fontaine-éléphant !
La Colonne prit la place de ce pachyderme sur le soubassement préparé pour lui et on aménagea dans ses fondements, à cheval sur le canal Saint-Martin, des caveaux funéraires destinés à abriter les ossements des 504 victimes des *Trois Glorieuses*. Le fût de la Colonne est creux, en bronze et en trois parties, symbole des trois journées de juillet. Il se termine par un chapiteau de bronze, fondu d'une seule pièce, surmonté d'un Génie représentant *la Liberté qui s'envole en brisant des fers et en semant la lumière*. Hauteur totale : 52 mètres; diamètre : 4 mètres; poids : 170.000 kilos, celui prévu pour l'éléphant. Commencée par Alavoine père, la Colonne fut achevée par Duc en 1840.
Ses caveaux funéraires reçurent, en mars 1848, les corps des 196 victimes de la Révolution des 23 et 24 février précédent. Il y a donc sous cette colonne tout un ossuaire.

RUE SAINT-ANTOINE (*section comprise entre la place de la Bastille et la rue du Petit-Musc*) / La rue Saint-Antoine repose sur la chaussée de l'ancienne voie romaine, solide, dallée, surélevée au-dessus des marécages environnants, qui reliait Paris à Melun. Elle était formée au XIVe siècle par la réunion de trois rues nommées depuis la rue *des Barres*, rue *de la Porte-Baudoyer* (François-Miron) et rue *de l'Aigle* jusqu'à l'enceinte de Philippe-Auguste (no 101), puis rue *du Pont-Perrin* jusqu'à l'enceinte de Charles V. Ces trois noms furent fusionnés, au XVe siècle, dans celui de rue Saint-Antoine, du nom de l'abbaye de Saint-Antoine-des-Champs, située hors les murs, vers laquelle elle conduisait.
No 7. *Vieille maison basse*, du type de celles qui, avant la Révolution, bordaient la rue Saint-Antoine depuis le *couvent de la Visitation*, auquel elles appartenaient, jusqu'à l'entrée de la Bastille.
No 9. *Vieille maison*.
No 17. Emplacement du *couvent des Filles de la Visitation Sainte-Marie*, dites Visitandines, dont il ne reste plus que sa chapelle en forme de rotonde, bâtie sur le modèle de l'église de Notre-Dame-de-la-Rotonde, de Rome. Le dôme, massif, soutenu par huit contreforts entre lesquels court une frise d'aigles et de guirlandes, s'élève à 33 mètres. Le portail, monté sur des degrés, est orné de deux colonnes corinthiennes; à son fronton : la *Charité* et la *Religion*, par Hiolle. Sur le côté droit de la façade, une inscription de la fin du XVIIIe siècle réserve un emplace-

Hôtel de Fieubet / La Valette (*vers 1860*)

Le canal de l'Ourcq (*grav. 1810*)

ment pour l'affichage des *Loix et actes de l'autorité publique*.

L'ordre de la Visitation Sainte-Marie, créé par François de Sales et dont la direction fut confiée à Jeanne de Chantal, grand-mère de la marquise de Sévigné, était un ordre consacré à l'éducation de la jeunesse et aux soins des malades. Saint Vincent de Paul y fut aumônier pendant dix-huit ans; les nièces de Mazarin y furent élèves; assez dissipées, elles aimaient vider leurs encriers dans les bénitiers de la chapelle. Citons parmi les personnes qui furent inhumées dans cette chapelle : le marquis de Sévigné, André Frémiot, archevêque de Bourges, frère de sainte Jeanne de Chantal, des Coulanges, Nicolas Fouquet, et des membres de la famille Lefèvre d'Ormesson. Le couvent fut supprimé en 1790, puis vendu en 1796. Sa chapelle, devenue club républicain — un bonnet phrygien reste sculpté au-dessus d'une porte latérale intérieure — fut affectée, en 1802, au culte protestant; c'est le temple protestant Sainte-Marie, classé parmi les monuments historiques.

N° 21. *Hôtel de Mayenne, puis d'Ormesson*. En 1613, Henri de Lorraine, fils du duc de Mayenne (du *gros Mayenne*, le vaincu des batailles d'Arques et d'Ivry) et neveu d'Henri de Guise, le Balafré, fit construire l'hôtel actuel, sans doute par Jean Androuet du Cerceau. Cet hôtel, terminé en 1617, fut alors dit *Hôtel de Mayenne* ou *du Maine*. Il s'étendait en profondeur aussi loin que le couvent des Visitandines; tout son côté ouest longeait sur une grande longueur la rue du Petit-Musc, jusqu'à l'actuel n° 30.

Après la mort d'Henri de Lorraine, l'hôtel resta jusqu'en 1759 dans les mains de la famille Mayenne-Lorraine puis, après cette date, dans celles de la famille des Lefèvre d'Ormesson jusqu'en 1812 L'hôtel d'Ormesson fut loué, en 1870, par les frères des écoles chrétiennes qui l'occupent encore.

Pour retrouver les façades sur rue et sur cour telles qu'elles étaient jadis, il faut faire abstraction de la partie centrale du premier étage et du toit, ajoutée en 1812. La façade sur rue présente des piliers toscans et ioniques dans sa partie ancienne; la porte d'entrée est remarquable par ses vantaux, son heurtoir et ses ferrures. On voit dans la cour, à droite, une tourelle, à trompe, du début du XVIIe siècle; à gauche, l'ancienne galerie de quatre arcades, jadis à jour, qui conduisait à l'escalier d'honneur. Celui-ci, de style Henri II, à deux volées droites, porte, sculpté à son tympan, *Pallas assise au milieu de trophées*, mais ses parois ne sont plus recouvertes des riches tentures et tapisseries qui l'ornaient au temps des Lorraine et des Ormesson (les deux escaliers de la cour sont du XIXe siècle). Les façades sur la rue Saint-Antoine et sur la cour sont classées, de même que le grand escalier.

RUE DU PETIT-MUSC / Le nom de cette rue est une déformation de *Pute y musse* (la pute qui y flâne), ce qui laisse penser que cette rue, qui existait déjà en 1358, était alors un « val d'amour » à proximité du port Saint-Paul.

N° 35. A l'intérieur de la cour, auberge du XVIe siècle à l'enseigne de la *Herse d'or*. Les chevaux étaient remisés dans des écuries souterraines, avec voûte soutenue par de massifs piliers; ils y descendaient par la rampe que l'on voit sur le côté gauche de la cour.

N° 29. Derrières de l'hôtel de Charny ouvrant 22, rue Beautreillis.

N° 27. *Vieille maison*, entretenue d'une façon heureuse.

Du n° 8 au n° 2 étaient l'entrée et l'église du *couvent des Célestins*. Ce couvent, de l'ordre des religieux de Saint-Benoît, dits Célestins, fondé en Italie par le pape Célestin V, fut installé ici en 1352; il était donc alors hors de Paris. Il possédait une chapelle qui, fondée par le duc Louis d'Orléans, frère de Charles VI, après la malheureuse soirée du *Bal des ardents*, était une merveille. Là furent inhumés Jeanne de Bourbon, femme de Charles V (1377), Léon de Lusignan, roi d'Arménie (1393), le duc Louis d'Orléans (1407) et sa femme Valentine de Milan, la duchesse de Bedford (1432)..., là reposèrent les cœurs de Jean le Bon, Henri II, François II, Charles IX, Catherine de Médicis et du connétable Anne de Montmorency. La communauté des Célestins, quelque peu corrompue, fut supprimée en 1779. Une caserne occupe, depuis 1792, ses anciens jardins. Quelques-uns de ses riches tombeaux ont pu être sauvés, ils sont répartis actuellement entre le Louvre, la basilique de Saint-Denis et le musée de Versailles.

N° 2. *Hôtel de Fieubet :* Sur l'emplacement d'une ancienne résidence des archevêques de Sens, achetée par Charles V pour la constitution de son Hôtel Saint-Pol, Gaspard de Fieubet fit construire, en 1676, par J.-H. Mansart, l'hôtel actuel de goût espagnol.

Gaspard de Fieubet, conseiller au parlement et maître des requêtes depuis 1654, devint chancelier de Marie-Thérèse en 1671; poète délicat, ami de La Fontaine, estimé par Mme de Sévigné, il était d'excellente compagnie. Son hôtel resta dans sa famille jusqu'en 1758, puis eut différents propriétaires, dont, en 1858, un publiciste qui défigura, par ses adjonctions, l'œuvre de J.-H. Mansart. Cet hôtel, devenu, en 1877, une école des Pères de l'Oratoire, est maintenant l'école Massillon.

Ses façades sur la rue et sur le quai sont classées.

L'Arsenal : Jusqu'en 1843, le boulevard Morland était un bras de la Seine. Sur le terrain qui, au nord, longeait ce bras, la Ville de Paris édifia, en 1512, une « grange » pour la fonte des canons et le forgeage des fusils. On y ajouta la fabrication de la poudre qu'on entreposa dans la *tour de Billy* de l'enceinte de Charles V, située à proximité, et l'ensemble prit le nom d'*Arsenal*. Reconstruit et embelli en

1594, après une explosion de la *tour de Billy*, l'Arsenal servit de demeure au grand maître de l'artillerie; à ce titre, Sully y logea.
Henri IV fit transformer le quai qui bordait l'*Arsenal* en une belle promenade qu'on appela le « mail » et Louis XIII continua les embellissements, la fabrication de la poudre ayant été transférée à la Salpêtrière. Sous Louis XIV, l'*Arsenal* devint un magasin d'armes; toutefois, la plupart des statues du jardin de Versailles y furent fondues. L'*Arsenal* servit de chambre de justice dans deux causes célèbres, le procès de Fouquet en 1664, et l'Affaire des poisons en 1680.
Il ne reste plus de cet ensemble que le bâtiment qui servait de logement au grand-maître de l'artillerie, dont Boffrand refit les décorations intérieures en 1718. En 1757, le bailli de l'artillerie, le marquis de Paulmy d'Argenson, ambassadeur et ministre de la guerre, créa à l'*Arsenal* une riche bibliothèque que lui acheta, en 1785, le comte d'Artois (le futur Charles X) qui l'enrichit. Après la révolution de 1830 elle revint à l'Etat; elle contenait alors plus de 100.000 volumes et 10.000 manuscrits. C'est maintenant la Bibliothèque de l'Arsenal comportant ce qu'on a pu sauver des archives de la Bastille et des livres pris dans les couvents, une collection complète de tous les ouvrages dramatiques (250.000 documents), 1.000.000 de volumes, 120.000 estampes, 13.000 manuscrits, etc. Elle eut comme bibliothécaire, en 1824, Charles Nodier, qui y reçut Lamartine, Victor Hugo, Alfred de Vigny, Alfred de Musset, Alexandre Dumas... et Arvers, qui y composa son fameux sonnet en pensant vraisemblablement à la fille de Nodier. Plus tard, en 1901, le bibliothécaire José Maria de Heredia y reçut Régnier, Maurice Barrès, Pierre Louys; on peut donc dire que les romantiques et les parnassiens ont eu ici leur berceau.
Le cabinet dit « de Sully », un oratoire, un salon de musique sont classés.

3 LE QUARTIER DE L'HOTEL ROYAL SAINT-POL

La rue Saint-Antoine : la maison professe des Jésuites, l'église Saint-Louis-des-Jésuites / Le passage Saint-Paul / La rue Saint-Paul : la grange Saint-Éloi, le cimetière et l'église Saint-Pol-des-Champs / Un quartier de Paris au XVIIe siècle : l'Hôtel de la marquise de Brinvilliers et l'Affaire des poisons ; nobles hôtels et demeures bourgeoises des rues Neuve-Saint-Paul, des Lions et Beautreillis.

Point de départ : 101, *rue Saint-Antoine*

RUE SAINT-ANTOINE (*suite*) / No 101. C'est devant l'entrée actuelle du lycée Charlemagne que se trouvait, de 1190 à 1420, la *porte Saint-Antoine* de l'enceinte de Philippe-Auguste.
Déjà la rue Saint-Antoine avait la même largeur que de nos jours, largeur anormale qui la faisait choisir comme lieu de promenades et de réjouissances populaires, lices, tournois, etc. Plus tard, elle bénéficia du voisinage des séjours royaux, de celui de *l'Hôtel Saint-Pol* d'abord, de la *Maison Royale des Tournelles* ensuite, et, enfin, de celui de la *place Royale* (place des Vosges
Certaines entrées solennelles dans Paris eurent lieu par la rue Saint-Antoine comme celle de Charles-Quint, le 1er janvier 1540, lorsqu'il traversa la France pour se rendre en Espagne combattre les Gantois révoltés. Les canons de la Bastille tirèrent une salve de 800 coups; sur le parcours, les maisons étaient magnifiquement décorées de tapisseries et de draperies; tous les grands notables et dignitaires de la Cour et de l'Eglise défilèrent en grande pompe et une représentation d'un mystère fut donnée à l'emplacement de l'ancienne *porte Saint-Antoine*, alors démolie depuis 120 ans.
C'est à ce même endroit qu'eurent lieu, en 1549, les nombreux tournois donnés à l'occasion des fêtes qui accompagnèrent l'entrée solennelle d'Henri II à Paris, faite, elle, par la rue Saint-Denis, et dix ans après, celui au cours duquel ce roi fut mortellement blessé.

Autre entrée solennelle par la rue Saint-Antoine : celle du roi Louis XIV et de la jeune reine Marie-Thérèse, le 26 août 1660.

LA MAISON PROFESSE DES JÉSUITES / Le 15 août 1534, Ignace de Loyola, François-Xavier, le père Favre, trois prêtres espagnols et un prêtre portugais, avaient fondé, à Montmartre, dans la crypte du *Sanctum Martyrium*, l'ordre de la Compagnie de Jésus. Le cardinal Charles de Bourbon, oncle du futur Henri IV, donna à cette compagnie, en 1580, l'hôtel qu'il possédait à l'emplacement actuel de l'église Saint-Paul - Saint-Louis, en manifestant le désir que les jésuites y édifiassent une chapelle à la mémoire de saint Louis avec d'autres habitations régulières.
Les jésuites installèrent donc ici la maison professe de leur ordre, c'est-à-dire une maison qui recevait des jésuites ayant déjà prononcé leurs vœux, à laquelle ils annexèrent, en 1582, une chapelle dédiée à saint Louis.
C'est chez les jésuites que les rois prenaient alors leur confesseur, le jésuite étant à la mode comme directeur de conscience. Le père Cotton fut celui d'Henri IV et de Louis XIII, le père La Chaise, celui de Louis XIV. Avant de mourir, ce dernier dit au roi : *Ne prenez jamais de confesseur jésuite ; ne me faites pas de questions, je n'y répondrai pas.* Louis XIV le remplaça quand même par un autre jésuite, le père Le Tellier, entre les bras duquel il mourut.
En 1762, les jésuites furent expulsés de France par les parlements que soutenaient Mme de Pompadour et Choiseul. Leur maison professe fut cédée, en 1783, aux génovéfains du couvent de *Sainte-Catherine-du-Val-des-Ecoliers*, situé de l'autre côté de la rue Saint-Antoine. Supprimée à la Révolution, l'ancienne maison professe servit de dépôt aux 1.200.000 livres provenant des couvents du quartier; elle devint une Ecole Centrale en 1795 et le lycée Charlemagne en 1804, affectation qu'elle a conservée.
La petite chapelle de 1582, dédiée à saint Louis, fut remplacée, en 1627, par l'église actuelle dont Louis XIII posa la première pierre. Son plan, dû à deux jésuites, le père Martellange et surtout le père Derand, est inspiré de l'église du Gésû de Rome (nom d'où viendra la qualification de style jésuite). La première messe y fut dite le 9 mai 1641, jour de l'Ascension, par le cardinal de Richelieu, qui avait offert, en 1634, les belles portes en chêne sculpté où figurent les initiales de la Société de Jésus.
Comme l'église Saint-Gervais-Saint-Protais, sa façade présente la superposition de trois ordres (deux corinthiens, un composite), mais elle est moins élégante du fait de ses surcharges décoratives. On voit, au premier étage, les statues de sainte Catherine à gauche, de sainte Anne à droite, et en haut celle de saint Louis. L'horloge date de 1627, elle provient de l'ancienne *église Saint-Paul* (32, rue Saint-Paul).
L'église Saint-Louis-des-Jésuites entendit des prédicateurs célèbres, particulièrement Bourdaloue, qui y fit ses débuts en 1669. Toute la ville et toute la cour y venaient. On relate que « dès cinq heures du

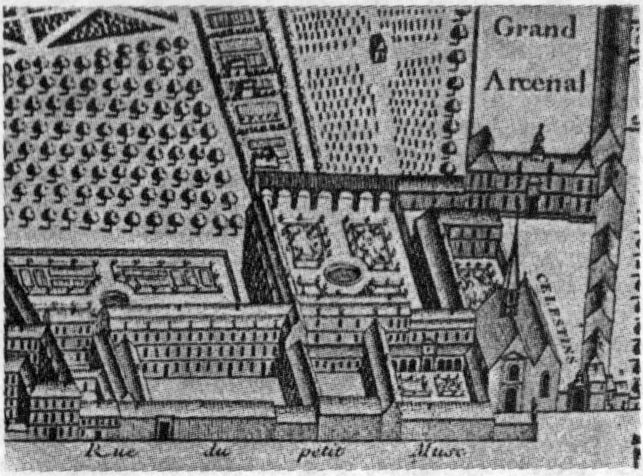

Le couvent des Célestins et l'Arsenal (*d'après le plan Turgot*)

Église Saint-Louis-des-Jésuites (*grav.* 17e *s.*)

matin les valets se rendaient à Saint-Louis et gardaient les places de leurs maîtres pour le sermon de trois heures ». Mme de Sévigné, qui avait été baptisée, en 1626, dans la chapelle initiale, écrivait alors « qu'elle allait en Bourdaloue ». C'est ici que Bourdaloue prononça l'oraison funèbre du grand Condé (1687); Bossuet et Fléchier y prêchèrent également. Les pères jésuites de la maison professe étaient enterrés sous la nef. Leurs ossements ont été rassemblés dans une crypte de l'église à la suite de travaux; là reposent, pêle-mêle, ceux du père La Chaise, de Bourdaloue et du père Huet.
Les coquilles de ses deux bénitiers ont été offertes par Victor Hugo en l'honneur du baptème de son premier enfant, Adèle Hugo. Le marbre blanc du maître-autel, déplacé et refait sous Louis-Philippe, provient des fragments du tombeau de l'Empereur aux Invalides. Cette église, qui fut, aux VIIe siècle, celle des brillants intellectuels et mondains de la place Royale et des beaux hôtels voisins du Marais, est maintenant quasi déserte. A son nom initial de Saint-Louis, on a ajouté celui de Saint-Paul, en souvenir de l'ancienne église paroissiale mentionnée ci-après.

PASSAGE SAINT-PAUL / En sortant par la porte située sur le côté gauche de l'église, on débouche dans le pittoresque passage Saint-Paul, du XVIIe siècle, appelé alors *avenue des Jésuites*, puis *passage Saint-Louis*. Il a encore sur ses côtés les bornes derrière lesquelles les piétons se réfugiaient lorsqu'y passaient cavaliers et carrosses, en particulier celui du grand Condé, qui possédait au no 7, actuellement presbytère, un pavillon lui servant de pied-à-terre.

RUE SAINT-PAUL / Cette rue existait déjà vers la moitié du XIVe siècle et, depuis, son nom n'a pas changé.
No 36. Emplacement de la *grange Saint-Eloi* où l'on engrangeait les moissons de la *couture Saint-Eloi*, que possédait ici l'abbaye de Saint-Martial, monastère de filles fondé, au VIIe siècle, dans la Cité. Plus tard, la *grange Saint-Eloi* devint une prison où, en particulier, les Bourguignons massacrèrent un grand nombre d'Armagnacs en juin 1418 (inscription). Elle resta une prison jusqu'à la Révolution.
No 34. A l'angle de la rue de l'Hôtel-Saint-Paul se trouvait l'entrée du *cimetière Saint-Paul*, dont l'origine remonte à 632, à Saint-Eloi, à cette époque où il était défendu d'inhumer dans la Cité. On enterrait donc ici les religieuses de l'abbaye de Saint-Martial et les moines dirigeant cette communauté; il devint plus tard le cimetière de la paroisse Saint-Paul et Rabelais, décédé rue des Jardins, en 1553, y a été enterré.
No 31. Là, débouche une ruelle pittoresque, la rue Eginhard, appelée *ruelle Saint-Paul* en 1367 et rue *Neuve-Sainte-Anastase* avant 1864.

N° 26. Ferronneries.
N°s 25, 23. Vieilles maisons.
N° 21. Ancien hôtel.
N° 20. Vieille maison qui porte encore à l'encoignure une ancienne niche avec statue.
N° 15. Cour.
N° 10. Façade.
N° 8. Tourelle quadrangulaire du XVIe siècle (classée). Maison habitée par Léonard Botalli, dit Botal, médecin de Charles IX et d'Henri III qui remit la pratique de la saignée en tel honneur que, dans une même année, Louis XIII fut saigné 47 fois, et son ministre, Richelieu, 54. La tradition situe dans cet hôtel une des officines à poisons de la marquise de Brinvilliers. Cour.

UN QUARTIER DE PARIS SOUS LOUIS XIII / La place *Royale* (des Vosges) fut inaugurée en avril 1612. Peu après, d'importants personnages de la noblesse et de la magistrature s'installèrent dans ses environs immédiats, d'où la construction de nobles hôtels, dont beaucoup sur l'emplacement de l'Hôtel Saint-Pol, en bordure des rues nouvellement percées. Ce quartier de Paris n'a guère changé depuis : ses rues ont gardé leur largeur d'alors, ses hôtels — et ils sont nombreux — ont conservé leur façade, leur porte cochère aux vantaux cloutés, leurs balcons en fer forgé, leur escalier, leur hauteur et, souvent, leur cour. Ce quartier du Marais a été moins mutilé que celui situé au nord de la rue Saint-Antoine, aussi serait-il souhaitable qu'il soit classé, comme l'ont été l'île Saint-Louis et le sommet de la Butte-Montmartre, afin que son harmonie et son charme ne disparaissent point.

RUE CHARLES-V / Cette rue a été ouverte en 1550-1552 au travers de l'ancien Hôtel Saint-Pol.
N° 23. Ferronneries.
N° 21. Porte.
N° 12. *Hôtel de la marquise de Brinvilliers, dit aussi l'Hôtel d'Aubray*. Cet hôtel, construit en 1620, fut habité par la célèbre empoisonneuse Marie-Madeleine de Dreux d'Aubray, après qu'elle eut épousé, à 21 ans, en 1651, Antoine Gobelin, marquis de Brinvilliers, mestre-de-camp du régiment de Normandie. Son père, Antoine de Dreux d'Aubray, conseiller d'Etat, maître de requêtes, lieutenant-civil au Grand-Châtelet, homme très riche, lui avait donné en dot 200.000 livres, somme considérable pour l'époque (au cours actuel environ 200 millions de francs). Marie-Madeleine avait reçu une bonne éducation et une bonne instruction, mais elle n'eut jamais une bonne moralité; elle nous a appris elle-même qu'elle avait été « dévergondée » à 7 ans et qu'elle s'était souvent livrée à ses frères (elle était l'aînée de 5 enfants).
En 1659, elle devint la maîtresse du chevalier Godin, dit de Sainte-Croix, avec lequel elle s'afficha trop.

Sur la demande du père de la marquise, Godin fut arrêté et envoyé à la Bastille où il fit la connaissance d'un Italien, Exili, qui s'occupait fort de poisons. Après sa sortie de prison, Godin regagna son logis (la tourelle de l'Hôtel des Abbés de Fécamp, 5, rue Hautefeuille), ses rapports avec la marquise continuèrent et, comme cette dernière était à court d'argent, elle chercha à hériter des siens.

Dame de charité ayant ses entrées à l'Hôtel-Dieu, elle expérimenta sur les malades différents dosages du poison étudié par Godin, soit un mélange de venin de crapaud, d'arsenic et de vitriol. Le dosage trouvé, elle empoisonna son père, en 1666, mais dût recommencer 10 fois avant de réussir. En 1670, elle empoisonna son frère aîné, et presque sa belle-sœur, puis, sept mois après, son frère cadet; elle tenta aussi, mais vainement, d'empoisonner sa sœur, religieuse aux carmélites de Paris. Elle essaya également d'empoisonner son mari, mais Godin, craignant d'être obligé d'épouser la marquise si elle devenait veuve, désempoisonnait le marquis chaque fois que la marquise l'empoisonnait.!

En juillet 1672, Godin de Sainte-Croix mourut subitement — et naturellement. La marquise, aussitôt informée, voulut retirer du domicile de son amant une certaine cassette; son insistance pour l'avoir la rendit suspecte, aussi s'enfuit-elle vite à l'étranger. La police ouvrit la cassette le 18 août et y trouva 34 lettres de la marquise traitant de tous ses crimes, 27 recettes intitulées « secrets curieux » et de nombreux échantillons de poisons divers.

Colbert demanda à l'Angleterre son extradition; prévenue, elle se réfugia à temps aux Pays-Bas dans un couvent où un habile agent du lieutenant de police de la Reynie, nommé Desgrais, réussit à s'emparer d'elle au printemps de 1676. Ramenée à Paris, elle fut condamnée, en juillet 1676, en sus de la question ordinaire et extraordinaire, à faire amende honorable devant Notre-Dame, nu-pieds, la corde au cou, une torche ardente de deux livres à la main, à être décapitée en Grève, son corps devant ensuite être brûlé et les cendres jetées au vent. Le tribunal lui fit grâce d'avoir le poing coupé comme parricide.

L'exécution eut lieu le lendemain. Ce jour-là, il y eut tant de monde *place de Grève* (de l'Hôtel-de-Ville) que les théâtres ne jouèrent point.

Le portail, le mascaron sur la cour, le jardin et les façades qui l'entourent, et la rampe de l'escalier de cet hôtel sont classés.

L'Affaire des poisons : La marquise de Brinvilliers laissa des adeptes. Dès 1677, les empoisonnements se multiplièrent au point que le roi dut sévir et créer, à l'Arsenal, en janvier 1680, une « chambre ardente » chargée de juger les empoisonneurs.

De ceux-ci, la veuve Monvoisin, dite la Voisin, fut la plus célèbre. Ancienne sage-femme, avorteuse, cartomancienne, elle commença par vendre des secrets pour conserver la jeunesse et gagner au jeu, puis des philtres d'amour et, enfin, ce qu'on appelait la « poudre de succession ». Arrêtée et torturée, elle accusa tant de personnes de la Cour d'être en correspondance avec elle qu'on coupa court à ses accusations en la condamnant à être brûlée vive.

Parmi les personnes compromises citons : la comtesse de Soissons, ex-Olympe Mancini, nièce de Mazarin, qui aurait empoisonné son mari; Mme de Polignac, un de ses valets de chambre, qui en savait trop long sur elle; la princesse de Tingri, ses enfants; Racine, Mlle du Parc; puis la duchesse de Bouillon, ex-Marie-Anne Mancini, autre nièce de Mazarin; la maréchale de la Ferté et, enfin, Mme de Montespan, qui aurait voulu voir le roi cesser de s'intéresser à la reine.

Le roi fit faire une enquête sur un billet où la duchesse de Foix avait écrit à la Voisin : *Plus je frotte, moins ils poussent,* mais l'enquête révéla qu'il ne s'agissait, en l'espèce, que d'une recette pour développer les seins.

L'Affaire des poisons entraîna 442 arrestations. De celles-ci, 218 furent maintenues et se terminèrent par 36 exécutions dont celles d'une femme, de plusieurs prêtres et d'un auditeur à la Cour des comptes accusé de tentative d'empoisonnement sur le roi et sur Colbert, par 5 envois aux galères et par 23 bannissements.

No 10. Construit en 1550, cet hôtel fut plus tard une dépendance de l'hôtel de la marquise de Brinvilliers.

No 15. Ancien hôtel; porte, mascaron, cour, escalier.

No 9. Maison où s'installa, en 1783, un hospice *médico-électrique* où on soignait les malades atteints d'épilepsie et de folie. Il fonctionnait encore sous le premier Empire. Porte.

No 7. Hôtel habité par Canclaux, qui fut général en chef de l'armée républicaine de Vendée, en 1794, ambassadeur sous le Directoire, sénateur et comte sous l'Empire, et finalement, pair de France sous Louis XVIII.

RUE BEAUTREILLIS (*côté sud de la rue Charles-V*) / Cette rue a été ouverte en 1555; son nom est un souvenir des treilles des jardins de l'Hôtel Saint-Pol.

No 7. Cette maison de 1596 est une des plus agréables maisons bourgeoises du Paris du XVIe siècle. Puits, terrasse avec balcon en fer forgé, escalier à balustres de bois et... une treille.

No 6. Horloge de 1640.

RUE DES LIONS / Cette rue est à la place d'une ancienne allée de l'Hôtel Saint-Pol, qui séparait le logis du roi de celui de la reine. Ouverte vers 1560, son nom rappelle, soit les lions peints en 1364 sur la porte principale de l'Hôtel Saint-Pol, soit la ménagerie de Charles V et de Charles VI.

No 3. Hôtel du XVIIIe siècle, dit « des Parlementaires » ; fontaine Louis XV au fond de la cour, escalier.

Nº 5. Ex-Hôtel de Moucy; heurtoir.
Nº 7. Cour.
Nº 11. La marquise de Sévigné, dont le mariage fut célébré en 1644, habita ici de 1645 à 1650. Ici naquirent, en 1647, son fils et, en 1648, sa fille qui sera la belle comtesse de Grignan. Ce fut peu après avoir quitté cet hôtel que « son mari qu'elle aimait sans l'estimer et qui l'estimait sans l'aimer » fut tué en duel.
Nº 12. La façade de cet hôtel est un beau modèle des façades des maisons du temps de Louis XIII.
Nº 10. Hôtel du XVIIe siècle que l'on ne voit que de sa cour. Deux beaux escaliers; les deux façades sur cour et la rampe armoriée, en pierre, de l'escalier de droite sont classées.

RUE BEAUTREILLIS (*côté nord de la rue Charles-V*) /
Nº 9. Vieil hôtel de 1596, un des plus anciens du quartier avec le nº 7.
Nº 10. Hôtel de 1640; il appartenait alors à la famille du prince de Monaco, duc de Valentinois.
Nº 11. Hôtel de 1640. Il appartenait en 1732 à Crozat, le plus opulent financier de France; d'abord caissier, puis traitant, il s'enrichit par d'heureuses spéculations maritimes.
Nº 14. Hôtel de Lyonne au XVIIIe siècle; toit.
Nº 16. Dépendance du Grand Hôtel Charny; maison natale de Victorien Sardou en 1831 (inscription).
Nº 20. Autre dépendance du Grand Hôtel Charny; rampe d'escalier.
Nº 22. Grand Hôtel de Charny, de 1676. Baudelaire logea dans cette maison en 1858. Porte, boiseries Louis XIII sous la voûte.

4 DE L'HOTEL DE SULLY A L'HOTEL CARNAVALET

Le «Marais» / L'Hôtel de Sully-Béthune / Le carrousel du 30 Juin 1559 / La Maison Royale des Tournelles / La Place Royale, ses fastes, ses hôtes illustres / Le Prieuré de Sainte-Catherine-du-Val-des-Écoliers / L'Hôtel Carnavalet.

Point de départ : 62, rue Saint-Antoine

LE MARAIS / Au début de l'époque quaternaire, la Seine avait deux bras, celui que nous connaissons et un second qui, partant du bassin de l'Arsenal et décrivant un arc de cercle par les boulevards Beaumarchais et du Temple, les rues du Château-d'Eau, des Petites-Ecuries, Richer, de Provence, de la Victoire [1], La Boétie et Marbeuf, rejoignait le premier au pont de l'Alma. Ce dernier bras disparut plus tard, mais il laissa entre lui et la Seine, surtout dans la partie est de Paris, un vaste marécage qu'entretinrent les inondations de la rivière.
Ce marais fut peu à peu transformé en quartier habitable. D'abord des couvents s'y installèrent et leurs religieux le défrichèrent; quelques grands seigneurs y eurent ensuite leurs maisons de campagne appelées des « courtilles « (ex.: la courtille Barbette), et les rois, leur résidence parisienne (l'Hôtel Saint-Pol puis la Maison royale des Tournelles). Enfin, avec la création de la *place Royale* (des Vosges) en 1605, le Marais se couvrit de ces beaux hôtels dont il reste encore un grand nombre, tel le Grand Hôtel de Sully.

RUE SAINT-ANTOINE (*section comprise entre le nº 62 et la rue de Birague*) / Nº 62. *L'Hôtel de Sully :* Cet hôtel, bâti, en 1624, par Jean Androuet du Cerceau, fut acheté, en 1634, par Maximilien de Béthune, marquis de Rosny, duc de Sully, ancien ministre d'Henri IV. Il avait alors 74 ans. Trompé par sa jeune femme, ce dont il se moquait d'ailleurs éperdument, il avait coutume de lui dire en lui donnant de l'argent : *Voici tant pour la maison, tant pour vous, tant pour vos amants*, demandant seulement que ces derniers n'encombrent pas son escalier. En vieillissant Sully était devenu extravagant, il aimait se parer de diamants, de bijoux, de chaînes et de colliers d'or passés de mode et se montrer ainsi sous les arcades de la *place Royale*.

1. Ex-rue *Chantereine*, où chantaient les grenouilles.

Se jugeant trop à l'étroit dans cet hôtel, Sully acheta l'hôtel situé au fond de son jardin et ouvrant au n° 7 de la *place Royale*. Le *Grand Hôtel Sully* et le *Petit Hôtel Sully* communiquaient par ce jardin, pourvu d'une orangerie dont il ne reste que des vestiges. C'est de la terrasse du grand hôtel que, comme nous l'avons dit, Mme de Sévigné assista, en février 1680, au passage du tombereau qui conduisait la Voisin de la Bastille à l'échafaud dressé sur la *place de Grève* (de l'Hôtel-de-Ville).

Un soir de décembre 1725, Voltaire, alors âgé de 31 ans seulement et déjà écrivain célèbre que se disputaient tous les salons parisiens, dînait à l'Hôtel de Sully, quand un laquais lui remit un billet le priant de descendre jusqu'à la porte où l'on voulut l'entretenir d'un complot contre lui. En fait, il y fut fortement rossé à coups de canne par trois valets que commandait le chevalier de Rohan-Chabot, cela comme suite à une querelle survenue quelques jours auparavant à la Comédie-Française dans la loge d'Adrienne Lecouvreur au cours d'une représentation d'*Œdipe*. Voltaire, par la suite, voulut provoquer le chevalier de Rohan en duel et lui envoya un cartel, mais son adversaire le fit arrêter et enfermer à la Bastille (c'était la seconde fois), ce qui mit un terme à sa vie de plaisir. Au bout d'un mois il demanda à passer en Angleterre; il en revint quatre ans après en amenant avec lui le germe de toutes ces idées qui firent de lui l'âme de l'*Encyclopédie* et le précurseur de la Révolution.

L'Hôtel de Sully appartient maintenant à la Ville de Paris qui l'a restauré et l'a rendu tel qu'il était au temps de Sully.

La façade sur la rue Saint-Antoine présente deux pavillons, aux beaux frontons curvilignes, reliés, au-dessus de la voûte d'entrée, par une balustrade en pierre. Dans la cour : bas-reliefs représentant *les Eléments* et *les Saisons*, frontons des fenêtres, lucarnes; escalier au plafond orné de caissons à rosaces et à fleurons et de beaux médaillons; chambre dite « de Sully ». Dans le jardin : façade, autres bas-reliefs, vue sur le *Petit Hôtel de Sully*, mur latéral décoré d'arcatures avec niches.

Tout cet hôtel a été influencé par les surcharges de l'architecture de la Renaissance. Hôtel classé.

Le carrousel du 30 *juin* 1559 : Un grand carrousel, qui devait durer trois jours, fut donné par le roi Henri II, à l'occasion du mariage de sa sœur Marguerite avec le duc Philibert-Emmanuel de Savoie et celui de sa fille, Elisabeth de France, avec Philippe II, roi d'Espagne, sur le *cours Saint-Antoine*, devant l'emplacement de l'Hôtel de Sully. Au cours d'un tournoi, le roi fut mortellement blessé à la tête par Gabriel de Montgomery, capitaine de sa garde écossaise. Transporté à la *Maison Royale des Tournelles*, il y mourut après dix jours d'agonie, malgré les soins d'Ambroise Paré, ceux du célèbre anatomiste Vésale,

venu de Bruxelles, et des expériences faites sur le crâne de condamnés, décapités sur-le-champ pour la circonstance.
Montgomery fut enfermé à la Conciergerie. Libéré, il se réfugia en Angleterre d'où il revint pour participer, du côté huguenot, aux guerres de religion. Pris dans un combat, il fut condamné à mort, à l'instigation de Catherine de Médicis, en 1574.
En sortant de l'Hôtel de Sully, suivre, à gauche, la rue Saint-Antoine jusqu'à la rue de Birague.

RUE DE BIRAGUE / Ancienne rue *Royale-Saint-Antoine*, cette rue date de la création de la *place Royale*, soit de 1605.
Nº 2. Maison à pignon.
Nº 10. Maison mortuaire de Lakanal (inscription).
Nº 14. Ex-hôtel. Cour, mansarde à poulie, ferronnerie, escalier.
Nº 11 *bis*. Dépendance et seconde entrée du nº 1 *bis* de la place des Vosges.
Le pavillon du roi où aboutit la rue de Birague porte le monogramme d'Henri IV.

La Maison Royale des Tournelles : Pierre d'Orgemont, chancelier de France, fit construire, en 1388, sur le côté nord de l'actuelle place des Vosges, une vaste et belle maison dont les jardins étaient entourés d'un mur garni d'un grand nombre de petites tours, d'où son nom d'*Hôtel des Tournelles*. En 1404, Louis d'Orléans, frère de Charles VI, devint propriétaire de cet hôtel qui, après son assassinat, en 1407, par son cousin germain, Jean Sans Peur, appartint à la Couronne. Charles VI, jusqu'alors à l'Hôtel Saint-Pol, s'y installa vers la fin de son règne et, après lui, ses successeurs. Ce fut *la Maison Royale des Tournelles*. C'était un ensemble conçu d'après celui de l'Hôtel Saint-Pol; il comprenait plusieurs demeures, des chapelles, des étuves, des communs..., réunis par douze galeries de cloître et des préaux découpant deux parcs, six jardins, des petits bois, des ménageries, un labyrinthe et des prés (la rue du Foin rappelle ce souvenir). Son entrée était au fond de notre impasse Guéménée.
Cet hôtel fut habité un peu par Charles VI, puis par le duc de Bedford, par Charles VII, Louis XI, Charles VIII, Louis XII (qui y mourut le 1er janvier 1515), François Ier, et, enfin, par Henri II (qui y décéda le 10 juillet 1559).
Après la mort d'Henri II, sa veuve, la reine Catherine de Médicis, prit ce séjour en horreur; elle le quitta en faveur du Louvre et ordonna, en 1563, sa démolition. Il n'en reste absolument plus rien si ce n'est la copie d'une de ses portes dessinée par Philibert Delorme et reproduite au portail sud de l'église Saint-Nicolas-des-Champs.
On installa sur son emplacement un marché aux chevaux, marché très important à cette époque, où le cheval constituait le principal moyen de loco-

motion. Et ce fut dans ce marché qu'eut lieu, un dimanche d'avril 1578, à cinq heures du matin, un duel fameux entre trois mignons du roi Henri III, Quélus, Maugiron et Livarot, et trois partisans d'Henri de Guise, d'Entragues, Ribérac, et Schomberg, duel horrible où tous furent tués ou blessés.

LA PLACE ROYALE (*place des Vosges*) / Comme l'écrira plus tard Victor Hugo : « C'est le coup de lance de Montgomery qui a créé la place des Vosges ». En effet, Paris n'ayan ni place ni carrefour important qui puissent servir de lieu de fêtes et de promenades, Henri IV, qui avait pensé construire à cet endroit des ateliers de filature de soie, décida, en 1605, de transformer le marché aux chevaux en une place dont le plan semble devoir être attribué à Androuet du Cerceau et à Claude Chastillon. On construisit d'abord le grand pavillon du sud, appelé le pavillon du Roi, propriété de la Couronne, sur lequel se modelèrent les autres. Ceux-ci, moins élevés, reposent sur une suite d'arcades formant galerie, ils sont tous faits de briques à bordures et à encadrements de pierre blanche, avec de grands combles d'ardoise surmontés d'épis de faîtage en plomb ouvragé. Au total : 36 pavillons, 9 de chaque côté, tous à 4 arcades et à deux rangées de 4 hautes fenêtres par étage.

Henri IV, tué le 14 mai 1610, ne vit pas l'achèvement de la *place Royale* dont l'inauguration se fit, les 5, 6 et 7 avril 1612, à l'occasion d'un futur double mariage, celui de Louis XIII avec Anne d'Autriche et celui de sa sœur, la princesse Elisabeth de France, avec l'infant d'Espagne, le futur Philippe IV. Cette fois-ci il n'y eut pas de tournois, mais une suite de ballets de 1.300 cavaliers qui évoluèrent devant 10.000 spectateurs, tandis que tonnaient les canons de la Bastille et que se faisaient entendre 150 joueurs de trompette et 80 musiciens jouant du hautbois, de la musette et du violon. Le soir, une grande retraite aux flambeaux quitta la *place Royale* pour parcourir les rues de Paris, pendant qu'un feu d'artifice et 4.000 fusées étaient tirés du haut de la Bastille. Dès lors la place Royale devint le séjour en vogue d'hommes et de femmes célèbres, Sully, Marion Delorme, Charlotte d'Entragues, les princesses de Rohan et de Guéménée, les duchesses de Duras et de Boufflers, Richelieu, les Précieuses, le duc de Fronsac, etc.

Ses principaux hôtels sont tous classés pour leurs façade et toiture et, parfois aussi, pour certains détails (vantaux de porte, plafonds, cheminées, rampe d'escalier, etc.).

N° 1. Construit avec les deniers de la Couronne, le pavillon du Roi, achevé en 1608, ne fut jamais une résidence royale; la Couronne le loua à des particuliers.

N° 4. Ce pavillon a été habité, en 1789, par le marquis de Favras. Accusé, en décembre 1789, d'avoir comploté l'enlèvement de Louis XVI et l'assassinat de La Fayette, le marquis de Favras fut condamné à être

Hôtel de Sully (*grav. par I. Silvestre*)

La place Royale (*grav. 17e s.*)

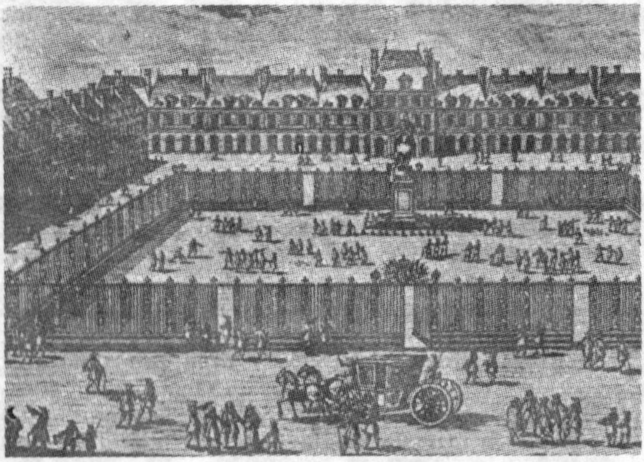

pendu (et non décapité). C'est lors de sa pendaison qu'un assistant lança le *Saute, marquis,* resté célèbre. Son escalier et la décoration d'un salon sont classés.
No 6. Cet hôtel a appartenu, en 1612, au maréchal de Lavardin, qui se trouvait dans le carrosse d'Henri IV lors de l'assassinat du roi, et, en 1637, à Louis de Rohan, prince de Guéménée, pair et grand veneur de France. Pour certains, il aurait aussi été habité, en location, de 1639 à 1648, par Marion Delorme, célèbre par sa beauté et le nombre impressionnant de ses amants. D'après Tallemant des Réaux, elle fut quelque peu l'amie du cardinal de Richelieu. Elle alla deux fois chez lui, à Rueil, dont une fois habillée en homme. Le cardinal l'avait reçue à sa première visite en habit de satin gris de lin, brodé d'or et d'argent, botté et avec des plumes. Elle a dit que cette barbe en pointe et ses cheveux au-dessus de l'oreille faisaient le plus plaisant effet du monde. Elle mourut, à bout de ressource, chez sa mère, 2, rue de Thorigny, en 1650, âgée de trente-sept ans. Victor Hugo habita cet hôtel de 1832 à 1848. Il a composé là *Lucrèce Borgia, Marie Tudor, Angelo, Ruy Blas, les Burgraves, les Chants du crépuscule, les Voix intérieures, les Rayons et les Ombres, les Derniers jours d'un condamné* et *Claude Gueux*. L'hôtel a été acquis par la ville en 1873; c'est le musée Victor Hugo depuis 1902.
No 8. Théophile Gautier et Alphonse Daudet ont habité le deuxième étage de cet hôtel.
No 10. Escalier (classé).
No 12. Cet hôtel, décoré par Le Sueur et Lebrun, a été habité, de 1678 à 1697, par le marquis de Dangeau, historiographe de la cour de Louis XIV, qui y reçut, tous les mardis, les membres de l'Académie française et de l'Académie des Sciences. Ecole communale depuis 1841. Balcon.
No 14. Cet hôtel a été embelli en 1652, lorsqu'il devint la propriété de l'abbé de La Rivière, favori du duc d'Orléans, par Le Vau, Opstaël, Le Brun et Mignard. Ses plafonds peints sont actuellement à Carnavalet. Devenu mairie de 1795 à 1859, puis caserne de gendarmerie et école, on lui ajouta un campanile et une horloge. Sa partie arrière a été démolie, en 1863, pour la construction de la synagogue de la rue des Tournelles. Balcon, escalier (classé).
No 16. Porte à consoles, mascaron sur cour et escalier classés.
No 20. Escalier (classé).
No 28. Escalier et boiseries de deux salons (classés).

Le jardin de la place des Vosges : Jadis entouré d'une très belle grille de fer forgé et doré, ce jardin contient au centre la curieuse statue équestre de Louis XIII remplaçant, depuis 1818, celle en bronze, érigée en 1639 par le cardinal de Richelieu. Le cardinal avait utilisé, à cet effet, un cheval commandé à un élève de Michel-Ange par Catherine de Médicis dans le but d'élever une statue équestre au défunt roi Henri II; cela expliquait la non-proportion entre la statue et le cheval.

Revenir à hauteur du pavillon du roi. Sur la droite :

Nº 1 *bis*. Dans cet hôtel est née, le 6 février 1626, Mme de Sévigné, née Marie de Rabutin-Chantal. Vantaux de la porte et escaliers classés; inscription.

Nº 3. Escalier (classé).

Nº 5. Ce pavillon possède de beaux plafonds avec des peintures de 1660 (classés); il appartenait alors au maréchal de Castelnau dont Pascal et Descartes furent des familiers. Balcon.

Nº 7. Entrée du *Petit Hôtel Sully;* c'est par cette entrée que Sully gagnait la *place Royale*. Son jardin et ses dépendances sont classés.

Nº 9. Cet hôtel, propriété des familles de Chaulnes, de Luynes, Nicolaï et Moreau, a été habité, en 1857, par Rachel, la plus grande tragédienne du XIXe siècle, née en Suisse, en 1821, d'un père colporteur juif, nommé Félix. Son enfance fut assez misérable; elle dut, pour vivre, chanter dans les cafés de Lyon. Conduite à Paris, elle entra au Conservatoire, débuta à 16 ans au Gymnase, fut admise à 17 ans à la Comédie-Française, où elle ressuscita la tragédie tombée depuis longtemps dans l'oubli. Elle fut l'admirable interprète de Corneille et de Racine dans les rôles de Camille (*Horace*), d'Hermione (*Andromaque*), de Phèdre. Elle mourut à l'âge de 37 ans, en 1858, au Cannet d'où sa dépouille fut ramenée place des Vosges.

Les décorations de certains de ses salons, des dessus de portes et une cheminée sont classés.

Plan du prieuré de Sainte-Catherine du val des Écoliers (*grav. 18e s.*)

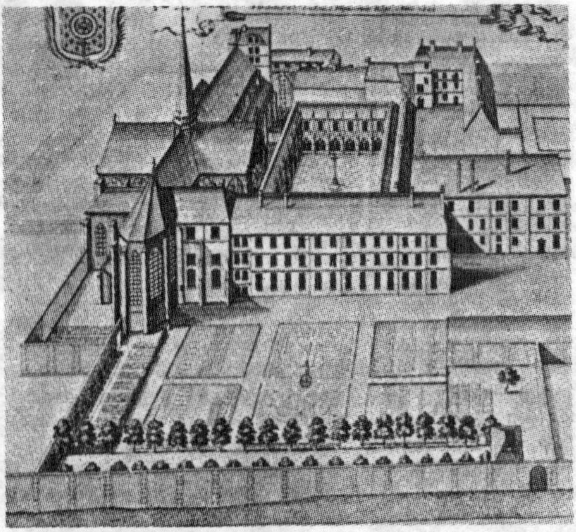

Nº 11. Cet hôtel, ex-propriété de François de Loménie, est aussi indiqué comme ayant été la résidence de Marion Delorme, de 1639 à 1648.
Nºs 13 et 15. Ces hôtels possèdent de belles rampes d'escalier qui sont classées. La marquise de Rambouillet peut avoir habité, de 1614 à 1618, le nº 15, qui appartint ensuite à sa nièce.
Nº 17. Bossuet y fut locataire de 1678 à 1682. Escalier classé.
Nº 21. Cet hôtel fut habité par le cardinal de Richelieu entre 1623 et 1625; il y était lorsqu'il devint premier ministre. Sa nièce, Mme de Combalet, née de Vignerod, tint ici son salon que fréquentèrent Boisrobert, Chapelain, Colletet, Conrart, Racan... Escalier.
Nº 23. Hôtel habité à partir de 1614 par Marie Touchet, ex-maîtresse de Charles IX, et, en 1618, par sa fille, Marie de Balzac d'Entragues, maîtresse du maréchal de Bassompierre. Escalier, porte sur cour, plafonds (classés).

Prendre à gauche la rue des Francs-Bourgeois et la rue de Turenne.

RUE DE TURENNE (*section comprise entre les rues des Francs-Bourgeois et de Jarente*) / Cette section s'est appelée successivement : ruelle des *Egouts* (1590), rue de *l'Egout couvert*, et rue du *Val-Sainte-Catherine*, nom qu'elle a conservé jusqu'en 1865.
Nº 23. Date de 1650. Hôtel Colbert de Villacerf, intendant du roi. Cette demeure a été très défigurée; les boiseries d'un salon sont à Carnavalet. Fontaine de pierre dans la première cour, perron monumental dans la seconde avec rampe de fer forgé.

RUE DE JARENTE - PLACE DU MARCHÉ - SAINTE - CATHERINE - RUE D'ORMESSON / Toute cette partie du Marais est située sur l'emplacement du prieuré de *Sainte-Catherine-du-Val-des-Ecoliers*, fondé, au XIIIe siècle, par des augustins. Richement doté, ce prieuré devint propriétaire de vastes terrains qu'il fit défricher et qui formèrent dans le Marais la *couture Sainte-Catherine*. Perdant au cours des siècles de sa puissance, ce prieuré fut démoli après que ses moines furent installés à l'ex-maison professe des Jésuites, 101, rue Saint-Antoine (1773-1777). Sur son emplacement un marché fut installé, en 1784, par le contrôleur général des finances d'Ormesson.

Par la RUE D'ORMESSON (aux nºs 7, 5, 6 : vieilles inscriptions) rejoindre la :

RUE DE SÉVIGNÉ / Cette rue s'est appelée, jusqu'en 1867, rue de la *Culture-Sainte-Catherine*.
Nºs 7 et 9. Les façades de cet hôtel, bâti en 1700 par Bullet, pour le receveur des finances Poulletier, subsistent dans la cour de la caserne des pompiers (façades sur cour classés; on peut les apercevoir de

la cour du nº 11). Reste d'une tour de l'enceinte de Philippe-Auguste dans une cave du nº 7.

Nº 11. Le 1er septembre 1791 Beaumarchais inaugura là son *théâtre du Marais* construit avec des matériaux provenant de la démolition de la Bastille. Ce théâtre fut supprimé en 1807 par Napoléon, ainsi que 17 autres petits théâtres. Le mur du fond de la cour est une partie du mur d'enceinte de l'ancienne *prison de La Force*.

Nº 13. Porte (vantaux classés).

Nº 23. *Hôtel Carnavalet*. En 1544, Jacques de Ligneris, président au parlement de Paris, acheta à la *culture Sainte-Catherine* le terrain situé à l'angle des rue des Francs-Bourgeois et de la *Culture-Sainte-Catherine* (de Sévigné). Il y fit construire, par Pierre Lescot et Jean Goujon, un hôtel qui se classe parmi les plus anciens monuments de Paris. Bullant l'acheva lorsque Pierre Lescot et Jean Goujon furent appelés à construire le Louvre en 1548.

Cet hôtel fut acheté, en 1572, par Mme de Kernevenoy, veuve d'un ancien écuyer d'Henri II et précepteur du duc d'Anjou (le futur Henri III). Ce nom de Kernevenoy se déforma vite en celui de Carnavalet. Cette construction Renaissance comportait :

— En façade, un portail surmonté de *l'Abondance*, debout sur un globe (qui sera façonné plus tard en masque de carnaval), des *Lions* et des *Génies ;*

— A l'aile gauche, des mascarons et un bas-relief : *Génies couchés tenant des flambeaux allumés ;*

— A l'aile droite, des mascarons et un bas-relief (moderne) : *Génies couchés tenant des palmes ;*

— Sur le bâtiment du fond, quatre grands bas-reliefs, *les Saisons*, avec les signes du zodiaque correspondants;

— Sur l'arc de la porte cochère, côté cour : *l'Autorité* entre deux *Renommées* et des figures allégoriques.

Toutes ces sculptures sont de Jean Goujon ou de son atelier.

L'intendant Claude Boislève, propriétaire de cet hôtel en 1654, le fit modifier par Mansart, qui suréleva d'un étage la façade sur rue et les deux ailes. Cette construction de style classique comporte :

— En façade : *la Force* et *la Vigilance ;*

— A l'aile gauche : *les Quatre Eléments ;*

— A l'aile droite : *Junon, Hébé, Diane, Flore ;* au-dessus les symboles des *Quatre Vents*.

L'intendant Claude Boislève ayant été compromis avec Fouquet, vit ses biens confisqués et vendus en 1662. L'acquéreur loua, en 1677, cet hôtel à Mme de Sévigné qui, enfin, trouva là une demeure à sa convenance car, après avoir déménagé plus de dix fois dans les quartiers Saint-Pol et du Marais, elle se fixa définitivement à Carnavalet dont elle apprécia *le bel air, la belle cour, le beau jardin et le beau quartier*. Elle y resta 19 ans, soit jusqu'à sa mort, survenue en 1696 à Grignan.

L'Hôtel Carnavalet est devenu, en 1880, le Musée Historique de la Ville de Paris, qui l'a agrandi considérablement.

Au centre de la cour d'honneur s'élève la statue pédestre de Louis XIV, par Coysevox, jadis située dans la cour de l'Hôtel de Ville; le roi est vêtu et cuirassé à la romaine, mais coiffé de sa perruque. C'est le prévôt des marchands, M. de Fourcy, et les échevins qui, en 1689, firent ériger cette statue en remerciement de l'honneur que le roi leur avait fait en se rendant à l'Hôtel de Ville au festin solennel qui lui avait été offert, le 30 janvier 1687, par la municipalité.

Voir à l'extérieur du musée Carnavalet :
L'entrée du musée par la rue des Francs-Bourgeois. Elle est formée par l'*Arcade Nazareth* qui séparait au palais de Justice du temps d'Henri II (elle porte son monogramme) la chambre de la Cour des comptes de ses archives; elle chevauchait la rue *de Nazareth* qui longeait le côté sud de la Sainte-Chapelle.
— En face de cette arcade, la façade du *pavillon de Choiseul*, du XVIIIe siècle, déposée de la rue Saint-Augustin et remontée ici pierre par pierre.
— A gauche, celle du *pavillon des Drapiers*, du XVIIIe siècle, déposée de la rue des Déchargeurs. Elle est flanquée de deux statues, de François Anguier, provenant de la *porte Saint Antoine*, démolie en 1778.

No 29. Hôtel Le Pelletier (cf. rue du Parc-Royal).

L'Hôtel Carnavalet / Les quatre éléments (*phot. vers 1880*)

5 DU CUL-DE-SAC DU HA ! HA ! AU COUVENT DES FILLES BLEUES

Le Cul-de-Sac du Ha ! Ha ! / La rue des Tournelles, l'Hôtel Sagonne, celui de Ninon de Lenclos, les rues du Pas-de-la-Mule et des Minimes / La rue Saint-Gilles, la dernière maison de Scarron / Les rues du Parc Royal et Payenne, l'Hôtel Le Pelletier.

Point de départ : 28, *rue Saint-Antoine*

IMPASSE GUÉMÉNÉE / Cette impasse, appelée le *cul-de-sac du Ha ! Ha !* à l'époque où le Marché-aux-Chevaux était installé sur l'emplacement du palais des Tournelles, prit, en 1646, le nom de *cul-de-sac royal Saint-Antoine* et, en 1700, son nom actuel, dû à l'Hôtel de Rohan-Guéménée à qui elle servait de dégagement.

En 1643 s'installa, dans une grande maison située au fond de ce cul-de-sac et attenante par derrière à l'Hôtel Rohan-Guéménée, ouvrant au nº 6 de la *place Royale*, une communauté, dite *des Filles-de-la-Croix*. Elle s'étendit par la suite au point de recouvrir, lorsque vint la Révolution, la totalité de l'espace compris entre l'impasse Guéménée, la rue Saint-Antoine, la rue des Tournelles et la place des Vosges. Cette communauté s'occupait de l'instruction des fillettes, elle prenait aussi des dames en pension.

Ce couvent, supprimé en 1790, fut vendu, en 1797, comme bien national.

Nº 4. Vieille maison; porte.
Nº 6. Porte.
Nº 8. Hôtel du XVIIe siècle; ferronneries, escalier.
Nº 12. Mansarde; seconde entrée de l'Hôtel de Rohan-Guéménée.
Nº 7. Du XVIIIe siècle; mansarde.
Nº 5. Vieille maison; porte cloutée.

RUE SAINT-ANTOINE (*côté pair de la section comprise entre l'impasse Guéménée et la Bastille*).

Nºs 18-16. Anciens bâtiments du XVIIIe siècle, vestiges du *couvent des Filles-de-la-Croix*. Dans la cour du nº 16, bel escalier à balustres de chêne (escalier A).
Nº 8 *bis*. Vieille maison.

RUE DES TOURNELLES / Cette rue séparait jadis l'Hôtel Royal des Tournelles du rempart de Charles V (boulevard Beaumarchais).
Nº 6. Porte cloutée.

Hôtel Carnavalet / Façade de Mansart (*grav. 17e s.*)

Hôtel Carnavalet / Les Saisons par Jean Goujon

N° 18. Cour, escalier.
N° 26. Mansardes.
N° 28 (et n° 23 boulevard Beaumarchais). — *Hôtel de Sagonne :* Les communs de cet hôtel, composés d'un rez-de-chaussée avec entresol et de deux étages sur la rue, masquent la cour d'honneur sur laquelle donne la façade ouest de l'hôtel. Celle-ci offre, au rez-de-chaussée, une large porte surmontée d'un balcon à balustres en pierre supporté par deux colonnes doriques, deux étages et trois mansardes en pierre, à fronton triangulaire. La façade est se trouve au fond d'un jardin dont la grille de l'entrée est située au n° 23 du boulevard Beaumarchais; cette façade est décorée, au rez-de-chaussée, de quatre groupes de deux colonnes jumelées qui, construites postérieurement, masquent les consoles en ferronneries qui, avant elles, supportaient le balcon. Elle présente deux étages, deux des six fenetres du deuxième sont à balcon et à fronton triangulaire; cinq mansardes en pierre, à fronton également triangulaire, dominent le tout. Hôtel classé ainsi que son jardin.
Cet hôtel a été construit, entre 1674 et 1685, par Jules-Hardouin Mansart, comte de Sagonne, pour lui-même. Surintendant et architecte du roi, il construisit, à ce titre, la galerie des Glaces du palais de Versailles, la chapelle, le dôme et la façade sud de l'Hôtel des Invalides, le Grand Trianon, etc. Il mourut, en 1708, d'une façon si subite au château de Marly qu'on le crut empoisonné, alors que sa mort résultait, disait-on, de « ce qu'il avait fait des exercices qui ne convenaient, ni à son âge, ni à un homme sage et réglé ».
L'intérieur de cet hôtel, qui fut décoré par Le Brun, Mignard, Allegrain et Lafosse, a conservé une partie des beaux plafonds de sa magnifique décoration première, comme ceux, peints sur plâtre, où *Junon prodigue ses caresses à Jupiter*, et où *le Temps soutient la Gloire ;* ces plafonds ont été mis au jour en 1939, un faux plafond de plâtre les ayant masqués pendant longtemps. Comme autre beau plafond : *le Parnasse*, peint sur toile, par Lafosse.
N° 32. Une fenêtre par étage.
N° 36. Maison de 1642 ayant appartenu, en 1661, à Ninon de Lenclos.
Ninon de Lenclos, de son véritable nom Anne de Lenclos, née à Paris en 1620, se livra, dès l'âge de 17 ans, à la galanterie, mais avec franchise et désintéressement, n'acceptant rien de ses nombreux amants : le grand Condé, le marquis d'Effiat, le duc de La Rochefoucault, Coligny, etc. Dans la seconde partie de sa vie, elle tint chez elle un salon littéraire et fut reçue par la reine Christine, par Mme de Maintenon, par Mme de Sévigné... Quelques mois avant sa mort, elle se fit présenter le jeune Arouet (Voltaire), déjà célèbre, à qui elle légua par son testament la somme de 2.000 livres pour qu'il puisse s'acheter des ouvrages de lecture.

Elle mourut ici, en 1705, à l'âge de 85 ans.
N° 21 *bis*. Synagogue construite en 1861 sur l'emplacement d'un hôtel ayant dépendu de l'Hôtel de l'abbé de là Rivière, 14, *place Royale*.

N° 25. La RUE DU PAS-DE-LA-MULE, que coupe la rue des Tournelles, date de 1604; son nom vient vraisemblablement d'un montoir, dit *pas-de-mule*. Son n° 3 (vieille maison) est sur l'emplacement d'un cabaret célèbre, à l'enseigne de "*la Fosse-aux-Lions*, tenu, vers 1645, par la Coiffier; c'était un lieu de rendez-vous pour des poètes grands buveurs, familiers des hôtels de la *place Royale ;* Tallemant des Réaux, Voiture, Saint-Amand, le fréquentèrent assidûment. La cour de cette vieille maison, qui a gardé son entrée munie de bornes, est fort pittoresque. Porte des numéros 2 et 4.

La rue du Pas-de-la-Mule conduit au BOULEVARD BEAUMARCHAIS, construit en 1670 sous le nom de *boulevard Saint-Antoine* qu'il garda jusqu'en 1831. Au n° 113 de ce boulevard, maison devant laquelle les massacreurs de la princesse de Lamballe lavèrent sa tête dans un seau lorsqu'ils traînèrent ses restes dans Paris. Du n° 20 au n° 2, emplacement d'une maison que Beaumarchais acheta en 1787 et remplaça par un bel hôtel avec jardin. Elle fut rachetée en 1818 pour faciliter l'ouverture du canal Saint-Martin.

RUE DES TOURNELLES (*suite*).
N° 33. Du XVIIe siècle; porte.
N° 35. Emplacement d'un couvent fondé, en 1624, sous la protection d'Anne d'Autriche, pour le soulagement des pauvres filles et des femmes malades. Ce couvent, d'abord appelé des *Hospitalières près les Minimes de la Place Royale*, prit le nom d'*Hospitalières de Notre-Dame*. Il servit, de 1660 à 1664, de maison de retraite à Françoise d'Aubigné, alors veuve de Scarron. Supprimé à la Révolution, ce couvent fit place, jusqu'en 1906, à diverses institutions de bienfaisance.
N°s. 40-44. Ferronneries.
N° 48. Hôtel du XVIIIe siècle; porte, mansarde, escalier.
N° 50. Hôtel du XVIIIe siècle; façade avec balcons à pilastres en pierre, porte, cour, bel hôtel au fond, escalier avec une superbe rampe à balustres de chêne.
N° 58. Maison du XVIIIe siècle où Merlin de Thionville mourut, en 1833, à 71 ans (inscription).

N° 37. La RUE DES MINIMES date de la création de la *place Royale* (1607); elle longeait, du côté de ses numéros pairs, un couvent de franciscains, celui *des Minimes* ou des *Bons hommes* installé ici, en 1611, dans une partie des anciens jardins de la Maison Royale des Tournelles.
Ce couvent fut fermé à la Révolution, puis transformé en caserne de gendarmerie à partir de 1823. La façade

comportant des vestiges de l'ancienne chapelle et, à l'intérieur, une rampe d'escalier, du XVIIe siècle, sont classées.
Au nº 7 de la rue des Minimes, maison du XVIIIe siècle, restaurée en 1952; et au nº 12 : vieille maison, porte.

Nos 64-68. Maisons du XVIIe siècle.
Nº 72. Du XVIIe siècle; porte, mansarde.

RUE SAINT-GILLES / Cette rue, percée en 1637, doit son nom à une statuette de saint Gilles qui décorait son extrémité est.
Nº 10. Cette maison fut louée, en 1782, par la comtesse de la Motte, l'héroïne de l'Affaire du collier; elle l'habita jusqu'au 6 août 1785, et fut embastillée peu après. Escalier.
Nos 12-14. Vestiges de l'Hôtel de Venise, indiqué, en 1652, comme résidence de l'ambassadeur de la République de Venise à Paris. Curieuse porte, entrée à bornes, médaillons de l'immeuble situé à gauche dans la cour.
Nº 22. Pavillon (restauré) du XVIIIe siècle, construit par l'architecte Delisle-Mansart. La façade du bâtiment situé au fond de la cour est classée. Mascarons, sculptures, boiseries.

RUE VILLEHARDOUIN / Cette rue, de 1640, s'est appelée la *rue Neuve-Saint-Pierre* jusqu'en 1865.
Nos 10, 12, 16, 20. Vieilles maisons; porte des numéros 12, 16, 20.
Nos 5, 7. Maisons du XVIIIe siècle.
Nos 13, 15. Maisons du XVIIe siècle.
Nº 17. C'est dans cette maison — située également au nº 56 de la *rue Saint-Louis* (Turenne) — que mourut Scarron, en 1660. Il l'habitait en compagnie de sa jeune femme, Françoise d'Aubigné, la future Mme de Maintenon, qu'il avait épousée à 42 ans alors qu'elle en avait à peine 17. Après sa mort, ses créanciers firent vendre tous ses meubles et sa femme alla prendre pension chez les *Hospitalières de Notre-Dame*, rue des Minimes.
Crébillon père mourut dans cette maison en 1762. Malgré l'interdiction ecclésiastique qui fut faite aux comédiens d'assister à ses obsèques, ce fut Mlle Clairon qui conduisit le deuil au service religieux célébré 18 jours après. Enfin, Le Sage, l'auteur de *Gil Blas* et de *Turcaret*, habita également cet immeuble, mais c'est à Boulogne-sur-mer qu'il mourut en 1747.
Ferronneries des deux premiers étages.
La délicate statue de Notre-Dame, qui décore l'encoignure de la rue Villehardouin et de la rue de Turenne, est classée.

Prendre à gauche la :
RUE DE TURENNE (*section comprise entre les rues Villehardouin et du Parc-Royal*) / Nos 54-52. Hôtel de la fin du XVIe siècle, appelé soit Hôtel de Montrésor,

soit Hôtel de Gourgues, affecté à des écoles communales depuis 1880.
Ses façades sur rue et sur cour sont classées.
N° 50. Balcon, mansarde.

Prendre à droite la :
RUE DU PARC-ROYAL / Cette rue de 1563 doit son nom au voisinage de l'ancien parc de la Maison Royale des Tournelles.
Hôtel Le Pelletier. — Elle longe, au début de ses numéros impairs, un square bordé par une façade latérale de l'Hôtel Le Pelletier, dont la porte d'entrée (classée) est au n° 29 de la rue de Sévigné. La façade de cet hôtel sur le jardin et son orangerie sont visibles de la rue Payenne, toutes les deux sont classées.
C'est en partie sur les terrains d'anciens ateliers de forgeage de canons que l'intendant Le Pelletier de Souzy, fit construire, en 1686, par Bullet, l'hôtel qu'occupe, depuis 1897, la Bibliothèque historique de la Ville de Paris.
Après Le Pelletier de Souzy, cet hôtel continua à appartenir à sa famille jusqu'à la Révolution et c'est ainsi qu'il fut la propriété, vers 1785, de son arrière-arrière-petit-fils, Le Pelletier de Saint-Fargeau, qui, président à mortier au parlement, député de la noblesse aux Etats-Généraux, membre de la Convention, vota la mort de Louis XVI. Cela lui valut, le 20 janvier 1793, d'être assassiné dans le sous-sol d'un café du Palais-Royal, par l'ancien garde du corps Pâris, qui voulait venger le roi. La Convention fit à Le Pelletier de Saint-Fargeau des funérailles nationales, l'inhuma au Panthéon et adopta sa fille.
Un cabinet a gardé son décor Louis XIV (belles boiseries peintes et dorées, glaces, parquet).
N° 2. Vieille maison.
N° 4. Hôtel de 1620, de style Louis XIII, mais refait. Il fut occupé, de 1700 à 1704, par Lamoignon de Courson, petit-fils du célèbre président, puis par le président Nicolas de Jassaud, par Augustin de Meaupou et le marquis de Canillac. Son escalier, du XVIIe siècle, est classé.
N° 6. Hôtel de 1698; porte.
N° 8. Hôtel de 1660, mais refait, où habitèrent des Coulanges, cousins de Mme de Sévigné, et celle-ci aussi pendant les travaux de réfection de son hôtel Carnavalet.
N° 10. Hôtel de 1628. Escalier; un de ses plafonds, du XVIIIe siècle, est classé.
N° 12. Hôtel de 1619; porte cloutée.
N° 16. Hôtel de Bonneval, de 1780; peintures de la cage de l'escalier.

Revenir sur ses pas jusqu'à la :
RUE PAYENNE / Le nom de cette rue de 1540 est la féminisation du nom de Payen, écuyer sous le règne de Charles VI, et propriétaire dans cette rue.
Le côté de ses numéros pairs longe le SQUARE GEORGES-

CAIN dans lequel est installé le Musée Lapidaire de la Ville de Paris, dépendance du Musée Carnavalet; on aperçoit au fond la façade postérieure, à beau fronton, de l'Hôtel Le Pelletier et, sur le côté, l'Orangerie de ce même hôtel.

Nº 15. Vieille maison.

Nº 13. Hôtel construit vers 1677 pour le grand-maître de l'artillerie de France, fait duc de Lude en 1675, premier gentilhomme de la chambre du roi, et familier de Mme de Sévigné. Il fut habité par la duchesse de Châtillon de 1774 à 1783. Cet hôtel est dit « de Lude » et, aussi « de Châtillon ». Porte, belle cour, escalier.

Nº 11. Hôtel de Marle, du début du XVIIe siècle, où habitèrent, entre autres, la comtesse de Polastron et Mme de Polignac; cet hôtel est aussi dit « de Polastron-Polignac ». Porte, deux pavillons, escalier. Le lycée Victor-Hugo situé en face (porte principale au nº 27 de la rue de Sévigné) est sur l'emplacement du *couvent des Filles-de-l'Annonciade* ou *Filles-Bleues*, installées ici de 1622 à la Révolution. Ces religieuses, qui suivaient la règle de saint Augustin, vivaient dans une profonde retraite et ne voyaient personne, sauf les leurs une fois par an.

Nº 5. Du XVIIIe siècle.

Église du couvent des Minimes (*grav. 17e s.*)

6 DE LA POTERNE BARBETTE AUX PRISONS DE LA FORCE

La rue de Paradis, le Couvent des Blancs-Manteaux / La rue Vieille-du-Temple : l'Hôtel des Ambassadeurs de Hollande, la Poterne Barbette, l'Hôtel Hérouët / La rue des Francs-Bourgeois : l'allée des Arbalétriers, l'Hôtel Barbette, les Hôtels Poussepin, d'Alméras et de Sandreville, l'Hôtel d'Albret / La rue Pavée : l'Hôtel d'Angoulême, l'Hôtel et les prisons de La Force.

Point de départ : 52, rue des Francs-Bourgeois

RUE DES FRANCS-BOURGEOIS / Cette rue appelée au Moyen-Age dans sa partie comprise entre les rues Vieille-du-Temple et Payenne *rue des Poulies*, à cause des poulies utilisées par les tisserands qui l'habitaient, doit son nom actuel à la « *maison d'aumône* » qui y fut installée au début du XVIe siècle pour abriter 48 pauvres gens *francs* de toutes taxes et impositions. Ces *francs-bourgeois* finirent par constituer la lie de la population du quartier, leur *maison d'aumône*, devenue un asile de débauche et de prostitution, fut fermée, mais le nom de ces habitants resta pour s'étendre, en 1868, à la totalité de la rue comprise entre la rue des Archives et la place des Vosges.
L'assassinat, en 1407, du duc d'Orléans par son cousin germain Jean sans Peur, met en cause l'*Hôtel Barbette*, la *poterne Barbette*, l'*Hôtel du maréchal de Rieux* (actuellement des Ambassadeurs de Hollande) et la chapelle du *couvent des Blancs-Manteaux*. Ci-après l'historique de ces différents endroits.

En 1258, saint Louis, de retour de sa captivité en Orient, installa dans la rue qui porte actuellement le nom de rue des Blancs-Manteaux un ordre de frères mendiants appelés *les Serfs de la Vierge*. Ils étaient revêtus d'un long manteau blanc. Mais, 13 ans plus tard, le pape Boniface VIII les supprima et les remplaça par un autre ordre de moines mendiants, porteurs, eux, de manteaux noirs, celui des *Ermites de Saint-Guillaume*, que les Parisiens appelèrent les *Guillemites* (le nom d'une rue voisine rappelle leur souvenir).
Ce *couvent des Blancs-Manteaux*, qui serait délimité

actuellement par les rues des Blancs-Manteaux, Vieille-du-Temple, des Francs-Bourgeois et des Archives, était un grand établissement, avec chapelle, bâtiments conventuels, jardins... Il devint, au XVIIe siècle, un couvent de bénédictins que le Mont-de-Piété absorba en partie lors de sa création, en 1785. Le reste du couvent fut vendu à la Révolution, seule son église, reconstruite en 1685, subsista; c'est maintenant l'église Notre-Dame-des-Blancs-Manteaux.

RUE DES GUILLEMITES / La partie nord de cette rue a été percée en 1807 sur les jardins de l'ancien couvent des Blancs-Manteaux.
A hauteur du nº 14 un pavage indique l'emplacement de la tour de l'enceinte de Philippe-Auguste précédant la *poterne Barbette*. Au-delà, le portail plaqué contre l'église date du XIIe siècle. Il provient de l'ancienne chapelle du *couvent des Barnabites*, construit, en 1629, dans la Cité sur l'emplacement de l'ancienne abbaye Saint-Martial, fondée par saint Eloi; il a été remonté ici pierre par pierre en 1843.
La partie sud de la rue des Guillemites, ouverte vers 1250, s'est appelée jusqu'en 1868, la *rue des Singes*, du fait d'une enseigne.
Nº 10. Façade de derrière de l'Hôtel des Ambassadeurs de Hollande.
Nº 9. Du XVIIe siècle.
Nº 5. Porte cloutée.
Nº 6. PASSAGE DES SINGES du début du XIXe siècle, à prendre jusqu'à la :

RUE VIEILLE-DU-TEMPLE / Cette rue existait déjà depuis 1270 sous ce nom ou, plus exactement, sous celui de *Vieille-rue-du-Temple* dans sa section comprise entre la place Baudoyer et l'enceinte de Philippe-Auguste (rue des Francs-Bourgeois) qu'elle traversait à la *poterne Barbette*.
Nº 43. Hôtel de Bragelonne.
Nº 45. Du XVIIIe siècle.
Nº 44. Du XVIIe siècle. Sa porte monumentale, avec ses vantaux, et le départ de son escalier sont classés.
Nº 47. *Hôtel dit « des Ambassadeurs de Hollande »*. On trouvait ici, en 1395, une résidence appartenant à messire Jean de Rieux, gentilhomme breton, compagnon de du Guesclin. C'était un des plus vaillants capitaines de Charles V, et aussi de Charles VI, qui le nomma maréchal de France en 1397.
Après avoir été occupé par différentes personnes au cours des siècles suivants, cet hôtel appartint, en 1655, à Jean-Baptiste Amelot, vicomte de Bisseuil, qui, en 1657, fit achever, par Pierre Cottard, sa reconstruction commencée par son père. Après ces travaux, l'hôtel, dont l'entrée principale fut placée rue Vieille-du-Temple, et non comme avant *rue des Singes*, comporta une cour d'honneur encadrée par le bâtiment principal et ses deux ailes, une seconde cour, plus grande, avec, au fond, un autre bâtiment ouvrant sur la *rue des Singes*.

La porte d'entrée principale est ornée extérieurement, sous le cintre, de deux *renommées* assises; sur les battants de menuiserie, des bas-reliefs représentent des têtes de Méduse et des médaillons; le tout est l'œuvre de Renaudin. Elle est ornée intérieurement d'un grand bas-relief : *Remus et Romulus allaités par une louve et trouvés par le berger Faustulus, intendant des troupeaux du roi Amulius*, également de Renaudin (la date de 1660 est gravée sur le côté gauche); sur les vantaux, des médaillons représentent *la Force* et *la Vérité*, *la Paix* et *la Guerre*, et d'autres bas-reliefs, *Cérès* et *Flore*. La serrurerie est également remarquable.

La cour d'honneur offre sur ses façades latérales quatre cadrans solaires accompagnés de devises latines en lettres d'or, œuvre d'un carme, membre de l'Académie des Sciences, le père Sébastien Truchet.

La façade du bâtiment principal est couronnée d'un fronton supporté par quatre consoles à figure d'enfant; on voit en son centre un écusson où étaient jadis les armoiries d'Amelot de Bisseuil.

Un passage sous voûte, orné de pilastres et de bustes, conduit à la grande cour.

La façade du bâtiment du fond, qui présentait aussi un fronton à double écusson armorié, a des niches à coquille avec statue; à gauche, un petit portique ionique, style Renaissance, ouvre sur une terrasse. Celle-ci couvre un rez-de-chaussée à trois arcades, jadis remise des carrosses. La façade du bâtiment principal est ornée, de ce côté, de mascarons, de guirlandes et d'écharpes.

L'intérieur de l'hôtel fut merveilleusement décoré de peintures de Poerson, de Dorigny, de Vouet, de Jean-Baptiste Corneille (*la légende de Psyché*), de Van Boucle, de bas-reliefs de Sarazin, ce qui a fait écrire par La Bruyère : *Un bourgeois aime les bâtiments ; il se fait bâtir un hôtel si beau, si riche et si orné, qu'il est inhabitable ; le maître, honteux de s'y loger, ne pouvant se résoudre à le louer... se retire en galetas où il achève sa vie.*

Après la mort d'Amelot de Bisseuil différents propriétaires et locataires occupèrent l'hôtel. Le plus célèbre d'entre eux est Caron de Beaumarchais, qui, en 1776, loua tout l'hôtel pour 6.000 livres par an, afin d'y installer la maison Rodriguez, Hortalez et Cie, subventionnée par les gouvernements français et espagnol pour venir en aide, en leur fournissant des armes, aux colons américains insurgés contre le gouvernement anglais. Beaumarchais résida ici 12 ans; il y habita avec Mlle Marie-Thérèse Willer-Mawlaz qu'il épousa en troisièmes noces, légitimant ainsi la naissance de sa fille, Eugénie, qu'il avait eue d'elle.

Il écrivit là, en 1778, *le Mariage de Figaro*, qui ne fut joué que six ans après; « Chérubin » sort donc de l'Hôtel des Ambassadeurs de Hollande. Beaumarchais y composa aussi *Tarare*, représenté à l'Opéra en 1787.

Après la Révolution, l'hôtel, abandonné au commerce, fut divisé, compartimenté en magasins et ateliers, et cloisonné en de multiples appartements. Ce n'est qu'en 1924 que son nouveau propriétaire fit enlever toutes ces constructions parasites, et confia sa restauration à un architecte avisé qui sauva, dans toute la mesure où cela a été possible, cette œuvre de Cottard, qui constitue actuellement un des plus beaux hôtels du Marais.

Mais d'où vient ce nom d'*Hôtel des Ambassadeurs de Hollande* alors que la Hollande n'a jamais eu d'ambassade ici ?

L'explication la plus vraisemblable semble être la suivante. Lors de la révocation de l'Edit de Nantes, époque à laquelle les chapelles des ambassades des puissances protestantes à Paris n'arrivaient pas à assurer le service du culte réformé tellement l'affluence était grande, un chapelain de l'ambassade de Hollande aurait habité, entre 172 et 1727, ce nº 47 de la rue Vieille-du-Temple où il aurait assuré le service du culte protestant. C'est d'ailleurs dans la chapelle de cet hôtel, maintenant disparue, que bien antérieurement, en 1634, avait été célébré le mariage de Valentin Conrart, premier secrétaire perpétuel de l'Académie Française et protestant, et que, postérieurement, Mlle Necker, la future Mme de Staël, également protestante, fut baptisée en 1766. Un parent de Franklin y avait épousé une demoiselle écossaise.

Quoi qu'il en soit, c'est en 1745 seulement que ce nom est apparu pour la première fois dans une liste des rues de Paris.

Hôtel classé.

Nº 61. *La poterne Barbette.* Emplacement de la *poterne Barbette*, petite porte percée dans l'enceinte de Philippe-Auguste à l'endroit où la *Vieille-Rue-du-Temple* la traversait. Démolie sous François Ier, elle avait cessé de jouer un rôle militaire depuis que le rempart de Charles V avait remplacé, en 1360, l'enceinte de Philippe-Auguste. Par conséquent, lors de l'assassinat du duc d'Orléans par Jean sans Peur, en 1407, elle était ouverte en permanence et, plus ou moins délabrée, elle n'abritait plus de corps de garde.

Nº 54. A l'angle de la rue Vieille-du-Temple et de la rue des Francs-Bourgeois s'élève une tourelle qui est un vestige de l'*Hôtel Hérouet*, construit vers 1510 environ pour Jean Hérouet, secrétaire de Louis XII. Cette tourelle est un spécimen de la fin de l'art ogival quelques années avant la Renaissance. C'était une décoration d'encoignure, un observatoire pacifique sur un carrefour animé.

RUE DES FRANCS-BOURGEOIS (*suite*).

Nº 40. Maison de 1610.

Nº 38. Le passage actuel, fort pittoresque, est situé à l'emplacement de l'ancienne *allée aux Arbalétriers*, qui, s'étendant jusqu'au rempart de Philippe-Auguste, parallèle à la rue des Rosiers, desservait une entrée secondaire de l'*Hôtel Barbette* et conduisait à un champ

Portail de Notre-Dame-des-Blancs-Manteaux (*grav. 17e s.*)

Hôtel des ambassadeurs de Hollande / Porte d'entrée (*grav. 17e s.*)

qui servait de terrain d'exercice aux arbalétriers. Il y avait longtemps qu'était oublié l'anathème qui, en 1139, avait été jeté, au Concile de Latran, contre l'arbalète, arme des lâches puisqu'elle permettait d'éviter le corps à corps et de tuer les gens de loin. A l'entrée de cette allée, encastrée de nos jours entre deux vieilles maisons de 1610 et de 1603, on lisait jusqu'en 1908 une inscription relatant que dans ce passage, en sortant de l'Hôtel Barbette, le duc Louis d'Orléans, frère du roi Charles VI, avait été assassiné par Jean sans Peur, duc de Bourgogne, dans la nuit du 23 au 24 novembre 1407.

L'Hôtel Barbette. Etienne Barbette, prévôt des marchands sous Philippe-le-Bel, avait possédé dans ce quartier une maison de campagne, entourée de vastes jardins clos de murs, dite la *courtille Barbette*. C'est ce prévôt qui, en réglant les rapports de propriétaire à locataire, a institué cette obligation de donner congé trois mois à l'avance, qui est toujours en vigueur.
Lors de l'émeute qui, à Noël 1306, souleva les Parisiens contre Philippe-le-Bel à la suite d'une de ces opérations de dévaluation de la monnaie où le roi avait coutume de baisser la valeur de celle-ci lorsqu'il devait en recevoir et de la hausser lorsqu'il devait en donner, Etienne Barbette, compromis dans cette affaire, vit sa courtille complètement pillée et mise à sac; les arbres de son jardin furent même coupés au ras du sol.
En 1390, l'Hôtel Barbette appartenait au sire Jean de Montaigu, surintendant des finances de Charles VI, à qui on doit la moitié du bronze qui entre dans la composition du gros bourdon de Notre-Dame. Il le vendit, en 1401, à la reine de France, Isabeau de Bavière, qui en fit sa maison de campagne.

RUE DES FRANCS-BOURGEOIS (*suite*) / Nos 36 et 34. Emplacement de cette « maison d'aumône », abri des francs-bourgeois qui laissèrent leur nom à la rue. La maison actuelle, *l'Hôtel Poussepin* (du nom d'un propriétaire), a été bâtie en 1603.
No 30. Hôtel bâti en 1598 pour Jean de Fourcy, trésorier général de France, et habité, en 1632, par Pierre Alméras, conseiller du roi et général des postes.
Cet hôtel connu sous le nom d'*Hôtel d'Alméras*, dont la porte monumentale sur rue avec ses vantaux et ses façades sur cour sont classées, est un spécimen de l'architecture du temps d'Henri IV. Le buste (moderne) du roi placé contre la façade du fond rappelle que derrière cet hôtel était celui de François-Annibal d'Estrées, frère de la belle Gabrielle.
Cour, escalier.
No 26. Cet hôtel, bâti en 1630 et connu sous les noms d'*Hôtel de Sandreville* ou d'*Hôtel Le Mayrat de Saint-Cyr*, a sa porte monumentale sur rue avec ses vantaux. et ses façades sur cour classées. Il faut aller

jusqu'au fond de sa cour pour voir la façade donnant sur les anciens jardins. On peut en avoir une meilleure vue du nº 3 de la rue Barbette où l'hôtel avait une autre entrée.
Nº 35. Hôtel du XVIIᵉ siècle; les deux mascarons de la façade sur cour sont classés.
On coupe la RUE ELZÉVIR qui longeait l'Hôtel Barbette; elle s'est appelée, de 1598 à 1867, *rue des Trois-Pavillons*. La veuve du poète burlesque Scarron l'habita en 1668. Son nº 2 est à l'emplacement de l'Hôtel de Lusignan où logeait, au XVIIᵉ siècle, le poète François Payot de Linière, qui but un jour à l'église tout le contenu d'un bénitier dans lequel sa maîtresse venait de tremper le bout de son doigt. « Ce libertin, a dit Boileau, n'a jamais fait d'autre acte de piété. »

Nº 31. *L'Hôtel d'Albret*. La première pierre de cet hôtel, classé comme monument historique, a été posée, en 1550, par Anne de Montmorency, le grand connétable qui servit cinq rois (Louis XII, François Iᵉʳ, Henri II, François II et Charles IX), qui participa à 200 combats, à 10 traités et qui fut tué sur le champ de bataille de Saint-Denis, à 74 ans, en combattant les huguenots. L'hôtel, construit pour son quatrième fils, appartint, en 1648, à César-Phœbus d'Albret, comte de Miossens, maréchal de France depuis 1613. Un de ses biographes a écrit de lui qu'il était un « maréchal de France que la vue d'un marcassin faisait tomber en syncope ». Il aimait le luxe, menait grand train de maison et avait à la tête de ses familiers son cousin germain, le marquis de Montespan. Celui-ci était secondé dans la tenue de la maison par une femme de second plan, une femme affectant des allures discrètes autant qu'effacées, la veuve du poète burlesque Paul Scarron, petite-fille du célèbre historien Agrippa d'Aubigné, la future Mᵐᵉ de Maintenon.
L'Hôtel refait vers 1690; fronton, balcon, ferronneries, porte avec serrures et heurtoir, escaliers.
Nºˢ 20 et 18. Maisons ayant appartenu, de 1632 à 1687, aux religieuses de *Sainte-Claire de la Nativité-de-Jésus*, aussi installées aux nºˢ 1 et 3 de la rue Payenne. Ferronneries du balcon d'entresol au-dessus de l'entrée.
Nº 25. *Hôtel d'Angoulême*, puis *de Lamoignon*. L'*Hôtel d'Angoulême* (entrée : nº 24, rue Pavée), un des plus vieux du Marais, est classé comme monument historique pour sa façade sur cour et les toitures du bâtiment principal, les deux pavillons d'escalier situés à droite et à gauche de ce bâtiment bordant la cour d'entrée du côté de la rue des Francs-Bourgeois, sa porte cochère et un salon au deuxième étage.
A remarquer, au carrefour, l'échauguette quadrangulaire sur une triple trompe portant à sa base les lettres S.C. marquant une des limites du fief de *Sainte-Catherine-du-Val-des-Ecoliers*; au portail, un

fronton circulaire, de 1708, où deux figures d'enfants qui tiennent, l'un, un miroir, l'autre, un serpent, symbolisent *la Vérité* et *la Prudence*, qualités premières d'un bon magistrat.

Le bâtiment principal est au fond de la cour d'honneur. Ses hauts pilastres corinthiens plaqués sur la hauteur totale de la façade sont la première manifestation à Paris de cet ordre colossal que l'on retrouvera plus tard dans la Grande-Galerie du Louvre, au *collège des Quatre-Nations* (Institut), à l'Hôtel de Saint-Aignan (rue du Temple), etc. Deux avant-corps à chaque extrémité présentent un fronton chargé d'allégories (une Diane chasseresse, une tête de cerf, un croissant, des têtes de chiens, arcs, carquois...) rappelant les goûts de Diane de France pour la chasse. Sur le côté gauche, le bâtiment de date postérieure (du début du XVIIe siècle) possède un bel escalier. Sur le côté droit était jadis une autre aile qui fut démolie en 1834.

Jadis, un jardin s'étendait derrière jusqu'à la *rue de la Culture-Sainte-Catherine* (de Sévigné); de ce côté la façade du bâtiment principal était moins ornée que celle donnant sur la cour d'honneur.

Cet hôtel fut construit, en 1584, par Diane de France, duchesse d'Angoulême, alors âgée de 46 ans.

A l'Hôtel d'Angoulême, Diane de France vécut une existence calme qui fit comparer sa demeure à un gynécée de pudeur. Elle y mourut, en 1619, à 81 ans, après avoir vu sept rois sur le trône de France (de François Ier à Louis XIII). Elle avait désigné Charles de Valois comme son héritier et son légataire universel.

Charles de Valois mourut, le 24 septembre 1650, à 77 ans; sa veuve, Françoise de Nargonne, lui survécut 63 ans. Elle mourut, en 1713, à 90 ans, soit 139 ans après son beau-père, le roi Charles IX. En 1713, cette très vieille personne attirait l'attention à Versailles par sa qualité de dernière représentante officielle de la maison de Valois. Elle fut connue du futur cardinal de Belloy, qui mourut, en 1808, à 99 ans, après avoir connu le futur Napoléon III. Elle fut donc un trait d'union entre celui-ci et Charles IX !

Françoise de Nargonne loua l'hôtel, en 1651, à la duchesse de la Roche-Guyon, qui y entretint le poète Benserade, un des quarante premiers académiciens qu'elle choya de toutes les façons. Puis elle le loua, en 1658, à Guillaume de Lamoignon, premier président au parlement de Paris.

En 1867, Alphonse Daudet vint y habiter; il a écrit là *Fromont jeune et Risler aîné* (1874), puis *Jack* (1876); son fils, Léon, y naquit en 1867.

L'hôtel est actuellement la propriété de la ville de Paris, qui compte y installer sa bibliothèque historique, actuellement à l'Hôtel Le Pelletier-Saint-Fargeau, qui deviendrait alors une annexe du musée Carnavalet.

RUE PAVÉE / Cette rue de 1235 s'est appelée rue *Marivaux* jusque vers 1450.
Nº 22. Emplacement de l'Hôtel de Charles d'Anjou, frère de saint Louis, couronné à Naples comme roi de Sicile; c'était, en 1266, l'*Hôtel du Roi-de-Sicile*. Il fut morcelé en 1652 : la partie longeant la rue de Sévigné devint, en 1700, l'Hôtel Poulletier (actuellement occupé par une caserne de pompiers), celle en bordure de la rue Pavée, du nº 12 au nº 22, devint, en 1698, l'*Hôtel de La Force*.
Il était alors la propriété de Henri-Jacques Nompar de Caumont, duc de La Force, petit-fils de ce duc de La Force qui, enfant, échappa au massacre de la Saint-Barthélemy en faisant le mort aux côtés de son père et de son frère aîné qui venaient d'être massacrés; plus tard, en 1610, il était dans le carrosse d'Henri IV lorsque le roi fut assassiné; il désarma alors Ravaillac dont le poignard est resté depuis dans la famille des Caumont de La Force. Henri-Jacques de Caumont de La Force donna ici des fêtes brillantes, dont les contemporains de Louis XIV nous ont laissé le souvenir.
En 1780-1785, l'*Hôtel de La Force*, au nom prédestiné, fut transformé en deux prisons, l'une, la Petite-Force, réservée aux femmes de mauvaise vie, l'autre, la Grande-Force, aux hommes, principalement à ceux enfermés pour délits civils et dettes. Ces deux prisons devinrent, sous la Révolution, prisons politiques. Elles furent fermées en 1840, puis démolies, et, en 1853, la rue Malher fut percée sur leur emplacement depuis la rue Pavée jusqu'à la rue du Roi-de-Sicile.

RUE DU ROI-DE-SICILE / L'entrée de la prison de la Grande-Force était au nº 2 de cette rue. C'est à cet endroit que furent assassinés, en septembre 1792, près de 170 personnes.

Façade de l'Hôtel d'Albret

7 DE L'HOTEL DU ROI-DE-SICILE AU CLOITRE DES BILLETTES

La rue du Roi-de-Sicile, les rues Bourg-Tibourg et Cloche-Perce / Les rues des Juifs, des Rosiers et des Ecouffes / La rue Sainte-Croix-de-la-Bretonnerie, les rues de Moussy et des Mauvais-Garçons / La rue Barre-du-Bec / Le Couvent des Carmes-Billettes.

Point de départ : 62, rue du Roi-de-Sicile

La majorité des rues qui suivent ont été créées peu de temps après la construction de l'enceinte de Philippe-Auguste; la plupart datent donc du commencement du XIIe siècle.

RUE DU ROI-DE-SICILE / Cette rue doit son nom au vaste hôtel qu'y fit construite le frère de saint Louis, Charles d'Anjou, après avoir été couronné, en 1266, roi de Naples et de Sicile.

N° 62. La RUE DU BOURG-TIBOURG, du milieu du XIIe siècle, rappelle le petit bourg de *Tibout*, que la construction de l'enceinte de Philippe-Auguste incorpora dans Paris.

RUE DU BOURG-TIBOURG :
N° 8. Vieille maison (une fenêtre par étage).
N° 10. Vieille maison.
Nos 16, 18. Portes.
N° 22. Vieille maison.
N° 24. Une fenêtre par étage.
Nos 26, 39, 37, 35. Vieilles maisons.
N° 33. Porte de l'ex-Hôtel des ducs de Vendôme.
N° 41. Vieille maison.

N° 29. La RUE CLOCHE-PERCE, coupée en deux par la rue de Rivoli, remonte au milieu du XIIIe siècle.

RUE CLOCHE-PERCE :
N° 16. Maison du XVIIIe siècle; mansarde.
N° 14. Maison qu'habita Mme Mignot, sœur de Voltaire; porte.
N° 27. Vieille maison.
N° 30. Vieille maison du XVIe siècle.
N° 13. Emplacement de l'*Hôpital du Petit-Saint-Antoine*, fondé en 1095, supprimé en 1615 et transformé, en 1619, en un séminaire pour l'instruction de jeunes augustins. Lorsqu'il était hôpital, on y soignait surtout les pauvres atteints de la maladie dite *du feu sacré*, ou *de Saint-Antoine*, semblable au *mal des ardents*.

RUE FERDINAND-DUVAL / Cette rue, qui date du début du XIIIe siècle, prit, vers l'an 1500, le nom de *rue des Juifs* qu'elle garda jusqu'en 1900, ce qui montre l'ancienneté des attaches des Israélites pour ce quartier.
C'est à l'angle de cette rue et de la rue des Rosiers que se trouvait une statuette de la Vierge que les huguenots brisèrent, en juin 1528; sacrilège qui fut l'objet d'une réparation éclatante de la part de François Ier en janvier 1529.
N° 7. Vieille maison, ferronneries, mansarde.
N°s 15, 17. Vieilles maisons.
N° 20. Porte, façade. On trouve au fond de la cour de cet immeuble un hôtel du XVIe siècle, fort intéressant par ses pilastres, sa toiture et ses mansardes de pierre sculptée. Il fut habité au XVIIIe siècle par des membres de la cour des aides.

RUE DES ROSIERS / Cette vieille rue longeait intérieurement le rempart de l'enceinte de Philippe-Auguste, dont des restes, classés, subsistent aux numéros 8, 10 et 14 (maisons modernes); elle était déjà citée en 1230 sous ce même nom dû aux rosiers des jardins voisins.
N° 18. Mansardes.
N°s 20, 22, 36 à 40, 42. Vieilles maisons.
N° 17. Vieille maison.
N° 23. Entrée d'un hôtel du XVIIIe siècle habité, en 1750, par le colonel d'Estat. La complaisance de sa femme, petite-nièce du curé de Saint-Eustache, n'ayant pas été étrangère à son avancement dans l'armée, ses anciens égaux dirent de lui : « Quand on fait son chemin par l'épée, c'est bien moins rapide que par la robe. »

RUE DES ÉCOUFFES / Cette rue, contemporaine des précédentes, s'appelait, vers l'an 1300, la *rue de l'Escoufle*, nom venant d'une enseigne représentant un milan (appelé alors *escoufle*), nom communément donné aux prêteurs sur gages.
Ce fut au carrefour qu'elle formait avec les rues Tiron et du Roi-de-Sicile que l'Académie Française eut, en 1634, un de ses premiers lieux de réunion.
N° 22. Du XVIIIe siècle.
N° 20. Emplacement de la maison où mourut, en 1674, à 72 ans, Philippe de Champaigne (inscription); il fut le portraitiste des rois et des grands personnages de son époque et décora de nombreux couvents et églises de Paris.
N°s 16, 14, 12, 2. Vieilles maisons.
N° 3. Emplacement de la maison où mourut, en 1688, l'historien et philologue Charles du Fresne.
N° 5. Porte.
N°s 9, 11, 21, 23. Vieilles maisons.
Un passage, aussi curieux que sombre, situé à hauteur du n° 9, permet, lorsqu'il est ouvert, de gagner la:

RUE DU TRÉSOR, rue de 1882, qui doit son nom aux pièces d'or de l'époque de Jean le Bon et de

Charles V, qui furent découvertes à cette date dans les fondations d'un vieil hôtel du XVIIe siècle, l'hôtel d'Antoine Coiffier de Ruzé d'Effiat, situé à l'encoignure sud de cette rue et de la rue Vieille-du-Temple. Cet Antoine d'Effiat était le père de Cinq-Mars, le favori de Louis XIII que le cardinal de Richelieu fit décapiter en 1642.

Prendre, à gauche et à droite, la :

RUE VIEILLE-DU-TEMPLE (*section comprise entre les rues des Rosiers et du Roi-de-Sicile*).

N° 24. Vestiges de l'entrée de l'Hôtel d'Effiat; porte fronton, voûte du vestibule.

N° 20. L'IMPASSE DE L'HOTEL-D'ARGENSON est un ancien cul-de-sac conduisant au petit Hôtel d'Argenson, du XVIIIe siècle, qui était situé à son extrémité. Curieux cul-de-sac avec ses vieilles maisons aux portes basses et aux fenêtres à barreaux.

N° 14. Porte, cour.

N° 15. Hôtel de 1650; mascarons; au fond de la cour, à gauche, bel escalier dans une aile plus récente.

N° 17. Porte.

N° 21. Façade décorée de guirlandes; ferronneries du troisième.

N° 23. Vieille maison; bel escalier dans la première cour; deuxième et troisième cours pittoresques.

N° 24. La façade sur rue, les vantaux de la porte et le passage voûté conduisant de la rue à la cour sont classés.

N° 27. Vieille maison; mansardes.

N° 33. Vieille maison.

N° 36. Hôtel de 1660, porte du XVIIIe siècle, ferronneries et escalier de la cour. Porte classée.

Revenir sur ses pas et prendre la :

RUE SAINTE-CROIX-DE-LA-BRETONNERIE /

Cette rue, citée en 1232, doit son nom au *couvent des Frères-de-la-Sainte-Croix*, établi dans cette rue qui traversait un ancien fief appelé, vers 1230, de la *Grande-Bretonnerie*. Eustache Lhuillier, prévôt des marchands en 1506, a habité cette rue (emplacement du n° 5).

N° 2. Vieille maison.

N° 3. Porte, mansardes, cour, escalier.

N° 16. Maison habitée avant la Révolution par l'astronome François de Lalande, membre de l'Académie des Sciences, auteur, vers 1765, d'une très remarquable carte astronomique.

Mascaron du dessus de la porte.

N° 18. La RUE AUBRIOT, du début du XIIIe siècle, porte le nom du prévôt de Paris du temps de Charles V, Hugues Aubriot, qui construisit la Bastille.

RUE AUBRIOT :

N° 4. Porte.

N° 10. Hôtel de 1616, refait en 1703; porte, escalier, mascaron du vestibule.

N° 9. Portes aux vantaux classés.

N° 3. Porte.

N° 18. Du XVIIe siècle; fronton.

Nº 13. Ferronneries, porte, cour avec mansarde à poulie et escaliers.
Nº 20. Hôtel de 1696, propriété du fermier général Romans, puis, au XVIIIe siècle, de Le Pelletier de Morfontaine, intendant de Soissons. L'avocat Target, membre de l'Assemblée Nationale Constituante, qui avait refusé de défendre Louis XVI, prétextant de sa santé, y mourut en 1807. Cet hôtel fut, de 1840 à 1859, affecté à la mairie de l'ex-VIIe arrondissement et fut le local de celle du IVe de 1860 jusqu'en 1867. Hôtel refait.

Nº 19. RUE DE MOUSSY, de la fin du XIIIe siècle, porte le nom d'un de ses habitants, échevin en 1530. L'évêque Cauchon et Poisson, le père de la future marquise de Pompadour, l'ont habitée. Elle est prolongée par la *rue des Mauvais-Garçons*, de la même époque, dont il ne reste qu'une courte section. Ces deux rues conservent encore quelques vieilles maisons du XVIIe siècle.
Nº 19. Façade Louis XV.
Nº 22. Ancien hôtel; escalier.
Nº 24. Porte, cour, rampe d'escalier Louis XIV.
Nº 35. La plus grande partie de l'îlot compris entre la rue de Moussy, la rue Sainte-Croix-de-la-Bretonnerie, la rue des *Billettes* (des Archives) et la rue de la Verrerie a été occupée depuis 1258 jusqu'à la Révolution par le *couvent des religieux de Sainte-Croix-de-la-Bretonnerie ;* le square de ce nom (de 1909) est au centre de son emplacement. La principale occupation de ces religieux était de méditer sur la Passion et sur la Croix de Jésus-Christ, d'où leur nom de *Cruciferi, Cruce Fignati, Porte-Croix, Croisiers*... Ils furent réformés, en 1518, à la suite de quelques relâchements et, sous le règne de Louis XIII, le cardinal de la Rochefoucauld dut intervenir pour réprimer quelques nouveaux désordres.
Les jurés crieurs pour les inhumations, premiers organisateurs des pompes funèbres de Paris, eurent leur lieu de réunion dans la chapelle de ce couvent. Ce couvent, fermé à la Révolution, a été démoli en 1793.
Nº 44. Hôtel du XVIIIe siècle.
Nº 47. Tourelle de 1610 (cf. ci-après, nº 24 de la rue du Temple).

RUE DU TEMPLE (*section comprise entre les rues Sainte-Croix-de-la-Bretonnerie et de la Verrerie*) :
La rue du Temple est, depuis 1851, la réunion de quatre vieilles rues dont les principaux noms furent : *Sainte-Avoye*, *Barre-du-Bec*, *de la Tisseranderie* et *des Coquilles*.
Nº 24. Tourelle de 1610 attenante à une maison, fort restaurée, où habitèrent, en 1635, Turpin, chirurgien de Gaston d'Orléans, frère de Louis XIII, puis, en 1685, le maître chirurgien Jolly.
Nº 22. Hôtel du début du XVIIIe siècle. Mansardes, porte, cour, escalier.
Nº 21. Emplacement de la maison de justice de l'abbaye de Notre-Dame-du-Becq-Hellouin, d'où le

nom de rue *Barre-du-Bec* que porta jadis cette section de la rue du Temple.
Nº 17. Une inscription indique qu'ici se trouvait, de 1372 à 1390, l'entrée de l'hôtel du connétable du Guesclin.
Nº 20. Ancien bureau de la Gabelle au XVIIᵉ siècle; entrée sous voûte à solives, cour.
Nº 18. Vieille maison; cour, escalier.
Nº 12. Mascarons.
Nº 10. Vieille maison.

Tourner à gauche dans la RUE DE LA VERRERIE :
Nᵒˢ 40 à 38 : Vieilles maisons; fronton de la porte, ferronneries et escalier du nº 38.

Tourner à gauche dans la :
RUE DES ARCHIVES (*section comprise entre les rues de la Verrerie et des Blancs-Manteaux*) :
Le nom actuel de cette rue, dû au voisinage de l'Hôtel des Archives, est la fusion, depuis 1874, des nombreux noms que cette rue a portés depuis le XIIIᵉ siècle dans ses sept sections différentes.
Nᵒˢ 22 et 24. Emplacement du couvent des *Carmes-Billettes*, édifié sur l'endroit où fut jadis la maison du juif Jonathas.
En 1290, une pauvre femme ne put, dit-on, retirer ses habits qu'elle avait mis en gage, qu'à la condition d'apporter à Jonathas l'hostie qu'elle recevrait à la communion. Une fois celle-ci reçue à l'église Saint-Merri, le jour de Pâques, la pauvre femme courut la remettre au juif. Jonathas la prit et la perça de plusieurs coups de canif; aussitôt il en coula un sang abondant. Jonathas la jeta alors dans une chaudière remplie d'eau bouillante, celle-ci devint aussitôt rouge comme du sang alors que l'hostie s'élevait au-dessus d'elle. Le quartier fut ameuté; Jonathas fut arrêté et condamné à être brûlé vif. Ses biens et sa maison furent confisqués au profit de Philippe-le-Bel, et on construisit sur l'emplacement de celle-ci une chapelle expiatoire, appelée *la chapelle du Miracle* que l'exhaussement de la rue a enterrée et fait disparaître vers 1410.
Philippe-le-Bel y établit, en 1299, les *Frères de la Charité-Notre-Dame* qui y restèrent jusqu'au début du XVIIᵉ siècle. Mais ces religieux étaient à cette époque tellement déchus qu'ils furent remplacés, en 1633, par des Carmes réformés qu'on appela les *Carmes-Billettes*, à cause de la forme du scapulaire que portaient leurs prédécesseurs, les Frères de la Charité-Notre-Dame.
Le cloître de quatre galeries de 14 arcades que l'on voit au centre de cet établissement (actuellement temple luthérien) a été construit en 1415; cloître classé. L'église, de 1735, est l'œuvre d'un dominicain.
Nº 42. Portail du XVIIIᵉ siècle, façade classée.
Nº 44. Emplacement de l'ancien cabaret de *l'Homme Armé*, cité au début du XIVᵉ siècle. Inscription moderne de l'ancien nom de cette section de la rue. Porte.
Nº 46. Maison pittoresque.

8 DE LA PLACE DE GRÈVE A LA RUE DU PRÉVOT

La Place de Grève et de l'Hôtel de Ville / Le Monceau Saint-Germain : l'orme, l'église Saint-Gervais-Saint-Protais / Les rues de la Mortellerie, du Pourtour-Saint-Gervais, des Barres et Grenier-sur-l'eau / La rue Geoffroy-l'Asnier, l'Hôtel de Châlons-Luxembourg / La rue Saint-Antoine : une discrète maison Renaissance, l'Hôtel de Beauvais, les Hôtels du Président Hénault et Séguier.

Point de départ : place de l'Hôtel-de-Ville

LA PLACE DE GRÈVE / Jusqu'au XIIe siècle la place de l'Hôtel-de-Ville n'était qu'un lieu désert constitué par une grève descendant en pente douce vers les roseaux de la rivière. Alors Paris ne possédait sur la rive droite de la Seine que deux très modestes groupements de maisons, l'un à l'entour du Grand-Châtelet, l'autre sur le monceau Saint-Gervais.

En 1141, Louis VII le Jeune vendit *aux bourgeois de la marchandise*, soit à la hanse parisienne, importante corporation des *marchands de l'eau* (transporteurs ayant le monopole du trafic fluvial sur la Seine, la Marne, l'Oise, l'Yonne), une partie de cette grève, afin qu'ils y établissent un port où ils seraient moins à l'étroit qu'au port Saint-Landry situé en face, dans la Cité.

Ce port de Grève devait alimenter tout Paris. En fait il fut une suite de ports particuliers alignés le long de la rive droite de la Seine, port au foin, au vin, au blé, aux grains, au bois, au charbon, au sel..., que de nombreux moulins à eau séparaient. On comprend l'intérêt qui s'attachait à la Seine, à ses crues, à ses basses eaux, à sa prise par les glaces..., à cette époque où tout le commerce et le ravitaillement de Paris étaient tributaires de la navigation fluviale.

En 1246, saint Louis créa la première institution municipale : les bourgeois élirent leurs représentants auprès du pouvoir central, les *échevins*, dont le chef, appelé le *prévôt des marchands*, fut celui de la puissante hanse parisienne. De ce fait, le sceau des marchands de l'eau devint le sceau de cette institution; c'est la célèbre nef qui servait déjà d'emblème aux *nautae parisiaci*, aux nautes parisiens, et qui devait figurer les armoiries de Paris.

Les membres de la hanse tenaient leurs réunions dans une maison commune, la maison de la Marchandise, qui prit, en 1246, le nom de *parloir aux Bourgeois ;*

Rue des Mauvais-Garçons (*grav.*)

Cloître du couvent des Carmes-Billettes (*1805*)

elle était installée entre l'église Saint-Leufroy et le Grand-Châtelet.

L'Hôtel de Ville. Etienne Marcel, alors prévôt des marchands, transporta, en 1357, ce lieu de réunion de l'administration municipale dans un hôtel de la place de *Grève*, appelé, à cause de ses arcades, la *Maison aux piliers*. Ce premier Hôtel de Ville se trouvait situé, comme l'actuel, sur le côté oriental de la place. C'était une construction à deux étages sur arcades, ornée de deux tourelles d'angle; elle possédait une grande salle de réunion, d'environ 10 mètres sur 6 mètres, et un grenier, dêpôt d'armes des bourgeois.

Cet hôtel fut reconstruit deux siècles plus tard : la partie sud sous François Ier et Henri II, de 1533 à 1551, et la partie nord sous Henri IV et Louis XIII, de 1606 à 1628, celle-ci d'après les plans de Dominique, dit le Boccador, Pierre Chambiges étant l'un des entrepreneurs.

Le 24 mai 1871, sous la Commune, installée à l'Hôtel de Ville depuis le mois de mars précédent, ce superbe édifice fut arrosé de pétrole, puis livré aux flammes qui le détruisirent complètement. L'hôtel actuel est une reconstruction de 1874 à 1882.

L'Hôtel de Ville de Paris a été le palais de toutes les révolutions, le lieu de ralliement de toutes les émotions nationales. Résumer ici son histoire serait résumer celle de la Nation.

Jusqu'au second Empire, la place de Grève, d'une superficie voisine du quart de la place actuelle, était divisée en deux parties inégales, à savoir : la partie basse, en pente vers le port, et la partie haute, la place proprement dite, celle où les gens sans travail prirent de bonne heure l'habitude de se rassembler; ils allaient en Grève, ils se mettaient *en Grève*.

La place de Grève fut agrandie en 1778, et surtout en 1853, lorsque Haussmann rasa toutes les petites rues qui l'entouraient. Il quadrupla sa surface et flanqua, à l'est, cet édifice de deux mornes casernes (les casernes de la rue de Lobau) reliées à la maison municipale par des souterrains de façon à être en mesure d'arrêter, si besoin était, des mouvements révolutionnaires analogues à ceux de juillet 1830 et de février 1848.

La place de Grève a perdu en 1830 son vieux nom, remplacé, dès lors, par l'actuel.

PLACE SAINT-GERVAIS / *Le Monceau Saint-Gervais*. Au temps où la rive droite de Lutèce n'était qu'un vaste marais, quelques buttes de graviers en émergeaient qui prirent plus tard le nom de *monceau*. Le premier peuplé fut le « monceau Saint-Gervais » dont le relief est encore reconnaissable de nos jours.

Le monceau Saint-Gervais fut longé, à partir du IIe siècle, par une importante voie romaine qui, par nos rues François-Miron et Saint-Antoine, conduisait de Lutèce à Melun. Les Romains n'inhumaient pas leurs morts à l'intérieur des villes, mais en bordure des voies d'accès à ces dernières, d'où un cimetière gallo-romain sur le versant nord du monceau Saint-Gervais, à hauteur de l'actuelle place Baudoyer. La construction, sous Louis XV, du grand et bel immeuble qui borde la rue François-Miron du nº 2 au nº 14, a mis à jour le contenu de quinze charrettes d'ossements enfermés, les uns dans des cercueils mérovingiens, d'autres dans des cercueils plus anciens contenant des médailles datées de 140 à 160. On en retira encore d'autres, en 1818, lors de la pose d'une canalisation d'égout.

L'orme Saint-Gervais. On voit sur cette place, *ex-carrefour de l'Orme*, très étriquée jusqu'en 1854, un ormeau entouré de socles en pierre reliés par une chaîne. Il rappelle le souvenir du célèbre « orme Saint-Gervais » près duquel, dès le Moyen Age, les gens du quartier prirent coutume de s'assembler, en particulier pour le règlement de leurs créances. D'où le dicton : *Attendez-moi sous l'orme.* Ce bel arbre, plusieurs fois séculaire, fut abattu sous la Révolution et servit à la construction d'affûts de canons.

Cet orme est reproduit au centre des ferronneries des balcons du premier étage de l'immeuble cité plus haut.

L'église Saint-Gervais - Saint-Protais. En raison de l'augmentation croissante de cette population de pêcheurs et de bateliers installée sur ce monceau, on édifia à son sommet, après la mort de Clovis, une chapelle dédiée à saint Gervais et à saint Protais, deux frères jumeaux martyrisés à Milan sous Néron vers l'an 40. Cette chapelle, devenue trop petite, fut remplacée, en 1213, par une église dont il ne reste que les deux premiers étages de son ancien clocher.

Devenue trop petite à son tour, cette église fut remplacée par une troisième, l'actuelle, commencée en 1494. Construite par Martin Chambiges, puis par son fils Pierre, cette église, bâtie en pleine époque Renaissance, a été édifiée suivant le goût de l'époque précédente, soit en gothique flamboyant. Sa construction fut très lente, si lente que lorsque l'on arriva à celle de sa façade on bâtit celle-ci au goût du jour, alors d'inspiration gréco-latine. C'est ce qui explique le contraste entre le corps de l'église et sa façade.

La première pierre de celle-ci fut posée, en 1616, par Louis XIII (architecte Clément Métézeau); l'église fut terminée en 1657, date de l'édification des deux étages supérieurs du clocher. Sa façade causa l'émerveillement général et Voltaire a écrit plus tard que « c'est un chef-d'œuvre auquel il ne manque qu'une place pour contenir ses admirateurs ».

Au rez-de-chaussée, élevé sur quatorze marches, huit colonnes doriques, cannelées sur les deux tiers supérieurs et en partie engagées, encadrent une porte en plein cintre dont les vantaux de bois constituent une belle sculpture décorative Louis XIII. Au-dessus du portail est un fronton triangulaire; au premier étage, les colonnes sont ioniques; au deuxième,

L'hôtel de ville (*grav. 17ᵉ s.*)

L'église Saint-Gervais (*grav. 17ᵉ s.*)

elles sont corinthiennes et supportent un fronton curviligne.

Les statues de la façade représentent saint Gervais à gauche, saint Protais à droite; au sommet sont les Evangélistes.

L'après-midi du 29 mars 1918, jour du vendredi saint, un obus allemand de la pièce à longue portée, dite « la grosse Bertha », ayant percuté contre un pilier entre les deuxième et troisième verrières nord, les voûtes voisines s'écroulèrent sur les fidèles rassemblés en grand nombre, faisant 200 victimes, dont 50 morts.

Une des principales curiosités de l'église Saint-Gervais est son ancien petit cimetière.

En suivant dans l'église le collatéral de gauche, on passe entre les quatre gros piliers circulaires qui soutiennent les deux étages du clocher de l'ancienne église et les deux autres, ajoutés en 1657. Plus loin, une belle grille en fer forgé, de 1740, conduit à une ancienne chapelle, annexe de la sacristie, ouvrant sur un petit jardin triangulaire. Celui-ci est l'ancien cimetière paroissial de l'église, désaffecté depuis 1765.

On y a une très belle vue : sur les chapelles, du XVIIe siècle, adjacentes à la nef, dont la célèbre chapelle dorée (leurs combles renfermaient le charnier), sur la façade nord de l'église, la plus travaillée de l'ensemble, sur la curieuse maison du sonneur (un rez-de-chaussée, un étage, une mansarde) située à hauteur des fenêtres du croisillon, et, enfin, sur le clocher dont les étages supérieurs, de 1657, se distinguent bien des étages inférieurs, de 1420 (hauteur du clocher : 50 mètres). Du côté de la rue François-Miron, on voit le revers de ce bel immeuble de 1733 cité plus haut.

RUE DE BROSSE / Cette rue, du XIIIe siècle, s'appelait au XVIIIe la rue de *Longpont*; Voltaire l'a habitée en 1733. Revenu de son exil volontaire en Angleterre, il avait alors 39 ans; il composa ici *la Mort de César*, qui fut d'abord jouée dans un collège. On a de cette rue une vue d'ensemble sur la façade sud de l'église, plus sobre et moins travaillée que celle donnant sur le petit cimetière; deux cadrans solaires y sont encore visibles.

RUE DE L'HOTEL-DE-VILLE (*section comprise entre les rues de Brosse et des Barres*) :

Le vrai nom de cette rue est rue de la *Mortellerie ;* elle l'a porté de 1212 jusqu'à l'épidémie de choléra de 1832. Ancienne grande rue de ce bourg de pêcheurs et de bateliers habité ensuite par des « morteliers » (ouvriers maçons et gâcheurs de mortier), elle a gardé, en certains endroits, son aspect du XVe siècle. Lors de cette grande épidémie de choléra qui, en 1832, fit à Paris en 90 jours près de 19.000 victimes, les habitants du quartier, émus par cette syllabe *mort* par laquelle débutait le nom de leur rue, demandèrent, par une pétition, que celle-ci reçoive une autre appellation. Après trois ans de méditations, on

trouva, en 1835, que le nom de « rue de l'Hôtel-de-Ville » serait particulièrement indiqué...
N° 84. Du XVIIIe siècle; ferronneries.
N° 82. Maison à pignon.
N°s 89 et 105. Vieilles maisons; au n° 89, ancienne inscription du nom de la rue. En face, à l'angle de la rue des Barres, vieille maison avec grille portant encore le pigeon servant d'enseigne, celle-ci était *Au Pigeon-Blanc*.

Repasser devant la façade de l'église pour prendre la RUE FRANÇOIS-MIRON / Cette rue, que prolonge la rue Saint-Antoine, constitue une section de l'ex-grande voie romaine de Lutèce à Melun. Elle s'est appelée, à partir du XIVe siècle, rue du *Pourtour-Saint-Gervais*, de l'Hôtel de Ville jusqu'à la rue des Barres (ce nom est encore indiqué sur la façade du n° 2) et rue *Saint-Antoine* de la rue des Barres à la rue de Fourcy. Le grand immeuble aux ormes symboliques, cité ci-dessus, et qui se dresse du n° 2 au n° 14, a été construit, de 1733 à 1737, par le père de l'architecte Gabriel.
N° 4. Les Couperin habitèrent cette maison; le deuxième de cette famille d'organistes avait résidé à cet emplacement de 1669 à 1698; il mourut à 70 ans, en 1701, écrasé par une voiture.
N° 10. Maison natale de Ledru-Rollin (1807).

RUE DES BARRES / Cette rue date de 1250.
N° 17. Maison habitée avant la Révolution par l'oncle d'Eugène Süe, alors chirurgien de l'Hôtel de Ville : l'orme de la ferronnerie des fenêtres est remarquable.
N° 12. Ici fut, tout d'abord, la maison de ville des religieuses de l'abbaye de Maubuisson, située près de Pontoise. Reconstruite en 1540, elle fut occupée, de 1664 à la Révolution, par un couvent des *filles de la Croix*, s'occupant d'instruire des jeunes filles. On remarque encore les traces d'une fleur de lis, martelée sous le cul-de-lampe de l'encoignure de la rue Grenier-sur-l'eau.
N° 10 au N° 2. Emplacement de ce qui fut au XVe siècle l'*Hôtel des Barres*, appartenant alors à Louis de Boisredon. Amant, en 1417, d'Isabeau de Bavière, épouse de Charles VI, de Boisredon fut arrêté, enfermé dans un sac solidement cousu qui, marqué de l'inscription : « Laissez passer la justice du Roi », fut jeté à la Seine. Cet hôtel devint, au XVIIe siècle, l'*Hôtel de Charny*, disparu avec le percement de la rue du Pont-Louis-Philippe. Le frère de Maximilien Robespierre y fut transporté, blessé, après sa tentative de suicide, à l'Hôtel de Ville, le soir du 9 thermidor.

RUE GRENIER-SUR-L'EAU / Cette rue, citée en 1257, est curieuse par son rétrécissement entre deux vieilles maisons, l'une ventrue, l'autre à encorbellement.
N° 11. En encorbellement.

Sur le côté des numéros pairs, les vieilles maisons situées en retrait au-delà de la rue du Pont-Louis-Philippe bordaient, jadis, un côté du *cul-de-sac Putigneux* dont le nom, composé des deux mots *Pute* et *Teigneux*, est caractéristique de ce *Val d'Amour* qu'elle était au XIVe siècle.

RUE GEOFFROY-L'ASNIER / Dans cette rue, habitée au XIIIe siècle par des drapiers et des teinturiers, Danton est descendu à l'auberge du *Cheval-Vert*, lors de sa première venue à Paris.
Nos 13, 11, 7. Vieilles maisons.
No 20. Du XVIIe siècle.
No 22. Franchir la porte, du XVIIe siècle, en bois sculpté; à droite, un bel escalier, à balustres. Au fond de la deuxième cour on découvre un élégant petit hôtel dont la porte est surmontée d'un vase à guirlandes; sa façade postérieure, décorée d'un fronton, donne sur un jardin.
Les portes sur la rue et sur la cour sont classées.
No 26. *Hôtel Châlons-Luxembourg.* Cet hôtel date du début du XVIIe siècle. Son portail (de 1659) avec son encadrement de pilastres ioniques, son tympan sculpté décoré d'une tête de lion et d'un écusson, ses vantaux, ses battants, son magnifique heurtoir aux chevaux finement ciselés, constitue un des chefs-d'œuvre du XVIIe siècle.
Sa porte et ses façades sur cour et sur jardin sont classées. Epis de faitage; fenêtres à fronton avec mascaron et monogramme; perron à double rampe; fontaine.
No 28. Porte cloutée; seconde cour; escalier dont la rampe en fer forgé est classée.

RUE FRANÇOIS-MIRON (*suite*) / No 13. Maison de la fin du XVe siècle, une des plus belles maisons à pignon du vieux Paris, curieuse par son encorbellement sur la rue Cloche-Perce.
No 11. Vieille maison.
No 30. En suivant le long couloir d'entrée de cette maison, on franchit le corps du bâtiment en façade, un second corps de bâtiment et on arrive dans une courette au fond de laquelle se trouve une partie d'une maison du XVIe siècle, de style Renaissance, avec deux façades à pans de bois sculptés (façades classées) et un escalier à rampe sculptée.
Cette maison fut masquée plus tard par la construction du second corps de bâtiment qui présente lui-même, sur ses deux façades, une superposition de hauts pilastres corinthiens cannelés surmontés de curieux chapiteaux.
Marie Touchet, maîtresse de Charles IX, dont l'anagramme fut *Je charme tout*, aurait habité cette maison. Belle autant que spirituelle, elle eut de Charles IX un fils, le tapageur Charles de Valois, duc d'Angoulême. Après la mort du roi, Marie Touchet épousa François de Balzac d'Entraigue, dont elle eut deux filles. La première, Henriette, marquise de Verneuil, succéda, dans le cœur d'Henri IV, à Gabrielle d'Estrée. C'est

elle qui disait au Béarnais : « *Vous avez de la chance d'être roi car, en vérité, Sire, vous puez comme une charogne — Effectivement,* lui répondit Henri IV, *j'ai le gousset qui sent un peu fin.* » La seconde ne fut pas, comme sa mère et comme sa sœur, maîtresse d'un roi, mais celle du maréchal de Bassompierre avec qui elle eut un fils, mais aussi de longs procès.
N° 36. Façade du XVIIIe siècle; mascaron.
N° 42. Le balcon et le mascaron de la façade sur rue sont classés.
N°s 44-46. Maison du XVIe siècle, existant déjà du temps de Charles IX et des massacres de la Saint-Barthélemy. Lucarnes à frontons triangulaires, deux rangées de mansardes, vestiges intéressants.

N° 68. *Hôtel de Beauvais.* En 1654, Anne d'Autriche comptait parmi ses femmes de chambre Catherine-Henriette Bellier, son intime confidente, sans doute du fait que c'était celle-ci qui lui administrait ses clystères. Catherine avait toute la confiance de la reine qu'elle passait pour avoir bien servie lors de ses amours avec Mazarin. Elle était mariée à Pierre Beauvais qui, à ses débuts, avait été marchand de rubans à la galerie mercière du Palais. De caractère lubrique, quoique laide et borgne, « Cateau » avait nombreux amants.
... Ce fut elle qui, âgée de 40 ans, s'empara quelques instants du roi Louis XIV, âgé de 16 ans, et qui du jeune garçon fit un homme...
A cette nouvelle, Anne d'Autriche fut enthousiasmée ! Elle se rappelait encore la frigidité de son époux Louis XIII, dit le Juste, mais qu'on aurait pu appeler le Chaste. Pierre Beauvais fut fait conseiller du roi, puis baron, et Cateau-la-Borgnesse, devenue baronne de Beauvais, reçut une somme d'argent telle qu'elle réussit à acheter un terrain en bordure de la belle rue *Saint-Antoine.* Elle y fit construire, en 1655, par Antoine Lepautre, premier architecte du roi, l'hôtel, dit *de Beauvais,* pour lequel il lui fut donné aussi, malgré l'opposition du cardinal Mazarin, des pierres servant à la construction du palais du Louvre.
La façade actuelle est une épouvantable mutilation de la première; celle-ci avait, en particulier, à son premier étage aux très hautes fenêtres, un magnifique balcon au-dessus de sa porte cochère, balcon à balustres de pierre comme les autres fenêtres du premier étage; il était surmonté d'un imposant fronton triangulaire écussonné, supportant lui-même deux figures allégoriques couchées.
Une belle entrée conduit à un péristyle arrondi, orné de huit colonnes doriques, sur lequel débouche un escalier tout à fait remarquable, œuvre du flamand Van der Bogaert. Puis vient la cour circulaire ayant, jadis, à droite, une sortie de carrosses sur la rue de Jouy, à gauche, un très joli escalier à vis, ovale, avec niches et élégante rampe en fer forgé, cette dernière bien conservée. La façade sur cour permet mieux de se rendre compte de l'ancienne disposition de

Rue Grenier-sur-l'Eau

l'hôtel, à deux étages seulement; une corniche porte les armes parlantes de Catherine et de son époux (des têtes de bélier et des B entrelacés) alternant avec des têtes de lion, symbolisant peut-être Louis XIV. Au fond, d'amusants mascarons.
L'hôtel fut loué, puis acheté, en 1755, par le comte d'Eyck, envoyé extraordinaire du duc de Bavière, qui profita de son droit d'exterritorialité pour faire de son hôtel un étincelant tripot. Il y logea pendant cinq mois, à partir de novembre 1763, au deuxième étage sur la rue, une famille venue d'Allemagne, à savoir le père de Mozart, sa fille Marie-Anne, âgée de dix ans, et Wolfgang Mozart qui, âgé de sept ans, faisait déjà vivre toute la famille. L'enfant prodige eut un grand succès à la Cour de Versailles. Une plaque apposée dans la cour de l'hôtel rappelle ce premier séjour de Mozart à Paris.
L'hôtel fut confisqué à la Révolution, puis vendu comme bien national. C'est à cette époque que son nouveau propriétaire le défigura en y incorporant un étage supplémentaire afin d'augmenter ses revenus avec le nombre de ses locataires. Il est actuellement la propriété de la Ville de Paris.
Sa façade sur rue, sa porte d'entrée et son encadrement, le vestibule et la rotonde à colonnes formant porche, le rez-de-chaussée et le premier étage de l'escalier de pierre, la totalité des façades sur cour et l'escalier à vis sont classés.
N° 82. Hôtel construit en 1706 pour Hénault de Cantobre, fermier général, qui y donna des dîners célèbres, habité ensuite par son fils, le président Hénault. Amant pendant un quart de siècle de Mme du Deffand, dont il disait qu'elle était pour lui un mal nécessaire, sa notoriété viendra surtout de cet *Abrégé chronologique de l'Histoire de France* qui, publié en 1744, obtint un grand succès en France et à l'étranger.
Balcon à consoles au-dessus d'une tête de Maure; fronton, cour, escalier. La façade sur rue, les ferronneries et le balcon sont classés.

RUE SAINT-ANTOINE (*suite - section comprise entre les rues de Jouy et du Prévôt*) :
N° 133. *Hôtel Séguier*, construit en 1626 pour la famille Séguier. Une sœur de Voltaire (Mme de Dompierre, mère de Mme Denis) l'habita en 1756. Le balcon à chimères, de 1728, est classé, ainsi que la porte.
N° 117. Vieille maison.
N° 115. Porte, lucarne du XVIe siècle.
N° 111. Dans la deuxième cour, hôtel du XVIIIe siècle; façade (en partie surélevée), terrasse, colonnes, escalier, ferronneries.

9 LE QUARTIER DES HOTELS DE SENS ET D'AUMONT

La rue du Prévôt / La rue du Figuier : l'Hôtel des Archevêques de Sens / L'Hôtel des Ducs d'Aumont / La rue des Prestres-Saint-Paul, le Couvent de *l'Ave Maria* / La rue des Jardins, le rempart de Philippe-Auguste : La porte Barbeau, le jeu de paume de la Croix-Noire.

Point de départ : 12, rue du Prévôt.

RUE DU PRÉVOT / Cette rue s'est appelée, du XIIIe siècle jusqu'en 1877, rue *Percée* (ce nom est encore gravé sur la pierre à ses deux extrémités); c'était une rue percée entre la rue Saint-Antoine, grande artère de tous les temps, et la rue qui lui était parallèle au sud, la rue des *Poulies-Saint-Paul*, puis des *Prêtres-Saint-Paul*, actuellement rue Charlemagne.

Le prévôt en cause est Hugues Aubriot, prévôt de Paris sous Charles V. Lorsque Charles V installa sa résidence à l'Hôtel Saint-Pol, Hugues Aubriot aménagea ici, par ordre du roi et avec ses libéralités, un logis assez important, datant du siècle précédent, appelé l'*Hôtel des Marmousets*, du nom des figurines qui l'ornementaient. Le roi, à l'Hôtel Saint-Pol, était donc protégé, d'un côté par la Bastille, de l'autre par le prévôt de Paris.

Nous trouvons parmi les personnages qui occupèrent ensuite cet hôtel : de 1397 à 1404, le duc Louis d'Orléans, frère du roi Charles VI. L'hôtel prit alors le nom d'*Hôtel du Porc-Épic*, cet animal figurant sur le blason du duc d'Orléans.

Les derniers vestiges de cet hôtel ont été démolis en 1908 pour faire place à un immeuble moderne.

Sauf cette bâtisse, toutes les maisons de la rue du Prévôt sont anciennes. Cette rue est curieuse avec ses portes basses, cintrées et cloutées, ses fenêtres à barreaux et son étroitesse. Il suffit, par la pensée, de lui enlever ses trottoirs, d'appliquer des grosses bornes le long de ses maisons et de mettre en place son caniveau axial, pour lui restituer aussitôt son aspect du XVIIe siècle.

N° 6. Porte sculptée, escalier à balustres de chêne.

N° 4. Escalier à balustres de chêne, cour.

N° 7. Autre sortie et façade est de l'*Hôtel Séguier*, de 1626.

N° 5. Cette vaste arcade charretière que l'on rencontre dans d'autres rues étroites du vieux Paris (rues Laplace, Visconti, Brantôme...) avait pour but de permettre aux carrosses de pouvoir mieux tourner pour entrer et sortir.

RUE DU FIGUIER / Le nom que cette rue porte depuis la fin du XIIIe siècle est dû à un figuier qui se trouvait au milieu du petit carrefour situé devant l'Hôtel de Sens et que la reine Margot fit enlever, en 1605, parce qu'il gênait les évolutions de son carrosse.
il ne reste presque plus rien de toute cette vieille rue.
N° 7. Emplacement d'une maison où habitait au XVIIIe siècle un marquis de Conflans à qui le cardinal de Luynes dit un jour : *Votre famille est si pauvre que c'est un Conflans qui est mon gentilhomme caudataire. — Cela ne m'étonne pas, Éminence, car il y a longtemps que dans ma famille nous tirons le diable par la queue,* lui répondit le marquis.
N° 3. Emplacement d'une maison habitée par un tailleur de Louis XI dont les mémoires existent sous forme de factures...

L'HOTEL DES ARCHEVÊQUES DE SENS / Cet hôtel est une des plus vieilles constructions de Paris ainsi que le fait ressortir le tableau chronologique suivant (vestiges gallo-romains et monuments religieux mis à part) :

La plus vieille maison de Paris, 3, rue Volta.	de 1300 environ
La porte (restaurée) de l'Hôtel du connétable de Clisson, 58, rue des Archives	de 1375 environ
Une maison à Nicolas Flamel, 41, rue de Montmorency	de 1407
La tour de Jean sans Peur, 20, rue Étienne-Marcel.	de 1410
L'Hôtel des archevêques de Sens.	de 1475
L'Hôtel des abbés de Cluny	de 1485
La tourelle de l'Hôtel Hérouet, 54, rue Vieille-du-Temple	de 1540 environ
L'Hôtel Carnavalet.	de 1544
Le Vieux Louvre	de 1546

L'Hôtel de Sens est une construction de style mixte, gothique et Renaissance, une résidence d'allure mi-civile et mi-militaire avec ses trois tourelles d'angle qui permettaient de surveiller les alentours (deux en façade, la troisième sur la rue de l'Hôtel-de-Ville), tourelles rondes, en encorbellement et à poivrière, jadis surmontées d'un épi de plomb.
L'architecte de cet hôtel est inconnu, peut-être ses plans ont-ils été le résultat d'un travail commun à Tristan de Salazar (archevêque de Sens au moment de sa construction), et à Martin Chambiges, architecte du transept de la cathédrale de Sens à la même époque.
Façade : La façade présente une haute arcature ogivale dont la pointe masque une meurtrière ouverte permettant de tirer à l'arbalète ou à l'arquebuse sur qui attaquerait la porte. Trois écussons situés au-dessus de celle-ci portaient jadis, des armoiries.

L'Hôtel de Sens au 17e s.

Porte d'entrée de l'Hôtel de Sens

Cour de l'Hôtel de Sens au 19e s.

Accotée à la porte principale, sous une autre arcature ogivale moins élevée, s'ouvre une porte plus petite pour piétons, jadis à vantaux cloutés comme la porte principale (les portes actuelles sont modernes). A côté de la tourelle de gauche, le pignon, très pointu, est coupé verticalement sur son côté gauche. Ce pignon garde encore le petit obus de la grosseur d'une orange, qui l'a frappé au cours des combats de la révolution de 1830, lors de l'attaque de la *caserne de l'Ave-Maria*. Contre la tourelle de droite, une lucarne à meneaux, avec gable plein, portait aussi des armoiries. Enfin, les deux gargouilles qui servaient à rejeter les eaux pluviales loin dans la rue sont encore en place.

Cour : Le vestibule d'entrée est intéressant par sa voûte flamboyante à trois compartiments triangulaires dont les arêtes forment pendentifs à leurs points d'intersection tandis qu'elles retombent, dans les angles, sur des consoles jadis décorées d'animaux. Une jolie lucarne à pignon, semblable à celle de la façade, domine ce côté.

Le bâtiment principal fait face à l'entrée : un rez-de-chaussée, un étage avec combles, jadis à sept fenêtres dont la troisième éclairait la chapelle privée. Dans l'angle gauche, la tour-donjon porte un balcon en pierre, à machicoulis. On y pénètre par une petite porte, surmontée d'un tympan ogival, ouvrant sur un large escalier à vis (seul type d'escalier existant au Moyen Age) prolongé par un autre escalier, également à vis, mais plus étroit, situé dans une tourelle suspendue, en encorbellement au donjon [1]. Il aboutit dans une petite chambre ornée d'une élégante cheminée constituant, avec la large cheminée de pierre de la grande salle du rez-de-chaussée du bâtiment principal, les deux seuls souvenirs authentiques de l'aménagement de l'hôtel. Car tout l'intérieur a été affreusement mutilé; il est actuellement en cours de restauration.

RUE DE L'HOTEL-DE-VILLE *(section comprise entre les rues du Figuier et des Nonnains-d'Hyères)* / Cette section de la rue *de la Mortellerie* est particulièrement pittoresque du fait de son encadrement, d'un côté par l'Hôtel de Sens dont la façade ventrue a épousé la courbe de la rue, de l'autre par ses vieilles maisons des XVe et XVIe siècles (le n° 7 est à pignon). Tout cet endroit a bien conservé son caractère médiéval.

L'Hôtel de Sens présente de ce côté un bâtiment à fenêtres carrées; le portail en ogive correspond à une ancienne entrée de service.

RUE DE JOUY / Cette rue porte ce nom depuis le XIVe siècle; c'est celui d'une abbaye près de Provins ayant eu dans cette rue sa maison parisienne.

1. A remarquer dans cet escalier au-dessus de la 31e marche, à droite en montant, face à la fenêtre, le graffite : « Duchesse Destouteville, comtesse de Saint-Pol » avec une fleur de lis à la fin, gravé entre 1534 et 1546. La duchesse Destouteville était apparentée à l'archevêque de Sens, le cardinal Louis de Bourbon.

Nº 7. L'HOTEL DES DUCS D'AUMONT / La façade sur rue de cet hôtel se présente comme un monument assez sévère, sans ornementations, sauf le beau mascaron du linteau surmontant la lourde porte d'entrée aux vantaux sculptés, dominé lui-même par un masque grimaçant entouré de guirlandes.
Entrer dans la cour d'honneur; l'historique de l'hôtel va nous renseigner sur son architecture.
En 1619, Michel Scarron, conseiller du roi, trésorier général de France, oncle du poète burlesque Paul Scarron, acheta à cet emplacement un hôtel ayant appartenu à Henri du Plessis, seigneur de Richelieu, frère aîné du futur cardinal. En 1644, Michel Scarron trouvant l'hôtel trop vétuste le fit abattre complètement et remplacer par l'hôtel actuel, construit sur les plans de Le Vau. Cette construction fut achevée en 1648. Michel Scarron mourut en 1655 et l'hôtel fut acheté, en 1656, par son gendre, Antoine d'Aumont, marquis de Villequier, maréchal de France, qui l'agrandit par l'acquisition de maisons voisines. Le maréchal d'Aumont chargea François Mansart de transformer les anciens bâtiments et d'en construire de nouveaux. En fin de travaux, le domaine du maréchal était constitué comme suit :
Autour d'une cour d'honneur, les quatre bâtiments construits par Le Vau : celui sur la rue, ses deux ailes et, au fond, le corps du logis principal. Les deux ailes, composées d'un rez-de-chaussée à quatre arcades avec comble, étaient, comme la façade du bâtiment sur rue, ornées de guirlandes et de mascarons assez massifs et épais. Côté jardin, le corps du logis principal, d'une longueur triple de celle du côté de la cour, comportait 17 travées de fenêtres. La façade de ce côté, construite par Mansart, était ornée d'écharpes, de guirlandes, de mascarons, de balcons de fer forgé au monogramme A. D. (Antoine d'Aumont). A l'intérieur, les salons étaient décorés de peintures, œuvres de Simon Vouet et de Le Brun; la plupart de celles-ci ont disparu au XIXe siècle; toutefois la *Vierge au silence*, de Le Brun, est au Louvre et il reste une salle aux poutres et aux solives finement peintes.

RUE CHARLEMAGNE / Le nom actuel de cette rue, qui date de 1350 environ, remplace, depuis 1844, celui des *Prestres-Saint-Paul*, porté depuis le XVIIe siècle.
Nº 25. Emplacement du *Chasteau-Frileux*, du XVe siècle, refait au XVIIIe siècle et dernièrement; sa porte est surmontée d'un beau masque de lion encadré de guirlandes.
Nº 22-20. Vieilles maisons; les anciens noms de la rue y sont encore inscrits.
Nºs 18. Cette maison appartenait en 1708 au président de Châteaugiron, qui avait la réputation de doser les condamnations de ses arrêts selon le nombre de paniers d'œufs et de chapons fins que lui faisaient parvenir

auparavant les plaideurs. Balcon à balustrade en fer forgé.

A gauche, s'étend le grand lycée Charlemagne, ex-maison professe des Jésuites; à droite, le petit lycée Charlemagne et l'école qui lui fait suite, sont tous deux situés sur l'emplacement du *couvent de l'Ave-Maria.*

Le couvent de l'Ave-Maria. Ce couvent fut créé par saint Louis en 1264, pour une communauté de filles dévotes, non cloîtrées, appelées béguines, qu'il avait fait venir des Flandres. Louis XI leur substitua, en 1480, un monastère de cloîtrées qu'il appela de l'*Ave-Maria.* On sait la dévotion toute particulière que Louis XI avait pour la mère du Sauveur qu'il appelait sa *bonne dame, sa petite maîtresse, sa grande amie.* Ce fut, d'ailleurs, à cette époque qu'il prescrivit aux seigneurs et aux manants de s'agenouiller lorsque les cloches des églises sonneraient à midi; c'est l'origine de l'*Angélus.*

La règle imposée aux religieuses de l'*Ave-Maria,* des franciscaines, était des plus sévères : elles allaient toujours pieds nus, ne mangeaient jamais de viande, couchaient sur la dure, étaient présentes à la chapelle depuis minuit jusqu'à trois heures du matin, et en tous temps voilées, même devant leur famille. Ce couvent bénéficia toujours de la protection royale, Louis XIV fit même diminuer la hauteur des maisons voisines d'où les regards pouvaient plonger dans le monastère.

Supprimé à la Révolution, le couvent devint une caserne dont la salle d'armes fut installée dans l'ex-chapelle. Une partie de cette caserne, contenant l'ancienne chapelle, a été affectée, en 1879, au lycée Charlemagne.

RUE DES JARDINS / Cette rue s'appelle ainsi depuis la fin du XIIIe siècle en souvenir des jardins bordant l'enceinte de Philippe-Auguste que l'on voit ici, de face, sur une assez grande longueur.

Elle offre, à l'angle de la rue Charlemagne, une tour (exhaussée), appelée Montgomery, sans doute parce que Montgomery y fut enfermé aussitôt après qu'il eut, involontairement, blessé à mort le roi Henri II au cours du tournoi donné rue Saint-Antoine, le 30 juin 1559. Cette partie du rempart de Philippe-Auguste possède encore quelques-uns de ses créneaux; quoique obturés par des briques, ils sont tout à fait reconnaissables. Il présente aussi, à 70 mètres au sud de la tour Montgomery, une seconde tour.

Toutes les maisons situées du côté des numéros pairs sont anciennes.

N° 16. Porte sculptée.

N° 8. Cette maison s'élève, peut-être, à l'emplacement de celle où Rabelais mourut le 9 avril 1553 (inscription au n° 2). A cette époque, le rempart de Philippe-Auguste, qu'il avait devant les yeux, avait déjà trois siècles et demi. Déjà Rabelais avait raillé sa vétusté puisqu'il fait dire à Panurge, dans son *Pantagruel,*

paru en 1532 : « Voyez cy ces belles murailles. O que fortes sont et bien en point pour garder les oisons en mue. Par ma barbe, une vache avec un pet en abatroit plus de six brasses. »
N° 6. Cet emplacement peut être celui de la maison habitée par Molière, en 1645, lorsque l'*Illustre Théâtre* jouait dans le jeu de paume voisin, car Molière habitait alors une des maisons situées au carrefour des rues des Jardins et de l'Ave-Maria.

QUAI DES CÉLESTINS / Cette voie existait à la fin du XIIIe siècle. Au n° 32, deux inscriptions rappellent que :
1° Ici était la *tour Barbeau* où se terminait, sur la rive droite, l'enceinte de Philippe-Auguste. En temps de troubles, cette porte était reliée à la *tour Loriaux*, située dans l'île, par une chaîne reposant, à travers le fleuve, sur des radeaux amarrés à des pieux; la *tour Loriaux* était elle-même reliée par une autre chaîne à la *Tournelle*, point de départ du rempart sur la rive gauche.
2° Ici était aussi le *jeu de paume de la Croix-Noire* [1], bâtiment perpendiculaire au quai, longeant intérieurement le rempart et ayant son entrée principale rue de l'Ave-Maria. C'est dans ce jeu de paume que Molière vint installer son *Illustre Théâtre* après les déboires des débuts de sa troupe au *jeu de paume des Métayers*, rue des *Fossés-de-Nesle* (Mazarine). Il joua ici jusqu'en août de l'année 1645. Mais ses dettes l'avaient suivi sur la rive droite : une de 291 livres à une marchande, Jeanne Lévi, qu'il essaya de faire patienter en lui donnant, en nantissement, deux rubans brodés d'or et d'argent; puis d'autres : 142 livres à son moucheur de chandelles, 2.000 à un nommé Pommier, 150 à un linger. Ses créanciers ayant fini par porter plainte, Molière fut conduit au Grand-Châtelet. où le lieutenant civil, eu égard à ses 23 ans, le remit en liberté en réduisant ses dettes. Caution fut donnée par Aubry, le maître-paveur qui avait contribué à l'aménagement du *jeu de paume des Métayers* (son fils épousa Geneviève Béjard, sœur d'Armande et de Madeleine), et le jeune Molière, découragé, quitta Paris pour le Midi d'où il ne revînt que 12 ans plus tard.
Le *jeu de paume de la Croix-Noire* a été démoli en 1728.

1. Les jeux de paume ont tenu une place considérable dans les divertissements parisiens des XVIe et XVIIe siècles, aussi grande que celle que tiennent les cinémas de nos jours. Ainsi, au début du règne de Louis XIII, Paris comptait près de 120 jeux de paume.

10

DE L'ÉGLISE SAINT-GERMAIN-L'AUXERROIS A LA TOUR SAINT-JACQUES

L'Église Saint-Germain-l'Auxerrois / La rue de l'Arbre-Sec, l'Hôtel de Sourdis / L'Hôtel de Ponthieu / La rue Thibautodé / La rue Saint-Germain-l'Auxerrois, le For-l'Évêque / La rue Bertin-Poirée, le bureau de la loterie Popin / La rue des Orfèvres, le Grenier-à-Sel / Le Grand-Châtelet / L'Église et la tour Saint-Jacques-la-Boucherie.

L'église Saint-Germain-l'Auxerrois : L'église actuelle est la troisième église construite sur cet emplacement depuis la fin du VIe siècle. Elle a pris, vers le XIIe siècle, le nom de l'Auxerrois, en l'honneur de saint Germain, évêque d'Auxerre, père spirituel de sainte Geneviève. Maintes fois modifiée, on peut y retrouver, malgré les reconstructions, les vestiges de cinq siècles d'architecture :

— du XIIe : la partie inférieure du clocher (roman);
— du XIIIe : le chœur, le portail central (gothique);
— du XVe : le porche, la nef, le transept (flamboyant);
— des XVIe et XVIIe : les chapelles, les portails latéraux (Renaissance).

Les mutilations commencèrent avec le XVIIIe siècle : le trumeau du portail central disparut, des verres blancs remplacèrent les vitraux; le jubé, bâti par Pierre Lescot, décoré par Jean Goujon, fut démoli : les colonnes gothiques furent cannelées, les ogives furent arrondies en plein cintre, enfin, la flèche de pierre et les quatre clochetons qui surmontaient le clocher furent abattus. La Révolution n'y fit pas beaucoup de dégâts, mais l'émeute du 13 février 1831 la rendit impropre au culte et en fit une mairie pendant 6 ans, jusqu'en 1837. On envisagea à cette date de démolir pour percer entre le Louvre et l'Hôtel de Ville une rue qui ne fut, finalement, qu'amorcée. A sa réouverture, une sérieuse restauration s'imposa; ce fut le travail, en 1838, des architectes Viollet-le-Duc, Lassus et Baltard.

La façade : Le porche de la façade, aux cinq baies en arc brisé, a été fait, sous la domination anglaise, en 1435, par le maître-maçon Jean Gaussel; avec celui de la Sainte-Chapelle, il est unique à Paris. Les trois arcades du centre sont plus hautes, leurs voûtes flamboyantes ont des clefs pendantes représentant, à gauche, *l'Adoration des mages;* au centre, des symboles évangéliques; à droite, *la Cène*. Sur le petit côté droit, une statue mutilée du XVIe siècle représente saint François d'Assise. Derrière ce porche vient le portail central, du XIIIe siècle; les sculptures des voussures représentent les Vierges folles et les Vierges sages, les apôtres, des anges; au trumeau sera bientôt reposée la statue de saint Germain d'Auxerre, retrouvée récemment dans un caveau de l'église. La peinture à fresque qui décore ce portail date de 1846, elle n'a pas résisté aux suies de Paris et, ce, d'autant plus que le mur est salpêtré. Les statues des ébrasements, refaites en 1840, représentent : à gauche, le diacre Vincent, la reine Ultrogothe et le roi Childebert; à droite, saint Germain et sainte Geneviève; celle-ci tient un cierge qu'un diable éteint et qu'un ange rallume.

Au-dessus du porche, on voit une corniche à balustres de pierre qui fait le tour de l'église, puis une grande rose, flanquée de deux tourelles octogonales, surmontée par une autre corniche à balustrade que surplombe un fronton triangulaire en retrait, percé d'un oculus, puis tout au haut la statue de saint Michel, archange du Jugement dernier.

L'église Saint-Germain-l'Auxerrois était déjà, et depuis longtemps, une grande et riche église (sa paroisse, immense, englobait Passy et Chaillot) lorsqu'elle devint paroisse des rois de France avec l'installation des Valois au palais du Louvre. Mais elle fut aussi la paroisse des grands artistes qui logèrent dans ce palais de 1608 à 1806. La plupart d'entre eux y furent inhumés, ce qui a permis d'appeler l'église Saint-Germain-l'Auxerrois « le Saint-Denis du génie et du talent ». Parmi eux se trouvent : les poètes Jodelle et Malherbe, les peintres Coypel, Restout, Boucher, Chardin, les sculpteurs Sarrazin, Coysevox, Desjardins, les deux Coustou, les architectes Lemercier, Le Vau, d'Orbay, Robert de Cotte, Gabriel, et le dessinateur Sylvestre.

La mairie du 1er arrondissement et l'église Saint-Germain l'Auxerrois

RUE DES PRÊTRES-SAINT-GERMAIN-L'AUXERROIS / Cette vieille rue de Paris remonte au XIIIe siècle; le côté de ses numéros impairs conserve encore quelques maisons anciennes, comme les n°s 19 (ferronneries), 15 (une fenêtre par étage), et 17, où fut le journal *Les Débats* (mansarde). La façade latérale de l'église présente sur cette rue des gargouilles et des consoles du XVe siècle assez curieuses. Au croisillon, la porte latérale, du XVIe siècle, offre son décor Renaissance. Après elle, vient le clocher, de style roman, de la première moitié du XIIe siècle. C'est sa cloche (de 1527) qui a donné, dans la nuit du 24 au 25 août 1572, le signal du massacre des huguenots [1], répété, de l'autre côté de la rivière, par la cloche de la tour de l'Horloge du palais de Justice. En avant du clocher, une tourelle octogonale renferme l'escalier à vis permettant d'accéder à celui-ci. Au delà, les combles pointus qui recouvrent les bas-côtés et les chapelles sont des anciens charniers.

RUE DE L'ARBRE-SEC / Le nom de cette vieille rue de la fin du XIIIe siècle, provient soit d'une enseigne, soit de cet « arbre sec », la potence, qui fut longtemps érigée à son extrémité nord. Le chevet de l'église offre sur cette rue une curiosité : le pourtour de la chapelle centrale présente une frise sculptée où des tronçons de carpes, la tête, le corps et la queue, alternent avec des rosaces. Ce sont *les carpes de l'église Saint-Germain-l'Auxerrois*. En 1505, un riche drapier, nommé Tronson, avait pris à sa charge les frais de l'édification de cette chapelle à condition que le sculpteur, Jean Solas, exécutât sur ses murs quelque chose qui rappellerait sa participation. Tronson avait-il compté des poissonniers parmi ses ancêtres ? Quoi qu'il en soit, Jean Solas sculpta tout au long de cette corniche les *tronçons* de carpes qu'on peut encore voir, motif assez singulier pour des armes « parlantes ». N°s 26 à 34. — Vieilles maisons.

N° 21. *Hôtel de Sourdis :* Emplacement de l'*Hôtel de Sourdis* où mourut Gabrielle d'Estrées, la veille de Pâques de l'an 1599, à l'âge de 29 ans.
L'Hôtel de Ponthieu : En suivant la rue de l'Arbre-Sec au-delà de la rue de Rivoli, on trouve à l'intersection de ces deux rues (au n° 144 de la rue de Rivoli) l'emplacement de l'Hôtel de *Ponthieu* où fut assassiné lors de la Saint-Barthélemy l'amiral de Coligny, chef du parti calviniste, âgé de 55 ans (inscription).

1. Il est à noter qu'à cette époque il était conforme aux règles de sonner les cloches des églises à minuit le soir de la fête de saint Barthélémy comme, du reste, les soirs de fête des autres apôtres. Ce fut cette sonnerie qui fut mise à profit pour indiquer l'heure du commencement du massacre, les cloches n'ont pas sonné exprès pour indiquer ce dernier.

Cet hôtel devint, vers 1656, un hôtel meublé, dit de Lisieux, où naquit, en 1744, dans la chambre où avait été tué Coligny, la fille de l'hôtelier, Sophie Arnould, la célèbre artiste si réputée tant par ses succès à l'Opéra, de 1757 à 1778, que par ses bons mots à la ville; elle mourut en 1803. Le peintre Van Loo eut, en 1747, son atelier dans cet hôtel, disparu en 1852 lors du prolongement de la rue de Rivoli.
N°s 35, 37. Du XVIIIe siècle.
N° 39. Eugène de Beauharnais y fut apprenti menuisier pendant la Terreur.
N°s 64, 62, 60, 58, 56 (une fenêtre par étage). Vieilles maisons.
N° 54. La fabrique de cierges installée dans cette maison a été fondée en 1643; c'est, vraisemblablement, la doyenne des maisons de commerce de Paris.
N° 52. Hôtel de *Trudon*, bâti au XVIIIe siècle, classé pour sa façade. Porte, balcon, ferronneries, caves, cour curieuse.
N° 48. Hôtel de *Saint-Roman*, de 1680. Mascaron, fronton.
N° 44. De 1760.

Suivre, à gauche, la rue de Rivoli jusqu'à la rue des Bourdonnais qu'on prendra à droite.

RUE DES BOURDONNAIS *(section située au sud de la rue de Rivoli)* / Cette rue est composée de 3 rues du XIIIe siècle, appelées, du nord au sud, des *Bourdonnais*, *Thibaut-aux-Dés* (devenu *Thibautodé)* et de *l'Abreuvoir-Marion*, et fusionnées sous le nom de la première en 1852. Le poète Guillaume Colletet a habité cette rue en 1652. Il fut l'un des premiers membres de l'Académie Française et bénéficia de la protection de Richelieu pour le compte de qui il avait composé plusieurs pièces, ce qui lui avait valu pensions, charges lucratives et terres. Ayant lu à Richelieu un poème de 6 vers commençant par celui-ci :

La canne s'humectant dans la bourbe de l'eau,

le cardinal lui fit un présent de 600 livres auquel Colletet répondit comme suit :

Armand, qui pour six vers m'as donné six cents livres,
Que ne puis-je à ce prix te vendre tous mes livres.

Le célèbre chimiste Berthollet a également habité cette rue.
N° 26 et 24. Du XVIIe siècle.

N° 22. IMPASSE DES TROIS-VISAGES / (inscription) dont le nom provient d'une enseigne représentant trois têtes sculptées; cette impasse, alors rue, existait déjà en 1245.
N° 18 et N° 16. Du XVIIe siècle; porte cloutée, mansardes.
N° 14. Cette maison fut habitée par le peintre Noël Hallé, fils du peintre Claude Hallé. Noël Hallé, membre, en 1748, de l'Académie des Beaux-Arts

comme son père l'avait été, exécuta le plafond de la chapelle des fonts baptismaux à Saint-Sulpice. Après lui, cette maison fut habitée par son fils, Jean-Noël, qui fut un des rares médecins d'alors à s'occuper du traitement des aliénés. Il fut, avant Corvisart, premier médecin de Napoléon Ier.
Porte, cour, vestibule ouvert, escalier, mansardes.

RUE SAINT-GERMAIN-L'AUXERROIS / Cette rue compte parmi les plus vieilles rues de Paris; elle était déjà fréquentée en 820.
No 34. Vieille maison.
No 32. Cour curieuse (arcade, escalier, fenêtres, pompe...).
No 19. Emplacement et entrée principale du *For-l'Evêque*, d'abord tribunal et prison de l'évêque de Paris qui avait droit de haute, moyenne et basse justice sur 101 rues de la capitale. Construit sous l'évêque Maurice de Sully, en 1161, le *For-l'Évêque* avait été rebâti en 1652.
En 1674, Louis XIV supprima la juridiction épiscopale avec 16 autres juridictions ecclésiastiques. Privé de son droit de justice, l'archevêque de Paris n'eut plus besoin de ces locaux que le roi utilisa comme prison royale, succursale de la Bastille; on y enferma surtout les comédiens coupables d'avoir refusé de jouer ou de s'être montrés irrespectueux envers le public. C'est ainsi qu'y furent incarcérés Catherine Le Maure, Mlle Clairon, Lekain, Audinot, Vestris...; le régime y était très doux (dîners, séances de musique, réceptions...). Le *For-l'Évêque* fut fermé en 1780, puis démoli en 1783.
No 18. Vieille maison, toujours à l'enseigne *A la Tour d'argent ;* grille.

RUE BERTIN-POIRÉE / Cette rue remonte à 1240 environ; son nom est celui d'un bourgeois qui l'habitait alors.
No 9. Ancienne résidence du bureau de la corporation des Pelletiers, communauté qui faisait partie des « Six-Corps » des marchands et qui tenait le quatrième rang dans l'ordre de préséances des commerçants; les fourreurs, puis les chapeliers lui étaient rattachés. Ces « Six-Corps » étaient constitués par les drapiers, les épiciers, les merciers, les pelletiers, les bonnetiers et les orfèvres.
Nos 11-13. Vieilles maisons.
No 15. Ici fut, en 1660, le siège de la Loterie.
La loterie fut importée d'Italie en France, en 1539, sous le nom de *blanque* (billet blanc), à charge pour son fermier de payer par an 2.000 livres tournois; on n'y gagnait que des objets. Une blanque fut installée, en 1563, dans le cloître Saint-Germain-l'Auxerrois, le roi de Navarre fut plus tard un de ses clients les plus assidus. En 1656, pour la reconstruction du pont *Barbier* (Pont-Royal), Laurent Tonti obtint l'autorisation d'une loterie. Le montant fut fixé à 1.200.000 livres. 50.000 billets furent émis, tous paraphés par le lieutenant civil et par Tonti en pré-

sence du prévôt des marchands et d'un procureur du roi. En 1660, le sieur Popin obtient le privilège d'une loterie dans toutes les villes du royaume sur laquelle il devait fournir une redevance pour le fonctionnement de l'*Hôpital Général*. C'est alors qu'il installa ses bureaux rue Bertin-Poirée. Cette loterie, dite de l'Hôpital Général, eut un grand succès. Aussi, en 1700, cette loterie devint une loterie *royale*, forme d'impôt levé sur la cupidité. Les lots étaient des rentes viagères, le plus gros était une rente de 20.000 livres. Ses bureaux se trouvaient alors à l'angle des rues Vivienne et des Petits-Champs. La plus célèbre des loteries, imaginée par trois Italiens, dont Casanova, échappé des plombs de Venise, fut instituée en 1762. On inscrivait soi-même à l'avance le numéro que l'on estimait devoir gagner; les combinaisons possibles avoisinaient celles actuelles de la roulette. Le premier tirage donna un bénéfice net de 600.000 livres pour une recette brute de 2.000.000. Une partie des bénéfices servit à la construction de la nouvelle église *Sainte-Geneviève* (Panthéon) et à celle de l'École Militaire.
En 1776, Louis XVI concentra toutes les loteries, car il y en avait de particulières (Ville de Paris, communautés religieuses, etc.), en une seule, appelée la *Loterie Royale de France*, basée sur le système précédent. Cette loterie fut maintenue sous la Convention, sous l'Empire et sous la Restauration; interdite en 1836, elle devait réapparaître sous le nom de Loterie Nationale en 1933.

RUE JEAN-LANTIER / Rue du XIIIe siècle. Aux n°s 18, 15, 12, 13, 8 : vieilles maisons; le n° 18 est à pignon.

RUE DES ORFÈVRES / Cette rue date de la même époque que la précédente; elle n'a pris son nom actuel qu'au XVe siècle lorsqu'elle devint le centre de l'orfèvrerie qui y resta près de 4 siècles.
N° 10. Emplacement, depuis 1399, du bureau de la corporation des Orfèvres, la sixième des « Six-Corps » des marchands, auquel était annexée une maison de santé où les orfèvres pauvres ou âgés étaient hébergés.
N° 8. Vestige de la chapelle de la corporation des orfèvres, reconstruite en 1566, supprimée en 1790 et vendue en 1798.
N° 6. Maison du XVIIIe siècle habitée par le directeur de la Gabelle.
N°s 4-2. Emplacement, au XIIIe siècle, de l'ancien hôtel des abbés de Joie-en-Val (près de Chartres) sur lequel fut construit, en 1698, le *Grenier-à-sel*, entrepôt où était emmagasiné le sel qui, arrivé à Paris par voie d'eau, était débarqué quai de la *Saulnerie* (Mégisserie). Dans cet entrepôt siégeait aussi, les jours de distribution de sel au public, le tribunal chargé d'assurer le bon fonctionnement de la gabelle, car la taxe qui était prélevée sur la vente du sel était, depuis saint Louis, le plus impopulaire de tous les impôts.

La Loterie royale, 1717

La façade de Saint-Germain-l'Auxerrois vers 1830

Le *Grenier-à-Sel*, qui avait cessé de fonctionner à la Révolution, a été démoli en 1909; son fronton est au musée Carnavalet.
Nº 1. Vieille enseigne *à la Petite-Hotte*.
Prendre à gauche la rue Saint-Germain-l'Auxerrois.

RUE DES LAVANDIÈRES-SAINTE-OPPORTUNE / Cette rue date de 1244; son nom est dû aux lavandières qui habitaient ce quartier de Paris, appelé Sainte-Opportune, du nom du couvent situé à l'angle des rues des Lombards et Saint-Martin.
Nº 1. Vieille maison.
Nº 7. Ferronnerie (grille avec une étoile).
Nº 13. Écu de la corporation des orfèvres dénudé de ses signes héraldiques et de sa devise qui rappelait les deux grands buts initiaux de l'orfèvrerie : l'ornementation des couronnes et celle des vases sacrés.

LE GRAND-CHATELET / Le Grand-Châtelet fut, après le gibet de Montfaucon, l'édifice le plus sinistre de Paris, tant par sa physionomie et sa destination que par son voisinage qui faisait de ce quartier l'endroit le plus fétide de la capitale.
En 1130, Louis VI le Gros construisit, en pierre, une solide forteresse, un petit château fort ou *châtelet* pour protéger le débouché nord du *Grand-Pont* (Pont-au-Change). Devenu inutile, en 1190, avec la défense éloignée que constituait le rempart de Philippe-Auguste, ce Châtelet fut, dès lors, affecté au siège de la juridiction de la prévôté de Paris. Agrandi sous saint Louis, remanié sous Charles V, le *Grand-Châtelet* (nommé ainsi par opposition au *Petit-Châtelet* placé sur la rive sud au débouché du Petit-Pont), fut restauré et transformé sous Louis XII et Louis XIV.
Sa façade principale regardait la rue Saint-Denis (voir le plan sur marbre scellé sur l'immeuble de la Chambre des Notaires). De part et d'autre de cette façade se trouvait une tour ronde, en encorbellement; celle de droite avait un balcon en saillie, emplacement du veilleur de nuit. De celle de gauche partait un mur épais, terminé par une énorme tour ronde, au delà de laquelle le mur tournait à angle droit en direction de la Seine. A l'intérieur de cet angle se trouvait un grand pavillon carré, sorte de donjon, ayant à trois de ses coins une tourelle en encorbellement, et au quatrième la grosse tour d'encoignure. Il renfermait les prisons.
Les juridictions de la prévôté de Paris siégaient dans la partie ouest du *Châtelet*. Le prévôt de Paris était le plus important personnage de la capitale après le roi; c'était un administrateur investi d'attributions militaires, financières et judiciaires, et qu'assistaient, avant la Révolution, le lieutenant-civil, le lieutenant général de police, le lieutenant-criminel, 2 lieutenants particuliers et 48 conseillers. Les tribunaux comprenaient, en outre, des avocats, procureurs, huissiers, notaires, sergents.
Dans cette partie ouest du *Châtelet* se trouvait aussi

la *Morgue*, réduit sale et hideux où étaient exposés les corps des noyés et ceux des personnes tuées dans les rues (une quinzaine par nuit au XVIIIe siècle). Les *filles hospitalières de Sainte-Catherine* (ex-hôpital Sainte-Opportune) étaient tenues de laver ces morts, de les couvrir d'un suaire et de les faire inhumer au cimetière des Innocents.
Dans la partie est du *Châtelet* se trouvaient les prisons des prévenus de droit commun en instance de jugement. Les personnes écrouées passaient d'abord dans une petite salle où elles étaient examinées attentivement par des agents de police qui les regardaient avec *morgue*, c'est-à-dire avec beaucoup d'attention de façon à pouvoir les reconnaître plus tard si besoin était. Puis elles étaient réparties entre les différentes prisons au nombre d'une quinzaine, soit dans les chambres communes du haut, soit dans celles dites *au secret*, soit dans les fosses du bas-fond. Une de ces dernières avait la forme d'un entonnoir renversé; la personne qu'on y enfermait était descendue à l'aide d'une corde et d'une poulie; là, elle ne pouvait ni s'asseoir ni se coucher, le fond baignant dans l'eau, ni s'adosser au mur du fait de son inclinaison.
Citons parmi les personnages les plus connus enfermés au *Grand-Châtelet* : en 1526, Clément Marot, qui y composa son *Enfer ;* en 1548, François Villon; en 1656, le comte de Rochefort; en 1721, Cartouche; en 1777, le célèbre empoisonneur Desrue; en 1790, le marquis de Favras...
Le *Grand-Châtelet* a été démoli de 1802 à 1810; la place du Châtelet initiale a été transformée et agrandie de 1855 à 1858, les hideuses ruelles ont disparu en 1858, les théâtres du Châtelet et Sarah-Bernhardt ont été construits en 1862. Quant à la fontaine du Châtelet, elle fut édifiée en 1808 dans l'axe du boulevard Sébastopol qui alors n'existait pas.
Lorsque ce boulevard fut percé, en 1858, le monument entier, d'un poids de 24 tonnes, fut posé sur des rails et déplacé en 20 minutes de 12 mètres vers l'ouest. On le mit à sa place actuelle sur un piédestal décoré de sphinx; il porte, en haut, une statue dorée de *la Renommée*; en bas, *la Foi*, *la Force*, *la Loi* et *la Vigilance ;* sa hauteur est de 22 mètres.

L'ÉGLISE ET LA TOUR SAINT-JACQUES-LA-BOUCHERIE / La tour Saint-Jacques est l'ancien clocher de l'église *Saint-Jacques-la-Boucherie*, construite en 1060 et démolie en 1797. Ce nom de « la Boucherie » lui avait été ajouté sous le règne de saint Louis du fait de la *Grande-Boucherie* voisine.
De nos jours le square Saint-Jacques recouvre cette église, son parvis et les petites rues qui les entouraient.
Le premier clocher de cette église, attenant au côté nord de celle-ci, était bordé de logettes pour écrivains publics, d'où le nom de rue *des Écrivains* donné à la rue qui le longeait (la rue de Rivoli est sur son emplacement). L'église avait de ce côté un portail latéral

Église Saint-Jacques-de-la-Boucherie / Bas-relief de Nicolas Flamel

Le Grand-Châtelet (*grav. anc.*)

construit aux frais de Nicolas Flamel; il portait dans son tympan un beau bas-relief qui représentait Nicolas Flamel dans son costume d'écrivain-juré, et dame Pernelle, sa femme, tous deux agenouillés aux pieds de la Vierge à laquelle saint Jacques présentait le mari et saint Jean-Baptiste, la femme.
Nicolas Flamel fut le plus célèbre et le plus populaire des bienfaiteurs de cette église. Né à Pontoise vers 1340, marié vers 1370, il était écrivain-juré, calligraphe, enlumineur, peintre, dessinateur, épitapnier et libraire. Il amassa une très grande fortune qu'on attribua à la faculté qu'il aurait acquise de transformer en or pur les vils métaux. Il fit, ainsi que sa femme, le plus louable usage de cette fortune; il construisit, en 1407, cette maison du Grand-Pignon, toujours existante dans la rue de Montmorency où il logeait gratuitement des pauvres gens. Il mourut en 1417, 20 ans après dame Pernelle.

Le clocher de l'église *Saint-Jacques-la-Boucherie* (la tour Saint-Jacques actuelle) dominait tout le quartier du *Grand-Châtelet*. Il a été bâti sous Louis XII et François Ier, de 1508 à 1522, en remplacement de l'ancien clocher et dans le style architectural de l'époque précédente, soit dans celui du gothique flamboyant. Sa partie inférieure était incorporée dans la nef, ce qui explique que sa base fut toujours dépourvue d'ornements. L'architecte de cette tour digne d'une cathédrale est inconnu.
La tour fut rachetée, en 1836, par la Ville de Paris à un entrepreneur qui y avait installé une fabrique de plomb de chasse. En 1858, Ballu la restaura complètement, y compris les gargouilles, la statue de saint Jacques et celle de 19 saints; il refit les animaux symboliques de l'Évangile juchés au haut de la tour, les originaux sont épars dans le jardin du musée de Cluny. Le sol environnant la nouvelle place du Châtelet ayant été nivelé, la tour fut, de ce fait, déchaussée; aussi fut-elle reprise en sous-œuvre ce qui la fit reposer sur une assise octogonale, élevée de 14 marches, au centre de laquelle la statue de Pascal rappelle le souvenir des expériences barométriques qu'il a faites en haut de la tour en 1648.

11

LES QUARTIERS SAINT-MERRI ET QUINCAMPOIX

La rue Simon-Lefranc / La rue Saint-Avoye, *l'auberge de l'Aigle d'Or* / La rue Neuve-Saint-Merri : le cul-de-sac du Bœuf, l'Hôtel du président Le Rebours / La rue de la Verrerie, l'Hôtel de la Ville-de-Reims / Le quartier Saint-Merri : l'église, les ribaudes, le cul-de-sac Saint-Fiacre / La rue des Cinq-Diamants / Les rues Quincampoix et de Venise : le cabaret de *l'Épée de Bois*, la Banque de Law, le Théâtre Molière.

Point de départ : 14, rue Simon-Lefranc.

RUE SIMON-LEFRANC / Il ne reste plus guère de nos jours qu'une moitié de cette vieille rue de Paris, qui existait déjà sous saint Louis et dont le nom est celui d'un de ses habitants d'alors.
Nº 11. Maison habitée, en 1771, par l'abbé de Beaulieu, fils de Mme d'Épinay et de son amant Dupin de Francueil; c'est elle qui avait fait aménager pour J.-J. Rousseau l'*Ermitage* de Montmorency.
Nº 9. Vieille maison du XVIIe siècle. Voûte d'entrée; à gauche, pittoresque escalier dans une courette particulièrement sordide.
Nº 8. Emplacement d'un hôtel qui fut habité, en 1722, par l'astronome Jacques Cassini, membre de l'Académie des Sciences et de la Société royale de Londres, fils unique de l'astronome Jean Cassini.
Nº 6. Hôtel du XVIIe siècle dans lequel est mort, en 1746, à 90 ans, Nicolas de Largillière, célèbre peintre de portraits, surtout de ceux des échevins parisiens.
Nº 5. Porte.

RUE DU TEMPLE *(section comprise entre les rues Geoffroy-l'Angevin et Saint-Merri)* / Cette section a appartenu à la partie de la rue du Temple appelée rue *Sainte-Avoye* de 1500 à 1851.
Nº 57. Au fond de la cour, hôtel construit en 1665, pour le fournisseur d'armes Maximilien Titon. Ferronneries, fronton.
Nº 43. Petit hôtel du XVIIIe siècle; belles ferronneries, toit pittoresque.
Nº 41. Auberge de *l'Aigle d'Or*, dernier spécimen à Paris de ces auberges, têtes de ligne des diligences et

Fontaine du Châtelet (*grav. 19ᵉ s.*)

L'église Saint-Jacques-de-la-Boucherie (*grav. 17ᵉ s.*)

des voitures de roulage pour la province. Le passage qui y conduit offre, sur le côté droit, un vieil escalier curieux; il aboutit à une grande cour carrée sur laquelle s'élèvent trois façades de l'auberge fâcheusement masquées par la charpente d'un hangar. On voit, à gauche, l'escalier permettant aux chevaux de descendre aux écuries situées dans les caves et, au delà, les vastes remises des voitures (poutres du plafond), puis le grand escalier. Face à l'entrée, un passage conduit à un second hangar recouvert d'une vieille charpente tout à fait remarquable par l'assemblage de ses poutres.

Sortir par ce hangar. En tournant à gauche on débouche dans la :

RUE PIERRE-AU-LARD / Cette rue est une vieille rue du XIIIe siècle dont le nom, *Pierre-Aulard*, est encore gravé à son débouché sur la rue Saint-Merri.
Au nº 6, autre sortie de l'auberge de *l'Aigle d'Or ;* la ruelle longe sur sa gauche l'aile ouest de l'Hôtel Le Rebours.

RUE SAINT-MERRI / Cette rue s'est appelée rue *Neuve-Saint-Merri* (ou *Saint-Médéric*) depuis le règne de Philippe-Auguste jusqu'en 1881; les lettres « S[t] » de l'inscription du nom de la rue gravée à l'angle de la rue Pierre-au-Lard ont été grattées sous la Révolution.
Avant d'entrer au nº 12, regarder la façade de l'Hôtel Le Rebours situé entre la rue Pierre-au-Lard et l'impasse du Bœuf et visiter cette curieuse impasse [1] que ferme une grille, de 1774. Cette impasse s'est appelée cul-de-sac du *Bec-oye* à la fin du XIIIe siècle, puis cul-de-sac de l'*Espérance* ou *du Bœuf*. Le nom cul-de-sac est gravé deux fois à son entrée; cette appellation était officielle malgré les protestations de Voltaire qui avait écrit que ces sortes de ruelles ne ressemblaient, ni à un sac, ni à... l'autre mot. Cette impasse, très pittoresque avec son caniveau axial et ses bornes, longe l'aile est de l'Hôtel Le Rebours, aile du XVIe siècle, donc antérieure au corps principal de cet hôtel refait en 1685.
Nº 12. Cet hôtel, des XVIe et XVIIe siècles, connu sous le nom d'Hôtel Le Rebours, est classé comme monument historique par son portail d'entrée, son portail sur cour, sa rampe d'escalier en fer forgé (du XVIIIe siècle) et le plafond d'une pièce du premier étage.
Vestibule de l'escalier, escalier, cour, mascarons, consoles. La cour est malheureusement affligée d'une construction parasite.
Nºs 10, 8, 6, 4. Vieilles maisons, dont certaines n'ont qu'une seule fenêtre par étage.
Nº 2. A l'encoignure de la rue du Temple, trois têtes d'ange sculptées.

1. Les culs-de-sac du Bœuf, Saint-Fiacre et Salembrière sont les plus évocateurs de ceux du vieux Paris.

N°s 1, 3, 5, 7. Vieilles maisons du XVIIe siècle.
N° 9. De 1630. Fronton à coquille.
N° 11. La porte de cette maison, de 1640, est classée, ainsi que ses vantaux. Fronton, escalier.

RUE DU RENARD / La vieille ruelle de Paris qui portait ce nom et dont une partie, appelée la *Court-Robert*, fut réservée aux ribaudes, du XIIIe au XVe siècle, a complètement disparu sous la rue actuelle, ouverte, de 1908 à 1911. Ce nom de renard provenait probablement de l'enseigne *Au Renard qui prêche*.

RUE DE LA VERRERIE / Cette rue fut pendant longtemps une des plus importantes rues de la rive droite de Paris où elle constituait, avec les rues du Roi-de-Sicile et Saint-Antoine, d'une part, les rues des Lombards, de la Ferronnerie et de Saint-Honoré, d'autre part, le grand axe est-ouest de la capitale. Son nom provient d'une verrerie qui y était installée au début du règne de Philippe-Auguste. Plus tard, la communauté des peintres sur verre et émailleurs s'y installa, et c'est la raison pour laquelle l'émailleur Jacquemin Gringonneur habitait vers son n° 28 sous le règne de Charles VI. Cette communauté déclina au cours du XVIIe siècle lorsqu'on remplaça les vitraux par des verres.
Cette rue fut élargie en 1672, sous Louis XIV, tant pour lui « pour aller de son château du Louvre à son château de Vincennes », que pour les ambassadeurs étrangers non catholiques qui faisaient par cette rue leur entrée solennelle à Paris. Les carrosses du roi allaient les prendre à la *Folie-Rambouillet* (172, rue de Charenton), d'où ils partaient en grande pompe pour se rendre à la réception du roi.
N° 56. Cette maison, dont la partie centrale, très ancienne, est fort curieuse, peut avoir été habitée, vers 1450-1470, dans ses plus vieilles parties, par Étienne Chevalier, un des principaux conseillers de Charles VII, désigné par la maîtresse du roi, Agnès Sorel, *la dame de Beauté* [1], pour être un de ses exécuteurs testamentaires.
Bornes de l'entrée, première cour, tourelle, escaliers, caves profondes et longues, allée, deuxième cour, toiture de la petite maison du fond.
N° 65. Maison à trois pignons (restaurée).
N° 77. Cette maison appartenait, en 1780, à Le Bel dont on voit le monogramme dans l'imposte située au-dessus de l'entrée.
N° 79. Vieille maison.
N° 83. Cette maison, qui date du XVIe siècle, est une des plus pittoresques du vieux Paris, mais sa façade est bien mutilée. Le curieux escalier à rampe de bois, que l'on voit dans la cour avec ses trois étages de cintres ajourés, est unique. Au XVIIe siècle, son enseigne était *A la Ville de Reims*, nom sous lequel ce vieil

1. Charles VII avait donné à Agnès Sorel le château de Beauté, à Nogent-sur-Marne, où Charles V était mort le 16 septembre 1380; Louis XIII le fit raser en 1622.

hôtel est actuellement désigné. En 1781, ce n'était plus qu'un hôtel pour voyageurs, *A l'Image Notre-Dame*, tête de ligne pour « les rouliers et autres charrettes de route » de Troyes et de Champagne, où descendirent, à la fin de cette année 1781, venant de Saverne, le comte et la comtesse de La Motte. C'est de là que cette authentique descendante des Valois partait fréquemment pour Versailles où elle disait aller voir Marie-Antoinette, alors qu'en fait elle se confinait à Versailles dans une chambre garnie, aussi misérablement meublée que l'était celle qu'elle habitait ici. Trois ans plus tard éclatait la célèbre *Affaire du Collier*.
N°s 70 et 72. Fenêtres de l'entresol.
N° 76. Presbytère de l'église Saint-Merri, bâti en 1754. C'est également une entrée latérale de l'église qui permet de gagner, par une courette située à droite, les 2 tourelles flanquant le portail sud et contenant les escaliers à vis permettant d'atteindre le chemin de ronde supérieur.

N° 83 rue de la Verrerie / Escalier de l'hôtel A la Ville de Reims

RUE DES JUGES-CONSULS / Ce nom est dû au tribunal des Juges-Consuls, ancêtre de notre Tribunal de Commerce, qui siégea ici de Charles IX

à Charles X (de 1570 à 1825) dans un hôtel situé entre les rues des Juges-Consuls et du Renard.
N° 3. Belle maison du XVIIIe siècle. De sa courette, on a une belle vue sur l'abside et les arcs-boutants du chœur de l'église Saint-Merri. Porte.

RUE DU CLOITRE-SAINT-MERRI / Le cloître Saint-Merri, disparu au XVIe siècle, était un enclos de maisons. Deux célèbres rues du vieux Paris débouchaient dans la rue du Cloître-Saint-Merri : la rue Brisemiche et la rue Taillepain (disparue) dont les noms, dus à une boulangerie où le chapitre de Saint-Merri faisait cuire le pain consommé dans le cloître, ont été intervertis aux XVIe et XVIIe siècles.
La rue Brisemiche fut aux XIIIe, XIVe et XVe siècles un « Val-d'amour » ; elle s'appelait alors la rue *Baille-Hoë*.
N° 18. Emplacement du débouché de la rue *Taillepain* dans la rue du Cloître-Saint-Merri. La maison qui était située à ce débouché, côté rue Saint-Martin, construite en 1520 et démolie en 1911, fut habitée par Artus de Gouffier, duc de Roannez, ami de Pascal. Pascal, son père et sa sœur habitèrent la rue *Taillepain*, presque en face de cet hôtel, de 1635 à 1648. Une école recouvre actuellement l'emplacement de ces deux maisons.
N°s 20, 22, 24. Maisons du XVIIIe siècle ayant appartenu au chapitre de Saint-Merri. Le n° 24 est à l'emplacement de la maison qui, jusqu'en 1674, servit de prison à la juridiction de ce chapitre.

La rue du Cloître-Saint-Merri permet d'admirer le côté nord de l'église, le seul que l'on puisse voir et qui est la partie la plus heureuse. A remarquer : la balustrade, le transept avec sa rose et son pignon orné, a écrit Huysmans, « d'une meute de chiens de garde veillant sur une ménagerie de chimères », les arcs-boutants du chœur, à double volée, appuyés sur des contreforts à pinacle. La partie de l'église voisine de la rue Saint-Martin était encore surmontée, au début de 1950, de maisons particulières, séparées les unes des autres par les arcs-boutants de la nef, souvenir de l'époque où les maisons se pressaient contre une église — et, même, sur elle — pour chercher aide et protection.

RUE SAINT-MARTIN / La rue Saint-Martin est, avec la rue Saint-Jacques, la plus vieille rue de Paris puisque au temps de Lutèce elle constituait la piste qui, passant entre les marais, à l'est, et la forêt de Rouvray (bois de Boulogne) à l'ouest, conduisait vers les régions du nord. Elle fut ensuite une voie romaine. Plus tard, le voisinage de la place de *Grève* (de l'Hôtel-de-Ville) et, surtout, celui des Halles fit d'elle un centre très commerçant. Son nom, qui date du XIe siècle, est dû au *prieuré de Saint-Martin-des-Champs* où elle conduisait.
N° 89. Bas-relief du XVIIe siècle, classé, représentant l'*Annonciation*.

Nº 81. Maison où est mort, en 1674, le poète Chapelain que Richelieu avait chargé de dresser le plan du dictionnaire et de la grammaire de l'Académie. Chapelain mourut victime de son avarice n'ayant pas voulu donner quelques deniers pour traverser sur une planche le caniveau axial de la rue Saint-Martin un jour que ce ruisseau débordait du fait d'une pluie d'orage.

Nº 79. CUL-DE-SAC SAINT-FIACRE / (Les lettres « St » ont été grattées sous la Révolution.)
Ce saint servait d'enseigne *(Au Grand Saint-Fiacre)* à une auberge de la rue Saint-Martin où fut installé, vers 1640, le bureau central d'une entreprise de voitures de place, appelée depuis « fiacres ». Le fiacre pouvait contenir quatre personnes et — nouveauté — une lanterne était accrochée à côté du cocher; il était interdit aux soldats, aux pages et aux laquais d'y monter. Ces voitures furent autorisées, en 1657, à stationner sur la voie publique; Paris en comptait 600 en 1703 et leur numérotage fut prescrit; il y en avait 800 lorsque survint la Révolution.

Nº 78. *Église Saint-Merry :* Il existait ici au VIe siècle, dans une clairière, une petite chapelle, appelée *Saint-Pierre-des-Bois*, où fut inhumé, vers 700, Médéric (ou Merry), moine bénédictin né près d'Autun. Il avait fait quelques miracles de son vivant, il en fit bien plus après sa mort. Aussi Gozlin, évêque de Paris, fit-il exhumer ses restes, en 890, afin de les abriter dans une somptueuse châsse et, pour la recevoir, on édifia, à la place de la chapelle une belle église dédiée à saint Merri.
Cette église, reconstruite au XIIIe siècle, devint vite trop petite par suite ee l'affluence de la population de ce quartier si commerçant. D'où l'église actuelle commencée sous François Ier (1520) et terminée environ 40 ans plus tard.
Quoique construite sous la Renaissance, l'église Saint-Merry fut bâtie selon le style architectural de l'époque précédente, soit en gothique flamboyant, ce qui lui vaudra de subir les classiques transformations du XVIIIe siècle : disparition de son jubé, remplacement des vitraux par des verres blancs, arcades et piliers gothiques recouverts de stuc et de marbre, etc.
Sa façade présente 3 portes en arc brisé; celle du milieu, surmontée d'une grande baie en tiers-point, est enserrée entre 2 puissants contreforts. Toutes ses statues sont du temps de Louis-Philippe et, aux voussures, ses statuettes sont des copies de celles du croisillon sud de Notre-Dame. Le joueur de cornemuse, le lièvre et le chien du sommet de la façade, chers à Huysmans, sont également modernes. La petite tourelle de gauche, qui est surmontée d'un campanile de bois, contient une des plus vieilles cloches de Paris. Intérieurement, elle possède une crypte où, jadis, le saint avait son tombeau, et un bénitier qui, marqué aux armes d'Anne de Bretagne et

portant les instruments de la Passion (la colonne et le fouet de la flagellation, le clou) est un des plus vieux de Paris. L'église est flanquée, à droite, d'une maison tout accolée contre elle; c'est l'ancien logis des chanoines de Saint-Merri.
L'église Saint-Merry, paroisse des gens de finances de la rue des Lombards, fut de ce fait et pendant longtemps une église très riche, ornée de toutes sortes de joyaux d'art et de grande valeur, donc sujette aux vols. Ceux-ci y furent très nombreux; maintenant ils ne sont plus à craindre : l'église est moins riche et, de plus, désertée.

Les ribaudes : Par contre, elle fut toujours située au centre du quartier des ribaudes ! Saint Louis avait tenté de limiter l'accroissement du nombre de celles-ci en ordonnant qu'elles soient groupées en des rues désignées, ordonnance qui ne fut pas exécutée. En 1367, le célèbre prévôt de Paris, Hugues Aubriot, tenta de les tenir en surveillance en ordonnant « que toutes les femmes prostituées tenant bordel en la Ville de Paris allassent demeurer et tenir leurs bordeaulx ez places et lieux publics à ce ordonnés et accoutumés, selon l'ordonnance de saint Louis, c'est à savoir : *à l'abreuvoir de Mascon* (sud du pont Saint-Michel), en la *Bouclerie* (près de la rue de la Huchette), rue *Froidmental* (près du carrefour des rues de Lanneau et Chartière), en *Glatigny* (dans la Cité), en la *Court-Robert* (rue du Renard), en *Baille-Hoë* (rue Brisemiche), en *Tyron* (rue Tiron), en la rue *Chapon* (rue Chapon) et en *Champ-Flory* (près du Louvre) ». Celles qui habiteraient ailleurs devaient être arrêtées, emprisonnées au Châtelet, puis expulsées de Paris.
Or, deux des neufs rues réservées aux ribaudes étaient très voisines de l'église Saint-Merri : la *Court-Robert* et *Baille-Hoë*, ce qui déplut fort à son curé qui, 20 ans après, en 1387, obtint du prévôt de Paris leur expulsion. Les bourgeois du quartier, dont le commerce allait souffrir de cet éloignement protestèrent; le parlement, saisi de leurs plaintes, donna tort au prévôt en 1388, et les ribaudes revinrent. Le curé continua à se plaindre et près de 40 ans après, en 1424, sous Charles VI, il obtint satisfaction, mais pour une seule rue seulement, pour la rue *Baille-Hoë*.
En ce XVe siècle, les ribaudes formaient une véritable corporation reconnue qui avait ses règlements, ses juges, ses statuts, ses privilèges, sa patronne (sainte Madeleine). Paris comptait alors 5.000 à 6.000 de ces personnes dont saint Louis avait dit qu'elles étaient « folles ou ivrognesses de leurs corps ». L'ordonnance d'Aubriot ne dut pas être mieux observée que celle de saint Louis puisque, en 1446, « la semaine avant l'Ascension fut crié parmi Paris que les ribaudes ne porteraient plus de ceintures d'argent, ni de collets renversés, ni de pennes (plumes) de geai en leurs robes menuver (fourrures de diverses couleurs), et qu'elles allassent demeurer ez bordeaulx, ordonné comme il était au temps passé ».

Il n'apparaît pas qu'il y ait eu depuis cette époque de très grands changements à ce sujet autour de l'église Saint-Merry...

RUE DES LOMBARDS / Cette rue, appelée antérieurement de la *Buffeterie* (le mot buffet était alors synonyme de bureau), a pris, vers 1320, l'appellation de rue des Lombards, du nom des riches commerçants de Gênes, Venise, Florence, qui y étaient installés déjà du temps de Philippe-Auguste comme banquiers, changeurs, usuriers et prêteurs de fonds (ces derniers étaient aussi appelés des *milans*). Plus tard la rue des Lombards devint le quartier des droguistes et des confiseurs.
Boccace y naquit, en 1313, d'une aventure de son père, un lombard de Florence, avec une Parisienne d'alors. Emmené en Italie, son père le renvoya plus tard à Paris pour qu'il apprenne le commerce...
N° 10. Maison à pignon.
N° 14. Caves de la fin du XIIIe siècle (classées).

RUE QUINCAMPOIX / Cette rue est, depuis 1851, la fusion de deux rues appelées alors la rue des *Cinq-Diamants* entre les rues des Lombards et Aubry-le-Boucher et *Quincampoix* au-delà de cette dernière, C'étaient deux vieilles rues de Paris; leur largeur n'a guère varié, la plupart de leurs maisons actuelles sont encore celles des XVIIe et XVIIIe siècles.
N° 2. Maison en encorbellement.
N° 10. Du XVIIIe siècle (façade du rez-de-chaussée classée); portail, mascaron (tête de Bacchus), courette et imposte, rampe d'escalier.
N° 12. Vieil hôtel; porte cloutée.
N° 14. Porte Louis XV, à écusson genre rocaille, escalier.
Nos 13, 15. Portes cloutées.
Nos 22, 24, 28, 27, 29. Vieilles maisons; le n° 24 (ou n° 34 ?) aurait été habité par Nicolas de la Reynie, premier titulaire de la charge de lieutenant de police de Paris, créée par Louis XIV en 1667. Il conserva celle-ci pendant vingt ans au cours desquels il fit disparaître la malpropreté des rues, établit des lanternes, reconstitua le guet et supprima la dernière Cour des Miracles.
N° 33. Du XVIIe siècle.
Au-delà de la RUE AUBRY-LE-BOUCHER, déjà ainsi appelée sous le règne de Philippe-Auguste, commence la véritable rue Quincampoix.
N° 36. Maison dont la porte monumentale du XVIIe siècle et ses vantaux sont classés (têtes de femmes sculptées).
Nos 38, 40. Une inscription, de 1904, indique qu'ici fut, du XVIe au XVIIIe siècle, le bureau de la corporation des merciers-joailliers. Quoique la troisième des « Six-Corps » des marchands qui représentaient le commerce parisien dans les cérémonies officielles, la corporation des merciers fut la plus opulente et la plus nombreuse de toutes. Jusqu'à la Révolution

chaque métier n'avait le droit de vendre que les produits qu'il fabriquait, ce qui limitait beaucoup les transactions; d'où la nécessité, dès le XIIe siècle, de créer un corps spécial qui ne fabriquait pas, mais qui vendait l'universalité des articles fabriqués par les autres. Les membres de cette corporation furent appelés merciers (de *merx*, marchandise); chez eux on trouvait tout, d'où le proverbe : « Merciers marchands de tout, faiseurs de rien. » Jusqu'au XVe siècle c'est dans la rue Quincampoix qu'habitèrent les plus célèbres merciers de Paris; en 1313, il y en avait déjà 36 sur 122 commerçants.
Cette corporation se subdivisa, au XVIIIe siècle, en 20 classes : marchands de draps, de dorures, d'étoffes de laine, de toiles, de dentelles, etc., dont celle des merciers-joailliers qui vendaient toute espèce de bijoux et pierres précieuses.
L'immeuble de cette corporation fut vendu sous la Révolution comme bien national.
N° 41. Maison à pignon.
N° 43. Emplacement de l'échoppe du célèbre savetier qui, du temps de Law, la louait 200 livres par jour aux agioteurs.
N° 54. Cette maison, du XVIe siècle, est le fameux *cabaret de l'Épée de Bois*.
Mazarin approuva, en 1658, les statuts d'une communauté de maîtres à danser, également maîtres de violon. Cette corporation, composée de 12 maîtres et d'un chef, appelé *le roi des violons*, tenait ses réceptions au cabaret de l'*Épée de Bois*. Elle les tint ensuite chez le maître des ballets du roi et fut transformée, en 1661, en *Académie royale de danse* dont le but était de perfectionner cet art et de régler les ballets. Huit ans après, en 1669, cette académie fusionna avec l'*Académie royale de musique ;* l'ensemble constitua l'*Opéra* qui a donc eu son noyau dans ce cabaret.
Lorsque Law installa sa banque, en 1719, dans la rue Quincampoix, le cabaret de l'*Épée de Bois* devint un lieu d'orgies que fréquentèrent les riches *Mississipiens ;* à ce titre il attira beaucoup de curieux dont Louis Racine, Marivaux, Mme de Tencin.

RUE DE VENISE / Cette rue a pris son nom actuel au début du XVIe siècle de l'enseigne d'un Lombard : *A l'Écu de Venise*.
Toutes les maisons de cette rue qui est, probablement, la plus étroite de Paris, sont très anciennes.

RUE QUINCAMPOIX *(suite)* / N° 58. Hôtel du début du XVIIIe siècle.
N° 65. Emplacement, aux XVIe et XVIIe siècles, de l'Hôtel de Beaufort, soit celui de César, duc de Vendôme, fils d'Henri IV et de Gabrielle d'Estrées, puis de son fils, François de Vendôme, dit le *roi des Halles*.
Ce fut dans cet hôtel que s'installa, en 1719, la Banque Générale de Law.

L'endroit était propice à l'agiotage puisque depuis quelque temps déjà la rue Quincampoix était le quartier d'importants banquiers. Jean Law de Lauriston, écossais, croyant que l'abondance du numéraire était la principale source de prospérité pour l'État, avait pensé qu'on pouvait l'augmenter par le crédit et qu'une banque procurerait au papier la valeur de l'argent. Cette banque générale serait chargée de la perception des impôts et des emprunts publics, aurait des monopoles et diviserait son capital en actions. Il proposa son plan à l'Écosse, à l'Angleterre, à la Savoie, mais sans succès. La France étant sur le point de faire banqueroute à la mort de Louis XIV, le Régent vit dans le système de Law un moyen de sauvetage et l'autorisa à fonder sa banque qui réussit au début. Law forma alors la Compagnie des Indes qui eut le privilège de tout le commerce extérieur. La spéculation fit monter la valeur des actions de la Banque Générale et de la Compagnie des Indes audelà de toute raison, des actions de 200 livres se vendirent jusqu'à 20.000 livres; en même temps, les billets de la Banque Générale se multipliaient indéfiniment. Le désenchantement fut rapide. Law ne pouvant verser les dividendes promis, on réalisa en transformant les actions en billets, les billets en argent. C'est lorsqu'il s'installa rue Quincampoix qu'il fusionna la Compagnie avec la Banque et qu'il réduisit les actions et les billets; c'était une sorte de banqueroute. Les billets inférieurs à 10 livres étant seuls remboursés, il y eut un soulèvement : la Banque fut abolie, Law quitta la France fin 1720 n'emportant que 2.000 louis de son ancienne fortune; il mourut dans la misère à Venise, en 1729.
C'est au cours de cet agiotage que tous les logis de la rue Quincampoix, caves et greniers compris, furent, en 1720, mis aux enchères et achetés à des prix fabuleux par les coulissiers, les bureaux normaux étant insuffisants pour recevoir la foule qui emplissait la rue que le guet avait grand mal à faire évacuer, le soir venu.
N°s 69, 70. Vieilles maisons.

L'agiotage dans la rue Quincampoix (*grav. 1720*)

Nº 82. On trouve à l'intérieur du magasin situé dans cette maison les loges et galeries de l'ancien *théâtre Molière*, salle fondée sous la Révolution, en 1791, par Boursault. Riche possesseur d'une belle galerie de tableaux, son jardin de la rue Blanche était alors un des plus célèbres de l'Europe. Ce théâtre connut des fortunes diverses. En 1793, il devint le *théâtre des Sans-Culottes*, puis, après avoir été fermé à plusieurs reprises, Boursault le reprit, en 1806, sous le nom de *théâtre des Variétés-Étrangères* où on joua des pièces anglaises, allemandes, espagnoles. Mais Napoléon ayant fait fermer, en 1807, tous les petits théâtres de Paris, la salle de Boursault eut le même sort.

Le PASSAGE MOLIÈRE, qui est contigu à cette ancienne salle, fut construit en 1791, en même temps qu'elle.

Nº 90. A cet endroit se trouvait la cloche qui, au temps de l'agiotage de la banque de Law, servait à prévenir le public d'évacuer la rue après la fermeture de la Bourse.

Saint-Merry (*grav. 17e s.*)

2 DE LA POINTE SAINT-EUSTACHE A LA RUE DU PLAT-D'ÉTAIN

Les Halles, le Pilori, le Puits d'amour / L'église Saint-Eustache / La Colonne astrologique / La rue des Vieilles-Étuves-Saint-Honoré / La rue Saint-Honoré : la place de la Croix-du-Trahoir, l'Oratoire, la rue de Valois, la place du Palais-Royal, les rues du Four-Saint-Honoré et des Prouvaires / La rue des Bourdonnais / Le Cimetière des Saints-Innocents / La rue de la Ferronnerie et l'assassinat d'Henri IV.

Point de départ : 1, rue Mondétour

LES HALLES / Pendant les 10 premiers siècles de son histoire le quartier des Halles ne comporta que des champs provenant de la mise en culture de marécages anciens. On l'appela d'abord *campelli*, puis les *Champeaux ;* les noms actuels des rues des Petits-Champs et de Croix-des-Petits-Champs rappellent cette époque.

En 1135, le roi Louis VI le Gros installa aux *Champeaux* un marché public auquel Philippe-Auguste réunit, en 1183, la *foire Saint-Ladre* (ou Saint-Lazare). Afin que les marchandises soient en sécurité et les vendeurs abrités, il fit construire, 2 bâtiments, affectés, l'un, aux drapiers, l'autre, aux tisserands, entourés d'une muraille dont les portes furent fermées la nuit. On les appela *les Halles*, nom qui, depuis, n'a pas varié. En 1190, l'enceinte de Philippe-Auguste les incorpora dans Paris.

Vers 1269, saint Louis ajouta 3 autres bâtiments, dont un pour la vente du poisson de mer qui arrivait des ports du Nord par les rues des Poissonniers, du Faubourg-Poissonnière, Poissonnière, des Petits-Carreaux et Montorgueil de nos jours. Philippe-le-Hardi en ajouta un autre, vers 1284, pour les cordonniers et les peaussiers.

Les Halles n'étaient alors qu'un immense bazar; on y vendait de tout : du drap, des fourrures, des bonnets, des peignes, des miroirs, du pain, des fruits, des œufs, de la viande... C'était le *marché le roy*, ouvert seulement 3 jours par semaine (mercredi, vendredi, samedi); le roi louait les étaux et percevait, naturellement, une taxe sur les transactions. En 1553, Henri II fit reconstruire les Halles qu'entourèrent des maisons sur piliers; à leur centre était le *Carreau*, marché du pain, du beurre, des fromages et des œufs. A part 2 extensions, dont la dernière eut lieu en 1788 sur l'emplacement du *cimetière des Innocents*, les Halles ne subirent aucun changement pendant trois siècles. Démolies en 1854, elles furent remplacées, en 1866, par 10 pavillons construits, la plupart, par Baltard. L'emploi du fer et de la fonte, les larges rues couvertes, les lanternons à claire-voie, les baies vitrées, les caves immenses, la distribution d'eau et de lumière furent alors un émerveillement; beaucoup de villes, tant en France qu'à l'étranger, édifièrent leurs halles sur le modèle de celles de Paris. En 1936, on ajouta 2 autres bâtiments, construction qui, malheureusement, fit disparaître, rue Coquillière, un vestige de l'enceinte de Philippe-Auguste.

Le pilori : Le *pilori du roi*, construit sous saint Louis et maintenu jusqu'à la Révolution, se dressait au débouché actuel de la rue Pirouette dans la rue Rambuteau. C'était une construction octogonale en pierre dont le rez-de-chaussée supportait un étage largement ajouré sur toutes ses faces et surmonté d'un toit pointu. Dans la partie ajourée se trouvait une roue horizontale en fer, mobile autour d'un axe vertical; la jante était percée de trous dans lesquels le condamné passait sa tête et ses mains. Les patients, en général des commerçants ayant utilisé des faux poids, des blasphémateurs, des entremetteuses..., étaient exposés 2 heures par jour durant 3 marchés consécutifs aux regards et aux railleries du public qui pouvait leur jeter de la boue, des ordures, mais non des pierres. De demi-heure en demi-heure la roue tournait de 90 degrés, ce qui fait qu'après ses 2 heures d'exposition le patient avait fait une pirouette d'un tour complet.

Le pilori des Halles (*grav. anc.*)

Les mesures d'urbanisme prises autour des Halles ont eu quelques conséquences curieuses. C'est ainsi que la RUE PIROUETTE, vieille rue du XIIe siècle est, depuis 1911, réduite à un seul côté qui n'a qu'une seule maison, portant d'ailleurs le nº 3. Quant à la vieille RUE DE LA GRANDE-TRUANDERIE, du XIIIe siècle, elle se nomme ainsi du côté de ses numéros pairs, tandis que le côté situé sur le trottoir d'en face agardé le nom de RUE DE LA PETITE-TRUANDERIE, autre rue du XIIIe siècle. Les deux côtés en question appartenaient, en effet, à deux rues distinctes que séparait un îlot de maisons jeté bas en 1919. Quant au nom de truanderie, il vient vraisemblablement de celui des truands qui habitaient une cour des miracles voisine.
A l'intersection des rues de la Grande et de la Petite-Truanderie (lorsqu'elles étaient distinctes), soit au carrefour actuel des rues Pierre-Lescot et de la Grande-Truanderie, se trouvait le *puits d'amour* dans lequel s'était jetée, au temps de Philippe-Auguste, la jeune Agnès Hellebick trahie par son amant. Dès lors, il fut pendant plus de quatre siècles un lieu de pèlerinage pour les amoureux jusqu'à ce qu'il fût comblé, vers 1650.

L'église Saint-Eustache : En 1213, les Halles avaient déjà trois quarts de siècle, une population de plus en plus dense se pressait à leurs alentours, ce qui faisait que l'église Saint-Germain-l'Auxerrois avait quelque peine à abriter tous ses nouveaux paroissiens.
A cette époque un bourgeois de Paris, nommé Jean Alais, chef des joueurs de mystère, prêta à Philippe-Auguste, souvent à court d'argent, une somme assez importante que le roi lui rendit... en l'autorisant à prélever un denier sur chaque panier de poissons vendu aux Halles. La recette devint telle que Jean Alais en eut quelques remords. Pour les apaiser, il fit construire à la pointe Saint-Eustache, à l'angle du chemin qui menait à Montmartre et de la rue *Traînée* (Rambuteau), une chapelle, dédiée à sainte Agnès, jeune chrétienne de Palerme martyrisée à Rome, en 304, à l'âge de 13 ans.
Dix ans plus tard cette chapelle, ayant vraisemblablement abrité quelques reliques de saint Eustache en provenance de l'abbaye de Saint-Denis, prit le nom de Saint-Eustache, elle devint église et, en1 303, elle fut transformée en paroisse. Eustache était aussi un martyr car, en l'an 110, sous l'empereur Adrien, il fut enfermé, avec sa femme et ses deux fils, dans un taureau d'airain qui fut chauffé à blanc. Par ailleurs, longtemps avant Hubert, mort en 728, il avait vu, un jour qu'il était à la chasse, la sainte Croix apparaître entre les bois du cerf qu'il poursuivait.
Avec le développement des Halles le quartier connut une affluence telle qu'il fut nécessaire, au début du XVIe siècle, de remplacer cette église. D'où l'église actuelle dont la première pierre fut posée en 1532. Sa construction fut lente, faute d'argent, puisqu'elle ne fut consacrée, sans être d'ailleurs entièrement achevée,

que 105 ans après, en 1637, par Jean-François de Gondi, premier archevêque de Paris. L'architecte est inconnu. On cite Dominique de Cortone, dit Boccador, architecte du premier Hôtel de Ville de Paris, et aussi Pierre Lemercier, qui a construit Saint-Maclou de Pontoise. L'église Saint-Eustache est de structure gothique, mais tout son décor est du style de la Renaissance avec ses ordres antiques isolés ou superposés. Ses proportions considérables la font considérer comme le plus beau monument religieux de Paris après Notre-Dame, dont sa construction s'est, en partie, inspirée (doubles bas-côtés, transept sans saillie extérieure, etc.).

Si on longe l'église en allant du chevet vers la façade principale en suivant la rue de Rambuteau, on remarque :

— d'abord la chapelle de la Vierge, construite en 1640. Au-dessus d'elle, l'horloge, de 1718.

— puis la nef et le transept avec leurs arcs-boutants gothiques. A la croisée, un campanile ajouré, jadis terminé par une flèche.

— le portail sud, de style Renaissance. Son trumeau porte une statue de la Vierge au-dessus de 3 statuettes représentant, de gauche à droite, *la Foi, l'Espérance* et *la Charité*. A gauche de la porte est la statue de saint Joachim, à droite, celle de sainte Anne; chacune d'elles est surmontée de celle d'un ange tenant l'encensoir; toutes ces statues sont modernes.

— Au-dessus du portail viennent 2 étages de galerie dont l'une de 5 arcades en plein cintre, une grande rosace qu'encadrent 2 tourelles d'escalier terminées par des lanternons et, enfin, le grand pignon qui porte à sa pointe une tête de cerf ayant la Croix entre ses bois. A partir du portail, ce côté de l'église s'infléchit légèrement vers le nord; la raison en est que l'église a épousé, lors de sa construction, la courbure de la rue *Traînée*, qui la bordait. De ce fait, les chapelles qui, à l'intérieur, sont de ce côté, furent construites sur un plan oblique, ce qui explique leur profondeur décroissante du transept vers la façade. La façade principale n'a absolument aucun rapport architectural avec tout le reste de l'église; de style classique, elle est affreusement banale. Faute d'argent, on attendit 66 ans, soit jusqu'en 1754, pour que soit posée sa première pierre. Cette façade n'est d'ailleurs pas terminée, il y manque toujours le clocher de droite.

A signaler, à l'intérieur, les vitraux de l'abside, qui datent de 1631, le tombeau de Colbert, l'épitaphe de Chevert, par d'Alembert, une *Vierge* de Pigalle et, au transept sud, un tapis de la Savonnerie, tissé sous Louis XV pour la chapelle du château de Versailles, trouvé dans les combles de Saint-Eustache en 1926, restauré par les Gobelins en 1931 et conservé dès lors par l'église.

Prendre la rue de Vauvilliers pour se rendre devant la colonne adossée à la Bourse du Commerce.

L'Hôtel de la Reine : Lorsqu'en 1190 Philippe-Auguste entoura Paris d'une enceinte, le quartier où s'élève maintenant la Bourse du Commerce n'était que prés, champs et jardins.

La Colonne « astrologique » : Construite par Bullant, cette colonne appartient à l'ordre toscan par son chapiteau et à l'ordre dorique par son fût. Sa hauteur est d'environ 27 mètres, son diamètre, de 3; sa surface présente 18 cannelures, séparées entre elles par des arêtes dentelées, sur lesquelles on voit encore le monogramme d'Henri II. Elle contient un escalier à vis de 147 marches, éclairé par quelques étroites barbacanes.

On ignore encore le but de cette colonne. Pour certains, ce pouvait être une tour de guet, pour d'autres, un monument élevé par la reine à la mémoire de feu son époux, le roi Henri II. Ce fut plutôt un observatoire dominant le palais et ses alentours où, à défaut de la superstitieuse reine qui, déjà âgée et corpulente, ne pouvait gravir ces 147 marches, montèrent souvent ses astrologues et cabalistes pour observer le firmament.

Cette mystérieuse colonne, qui est classée, constitue un précieux souvenir d'un lieu où deux reines de France ont vécu, où fut un couvent de jolies pécheresses du XVIe siècle, où naquirent deux illustres généraux et où fut, à deux reprises, un temple de l'agiotage.

En traversant la rue Berger pour prendre la rue Sauval, remarquer au n° 13 de la rue du Louvre, face à la rue Berger, le vestige d'une tour de l'enceinte de Philippe-Auguste.

La colonne astrologique et son acquéreur Bachaumont d'après Carmontelle

RUE SAUVAL / Cette rue, de 1300, s'est appelée rue des *Vieilles-Étuves-Saint-Honoré* du XIVe siècle jusqu'en 1865 (inscription rétablie sur la façade du nº 4). La plupart de ses maisons sont du XVIIe siècle : Nº 10 (porte cintrée assez basse), nº 8 (belle porte cloutée), nº 6 (mansardes), nº 5 (ferronneries avec monogrammes), nº 3.
La maison située au débouché de la rue Sauval sur la rue Saint-Honoré (entrée au nº 96 de la rue Saint-Honoré) remplace, depuis 1802, la maison où naquit Molière, le 15 janvier 1622. C'était une maison à pignon dont le poteau de bois à l'angle des deux rues, sculpté à hauteur des étages, représentait le tronc d'un oranger où 7 singes étaient accrochés, d'où le nom de *pavillon des Singes* donné à cette maison depuis 1539. Elle était louée par le père Poquelin, valet de chambre, tapissier du roi et marchand d'étoffes, qui l'habitait avec sa femme et ses enfants : Molière, ses deux frères et sa sœur (Molière mourut au nº 40 de la rue de Richelieu, le 17 février 1673).
Wagner a habité l'immeuble actuel avec sa femme pendant trois mois, en 1839; il venait de Londres et était dans la misère la plus noire.

RUE SAINT-HONORÉ / Cette grande artère de Paris fut, d'abord, un sentier pour les bûcherons de la forêt de Rouvray descendant des hauteurs du Roule vers Lutèce. Plus tard, ce fut un tronc commun aux chaussées se dirigeant vers Saint-Ouen, Clichy, Monceaux, Argenteuil, le Roule, Neuilly et Chaillot. Appelée chemin, chaussée, voirie, grand chemin royal allant au Roule, grande rue allant au pont de Neuilly et à Saint-Germain, elle commença à être bâtie vers 1135, après la construction des Halles. Dès lors, elle allait devenir une importante et riche artère de Paris, dont elle constitua le grand axe ouest-est.
Pendant longtemps la rue Saint-Honoré fut l'itinéraire normal pour qui allait au Louvre, au *Palais-Cardinal* (Royal) et à Saint-Germain. Plus tard, pendant la Révolution, ce fut celui suivi par la sinistre charrette qui, par le Pont-au-Change et la rue du Roule, transportait les condamnés de la Conciergerie jusqu'à la place de la *Révolution* (de la Concorde).
Vers 1630, la section comprise entre la rue de la Ferronnerie et l'Oratoire était une rue plébéienne (bonnetiers, drapiers, merciers); au delà c'était, jusqu'à la rue de Rohan actuelle, une rue patricienne avec hôtels, maisons à porte cochère, etc. ; plus loin, hors de Paris, c'était la campagne avec ses moulins, ses couvents et ses guinguettes. Ces trois sections eurent un point commun, la prostitution dont les prêtresses habitaient les rues *Fromenteau* et du Pélican, voisines.

Place de la Croix-du-Traboir / Le carrefour des rues Saint-Honoré et de l'Arbre-Sec fut longtemps appelé la place de la *Croix-du-Traboir*.

Celle-ci fut jusqu'en 1737 un lieu patibulaire, plus spécialement celui où on coupait les oreilles des serviteurs indélicats. Une potence *(l'arbre sec)* et la roue y furent longtemps dressées. Selon la coutume, une croix était érigée à côté d'elles pour favoriser les dernières oraisons des condamnés; c'était une grande croix de pierre dont les degrés étaient, pour une partie, loués comme étaux à des bouchers et accaparés, pour une autre, par des marchands de légumes.
La fontaine actuelle du Trahoir (classée) est une reconstruction de Soufflot, de 1776, remplaçant la fontaine précédente, de 1635; elle est ornée de congélations.

RUE SAINT-HONORÉ *(section située à l'ouest de la rue de l'Arbre-Sec)* / Nº 98. Grande maison avec façade sur la rue Sauval; fenêtres du premier étage, guirlandes.
Nº 115. Pharmacie existant déjà en 1715; des inscriptions de cette époque sont encore visibles entre les fenêtres de l'entresol de sa façade, du début du XVIIIe siècle, ornée de jolis mascarons. La tradition rapporte que c'était ici que Fersen se fournissait de l'encre sympathique utilisée dans sa correspondance avec Marie-Antoinette (?). A cette époque, on y vendait la nouvelle eau minérale de Passy à 7 sous la bouteille.
Nos 117, 119. Vieilles maisons.
Nº 129. Ancien hôtel; ferronneries, mascarons, bandeaux.
Nos 106, 108. Ferronneries.
Nº 145. Emplacement de la *première porte Saint-Honoré* (de 1200), celle de l'enceinte de Philippe-Auguste; elle fut démolie en 1533.
Le temple de l'Oratoire est l'ancienne chapelle de la *Congrégation de l'Oratoire*, construite, de 1621 à

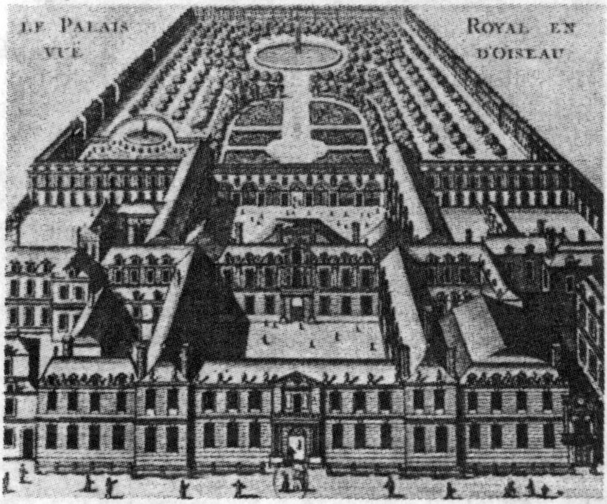

Le Palais-Cardinal (*grav. 17e s.*)

1630, sur les plans de Lemercier. Devenue chapelle royale du Louvre sous Louis XIII, Louis XIV et Louis XV, Napoléon Ier l'affecta au culte réformé en 1811.

RUE JEAN-JACQUES-ROUSSEAU *(section située au sud de la rue Coquillière)* / Cette section date du XIIIe siècle; elle s'est appelée la rue *Grenelle-Saint-Honoré* jusqu'en 1868.
Nos 2, 4, 6, 10, 12, 15, 11. Vieilles maisons.

RUE DU PÉLICAN / Le nom de cette vieille rue, qui existait au commencement du XIIIe siècle en dehors de l'enceinte de Philippe-Auguste, est la transformation de l'appellation obscène que lui avait valu la population qui l'habitait. Ses maisons étaient au XIVe siècle des *bouticles* (boutiques) à *peschié.*
Nos 4, 6, 8. Vieilles maisons.

Prendre, à droite, la RUE CROIX-DES-PETITS-CHAMPS (Malherbe habita l'emplacement du no 13, de 1606 à 1627) et, à gauche, la rue Montesquieu, qui coupe la RUE DES BONS-ENFANTS dans le voisinage de laquelle est né La Rochefoucauld et où Rameau mourut en 1764; Brillat-Savarin habita le no 14 en 1794 et, plus tard, Gérard de Nerval, le no 13.

Le passage de la Vérité qui fait suite aboutit à la :
PLACE DE VALOIS / Cette place est l'ancienne cour des cuisines du Palais-Royal, elle s'est d'ailleurs ainsi appelée depuis 1692 jusqu'au XVIIIe siècle.
Les façades et les toitures de ses numéros 1 (Hôtel Mélusine), 2, 3, 4, 5, 6 et 7 sont classées.

RUE DE VALOIS *(section comprise entre les places de Valois et du Palais-Royal*) Cette section fut, jusqu'en 1784, une courte impasse, dite la *Cour-Orry*, donnant dans la rue Saint-Honoré.
No 6. Hôtel Mélusine (dit aussi Mélusine-Lusignan). Sa construction date de l'époque à laquelle le cardinal de Richelieu fit les acquisitions nécessaires à la création et à l'agrandissement de son *Palais-Cardinal* (Royal). Sa façade et ses toitures sont classées, ainsi que son balcon supporté par des consoles à têtes de lions.
No 2. En 1784 cette encoignure devint le siège d'un établissement d'instruction libre, nommé *Lycée*, qui, en 1803, prit le nom d'*Athénée des Arts* Balcon. Sa façade et sa toiture sur les rues de Valois et Saint-Honoré sont classées.
No 1. Emplacement où le cardinal de Richelieu fit construire, en 1639, une salle de spectacle de 1.200 places, dépendance de son palais. Cette salle fut inaugurée, le 14 janvier 1641.
Le 20 janvier 1661, Molière donna ici sa première représentation avec *le Dépit amoureux* et *le Cocu imaginaire ;* c'est sur cette scène qu'il joua toutes ses pièces depuis *Don Garcie de Navarre* (4 février 1661), pièce retirée après cinq représentations, et qu'il joua pour

la dernière fois, le 17 février 1673, en interprétant *le Malade imaginaire*. Après la mort de Molière, Louis XIV affecta cette salle à l'Académie royale de musique, soit à l'Opéra, dirigé alors par Lulli (une inscription sur la façade du Palais-Royal donnant sur la place rappelle ces successives affectations). Le 6 avril 1763, l'Opéra prit feu à l'aube; la salle fut entièrement consumée.
La seconde salle, œuvre de Moreau — inscription au nº 202 de la rue Saint-Honoré, — plus grande que la précédente, resta, elle aussi, enclavée dans les bâtiments du Palais-Royal; son inauguration eut lieu le 26 janvier 1770. Elle prit feu en fin de spectacle le 8 juin 1781. Tout le théâtre fut brûlé, les réservoirs manquant d'eau; il y eut 21 victimes : danseuses, danseurs, machinistes et trois capucins-pompiers. La troupe de l'Opéra fut alors transférée boulevard Saint-Martin où Lenoir lui bâtit en 90 jours une salle qui devint celle de la Porte-Saint-Martin jusqu'à son incendie par la Commune en mai 1871.

PLACE DU PALAIS-ROYAL / Jusqu'en 1634 l'enceinte de Charles V traversait en diagonale, du nord-est au sud-est, le futur jardin du Palais-Royal et coupait la rue Saint-Honoré à hauteur du nº 161; la *porte Saint-Honoré* se dressait à cette intersection.
En 1624, le cardinal de Richelieu, qui habitait la place *Royale* (des Vosges), décida de fixer sa résidence dans la rue Saint-Honoré de façon à être à proximité du palais du Louvre. Il fit raser hôtels et immeubles pour dégager la façade et les abords de son futur hôtel; le vide ainsi créé fut appelé, en 1648, la *place d'Armes*, d'où naquit la place actuelle du Palais-Royal. Cette place, agrandie en 1769, le fut à nouveau en 1854.
Le Palais-Cardinal : Pour constituer son hôtel, le cardinal de Richelieu acheta, en 1624, l'ex-Hôtel d'Angennes. Il le fit démolir et construire à sa place, par Lemercier, un hôtel, l'*Hôtel de Richelieu*, où il s'installa en 1629, après avoir habité pendant ces travaux le Petit-Luxembourg mis à sa disposition par Marie de Médicis.
En 1634, le cardinal de Richelieu agrandit son hôtel qui fit place, en 1639, au *Palais-Cardinal*, plus tard Palais-Royal (cf. : deuxième partie, chap. 32). Tout un quartier noblement habité naquit du vaste aménagement urbain qui fit suite à cette construction et à la disparition en cet endroit de l'enceinte de Charles V.

Remonter la rue Saint-Honoré jusqu'à la Croix-du-Trahoir.

RUE SAINT-HONORÉ *(section située à l'est de la rue de l'Arbre-Sec* / Nº 109. Maison appartenant, en 1762, au premier barbier de Louis XIV. Ferronneries.
Nºs 105, 103, 99, 97, 93. Vieilles maisons : balcons,

mascarons et bandeaux sculptés du nº 105; le nº 99 a une fenêtre par étage; ferronneries et fronton du nº 97; le 93 a une belle enseigne Directoire, *Au Bourdon d'Or*.
Nºs 94 (vieille maison); 92 (guirlandes); 86 (ferronneries); 84 et 82 (vieilles maisons).

Nº 74. RUE VAUVILLIERS / Cette rue, du XIIIe siècle, s'appela la rue du *Four-Saint-Honoré* jusqu'en 1864. A l'emplacement du nº 33 (disparu) était un hôtel meublé, celui de *Cherbourg*, où s'installa, en octobre 1787, le lieutenant Bonaparte venant de Valence et de Lyon. Un soir qu'il avait du vague à l'âme, il se rendit dans les jardins du Palais-Royal et en ramena une compagne. Cette Nantaise fut sa première conquête; c'était le jeudi 22 novembre 1787, il avait 18 ans et 3 mois.
Nº 60. Une fenêtre par étage, ferronneries.
Nºs 58, 56. Mascarons et ferronneries.
Nº 54. Maison d'angle, à l'enseigne du *Marteau d'Or*, construite en 1700. Magnifique balcon (classé).

Nº 52. RUE DES PROUVAIRES / Cette rue date du XIIIe siècle, époque où les prêtres de l'église Saint-Eustache l'habitaient (le mot prouvaires est une déformation du mot prêtres). Elle fut, au Moyen Age, une des plus belles rues de Paris puisque c'est dans celle-ci que Louis XI logea, en 1476, chez un riche épicier, Alphonse V, roi de Portugal, venu lui demander quelques subsides et des secours. Alphonse V fut conduit au palais de Justice entendre plaider une belle cause par deux avocats, puis à l'évêché assister à la réception d'un docteur en théologie et aux prisons du Grand-Châtelet; enfin les quatre facultés de l'Université de Paris passèrent en procession devant lui. Après quoi Louis XI estima avoir assez fait pour ce roi qui, de l'avis général, « avait été honorablement logé et bien amusé ». On a trouvé, sous Louis XIV, dans la cave d'une maison de cette rue, 4.000 pièces d'or qui avaient dû y être enfouies lors des massacres de la Saint-Barthélemy. C'est rue des Prouvaires que naquit, en 1619, Savinien-Hercule Cyrano de Bergerac mort à 35 ans, en 1655, au *couvent des Filles-de-la-Croix* de la rue de Charonne.
Nº 71 (vieille maison à fronton); nº 65 (ferronneries); nº 47 (façade du XVIIIe siècle, classée, ferronneries, mascarons); nº 45 (balcon); nºs 43, 39 et 37 (toutes deux à une fenêtre par étage); nº 35 (à l'entresol, enseigne représentant une belette ou un renard; balcon, ferronneries).
Les numéros 33 et 47 forment un vieil ensemble qu'il est intéressant de regarder du trottoir opposé.

RUE DES BOURDONNAIS *(section située au nord de de la rue de Rivoli)* / Cette section date du XIIIe siècle.
Nº 39. Ancien petit hôtel du XVIIe siècle, le plus ancien de la rue. Tourelle dans la cour; vieilles façades sur l'impasse des Bourdonnais avec porte basse.

Nº 37. IMPASSE DES BOURDONNAIS (modernisée); / Deux sorcières y furent brûlées en 1319.
Nºs 33 *bis* et 33. Ferronneries.
Nº 31. Emplacement de l'Hôtel de la Trémoille, du XIVe siècle, démoli en 1841. C'est là qu'était, à l'enseigne de *la Couronne d'Or*, ce marchand des *étoffes de soie et d'argent*, achetées par la Cour et Mme de Sévigné, dont a parlé La Bruyère. Deux pierres finement sculptées sont incrustées de chaque côté du portail actuel; d'autres vestiges sont dans une cour de l'école des Beaux-Arts.
Nº 30. Emplacement d'un hôtel de 1560. Il a disparu mais il en reste une de ses caves (classée) qui contient la crypte de son ancienne chapelle.
Nº 34. Ce vaste et bel hôtel, bâti en 1640, fut la propriété, jusqu'en 1700, de la famille des Villeroi. Porche orné de guirlandes, balcon, première cour, escalier monumental Louis XVI, deuxième cour où étaient les remises et écuries, mansarde à poulie.

RUE AU LARD : Le nom de cette rue, du XVIe siècle, provient des charcutiers qui y étaient établis. Elle débouche dans la rue de la Lingerie en passant sous une arcade, vestige de l'ancienne halle aux cuirs.

Par la rue des Innocents, gagner le square des Innocents.

LE CIMETIÈRE DES SAINTS-INNOCENTS / La vieille règle romaine d'inhumer les morts à l'extérieur des villes et de dresser des tombeaux en bordure des grandes voies d'accès à celles-ci étant encore en usage au Xe siècle, ce fut le long du chemin qui conduisait à Saint-Denis que l'on ouvrit à cette époque, hors de Paris, le grand cimetière qui devenait nécessaire à l'agglomération parisienne. On construisit, à l'intérieur, une petite chapelle qui fut dédiée à saint Michel.
Vers 1130, Louis VI le Gros la remplaça par une *église* plus importante qui fut appelée un peu plus tard l'*église des Saints-Innocents*. Elle n'a pas d'histoire sauf que sous Charles VI, une rixe amena sa fermeture pendant 21 jours, car le sang avait coulé, une femme ayant vigoureusement frappé de sa quenouille un fidèle trop entreprenant. Cette église a disparu en 1786 avec le cimetière.
Son importance fut, en effet, considérable puisqu'il fut le cimetière de toutes les paroisses de Paris qui n'en comportaient pas (soit près de 22 églises) et, pendant longtemps, avant qu'ils ne soient inhumés au cimetière de *Clamart*, celui des morts de l'Hôtel-Dieu, celui des pestiférés (50.000 décès en 5 semaines en 1418), celui des inconnus de la Morgue et des personnes trouvées mortes sur la voie publique (pour ces deux dernières catégories, il y avait une plate-bande à part, non bénite, parallèle à la rue de la Lingerie).
Les inhumations avaient lieu dans une vaste fosse

commune pouvant contenir 1.500 corps superposés; lorsqu'elle était pleine, on en creusait une autre à côté. Une légende voulait que la terre de ce cimetière « soit excellente et mange son cadavre en neuf jours »; aussi des évêques, inhumés, eux, dans les églises, ont-ils demandé qu'on mette dans leur cercueil un peu de la terre du cimetière des Innocents.

RUE DE LA FERRONNERIE / Prolongement de la rue Saint-Honoré, la rue de la Ferronnerie fait partie, avec les rues des Lombards et de la Verrerie, du grand axe ouest-est du vieux Paris. Elle date du XIIIe siècle et porte son nom actuel depuis 1229. A cette époque elle n'avait guère que 4 mètres de large et cet espace était encore rétréci par des échoppes adossées au mur du cimetière. Il y avait, jour pour jour, 56 ans que le roi Henri II avait vainement publié un édit prescrivant son élargissement lorsque Henri IV y fut assassiné.
Jeanne Bécu, alors Jeanne Ranson, avant de devenir, plus tard, la comtesse du Barry, fut trottin chez un marchand de modes, Labille, installé dans cette rue. Mlle Morphise a, de même, travaillé dans une maison de couture de la rue de la Ferronnerie avant de devenir plus tard, le modèle de Boucher et d'être un caprice de Louis XV.
N°s 13, 11. Maison du XVIIIe siècle.
N° 7. Une fenêtre par étage; ferronneries du balcon.
N° 11. C'est devant l'emplacement de cette maison qu'Henri IV fut assassiné le vendredi 14 mai 1610, vers quatre heures de l'après-midi, par Ravaillac, venu à pied d'Angoulême.

Quant à l'emplacement de la maison des Gastines, il est toujours vide; jamais depuis 1569 il n'y fut construit, car l'arrêt du parlement subsiste toujours. Une maison, toutefois, a été bâtie sur le derrière de l'ancienne maison.

Rue des Prouvères à l'enseigne du *Lion d'Argent* (*grav. 1860*)

Assassinat de Henri IV (*grav. holl. Verstrio*)

Rue de la Ferronnerie (*grav. vers 1860*)

Par la RUE SAINT-DENIS (nos 19, 17 : vieilles maisons), gagner la RUE COURTALON qui, entièrement bâtie en 1284, porte ce nom depuis le XVe siècle. C'est à l'ex-no 6 qu'était le Bureau des Lingères indiqué précédemment. Cette rue longeait jusqu'en 1797 le côté sud de l'*église et du cloître Sainte-Opportune*. La place actuelle de Sainte-Opportune est sur leur emplacement.

RUE DU PLAT-D'ÉTAIN / Cette vieille rue, de la fin du XIIIe siècle, doit son nom, de la fin du XVe siècle, à l'enseigne d'une maison.
No 1. Vieille maison du XVIe siècle où fut, au XVIIIe siècle, un cabaret que fréquentèrent Diderot, d'Alembert et Marmontel.
No 3. Vieille maison.
No 11. Emplacement du Bureau des Drapiers dont la porte, refaite en 1650 par Jacques Bruant, a été remontée dans une cour du musée Carnavalet.

Face au débouché de la rue du Plat-d'Étain, on voit au no 3 de la RUE DES DÉCHARGEURS, de 1300, un hôtel du XVIIe siècle, ex-bureau de la *Petite-poste* aux lettres de Paris (cour, mascarons, escalier, façades classées). En 1788, le port des lettres était de deux sous dans tout l'intérieur de Paris, de trois au delà des barrières et dans toutel a banlieue; les lettres étaient portées neuf fois par jour à leur adresse dans la Ville et deux fois dans la banlieue; il n'y avait cependant que 117 facteurs.

Église et cimetière des Saints-Innocents (*grav. 17e s.*)

3

DE LA PORTE COQUILLIÈRE A LA PLUS VIEILLE MAISON DE PARIS

La porte Coquillière / La rue du Séjour : la salle d'Armes de Montmorency-Bouteville / Un séjour de Charles V / Le passage de la Reine-de-Hongrie / La rue de la Comtesse-d'Artois / L'Hôtel des ducs de Bourgogne : la tour de Jean sans Peur, le Théâtre de l'Hôtel de Bourgogne / Une maison de 1407 à Nicolas Flamel / Les rues Beaubourg et des Gravilliers / La Cour-dc-Rome / La rue Frépillon ; la plus vieille maison de Paris.

Point de départ : 1, rue du Jour.

RUE DU JOUR / Vers 1370, le roi Charles V se fit construire à l'extrémité de cette rue, datant du début du XIIIe siècle, un pied-à-terre, sorte de logis champêtre, qui fut appelé le *Séjour du roi*. Il était situé entre le mur de Philippe-Auguste et le chemin qui conduisait à Montmartre. Le nom de rue du *Séjour* donné alors à la rue fut insensiblement modifié en celui de rue du Jour.

N° 3. Vieille maison à l'enseigne *Au Cadran d'Or*.

N° 5. Vieille maison qui avait comme enseigne *Au Beau Noir* lorsqu'elle était celle d'un teinturier. Depuis lors, cette enseigne a continué à être utilisée par tous les commerçants qui ont succédé au teinturier.

Tout ce côté des numéros impairs de la rue du Jour constitue, jusqu'à la caserne des pompiers, un ensemble pittoresque de maisons de Paris du XVIIe siècle.

N° 2. Vieille maison appartenant avant la Révolution au chapitre de Saint-Eustache. A cette époque elle était habitée par le citoyen-curé Poupart, ex-confesseur de Louis XVI.

N° 4. *Hôtel de Royaumont :* La maison actuelle est une reconstitution fidèle de celle qui la précédait et qui, datant de 1612, fut démolie en 1950. C'était l'*Hôtel de Royaumont* dont les caves et les soubassements des murs ont été conservés ainsi que le porche de la cour d'entrée.

Par-dessus l'hôtel, admirable vue sur le transept nord de l'église ; à son pignon on aperçoit une tête de cerf avec la Croix entre ses bois.

N° 25. Ancien hôtel édifié sur une partie de l'emplacement où fut bâti, vers 1370, le « séjour » du roi

Charles V. C'est une construction Renaissance, de 1540, refaite au XVIIe siècle.
Façade avec fronton jadis écussonné, consoles, bandeau Renaissance, grille en fer forgé avec monogramme, vaste escalier de trois étages avec belle rampe, en pierre jusqu'au premier, en bois ensuite, plafonds du vestibule et du premier à médaillons sculptés bien conservés. La façade, la décoration du grand escalier et le plafond d'un ancien salon au premier sont classés.
N° 29. Restes d'un hôtel du XVIIe siècle.
N° 31. Ancien hôtel meublé où habita, en 1784, Nicole Leguay, la « baronne d'Oliva » de l'affaire du collier de la reine.

RUE MONTMARTRE *(section située entre les rues du Jour et Etienne Marcel)* / Cette rue, déjà ainsi appelée

Tour de Jean-sans-Peur (*grav. 19e s.*)

Les comédiens de l'Hôtel de Bourgogne (*grav. par H. Bossé*)

vers 1200 puisque c'était le chemin qui conduisait de Paris à Montmartre, était déjà bâtie à cette époque entre nos rues Rambuteau et Etienne-Marcel.

Nº 30. Emplacement de la *porte Montmartre* de l'enceinte de Philippe-Auguste (inscription); elle a été démolie vers 1550.

Nº 3. L'IMPASSE SAINT-EUSTACHE conduit à la façade de derrière de l'ex-Hôtel de Royaumont et au portail nord de l'église, orné de statues modernes.

Nº 10. Le PASSAGE DE LA REINE-DE-HONGRIE, créé vers 1770, était habité avant la Révolution par une vendeuse aux Halles, Julie Bécheur, qui vint porter à Marie-Antoinette une pétition des dames de la Halle. La reine lui fit bon accueil et trouva que Julie Bécheur ressemblait à la reine de Hongrie, Marie-Thérèse. Par moquerie, ce nom lui fut donné par ses camarades et lui resta. L'accueil bienveillant de la reine ayant développé en Julie Bécheur ses sentiments de loyalisme, elle fut décapitée sous la Révolution pour les avoir quelque peu trop manifestés. Escalier pittoresque.

RUE MONTORGUEIL / Le *Mont orgueilleux* auquel s'applique le nom de cette rue, du XIIIe siècle, l'ex-*Mons Superbus*, n'est autre que la butte de gravois sur laquelle passe, en tranchée, le boulevard Bonne-Nouvelle au débouché des rues de la Lune et de Cléry; son point culminant est la rue Beauregard. La partie sud de la rue Montorgueil est la dernière section du long chemin amenant à Paris la marée des ports du Nord; elle fut longtemps le centre du marché aux huîtres. On appela sa section comprise entre les rues Montmartre et Mauconseil rue de *la Comtesse-d'Artois* jusqu'en 1830. Ce fut dans cette rue que la Gourdan tint la maison de rendez-vous où elle employa Jeanne Ranson, la future comtesse du Barry.

Nº 15. Hôtel du XVIIIe siècle; façade classée avec ses balcons en fer forgé; bas-reliefs, porte.

Nº 17. Façade du XVIIIe siècle, ferronneries.

Nº 19. Façade classée; balcon.

RUE ETIENNE-MARCEL (de 1880) / Le quadrilatère compris entre les rues Mauconseil, Montorgueil, Tiquetonne et Saint-Denis fut occupé jadis par la résidence parisienne des ducs de Bourgogne habitée, en 1402, par le duc Jean de Bourgogne, dit Jean sans Peur.

Nº 20. *La tour de Jean sans Peur :* Un an après qu'il eut fait assassiner son cousin germain, le duc Louis d'Orléans (cf. chap. VI), Jean sans Peur, craignant la vengeance des parents et amis de sa victime, fit construire au centre de son hôtel, pourtant bien défendu par de solides murailles avec créneaux et mâchicoulis, une tour qui n'eut d'autre raison d'être que de lui ménager tout en haut, au quatrième étage, une « forte chambre pour dormir », soit une chambre peu accessible dans laquelle il pourrait reposer sans crainte d'être assassiné.

Cette tour, rectangulaire, est le seul spécimen à Paris de l'architecture militaire et féodale du Moyen Age, les Hôtels de Sens et de Cluny étant d'architecture civile et les tours de la Conciergerie et de la rue du Vertbois étant des reconstructions.
Sa hauteur depuis le sol jusqu'au sommet est de 27 mètres; sa longueur, de 10; sa largeur, de 4 m. 50. Elle s'appuie sur le mur de Philippe-Auguste que l'on aperçoit, en coupe, contre sa face sud; d'ailleurs, au premier étage, un passage de quelques mètres permet d'accéder à l'intérieur d'une tour ronde de la vieille enceinte de Paris (restes classés). La façade orientale — la plus large — présente : au rez-de-chaussée, une salle, dite *des gardes*, éclairée par une fenêtre carrée coupée en deux par un meneau vertical; au premier étage, une pièce, aussi à une fenêtre, donnant accès au passage ci-dessus; au deuxième, une salle, peut-être une chapelle, éclairée par une très grande baie surmontée d'un bandeau ogival reposant sur des corbeaux formés de deux figures humaines supportant l'écusson ducal. Au troisième, se trouvait la chambre de l'écuyer du duc avec une fenêtre; enfin au quatrième étage, celle de Jean sans Peur avec deux fenêtres, une grande et une petite. Puis, tout en haut, en encorbellement, une plate-forme avec des créneaux garnis de mâchicoulis pour les arbalétriers. Le toit actuel a remplacé, en 1750, cet ancien étage, aveuglant les mâchicoulis et détruisant les créneaux.
On arrive à la chambre du duc de Bourgogne par un escalier à vis de 140 marches dont les deux premiers tiers sont dans une tourelle carrée, légèrement à pans coupés, saillante et attenante au côté est de la tour. Une grille en fer défend sa porte, en cintre surbaissé, quatre ouvertures éclairent l'escalier dont les marches tournent autour d'un fût de pierre terminé par un chapiteau supportant une caisse d'où s'élancent les branches d'un chêne s'entremêlant avec des branchages semblables partant des quatre angles du sommet. Ce chêne symbolisait la puissance de la maison de Bourgogne étendant partout ses rameaux. Cette sculpture dans la pierre, tout à fait remarquable, est unique à Paris. Le dernier tiers de l'escalier est plus étroit; enfermé dans une petite tourelle ronde en encorbellement, il conduit aux chambres de l'écuyer et du duc; jadis une seconde grille en fer en défendait l'accès, on en voit encore les butées. Sur la face sud, le tympan de la baie du premier étage porte, sculptées dans la pierre, les armes parlantes de Jean sans Peur, faites d'un niveau de maçon, signifiant qu'il l'utiliserait pour aplanir le terrain où le gênait le duc d'Orléans, portant sur chacun de ses bords inférieurs un rabot avec lequel il se chargerait de supprimer les nœuds du gourdin que son voisin avait mis dans ses propres armes parlantes. Le duc d'Orléans avait, en effet, traduit de cette sorte son intention de donner un jour une vigoureuse bastonnade à son cousin. Entre ces rabots et le som-

met du niveau de maçon sont des fleurons de pierre.

Rappelons que la précaution prise ici par Jean sans Peur ne l'empêcha pas de mourir assassiné en 1419, mais... ailleurs, au pont de Montereau, par les chefs du parti des Armagnacs.

Plus tard, la paix s'étant faite entre les familles des ducs d'Orléans et de Bourgogne, leurs descendants se rendirent de mutuelles visites en allant de l'*Hôtel de Bourgogne* à l'*Hôtel d'Orléans* (bourse du Commerce) et inversement, en empruntant le sommet du rempart du vieux mur de Philippe-Auguste qui passait tout contre l'un et l'autre.

En 1543, l'Hôtel tombant en ruine, François Ier qui cherchait dans Paris des endroits à bâtir, le lotit comme il lotit l'Hôtel Saint-Pol. Sous Henri III, un seigneur espagnol, Diego de Mendoça, ambassadeur, historien, poète, propriétaire d'une partie est de l'ancien hôtel, s'opposa à ce que la vieille tour fut démolie; c'est donc à lui que l'ondoit la conservation de ce précieux vestige du passé. Tour classée.

Le théâtre de l'Hôtel de Bourgogne : Sur la partie ouest de l'ancien hôtel, les *Confrères de la Passion*, qui jouaient des mystères et des soties, firent construire, en 1548, une salle de spectacle dont l'entrée était située sur la rue Mauconseil. Le parlement ayant défendu de mettre en scène les mystères sacrés, cette salle fut cédée aux *Enfants-sans-Souci* qui y jouèrent des sujets profanes. En 1628, elle devint le *théâtre de l'Hôtel de Bourgogne* où jouèrent, entre 1630 et 1680, Turlupin, Gaultier-Garguille, Gros-Guillaume, Montfleuri, Bellerose, Jodelet, Bruscambille et, plus tard, Baron, Poisson, Armande Béjart, Floridor, Champmeslé et sa femme... Les chefs-d'œuvre de Corneille et tous ceux de Racine, d'*Andromaque* (1667) à *Phèdre* (1677), furent représentés ici; le premier spectacle gratuit y fut donné en 1659 pour fêter la paix des Pyrénées.

On ne jouait alors que l'après-midi, de deux heures à quatre heures et demie, le mauvais état des rues et leur insécurité ne permettant pas des sorties nocturnes (c'est, là, l'origine de nos matinées); le prix des places était de 5 sols au parterre, de 10 sols aux galeries et dans les loges. C'est de cette salle que sortirent, en 1617, les premières affiches théâtrales; de couleur rouge, elles n'indiquaient que le nom de la pièce, celui de l'auteur y fut ajouté à partir de 1625.

Louis XIV ordonna, en 1680, la fusion de la troupe du *théâtre de l'Hôtel de Bourgogne* avec celle du *théâtre de la rue Guénégaud ;* à elles deux elles devinrent la Comédie-Française qui a donc eu ici un de ses berceaux.

Les comédiens italiens qui, à Paris depuis 1660, jouaient trois jours par semaine, d'abord dans une salle de l'Hôtel du Petit-Bourbon, ensuite dans celle du Palais-Royal, en alternant avec la troupe de Molière, s'installèrent alors dans le théâtre de l'Hôtel de Bour-

gogne devenu vacant. On y verra jouer Scaramouche [1], Arlequin, Colombine, puis d'autres jusqu'en 1697, année où Mme de Maintenon fit fermer la Comédie-Italienne après la représentation de *la Fausse Prude* dans laquelle elle s'était reconnue.
Rappelés par le Régent en 1716, les comédiens italiens donnèrent dans cette salle, à partir de 1722, des pièces du répertoire de Marivaux; en 1762, ils louèrent à l'Opéra le privilège du genre opéra-comique qu'interpréta Mme Favart. En 1783, la salle du *théâtre de l'Hôtel de Bourgogne* étant trop vétuste, toute la troupe fut transférée dans une autre salle, construite sur l'emplacement de l'Hôtel de Choiseul, salle appelée d'abord Salle Favart, puis Opéra-Comique, et, aussi, « les Italiens », nom que prit le boulevard voisin. Le théâtre de l'Opéra-Comique a donc eu ici, lui aussi, un de ses berceaux.
Une inscription placée au nº 29 de la rue Etienne-Marcel rappelle les deux faits ci-dessus.

Suivre la rue Etienne-Marcel et la rue de Turbigo. Traverser le boulevard de Sébastopol et, par la rue Bourg-l'Abbé, gagner la :
RUE DE MONTMORENCY *(section comprise entre les rues Saint-Martin et Beaubourg)* / Cette section s'est ainsi appelée dès le XIVe siècle.
Nº 51. Maison du *Grand-Pignon*, construite, en 1407, pour Nicolas Flamel. C'est donc une des plus vieilles maisons de Paris, la deuxième après celle de la rue Volta. Nicolas Flamel louait le rez-de-chaussée et hébergeait gratuitement dans les étages supérieurs des pauvres gens (en général des maraîchers et des laboureurs) sous réserve que ceux-ci disent chaque matin un *Pater* et un *Ave* pour les trépassés. Ces ouvriers étaient alors occupés à cultiver les terrains compris entre les enceintes de Philippe-Auguste et de Charles V. On lit au-dessus des fenêtres du rez-de-chaussée l'inscription ci-après, écrite en lettres gothiques (restaurée en 1900) :

Nous hômes et fèmes laboureurs demourans au porche de ceste maison qui fu fée en l'an de grace mil quatre cens et sept : sommes tenus chacũ en droit sou dire tous les jours une pastenotre et un ave maria en priant dieu q de sa grace face pardô aux poures pescheurs trespassez, amen.

Au-dessus était une frise représentant le Christ ayant Nicolas Flamel à son côté, tous deux étaient entourés de laboureurs agenouillés.
Aux linteaux, curieuses pierres gravées (restaurées) dont les unes sont aux initiales N (Nicolas), F (Flamel); poutres intérieures du rez-de-chaussée; caves.

1. Il mourut en 1685 à 80 ans. Au bas d'un de ses portraits on mit les vers suivants :

Cet illustre comédien
De son art traça la carrière;
Il fut le Maître de Molière,
Et la nature fut le sien.

Les margelles de la boutique sont modernes. Façade classée.

RUE BEAUBOURG *(section située au nord de la rue Michel-le-Comte)* / Le nom de cette rue provient du village du *Beau Bourg*, situé, au XIe siècle, dans la partie sud de la rue actuelle; il fut englobé dans Paris lors de la construction du rempart de Philippe-Auguste. Ce village de *Beau Bourg* était mal fréquenté, et son nom a dû lui avoir été donné par ironie. La partie nord, comprise entre les rues Michel-le-Comte et Au Maire, ouverte au début du XIIIe siècle, s'est appelée rue *Trousse-Nonnain*, nom déformé, au XVIe siècle, en *Transnonnain* (inscription encore gravée au nº 79); ce nom de *Trousse-Nonnain* semble être dû à la galanterie des personnes qui l'habitaient.
Les numéros pairs des maisons situées en face de celles comprises entre les rues de Montmorency et Chapon sont sur l'emplacement d'un ancien monastère de Carmélites créé ici en 1619, puis fermé à la Révolution. Démoli en 1796, il fut remplacé par des maisons et un théâtre (au nº 62) où on jouait encore des vaudevilles la veille des combats insurrectionnels du 13 avril 1834. Ce jour-là, 40.000 hommes de troupe commandés par le général Bugeaud — qui reçut le lendemain le triste surnom de « boucher de la rue Transnonnain » — attaquèrent les insurgés barricadés dans les rues Beaubourg, Transnonnain, aux Ours, Aubry-le-Boucher, Geoffroy-Langevin... Ils enfoncèrent les portes des immeubles construits sur l'emplacement de l'ancien monastère et massacrèrent sur place les habitants.

RUE DES GRAVILLIERS / Cette rue du XIIIe siècle doit son nom, soit au boucher Gravelier qui l'habitait sous le règne de saint Louis, soit à ses habitants, tanneurs et pelletiers, qui utilisaient, comme mordant pour préparer à la teinture les peaux et les étoffes, la *gravelée*, nom donné à la lie de vin séchée, puis calcinée.
Nº 42. Façade.
Nº 45. Sculptures.
Nº 37. Vieille maison.
Nos 35 et 31. Mansardes superposées.
Nº 29. Bel ensemble du XVIIe siècle à trois étages de sept fenêtres et mansardes; ferronnerie; escalier, quelques fenêtres à guillotine côté cour.
Nº 24. Ce passage, du début du XIXe siècle, appelé COUR DE ROME, conduit, à droite, à une courte impasse qui aboutit à un petit hôtel du XVIIe siècle, jadis entouré de jardins. Baies en arcades, moulures, ferronneries, consoles avec bustes défigurés.
La cour de Rome a deux issues : l'une conduit au nº 9 de la rue des Vertus; l'autre, qui est double, donne, soit dans le passage Alombert presque à son débouché sur la rue Au Maire, soit directement dans cette rue à son nº 7. Sortir de la cour de Rome par cette dernière issue, traverser la rue Au Maire et prendre la :

RUE VOLTA *(section située au sud de la rue de Turbigo)* / Cette section, appelée rue *Frépillon* jusqu'en 1851, existait déjà en 1269.

N° 3. *La plus vieille maison de Paris :* Sans qu'aucun texte ne puisse permettre de l'affirmer, on est fondé de penser que la plus vieille maison de Paris actuelle fut, au début du XIVe siècle, la demeure du bailli — du maire — du domaine seigneurial du prieuré de Saint-Martin-des-Champs. C'était, naturellement, la plus belle du bourg, peut-être même aussi la plus haute : quatre étages. Quelle que soit son origine, il n'en est pas moins établi que cette maison date, sans aucun doute, de la fin du XIIIe siècle ou du début du XIVe siècle, soit, en chiffres ronds, de l'an 1300, c'est-à-dire du milieu du règne de Philippe-le-Bel. Particularité curieuse : cette maison n'a pas de caves ! Elle comporte : un rez-de-chaussée à deux boutiques, quatre étages et deux mansardes qui remplacent l'ancien pignon.

La porte d'entrée, moins vieille, mais qui a encore sa barre de fer de contreventement intérieur, donne accès à un couloir sombre au fond duquel est un escalier étroit, à rampe de bois massif, ne recevant de jour que d'une courette encore plus étroite. Dans les étages, pièces très basses aux plafonds à poutres et à solives apparentes.

Une autre particularité de cette maison est dans ses deux boutiques qui nous permettent de comprendre ce que celles-ci étaient au Moyen Age. Une margelle de pierre séparait la boutique de la rue; la baie qui éclairait la boutique était nue, sans vitrage; elle était fermée, la nuit, par deux volets horizontaux que l'on ouvrait le jour : celui du bas formait une table sur laquelle le commerçant étalait sa marchandise; celui du haut, plus large, formait auvent. L'intérieur était l'*ouvroir*, pièce où l'artisan travaillait à la vue du public. La nuit venue, l'étal fermé, l'ouvroir servait à la fois de salle à manger et de chambre à coucher; les ustensiles de cuisine et la literie étaient rudimentaires. Ce ne fut qu'au XVe siècle que les fenêtres furent divisées par des meneaux de pierre; elles étaient toujours sans vitrage, sauf celles des boulangeries qui reçurent un grillage. Ce ne fut seulement qu'au début du XVIIIe siècle que les fenêtres des boutiques furent garnies de panneaux vitrés.

Suivre la rue Volta jusqu'à la rue Réaumur, tourner à gauche. La première rue à gauche est la rue Bailly qui fait un angle droit dont les côtés correspondent à ceux de l'enceinte fortifiée du prieuré de Saint-Martin-des-Champs (cf. chap. XIX). Le sommet de cet angle portait une forte tour ronde analogue à celle située à l'angle des rues du Vertbois et Saint-Martin. Mais celle de la rue Bailly, tour du XIIIe siècle, existe toujours : elle sert de cage à l'escalier du n° 7 de cette rue. Sa moulure à feuillages et son revêtement extérieur sont visibles d'une fenêtre du couloir du premier étage de cette maison.

4

DE LA PORTE DES PEINTRES A L'HOTEL DES FERMIERS GÉNÉRAUX

L'église Saint-Leu-Saint-Gilles, le cul-de-sac de l'Asne-Rayé, la rue du Petit-Lion, l'Hôtellerie du Grand-Cerf / La rue Saint-Sauveur / La rue Montorgueil / Les rues Montmartre et J. J. Rousseau / La rue du Bouloi.

Point de départ : 92, rue Saint-Denis.

RUE SAINT-DENIS *(section comprise entre les rues Rambuteau et Réaumur). — (Pour son historique, cf. chap.* XV*)* / N° 92. L'église Saint-Leu-Saint-Gilles a été remaniée à diverses reprises au cours des siècles. Il ne reste de sa reconstruction de 1320 que sa façade et sa nef. Lors de son remaniement en 1727, on fit rouler d'un seul bloc sur une distance de 8 mètres la charpente tout entière du clocher de la tour de l'horloge, tour qui menaçait ruine, pour le transporter sur une autre tour nouvellement bâtie.

N° 135. Emplacement de la *porte Saint-Denis* de l'enceinte de Philippe-Auguste, appelée au XVe siècle la *porte des Peintres,* du nom du cul-de-sac voisin; cette porte fut démolie sous François Ier. Inscription et plan de la porte sur la façade du n° 135.

Hôpital de la Trinité (*grav. 17e s.*)

N° 112. L'IMPASSE DES PEINTRES est une ancienne ruelle, le *cul-de-sac de l'Asne-Rayé*, qui longeait extérieurement le rempart de Philippe-Auguste. Son nom est dû à une maison qui appartenait à la famille de Gilles le Peintre (XIVe siècle), ou à Guyon Ledoux, maître-peintre (XVIe siècle). Le n° 4 de cette ruelle est une très vieille maison du XVIe siècle (porte cloutée) mentionnée dans une annonce de 1672 faisant connaître que la maison à porte cochère était à louer pour 1.000 livres, et que celle, voisine, à petite porte, l'était pour 550 livres.
C'est à proximité de ce passage qu'habita, rue Saint-Denis, le peintre paysagiste Lantara qui, pauvre, paresseux, ivrogne, insouciant et bohème, mourut, en 1778, à l'hôpital de la Charité. A l'heure de sa mort, son confesseur lui dit : *Réjouissez-vous, mon fils, bientôt vous allez voir Dieu face à face, et cela pour l'éternité. — Quoi, mon père*, s'écria Lantara, *toujours de face et jamais de profil !*

Franchir la rue de Turbigo et faire un court crochet, aller et retour, à gauche, dans la :
RUE TIQUETONNE *(section comprise entre les rues Saint-Denis et Dussoubs)* / Cette section bâtie en 1360, s'est appelée, jusqu'en 1868, la rue *du Petit-Lion*.
N° 7. Maison habitée sous la Révolution par le conventionnel Gorsas. Ayant attaqué dans son journal qui était imprimé ici Danton, Marat et Robespierre, ses presses furent démolies par des émeutiers. Proscrit, puis arrêté, il fut décapité en octobre 1793.
N° 13. Hôtel du XVIIIe siècle. Le premier et le deuxième étage de sa façade sur rue et sa rampe d'escalier sont classés.
Nos 15, 25, 27. Vieilles maisons.
On aperçoit au-dessus des bâtiments de l'école, dont l'entrée est à la place de l'entrée de l'ancien Hôtel de Bourgogne, le haut de la tour de Jean sans Peur.
N° 10. Remarquable enseigne : *l'Arbre à liège*.
Nos 4, 2. Caves anciennes s'étendant sous la rue.

RUE SAINT-DENIS *(suite)* / N° 145. LE PASSAGE DU GRAND-CERF a été percé, en 1825, sur l'emplacement de l'*Hôtellerie du Grand-Cerf*, d'où partaient avant la Révolution certaines voitures des Messageries.
Les Messageries royales, diligences, coches d'eau et roulage de France avaient, en 1779, quatre départements comprenant : le premier, les provinces du sud-est, son bureau était à *l'Hôtel de Sens ;* le second, les provinces du centre, son bureau était à *l'auberge du Cheval-Blanc*, rue de la *Contrescarpe-Dauphine* (Mazet) ; le troisième, les provinces de l'est, son bureau était à cette *hôtellerie du Grand-Cerf ;* le quatrième, les provinces de l'Anjou, du Perche et de la Bretagne, son bureau était à l'entrée de la rue *d'Enfer* (place Saint-Michel).
N° 161. RUE GRENETA. Le nom de cette rue est la corruption du nom *Darnestal* qu'elle a porté, au

XIIIe siècle, entre les rues Saint-Martin et Saint-Denis. Son n° 28 est l'emplacement de l'*Hôpital de la Trinité*, fondé vers 1200, pour les pèlerins de passage à Paris et pour les voyageurs qui, une fois le couvre-feu sonné, trouvaient fermées les portes de la ville.
Les *Confrères de la Passion* y louèrent, en 1402, une grande salle pour y représenter des « Mystères », mais ces spectacles ayant dégénéré en farce, François Ier les supprima. L'hôpital devint alors l'*Hospice des Enfants-Bleus*, du nom de la couleur de la blouse de ses pensionnaires, tous orphelins de parents pauvres. Hospice fermé à la Révolution, puis démoli.
N° 142. Maison du XVIIIe siècle (mascarons et caves) avec, à l'angle, la *fontaine de la Reine* ou de *la Trinité* (inscription), construite vers l'an 1200, mais refaite en 1642 et 1732. Fontaine classée.
N°s 171, 173. Vieilles maisons.
N° 146. La COUR DES BLEUS est sur l'emplacement de l'*Hospice des Enfants-Bleus* qui s'étendait de ce côté du n° 142 au n° 164 de la rue Saint-Denis.
N° 177. IMPASSE SAINT-DENIS, de la fin du XIVe siècle.
N° 183. Emplacement de l'*église Saint-Sauveur*, construite vers l'an 1200. Cette église fut démolie en 1787 pour une reconstruction que la Révolution ne donna pas le temps de faire.
N° 164. LE PASSAGE DE LA TRINITÉ a été ouvert, en 1817, sur l'enclos de l'ex-*Hospice des Enfants-Bleus*.
N°s 174, 176. Vieilles maisons à pignon, du XVIe siècle.

Revenir sur ses pas jusqu'à la :
RUE SAINT-SAUVEUR *(Section comprise entre les rues Saint-Denis et Dussoubs)* / Cette section portait déjà ce nom en 1285.
N°s 3, 7. Ferronneries.
N° 4. Statuette de Notre-Dame.
N° 12. Hôtel du XVIIe siècle, occupé en 1774 par la célèbre maison de rendez-vous de la Gourdan, surnommée la « surintendante des plaisirs de la Ville et de la Cour », installée auparavant, comme nous l'avons signalé, rue de la *Comtesse-d'Artois* (Montorgueil).
L'entrée principale de cette maison se trouvait, jusqu'en 1865, rue des *Deux-Portes* (Dussoubs), mais une pièce du premier étage communiquait avec un escalier, situé dans le n° 14 de la rue Saint-Sauveur, aboutissant chez un antiquaire, ce qui constituait une discrète entrée.
Vestibule orné de pilastres ioniques, bel escalier.

Prendre ici, à droite puis à gauche, la :
RUE DUSSOUBS / Ex-rue *Gratte-cul* aux XIIIe et XIVe siècles, puis rue des *Deux-Portes* jusqu'en 1881. Les demoiselles Camargo habitaient l'ancien n° 9 lorsque le comte de Melun les fit enlever dans une nuit de mai 1728 pour les cloîtrer dans son hôtel de la rue des Coutures-Saint-Gervais.
N°s 25 *bis*, 36, 32. Vieilles maisons; escalier du n° 36.

Nº 28. Vieil hôtel; escalier.
Nº 22. Hôtel du XVIIe siècle; escaliers, dessus de porte, mascarons. La façade sur cour est classée.
Nº 15. Bel hôtel du XVIIIe siècle, imposte de la porte, ferronneries, escalier, cour, puits.
Nº 17. Ancien hôtel.
Nº 21. Maison où mourut, en 1793, à l'âge de 86 ans, le poète comique Goldoni appelé souvent le Molière italien (inscription presque illisible). Fixé à Paris depuis 1761, Goldoni était lecteur et maître de langue italienne des filles de Louis XV; attaché à la Cour, il bénéficiait d'une pension que la Révolution lui supprima.

RUE SAINT-SAUVEUR *(section comprise entre les rues Dussoubs et Montorgueil)* / Nos 14 à 22. Vieux hôtels; porte et escalier du nº 14; porte, balcon, escaliers et cour du nº 16; porte, ferronneries et cour des nos 18 et 20; façade du nº 22.
Nº 36. Vieille maison.
Nº 51. Grille.
Nº 59. Vieille maison.

Prendre, aller et retour, la :
RUE MONTORGUEIL *(section située au nord de la rue Etienne-Marcel)* / Nº 102. Vieille maison.
Nos 72 à 64. Emplacement de l'auberge *Au Compas d'or*, jadis tête de ligne des diligences pour Creil et Gisors.
Nº 60. La RUE MARIE-STUART s'appelait avant 1809 la rue *Tire-Boudin.* Sauval conte la raison qui fut cause qu'elle perdit la syllabe obscène que remplaça le mot *boudin* et qui transforma en *Tire-Boudin* le nom qu'elle avait porté du XIIIe au XVe siècle : « Marie Stuart, femme de François II, passant dans cette rue, en demanda le nom; il n'était pas honnête à prononcer : on en changea la dernière syllabe et ce changement a subsisté. De toutes les rues affectées aux filles publiques, cette rue et la rue Brisemiche étaient les mieux fournies. » Ce fut sans doute le souvenir de cette anecdote qui fit donner, sous l'Empire, le nom de Marie-Stuart à la rue *Tire-Boudin.* Le nom initial de cette rue et celui d'une des anciennes sections de la rue Dussoubs, la rue *Gratte-cul,* sont significatifs de la licence qui régnait dans ce quartier du temps où Jean sans Peur habitait à côté, à l'Hôtel de Bourgogne.
Vieilles maisons du nº 8 au nº 16 : escalier du nº 8; mansardes des nos 12 et 14.
Nº 38. Emplacement du parc aux huîtres de Paris depuis la fin du XVIIIe siècle jusqu'en 1866, la rue Étienne-Marcel occupe une partie de son emplacement.
Nos 59 et 78. Emplacements successifs du restaurant *Au Rocher de Cancale,* où la société bachique « Le Caveau » tint ses assises : de 1806 à 1845, au nº 59, et après 1846, au nº 78.
Nº 61 (ou 63). Emplacement du bureau de vente

des huîtres d'Étretat de 1780 jusque vers 1850.
N° 73. Façade Louis XV; ferronneries.

RUE SAINT-SAUVEUR *(suite, section dite Léopold-Bellan, comprise entre les rues Montorgueil et Montmartre)* / Cette section s'est appelée avant 1851, rue des *Aigouts*, puis du *Bout-du-Monde* et, enfin du *Cadran*.
N° 38. Vielle maison.
N° 71. PASSAGE BEN-AIAD du nom du général Ben-Aiad qui, en 1853, s'était exilé plus ou moins volontairement de Tunis avec une somme de 53.000.000 F.
N° 76. Vieille maison; porte.

Prendre à gauche, la :
RUE MONTMARTRE *(section comprise entre les portes Montmartre de l'enceinte de Charles V et de l'enceinte de Philippe-Auguste)* / C'est au carrefour actuel des rues d'Aboukir et Montmartre que se trouvait, de 1380 jusqu'en 1634, la *porte Montmartre* de l'enceinte de Charles V.
N° 63. RUE D'ARGOUT; au n° 56 de cette rue, vieil hôtel; porte.
N° 43. LA RUE DE LA JUSSIENNE doit son nom à la déformation de son nom primitif, rue *de Sainte-Marie-l'Égyptienne*, puis de *la Gipecienne*, dû à la *chapelle de Sainte-Marie-l'Égyptienne* édifiée avant 1290 à l'angle du carrefour que cette rue formait avec la rue Montmartre. Il y avait dans cette chapelle un vitrail où, conformément à la *légende dorée*, de Jacques de Voragine, la sainte était peinte sur le pont d'un bateau, retroussée jusqu'aux genoux devant le batelier, avec ces mots au-dessous : « Comment la sainte offrit son corps au batelier pour son passage. » Le curé de Saint-Germain-l'Auxerrois fit enlever ce vitrail en 1660. Les jeunes filles qui appréhendaient de devenir mère venaient, en cachette, prier sainte Marie l'Égyptienne d'intervenir. Cette chapelle fut démolie à la Révolution.
L'hôtel du XVIIIe siècle, situé au N° 2 *bis*, a peut-être été habité par la Dubarry lorsqu'elle débuta, en 1764, chez la Gourdan; sa façade est classée.
N° 56. Porte.

RUE JEAN-JACQUES-ROUSSEAU *(section située au nord de la rue Coquillière)* / Cette section de la rue Jean-Jacques-Rousseau s'est appelée rue *Plâtrière* du XIVe siècle jusqu'en 1791, date à laquelle elle a pris son nom actuel, J.-J. Rousseau ayant habité à son ex-n° 2 devenu le n° 52 actuel.
C'est dans la rue Plâtrière que fut créé, en 1765, un des premiers restaurants de Paris où l'on servait à la carte « des volailles au gros sel, des œufs frais, et cela sans nappe, sur des petites tables de marbre »; il avait pris pour enseigne ce passage de l'Évangile : « *Venite ad me omnes qui stomacho laboratis, et ego vos restaurabo* » dont le dernier mot a donné naissance au mot « restaurant », inconnu jusqu'alors.
N° 68. Du XVIIIe siècle; porte, cour, mansarde, son escalier est classé.

Nº 64. Du XVIIe siècle; porte cloutée, percée d'une petite fenêtre, cour, mansarde.
Nº 56. Porte du XVIIIe siècle.
Nº 61. L'Hôtel des Postes (de 1880) remplace, en particulier, l'hôtel, de 1657, de Barthélemy d'Herwart où La Fontaine alla demeurer après le décès de Mme de la Sablière et où il mourut le 13 avril 1695 (inscription). En 1757, cet hôtel devint l'*Hôtel Royal des Postes* que décorèrent des toiles de Mignard et de Boullogne.
C'est en 1464 que Louis XI avait établi sur les grandes routes de France des relais de chevaux pour assurer le transport rapide des dépêches de la cour, les « messagers de l'Université » ayant, depuis le XIIIe siècle, celui des lettres et des objets des particuliers. Ce dernier monopole fut supprimé, en 1719, au profit de la poste du roi qui eut, de plus, le droit exclusif du transport en commun des voyageurs.
Le *Bureau central des Postes* fut donc installé, en 1757, rue *Plâtrière*. Il y avait alors dans Paris 36 boîtes dépendant de lui où l'on déposait le courrier destiné à la province et à l'étranger; elles étaient relevées trois fois par jour.
Nºs 51-41. Parmi les hôtels qui occupèrent successivement cet emplacement citons celui que du Cerceau reconstruisit, en 1634, pour le chancelier Pierre Séguier; celui-ci y réunit l'Académie Française, après le décès de Conrart, son premier secrétaire perpétuel. L'Académie Française, fondée par Richelieu, en 1635, était composée de quarante membres chargés de travailler au dictionnaire, dont la première édition parut en 1694. Sans domicile fixe pendant longtemps elle tint ses séances, de 1643 jusqu'en 1673, dans l'Hôtel Séguier; Louis XIV y assista plusieurs fois et la reine Christine de Suède y vint en 1656. En 1673, l'Académie Française s'installa dans le palais du Louvre; l'hôtel fut alors acheté par les fermiers généraux qui y installèrent leurs bureaux.

Prendre à droite, aller et retour, la :
RUE COQUILLIÈRE / Cette rue, entièrement bâtie en 1292 s'appelait alors rue du *Coquillier*.
Nº 26. La RUE COQ-HÉRON / son nom vient d'une enseigne est le prolongement de la rue de la Jussienne. La Caisse d'Épargne de la Ville de Paris (nº 9) est installée dans l'hôtel que fit construire, en 1730, le fermier général Thoinard de Vougy. Les façades de cet hôtel sur les rues du Coq-Héron et du Louvre, sa façade sur la cour d'entrée, son fronton sur la cour postérieure, et, à l'intérieur, la salle du conseil et la bibliothèque sont classées.
Nº 42. La RUE HÉROLD est le prolongement de la rue d'Argout. — Nº 2. Vieille maison; ferronneries. Nº 10 Maison où est né (inscription), en 1790, le compositeur de musique Hérold, grand prix de Rome à 22 ans, mort; en 1833, peu de jours après la représentation de son opéra *Le Pré-aux-Clercs*. — Nº 20. Hôtel du début du XVIIIe siècle; façade classée.

Maison de Jean-Jacques Rousseau

Caisse d'Épargne de la Ville de Paris

N° 17. Emplacement de l'hôtel meublé de la Providence où Charlotte Corday descendit, le 11 juillet 1793, lorsqu'elle vint à Paris pour assassiner Marat. N° 13. Vieille maison; façade, porte, bel escalier.

Revenir sur ses pas jusqu'à la :
RUE DU BOULOI / Cette rue, qui existait en 1359, tient son nom d'un jeu de boules situé jadis à la place des Nos 19, 21 et 23.
Le cardinal de Richelieu a pu naître, en 1585, dans l'Hôtel de Losse situé dans cette rue à l'angle de la rue Croix-des-Petits-Champs; La Rochefoucauld, l'auteur des *Mémoires* et des *Maximes*, a habité cette rue chez son père jusqu'à l'âge de 15 ans.
Nos 23, 21, 19. Cet immeuble fut occupé pendant les troubles de la Fronde et jusqu'en 1656 par les religieuses du *Carmel de l'Incarnation du faubourg Saint-Jacques* (rue Saint-Jacques); il entra ensuite dans la composition des hôtels qu'achetèrent, vers 1685, les fermiers généraux pour y tenir leurs assemblées et certains de leurs bureaux, deux de la Douane en particulier.
Cour du n° 21.
N° 15. Restes d'un hôtel du XVIIIe siècle.
N° 9. Hôtel meublé Notre-Dame du XVIIIe siècle; le repas y coûtait trente-deux sols en 1769.
N° 2. La GALERIE VERO-DODAT, de 1822, a été ouverte par deux charcutiers, Véro et Dodat; elle fut une des premières qui reçut l'éclairage au gaz, d'où son succès. Rachel habita le second étage du n° 38 de 1838 jusqu'en 1842; elle jouait alors au Théâtre-Français.

15

DE LA COUR DES MIRACLES À LA RUE DES VERTUS

La rue de Cléry / La dernière Cour des Miracles / Le Père Duchesne / Les passages du Caire / La Grant-Chaussée de M. Saint-Denys, l'Hôtel de Saint-Chaumont / L'église Saint-Nicolas-des-Champs / Les rues Au Maire et des Vertus.

(Point de départ : 110, *rue Réaumur)*

RUE DE CLÉRY / Cette rue fut livrée à la circulation en 1634 lorsque fut démolie l'enceinte de Charles V qu'elle suivait extérieurement. Jusqu'alors elle avait été « le chemin le long des fossez allant à la porte Saint-Denis ». Le nom de Cléry qui lui fut donné, provient d'un Hôtel de Cléry au temps de François Ier.
Pierre Corneille a habité cette rue 16 ans, de 1665 à 1681.
Nos 19 à 21. L'ensemble de ces deux maisons, dont seule celle portant le no 19 est restée ancienne, fut à la fin du XVIIe siècle la propriété de Robert Poquelin, un des frères de Molière, prêtre et docteur en Sorbonne, mort vers 1715. En 1778, l'hôtel devint la propriété de Jean-Baptiste-Pierre Lebrun qui avait épousé, deux ans avant, la fille du peintre Vigée, âgée de 21 ans.
Porte, voûte de l'entrée, cour, mansardes.
No 34. Porte à médaillons, fronton du deuxièmeé tage.
No 29. La RUE DE MULHOUSE, de 1843, est à l'emplacement de l'Hôtel Le Blanc qui s'étendait jusqu'à la rue Poissonnière. Cet hôtel fut habité, de 1766 à 1789, par le banquier Necker. Ici, comme dans son autre hôtel de la rue de la Chaussée-d'Antin, Mme Necker tint un brillant salon littéraire que fréquentèrent, chaque vendredi : Voltaire, Mme du Deffand, Diderot, La Harpe, Grimm, d'Alembert, Marmontel, Buffon... Sa fille, élevée au milieu de la société d'élite qui fréquentait le salon de sa mère, devait, en 1785, s'appeler Mme de Staël.
No 40. Fronton.
No 42. Porte, ferronneries.
No 44. Hôtel du XVIIe siècle; ferronneries.
La rue de Cléry coupe la rue Poissonnière dont le nom du XVIe siècle, rue des *Poissonniers*, est encore gravé à son numéro 2. C'était une section du chemin de la marée.
Voir à ce carrefour :

— dans la rue Poissonnière : le n° 2, de 1740, ex-Hôtel de Noisy dont les façades et toitures sur cette rue et sur la rue de Cléry sont classées (balcon, fronton, pignon) — le n° 4, aussi ex-Hôtel de Noisy (guirlandes, consoles) — le n° 3, ex-hôtel — au n° 1, une statue de sainte Catherine, du XVIIe siècle comme la maison alors propriété de l'*hospice Sainte-Catherine ;*
— en suivant quelque peu la rue de Cléry : le n° 37 (vieille maison basse, à deux étages et mansardes) le n° 39 (balcon, fenêtres du premier) — le n° 41 (balcon) — le n° 47 dont les étages sont en retrait successif (cour curieuse) — les n°s 60 et 58 (ferronneries) — le n° 54, de 1647 — le n° 46 (toit).

RUE DES PETITS-CARREAUX / Cette rue du XIIIe siècle, qui fait suite à la rue Poissonnière et précède la rue Montorgueil, faisait aussi partie du chemin de la marée.
N° 47. Même maison que le n° 44 de la rue de Cléry.
N°s 45, 42, 40. Vieilles maisons.
N° 43. Balcon de la terrasse.

On coupe la rue d'Aboukir (soit l'emplacement du fossé et du rempart de l'enceinte de Charles V) et on continue jusqu'à la rue Réaumur.

Hôtel 18e siècle rue du Bouloi

RUE RÉAUMUR / La section de cette rue comprise entre les nos 65 et 87 est une ancienne rue de Paris, appelée, de 1676 à 1864, rue *Thévenot* (inscription au coin de la rue des Petits-Carreaux). Le côté des numéros pairs de cette rue a été emporté par la rue Réaumur tandis que les maisons de la rue Réaumur numérotées de 87 à 65 sont des anciennes maisons de la rue *Thévenot*.
Face au no 61 se trouvait (partie abattue) la maison habitée, en 1782, par Joséphine de Beauharnais mariée à 16 ans et alors âgée de 18. C'est là que naquit, cette année-là, son fils Eugène, futur vice-roi d'Italie.

RUE DU NIL / Cette rue, de 1590, conduisant à la Cour des Miracles, s'est appelée rue *Neuve-Saint-Sauveur* de 1622 à 1867.
Nos 12, 10, 6, 2. Vieilles maisons (fenêtres à guillotine, mansarde à poulie, etc.)

RUE DAMIETTE — RUE DES FORGES — COUR DES MIRACLES / Remarquer, en passant, la maisonnette du no 3 de la rue Damiette.
L'îlot de maisons entouré par les rues Damiette et des Forges est sur l'emplacement de la dernière *Cour des Miracles* qui, en plus de trois entrées ouvrant sur les rues *Thévenot* et des Petits-Carreaux (dont la rue du Nil), en possédait plusieurs autres constituées, soit par des brèches percées dans le rempart de Charles V, qui la fermait au nord, soit par des ruelles longeant le mur de clôture du couvent voisin des *Filles-Dieu* qui la fermait à l'est.
Les cours des miracles étaient encore nombreuses à Paris au XVIIe siècle; il en restait près d'une douzaine, véritables écoles du vol et de la prostitution où jamais le guet n'osait pénétrer. Le plus célèbre et le dernier en date de ces repaires fut celui situé ici, elle était dite de la rue *Neuve-Saint-Sauveur* du nom que portait alors la rue du Nil.
Datant du XIIIe siècle, elle était constituée par une grande cour puante, fangeuse, entourée de masures sordides faites de boue, accessible seulement par ces ruelles tortueuses et enchevêtrées que Victor Hugo a comparées à un « écheveau de fil brouillé par un chat ». Silencieuse et déserte le jour, la cour s'animait le soir avec le retour de ces faux orphelins, faux sinistrés, faux soldats amputés, faux estropiés, faux aveugles, faux malades, faux pèlerins..., qui vivaient sur Paris comme de la vermine. Cet important groupement de mendiants et de voleurs avait ses lois, son langage, son chef, appelé sous François Ier *le Ragot* (d'où le mot argot), puis le *Grand Coësre*, à qui on remettait chaque soir un pourcentage sur la recette, le reste de celle-ci étant transformé sur-le-champ en ripailles, la loi étant de ne rien garder pour le lendemain et de tout boire. Nicolas de la Reynie, premier lieutenant de police de Paris, mit fin, en 1667, à cette Cour des Miracles. Toutes les issues en furent barrées, une troupe nombreuse s'engouffra dans les ruelles;

peu après tous les voleurs et mendiants se trouvèrent répartis entre la prison et l'hôpital... La cour fut rasée, les ruelles furent élargies, rectifiées et des maisons neuves les bordèrent.

A l'emplacement du nº 9 de la rue des Forges se trouvait la maison où furent, à partir de l'été 1793, le domicile du farouche révolutionnaire Hébert et l'imprimerie du *Père Duchesne*, son journal aussi anarchique que cynique et ordurier. Hébert fut arrêté ici en mars 1794 et décapité peu après.

LA PLACE ET LES PASSAGES DU CAIRE / La PLACE DU CAIRE, percée en 1799, sur la partie de la Cour des Miracles adossée au rempart de Charles V, devint peu après le domaine des cardeurs de matelas. Son nom, comme celui des rues du Caire, du Nil, Damiette, etc... lui a été donné en l'honneur de l'expédition de Bonaparte en Égypte et de son entrée au Caire, en juillet 1798, événements qui avaient excité à Paris le plus grand enthousiasme.
Nº 2. Maison, de 1799, curieuse par sa décoration exotique : têtes de sphinx, frise avec personnages égyptiens, lotus, hiéroglyphes, etc.
Les PASSAGES DU CAIRE, aussi de 1799, comportent plusieurs galeries desservies par différentes entrées donnant dans les rues d'Alexandrie, Saint-Denis, du Caire et place du Caire. Ils connurent une grande vogue à leur création, car on pouvait y circuler ou y flâner tout en étant à l'abri des chevaux, des voitures, de la boue et même de la pluie car ils étaient vitrés.

Ces passages, ainsi que la rue du Caire, sont à l'emplacement du *couvent des Filles-Dieu* supprimé à la Révolution et démoli en 1798.
La fondation de ce couvent, destiné à des pécheresses ayant abusé de leur corps, puis tombées dans la mendicité, datait de 1226. Il était alors hors de Paris. Saint Louis en avait été un protecteur efficace; il y avait fait entrer 200 filles de joie plus ou moins converties, nombre que la cherté des vivres fit tomber progressivement à 100, puis vers 1280, à 60. Pour vivre, ces dernières furent autorisées à aller quêter dans Paris, comme le faisaient déjà les jacobins, les cordeliers, les augustins, les carmes, les guillemites, les aveugles des Quinze-Vingts... Elles demandaient « du pain pour Jhésu nostre Sire », et quoique la ceinture dorée de la ribaude ait fait place à la robe de bure de la religieuse, cette mendicité s'ajoutait à leur démoralisation première.

La galerie reliant le nº 2 de la place du Caire à la rue d'Alexandrie aboutit à une pittoresque place triangulaire.

RUE SAINTE-FOY / Cette place est limitée par les rues d'Alexandrie (ex-*des-Filles-Dieu*) dont les deux maisons nºˢ 33 et 31 sont anciennes, Saint-Spire qui n'a qu'un seul côté et Sainte-Foy qui n'a ici qu'un côté aussi. Cette dernière rue, ancien chemin de ronde intérieur au rempart de Charles V, possède de très vieilles maisons sur le côté des numéros pairs; celles à numéros impairs sont postérieures, n'ayant été bâties qu'après 1634, date de la démolition du rempart. Le terre-plein, planté d'arbres, qui est au centre de la place remplace les côtés qui manquent aux rues Saint-Spire et Sainte-Foy.

N°s 10, 12. Vieilles maisons.

N° 14. Entrée du PASSAGE SAINTE-FOY, aboutissant au n° 261 de la rue Saint-Denis. Le début de ce passage avec les deux maisonnettes basses, jadis coquettes, qui l'encadrent est pittoresque; l'escalier de celle de gauche est particulièrement étroit. La dénivellation entre la rue Sainte-Foy et la rue Saint-Denis, qu'indiquent les marches de l'escalier du passage, correspond à la hauteur de la levée sur laquelle était construit, en bordure de la rue Sainte-Foy, le rempart de Charles V.

N° 20. Vieille maison.

N° 24. En encorbellement; petite porte basse et cintrée.

N° 26. Vieille maison.

RUE CHÉNIER / Cette rue ouverte en 1660, s'est appelée *Saint-Claude* jusqu'en 1864. De cette rue on voit très bien l'ensemble que formaient jadis le *chemin de contrescarpe* (rue de Cléry), le *fossé* (rue d'Aboukir), le *rempart* (côté sud de la rue d'Aboukir) et le *chemin de ronde* intérieur (rue Sainte-Foy) de l'enceinte de Charles V.

C'est au débouché de cette rue sur la rue de Cléry, au n° 97 de cette dernière, qu'est située la maison où, en 1793, André Chénier habitait deux petites pièces du dernier étage. Au début de la Révolution il s'était pris d'enthousiasme pour celle-ci, puis, malade, fatigué, amoureux, il s'était tenu à l'écart de la politique. Mais indigné par les événements, il prit, en 1793, une part active quoique indirecte, à la défense de Louis XVI et il célébra Charlotte Corday. Arrêté, en janvier 1794, à Passy, chez Mme de Pastoret, il fut enfermé à Saint-Lazare où il écrivit la fameuse *Jeune Captive*. Transféré à la Conciergerie le 6 thermidor, condamné le lendemain, il fut décapité, place *du Trône* (de la Nation), l'avant-veille du jour de l'arrestation de Robespierre et de la fin de la Terreur.

Reprendre la rue d'Aboukir jusqu'à la :

RUE SAINT-DENIS *(section comprise entre la porte Saint-Denis et la rue Réaumur)* / Cette rue fut pendant longtemps la plus longue, la plus belle et la plus riche de Paris. Si son tracé peut remonter à 750, ce ne fut guère avant la fin du IXe siècle qu'elle commença à être fréquentée. Au début du XIIe siècle elle supplanta, parce que plus courte, la route (la rue Saint-Martin) conduisant à la *foire du Lendit* et à la basilique du bourg Saint-Denis. Appelée, au XIVe siècle, la *grant chaussée de M. Saint-Denys*, elle devint la voie triomphale suivie par les souverains jusqu'à Notre-Dame lors de leur entrée solennelle dans leur bonne ville de Paris.

Nº 248. Emplacement de la *porte Saint-Denis* de l'enceinte de Charles V. C'est du haut de cette porte, qu'en mars 1594, Henri IV lança son mot célèbre au duc de la Féria, ambassadeur d'Espagne, qui conduisait vers Senlis les 4.000 soldats espagnols qui venaient d'être contraints à quitter Paris : *Recommandez-moi à vostre maistre, mais n'y revenez plus.*

Cette porte fut démolie en 1672 et remplacée par l'arc de triomphe construit à la même date, par Blondel, une cinquantaine de mètres plus au nord (la porte Saint-Denis actuelle).

Nºs 248 à 240. Vieilles maisons.

Nº 281. Maison à pignon.

Nº 271. Maison où était installée au XVIIIe siècle la confrérie des Brodeurs et Coffretiers, de 1596, à laquelle était rattachée celle des Passementiers et des Boutonniers.

Belles ferronneries.

Nº 226 (au fond de la cour). *Hôtel Saint-Chaumond:* En 1631, le marquis de Saint-Chaumond fit construire, sur l'emplacement d'une ancienne cour des miracles, un vaste hôtel compris entre nos rues Blondel, Saint-Denis et du Ponceau.

Cet hôtel fut habité, en 1681, par le maréchal de la Feuillade, qui créa, à la gloire de son roi, la place des Victoires, au centre de laquelle il fit ériger une statue de Louis XIV, alors prévue en marbre, dont Louis XIV vint ici, en décembre 1681, voir la maquette.

En 1683, les *Filles de l'Union-Chrétienne*, communauté séculière, fondée par saint Vincent de Paul, en 1652, dans le but d'élever de pauvres jeunes filles, devinrent propriétaires, de l'*Hôtel de Saint-Chaumond* où, en plus de leurs élèves, elles prirent des dames pensionnaires, en général des femmes en instance de séparation avec leur mari. « Elles se racontaient mutuellement leur histoire, se prêtaient leurs conseils, leurs avocats, leurs ruses, leur éloquence, et le nom des maris sonnait, dans cette sainte maison, plus désagréablement que celui du diable. »

Cette communauté fit construire, en 1734, au milieu de ses jardins, pour le logement de ses plus riches pensionnaires, l'élégant bâtiment, de style Louis XV, malheureusement surélevé d'un étage, que l'on voit au fond de la cour du nº 226 (fenêtres cintrées, consoles de style rocaille, balcons galbés). Ses façades, du côté de la rue Saint-Denis et du côté du boulevard de Sébastopol (nº 131), sont classées.

Le couvent, devenu propriété nationale, fut vendu en 1795, et l'église (aujourd'hui disparue), fut transformée pour les besoins du commerce et de l'industrie; l'imprimeur Michelet y installa ses presses, et c'est là que son fils, le grand historien, naquit en 1798 (inscription à l'angle des rues Saint-Denis et de Tracy).

Nº 261. Entrée du passage Sainte-Foy.

Nº 259. Une fenêtre par étage.
Nº 257. Façade ancienne décorée.
Nº 255. Écusson.
Nº 237. Entrée d'une des galeries des passages du Caire située à l'emplacement du chevet de la chapelle du *couvent des Filles-Dieu.* C'est à cet endroit que stationnait un instant le tombereau conduisant les condamnés au gibet de Montfaucon pendant que ceux-ci se restauraient.
Nos 231, 229, 227. Vieilles maisons.
Nº 194. La COUR DU ROI-FRANÇOIS est sur l'emplacement d'une ancienne cour des miracles.
Nº 190. La RUE DU PONCEAU, de 1605, doit son nom au ponceau qui franchissait avant cette date un égout. La belle *fontaine du Ponceau* était située à l'angle des rues du Ponceau et Saint-Denis; lors de l'entrée solennelle de Louis XI, trois jeunes filles nues y jouèrent le rôle de sirène tandis que le vin, le lait et l'hypocras coulaient des robinets. Dans cette rue habitaient les parents de Mlle Lange (Anne Bécu, puis Ranson) lors de son mariage, en 1768, avec le comte Guillaume du Barry.

Église Saint-Nicolas-des-Champs (*grav. romantique*)

URE GUÉRIN-BOISSEAU / Cette vieille rue pittoresque remonte au commencement du XIIIe siècle; son nom est celui d'un de ses habitants; elle était alors le quartier des savetiers.
N° 4. Du XVIIIe siècle; arcades, ferronneries.

Prendre la rue Réaumur, à gauche, jusqu'à l'*Église Saint-Nicolas-des-Champs :* Le *prieuré de Saint-Martin-des-Champs* donna naissance à un bourg qui eut son église paroissiale, son cimetière et son bailli.

Cette église, déjà mentionnée en 1119, devint insuffisante avec l'augmentation de la population, aussi fut-elle remplacée, en 1420, par l'église Saint-Nicolas actuelle.
Celle-ci comporte différentes parties :
— de 1420 à 1480 : la façade, le clocher, moins le dernier étage, les sept premières travées de la nef, le premier bas-côté sud; style flamboyant;
— de 1576 à 1586 : les autres travées, les doubles bas-côtés sud et nord, le beau portail latéral sud; style Renaissance. C'est à cette époque que le clocher, jusqu'alors à l'extérieur, fut englobé dans l'église;
— de 1613 à 1615 : les deux dernières travées de la nef avec son double déambulatoire et les chapelles correspondantes, le chœur, la chapelle absidiale avec son dôme;
— de 1668 : le dernier étage du clocher.
L'église a subi la mutilation classique des XVIIe et XVIIIe siècles : des verres blancs furent mis en place des vitraux, et les piliers des dernières travées et du chœur furent décorés de colonnes doriques cannelées surmontées par des pilastres ioniques.
La façade, du XVe siècle, présente trois pignons juxtaposés correspondant à la nef et à ses doubles bas-côtés. Les pignons latéraux, percés d'oculus, sont reliés par des arcs-boutants au pignon central. Le corps central comprend : le portail en arc brisé surmonté d'une accolade et encadré par deux contreforts, une fenêtre divisée par trois meneaux, un grand pignon percé d'une rose quadrilobée. Toutes les statues sont de 1843.
Guillaume Budé a été inhumé dans cette église (1540) de même que Théophile de Viau (1626), Gassendi (1656) et Mlle de Scudéri (1701). Le tragédien Talma y a été baptisé (1763).

RUE CUNIN-GRIDAINE (de 1858) / En longeant le côté sud de l'église, on voit successivement :
— à l'angle sud, une petite porte du XVIe siècle, condamnée, surmontée d'une horloge dont le cadran porte les quantièmes du mois;
— le clocher primitivement à l'extérieur (de 1420 pour les deux premiers étages, de 1668 pour le dernier) avec sa tourelle hexagonale contenant la vis de l'escalier et sa plate-forme avec balustrade à gargouilles;
— les restes d'un charnier;

— une partie d'une ancienne maison, quelque temps celle du sacristain, attenante à la sixième chapelle. Elle porte, au-dessus d'une arcade, un cadran solaire, de 1666, où est écrit : « *Sol Momenta — Nicolaus Mores* — 1666 (saint Nicolas y est comparé au soleil, il règle les mœurs comme le soleil règle les heures);
— le portail latéral sud (1576-1586), l'un des plus harmonieux de la Renaissance. Il est inspiré d'une entrée de la *maison royale des Tournelles*, démolie à partir de 1559; Philibert Delorme en avait relevé le dessin. La porte, en plein cintre, surmontée de deux anges tenant une palme, est flanquée de chaque côté de deux pilastres cannelés d'ordre composite qui supportent un entablement dont la frise et la corniche sont sculptées. Cet entablement est surmonté d'un fronton triangulaire orné de deux anges assis, adossés à un oculus et soufflant dans une trompette.
La différence d'architecture entre les moitiés ouest et est de cette église (qui n'a pas de transept) est frappante lorsqu'on regarde son côté sud, d'ailleurs le seul visible; la première moitié est de style gothique flamboyant, la seconde, de style Renaissance avec ses larges baies sous un comble de tuiles brunes.

RUE AU MAIRE / Cette rue, entièrement construite en 1280, doit son nom à l'ancien maire du domaine rural du *prieuré de Saint-Martin-des-Champs ;* ce fut l'artère principale de l'ancien bourg Saint-Martin-des-Champs.
N° 47. Vestiges d'un hôtel du XVIIe siècle; porte, entablement sur consoles, mansardes.
N° 35 Mansardes.
Nos 29, 28, 25, 23. Vieilles maisons.
N° 14. Porte, couloir et courette.

RUE DES VERTUS / Cette rue portait déjà en 1546 son nom actuel qui lui aurait été donné « par opposition railleuse aux vices dont cette ruelle était témoin de la part des filles de joie qui l'habitaient ». Cette rue a peu changé; presque toutes ses maisons sont anciennes.
Elle aboutit à la RUE DES GRAVILLIERS dont la section orientale présente aussi quelques pittoresques vieilles maisons : n° 14, cabaret du XVIIe siècle; n° 7; n° 2.

Cette dernière rue conduit à la :
RUE DU TEMPLE *(section comprise entre les rues des Gravilliers et de Montmorency)* / Cette partie de la rue du Temple porte ce nom depuis le XIIIe siècle.
N° 122. Maison habitée par Balzac de 1814 à 1819; il avait alors de 15 à 19 ans. Avec ses parents, il venait de quitter le n° 9 de la rue de Thorigny où il résidait antérieurement.
N° 115. Cet hôtel aurait été habité par Jean-Bart, le célèbre corsaire du règne de Louis XIV.
N° 114. Maison du XVIIIe siècle; porte.

16 DE L'HOTEL DE ROHAN A CELUI DE CAGLIOSTRO

La ruelle Sourdis / L'Hôtel de Strasbourg-Rohan / La rue de la Perle / La rue de Thorigny, l'Hôtel « Salé » / Les rues des Coutures Saint-Gervais, du Perche et de Saintonge / La rue Vieille-du-Temple, l'Hôtel d'Épernon / La rue Saint-Louis-au-Marais : les Hôtels de Bouillon-Turenne et du Grand-Veneur / La rue Saint-Claude, la demeure de Cagliostro.

Point de départ : 3, rue Charlot.

Au début du règne de Louis XIII, le financier Claude Charlot acheta une grande partie des terrains vagues situés au sud de l'enclos des Templiers et il y construisit, de 1618 à 1626, une ville nouvelle, réalisant ainsi, en partie, un ancien dessein d'Henri IV : créer une place en hémicycle, la *place de France* d'où rayonneraient des rues portant comme nom ceux de nos plus belles provinces. On conserva l'idée de donner aux rues du quartier nouvellement créé le nom de diverses provinces du royaume ; d'où nos rues actuelles du Perche, de Saintonge, du Poitou, de Bretagne, de Picardie, du Forez, de Beauce et de Normandie. Ces nouvelles rues, bordées de maisons et d'hôtels, transformèrent complètement cette partie du Marais jusqu'alors fort mal réputée par son insécurité.

RUELLE SOURDIS / Cette ruelle date de 1626 ; elle n'a guère changé depuis ayant conservé sa largeur initiale, son caniveau axial, ses refuges pour piétons, son coude brusque à angle droit, quelques maisons en encorbellement, etc.

Suivre la rue des Quatre-Fils (qui longe la façade nord de l'Hôtel de Rohan) jusqu'à la rue Vieille-du-Temple.

HOTEL DE ROHAN *(n° 87, rue Vieille-du-Temple)* / Le nom officiel de cet hôtel, *Hôtel de Strasbourg*, est encore visible au-dessus du portail d'entrée.
Cet hôtel, construit de 1705 à 1708, est l'œuvre d'un architecte peu connu jusqu'alors, Pierre-Alexis Delamair, qui, en même temps, édifia l'Hôtel de Soubise voisin (cf. chap. XVIII). Bâti avec ces pierres dures qui proviennent du faubourg de Vaugirard, l'Hôtel de Strasbourg-Rohan présente, au fond de la cour d'honneur, une façade sobre et austère ainsi qu'il convient pour le logis d'un évêque. Le passage situé

à droite, dans cette cour, conduit à la cour des écuries dont la porte principale est dominée par un bas-relief, de 1738, indiqué comme étant la plus belle sculpture française du XVIIIe siècle. Œuvre de Robert le Lorrain, élève de Girardon (avec qui il fit le tombeau de Richelieu de l'église de la Sorbonne), ce bas-relief représente *Les chevaux d'Apollon*, ensemble plein de mouvement et de vie.

L'Hôtel de Rohan présente sur le jardin sa façade principale, plus vaste que sa façade côté cour; ses proportions sont très heureuses, son style ressort encore à celui du grand siècle : rez-de-chaussée avec fenêtres en plein cintre, premier étage ionique, le deuxième sans fronton.

Propriété de quatre Rohan qui furent tous quatre cardinaux et tous quatre évêques de Strasbourg, l'hôtel, séquestré à la Révolution, fut affecté, — en 1808, à l'Imprimerie Impériale, installée depuis 1795 à l'Hôtel de Vendôme, ex-Hôtel de la Vrillière. L'Imprimerie Impériale, puis Royale, puis Nationale, resta à l'Hôtel de Rohan de 1808 à 1925, époque pendant laquelle l'ancien palais cardinal, ainsi que son jardin, eurent beaucoup à souffrir. Au départ de l'Imprimerie Nationale, l'hôtel fut l'objet d'une restauration très attentive qui dura dix ans (1928-1938) qui le reconstitua tel qu'il avait été jadis. Toutefois, un seul de ses salons a retrouvé sa décoration d'origine, c'est le *cabinet des Singes*, aux panneaux peints par Huet (1745), ancien oratoire des évêques de Strasbourg. Affecté maintenant aux Archives Nationales, l'Hôtel de Rohan renferme le *minutier central de Paris* où les notaires de la Seine peuvent déposer leurs archives antérieures à 125 ans.

Les façades du bâtiment principal, celles encadrant la cour d'honneur et la cour des écuries, celles donnant rue Vieille-du-Temple et rue des Quatre-Fils sont classées, ainsi que le bas-relief des chevaux d'Apollon.

Quels ont été les possesseurs de cet hôtel ? Ce furent quatre membres de cette illustre famille des Rohan descendant des anciens rois et ducs de Bretagne, à l'orgueilleuse devise : *Roi ne puys; Duc ne daigne, Rohan suys*. Elle comptait plusieurs branches dont les principales furent les Rohan-Chabot, les Rohan-Guéménée, les Rohan-Montbazon, les Rohan-Soubise et les Rohan-Gié.

Le premier occupant, celui pour qui l'hôtel fut construit, fut Armand-Gaston de Rohan, le cinquième des onze enfants de la princesse de Soubise, et, d'après Saint-Simon, le fruit des amours de Louis XIV et de la princesse. Il avait succédé au cardinal de Furstemberg comme évêque de Strasbourg en 1704, avait été nommé cardinal en 1712, grand aumônier du roi en 1713; il avait remplacé à l'Académie Française, en 1704, Charles Perrault, l'auteur des *Contes*. Il mourut en 1749, au Louvre.

Le deuxième, Armand de Rohan, dit le cardinal de Soubise, nommé cardinal en 1747 et évêque de Stras-

bourg en 1749, devint, lui aussi, grand aumônier du roi et membre de l'Académie Française. C'est lui qui fit faire la décoration du cabinet des Singes. Pendant qu'il résidait ici, son frère, Charles de Rohan, connu sous le nom de maréchal de Soubise, habitait l'hôtel voisin. Il mourut en 1756, à Saverne.
Le troisième fut son cousin, Louis-Constantin de Rohan-Montbazon, premier aumônier du roi en 1748, évêque de Strasbourg en 1756, cardinal en 1761. Il mourut en 1775 dans son hôtel du faubourg Saint-Germain.
Quant au quatrième — et dernier — ce fut *le prince Louis*, ainsi qu'on l'appela jusqu'au jour où il devint cardinal.

Les chevaux d'Apollon / Hôtel de Rohan

RUE DE LA PERLE / Le nom de cette rue, percée au XIVe siècle, provient d'une enseigne. Tout son côté sud fut acheté, en 1683, par l'architecte Libéral Bruant.
N° 11. De 1683; porte.
N°s 9 et 7. De 1683; porte et mascaron du n° 9.
N° 3. De 1684; porte, mascaron.
N° 1. Hôtel construit, en 1685, par Libéral Bruant pour lui-même. Sa façade (classée) présente quatre baies circulaires, avec des bustes de personnages romains et un fronton triangulaire où deux génies sont assis sur des cornes d'abondance.

RUE DE THORIGNY / Cette rue est une ancienne ruelle du XVIe siècle transformée et élargie en 1620.
N° 2. Emplacement de la maison où mourut, en 1650, Marion de Lorme.
N° 3. De 1636; cour intéressante.
N° 4. De 1640.
N°s 6, 8, 10. Ces trois maisons constituent un ensemble construit en 1659 — N° 6. Habité, en 1785, par le lieutenant de police Thiroux de Crosne qui supprima les anciens cimetières de la Ville dont celui des Innocents, et en fit transporter les ossements dans les Catacombes. Décapité sous la Révolution, il fut le dernier lieutenant de police de Paris. — N° 8. Madame de Sévigné habita cette maison pendant trois ans, de 1669 à 1672, avant d'aller s'installer dans la rue *Courtauvillain* (de Montmorency).
N° 5. *Hôtel « Salé » :* Cet hôtel, appelé aussi Hôtel de Juigné, construit en 1656, par Jean Boullier, dit Jean de Bourges, pour Aubert de Fontenay, offre deux belles façades (classées), une sur la cour d'honneur, l'autre sur le jardin.
La cour d'honneur est défigurée par des surélévations et des constructions parasites. La façade, par contre, a belle allure; elle comprend un rez-de-chaussée et un premier étage de grande hauteur, un second, de taille normale, des combles à la Mansart, deux frontons, l'un triangulaire, l'autre curviligne avec un grand motif sculpté où des enfants, des divinités, des chiens encadrent un écusson dont les armoiries ont disparu. Des sphinx sont de part et d'autre de cette façade.
L'escalier est majestueux avec son entourage de murs à pilastres corinthiens; sa corniche, ornée d'aigles et de médaillons, sa rampe en fer forgé, marquée aux initiales A. C. Celle-ci et la décoration de la cage sont classées.
Cet hôtel fut construit pour Pierre Aubert, seigneur de Fontenay-en-Brie, alors septuagénaire; il avait épousé une demoiselle Chastelain (d'où le C de la rampe en fer forgé) dont la conduite galante avait fort diverti Paris. Il avait acheté la ferme de la gabelle, impôt sur le sel, d'où le nom de *salé* qui fut donné de suite à son hôtel. Nouveau riche — c'était, a dit le *Catalogue des Partisans*, un ancien laquais — il montrait avec une certaine ostentation son futur

hôtel pendant qu'on le construisait. « Ici, je mettrai telle statue... et ici, telle autre, — Vous n'oublierez pas, je pense, d'y mettre... celle de Loth », lui dit l'acteur Jodelet. Aubert mourut avant que son hôtel soit achevé.
Après sa mort, l'hôtel fut loué à diverses personnalités, soit du corps diplomatique, soit de la Cour, puis il appartint, vers 1770, à Mgr Leclerc de Juigné, alors évêque de Châlons, qui devint, en 1781, archevêque de Paris. Il fut le dixième archevêque de Paris et le dernier avant la Révolution.
Séquestré à la Révolution et pillé, l'hôtel fut vendu en 1797 et loué, en 1829, à l'École Centrale des Arts et Manufactures. Cet hôtel est toujours une propriété privée, louée, pour sa plus grande partie, à l'École des Métiers d'Art.

RUE DES COUTURES-SAINT-GERVAIS / Cette rue, ouverte en 1620 sur les « coutures » (ou les cultures) du fief de l'*hôpital Saint-Gervais* a conservé son aspect du XVIIe siècle.
N° I *ter*. Hôtel « Salé »; façade sur le jardin.
Cette façade a été conçue pour être la façade principale de l'hôtel. Aux avant-corps des extrémités, des sphinges à tête de femme sont couchées sur les contreforts; le fronton porte des attributs comme celui de la cour d'honneur.
Cette façade donnait, jadis, sur un grand jardin s'étendant jusqu'à la rue Vieille-du-Temple. C'est à l'extrémité de ce jardin, à l'emplacement du n° 90 de la rue Vieille-du-Temple, que se trouvait le jeu de paume où le *Théâtre du Marais* s'installa au début de 1635 et donna la première représentation du *Cid* en décembre 1636. À la mort de Molière (1673), la troupe du *théâtre du Marais* fusionna avec celle du grand comédien et les deux troupes s'installèrent dans un jeu de paume de la rue des *Fossés-de-Nesle* (Mazarine).

RUE DU PERCHE / Cette rue a été percée en 1626.
N° 8. Porte.
N° 7*bis*. Cette maison fut habitée, de 1664 à 1668, par la veuve Scarron, la future marquise de Maintenon, qui la quitta pour aller loger à proximité de l'hôtel d'Albret; elle conserve encore des beaux plafonds peints.

RUE DE SAINTONGE / Cette rue date de 1626.
N° 4. Hôtel du XVIIe siècle, reconstruit en 1745.
N° 5. Quatre colonnes doriques dans la cour.
N° 8. Hôtel du XVIIe siècle. Cour, escaliers A (rampe en bois) et C (rampe en fer); beaux restes Louis XIII; frise sculptée où des oiseaux picorent des fruits (classée).
N° 10. Hôtel du XVIIe siècle; porte.
N° 13. Maison où Pascal habita avec sa famille de 1648 à 1651. Ce fut dans cette maison que Pascal,

alors âgé de 25 ans, poursuivit ses recherches sur le vide.
N° 20. Grande maison du XVIIe siècle, décorée d'un fronton.
N° 27. Porte et mansarde datant de la Fronde (1648).
N° 64. Maison habitée par Robespierre d'octobre 1789 à juillet 1791.

Revenir sur ses pas et prendre, à gauche, la rue de Bretagne (de 1626) jusqu'à la :
RUE DEBELLEYME / Cette rue groupe sous ce nom, de 1865, quatre rues ouvertes en 1620-1626.
N° 34. Vieille maison.
N° 30. Vieille maison à pignon.
N° 19. Porte cloutée; escalier Louis XIII à balustrade de bois.

RUE VIEILLE-DU-TEMPLE *(section comprise entre les rues Debelleyme et des Coutures-Saint-Gervais)* /
N° 110. Hôtel du début du XVIIe siècle dépendant de l'hôtel d'Épernon situé au n° 102.
Porte, cour; à gauche, escalier magnifique. La façade sur la rue Vieille-du-Temple y compris les vantaux de la porte, celles sur la rue Debelleyme et sur la cour, la rampe de l'escalier en fer forgé sont classées.
N° 106. Autre dépendance de l'Hôtel d'Épernon restaurée au XVIIIe siècle (de l'axe de la rue du Roi-Doré on a une belle vue sur la façade de derrière). Entrée décorée d'une haute fenêtre couronnée d'un fronton avec deux lions; mascarons, belle cour.
N° 102. Hôtel d'Épernon, de 1605 environ, mais restauré un siècle après (actuellement annexe du lycée Victor-Hugo). Jean-Louis de Nogaret et de la Valette, duc d'Épernon, premier propriétaire de cet hôtel, fut le principal favori d'Henri III qui le surchargea de richesses et d'honneurs. Porte, cour, balcons.
N° 111. Façade et ferronneries.
N° 129. Toit.
N° 127. Maison à pignon.

Revenir sur ses pas jusqu'à la :
RUE DEBELLEYME *(suite)* / N° 16. Bas-reliefs au deuxième étage; cour, bornes, pilastres, colonnes.
N° 9. Hôtel Louis XIII; porte.
N° 10. Mascaron.
N° 5. Porte, escalier.
N°s 3-1. Vieilles maisons.

RUE DE TURENNE *(section comprise entre les rues du Pont-aux-Choux et Villehardouin)* / On a groupé sous le nom de Turenne, en 1865, une suite de deux rues dont les principaux noms ont été : rue du *Val-Sainte-Catherine* et rue *Saint-Louis-au-Marais*.
N° 95. Hôtel du XVIIe siècle.
N° 80. De 1613 (hôtel surélevé).
N° 76. Hôtel du XVIIe siècle ayant appartenu à la famille de Launay dont le père et le fils furent respec-

tivement gouverneurs de la Bastille. Les bas-reliefs de la façade et la rampe de l'escalier sont classés.

Nº 79. RUE DU ROI-DORÉ, de 1620; son nom provient d'une enseigne représentant le buste doré de Louis XIII.

Nº 71. RUE SAINTE-ANASTASE, de 1620; son nom provient de celui des *Hospitalières de Saint-Gervais*, dites aussi *de Sainte-Anastase*, qui avaient ici de grands terrains qu'elles mirent en culture.

Nº 66. *Hôtel de Turenne :* Entrer dans la cour. On y voit de beaux vestiges des façades et d'un escalier d'un hôtel construit, en 1620, pour Henri de la Tour d'Auvergne, vicomte de Turenne, duc de Bouillon. Il passa après sa mort à son second fils qui devint le célèbre maréchal de Turenne regardé comme le plus habile capitaine de l'Europe; Condé et Napoléon l'ont admiré sans restriction. Il fut tué d'un boulet de canon à Salzbach en 1675. Fléchier prononça son oraison funèbre et Louis XIV le fit inhumer à Saint-Denis (son tombeau a été transporté aux Invalides en 1800).

L'hôtel devint, à la fin du XVIIᵉ siècle, un important monastère de *Bénédictines de l'Adoration-Perpétuelle-du-Saint-Sacrement* qui fut supprimé à la Révolution, puis loti.

Nº 60. *Hôtel du Grand-Veneur :* Cet hôtel a été construit, en 1686, pour le chancelier Boucherat qui montra une certaine férocité à mettre en vigueur la révocation de l'Édit de Nantes.

Son hôtel était bordé au nord par l'Hôtel de Turenne, alors couvent de bénédictines ainsi qu'il vient d'être dit, et, au sud, par la rue des *Douze-Portes* (Villehardouin) à l'angle de laquelle était, au nº 56 de la rue de Turenne, la maison où Scarron mourut en 1660.

Il fut acheté, en 1733, par Vincent d'Ecquevilly dont la famille fournissait depuis Louis XIII le « capitaine-général de la Vénerie du roi et de l'Équipage du sanglier ». D'où ce nom du Grand-Veneur donné à cet hôtel.

Confisqué à la Révolution, l'hôtel fut acheté, en 1823, par les dames fransciscaines de Sainte-Élisabeth qui l'occupèrent jusqu'en 1901. Elles dénaturèrent l'intérieur et vendirent, vers 1880, une assez grande quantité de boiseries qui prirent le chemin de l'étranger.

Le portail de cet hôtel dont le fronton porte une hure de sanglier encadrée par deux têtes de chiens, sa façade sur rue ornée de quatre beaux bas-reliefs cynégétiques, son escalier qui est une splendeur avec sa rampe ouvragée ornée de têtes de chiens, sa façade côté cour où une seconde hure de sanglier est surmontée d'un bas-relief chargé de symboles aratoires, sont classés. Voir aussi le pur style Louis XV des panneaux, attributs et ferronneries des fenêtres du vestibule; ainsi que les massives ferrures intérieures de la porte d'entrée.

Revenir sur ses pas jusqu'au :

Nº 70. Église Saint-Denis-du-Saint-Sacrement, construite en 1835 par l'architecte Godde, sur l'emplacement de la chapelle de l'ancien couvent des bénédictines. A l'intérieur, dans la première chapelle à droite, une peinture murale de Delacroix, une *Pietà* (classée).

RUE SAINT-CLAUDE / Cette rue, de 1640, doit son nom à une statue de saint Claude appliquée à une de ses maisons.
N° 14. IMPASSE SAINT-CLAUDE; son n° 1 est une vieille et intéressante maison du début du règne de Louis XIII.
N° 9. RUE DES ARQUEBUSIERS, ouverte en 1721.
N°s 10, 8. De 1686; portes, escalier du n° 10.

N° 1. *Hôtel de Cagliostro :* Cet hôtel, construit en 1719, a la forme de deux U de grandeur différente, perpendiculaires l'un à l'autre, le pied d'un de leurs jambages étant commun. Ils délimitent deux cours; au fond de celle de droite, la plus profonde, morose et étroite, un porche dallé précédé de colonnes conduit à l'escalier d'honneur, en pierre, avec rampe en fer forgé. Au fond de l'autre, qui fait face à l'entrée, se trouvaient les remises et écuries recouvertes par une terrasse à balcon, sur laquelle ouvraient les portes-fenêtres des anciens salons du premier étage, jadis décorés à l'orientale. Un second escalier, tortueux et sombre, situé à gauche de cette cour, desservait ce côté de l'hôtel. Il y en avait un troisième, actuellement muré.
Les vantaux de la porte cochère proviennent d'une porte du palais du Grand Prieur du Temple, remployée ici en 1853.

Hôtel Salé / Façade sur la cour d'honneur

17

DU COUVENT DES CAPUCINS-DU-MARAIS A LA PORTE DU TEMPLE

La rue Charlot / Le marché des Enfants-Rouges et la rue de Beauce / Les rues Pastourelle et des Archives, l'Hôtel Tallard / La rue Portefoin, la rue et la porte du Temple.

Point de départ : 3, rue Charlot.

RUE CHARLOT *(section comprise entre les rues des Quatre-Fils et de Bretagne)* / Cette rue est la réunion sous ce nom, en 1852, de trois rues ouvertes en 1626 par l'entrepreneur Charlot.
Nº 3. RUELLE SOURDIS, de 1626 (cf. : p. 102).
Nº 5. Restes de l'Hôtel de Sourdis, de 1630; voûte de l'entrée.
Nº 7. Hôtel de 1628; seules ses deux ailes subsistent.
Nº 6. On édifia ici, en 1623, sur un ancien jeu de paume, un couvent de Capucins, dit *des Capucins du Marais*, qui fut reconstruit de 1695 à 1704. Mme de Sévigné fut une des fidèles de sa chapelle pendant le temps (1669-1672) où elle habita rue de Thorigny.
A la Révolution, ce couvent fut supprimé et loti, sauf sa chapelle (terminée en 1715) qui devint l'église paroissiale Saint-Jean-Saint-François. Son curé, assermenté, fut requis par les commissaires du Temple de fournir les ornements liturgiques nécessaires à l'abbé Edgeworth pour célébrer, le matin du 21 janvier 1793, la dernière messe de Louis XVI, alors prisonnier dans le donjon du Temple.
L'église, dont le porche a été refait en 1855, par Baltard, conserve la chasuble qu'a utilisée l'abbé Edgeworth, et aussi un voile et des ossements ayant appartenu à sainte Isabelle, sœur de saint Louis.
Nº 9. Hôtel à double cour, restauré et rebâti, que Pierre de Gondi, duc de Retz, frère de l'impétueux cardinal, habita en 1649. Nestor Roqueplan y est né en 1804.
Nº 8. Cet hôtel, du XVIIe siècle a appartenu à Debelleyme de 1842 à 1862; il était, en 1826, à 39 ans, préfet de police de Paris où il mit en service le mode de transport en commun appelé omnibus; il innova l'éclairage public au gaz et créa les sergents de ville puisqu'il fit porter un uniforme aux agents de police jusqu'alors vêtus dans leur service d'un costume civil.
Nº 12. Hôtel du début du XVIIe siècle; très belle porte sculptée.
Nº 17. Maison à pignon.
Nº 24. Hôtel bâti vers 1615 et habité en 1815 par le

maréchal marquis de Pérignon qui prit une part active aux guerres de la Révolution.
Nº 28. Hôtel du XVIIe siècle; porte, balcon, mascarons, mansardes, cour, escalier.
Nº 33. Escalier au fond de la cour.
Nº 38. Entrée sous voûte à solives, première cour pittoresque, escalier à jour, vieille maison au fond.
Nº. 44. Maison à pignon.
Nº 35. Le pittoresque marché des Enfants-Rouges, ouvert en 1628, tient son nom de celui de l'ex-hôpital situé à proximité, rue des Archives (cf. ci-après).

Traverser ce marché et, par la rue des Oiseaux (nom venu d'une enseigne) gagner la :
RUE DE BEAUCE / Cette rue date également de 1626. C'est à 'angle des rues des Oiseaux et de Beauce que vint habiter Mlle de Scudéry, en 1670, après la dispersion de l'Hôtel de Rambouillet et qu'elle mourut en 1701, à l'âge de 94 ans.

RUE PASTOURELLE / Cette rue est formée par la réunion de deux rues : la rue d'*Anjou-au-Marais*, de 1626, et la rue *Pastourel*, du XIVe siècle.
Nº 8. Hôtel du XVIIe siècle dont la fille d'un des propriétaires épousa le lieutenant de police Sartine.
Nº 6. Hôtel du XVIIe siècle, propriété, en 1740, du financier Louis-Charles Bertin de Blagny, également propriétaire du nº 11; porte.
Nos 2, 1. Vieilles maisons; mansardes du nº 1.
Nº 5. Hôtel du XVIIe siècle; ferronneries, escalier.
Nº 11. Cet hôtel fut aussi la propriété du financier Bertin dont la vie privée fut assez tapageuse; porte, escalier.

RUE DES ARCHIVES *(section comprise entre les rues des Haudriettes et Portefoin)* / Nº 76. Hôtel du XVIIe siècle; bel escalier, mansardes à fronton.
Nº 72. Hôtel du XVIIe siècle; la porte monumentale sur la rue avec ses vantaux et l'ancienne fontaine sont classées.
Nº 70. Hôtel du XVIIIe siècle où mourut Lamennais, en 1854, à l'âge de 72 ans (inscription); il fut mis dans la fosse commune ayant recommandé qu' « on l'enterrât au milieu des pauvres et comme le sont les pauvres ».
La porte monumentale sur la rue et la façade sur cour du bâtiment sur rue sont classées; bel escalier.
Nº 68. Restes d'un hôtel du XVIIe siècle dans le fond de la cour avec escalier.
Nº 62. Hôtel, reconstruit en 1709, habité sous la Restauration par le procureur général à la cour royale de Paris, Bellart, qui fit condamner le maréchal Ney et les quatre sergents de La Rochelle. Porte, mascaron, entrée de la cour sous arcade, façade sur la cour, escalier.
Nº 60. Œuvre de J. Hardouin-Mansart, cet hôtel a appartenu au début du XVIIe siècle au financier Penautier et, en 1720, au comte de Choiseul-Beaupré.

Hôtel classé; bel escalier, cour.
N° 53. La fontaine des Haudriettes (classée) remplace, depuis 1705, une autre fontaine érigée à cet endroit vers 1636. Construite aux frais du prince François de Rohan, elle porte un bas-relief représentant une naïade, œuvre de Mignot.
N° 57. Fresques, statues, caves.
N° 67. Cour, escalier, mascarons.
N° 78. *Hôtel Tallard :* Cet hôtel a été construit vers la fin du règne de Louis XIII, par Bullet, pour Amelot de Chaillou, maître des requêtes; il devint, en 1712, la propriété du comte de Tallard, maréchal de France, membre du conseil de régence après la mort de Louis XIV et membre de l'Académie des Sciences.
La porte monumentale sur la rue ainsi que ses vantaux et la rampe du très bel escalier en fer forgé sont classés.
N° 69. Vieille maison.
N° 79. Hôtel Louis XIII, puits dans la cour.
N° 81. Vestibule Louis XV au fond de la cour, escaliers, caves.
N° 90. Dans la cour, à gauche, vestiges du mur extérieur de la chapelle de l'*hôpital des Enfants-Rouges* dont le portail était situé à l'emplacement du n° 83; ces vestiges sont classés.
L'*hôpital des Enfants-Rouges* avait été créé en 1534 pour des orphelins de Paris qu'on habillait d'un uniforme rouge. Il fut fermé en 1772 et remplacé jusqu'à la Révolution par un couvent de pères de la Doctrine chrétienne.
N° 85. Vieille maison.

RUE PORTEFOIN / Cette rue date du XIVe siècle, son véritable nom est *Portefin,* nom d'un de ses habitants.
Nos 1 à 5. Maisons ayant appartenu à l'*hôpital des Enfants-Rouges.*
N° 6. Hôtel du XVIIIe siècle; porte, escalier, caves.
N° 11. Hôtel du XVIIe siècle; porte, escalier dans la cour.
N° 14. Restes d'un hôtel du XVIIe siècle; porte.
N° 19. Hôtel du XVIe siècle. La façade porte l'ancien numérotage des maisons prescrit par le préfet Frochot.

Prendre, à droite, la :
RUE DU TEMPLE *(section comprise entre les rues Portefoin et de Turbigo)* / N° 153. Bureau au XVIIIe siècle des *Vinaigrettes,* nom donné à des chaises à une place, que roulait un homme de trait placé entre des brancards.
N° 182. A la hauteur de ce numéro était l'entrée de l'*Enclos du Temple.*
N° 195. L'église Sainte-Élisabeth est l'ancienne chapelle du *couvent des Filles-de-Sainte-Élisabeth* construit en 1630. Son chœur renferme de belles boiseries du XVe siècle qui proviennent de l'abbaye Saint-Waast d'Arras.

Nº 207. C'est au débouché de la rue Meslay que se trouvait la *porte du Temple* de l'enceinte de Charles V, démolie, en 1678, lorsque commença la construction du *Nouveau-Cours* devenu un de nos grands boulevards.

Prendre, à droite, la :

RUE BÉRANGER / Cette rue à été ouverte en 1696 sous le nom de rue *de Vendôme*.

Nº 14. Près de cet endroit se trouvait, en 1785, le magasin des joailliers Boehmer et Bassanges, fournisseurs du « Collier de la Reine ».

Nº 11. Hôtel de l'Intendance, de 1728, où habitait en 1789, l'intendant de la Généralité de Paris, Berthier de Sauvigny, massacré avec son beau-père Foulon le 22 juillet 1789; mairie de l'arrondissement de 1843 à 1867.

Nº 5. Hôtel de Vendôme, construit en 1752, où Béranger mourut en 1857, à l'âge de 77 ans (inscription).

La porte sur la rue, la façade sur la cour, le bas-relief représentant *Bacchus enfant* surmontant l'entrée de la cave et la rampe de l'escalier en fer forgé sont classés.

Nº 3. Ancien hôtel de Brissac et d'Angoulême, dont la porte et l'escalier du XVIIIᵉ siècle sont classés.

Plan du couvent des Capucins-du-Marais d'après le plan de Turgot

18

DE L'HOTEL DE SOUBISE AU CUL-DE-SAC AGNÈS-AUX-TRUIES

L'Hôtel de Clisson et des Guise / La rue de Braque, l'Hôtel de la Grange / La rue du Temple : les Hôtels de Saint-Aignan et de Montmor / L'Hôtel de Montmorency / La rue Michel-le-Comte : l'auberge de l'Ours et du Lyon, le jeu de paume de la Fontaine, l'Hôtel d'Hallwyll / La rue des Petits-Champs-Saint-Martin : la chapelle Saint-Julien-des-Ménétriers, le couvent des Pères de la Doctrine Chrétienne / Le cul-de-sac Bertaut.

Point de départ : 55, rue des Francs-Bourgeois

RUE DES FRANCS-BOURGEOIS *: (section comprise entre les rues Vieille-du-Temple et des Archives)*. / N° 55
Le côté sud de la rue des Francs-Bourgeois est occupé à cet endroit par les bâtiments du Crédit municipal qui, fondé sous Louis XVI, en 1777, avait été installé à cette époque sur une partie du *couvent des Blancs-Manteaux*, situé à cheval sur l'ancienne enceinte de Philippe-Auguste. La trace de cette enceinte est indiquée par une ligne de pavés dans la cour nord de cet établissement; elle conduit au vestige d'une tour situé du côté ouest, au n° 57, conservée grâce à l'intervention de Victor Hugo (de même que celle de la rue du Vertbois du prieuré Saint-Martin-des-Champs).
N° 54. Hôtel du XVIIe siècle.
N° 56. De 1728; balcon classé.
N° 58. Hôtel Le Tonnelier de Breteuil, de 1626, annexé à l'Hôtel de Soubise en 1862.
Entre le n° 58 et l'entrée du palais des Archives se trouve l'ancien Hôtel de Miromesnil, de 1701, devenu l'Hôtel d'Assy, annexé également au palais des Archives.

N° 60. HOTEL DE SOUBISE / Au tympan de la porte d'entrée : *l'Histoire*, d'après Delacroix.
La belle cour d'honneur, en fer à cheval, d'environ 62 mètres de long sur 40 de large, est entourée d'une galerie de 56 colonnes accouplées, d'ordre composite, recouverte d'une terrasse à balustrade ajourée. Pardessus cette terrasse, on aperçoit, à droite, le revers de l'hôtel d'Assy.
La façade de l'Hôtel de Soubise comporte, au rez-de-chaussée, seize colonnes semblables. Les huit du milieu

sont dans un avant-corps, elles sont surmontées, à l'étage, d'un second ordre de colonnes corinthiennes, soutenant un fronton triangulaire où figuraient jadis, en saillie, les armes des Rohan. Au-dessus du fronton sont deux figures assises, *la Prudence* et *la Sagesse*. Les statues situées entre les fenêtres de l'étage sont des copies des *Quatre Saisons* sculptées jadis par Robert Le Lorrain. A la base du toit à la française, quatre groupes d'enfants symbolisent *les Génies des Arts*.

L'Hôtel et la cour, construits, de 1705 à 1709, par Delamair qui édifiait en même temps l'Hôtel de Strasbourg, constituent un des plus beaux palais de Paris.

Confisqué à la Révolution, l'Hôtel de Soubise fut affecté, en 1808, aux Archives, création de 1793. Les archives impériales, puis royales, puis nationales, l'occupèrent depuis et sans interruption, ce qui fait que sa décoration intérieure, œuvre, de 1712 à 1745, de Natoire, Boucher, Van Loo, Restout, Lemoyne, Adam, etc., sous la direction de Boffrand, a peu souffert.

Y voir : les appartements du prince au rez-de-chaussée, ceux de la princesse à l'étage (l'escalier date de l'époque de Louis-Philippe).

RUE DES ARCHIVES *(section comprise entre les rues des Blancs-Manteaux et des Haudriettes)* / Cette rue s'est appelée dans cette section rue du *Chaume* de 1290 à 1874.

Nº 45. Ancien couvent reconstruit, en 1727, par Cottard, pour les religieux de la *Merci*. Cet ordre, créé à Barcelone, en 1218, pour la rédemption des captifs d'Orient, eut, à partir de 1613, une maison dans la rue du *Chaume*, supprimée à la Révolution. Inscription; cadran solaire du XVIIe siècle; escalier.

Nº 55. Porte du manoir du connétable Olivier de Clisson (classée). Cette porte, construite entre 1372 et 1375 (restaurée en 1847) constitue un des plus anciens vestiges du Vieux Paris. Elle se trouvait alors à l'angle de la rue *du Chaume* et de la rue de *la Roche* qui prolongeait la rue de Braque. Cette disposition en pan coupé ne pouvait que faciliter la circulation des litières entre l'hôtel et ces deux rues, alors fort étroites. La tourelle de gauche a conservé son aspect ancien; celle de droite est engagée en

Décoration intérieure / Hôtel de Soubise

partie dans la construction de Delamair. On voit, au tympan, des écussons de pierre portant les armes de Clisson et les armoiries des différents Guise.
L'Hôtel de Guise étendait sa façade en bordure de la rue *du Chaume* (des Archives) depuis cette porte jusqu'à la rue des Quatre-Fils.

RUE DE BRAQUE / Cette rue, anciennement rue des *Boucheries-du-Temple*, doit son nom à une famille de Braque, propriétaire des terrains du quartier au XIVe siècle.
Nos 4 et 6. Bel hôtel, de 1663, construit pour Joseph Le Lièvre, marquis de la Grange; d'où son nom d'Hôtel Le Lièvre ou d'Hôtel de la Grange.
Balcons chantournés sur consoles rocaille; porte; escalier remarquable (au no 4); cour. Le plafond d'un salon aurait été peint par Lebrun.
Ses façades sur rue et sur cour, le passage d'entrée du vestibule, sa cage d'escalier sont classés.
No 8. Porte classée.
No 7. Petit Hôtel de Mesmes contigu, par derrière, au grand Hôtel de Mesmes, jadis de Montmorency. Il fut habité, en 1776, par le comte de Vergennes, ministre des Affaires étrangères de Louis XVI, qui fit reconnaître par les Anglais l'indépendance des États-Unis après avoir favorisé secrètement les insurgés et ceux qui les aidaient (La Fayette, Beaumarchais, etc.).
Porte.

RUE DU TEMPLE *(section comprise entre les rues Rambuteau et de Montmorency)* / Cette rue s'est appelée, de 1515 jusqu'en 1851, dans la section comprise entre les rues Saint-Merri et des Haudriettes, rue *Sainte-Avoye ;* Mme de Sévigné l'a habitée avant de s'installer rue de Thorigny.
No 62. Le PASSAGE SAINTE-AVOYE est à l'emplacement de l'entrée de l'hôtel du célèbre connétable Anne de Montmorency qui y mourut en 1567, à 74 ans, à la suite des blessures reçues au combat de Saint-Denis livré contre les huguenots. Plus tard cet hôtel devint la propriété de la famille de Mesmes.
Law y installa, en mai 1716, sa première banque. Aliéné petit à petit, cet hôtel a disparu en 1828 et 1838 lors des percements du passage Sainte-Avoye et de la rue Rambuteau.
No 69. Très vieille maison.
No 71. *Hôtel de Saint-Aignan.* Cet hôtel a été bâti, de 1640 à 1650, par Le Muet, pour Claude de Mesmes à qui Mazarin confia les finances du royaume en 1641. Il fut acheté, en 1680, par Paul de Beauvilliers, duc de Saint Aignan, dont la famille avait compté deux abbesses de Montmartre : Claude de Beauvilliers, une des maîtresses de Henri IV, et sa sœur Marie de Beauvilliers. Louis XIV confia à Paul de Beauvilliers l'éducation de ses trois petits-fils, le duc de Bourgogne, le duc d'Anjou et le duc de Berry (à cet effet, il s'adjoignit Fénelon). Confisqué à la Révolution, l'hôtel

devint, de 1800 à 1823, la mairie de l'ex-septième arrondissement (inscription).
Sa porte monumentale sur la rue avec ses vantaux est classée, de même que ses façades sur cour (une a été fâcheusement surélevée).
Nos 66, 68, 73, 75. Vieilles maisons.
No 77. Vieille maison du XVIIe siècle. Fenêtres de l'entresol; fronton demi-circulaire et écussons au deuxième étage.
No 79. *Hôtel de Montmor :* Cet hôtel a été construit en 1623 pour le trésorier Jean Habert de Montmor, dit Montmor le riche, de cette famille Habert, célèbre dans le domaine des lettres, qui compta plusieurs membres de l'Académie française.
Le fils de Jean Habert de Montmor, Henri-Louis Habert de Montmor, habita cet hôtel à partir de 1643. Maître des requêtes, académicien, premier titulaire du quarantième fauteuil, il fonda ici, en 1659, une véritable académie des sciences qui devint officielle en 1666; jusque-là elle fut nommée Académie des physiciens ou *Académie de Montmor*. Les plus célèbres personnalités du monde littéraire et scientifique, Chapelain, Ménage, Gui Patin, Huyghens, Roberval... fréquentèrent cette maison où Molière fit la lecture de *Tartuffe* lorsque la représentation en fut interdite, où Descartes fut invité à résider, où Gassendi logea deux ans et mourut en 1655, où Mme de Sévigné, qui habitait la rue, vint souvent. C'était l'époque où les beaux esprits se classaient, soit parmi les spiritualistes (les cartésiens), soit parmi les sensualistes (les gassendistes).
En 1751, l'hôtel fut acheté par Laurent Charron, fermier général, très riche par conséquent. Il fit remanier l'hôtel et le rendit tel que nous le voyons aujourd'hui. Après sa mort, il fut habité par sa veuve qui est représentée dans un médaillon de pierre sculpté au-dessus du portail de l'entrée (côté cour).
Les façades sur rue et sur les cours, le départ de l'escalier sont classés. Arrière-cour.
No 81. Vieil hôtel.
No 72. Ancienne hôtellerie ou hôtel meublé Sainte-Avoye dont on lit encore l'enseigne au-dessus de la porte d'entrée.
A l'angle des rues Sainte-Avoye et des Haudriettes a été érigée pendant longtemps l'*Échelle-du-Temple*, marque de la juridiction du grand prieur du Temple ; elle avait presque seize mètres de haut.
No 84. Mascarons.
No 86. Maison à pignon où était, sous Louis XV, un cabaret, à l'enseigne de *la Croix-Blanche*.
Nos 88, 90. Vieilles maisons.

RUE DE MONTMORENCY *(section située à l'est de la rue Beaubourg)* / On trouve dans cette rue un autre logis de Mme de Sévigné, à l'ancien no 8, où elle a habité un an (1676-1677), avant d'aller à l'Hôtel Carnavalet; la rue s'appelait alors la rue *Courtau-villain*.
No 5. A cet emplacement s'est élevé un hôtel qui a

appartenu jusqu'en 1627 à la famille des Montmorency. Nicolas Fouquet, nommé par Anne d'Autriche, en 1653, surintendant des finances, l'a habité de 1651 à 1658.
Fronton triangulaire couvrant tout le deuxième étage avec décoration Louis XV; balcons; escalier. Les façades et l'escalier sont classés.

Revenir sur ses pas jusqu'à la :
RUE MICHEL-LE-COMTE / Cette vieille rue de Paris porte, depuis le XIIIe siècle, ce nom dû, sans doute, à un de ses habitants, le comte Michel. C'est de ce nom que découle le dicton populaire : « Ça fait la rue Michel », utilisée pour dire : « Ça fait le compte ». D'Alembert, appelé alors Jean-le-Rond, a passé son enfance dans cette rue, après avoir été recueilli, à l'aube du 16 novembre 1717, sur le seuil de l'église *Saint-Jean-le-Rond* par la femme du vitrier Rousseau habitant cette rue.
La rue Michel-le-Comte n'a pas subi de modifications importantes depuis le début du XVIIe siècle, époque de laquelle date la plupart de ses maisons. Citons seulement les suivantes :
No 7. De 1634.
No 9. Du début du XVIIe siècle.
No 13. De 1615.
No 16. Cette vieille maison est une des plus pittoresques de la rue; ses bâtiments sur cour sont un mélange de constructions du XVe au XVIIe siècle; c'était, au XVe siècle, une auberge à l'enseigne *de l'Ours et du Lyon.*
Dans la cour : vieux puits, cadran solaire, bel escalier.
No 15. Cette maison a appartenu, en 1673, au président de Nesmond, puis à sa veuve, fille de Mme de Miramion.
No 22. Maison habitée, de 1784 à 1799, par Dubois-Crancé. Député de l'Aisne aux États généraux, il provoqua la formation de la garde nationale, il fut membre de la Convention et du Conseil des Cinq-Cents.
No 21. Maison habitée à partir de 1774 par l'architecte Edme Verniquet. Commissaire-voyer de Paris, il travailla pendant 28 ans au plan général de la Ville qui parut en 72 feuilles.
No 25. Emplacement du *jeu de paume de la Fontaine* dans lequel Mondory installa ses comédiens en 1632, lorsqu'il quitta le jeu de paume du cul-de-sac Bertaut. Il est à remarquer que la rue Michel-le-Comte longe, extérieurement, l'emplacement de l'enceinte de Philippe-Auguste au voisinage de laquelle les jeux de paume furent toujours nombreux.
No 28. *Hôtel d'Hallwyll :* Cet hôtel fut construit tout au début du XVIIIe siècle pour la veuve du lieutenant-général Louis de la Palu, comte de Bouligneux. Ses écuries pouvaient alors contenir 18 chevaux.
De 1725 à 1787, l'hôtel devint la propriété des d'Hallwyll; l'un d'eux était maréchal d'Autriche, un autre,

colonel d'un régiment suisse en France. Les d'Hallwyll firent remanier l'ex-Hôtel Bouligneux par l'architecte Ledoux qui lui donna sa physionomie actuelle. Ledoux, grand amoureux de l'architecture grecque, fut aussi l'architecte de ces *barrières* du mur des Fermiers-Généraux dont il reste plusieurs spécimens (rotondes de la Villette et du Parc-Monceau, pavillons des places du Trône et Denfert-Rochereau...).

L'Hôtel d'Hallwyll fut loué, en 1723, à la banque Landais, puis, en 1757, à la banque Thélusson, Necker et Cie. Necker et sa femme l'habitèrent jusqu'en 1766, et c'est après la naissance de leur fille, née ici (la future Mme de Staël), qu'ils partirent s'installer rue de Cléry. Sous l'Empire, l'Hôtel d'Hallwyll fut occupé par le prince Esterhazy qui avait représenté la Hongrie au couronnement de l'empereur d'Autriche, François II (1792).

L'Hôtel d'Hallwyll reste, quoique sobre, un des plus élégants hôtels du temps du règne de Louis XVI : portail au beau fronton sculpté soutenu par deux colonnes; façades; porte et ferronneries; bas-reliefs sous la voûte d'entrée; colonnes; frontispices et sculptures. La porte monumentale sur rue, la façade sur cour, le départ de l'escalier sont classés.

No 30. De 1666. Porte.

Prendre, à gauche, la :

RUE BEAUBOURG *(section située au sud de la rue Michel-Le-Comte)* / Cette section correspond à l'ancienne rue principale du village du *Beau Bourg*, du XIe siècle, que l'enceinte de Philippe-Auguste engloba dans Paris.

No 42. Emplacement d'une maison habitée par Pascal de 1651 à 1654.

No 37. L'IMPASSE BEAUBOURG correspond à l'ancien chemin de ronde intérieur du rempart de Philippe-Auguste.

Prendre, à droite, la RUE DU MAURE, vieille rue de Paris dont le nom provient vraisemblablement d'une enseigne. A son no 5, très vieille maison.

Prendre, à gauche, la :

RUE SAINT-MARTIN / où se trouvait (emplacement des nos 170 et 168), de 1329 à la Révolution, entre les rues du Maure, Saint-Martin et des *Petits-Champs-Saint-Martin* (Brantôme), l'*hôpital* et la chapelle *Saint-Julien* de la *confrérie des Ménétriers* où on avait coutume de se rendre lorsqu'on désirait louer pour des fêtes particulières, des noces, concerts..., quelques bateleurs, musiciens et danseurs.

Prendre, à gauche, la :

RUE BRANTÔME / Cette rue s'est appelée, de 1273 jusqu'en 1864, la rue des *Petits-Champs-Saint-Martin*, nom encore gravé sur le mur de son no 1.

N° 15. La porte cloutée de cette arcade charretière ouvrait, en 1587, sur un hôtel avec jardin, contigu à une maison (emplacement du n° 17) qui était la propriété des Dames de Montmartre, de même qu'une bonne partie de cette rue.

N° 8. Cette maison, à très grande arcade charretière, fut, avec sept autres maisons de la rue, affectée, en 1644, par Anne d'Autriche aux pères de la Doctrine-Chrétienne, congrégation qui avait pour but de former des séminaires pour l'instruction des futurs ecclésiastiques et d'enseigner des enfants.

N° 7. Dans la cour, vieille tourelle ajourée contenant un escalier à vis, balcon et balustrades.

RUE BEAUBOURG *(suite)*.

N° 28. Caves.

N°s 25, 27, 29. Vieilles maisons.

N° 24. IMPASSE BERTHAUD : appelée, en 1273, rue *Agnès-aux-Truies*, sans que l'on sache si cette dernière épithète visait les animaux du même nom ou certaines habitantes du quartier. La dénomination de *cul-de-sac Bertaut* (encore gravée sur une maison) est due à un jeu de paume installé ici, vers 1577, par Jean Bertaut. C'est dans ce jeu de paume que Mondory installa sa troupe de comédiens en 1629 et c'est là que, cette même année fut représentée la comédie de *Mélite*, la première pièce de Corneille; elle connut un très grand succès.

Hôtel de Soubise (*grav. vers 1710*)

DU DONJON DU TEMPLE AU PRIEURÉ

19 DE SAINT-MARTIN-DES-CHAMPS

L'enclos des Templiers / La rue des Fontaines-du-Temple, le couvent des Madelonnettes / Le passage du Pont-aux-Biches, la butte des Trois-Moulins, la rue du Rempart, la rue Notre-Dame-de-Nazareth, le passage des Quatre-Voleurs / Le Prieuré de Saint-Martin-des-Champs.

Point de départ : angle des rues du Petit-Thouars et Gabriel-Vicaire, devant le plan sur pierre de l'enclos des Templiers.

L'ENCLOS DES TEMPLIERS / L'ordre des Templiers était un ordre militaire et religieux fondé à Jérusalem en 1128, après la première croisade, pour combattre l'infidèle et protéger le pèlerin. Ce nom de Templiers leur venait, soit de ce que Baudouin II, roi de Jérusalem, leur avait accordé pour demeure une maison voisine des ruines du temple de Salomon, soit de ce qu'ils se considéraient comme les défenseurs du nouveau Temple. Militaires et religieux, ils portaient une armure recouverte d'un long vêtement blanc à croix rouge.
Ils rendirent pendant les premières croisades d'inappréciables services qui leur valurent des dons considérables en argent et en terres, aussi possédèrent-ils en Europe jusqu'à 9.000 domaines — ou commanderies — dont ils tirèrent un revenu fort important. Parmi ces domaines, se trouvait celui de Paris, situé près de la *place de Grève,* où ils s'installèrent sous Louis VII le Jeune, vers 1140. Ils acquirent peu après ces terrains vagues et incultes, ce *marais* qui constitue maintenant la majeure partie de nos troisième et quatrième arrondissements; ils le firent défricher, mettre en culture, et ils y bâtirent un siècle après, vers 1240, un vaste enclos où ils s'installèrent de préférence à celui proche de la *place de Grève.*
Lorsque la Palestine fut définitivement perdue, en 1291, après la défaite de Hattin et la prise de Saint-Jean-d'Acre, les Templiers se dirigèrent sur Tartous, d'où ils embarquèrent pour Chypre. Là ils se dispersèrent entre leurs commanderies; leur Grand-Maître avec le trésor de l'Ordre, s'installa dans celle de Paris où leur enclos constitua une véritable ville fortifiée,

entourée d'une muraille crénelée, haute de 8 mètres et défendue par des tours.
Les richesses des Templiers augmentèrent encore avec leurs opérations financières car ils créèrent, à l'aide de leurs différentes commanderies d'Europe, une sorte de banque internationale de dépôts. Ce fut l'époque où les Templiers atteignirent leur apogée. car peu après, la pureté de leur doctrine et leurs mœurs s'altérèrent. Avides, orgueilleux, turbulents, ils devinrent suspects à l'Église, à la noblesse, et ne furent plus aimés du peuple.
En 1306, Philippe le Bel se réfugia chez eux à la suite d'un soulèvement populaire, conséquence d'une de ses opérations sur la dévaluation de la monnaie. Il put alors constater de ses propres yeux ce qu'étaient la richesse et la force des Templiers, véritable État dans l'État. Aussi leur intenta-t-il, soutenu par le pape Clément V, un odieux procès où ils furent accusés de sacrilèges, de blasphèmes, voire de sodomie. Finalement l'Ordre fut supprimé en 1313; 54 Templiers furent brûlés vifs près de l'abbaye de Saint-Antoine, et, le soir du 12 mars 1314, le Grand-Maître de l'ordre, Jacques de Molay, et Guy, commandeur pour la Normandie, le furent aussi dans l'*îlot des Juifs* (côté sud de la place Dauphine) sous les yeux du roi. En mourant, Jacques de Molay donna rendez-vous devant le tribunal de Dieu à Philippe le Bel et à Clément V qui, effectivement, décédèrent l'un et l'autre dans les mois qui suivirent. Les biens des Templiers furent confisqués, Philippe le Bel se les adjugea pour la plupart; ce qui en resta fut distribué aux *Hospitaliers de Saint-Jean-de-Jérusalem,* qui, dès lors, habitèrent cet enclos jusqu'à la Révolution. On les appela Chevaliers de Malte lorsque Charles-Quint leur fit cadeau de cette île pour établir le siège de leur Ordre.

En 1667, le Grand Prieur, Jacques de Souvré, fit démolir l'ancienne muraille crénelée, construire dans l'enclos de grands hôtels et des maisons qui furent loués à des particuliers, rebâtir, par Mansart, le palais du Grand Prieur qui donna sur un vaste jardin, et entourer l'ensemble d'un simple mur d'enceinte. Cet enclos abritait environ 4.000 personnes, toutes exemptes d'impôts.
Citons parmi les Grands Prieurs les plus célèbres :
— en 1712, Philippe de Vendôme, arrière petit-fils d'Henri IV et de Gabrielle d'Estrées. Philosophe, ami des lettres et de la table, il donna sous la Régence des dîners retentissants (d'où l'expression : « Boire comme un templier »);
— le prince Louis-François de Conti qui reçut dans son palais J.-J. Rousseau et Mozart et eut comme chapelain l'abbé Prévost, auteur de *Manon Lescaut.* C'est ce prince qui avait coutume de demander une bague comme souvenir aux dames qui lui accordaient toutes leurs faveurs, bague qu'il payait d'ailleurs grassement. La dame partie, la bague était mise dans

un tiroir; à la mort du Grand-Prieur on en compta près de 4.000. Mais on a dit qu'il en avait ajouté...; — le duc d'Angoulême, neveu de Louis XVI. Il fut le dernier Grand Prieur, charge à laquelle il avait été nommé à l'âge de un an, en 1776. Il n'avait donc pas encore exercé les fonctions lorsque la Révolution mit fin à l'ordre de Malte.

Le Donjon du Temple : Le célèbre donjon aurait été construit sous le règne de saint Louis, vers 1265, par le frère Hubert. C'était une grosse tour crénelée, de section carrée, de 15 mètres de côté, flanquée aux angles de 4 autres tours, rondes, un peu plus élevées que la tour carrée et surmontées de toitures coniques que terminaient d'énormes girouettes. Cette tour comportait un rez-de-chaussée et 3 étages; chacun d'eux avait une seule salle, plus une petite chambre dans chacune des 3 tourelles d'angle, la quatrième abritant la vis de l'escalier.
Le donjon était situé dans la région sud de l'enclos, à l'emplacement de la partie de la rue Eugène-Spuller comprise entre l'aile nord de la mairie du troisième arrondissement et la grille du square du Temple.

RUE DES FONTAINES DU TEMPLE / A observer, avant d'entrer dans cette rue, datant du début du XVe siècle, les maisons de la rue du Temple qui l'encadrent. La plupart d'entre elles sont antérieures à la Révolution; elles ont donc été témoins des événements qui se sont déroulés au Temple pendant toute cette époque.
La porte de l'enclos du Temple était rue du Temple; elle faisait face à la rue des Fontaines-du-Temple dont l'ancien nom, rue des *Fontaines,* rappelle le passage des eaux de Belleville qui, après avoir desservi le Temple, allaient alimenter le prieuré de Saint-Martin-des-Champs et la fontaine du Vertbois.
Nº 1. Au pan coupé, écusson de pierre surmonté de 2 guirlandes sculptées et d'une coquille.
Nº 3. Maison du début du XVIIe siècle; à la première porte, curieuse entrée, très basse et cintrée; à la deuxième, escalier.
Nº 5. Maison de la fin du XVIIIe siècle; escalier.
Nº 4. Du XVIIIe siècle; ferronneries, mansardes.
Nº 6. Un pan de mur du couvent des Madelonnettes fait encore saillie; c'est tout ce qui subsiste de lui.
Nº 7. D'abord maison bourgeoise, cet immeuble devint ensuite une hôtellerie à l'enseigne *Au Grand Cerf* (voir celle-ci, en bois sculpté, au haut du tympan intérieur de la porte d'entrée).
Nº 9. Porte, mascarons, ferronneries; curieuse cour semi-circulaire. Ce nº 9 et le nº 11 (ferronneries, mascaron, escalier) constituaient une seule maison, dépendance du couvent des Madelonnettes.
Le couvent des Madelonnettes : En 1618, un riche marchand de vins de Paris, Robert de Montry, abordé un soir par deux femmes de mauvaise vie, leur reprocha leur conduite. Il apprit qu'elles avaient le vif désir

Le Prieuré et le cloître du Temple (*grav. 17e s.*)

Plan de l'enclos des Templiers (*grav. de Chastillon*)

Le donjon
du Temple
(*grav. vers 1795*)

de changer d'existence, mais qu'elles n'avaient jamais trouvé d'appui leur permettant de le faire. Il leur conseilla alors de se vouer à Dieu, ce qui leur permettrait d'expier leurs péchés. Puis, pensant qu'elles n'étaient pas les seules dans ce cas à Paris, il se mit à la recherche d'autres pécheresses, plus ou moins repentantes, qu'il confia à la sœur du cardinal François de Gondi, laquelle les installa, en 1620, rue des Fontaines-du-Temple (vers les n°s 14-16). Ce fut le *couvent des Filles de la Madeleine,* dites *Madelonnettes.*

Le couvent des Madelonnettes servit de prison politique pendant l'année 1793, puis il devint, en 1794, une prison de droit commun pour femmes détenues pour crimes et délits, plus tard, une maison d'arrêt pour hommes jusqu'à sa démolition en 1866. On trouva derrière un pilier de l'église une sorte d'*in-pace* où des pensionnaires rebelles avaient jadis été enfermées jusqu'à leur mort (nombreux ossements).
N° 15. Maison qui fut, à partir de 1720 (date de la venue des Filles de Saint-Michel) la demeure de la Supérieure du couvent des Madelonnettes. Elle était reliée par une passerelle au couvent installé en face. Portail à grande arcade, mansardes.

RUE VOLTA *(section située au nord de la rue de Turbigo)* / Cette section s'est appelée au XIVe siècle rue *de la Croix* jusqu'à la rue du Vertbois, et rue du *Pont-aux-Biches* jusqu'à la rue Notre-Dame-de-Nazareth.
N° 37. Vieille maison.
N° 41. Curieux passage conduisant au n° 18 de la rue Montgolfier.
N° 45. Vieille maison.
Faire un crochet à droite jusqu'au n° 11 de la rue du Vertbois où est une vieille maison : curieux escalier à rampe mi-bois, mi-fer, cour pittoresque; en façade : fenêtre à meneaux et à guillotine.
N° 49. Vieille maison.
Couper la rue Notre-Dame-de-Nazareth et prendre le PASSAGE DU PONT-AUX-BICHES dont le nom est dû à une enseigne où figuraient des biches passant sur le pont (il y avait à cet endroit un égout). La montée en escalier du passage rappelle une ancienne butte de gravois où l'on comptait encore, en 1652, trois moulins et une maison.

RUE MESLAY / Cette rue est une section de l'ancien chemin de ronde intérieur de l'enceinte de Charles V, devenue, en 1696, la rue des *Remparts,* son nom actuel provient d'un de ses habitants au XVIIIe siècle.
N° 42. Hôtel Louis XV; jolie fenêtre, mascarons; façade classée.
N° 46. Maison natale de George Sand (1804).
N° 49. Du XVIIIe siècle; bas-reliefs de la façade classés.
N° 47. Hôtel Louis XVI.
N° 45. Hôtel Louis XVI; balcon; porte cloutée, mascarons; bas-reliefs. Dans la cour à droite un

regard masque l'ouverture d'une ancienne communication de grande profondeur.

N° 39. Hôtel Louis XVI; mascarons; coquilles.

Reprendre le passage du Pont-aux-Biches jusqu'à la rue Notre-Dame-de-Nazareth qu'on suivra à droite :

RUE NOTRE-DAME-DE-NAZARETH / Cette rue date de 1605; elle doit son nom au *couvent des Pénitents de Nazareth* situé à son extrémité est.
N° 44. Maison, large de 1 mètre et haute de 5 étages, encaissée au fond d'un boyau; une fenêtre par étage.
N° 43. Vieille maison; mansardes.
N° 49. Prendre le PASSAGE DES QUATRE-VOLEURS qui relie la rue Notre-Dame-de-Nazareth à la rue du Vertbois par une suite de ruelles de 1 mètre de large servant d'entrée à deux vieilles maisons et desservant des maisons encore plus vieilles. Son nom provient d'une enseigne.

RUE DU VERTBOIS / Le nom de cette vieille rue, bâtie, au XVIe siècle, est peut-être un souvenir d'un bois verdoyant, dépendance des anciennes cultures du prieuré de Saint-Martin-des-Champs.
Toutes ses maisons de côté pair sont anciennes : n°s 34, 36, 38, 46, 52, 54, 62 (une niche vide de son image), 64 (passage du Vertbois), 72.
Les maisons du côté impair ayant été abattues, on aperçoit une partie de l'ancien mur crénelé du prieuré avec une échauguette ornée d'une frise sculptée sous son toit en poivrière; ces vestiges de l'enceinte fortifiée du prieuré édifiée en 1140 sont une reconstruction de 1273.
A l'angle de la rue Saint-Martin se dresse une tour de cette enceinte, elle date aussi du XIIIe siècle, mais a été restaurée, en 1880, après que Victor Hugo eut empêché sa démolition par l'architecte qui construisait des nouveaux bâtiments en façade sur la rue Saint-Martin. Victor Hugo avait écrit à ce sujet une lettre commençant ainsi : « Démolir la tour, non; l'architecte, oui. » Cette tour d'encoignure, à deux étages, crénelée, était jadis la prison des moines du prieuré (une tour analogue sert de cage à l'escalier du n° 7 de la rue Bailly). La fontaine voisine, érigée en 1712 et aussi restaurée en 1880, est surmontée d'une coquille ornée de fleurs de lis (inscription).

LE PRIEURÉ DE SAINT-MARTIN-DES-CHAMPS / *Vestiges :* Il subsiste du prieuré deux beaux édifices : l'église et le réfectoire.
L'*église* (actuellement musée) a été construite, vers 1130, sur les ruines de la chapelle, de 1060, devenue insuffisante. Son chœur, qui constitue la partie la plus ancienne (1130-1140) est un mélange de roman et de gothique. C'est le premier monument de Paris où l'on voit des ogives, alors que les fenêtres des chapelles restent encore de plein cintre. Il comporte

un double déambulatoire, une vaste chapelle absidiale, et 6 petites chapelles arrondies.
La nef, éclairée par des fenêtres analogues à celles du réfectoire décrit plus loin, date du milieu du XIIIe siècle. Pas de collatéraux, voûte en bois (la voûte et les murs sont recouverts d'une peinture moderne).
La façade (visible de la rue Saint-Martin) est du XIIIe siècle; la tourelle de droite est une adjonction. Le clocher (visible de la rue Réaumur) est une tour romane dont il ne reste plus que la base; elle est de la même époque que le chœur, soit du milieu du XIIe siècle.
Le réfectoire (actuellement bibliothèque), construit sous saint Louis par le célèbre architecte de la Sainte-Chapelle, Pierre de Montreuil, est un bâtiment de 43 mètres sur 12 environ, soutenu extérieurement par 12 contreforts. Il possède de chaque côté 8 fenêtres composées de 2 baies ogivales accouplées surmontées d'une rose. Il est divisé intérieurement en 2 nefs par une rangée de 7 colonnettes médianes, baguées, très fines, d'une légèreté surprenante, qui reçoivent les retombées des voûtes en ogive. On voit, au fond et à gauche, la chaire du moine qui faisait la lecture pendant les repas. On y accède par 12 marches pratiquées dans l'épaisseur du mur. L'ensemble de ce réfectoire est un véritable bijou gothique dans toute sa grandeur et toute sa pureté.
Il communiquait avec le cloître, qui le séparait de l'église, par une porte située sur le côté opposé à la chaire du lecteur. L'extérieur de cette porte est un chef-d'œuvre du XIIIe siècle avec ses guirlandes et ses fleurs sculptées en pleine pierre. C'est tout ce qui subsiste de l'ancien cloître qui fut transformé et reconstruit de 1702 à 1720.

Prieuré de Saint-Martin-des-Champs (*grav. 18e s.*)

20

LE PALAIS DU LOUVRE ET SON HISTOIRE

Le Louvre de Philippe-Auguste, de Charles V, de la Renaissance / Le Louvre de Louis XIII et de Louis XIV, la Colonnade de Perrault, le Jardin de l'Infante / La Petite-Galerie / La Galerie du bord de l'eau / Le Louvre Impérial.

Point de départ : entrée nord de la Cour Carrée.

L'enceinte de Paris que Philippe Auguste fit commencer en 1190 avant de partir en croisade aboutissait à la rive droite de la Seine, côté aval, suivant un tracé qui, venant de la *porte Saint-Honoré* (nº 145, rue Saint-Honoré), serait maintenant parallèle à la rue de l'Oratoire, couperait la rue de Rivoli, le poste de police situé sur la face nord de l'intérieur de la Cour carrée du Louvre, d'où, après un changement de direction, il se dirigerait perpendiculairement à la Seine. Une tour ronde flanquait ce changement de direction; la trace de cette tour et celle du rempart sont marquées sur le sol de la Cour Carrée par des pavés particuliers. Ce rempart se terminait sur la Seine par une grosse tour ronde, appelée la *tour du Coin,* faisant pendant à la *tour de Nesle* érigée en face sur la rive gauche; la *tour du Coin* serait actuellement située entre la culée nord du pont des Arts et le guichet du Louvre.

Ce terminus du rempart était, en 1190, un endroit désert appelé *Louvre,* l'étymologie de ce nom est encore inconnue. De toutes les explications fournies, celle qui semble devoir être retenue est celle qui lui donne comme origine le vieux mot saxon *Lower* ou *Leovar,* signifiant habitation fortifiée, souvenir sans doute de ce camp retranché que les Normands de Siegfried avaient établi en 885 autour de l'église *Saint-Germain-le-Rond* (Saint-Germain-l'Auxerrois).

LE LOUVRE DE PHILIPPE-AUGUSTE / Quoique trois siècles se fussent déjà écoulés depuis les terribles incursions des Normands, le souvenir de celles-ci subsistait et en 1190 on pensait toujours au danger qui pouvait venir de la rivière. Aussi Philippe-Auguste décida-t-il de consolider le point où le rempart aboutissait à la Seine par une solide forteresse extérieure au rempart, mais tout contre lui; sa construction fut entreprise en même temps que l'enceinte et terminée en 1202. C'était un véritable château-fort comportant un donjon entouré d'une enceinte, soit une forteresse à l'intérieur d'une autre.

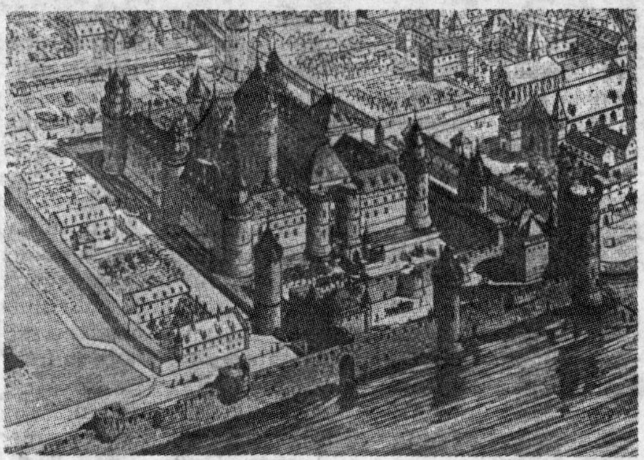

Le Louvre sous Charles V

Entrée du Louvre sous Charles V

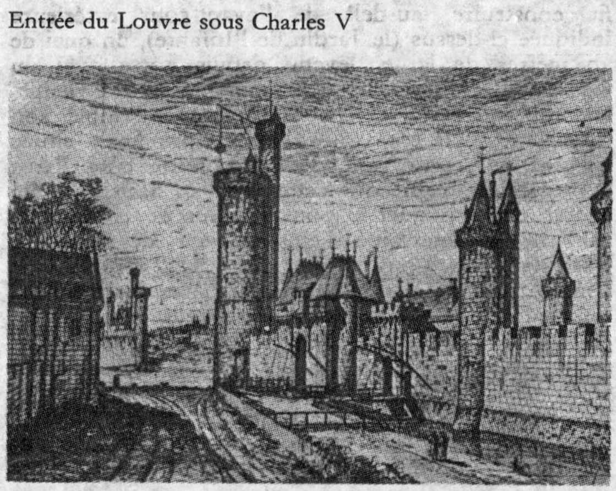

Ce Louvre fut complété et approprié par saint Louis qui aménagea dans l'aile ouest une chapelle et une grande salle qui porta son nom; l'une et l'autre sont remplacées actuellement par la salle des Cariatides où la forme du chevet de la chapelle encastré dans l'épaisse muraille occidentale reste indiquée.

LE LOUVRE DE CHARLES V / L'enceinte de Paris construite au début du règne de Charles V incorpora le Louvre dans la Ville. Il cessa donc d'avoir un rôle stratégique. Aussi Charles V résolut-il, vers 1360, de transformer la forteresse en une résidence habitable et magnifique. A cet effet, ses 2 côtés nord et est furent à leur tour bâtis, les 2 autres furent restaurés, les terrasses des tours firent place à des toitures de formes et de dimensions variées (cône, pyramide...), des tourelles y furent accolées, le tout étant surmonté de girouettes peintes et dorées, de fleurons, d'oriflammes, de banderoles. C'était le joli Louvre de Charles V tel que nous le montre une miniature des *Très Riches Heures* du duc de Berry.

Ce château du Louvre fut pour Charles V un lieu de retraite, un endroit de détente, sa résidence normale étant l'*Hôtel Saint-Pol*. Charles VI, Isabeau de Bavière occupèrent l'*Hôtel Saint-Pol* et peu le Louvre; Charles VII, Louis XI, Charles VIII, Louis XII eurent coutume de résider hors de Paris dans leurs châteaux de la Loire, mais lorsqu'ils étaient dans la capitale c'était surtout à l'*Hôtel Royal des Tournelles* qu'ils descendaient. D'où une époque longue d'un siècle et demi pendant laquelle le Louvre fut assez délaissé.

LE LOUVRE DE LA RENAISSANCE / En 1527, François Ier, rentrant de captivité, s'engagea à habiter Paris qui avait payé la majeure partie de sa rançon; il apporta donc de sérieuses modifications au Louvre, tant pour le restaurer que pour le moderniser. Il fit construire, au-delà de l'avant-cour extérieure indiquée ci-dessus (le Jardin de l'Infante), un quai de 40 mètres de large devenu depuis notre quai du Louvre; il fit raser le donjon, construction vieillie, encombrante et qui arrêtait la lumière, et combler son fossé. Enfin, il condamna l'entrée principale située au sud, ne conservant que la poterne côté Paris. Il est vraisemblable que cette dernière décision a été grosse de conséquence pour l'avenir de la capitale, car elle a déterminé l'emplacement de la porte d'honneur du Louvre de Louis XIV, entraîné la construction de la Colonnade de Perrault, fixé l'axe du futur Paris et amorcé la prestigieuse voie triomphale qui s'étend actuellement jusqu'au rond-point de la Défense.
C'est dans ce Louvre ainsi restauré et modernisé que François Ier reçut, le 1er janvier 1540, Charles-Quint qui y séjourna environ une semaine pendant laquelle la cour était éclairée la nuit par une torchère

Les Cariatides de la salle des Suisses (*grav. d'Andronet du Cerceau, vers 1580*)

« Le soir », les distractions du roi (*grav. vers 1600*)

à chaque angle et par un grand flambeau que portait une gigantesque statue de Vulcain édifiée au centre.

LE LOUVRE DE LOUIS XIII ET DE LOUIS XIV / En 1624, Louis XIII décida de réaliser un projet déjà envisagé par Henri IV et, peut-être même par Henri II, à savoir le quadruplement du palais du Louvre. Les travaux commencèrent par la construction, par Lemercier, du pavillon appelé actuellement Sully ou de l'Horloge, au-delà duquel une nouvelle aile devait faire pendant à l'aile Lescot.

La construction de ce pavillon central entraîna la démolition immédiate d'une partie de l'aile nord du Louvre de Charles V, soit celle de la *tour de la Librairie* et de la *Grande-Vis*. Sa hauteur fut celle que Lescot avait donnée au troisième étage du Pavillon du Roi. Son rez-de-chaussée, son premier étage et son attique furent construits dans le même style que l'aile Lescot, et Lemercier les surmonta d'un étage composé de 3 baies en plein cintre entre lesquelles sont 4 groupes de 2 cariatides se donnant la main, œuvre de Sarrazin.

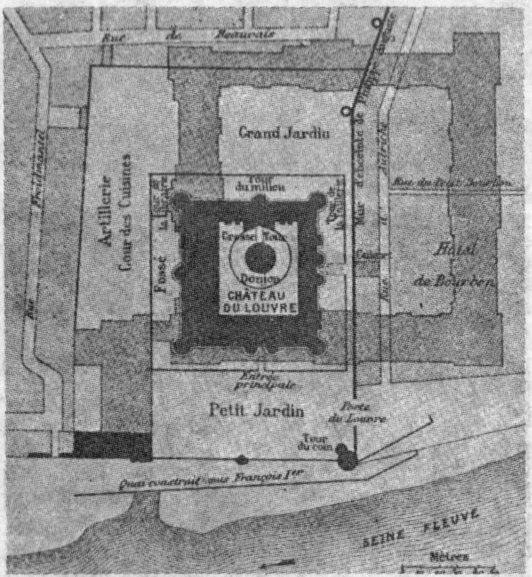

Le Louvre, château fort

Elles supportent un couronnement resté matière à discussion avec son premier fronton triangulaire chargé de 2 personnes allongées, surmonté d'un deuxième fronton, celui-ci curviligne, inscrit lui-même dans un troisième fronton, ce dernier triangulaire. Au-dessus se trouve un dôme assez lourd qui a servi de modèle à tous les autres dômes du Louvre. Son faîte, surchargé de plomb depuis Napoléon III, est surmonté de la couronne impériale dont des réductions ornent de nos jours la plupart des candélabres de la cour du Carrousel.
Les chiffres placés sur les bâtiments faisant suite au Pavillon de l'Horloge nous indiquent sous quels souverains ils ont été construits, les lettres L et A enlacées symbolisent Louis XIII et Anne d'Autriche, et les lettres L et MT symbolisent Louis XIV et Marie-Thérèse.

En 1652, la Fronde terminée, Anne d'Autriche et Louis XIV, âgé de 14 ans, quittèrent le *Palais-Royal* pour se réinstaller au Louvre où, du fait des fossés, ils se sentaient plus en sécurité. Il en fut de même pour Mazarin qui se logea, avec sa sœur, son beau-frère et toutes ses nièces dans les attiques de l'aile Lescot et du Pavillon du roi. En 1660, Louis XIV fit continuer le quadruplement du palais en faisant raser tout ce qui subsistait encore du vieux Louvre, ainsi que les maisons particulières enclavées entre les ailes sud, ouest et nord du futur Louvre et en faisant abattre la plus grande partie des hôtels situés en bordure de la rue d'*Autriche*. Il donna l'ordre de fermer le nouveau quadrangle et d'achever la Cour Carrée. Cela fut, de 1660 à 1664, le travail de Le Vau qui a donc édifié la majeure partie de la Cour Carrée sur le modèle de l'aile Lescot.
Il résultait de cet agrandissement que la porte d'honneur du palais serait désormais placée au milieu de la nouvelle face orientale du Louvre. Cette porte d'honneur que l'on voulait grandiose nécessitait, à l'extérieur, une façade non moins grandiose. Aucun des projets que présentèrent Le Vau, Lemercier et Mansart n'ayant été retenu par Colbert, on fit appel, en 1665, à Bernin, peintre, statuaire et architecte italien, aussi orgueilleux et plein de jactance que doté d'un mauvais caractère. Bernin ayant bien voulu accepter d'apporter son concours, on le reçut princièrement tout au long de son parcours en France et à Paris. Après examen de la situation, il proposa de raser tout ce qui avait été construit jusqu'alors, même par Lescot, afin de ne faire que du neuf. Ayant enfin limité ses projets à ce qu'on lui demandait, soit celui de la construction d'une façade monumentale au revers de l'aile orientale, il soumit un plan qui ne plut pas, car ce qu'il envisageait ne s'accordait pas avec l'architecture de Lescot, mais on n'osa le lui dire. Aussi, en octobre 1665, on posa en grande pompe la première pierre de la façade qu'il avait projetée, après quoi Bernin, comblé d'honneurs et

d'argent, retourna en Italie. Cette façade ne fut jamais érigée, tout le problème était à reprendre...
Des nouveaux projets présentés, ce fut celui mis au point conjointement par Claude Perrault, Le Brun et Le Vau qui fut agréé, c'est celui de la Colonnade dite de Perrault. Claude Perrault, était le frère de Charles Perrault, l'auteur des légendaires contes de fées.
Les travaux de la Colonnade étaient commencés depuis un an, lorsqu'en 1668 Louis XIV, estimant que le nouveau palais ne serait pas assez vaste, donna l'ordre d'élargir l'aile en bordure de la Seine dont Le Vau venait d'achever la construction. Une nouvelle façade devant donc être dressée à 15 mètres en avant de cette aile, il fut nécessaire d'étirer la Colonnade d'une pareille longueur vers le sud. Pour raison de symétrie, pareil allongement s'imposa vers le nord. Mais l'aile nord ne devant pas, elle, être élargie, l'extrémité de la Colonnade fit de ce côté ce curieux ressaut qu'on remarque dans la rue de Rivoli. Le deuxième résultat fut le suivant : la Colonnade devenant plus longue, sa hauteur dut être modifiée; mais si la façade extérieure de l'aile orientale devenait plus haute, il fallait surélever pareillement sa façade intérieure, donc ne pas faire un attique, mais un deuxième étage et créer, de ce fait, une discordance entre cette façade et les 3 autres façades de la Cour Carrée.

LE PALAIS DU LOUVRE AU XVIIIe SIÈCLE / Ralentis depuis 1674 les travaux étaient loin d'être achevés lorsqu'en 1678 Louis XIV abandonna définitivement le Louvre pour Versailles. Malgré les efforts de Colbert les travaux furent arrêtés; la Colonnade et la majeure partie de l'aile nord restèrent sans toiture et la nouvelle façade élevée par Perrault du côté de la Seine, sans lien aucun avec celle de Le Vau [1].

Abandonné par le roi et sa Cour, le Louvre allait être occupé pendant 125 ans par un monde très divers. D'une part, les cinq académies, avec leurs secrétaires et leurs services, s'installèrent dans les différents appartements des reines-mères, du roi, etc. D'autre part, des personnes privilégiées, des intrigants, des particuliers, des indésirables prirent possession du palais; le Louvre, maison royale, étant un lieu d'asile, les endettés et pourchassés s'y réfugièrent aussi. Pour nourrir tout ce monde, des gargotiers montèrent leurs fourneaux, et des cabaretiers, leurs tonneaux; pour le distraire, des courtisanes prirent place; on cloisonna et on entresola les pièces, des tuyaux de poêle percèrent des murs, des hangars s'adossèrent à la façade de Perrault et, enfin, des baraques de fripiers et de brocanteurs s'édifièrent à l'intérieur de la Cour Carrée et sur ses abords est.

1. Avec bien d'autres, Voltaire protesta contre cet abandon. En 1749, il écrivit :
« Louvre, palais pompeux, dont la France s'honore,
Sois digne de Louis, ton maître et ton appui;
Sors de l'état honteux où l'univers t'abhorre
Et dans tout ton éclat montre-toi comme lui. »

Le désordre fut tel que, sous Louis XV, le surintendant des bâtiments du roi, M. de Marigny, frère de Mme de Pompadour, s'en émut. En 1756, les indésirables furent expulsés et la Cour Carrée, débarrassée de ces constructions parasites.
Gabriel, puis Soufflot dégagèrent et restaurèrent la Colonnade dont le rez-de-chaussée servait d'écuries et établirent devant elle deux parterres de gazon. Les dômes qui surmontaient les pavillons central et oriental de l'aile sud furent rasés, la façade de Perrault fut reliée à celle de Le Vau, et Soufflot ouvrit les passages faisant communiquer à l'est et au nord la Cour Carrée avec l'extérieur.
La guerre de Sept ans devait ralentir cette remise en ordre qui prit fin en 1774. Les travaux reprirent en 1779 et Brévion, le successeur de Soufflot, ouvrit du côté de la Seine une entrée qui depuis François Ier n'avait plus existé. Toutefois les indésirables revinrent et le Louvre fut à nouveau occupé par des artistes divers qui s'y installèrent comme en pays conquis. Puis vint la Révolution pendant laquelle les pillards se répandirent dans le Louvre où ils n'épargnèrent presque rien.

LE LOUVRE DE NAPOLEON Ier / La Cour Carrée fut terminée sous le Premier Empire, de 1801 à 1810. Alors les ailes nord et sud reçurent, par ordre de l'empereur, un deuxième étage à l'image de celui de l'aile orientale.
Les frontons intérieurs des pavillons centraux de ces 2 ailes reçurent des bas-reliefs allégoriques sculptés, en 1811, le premier par Ramey, le second par P. Sueur, et l'aile Lemercier, l'ornementation attendue depuis un siècle et demi.

Sortir de la Cour Carrée par le guichet Saint-Germain-l'Auxerrois et longer le Louvre en le gardant à sa droite.

LA COLONNADE DE PERRAULT / Ainsi qu'il a été exposé, la construction de la célèbre Colonnade, commencée en 1667, fut arrêtée en 1678. Restaurée en 1756-1757, la Colonnade ne fut achevée que de 1807 à 1811.
Il faut bien reconnaître que, tout comme le projet de Bernin, le style de la façade de Perrault n'a aucun rapport avec l'architecture du Louvre de la Renaissance et que ses proportions sont en discordance avec celles du Louvre de Lescot. Mais ceci établi, il n'en résulte pas moins que l'on est en présence d'un chef-d'œuvre d'autant plus remarquable que la conception de Perrault était une nouveauté; personne n'en avait encore créé le modèle tandis que, dans la suite, ce style fut souvent imité.
C'est avant tout un décor d'apparat. Sur un soubassement de 183 mètres de long, austère, nu, percé de fenêtres bombées, vierge de tous ornements, s'élève un péristyle formé de 3 avant-corps que relient 2 galeries. Seul l'avant-corps central a un fronton.

Les avant-corps extrêmes présentent une haute baie cintrée encadrée de colonnes corinthiennes et 2 fenêtres à fronton triangulaire encadrées de pilastres. Chaque galerie comporte 6 couples de colonnes jumelées et 2 colonnes isolées derrière lesquelles des pilastres semblent être l'ombre. Les fenêtres sont de 1807, elles remplacent les niches initiales. Une balustrade recouvre le tout.

Le linteau de la porte du pavillon central est surmonté d'un quadrige conduit par une *Victoire qui distribue des couronnes*. Dans le triangle du fronton, Lemot a placé, en 1808, *Minerve, les Muses et la Victoire, couronnant Napoléon* à qui la Restauration substitua le Roi-Soleil.

Les deux pierres qui forment la cimaise du fronton ont chacune 17 mètres de long sur plus de 2 m. 50 de large, elles proviennent d'un seul bloc, scié en deux, tiré des carrières de Meudon; leur mise en place, terminée en 1672, avait nécessité une machine spéciale.

Il est à remarquer que l'effet produit par la Colonnade serait encore plus heureux si on rendait à cette façade le fossé que Perrault avait prévu à sa base tout comme Le Vau avait fait en ceinturant les autres faces extérieures du Louvre d'un fossé. Celui-ci n'existe plus que sur une courte longueur en bordure de la rue de Rivoli, mais il permet de faire connaître, par le dégagement du soubassement, les proportions exactes de l'œuvre de ce grand architecte.

LE JARDIN DE L'INFANTE / La façade du Louvre située du côté de la Seine est donc double; elle comporte celle établie par Le Vau, de 1660 à 1664, et celle qui a été placée à 15 mètres en avant d'elle, à partir de 1668, pour l'élargissement de l'aile sud du palais. La première façade constitue maintenant le mur de refend; on le voit fort bien sous le guichet du Louvre qui fait face au pont des Arts.

La façade de Perrault a un soubassement semblable à celui de la Colonnade; son premier étage, assez haut, a des fenêtres à fronton triangulaire, il est surmonté d'un deuxième étage, à fenêtres moins hautes, à fronton curviligne; des pilastres séparent les fenêtres; un entablement à balustrade recouvre le tout et un avant-corps central, surmonté d'un grand fronton triangulaire, contient le guichet d'entrée, ouvert en 1779. A l'angle sud-ouest, l'avant-corps enrobe le Pavillon du Roi, dont le troisième étage a été arasé sous l'Empire. Toute la décoration de cette façade, noble, solennelle et froide, date du Premier Empire.

Marie de Médicis fit tracer, en 1611, un agréable jardin, de forme rectangulaire, formant terrasse très surélevée par rapport à la Seine, et compris entre le Louvre, la Petite-Galerie (voir ci-après), le quai et la rue de l'*Autriche*. C'était le *jardin de la reine* planté de beaux arbres de tonnelles, de massifs de verdure avec un jet d'eau au milieu. Un ponceau franchissait le fossé qui longeait le palais du Louvre et reliait le

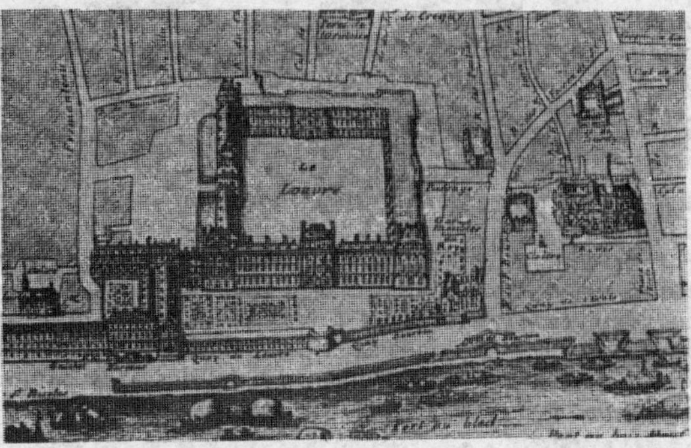

Le Louvre en 1714

La cour carrée et la colonnade de Perrault (*grav. vers 1670*)

La cour carrée (*grav. 1705*)

jardin de la reine au rez-de-chaussée de l'aile méridionale du Louvre où les reines-mères avaient leur logis. Les mauvaises langues du Louvre appelèrent ce ponceau le *Pont-d'amour* en pensant que Concini devait l'emprunter pour aller, plus ou moins discrètement, de la petite maison qu'il habitait entre ce jardin et la rue d'*Autriche* aux appartements de Marie de Médicis.

Au printemps de 1722, l'infante d'Espagne, Marie-Anne-Victoire, âgée de 4 ans, fiancée à Louis XV qui en avait 12 1/2, résida 3 mois 1/2 dans les appartements du rez-de-chaussée de la Petite-Galerie. Elle jouait dans ce grand jardin qui prit, dès lors, ce nom de *jardin de l'infante* qu'il a conservé.

LA PETITE-GALERIE / En 1564, la reine-mère, Catherine de Médicis, décida de se faire bâtir une résidence indépendante du palais du roi tout en n'en étant pas trop écartée. Cette résidence sera le château des Tuileries situé près du Louvre, mais au-delà de l'enceinte de Charles V. Rappelons que cette enceinte coupait la cour du Carrousel à hauteur de l'arc de triomphe, atteignait la Seine à une tour appelée la *tour de Bois* et que, de là, elle remontait la rivière pour venir se souder à la *tour du Coin* du rempart de Philippe Auguste... Cette dernière section était une courtine crénelée avec quelques tourelles en encorbellement sur la Seine.

Il y avait 2 ans que Philibert Delorme avait commencé à construire les Tuileries lorsque Catherine de Médicis pensa à l'avantage qu'il y aurait d'établir une galerie de communication entre le château des Tuileries et le palais du Louvre. D'où la construction, sur les substructions de cette courtine, d'une *Grande-Galerie* allant des Tuileries jusqu'au fossé ouest de l'enceinte du Louvre. Pour qu'elle aille jusqu'au palais, il était nécessaire de construire le long de ce fossé une galerie de raccordement; ce fut le bâtiment appelé la *Petite-Galerie*.

Cette galerie ne fut terminée que sous Henri IV, vers 1602. Son rez-de-chaussée demeura une simple galerie de raccordement jusqu'à ce qu'Anne d'Autriche le fasse transformer, pour elle, en 1655, en un appartement d'été. Cet appartement consistait en une enfilade de 5 pièces se terminant sur le quai par son petit cabinet qu'éclairait une fenêtre monumentale dont le balcon porte son chiffre A.A. Ce balcon a souvent été indiqué comme ayant été utilisé par Charles IX pour tirer sur les Huguenots pendant la nuit de la Saint-Barthélemy; ceci est d'autant plus erronné que cette partie de la Petite-Galerie n'était pas encore construite à cette époque (1572).

En février 1661, au cours des préparatifs d'un ballet donné en l'honneur de la naissance du premier enfant de Louis XIV, un incendie détruisit le premier étage de la Petite-Galerie et endommagea fort son rez-de-chaussée. La Petite-Galerie fut alors refaite par Le Vau, c'est le bâtiment que nous voyons de nos jours; les plafonds du rez-de-chaussée reçurent le bel ensemble décoratif qui subsiste; son premier étage, décoré par Le Brun, est la célèbre galerie d'Apollon.

LA GRANDE-GALERIE (ou Galerie du bord de l'eau) / Cette construction, longue de 470 mètres, a été commencée, en 1566, sous Catherine de Médicis par utilisation, comme nous l'avons dit, des substructions du rempart de l'enceinte de Charles V.
Henri III l'utilisa, quoi qu'elle fût inachevée, comme *sortie de secours* lorsqu'il fut conduit à fuir le palais du Louvre, le 14 mai 1588, le lendemain de la journée des Barricades, le peuple, excité par des moines, se dirigeant sur le Louvre pour s'emparer de lui.
Les travaux de la Grande-Galerie, repris en 1595, furent terminés en fin 1607, sous Henri IV, intéressé lui aussi à se ménager la possibilité de quitter facilement la ville à l'aide d'un passage sûr allant au-delà de l'enceinte de la capitale.
Du pavillon rectangulaire à 5 fenêtres (salle des Ambassadeurs en bas, salon Carré en haut) qui fait suite à l'extrémité méridionale de la Petite-Galerie jusqu'à un pavillon semblable à l'ouest (le pavillon de Lesdiguières), la Grande-Galerie est l'œuvre de Louis Métézeau. Elle comporte un rez-de-chaussée à bossages, percé de 2 rangées de petites fenêtres superposées séparées par des pilastres doriques cannelés, un entresol dont les fenêtres alternent avec des tablettes rectangulaires, un grand étage dont les très hautes fenêtres supportent des frontons alternativement curvilignes et triangulaires; entre elles sont des niches garnies de statues. La si gracieuse frise sculptée qui court entre le rez-de-chaussée et l'entresol passe pour être l'œuvre des frères Lheureux. Elle a été restaurée sous la seconde République, par Duban, le chiffre d'Henri IV y est maintes fois répété.
Toute la partie située au-delà des guichets du Carrousel, pavillon de Flore compris, a été rasée sous Napoléon III et remplacée, par Lefuel, par une copie assez médiocre, de la première partie, celle de Métézeau. Par bonheur, sa façade que des glissements du sol avaient forcé de raser, façade construite jadis par du Cerceau, avait été fidèlement reproduite sous Napoléon Ier par ses architectes, Percier et Fontaine, lorsqu'ils ont construit, de l'autre côté de la cour du Carrousel, la façade sud de la galerie qui borde la rue de Rivoli. Il nous en reste donc trace.
Lefuel ouvrit entre le pavillon de la Trémoïlle, pendant du pavillon de Lesdiguières, et celui-ci un triple guichet monumental dont le fronton supérieur portait, en haut-relief, un Napoléon III à cheval, fait par Barye, que la IIIe République remplaça par un *Génie des Arts,* de Mercier. Sa partie de la Grande-Galerie est sans intérêt; pour respecter la tradition, le chiffre des souverains d'alors y fut sculpté, N et E (Napoléon III et Eugénie de Montijo).
Deux entrées sur le quai ont été percées dans la Grande-Galerie : dans la partie orientale, la porte

Barbet de Jouy, encadrée de colonnes doriques cannelées et baguées que surmonte une terrasse-balcon sur laquelle ouvre la fenêtre du premier étage, et, dans la partie occidentale, la porte de l'Empereur ou porte des Lions, des lions sculptés par Barye.

Henri IV affecta, en 1608, le rez-de-chaussée et l'entresol de la partie orientale de la Grande-Galerie aux grands artistes et à leur famille, peintres, sculpteurs, graveurs, architectes, ébénistes... qui travaillaient pour lui.. Ce privilège, fort envié, dura jusqu'en 1806. Ce phalanstère fut, dit-on, une jolie pétaudière par le commérage, la jalousie, les médisances, les odeurs de cuisine, les cris des enfants qui emplissaient le couloir desservant les logements. On trouve là avant la Révolution, en allant de l'est à l'ouest : Fragonard, Pigalle, Vien, Régnault, Isabey, puis La Tour, Pajou, Hubert-Robert, Carle Vernet (Horace Vernet y naquit), Lagrenée, Greuze et le grand-père de Gounod. Napoléon les en fit tous partir en 1806 de peur qu'ils ne mettent le feu au palais et à la précieuse collection qu'il rapportait de ses conquêtes.

Dans la partie occidentale du rez-de-chaussée de la Grande-Galerie on installa, sous Henri IV, des ateliers de tapisserie, sous Louis XIII, la *Monnaie* où furent frappées des belles pièces d'or appelées *Louis* et l *Imprimerie Royale* qui y resta jusqu'en 1795.
Au premier étage, le fameux passage destiné à relier les Tuileries au Louvre, resta longtemps sans décorations intérieures et sans affectation. En 1606, Henri IV y promenait ses chiens, il y donna au dauphin âgé de 5 ans le spectacle d'une chasse au renard. Il contint, de 1697 à 1776, les plans en relief maintenant exposés aux Invalides. Le 20 décembre 1797, le Conseil des Anciens et celui des Cinq-Cents y offrirent à Bonaparte un dîner de 700 couverts en l'honneur de ses victoires en Italie; le 2 avril 1810 un somptueux cortège y passa, celui de Napoléon et de Marie-Louise se rendant des Tuileries au Salon Carré, transformé en chapelle, y recevoir la bénédiction nuptiale. En tous temps ce fut surtout au premier étage de la Grande-Galerie que se déroula la *cérémonie des écrouelles*. Là, les malades se massaient au nombre de 1.200 à 1.500, 4 fois par an (à Pâques, à la Pentecôte, à la Toussaint et à Noël) sur le passage du roi à qui l'onction du sacre avait donné le pouvoir de guérir leurs scrofules. Le roi les touchait en disant : *Dieu et guérisse, le roi te touche,* après quoi il leur faisait remettre une pièce d'or. Charles X fut le dernier roi qui *toucha*.
Le second souverain qui, après Henri III, emprunta la Grande-Galerie pour quitter furtivement le palais fut l'impératrice Eugénie, le 4 septembre 1870. Mais son trajet se fit en sens inverse : des Tuileries elle gagna la Grande-Galerie, la galerie d'Apollon, la salle des antiquités grecques, l'escalier égyptien, la porte de la Colonnade d'où un fiacre la conduisit chez le dentiste américain Evans.

La Petite Galerie au début du 17e s.

La Grande Galerie (*grav. vers 1830*)

Le jardin de l'Infante (*grav. vers 1830*)

LE LOUVRE IMPÉRIAL / Nous verrons au chapitre suivant qu'au début du Premier Empire l'ensemble Louvre-Tuileries était composé : du vieux Louvre tel que l'avaient réalisé Le Vau et Perrault, de la Petite et de la Grande-Galerie, du pavillon de Flore, du palais des Tuileries et du pavillon de Marsan. Il s'agissait de fermer l'ensemble, de donner suite à ce *grand dessein* dont Henri IV avait eu l'idée.

Sous Napoléon Ier, Percier et Fontaine construisirent, de 1810 à 1813, la partie située en bordure de la rue de Rivoli depuis le pavillon de Marsan jusqu'à l'actuel pavillon de Rohan, réplique de la façade méridionale de la partie ouest de la Grande-Galerie construite par du Cerceau. Cette construction est décorée d'un ordre colossal supportant une succession de larges frontons curvilignes et triangulaires (la moitié voisine du pavillon de Marsan a été incendiée sous la Commune en mai 1871, de même que ce pavillon; les parties détruites ont été reconstruites et élargies côté jardin par Lefuel entre 1875 et 1878; cette fois c'est le monogramme R.F. qui timbre la construction).

Louis XVIII continua le travail de Napoléon Ier en faisant construire, en 1816, par Fontaine, le pavillon de Rohan (restauré sous Napoléon III — monogramme L.N.).

Par décret du 12 mars 1852, Napoléon III décida que le Louvre serait achevé et qu'il le serait en 5 ans. A cette époque l'actuelle place du Carrousel était remplie de vieilles maisons dont certaines bordaient la rue *du Doyenné,* chère au Cénacle de Théophile Gautier, Gavarni, Gérard de Nerval, Lamartine, Musset, etc. Toutes ces maisons furent rasées par Haussmann qui, ainsi qu'il nous l'a appris, « se fit ici la main sur les démolitions ». Ceci fait, Visconti d'abord, puis Lefuel après la mort du précédent, construisirent, de part et d'autre du square du Carrousel, 2 bâtiments parallèles entre eux, ce qui eut pour effet de masquer la divergence et la pente entre la rue de Rivoli et la Galerie du bord de l'eau. Ces bâtiments furent reliés à l'aile en construction le long de la rue de Rivoli (ministère des Finances) et à la Grande-Galerie par 3 bâtiments délimitant des cours intérieures.

De hauts pavillons coiffés d'énormes dômes (Turgot, Richelieu, Colbert, au nord, Mollien, Denon, Daru, au sud) furent édifiés aux points d'intersection. En même temps la façade ouest des ailes Lescot, Lemercier et du pavillon Sully du vieux Louvre était remaniée pour être assortie aux nouvelles constructions.

Ces pavillons ont été lourdement surchargés d'une décoration aussi extravagante que médiocre : colonnes superposées portant des consoles renversées, mansardes écrasées par des frontons qui ne peuvent contenir la profusion de leurs ornements, statues, cariatides, trophées allégoriques, etc.; partout où il y a eu un vide Lefuel l'a comblé.

Enfin, le Louvre, commencé en 1546 par François Ier, était terminé, son raccordement aux Tuileries, commencé en 1566, par Catherine de Médicis, était achevé. C'était le plus grand palais du monde, sa superficie dépassait celle du Vatican, église Saint-Pierre comprise. Quelques années plus tard l'incendie de la Commune devait porter ses ravages dans une grande partie des bâtiments.

21

LE JARDIN DES TUILERIES

Le Jardin des Tuileries, la salle du Manège, les vestiges du Château.

LE JARDIN DES TUILERIES / En même temps qu'elle faisait commencer, en 1564, le château des Tuileries, Catherine de Médicis fit tracer à l'ouest de celui-ci un grand jardin qui jusqu'en 1664 resta séparé du château par un haut mur et par une ruelle sordide conduisant à la rivière; l'avenue Paul-Déroulède la recouvre de nos jours.

Dans ce jardin, auquel travailla Pierre Le Nôtre, grand-père d'André Le Nôtre, 6 grandes allées en longueur et 8 en largeur délimitaient des compartiments rectangulaires renfermant des plantations différentes : massifs d'arbres, quinconces, pelouses de gazon, parterres de fleurs, et un labyrinthe, fouillis géométrique de cyprès. Il comportait, de plus, une fontaine, une ménagerie et une grotte ornée de poteries émaillées, œuvre de Bernard Palissy. Henri IV compléta ce jardin par une orangerie et une plantation de mûriers.

L'espace compris entre l'enceinte bastionnée de Louis XIII, construite en 1633, et le jardin de la reine Catherine (la région actuelle du musée de l'Orangerie) fut donnée en 1641, par Louis XIII, à un nommé Régnard qui y établit « un jardin, lieu de rendez-vous ordinaire des seigneurs de la cour et de tout ce qu'il y avait de galant en ce temps-là »; la « garenne de Régnard » fut en quelque sorte le précurseur de nos casinos. Elle fut, vers 1642, avec le jardin des Tuileries, un des lieux de rendez-vous de l'élégance parisienne.

En 1664, Colbert chargea André Le Nôtre de créer, en place du jardin de la reine Catherine, de la garenne de Régnard et du bastion de l'enceinte de Louis XIII voisin de celle-ci, un jardin qui fût digne de ce château des Tuileries auquel travaillaient alors Le Vau et d'Orbay. Le Nôtre, comme son père et son grand-père, habitait une maison voisine du château; depuis 7 ans contrôleur des jardins du roi, il s'était fait distinguer par les jardins qu'il avait dessinés à Vaux-le-Vicomte pour Fouquet.

Il supprima la ruelle qui, depuis un siècle, séparait le château de son jardin et la remplaça par un vaste perron formant terrasse; il créa à la suite du perron une esplanade permettant d'avoir le recul nécessaire pour apercevoir l'ensemble du château qui, du pavillon de Flore à celui de Marsan, mesurait près de 300 mètres; il garnit cette esplanade de parterres en broderies encadrant deux petits bassins ronds; il perça dans l'axe du château une large avenue s'étendant jusqu'au fossé de l'enceinte de Louis XIII (grille des Tuileries) et la borda, de chaque côté, d'une plantation en quinconces, un large bassin rond et un grand bassin octogonal furent creusés à chacune de ses extrémités; il dissimula la pente naturelle des terres entre la rue Saint-Honoré et la Seine en bordant le nouveau jardin de 2 terrasses de hauteur inégale (la terrasse des Feuillants et celle du bord de l'eau); il termina en construisant les 2 larges rampes en courbe et les 2 terrasses de l'ouest et enfin, il annexa la campagne en traçant, en prolongement de cette avenue, une longue allée sans fin qui, toute droite, monta vers la colline de Chaillot, avenue purement décorative et sans apparente utilité puisqu'elle ne conduisait nulle part, mais qui devait devenir cette prestigieuse avenue des Champs-Élysées, orgueil des Parisiens.

A la demande de Charles Perrault, l'auteur des *Contes*, ce jardin fut librement ouvert au public, seuls les gens en haillons, les laquais et les soldats ne pouvaient y entrer. Au XVIIIe siècle un entrepreneur y loua des chaises; vers 1780 des lieux d'aisances publics y furent aménagés et ce furent-là deux grandes nouveautés.

La partie du jardin située entre l'avenue Paul-Déroulède et le bassin rond fut réservée plus tard par Louis-Philippe à sa famille, le petit fossé en saut-de-loup et la grille qui la séparaient du jardin public subsistent toujours.

Le grand bassin rond situé à l'extrémité est de l'allée centrale fut le point de départ du grand cortège, quasi processionnel, qui défila pour fêter l'*Etre Suprême* lors des derniers jours de la Terreur, le 8 juin 1794. Sur ce bassin, une pyramide représentait un monstre, *l'Athéisme*, entouré de *l'Ambition*, de *l'Egoïsme*, de *la Discorde* et de *la Fausse-Simplicité*; Robespierre, portant un bouquet de fleurs et d'épis dans une main, une torche dans l'autre, mit le feu à cet ensemble qui démasqua, une fois brûlé, la statue de *la Sagesse* d'ailleurs quelque peu roussie. Après une nouvelle harangue de Robespierre, le cortège se dirigea vers le Champ-de-Mars où se termina la cérémonie. Les vieillards avaient disposé, pour assister au départ du cortège, de ces bancs de marbre en hémicycle que l'on voit de part et d'autre du début de l'allée centrale et que Robespierre avait fait établir à leur intention.

Le bassin rond reçut, le 10 octobre 1794, la dépouille de J.-J. Rousseau exhumée du parc d'Ermenonville en attendant les honneurs du Panthéon. Le cercueil y passa une nuit recouvert d'un drap bleu parsemé d'étoiles.

La salle du manège : En obliquant sur la droite après avoir dépassé le bassin rond, on suit le chemin que prirent Louis XVI et les siens lorsque, le 10 août 1792, il se réfugia au *Manège* après avoir gravi les 13 mêmes marches qui, de nos jours encore, mènent à la ter-

rasse des Feuillants; celle-ci était plus large que maintenant car elle n'avait pas été entamée par la rue de Rivoli, percée en 1806.
Ce manège, construit comme il a été dit plus haut pour Louis XV enfant, fit partie, après le départ du roi pour Versailles, de ces 3 ou 4 établissements placés sous la direction du grand écuyer de France pour l'éducation hippique de jeunes gentilshommes et de jeunes gens de familles distinguées qui y apprenaient, en plus, la danse, l'escrime, le dessin, les mathématiques et quelques exercices de guerre. L'Assemblée Nationale vint s'y établir le 9 novembre 1789 après avoir siégé 3 semaines dans la salle synodale de l'archevêché. Elle resta ici jusqu'au 30 septembre 1791, fut remplacée par l'Assemblée Législative jusqu'au 21 septembre 1792, puis par la Convention jusqu'au 9 mai 1793; la première République y fut proclamée le 21 septembre 1792; enfin le Conseil des Cinq-Cents y siégea du 28 octobre 1795 au 21 janvier 1798 (inscription sur un pilier de la grille des Tuileries en face le n° 230 de la rue de Rivoli).

En suivant vers l'ouest la terrasse des Feuillants on voit, en contre-bas du bâtiment du Jeu de Paume [1], des vestiges du château des Tuileries (de 1660 et de 1570), à savoir : 2 colonnes du rez-de-chaussée du pavillon de Bullant, avec soubassement et entablement, encadrant une fenêtre cintrée dominée par un bas-relief orné du soleil de Louis XIV, et une arcade d'un portique de Philibert Delorme avec ses colonnes ioniques baguées et leur entablement.
Du haut d'une terrasse ouest du jardin des Tuileries on aperçoit le grand bassin octogonal, de 70 mètres de diamètre, entouré de plusieurs statues symbolisant des Saisons et des Fleuves et l'entrée principale du jardin sur la place de la Concorde.
Le jardin resta longtemps fermé de ce côté-ci par le fossé de l'enceinte de Louis XIII, rempli d'eau, qui le séparait de l'*Esplanade* (place de la Concorde). Pour le franchir, on établit, en 1716, un ingénieux *pont-tournant* inventé par un religieux, le frère Nicolas Bourgeois; ce pont-tournant fut une des curiosités de Paris qui intéressa le plus le tzar Pierre le Grand lorsqu'il y vint en 1717; il resta en place jusqu'en 1817. C'était au pont-tournant que sous l'Empire une pâtissière prénommée Madeleine vendait certains gâteaux qui, depuis, ont gardé son nom.
Les pilastres de la grille d'entrée supportent chacun un cheval ailé, chevauché par Mercure pour celui du nord, par la Renommée, pour celui du sud, œuvre de Coysevox. Ces chevaux viennent de l'abreuvoir de Marly; ils ont été posés ici en 1719 pour décorer l'entrée du pont-tournant. On les remplaça à Marly en 1745 par 2 autres chevaux en marbre, œuvre de G. Coustou, qui furent transportés, en 1795, à l'entrée

1. Le jeu de Paume et l'Orangerie sont deux constructions de 1853.

des Champs-Élysées où ils font pendant à ceux de Coysevox.

Enfin, on voit à gauche avant de franchir la grille, une plaque commémorative de la première ascension de personnes dans un ballon à *gaz*. Elle eut lieu du jardin des Tuileries le 1er décembre 1783, le physicien Charles et son second, Robert, étant les aéronautes. Une première ascension avait été faite 40 jours auparavant par Pilâtre de Rozier et le marquis d'Arlandes, mais dans un ballon de papier alimenté par de l'air chaud venant de la combustion de bottes de paille; cette *montgolfière* s'était élevée jusqu'à une centaine de mètres et avait transporté les téméraires pionniers du parc de la Muette jusqu'à la Butte-aux-Cailles (8 kilomètres en 25 minutes).

La *machine aérostatique* de Charles était plus scientifique : enveloppe de taffetas imperméabilisée, gaz hydrogène, soupape, filet, nacelle, lest, ancre, baromètre, etc., 400.000 personnes s'écrasaient dans les Tuileries, sur la place *Louis XV* (Concorde), sur les quais, les ponts, les toits des maisons... les places réservées étaient à 4 louis, la simple entrée dans le jardin à 3 francs. A 1 h. 40 le ballon s'envola avec ses deux voyageurs, l'enthousiasme fut immense. Charles atterrit assez loin, déposa Robert et repartit; il conta le lendemain son étonnement d'avoir encore vu le soleil alors que la terre était déjà entrée dans l'obscurité. Physicien réputé, cet exploit lui valut une pension de Louis XVI et un siège à l'Académie des Sciences (1785); il professa plus tard la physique au Conservatoire des Arts et Métiers, eut une jeune admiratrice qu'il épousa; Mme Charles devait être l'Elvire de Lamartine.

Illumination du Jardin des Tuileries sous Napoléon III

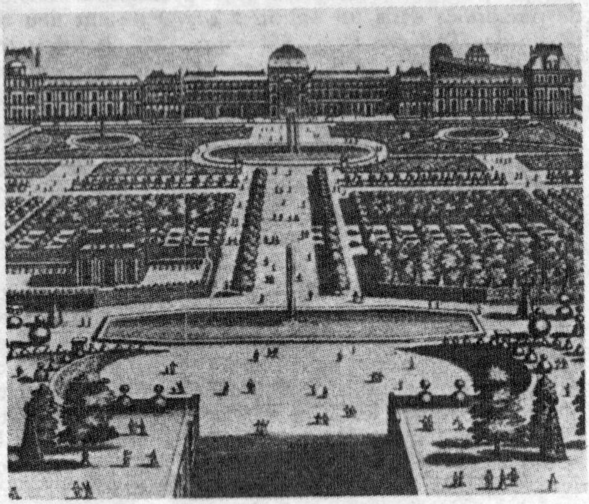

Le Jardin des Tuileries (*grav. 17e s.*)

Le Jardin des Tuileries (*grav. 18e s.*)

22

LE PALAIS-ROYAL

Le Palais-Cardinal / Le Palais-Royal et son histoire / Le jardin du Palais-Royal, ses galeries / Les rues de Montpensier, de Beaujolais et de Valois.

LE PALAIS-CARDINAL / Richelieu quitta, en 1615, l'évêché de Luçon pour remplir l'emploi d'aumônier de Marie de Médicis. Devenu ministre en 1624, et désireux de fixer sa résidence à proximité du palais du Louvre, il se fit construire, par Lemercier, près de la *porte Saint-Honoré* de l'enceinte de Charles V, soit entre nos rues de Valois et de Richelieu, un hôtel, l'*Hôtel de Richelieu,* qu'il habita de 1629 à 1633. Pendant sa construction, il logea, de 1627 à 1629, au Petit-Luxembourg mis à sa disposition par la reine. Plus tard, pour agrandir son hôtel, Richelieu fit l'acquisition des terrains voisins provenant de la démolition, en 1633, de l'enceinte de Charles V, et il fit effectuer, de 1634 à 1639, des travaux qui aboutirent à la construction d'un vaste ensemble, un palais et un très grand jardin, limité par les rues de Richelieu, des Petits-Champs, des Bons-Enfants et Saint-Honoré; ce fut le *Palais-Cardinal.*
Ce palais se trouvait entre 2 cours rectangulaires : la cour d'entrée, au sud, ouvrant sur la place d'*Armes* (du Palais-Royal), la cour d'honneur, au nord, ouvrant sur le jardin. Cette seconde cour était bordée sur trois de ses côtés par la façade du bâtiment principal et par celles de ses deux ailes; ces trois façades étaient décorées entre leurs fenêtres de grands cartouches où des proues de navires surmontaient des ancres, emblèmes lourdement sculptés, symboles de la surintendance du cardinal sur la navigation et sur le commerce. Toutes ces façades ont disparu, sauf une qui est restée incorporée dans les constructions ultérieures, à savoir l'ancienne façade de l'aile est, cette « Galerie des proues » qui constitue de nos jours l'unique vestige du *Palais-Cardinal.* Le quatrième côté de la cour d'honneur, celui du nord, était clôturé par une terrasse à balcon que supportait une suite d'arcades à jour, munies de grilles au-delà desquelles on apercevait le jardin, ses deux bassins, ses parterres et son petit bois.

LE PALAIS-ROYAL / Avant sa mort, survenue au *Palais-Cardinal,* le 4 décembre 1642, Richelieu confirma le legs qu'il avait fait, en 1636, de son palais à Louis XIII ou à ses héritiers directs, à l'exception toutefois de la *Capitainerie* ou *Conciergerie,* qu'on appellera, en 1650, le palais Brion, attenante au côté ouest du *Palais-Cardinal* (emplacement du Théâtre-Français).

En octobre 1643, Anne d'Autriche, devenue régente, et ses deux fils, Louis XIV et Philippe d'Orléans, alors âgés de 5 et de 3 ans, quittèrent le Louvre pour habiter le *Palais-Cardinal,* appelé dès lors le Palais-Royal. En 1644, le cardinal Mazarin vint loger au plus près, rue *Neuve-des-Petits-Champs* (des Petits-Champs) à l'Hôtel Tubeuf (Bibliothèque Nationale) qu'il avait acheté; il lui suffisait de traverser le jardin du Palais-Royal pour se rendre chez la reine grâce à une porte de communication percée à cet effet dans le mur de clôture. Il pensa plus tard qu'il serait encore bien plus simple de loger dans le Palais-Royal même, où on lui ménagea un appartement situé entre celui d'Anne d'Autriche et celui du petit roi.
C'est pendant cette époque que le jeune Louis XIV, assez abandonné, faillit se noyer dans le grand bassin du jardin et qu'il eut comme compagne de jeux la fille d'une servante des femmes de chambre de sa mère, qu'il avait baptisée « la reine Marie », et avec qui il joua dans les cuisines du palais à la reine et au roi. La Fronde vint mettre un terme à cette époque heureuse de la vie de la famille royale. Dans la nuit du 5 au 6 janvier 1650, la reine, Louis XIV, son frère et Mazarin, partirent clandestinement pour Saint-Germain-en-Laye. Une sorte de trêve s'étant établie, ils revinrent le 18 août suivant au Palais-Royal où furent arrêtés, peu après, les princes de Condé, de Conti et le duc de Longueville. Un autre soulèvement, basé sur le bruit que la famille royale devait s'enfuir à nouveau, provoqua l'invasion du palais dans la nuit du 9 au 10 février 1651; il ne cessa que lorsque ses auteurs purent vérifier que le roi, alors âgé de 12 ans, dormait paisiblement dans son lit. Mais l'alerte avait été chaude, aussi en septembre suivant, la famille royale quitta à nouveau Paris dont la Fronde se rendit complètement maîtresse. La Fronde terminée, Anne d'Autriche et ses enfants revinrent à Paris, en octobre 1652, mais ils abandonnèrent le Palais-Royal en faveur du Louvre, château fort plutôt que palais, où ils se sentirent désormais plus en sécurité que dans le Palais-Royal dépourvu de fossés et autres moyens de défense contre les émeutes possibles.
Le palais fut alors affecté à Henriette de France, fille d'Henri IV et veuve du roi d'Angleterre, Charles Ier; elle y résida avec sa fille Henriette d'Angleterre jusqu'à ce que celle-ci épousât, en 1661, Monsieur, frère de Louis XIV, son cousin germain, bientôt nommé duc d'Orléans. Le Palais-Royal fut assigné comme résidence au jeune ménage; toutefois, ce ne fut pas là, mais à Saint-Cloud, que Madame, pour qui Louis XIV avait nourri au début une certaine tendresse, mourut, en 1670, mort qui fournit à Bossuet le thème de sa plus belle oraison.
Les héritiers du cardinal de Richelieu ayant mis en vente le palais Brion, l'ancienne *Capitainerie,* Louis XIV s'empressa de l'acheter pour y installer Mlle de La Vallière, fille d'honneur de Madame, qui y donna naissance, en 1663 et 1665, aux deux premiers enfants issus

de sa liaison avec le roi, deux garçons qui moururent en bas âge. A chacune de ces naissances, Colbert, mis dans le secret, porta lui-même le nouveau-né à sa femme chargée de l'envoyer discrètement à une nourrice.
En 1692, Louis XIV donna le Palais-Royal en toute propriété à Monsieur, remarié avec la princesse Palatine. Monsieur donna au Palais-Royal, restauré et embelli par ses soins, de fort belles fêtes, et le jardin du palais, librement ouvert au public, commença à connaître cette vogue qui devait subsister pendant un siècle et demi.
En 1701, après la mort de Monsieur, décédé d'une attaque d'apoplexie après une querelle avec le roi au sujet de la conduite de son fils, celui-ci, Philippe II d'Orléans, devint propriétaire de ce Palais-Royal où il avait été élevé et où il aima habiter. Il avait été obligé, alors qu'il était encore duc de Chartres, d'épouser la seconde Mademoiselle de Blois, fille bâtarde de Louis XIV et de Mme de Montespan. Le futur régent avait 27 ans; ce prince, spirituel, brave, généreux, artiste, instruit, « fut, a écrit Saint-Simon, de toute la race d'Henri IV celui qui lui ressembla le plus ». Par contre, il avait reçu une éducation effroyable, surtout de l'abbé Dubois; à 14 ans déjà n'était-il pas père d'un enfant, de la petite Léonore, dont la mère était la fille du portier du palais. Nommé régent de France, en 1715, à la mort de Louis XIV, il continua à résider au Palais-Royal qu'il fit restaurer, remanier et embellir par Oppenord, Cartaud et Robert de Cotte. Pendant cette époque, le Palais-Royal connut de très grandes fêtes et son propriétaire y tint, avec ses roués, des soupers restés célèbres; ce fut l'époque où Mmes de Tencin, d'Argenton, de Nesle, de Châtillon, de Mouchy, la Desmares, la Fillon, Mlle Aïssé, etc., se succédaient comme maîtresses du Régent.
A sa mort survenue à Versailles, à la suite d'une apoplexie, en 1723, le Palais-Royal devint la propriété de son fils aîné, Louis, troisième duc d'Orléans, dit le Pieux, qui se retira près de l'abbaye de Sainte-Geneviève après le décès, en 1726, de sa femme, la princesse Jeanne de Bade, morte pour avoir été transférée en cours d'accouchement de Paris à Versailles, l'usage voulant que les princesses du sang aillent accoucher là où était la Cour.
Son fils Louis-Philippe Ier, dit le Gros, hérita du Palais-Royal après la mort de son père, survenue en 1752. Ce quatrième duc d'Orléans avait épousé, en 1743, la princesse Henriette de Bourbon-Conti qui eut parmi ses amants, conte Saint-Simon, le peintre Boucher qui la peignit, vêtue d'une seule branche de fleurs, en *Hébé faisant boire le nectar à l'aigle de Jupiter*, Louis XV, le prince de Soubise, le duc de Richelieu, le maréchal de Saxe, le maréchal de Lowendal, l'abbé de Bernis, M. de Polignac, le comte de Melfort, la Cour, l'armée et les gens du peuple qu'elle allait chercher, revêtue d'un déguisement, dans le jardin de son palais.

L'hôtel de Richelieu, côté jardin (*grav. par I. Silvestre*)

Le Palais-Royal (*grav. vers 1715*)

Louis-Philippe le Gros fit remanier le palais par Cartaud, puis par Contant d'Ivry. L'incendie, en 1763, de la salle où avaient joué Molière, Lulli et Rameau, entraîna de profondes modifications dans les dispositions du Palais-Royal qui commença à prendre, à cette époque, la physionomie de nos jours. Le palais présentait en façade sur la place un portique de neuf baies, flanquées de colonnes toscanes, reliant deux pavillons à fronton triangulaire; le fronton de l'aile gauche a été sculpté par Pajou, ainsi que l'avait été l'aile droite, reconstitué, en 1875, après son incendie. Au fond de la cour s'élevait le corps de bâtiment principal, à deux étages, surmontés d'un attique avec fronton arrondi où deux génies, de Pajou, soutenaient l'écu des Orléans (remplacé actuellement par une horloge). Des pilastres corinthiens, des trophées d'armes, des groupes d'enfants completaient la décoration.

Sur la cour d'honneur, la façade de ce bâtiment comportait un pavillon central, en retrait entre deux avant-corps décorés chacun de quatre statues, celui de l'est fut édifié le premier; ses statues de 1766, *les Talents militaires, la Prudence, la Libéralité, les Arts,* sont aussi de Pajou. L'aile est, construite en bordure de la *cour des Fontaines* (la rue de Valois ne fut ouverte qu'en 1784), reçut un avant-corps qui, élevé par Moreau, orné d'un balcon à consoles et d'un fronton avec cartouches et attributs, faisait face à l'entrée de cette cour, actuellement cour de Valois. Intérieurement, un escalier nouveau, dessiné par Contant, avec sa belle rampe en ferronnerie de Corbin et ses bronzes de Caffiéri, reconnaissable extérieurement à sa coupole ovale, conduisait aux appartements; cet escalier est celui qui, de nos jours, dessert le Conseil d'État. Louis-Philippe le Gros mourut en 1785, laissant le Palais-Royal, d'où depuis longtemps il s'était retiré, à son fils, le duc de Chartres, plus tard cinquième duc d'Orléans, le futur Philippe-Égalité.

C'est pendant l'époque où celui-ci fut propriétaire du Palais-Royal que ce palais subit sa plus importante transformation. Fortement endetté pour avoir mené une vie brillante, Philippe d'Orléans, afin de subvenir à ses besoins d'argent, fit construire, de 1781 à 1784, sur trois des côtés de l'immense jardin, cet ensemble monumental, œuvre de l'architecte Louis, que l'on voit de nos jours. D'un modèle uniforme, ces 60 pavillons à loyer, chacun de trois arcades en principe, comportaient un rez-de-chaussée avec entresol, un étage de fenêtres décorées d'attributs, un attique, puis un dernier étage bordé d'une balustrade en pierre ornée de pots: l'ensemble était enrichi de hauts pilastres composites cannelés, d'ordre colossal. Leurs rez-de-chaussée constituaient une suite de trois galeries sur lesquelles ouvraient des boutiques communiquant avec le jardin par 180 arcades en plein cintre. Ces galeries étaient publiques, on pouvait y circuler de bout en bout jusqu'à deux heures du matin, chaque arcade étant éclairée par un réverbère.

Le revers de cet ensemble donnait sur trois rues nouvelles appelées, du nom des fils du duc d'Orléans, rues de Valois, de Beaujolais et de Montpensier.
Cette transformation du jardin souleva de sévères protestations de la part des propriétaires des maisons voisines qui n'eurent plus, comme auparavant, une vue directe sur les jardins.
En même temps, l'architecte Louis achevait les travaux commencés par Contant d'Ivry pour le remaniement des bâtiments du palais; il construisit le pavillon ouest de la cour d'honneur qui n'avait pas encore été édifié, et le théâtre destiné à remplacer la salle de l'Opéra, brûlée le 8 juin 1781; ce théâtre devait devenir notre Théâtre-Français.
L'installation de commerçants dans les boutiques des galeries allait donner une extrême animation et une vie étincelante au jardin. Et puis les fameuses *galeries de bois* qui, provisoirement formaient le quatrième côté de la cour d'honneur et comportaient sous verrières, deux promenoirs entre trois rangées de boutiques, lieu connu au début sous le nom de *Camp des Tartares,* devinrent le foyer de toute l'animation du jardin. C'était un lieu assez mal famé et on disait, en 1786, qu'en plus des vieillards vicieux et des jeunes débauchés, il était celui du « rendez-vous de tous les crocs, escrocs, filous, mauvais sujets dont abondait la capitale ». Il y avait des attractions : Mlle Lapierre, une géante prussienne de 19 ans, haute de 2 m. 20; la belle Zulina, odalisque nue et étendue, statue de grandeur humaine, en cire, mais recouverte d'une peau faisant illusion; l'énorme Paul Butterlbrodt, pesant 238 kilogrammes; une baraque où on montrait pour deux sous « ce que Dieu lui-même ne saurait jamais voir ». Le badaud qui y pénétrait s'y voyait dans un miroir, tandis qu'une voix caverneuse venue du comble disait : « Tu vois ton semblable, ce que ne saurait voir Dieu, car Dieu n'a pas de semblable. »
C'est à la place des *galeries de bois* que s'élève de nos jours la galerie d'Orléans que construisit Fontaine, de 1828 à 1829. En 1935, elle a été dégagée des vitres qui la recouvraient, débarrassée de ses boutiques, mise à ciel ouvert, et décorée d'un grand miroir d'eau à mosaïques qu'encadrent deux portiques faits chacun des deux files de colonnes érigées par Fontaine.
En octobre 1793, on confisqua le palais qui devint la propriété de l'État un mois avant la mort du duc d'Orléans, décapité. Le palais fut attribué, de 1801 à 1807, au Tribunat, une des deux assemblées fixées par la Constitution de l'An VIII, puis le tribunal du Commerce et la Bourse le remplacèrent.
A la Restauration, Louis XVIII restitua le palais à son cousin, le sixième duc d'Orléans, Louis-Philippe, fils aîné de Philippe-Égalité; l'architecte Fontaine fut chargé de le remettre en état. Ce travail entraîna la mise en place, par Gérard, en 1830, sur le pavillon de l'ouest, des quatre statues, *la Science, le Commerce, l'Agriculture, la Navigation,* qui font pendant à celles de Pajou, et la disparition, en 1826, des célèbres

galeries de bois, alors bondées de milliers de rats. En 1827, l'ex-salle du Tribunat fut remplacée par les grands appartements, l'aile de Valois fut achevée et celle de Montpensier fut construite. Ces deux ailes bordaient la cour d'honneur; deux pavillons neufs, Valois et Montpensier, communiquant par une terrasse recouvrant la galerie d'Orléans, les terminaient. La cour d'honneur fut entourée sur trois de ses côtés d'une colonnade assez sévère; c'est alors que fut placée celle qui masque actuellement la muraille ornée de proues et d'ancres, dernier vestige des bâtiments construits du temps du cardinal de Richelieu.
Le Palais-Royal prit donc vers 1829 l'aspect qu'il offre de nos jours. Louis-Philippe y vécut en famille avec la duchesse Marie-Amélie et leurs nombreux enfants. Alexandre Dumas était alors employé à la bibliothèque du palais.
Le 7 août 1830, le duc d'Orléans fut nommé roi des Français sous le nom de Louis-Philippe Ier; 18 ans après, la Révolution de février 1848 vit les insurgés envahir, piller, saccager, puis incendier en partie le Palais-Royal dont l'Etat redevint ensuite à nouveau propriétaire.
En 1854, Napoléon III confisqua, par décret, le Palais-Royal — « le premier vol de l'Aigle », diront certains — pour l'affecter comme résidence à son oncle Jérôme, ex-roi de Westphalie, et à son fils le prince Jérôme-Napoléon; la salle à coucher du roi Jérôme est la salle d'attente actuelle du directeur général des Beaux-Arts. Après la mort du roi Jérôme, le prince Napoléon, *Plon-Plon,* résida seul au palais avec la princesse Clotilde, sa femme. Il eut là comme familiers : Émile de Girardin, Taine, Émile Augier, Flaubert, Sainte-Beuve, les Goncourt, Edmond About; là naquit, en 1862, le fils du prince Jérôme-Napoléon, le prince Victor-Napoléon.
Après la chute de l'Empire, le Palais-Royal fut, pour la troisième fois, réuni, en septembre 1870, aux domaines de l'État. Le 24 mai 1871, la Commune y mit le feu, mais seuls le pavillon de Valois et une partie du bâtiment central brûlèrent. Les parties détruites furent refaites, par Chabrol, de 1872 à 1876. Actuellement, le Palais-Royal abrite le Conseil d'État (pavillon de l'Horloge), la Direction générale des Beaux-Arts (aile de Valois) et le Conseil économique (aile de Montpensier).

LE JARDIN DU PALAIS-ROYAL / A l'époque gallo-romaine, l'emplacement du Palais-Royal et de son jardin se situait aux confins est de cette grande forêt de chênes, la forêt de Rouvray, qui recouvrait toute la région nord et ouest de Lutèce. Quelques riches villas s'éparpillaient le long de cette lisière; les vestiges de l'une d'elles, fort vaste, ont été retrouvés sur l'emplacement du jardin lorsqu'en 1781 on procéda à la plantation de nouveaux arbres. Ces travaux ont aussi révélé l'existence, à cet endroit, de deux bassins : l'un carré, d'environ 6 m. 50 de côté, se trouvait à 1 mètre au-dessous du sol dans la partie sud du jardin; l'autre, aussi large que le jardin actuel, s'étendait, au nord, depuis la galerie de Montpensier jusqu'à la rue des Bons-Enfants, il était à près de 2 mètres de profondeur. Ces bassins étaient alimentés par une conduite en poterie enveloppée de béton dont on a pu suivre les traces en 1734, 1766 et 1836, depuis la hauteur de Chaillot et le long du Cours-la-Reine. Là fut donc la première station thermale parisienne. D'après les médailles qui ont été découvertes, l'époque de ces bassins serait voisine de l'an 270, leur usage dut cesser, vers l'an 365, année où les Barbares avancèrent jusqu'aux environs de Reims. Plus tard, tout fut rasé et l'aqueduc de Chaillot détruit lors des invasions des Normands.

Lorsque l'enceinte de Louis XIII remplaça celle de Charles V et que cette dernière fut démolie, le cardinal de Richelieu étendit son jardin comme nous l'avons vu plus haut. C'est alors qu'il fit percer les rues de Richelieu et *Neuve-des-Petits-Champs* (des Petits-Champs) qui le bordèrent à l'ouest et au nord. Ce jardin, immense, dessiné par Desgots, jardinier du roi, comportait deux grands bassins à jets d'eau, des statues, des parterres en broderie; deux allées d'ormes l'entouraient, un petit bois en formait le fond; enfin il était librement ouvert au public.

Ce jardin subit sa première transformation en 1730; les vieux marronniers et les vieux ormes centenaires furent abattus, sauf le long de la rue de Richelieu, et les deux bassins remplacés par un seul, avec jet d'eau. Toujours ouvert au public, on y voyait en 1752, dans la grande allée, une baraque de libraire fort achalandée, des demoiselles de petite vertu non moins recherchées, et dans l'allée plantée d'ormes, parallèle à la rue de Richelieu, l'arbre, dit l'*arbre de Cracovie,* où se rassemblaient les nouvellistes, les oisifs et les flâneurs. De l'autre côté se trouvait l'*allée d'Argenson,* située en face de l'hôtel construit pour le comte d'Argenson (10, rue des Bons-Enfants). En son milieu était un banc sur lequel Diderot aimait s'asseoir pour rêver : « Qu'il fasse beau, qu'il fasse laid, c'est mon habitude d'aller vers les 5 heures du soir me promener au Palais-Royal; c'est moi qu'on voit toujours seul, rêvant sur le banc d'Argenson. » Cette allée disparut comme l'autre en 1781.

La construction, de 1781 à 1784, des rues de Montpensier, de Beaujolais et de Valois et des bâtiments qui les longèrent, réduisit le jardin qui n'eut plus environ que 275 mètres de long sur 100 mètres de large au lieu de 333 sur 143. Par contre, il allait connaître toute une vie nouvelle et devenir un centre d'animation et d'action bien plus intense que ne l'avaient été auparavant la place *Royale,* le Pont-Neuf, et la galerie Mercière du palais de Justice. Interdit aux soldats, aux gens en livrée, aux femmes en tablier, on le fermait le soir à 11 heures l'hiver, à 1 heure du matin l'été. C'était toujours dans la grande allée que, réunies par couples, les femmes s'exhibaient, aussi est-ce là que, le 22 novembre 1787, le lieutenant Bonaparte fit sa première conquête.

Le duc d'Orléans avait toujours interdit à la police d'entrer chez lui, aussi le jardin du Palais-Royal jouissait-il d'une liberté que l'on ne trouvait nulle part ailleurs dans Paris. Celle-ci est à la base des scènes qui s'y déroulèrent dès le début de la Révolution, née en quelque sorte dans ce jardin, le 13 juillet 1789, lorsque Camille Desmoulins, monté sur une table devant le *café de Foy*, appela la foule aux armes : « Citoyens, le renvoi de Necker est le tocsin d'une Saint-Barthélemy des patriotes. Ce soir-même tous les bataillons suisses et allemands sortiront du Champ-de-Mars pour nous égorger; il ne nous reste qu'une ressource; c'est de courir aux armes. » Il fallait un signe de ralliement; le vert, couleur d'espérance, fut choisi, des feuilles arrachées aux arbres, servirent de cocardes. Le 22 juillét suivant, la tête de Foulon, administrateur de l'armée chargée de marcher sur Paris et à qui on prêtait le propos : « Si cette canaille n'a pas de pain, qu'elle mange du foin », fut promenée dans le jardin au bout d'une pique; le 16 avril 1791, le mannequin du pape, pris dans le musée de cire de Curtius, fut brûlé en effigie en signe de protestation, le pape ayant défendu ses droits sur Avignon et le Comtat-Venaissin. En 1792, Lafayette fut, à son tour, brûlé en effigie dans le jardin; le 20 janvier 1793, le député Le Pelletier de Saint-Fargeau, qui venait de voter la mort de Louis XVI, fut assassiné, en fin de soirée, par l'ancien garde du corps Pâris, dans le sous-sol d'un café de la galerie de Valois; enfin, le duc d'Orléans fut arrêté dans son palais, le 7 avril 1793, et décapité le 6 novembre suivant.

Aux Jacobins et aux tricoteuses succéda la réaction thermidorienne avec ses *merveilleuses,* vêtues d'une gaze assez transparente, et ses *muscadins* porteurs de cannes plombées; ces derniers devinrent les maîtres des cafés, de celui de Foy en particulier. L'agiotage apparut avec le Directoire; les meneurs des nombreuses maisons de jeu (18 en 1804) entraînèrent dans leur sillage nombre de filles galantes qui pullulèrent aux portes des tripots et des cafés. Les premiers étaient fort courus; on conte qu'il arriva souvent à Fouché de glisser quelques rouleaux de pièces d'or dans la main de Joséphine de Beauharnais. Cependant, les galeries du Palais-Royal, et même les *galeries de bois* abritèrent parfois une société plus choisie : des savants libraires comme Dentu, des cabinets littéraires estimés et des restaurateurs qui allaient devenir célèbres dans toute l'Europe.

Le lendemain de Waterloo vit, de 1815 à 1817, l'envahissement du jardin par les Alliés, les Prussiens, les ultras et les demi-soldes. Les premiers y laissèrent des fortunes, tel Blücher qui perdit un soir 1.500.000 francs au jeu, ce qui fit dire que les Alliés abandonnèrent dans ces tripots et dans le sac des filles une somme supérieure aux indemnités que la France avait à leur payer.

Le jardin commença à prendre sa physionomie actuelle à la fin du règne de Charles X; de son côté, Louis-Philippe s'employa à le débarrasser de ses tripots et de ses prostituées; c'est ainsi qu'en 1828 les *galeries de bois* disparurent, puis, en 1836, les maisons de jeu.
Mais l'expulsion de celles-ci et de la clientèle qui gravitait autour fit du jardin du Palais-Royal le désert qu'il n'a cessé d'être quels qu'aient été les efforts faits à diverses époques pour essayer de le ranimer.
A remarquer, sur une borne de granit, le petit canon-chronomètre qu'un sieur Rousseau avait installé, en 1786, sur la ligne du méridien de Paris; il tonnait à midi précis de mai à octobre les jours de soleil et il a continué à tonner jusqu'en 1914.

LES GALERIES DU PALAIS-ROYAL.
GALERIE DE MONTPENSIER / Nos 7, 8. 9, 10, 11 et 12 : Au rez-de- chaussée, ancien *café glacier Corazza*, créé en 1787, quartier général des jacobins, surtout de Chabot et de Collot d'Herbois. Barras, Merlin de Thionville, Talma et Bonaparte le fréquentèrent aussi. Ce café disparut vers 1914. Le premier étage des nos 9, 11 et 12 renferma des salons de jeux réputés; celui du no 9, dit le *Pince-C..*, le plus célèbre tripot du Palais- Royal avec celui du no 113, connut le suicide de maints joueurs décavés.
No 17. Emplacement du *Cabinet des figures de cire de Curtius* installé ici en 1785. Curtius fut le premier à créer et à présenter des personnages grandeur nature à figure de cire. Il eut deux salles d'exposition à Paris, celle du Palais-Royal, plus particulièrement consacrée aux grands hommes, celle du boulevard du Temple, aux bandits. On pouvait voir au Palais-Royal, pour deux sols, la famille royale à table, les trois fils du duc d'Orléans, le procureur général Séguier, Voltaire, Rousseau... et, plus tard, La Fayette, Bailly, Le Pelletier-Saint-Fargeau. Les cabinets de cire de Curtius disparurent en 1847 (le musée Grévin est de 1882).
No 18. Au premier étage, ancien *café du Lycée des Arts*, sous la première République.
No 28. Louvet de Couvray, conventionnel, girondin, auteur, en 1787, du célèbre roman *les Aventures du chevalier de Faublas*, installa ici, en 1795, un magasin de librairie où, avec son épouse, la belle et facile Lodoïska, il fut en butte aux avanies de la jeunesse dorée du parti réactionnaire qui pilla sa boutique.
No 33. Habité par Lamennais en 1852, deux ans avant sa mort. Il y avait alors 20 ans qu'il avait rompu avec Rome et le catholicisme en publiant les *Paroles d'un croyant*.
No 36. Le premier étage fut occupé, à partir de 1807, par le *café des Mille-Colonnes* (une trentaine de colonnes étaient réfléchies par des glaces); il avait été fondé par un commerçant dont la femme, Mme Romain, *la Belle Limonadière*, attira par sa beauté une foule d'adorateurs, entre autres Walter Scott; elle était en 1815 la plus jolie femme de Paris; plus tard, elle

Le Palais-Royal / Les galeries de bois (*grav. fin 18ᵉ s.*)

Le Palais-Royal / Le jardin (*grav. vers 1840*)

finit ses jours comme religieuse. Ce café devint après les Cent-Jours un des lieux de rendez-vous des royalistes.

N° 44. Occupé en 1785 par le *Cabinet de Physique et de Mécanique* de Pelletier qui y montrait son « Automate ».

N° 54. Occupé en 1784 par la petite salle de spectacle des *Fantoccini* (les Fantoches) où l'Italien Castagna donnait deux représentations par jour.

N°s 57, 59 et 60. Emplacement du célèbre *café de Foy,* créé, vers 1725, rue de Richelieu (au n° 46 actuel) par un ancien officier nommé Foy. En 1784, le propriétaire d'alors, transporta le café sous les arcades lorsque les constructions édifiées par Philippe d'Orléans séparèrent la rue de Richelieu du jardin. Le café de Foy tenait sept arcades payées 500.000 livres ; son propriétaire avait seul le droit de vendre des boissons, glaces et limonades, dans le jardin, mais au début, sans avoir celui d'y installer des tables : on servait sur des chaises. Il fut successivement le lieu de rendez-vous des femmes de qualité, des abbés, des petits-maîtres, puis celui des jacobins et des muscadins. Sa vogue déclina peu à peu et mis en vente en 1863, le café de Foy ne trouva pas d'acquéreur. Le poète lyrique Écouchard Lebrun, surnommé Lebrun-Pindare, mourut dans cette maison, en 1807.

N°s 68 à 75. En octobre 1784, les « Petits Comédiens de S.A.S. Monseigneur le comte de Beaujolais », le plus jeune des trois fils de Philippe d'Orléans, inaugurèrent ici une petite salle de théâtre. Ce fut le *théâtre de Beaujolais,* cédé à la fin de 1790 à Marguerite Brunet, dite Mlle Montansier, actrice et directrice de théâtres. Son théâtre, dit des *Variétés,* ouvrit en avril 1790, et, grande nouveauté, les courtisanes furent admises au foyer, ce qui ne manqua pas d'attirer beaucoup de monde, d'autant plus que la Montansier possédait, sous les galeries, 17 arcades dont deux louées à un établissement de prostitution. Arrêtée sous la Terreur, incarcérée, puis libérée grâce à Barras, la Montansier reprit, en 1795, sa salle, mais la jalousie du Théâtre-Français la contraignit à la fermer en janvier 1807. La troupe partit boulevard Montmartre dans la salle qu'on lui avait bâtie — le Théâtre des Variétés actuel — et la salle du Palais-Royal devint un café-concert où, après les Cent-Jours, les discussions entre partisans de Napoléon, officiers prussiens et les Ultras dégénérèrent en rixes retentissantes. Le théâtre fit sa réouverture, en 1831, dans une salle reconstruite par Guerchy, et prit le nom de Théâtre du Palais-Royal qu'il a conservé. Mlles Déjazet et Hortense Schneider contribuèrent beaucoup à le mettre sur la voie du succès.

GALERIE DE BEAUJOLAIS / N°s 79 à 82. D'abord *café de Chartres* et autre quartier général des royalistes, cet établissement devint ensuite le *restaurant du Grand-Véfour* que fréquentèrent Murat, l'explorateur Humboldt, Rostopchine, le duc de Berry, Lamartine,

Thiers, Sainte-Beuve, Mac-Mahon, Pélissier, Canrobert, les ducs de Joinville et d'Aumale. Au-dessus du café se trouvait, au premier étage, l'appartement de la Montansier qui y reçut les hommes politiques célèbres du moment. Barras habita le second étage; un escalier à vis réunissait son appartement à celui de la Montansier.

Nos 83 à 86. Autre restaurant célèbre : le *Véry*, installé ici en 1808; il fut le premier grand restaurant à prix fixe. C'est dans cet établissement qu'un garçon apporta un pot de chambre à un officier prussien qui avait demandé du café « dans une tasse où un Français n'aurait jamais bu ». Ce restaurant se fondit, en 1859, dans l'établissement du *Grand-Véfour*. Le « petit père » Fragonard habita cette maison où il mourut en 1806, à 74 ans.

No 88. Emplacement du *restaurant des Trois Frères Provençaux*, fondé en 1786, où l'on mangeait à bon marché, à 36 sous par tête; Barras y dîna avec Bonaparte, Blücher en fit son restaurant favori. Il disparut vers 1867.

Nos 89 à 92. Ancien *café du Caveau* (ou *du Perron*), fondé en 1784, où le limonadier Cuisinier avait été autorisé à installer le petit canon du Palais-Royal avant qu'il ne fut retransféré, en 1799, à son emplacement précédent (l'actuel). Ce café fut le lieu de rendez-vous des piccinistes et des gluckistes : depuis 1774, Gluck régnait sur l'Opéra; Marie-Antoinette, dont il avait été le maître à chanter, le soutenait contre l'Italien Piccini. La Cour et la Ville furent divisées en deux factions musicales, et c'est au café du *Caveau* que s'affrontèrent les partisans de Gluck et de Piccini. Boïeldieu et Méhul, Talma et André Chénier, David et la Montansier, Hébert furent des habitués du *Caveau*. Au-dessus, se trouvait le *Salon des Arts*, fondé en 1784, lieu de réunion d'une société de gens de lettres.

No 95. Le PASSAGE DU PERRON fut un centre d'agioteurs de seconde catégorie depuis l'année 1809, où la Bourse fut installée au Palais-Royal, jusqu'en 1826.

Nos 100 à 102. Ancien *café Lemblin*, fondé en 1805, cher aux impérialistes et aux demi-soldes sous la Restauration. Il fut fréquenté par le philosophe et penseur Ballanche, le compositeur Boïeldieu, le littérateur Brillat-Savarin, le général Cambronne... Il ferma en 1870.

No 103. Au sous-sol, et s'étendant sous le café *Lemblin*, se trouvait un café lyrique, dit le *café des Aveugles*, créé sous la Révolution et fréquenté d'abord par les sans-culottes. Sans doute était-ce ce café qui portait l'inscription : « Ici, on s'honore du titre de citoyen, on se tutoie et l'on fume. » L'orchestre était composé de quatre aveugles, jouant du violon, de la clarinette, d'une flûte et d'une basse; une femme jouait du cor. La cécité des musiciens était assez indiquée si on ne voulait pas qu'ils soient témoins des scènes, parfois plus que légères, qui avaient lieu dans cette salle souvent mal famée. Ce café fut vendu en 1827.

GALERIE DE VALOIS / Nos 106 à 112. *Restaurant du Petit-Véfour,* surmonté de salons où l'on jouait surtout au biribi, au trente-et-quarante et à la roulette.
No 113. Au sous-sol, le *café Février,* de 1784, où le garde du corps Pâris tua le conventionnel Le Pelletier de Saint-Fargeau la veille du jour de l'exécution de Louis XVI. Le *café Borel* le remplaça; son propriétaire, Borel, étonnait la clientèle par ses talents de ventriloque. C'est dans la maison de jeu située au-dessus, la plus célèbre de toutes les maisons de jeu du Palais-Royal, que Blücher perdit tant un soir à la roulette.
Nos 119 à 121. On trouve ici, de 1784 jusqu'en 1855, le *Théâtre d'ombres chinoises et de marionnettes* tenu par Séraphin qui l'avait fondé à Versailles en 1772. D'abord réservé aux enfants, aux demoiselles et aux abbés, il eut plus tard, une réputation méritée d'immoralité. Au no 121, s'établit, en 1785, le *café Méchanique* où le service était fait, sans personnel visible, par un monte-plats qui débouchait au centre de chacune des tables. On passait la commande dans un de ses pieds creusé à cet effet. Ce café eut un grand succès; ceux qui ne pouvaient entrer restaient dehors des heures entières à regarder à travers les vitres les services qui montaient et descendaient. Ce café fit faillite pendant la Révolution.
No 154. Ancien salon de jeu.
No 156. Emplacement du *café de Valois,* qui, avec les *Mille Colonnes* et le *Grand-Véfour,* avait la clientèle des gardes du corps et des anciens émigrés. Il ferma ses portes en 1841.
No 177. Emplacement de la boutique du coutelier Badin dans laquelle Charlotte Corday acheta, le 13 juillet 1793, au matin, le couteau avec lequel elle tua Marat en fin de journée.

Le tour intérieur du jardin du Palais-Royal peut être complété par un tour extérieur. On suit les trois rues de Montpensier, de Beaujolais et de Valois, tracées sur le jardin initial entre les maisons qui, avant 1781, le longeaient et celles qui allaient le border une fois construits les bâtiments à arcades. Ce sont trois rues étroites, sombres et encaissées; de nombreux et courts passages les relient au jardin, compensation donnée aux anciens propriétaires des maisons des rues de Richelieu, des Petits-Champs et des Bons-Enfants afin qu'ils puissent facilement y accéder.

RUE DE MONTPENSIER / Cette rue, créée en 1784, a son point de départ sur le côté nord du Théâtre-Français.
Cette salle ouvrit, le 1er janvier 1785, sous le nom de *Théâtre des Variétés du Palais-Royal*; ce fut ensuite celui des *Variétés amusantes,* et le *Théâtre de la rue de Richelieu* qui fit son ouverture, le 27 avril 1791, avec *Henri VIII,* de Joseph Chénier, et, enfin, celui *de la Republique* (1792) où jouèrent les acteurs acquis au nouveau régime, alors que ceux restés fidèles à la monarchie continuaient à jouer dans leur ancienne salle, la salle Luxembourg actuelle (Odéon). En

Le café Lamblin (*grav. vers 1810*)

Le café du Caveau (*grav. 1785*)

septembre 1793, ces acteurs furent arrêtés par ordre du Comité de Salut Public et incarcérés aux Madelonnettes et à Sainte-Pélagie. Ils furent libérés à la mort de Robespierre et François de Neufchâteau réunit tous les comédiens, le 30 mai 1799, dans la salle actuelle, la salle Richelieu; la réouverture se fit avec *le Cid,* et la Comédie-Française, qu'animaient alors Talma et Mlle Mars, connut les plus grands succès; en 1812, Napoléon signait à Moscou le décret régissant la Société des artistes de la Comédie-Française.

La façade du théâtre donnant sur la place du Palais-Royal a été édifiée, en 1850, par Chabrol, qui a agrandi le théâtre en 1864. Incendié, en mars 1900, le Théâtre-Français fut restauré au cours de la même année par Guadet.
La plupart des vieilles maisons de numéro impair de la rue de Montpensier, ainsi que celle de numéro pair des deux rues suivantes, ont eu, jusqu'en 1784, une façade donnant directement sur le jardin.
No 11. Balcon.
Nos 17, 19, 25, 29, (ferronneries), 33. Vieilles maisons.
No 37. Du XVIIIe siècle.
No 41. Vieille maison; fenêtres; ferronneries.
No 47. Hôtel du XVIIIe siècle; ferronneries.

RUE DE BEAUJOLAIS / Cette rue a été ouverte en 1784.
No 19. Théâtre du Palais-Royal.
Nos 17-15. Maison, au revers de l'ex-*café de Chartres,* où la Montansier habita et tint son salon communiquant par un couloir avec son théâtre. On a vu plus haut les rassemblements historiques qu'a connu cette demeure, véritable foyer d'intrigues politiques et amoureuses où la célèbre directrice mourut, en 1820, à 90 ans.
No 24. Vieille maison.
No 20. Mascarons, ferronneries.
No 18. Vieille maison; beaux balcons, ferronneries, terrasse.
No 16. Du XVIIIe siècle; balcon, ferronneries.
No 14. Ferronneries.
No 2. Vieille maison; ferronneries.

RUE DE VALOIS *(section comprise entre la rue de Beaujolais et la place de Valois)* / Cette rue, ouverte en 1784, a absorbé la *Cour-Orry,* ancien cul-de-sac débouchant dans la rue Saint-Honoré, elle a été appelée, de 1792 à 1815, la rue *du Lycée*.
La Banque de France occupe maintenant la plus grande partie du côté pair de la rue de Valois.
No 42. Du XVIIIe siècle; balcon, ferronneries.
No 36. Ferronneries.
No 34. Vieil hôtel.
No 20. Emplacement de l'Hôtel de Fontaine-Martel où logea Voltaire en 1731.

23

DU PALAIS-ROYAL A LA PORTE SAINT-HONORÉ

La deuxième porte Saint-Honoré / L'église Saint-Roch / Les rues Saint-Roch et de la Sourdière / La rue Saint-Honoré, le couvent des Jacobins, les Hôtels de Noailles et de Savalette de Langes, le couvent des Feuillants, l'Hôtel de Madame Geoffrin, le couvent des Dames de l'Assomption, la maison de Robespierre / La rue Saint-Florentin, l'Hôtel de Talleyrand / La troisième porte Saint-Honoré.

Point de départ : Place du Théâtre-Français.

RUE SAINT-HONORÉ *(section comprise entre la place du Théâtre-Français et la rue Royale)* / Lorsqu'à la fin du XIVe siècle on sortait de Paris par la *porte Saint-Honoré* (place du Théâtre-Français), on avait devant soi un chemin de terre qui, à travers la campagne, conduisait au bourg de la Ville-l'Évêque et au village du Roule. Ce chemin dont les noms avaient été jusqu'alors fort divers, prit celui de rue *Neuve-Saint-Honoré* à partir de 1638, après que l'enceinte de Louis XIII eut remplacé celle de Charles V. Au XVIIIe siècle le nom de rue Saint-Honoré lui fut donné depuis son début (rue de la Ferronnerie) jusqu'à son extrémité à son débouché dans la rue Royale.
N° 161. *La deuxième porte Saint-Honoré*. Emplacement de la *porte Saint-Honoré* de l'enceinte de Charles V. Cette porte, construite en 1380, constituait un fortin flanqué à chaque angle d'une tour ronde, coiffé d'un toit aigu au centre duquel s'élevait une tourelle d'observation.
La seconde *porte Saint-Honoré* disparut à la fin de l'année 1636 lorsque la construction de la troisième fut achevée.
Le café de la Régence, de tout temps lieu de rendez-vous des joueurs d'échecs [1] qui occupe une partie de son emplacement, n'est là que depuis 1854; jusqu'alors il était situé dans la rue Saint-Honoré, à l'angle ouest

1. Ce fut surtout à partir de 1760 que ce jeu, connu depuis longtemps, commença à passionner Paris.

La Porte Saint-Honoré de l'enceinte de Charles V (*d'après grav. anc.*)

La troisième porte Saint-Honoré (*grav. vers 1640*)

de la place du Palais-Royal dont il porta le nom depuis sa fondation, en 1681, jusqu'à l'époque de la Régence. Le Sage, Voltaire, Franklin, Diderot, Marmontel, Philidor, Chamfort, Grimm, Bonaparte, Sainte-Beuve, Alfred de Musset le fréquentèrent. L'échiquier se louait à l'heure; le soir le prix augmentait à cause des deux chandelles qu'on posait de chaque côté.
N° 256. Fenêtres de l'entresol, ferronneries.
Nos 171, 173 (porte), 175 (façade). Vieilles maisons; ferronneries.
Nos 258, 260, 262, 264, 266, 268 (une fenêtre par étage), 270 (porte), 272, 274. Vieilles maisons.
N° 278. On situe dans cette maison le magasin où Jeanne Ranson, née Bécu, la future comtesse du Barry, aurait été, vers 1761, trottin chez une modiste à l'enseigne *Aux Traits Galants*; pour d'autres ce magasin de modes était situé rue de la Ferronnerie.

N° 284. PASSAGE SAINT-ROCH, de 1741. Lors de son élargissement, en 1878, on a mis à jour un grand nombre d'ossements provenant de l'ancien cimetière de l'église supprimé en 1753.

L'église Saint-Roch : La première pierre de l'église actuelle fut posée par Louis XIV, en 1653, pour remplacer une première chapelle édifiée à cet endroit en 1521 et appelée Sainte-Suzanne-de-Gaillon. Agrandie en 1577, elle avait alors pris le nom de Saint-Roch qu'on avait coutume d'invoquer contre la peste, fléau particulièrement à craindre sur les pentes des buttes Saint-Roch et des Moulins.
L'argent manquant, la construction de la nouvelle église fut très lente, surtout après la mort de l'architecte Lemercier survenue en 1662. La construction ne fut accélérée qu'à partir de 1719, grâce à un don de 100.000 livres que fit Law lorsque, pour être nommé contrôleur général, il prononça son abjuration, se convertit au catholicisme et fit sa première communion à Saint-Roch. Jules-Robert de Cotte commença, en 1736, le portail actuel qu'avait dessiné son père, Robert de Cotte; il le termina en 1740 et l'église fut consacrée peu après (10 juillet 1740). Sa façade, à laquelle on accède par treize marches, présente huit colonnes d'ordre dorique surmontées de deux groupes de trois colonnes d'ordre corinthien. Cette façade fut, jusqu'à la Révolution, une des plus belles de Paris par ses trophées d'armes et ses riches ornements. Les statues qui les remplacent (saint Roch, saint Honoré, sainte Clotilde, et sainte Geneviève) sont modernes. Au sommet se dresse un fronton triangulaire, où jadis étaient sculptées les armes du roi, surmonté d'une croix au pied de laquelle deux anges sont prosternés.
L'église Saint-Roch est une des plus grandes de Paris, presque aussi spacieuse que Notre-Dame puisqu'elle a 126 mètres de long. Elle est très régulière, symétrique, d'ordre dorique et de pur style jésuite. Son seuil franchi, on aperçoit au-delà du maître-autel,

une *Nativité* qu'éclaire une *Gloire divine,* et, tout à l'arrière-fond, un grand *Christ sur la Croix* qui resplendit sous une lumière venue d'une baie invisible. Car — et c'est une des particularités de l'église Saint-Roch — elle possède dans le prolongement du chœur trois chapelles qui furent ajoutées successivement. La première, un bijou artistique, celle de la Vierge, dessinée par J.-H. Mansart, a été construite, en 1709, grâce au produit d'une loterie. Cette chapelle est de forme ovale, ses dimensions sont celles d'une église, la voûte de sa coupole est revêtue d'une *Assomption* peinte, de 1749 à 1756, sur 300 mètres carrés de toile, par J.-B. Pierre. On voit au-dessus de son autel cette *Gloire divine* due à Falconet : des rayons et des nuages parsemés de têtes d'angelots descendent d'un triangle trinitaire au centre duquel le mot Dieu est écrit en caractères hébraïques.

A la suite se trouve la chapelle de l'Adoration, achevée, en 1717, grâce aux libéralités de Law; elle est volontairement obscure, son ornementation est symbolique : chandelier à sept branches et tabernacle reproduisant l'Arche d'Alliance...

Enfin, vient la chapelle du Calvaire, bâtie, en 1754, d'après le dessin de Falconet, sur l'emplacement de l'ancien cimetière. L'autel est creusé dans un massif de rochers dominé par ce *Christ en Croix,* de Michel Anguier, marbre de 2 mètres de haut, qu'on aperçoit du seuil de l'église. On voit à côté du Christ une statue de la *Vierge,* par Bogino, puis de part et d'autre du Calvaire, un *Crucifiement,* par Duseigneur et une *Mise au tombeau,* par Deseine (1819).

L'église Saint-Roch contient des nombreuses œuvres d'art funéraire, des XVIIe et XVIIIe siècles, provenant des couvents voisins. Citons, parmi elles : le buste, par Coysevox, de François de Créqui, maréchal de France en 1669, mort en 1687, illustre par ses campagnes en Lorraine, sur le Rhin et en Westphalie; le mausolée, par Renard, d'Henri de Lorraine, comte d'Harcourt, brillant général, mort en 1666, le buste d'Alphonse de Lorraine, son fils, est à ses pieds; le médaillon du marquis d'Asfeld, mort en 1743; le monument funéraire par d'Huez, de Maupertuis, brillant astronome, qui mourut, en 1759, à Bâle; le mausolée, par Coustou, du cardinal Dubois, remarquable par l'expression différente donnée par le sculpteur au cardinal : vu de face il paraît être tout à son oraison, vu de profil, il a un sourire sarcastique rappelant sa fourberie coutumière; le monument, par Mazeline, de Charles de Créqui, décédé en 1687, frère du précédent Créqui; les statues du pape saint Grégoire le Grand et de saint François de Sales, par Le Moyne et par Pajou; un *Christ agonisant*, par Falconet; le buste d'André Le Nôtre, par Coysevox (son épitaphe est remarquable); le monument en mémoire de l'abbé de l'Épée; le médaillon, par Falconet, de Mme La Live de July, qui y est inhumée; un *Baptême du Christ,* par Le Moyne; de beaux tableaux de Vien, de Restout..., et de remarquables fonts baptismaux.

Le buste, par Desjardins, de Mignard est le seul vestige du monument funéraire du grand peintre avec, devant lui, une *Madeleine,* de Le Moyne, qui n'est autre que la fille de Mignard, Catherine, que le comte de Feuquières avait épousée pour sa rare beauté. Citons aussi la chaire, par Challe, soutenue par les quatre Vertus cardinales (*la Tempérance, la Force, la Prudence, la Justice*) sculptées, en 1940, dans des poutres en chêne provenant de la charpente du palais du Louvre; son abat-voix, qui représente le *Génie de la Vérité soulevant le voile de l'Erreur,* et son délicat escalier en fer ouvragé prirent place pendant longtemps dans les curiosités de Paris. Face à la chaire se dresse un grand Crucifix de bois, de 2 m. 30, œuvre de Robinet. Le buffet des grandes orgues est de 1755; c'est un des plus beaux de France; le lutrin en métal doré du chœur est de 1741; le maître-autel date de la Restauration.

L'église Saint-Roch fut l'église à la mode pendant tout le XVIIIe siècle. Citons parmi les personnages qui y furent inhumés : François Anguier (1669), Corneille (1684), Michel Anguier (1686), Mme Deshoulières (1694), Le Nôtre (1700), le poète Régnier Desmarets (1713), Duguay-Trouin (1736), la princesse de Conti, Marie-Anne de Bourbon (1739), le marquis d'Asfeld (1743), d'Holbach (1753), le président Hénault (1770), Piron (1773), Mme Geoffrin (1777), Diderot (1784), l'amiral de Grasse (1788), et l'abbé de l'Épée (1789). Les obsèques de Bossuet furent célébrées ici avant son inhumation à Meaux, et, après la Révolution, celles de Mlle Raucourt (1815) et de Cherubini (1842).

Le 13 vendémiaire de l'an IV (5 octobre 1795) Barras prescrivit à Bonaparte de réprimer l'insurrection royaliste qui menaçait les Tuileries où siégeait la Convention. Les royalistes avaient pris position sur les marches de l'église Saint-Roch; à 4 heures du soir, le combat s'engagea à cet endroit, ainsi que sur la place du Carrousel : « Alors, raconte Napoléon, on donna l'ordre aux batteries de tirer; une pièce de huit au *cul-de-sac Dauphine* (section de la rue Saint-Roch située entre les rues Saint-Honoré et de Rivoli) commença le feu. Après plusieurs décharges, Saint-Roch fut enlevée. A 6 heures tout était fini. La plus grande partie des tués ou blessés était aux portes de Saint-Roch. » De ce jour, la fortune sourit à Bonaparte; en moins de trois semaines elle lui apporta des honneurs et des commandements qui furent la base de son élévation rapide. La façade de l'église garde encore quelques traces de cette mitraillade.

Prendre, aller et retour, la :

RUE SAINT-ROCH / La partie de cette rue située au nord de la rue Saint-Honoré date de la fin du XVe siècle; celle située au sud a été ouverte en 1560. Ces deux rues ont été réunies sous leur nom actuel en 1879. C'est à l'angle de cette rue et de la rue Saint-Honoré,

que se trouvait, en 1610, le cabaret des *Trois-Pigeons* où coucha Ravaillac la veille du jour où il assassina Henri IV. Vauban a habité cette rue en 1691, la cantatrice Sophie Arnould en 1770, et Mlle Guimard y fut domiciliée lorsqu'elle dansait à l'Opéra.
No 18. Curieuse échoppe. A côté d'elle, ancien nom de la rue.
Nos 20, 22. Vieilles maisons à un seul étage précédant le péristyle de l'entrée de la primitive église Saint-Roch.
No 24. Bel immeuble du début du XVIIIe siècle, demeure de la communauté des prêtres de Saint-Roch forte de plus de 60 membres à l'époque de la Révolution; actuellement presbytère. Cour curieuse.
Nos 19, 23 (mansardes), 27, 29 (une fenêtre par étage), 31. Vieilles maisons.
No 37. Hôtel de Gargan; escalier. Sa porte monumentale sur la rue (vantaux et mascaron) est classée.
Nos 39 (façade), 51, 53 (mansardes), 55 (ferronneries). Vieilles maisons.

Par la RUE GOMBOUST, du XVIIe siècle (no 3 : enseigne : *A la Coquille d'Or*; no 5 : vieille maison), prendre la RUE DE LA SOURDIÈRE / Cette rue provient d'un ancien chemin, de 1640, longeant les jardins d'un sieur de la Sourdière (XVIIe siècle).
Nos 42 et 40 (ferronneries), 38 (façade), 36, 20 (porte), 10. Vieilles maisons.
Nos 33 (mansardes, ferronneries), 31 (ex-hôtel), 29 (portes, mansardes, ferronneries), 27 (mansardes), 25, 19 (bel hôtel du XVIIIe siècle, porte, ferronneries). Vieilles maisons.
No 13. La RUE SAINT-HYACINTHE est un ancien cul-de-sac de 1650 à 1807.
Nos 4, 6, 8 : ancien hôtel (rampe de l'escalier du no 4, balcons du no 8).
Nos 10, 12. Du XVIIIe siècle.
Nos 11 (porte, frontons) et 3. Vieilles maisons.

Reprendre la :
RUE SAINT-HONORÉ *(suite)* / No 308. On situe aux environs de cette maison celle que Mme de La Sablière loua pour La Fontaine lorsqu'elle se retira à proximité de l'hospice des Incurables. Lorsque Mme de La Sablière mourut, La Fontaine fut recueilli par Mme d'Herwart, rue *Plâtrière* (Jean-Jacques Rousseau) chez qui il mourut en 1695.
No 201. Mansardes.
No 203. Fenêtres, mansardes.
No 205. Mansardes.
No 207. Façade.
No 209. Maison où le docteur Guillotin installa après la Révolution son cabinet médical et où il mourut, en 1814, âgé de 76 ans.
Nos 310-312. Une fenêtre par étage.
No 320. Façade du XVIIIe siècle.
No 324. Cette maison (ou le no 320) fut habitée, en 1739, par Mlle Sallé, danseuse réputée et rivale de la Camargo; elle y mourut en 1756.

Nº 211. *Hôtel de Noailles :* Restes d'un très célèbre hôtel de la fin du XVIIe siècle, l'Hôtel de Noailles, composé de plusieurs bâtiments et de vastes jardins s'étendant, jadis, jusqu'au *Manège* (rue de Rivoli). Il appartint, de 1711 à la Révolution à la famille de Noailles. La Fayette s'y maria à 16 ans, le 11 avril 1774 (inscription) avec une demoiselle de cette famille, âgée de 15 ans; ce fut sa résidence parisienne jusqu'à la Révolution; Marie-Antoinette vint ici le recevoir le 15 février 1779, à son retour d'Amérique (inscription dans la deuxième cour). Il fut, en 1802, la demeure du troisième Consul, Lebrun. L'ensemble fut morcelé en 1830 et les RUES D'ALGER et DU MONT-THABOR furent percées au travers en 1832.
On voit dans la deuxième cour de l'hôtel meublé actuel la belle façade d'un des bâtiments ayant constitué l'Hôtel de Noailles; style Louis XV, consoles genre rocaille, balcon galbé, mascaron, coquilles, ferronneries, fronton.

Nº 328. La RUE DU MARCHÉ SAINT-HONORÉ et le marché auquel elle aboutit occupent l'emplacement du célèbre couvent des Jacobins.
En 1806, le couvent des jacobins disparut et une partie de son immense emplacement fut attribuée à un marché public qui fut inauguré fin 1810. Le marché actuel est une reconstruction de 1865; le terrain de sport de la caserne des pompiers semble correspondre à l'emplacement des cryptes et caveaux de la chapelle du couvent.
Nº 219. Dans cet hôtel, autre partie de l'Hôtel de Noailles, est mort, en novembre 1770, à 85 ans l'historien Hénault, plus connu sous le titre de président Hénault. Le fermier général Boulogne, père du chevalier de Saint-Georges qui devait briller dans le monde autant par son adresse incroyable dans tous les exercices du corps que par son esprit, sa bonté et ses talents de musicien, établit dans cet hôtel son bureau chargé de la liquidation de l'ex-compagnie des Indes, de Law.
Nº 334. Hôtel habité en 1700 par le maréchal de Noailles avant son installation, en 1711, dans le grand hôtel situé en face aux nos 211-219. C'était le Petit-Hôtel de Noailles où Marivaux habita vers 1744. Façade, portail, balcon, cour.
Nº 350. *Hôtel de Savalette de Langes :* Cet hôtel fut habité, en 1786, par Savalette de Langes, garde du trésor royal et ancien intendant de Tours. Très riche, il prêta, en 1791, une somme de 7.000.000 de livres aux comtes d'Artois et de Provence pour leur donner la possibilité d'émigrer. Il mourut en 1798. Or, au début de la Restauration il vint à Paris une femme qui se disait être Jenny Savalette de Langes, fille naturelle du ci-devant garde du trésor royal; elle se plaignait amèrement d'avoir été ruinée par le désintéressement de son père lorsque celui-ci s'était dépouillé de sa fortune au profit des deux frères de Louis XVI. Aussi obtint-elle une pension sur la liste civile des gouver-

nements de Louis XVIII, de Charles X et de Louis-Philippe, la disposition d'un appartement dans le château de Versailles, et elle fut reçue par toute la haute société royaliste parisienne. Elle mourut à Versailles. Lorsque des voisins procédèrent à son ensevelissement, leur surprise fut extrême en constatant que... « cette bonne Mlle de Langes » était... un homme!
Ce même hôtel fut habité, en 1788, par le notaire Raguideau de la Fosse chez qui Napoléon signa son contrat de mariage avec Marie-Louise.
Vestibule, remarquable escalier du XVIIIe siècle, cour.
No 352. L'entresol de cette maison fut occupé par la veuve de Condorcet. Sa porte monumentale sur rue avec ses vantaux et le balcon qui la surmonte sont classés.

Nos 229, 231, 233, 235 : *Le couvent des Feuillants :* Ce grand immeuble d'architecture régulière a appartenu au *couvent des Feuillants* qui le fit construire, en 1782, sur un plan d'Antoine, au dépens de son enclos, afin d'augmenter ses revenus par la location d'appartements. C'est tout ce qui subsiste du célèbre couvent. Cet ensemble comporte un entresol, trois étages et un attique, de 33 fenêtres chacun; au milieu, un avant-corps, un peu en saillie sur la rue, est surmonté d'un fronton semi-circulaire décoré d'un écusson entouré de palmes et de branches de laurier. L'église des Feuillants était située juste derrière ce bâtiment. Au no 229 on voit encore, à droite de la cour intérieure, le mur du chevet de l'ancienne église; de forme arrondie, il soutient le revers de tout un immeuble.

C'est dans le couvent des Feuillants, fermé en 1790, que s'installa le *Club des Feuillants* dont La Fayette fut, au début, l'animateur; Louis XVI et la famille royale y passèrent trois nuits après avoir dû quitter les Tuileries le 10 août 1792 et avant d'être internés, le 13 au soir, au Temple.
En 1804, le couvent fut rasé au profit des RUES DE CASTIGLIONE (1811) et DE RIVOLI (1811-1835); enfin la RUE DU MONT-THABOR, ouverte, en 1802, à travers les terrains des couvents de l'Assomption et des Capucins, fut prolongée, en 1832, au travers de l'emplacement de ses anciens jardins.
No 358. Du XVIIIe siècle.
No 239. Emplacement du cimetière des Capucins à proximité duquel habita Mme d'Epinay, de 1748 à 1762.
Nos 360 à 364. *Premier couvent des Capucines et Hôtel de Vendôme*. En 1604, la duchesse de Mercœur, belle-sœur et exécutrice testamentaire de Louise de Vaudémont, veuve d'Henri III, acheta l'Hôtel de Gondi situé à cet endroit et en utilisa la plus grande partie pour y installer un couvent de *Filles de la Passion* ou *Capucines*. Lorsque leur couvent fut prêt et « clos de murs pour empêcher les insolences lubriques » qui se commettaient à cet endroit proche du rempart, les capucines se rendirent en grande

procession, la tête couverte d'une couronne d'épines, escortées par 80 capucins conduits par le cardinal Pierre de Gondi et le frère Ange de Joyeuse, depuis la Petite-Roquette jusqu'à leur monastère de la rue Saint-Honoré. La règle des Capucines était d'une très sévère austérité, les capucines ne vivaient que d'aumônes, marchaient toujours pieds nus et ne mangeaient jamais de viande ni de poisson, même en cas de maladie.
La duchesse de Mercœur, qui occupait une petite partie de l'ex-hôtel de Gondi, abandonna celle-ci, en 1609, à sa fille que venait d'épouser César de Vendôme, fils légitimé d'Henri IV et de Gabrielle d'Estrées. Ce fut l'*Hôtel de Vendôme*.
En 1685, Louis XIV, ayant eu besoin des terrains qu'occupaient le couvent des Capucines et l'Hôtel de Vendôme, pour pouvoir former la place Vendôme de nos jours, expropria les capucines et les habitants de l'hôtel. Les capucines furent réinstallées dans le voisinage à un endroit précisé au chapitre suivant.
N° 366. Du XVIIIe siècle. Sa porte monumentale, ses vantaux et le balcon qui la surmonte sont classés.
N° 368. Du XVIIIe siècle; le général Lamarque y mourut, le 1er juin 1832, victime du choléra. Élu député des Landes et membre du parti libéral, son éloquence, son caractère et la bonne foi de ses opinions lui valurent une grande popularité; ses funérailles furent l'objet d'une importante manifestation des républicains d'où sortit l'insurrection des 5 et 6 juin. Balcon.
N° 370. Du XVIIIe siècle; balcon.
Jeanne Poisson, âgée de 20 ans (la future marquise de Pompadour) a dû habiter une de ces dernières maisons, en 1741, le lendemain de son mariage avec Le Normand d'Étioles, dont elle eut, en 1744, une fille, Alexandrine-Jeanne.
N° 249. L'enseigne, du milieu du règne de Louis-Philippe, représente la reine Victoria.
N° 251. Emplacement de la cour sur laquelle ouvrait l'église du couvent des Capucins et où s'installa, en 1801, un hippodrome qui fut occupé, en 1807, par le *Cirque Olympique* dirigé par Adolphe Franconi; ce cirque dut son succès surtout aux pantomimes militaires imaginées par les frères Franconi qui puisèrent les idées de leurs pièces dans les succès de la Grande Armée.
N° 372. Balcon, ferronneries.
N° 374. Hôtel où Mme Geoffrin, surnommée le « Ministre de la Société », tint, de 1750 à 1777, un célèbre salon littéraire appelé « le royaume de la rue Saint-Honoré » (inscription), lieu de rendez-vous de toutes les gloires intellectuelles de la seconde partie du XVIIIe siècle. Carle Vanloo, Boucher, Soufflot, Bouchardon, La Tour, Vernet, Vien, Fontenelle, Montesquieu, Marivaux, Helvétius, Mlle de Lespinasse, Voltaire, Walpole, d'Alembert, Diderot, Buffon, d'Holbach, Marmontel, Grimm le fréquentèrent. Mme Geoffrin avait épousé à 14 ans un mari

L'église Saint-Roch (*grav. 17e s.*)

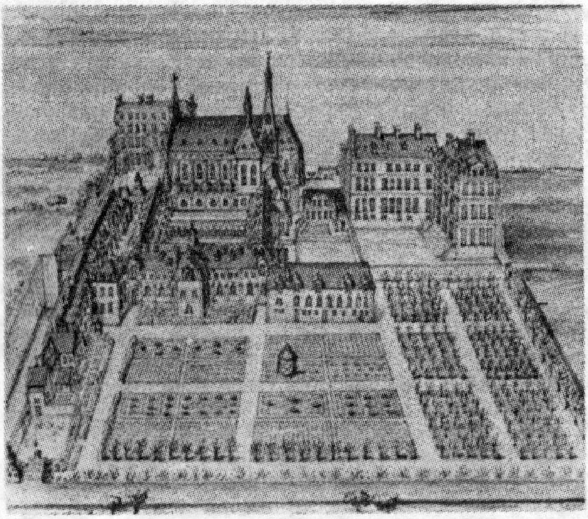

Couvent des Feuillants (*plan Gaignières*)

L'hotel de Vendôme de la rue Saint-Honoré (*grav. 17e s.*)

de 47 ans, sans grande valeur, mais riche. Intelligente et généreuse, elle sut, après la mort de Mme de Tencin, en 1750, s'attacher les encyclopédistes, les savants, les artistes, les personnes du grand monde qu'elle réunissait séparément dans un cercle limité dont elle restait le centre; ses dîners du lundi étaient réservés aux artistes, ceux du mercredi aux gens de lettres et aux étrangers. Bourgeoise, elle ne fut jamais reçue à la Cour, mais elle exerça une grande influence sur ses contemporains. Elle mourut ici en 1777, à 78 ans.
Cet hôtel a été très remanié et il ne reste rien du large escalier que montèrent tous ces grands personnages, ainsi que de la décoration intérieure des appartements. Façade sévère; fronton; balcon.

N° 253. La RUE CAMBON a été ouverte, en 1719, sur un hôtel ayant appartenu au maréchal de Piney-Luxembourg d'où son nom d'alors de rue *Neuve-Luxembourg*. Elle prit son nom actuel en 1879 de celui du célèbre conventionnel mort, en 1808, à l'ex-n° 15. Cette rue a été habitée par Philippe Lebas, par Marmontel, en 1777 (n° 27), par Romme, par Pauline de Beaumont, l'amie de Chateaubriand (n° 26 ou 36), par Stendhal (1810 à 1814) et par Mlle Mars. Hubert Robert y mourut en 1808 dans son atelier (n° 21) et Eugène Sue y naquit en 1804.
N° 36. Ministère de la Justice (*cf. place Vendôme*).
N° 26. Fenêtre à poulie; les boiseries d'un salon du rez-de-chaussée du fond de la cour sont classées.
N°s 49, 47, 42 (mansarde, mascaron), 37, 33, 31 (porte), 25. Vieilles maisons.

N°s 382 à 404. Les RUES DUPHOT et RICHEPANCE ont été percées en 1807 au travers du *couvent de la Conception* qui occupait tout l'espace compris actuellement entre les rues Cambon, Saint-Honoré et Royale.
N° 263. Chapelle de l'ancien *couvent des Dames de l'Assomption*. Ces religieuses, des augustines, furent établies ici, en 1622, par le cardinal de la Rochefoucauld. Leur chapelle qu'écrase un dôme colossal, le *Sot dôme,* dirent les Parisiens, fut construite, de 1670 à 1676, d'après les dessins d'Errard, peintre du roi. Ce couvent fut un lieu de retraite à la mode pour les veuves, les épouses délaissées et les dames voulant faire pénitence; la fille de la future marquise de Pompadour, Alexandrine-Jeanne, y fut élevée et, à deux reprises, la marquise de Pompadour voulut s'y retirer lors de ses mésententes passagères avec Louis XV. Les enterrements du général Lamarque (1832), de La Fayette (1834) et de Stendhal (1842) ont été célébrés dans sa chapelle.
Ce couvent fut supprimé à la Révolution et démoli sauf sa chapelle devenue depuis 1850, l'église des Polonais résidant à Paris. Elle est ornée, à la coupole, d'une *Assomption de la Vierge,* peinte à fresque par Charles de Lafosse (1676), et elle possède des tableaux

de valeur, œuvre de Louis de Boulogne (*Saint-Germain-l'Auxerrois* et *Sainte-Geneviève*), de J.-B. Suvée (*Naissance de la Vierge*), de Vien (*l'Annonciation*), de Vanloo (*Adoration des Rois Mages*). Belles boiseries des portes intérieures.
Le figuier qui subsiste près de cette église est un vestige de l'ancien jardin du couvent. Fontenelle, neveu de Corneille, secrétaire perpétuel de l'Académie Française depuis 1691, vécut près de 50 ans dans une maison voisine de ce couvent, après avoir résumé, en quelque sorte, deux grands siècles. Il mourut centenaire en 1757.
N° 384. Du XVIIIe siècle, curieux angle aigu.
N° 398. Maison habitée, depuis avril 1779, par la famille du menuisier Duplay dont la fille cadette épousa le conventionnel Philippe Lebas. La maison n'avait alors qu'un seul étage, à quatre fenêtres, et des mansardes occupées par la sœur et le frère cadet de Robespierre, Charlotte et Augustin. Un deuxième bâtiment était au fond de la cour; c'était le logement des Duplay; il prenait aussi jour par derrière sur le couvent de la Conception. Un bâtiment étroit, fermant la cour sur un côté, reliait les deux bâtiments précédents; c'est là que, venant de la rue de Saintonge, Robespierre logea pendant trois ans, du 7 juillet 1791 jusqu'au matin du 9 thermidor, dans une petite chambre à laquelle faisaient suite deux cabinets affectés à un fils et à un neveu de Duplay. Danton appelait cet ensemble « le temple du rabot et du ragot ». Depuis 1812 plusieurs étages entassés sur le rez-de-chaussée ont bien transformé la façade initiale; la porte cochère de jadis, située alors au centre de l'immeuble, a disparu. On entre dans la cour par un passage latéral; si le bâtiment de la famille Duplay au fond de la cour a également été transformé, le bâtiment de raccordement, celui où habitait Robes-

Hôtel de Talleyrand (*grav. vers 1770*)

pierre, subsiste surélevé avec ses deux cabinets, la chambre de Robespierre et son vétuste escalier.
N° 281. Du XVIIIe siècle.
N° 404. Du XVIIIe siècle; mascaron, ferronneries.

Prendre aller et retour, la :
RUE SAINT-FLORENTIN / Cette rue date de 1638, soit de l'époque de la construction de l'enceinte de Louis XIII qu'elle longeait intérieurement.
N° 10. Vieille maison; façade.
N° 6. Panneaux de la porte, bas-relief sous la voûte d'entrée, mansardes.
N° 7. Hôtel de Galitzin (1787) où habitèrent le comte de Flahaut qui y éleva son fils, le futur duc de Morny, et Ferdinand de Lesseps.
N° 9. Hôtel occupé par le maréchal de Ségur et les bureaux du ministère de la Guerre en 1787, par la famille de Ségur en 1800, par le prince Poniatowski sous le Second Empire, puis par le marquis de Las Cazes.
Porte, cour, bel escalier.
N° 11. Hôtel construit en 1767. Portail surmonté d'un lourd balcon de pierre à balustres, façade.
N° 2. *Hôtel de Talleyrand :* Cet hôtel a été construit par Chalgrin, en 1767, aux frais de la Ville de Paris, d'après les plans de Gabriel, architecte de la place *Louis-XV* (de la Concorde), pour Phélippeaux, duc de la Vrillière, comte de Saint-Florentin, ministre de la maison de Louis XV. Lorsqu'il mourut, en 1777, on lui dédia cette épitaphe :

Ci-gist, malgré son rang, un homme assez commun,
Ayant porté trois noms, il n'en laissa aucun.

L'hôtel eut ensuite plusieurs propriétaires dont le duc de Fitz-James, la princesse de Salm-Salm et Talleyrand. Après la chute de l'Empire, celui-ci le mit, en 1814, à la disposition du tzar Alexandre qui le quitta pour loger à l'Élysée. Talleyrand est mort dans cet hôtel en 1838. La princesse de Liéven, née Dorothée-Christophorowna de Benkendorf, le remplaça en 1846, elle y tint 11 ans un salon diplomatique dont Guizot fut l'animateur. L'hôtel était depuis 1838, la propriété du baron James de Rothschild, sa famille l'occupa après la mort de la princesse de Liéven, le baron Alphonse de Rothschild y mourut en 1905. Les façades de cet hôtel sur les rues Saint-Florentin et de Rivoli et sur la cour d'honneur sont classées, ainsi que les statues se trouvant dans les niches de la cour de l'hôtel.

RUE SAINT-HONORÉ *(suite)* / C'est au débouché de la rue *Neuve-Saint-Honoré* sur notre rue Royale que se trouvait la troisième *porte Saint-Honoré*, celle de l'enceinte de Louis XIII, construite de 1632 à 1634, par Pierre Pidoux. Elle a été démolie en 1732.

24

DU PALAIS-ROYAL AU QUARTIER DE LA PORTE GAILLON

La rue d'Argenteuil, la maison de Corneille / La rue des Petits-Champs / La rue d'Antin / Le couvent des Capucines / La place Vendôme, ses hôtes les plus illustres, sa colonne / La rue des Capucines / La porte Gaillon, la rue de la Michodière / La rue Neuve-Saint-Augustin, la rue et le passage Choiseul, la rue de Gramont / La rue Sainte-Anne, l'Hôtel de Lulli, la rue des Moulins et l'Hôtel d'Holbach, l'Hôtel d'Helvétius.

Point de départ : 252, rue Saint-Honoré

RUE DE L'ÉCHELLE / Cet ancien *chemin qui va de la porte Saint-Honoré à la Seine,* date de 1402; son nom actuel, de 1663, provient soit de l'ancienne échelle patibulaire du marché aux pourceaux, soit d'une enseigne. Cette rue fut habitée par le marquis de La Fare qui vécut longtemps dans l'intimité de Mme de La Sablière et qui mourut d'indigestion, en 1712, à l'âge de 68 ans.

Prendre à gauche la :
RUE D'ARGENTEUIL / Cette rue, encore sinueuse, remplace l'ancien chemin qui conduisait de Paris aux agglomérations de Monceaux (place de Lévis) et d'Argenteuil. Il fut très fréquenté dès le XIIe siècle car il était emprunté par les fidèles se rendant en pèlerinage au monastère fondé à Argenteuil au VIIe siècle, dont une fille de Charlemagne fut abbesse et où était déposée la *sainte Tunique sans couture*; il l'était aussi par les produits maraîchers et les muids de vin, originaires de cette localité, destinés à Paris. La rue d'Argenteuil a été très modifiée par le percement en 1877, de l'avenue de l'Opéra.
N° 6. Emplacement de la maison où Corneille vécut deux ans et mourut, le 1er octobre 1684, six jours avant la reprise de *Psyché,* son dernier succès; il avait alors 78 ans.
Dans cette rue habitèrent également : Charles Collé, fondateur, en 1729, de la société du *Caveau,* le comte d'Argental et le conventionnel Joseph Le Bon, oratorien, puis curé d'Arras, le premier prêtre qui se maria; c'est lui qui rendit obligatoire le port du bonnet rouge.

Nº 31. Vieille maison.

Par la RUE SAINT-ROCH (nºs 51, 55, 57 : vieilles maisons), prendre la :
RUE DANIELLE-CASANOVA / Cette rue est une ancienne section de la rue des Petits-Champs dont elle a été détachée sous le nom actuel en 1944.
Nº 3. Du XVIIIe siècle; ferronneries.
Nº 5. Ferronneries.
Nº 7. Vieille maison du commencement du XVIIe siècle; ferronneries.
Nº 9. Du XVIIIe siècle; guirlandes et ferronneries de la façade.
Nº 10. Du XVIIe siècle; mascarons, porte, escalier; ancienne inscription du nom de la rue : *Neuve-des-Petits-Champs*.
Nº 15. Du début du XVIIIe siècle; porte et balcon classés.

Prendre, aller et retour, la :
RUE D'ANTIN *(section située au sud de l'avenue de l'Opéra)* / Cette partie de la rue d'Antin date de 1713. Elle doit son nom au vaste hôtel que le duc d'Antin, fils du marquis et de la marquise de Montespan, directeur général des bâtiments, parcs et jardins de France, possédait à cet endroit. Ce duc d'Antin fut le type le plus accompli du parfait courtisan, d'abord sous Louis XIV, puis sous le Régent, qui a dit de lui : « Voilà comme doit être un vrai courtisan, sans humeur et sans honneur », faisant sans doute allusion aux bonnes affaires que fit le duc d'Antin dans le système de Law.
Nºs 1 et 3 : *Hôtel de Mondragon :* Hôtel du XVIIIe siècle, ayant appartenu au marquis de Mondragon, conseiller d'État. Confisqué à la Révolution, il devint, de 1795 à 1833, la mairie de l'ex-2e arrondissement où fut célébré, le 9 mars 1796, le mariage de Bonaparte avec Joséphine de Beauharnais (salle conservée).
La porte monumentale de cet hôtel et la décoration XVIIIe siècle d'un de ses salons et d'un cabinet sont classées.
Nº 2. Façade, balcon, fenêtres percées en biais au premier étage, vieille inscription : *rue Dantin*.
Nº 5. Hôtel construit par Gabriel; façade, fronton, porte, vestibule.

Prendre, aller et retour, la :
RUE LOUIS-LE-GRAND *(section située au sud de l'avenue de l'Opéra)* / Cette rue date de 1701-1703.
Nº 1. Maison dans laquelle mourut, à 82 ans, en 1743, Hyacinthe Rigaud (inscription) auquel on doit plus de 200 portraits. Porte, ferronneries.
Nº 3. Maison habitée, en 1687, par Mme de Montespan lorsqu'elle fut supplantée par Mme de Maintenon. Elle attenait par derrière au second couvent des Capucines. L'architecte Louis y est mort, en 1810, à 75 ans. Maison refaite.
Une partie du rez-de-chaussée de sa façade est classée;

portes second Empire avec heurtoirs de l'hôtel primitif, cour (mascaron), escalier magnifique.
N° 9. Hôtel du XVIIIe siècle. Heurtoirs de la porte, décoration du vestibule, escalier.

RUE DANIELLE-CASANOVA *(suite)* / N°s 19, 21, 23. Du XVIIIe siècle; balcon des N°s 21 et 23.
N° 20. Du XVIIIe siècle; encadrement de la porte, balcons.
N° 22. Maison où mourut Stendhal (Henri Beyle), à 59 ans. L'auteur de *la Chartreuse de Parme* avait écrit à un ami quelques mois avant sa mort : « Je trouve qu'il n'y a pas de ridicule à mourir dans la rue quand on ne le fait pas exprès. » Et il tomba dans la rue, à l'angle du boulevard et de la rue des Capucines, le soir du 22 mars 1842, frappé par une attaque d'apoplexie.
N° 26. Hôtel construit, en 1700, par Robert de Cotte, propriété, en 1705, de la famille Tubeuf.
N°s 27, 29, 31. Du XVIIe siècle; balcons.

Prendre, à gauche, la :
RUE DE LA PAIX / Cette rue a été ouverte en 1806 à travers l'ancien couvent des Capucines.
Le vaste terrain compris entre les rues Louis-le-Grand, Danielle-Casanova, des Capucines et le boulevard des Capucines, a été occupé, de 1633 à 1687, par une partie du marché aux chevaux évacué de la butte Saint-Roch lors des travaux d'extension du *Palais-Cardinal*. Ce marché fit place, en 1687, au couvent des Capucines antérieurement installé au nord de la rue Saint-Honoré (cf. chap. XXXIII), Louis XIV ayant eu besoin de son emplacement pour la création de la partie occidentale de la place Vendôme.
Le second couvent des Capucines : En avril 1688, les Capucines furent donc transférées dans leur nouveau couvent qui, construit d'après les plans de François d'Orbay fermait la place Vendôme, au nord, au-delà de la rue des Capucines. Sa chapelle assortie à l'ensemble architectural de cette place, était située à l'emplacement de la chaussée de la rue de la Paix, son entrée était à hauteur du n° 4. On a retrouvé là, en 1806, dans une fosse d'aisances alors installée dans une ancienne crypte de cette chapelle, le cercueil de Louise de Vaudémont, femme d'Henri III et reine de France à qui était dû le premier couvent des Capucines où elle avait été inhumée en 1606. Lors de la fermeture de ce couvent, on transféra son cercueil dans le nouveau. Lorsqu'on le retrouva, Napoléon le fit transporter au Père-Lachaise d'où Louis XVIII le fit transférer dans la basilique de Saint-Denis.
On y a retrouvé aussi lors de la construction d'un égout en 1864, plusieurs cercueils, dont ceux de Catherine de Joyeuse, de la duchesse de Mercœur et de Louvois. La chapelle contenait aussi le corps de saint Ovide, cadeau, en 1665, du pape Alexandre VII au duc de Créqui, ambassadeur à Rome, également inhumé dans cette église.

Place Vendôme (*grav. vers 1699*)

Place Vendôme / Décoration d'un lampadaire

La présence de ce saint dans le quartier donna lieu, à partir de 1764, à une foire annuelle sur la place Vendôme, la *foire Saint-Ovide,* qu'il fallut, en raison de son affluence, transporter, en 1771, sur la place *Louis-XV* (de la Concorde).
Mme de Pompadour, morte à Versailles en avril 1764, fut inhumée au couvent des Capucines à côté de sa fille, Alexandrine Le Normand d'Étioles, dans une partie des caveaux de la famille de La Trémoille : « Les grands os de La Trémoille, a dit la princesse de Tamont, devaient être bien étonnés de sentir près d'eux les arêtes des Poissons. »
Le couvent des Capucines fut fermé en 1790; propriété nationale sa chapelle devint un théâtre, ses jardins une promenade publique qu'occupèrent des cafés, des concerts et le cirque de Franconi. La rue de la Paix, appelée *rue Napoléon,* fut, comme nous l'avons dit, percée au travers en 1806.

La PLACE VENDOME / Louvois ayant persuadé Louis XIV de l'intérêt qu'il y aurait à « faire dans l'espace qu'occupe l'hostel de Vendôme une place qui serait d'un grand ornement à la dite ville (Paris) et d'une grande commodité pour la circulation des rues qui en sont voisines », le roi prescrivit, en 1685, l'achat de l'Hôtel de Vendôme et du premier couvent des Capucines afin de la réaliser. Cette place devait être appelée place *des Conquêtes*; en fait elle s'appela place *Louis-le-Grand,* de 1699 à la Révolution, des *Piques,* de 1793 à 1799, et Vendôme ensuite, sauf, en 1871, où la Commune l'appela la place *Internationale.*
Les travaux commencèrent en 1686. Interrompus en 1691, ils reprirent, en 1699, d'après des plans dessinés par J.-H. Mansart et Boffrand. La place Vendôme, de forme octogonale, ouverte au milieu de ses côtés sud et nord, de 213 mètres sur 124, présente, à chaque angle, un pan coupé composé d'un avant-corps à trois arcades avec fronton et colonnes corinthiennes engagées et de deux arrière-corps à une seule arcade. Ses deux grands côtés ont en leur milieu un avant-corps analogue à ceux des pans coupés. Les arcades en plein cintre et à mascaron du rez-de-chaussée sont surmontées de deux étages de fenêtres placées entre de hauts pilastres corinthiens, et d'un étage où des grandes mansardes alternent avec des petites.
Si la place Vendôme formait un décor destiné à encadrer la statue du roi, elle fut aussi une opération spéculative car, une fois les façades édifiées, on vendit cher aux particuliers le terrain qui se trouvait derrière elles pour qu'ils puissent y bâtir leur demeure. La plupart des hôtels construits le furent pour le compte de financiers et de fermiers généraux, dont Law, qui acheta tout le terrain des places qui étaient encore vides en 1719.

Les Hôtels : N° 25 (et n° 1 rue des Capucines). Hôtel

acheté par Law en 1720, vendu, après sa débâcle, en 1724, à Peyrenc de Moras qui gagna 60 millions dans l'agiotage.
Façades et toitures classées.
N° 23. Hôtel construit par Bullet pour lui-même, acheté par Law qui faillit y être massacré, puis par Peyrenc de Moras. Deux panneaux décoratifs, œuvre de Lancret, provenant de cet hôtel sont actuellement au musée des Arts décoratifs.
Façades et toitures classées.
N° 21. Terrain également acquis, en 1720, par Law qui y fit construire un immeuble qu'il revendit aussitôt après. Le botaniste Lhéritier de Brunelle l'habita en 1789; il y fut interné sous la Terreur, donc chez lui; il fut, en 1800, assassiné devant sa porte pour un motif inconnu.
N° 19. Le financier Reich de Pennautier, compromis dans l'affaire de la Brinvilliers, fut le premier propriétaire de cet hôtel qu'il vendit, en 1706, à son ancien commis Antoine Crozat. Celui-ci avait commencé par être caissier, puis traitant, receveur général des Finances, enfin fermier général; d'heureuses spéculations maritimes, le privilège du commerce avec la Louisiane avaient fait de lui, en 1723, le plus riche financier de France. Sa fille, âgée de 12 ans, avait épousé, en 1707, le comte d'Évreux.
L'Hôtel Crozat eut comme locataires : la duchesse de Lauzun, la duchesse de Luxembourg, le chevalier de Boufflers; il servit de demeure au président de la Chambre des Députés jusqu'en 1862; il est depuis cette date l'Hôtel du gouverneur du Crédit Foncier.
Les façades et toitures de l'Hôtel du Crédit Foncier sur la rue des Capucines (nos 9 à 23) et sur la place Vendôme (nos 19, 21 et 25), l'escalier des salons et un plafond sont classés.
N° 17. Cet hôtel fut le premier de ceux construits sur la place. Il appartint, en 1719, à Antoine Crozat, et, après sa mort à sa famille. Il eut comme locataire la maréchale d'Estrées et, en 1787, Piccini, époque où sa rivalité avec Gluck divisait le public en piccinistes et gluckistes.
Façades et toitures classées.
N° 15. Cet hôtel fut acheté par la veuve de Nicolas Baillet, « une vieille gueuse et une borgnesse », a dit Saint-Simon, qui avait coutume de dérober, étant en visite, tous les objets précieux placés à portée de sa main. Il appartint, en 1750, au trésorier général Villette, dont le fils, le marquis de Villette, hébergea Voltaire dans son hôtel du quai *des Théatins* (Voltaire). Il fut occupé, en 1788, par la direction de la liquidation de la Dette publique, puis, plus tard, par le Crédit mobilier. C'est actuellement l'Hôtel Ritz.
Façades et toitures classées; ainsi que la décoration de trois pièces du premier étage.
N° 13. Hôtel construit, en 1702, pour le fermier général Luillier qui le vendit, en 1706, au fameux traitant Paul Poisson, dit de Bourvallais, le *Turcaret* de Lesage. L'hôtel ayant été saisi à la suite de la débâcle

du traitant, en 1717, le Régent l'acheta pour y installer, en 1718, la chancellerie du royaume. Danton y résida en 1792. Ministère de la Justice depuis 1815. Façade classée ainsi qu'un salon.
N° 11. Le terrain de cet hôtel appartint aussi au fermier général Luillier qui le revendit à son gendre, celui-ci y fit construire cet hôtel, que le Régent acheta, avec le n° 13, en 1717, pour y installer le logement du chancelier. Ce fut l'Hôtel de la Chancellerie, dépendance du ministère de la Justice.
Façade classée.
N° 9. Après avoir été la propriété successive de différents financiers, cet hôtel appartint à de grands personnages comme, en 1819, le petit-fils du maréchal de Richelieu, et, en 1824, le marquis de Lauriston qui y mourut en 1828. La Liste Civile l'occupa au début du règne de Louis-Philippe, puis sous le Second Empire. Il devint, en 1865, le quartier général de la 1re division militaire, et de 1880 à 1900, l'Hôtel du Gouverneur militaire de Paris.
N° 7. Citons, parmi les personnes qui ont habité cet hôtel, la veuve du marquis de Créqui en 1713, le président Hénault en 1719, le fermier général Nicolas Delay en 1759. Cet hôtel fut affecté, en 1806, au quartier général de l'état-major de la Division et de la place de Paris. Le général Malet qui, en 1812, tenta de prendre le pouvoir pendant une absence de Napoléon, l'attaqua avec ses complices après avoir blessé le général Hulin, commandant la 1re division de Paris, qui habitait au n° 22. Il fut arrêté dans l'escalier, sur le palier de l'entresol, et fusillé cinq jours après.
Façades classées.
Nos 5, 3 et 1. Le terrain de ces trois hôtels fut acheté, en 1718, par Law qui le revendit en 1720. Les hôtels qui y furent construits comptèrent parmi leurs propriétaires : n° 5, le vicomte de Durfort; au n° 3, Mme de Parabère, maîtresse du Régent, et l'administration des Domaines (1788); au n° 1, l'Hôtel de Vendôme (1858).
Les façades des nos 5 et 3 sont classées, ainsi que les façades et toitures du n° 1.
N° 2. Hôtel construit en 1707, propriété, en 1776, d'un fermier général.
Façades et toitures classées.
N° 4. Hôtel construit en 1709, également propriété d'un fermier général en 1751.
Façades et toitures classées.
N° 6. Hôtel construit en 1712 et habité, en 1786, par le fermier général Jacques Paulze, guillotiné, avec son gendre Lavoisier, en mai 1794. Réuni au n° 4, il devint, en 1848, l'Hôtel du Rhin où le prince Louis-Napoléon, venant d'Angleterre, descendit à son arrivée à Paris après la chute de Louis-Philippe.
Façades et toitures classées.
N° 8. Cet hôtel fut, à partir de 1735, la propriété de la famille Le Pelletier qu'une des filles apporta en dot, en 1754, au prince de Chimay. Il appartint ensuite

à son neveu, le Pelletier des Forts, frère cadet de Louis-Michel Le Pelletier de Saint-Fargeau, celui-ci, ex-président à mortier du Parlement, y fut transporté après avoir été assassiné, le 20 janvier 1793, dans un restaurant du Palais-Royal. Il expira ici, son corps fut exposé sur le piédestal de la ci-devant statue de Louis XIV, au milieu de la *place des Piques*.
Façades classées.
N° 10. Hôtel ayant appartenu, en 1717, au marquis de Latour-Maubourg; en 1776, au marquis de Maleteste qui le loua à l'ambassade de Venise. A la Révolution, il devint le bureau du Comité des Finances (1790), puis celui de l'Administration départementale (1792-1799). La compagnie de Suez s'y installa avec de Lesseps en 1860.
Façades classées.
N° 12. Citons parmi ses propriétaires, le fermier général Dupin, puis Hocquart de Montfermeil dont la fille épousa le marquis de Montesquiou-Fezensac. Celui-ci vendit, en 1777, l'hôtel qu'acheta, en 1788, le parvenu des finances Claude-Denis Dodun, administrateur de la Compagnie des Indes. Marie-Joseph de Chénier, le frère d'André, aussi poète et auteur du *Chant du Départ,* y logea en 1803. L'ambassade de Russie y résida, de 1839 à 1866, et Frédéric Chopin y mourut, le 17 octobre 1849, à 39 ans (inscription). Ses funérailles eurent lieu à la Madeleine et son cœur fut envoyé en Pologne, à l'église Sainte-Croix de Varsovie. Hôtel reconstruit en 1858.
Façades et toitures classées ainsi qu'un salon.
N° 14. Hôtel vendu, en 1704, au trésorier Paparel, condamné à mort, en 1716, pour malversations, puis grâcié. Il eut ensuite parmi ses propriétaires le marquis de la Fare et le fermier-général Le Normand. Le duc de Richelieu l'habita en 1840. L'impératrice Eugénie s'y rendit souvent essayer des chapeaux dans la boutique de Mme Barenne.
Façades et toitures classées.
N° 16. Hôtel vendu à Law en 1720. Le financier Bouret de Vézelay l'acheta et y mourut, en 1777, laissant un passif de 42 millions. L'hôtel fut loué, en 1788, au docteur allemand Mesmer qui y donna, autour de son fameux baquet, ses séances de « magnétisme animal » pour la guérison immédiate des maladies nerveuses. L'hôtel étant devenu trop petit, devant l'affluence des clients, Mesmer transporta ses baquets à l'Hôtel Bullion, rue *Plâtrière*. Le nombre des clients allant en croissant, Mesmer disposa pour les indigents un arbre du boulevard où des milliers de personnes vinrent s'attacher dans l'attente de la guérison de leurs maux. Le gouvernement ayant nommé une commission pour examiner la doctrine nouvelle, celle-ci attribua les effets merveilleux, ou réputés tels, à l'imagination ou à l'imitation. Discrédité, Mesmer partit en Angleterre où il mourut oublié, en 1815.
Vergniaud habita cet hôtel que louèrent les Domaines sous l'Empire pour le logement des hauts fonction-

naires de passage. Le *Moniteur* y eut son siège en 1854. Façades et toitures classées, ainsi que les décorations de 3 pièces du premier étage.

N° 18. Hôtel construit, en 1703, pour le financier Jérôme Hurlaut qui le légua à sa fille, femme du contrôleur général des Finances Chamillart. Il fut habité, en 1836, par la baronne de Feuchères, Sophie Daves, dont le nom a été si tristement mêlé à la vie et surtout à la mort du dernier des Condé, père du duc d'Enghien. Hôtel vendu, en 1865, à la famille Aguado de Las Marismas.

Façade et toitures classées.

N° 20. Cet hôtel, aussi construit pour le financier Jérôme Herlaut, a connu au cours du XVIIIe siècle toute une suite de propriétaires, dont la femme du contrôleur général des Finances Chamillart, le comte de Rottembourg gendre de Mme de Parabère, la veuve du fermier-général Delay de la Garde, le duc de Fitz-James, les banquiers Pache. Il fut affecté, en 1791 aux comités de l'Assemblée Constituante, la Compagnie des Indes y eut son siège l'année suivante. Façades et toitures classées, ainsi que des salons du premier étage.

N° 22. Comme l'hôtel précédent, la comtesse de Parabère, fut aussi, de 1720 à 1732, propriétaire de cet hôtel construit par Gabriel pour Law. Il devint la propriété, en 1757, du fermier-général du Cluzel, et, en 1780, celle du financier Magon de la Balue. Il fut acheté, en 1807, par le général Hulin que le général Malet blessa lors de l'attaque du quartier général de l'État-Major (cf. n° 7). Cet hôtel, habité, en 1855, par le banquier Isaac Péreire, appartint, de 1863 à 1878, à la Ville qui le mit à la disposition de l'État-Major de la garde Nationale, puis à celle de la Chancellerie de la Légion d'Honneur.

Façade classée.

N° 24. Cet hôtel a été la propriété, en 1713, de Boffrand, l'architecte de la place avec J.-H. Mansart; il le vendit, en 1715, au lieutenant-général Rioult.

Façade classée.

N° 26. Hôtel ayant également appartenu à divers personnages de la finance, dont, en 1760, Jean Cottin, directeur de la Compagnie des Indes. La comtesse de Castiglione l'habita de 1889 à 1894, elle était alors demi-folle.

Façades et toitures classées.

N° 28. Hôtel construit pour Law, et ayant appartenu, en 1724, au fermier-général Gaillard de la Bouexière; en 1739, à son gendre Hocquart; en 1766, au commissaire général de la marine Arnaud de Laporte, qui eut comme locataire le notaire Rousseau à qui succéda, à partir de 1789, le notaire Raguideau de la Fosse. Façades et toitures classées.

La statue de Louis XIV : Le 13 août 1699 on inaugura, au milieu de la place, une statue équestre de Louis XIV, en costume romain et en perruque, fondue d'une seule pièce, par le Suisse J.-B. Keller, d'après un dessin de

Girardon. Elle avait près de 7 mètres de haut et était posée sur un piédestal de marbre blanc, environ haut de 10 mètres, aux faces ornées de trophées en bronze doré sculpté par Coustou.
Le roi faisait face à la rue Saint-Honoré, il avait le bras tendu vers sa droite, c'est-à-dire dans la direction du couvent des Capucins, d'où l'épigramme contant que Louis XIV voulait réduire son peuple à la même pauvreté que celle dans laquelle vivaient les Capucins afin de pouvoir comme eux mériter le ciel.
En août 1792, la statue fut renversée et envoyée à la fonte. Sous Napoléon, on érigea sur son piédestal, en 1806, une colonne haute de 43 mètres, imitée de celle élevée à Rome à la gloire de Trajan, pour glorifier l'héroïsme des soldats vainqueurs d'Austerlitz. Des bas-reliefs en bronze, enroulés en spirale autour d'un fût en maçonnerie, représentaient les soldats et les armes de la campagne de 1805 ; le bronze provenait de la fonte de près de 250 canons pris aux Russes et aux Autrichiens.
Cette colonne, qui, logiquement, aurait dû garder son nom initial de *colonne d'Austerlitz*, fut surmontée de la statue de l'empereur, en César, œuvre de Chaudet. L'inauguration de la colonne et de la statue eut lieu le 15 août 1810.
En avril 1814, la statue fut descendue, elle entra, en 1818, dans la constitution de la statue d'Henri IV du Pont-Neuf et une énorme fleur de lis la remplaça. Sous le gouvernement de Louis-Philippe, on surmonta, en 1833, la colonne d'une nouvelle statue de Napoléon, œuvre de Seurre, fondue par Crozatier, représentant Napoléon revêtu de sa redingote et coiffé du petit chapeau.
Napoléon III fit substituer à cette statue celle que l'on voit de nos jours et qui est une reproduction de la statue primitive, où l'empereur est à nouveau en costume romain. Cette statue fut mise en place en 1853 et la précédente fut érigée à Courbevoie (rond-point de la Défense), d'où on la descendit, en septembre 1870, pour la cacher dans la Seine après la prise de Versailles par les Prussiens. Elle a été, finalement érigée, en 1911 dans la cour d'honneur de l'Hôtel des Invalides.
En septembre 1870, le peintre Courbet demanda à être autorisé à déboulonner la colonne Vendôme, ce qui fut exécuté, sous sa direction par la Commune en mai suivant. Restaurées, la colonne et la statue furent réédifiées, aux frais de Courbet, en mai 1873.

RUE DES CAPUCINES / Cette rue a été ouverte en 1700 sur les anciens jardins de l'Hôtel de Luxembourg ; elle prolongeait la rue des Petits-Champs.
N° 1. *Cf. n° 25, place Vendôme.*
Nos 16, 18. Hôtel construit, en 1745, par Louis Quirot, pour le fermier général Fillon de Villemur qui avait amassé une fortune considérable (une seule de ses charges lui assurait, en 1740, un revenu annuel de 4.000.000 de livres).

Nº 15. Hôtel construit, en 1726, par Tavenot, pour le fermier général Des Vieux. Hôtel occupé par le Crédit Foncier depuis 1854.
Nºs 17, 19. Hôtel construit, en 1726, par Tavenot, pour Castaignier, directeur de la Compagnie des Indes. Occupé également par le Crédit Foncier depuis 1854.
Nºs 22, 24. Emplacement de l'Hôtel de la Colonnade où Dupleix mourut et où Bonaparte logea lorsqu'il fut nommé général commandant l'armée de l'Intérieur, après le combat devant l'église Saint-Roch; c'était son domicile lorsqu'il se maria. Cet hôtel appartint, sous l'Empire, au maréchal Berthier, prince de Wagram. Le ministère des Affaires étrangères l'occupa ensuite, de 1820 à 1853, date à laquelle il s'installa sur le quai d'Orsay.
C'est devant cet hôtel, sur le boulevard, qu'eut lieu, le 23 février 1848, l'échauffourée entre des Parisiens et un détachement du 14e léger, d'où découla la révolution qui mit fin au règne de Louis-Philippe. Un coup de feu partit des rangs de la troupe, d'où une bagarre qui fit de nombreux morts, dont une femme.

RUE VOLNEY / Cette rue a été percée en 1854 sur l'hôtel précédent.
Nº 10. Hôtel que le maréchal de Saint-Arnaud reçut en cadeau de Napoléon III.

RUE DE PORT-MAHON / Cette rue a été percée, en 1795, sur les terrains de l'ex-Hôtel de Richelieu. Son nom rappelle le glorieux fait d'armes du maréchal en 1756.

Prendre, aller et retour, la :
RUE GAILLON / Cette rue, prolongement de la rue Saint-Roch, date comme elle du XVe siècle.
Nº 16. Emplacement, de 1854 à 1869, d'une boucherie qui achetait chaque année le bœuf du Mardi-Gras et le promenait à travers Paris pendant 3 jours.
Nº 14. Ex-hôtel de Veynes (surhaussé); ferronneries.
Nº 10. Hôtel du XVIIIe siècle habité par Mme de Rooth avant son mariage avec le maréchal duc de Richelieu, en 1780.
Portail, pavillons du portier, porte, cour et façade sur cour.
Nºs 3, 5. Hôtel du XVIIIe siècle. Ferronneries, entrée du nº 5, vestibule, escalier et façade sur cour du nº 5.

Prendre, aller et retour, la :
RUE DE LA MICHODIÈRE / La première pierre de la fontaine Gaillon, située à l'encoignure des rues de La Michodière et de Port-Mahon, a été posée en mai 1707; elle a été refaite par Visconti, en 1827. Fontaine classée.
C'est à hauteur des nºs 4 à 4 bis de cette rue que se

trouvait la *porte Gaillon* de l'enceinte de Louis XIII édifiée en 1633 et démolie en 1700. C'est par cette porte que l'on sortait de Paris pour se rendre à l'agglomération des *Porcherons* (place Et.-d'Orves).

La rue de la Michodière (du nom du prévôt des marchands d'alors, Delamichodière) a été percée, en 1778, au nord de la *porte Gaillon* sur les terrains d'un vaste hôtel appelé successivement de Lorges, de Conti, de Vallière, et de Deux-Ponts. Cet hôtel avait été construit, vers 1675, par Mansart, pour Frémont, ancien laquais devenu garde du trésor royal, dont le maréchal duc de Lorges épousa la fille en 1676. En 1695, Saint-Simon épousa la fille aînée du duc de Lorges et le duc de Lauzun, qui avait 62 ans, épousa la seconde fille, âgée de 14 ans. L'un et l'autre oublièrent, en la circonstance, que le grand-père de leur femme était, comme ancien traitant, de cette classe de gens qu'ils méprisaient fort. Citons parmi les autres propriétaires ou locataires de cet hôtel qui fut un des plus beaux de Paris : la princesse Marie-Anne de Bourbon-Conti, ex-Mademoiselle de Blois, fille de Louis XIV et de la duchesse de La Vallière, elle y mourut, en 1739, à 73 ans, son petit-neveu, le duc de La Vallière, l'ambassadeur d'Espagne et Christian IV, duc régnant de Deux-Ponts.

N° 4. Emplacement d'une maison où mourut, en 1854, à 104 ans, la veuve de l'aéronaute Montgolfier.

N° 8. Dans la cour, escaliers circulaires, à beau vestibule et à magnifique rampe, se rapportant, sans doute, à l'hôtel d'Armenonville construit ici après l'ouverture de la rue.

N° 7. De la fin du XVIIIe siècle; fenêtres.

RUE SAINT-AUGUSTIN / Cette rue a été ouverte en 1633 entre les rues Notre-Dame-des-Victoires et de Richelieu et en 1650 entre cette dernière et la rue Gaillon. Son nom vient du couvent des Augustins-Déchaussés (ou Petits-Pères) qu'elle longeait.

N° 34. Emplacement de l'entrée de l'ex-hôtel d'Antin, puis de Richelieu cité plus haut.

N°s 28 à 24. Emplacement de l'entrée de l'ex-Hôtel de Lorges, de Conti, de Vallière et de Deux-Ponts, indiqué ci-dessus.

N°s 33 à 27. Hôtel Courtois en 1670, puis de la famille Frémont jusqu'en 1750; ensuite Hôtel Lallemand de Nantouillet. Fenêtres du n° 27.

N° 22. Emplacement d'un hôtel ayant appartenu, en 1702, à Charles de Ferriol, beau-frère de Mme de Tencin; ambassadeur de France en Turquie, il en ramena une circassienne, l'aimable Aïssé. Des héritiers vendirent, en 1746, l'hôtel à un fermier général. Mlle Mars et l'architecte Visconti l'habitèrent au XIXe siècle. Hôtel démoli et remplacé, en 1869, par l'immeuble actuel.

N° 25. RUE MONSIGNY, de 1825 / Le théâtre des Bouffes-Parisiens (n° 4) est l'ancien *théâtre Comte,* fondé en 1809 et installé ici en 1855. Il fit son ouver-

ture, le 29 décembre de cette année, avec la chinoiserie musicale *Ba-ta-clan,* de Ludovic Halévy, musique d'Offenbach, qui fut un très grand succès. Offenbach en était alors le directeur.
Nos 20, 18. Emplacement de l'Hôtel d'Uxelles, de la fin du XVIIe siècle, que la comtesse de Choiseul-Beaupré lotit en 1779.

Nos 18-16. RUE DE CHOISEUL / Cette rue a été percée en 1779 sur un hôtel du XVIIe siècle ayant appartenu, comme le précédent, à la comtesse douairière de Choiseul-Beaupré qui avait obtenu, en 1776, l'autorisation d'ouvrir sur les jardins de sa résidence allant jusqu'au boulevard une impasse qui fut transformée en rue en 1779. L'hôtel, bien amputé, disparut, en 1868, avec le percement de la rue du Quatre-Septembre. Il en reste un vestige, la façade d'un pavillon qui a été réédifiée dans la cour de l'Hôtel Carnavalet, face à la grille ouvrant sur la rue des Francs-Bourgeois.
Le Crédit Lyonnais, situé du côté des numéros pairs de cette rue a absorbé, à l'ex-no 12, un passage (la

Nos 22-24, rue des Capucines / Hôtel de Wagram (*grav. vers 1810*)

La foire Saint-Ovide (*grav. vers 1765*)

Galerie de Fer) où furent faits des essais publics d'éclairage au gaz, et, à l'ex-n° 14, l'Hôtel de M. de Sartine, lieutenant de police. Au n° 21. Vieille maison.

N° 23. PASSAGE CHOISEUL / L'entrée de ce passage (pilastres et fronton triangulaire), ouvert en 1825, est l'ancienne entrée d'un hôtel construit, à la fin du XVIIe siècle, par Lepautre. Il devint, sous la Régence, un célèbre tripot qui fut affermé pour 10.000 livres par mois au comédien Poisson.

N° 14. RUE DE GRAMONT / Cette rue a été ouverte en 1765 au travers d'un hôtel ayant appartenu au financier Nicolas Monnerot, dont la chute fut aussi éclatante que l'avait été son enrichissement. Louis XIV confisqua son hôtel qui devint dès lors la propriété de quatre générations de Gramont.
N° 1. Bureau principal des *Aides et gabelles* en 1789, de l'Enregistrement et des Domaines en 1807 (vieille inscription relative au legs de cet immeuble aux hospices de Chartres).
N° 2. Du XVIIIe siècle.
N° 3. Porte.
N° 14. Du XVIIIe siècle, bas-reliefs de la cour.

Hôtel de Choiseul-Stainville et Opéra-Comique : L'ensemble compris entre les rues Grétry, Favart, Marivaux et le boulevard a été édifié, en 1780, sur les terrains de l'Hôtel de Choiseul-Stainville qui, compris entre les rues de Richelieu et de Gramont, bordait le boulevard.
C'était un hôtel construit, vers 1706, pour le financier Pierre Crozat, dit le Pauvre en comparaison de son frère, Antoine, mais qui n'en possédait pas moins une immense fortune. Le duc de Choiseul (le ministre de Louis XV) qui avait épousé la petite-fille de Pierre Crozat, l'habita de 1754 à 1772 et le financier Laborde après lui. Il y avait des sommes énormes à tirer de l'emplacement de cet hôtel, c'est pourquoi Laborde le morcela et le vendit.
On perça alors sur ses jardins, en 1780, les RUES D'AMBOISE, SAINT-MARC, FAVART, GRÉTRY et MARIVAUX et on construisit, en 1781-1783, une salle de théâtre pour la Comédie-Italienne jusqu'alors installée dans la salle du théâtre de l'Hôtel de Bourgogne, rue Montorgueil. La « salle des Italiens » (qui donna son nom au boulevard voisin) fut édifiée le dos au boulevard afin de la distinguer des petites salles ouvrant sur celui-ci et qu'elle ne fut pas confondue avec ces tréteaux de petits spectacles où jouaient des baladins. Nombreux furent les épigrammes qui raillèrent alors la vanité des comédiens chanteurs et leur salle, le *Théâtre des Italiens :*

Dès le premier coup d'œil on reconnaît très bien
Que le nouveau théâtre est tout italien,
Car il est disposé d'une telle manière
Qu'on lui fait au passant présenter le derrière.

Plusieurs fois incendiée, cette salle fut chaque fois reconstruite avec cette même regrettable orientation.

Nos 12 à 10. Emplacement de l'Hôtel de Gramont (cf. no 14). Façade du no 10.
Nos 8 à 2 (et nos 77-79 rue de Richelieu). Emplacement, aux XVIIe et XVIIIe siècles, d'un magnifique hôtel ayant appartenu, entre autres, en 1685, au marquis de Ménars, frère de Mme Colbert, et, vers 1736, au financier Boutin. Morcelé à la Révolution, et vendu comme bien national, il disparut, en 1869, avec le percement de la rue du Quatre-Septembre. Porte, vestibule et escalier du no 8.
Nos 5 et 7. Ces deux immeubles faisaient partie de l'Hôtel de Robert Le Métel, abbé de Boisrobert (1653) que Richelieu combla de ses faveurs. Il fut habité sous la Restauration par Garat, le chanteur peut-être le plus étonnant que la France ait connu avec sa voix de ténor élevé qui réunissait tous les registres. Il mourut ici, en 1823, à 59 ans.
Pavillon de l'entrée, façade sur cour et balcon du deuxième étage.
No 13. Cet hôtel a appartenu au XVIIIe siècle à la famille du marquis de Louvois.

RUE SAINTE-ANNE *(section comprise entre les rues Saint-Augustin et des Petits-Champs)* / Cette rue a remplacé, en 1633, une ruelle immonde, appelée, depuis le XVIe siècle, rue *au Sang* qui menait à la butte des Moulins.
Nos 68, 66, 64. Immeubles ayant appartenu à la famille de Louvois dont l'hôtel se trouvait situé plus au sud (square Louvois).
Bas-relief du no 64.
Nos 69, 67. Vieilles maisons.
No 65. Maison ayant appartenu au marquis de Girardin le protecteur de J.-J. Rousseau.
Mansardes.
No 63. Maison ayant fait partie, avant 1792, du couvent indiqué ci-après. Imposte de l'entrée, première cour, bâtiment situé au fond de la deuxième cour.

No 59. PASSAGE SAINTE-ANNE / Ce passage a été ouvert, en 1829, à travers le *couvent des Nouvelles-Catholiques,* créé, en 1634, par un capucin, le père Hyacinthe, dont le but était l'instruction religieuse des protestantes converties. Ce couvent a disparu en 1792.
No 54. Façade.
No 52. Entresol.
Nos 50, 48. Mascarons.
No 53. Porte, bas-reliefs de la cour.
No 57. Hôtel de Lévis, du XVIIIe siècle.
No 46. Hôtel du XVIIe siècle, habité par Bossuet. Celui-ci, malade, ne sortait plus guère et ses promenades étaient limitées au jardin voisin de l'Hôtel de Coislin (square Louvois). Bossuet mourut ici, en avril 1704 (inscription), il avait alors 77 ans.
Hôtel surélevé d'un troisième étage.

Prendre, aller et retour, la :

RUE DES PETITS-CHAMPS *(section comprise entre la rue Sainte-Anne et l'avenue de l'Opéra)* / Cette rue a été ouverte, en 1634, entre les rues Croix-des-Petits-Champs et Gaillon, sous le nom de rue *Neuve-des-Petits-Champs.*

Elle fut habitée, en 1692, par Binet qui faisait les perruques de Louis XIV, appelées pour cela des *perruques-binettes* ou *binettes.* Leur forme variant selon les occupations du roi (réceptions, dîners, chasse...), Binet faisait une consommation considérable de cheveux. « Je pèlerais, disait-il, toutes les têtes de France pour parer celle de Sa Majesté. » Les marchands de cheveux avaient des coupeurs qu'ils envoyaient en Normandie, en Flandre... ; les cheveux qu'ils rapportaient devaient avoir au moins 60 centimètres de long, ils leur étaient payés environ 4 francs les 400 grammes pour les cheveux communs et 50 écus pour les blonds argentés qui étaient les plus recherchés; les meilleurs venaient toujours du Nord.

N° 45. *Hôtel de Lulli :* Cet hôtel, ainsi que celui du n° 47, fut construit, en 1671, par Daniel Gittard, pour le Florentin J.-B. Lulli, surintendant de la musique du roi. Il emprunta pour cela à Molière 11.000 livres, soit près de la moitié de la somme qui lui était nécessaire. Il loua le n° 47 et habita le n° 45 avec sa famille composée de sa femme et de six enfants. C'est un bel hôtel aux façades ornées de pilastres d'ordre composite, avec neuf hautes fenêtres sur la rue Sainte-Anne et cinq sur la rue *Neuve-des-Petits-Champs.* Ces façades sont décorées de sculptures représentant des instruments de musique, des masques de bacchantes et de satyres.

Lulli quitta cette demeure en 1683 pour aller habiter dans une autre maison qu'il possédait à la *Ville-L'Evêque* (n° 28 ou 30 de la rue Boissy-d'Anglas) où il mourut en 1687, à 54 ans. Son beau-père, le musicien Lambert, habita ensuite cet hôtel où il mourut en 1696.

Hôtel classé.

Prendre, aller et retour, la :

RUE DES MOULINS / Cette rue remplace, depuis 1667, une ruelle qui venait du sud comme la rue Sainte-Anne et se heurtait comme elle à la butte des Moulins. Elle a gardé le nom que cette ruelle portait déjà en 1624.

Citons parmi les personnes qui habitèrent la rue des Moulins : Piron (« qui ne fut rien, pas même académicien »), de 1765 jusqu'à sa mort, en janvier 1773; l'abbé de l'Épée qui résidait à l'ex-n° 14 où il mourut en 1789; c'est là qu'il innova son enseignement aux sourds-muets (inscription). Il faisait classe deux fois par semaine, de 7 heures du matin à midi; l'empereur Joseph II assista plusieurs fois à ses leçons pendant son séjour à Paris en 1777. Bonaparte logea, en août 1792, dans *l'Hôtel des Patriotes hollandais* où étaient descendus les députés de la Corse; Saint-Just résida aussi dans la rue des Moulins.

Nº 10. Autre maison ayant appartenu à Lulli. Mansardes, ferronneries.

Nº 8. *Hôtel d'Holbach :* Ancienne demeure, de 1759 à 1789, du baron d'Holbach, qui y tint un salon à la fois littéraire et culinaire. Sa maison fut le rendez-vous des hommes de lettres les plus réputés de la seconde moitié du XVIIIe siècle : Diderot, Marmontel, Turgot, Grimm, Helvétius, le marquis de Saint-Lambert, le prince Galitzine, Franklin...; ils se retrouvaient là à dîner, deux fois par semaine, autour d'une table où les mets substantiels mettaient tout le monde en gaîté. D'Holbach fut l'auteur de nombreux ouvrages philosophiques où il se déclarait hostile à toute religion; il contrebalançait ainsi l'influence trop prépondérante du clergé, ce qui lui valait un appui tacite du roi et de ses ministres. Un jour vint où les encyclopédistes furent poursuivis; un colporteur du *Christianisme dévoilé* fut pilorié, fouetté, marqué et envoyé aux galères. D'Holbach crut prudent d'émigrer quelques mois. Il revint ensuite à Paris où il mourut dans cet immeuble à 67 ans, en janvier 1789, à la veille de la Révolution.

Nos 6, 4, 3, 5, 7. Du XVIIIe siècle; la porte nº 5 est classée (mansardes); encadrement de l'ex-porte cochère du nº 6.

RUE DES PETITS-CHAMPS *(suite)*.

Nos 51 à 55. Hôtel construit en 1765.

Nº 57. RUE DE VENTADOUR / Il ne reste plus que la section sud de cette rue créée, vers 1640, sur des terrains de la famille de Lévis de Ventadour.

Nº 57. Maison qu'habita J.-J. Rousseau vers 1745, au début de sa liaison avec la jeune ouvrière Thérèse Levasseur. Le couple logeait dans une mansarde située à hauteur du cadran placé au fronton de la façade de l'*Hôtel de Lyonne* (plus tard Ventadour, annexe de la Banque de France). J.-J. Rousseau l'utilisa pour essayer d'apprendre à Thérèse à lire l'heure : « Pendant plus d'un mois, écrit-il dans ses *Confessions,* je m'efforçai de lui faire connaître les heures... »

Nº 61. Le balcon, du XVIIIe siècle, est classé; porte, cour, escalier.

RUE SAINTE-ANNE *(section comprise entre la rue des Petits-Champs et l'avenue de l'Opéra)* / Nº 34. Emplacement d'un hôtel du XVIIIe siècle où habita, en 1768, le chevalier Jean du Barry et où fut signé, le 23 juillet de cette année, le contrat de mariage du comte Guillaume du Barry, son frère, avec Jeanne Bécu, qui devint ainsi la comtesse du Barry.

Nº 36. Deux bas-reliefs, l'un dans l'escalier représentant Louis XIV, l'autre dans une chambre représentant une Victoire, sont classés.

Nº 43. Autre hôtel ayant appartenu à Lulli. Porte, monogramme.

Nos 18, 16. *Hôtel d'Helvétius.* Emplacement de l'hôtel habité, de 1760 à 1771, par Claude Helvétius, riche littérateur et philosophe, fermier général à 23 ans, qui donna ici de somptueuses fêtes, tel ce bal de février 1755 qui fut ouvert par Fontenelle alors âgé de 98 ans. Helvétius était fils d'un médecin hollandais qui dut sa réputation et sa fortune à un remède, l'*Ipécacuhana,* récemment importé du Brésil. Son fils, s'étant démis de sa charge, s'adonna à la philosophie fort entachée d'athéisme. Il écrivit, en 1758, cet ouvrage *De l'esprit* qui fit grand bruit; par ordre du Parlement il fut brûlé par le bourreau, en février 1759, et Helvétius dut se rétracter deux fois. Il mourut ici, en décembre 1771. Cet hôtel, le plus beau de la rue avec celui de Lulli, a disparu vers 1875.

L'Hôtel d'Helvétius fut occupé, de 1775 à 1792, par Mme de Sainte-Amaranthe, qui y tint, au début de la Révolution, un salon où vint un grand nombre de personnes attirées surtout par l'incomparable beauté de sa fille, Émilie. Parmi les habitués de ce salon citons : le duc de Nivernais, Rivarol, Laharpe, Volney, le vicomte de Pons, et trois fils d'anciens ministres : M. de Maupeou, le comte de Miromesnil et M. de Sartine. Au commencement de 1792, Mme de Sainte-Amaranthe dirigea un tripot au Palais-Royal (au nº 50 de la galerie de Montpensier). Les salons dorés et les valets en perruque de ce tripot rendirent l'établissement suspect aux patriotes, aussi Mme de Saint-Amaranthe, sa fille (18 ans), son fils (16 ans) et son gendre, fils de M. de Sartine, furent-ils arrêtés, condamnés et décapités place du *Trône-Renversé* (place de la Nation) avec 51 autres personnes. Sanson abattit les 54 têtes en 24 minutes, ce qui lui valut, de Barrère, une proposition pour une gratification.

Citons encore parmi les personnes qui ont habité la rue Sainte-Anne : Grimm, littérateur, critique et ami de Mme d'Épinay; la sœur de Sophie Volland; en 1762, la Gourdan, fameuse entremetteuse de la seconde partie du XVIIIe siècle, appelée « la surintendante des plaisirs de la Ville et de la Cour »; la danseuse Allard, maîtresse de Vestris et, en 1802, Mlle George, qui, âgée alors de 16 ans, fit dans la maison qu'elle occupa ici la connaissance de Lucien Bonaparte qui la lança.

25 DU PALAIS-ROYAL A LA PORTE RICHELIEU

La rue de Richelieu, l'Hôtel Dodun, les rues Molière, Thérèse et Villedo / La rue des Petits-Champs, l'Hôtel Tubeuf, les galeries Colbert et Vivienne / La Bibliothèque Nationale, l'Hôtel de la marquise de Lambert / La salle Louvois / La porte Richelieu / Les rues Feydeau et Saint-Marc / La rue Vivienne.

Point de départ : Place du Théâtre-Français.

RUE DE RICHELIEU / Cette rue a été ouverte en 1634 lorsque le cardinal de Richelieu fit procéder à l'agrandissement du *Palais-Cardinal* dont elle longea, dès lors, tout le côté ouest; elle se terminait alors à la *porte Richelieu* (rue Feydeau) de la nouvelle enceinte.
Nº 13. Emplacement du magasin de Lepage, armurier de Napoléon, de Louis XVIII et de Charles X. Lorsque éclata la Révolution de fin juillet 1830, Paris prit dans la journée du 29 sa physionomie révolutionnaire : barricades édifiées, réverbères renversés, etc., la foule n'avait pas d'armes, elle s'en procura en mettant au pillage les boutiques des armuriers, à commencer par celle de Lepage.
Nº 17. Cette maison fut, jusqu'à la Révolution, la propriété du duc d'Orléans; elle devint ensuite un hôtel meublé.
Nº 12. Hôtel du XVIIᵉ siècle, habité, de 1808 à 1809, par Marie-Joseph Chénier (cf. nº 12, place Vendôme) qui, en cette année 1808 lut à l'Empereur son *Tableau historique de l'état et des progrès de la littérature française depuis* 1689.
Nº 14. De 1680. Le compositeur italien Gaspard Sacchini est mort dans cette maison en 1786.
Mansarde à poulie, ferronneries.
Nº 21. *Hôtel Dodun :* Cet hôtel est sur l'emplacement d'une maison qui fut, en 1639, la propriété du beau-frère de Clément Métezeau, l'architecte de la digue de La Rochelle et frère de Louis Métezeau, et, en 1669, celle de son gendre, le conseiller Foucault. Foucault était célèbre dans le quartier par sa manie de porter en permanence sa robe de chambre et son bonnet de nuit; ces deux objets avaient une telle renommée que Molière réussit à se les procurer pour les revêtir le jour où il créa le rôle d'Argan du *Malade Imaginaire*. Cette maison fut achetée, en 1715, par un riche parvenu, Pierre Dodun, qui la fit abattre et reconstruire à sa place l'hôtel actuel. Ses boiseries ont été vendues,

mais un escalier magnifique, quoiqu'en partie mutilé, subsiste.
La porte sur la rue, les façades et toitures sur les rues de Richelieu et Molière et sur la cour, l'escalier, y compris le plafond, les détails de sculpture et les moulurations de sa cage sont classés. Mansarde à poulie.
Nº 23. Hôtel de 1660 où habita, en 1667, le peintre Mignard, qui y mourut le 30 mai 1695 (inscription illisible). L'hôtel devint alors la propriété de sa fille, la comtesse de Feuquières; elle était ainsi à proximité de son amant, valet de chambre de Louis XIV, qui résidait rue *Traversière* (Molière). Cet hôtel devint, en 1778, un hôtel meublé.
Nº 18. De 1660. Marie-Joseph Chénier y résida de 1805 à 1807, époque où il écrivit *la Promenade à Saint-Cloud* et l'*Epître à Voltaire*.
Porte, ferronnerie.
Nº 20. De 1659. Mansarde, ferronnerie du premier étage.
Nº 22. De 1669. Le président Hénault habita cet hôtel de 1710 à 1737. Il le quitta à cette dernière date pour aller habiter celui de son père, au nº 48. Cette maison eut pour habitant, en 1801, Joseph Albouis, dit Dazincourt, comédien au Théâtre-Français, maître de théâtre de Marie-Antoinette, un de ceux qui contribuèrent le plus à relever le théâtre après la Révolution.
Mansardes.
Nº 25. De 1660 (en partie reconstruite); fenêtres, mascaron au premier étage.
Nº 26. Hôtel de 1643, habité en 1770, par le président Bochard de Saron, plus tard décapité. La modiste de Marie-Antoinette, Marie-Jeanne Bertin, dite Rose Bertin, habita cette maison du commencement de la Révolution jusqu'en 1808.

Nº 26. Le PASSAGE POTIER tient son nom de celui d'un comédien, célèbre sous la Restauration, qui habita cette maison en 1821.
Nº 33. Porte, fenêtres et bas-reliefs.
Nº 28. De 1643; mansardes.
Nº 37. Cette fontaine, édifiée en 1844, par Visconti, remplace une première fontaine qui fut édifiée en 1671 contre l'ancien nº 3 et qui fut démolie en 1830. La statue assise de Molière est de G. Seurre; les figures debout, *la Comédie sérieuse* et *la Comédie légère,* sont de Pradier. On envisagea lorsqu'on l'édifia d'y transporter les restes du poète, mais on y renonça, des doutes s'élevant déjà à cette époque sur leur authenticité.
Nº 34. De 1658; le nom du PASSAGE HULOT, ouvert en 1787, vient du nom du propriétaire d'alors.
Nº 36. Cette maison a appartenu, de 1658 à 1749, à la famille des peintres Corneille.
Nº 38. Cette maison fut la propriété, de 1658 à 1721, de la famille des deux frères Balthazar et Gaspard Marsy, sculpteurs tous les deux. Maison transformée,

de 1815 à 1829, en un hôtel meublé, l'hôtel Breton. N° 39. Maison de 1670, reconstruite sous Louis XV. Bazin de Bezons, maréchal de France en 1709, fut un de ses propriétaires. Diderot y est mort le 31 juillet 1784 (inscription), il avait alors 71 ans. Fenêtres; mascarons.

Prendre, aller et retour, les trois rues suivantes :

RUE MOLIÈRE / Cette rue remplace l'ancien chemin de ronde extérieur à l'enceinte de Charles V; elle aboutissait avant le percement de l'avenue de l'Opéra, dans la rue Saint-Honoré, d'où son nom de rue *Traversière,* qu'elle garda jusqu'en 1843. En 1625, c'était la rue du *Bâton-Royal.*

Tallemant des Réaux a habité la rue *Traversière* de 1655 à 1681; Mme de la Sablière y résida un an en 1668. A l'ancien n° 43, Voltaire loua une maison, en 1743, de moitié avec le marquis du Châtelet; la marquise, elle aussi, était à cette époque de moitié dans l'intimité de Voltaire. Celui-ci, au retour de sa mission en Hollande et à Berlin, revint, en 1749, habiter ici, quelques semaines après la mort de la marquise du Châtelet; il veilla à ce que les pièces qu'elle avait habitées soient maintenues intactes : « Les lieux qu'elle a habités nourrissent une douleur qui m'est chère et me parleront continuellement d'elle », a-t-il écrit. Voltaire partit en 1750 pour Potsdam; il ne devait revenir à Paris que 28 ans plus tard. Le compositeur Grétry habita 12 ans l'ancienne maison de Voltaire et s'y maria (1771); le comédien Fleury l'habita vers 1816.

Ont également habité la rue *Traversière :* le sculpteur Bouchardon, le traducteur Dacier, le poète Parny de Forges et Mirabeau qui logea, en 1790, à « l'Hôtel de Malthe ».

Nos 25, 21, 15 (mansardes, ferronneries), 13, 9 (mascaron, ferronneries), 10, 12, 14, 16, 18 (mansardes), 20, 22, 26 (mansardes) : vieilles maisons.

RUE THÉRÈSE / Jadis simple sentier conduisant à la butte Saint-Roch et à ses maisons de jeux, cette rue a été formée par la réunion, en 1880, de la rue *du Hazard,* ainsi nommée, depuis 1622, à cause d'un célèbre tripot qu'elle contenait, et de la rue *Thérèse,* ainsi nommée en 1692 en souvenir de la reine Marie-Thérèse, épouse de Louis XIV. N° 1. Cour curieuse; la porte sur rue et la décoration intérieure de l'escalier sont classées. Nos 3, 5, 9, 13 : Vieilles maisons. N° 6. Le tripot en question, de 1622 à 1750; porte, cour, escalier. N° 10. Vieille maison habitée, de 1770 à 1776, par Julie Carreau que Talma épousa en 1791. N° 14. Façade, ferronneries. N° 23. Deux inscriptions relatives à l'abbé de l'Épée.

RUE VILLEDO / Cette rue, de 1639, porte le nom de Michel Villedo qui, de simple maçon, devint « général

Hôtel de Nevers / Façade sur cour

des Bâtiments du roi »; chargé, à ce titre, de l'aplanissement de la butte des Moulins, il fut l'un des premiers à spéculer sur les terrains libérés. Nos 8, 12. Vieilles maisons.

RUE DE RICHELIEU *(suite)* / No 40. Emplacement de la maison où Molière habita le second étage depuis octobre 1672 jusqu'à sa mort survenue le vendredi 17 février 1673, à 10 heures du soir après la quatrième représentation du *Malade imaginaire* (inscription). Il avait alors 51 ans. La maison actuelle est de 1765.
Nos 44-42. De 1684.
No 46. De 1699. C'est ici que s'installa, vers 1725, le premier café de Foy, son enseigne était *A la Bonne Foi.* Il s'installa, en 1784, sous les arcades du Palais-Royal.
No 45. Maison ayant appartenu à la famille Villedo.
No 48. Hôtel du XVIIe siècle ayant appartenu, en 1709, au fermier général Hénault de Cantobre et, à sa mort, en 1737, à son fils, le président Hénault. C'est ici que ce dernier rédigea son *Abrégé chronologique de l'Histoire de France* qui, paru en 1744, remporta un immense succès.
No 50. Hôtel reconstruit, en 1738, pour Mme Poisson alors séparée de son mari et protégée par le financier Pâris de Montmartel. Elle l'habitait avec son fils, le futur marquis de Marigny, et sa fille, Antoinette, qui devait remplacer, en 1745, la duchesse de Chateauroux dans le cœur de Louis XV et être présentée à la cour sous le titre de marquise de Pompadour. Façade, porte Louis XV.
No 52. Le compositeur Grétry résida au quatrième étage de cette maison en 1780; il avait alors 39 ans.
No 51. Maison à pignon, quoique du XVIIe siècle, habitée, de 1668 à 1744, par la famille des apothicaires d'Ansse de Villoison, de laquelle descendit, en 1750, Gaspard d'Ansse de Villoison, helléniste réputé.
No 56. Vieille maison.

Prendre, aller et retour, la :
RUE DES PETITS-CHAMPS *(section comprise entre les rues des Petits-Pères et Sainte-Anne)* / Nos 27, 31, 33, 35. Vieilles maisons.
No 28. Vieille maison; ferronneries.
No 26. Hôtel du XVIIIe siècle; façade, bas-reliefs au-dessus des fenêtres du premier étage, rampe de l'escalier.
No 20. De 1707, Petit-Hôtel de Colbert, marquis de Saint-Pouanges et de Chabanais.

Le Grand-Hôtel du même nom a disparu avec le percement, en 1776, de la RUE CHABANAIS qui, comme de nos jours, se prolongeait jusqu'à la rue Sainte-Anne par une courte section à angle droit appelée, depuis 1838, RUE CHÉRUBINI (aux no 3 et 4, maisons du XVIIIe siècle). La rue Chabanais a gardé son aspect d'une rue de Paris de la fin du XVIIIe siècle : maisons à porte cochère, belles ferronneries.

Nº 1. Vieille maison.
Nº 9. Maison où la veuve de Fouquier-Tinville vint habiter 2 chambres au sixième étage en 1812 et où elle mourut dans la misère en 1827.
Nº 11. Maison où descendit et où fut arrêté, en février 1804 le général Pichegru lorsqu'il vint secrètement de Londres participer au complot de Cadoudal contre Napoléon.
Nº 10. Maison dans laquelle Chamfort se suicida, en avril 1794, pour échapper à son arrestation prescrite par le Comité de Salut Public.
Nº 4. Maison habitée par Tallien en 1802 après son divorce avec Thérésia Cabarrus; son déclin avait commencé.
Nº 2. Vieille maison.

Nºs 18, 16. Vieilles maisons; mansardes, ferronneries.
Nº 8. *Hôtel Tubeuf :* Hôtel construit par Le Muet, en 1634, et qui appartint, en 1641, à Jacques Tubeuf, président à la Cour des Comptes, familier de Mazarin. Celui-ci le loua en 1643 puis l'acheta, en 1649, lorsqu'il décida d'habiter à proximité du *Palais-Cardinal* où étaient Anne d'Autriche et le jeune Louis XIV. Ce fut le *Palais-Mazarin.*
C'est dans cet hôtel que fut logé Bernini lorsqu'il vint à Paris, en 1665, étudier quelle façade il convenait d'édifier pour le côté est du palais du Louvre; c'est là aussi que mourut du choléra en 1849, Mme Récamier, chez son neveu, M. Lenormand, important fonctionnaire de la Bibliothèque Nationale.
Cet hôtel a conservé son noble aspect avec ses façades où alternent les pierres et les briques, son perron et les trophées de la partie centrale de sa façade principale.

Nºs 6 et 4. Les GALERIES COLBERT et VIVIENNE sont à l'emplacement de deux hôtels ayant respectivement appartenu au président Vanel (1640) et à Bautru de Serrant. Colbert acheta l'un et l'autre en 1665 (cf. nos. 2 et 2 bis, rue Vivienne).
Ces galeries datent de 1825 et 1828; au nº 13 de la galerie Vivienne où habita Vidocq en 1840, escalier tout à fait remarquable.
Nº 2. Enseigne, de 1779, à *l'Homme de la Roche de Lyon,* posée par un charcutier de Lyon en souvenir d'un bienfaiteur, au XVe siècle, d'un quartier de cette ville appelé le quartier de la Roche.

La RUE DE LA BANQUE a été ouverte, en 1779, sur l'emplacement de l'Hôtel de Grimod de la Regnière (cf. : passage des Petits-Pères). Bougainville est mort à son nº 5 en 1811 (inscription).

Nº 5. PASSAGE DES DEUX PAVILLONS, de 1820.
Nº 11. Hôtel de Novion, du début du XVIIIe siècle (autre façade au nº 16 de la rue de Beaujolais).
Nºs 13, 15, 17, 19, 21, 23, 25. Vieilles maisons.
Rappelons que la plupart de ces maisons ont eu pendant longtemps une vue directe sur le jardin du Palais-Royal.

N° 59. Emplacement d'un hôtel où habita, de 1739 à 1762, le fermier général Le Riche de la Popelinière. Il avait épousé, après dix ans de liaison, la comédienne Mimi Dancourt qui se compromit tant avec le maréchal-duc de Richelieu que Le Riche de la Popelinière prit l'habitude de l'enfermer à clef lorsqu'il sortait. Cela n'empêcha pas le maréchal de venir la retrouver car il loua la maison située dos-à-dos avec celle-ci où il s'introduisait par le moyen d'une cheminée pivotant comme la tour d'un hospice d'enfants trouvés.

N° 61. De 1668; balcon, escalier.

N° 63. Hôtel de 1662 qui devint après la Révolution l'hôtel meublé de Malte. Façade, vieille inscription : *Table d'hôte.*

N° 67. Reconstruction de 1705 sur les jardins d'un hôtel s'étendant du n° 63 au n° 75 et qui avait appartenu, en 1681, à Gilbert Colbert, marquis de Saint-Pouanges. Cet hôtel ayant été divisé, l'hôtel construit à ce n° 67, appartint, en 1705, au marquis Le Tellier de Souvré, second fils de Louvois.

N° 58. *La Bibliothèque Nationale :* Lorsque le cardinal Mazarin s'installa, en 1644, à proximité du Palais-Royal, à l'Hôtel Tubeuf, il étendit cette propriété en faisant construire, d'une part, en 1645, par Mansart, une galerie à deux étages parallèle à la rue Vivienne, dite depuis Galerie Mazarine, (classée), pour y loger ses précieuses collections et sa bibliothèque, et, d'autre part, en 1647, des bâtiments longeant la rue de Richelieu, tant pour y établir ses appartements personnels que pour y installer les communs de sa résidence. À la mort de Mazarin, son hôtel fut divisé en deux lots. Le premier, constitué par la partie longeant la rue de Richelieu, fut appelé l'Hôtel de Nevers, car il l'avait légué à son neveu Philippe-Julien Mancini-Mazarini qui devint duc de Nevers et gouverneur du Nivernais. En 1698, celui-ci vendit la partie nord à la marquise de Lambert qui y tint, de 1710 à 1733, un célèbre salon (cf. ci-après), et, en 1717-1719, ses héritiers vendirent la partie sud à Law. Le Régent racheta cette dernière après la faillite de Law et Louis XV y installa, en 1724, la Bibliothèque du Roi alors assez mal installée au n° 6 de la rue Vivienne. Cette même année, Louis XV racheta l'hôtel de la marquise de Lambert où il installa, en 1733, sa collection de médailles.

Le deuxième lot de l'hôtel du cardinal Mazarin était devenu la propriété du duc de la Meilleraie, époux d'Hortense Mancini, nièce favorite du cardinal; il comportait l'ex-Hôtel Tubeuf et la partie longeant la rue Vivienne. C'était l'Hôtel Mazarin que son fils échangea, en 1720, contre l'Hôtel de Langlée (jadis aux n°s 46 à 50 de la rue des Petits-Champs) qui appartenait alors à Law. Après la faillite de ce dernier, le Régent installa dans l'ex-Hôtel Mazarin la Compagnie des Indes qui y resta de 1720 à 1769; le Trésor la

remplaça de 1769 à 1726. Quant à la galerie Mazarine, son rez-de-chaussée, dit la galerie Mansart, fut affecté à la Bourse de 1724 à 1793.
Les bâtiments qui constituent de nos jours la Bibliothèque Nationale (entrée : nº 58, rue de Richelieu), ex-Bibliothèque du Roi, puis Bibliothèque Royale, puis Bibliothèque Impériale, comportent, d'une part, le noble édifice de l'ex-Hôtel Tubeuf, de Le Muet, puis au fond du jardin, en bordure de la rue Vivienne, la galerie Mazarine, cette belle construction à deux étages, de F. Mansart, une des plus somptueuses du XVIIe siècle avec ses décorations de Romanelli et de Grimaldi, et, d'autre part, des constructions modernes échelonnées de 1854 à 1947. Rappelons que la Bibliothèque Nationale contient plus de 5.000.000 de volumes imprimés (son catalogue, arrêté à la lettre P. comporte près de 170 tomes), 5.000.000 d'estampes, 120.000 volumes manuscrits et près de 400.000 médailles.

Nº 58. RUE COLBERT, percée, en 1683, sur les écuries du Palais-Mazarin. Son nº 12, date du temps où la marquise de Lambert habitait l'Hôtel de Nevers; ses appartements étaient, en partie, au-dessus de l'arcade sous laquelle fut arrêté Louvel après qu'il eut assassiné le duc de Berry. (Le départ de cette arcade est encore encastré dans un mur à l'entrée de la rue).
Comme il a été dit ci-dessus, la marquise de Lambert acheta, en 1710, une partie de l'hôtel du duc de Nevers où elle tint jusqu'à son décès, en 1733, un salon littéraire dont Fontenelle fut l'animateur. C'est dans ce salon que d'Argenson lança cette fameuse boutade : « La France est une malade que trois médecins de rouge vêtus ont successivement traitée depuis 100 ans : Richelieu qui l'a saignée, Mazarin qui l'a purgée et Fleury qui l'a mise à la diète. » On y rencontrait le marquis de Saint-Aulaire, Marivaux, Montesquieu, le président Hénault, la comtesse de Saint-Aulaire, Rose Launay, etc. Après la mort de la marquise de Lambert les habitués de ce salon se retrouvèrent dans celui de Mme de Tencin et ensuite dans celui de Mme Geoffrin.
La façade sur cour et la décoration intérieure du XVIIIe siècle de l'ancien cabinet des Médailles sont classées, ainsi que la fontaine Colbert, du XVIIIe siècle, située à l'extrémité de la rue au nº 6.
Nº 58 *bis*. Restes de l'Hôtel de Nevers (inscription sur la façade située rue Colbert).

Le SQUARE LOUVOIS, situé face à l'entrée de la Bibliothèque nationale, est à l'emplacement de 2 hôtels ayant appartenu à partir de 1669 : l'un, au cardinal de Coislin, au prince de Tingry, puis au chancelier de Miromesnil, l'autre, à Louvois et à sa famille. Ils furent démolis en 1792 et en 1784, et le *Théatre National,* dirigé par Mme Montansier, fut construit, en 1794 sur leur emplacement.
La Salle Louvois : Ce théâtre devint, dès 1794, celui

de l'Opéra dont les emplacements successifs avaient été jusqu'alors : le jeu de Paume de la Bouteille (1671), le jeu de paume du Bel-Air (1672), la première salle de Palais-Royal (1673), la salle des Machines (1763), la seconde salle du Palais-Royal (1770) et la salle du boulevard Saint-Martin (1781). La salle Louvois perdit son affectation après l'assassinat du duc de Berry et la troupe de l'Opéra s'installa dans une nouvelle salle, rue Le Peletier.
C'est le dimanche gras, 13 février 1820, que Louvel tua ici le duc de Berry, second fils du comte d'Artois (le futur Charles X), venu, avec la duchesse, voir jouer *le Rossignol, le Carnaval de Venise* et *les Noces de Gamache.* Son assassin, Louvel, ouvrier sellier, fit connaître lors de son procès, que considérant les Bourbons comme des ennemis de la France, il avait conçu le projet de les exterminer tous. Ce meurtre fut inutile puisque la duchesse de Berry devait mettre au monde, le mois de septembre suivant, un fils posthume, « l'enfant du miracle », qui fut appelé duc de Bordeaux, puis comte de Chambord, et qui, héritier du trône, mourut, en 1883, sans postérité.

En 1839 on forma le square actuel, orné, en 1844, d'une des plus jolies fontaines de Paris, œuvre de Visconti, où des statues représentent quatre fleuves ou rivières de France.
N° 73. De 1684. A appartenu à Louvois (1689), puis à sa fille (1694), puis au duc d'Orléans (1754). Hôtel meublé, dit de Chine, avant la Révolution.
N° 60. Hôtel du XVIIe siècle ayant appartenu à la famille Talaru; le marquis de Talaru, maître d'hôtel de la reine, y fut emprisonné sous la Terreur, donc chez lui, avec son voisin, le fils du financier Boutin. Tous deux furent décapités.
N° 66. De 1640, alors Hôtel de Broully, où Ninon de Lenclos habita de 1653 à 1659; elle avait 33 ans lorsqu'elle vint ici. Tallemant des Réaux l'habita de 1683 jusqu'à sa mort, survenue ici en 1692. Sa femme, Élizabeth de Rambouillet, y est morte également, en 1717. Enfin, dans ce même hôtel est mort, en 1826, Brillat-Savarin, alors âgé de 71 ans (inscription sur la façade en bordure de la rue des Filles-Saint-Thomas). Ancien lieutenant civil, ancien avocat, ancien député du Tiers-État aux États-Généraux, ancien juge au Tribunal de Cassation, Brillat-Savarin fut surtout rendu célèbre par la publication de sa *Physiologie du goût*; il fit de la gastronomie un art véritable, l'art de bien manger, et s'attacha autant à la qualité des mets qu'à leur présentation.
Façade, guirlandes, ferronneries.
N° 76. Emplacement d'un hôtel habité, de 1756 à 1766, par la célèbre danseuse de l'Opéra, Marie-Madeleine Guimard.
N° 75. Hôtel de Robert Le Métel, abbé de Bois-Robert (cf. n°s 5, 7, rue des Petits-Augustins).

N° 79. RUE MENARS / Entre les n°s 77 et 79 de la rue de Richelieu que sépare la rue du quatre-Sep-

tembre s'élevait, au XVIIe siècle, un vaste hôtel, l'Hôtel de Grancey, dont le jardin était célèbre par la grosseur et la rareté de ses fruits. Après le maréchal duc de Grancey, l'hôtel appartint, en 1685, au président Ménars (cf. nos 8 à 2, rue Saint-Augustin), en 1736, au financier Boutin qui l'agrandit considérablement et, en 1766, à son fils. C'est dans cet hôtel que mourut, en 1736, à 63 ans, Duguay-Trouin, qui avait servi comme corsaire avant d'entrer dans la marine de l'État. Cet hôtel fut remplacé, en 1851, par un immeuble moderne que le percement, en 1869, de la rue du 4-Septembre fit disparaître.
Des maisons actuelles de la rue Ménars, dont une partie a disparu avec ce percement, seules celles des nos 2 et 4 sont anciennes.
No 78. De la fin du XVIIIe siècle.
Nos 81-83. Maison construite en 1734; la Malibran habita le no 83 vers 1830 (cf. no 31, rue Saint-Marc).
No 80. La rue de Richelieu coupait ici le rempart et les fossés de l'enceinte bastionnée de Louis XIII (1633-1678) dont le tracé suivait les rues Ménars et Feydeau. La *porte Richelieu,* située à hauteur de la rue Feydeau, fut démolie en 1701.

Avant d'abandonner la rue de Richelieu pour longer vers l'est l'enceinte de Louis XIII jusqu'à la *porte Montmartre*, signalons que cette rue fut prolongée en 1704 au-delà de la *porte Richelieu* jusqu'au boulevard. Ses nos 91 à 93 sont à l'emplacement d'une partie de l'hôtel construit pour le financier Pierre Crozat, plus tard Hôtel de Choiseul-Stainville (cf. rue de Choiseul). Le no 102 (remanié, en 1802, par Visconti) fut acheté par Voltaire, en 1778, peu de temps avant sa mort et légué par lui à sa nièce Mme Denis.

Au no 97, le PASSAGE DES PRINCES, de 1860, est à l'emplacement d'un hôtel qui fut, en 1827, un hôtel meublé, l'Hôtel des Princes, où Meyerbeer logea en 1835; il avait alors 44 ans, venait de composer *Robert le Diable* et préparait *les Huguenots*.
Le no 101 a appartenu à la famille Terray dont l'abbé Terray (1754-1778), il eut comme locataire l'abbé Barthélemy, numismate, archéologue, académicien, connu surtout comme auteur du *Voyage du jeune Anarcharsis,* paru en 1788, véritable chef-d'œuvre d'érudition. La porte sur la rue avec ses vantaux et le balcon qui le surmonte sont classés.
Le no 112 est à l'emplacement d'une partie de la célèbre maison de jeu et de plaisir *Frascati* (1796-1836), remplacée, en 1837, par un immeuble moderne où Balzac logea vers 1840. Enfin le no103 est à l'emplacement d'une maison habitée par Regnard à la fin du XVIIe siècle. A cette époque, Regnard avait de ses fenêtres une belle vue sur la campagne; il voyait Montmartre, ses moulins, ses carrières de plâtre, et il dominait les jardins potagers situés du côté de la Grange-Batelière (rues Drouot et Rossini). Regnard

nous a laissé, dans de charmants vers, le souvenir de ce coin champêtre.

Revenir sur ses pas jusqu'à la :
RUE FEYDEAU / Cette rue qui prolonge à l'est la rue Ménars a été tracée, vers 1650; son nom actuel, de 1680, est celui d'une famille propriétaire du terrain. Cambacérès a habité la rue Feydeau en 1793.

N° 23. La RUE DES COLONNES est l'ancien *passage des Colonnes,* percé, en 1791, entre les rues Feydeau et des Filles-Saint-Thomas, sur les terrains d'un hôtel, de 1658. Les maisons actuelles, nos 1, 2, 6 et 7, dont les arcades sont classées, furent élevées, en 1797, lors de la transformation de ce passage en une rue qui facilita le débouché du théâtre Feydeau.

Nos 19, 21. Emplacement du *Théâtre Feydeau* construit, en 1790, pour une troupe de chanteurs italiens venue à Paris sous les auspices du comte de Provence, frère de Louis XVI. La salle Feydeau, de 2.200 places, fut inaugurée le 6 janvier 1791. Elle connut comme artistes Mmes Dugazon, de Saint-Aubin, les chanteurs Elleviou, Chenard, qui se firent entendre dans le répertoire de Dalayrac, de Boïeldieu et d'Auber, jusqu'à sa fermeture survenue, en avril 1829, pour cause de vétusté.
Nos 18, 16, 14, 12, 10. Vieilles maisons; balcons des nos 16 et 14, ferronneries des nos 12 et 10.
C'est au carrefour actuel des rues Feydeau, Saint-Marc, Montmartre et des Jeûneurs que s'élevait la *porte Montmartre* mentionnée au chapitre suivant.

RUE SAINT-MARC / Cette rue, de 1650, doit son nom à la famille des Vivien, seigneurs de Saint-Marc, propriétaire du terrain.
L'architecte Brongniart, qui construisit le couvent des Capucins (lycée Condorcet), le théâtre de la rue Louvois, la Bourse de Paris et de nombreux hôtels parisiens, a habité, en 1808, l'ex-n° 21; Lecomte de Lisle est mort, en 1894, dans une maison de cette rue.
N° 8. Entrée de la GALERIE SAINT-MARC, de 1834.
N° 10. Le PASSAGE DES PANORAMAS a été ouvert, en 1800, sur l'emplacement d'une des cours d'un hôtel, construit en 1704, ayant appartenu, en 1728, au maréchal de Montmorency, duc de Luxembourg, quatrième fils du « Tapissier de Notre-Dame » (l'ancienne porte cochère de son hôtel qui ouvrait rue Saint-Marc, face à la rue des Panoramas, est celle du passage). Ce passage fut construit par l'américain Fulton, venu en France, en 1796, proposer au Directoire certaines de ses inventions dont une espèce de bombe sous-marine qu'il appelait torpille ou *torpédo,* et un bateau sous-marin ou *nautilus*. En attendant, il exploitait deux panoramas donnant sur le boulevard. Le premier représentait la ville de Paris, le second une vue de Toulon et de ses environs, puis Jérusalem, Rome, Naples, Florence, etc. C'est dans ce passage qu'on

Hôtel de Montmorency (*grav. 1710*)

Bibliothèque nationale / Chambre de Mazarin

Ancien théâtre du Vaudeville (*grav. vers 1840*)

fit, en 1817, un des premiers essais à Paris de l'éclairage au gaz inventé par Lebon en 1799. Les passages adjacents : GALERIE DE LA BOURSE, GALERIE FEYDEAU, GALERIE MONTMARTRE, GALERIE SAINT-MARC, GALERIE DES VARIÉTÉS, datent de 1834.

Nº 9. La RUE DES PANORAMAS a été percée en 1782 par le duc de Montmorency-Laval sur des terrains lui appartenant pour servir de débouché à son hôtel dont l'entrée était située en face. Toutes les maisons de cette petite rue ont été construites d'une façon uniforme; balcons, ferronneries.

Nº 14. Maison natale (1807) et mortuaire d'Ernest Legouvé qui y a vécu 96 ans.

Nº 18. Hôtel de 1734. Sa porte et ses vantaux sont classés.

Nº 20. Ex-hôtel.

Nº 31. Maison où Mme Malibran, cantatrice et tragédienne remarquable, naquit en 1808. Fille du célèbre compositeur et chanteur espagnol Manuel de Populo Vincente Garcia, elle débuta à Londres en 1825, épousa à New York le négociant français Malibran dont elle se sépara en 1827. Remariée, en 1830, au violoniste Bériot, elle mourut six mois après des suites d'une chute de cheval, mort qui inspira à Musset ses *Stances à la Malibran*.

Prendre, aller et retour, la :

RUE VIVIENNE / Le nom de cette rue, ouverte en 1652, est une féminisation, de 1750 environ, de celui de la famille des Vivien de Saint-Marc. Elle aboutissait jusqu'en 1809 au couvent des Filles Saint-Thomas (place de la Bourse). Après la disparition de celui-ci, on la prolongea d'abord jusqu'à la rue Feydeau, puis, en 1830, jusqu'au boulevard.

Nº 31. La RUE DE LA BOURSE, de 1824, recouvre une partie de l'ex-théâtre Feydeau (cf. 19, rue Feydeau). Peu avant sa fermeture, en 1829, on construisit tout près de lui, à l'emplacement du nº 27 de la rue du 4-Septembre, une autre salle de spectacle qui ouvrit en mars 1827, et où des artistes aimés du public (comme Mme Déjazet) jouèrent des pièces dans le goût du jour. En mai 1840, le théâtre du Vaudeville, jusqu'alors installé sur le boulevard de Bonne-Nouvelle, vint occuper cette salle où il resta jusqu'au percement de la rue du 4-Septembre en 1868. Il fit 7 fois faillite entre 1840 et 1851, mais de grands succès relevèrent cette salle où eut lieu la première représentation de *la Dame aux Camélias* (1852) et où furent créés *le Roman d'un jeune Homme pauvre* et *la Famille Benoiton*.

La rue de la Bourse recouvre également une partie de l'ancien théâtre du Vaudeville.

Nº 25. La RUE DES FILLES-SAINT-THOMAS, ancienne section de la rue Saint-Augustin, aboutissait, avant la construction de la Bourse, dans la rue Notre-Dame-des-Victoires. Mme Permon, mère de Laure Permon, la future duchesse d'Abrantès, y tenait sous la Révolution, en 1794, l'hôtel meublé de la Tranquillité (situé peut-être au nº 5) que fréquentèrent

le général de brigade Bonaparte, Bourbotte et Junot; Mme Permon y cacha quelques jours le conventionnel réactionnaire Salicetti auquel on doit le vote de la réunion de la Corse à la France.
No 3. Vieille maison. — No 5 du XVIIIe siècle. — No 7. du XVIIIe siècle.
No 11. Hôtel habité, de 1768 à 1792, par l'abbé de Raze, ministre plénipotentiaire du prince évêque de Bâle; Brillat-Savarin y mourut en 1826 (inscription).

La partie sud de la rue Vivienne longe, du côté de ses numéros impairs, la Bibliothèque Nationale. On aperçoit au fond du jardin, qu'une grille sépare de la rue, la construction à deux étages édifiée par Mansart en 1645 (cf. no 58, rue de Richelieu) et, à gauche du jardin, le revers de l'ex-Hôtel Mazarin dont l'entrée est au no 8 de la rue des Petits-Champs.
Nos 2 et 2 *bis*. Emplacement de l'Hôtel Bautru de Serrant (cf. nos 4 et 6, rue des Petits-Champs) ayant appartenu, en 1683, au marquis de Seignelay, fils aîné de Colbert. En 1713, cet hôtel devint la propriété de la marquise de la Carte chez qui le prince de Cellamare trama sa conspiration en 1718. Les GALERIES COLBERT et VIVIENNE sont sur cet emplacement.
Simon Bolivar, le libérateur de l'Amérique du Sud, habita le no 2 *bis* en 1804.
No 4. De 1637. Hôtel du marquis de Seignelay ayant appartenu à Colbert de Lignères en 1714. Immeuble restauré.
No 6. De 1637. En 1666, Jacques Nicolas Colbert, second fils du ministre, archevêque de Rouen, membre de l'Académie, installa à cet emplacement la Bibliothèque du roi où se réunit l'Académie des Sciences. Immeuble restauré.
Nos 8 à 10. Hôtel construit en 1634. En 1800, le domestique du banquier Contentin, locataire du premier étage du no 10, coupa ici son maître en morceaux qu'il mit dans un panier.
Balcon et mascaron du no 10.
Nos 12 à 16. Hôtel construit par Le Muet, en 1649, habité par le président Tubeuf après qu'il eut vendu à Mazarin son hôtel situé à l'angle des rues de Richelieu et des Petits-Champs.
Hôtel dénaturé; porte du no 16.
No 18. Hôtel du XVIIe siècle ayant appartenu, en 1676, au neveu de Colbert, Nicolas Desmarets, contrôleur général des finances.
Sa porte, ses vantaux, le plafond d'un cabinet sont classés; très bel escalier.
No 20. Cette maison propriété du trésorier Paul Payen, en 1645, fut reconstruite, en 1711, par Boffrand, pour un conseiller au Parlement. L'abbé Boismont, prédicateur de Louis XV, y fut locataire.
Encadrement de la porte centrale du bâtiment situé au fond de la cour.

26

DU PALAIS-ROYAL A LA PORTE DE LA POISSONNERIE

L'Hôtel de la Vrillière / La place et le couvent des Petits-Pères, l'église Notre-Dame-des-Victoires / La place des Victoires / La rue des Fossés-Montmartre / La rue Montmartre, le cimetière Saint-Joseph, la porte Montmartre / La rue des Jeux-Neufs / Le quartier de la Ville-Neuve-les-Gravois, l'église Notre-Dame-de-Bonne-Nouvelle, la porte de la Poissonnerie.

Point de départ : angle des rues des Petits-Champs et de La Vrillière.

RUE DE LA VRILLIÈRE / Cette rue est une section de l'ancienne rue *Neuve-des-Petits-Champs* qui lorsqu'elle fut percée, en 1634, avait son origine à la rue Croix-des-Petits-Champs.

N°s 3 et 1. *Hôtel de la Vrillière* ou *de Toulouse.* — Vers 1635, François Mansart construisit ici pour Louis Philipeaux, marquis de la Vrillière, un hôtel qui devint, en 1713, la propriété du comte de Toulouse, fils légitimé de Louis XIV et de Mme de Montespan. Ce fut l'Hôtel de Toulouse que Robert de Cotte remania, de 1713 à 1719, et dont il fit un palais. Cet hôtel appartint, en 1737, au duc de Penthièvre, fils du comte de Toulouse, puis à la belle-fille du duc, Louise de Savoie-Carignan, princesse de Lamballe, qui y logea Florian. L'Hôtel de Toulouse fut séquestré à la Révolution, il devint propriété nationale et on y installa jusqu'en 1810 l'Imprimerie Nationale, alors au Louvre. A cette date, la Banque de France, qui se trouvait aux n°s 2, 4 et 6 de la rue d'Aboukir, en fit l'acquisition.

L'hôtel fut alors presque entièrement refait; la seule partie ancienne qui subsiste est celle formant l'encoignure de la rue Radziwill et, intérieurement, la magnifique *Galerie Dorée,* de 50 mètres sur 7, l'une des premières de ces fastueuses galeries du XVIIe siècle dont d'autres exemples se voient au palais du Luxembourg, au Louvre (la Galerie d'Apollon), à Versailles (la Galerie des Glaces) et à l'Hôtel Lambert (la Galerie d'Hercule).

C'est aux environs du carrefour actuel des rues de La Vrillière et Croix-des-Petits-Champs, que, lors des massacres de la Saint-Barthélémy, le futur maréchal Jacques Nompar de Caumont, duc de la Force, alors

enfant, échappa au carnage en faisant le mort aux côtés de son père et de son frère aîné que l'on venait d'assassiner. Le soir venu, un marqueur du jeu de paume de la rue *Breneuse* (Vide-Gousset) à qui l'enfant s'était confié l'enveloppa d'un manteau et l'emmena jusqu'à l'Arsenal, chez sa tante, Mme de Biron.
N° 2. Curieuse maison avec deux tourelles sur trompes, construite en 1750, par l'architecte Ledais; beaux balcons jusque sur le toit, façade classée.

Remonter la rue La Vrillière jusqu'à la :
RUE DES PETITS-PERES, ouverte vers 1610. Madones aux nos 4 et 8; construction en saillie et mansarde à poulie au no 4 *bis*.

PLACE DES PETITS-PERES / *Le couvent des Petits-Pères :* Cette place a été formée, en 1805, sur l'emplacement de la cour du *couvent des Augustins Déchaussés dits Petits-Pères,* religieux qui s'installèrent ici, en 1628, après avoir été chassés, en 1613, par la reine Margot du couvent situé à l'emplacement de notre École des Beaux-Arts (cf. 14, rue Bonaparte) sous prétexte qu'ils chantaient faux. Ayant obtenu la protection de Louis XIII, ils construisirent ici un vaste monastère autour de leur chapelle devenue de nos jours l'église Notre-Dame-des-Victoires. Ce couvent, avantageusement placé dans un des plus beaux quartiers de Paris, avait une bibliothèque remarquable et un dépôt des cartes, plans et descriptions des rades, ports et mouillages de toutes les parties du monde; c'est là qu'on assura jusqu'en 1760 la mise à jour des cartes marines. Ce couvent fut supprimé à la Révolution et ses bâtiments furent démolis en 1850.
No 9. Entrée de l'Hôtel de la Maréchale d'Estrée situé au no 2 de la rue Notre-Dame-des-Victoires (cf. ci-après) et restes de cet hôtel dans la cour.

PASSAGE DES PETITS-PÈRES / Ce passage, ouvert en 1777, est à l'emplacement d'un hôtel, de 1652, habité, en 1747, par Gaspard Grimod de la Reynière, fermier général et grand-père de l'excentrique écrivain et gastronome de la fin du XVIIIe siècle et du début du XIXe.
L'église Notre-Dame-des-Victoires actuelle remplace, depuis 1666, une chapelle provisoire édifiée en 1629 et à laquelle on avait donné le nom de Notre-Dame-des-Victoires en souvenir de la prise de La Rochelle, en 1627. Le Muet, Libéral Bruant et Leduc travaillèrent à l'édification de l'église actuelle qui ne fut achevée qu'en 1740. Façade classée.
Son portail, construit par Cartaud en 1740, présente deux ordres superposés, l'ionique en bas, le corinthien au-dessus; un fronton triangulaire le couronne, il porte au tympan un écusson aux armes de France, surmonté de la couronne royale et entouré du grand cordon du Saint-Esprit.
L'église Notre-Dame-des-Victoires est le siège d'unes archiconfrérie de la Vierge, dite de Notre-Dame de

Sept-Douleurs, comptant plus de 20.000 filiales; elle est le but de pèlerinages importants, ses murs disparaissent sous près de 30.000 ex-voto. Le chœur est orné de sept grands tableaux de Van Loo (sur l'un d'eux Louis XIII et Richelieu remercient Notre-Dame de la prise de La Rochelle) et possède des boiseries finement sculptées.
Lulli, mort le 22 mars 1687, à 53 ans, fut inhumé ici; son monument a été exécuté par Pierre Cotton; Coysevox fit son médaillon en marbre blanc placé dans une chapelle voisine.

Prendre, aller et retour, la :
RUE NOTRE-DAME-DES-VICTOIRES / Cette rue date de 1633; elle conduisait alors à la *porte Montmartre* de l'enceinte de Louis XIII.
N° 2. Hôtel de la Maréchale d'Estrées dont l'entrée est au n° 9 de la place des Petits-Pères. Porte, aile droite et bâtiments au fond de la cour, fenêtres et fronton.
Nos 4-10. Anciens hôtels. Mansarde du n° 4, escalier du n° 8; les façades, les toitures et la porte du n° 10 sont classées.
N° 14. Hôtel du XVIIIe siècle; porte classée, escalier.
N° 16. Emplacement d'un hôtel du début du XVIIIe siècle et démoli en 1905, ayant appartenu à Louis-Pierre d'Hozier qui, avec son oncle et son grand-oncle, a créé la science généalogique.
N° 28. Emplacement d'un hôtel de Samuel Bernard (1714) où les Messageries royales (1785), puis impériales (1803) eurent leur siège jusqu'à l'exploitation des chemins de fer. Hôtel disparu en 1864 comme suite au percement de la rue Réaumur.
N° 30. Hôtel de 1740; façade du pavillon situé au fond de la cour.
N° 44. Maison de 1844, à bandeaux et massifs sculptés.
N° 13. Grande maison ancienne mais restaurée; porte.

RUE VIDE-GOUSSET / Cette petite rue, qui ne comporte plus que deux numéros, relie la place des Petits-Pères à la place des Victoires. A son nom actuel, dû probablement aux vols qui s'y commettaient, les Parisiens substituèrent, en 1770, celui de *Terray* pour protester contre les impôts dont les accablait ce ministre des finances qu'ils y pendirent, de plus, en effigie.
Nos 2-4. Hôtel ayant appartenu, en 1635, au beau-père de Tallemant des Réaux puis à ses descendants jusqu'au début du XVIIIe siècle; il fut plus tard l'hôtel du généalogiste Clérambault.
Balcon du n° 2; cour du n° 4 (à gauche vestibule décoré de bas-reliefs, encadrés de pilastres ioniques, représentant des enfants au jeu; mansarde à poulie). Les façades du n° 2 sur les rues Vide-Gousset et d'Aboukir, les façades du n° 4 et sa porte sont classées.

LA PLACE DES VICTOIRES / En 1681, le vicomte François d'Aubusson, duc de la Feuillade, colonel

des gardes-françaises depuis 1672, pair et maréchal de France depuis 1675, et vice-roi de Sicile depuis 1678, homme de guerre intrépide et brillant courtisan, voulant laisser à la postérité un monument fastueux représentatif de son admiration et de sa gratitude pour le Roi-Soleil, fit sculpter dans le marbre une magnifique statue de Louis XIV. Pour la mettre en valeur, le duc de la Feuillade acheta, en 1684, un hôtel s'étendant entre les rues de la Vrillière, des Petits-Pères, Vide-Gousset et *des Fossés-Montmartre* (d'Aboukir) et quelques maisons voisines; il les fit raser, en même temps que l'Hôtel d'Héméry que la Ville avait acheté à cet effet. Sur ces emplacements on édifia, en 1685, une place ovale dont J.-H. Mansart dressa le plan. Les façades des hôtels construits autour de la place par les soins de l'architecte Prédot, le furent sur un type uniforme, avec deux étages et mansardes reposant sur de grandes arcades en plein cintre surmontées de mascarons et ornées de pilastres ioniques embrassant les étages.
Ces hôtels furent occupés par d'importants personnages comme le duc de la Feuillade aux n°s 2 et 4; le financier Antoine Crozat au n° 3 (hôtel restauré); le richissime Samuel Bernard au n° 7, où il mourut en 1739 (hôtel restauré). A l'emplacement du n° 9 se trouvait un hôtel qui donnait aussi sur les rues d'Aboukir (n°s 2 à 6) et Vide-Gousset. Il avait appartenu, en 1652, au maréchal de l'Hospital, Bossuet y avait été locataire en 1696 et le marquis de Marigny y mourut en 1781. La Banque de France l'occupa de 1800 à 1812. Cet hôtel historique disparut en 1885 lors du percement de la rue Étienne-Marcel.
Les hôtels de la place des Victoires ont tellement été mutilés depuis le début du règne de Louis-Philippe qu'on a de la peine à retrouver l'ordonnance primitive de ce beau décor d'apparat. De plus, les élargissements et percements des rues adjacentes ont transformé cette place résidentielle en un odieux carrefour. Les façades des n°s 1, 1 *bis*, 2, 3, 4, 4 *bis*, 6, 8, 9, 10 et 12 sont classées.

RUE D'ABOUKIR / La rue d'Aboukir, réunion depuis 1865 de trois anciennes rues appelées rue des *Fossés-Montmartre* entre la place des Victoires et la rue Montmartre, rue *Neuve-Saint-Eustache* entre cette

Ex. n° 16, rue Notre-Dame-des-Victoires / Décoration du temple de Mars (*18e s.*)

dernière et la rue des Petits-Carreaux, enfin rue de *Bourbon-Ville neuve* au-delà, occupe l'emplacement du rempart et du fossé de l'enceinte de Charles V dont le tracé formait ici une. ligne droite depuis la *porte Saint-Denis* (angle des rues Saint-Denis et d'Aboukir) jusqu'à la *porte Saint-Honoré* (nº 161, rue Saint-Honoré).

Nº 1. Cf. : nº. 2, rue Vide-Gousset; une plaque rappelle l'ancien nom de la rue.

Nº 3. Dessus de porte, ferronneries, cour.

Nº 4. Hôtel occupé par la Banque de France, ainsi que les nºs 2 (démoli en 1885) et 6, de 1800 à 1812. Sa façade Directoire est classée, ainsi que les statues des niches; mansardes.

Nºs 11-15. Ex-hôtels; le nº 11 aurait été l'ex-hôtel meublé de la Liberté où Fabre d'Églantine et Bonaparte logèrent quelque temps, ce dernier en 1795; ferronneries, escalier. Les portes sur rue et sur cour du nº 15 et sa rampe d'escalier, du XVIIIe siècle sont classées.

Nº 21. Ex-hôtel; fenêtres du premier étage encadrées de pilastres.

RUE MONTMARTRE / La section de cette rue comprise entre les rues d'Aboukir et des Jeûneurs, soit entre les *Portes Montmartre* des enceintes de Charles V et de Louis XIII, n'a été bâtie qu'à partir de 1634, date à laquelle fut abattue la porte de l'enceinte de Charles V. On l'appela la rue *Montmarat* pendant la Révolution.

Nº 81. RUE DU MAIL / *Voir plus bas.*

Nº 89. RUE PAUL-LELONG / *Voir plus bas.*

Nº 118. Cette maison avait appartenu à une horlogerie fondée, en 1790, par le suisse Wagner dans une rue voisine, la rue *du Cadran* (Léopold-Bellan), (elle était encore garnie au début du XXe siècle de 32 pendules, 8 par étage).

La rue Réaumur que l'on coupe, date de 1851-1864.

Nº 115. RUE LEON-CLADEL / *Voir plus bas.*

Nº 136. Hôtel meublé de 1760; statuettes imitées de l'antique.

Nº 144. *Le cimetière Saint-Joseph :* Emplacement, de 1625 à 1790, de l'ancien cimetière de la paroisse Saint-Eustache, dit cimetière *Saint-Joseph,* où Molière fut inhumé, le 21 février 1673, vers les 9 heures du soir.

L'archevêque de Paris avait refusé de le faire inhumer religieusement vu l'excommunication que sa profession faisait peser sur lui, mais Louis XIV fit lever cette défense. Toutefois, ce fut la dépouille de Jean-Baptiste Poquelin, tapissier-valet de chambre, et non celle de Molière, comédien, qui fut conduite de nuit à ce cimetière.

Le corps de Molière — ou ce que l'on pensa être le

corps de Molière — fut exhumé en 1792 et déposé dans un caveau de la chapelle du cimetière Saint-Joseph où il resta jusqu'à la démolition de celle-ci, en 1797. La dépouille de Molière fut alors tranférée au Musée des Monuments Français, puis, en 1817, au cimetière du Père-Lachaise.
Le lieutenant-général de police de la Reynie, mort en 1709, à 84 ans, a aussi été enterré dans ce cimetière, sans aucune pompe ainsi qu'il l'avait demandé.
L'emplacement du cimetière et de sa chapelle a été occupé par un marché de 1806 à 1860.

N° 144. RUE DU CROISSANT / *Voir plus bas.*
N° 156. Emplacement de la *porte Montmartre* de l'enceinte de Louis XIII, donc de la troisième porte de ce nom. Construite en 1635, elle fut démolie en 1700-1701.

Ci-après les indications relatives aux rues du Mail, Paul-Lelong, Léon-Cladel, Saint-Joseph et du Croissant :

RUE DU MAIL / Cette rue a été ouverte, en 1633, sur un jeu de mail établi en bordure de l'ancien rempart. Elle a été habitée par le poète Philippe Destouche en 1754; par Bonaparte en 1790; par le compositeur italien Spontini en 1803.
Nos 19-17. Vieilles maisons; ferronneries du n° 17.
N° 13. Avant la salle Erard, on voyait ici un coquet pavillon où habita Olympe de Goujes. D'origine obscure, venue de Montauban, elle se livra, vers 1778, à une vie tourbillonnante. Auteur et comédienne, célèbre par ses galanteries, Olympe de Goujes se mêla à tous les événements de la Révolution; elle demanda à défendre Louis XVI à la barre de l'Assemblée, et, plus tard, proposa à Robespierre de se jeter à la Seine en même temps qu'elle, ce qui lui valut d'être décapitée, en novembre 1793.
Le savant Fourier qui, pendant 14 ans, mena de front le travail administratif et ses études scientifiques a habité cette maison où Frantz Liszt séjourna plusieurs fois entre 1823 et 1878 (inscription).
Cour, aile droite de l'ancien hôtel, escalier, un salon a conservé sa décoration, plafonds.
Nos 11-9. Ces maisons constituent les deux ailes d'un ancien hôtel; Gérard de Nerval a résidé au n° 9 vers 1852.
N° 7. Hôtel de 1669. Arcades du rez-de-chaussée, encadrement des fenêtres, ordre colossal à chapiteaux composites, fronton. Façade dénaturée en 1857.
N° 5. Hôtel ayant appartenu à Colbert, construction de 1666. Tête de faune entre deux belles cornes d'abondance au-dessus de la porte d'entrée. Porte, escalier, plafonds peints, deux étages de caves.
N° 3. Vieille maison; petite cour, bornes.
N° 1. Hôtel Louis XVI; balcon, pilastres, escaliers, mansarde dans la cour; sa façade et sa toiture sont classées.

Nº 6. Du XVIIe siècle, mansardes; sa façade et sa toiture sont classées.
Nº 12. Hôtel construit, vers 1790, par l'architecte Berthault; Mme Récamier et Talma l'habitèrent. Balcon, fenêtres du premier étage, cage de l'escalier.

RUE PAUL-LELONG / Cette rue est l'ancien *Petit-Chemin-Herbu* de 1601.
Nos 15-17. Ex-hôtel du marquis de Gouffier à la fin du XVIIIe siècle; porte; sa façade, sa toiture et son escalier sont classés.

RUE LEON-CLADEL / Rue de 1615. A son ex-nº 7, absorbé par la rue Réaumur, est mort, en 1830, le savant Fourier ci-dessus cité.

RUE SAINT-JOSEPH / Cette ancienne ruelle, appelée en 1595, *du Temps-perdu* (d'une enseigne), doit son nom à la chapelle Saint-Joseph, édifiée, à l'angle de la rue Montmartre, en 1640, lors de l'ouverture du cimetière Saint-Joseph, et démolie en 1800.
Nos 19, 15, 13. Vieilles maisons.
Nº 5. Hôtel du XVIIIe siècle; porte à imposte, sculpture avec monogramme.
Nº 4. Ancien hôtel de la même époque; vestibule, escalier, mansarde à poulie.
Nº 6. Ancien hôtel.

RUE DU CROISSANT / Cette rue, de 1612, doit son nom à une enseigne.
Nº 16. Hôtel ayant appartenu à un membre de la famille Colbert. Il a été habité par le baron Louis, ministre des finances en 1814, 1818 et 1831. Fenêtres avec motifs sculptés, escalier.
Nos 8-6. Vieilles maisons; façade du nº 8; ferronneries du nº 6.
Nº 5. Vieil hôtel où le littérateur François Baculard d'Arnaud logea vers 1750. Il avait déjà fait de jolis vers à 9 ans et des tragédies à 17; Voltaire et Frédéric II le prirent sous leur protection; il avait adopté un genre lugubre qui fit couler bien des larmes. Mascarons, escalier.

RUE MONTMARTRE (*suite*) / Signalons avant d'abandonner la rue Montmartre les immeubles ci-après situés entre la rue des Jeuneurs et le boulevard.
Nº 162 *bis*. Balcon du troisième étage.
Nº 163. Vieille maison.
Nº 172. Emplacement de l'entrée du l'Hôtel d'Uzès qui, bâti vers 1767, était l'une des premières constructions de Ledoux. C'était un hôtel splendide, dont les jardins s'étendaient jusqu'à la rue Saint-Fiacre; attribué aux Domaines en 1795, puis aux Douanes, puis à la banque Delessert, il fut démoli, en 1870, dans un but spéculatif.
Nº 178. Imposte de la porte.

RUE DES JEUNEURS / Le nom de cette rue est une altération de celui de rue des *Jeux-Neufs*,

Anciens bains du Mail (*grav.*)

Hôtel d'Uzès / Porte (*grav. vers 1770*)

laquelle devait son nom aux jeux de boules qui y furent installés lorsque la rue fut tracée vers 1640.
N° 46. Porte, mascaron.

N° 28. RUE SAINT-FIACRE. Cette ruelle, connue en 1630 sous le nom de rue *du Figuier*, était alors si mal famée qu'on dut, en 1699, la fermer la nuit entre 2 grilles.
N°s 6-8-16. Vieux hôtels; balustrades et fenêtres du n° 6, porte du n° 8, vestibule du n° 16; cette dernière maison fut, vers 1760, une célèbre maison de rendez-vous que fréquentèrent beaucoup l'avocat-général Séguier et des fermiers généraux.

Prendre, aller et retour, la :
RUE DU SENTIER / Cette rue est une ancienne ruelle, de 1630, qui, en 1652, fut prolongée, au sud, jusqu'à la rue de Cléry par la rue du *Gros-Chenet* (nom dû à une enseigne) où la mère de Mozart mourut, en 1778, dans une auberge à l'enseigne des *Quatre-Fils-Aymon*.
N°s 41, 35. Anciens hôtels.
N° 33. Maison habitée, en 1741, par Jeanne Poisson, la future marquise de Pompadour, au lendemain de son mariage avec Le Normant d'Étioles (immeuble remanié en 1907); porte, magnifique escalier, décorations de l'intérieur; dans la cour descente aux écuries qui occupaient tout le sous-sol.
N° 11. Mansardes.
N° 7. Vieille maison.
N° 8. Dépendance de l'Hôtel Vigée-Lebrun ouvrant rue de Cléry, où Mme Vigée-Lebrun et son mari résidèrent après 1801 *(cf. rue de Cléry)*.
N° 12. Dépendance de l'Hôtel Necker ouvrant rue de Cléry et absorbé par la rue de Mulhouse (cf. rue de Cléry).
N°s 24-22. Hôtel qu'habita Le Normant d'Etioles lorsqu'il fut séparé de sa femme en 1745. Alors que celle-ci était présentée à la Cour sous le titre de marquise de Pompadour, Le Normant d'Étioles, nommé fermier général, s'afficha avec une danseuse de l'Opéra, Mlle Raime. Il l'épousa, en 1765, après la mort de Mme de Pompadour, quoiqu'elle ne lui était guère fidèle, d'où cette épigramme :

Pour réparer miseriam
Que Pompadour fit à la France,
Le Normant, plein de confiance
Vient d'épouser rem publicam.

Cet hôtel fut habité, en 1791, par Sophie Michault de Lavalette qui venait de se marier.
N° 30. Maison où habita avant son mariage l'écrivain Sophie Michault de Lavalette.
N° 32. Hôtel du XVIIe siècle; porte avec cartouche flanquée de consoles sculptées, entrée à plafond sculpté; bâtiment sur la première cour : façade, mascarons, couloir au plafond sculpté conduisant

dans une deuxième cour; bâtiment sur la deuxième cour : façades, ferronneries, cartouche, volutes.

Reprendre la :
RUE DES JEUNEURS *(suite)* / Nos 11, 13. Vieilles maisons.

RUE POISSONNIÈRE / Cette rue, appelée, en 1290, la *Vallée aux Voleurs* ou *Chemin du Val-Larroneux*, fut nommée rue des *Poissonniers* lorsqu'elle devint une section de l'itinéraire qui amenait aux Halles la marée en provenance des ports du détroit du Pas-de-Calais.
L'architecte Gittard a habité l'ex-No 26 et Grétry, en 1787, l'ex-No 21.
Nos 23-25-27. Vieilles maisons.
Nos 24 à 34. Vieilles maisons; ferronneries du no 26

LE QUARTIER DE VILLE-NEUVE-SUR-GRAVOIS
La rue Poissonnière borde à l'ouest un ancien quartier artificiel construit sur une butte formée d'énormes amas d'immondices diverses, de boues et de voiries, entassées à cet endroit depuis le xe siècle jusqu'à la fin du xvie. Ses exhalaisons firent donner, en 1634, à la section orientale de la rue de Cléry, voisine, le nom de rue *Mouffetard* (de « moffette ») et à une partie de la rue des Jeûneurs celui de *Saint-Roch*, saint habituellement invoqué contre la peste.
Cette butte fut appelée, au xiiie siècle *Mons Superbus*, au xve le *Mont-Orgueil*, au xviie la *Butte-aux-Gravois*. Alors quelques maisons et quelques moulins, propriété du couvent des Filles-Dieu, la couronnaient. En 1562, puis en 1591, ces moulins et ces masures furent rasés et leurs débris amoncelés sur la butte afin de fortifier à cet endroit la défense de Paris. On eut ainsi un bastion élevé presque adossé extérieurement à l'enceinte de Charles V. Les fouilles effectuées, en 1824, pour asseoir les fondations de la nouvelle église Notre-Dame-de-Bonne-Nouvelle ont montré les stratifications qui, sur une hauteur de près de 16 mètres, recouvrent le sol naturel; celui-ci était un ancien vignoble dont on a retiré des racines et des sarments encore intacts.
La butte fut rebâtie, en 1623, et, pour favoriser le peuplement de cette « Ville-Neuve-sur-Gravois », il fut proclamé que les commerçants et artisans qui s'y installeraient seraient francs de taxes.
La butte de Bonne-Nouvelle, ainsi appelée du nom de son église, a conservé jusqu'à nos jours son relief et ses rues étroites datant du xvie siècle, puis rebâties après 1623.

RUE BEAUREGARD / Le nom de cette rue vient du panorama que jadis l'on y avait, tant sur la campagne que sur la Ville.
Nos 1 (fenêtres de l'entresol), 11 du xviiie siècle. nos 16 à 36 (ferronneries), 38, 42, 46 (une fenêtre par étage), 48, 52 à 60. Vieilles maisons.

N°s 25-23. Emplacement de la maison habitée par Catherine Deshayes, veuve Mauvoisin, dite la Voisin, la célèbre empoisonneuse de la fin du XVIIe siècle (cf. : n° 12, rue Charles-V). Deux mois après qu'elle fut brûlée vive sur la place de Grève, en 1680, sa fille, Marguerite, éleva à l'encontre de Mme de Montespan la triple accusation « d'emploi, depuis 1667 de philtres et de conjuration pour retenir l'amour du roi et l'éloigner de Mlle de La Vallière, de tentative d'empoisonnement sur la personne de Sa Majesté, et de participation à des cérémonies sacrilèges appelées *messes noires* ».

RUE DE LA LUNE / Cette rue, dont le nom provient d'une enseigne, suit le tracé d'un bastion du rempart de l'enceinte de Louis XIII; elle fut ouverte de 1630 à 1638.
N° 2. Vieille maison.
N° 12. Maison de 1768.
N° 23 *bis*. *L'église Notre-Dame-de-Bonne-Nouvelle* : L'église actuelle, construite par Godde, de 1823 à 1830, est la troisième église qu'on trouve à cet emplacement. Une première chapelle, édifiée au XVIe siècle et dédiée, vers 1563, à Notre-Dame de Bonne-Nouvelle, en mémoire de l'Annonciation, fut démolie par la Ligue, en 1591, avec les moulins et les maisons de la butte lorsque le roi de Navarre, le futur Henri IV, assiégea Paris. Elle fut remplacée, à partir de 1624, par une église plus vaste dont Anne d'Autriche posa la première pierre. La plaque commémorative de cette cérémonie a été retrouvée lors des fouilles effectuées, en 1845, autour de l'église, et a été placée dans la chapelle voisine du maître-autel. Anne d'Autriche y vint souvent en pèlerinage durant ses 23 années de stérilité. C'est en remerciement de la naissance de Louis XIV qu'elle peut avoir offert à l'église un tableau attribué à Mignard. Pour raison de vétusté, cette église fut démolie en 1823, sauf son clocher qui resta utilisé par la troisième église ci-dessus indiquée.
Le portail présente un fronton triangulaire soutenu par deux colonnes et deux pilastres doriques.

N° 25. RUE NOTRE-DAME-DE-BONNE-NOUVELLE / N° 9. Ex-hôtel; mansarde et bas-reliefs dans la cour.
N°s 27-29. Vieilles maisons.
N° 24. Ferronneries.

N° 26. RUE THOREL / De 1540; tout le côté de ses numéros impairs est moderne.
N°s 6, 4. Mansardes.
N°s 8, 10. Vieilles maisons.
N° 28. Emplacement ,de 1682 à 1792, de la communauté du *Petit-Saint-Chaumont,* filiale de celle de *Saint-Chaumont* de la rue Saint-Denis (n° 226).

N° 30. RUE DE LA VILLE-NEUVE / De 1540. Ce

Rue du Croissant (*grav. vers 1860*)

La porte Montmartre de l'enceinte de Louis XIII

fut dans cette rue que Jacques Pelletier commit l'agression nocturne qui fit de lui la première victime de la guillotine (avril 1792).
N° 10. Vieille maison, ferronneries.
N° 8. Médaillons représentant Jean Goujon et Philibert Delorme.
N° 6. Mansarde.
N°s 4 et 7. Vieilles maisons.
N° 11. Ex-hôtel.
N° 32. Emplacement d'une maison, jadis à l'enseigne *Au Soleil d'or,* où habita Regnard. Grand viveur il disait de lui qu'il n'était pas né pour le mariage, qu'il aimait la liberté et le libertinage.
N° 34. Vieille maison.

La RUE NOTRE-DAME-DE-RECOUVRANCE remonte également à 1540, elle a pris son nom actuel en 1680.
N° 9. Vieille maison.
N°s 11, 13, 15 (une fenêtre par étage). Curieuses petites portes d'entrée.
N° 18. Vierge dans sa niche.
N° 19. Même hôtel que ci-après.
N° 41. Hôtel du XVIIe siècle; ferronneries, mansardes.
Une poterne fut ouverte, en 1645, dans le rempart de Louis XIII au carrefour des rues de la Lune et Poissonnière afin de permettre à la marée d'entrer dans Paris. Ce fut la *poterne de la Poissonnerie,* appelée *porte Sainte-Anne* en 1685 et démolie vers 1715.

7

DE LA PORTE SAINT-DENIS A LA PORTE DE LA CONFÉRENCE

Le boulevard Bonne-Nouvelle, le théâtre du Gymnase / Le boulevard Poissonnière, l'Hôtel Montholon / Le boulevard Montmartre, le théâtre des Variétés, le café Frascati / Le boulevard des Italiens, le café Anglais, le café Hardy, la Maison Dorée, le café Tortoni, le café de Paris, les Bains Chinois / Le boulevard des Capucines, le théâtre du Vaudeville, l'Opéra / Le boulevard de la Madeleine, la rue Basse-du-Rempart, l'église de la Madeleine / La rue Royale / La place Louis XV, son passé, ses hôtels.

Point de départ : la porte Saint-Denis.

La construction du *Nouveau-Cours*, en 1670, entraîna la démolition de deux vieilles portes fortifiées de l'enceinte de Charles V, les *portes Saint-Denis* et *Saint-Martin*, situées à l'intersection des rues Saint-Denis et Saint-Martin, avec la rue Blondel, et leur remplacement, en 1672 et 1674, par deux arcs de triomphe monumentaux érigés à la gloire de Louis XIV. Ce sont les portes Saint-Denis et Saint-Martin de nos jours.

La porte Saint-Denis : La porte Saint-Denis, construite, en 1672, aux frais de la Ville par Blondel, a été décorée, par les frères Anguier, de motifs sculptés, dessinés par Girardon. Cette porte est plus monumentale et plus riche que la porte Saint-Martin puisque c'était par elle que les souverains devaient continuer à faire leur entrée solennelle dans Paris.

Ses bas-reliefs représentent, sur la face nord la *prise de Maëstricht*, sur la face sud le passage du Rhin, à Tholus; deux de ses quatre pyramides triomphales couvertes de trophées d'armes représentent, sur la face sud, l'une, *la Hollande*, sous la figure d'une femme consternée, l'autre, *le Rhin vaincu*.

Une inscription latine indique que, en moins de 60 jours, Louis le Grand a passé le Rhin, le Waal, la Meuse, l'Elbe, qu'il a conquis trois provinces, pris quarante places fortes, et qu'il s'empara d'Utrecht en treize jours. En 1807, Napoléon la fit restaurer par Cellerier, tout en faisant bronzer les mots *Ludovico Magno* qu'il trouvait par trop scintillants.

Le Champ de Mars / Le jour de la fête de la Fédération (*1790*)

La porte Saint-Denis / L'enceinte de Charles V (*grav. 17*e)

BOULEVARD DE BONNE-NOUVELLE / Aménagé de 1680 à 1685, le *Nouveau-Cours* fut appelé ici du nom de l'église Notre-Dame-de-Bonne-Nouvelle voisine. Il longeait, au sud, le revers de la *butte de Ville-Neuve-les-Gravois* que 15.000 ouvriers furent employés à aplanir, en 1709, ainsi que le boulevard, travail qui eut surtout pour but d'occuper les chômeurs et de remédier aux tristes conséquences de ce terrible hiver de janvier 1709 où, à Paris, la température tomba à 21° au-dessous de zéro et où la disette demeura terrible malgré des processions répétées de la châsse de sainte Geneviève.

Il longeait, au nord, une petite rue, la rue des *Fossés-Saint-Denis,* située en contrebas, où Greuze habita et mourut en 1805. Au XVIIIe siècle, un perruquier y tenait boutique, son enseigne *A Absalon* portait ce quatrain :

Passant, contemplez la douleur
D'Absalon pendu par la nuque.
Il eût évité ce malheur
S'il eût toujours porté perruque.

No 11. De la fin du XVIIIe siècle; hautes fenêtres en arcade à fronton sculpté, mansardes.
No 21. De la fin du XVIIIe siècle; fenêtres.
No 24. L'IMPASSE DE BONNE-NOUVELLE est à la place d'une ancienne impasse, de 1650, conduisant à des terrains appartenant au couvent des Filles-Dieu.
No 32. La RUE D'HAUTEVILLE a été percée de 1772 à 1783 au travers de ces terrains (Cf. chap. 58).
No 38. Le théâtre du Gymnase (1820) est situé à l'emplacement des jardins de l'hôtel du baron Louis et sur une partie du cimetière de la paroisse de Bonne-Nouvelle dont un côté fut, sous le règne de Louis XVI, réservé aux protestants. Ce cimetière, agrandi en 1748, fut fermé un peu avant la Révolution.
Le *Gymnase-Dramatique,* inauguré le 23 décembre 1820, eut comme principal auteur Scribe. Refait à la fin de 1850, on y créa des pièces de Dumas fils, d'Émile Augier, de Jules Sandeau, de Sardou *(le Gendre de M. Poirier, le Demi-Monde,* etc.); il a été refait à nouveau en 1887.

BOULEVARD POISSONNIÈRE Ce boulevard, contemporain du précédent, longeait, au sud, les jardins de l'Hôtel d'Uzès *(Cf. no 172, rue Montmartre).*
No 9. Cet emplacement, ainsi que tout le terrain compris entre les rues du Sentier et Saint-Fiacre, était, en 1708, la propriété de Marguerite-Thérèse de Rouillé qu'avait épousée, en 1702, en troisième noces, le duc de Richelieu, père du futur maréchal-duc de Richelieu.
No 19. Hôtel remanié construit, en 1787, par Cellerier, pour Cousin de Méricourt. Cellerier l'habita ainsi qu'en 1850 Édouard Besson, pair de France. Fenêtres du milieu.
No 21. Hôtel contemporain du précédent, habité par le baron Amédée de Maistre en 1816.

Fenêtres du premier étage.
Nº 23. Hôtel du magistrat Montholon, construit, en 1775, d'après les plans de François Soufflot, dit Soufflot le Romain, élève et neveu de Soufflot. Dépôt de la manufacture des tapis d'Aubusson, il fut habité, en 1860, par Chaix-d'Est-Ange, jadis avocat des Quatre Sergents de La Rochelle et de La Roncière.
Cet hôtel présente sur le boulevard une façade en retrait à six colonnes ioniques engagées supportant un balcon, balustrades; façade classée, ainsi que la décoration de deux salons XVIIIe siècle.
Nos 26-28. Du XVIIIe siècle; consoles du balcon.
Nº 30. Ex-Hôtel de l'abbé de Saint-Phar, un des fils naturels de Philippe d'Orléans, dit le Gros, et d'une demoiselle Le Marquis, danseuse à la Comédie-Italienne.
Ferronneries.

BOULEVARD MONTMARTRE / Ce boulevard a été aménagé à la même époque que les deux précédents (1680-1685); on l'appela *Montmarat* pendant la Révolution.
En 1728, la majeure partie du côté sud de ce boulevard bordait les jardins de l'Hôtel de Montmorency-Luxembourg sur l'emplacement desquels sont maintenant le passage des Panoramas, de 1800, et le théâtre des Variétés.
Nº 7. *Le Théâtre des Variétés :* Le théâtre des Variétés résulte du décret du 8 juin 1806 par lequel Napoléon réglementa les théâtres parisiens, qu'il divisa en grands théâtres (le Théâtre-Français, l'Opéra, l'Opéra-Comique) et en théâtres secondaires (le Vaudeville, la Porte-Saint-Martin, la Gaîté, les Variétés-Étrangères et les Variétés).
Le théâtre des Variétés, construit par Cellerier, avec une façade classique, fut inauguré, le 27 juin 1807, par la troupe de Mme de Montansier, qui joua un vaudeville de Désaugiers, *le Panorama de Momus.* Il prit sous la direction de Nestor Roqueplan, de 1841 à 1847, un essor qui ne fit que s'affermir lorsque les Variétés adoptèrent le genre bouffon avec le répertoire d'Offenbach.
Nº 6. Le café de Madrid, qui a dû être créé au début du Second Empire, fut en vogue à partir de 1861; il eut la clientèle des comédiens, des journalistes, de jeunes républicains (Gambetta, Ranc, Spuller), de jeunes écrivains (Gustave Mathieu, Francis Magnard, Charles Monselet), et de futurs membres de la Commune (Raoul Rigault, Eudes, Jules Vallès), qui tous donnèrent à ce café un caractère antigouvernemental très prononcé.
Nº 10. Cette maison remplace depuis 1835 celle qui fut habitée par Boïeldieu en 1825, année où il créa son dernier chef-d'œuvre *la Dame Blanche*,qui fut un triomphe Il avait alors 49 ans et était membre de l'Institut depuis 7 ans. Il y avait plus de trente ans qu'il était venu, avec 30 francs en poche, à pied, à Paris où il

avait débuté comme accordeur de piano. Rossini habita le même immeuble en 1829, année où l'Opéra représenta son chef-d'œuvre, *Guillaume Tell ;* il avait alors 37 ans.

Nº 10. Le PASSAGE JOUFFROY a été ouvert, en 1846, à travers la propriété du prince russe Tuffakine.

Nº 16. Ancien Hôtel du comte de Mercy-d'Argenteau, ambassadeur d'Autriche à la Cour de France de 1766 à 1790.

Façade, porte, vestibule, salons, pittoresque cour, mansardes.

Nº 23. *Le café Frascati :* Emplacement, de 1796 à 1836, des jardins et des salons de *Frascati*, créés par le glacier Garchi à l'instar de ceux de Frascati, à Naples. Cet établissement était à la fois un tripot, un restaurant et un hôtel meublé; ses jardins, éclairés la nuit, formaient une terrasse qui longeait le boulevard depuis la rue de Richelieu jusqu'à proximité de la rue Vivienne. Le droit d'entrée était de 3 livres. On s'y rendait pour boire, manger, danser, chercher bonne fortune, les dames galantes étant admises, pour voir des illuminations, des feux d'artifices, et, surtout, pour jouer depuis quatre heures de l'après-midi jusqu'à deux heures du matin.

Sa prospérité prit fin avec la suppression des maisons de jeux, le 1er janvier 1837. Une maison de rapport le remplaça en 1837, Balzac l'habita vers 1840.

BOULEVARD DES ITALIENS / Le nom actuel de ce boulevard, également ouvert en 1680, provient du voisinage du *Théâtre des Italiens* sur l'emplacement duquel se trouve maintenant l'Opéra-Comique. On l'appela sous le Directoire *le Petit-Coblentz*, les émigrés qui venaient de rentrer de Coblentz en ayant fait leur lieu de rendez-vous et, sous la Restauration, le *boulevard de Gand*, du nom de la ville où séjourna Louis XVIII pendant les Cent-Jours. Ce boulevard eut des cafés célèbres : le *Grand Balcon*, le *Café Riche*, la *Maison Dorée*, *Tortoni*, le *Café de Paris*, les *Bains Chinois*, qui lui firent une réputation universelle.

Il n'était bâti, en 1728, que sur son côté sud qui longeait les jardins des hôtels ouvrant sur la rue Saint-Augustin : les hôtels Crozat, Gramont, d'Uxelles, de Ferriol, de Bourbon-Conti et d'Antin. Son côté nord bordait des champs et des cultures maraîchères.

Nº 1. Café Cardinal fondé en 1830 (son nom se rapporte au cardinal de Richelieu).

Nº 3. Immeuble où habita sous la Restauration le compositeur de musique Louis Hérold, mort en 1833, à 42 ans, quelques jours après la représentation de son opéra, *le Pré-aux-Clercs*.

Mansardes.

Nº 5. Hôtel de 1719, alors à Terrau de Rozières, médecin du roi *(cf. nº 101,, rue de Richelieu)*.

Nº 5 *bis*. PASSAGE DES PRINCES *(cf. nº* 97, *rue de Richelieu)*.

Nº 7. Hôtel du XVIIIe siècle; pilastres de l'entresol.

Nº 9. Hôtel habité, de 1795 à 1813, par le compositeur Grétry (inscription).
Nº 11. Emplacement du *Grand-Salon*, cercle fondé en 1775, que remplaça, en 1835, le café du *Grand-Balcon*.
Nº 13. Emplacement du Café Anglais, fondé en 1822, centre de toutes les élégances et lieu de réunion de l'élite parisienne pendant la période romantique. On trouvait là, en 1783, une maison provenant du lotissement de l'Hôtel de Choiseul, qui devint, en 1822, la propriété de Paul Chevreul. Ce fut celui-ci qui en fit le célèbre *Café Anglais*. Il comportait 22 salons et cabinets particuliers dont le *Grand 16* situé au premier étage sur le pan coupé où défilèrent les plus hautes personnalités parisiennes et étrangères de toutes les parties du monde.
Nº 16 (et nº 1, rue Le Peletier). Emplacement, à partir de 1804), d'un café fort réputé, le *Café Riche*, du nom de sa propriétaire. On disait alors : « Il faut être bien riche pour dîner chez Hardy *(cf. nº 20, ci-après)* et bien hardi pour dîner chez Riche. »
Nº 20 (et nº 1, rue Laffitte). Emplacement de l'Hôtel de Choiseul-Stainville où habita et mourut, en 1792, le littérateur Cerutti. Le même hôtel fut habité ultérieurement par Mme Tallien avant qu'elle ne devienne princesse de Chimay. On trouve ici, à partir de 1839, le célèbre restaurant, la *Maison Dorée* qui avait succédé au *Café Hardy* dont la patronne avait inventé, vers 1804, les « déjeuners à la fourchette » ou déjeuners froids.
Frise décorative de sa façade sur rue (scènes de chasse), fenêtres, balcon, vestibule, cour.
Nº 22 (et nº 2, rue Taitbout). Emplacement du *Café Tortoni* fondé en 1798 par le Napolitain Velloni. Son premier garçon, Tortoni, en devint propriétaire, en 1803; il en fit un lieu de rendez-vous des boulevardiers particulièrement célèbre de 1830 à 1880.
Nº 24 (et nº 1, rue Taitbout). Emplacement de l'ex-Hôtel de Brancas dans lequel différents personnages ont habité, dont le prince Demidoff, riche propriétaire de mines de charbon et de cuivre; le marquis d'Hertford qui eut de l'Italienne Marie Fagniani, un fils, lord Seymour que l'on a souvent confondu avec milord l'Arsouille. Lord Seymour fit un pied-à-terre somptueux de cet hôtel qu'il légua à sa mort à l'Assistance Publique. Son rez-de-chaussée avait été occupé, de 1822 à 1856, par le *Café de Paris*, « temple de l'élégance, qui donnait à qui y était admis son brevet de Parisien »; il fut fréquenté par Musset, Roger de Beauvoir, Félix Arvers, le docteur Véron, Arago, Théophile Gautier, Nestor Roqueplan.
Nº 29. Emplacement des anciens *Bains Chinois*, de 1792 jusqu'en 1853, genre pagode, à la fois maison de bains, restaurant et café. Babeuf en fit son centre de ralliement lors de sa conspiration de 1795. *Café du Helder* à partir du Second Empire.
Nº 36. RUE DU HELDER, de 1775, où Marie Saucerotte,

dite Mlle Raucourt, la brillante pensionnaire de la Comédie-Française que Napoléon avait chargé de diriger les théâtres français dans le royaume d'Italie, mourut à l'*ex*-nº 2, le 15 juin 1815. Le clergé de Saint-Roch ayant refusé à son cercueil l'entrée de l'église, le peuple enfonça les portes et se livra à des désordres.
Nº 38. *Cf. nos 2, 4, rue de la Chaussée-d'Antin.*
Nº 33. Ancien emplacement du pavillon du Hanovre, transporté et reconstruit, en 1935, dans le parc de Sceaux (cf. nº 34, rue Louis-le-Grand).

BOULEVARD DES CAPUCINES / Ce boulevard, formé en 1676-1680, doit son nom au *Couvent des Capucines (cf. rue de la Paix)*, que son côté sud longeait sur la presque totalité de son parcours. Une partie de son côté nord a absorbé, en 1885, ce qu'il restait d'une petite rue en contre-bas, la rue *Basse-du-Rempart*.
Nº 2. *Le Théâtre du Vaudeville :* Emplacement de l'ancien *Théâtre du Vaudeville*, fondé en 1791, près de la place du Palais-Royal, incendié en 1838, réinstallé près de la Bourse en 1840, exproprié en 1868 et ouvert ici, en 1869, sur l'emplacement de l'Hôtel de Montmorency, construit, par Ledoux, pour le fermier général Bouret de Vézelay.
Un cinéma occupe depuis 1925 l'ancien théâtre du Vaudeville; sa grande salle correspond aux fondations du grand salon de l'hôtel de Montmorency dont la façade en rotonde a été conservée avec une partie de son ancienne décoration.

L'*Opéra :* Un décret du 29 septembre 1860 déclara d'utilité publique la construction d'une nouvelle salle d'Opéra sur un emplacement qui fut spécialement désigné à cet effet : notre place de l'Opéra, formée de 1858 à 1864.
Parmi les nombreux architectes qui concoururent pour construire cet édifice, Charles Garnier fut désigné comme lauréat à l'unanimité.
Dès le début les travaux de construction furent gênés par les eaux du sous-sol provenant du lit du deuxième bras de la Seine qui longe cet endroit. Des pompes à vapeur travaillèrent huit mois à épuiser l'eau, tandis que l'on constituait une sorte de grande cuve étanche autour des fondations du futur bâtiment. La première pierre fut posée le 21 juillet 1862, et l'inauguration de l'Opéra eut lieu le mardi 5 janvier 1875.

Nº 14. Emplacement du *Grand-Café* qui possédait en sous-sol une salle, appelée « le Salon Indien », où furent données, le samedi 28 décembre 1895, les premières projections publiques de cinématographie (inscriptions); la recette de la première représentation fut de 33 francs (un franc par spectateur). La projection des huit à dix films représentés durait environ 20 minutes. Le succès vint très vite et le propriétaire

du *Grand-Café*, qui avait loué son sous-sol pour un an pour une somme forfaitaire de 30 francs par jour, eut à regretter de ne pas avoir accepté les 20 % de la recette qui lui avaient été proposés comme loyer.
Nº 30. *Cf. nos 2, 2 bis, rue de Caumartin.*

BOULEVARD DE LA MADELEINE / Cette dernière section du *Cours* fut tracée, comme les précédentes, vers 1680. Son côté nord a, comme celui du boulevard des Capucines, absorbé, en 1885, la rue *Basse-du-Rempart* qui s'étendait de la rue de la Chaussée-d'Antin à la Madeleine et où furent : la salle des Concerts Musard (place de l'Opéra), la maison où mourut, en 1830, à 82 ans, Mlle Duthé (angle de la rue Scribe), celle où se retira Mlle George et, enfin, au débouché de la rue de Caumartin les deux hôtels mentionnés aux nos 1 et 2 de cette rue.
Nº 17. Emplacement de l'hôtel où mourut, le 3 février 1847, Alphonsine Plessis (Marie Duplessis ou « la Dame aux Camélias », née le 16 janvier 1824, dans un village de Normandie où son père était mercier. Son appartement, situé à l'entresol, comprenait une antichambre, un salon, une salle à manger, une chambre à coucher et un boudoir. Loyer annuel : 3.200 francs. Sa tombe, au cimetière Montmartre, a été élevée par les soins du comte Édouard de Perregaux qui fut son mari pendant trois mois.
L'Église de la Madeleine : Depuis le VIe siècle, l'évêque de Paris possédait à l'ouest de la capitale un fief qui donna naissance à un petit bourg appelé la *Ville-l'Évêque*. La chapelle de cette bourgade avait été dédiée, au XIIIe siècle, à sainte Madeleine. Cette église (emplacement du nº 8 du boulevard Malesherbes) fut reconstruite en 1429, mais devenue bien trop petite, du fait que le quartier s'était accru, tant par un grand nombre de beaux hôtels que par une quantité prodigieuse de maisons particulières, on décida, en 1757, de la reconstruire à son emplacement actuel jusque là occupé par l'Hôtel de Chevilly. En 1764, on précisa que « ce monument servirait à terminer agréablement la rue Royale », ce qui entraîna son orientation nord-sud au lieu de la traditionnelle orientation est-ouest. Sa première pierre fut posée le 3 avril de cette année.
Les travaux furent confiés à Contant d'Ivry, architecte du duc d'Orléans, il les mena jusqu'à sa mort, en octobre 1777. Couture le remplaça, mais il dut, à la demande de l'Académie d'architecture, modifier le projet initial. La Révolution arrêta les travaux. Sous l'Empire, on envisagea d'affecter ce bâtiment, alors inachevé, à la Bourse et au Tribunal de Commerce, à la Banque de France, à un temple, à un théâtre, à une salle des fêtes, etc., jusqu'à ce que Napoléon décida, le 2 décembre 1806, qu'il serait un *Temple de la Gloire* dédié à la Grande Armée (il n'était pas encore question de l'Arc de Triomphe). Il précisa bien que son intention était « de n'avoir pas une église, mais un temple; j'entends, écrivit-il, un monu-

Théâtre du Vaudeville (*vers 1870*)

Église de la Madeleine (*grav. vers 1830*)

ment tel qu'il y en avait à Athènes et qu'il n'y a pas à Paris ». La construction de ce temple fut confiée à Vignon qui modifia le projet de Contant d'Ivry, déjà remanié par Couture.
Cette construction n'était pas terminée à la chute de l'Empire. Louis XVIII confirma Vignon dans ses fonctions, mais lui prescrivit de faire du monument une église à laquelle une commission décida de donner, en 1817, à l'extérieur la forme d'un temple grec et, à l'intérieur, une architecture romaine. L'extérieur présente donc l'aspect d'un temple païen rectangulaire, entouré de 52 colonnes cannelées d'ordre corinthien avec portique ouvert à l'entrée; l'intérieur offre trois coupoles élevées sur des arcs portés par des colonnes corinthiennes; pas de transept, pas de bas-côtés, pas de clocher; rien, en ce monument, n'évoque une église.
Vignon mourut, en mai 1828, avant l'achèvement de cette construction. Huvé le remplaça; il ne restait guère plus à faire que les voûtes et les sculptures; celles-ci furent le travail, de 1830 à 1842, de Lemaire, Rude, Foyatier, Pradier, Barye, Etex, Duret, Bosio. Enfin, en 1842, soit 85 ans après que sa construction ait été décidée, l'église de la Madeleine était terminée.
Il est à remarquer que si le Panthéon, « Saint-Denis laïque et républicain », est pourvu d'une croix à son faîte, l'église paroissiale de la Madeleine en est totalement dépourvue.

RUE ROYALE / La rue Royale, bâtie en 1758, est l'ancien chemin qui, prolongement de la rue *Basse-du-Rempart*, longeait l'enceinte de Louis XIII depuis la porte *Saint-Honoré* jusqu'à la Seine. Gabriel, l'architecte de la place *Louis-XV* (de la Concorde) fit imposer, en 1758, une façade uniforme aux maisons (n°s 3 à 15 et 2 à 14) qui devaient être construites entre cette place et l'emplacement de la *porte Saint-Honoré* (démolie en 1733); les façades et toitures de ces maisons sont classées.
N° 13. Maison où mourut, en 1817, à l'âge de 84 ans, le littérateur et surtout journaliste Antoine Suard. Appelé à l'Académie en 1774, il avait été nommé censeur royal pour les œuvres dramatiques et, à ce titre, il s'opposa à la représentation du *Mariage de Figaro*, mais sans succès. Il fut le seul académicien qui se rendit à la séance de travail de l'Académie le jour de l'exécution de Louis XVI, ce qui le fit bénéficier de la totalité des jetons de présence.
Cour, escalier, ferronneries, mansardes.
N° 8. Maison qu'habita Gabriel; quelques boiseries subsistent à l'intérieur.
N° 6. Maison habitée sous la Restauration par Mme de Staël.
La décoration de deux salons du XVIIIe siècle est classée.
N° 3. Cet hôtel fut la propriété du duc de Richelieu, petit-fils du célèbre maréchal. Il l'habita de 1784 à 1789, à cette date il émigra et vécut en Russie où il fut gouverneur d'Odessa jusqu'en 1814. Rentré en

France, il fut nommé, en 1815, membre de la Chambre des Pairs et ministre des Affaires Étrangères. Lorsqu'il quitta ce ministère sans la moindre fortune personnelle, il fit don aux hospices de Bordeaux de la rente de 50.000 francs que lui avait votée la Chambre pour ses éminents services.
N° 1. Hôtel Coislin donnant sur la place *Louis-XV* ; Philippe de Girard l'habita (inscription). Il avait inventé, en 1810, la meilleure machine à filer le lin, ce dont il ne tira ni honneur ni profit.

LA PLACE DE LA CONCORDE / La création de la place de la Concorde est due à une statue de Louis XV le Bien-Aimé que le prévôt des marchands et les échevins de Paris commandèrent, en 1748, à Bouchardon pour fêter le rétablissement du roi après la maladie dont il avait été atteint à Metz. Cette belle statue appelait un non moins bel emplacement. On choisit pour celui-ci la vaste esplanade située entre le *Pont-Tournant* du jardin des Tuileries et le Cours-la-Reine, alors véritable fondrière hors la ville. A cette époque, le pont de la Concorde et la rue de Rivoli n'existaient pas, et la rue Royale n'était qu'une piste fangeuse descendant vers la Seine.
Gabriel l'aménagea et, en 1772, la place *Louis-XV* fut terminée. Elle avait la forme d'un octogone bordé par un fossé de près de vingt mètres de large que des ponts de pierre franchissaient et qu'une balustrade de pierre entourait; aux huit angles, un petit pavillon contenait l'escalier pour descendre dans ces fossés, aménagés en parterres de fleurs et de verdure. Au centre, s'élevait la statue faite par Bouchardon. Sur un piédestal, édifié par Chalgrin, on voyait le vainqueur de Fontenoy vêtu à la romaine, coiffé d'un catogan et couronné de lauriers; aux quatre angles du piédestal, quatre statues de bronze, œuvre de Pigalle, représentaient « les Vertus qui faisaient régner le roi sur les cœurs » : la *Force*, la *Justice*, la *Prudence* et la *Paix*.
La statue fut dévoilée le 20 juin 1763, mais depuis longtemps Louis XV ne régnait plus sur les cœurs; aussi pouvait-on voir, quelques jours après, une pancarte accrochée au cou du cheval avec cette inscription :

Oh ! la belle statue ! Oh ! le beau piédestal !
Les Vertus sont à pied, le Vice est à cheval.

Les aménagements suivants donnèrent à la place sa physionomie actuelle : sous la Révolution, le pont de la Concorde fut achevé (1790) et les « chevaux de Marly » (chevaux numides domptés par des Africains), œuvre de G. Coustou, furent placés, sur l'initiative de David, à l'entrée des Champs-Élysées (1794); sous le règne de Napoléon Ier, la rue de Rivoli fut commencée (1806); sous celui de Louis-Philippe, les huit petits pavillons d'angle reçurent des statues symbolisant différentes grandes villes de France;

vingt colonnes rostrales lampadaires et des candélabres furent mis en place, de même que deux fontaines-jets d'eau, imitées de celles de la place Saint-Pierre de Rome; puis l'obélisque de Louqsor fut érigé (1836); enfin, sous le règne de Napoléon III, les fossés que les filles utilisaient comme lieu de rendez-vous nocturne furent comblés (1852); il ne reste plus que leurs balustrades.

Le 30 mai 1770, un magnifique feu d'artifice fut tiré sur la place *Louis-XV* en l'honneur du mariage du dauphin Louis et de l'archiduchesse d'Autriche, Marie-Antoinette, célébré le 16 précédent. Une fusée mal dirigée atteignit les pièces d'artifice destinées au bouquet qui brûla sur place en créant un incendie. Il s'ensuivit une effroyable panique, entraînant l'écroulement de quelques échafaudages surchargés de personnes et le renversement dans les fossés d'un grand nombre de badauds. On ramassa 103 morts qui furent transportés dans les couvents avoisinants, et inhumés ensuite au *cimetière de la Madeleine*.

La *foire Saint-Ovide* s'installa sur la place *Louis-XV* en 1771; elle durait un mois, du 15 août au 15 septembre, elle était célèbre par le grand nombre de ses marchands et de ses jeux forains. Elle prit fin en septembre 1777, un incendie ayant dévoré ses baraques.

Le 11 août 1792, la statue de Louis XV fut renversée et envoyée à la fonte. Quelques mois après, une statue colossale de la *Liberté*, œuvre de Lemot, coiffée du bonnet rouge, la lance à la main, et assise sur le piédestal de la statue de Louis XV, la remplaça. *Liberté, Liberté ! que de crimes on commet en ton nom !* dira un peu plus tard Mme Roland en la regardant avant de monter sur l'échafaud. En 1800, le premier Consul la fit enlever. Successivement on pensa la remplacer par celle de Charlemagne sous l'Empire, par celle de Louis XV sous Louis XVIII, par celle de Louis XVI sous Charles X, finalement Louis-Philippe y fit ériger, en octobre 1836, l'obélisque actuel qui constitue le plus vieux des monuments de Paris puisqu'il date de Ramsès II (XIIIe siècle avant J.-C.). Cet obélisque avait été offert, en 1831, par Méhemet-Ali à Louis-Philippe.

La guillotine fit sa première apparition sur la place *de la Révolution* en octobre 1792 pour décapiter les auteurs du vol des bijoux de la Couronne conservés au Garde-Meuble. Elle fit sa seconde, le 21 janvier 1793, pour décapiter Louis XVI. Elle y revint le 11 mai 1793 pour y rester jusqu'au 9 juin 1794, soit 13 mois pendant lesquels elle resta érigée en permanence à mi-distance entre la statue de la *Liberté* et le *Pont-Tournant* (entrée du jardin des Tuileries). Elle revint ensuite quelques jours après le 9 Thermidor (27 juillet 1794) pour l'exécution des robespierristes, puis une dernière fois, en mai 1795, pour celle des émeutiers du 1er prairial.

Le nombre des personnes décapitées à Paris pendant

la Révolution doit être de 2.498, dont 1.119 place de la Concorde, 73 place de la Bastille et 1.306 place de la Nation. Citons parmi celles qui furent guillotinées place de la Concorde : Louis XVI, Charlotte Corday, Marie-Antoinette, les girondins, Philippe-Égalité, Mme Roland, la comtesse du Barry, Hébert, Danton, Lamoignon de Malesherbes, Lavoisier, Mme Élisabeth, Robespierre, Saint-Just, etc. Elles furent inhumées au *cimetière de la Madeleine* (cf. square Louis XVI), puis à celui des *Errancis* (cf. rue du Rocher).

Gabriel construisit sur le côté nord de la place deux grands hôtels jumeaux (1760-1775) inspirés de la colonnade de Perrault; ces deux palais, prévus pour y loger les ambassadeurs extraordinaires, projet qui n'eut pas de suite, présentent en façade sur la place un portique de douze colonnes d'ordre corinthien posées sur un soubassement; à chaque extrémité, un pavillon d'angle forme un avant-corps dont le fronton triangulaire est orné de trophées allégoriques remarquables par leur finesse.
Celui situé à l'ouest de la rue Royale fut divisé en 4 lots qui furent vendus, à savoir : les nos 4, 6, 8 et 10 :
No 4. Ce lot fut la propriété de la marquise de Coislin, née Mailly et cousine de la duchesse de Châteauroux, depuis 1776 jusqu'à sa mort survenue en 1817, alors qu'elle était presque centenaire. Lorsqu'elle habitait là on annonça un soir chez elle « le comte Wasa ». « Je ne connais pas, dit-elle. — Madame, c'est le roi de Suède qui daigne se présenter dans votre salon incognito. — En Suède, répliqua-t-elle, je ne sais comment on s'arrange, mais je ne reçois chez moi, à Paris, que les personnes que j'ai priées ou qui m'ont fait demander audience. » Chateaubriand, réconcilié avec sa femme, fut ici son locataire pendant deux ans, de 1805 à 1807, avant d'acheter la Vallée-aux-Loups.
No 6. Cet hôtel fut, en 1775, l'Hôtel de Rouillé de l'Estang, secrétaire du roi, trésorier général de la Police. Il appartint, à partir de 1811, à la famille de Pastoret, dont la marquise de Plessis-Bellière qui le légua, en 1878, au pape. Léon XIII le vendit à l'Automobile-Club en 1901.
No 8. Cet hôtel, appelé l'Hôtel Cartier, fut habité, en 1772, par Pierre-Louis Moreau, architecte du roi. Hôtel absorbé par l'Automobile-Club.
No 10. Cet hôtel fut bâti, sauf la façade, par l'architecte Trouard, qui le loua, en 1775, au duc d'Aumont (cf. no 7, rue de Jouy), il y mourut en 1782. Trouard le céda, en 1788, au duc de Crillon, qui émigra à la Révolution. Après la Restauration, l'hôtel fut réoccupé, en 1820, par la duchesse de Crillon, puis par ses descendants jusqu'en 1904. Hôtel à voyageurs depuis 1909.
Tous ces hôtels, nos 4, 6, 8, 10 sont classés pour leur façade ainsi que le plafond d'un salon de l'Hôtel Crillon.

L'hôtel situé à l'est de la rue Royale fut affecté, dès 1772, au Garde-Meuble de la Couronne. Marie-Antoinette s'y était fait réserver un petit appartement comme pied-à-terre lorsqu'elle avait sujet de venir à Paris. Le ministère de la Marine s'y installa en 1792, peu de temps après qu'y fut commis, dans la nuit du 16 au 17 septembre, un vol inouï au cours duquel les voleurs, Cambon et Douligny, s'emparèrent de tous les diamants de la Couronne, y compris « le Régent ».

La place *Louis-XV* s'appela, en 1792, *place de la Révolution ;* en 1795, *de la Concorde ;* en 1826, *Louis-XVI* (inscription à l'angle de la rue Boissy-d'Anglas); et, en 1830, à nouveau de la Concorde.

QUAI DES TUILERIES / Lors de la construction de l'enceinte de Louis XIII, on édifia, en 1633, à l'endroit où elle aboutissait au quai des Tuileries (commencé par François Ier entre 1530 et 1539), une porte de Paris remplaçant l'ancienne *Porte-Neuve* de l'enceinte de Charles V. La nouvelle porte, construite par Pidoux, s'appela la *porte de la Conférence* (inscription sur le mur du jardin des Tuileries dominant le quai), sans doute en souvenir des colloques qui avaient eu lieu à Suresnes, à partir du 29 avril 1593, entre les représentants d'Henri IV et ceux de la Ligue, pour mettre fin à la guerre civile et préparer l'entrée du roi dans sa capitale.
La *porte de la Conférence* fut démolie, comme les autres portes de l'enceinte de Louis XIII, vers 1730.

Place de la Révolution / L'exécution de Marie-Antoinette (*1793*)

LE FAUBOURG DE CHAILLOT

DE LA PORTE DE LA CONFÉRENCE
8 A LA BARRIÈRE DES BONSHOMMES

Le Cours-la-Reine / L'allée des Veuves, la Chaumière, le palais Pompéien, le bal Mabille / Le chemin des Gourdes, la Folie-Marbeuf et le bal d'Idalie, l'Hôtel d'Albe / L'avenue des Champs-Elysées, le Jardin d'Hiver, l'Hôtel de la Païva / Le Colisée, l'Hôtel de Massa / Le village de Chaillot, le Promenoir de Chaillot / Les barrières des Bonshommes et de l'Étoile.

Point de départ : angle du Cours-la-Reine et de la place de la Concorde.

Toute la région de Paris comprise entre la Seine du pont de la Concorde à la rue Beethoven, les rues Beethoven, Franklin, l'avenue Kléber, l'avenue de Wagram jusqu'à la place des Ternes et la rue du Faubourg-Saint-Honoré de la place des Ternes à la rue Royale, correspond aux anciennes agglomérations de *Chaillot*, du *Bas-Roule* et de la *Ville-l'Évêque*.
Lorsque cette région fut rattachée à Paris entre 1659 et 1722, elle comportait encore de nombreux lieux déserts, des marais, des landes, des champs de gourdes, et de misérables masures. Ce ne fut qu'au XIXe siècle, et, surtout, entre 1826 et 1880, qu'elle se transforma pour donner naissance à tout un quartier neuf, devenu un des plus somptueux de Paris.

LE COURS-LA-REINE / Le chemin normal pour aller aux villages de Chaillot et de Saint-Cloud, puis

Place de la Concorde (*phot. 1946*)

à Versailles, fut, de tous temps, celui qui, partant des abords du Louvre, suivait la rive droite de la Seine. En 1616, Marie de Médicis transforma le commencement du chemin de Chaillot, une fois franchie la vieille *Porte-Neuve*, en une magnifique promenade, longue de 1.500 mètres, plantée de quatre rangées d'ormes, bordée de fossés, fermée par une grille à chaque extrémité. Cette promenade avait en son milieu un rond-point (place du Canada) afin que les carrosses puissent tourner. Ce *Cours* connut de suite une très grande vogue qu'il garda pendant un siècle et demi.
À partir de 1769, le Cours-la-Reine fut mis à l'abri des inondations par la construction du quai de la Conférence avec lequel il est maintenant confondu. Vers 1776, ce cours, dit le *Petit-Cours*, commença à être délaissé au bénéfice de son voisin, le *Grand-Cours*, devenu nos Champs-Élysées, quoiqu'il continuât à être réservé aux voitures des personnes de qualité.

A la place du Canada aboutit l'
AVENUE FRANKLIN-D.-ROOSEVELT *(section comprise entre le Cours-la-Reine et le Rond-Point)* / Cette avenue, ancien chemin de terre en 1696, fut longtemps aussi mal fréquentée que sa voisine, l'*allée des Veuves* (avenue Montaigne); elle fut, comme elle, un repaire de bandits. A l'emplacement de son nº 1 on trouvait, à la fin du règne de Louis XV, une gargote construite sur un terrain appartenant à la comtesse du Barry, remplacée, en 1826, par le *bal d'Isis*, aussi mal fréquenté que son voisin, le *bal des Nègres*, qui avait lieu dans des caves où on descendait par une échelle; ces deux établissements étaient séparés par des jardins qui abritaient des retraites discrètes. Le *bal d'Isis* fut remplacé, en 1836, par le *restaurant du Petit-Moulin-Rouge* qui, sous le second Empire, connut une très grande vogue par son intérieur tout garni de divans et de glaces où l'on venait souper en sortant du bal Mabille.
La « Dame aux Camélias », Alphonsine Plessis, a habité à l'emplacement du nº 9.

COURS ALBERT-Iᵉʳ / Cette section du Cours-la-Reine porte ce nom depuis 1918.
Sous la Restauration, une société immobilière transforma les jardins potagers établis dans le triangle que forment ce cours avec les avenues Montaigne et Roosevelt, en un quartier résidentiel appelé François-Iᵉʳ, du nom de la maison ci-après :
Nº 16 (et nº 2, rue Bayard). Maison dite de François Iᵉʳ. Cette maison du XVIᵉ siècle, a été bâtie, vers 1527, à Moret. En 1823, le colonel de Brack l'acheta 2.000 francs, la transporta ici, pierre par pierre, la réédifia en modifiant la disposition des façades et l'offrit à Mˡˡᵉ Mars qui l'habita de 1823 à 1826 (elle avait alors environ 45 ans). Ses ornements, ses sculptures, sa frise avec ses scènes de vendanges passent pour avoir été l'œuvre de Jean Goujon à qui on a

donné le nom d'une rue voisine. La devise latine gravée dans la corniche supérieure de la façade mentionne que : « Celui qui sait mettre un frein à ses paroles et dompter ses sens est plus fort que celui qui prend des villes d'assaut. »
Maison classée.

A la place de l'Alma, faire, aller et retour, un crochet dans l'

AVENUE MONTAIGNE : Cette avenue n'était au XVIIIe siècle qu'un chemin desservant les cabanes des jardiniers du marais des Gourdes (du nom des cucurbitacées que l'on y cultivait); on l'appela, de 1790 jusqu'en 1852, l'*allée des Veuves*, de triste réputation, surnom qui lui venait de ce qu'on pouvait y rencontrer des personnes solitaires désireuses de quelque aventure galante loin de la Ville. Cette allée, obscure le jour par sa double rangée d'ormes [1] et la nuit parce que sans lumière, n'avait comme maisons que quelques guinguettes louches fréquentées par des vagabonds et des voleurs, tel ce bouge de « Bras-Rouge » qu'Eugène Süe y place, en 1838, dans ses *Mystères de Paris*. Son assainissement ne date que du second Empire.
No 1. Emplacement approximatif de la maison de campagne, appelée *la Chaumière*, où Thérèsia Cabarrus, ci-devant marquise de Fontenay, vint habiter le 26 décembre 1794, jour de son mariage avec Tallien. Après la Terreur et sous le Directoire, « Notre-Dame de Thermidor » donna là des réceptions magnifiques où vinrent Barras, Fréron, Sieyès, Joséphine de Beauharnais, des Muscadins et des Merveilleuses. Cette maison fit place, en 1817, à une guinguette, à l'enseigne de *l'Acaçia*, près de laquelle mourut, le 16 novembre 1820, son ancien mari, Tallien, depuis longtemps pauvre, délaissé et rongé par la maladie.
No 18. Emplacement du *palais Pompéien* construit, en 1858, pour le prince Napoléon, et démoli en 1891.
Nos 49 à 53. *Le bal Mabille :* A cet emplacement on trouvait, en 1813, une buvette champêtre où le patron, un maître de danse appelé Mabille, organisait l'été un bal où, moyennant 50 centimes d'entrée, les petits employés et les grisettes pouvaient venir danser. En 1843, sous les fils de Mabille, ce bal comporta des jardins, des allées sablées, des pelouses, des galeries, des bosquets, une grotte, le tout éclairé par 3.000 becs de gaz. Ses animatrices les plus célèbres furent : la « reine Pomaré » (Rosita Sergent) qui mourut dans la misère dans un galetas de la rue *Maubuée ;* Céleste Mogador qui, plus favorisée, épousa le comte de Chabrillan; Rigolboche (Marguerite Badel), la danseuse de cancan créé en 1845; Clara et Rose Pompon; et ses animateurs : Chicard, Pritchard et Brididi, respectivement négociant,

1. Ce fut au pied d'un de ces ormes que fut enfouie une bonne partie des bijoux de la Couronne dérobés au garde-meuble en septembre 1792.

répétiteur de philosophie et fourreur dans la journée. Le *bal Mabille* a disparu en 1875.

Prendre l'avenue Georges-V et, à droite, la

RUE MARBEUF : Le nom actuel de cette rue remplace depuis 1829 le nom de rue *des Gourdes* qu'elle portait depuis sa création vers 1798; il est dû à celui de l'ancienne *Folie-Marbeuf*.

L'espace de terrain compris entre nos rues Marbeuf, François-Ier, Quentin-Bauchart et l'avenue des Champs-Élysées, était occupé, en 1730, par deux grands jardins qu'un riche Anglais, le chevalier de Janssein, acheta, en 1760, pour en faire une belle et vaste propriété d'agrément. Cette dernière appartint, en 1787, à la comtesse de Marbeuf, dont le mari, maréchal de camp, avait fait entrer à l'École Militaire de Brienne, lorsqu'il était gouverneur de la Corse, le fils de Lætitia Bonaparte. La *Folie-Marbeuf* fut une curiosité de Paris, elle rivalisa avec la *Folie-de-Chartres*. La Révolution convertit son parc en un jardin public et en un lieu de plaisir, dit le *Jardin d'Idalie*. Sous la Restauration, ce jardin reprit son ancien nom de *Jardin-Marbeuf;* son entrée était alors sur l'avenue des Champs-Élysées.

Le comte de Choiseul-Gouffier avait fait construire, sur une partie de ce parc, un hôtel qu'acheta, en 1844, Émile de Girardin et sa femme, Delphine Gay, et, en 1856. le mère de l'impératrice Eugénie. Ce fut l'*Hôtel d'Albe* où mourut la sœur de l'Impératrice en 1860. La rue Lincoln passe sur son emplacement.

Prendre à droite l'

AVENUE DES CHAMPS-ÉLYSÉES : Lorsque André Le Nôtre traça le jardin des Tuileries il perça aussi, en 1670, en prolongement de l'axe de son allée centrale, une trouée dans la région à la fois broussailleuse et maraîchère située au delà de l'enceinte de Louis XIII, à cheval sur le *Grand-Egout*, et il planta sur chacun de ses côtés, jusqu'à hauteur de notre Rond-Point, une double rangée d'ormes. Ce fut le *Grand-Cours* appelé aussi les Champs-Élysées. En 1710, le duc d'Antin fit jeter un pont de pierre au-dessus de cet égout (à peu près à hauteur de la rue Marbeuf) ce qui permit d'allonger l'avenue jusqu'au haut de la butte où s'élève maintenant l'Arc de Triomphe. En 1774, le marquis de Marigny élargit l'avenue, la prolongea jusqu'à nos porte Maillot et pont de Neuilly et fit commencer le nivellement de cette butte. Malgré ces embellissements, cette avenue était peu fréquentée, obscure la nuit, et à toutes heures peu sûre, ce qui nécessita, en 1777, l'établissement d'un poste de Suisses contigu à la *barrière de Chaillot*.

La *barrière de Chaillot* était située à peu près à mi-chemin entre le débouché de nos rues Marbeuf et Quentin-Bauchard; elle resta là de 1732 à 1788. A cette date, elle fut transportée un peu en avant de la place de l'Étoile, au débouché de notre rue de

Maison dite de François Ier (*grav. vers 1830*)

L'ancienne « Chaumière » de Mme Tallien en 1830

Presbourg, en raison de la construction du mur des Fermiers Généraux.

L'avenue des Champs-Élysées commença à connaître une certaine animation lorsque son côté nord fut bordé par les jardins des beaux hôtels que l'on se mit à construire, au milieu du XVIIIe siècle, dans la rue du Faubourg-Saint-Honoré. Aussi y trouve-t-on en 1779, des jeux de paume et de boules, des restaurateurs et limonadiers où des filles s'amusent avec des gardes-françaises et des suisses, qui se battent quelquefois entre eux. L'un de ces établissement s'appela le *Café des Ambassadeurs*, en l'honneur de ces hôtels de la place *Louis-XV* que Gabriel venait de construire pour être le logis des ambassadeurs extraordinaires. En novembre 1788, un garde de cette promenade signale dans son rapport : « Arrêté, vers les huit heures du soir, un abbé, avec une négresse, qui disait être son confesseur qui s'instruisait. Relaxés, avec injonction à M. l'abbé de ne pas récidiver à confesser ses pénitentes sous les arbres, nuitamment. »

Avec la Révolution l'avenue des Champs-Élysées vit passer, le 5 octobre 1789, le cortège des femmes du peuple qui, conduit par Théroigne de Méricourt et Reine Audu, s'en alla chercher à Versailles la famille royale. Elle vit aussi passer, le 25 juin 1791, celui qui, par la porte de la Villette et nos boulevards extérieurs, ramena de Varennes cette même famille; des placards indiquaient : « Celui qui applaudira le Roi sera bâtonné, celui qui l'insultera sera pendu »; la Garde Nationale, alignée le long des Champs-Élysées, rendit les honneurs la crosse en l'air.

Le soir du sacre de l'Empereur, Lebon, l'inventeur du gaz d'éclairage, fut assassiné dans un fourré obscur de cette promenade; le 2 avril 1810, Marie-Louise, la nouvelle impératrice, fit son entrée à Paris par les Champs-Élysées, et le 29 mars 1814, elle fit sa sortie par le même chemin. Le surlendemain, le tzar Alexandre, le roi Guillaume de Prusse et le prince de Schwarzemberg, y passèrent en revue les troupes alliées; le soir les cosaques y campèrent; leurs tentes s'étendaient jusqu'à l'emplacement de la porte Maillot; les troupes anglaises y dressèrent les leurs, du 7 juillet 1815 au 1er janvier 1816. Les dégats qu'elles commirent furent tels qu'ils nécessitèrent, en 1817, de grands travaux au cours desquels les allées furent exhaussées et sablées, et tous les arbres changés.

Ce ne fut qu'à partir de 1828, que l'avenue des Champs-Élysées commença à connaître de réels embellissements : trottoirs, contre-allées asphaltées, éclairage avec la mise en place de 1.200 candélabres au gaz; installation d'établissements publics, cafés, restaurants, salles de concert et de théâtre. Le retour à Paris des cendres de Napoléon se fit le 15 décembre 1840, jour où il fit un froid terrible, par les Champs-Élysées où 100.000 spectateurs s'étaient entassés.

C'est surtout avec le second Empire que les Champs-

Élysées connurent une époque de faste, qu'ils devinrent la demeure du monde élégant, et que l'avenue prit cet éclat que depuis elle n'a cessé de connaître.

Nº 33. Emplacement du *Jardin d'Hiver*, immense serre avec jets d'eau, volières, fleurs exotiques, où avaient lieu des concerts de musique et de chants et des bals; le musicien Saxe y créa le saxophone, Musard y dirigea quelquefois l'orchestre.

Nº 25. *Hôtel de la Païva.* — Cet hôtel a été construit, de 1856 à 1866, sur un terrain qui avait dépendu du Jardin d'Hiver, par l'architecte Pierre Mangain, pour la marquise de Païva. Celle-ci, de son vrai nom Thérèse Lachmann, était la fille de Juifs polonais réfugiés en Russie; jeune, elle épousa en 1836, un modeste tailleur français qu'elle quitta pour mener une vie galante. Elle devint la maîtresse de personnes célèbres comme le pianiste Hertz, puis épousa, en 1851, un de ses amants, le Portugais Francisco de Païva-Araujo, peut-être marquis.

C'est alors qu'elle fit construire cet hôtel qu'ornèrent des peintures de Baudry, des sculptures d'Augé, de Barrias, de Dalou; elle y donna des réceptions magnifiques où furent assidus Émile de Girardin, Émile Augier, les Goncourt, Edmond About, Delacroix, Théophile Gautier, Arsène Houssaye, Taine, Sainte-Beuve et Gambetta. En 1871, la marquise de Païva fit annuler son mariage par Rome et épousa un autre de ses amants, le comte Henckel de Donnersmarck, cousin de Bismarck, âgé de 25 ans et millionnaire. Le marquis de Païva, désespéré, se tua d'un coup de revolver, en 1873, à l'issue d'un grand dîner offert à ses amis à la *Maison Dorée.*

A l'issue de la guerre de 1870, Bismarck nomma son cousin gouverneur de l'Alsace-Lorraine. L'ex-marquise de Païva fut obligée de quitter Paris; elle mourut en 1884, et son mari vendit l'hôtel.

Les portes en bronze sculpté sont du sculpteur Legrain; à l'intérieur, célèbre escalier en onyx mouluré et sculpté caractéristique du style second Empire. Hôtel classé.

Nº 15. Hôtel que le duc de Morny, alors comte, fit construire pour lui à proximité de celui de sa maîtresse, Mme Lehon, fille du banquier Mosselmann et femme de l'ambassadeur de Belgique. On appela couramment cet hôtel la « niche à Fidèle ». Une fille naquit de cette liaison vers 1839 :

> *Quel est ce visage blond*
> *Qui ressemble à la reine Hortense*
> *C'est la fille à Monsieur Lehon.*
> *Morny soit qui mal y pense.*

Cette fille épousa, en 1856, le prince Poniatowski. Le « *Punch* » a, par ironie, mit dans la bouche de Morny cette phrase : « Je dis comte à mon père, sire à mon frère, princesse à ma fille, je suis duc, et tout cela est *naturel.* »

En effet, par suite de trois adultères successifs, le duc

de Morny était : fils de la reine Hortense, petit-fils de Talleyrand, et arriere-petit-fils de Louis XV. Louis XV avait eu, en 1761, d'une liaison avec une demoiselle de Longpré, une fille, Adélaïde, qui épousa le comte Flahaut de la Billarderie. Celle-ci eut une liaison avec Talleyrand-Périgord, évêque d'Autun, d'où naquit, en 1785, un fils, Charles-Auguste Flahaut de la Billarderie. Ce dernier, ancien aide de camp de l'Empereur, eut avec la reine Hortense une liaison de laquelle naquit, en 1811, un fils déclaré Charles-Auguste Demorny, devenu duc de Morny par la grâce de son demi-frère Napoléon III.
Ajoutons que le duc de Morny épousa Sophia Troubetzkoï, fille naturelle du tzar Nicolas Ier.
Au temps de Morny cet hôtel ne comportait qu'un rez-de-chaussée avec une seule fenêtre. La princesse Poniatowska le fit exhausser d'un étage à 2 fenêtres.

LE JARDIN DES CHAMPS-ÉLYSÉES : Le Rond-Point des Champs-Élysées a été tracé par André Le Nôtre, en 1670; c'était alors le terminus de l'allée. A l'opposé du Rond-Point, l'entrée des Champs-Élysées est encadrée par les chevaux de marbre connus sous le nom de Chevaux de Marly. Nicolas et Guillaume Coustou les sculptèrent en 1745 pour remplacer aux abreuvoirs du château de Marly ceux qui, sculptés par Coysevox, avaient été transportés, en 1719, à l'entrée du jardin des Tuileries.
Le jardin des Champs-Élysées est bordé au nord par l'AVENUE GABRIEL, ouverte en 1670. La plupart des jardins des hôtels qui ouvraient sur la rue du Faubourg-Saint-Honoré s'étendaient jusqu'à cette avenue, ainsi que le font encore de nos jours ceux du palais de l'Élysée et de l'ambassade d'Angleterre. (L'avenue Gabriel présente, à son n° 38, l'Hôtel de Luxembourg, ex-d'Argenson, de 1780, dont la façade, classée, est décorée de quatre lourdes et majestueuses colonnes doriques; sa façade sur cour a été remaniée).

Remonter, à droite, les Champs-Élysées.
AVENUE DES CHAMPS-ÉLYSÉES *(suite)* : N° 48. La RUE DU COLISÉE, ex-ruelle sinueuse entre les marais, dite *des Gourdes*, en 1672, a été bâti, en 1784, au travers du *Colisée*.
Le Colisée : on appelait ainsi un vaste établissement construit, en 1770, par Le Camus qui s'était inspiré de l'amphithéâtre de Rome; destiné à être un grand lieu de fêtes, il pouvait contenir 40.000 personnes. Il fut frequenté autant par des princesses que par des modestes bourgeoises; Marie-Antoinette y passa la soirée du 14 août 1776 en compagnie du comte de Provence, du comte d'Artois et de Madame Élisabeth et elle y revint l'année suivante. Cet établissement, mal construit, fut démoli en 1780.
La duchesse de Berry eut, au n° 46 de la rue du Colisée, ses écuries, remplacées plus tard par celles de Napoléon III.
N°s 52-60. *Hôtel de Massa :* Cet hôtel, qui fut

le doyen des six immeubles existant en 1800 dans l'avenue des Champs-Élysées, avait été construit à cet endroit par Le Boursier, en 1778, pour Thiroux de Montsauge, administrateur des Postes et receveur général des finances de Paris. Citons parmi les occupants de cet hôtel, en 1788, le fils du maréchal-duc de Richelieu; de 1804 à 1814, le comte de Marescalchi, ministre d'Italie à Paris, qui y donna des réception fastueuses; en 1830, le comte Charles-Auguste de Flahaut de la Billarderie, indiqué ci-dessus; le baron Roger du Nord et, à partir de 1880, le duc de Massa qui fut le dernier locataire et lui laissa son nom. L'Hôtel de Massa a été acheté par un grand magasin qui le fit démonter pierre par pierre en 1928, et réédifier près des jardins de l'Observatoire; la Société des Gens de Lettres l'occupe depuis 1930 (cf. nº 38, rue du Faubourg-Saint-Jacques).
Nº 100. La RUE DE BERRI qui prolonge la rue de Chaillot (Quentin-Bauchart) est une ancienne ruelle, appelée, au XVIIe siècle, *ruelle de Chaillot*. A l'emplacement de son nº 2 (à l'angle de l'avenue des Champs-Élysées) s'élevait l'Hôtel de Langeac, construit en 1780 par Chalgrin où Th. Jefferson résida lorsqu'il vint à Paris de 1785 à 1789, comme ambassadeur des États-Unis (inscription).
Son nº 20 a été construit, en 1781, pour Mme de Montesson, épouse morganatique depuis 1773 du duc Louis-Philippe d'Orléans, dit le Gros. Sa nièce, la comtesse de Genlis l'habita, et, plus tard, la prencesse Mathilde, de 1871 à sa mort, en 1904.
Hôtel remanié, stucs de son vestibule.
La RUE D'ARTOIS qui coupe la rue de Berri a été ouverte, en 1778, sur les écuries du comte d'Artois. Alfred de Vigny est mort à son nº 6 en 1863, à 66 ans (inscription).

Traverser les Champs-Élysées et prendre la
RUE QUENTIN-BAUCHART : Cette rue, que prolongent vers le sud-ouest la rue de Chaillot, la place et l'avenue d'Iéna, est sur l'emplacement de l'ancien *chemin allant du Roule à Chaillot*. Celui-ci donna naissance, au XVIIIe siècle, à deux rues, les rues *de Chaillot* et *des Batailles* qui constituèrent longtemps l'artère principale du village de Chaillot.
Ce village était une localité d'aspect riant, bien pourvue en vignes et en jardins, située au haut d'un coteau d'où on apercevait Paris et la Seine, lorsqu'il devint en 1659, un faubourg de la capitale, le *faubourg de la Conférence* (du nom de la porte par laquelle passait le chemin qui, de Paris, y conduisait) qui fut rattaché, en 1702, au cinquième quartier.

Nº 27. La RUE VERNET est, pour sa partie orientale, à l'emplacement d'une ruelle appelée du XVIIe siècle jusqu'en 1864, la *rue des Vignes*, et, pour sa partie ouest, à celui d'une promenade, créée en 1777, que l'on appelait le *promenoir de Chaillot ;* les Parisiens aimaient y venir s'asseoir et manger sur l'herbe le

Vue du village de Chaillot (*grav. 18*[e] *s.*)

La porte de la Conférence (*grav. 17*[e] *s.*)

La barrière de l'Étoile

dimanche. Cette promenade a disparu en 1853, lors des travaux d'embellissement des environs de la place de l'Étoile.
Sous Louis-Philippe on trouvait, à l'entrée du *chemin des Vignes*, un établissement analogue au *bal Mabille*, le *Château des Fleurs*, qui ferma ses portes en 1866.
La RUE DE BASSANO, qui avait déjà traversé les jardins du *couvent de Sainte-Perine* (cf. ci-après), traversa aussi ceux du *Château des Fleurs* pour aboutir aux Champs-Élysées.

RUE DE CHAILLOT : Nº 26. Emplacement, au XIe siècle, d'une église que le pape Urbain II mentionne, dans une bulle de 1097, sous le nom d'*Ecclesia de Caleio*. Elle fut remplacée, vers 1696, par une nouvelle, l'église Saint-Pierre-de-Chaillot, remplacée à son tour par l'église romano-byzantine actuelle, élevée, de 1933 à 1937, au nº 30.
Nº 35. La RUE GEORGES-BIZET a absorbé une ancienne ruelle, appelée au XVIIe siècle la rue *des Blanchisseuses*, qui descendait jusqu'au quai qu'elle rejoignait à la *place de la Conférence* (de l'Alma).
Nos 19-17. Vieilles maisons.

RUE BEETHOVEN : Cette rue s'est appelée du XVIIIe siècle jusqu'en 1864, rue *de la Montagne*.
Nos 1, 3, 7, 11, 16. Vieilles maisons.

La barrière du mur des Fermiers généraux était située à l'intersection du quai et de la *Montée-des-Bonshommes*, plus tard, rue *de la Montagne* (Beethoven). C'était l'importante *barrière des Bonshommes*, dite aussi de *Passy*, qui remplaçait l'ancienne *barrière de la Conférence* (place de l'Alma). Ledoux avait voulu lui donner quelque beauté puisque c'était elle qui commandait la route menant à Versailles. D'où un bâtiment à douze colonnes, deux arcs et quatre frontons.
De la *barrière des Bonshommes* à la *barrière de l'Étoile* le mur des Fermiers Généraux passerait de nos jours par la rue Le Nôtre, la rue Franklin jusqu'à la place du Trocadéro, l'avenue Kléber, les rues La Pérouse et de Presbourg.
La *barrière de l'Étoile* barrait l'avenue des Champs-Élysées entre nos rues de Presbourg et de Tilsitt. Elle était composée de deux bâtiments carrés ornés chacun de vingt colonnes, cinq sur chaque face, supportant un fronton triangulaire; une longue grille coupant l'avenue réunissait ces bâtiments, l'ensemble constituait les plus beaux propylées de la clôture de Paris.

LE FAUBOURG SAINT-HONORÉ

DE LA PORTE SAINT-HONORÉ AUX BARRIÈRES DU ROULE ET DE MONCEAU

29

Le faubourg Saint-Honoré : la rue de la Bonne-Morue, l'Hôtel Grimod de la Reynière ; les Hôtels Vignon, de Rohan-Montbazon, de Marbeuf ; la rue d'Anjou, les Hôtels Marquet, de Contades ; les Hôtels Montigny, de Charost, de Pontalba, d'Evreux, de Beauvau, de la Vaupalière / Les pépinières du roi / Le village du Roule / La Folie-de-Chartres / Le cimetière des Errancis.

Point de départ : n° 1, rue du Faubourg-Saint-Honoré

RUE DU FAUBOURG-SAINT-HONORÉ / La rue du Faubourg-Saint-Honoré remplace l'ancien chemin qui, au Moyen Age, conduisait de Paris au village du Roule, formé des agglomérations du Bas-Roule (carrefour des rues La Boétie et du faubourg Saint-Honoré) et du Haut-Roule (place des Ternes). La première fut érigée en un faubourg de Paris en 1702, et ce qui avait été jusqu'alors la *chaussée du Roule* devint la rue *du Faubourg-Saint-Honoré* jusqu'à hauteur. du n° 114 actuel et la rue du *Faubourg-du-Roule* au-delà. De nombreux hôtels y furent édifiés dès la fin du règne de Louis XIV, puis sous la Régence et pendant tout le XVIIIe siècle; ils allaient faire du faubourg Saint-Honoré un égal du faubourg Saint-Germain, son aîné. Le goût du confort, la percée de très nombreuses voies et l'élargissement d'autres ont entraîné la disparition d'une grande partie d'entre eux.

N° 3. Maison où le général Changarnier, commandant supérieur de la garde nationale et commandant des troupes de Paris, fut arrêté le matin du coup d'État du 2 décembre 1851.

Visiter, à gauche, puis à droite, la

RUE BOISSY-D'ANGLAS / Cette rue a été formée, en 1865, par la réunion de la rue *de la Madeleine* au nord et de la rue de *la Bonne-Morue* au sud, ce dernier nom venait de l'enseigne d'un cabaret-restaurant réputé par son art d'accommoder la morue.

N° 12. Emplacement d'un majestueux hôtel, construit en 1760, où habitèrent le marquis de Rochegude, pendu à Avignon en 1790, le général Junot (1802), sa veuve, la duchesse d'Abrantès (1813), le prince de Beauvau, et le baron Haussmann dans les dernières années de sa vie. Hôtel démoli en 1911.

N°s 1 à 5. *Hôtel Grimod de la Reynière :* Emplacement de l'hôtel construit, en 1769, par Barré et Bellanger, pour le fermier général Laurent Grimod de la Reynière. Cet hôtel devint, après lui, la propriété, jusqu'en 1819, de son fils Alexandre-Balthazar, écrivain, journaliste, avocat, et, surtout, gastronome réputé. Cet hôtel était, selon Grimm, « l'auberge la plus distinguée de gens de qualité ». Grimod de la Reynière rédigea, de 1803 à 1812, l'*Almanach des Gourmands* qui le rendit célèbre; entre autres sentences on y lisait que « le nombre 13 n'est à craindre à table que s'il n'y a à manger que pour douze ». Il mourut en 1838, âgé de 80 ans.

Cet hôtel, occupé ensuite par Wellington (1815-1818), l'ambassade de Russie (1828), celle de Turquie (1842-1862), le cercle Impérial (1854) et celui de l'Épatant (1887), fut acheté et démoli en 1928 pour l'installation de l'ambassade des États-Unis qui a construit, en remplacement, un hôtel dont la façade est la copie de celle de l'Hôtel de l'Infantado (n° 2, rue Saint-Florentin).

N° 35. La CITÉ DU RETIRO, appelée jusqu'en 1807 la *cour des Coches*, est une ancienne cour où, au milieu du XVIIIe siècle, le fermier des carrosses de la Cour remisait ses voitures; elle servit, à partir de 1785 environ, à remiser les voitures publiques desservant la banlieue de Paris — Ses n°s 13, 15, 19 forment un bel ensemble du XVIIIe siècle.

N° 28 ou 30. Emplacement d'une maison où mourut Lulli, en 1687. Le surintendant de la musique du roi l'habitait depuis qu'il avait quitté, en 1683, son hôtel de la rue des Petits-Champs.

N° 24. La CITÉ BERRYER s'est appelée jusqu'en 1837 le *passage du Marché-d'Aguesseau* depuis qu'on y avait transféré, en 1745, le marché installé, de 1723 à 1745, dans les marais qui avoisinaient la rue Montalivet actuelle (cf. ci-après).

RUE DU FAUBOURG-SAINT-HONORÉ *(suite)* : N°s 5, 7. Vieilles maisons du XVIIIe siècle.

N° 9. Maison où Pierre Chardon, époux de Marie Lagache, eut, à partir de 1832, son magasin « Aux Montagnes Russes » où il fit une fortune considérable qu'il employa à des œuvres charitables. Ses magasins s'étendaient jusqu'au n°s 7 et 11.

N°. 11 Vieille maison du XVIIIe siècle.

N° 14. *Hôtel Vignon :* Hôtel loué au jurisconsulte Charles Vignon, en janvier 1811, pour être occupé par la mairie de l'ex-1er arrondissement qui y resta jusqu'en avril 1835.

Cet hôtel forme, avec le n° 16, un joli ensemble; porte avec consoles et mascaron, escaliers, ferronneries; on retrouve dans le rez-de-chaussée l'ancienne salle des fêtes de la mairie.

N° 24. Vieille maison du XVIIIe siècle, très restaurée.

N° 19. Hôtel où plusieurs députés aux Assemblées, dont Cambacérès, habitèrent pendant la Révolution.
N° 27. Dans la cour, hôtel de 1720, loué au marquis de Feuquières, époux de la fille du peintre Mignard dont l'amant, Louis Blouin, habitait alors au n° 31. Hôtel restauré et défiguré.
N° 29. Hôtel construit en 1719, par Lassurance, pour la princesse de Rohan-Montbazon, veuve du duc, mort fou à Liège en 1717.
Édifice remanié, surélevé, encastré dans une cour entourée de hauts bâtiments; la décoration Empire d'un de ses salons est classée.
N° 31. Emplacement de l'Hôtel Marbeuf, construit en 1718, par Lassurance, pour Louis Blouin, premier valet de chambre et confident de Louis XIV, puis gouverneur de Coutances, de Versailles et de Marly. Il appartint, de 1765 à 1790, au marquis de Marbeuf. Joseph Bonaparte le loua, puis l'acquit en 1803; c'est là que fut signé le Concordat. Il appartint, en 1818, au maréchal Suchet. Le comte Pillet-Will, régent de la Banque de France, l'acheta, en 1887, et le fit démolir pour le remplacer par un hôtel, style Louis XV, orné de décorations anciennes achetées ailleurs : les vases de la cour proviennent de Bagatelle, les portes, d'un hôtel de la rue de Bondy, des boiseries, d'un hôtel de Gontaut-Saint-Blancart,...
Une de ses portes monumentales, celle de droite, en provenance de l'Hôtel de Vicq, est classée.

Prendre, à droite, la
RUE D'ANJOU *(section comprise entre la rue du Faubourg-Saint-Honoré et le boulevard Haussmann)* / Cette rue a été ouverte en 1649 entre la rue du Faubourg-Saint-Honoré et la rue de la Ville-l'Évêque.
N° 8. Hôtel construit en 1726, par Mazin. Son premier étage fut habité par le général Belliard où Lafayette le remplaça en 1827 et mourut, le 20 juin 1834, à l'âge de 77 ans (inscription). Le docteur Magendie y mourut en 1855.
Porte surmontée d'un mascaron, corps central surmonté d'un arrondi, consoles des fenêtres, façades sur cour, mascarons, escalier.
N° 11. Emplacement de l'hôtel du maréchal de Contades construit en 1728. La mairie de l'ex-1er arrondissement l'occupa de 1835 à 1859 et celle du 8e de 1860 à 1926.
N° 59. La RUE LAVOISIER a été ouverte en 1840 sur les jardins de Benjamin Thompson, physicien américain qui avait servi dans l'armée anglaise au commencement de la guerre de l'Indépendance. Entré ensuite au service de l'Électeur de Bavière, il était devenu commandant de son armée, ministre de la Guerre et comte de Rumford. En 1799, il vint habiter la France et épousa, en 1804, la veuve de Lavoisier dont il se sépara en 1809. Mlle Mars et Alexandre Lenoir ont habité la rue Lavoisier.
N° 22. Restes de l'Hôtel de Rouault, de 1763; porte, imposte.

Le percement du boulevard Malesherbes a fait disparaître un grand nombre d'hôtels dont les principaux sont : *l'Hôtel de Créqui* (ex-nº 35) et *l'hôtel de la marquise de Nicolaï*.

Nº 29. Cet hôtel appartint, avant la Révolution, au général marquis de Bouillé, un des principaux auteurs de la fuite à Varennes. L'abbé Morellet y mourut en 1819 et Benjamin Constant en 1830, à 65 ans (inscription).

Nº 42. Hôtel construit par François Delondres pour le président Omer Talon. Hôtel très remanié.

Mascarons, ferronneries, imposte de la porte.

Nº 48. Le SQUARE LOUIS-XVI, de 1862, est à l'emplacement du *cimetière de la Madeleine*.

Le cimetière de la Madeleine ; la *Chapelle Expiatoire*. Lorsque l'ancienne église de la Madeleine fut reconstruite sur place en 1660 (emplacement du nº 8 du boulevard Malesherbes) et agrandie, son cimetière qui jusqu'alors lui avait été attenant, dut être transféré à 350 mètres de là, au nord de jardins appartenant au *couvent des Bénédictines de la Ville-l'Évêque* (ci-après).

C'est dans ce cimetière qu'ont été inhumées, les 103 personnes mortes, place *Louis-XV*, lors du feu d'artifice du 30 mai 1770, une grande partie des Suisses massacrés au palais des Tuileries le 10 août 1792 et toutes les personnes guillotinées *place de la Révolution* (Concorde) jusqu'au 25 mars 1794, parmi lesquelles : Louis XVI, Charlotte Corday, Marie-Antoinette, les Girondins, Philippe-Égalité, Mme Roland, Hébert et la comtesse du Barry,

Ce cimetière, désaffecté le 25 mars 1794, fut acheté par un magistrat royaliste, Olivier Desclozeaux, qui, habitant une maison voisine, ex-nº 48 de la rue d'Anjou, avait pu noter les endroits où le roi et la reine avaient été inhumés. Lorsque Louis XVIII prescrivit des recherches pour retrouver les corps de Louis XVI et de Marie-Antoinette, il indiqua leur emplacement, que confirma Pierre Seveste, petit-fils du fossoyeur de 1793. Leurs corps, retrouvés, furent mis en bière, le 20 janvier 1815, et transportés, le 21, dans la nécropole royale de Saint-Denis.

Louis XVIII fit élever, par Le Bas et Fontaine, de 1816 à 1826, une chapelle, dite la Chapelle Expiatoire, à l'endroit où ces corps avaient été retrouvés; l'inauguration eut lieu en 1826 ainsi que le relate une inscription. L'ensemble a l'aspect d'une nécropole gréco-romaine; il occupe tout l'emplacement de l'ancien cimetière. Il comporte un vestibule, deux portiques et une chapelle formant les quatre côtés d'un jardin rectangulaire. Le vestibule, élevé de sept degrés, en forme de tombeau antique, communique avec les portiques, composés chacun de neuf arcades voûtées, au fond de chacune desquelles s'élève un monument funèbre à la mémoire des Suisses tués en défendant la famille royale et les Tuileries le 10 août 1792. L'entrée de la chapelle présente un porche orné de quatre colonnes doriques; son intérieur a la forme d'une croix grecque surmontée d'une coupole soutenue par quatre arceaux. Elle est ornée de deux groupes représentant, l'un, par Bosio, Louis XVI montant au ciel soutenu par un ange dont les traits sont ceux de l'abbé Edgeworth, l'autre, par Cortot, Marie-Antoinette soutenue par la *Religion*, figurée par Madame Élisabeth, inhumée, elle, au *cimetière des Errancis*. Deux escaliers conduisent à une crypte voûtée où s'élève l'autel, en forme de tombeau, édifié au-dessus de l'endroit même où ont reposé les restes de Louis XVI pendant 21 ans.

Prendre à droite, le boulevard Haussmann, puis, à gauche et à droite la

RUE DE L'ARCADE : Cette rue est une section de l'ancienne chaussée conduisant à Argenteuil. Son nom actuel, de 1775, est dû à une arcade en voûte qui reliait, à hauteur des n°s 15 et 18, les propriétés que les Bénédictines de la Ville-l'Évêque avaient de part et d'autre de la route d'Argenteuil.
N° 57. Hôtel de Pansémont, du premier Empire; sa cour d'honneur a été vitrée et sert de hall.
N° 39. La RUE DES MATHURINS rappelle par son nom la ferme que des religieux, les Mathurins, possédaient vers cet endroit depuis le XIIIe siècle. Du n° 46 au n° 40; emplacement d'hôtels ayant appartenu à diverses personnalités : l'amiral Baudin, le prévôt des marchands Le Peletier, le général Brune. Au fond de la cour du n° 32 se trouve l'hôtel construit, en 1780, par Aubert, pour le marquis François de Beauharnais, futur beau-frère de Joséphine de la Pagerie.

RUE DE LA VILLE-L'ÉVÊQUE : N° 3. Restes de l'Hôtel de Rouault, de 1763 (cf. 22, rue d'Anjou).
N° 16. *Hôtel Suchet* construit vers la fin de la première moitié du XVIIIe siècle, par Boullée, pour le banquier Alexandre. Il fut habité, de 1802 à 1818, par Suchet, maréchal de France. Il avait dressé des perroquets à chanter les vêpres, ce qui ne manquait jamais d'attirer un grand nombre de personnes sous ses fenêtres.
Bas-reliefs du vestibule, cour; les façades à colonne et à pilastres cannelés sur cour et sur jardin sont classées.
N° 18. Pavillon Louis-Philippe dans la cour; guirlandes de la façade sur rue.
N° 22. Vieille maison; mansarde à poulie.
N° 27. Hôtel de l'époque Louis XVI; guirlandes des fenêtres.
N° 24. La RUE D'ASTORG et la RUE ROQUÉPINE qui se coupent à angle droit ont été percées, en 1776, sur les terrains du lieutenant-général Louis d'Astorg d'Aubarède, marquis de Roquépine.

Tourner à gauche sur la place des Saussaies et prendre, à gauche, la

RUE DE SURÈNE : Cet ancien chemin de Suresnes, déjà indiqué en 1672, rejoignait jadis la rue *Basse-du-Rempart* (boulevard de la Madeleine).

Nº 25. Petit hôtel de la fin du XVIIIe siècle; porte, terrasse à balustres de pierre.
Nº 23. Hôtel de 1775; porte.

Prendre, à droite, la rue d'Anjou jusqu'à la ·
RUE DU FAUBOURG SAINT-HONORÉ *(suite)* :
Nº 33. Emplacement d'un hôtel construit, en 1714, par Grandhomme, pour Louis Chevalier, seigneur de Montigny, et qu'acheta, en 1812, le duc Decrès. Il y fut blessé mortellement, en 1820, par l'explosion d'une machine infernale allumée sous son lit par son valet de chambre. Cet hôtel fut occupé par l'ambassade de Russie, puis démoli lorsqu'il devint la propriété de Nathaniel Rothschild qui le reconstruisit. Aujourd'hui Cercle de l'Union interallié.
Nº 35. Cet hôtel a été construit en même temps que

Avenue Matignon / Terrasse de la maison des Gaufres (*grav. vers 1880*)

L'hôtel d'Évreux / Façade sur jardin (*phot.*)

le précédent (avec lequel il a souvent fait corps) pour Mme Le Vieulx, sœur du président Louis Chevalier. Il fut acheté en 1806, par le maréchal Berthier qui le revendit en 1810. Hôtel acheté, en 1855, par les frères Péreire qui l'adaptèrent à leurs goûts en faisant bâtir, en 1858, une large façade sur la rue.
La décoration d'un de ses salons est classée.
N° 39. Cet hôtel a été construit, en 1723, par Mazin, pour le duc François de Charost qui avait été gouverneur de Louis XV. En 1803, il fut cédé à Pauline Bonaparte, seconde sœur de Napoléon, veuve du général Leclerc et remariée, en 1803, au prince Camille Borghèse. La princesse Borghèse le céda, en 1815, au gouvernement anglais qui y installa son ambassade en 1825.
Portail, avant-corps central sur cour, décoré de colonnes ioniques et de pilastres accouplés, avec fronton triangulaire, escalier.
N° 60. Vieille maison; ferronneries.
La RUE D'AGUESSEAU a été ouverte, en 1723, sur des terrains appartenant à Joseph-Antoine d'Aguesseau, conseiller honoraire au Parlement, frère du chancelier, qui y fit établir un marché de 1723 à 1745. — N° 18. Maison de style Louis XVI où fut la mairie de l'ex-1er arrondissement de 1802 à 1811; cour, entrée de l'escalier. — Au N° 15, la RUE MONTALIVET, ouverte en 1723, est l'ancienne rue du *Marché-d'Aguesseau* qu'elle longeait (façades sur cour et sur jardin de l'hôtel situé au n° 5).
N° 41. Hôtel que Mme de Pontalba fit construire, en 1835, par Visconti. Cet hôtel, vendu, en 1879, au baron Edmond de Rothschild qui le restaura, possède des boiseries du grand salon de l'Hôtel de Jacques-Samuel Bernard (cf. n° 46, rue du Bac) et d'autres décorations provenant de l'Hôtel d'Avaray (cf. n° 85, rue de Grenelle) Hôtel cédé à l'ambassade des États-Unis.
Portes.
N° 45. Hôtel construit par Boulée pour Julien de La Faye, propriété de Bouret et de Pérusse d'Escars et après la Révolution, de la princesse Bagration puis de Charles Laffitte.
N° 49. La RUE DE L'ÉLYSÉE a été percée, en 1851-1860, sur les jardins du palais de l'Élysée et sur l'emplacement de deux hôtels voisins (n°s 51 et 53) par ordre du Prince-Président afin d'isoler ce palais.
Le duc de Choiseul-Praslin, pair de France, habitait chez son beau-père, à cet ex-n° 51, lorsque, le 18 août 1847, il assassina sa femme, fille unique de Sébastiani. Ce meurtre affecta beaucoup Sébastiani, alors maréchal de France, ancien ministre des Affaires étrangères et ancien ambassadeur qui mourut dans cet hôtel en 1851, à 76 ans.
L'impératrice Eugénie fit construire dans la rue de l'Élysée, par Lefuel, un hôtel pour sa mère, la comtesse de Montijo. Cet hôtel (n° 4) fut vendu, en 1873, au baron de Hirsch qui l'engloba dans l'hôtel qu'il se

faisait construire à côté (n° 2), par Peyre et Chatenay L'ensemble est orné de décorations et de boiseries provenant du château de Bercy; escalier. Le n° 18 a aussi appartenu à l'Impératrice qui y logea Persigny, l'homme d'action de la famille Bonaparte et le conseiller intime de Napoléon III. Cet hôtel communiqua pendant un temps, par un souterrain, avec le palais de l'Élysée.

N° 76. La RUE DE DURAS a été ouverte, en 1723, le long des jardins de l'hôtel du duc de Duras, mort en 1704. Cet hôtel, construit par Boffrand, s'étendait tout le long du faubourg Saint-Honoré depuis la rue d'Aguesseau jusqu'à la rue Duras. Il a été démoli vers 1928.

Le Palais de l'Elysée : En 1718, l'architecte Molet, contrôleur des bâtiments du roi, construisit à cet endroit, alors presque désert, une résidence pour Louis-Henri de la Tour-d'Auvergne, comte d'Evreux, époux de la fille du financier Antoine Crozat. C'était l'*hôtel d'Evreux*.

Il mourut en 1753; son hôtel fut alors acheté par la marquise de Pompadour dont ce fut la propriété personnelle. Elle l'agrandit en y adjoignant, en 1754, les terrains voisins et elle le fit embellir; ce fut là le travail de Lassurance, de Boucher et de Van Loo. Lorsque la marquise mourut au château de Versailles, en 1764, son corps fut ramené dans cet hôtel avant d'être inhumé dans la chapelle du couvent des Capucines (cf. rue de la Paix). Par testament elle avait légué son hôtel au roi pour qu'il y logeât un de ses petits-fils, le comte de Provence.

Cet hôtel fut acheté, en octobre 1773, un million (somme énorme) par le financier Beaujon, banquier de la Cour, qui fit continuer son embellissement par l'architecte Boulée. Beaujon fit de l'*Hôtel d'Evreux* un palais magnifique dans lequel, perclus de douleurs et malade, il ne pouvait se déplacer que roulé dans un fauteuil et se nourrir que d'épinards cuits à l'eau. Pour se distraire, il aimait être entouré d'un essaim de jolies femmes, toutes de haute naissance — ses « berceuses » — qui se relayaient autour de son fauteuil roulant. En août 1786, il revendit, pour 1.300.000 livres, l'hôtel au roi à qui l'acheta, en 1787, la duchesse de Bourbon-Condé, mère du duc d'Enghien; ce fut dès lors l'*Elysée-Bourbon*.

Après le départ de la duchesse pour l'exil, l'*Elysée-Bourbon* fut acheté, en 1798, par Benoît Hovyn et ses associés qui le transformèrent en un lieu de plaisirs, le *Hameau-Chantilly*, avec glacier, restaurant, bals, salons de jeu, fêtes champêtres, feu d'artifice, jeux de bagues et de balançoires... Puis, après avoir divisé l'hôtel en une quinzaine d'appartements, les nouveaux propriétaires le louèrent de 1798 à 1805; c'est ainsi qu'un de ces appartements fut occupé pendant cinq ans par les parents d'Alfred de Vigny qui y restèrent jusqu'en 1803.

En 1805, l'hôtel devint la propriété de Murat, qui

y donna, avec Caroline, des fêtes d'une grande magnificence. Murat le céda, en 1808, lorsqu'il fut nommé roi de Naples, à son beau-frère Napoléon, comme maison de repos; ce fut l'*Elysée-Napoléon*. Joséphine vint l'habiter, en 1809, après son divorce, mais elle y resta peu, l'Empereur ayant préféré pour elle la Malmaison. Le tsar Alexandre s'y installa en avril 1814, et l'Empereur y résida quelques jours avant son départ pour Sainte-Hélène; il signa là sa seconde abdication, le 22 juin 1815.

La Restauration restitua l'hôtel à la duchesse de Bourbon, qui l'échangea avec Louis XVIII contre l'Hôtel de Matignon (cf., n° 57, rue de Varenne). L'Élysée-Bourbon fut alors donné au duc de Berry, qui s'y installa en juin 1816, avec sa jeune femme, Marie-Caroline; c'est là que son corps fut ramené après que Louvel l'eut assassiné en février 1820.

Après la révolution de 1830, l'hôtel servit de résidence aux princes de passage. Affecté à la présidence de la République en 1848, le prince Louis-Napoléon en prit possession et y prépara, trois ans plus tard, avec Persigny, Morny et le général de Saint-Arnaud, le coup d'État du 2 décembre 1851. Le palais fut alors restauré par l'architecte Lacroix qui l'agrandit, le peintre Sébastien Cornu le décora au goût du second Empire. C'est à cette époque que la rue de l'Élysée fut percée et que furent construites les façades en bordure de l'avenue de Marigny et de la rue de l'Élysée ainsi que la petite chapelle de l'angle sud-ouest de la cour d'honneur.

Lorsque le Prince-Président transféra, le 1er janvier 1852, sa résidence au palais des Tuileries, celui de l'Élysée fut réuni à sa liste civile et affecté, à nouveau, à la résidence des souverains de passage : la reine Victoria d'Angleterre en 1855, puis l'empereur de Russie, Alexandre II, le sultan Abdul-Aziz, le roi Oscar de Suède, la reine Sophie des Pays-Bas et l'empereur d'Autriche lorsqu'ils vinrent à Paris, en 1867, visiter l'Exposition Universelle.

Enfin, depuis 1873, l'Élysée a été affecté à la résidence des présidents de la République.

N° 90. RUE DES SAUSSAIES. Ancien *chemin des Carrières* vers 1610, le nom actuel de cette rue, du XVIIIe siècle, lui vient d'un bosquet de saules, d'une « saussaye », vers lequel il conduisait. — N° 8. Ancien hôtel de 1770; bandeaux sculptés, mascarons, médaillon. — Nos 9, 11, 13. Emplacement d'un hôtel du XVIIIe siècle; porte du n° 11.

La PLACE DES SAUSSAIES est sur l'emplacement d'un hôtel de 1775.

N° 94. Emplacement de l'Hôtel de Courcelles qui fut occupé, de 1796 à 1802, par la mairie de l'ex-1er arrondissement.

N° 96. *Hôtel de Beauvau :* Cet hôtel a été construit, vers 1770, par Le Camus de Mézières, pour le maréchal marquis de Beauvau. Gouverneur du Languedoc, il avait osé, malgré la Cour, délivrer, en 1763, d'une prison d'État du Languedoc, 14 femmes qui y étaient enfermées depuis longtemps comme protestantes. Le maréchal de Beauvau n'émigra pas et mourut en 1793.

L'hôtel, qui resta à ses descendants jusqu'en 1834, fut pendant quelque temps, sous l'Empire, un hôtel meublé, dit du prince de Galles, où habita le marquis Saint-Lambert. Le « marquis de Saint-Lambert » s'appelait tout simplement Lambert. Joli garçon, fin, il eut des succès féminins avec la marquise de Boufflers et Mme du Châtelet qu'il enleva à Voltaire. Ses succès littéraires furent aussi triomphants que ses succès féminins; il entra à l'Académie et se lia avec Mme d'Houdetot, d'une passion qui dura 47 ans, jusqu'à sa mort survenue à l'Hôtel Beauvau en 1803; il avait alors 87 ans. A partir de 1861, cet hôtel abrita le ministère de l'Intérieur qui, depuis, n'a cessé de l'occuper et de l'agrandir.

Péristyle dorique encadrant la grille d'entrée; façades remaniées.

No 57. L'AVENUE MARIGNY a été ouverte en 1770.

No 98. RUE DE MIROMESNIL *(section comprise entre les rues du Faubourg-Saint-Honoré et La Boétie)* / Cette section a été ouverte en 1776, puis prolongée en 1813, 1826 et 1863 jusqu'au boulevard de Courcelles.— No 5. Fenêtres Directoire. — No 11. Consoles et guirlandes. — No 31. Sur la cour, petit hôtel Directoire avec bâtiment central, à colonnes et fronton, et une galerie à colonnes doriques sur le côté. Hôtel habité par Chateaubriand et sa femme en 1804.

No 61. La RUE DU CIRQUE percée, en 1847, doit son nom au cirque des Champs-Élysées auquel elle conduisait.

No 114. Emplacement de la *vieille porte du Roule* ou *Fausse-Porte-Saint-Honoré* lorsque fut construite, en 1636, l'enceinte de Louis XIII. Au-delà venait jusqu'en 1847 la rue du *Faubourg-du-Roule*.

AVENUE MATIGNON / No 19. Emplacement du bel hôtel qu'habitait, depuis 1789, Fersen et où il prépara la fuite de la famille royale en juin 1791; l'élargissement de l'avenue Matignon l'a fait disparaître en 1921. — No 16. Ex-hôtel de Mortemart, très remanié et restauré.

No 75. Au fond de la cour, petit hôtel du XVIIIe siècle; sa façade sur le jardin est décorée de niches et de modillons.

No 118. Hôtel du XVIIIe siècle. Sa façade sur jardin, visible de l'avenue Matignon, décorée de pilastres et aux baies surmontées de bas-reliefs figurant les *Saisons*, et la fontaine de son vestibule sont classées; bel escalier.

No 85 (et no 25, avenue Matignon). *Hôtel de La Vaupalière :* Cet hôtel a été construit, en 1775, par l'architecte Colignon, qui le loua au marquis de La Vaupalière, époux de Mlle Clermont d'Amboise, amie et correspondante de Voltaire. Il fut acheté, en 1812, par le comte de Rœderer qui, alors qu'il était procureur-syndic du département de la Seine, avait accompagné la famille royale à l'Assemblée Législative le 10 août 1792. Ayant secondé le coup d'État du 18 brumaire, il fut nommé par Bonaparte conseiller d'État, et, par Napoléon, sénateur, ministre des finances du roi de Naples et comte de l'Empire. Nommé pair de France par Louis-Philippe, il mourut en 1835. Son hôtel passa au comte Lehon en 1837, au comte Molé en 1843, au baron Gérard en 1875. La façade sur le jardin avec son avant-corps central en saillie, ses guirlandes et ses bas-reliefs représentant des femmes allongées au-dessus des fenêtres, son couronnement de balustres, son grand escalier, la décoration de deux salons du XVIIIe siècle et ses jardins sont classés.

No 120. Hôtel de Chastelaye en 1776; ses façades sur cour avec bas-reliefs sont classées.

No 124. Maison où mourut, en 1813, le comte Lagrange, l'illustre géomètre originaire d'une famille alliée à celle de Descartes. Installé à Paris, après la mort de Frédéric II, il se tint à l'écart de la Révolution, mais prit part à l'établissement du système métrique. Il fut professeur à l'École Normale, à l'École Polytechnique, membre du Bureau des Longitudes; Napoléon le nomma sénateur et comte et, à sa mort, fit transporter sa dépouille au Panthéon.

No 124. La RUE DE PENTHIÈVRE portait, jusqu'en 1847, des noms venant des herbages qui poussaient le long du Nouvel-Égout que cette rue longeait *(chemin Vert, rue Bergère, rue Verte)*. — No 24. Emplacement d'une des 5 casernes que le maréchal Biron fit construire, en 1780, pour ses gardes-françaises. — No 26 : Emplacement d'un hôtel érigé en 1773 en hommage à Franklin; Lucien Bonaparte l'avait habité de 1796 à 1797.

No 95. La RUE JEAN-MERMOZ (ex-*rue Montaigne* jusqu'en 1937) a été ouverte en 1795 sur les terrains du Colisée; Gambetta a habité l'ex-no 12 de 1871 à 1878; Meyerbeer est mort à son ex-no 2 en 1864, à 73 ans. — Nos 6, 8, 10. Du XVIIIe siècle.

No 107 (et no 22, avenue Franklin-D.-Roosevelt). Ancien hôtel de Thorigny, devenu la maison des Pages depuis Louis XV jusqu'à l'Empire; le général Gardanne en fut le dernier gouverneur; son nom donna souvent lieu à un calembour désobligeant pour les pages.

Façade Empire, cour, arcades des écuries.

No 140. Dans la cour, petit hôtel Louis XVI.

No 113. La RUE LA BOÉTIE remplace l'ancien sentier qui longeait ici le Grand Égout. Celui-ci, long de près de 6 kilomètres, venait des Filles-du-Calvaire et, après avoir décrit un grand arc de cercle par nos rues Richer et de Provence, se jetait dans la Seine près de la rue de la Manutention. Cette rue est, depuis 1868, la réunion de deux rues situées de part et d'autre de la rue du Faubourg-Saint-Honoré; la rue d'*Angoulême-Saint-Honoré* au sud, et la rue *de la Pépinière* au nord.

Il y eut successivement au Roule, sur le parcours de

cet ancien chemin, deux pépinières royales. La première, de 1640 environ, était comprise entre la rue du Faubourg-Saint-Honoré, l'avenue des Champs-Élysées et nos rues de Berri et La Boétie; son but était de fournir en arbres, arbustes et fleurs, les jardins des Tuileries, du Luxembourg et d'autres maisons royales. Cette première pépinière avait été remplacée, en 1720, par la « Nouvelle Pépinière du Roi », vaste rectangle situé au nord du Grand Égout; deux de ses côtés étaient bordés par nos rues de Courcelles et La Boétie, son extrémité orientale était voisine de notre place Saint-Augustin. Cette pépinière disparut en 1826.

Le village du Roule : Le village du Roule, érigé en faubourg en 1722, était un ancien petit village appelé par Frédégaire *Romiliacum*, par saint Éloi *Crioilum* et, au XIIIe siècle, *Rolus*. Célèbre par son marché d'oies, il était alors décomposé en Haut-Roule (région des Ternes) et en Bas-Roule. Celui-ci possédait une léproserie, dite *Hôtel du Bas-Roule*, fondée par les officiers de la Monnaie, plus particulièrement sujets aux maladies de la peau. Le Bas-Roule fut érigé, en 1699, en paroisse, et doté de la moitié des revenus de la léproserie, l'autre moitié étant fournie par les ouvriers de la Monnaie de Paris en contre-partie des soins donnés à leurs camarades malades.
La chapelle du bourg du Bas-Roule, située à l'endroit où est maintenant l'église Saint-Philippe-du-Roule, fut remplacée par une plus grande église dont la construction, ordonnée en 1769, fut confiée à Chalgrin. Celui-ci la bâtit, de 1774 à 1784, en forme de basilique gréco-romaine. L'église Saint-Philippe-du-Roule a été agrandie une première fois, en 1845, par Godde qui prolongea ses bas-côtés de manière à entourer le chœur et qui construisit la chapelle de la Vierge, et une seconde fois, en 1860, par Baltard. Son fronton, figurant la *Religion* et ses attributs, est de François Duret; son plafond est formé par une très belle charpente en sapin, peinte dans une teinte qui imite la pierre; fresques de Chassériau.

RUE DU FAUBOURG-SAINT-HONORÉ *(suite)* /
No 166. Mme de Maintenon eut à cet emplacement une petite maison de campagne devenue plus tard l'Hôtel Dupetit-Thouars.
Nos 139-141. Emplacement, sur l'ancienne pépinière du roi, des écuries du comte d'Artois édifiées par Bellanger en 1783.
No 153. Petit hôtel Louis XVI, remanié; façade en retrait entre deux ailes.
Nos 155, 157, 159. Du XVIIIe siècle; cour du no 157.
No 208. *L'orphelinat du Roule :* En 1784, Nicolas Beaujon acheta au-delà de la *barrière de Chaillot*, au sud de la rue *du Faubourg-du-Roule*, d'immenses terrains sur lesquels il fit construire *la Folie-Beaujon* (cf. ci-après), et, de l'autre côté de la rue *du Faubourg-du-Roule*, un terrain sur lequel il fit construire, par

Girardin, *l'Orphelinat du Roule* ou *Maison d'Hospice et d'Education*.
La Convention transforma, en 1795, cette fondation en un hôpital de malades qui devint par la suite un grand hôpital parisien où eurent lieu les premiers essais de chauffage par calorifère à air chaud; le président Paul Doumer, assassiné en face, dans l'Hôtel de la baronne Salomon de Rothschild, y mourut le 6 mai 1932. Cet hôpital a fermé ses portes le 31 décembre 1936; remis à neuf, il est occupé de nos jours par un service de la Préfecture de Police.
N°s 181, 183, 187. Du XVIIIe siècle; façade du n° 183.
N° 216. Vieille maison.
N° 191. La RUE BERRYER, ancienne section de la rue *des Écuries-d'Artois* (d'Artois) ouverte en 1842, conduisait à *la Folie-Beaujon* dont l'emplacement était à peu près délimité par l'avenue des Champs-Élysées, l'avenue Hoche, les rues du Faubourg-Saint-Honoré et de Washington.
N° 222. Emplacement de l'ancienne grande fonderie du Roule où fut coulée d'un seul bloc, en 1758, la statue équestre de Louis XV par Bouchardon, et, sous la Restauration, en 1818, celle d'Henri IV par Lemot. Houdon y eut son atelier en 1788.
Du fond de la cour, pittoresque vue sur un ensemble de vieilles maisons.

A la place des Ternes suivre le BOULEVARD DE COURCELLES, formé en 1864, et prendre, à droite, au n° 53, la
RUE DE COURCELLES *(section à l'est du boulevard de Courcelles)* : Cette rue est l'ancien *chemin de Villiers* du XVIIe siècle, du nom du domaine rural *(villare)* auquel elle conduisait; son nom actuel, de 1769, est dû au hameau intermédiaire qu'elle desservait.

Prendre, à droite, puis à gauche, la
RUE DE MONCEAU : Le village de *Monceaux*, jadis de *Montchauf (mons calvus)*, était, au début du XIVe siècle une humble bourgade en bordure de la section de la *route d'Argenteuil* correspondant à notre rue de Lévis. La rue actuelle était l'ancien chemin de terre reliant, au XVIIe siècle, cette localité à celle du Roule.
N° 14. Ancienne « petite maison » au fond de la cour; dessin des fenêtres.
N° 32. Emplacement de la maison où naquit, le 4 juillet 1799, le fils de Bernadotte et de Désirée Clary, qui succéda à son père, en 1844, comme roi de Suède et de Norvège, sous le nom d'Oscar Ier (inscription).
La Folie-de-Chartres : En 1778, Louis-Philippe d'Orléans, duc de Chartres, puis d'Orléans (le futur Philippe-Égalité), acheta à Grimod de la Reynière et à d'autres propriétaires du village de Monceau une grande étendue de terrain, nu et aride, qu'il fit transformer par son lecteur et ordonnateur de ses fêtes, l'auteur dramatique Carmontelle, en un magnifique parc anglais qu'on appela bientôt la *Folie-de-Chartres*. La superficie du parc Monceau

actuel est inférieure de moitié à celle de la *Folie-de-Chartres* qu'il remplace.
De ce « pays d'illusion » que créa Carmontelle, il ne reste plus guère dans le parc Monceau que la rivière, un petit bois, un massif de rochers avec grotte, les tombeaux (quatre stèles d'origine inconnue) et, surtout, la « Naumachie ». Ce grand bassin ovale est entouré d'une colonnade corinthienne qui provient peut-être de la chapelle Notre-Dame-de-la-Rotonde que Catherine de Médicis avait fait commencer à construire au nord de la basilique de Saint-Denis pour que soient déposés en son centre le tombeau d'Henri II, puis le sien, chapelle qui avait été démolie en 1719.
Le parc Monceau contient à son saillant sur le boulevard de Courcelles, la rotonde à colonnade, dite le *pavillon de Chartres*. Poste d'observation des gardiens d'octroi du mur des Fermiers généraux, le duc de Chartres s'était fait aménager dans la calotte, un salon d'où il avait une vue très étendue sur la campagne (rotonde classée).
Acquise en 1852 par l'État, puis, en 1870, par la Ville, la *Folie-de-Chartres* a été lotie sur plus de la moitié de sa superficie; le reste fut remanié, en 1861, par Alphand, qui constitua le parc Monceau dans le style anglais cher à Napoléon III.
N° 58. La RUE DE TÉHÉRAN a été ouverte par la Ville lors de la construction, en 1810, de *l'abattoir du Roule* qu'elle longeait entre notre boulevard Haussmann et la rue de Messine. Cet abattoir a été démoli en 1867.

Prendre à droite, la
RUE DU ROCHER : Cette rue est une autre section de la vieille route de Paris à Argenteuil. Toute sa partie sud, appelée à la fin du XVIe siècle rue *de la Petite-Pologne*, longeait, en serpentant entre trois moulins, la région du même nom. Ce nom lui venait de l'enseigne *Au Roi de Pologne*, allusion au duc d'Anjou, roi de Pologne, le futur Henri III, qui avait dû avoir une maison à l'emplacement de notre Cour de Rome. La partie de la rue du Rocher (nom dû sans doute à une enseigne), située au nord de la rue de la Bienfaisance s'est appelée la rue des *Errancis* (des « estropiés »), du nom d'un lieudit; elle desservait alors de nombreux moulins.
N° 91. La *barrière de Monceau* du mur des Fermiers généraux, se trouvait à l'emplacement de notre PLACE PROSPER-GOUBAUX. Lieu de rendez-vous des cochers et des charbonniers qui fréquentaient les guinguettes voisines, elle n'a disparu qu'en 1850.
Le cimetière des Errancis : Il y avait, vers 1780, entre le carrefour actuel des rues du Rocher et de Monceau, le mur des Fermiers généraux et la *Folie-de-Chartres*, un terrain vague, une voirie, qui servit de cimetière aux suppliciés à partir du 25 mars 1794, soit après la désaffection du *cimetière de la Madeleine*, alors complet. C'est à cet endroit que furent inhumées en

fosse commune les personnes décapitées *place de la Révolution* (Concorde) entre les 25 mars et 2 juin 1794, puis entre les 11 et 28 Thermidor (juillet 1794) et à la fin de prairial de l'an III (mai 1795), dont Danton, Camille et Lucile Desmoulins, Fabre d'Églantine, Malesherbes, Hérault de Séchelles, Chaumette, Lavoisier, Madame Élisabeth, puis, après le 9 Thermidor, les deux Robespierre, Couthon, Saint-Just, Lebas, Henriot, Dumas, le cordonnier Simon et, en mai 1795, Fouquier-Tinville, Hermann, que suivirent Bourbotte et Romme. Ce cimetière fut fermé le 23 avril 1797 à la suite d'une protestation des habitants du quartier et les ossements des victimes, transportés aux Catacombes. Un bal, le *bal de la Chaumière*, s'installa sur son emplacement. Un demi-siècle après, on trouva encore un amas considérable d'ossements lorsqu'on prolongea, en 1863, la rue de Miromesnil jusqu'au boulevard de Courcelles, puis, en 1879, lorsqu'on construisit des maisons à l'angle oriental de cette rue et du boulevard.

Nº 21. Vieille maison dans la cour, mais masquée, remaniée et déformée.

Nº 9. La RUE DE LABORDE doit son nom à Alexandre-Joseph de Laborde, archéologue, préfet de la Seine en 1830; au nº 4 : dans la cour, borne-limite de la Ville, de 1729, provenant d'ailleurs et conservée ici.

Nº 11. Emplacement d'une chapelle dédiée à saint Augustin remplacée, en 1868, par l'église voisine actuelle.

Le Cercle Militaire, qui ouvre sur la place Saint-Augustin, occupe une partie de l'ancienne *caserne de la Pépinière*, jadis *caserne de Pologne*, construite, en 1763, par Goupil, pour servir aux gardes-françaises et reconstruite en partie sous Napoléon III.

Parc Monceau / Entrée du jardin

0 LE FAUBOURG MONTMARTRE

1. *Le quartier de la Chaussée-d'Antin et du château du Coq:* la Chaussée d'Antin, les rues de Provence, Neuve-des-Capucins, Chantereine / Le couvent des Capucins.
2. *Le quartier des Porcherons:* le cabaret de Ramponeaux, la rue de Clichy, la Folie-Richelieu, la Folie-Bouëxière, les Tivolis / La barrière de Clichy / Les rues Blanche, de la Tour-des-Dames, de la Rochefoucauld et Pigalle / La rue des Martyrs, la rue Coquenard, la chapelle de Notre-Dame-de-Lorette.
3. *Le quartier de la Grange-Batelière:* la rue d'Artois, l'Hôtel Thélusson ; la rue Le Peletier / La Grange-Batelière / La rue du Faubourg-Montmartre, les rues Cadet, Richer, Geoffroy-Marie, Grange-Batelière et Bergère.

La diversité de ce faubourg de Paris, fort étendu, a conduit à décomposer ce chapitre entre trois itinéraires différents se rapportant respectivement : au quartier de la Chaussée-d'Antin et du château du Coq, à celui des Porcherons, et à celui de la Grange-Batelière.

I. LE QUARTIER DE LA CHAUSSÉE D'ANTIN ET DU CHATEAU DU COCQ

Point de départ : 2, rue de la Chaussée-d'Antin

Cette région marécageuse située hors de Paris, au nord de la *porte Gaillon* et à cheval sur le Grand Égout, doit sa transformation au séjour dans la capitale de Louis XV alors enfant. Progressivement on fut amené à y construire des superbes demeures, autant pour des seigneurs et certains traitants (sur 53 fermiers généraux, 14 habitaient ce quartier avant la Révolution), que pour les comédiennes réputées et les danseuses renommées qu'ils entretenaient. Son extension se continua sous l'Empire, les généraux, les grands fonctionnaires et les banquiers de Napoléon vinrent s'installer à leur tour dans ces hôtels qu'avaient construits Charpentier, Ledoux, Brongniart, Bellanger et le développement de ce quartier se poursuivit pendant toute la première moitié du XIXe siècle.

RUE DE LA CHAUSSÉE-D'ANTIN : La partie sud

de cette rue porte, depuis 1712, son nom actuel dû à l'hôtel du duc d'Antin situé face à son débouché sur le boulevard; sa partie nord, séparée de la précédente par le Grand Égout (rue de Provence), s'appela le *chemin de la Grande-Pinte*, de l'enseigne d'un célèbre cabaret auquel elle conduisait. Le nom actuel a été donné à l'ensemble de ces deux rues en 1816.

Nos 1 et 3. *Cf. nº 2, boulevard des Capucines...*

Nos 2, 4 (et nº 38, boulevard des Italiens). Emplacement d'une caserne pour gardes-françaises, qui fut construite en 1697, à l'emplacement d'une grande exploitation maraîchère. Cette caserne devint, en 1764, le Dépôt militaire du régiment de ces gardes où l'on ouvrit une école pour l'instruction de fils de soldats, âgés de 10 à 16 ans; Hoche y servit, en 1789, comme caporal-instructeur. Ce dépôt abritait également l'École de musique des gardes-françaises qui noua des rapports avec une École de chant installée, en 1784, dans un hôtel du faubourg Poissonnière. Ces deux écoles fusionnèrent à la Révolution, de cette fusion sortit le Conservatoire.

Cette caserne fut, le 12 juillet 1789, le siège d'une échauffourée entre les gardes-françaises commandés par le colonel du Châtelet et favorables aux idées nouvelles, et le Royal-Allemand du prince de Lambesc; il y eut des blessés des deux côtés; cet incident fut le prélude des premières journées révolutionnaires.

Cette caserne fut remplacée, en 1792, par le grand immeuble que l'on voit de nos jours où Rossini occupa, à partir de 1857, un appartement au premier étage. Ses réceptions du samedi étaient fort recherchées; sa femme en faisait les honneurs; elle était affligée d'un long nez que son mari comparait à « une tour épargnée par le temps et dressée au milieu des ruines ». Rossini habita cet immeuble jusqu'à une date ignorée; une inscription, difficilement lisible, placée au-dessus du balcon du nº 2, indique que « Gioacchino Rossini, compositeur de musique, né à Pessaro le 22 février 1792, mort à Passy le 13 novembre 1868, habita cette maison depuis 1857 ».

Nº 38. Chopin habita à cet endroit en 1839; il y avait alors deux ans qu'il était lié avec George Sand.

Nº 42. Mirabeau est mort au premier étage de cette maison, le 2 avril 1791 (inscription). Le « Shakespeare de l'éloquence », comme l'appela Barnave, n'avait que 45 ans. Sa propriétaire était Julie Carreau, une reine de la galanterie que Talma épousa le 19 du même mois. Mme Mirabeau mourut dans cette même maison en 1800.

Nº 52. Emplacement d'un des premiers hôtels construits dans ce quartier. De Valence-Timbrune, mestre-de-camp du régiment de Bretagne, et, peut-être amant de Mme de Montesson, l'acheta en 1786. Son hôtel communiquait avec l'hôtel du duc d'Orléans et de Mme de Montesson (cf. ci-après, nº 57, rue de Provence) auquel il pouvait servir de sortie supplémentaire.

Boulevard des Italiens / L'échauffourée du 12 juillet 1789 devant la caserne des gardes-françaises

N° 11, rue de la Chaussée-d'Antin / Magasins de nouveautés (*vers 1840*)

Les jardins de Tivoli

La rue de la Chaussée-d'Antin franchissait le Grand Égout (rue de Provence) sur le *pont de l'Hôtel-Dieu.* Plus d'un ivrogne rentrant des *Porcherons* tomba dans cet égout avant que Laborde ne le fit recouvrir en 1771.

Faire, aller et retour, un crochet à droite dans la RUE DE PROVENCE *(section comprise entre les rues de la Chaussée-d'Antin et La Fayette)* : Cette rue est située, de même que les rues Richer, des Petites-Écuries et du Château-d'Eau qui la prolonge vers l'est, à l'emplacement du Grand-Égout, transformé, en 1740, en Nouvel-Égout, que le secrétaire des Finances Jean de Laborde fit couvrir à ses frais, en 1771, entre la Chaussée-d'Antin et la rue du Faubourg-Montmartre. Cette rue, bâtie en 1777, prit le nom de Provence en l'honneur du frère de Louis XVI.

Nº 61. La CITÉ D'ANTIN est, depuis 1829, à l'emplacement de la partie nord de l'hôtel construit, en 1768 par Brongniart, pour Mme de Montesson, que le duc d'Orléans, grand-père de Louis-Philippe, épousa morganatiquement, en 1773, dans la chapelle de cet hôtel. Elle y mourut en 1806 et le prince de Schwarzemberg, ambassadeur d'Autriche, acheta l'hôtel. Il y donna, le 1er juillet 1810, en l'honneur du mariage de Napoléon avec Marie-Louise, un grand bal au cours duquel se déclara un incendie, suivi d'une effroyable panique où près de cent personnes furent brûlées vives dont la sœur de l'ambassadrice, la princesse Pauline d'Arenberg, avec sa fille âgée de 14 ans.

La cité d'Antin a abrité un bal mal famé, le bal des *Nègres,* dont la salle fut occupée, de 1852 à 1870, par la *chapelle Saint-André-d'Antin.*

Nº 59. Immeuble Empire. Péristyle avec statues, cour, balcon de la cour; sa porte monumentale et la pompe située dans la cour sont classées.

Nos 57 à 47. Emplacement de l'hôtel que Brongniart acheva en 1770 pour le duc d'Orléans, ainsi très proche voisin de l'hôtel de Mme de Montesson avec lequel son hôtel communiquait par une serre. C'était un hôtel immense avec théâtre, cours, jardins anglais, parcs, bosquets et serres.

L'emplacement du nº 57 fut occupé au début du XIXe siècle par un hôtel meublé où descendit George Sand avant 1831 et où ont vécu Liszt et son amie, la comtesse d'Agout (Daniel Stern).

Nos 56 et 54. Emplacement d'un petit théâtre privé construit pour Mme de Montesson.

Faire, aller et retour, un crochet à droite dans la RUE TAITBOUT *(section comprise entre la rue de Provence et le boulevard des Italiens)* : Cette section constitue la partie ancienne de cette rue; elle date de 1775 et porte le nom du greffier en chef d'alors de la Ville de Paris, Jean-Baptiste-Julien Taitbout.

Nº 44. Hôtel Empire que le banquier Aguado, marquis de Las Marismas, donna à une danseuse de l'Opéra après l'avoir richement meublé. Fronton du premier étage, fenêtre-balcon du deuxième, ferronneries; hôtel surélevé.

Nº 30. Emplacement d'un hôtel meublé où Talleyrand habita sous le Consulat avec Mme Grand, une Indienne divorcée originaire des Indes (« je suis d'Inde », disait-elle) qu'il épousa en 1802.

Nº 2. *Cf. nº 22, boulevard des Italiens.*

Nº 1. *Cf. nº 24, boulevard des Italiens.*

Nº 5. Immeuble qui fut habité par l'actrice Déjazet : maison remaniée.

Nº 9. Emplacement de l'hôtel du riche fermier général et trésorier de France Michel Bouret, dit Bouret de Vezelay (cf. nº 3, rue Drouot), propriétaire des terrains sur lesquels la rue Taitbout fut percée.

Nº 11. Emplacement sous le Directoire de la banque du munitionnaire Ouvrard.

RUE DE LA CHAUSSÉE-D'ANTIN *(suite)* : Nº 62. Hôtel construit en 1747 pour le fermier général Leriche de la Popelinière (cf. nº 59, rue de Richelieu). Joséphine de Beauharnais aurait habité cet hôtel avant son mariage. Le général Foy, député depuis 1819 et l'un des plus éloquents avocats de l'opposition libérale, y mourut, à 50 ans, épuisé de fatigues, le 28 novembre 1825 (inscription); ses funérailles donnèrent lieu à une formidable manifestation. Cet hôtel a été entièrement démoli à la fin de 1952 à l'exception de sa façade.

Nº 37. La RUE JOUBERT a été percée en 1780. Elle a pris son nom actuel en 1800, car le général Joubert, tué à Novi l'année précédente, avait habité cette rue où résidait encore sa famille. — Nº 1 (et nº 35, rue de la Chaussée-d'Antin) du XVIIIe siècle. — Nº 29. Emplacement de la maison où le maréchal Lefebvre, l'époux de « Madame Sans-Gêne », mourut en 1820. — Nº 39. Cette maison a appartenu au père du général de Caulaincourt, fort attaché à l'église Saint-Louis-d'Antin. — Nº 41. Emplacement de la maison où résidait la famille du général Joubert. — Nº 47. Maison où est mort, en 1841, le baron Bignon, Napoléon lui légua 100.000 francs en l'engageant « à écrire l'histoire de la diplomatie française de 1782 à 1815 », tâche qu'il accomplit. — Nº 28. Le général baron Gourgaud est mort dans cette maison en 1852. Officier d'ordonnance de Napoléon dans toutes les grandes batailles (il entra le premier au Kremlin où il découvrit des milliers de kilos de poudre que l'incendie allait enflammer, traversa deux fois à la nage la Bérézina, et sauva la vie de l'Empereur à la bataille de Brienne), il reprit, au retour de l'île d'Elbe, sa place près de Napoléon qu'il accompagna à Sainte Hélène. Louis-Philippe le désigna pour faire partie de la mission envoyée à Sainte-Hélène chercher les cendres de l'Empereur. — Nº 20. Petit hôtel construit, en 1788, par Bellanger pour le comte d'Artois, utilisé comme prison pendant la Terreur. Hôtel surélevé et remanié; façade, cour.

Les généraux de l'Empire Lagrange, Digeon, Pajol, habitèrent également la rue Joubert.

Nº 64. La RUE DE LA VICTOIRE est une ancienne ruelle de 1670, appelée, en 1735, rue *Chantereine* (où chantaient alors les grenouilles). Son nom actuel rappelle depuis 1833, que Bonaparte l'a habitée après son mariage avec Joséphine.

RUE DE CAUMARTIN : La rue de Caumartin est formée de la réunion de trois rues qui furent fusionnées en 1849, sous le nom actuel, celui de François de Caumartin, prévôt des marchands de 1778 à 1784, dont une de ces rues portait déjà le nom depuis 1779.

Nº 65. *Le couvent des Capucins :* En 1779, tout ce nouveau quartier était tributaire d'églises assez éloignées et il était pratiquement privé d'institutions religieuses; aussi le roi ordonna-t-il aux capucins, en septembre 1779, d'y transférer leur couvent du *faubourg Saint-Jacques* (cf. nº 111, boulevard de Port-Royal) qui servait de noviciat à l'Ordre.

Le couvent qui fut bâti ici sur les dessins de Brongniart avait en bordure de la rue *Sainte-Croix* (de Caumartin) sa principale façade, (façade classée) formée d'un corps de bâtiment reliant deux pavillons. Celui de droite abritait le parloir des moines, celui de gauche, la chapelle (notre église Saint-Louis-d'Antin). Huit niches, qui ne reçurent jamais leurs statues et deux bas-reliefs disparus, égayaient un peu cet ensemble assez froid et rigide, la « Capucinière », disait-on. Au centre, une porte, entre deux colonnes doriques, soutient un fronton; au-dessus d'elle le toit porte un petit lanternon surmonté d'une girouette dont la tôle est perforée de trous formant les lettres S. L. vestiges de l'affectation de cet immeuble au couvent de Saint-Louis-d'Antin. Cette porte ouvrait sur le cloître resté intact (cour du lycée Condorcet); élevé sur deux marches, il constitue un véritable atrium dorique d'allure austère où des colonnes sans soubassement soutiennent une corniche unie.

Couvent des Capucins / Façade sur rue (*grav. 1785*)

Ainsi que les autres chapelles conventuelles des capucins, celle du couvent de la rue de Caumartin ne comporte qu'un seul bas-côté; ses stalles, en chêne massif, viennent de l'abbaye de Saint-Denis; cette chapelle fut consacrée en novembre 1782 et l'emménagement des capucins fut terminé en septembre 1783. En 1792, le couvent fut vendu comme bien national et, en 1803, l'État en prit possession pour y installer un lycée (inscription) appelé, depuis 1833, lycée Condorcet.

N° 58. De la fin du XVIIIe siècle; l'enseigne d'un commerçant rappelle la grille de marchand de vin qui s'y trouvait encore il y a un demi-siècle.

N° 30. La RUE BOUDREAU est de 1779. Le SQUARE DE L'OPÉRA, ouvert en 1896, le théâtre de l'Athénée sont sur l'emplacement d'un ancien hôtel, le vaste Hôtel d'Imécourt, dont les jardins rejoignaient ceux des hôtels de la Chaussée-d'Antin.

N° 24. Maison où mourut, en 1851, Dode de la Brunerie que Louis-Philippe nomma maréchal de France après qu'il eut dirigé les travaux des fortifications de Paris de 1840. Fenêtres, ferronneries.

N°s 11, 10, 9, 8, 6. De la fin du XVIIIe siècle; façade du n° 11, porte du n° 10, fenêtres du n° 9, bas-reliefs, fenêtres, ferronneries du n° 6.

N° 7. Hôtel de la fin du XVIIIe siècle.

N°s 3, 1 (et n°2, boulevard de la Madeleine). *Hôtel Radix de Sainte-Foy :* Cet hôtel est un de ceux qu'Aubert construisit en 1779. Il le fut pour le fermier général de La Haye. Le trésorier de la Marine Radix de Sainte-Foy en fut propriétaire en 1780. Mirabeau y eut un appartement en 1789.

Tout le haut de ce bâtiment formait un jardin-terrasse avec arcs de triomphe en treillages et des fausses ruines servant à cacher les cheminées. Cette terrasse a été remplacée par la surélévation de sa plate-forme. Lourdes guirlandes au-dessus des fenêtres des deux ailes qui encadrent le bâtiment d'angle, en forme de demi-rotonde, décoré de deux figures de femme en demi-relief; médaillons, balustres de pierre. Façades et décorations classées, ainsi que la décoration du salon circulaire.

N°s 2 *bis*, 2 (et n° 30, boulevard des Capucines). *Hôtel d'Aumont :* Cet hôtel a été construit par Aubert peu après le précédent. Il fut habité, en 1780, par le duc d'Aumont qui mit à la mode l'attelage qui porte encore son nom.

Riche décoration du bâtiment central et de ses deux ailes; bas-reliefs, guirlandes, fenêtres à balustres de pierre; pilastres et hauts-reliefs du bâtiment en angle sur le boulevard.

2. LE QUARTIER DES PORCHERONS

Point de départ : place d'Estienne-d'Orves.

L'occupation de la rue de la Chaussée-d'Antin par de riches hôtels eut entre autres conséquences celle

de rejeter vers le nord, au-delà du Grand Égout (rue de Provence), les maraîchers et cabaretiers jusqu'alors installés aux environs du château du Coq, et d'attirer dans leurs environs d'autres artisans. D'où l'ordonnance de 1720 autorisant « l'établissement, au nord de la rue *des Porcherons* (Saint-Lazare), d'un nouveau quartier entre la Ville-l'Évêque et la Grange-Batelière ».
Ce nouveau quartier fut en partie implanté sur le domaine de l'abbaye des Dames de Montmartre; il comporta longtemps encore des terres labourables avec, de-ci de-là, quelques carrières, vignes, moulins et cabarets, ceux-ci avec bals et tonnelles, fréquentés le dimanche par les citadins, en semaine par les soldats et les filles. En 1767, on se plaignait des « dégâts considérables que celles-ci, raccrochant dans les rues, commettaient dans les blés et les seigles où, prenant les sillons pour des alcôves, elles se couchaient avec des soldats et autres libertins »; cela eut pour effet de faire conduire en prison chaque soldat trouvé avec des brins de paille ou de chaume dans le dos.
Les chaumières de ces maraîchers et artisans et ces guinguettes (le *Grand-Coquenard*, le *Petit-Suisse*, le *Franc-Pinot*, la *Grande-Pinte*...) ne furent pas les seules maisons qui s'édifièrent entre la Chaussée-d'Antin et les agglomérations de Clichy et de Montmartre. Nombre de grands ou de riches personnages y firent construire des « petites maisons », retraites discrètes perdues dans des feuillages, ou d'imposantes « folies » autour desquelles s'agglutinèrent d'autres guinguettes, restaurants et maisons de jeu qui donnèrent au quartier *des Porcherons* une réputation frivole qui se continua au XIXe siècle avec le quartier Bréda et au XXe avec celui de Montmartre.

PLACE D'ESTIENNE-D'ORVES : Cette place a été créée en 1860 par absorption d'une partie des rues de Clichy et Blanche.
Le cabaret de la Grande-Pinte : L'église de la Trinité a été construite (1861-1867), par Ballu, sur l'emplacement de l'ancien restaurant de la *Grande-Pinte* que son tenancier, Magny, avait cédé, vers 1760, à Jean Ramponeaux, personnage déjà historique pour avoir tenu jusqu'alors à la Courtille du Temple un joyeux restaurant à l'enseigne du *Tambour-Royal*. Sa renommée augmenta lorsqu'il vendit à l'ex-*Grande-Pinte*, appelée dès lors *les Porcherons*, son vin blanc à trois sols et demi la pinte (93 centilitres) au lieu de six comme il coûtait ailleurs. C'était un petit vin qui faisait *guinguer* (dire des bêtises). La salle de son restaurant, agrandie en 1778, pouvait contenir 600 personnes, maraîchers, rouliers, ouvriers, gardes-françaises, et aussi des grandes dames déguisées en soubrettes, friandes de s'encanailler avec de robustes ouvriers ou avec de beaux militaires.
Le 27 juillet 1830, Garnier-Pagès, Barbès et d'autres députés libéraux tinrent dans ce cabaret une réunion qui prépara la Révolution des jours suivants.

Le cabaret *des Porcherons* disparut en 1851.

RUE DE CLICHY : Cette rue est sur l'emplacement d'un très ancien chemin qui conduisait de la rue des Bons-Enfants à une bifurcation (station de métro La Fourche) où il se divisait en deux branches allant respectivement aux villages de Clichy et de Saint-Ouen.

N° 2. Emplacement d'une caserne de gardes-françaises qui subsista jusqu'au début du second Empire.

N°s 3 et 21. Les RUES DE LONDRES et d'ATHÈNES (ex-*de Tivoli*) ont été percées en 1826, sur le premier *Tivoli* (1795-1810).

N° 18. *La Folie Richelieu et le deuxième Tivoli :* Emplacement de la « folie » que le maréchal-duc de Richelieu fit construire, en 1730, pour ses divertissements personnels; il la garda jusqu'en 1765 et lui préféra alors son pavillon de Hanovre (cf. n° 34, rue Louis-le-Grand). Elle s'étendait avec ses jardins jusqu'à la rue Blanche. Il s'y tint des réunions assez osées, tels ces repas en costumes (?) adamiques servis dans un pavillon isolé au milieu d'un parc touffu; Louis XV vint y souper avec Mme de Pompadour. Sous le Directoire, la *Folie-Richelieu* fut la propriété d'une Merveilleuse réputée, Fortunée Hamelin, belle et spirituelle créole, grande et brune, la déesse de la valse, dont les banquiers Ouvrard et Perrégaux furent des plus fervents adorateurs. De 1810 à 1826, l'ancienne *Folie-Richelieu* devint le deuxième *Tivoli* que dirigea encore Ruggieri. Cet établissement, aussi merveilleux que le premier, disparut en 1826; la RUE MONCEY fut percée, en 1842, à la limite nord de ses dépendances et la première église de la Trinité fut construite sur une partie de son emplacement, en 1850; elle y resta jusqu'en 1867. Depuis lors, le Casino de Paris, l'Apollo et le théâtre de Paris occupent la place d'une partie de cette brillante Folie.

N° 27. Emplacement d'une autre entrée principale de la *Folie-Boutin* (1773-1793). Un club contre-révolutionnaire, dit de Clichy, occupa, de 1796 à 1797, le pavillon de l'ex-*Folie-Boutin* situé à cette entrée; la plupart des « clichiens » furent déportés en Guyane après avoir été dupes, au coup d'État du 18 fructidor (4 septembre 1797), de la révolution royaliste de Pichegru qui, plus heureux qu'eux, réussit à s'évader de Sinamari. Le banquier Hainguerlot, puis la Légation d'Espagne occupèrent plus tard ce pavillon.

N°s 54 à 68. *La prison de Clichy :* Emplacement de deux petits hôtels où dans l'un d'eux (n° 54) l'Anglais Crawfort remisa la berline que Fersen devait utiliser, le 29 juin 1791, pour la fuite de la famille royale. Ce Crawfort était l'amant de la sœur de la baronne de Korff au nom de qui fut établi le passeport de Marie-Antoinette. La Ville de Paris acheta ces hôtels en 1826 et y installa, en 1834, la prison, jusqu'alors installée à *Sainte-Pélagie* dans laquelle les créanciers faisaient incarcérer leurs débiteurs qui y étaient entretenus à leurs frais. Cette prison pour dettes, dite « Clichy », était une prison pourvue de tous les agréments (salle de jeux, café, restaurant, débit de tabac, buffet de pâtisserie, cabinet de lecture, etc.). Elle fut supprimée, en 1867, lors de l'abolition de la contrainte par corps, puis démolie et remplacée par des immeubles.

N° 55. La CITÉ MONTHIERS est sur l'emplacement d'une « petite maison » construite pour le duc de Gramont; il y logea Mlle Coupée, de l'Opéra, à qui il donnait 100.000 livres par enfant; elle fut six fois mère ! Sous la Révolution, Mlle Coupée cacha dans sa maison Vergniaud, Roger Ducos et Fonfrède.

N° 88. *La Folie Bouxière et le troisième Tivoli :* Emplacement d'une « folie » construite, par Mathieu Le Charpentier, vers 1760, pour le fermier général de la Bouxière. La *Folie-Bouxière*, véritable Petit-Trianon avec ses jardins, son parc, ses charmilles, devint, en 1826, le *Nouveau Tivoli* (troisième du nom), que dirigea Robert, dit Robertson, physicien distingué. On y pratiquait le tir aux pigeons, importé d'Angleterre en 1831; en dix ans on en tua 300.000. Ce troisième *Tivoli* fut à son tour loti; les RUES BALLU, DE BRUXELLES, DE CALAIS, VINTIMILLE, DE DOUAI, la PLACE ADOLPHE-MAX et le SQUARE BERLIOZ furent percés sur son emplacement en 1841.

Ce square, ex-square de *Sainte-Hélène*, est à la place d'une ancienne pièce d'eau de la « folie », ses arbres ont appartenu à l'ancien *Tivoli*. La statue de Berlioz, mort en 1869, au quatrième étage du n° 4 de la rue de Calais (inscription) a remplacé, en 1895, celle haute de $2^{m}20$, représentant Napoléon nu, couronné d'or, la main sur une tête d'aigle, qui y avait été édifiée en 1852.

PLACE DE CLICHY / A l'endroit où la rue de Clichy coupait le mur des Fermiers Généraux, Ledoux édifia la *barrière de Clichy*. Le 28 mars 1814, un flot de paysans et de campagnards, fuyant l'invasion des cosaques, reflua dans la capitale par la *barrière de Clichy* et campa, avec ses bestiaux, dans les rues avoisinantes. Dans la nuit du 29 au 30, le maréchal Moncey, des élèves de l'École Polytechnique et la garde nationale mirent en état de défense les alentours de cette barrière. Le 30, le maréchal Moncey, qui avait installé son poste de commandement dans le cabaret du père Lathuile (n° 7, avenue de Clichy), défendit héroïquement cette entrée de Paris depuis la *barrière du Roule* jusqu'à la *barrière Poissonnière*. Des combats acharnés furent livrés à la *barrière de Clichy* entre les soldats de Moncey et les cosaques du général comte de Langeron. La lutte ne prit fin que lorsque Marmont eut signé un armistice.

C'est par la barrière de Clichy que trois semaines après, le 21 avril, le duc de Berry, précédant Louis XVIII, entra à Paris, venant de Saint-Denis; et c'est par cette même barrière que le soir du 20 mars 1815, Louis XVIII quittait précipitamment la capitale où

Napoléon allait entrer le lendemain par la *barrière d'Italie*.
Le monument élevé à la mémoire des combats de 1814 est de 1869.

Prendre jusqu'à la place Blanche, le boulevard de Clichy, ancien tracé du mur des Fermiers Généraux. La PLACE BLANCHE a été formée en 1789.
RUE BLANCHE / Cette rue, partie d'un ancien chemin conduisant aux carrières de Montmartre, commença à être bâtie vers 1670; elle s'appelait alors rue *de la Croix-Blanche*, de l'enseigne d'un de ses cabarets; cette blancheur pouvait résulter du passage incessant des voitures qui apportaient à Paris le plâtre des carrières de Montmartre.
Nº 70. Maison où mourut, en 1857, Daniel Manin, ancien président de la République vénitienne, adversaire véhément de la domination autrichienne (inscription). Ce fut dans cette maison que se réunirent, chez la baronne Coppens, le 2 décembre 1851, les représentants du peuple, Victor Hugo, Arago, etc., hostiles au coup d'État du Prince-Président.
Nº 44. Emplacement de l'ancienne *Folie-Boursault*, maison de plaisance ayant appartenu au comédien Boursault, fondateur du *théâtre Molière* (cf. nº 82, rue Quincampoix) qui y mourut en 1842, à 90 ans (la RUE LA BRUYÈRE est sur son emplacement).
Nºˢ 26-24. Emplacement d'une « petite maison » qu'habita, en 1752, Marie-Françoise Marchand, dite la Dumesnil. Tragédienne réputée, la puissance de son jeu fut si grande qu'elle fit, dit-on, reculer le parterre d'effroi pendant la scène des imprécations dans *Cléopâtre*. Elle mourut en 1803, à 92 ans.
Une caserne construite sous l'Empire, à l'emplacement de cette « petite maison », a été affectée plus tard aux pompiers (reconstruite en 1902).

RUE DE LA TOUR-DES-DAMES / Cette rue est une très ancienne ruelle du quartier des Porcherons conduisant, jadis, de la rue Blanche à un moulin à vent, du XVᵉ siècle, propriété de l'abbaye des Dames de Montmartre; ce moulin a été démoli en 1822. Cette rue, où habitèrent Talma, Mˡˡᵉ Duchesnois et Mˡˡᵉ Mars, fut, à la fin du premier Empire et sous la Restauration, le centre du quartier artiste qu'on appela la *Nouvelle-Athènes*.
Nºˢ 18 à 14. Emplacement, en 1830, des bureaux de la direction générale de la Poste aux chevaux installés avant la Révolution rue de la *Contrescarpe-Dauphine* (cf. nº 5, rue Mazet).
Nº 9. Maison, bâtie vers 1810, où Talma mourut, le 19 septembre 1826, à 63 ans (inscription). De son mariage avec Julie Carreau, il avait eu 2 jumeaux qui furent baptisés Henri-Castor et Charles-Pollux. On lui doit surtout la réforme du costume des comédiens, tentative où avaient échoué Lekain et Mˡˡᵉ Clairon.
Nº 3. Hôtel construit, vers 1820, où habita, de 1822

à 1824, Mlle Rafin, dite la Duchesnois, la tragédienne rivale de Mlle George. Elle était domestique à Valenciennes lorsqu'elle sentit s'éveiller son goût pour le théâtre. Elle débuta, en 1802, au Théâtre-Français, dans *Phèdre*. Elle mourut, en 1835, à 58 ans. Les façades sur rue et sur jardin et la décoration d'une chambre sont classées.
Nos 7, 5. Hôtel habité par Horace Vernet et par son gendre, le peintre Delaroche, auteur de l'*Assassinat du duc de Guise*, qui y mourut le 4 novembre 1856.
No 1 (et no 56, rue Saint-Lazare et no 7, rue de La Rochefoucauld). *Hôtel de Mademoiselle Mars*. Cet hôtel, construit vers 1780, a appartenu à Bougainville, au maréchal Gouvion-Saint-Cyr et à Mlle Mars, de son vrain nom Anne Boutet-Monvel.
Fille de l'acteur Boutet, dit Monvel, et de l'actrice Jeanne Salvetat, dite Mme Mars, elle avait débuté au *théâtre Montansier*, en 1792 à 14 ans; à la scène elle interpréta surtout les rôles d'ingénue, d'amoureuse et de grande coquette dans les pièces de Molière et de Marivaux. C'est dans cette maison que tous ses bijoux lui furent volés en 1827, ce qui la fit partir pour aller habiter dans la rue Lavoisier où elle fut pareillement volée en 1838. Elle mourut en 1847, à 69 ans.
La façade sur le jardin est ornée au rez-de-chaussée de deux têtes de lion dans des médaillons et, aux étages, de baies arrondies; elle se termine par une corniche supportant quatre vases.

RUE DE LA ROCHEFOUCAULD / Le nom de cette rue est dû à Catherine de La Rochefoucauld-Cousage, abbesse de Montmartre de 1737 à 1760.
No 7. Hôtel de Bougainville *(cf. no 1, rue de la Tour-des-Dames)*.
No 12. Au fond du jardin, restes d'un hôtel du XVIIIe siècle, où Pigalle, décédé en 1785, vécut ses trois dernières années. Arnaud de Laporte, intendant de la liste civile de Louis XVI habita cet hôtel avant la Révolution. Il fut décapité dans la cour du Carrousel le 29 août 1792; ce fut la troisième personne guillotinée à cet endroit. Cette maison fut habitée, vers 1820, par la veuve du maréchal Ney et, en 1829, par le marquis de Custine, littérateur et voyageur, petit-fils du général décapité à la Révolution.
No 17. Maison de la fin du XVIIIe siècle où habitèrent Halévy en 1841, le peintre Cabanel en 1864, et Gounod en 1867.
No 19 (et no 6, rue de la Tour-des-Dames). Hôtel construit en 1753. Mlle Duchesnois (cf. no 3, rue de la Tour-des-Dames) l'a habitée de 1834 jusqu'à sa mort survenue ici l'an suivant. La comtesse de Lavalette qui avait perdu la raison en 1815, à la suite du rôle qu'elle avait joué pour faire évader son mari de la Conciergerie, logea ici en compagnie de sa fille, la baronne Juliette de Forget, qui fut pendant de nombreuses années la maîtresse de Delacroix, fort assidu de cette maison.

Portail.
Nº 23. Hôtel construit, vers 1775, pour Arnaud de Laporte (cf. nº 12).
Nº 25. Maison que fit bâtir en 1802 le comte de Volney, alors sénateur; il y mourut en 1820, à 63 ans.
Nº 37. Vieille maison.
Nº 66. Au fond de la cour, bel hôtel construit en 1776 par Rousseau, l'architecte de l'Hôtel de Salm, pour lui-même. Victor Hugo l'habita de 1871 à 1874.
Façade Louis XVI, fenêtres du rez-de-chaussée et de l'étage, balcon, perron.

Revenir sur ses pas et, par la rue La Bruyère, gagner la

RUE PIGALLE / Cette rue est l'ancien chemin qui conduisait de la *barrière des Petits-Porcherons* à l'abbaye de Montmartre. Son nom actuel, de 1803, est dû à Pigalle, qui a habité cette rue de 1757 à 1770.
Nº 20. Ancien hôtel Empire; couloir, façade sur cour.
Nº 16. Emplacement d'un pavillon où George Sand vint habiter en 1836, au début de sa liaison avec Chopin.
Nºs 12-10. Emplacement d'une « petite maison » où le fermier général de La Bouxière installa Mlle Lamarre en 1745 et le cardinal Louis de Rohan, Mlle Dufresne en 1752. La danseuse Adeline Ruggieri la loua en 1788. Cette demeure fit place à deux maisons qu'Eugène Scribe acheta en 1856. Il habita le nº 12 où il mourut en 1861, âgé de 70 ans. Le théâtre Pigalle a été construit, en 1926, sur l'emplacement de ces deux maisons.
Nºs 8-6. Emplacement d'une « petite maison » où le prince de Lorraine logea Mlle Lannoy, de l'Opéra-Comique.
Nº 2. Emplacement d'une « petite maison » que le directeur de l'Opéra, de Saint-Germain, fit édifier, en 1747, au profit de ses protégées. Mlle Masson, de la Comédie-Italienne, y fut installée en 1756 par un lieutenant aux mousquetaires.
Nº 34. Loge « des Amis Réunis » en 1787; le compositeur de musique Benjamin Godard l'habita (inscription).
Nº 59. Hôtel qui appartint à la famille Dailly, famille de maîtres de postes, de père en fils, depuis 1786. Un Dailly habita le nº 2 lorsqu'il installa, en 1830, la direction de la Poste aux chevaux aux nºs 14-18, de la rue de la Tour-des-Dames.
Nº 67. Ancienne *Poste aux chevaux* qui fournissait aux gens riches des chaises de poste bien suspendues, bien hermétiques, à doubles vitres, louées, vers 1830, 0 fr. 20 par cheval et par kilomètre.
Cour, ancien abreuvoir.

PLACE PIGALLE / La place Pigalle est à l'emplacement de l'ancienne *barrière Montmartre* du mur des Fermiers Généraux; son emplacement est occupé, depuis 1862, par un bassin. La place a reçu en 1827 sa forme semi-circulaire actuelle.

Suivre, à droite, le boulevard de Clichy, et prendre la RUE DES MARTYRS *(section située au sud du boulevard Rochechouart)* / La rue des Martyrs est la dernière section du très vieux chemin qui, par nos rues Montmartre et du Faubourg-Montmartre, conduisait de Lutèce à la Butte-Montmartre. Son nom actuel, du XVIIIe siècle, rappelle l'itinéraire qu'auraient suivi saint Denis, saint Eleuthère et saint Rustique lorsqu'ils furent conduits de Lutèce à Montmartre pour être décapités devant le temple de Mercure (cf. nº 25, rue Henri-Barbusse). Cette rue fut l'artère principale de la partie de la paroisse de Montmartre englobée dans Paris par le mur des Fermiers Généraux. Elle comptait, en 1787, 58 maisons dont 25 cabarets; les plus réputés d'entre eux étaient *le Bœuf Rouge, le Faisan Doré* et *le Lion d'Argent*.

Nº 64. L'AVENUE TRUDAINE, de 1821, longe le lycée Jacques-Decour construit sur une partie de l'*abattoir de Montmartre*, un des 5 construits sous Napoléon et supprimés en 1867.

Nº 57. La RUE VICTOR-MASSÉ, de 1797, s'est appelée, de 1817 à 1887, la rue de *Laval* en souvenir de Mme de Montmorency-Laval, dernière abbesse de Montmartre, décapitée, en 1794, à 71 ans. — Nº 12. Emplacement du café-concert du Chat-Noir, le premier des cabarets montmartrois, fondé par Rodolphe Salis en 1881.

Nº 58. La RUE CONDORCET a été ouverte à son extrémité est sur les terrains de la Compagnie du gaz qui y avait installé, en 1843, un des premiers gazomètres de Paris.

Nº 33. La RUE CLAUZEL est la rue *Neuve-Bréda* de 1830 à 1864, alors que son prolongement à angle droit, la RUE HENRI-MONNIER, fut la rue *Bréda* de 1830 à 1905. Les dessins de Gavarni ont rendu célèbres ces deux rues et les rues avoisinantes lesquelles formaient le *quartier Bréda*.

Nº 21. Emplacement de la maison où mourut Géricault, en 1824, à l'âge de 33 ans. Sa mort fut due à une chute de cheval, sa monture l'ayant jeté contre le mur des Fermiers Généraux, à hauteur de la *barrière des Martyrs*, lui causant un abcès qui l'enleva après un an et demi de souffrance.

Nº 10. Maison du XVIIIe siècle, guirlandes du premier étage, vases du deuxième, clefs du troisième.

Prendre, aller et retour, la

RUE LAMARTINE *(section comprise entre les rues des Martyrs et de Maubeuge)* / Cette rue s'est appelée du début du XVIIe siècle jusque vers 1750 et de 1792 à 1848, la *rue Coquenard*, du nom du terrain sur lequel elle a été formée. Une impasse, nommée la *Cour-aux-Anes*, qui donnait dans la *rue Coquenard*, était l'endroit où les Parisiens venaient louer des ânes lorsqu'en promenade ils voulaient gravir sans fatigue les hauteurs de Montmartre.

Nº 54 (et nº 1 rue Milton). Emplacement de la première *chapelle de Notre-Dame-de-Lorette*, édifiée vers

1645, où se maria, en 1771, Pigalle et où furent baptisés, en 1783 et 1785, le fils de Bougainville et celui de Grimaldi, prince de Monaco.
Fermée en 1793 et démolie en 1796, cette chapelle fut remplacée par l'église actuelle, construite, de 1823 à 1836, par Hippolyte Lebas, qui prit pour modèles les églises d'Italie, en particulier Sainte-Marie-Majeure de Rome.
Sa façade, d'aspect austère, est formée d'un portique orné de quatre colonnes corinthiennes, surmonté d'un entablement et d'un fronton décoré de statues symbolisant la *Foi*, l'*Espérance* et la *Charité*, et, au tympan, d'un bas-relief représentant les *Anges en adoration devant la Vierge et l'Enfant Jésus*. L'intérieur, très coquet, est richement décoré.

RUE SAINT-LAZARE *(section comprise entre les rues des Martyrs et de la Chaussée-d'Antin)* / N° 22.

La RUE SAINT-GEORGES actuelle est une extension d'un passage, de 1672, transformé en rue en 1734 et reliant alors les rues Saint-Lazare et des Victoires. — N°s 24, 22 : Hôtels construits par Chéronnet; le musicien Auber est mort, le 12 mai 1871, au n° 22 (inscription), à 89 ans; il avait été nommé, en 1842, directeur du Conservatoire, emploi qu'il conserva jusqu'à sa mort. — N° 4. Hôtel habité par Talma; ses façades sur cour, la décoration d'une salle de bains et d'un petit salon sont classées. — N°s 15 *bis*, 15, 13. Hôtels construits, en 1788, par Bellanger, il touchait par le fond celui de Mlle Dervieux, de l'Opéra, qu'il épousa après l'avoir connue en prison pendant la Révolution. Grand immeuble à fronton triangulaire. — N° 17. Murger est né en 1822 à cet endroit où son père était tailleur et concierge.
La rue Saint-Georges aboutit à la PLACE SAINT-GEORGES, de 1824, centre d'un lotissement effectué par le spéculateur Dosne, beau-père de Thiers, et dans la RUE NOTRE-DAME-DE-LORETTE, de 1824-1826, centre d'un quartier qui fut bâti sous Louis-Philippe et qu'habitèrent les demi-mondaines et jolies filles qu'on appelait les *lorettes* vers 1840. « *Lorette*, a écrit Balzac, est un mot décent pour exprimer l'état d'une fille d'un état difficile à nommer, et que, par pudeur, l'Académie Française a négligé de définir vu l'âge de ses quarante membres. »
Delacroix a habité l'ex-n° 54 de la rue Notre-Dame-de-Lorette (n° 58 depuis 1850) d'octobre 1844 à décembre 1857, date à laquelle il partit habiter la place de Furstemberg où il devait mourir six ans après. C'est dans son atelier de la rue Notre-Dame-de-Lorette qu'il exécuta la plus grande partie des tableaux qu'il fit sur chevalet.

N° 30. Façade Empire.
N° 36. Ex-entrée du SQUARE D'ORLÉANS ouvrant au n° 80 de la rue Taitbout. Son terrain avait été acheté en 1822, par Mlle Mars qui le revendit en 1829. Le

nouveau propriétaire y fit construire les 9 maisons actuelles. George Sand vint occuper, en 1842, le 1er étage du nº 5 et Chopin loua le rez-de-chaussée du nº 9; George Sand déménagea en 1847 peu de temps après sa rupture avec Chopin. Zimmermann, beau-père de Gounod, habita le nº 7. Ce square était alors un phalanstère d'art; sa physionomie n'a guère changé.
Nº 40. Maison où Alexandre Dumas donna un célèbre bal le 30 mars 1833 pour fêter le succès de ses dernières pièces.
Nº 44. Emplacement de la maison qu'habita la comédienne Marie Dorval en 1837; elle avait alors 45 ans.
Nº 56. Entrée secondaire de l'Hôtel Bougainville (cf. nº 1, rue de la Tour-des-Dames) belle vue sur la façade de cet hôtel.
Nº 58. Immeuble habité par le peintre Paul Delaroche en 1820.

3. LE QUARTIER DE LA GRANGE-BATELIÈRE

Point de départ : 2, rue Laffitte.

RUE LAFFITTE / Cette rue, ouverte en 1771, sur des terrains appartenant au fermier général Laborde s'appela alors rue d'*Artois* pour faire pendant à celui de la rue de *Provence* voisine. Son nom actuel date de 1830.
Nº 1. *Cf. nº 20, boulevard des Italiens.*
Nº 2. *Cf. nº 18 bis, boulevard des Italiens.*
Nº 17. La RUE PILLET-WILL, ouverte en 1901, est sur l'emplacement de l'Hôtel de Saint-Julien, trésorier des États de Bourgogne, puis receveur général des rentes du clergé, qu'acheta, en 1805, Louis Bonaparte et que garda sa femme, Hortense de Beauharnais, après la disgrâce de son mari en 1810. La reine de Hollande, titre qu'elle avait conservé, tint ici un brillant salon. C'est dans cet hôtel que naquit, le 20 avril 1808, le plus jeune de ses fils, Charles-Louis-Napoléon, le futur Napoléon III.
Nº 19. Emplacement d'un petit hôtel ayant appartenu à la veuve du fermier général Laborde, un des fondateurs du quartier. Il fut vendu, en 1812, à Fouché, duc d'Otrante, qui, alors qu'il était réfugié à Prague, le revendit, en 1818, à Jacob Meyer de Rothschild. L'hôtel, démoli, fut reconstruit en 1836.
Porte flanquée de colonnes, belle cour, hôtel du fond dont la très belle façade sur le jardin est visible de l'angle des rues Pillet-Will et La Fayette, terrasse à balustres de pierre, grand balcon sur sept fenêtres, ferronneries.
Nºs 21, 23, 25. Le fermier général Laborde fit construire ici, en 1772, un hôtel qui fut acheté en 1806, par Savary, ministre de la Police, en 1810, après Fouché. Il fut la propriété, en 1815, du comte Greffulhe. Il fut démembré en 1835, d'où les 3 numéros actuels; le nº 21 devint la propriété de James de Rothschild qui acheta les deux autres hôtels en 1859.

Maison où mourut Géricault (*grav.*)

Atelier de Delacroix (*vers 1850*)

Soirée d'inauguration de l'Opéra (*1821*)

Nº 27. Emplacement d'un petit hôtel ayant appartenu au fermier général Laborde et qui fut pillé le soir du 10 août 1792. Le banquier Laffitte l'acheta en 1830, s'y installa et y mourut en 1844.
Restes de boiseries et de décorations intérieures.
Nº 40. Cet immeuble fut habité par Lola Montès, danseuse espagnole, épouse successive d'un capitaine, d'un journaliste, du vieux roi Louis de Bavière qui l'épousa morganatiquement, d'un Anglais et d'un journaliste en Californie; elle mourut comme lectrice à New-York, en 1861, à l'âge de 42 ans.

Prendre à gauche, puis à droite, la
RUE DE PROVENCE *(section comprise entre les rues La Fayette et du Faubourg-Montmartre)* / Nº 30. *L'hôtel Thélusson :* Jusqu'en 1823 la rue *d'Artois* (Laffitte) aboutissait dans la rue de Provence face au grand hôtel de Thélusson, riche banquier génevois qui, jadis, avait eu Necker pour caissier lorsque sa banque était installée à l'Hôtel d'Halwyll (cf. nº 28, rue Michel-le-Comte). Cet hôtel, construit en 1780 par Ledoux, décoré par Callet, était d'un luxe inouï; il coûta à Thélusson deux millions. On y donnait, après le 9 Thermidor, par souscription, ces « bals des victimes » où ne participaient que les personnes ayant perdu un de leurs très proches parents sur l'échafaud. L'hôtel fut démoli, en 1823, lors du prolongement de la rue *d'Artois* (Laffitte).

Suivre la rue de Provence jusqu'à la rue du Faubourg-Montmartre en parcourant, aller et retour, les trois rues ci-après, Le Peletier, Chauchat et Drouot.
RUE LE PELETIER / Cette rue, percée, en 1786, entre le boulevard et la rue Rossini, doit son nom à Louis Le Peletier, prévôt des marchands de 1784 à 1789. Elle fit partie des trois premières rues qui furent pourvues de trottoirs avant la Révolution, les deux autres étant la rue de l'Odéon et la rue de Louvois.
Nº 21. Devant ce numéro eut lieu, le 14 janvier 1858, l'attentat d'Orsini, dirigé contre l'Impératrice et Napoléon III alors qu'ils se rendaient à l'Opéra voir la représentation de *Maria Stuarda.* Il y eut 156 personnes de blessées dont plusieurs moururent. L'âttentat avait été ourdi par des carbonari italiens, en particulier par Orsini et Pietri, décapités le 13 mars suivant. Après l'attentat, l'Empereur et l'Impératrice, acclamés par la foule, n'en assistèrent pas moins à la représentation de *Maria Stuarda* dans la loge impériale. Napoléon III qui avait reçu une estafilade, essuyait de temps à autre, non sans ostentation, quelques gouttes de sang qui perlaient à son front.
Nº 1. *Cf. nº 16, boulevard des Italiens.*
Nº 6. *La Salle Le Peletier :* Emplacement de l'entrée de la salle de théâtre, dite *Salle Le Peletier*, construite, en 1821, pour l'Opéra qui avait dû abandonner la salle Louvois après l'assassinat du duc de Berry (cf. square Louvois). Elle avait été construite sur

l'emplacement d'un hôtel qui avait appartenu successivement aux financiers Bouret, Laborde et au duc de Choiseul (cf. ci-après nº 3, rue Drouot). La nouvelle salle de l'Opéra fut inaugurée le 16 août 1821, avec *les Bayadères,* opéra de Jouy et de Catel, et le ballet *Le Retour de Zéphire ;* le 6 février 1822, on y utilisa pour la première fois le gaz pour éclairer des effets de scène dans *Aladin ou la Lampe merveilleuse.* C'est dans cette salle que furent créés *Robert le Diable, La Juive, Les Huguenots, La Favorite, Le Prophète, Le Trouvère, Tannhäuser, L'Africaine* et qu'eurent lieu tous les grands bals de l'époque romantique. Dans la nuit du 28 au 29 octobre 1873 un incendie, dont les causes restèrent inconnues, détruisit complètement le théâtre en quelques heures.

RUE CHAUCHAT / Cette rue fut percée en 1779; son nom est celui d'un échevin, Jacques Chauchat. Nº 16. Le temple luthérien a été construit en 1843 sur l'emplacement d'une ancienne halle appartenant au service de l'octroi.

RUE DROUOT / Cette rue est, depuis 1704, l'ancien prolongement de la rue de Richelieu au delà du boulevard. En 1851, la rue Drouot fut prolongée vers le nord jusqu'à la rue de Provence au travers de l'ancienne *Grange-Batelière,* puis, en 1858, jusqu'à la rue Lafayette.

Nº 9. Emplacement de la *ferme de la Grange-Batelière.* Du vaste fief de la Grange-Batelière constitué en 856 ainsi qu'il a été dit ci-dessus et où se trouvait, depuis 1243, une ferme crénelée, *bataillée* comme on disait, se détachèrent, en 1575, des lots qui appartinrent à Pierre, Louis et Michel Vivien, dont, en particulier, « une maison et hostel seigneurial appelée la *Granche-Batelière* », comprenant cour, jardin, colombier et grange. Vers 1750, Anne-Louis Pinon, conseiller au Parlement et époux d'une fille Vivien, en devint propriétaire. L'ancienne grange était alors une riche villa. Après la Révolution, cet hôtel appartint au vicomte Armand-Louis Pinon, ancien président à mortier au Parlement de Paris. Il le vendit, en 1820, à la Ville qui y abrita d'abord l'administration de l'Octroi, puis l'affecta à la mairie de l'ex-IIe arrondissement qui y resta jusqu'à ce qu'il fut démoli en 1847. Hôtel reconstruit en 1851 comme hôtel des Ventes Mobilières.

Nº 6. *L'hôtel d'Augny :* Hôtel construit, en 1750, par Briseux, pour le fermier général d'Augny, qui y logea la Baumenard, dite Gogo, artiste à la Comédie-Française après avoir fait partie du théâtre aux armées du maréchal Maurice de Saxe. Cet hôtel devint, en 1794, un lieu de rendez-vous élégant, dit le *Salon des Étrangers,* maison de jeu où tout le monde restait masqué, et où furent fréquents après la chute de Robespierre, ces *bals des Victimes* mentionnés au sujet de l'Hôtel Thélusson. En 1829, l'hôtel fut acheté par Aguado; d'origine espagnole, il avait servi en Espagne comme

aide de camp du maréchal Soult; sous la Restauration il résida à Paris, y fit du commerce et devint un des plus importants banquiers de la capitale. Ferdinand VII le fit marquis de Las Marismas del Guadalquivir. Aguado s'intéressa à l'Opéra qu'il subventionna et à la peinture, ce qui lui fit constituer une célèbre galerie de tableaux de l'école espagnole. Il mourut en 1842; son service funèbre à Notre-Dame-de-Lorette souleva un incident, le curé s'étant opposé à ce que les artistes de l'Opéra y viennent chanter un *Requiem*.
En 1849 son hôtel fut acheté par la Ville qui y installa la mairie de l'ex-2e arrondissement devenu le 9e en 1860.
La façade au fond de la cour, celle sur le jardin et la décoration du vestibule de la justice de paix sont classées.
N° 3. Emplacement d'un hôtel du XVIIIe siècle, construit par Carpentier, pour Michel Bouret de Vézelay. Ce grand financier était fils d'un laquais et d'une femme de chambre de l'ambassadeur Charles de Ferriol; d'abord commis, il devint fermier général et trésorier de France. Il mourut en 1777 après avoir dépensé toute sa fortune. Il laissa ses droits au fermier général Laborde qui déjà avait acheté, en 1760, cet hôtel. Il le céda, en 1780, au duc de Choiseul dont ce fut la dernière demeure parisienne (il mourut en 1785). Cet hôtel servit de résidence au ministère de la Guerre, en 1793, fut affecté à la Place de Paris de 1796 à 1804, au gouvernement militaire de Paris de 1804 à 1815, à l'état-major de la Garde Nationale de 1815 à 1821, puis fut incorporé dans la salle de l'Opéra de la rue Le Peletier ainsi qu'il a été dit.

RUE DU FAUBOURG-MONTMARTRE / Comme la rue des Martyrs qui la prolonge, la rue du Faubourg-Montmartre est une section du vieux chemin qui conduisait de Lutèce à la Butte-Montmartre; elle prit le nom de *Montmarat* pendant la Révolution.
N° 60. Emplacement, de 1760 à 1846, de la petite *chapelle Saint-Jean-Porte-Latine*, affectée à un cimetière de Saint-Eustache.
Descendre la rue du Faubourg-Montmartre en parcourant, à gauche ou à droite, les rues désignées ci-après :
N° 46. RUE BUFFAULT. Cette rue, percée en 1782, doit son nom au sieur Buffault que la faveur de la comtesse du Barry avait fait accéder à l'échevinage, puis à la direction de l'Académie nationale de musique; sa femme avait été marchande de modes aux *Traits-Galants*, rue Saint-Honoré, où jadis la future comtesse du Barry avait servi comme trottin. — N° 26. Immeuble qu'habita, en 1820, le futur maréchal Gérard. Façade classée.
N° 34. RUE CADET. Emplacement du *pont des Porcherons* par lequel la rue du Faubourg-Montmartre franchissait le Grand-Égout (rues de Provence et Richer). Au-delà de ce pont, la rue Cadet, appelée rue *de la Voirie* au XVIIe siècle à cause d'une voirie

de la Ville, dépôt d'immondices favorables aux cultures des melons, des fraises et des salades qui poussaient à cet endroit, traversait un ancien clos appartenant aux Cadet de Chambine.

Suivre la rue Cadet *du côté de ses numéros impairs.* — N° 5. Dans la cour, borne-limite de la Ville, de 1728, (inscription peu lisible). — N°s 9, 11 (et n° 60, rue Lafayette). Hôtel de 1750, ayant appartenu, de 1762 à la Révolution, à la famille du marquis de Cour-mont; la décoration de ses salons XVIIIe siècle est classée. — N°s 19, 21. Emplacement du *marché Cadet,* installé lui-même sur l'emplacement d'une guinguette, appelée le *Grand-Salon-Coquenard.*

La RUE DE ROCHECHOUART qui prolonge la rue Cadet est l'ancien chemin *de la Croix-Cadet à Clignancourt* conduisant, par nos rues de Clignancourt et Ramey, au village de Clignancourt. Elle doit son nom à Marguerite de Rochechouart de Montpipeau, abbesse de Montmartre en 1717, décédée en 1727.

Prendre, aller et retour, au carrefour Cadet-La Fayette

La RUE BLEUE déjà indiquée sur les plans de 1652. Elle s'est appelée, en 1714, la rue *d'Enfer* par opposition avec le nom de la rue Paradis qui la prolongeait. Elle doit son nom actuel, de 1789, à une demande de ses habitants.

Le n° 17 fut habité par la veuve du général Hoche et par sa fille, la comtesse Desroys, d'une rare beauté. — Le n° 11, par la comtesse de Buffon, née Marguerite de Bouvier de Cepoy, belle-fille divorcée du naturaliste et maîtresse de Philippe-Égalité au début de la Révolution. — Au n° 2 ouvre la RUE PAPILLON, de 1781; son nom provient de celui de Papillon de la Ferté, intendant de l'Hôtel des *Menus-Plaisirs* (au n° 10 : maison à pignon). — Au n° 12 ouvre la RUE RIBOUTTÉ, également de 1781. — Au n° 14, emplacement d'une maison ayant appartenu depuis 1707 au bourreau Charles II Sanson, né en 1680, et où naquit, en 1739, Charles-Henri Sanson, le bourreau de Louis XVI, père d'Henri Sanson, bourreau depuis la Terreur jusqu'en 1840. Charles-Henri posséda cette maison jusqu'en 1778; il mourut en 1806.

Reprendre la RUE CADET, *côté des numéros pairs.* N° 24. Ancienne « petite maison » ayant appartenu au duc d'Orléans en 1749; sa jolie façade, côté jardin, donne au n° 19 de la rue Saulnier indiquée ci-après. — N° 16. Ancien pied-à-terre du prince de Monaco en 1700, du duc de Richelieu en 1725. Loge du Grand-Orient depuis 1857.

Prendre, aller et retour, la

RUE RICHER. N° 32. Cette rue suit l'ancien tracé du Grand Égout qui, allant des Filles-du-Calvaire à la place de l'Alma, venait de l'est par les rues du Château-d'Eau et des Petites-Écuries, il se continuait vers l'ouest par la rue de Provence. Le nom actuel, de 1782, de cette rue (ex-ruelle *de l'Égout*) est celui de Jean-Charles Richer, quartenier en 1780. — Nos 17, 15, 13. Ancien hôtel, dit des Maréchaux, que Ney peut avoir habité; entrée principale au no 15; balcon, fenêtres à fronton triangulaire, façade sur cour avec niches, statues et mansarde à poulie. — No 16. La CITÉ DE TRÉVISE a été ouverte en 1840. — No 26. La RUE DE TRÉVISE fut ouverte en 1836; son nom lui fut donné en l'honneur du maréchal Mortier, duc de Trévise, tué l'année précédente lors de l'attentat de Fieschi. On voit à son no 32 le bel hôtel à deux étages, construit en 1826 par l'architecte Bony (il avait alors son entrée principale au no 13 de la rue Bleue). Sur son côté jardin, rue de Trévise, avant-corps central composé de quatre colonnes, reliées par une balustrade, supportant un balcon qui précède quatre pilastres séparant trois baies, vestibule; les façades sur cour et jardin, l'escalier et la décoration du grand salon du rez-de-chaussée sont classés. — No 32. Le théâtre des Folies-Bergères a été construit, en 1869, sur un terrain qui appartient depuis la fin du XVIe siècle à l'hôpital des Quinze-Vingts. — No 34. Petit hôtel du XVIIIe siècle; mansarde. — No 40. La RUE SAULNIER est un ancien passage que des grilles ont fermé jusqu'en 1902; il avait été percé, en 1787, par Rigoulot Saulnier; à son no 19 est la façade sur jardin de la « petite maison » du duc d'Orléans indiquée ci-dessus (cf. no 24, rue Cadet); escalier en fer à cheval, bas-reliefs des arrondis des fenêtres du premier étage, niches et statues du deuxième, balustrade. Rouget de l'Isle habita le no 21 en 1825 et y publia 50 *Chants français* dont il avait composé la musique.

RUE DU FAUBOURG-MONTMARTRE *(suite)*. Prendre, aller et retour, les 4 rues suivantes, Geoffroy-Marie, Montyon, de la Grange-Batelière et Bergère. No 20. RUE GEOFFROY-MARIE. En 1240, deux modestes Parisiens, Geoffroy, cordonnier, et sa femme, Marie, étaient propriétaires d'une petite parcelle du fief de la Grange-Batelière. Lorsque, devenus âgés, ils ne purent plus cultiver ce terrain qui les faisait vivre, ils le donnèrent à l'Hôtel-Dieu, en 1260, à condition que cet établissement leur fournirait toute leur vie vêtements et nourriture. L'Assistance Publique, héritière de l'Hôtel-Dieu, a gardé cette propriété jusqu'en 1840 et l'a vendue cette année-là, 3.075.600 fr., afin .qu'y soit percée une rue. Le terrain fut alors morcelé; le nom de la rue Geoffroy-Marie rappelle seul ce petit domaine qui, six siècles après, fit bénéficier les malades de l'Assistance Publique d'une somme considérable. — Au no 9. IMPASSE DE LA BOULE-ROUGE où Lacenaire commit un de ses crimes en 1850.
No 18. La RUE MONTYON, venant de la rue du Faubourg-Montmartre, tournait à la fin du XVIIIe siècle à angle droit dans l'*impasse de la Boule-Rouge* (convertie en rue en 1816). Tout ce petit îlot n'a été longtemps,

avant et après la Révolution, qu'un rassemblement de sordides masures.

Nº 19. RUE DE LA GRANGE-BATELIÈRE. Cette rue doit son nom à la ferme vers laquelle elle conduisait. — Nº 6. Le PASSAGE VERDEAU, de 1846, est un prolongement du passage Jouffroy; son nom est celui d'un membre de la société qui a établi ce dernier passage. — Nº 10. Hôtel de M. de Nolivos, capitaine aux gardes-françaises en 1785, puis de l'agent de change Tattet, dont le fils tint là un cénacle romantique que fréquentèrent Hugo, Musset, Sainte-Beuve, Arvers, Roqueplan, Émile de Girardin, Arago. Porte, façade, avec guirlandes sculptées, vestibule, escalier. — Nº 21. La RUE ROSSINI est le *cul-de-sac Grange-Batelière*, de 1704. — Nºs 15-13. Emplacement, en 1775, de la caserne de la compagnie-colonelle des gardes-suisses. — Nº 11. Emplacement de l'hôtel de l'avocat de Ligny. Sa femme s'étant retirée dans le couvent des Filles-Anglaises où elle recevait de fréquentes visites de son ancien voisin, le capitaine de Nolivos indiqué ci-dessus, l'archevêque de Paris, Mgr de Beaumont, s'en émut, blâma la supérieure et fit murer la grille du parloir. Il ne resta plus à M. de Nolivos qu'à escalader le mur du couvent pour rejoindre Mme de Ligny qui y avait un logis à part. De fréquentes rencontres se firent dans ces conditions alors que l'avocat de Ligny vivait dans la satisfaction qu'il tirait de la fermeture du parloir.

Nº 10. RUE BERGÈRE. Cette rue doit son nom à Jean Bergier, maître teinturier au XVIIe siècle; elle commença à être bâtie en 1738. — Nº 23. La CITÉ BERGÈRE est de 1825; H. Heine habita le nº 3 en 1834, il avait alors 35 ans. — Nº 15. La RUE ROUGEMONT a été percée, en 1844, sur l'emplacement d'une propriété de campagne ayant appartenu, de 1807 à 1839, au banquier Rougemont de Löwenberg, de Neufchâtel. A son nº 7. « Petite maison » bâtie, en 1740, pour le contrôleur Trouard qui y logea une comédienne; pilastres entre les fenêtres du dernier étage, à l'intérieur quelques vestiges de décoration. — A son nº 5. Hôtel du XVIIIe siècle où Casimir Delavigne habita. — A son nº 1. Hôtel de Sénac de Meilhan mascaron des fenêtres. — Au nº 8 *(cf. nº 9, rue du Faubourg-Poissonnière)*. — Au nº 12. *Conservatoire national de musique et de déclamation :* Le Conservatoire, ouvert, en 1784, par le baron de Breteuil, sous le nom *d'École Royale de chant et de danse*, pour enseigner le chant, la musique instrumentale, l'harmonie et la danse, fut installé, à cet endroit, dans la partie sud de l'Hôtel des Menus-Plaisirs du roi qui, construit de 1763 à 1765, servait de dépôt aux décors et costumes de l'Opéra. En 1786, on annexa à cette école de chant une école de déclamation dramatique où professèrent Molé, Fleury, Dugazon, et où fut formé Talma. L'ensemble s'appela, en 1795, le Conservatoire de musique et de déclamation. Il a été transféré, en 1913, dans des locaux plus vastes situés au n° 14 de la rue de Madrid, laissant à son ancien emplacement sa belle salle de concerts et son ancienne bibliothèque. Cette salle de concerts, excellente par son acoustique, construite par l'architecte Delannoi dans un style pompéien, fut inaugurée en 1811; elle est classée. En 1841, on suréleva d'un étage la partie du Conservatoire située en façade sur la rue du Faubourg-Poissonnière et on l'orna d'une porte monumentale et de quatre statues représentant l'*Opéra*, l'*Opéra-Comique*, la *Comédie* et la *Tragédie*. En 1853, les RUES DU CONSERVATOIRE et SAINTE-CÉCILE furent percées à travers les anciennes dépendances de l'Hôtel des Menus-Plaisirs, ce qui dégagea le Conservatoire dont une nouvelle façade fut édifiée sur la rue qui porte son nom. Citons parmi les directeurs du Conservatoire : de 1796 à 1842, Cherubini; de 1842 à 1871, Auber; de 1871 à 1896, Ambroise Thomas; de 1896 à 1905, Théodore Dubois; et de 1905 à 1920, Gabriel Fauré. — N° 14. Le Comptoir d'escompte est, depuis 1848, à l'emplacement d'un ancien hôtel du XVIIIe siècle. — N° 20. Emplacement d'un hôtel du XVIIIe siècle dont on retrouve sous une verrière le fronton de son entrée; quelques anciens salons Louis XVI se reconnaissent dans les pièces actuelles.

RUE DU FAUBOURG-MONTMARTRE *(suite)* / N° 10. Du XVIIIe siècle.
N° 4. Hôtel du XVIIIe siècle ayant appartenu à Cochery, un ancien cocher de Law.
N° 2. *Cf. n° 32, boulevard Poissonnière.*

La cité de Trévise (*grav. vers 1845*)

LES FAUBOURGS SAINT-DENIS, SAINT-LAZARE, SAINT-LAURENT
1 ET SAINT-MARTIN

1. *Les faubourgs Saint-Denis, Saint-Lazare et la Nouvelle-France :* la rue du Faubourg-Poissonnière, les rues de l'Echiquier et d'Enghien, la rue d'Hauteville, l'Hôtel de Bourrienne, les rues des Petites-Écuries, de Bellefond et de Paradis / La rue du Faubourg-Saint-Denis.

2. *Les faubourgs Saint-Laurent et Saint-Martin :* la rue de Bondy, la rue de Lancry, la rue des Marais-Saint-Martin / La Porte Saint-Martin / La rue du Faubourg-Saint-Martin, le couvent des Récollets, la rotonde de la Villette / La rue de la Grange-aux-Belles, l'hôpital Saint-Louis, la barrière de Belleville.

La construction du canal Saint-Martin, le percement des boulevards de Strasbourg et de Magenta, celui de la rue Lafayette, l'implantation des gares du Nord et de l'Est ont profondément modifié la physionomie de ces deux quartiers que les deux itinéraires ci-après permettent de parcourir séparément.

I. LES FAUBOURGS SAINT-DENIS, SAINT-LAZARE ET LA NOUVELLE-FRANCE

Point de départ : nº 2, rue du Faubourg-Poissonnière.

RUE DU FAUBOURG-POISSONNIÈRE / Cette rue est une section du « chemin de la marée » par lequel arrivait aux Halles de Paris le poisson de mer en provenance des ports du Nord. On l'appela, à partir de 1648, la *Chaussée de la Nouvelle-France*, du nom de l'agglomération qu'elle traversait (cf. ci-après); elle n'était alors qu'un chemin bordé de jardins, de vergers, de vignes et, surtout de guinguettes.
Nº 2. Encaissé dans la cour, pavillon de style Louis XV où aurait habité Rachel; balcons.
Nº 5. Emplacement de la maison où le général de la Bédoyère fut arrêté en août 1815. Resté l'un des derniers sur le champ de bataille de Waterloo, ardent défenseur de Napoléon II, il fut décrété d'arrestation contrairement aux engagements pris, arrêté le 2 août et fusillé le 19, dans la plaine de Grenelle; il avait alors 29 ans.

N° 9 (et n° 8, rue Rougemont). Maison qu'habita, en 1789, l'échevin Buffault (cf. rue Buffault).
Frise et balcon de la façade sur rue, escalier; au fond de la cour, à gauche, petite maison décorée de bas-reliefs représentant les quatre saisons; sa façade est classée.
N° 6. Alexandre Gousse, dit le chevalier de Rougeville, qui s'était tenu aux côtés de Marie-Antoinette les 20 juin et 10 août 1792, et avait tenté d'entrer en communication avec elle, alors qu'elle était incarcérée à la Conciergerie, en laissant tomber à ses pieds un œillet renfermant un billet, habita cette maison en 1808. Parny de Forges, académicien depuis 1803, l'habita en 1810.
N° 13. Restes de l'Hôtel Sénac de Meilhan (cf. n° 1, rue Bergère); les balcons du deuxième étage portent encore le monogramme M.
N° 18. La RUE DE L'ÉCHIQUIER a été ouverte, en 1772; son nom vient de l'enseigne d'une maison. — N° 48. Le pavillon actuel, dit de l'Échiquier, jadis petit château avec grand jardin, a été habité, en 1790, par le physicien Robert, dit Robertson (cf. n° 88, rue de Clichy) qui y avait son laboratoire; balcon. — N° 36. Pavillon restauré, jumeau du précédent. — N° 39. Porte. — N° 43. Hôtel (refait) du baron Louis, ministre des Finances en 1814 et 1818, puis après la révolution de Juillet. Il avait commencé sa carrière comme prêtre et avait, comme diacre, assisté Talleyrand, évêque d'Autun, à la messe célébrée au Champ-de-Mars, le 14 juillet 1790; porte, médaillons. — N° 47. Vieille maison.
N° 18. Emplacement avant 1871 du concert de l'*Alcazar d'Hiver* très en vogue sous le second Empire; la chanteuse populaire Thérеza eut là ses principaux succès.
N° 15. Emplacement de l'ancien *Hôtel des Menus-Plaisirs-du-Roi* dans la partie sud duquel fut installée, en 1784, l'*École Royale de chant et de danse* (cf. rue du Conservatoire).
N° 19. Hôtel de 1710, propriété en 1789, de l'architecte Bellanger et, après sa mort, en 1818, celle de sa femme, Mlle Dervieux, la célèbre danseuse de l'Opéra.
Restes d'un pavillon au fond de la cour.
N° 22. La RUE D'ENGHIEN, ouverte en 1792, porte depuis 1814 son nom actuel en mémoire de Henri de Bourbon, duc d'Enghien, fusillé à Vincennes en 1804. — N° 9. Vieille maison.
N° 23. Ancien hôtel; fronton.
N° 30. Hôtel de la fin du XVIIIe siècle; le général Ney l'habitait lors de son mariage en 1802.
Portail à colonnes doriques, fronton orné d'un casque posé sur une épée, bas-reliefs et niches de la façade sur cour; les façades sur rue et sur cour du pavillon d'entrée et la façade au fond de la cour sont classées.
N° 34. Maison où Sully-Prudhomme naquit en 1836 (inscription).
N° 36. La RUE GABRIEL-LAUMAIN, ex-passage *Violet*

CHAPITRE 20

CHAPITRE 21

CHAPITRE 22

CHAPITRE 23

CHAPITRE 24

CHAPITRE 25

CHAPITRE 26

jusqu'en 1946, est de 1824. — N° 6 *bis*. Pavillon de 1840 avec fronton et colonnes.

A l'extrémité de la rue Gabriel-Laumain visiter, aller et retour, la

RUE D'HAUTEVILLE / Cette rue, percée, de 1772 à 1783, entre le boulevard de Bonne-Nouvelle et la rue de Paradis doit son nom à M. de La Michodière, comte d'Hauteville, alors prévôt des marchands. Elle a été prolongée, en 1826, jusqu'à la place Lafayette.

N° 58. *L'Hôtel de Bourrienne* (au fond de la cour). Cet hôtel, construit en 1787, appartint, en 1792, aux époux Lormier-Lagrave, puis à leur fille, Fortunée, lorsqu'elle épousa Hamelin, fournisseur général aux Armées. Fortunée Hamelin, la célèbre Merveilleuse de l'époque du Directoire, le vendit, en 1801, à Bourrienne, ancien condisciple de Bonaparte à Brienne, son ami et son secrétaire jusqu'à sa disgrâce. Bourrienne le fit transformer; sa femme y tint, de 1813 à 1824, un brillant salon. Citons parmi les autres propriétaires : en 1829, le banquier Haggermann et, en 1886, Tuleu de Berny qui y installa la fonderie de caractères d'imprimerie achetée auparavant par son père à Balzac.

La façade sur le jardin comporte un rez-de-chaussée dont les trois fenêtres centrales sont décorées de *Renommées*, un attique et un comble; à l'intérieur, plusieurs salons de cet hôtel ont gardé leur belle décoration Empire et Restauration. Cet hôtel et ses façades sur cours sont classés.

RUE DU FAUBOURG-POISSONNIÈRE *(suite)* /N° 42 *bis*

La RUE DES PETITES-ÉCURIES a été construite, en 1780, sur le Nouvel Égout (recouvert ici en 1769). Elle doit son nom aux petites écuries royales situées, à la fin du XVIIIe siècle, à son débouché sur la rue du Faubourg-Saint-Denis. — N° 52. Hôtel de 1783 où habita la famille du maréchal Ney; façade, fenêtres du deuxième, ferronneries. — N° 44 : Dans la cour, hôtel construit, en 1780, par Pérard de Montreuil; péristyle à colonnes doriques, escalier Directoire; sa façade sur cour et la décoration de deux de ses pièces sont classées. — N° 14. Maison où mourut, chez son fils, en 1809, le brasseur Santerre rentré dans la vie privée depuis la mort de Robespierre. — N° 16. RUE MARTEL, de 1777; son nom est celui d'un échevin.

N° 52. Cour, mansarde à poulie, escalier.

N° 56. Maison où le peintre Corot mourut le 22 février 1875 (inscription); pavillon au fond de la cour.

N° 58. Dans la cour, bel hôtel de 1776, propriété, en 1783, du conseiller J.-B. Titon, décapité en 1793, neveu du littérateur Évrard Titon du Tillet.

Les décorations de l'intérieur ont disparu ainsi que le jardin avec son petit temple, sa fontaine et sa grotte; les façades (surélevées) sur la première et la seconde cour sont classées; la seconde est visible de la cité

Paradis, perron, frise de guirlandes, fronton.
N° 65. Dans la cour, petite maison ancienne.
N° 66. La RUE DE PARADIS est une ancienne section du grand chemin allant de Saint-Lazare au Roule; son nom vient d'un lieudit appelé « les Paradis ». — N° 29. De la fin du XVIIIe siècle; pilastres; bel escalier, boiseries; deux cheminées Empire de cet immeuble sont classées. — N° 31. Vieille maison de deux étages avec ailes, mansarde à poulie. — N° 51. Hôtel du banquier Perrégaux qui le donna en dot à sa fille Hortense lorsqu'elle épousa le colonel Marmont, aide de camp de Bonaparte. C'est dans cet hôtel, que devenu maréchal, Marmont signa, dans la nuit du 30 au 31 mars 1814, la convention qui recommandait à la générosité des Alliés Paris que Marie-Louise, les princes et les ministres avaient déjà abandonné. Hôtel d'Aguado en 1842. Hôtel défiguré exterieurement, vestibule à colonnes, escalier; la cheminée d'un salon et la décoration Empire d'un autre sont classées.
N° 80. Vieille grille. La RUE DES MESSAGERIES date de 1792; son nom vient d'un ancien atelier créé pour les Messageries. — N° 23. Vieille maison surélevée.

N° 77. Emplacement de la *chapelle Sainte-Anne*, de 1657 à 1790, où fut enterrée, en 1766, la veuve de Charles Sanson.
N° 89. La RUE DE MONTHOLON a été ouverte en 1780. — N° 28. Maison où mourut en 1817, à 54 ans, le compositeur de musique Méhul qui avait fait, en 1794, sur des paroles de M.-J. Chénier, le *Chant du Départ*.

N° 82. Caserne de la Nouvelle-France construite récemment sur l'emplacement de l'ancienne caserne de gardes-françaises qui fit partie des cinq grandes et belles casernes construites en 1772 par le maréchal duc de Biron.
Cette caserne avait été bâtie sur un terrain pris sur le *clos Saint-Lazare :* on l'appela la caserne de la Nouvelle-France, du nom que portait cet endroit, appellation due à « ce qu'on y élevait des jeunes gens pour les envoyer au Canada » ou *Nouvelle-France*.
N° 105. Vieille maison; fenêtre-balcon du premier étage.
N° 107. La RUE DE BELLEFOND, ouverte au milieu du XVIIe siècle, porte le nom de Marie de Bellefond, abbesse de Montmartre de 1700 à 1717. A son n° 26, la RUE DE CHANTILLY, ouverte en 1891, est l'ancien sentier conduisant à une « petite maison », construite en 1713 et dans laquelle, en 1739, Charles de Bourbon-Condé, arrière-petit-fils du grand Condé, surnommé Court-Collet, enferma sa maîtresse Mme de Courchamp. Cet hôtel servit ensuite à Mlle Douay (cf. n° 19, rue Tournefort) pour y installer, de 1770 à 1793, une maison de santé pour femmes folles et une maison de discipline pour femmes s'étant mal comportées. Tel fut le cas pour Marie-Thérèse de Ruffey, comtesse de Monnier, connue sous le nom de Sophie Monnier. D'une grande beauté, mariée à

un vieillard président à la Chambre des Comptes à Dole, Sophie Monnier aima Mirabeau, alors au fort de Joux, s'enfuit avec lui en Hollande, puis, arrêtée en 1777, fut enfermée chez Mlle Douay où elle accoucha. Elle se donna la mort en 1789 à la suite d'un nouvel amour. Cette maison de santé devint une prison pendant la Terreur, puis fut morcelée.
No 106. Maison du XVIIe siècle qui aurait appartenu sous la Révolution au baron Diétrich, écrivain, musicien, minéralogiste, premier maire constitutionnel de Strasbourg, décapité en 1793, chez qui à Strasbourg, Rouget de Lisle chanta pour la première fois la *Marseillaise*.
Balcon, mansardes.
No 129. Emplacement de la première usine à gaz pour l'éclairage de la Ville, installée, en 1819, par le fils du chimiste Pauwels.
No 138. Les sculptures sur bois décorant cette maison sont, comme elle, de la fin du XIXe siècle.
No 155. La RUE PETRELLE date de la seconde moitié du XVIIIe siècle, époque où l'architecte Pétrelle y fit construire plusieurs maisons.
Nos 157 à 187. Emplacement des *Promenades-Égyptiennes* ouvertes en 1818, lieu d'amusements, de danses, etc., son vaste salon était décoré à l'égyptienne. Les *Promenades-Égyptiennes* firent place, de 1819 à 1824, au *Jardin du Delta* sur lequel la RUE DU DELTA passe depuis 1825.

Prendre, à droite, au carrefour Barbès-Rochechouart, le BOULEVARD DE MAGENTA (de 1827), puis la
RUE DU FAUBOURG-SAINT-DENIS / Si le tracé de cette rue peut remonter à l'époque des derniers Mérovingiens, vers 750, ce ne fut guère avant la fin du IXe siècle et après que le *Grand-Pont* eut été déplacé à l'ouest et reconstruit à l'emplacement du Pont-au-Change, qu'elle commença à être fréquentée.
No 107. *La Maison de Saint-Lazare :* Emplacement d'une *maladrerie ou léproserie* nommée Saint-Ladre, dont on connaît peu l'origine mais qui fut visitée, en 1147, par Louis VII le Jeune lorsqu'il alla à Saint-Denis prendre l'oriflamme avant de partir en croisade.
RUE DE LA FIDÉLITÉ fut percée au travers en 1797; le nom de cette dernière rue était celui porté par l'église Saint-Laurent depuis 1793. Quelques vestiges du couvent peuvent se retrouver dans les courettes du no 9 de cette rue.
Nos 105 à 99. Anciennes maisons de 1719, ayant appartenu à la *Maison de Saint-Lazare* qui les louait. Les lazaristes avaient fait apposer dans Paris, en 1724, une affiche faisant connaître que des gens de bien, ecclésiastiques ou séculiers, pouvaient trouver ici « retraite honneste et chrétienne avec grande cour, beau jardin et toutes les choses nécessaires à la vie, tant en santé qu'en maladie ».
Portes, escaliers des nos 105 et 103, entresols des nos 101 et 99.
Nos 85, 83, 81. Vieilles maisons.

Nº 71. Vieille maison; mansardes.
Nº 63. La COUR DES PETITES-ÉCURIES est sur l'emplacement des petites écuries royales où, auparavant, Ninon de Lenclos aurait eu, selon la tradition, une maison de champs.
Nº 50. Escalier, vaste cour avec pavillon ancien à mansarde à poulie.
Nº 48. Du XVIIIe siècle; ancien bureau général des fiacres sous le Directoire, puis bureau des diligences Laffite et Caillard; porte monumentale, fenêtre du premier, vaste cour avec bâtiments anciens.
Nos 43, 39, 33, 25, 21. Vieilles maisons, surtout le nº 25.

2. LES FAUBOURGS SAINT-LAURENT ET SAINT-MARTIN

Point de départ : nº 22, rue René-Boulanger.

RUE RENÉ-BOULANGER / Cette rue s'est appelée rue *de Bondy* de 1771 jusqu'en 1944.
Nº 22. Hôtel du XVIIIe siècle; bel escalier, consoles du portail.
Nº 30. Emplacement d'une « petite-maison » où le duc de Bouillon installa, vers 1781, Mlle Laguerre, de l'Opéra. Agrandie, cette maison abrita la mairie de l'ex-Ve arrondissement de 1802 à 1810.
Nº 40 Le théâtre des *Folies-Dramatiques* a occupé cet endroit de 1862 à ces dernières années; il se trouvait auparavant dans la partie du boulevard du Temple qui fut expropriée en 1862. *La Fille de Mme Angot* et *Les Cloches de Corneville* furent créées ici.
Nº 44. Porte, cour, colonnes.

Faire, à droite, un crochet, aller et retour, dans la RUE DE LANCRY / Cette rue a été ouverte, en 1777, sur les terrains d'un propriétaire du nom de Lancry. A l'endroit où la rue de Lancry débouchait sur le boulevard, un Italien, le sieur Torré, avait installé, en 1764, un spectacle de feux d'artifice d'un effet jusqu'alors inconnu, des divertissements de mâts de cocagne que les Parisiens ne connaissaient plus depuis l'occupation anglaise (1420), des jeux de tournoi et des illuminations de couleur. Ce lieu de plaisirs fut appelé le *Wauxhall d'Été*; il disparut en 1780 et fut remplacé, en 1785, par le nouveau *Wauxhall d'Été* de la rue *Sanson* (de la Douane) (cf. ci-après).
Nº 17. Vantaux de la porte, imposte, consoles du balcon, monogramme A. H.; au fond de la cour, joli pavillon avec terrasse à balustres de pierre, grande mansarde à fronton, balcon, porte.

Nº 32. Emplacement de la mairie de l'ex-Vᵉ arrondissement de 1810 à 1823.
Nº 52. La RUE DES MARAIS reliait déjà en 1652 les rues du Faubourg-Saint-Martin et du Faubourg-du-Temple. Le dernier de sept générations de bourreaux, Clément-Henri Sanson, a habité, vers 1840, une petite maison, disparue en 1860, située à l'ex- nº 31 *bis* de cette rue. De caractère joueur, il perdit tant dans les cercles qu'un jour de 1840 un huissier saisit son mobilier, y compris la guillotine, en garantie d'une dette de 3.000 francs. Cela amena sa révocation. Il mourut, à Provins, en 1889, à 89 ans, dans la plus grande misère.
La rue des Marais a longé dans sa partie est, de 1785 à 1841, le second *Wauxhall d'Été* (cf. ci-dessus), lieu de plaisirs très fréquenté sous la Restauration. Son entrée était dans la rue *Sanson* (de LA DOUANE) ouverte en 1782.

RUE RENÉ-BOULANGER *(suite)* / Nº 50. Maison où Béranger habita une mansarde vers 1800; il avait alors 20 ans et aidait son père dans la maison de banque que celui-ci avait fondée.
Nº 52. Emplacement d'un casernement de gardes-françaises, remplacé, en 1777, par le *Théâtre à Quatre Sous ;* en 1779, par celui des *Variétés-Amusantes ;* en 1796, par celui des *Jeunes-Artistes*. Théâtre supprimé par le décret de 1807.
Nº 54. Hôtel de 1772, propriété de François d'Aligre, premier président au Parlement de Paris.
Les bas-reliefs au-dessus des fenêtres sont des moulages des originaux; escalier.
Nº 1 *ter* (et nº 2 *ter*, boulevard Saint-Martin). Le théâtre de l'Ambigu-Comique était installé depuis 1769 sur la partie maintenant expropriée du boulevard du Temple lorsqu'il brûla en 1827. Il fut rebâti à cet endroit, en 1828, par Hittorf et Lecointe. Le rideau de fer a fait ici sa première apparition. *Le Juif errant* et *la Case de l'oncle Tom* comptent parmi les grands succès de ce théâtre au cours du siècle dernier. Théâtre restauré à plusieurs reprises.
Nº 3. Numérotage blanc sur fond noir.
Nº 62. La RUE TAYLOR, de 1881, est à l'emplacement d'un hôtel dont l'un des propriétaires fut, en 1842, le baron Taylor, collectionneur célèbre et protecteur des artistes et des gens de lettres.
Nº 66. Hôtel du XVIIIᵉ siècle; deux ailes avec balcon et escalier à rampe de fer forgé.
Nº 7 (et nº 8, boulevard Saint-Martin). Maison où mourut Paul de Kock en 1871, à l'âge de 77 ans. Entresol, mansarde, cour.
Nº 15. Maison où mourut le célèbre acteur Frédérick Lemaître, en 1876, à l'âge de 76 ans; il avait également habité au nº 7 de cette même rue; ferronneries.
Nº 80. Vieille maison à l'emplacement d'une manufacture de porcelaine (1781-1796) placée sous la protection du duc d'Angoulême; façade refaite.
Nº 17 (et nº 18 boulevard Saint-Martin). Le théâtre

de la Porte-Saint-Martin est à l'emplacement d'un petit cimetière affecté, de 1720 à 1762, aux protestants; il fut transféré à cette dernière date dans la rue de la Grange-aux-Belles et réservé aux protestants étrangers (cf. ci-après). Les protestants ont donc eu comme cimetières : celui de Saint-Germain-des-Prés (rue des Saint-Pères), de la rue *des Poules* (Laromiguière), celui-ci, puis celui de la rue de la Grange-aux-Belles. Le magasin des décors de l'Opéra fut installé en 1767 à la place du cimetière Saint-Martin.

Après l'incendie, le 8 juin 1781, de la salle de l'Opéra située au Palais-Royal, l'architecte Le Noir construisit, à la demande de Marie-Antoinette, à l'emplacement du magasin des décors de l'Opéra, et en 90 jours, une nouvelle salle, qui, afin de permettre de vérifier sa solidité, fut inaugurée, le 27 octobre, par un spectacle populaire et gratuit; on y entassa 6.000 personnes. L'Opéra ayant été transféré, en août 1794, au *Théâtre National* (à la Salle Louvois, rue de Richelieu), la salle de la porte Saint-Martin fut occupée, après les *Jeux Gymniques* (1810-1814) par le théâtre de la Porte-Saint-Martin. Frédérick Lemaître, Bocage, Mme Dorval, s'y illustrèrent; on y monta, entre autres, *Lucrèce Borgia, Marie Tudor, le Bossu*. Ce théâtre fut envahi durant la Commune, en mai 1871, par les fédérés qui, fuyant la place *du Château-d'Eau* (de la République), s'y retranchèrent. Criblé de balles, le théâtre fut ensuite complètement incendié. Une nouvelle salle ouvrit ses portes, en septembre 1873, avec *Marie Tudor*, que suivirent les *Deux Orphelines* et *le Tour du Monde*.

Le théâtre de la Renaissance (autre entrée au nº 20 du boulevard Saint-Martin), fondé en 1838, dans la *Salle Ventadour* où sa troupe alternait avec celle des Italiens, eut sa propre salle à partir de mars 1873 avec la salle actuelle construite, par l'architecte Lalande, sur les ruines du restaurant Deffieux installé ici en 1853 et incendié en mai 1871.

Nº 84. Cette vieille maison, en partie démolie, est sur l'emplacement d'un poste de gardes-françaises.

Nº 94. Du début du XVIIe siècle; deux étages et mansardes, toit.

La Porte Saint-Martin : Cet arc de triomphe a été édifié par Pierre Bullet, en 1674, en remplacement de l'ancienne porte fortifiée de l'enceinte de Charles V située à une centaine de mètres plus au sud, à hauteur de la rue Blondel, et démolie vers 1650. Il a 18 mètres de haut sur autant de large, et est percé de trois arcades; celle du milieu est plus haute et plus large que les deux latérales. Ses bas-reliefs représentent, du côté du boulevard : la *Prise de Besançon* et la *Rupture de la Triple Alliance*; du côté du faubourg : la *Prise de Limbourg* et la *Défaite des Allemands ;* ils sont l'œuvre de Desjardins, Marsy, Lehongre et Legros. A l'entablement, une inscription latine fait connaître que le prévôt des marchands et les échevins ont érigé cet arc à la gloire de Louis le Grand qui a pris deux fois Besançon et la Franche-Comté et écrasé les armées allemande, espagnole et hollandaise. On y voit aussi Louis XIV en Hercule, nu avec une énorme perruque et appuyé sur une massue.

RUE DU FAUBOURG-SAINT-MARTIN / Cette rue est sur le tracé de la grande voie romaine allant de Lutèce vers le nord en passant par Saint-Denis qu'elle gagnait par nos rues du Château-Landon et Philippe-de-Girard. On en a retrouvé des vestiges, en 1844 et en 1852, depuis le pont Notre-Dame jusqu'au boulevard de Magenta.
Nos 16-13. Vieilles maisons.
No 23. l'IMPASSE MARTINI, de 1903 est l'ancien *cul-de-sac des Égouts de* 1652.
No 35. Balcons.
No 72-76. Emplacement d'une caserne remplacée, en 1850, par la mairie de l'ex-Ve arrondissement, devenue, en 1860, celle du Xe, cette mairie a été reconstruite, de 1892 à 1896, dans le style Renaissance.
Derrière la mairie, au no 6 de la RUE PIERRE-BULLET, de 1890, se trouve l'Hôtel de Gouthière, l'artiste ciseleur en bronze de la fin du XVIIIe siècle.
Perron, avant-corps précédé de deux sphinx, porte surmontée d'une niche où deux génies assis couronnent une déesse, et d'un bas-relief représentant le *Triomphe de Bacchus ;* bas-reliefs du vestibule; belle cour; les parties premier Empire comprenant les façades sur cour et des décorations de trois des pièces sont classées.
No 89. Le PASSAGE DU DÉSIR est l'ancien *passage du Puits ;* son nouveau nom lui fut donné par les habitants du quartier en 1789.
La RUE DES VINAIGRIERS est une ancienne ruelle du XVIIe siècle, raccourci emprunté pour se rendre à l'hôpital Saint-Louis; — Nos. 17-21. Vieilles maisons; jolie grille de marchand de vin au no 21 avec, au milieu, un lion doré ayant une patte posée sur une boule. — No 55. Du XVIIIe siècle; balcon, pilastres, médaillons.
No 119. *L'église Saint-Laurent :* La première mention qui a été faite de l'existence d'une chapelle ou d'une abbaye Saint-Laurent près de Paris l'a été par Grégoire de Tours lorsqu'il a relaté dans son *Histoire des Francs* l'inondation de la Seine de 583; il paraît établi que cette chapelle se trouvait alors en bordure de la voie romaine conduisant vers le nord, sensiblement à l'emplacement de l'église actuelle près de laquelle on trouva, vers 1680, des cercueils mérovingiens renfermant des squelettes de moines. L'église actuelle, dédiée en 1429, par Jacques du Chastelier, évêque de Paris, a été agrandie en 1548 et presque entièrement reconstruite en 1595; toutefois, son chevet présente encore à la retombée du toit une intéressante frise extérieure où l'esprit des imagiers du XVe siècle s'est dépensé. Elle fut réparée et dotée en 1622 d'un beau portail au goût du jour, c'est-à-

Le Théâtre de l'Ambigu (*grav. vers 1830*)

La Mairie du 10e arrondissement / Cour intérieure (*phot. 1896*)

dire de style jésuite. Cette façade a été remplacée, à son tour, en 1862, par la façade actuelle de style gothique flamboyant, assortie au chœur et au pourtour. La flèche du clocher, exhaussé en 1658, est de 1862.

La RUE SIBOUR, ainsi nommée en 1865, est l'ancienne section est de la rue *de la Fidélité*, de 1798. Elle passe sur l'emplacement du *cimetière Saint-Laurent* supprimé en 1804. N°s 2, 6. Vieilles maisons.

N° 121. Vieille maison; ferronneries.

N° 129. La RUE SAINT-LAURENT est l'ancienne ruelle *Saint-Denis* qui reliait déjà en 1530 les rues des Faubourg-Saint-Denis et Saint-Martin.

La RUE DES RECOLLETS date du XVIIe siècle. — N° 31 : du XVIIIe siècle.

N° 150. *Le couvent des Récollets :* Des Cordeliers réformés de l'Ordre de Saint-François, dits *Récollets*, furent autorisés par Henri IV, en 1604, à s'installer dans le faubourg Saint-Martin. Ils y construisirent un beau monastère et une belle église dont Marie de Médicis posa la première pierre. Ce fut ce couvent, pépinière de prédicateurs, qui fournit sous l'ancien Régime la plupart des aumôniers de la marine.

Citons parmi les personnes inhumées, sous le maître-autel de sa chapelle: Françoise de Créqui, épouse de Maximilien de Béthune, duc de Sully, morte en 1657, et sa fille Louise de Béthune; Guitaut, capitaine des gardes d'Anne d'Autriche, mort en 1663; le duc de Roquelaure, maréchal de France, mort en 1738, à 82 ans, doyen des maréchaux de France, et son épouse.

Ce couvent fut fermé en 1790, transformé en hospice des Incurables-Hommes en 1802, puis en hôpital militaire à partir de 1860 (hôpital Villemin : entrée n° 8, rue des Récollets).

L'ancien cloître subsiste en entier; la chapelle, tronquée, est devenue une salle de malades; escalier, frontons dans la cour.

N° 160. Emplacement, au début du XVIIe siècle, de l'ancien cimetière des Récollets, remplacé, au début du XVIIIe siècle par une maison de campagne.

N° 172. Face à l'impasse Boutron se trouvait jadis l'*hôpital du Saint-Nom-de-Jésus* fondé, en 1653, par saint Vincent de Paul, pour des pauvres, hommes et femmes.

La Rotonde de la Villette : Si on continuait la rue du Faubourg-Saint-Martin jusqu'à la PLACE DE STALINGRAD, ex-*place de l'Ourcq*, on arriverait au Rond-Point de la Villette où subsiste encore la rotonde de l'ancienne barrière du mur des Fermiers-Généraux qu'édifia Ledoux. Elle présente dans son pourtour quatre péristyles en saillie, ornés de huit pilastres carrés; au-dessus, une galerie circulaire, composée de 40 colonnes accouplées, soutient des arcades; au premier étage l'édifice est couronné par une corniche d'ordonnance dorique (monument classé). Cette rotonde, incendiée en 1871, a été restaurée dans son état primitif.

Prendre, à droite au nº 198 de la rue du Faubourg-Saint-Martin, la

RUE EUGÈNE-VARLIN / Cette rue est une section de la route, indiquée en 1672, qui reliait les abbayes et les villages de Saint-Denis et de Saint-Maur-les-Fossés. Son nom actuel est de 1910; elle contient encore quelques vieilles maisons.

RUE DES ÉCLUSES-SAINT-MARTIN / Cette rue est une ancienne partie de la rue appelée *Saint-Maur*, puis *des Morts*, ce dernier nom dû au cimetière ci-après. Son nom actuel est de 1831.

Nº 1. Emplacement de l'entrée d'un cimetière pour protestants étrangers installé ici en 1762; il bordait aussi la rue de la Grange-aux-Belles du nº 47 au nº 41. C'est dans ce cimetière que fut inhumé le corsaire John-Paul Jones, décédé rue de Tournon en 1792 (cf. nº 19, rue de Tournon).

Visiter, à gauche puis à droite, la

RUE DE LA GRANGE-AUX-BELLES / Cette rue est une partie de l'ancienne route de Meaux. L'origine de son nom n'est pas nettement établie; peut-être vient-il de *Pellée*, ancienne mesure pour le bois mort, ou d'un dépôt de pelles pour la voirie, ou d'une chaumière, rendez-vous des *belles* de l'endroit.

La rue de la Grange-aux-Belles aboutit, à son extrémité nord, à la PLACE DU COLONEL-FABIEN, ex-place *du Combat* jusqu'en 1945. Ce dernier nom se rattache aux spectacles de combats d'animaux (cf. nº 125, rue de Sèvres) qui y furent donnés, de 1778 à 1848. On voyait, dans un cirque de planches et de toile, des combats entre chiens et taureaux, chiens et sangliers, tigre et porc,...

Nºs 47 à 41. Ancienne clôture du cimetière protestant dont l'entrée était à hauteur du nº 1 de la rue des Écluses-Saint-Martin.

Nº 39. Vieille maison; mansardes prises dans le toit.

RUE BICHAT / Cette rue a été ouverte en 1824 sous son nom actuel.

L'Hôpital Saint-Louis : A la suite de graves épidémies de peste qui ravagèrent Paris en 1605 et 1606, les administrateurs de l'Hôtel-Dieu exposèrent la nécessité de doubler leur hôpital — le seul grand hôpital alors existant, d'ailleurs plus propre à propager la contagion qu'à la détruire — par un deuxième, ce que décida Henri IV par un édit de 1607. L'Hôtel-Dieu recevrait pendant quinze ans une certaine somme sur la quantité de sel vendu à Paris, à charge pour lui de faire bâtir, hors de la Ville, entre les portes du Temple et Saint-Martin, un hôpital qui serait nommé Saint-Louis en souvenir du pieux roi mort de la peste, de le meubler et de l'administrer. La première pierre fut posée en juillet 1607; les travaux, dirigés par Claude Vellefaux et Claude de Chastillon, furent exécutés en quatre ans.

Quatre grands bâtiments de cent mètres de long formés d'un étage sur rez-de-chaussée voûté, décorés au centre et aux extrémités d'avant-corps plus élevés, entourent une cour carrée. Destinés jadis aux pestiférés, ils étaient entourés de doubles cours, de doubles jardins et d'une double enceinte de murailles interceptant toute communication avec le dehors. Les logements des employés, des infirmiers, des religieuses, étaient construits symétriquement autour du premier mur d'enceinte; les cuisines, boulangeries, offices, étaient autour du second, ils communiquaient avec l'intérieur à l'aide d'un tour placé dans un pavillon réservé à cet effet.

Au XVIIIe siècle, l'hôpital Saint-Louis fut affecté aussi au traitement des maladies contagieuses, gale, teigne, scrofules, dartres...; c'était alors le plus beau de Paris. En 1801 et 1802, des améliorations et des constructions nouvelles l'adaptèrent aux méthodes de l'époque; c'est ainsi qu'il fut le premier édifice public éclairé au gaz (inauguration à la messe de minuit 1819).

Il constitue de nos jours le plus bel ensemble architectural du début du règne de Louis XIII avec ses galeries, ses cours, ses jardins et sa chapelle.

L'ensemble des façades et combles des bâtiments entourant la cour centrale, le pavillon du jardinier, le pavillon Henri IV et les trois galeries attenantes, le réservoir, les trois pavillons en équerre : est (Lugol), sud (Direction) et ouest (Otorhino), avec la galerie attenante, le pavillon d'entrée, la chapelle, le pavillon Gabrielle, le pavillon nord en équerre (Bazin), la pharmacie et la cuisine actuelle sont classés.

Par la RUE ALIBERT qui existait dès 1740 et a eu des noms divers, et par l'AVENUE CLAUDE-VELLEFAUX, commencée en 1825, prendre la

RUE SAINT-MAUR *(section comprise entre l'avenue Claude-Vellefaux et la rue du Faubourg-du-Temple)* /

Cette rue est une section de l'ancienne route conduisant de l'abbaye de Saint-Denis à l'abbaye de Saint-Maur-les-Fossés ainsi qu'il a été dit précédemment. En 1910, son tronçon compris entre l'avenue Claude-Vellefaux et la rue de la Grange-aux-Belles a reçu le nom de Juliette-Dodu.

N°s 218-192. Vieilles maisons ; N° 210, porte; N° 212, porte et ancien numérotage blanc sur fond noir.

Jeter un coup d'œil sur la rue Sainte-Marthe, la cour Saint-Maur, le pittoresque passage Hébrard, le passage et la rue du Buisson-Saint-Louis, la Cour-des-Bretons. Dans la RUE SAINTE-MARTHE : N° 7. Vieille cour; N° 9. Escalier; N° 21. Grande cour à plusieurs issues; au débouché de la cour du Chalet : cour pittoresque. Dans le PASSAGE DU BUISSON-SAINT-LOUIS, au n° 17*bis*, pavillon du XVIIIe siècle. Dans la RUE DU BUISSON-SAINT-LOUIS, N° 19*bis* : Vieille petite maison. N° 181. Vieille maison; balcon, mansarde à poulie.

Prendre, à gauche, la

RUE DU FAUBOURG-DU-TEMPLE *(section comprise*

entre la rue Saint-Maur et le boulevard de Belleville) |
N° 123. Cour.
N° 125. Curieux passage formé d'un long et étroit couloir bordé de vieilles maisons.
N° 129. COUR DE LA GRACE-DE-DIEU. Ce nom lui a été donné par M. Meyer, propriétaire du terrain et directeur du théâtre de la Gaîté, en mémoire du succès du drame *la Grâce de Dieu* joué dans son théâtre. On y trouvait au XVIIIe siècle le cabaret de Gilles Desnoyers, appelé *La Courtille*. Quoique le père Desnoyers « vendait des civets à base féline », son cabaret fut un concurrent redoutable pour celui de son voisin Ramponeaux situé un peu plus bas.

La rue du Faubourg-du-Temple aboutit au point de rencontre des BOULEVARD DE LA VILLETTE et DE BELLEVILLE où était située *la barrière de Belleville*.

Barrière de Belleville

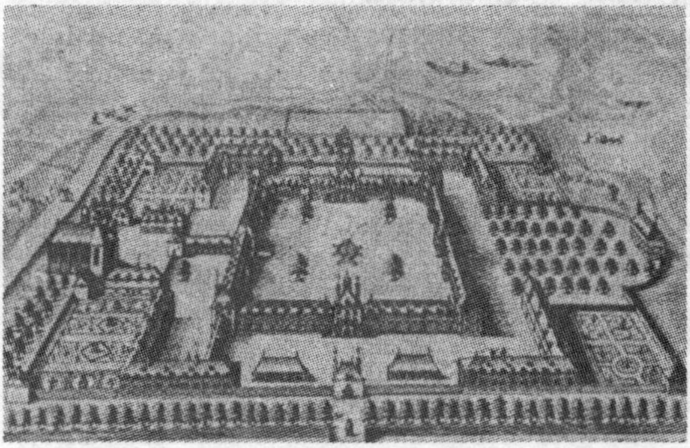

L'hôpital Saint-Louis (*plan 17e s.*)

La chapelle de l'hôpital Saint-Louis (*grav. 17e s.*)

32 LE FAUBOURG DU TEMPLE LA COURTILLE ET PINCOURT

La rue du Faubourg-du-Temple, la Courtille, le cabaret des Marronniers puis du Tambour-Royal / La rue de la Fontaine-au-Roi / La place du Château-d'Eau / Le boulevard du Crime, le café Turc, le Cadran-Bleu / La rue des Fossés-du-Temple, le grand réservoir / La rue du Chemin-Vert, la Folie-Régnault et le Mont-Louis / La rue de la Folie-Méricourt.

Tout ce quartier ne s'est peuplé qu'assez lentement pendant la fin du XVIIIe et le début du XIXe siècle. La création du canal Saint-Martin (1825) et de la place de la République (1854-1862), le percement des avenues de la République (1857-1877) et Parmentier (1855-1883), des boulevards Voltaire (1857) et Richard-Lenoir (1860) ont totalement modifié ce quartier dont l'intérêt historique est assez limité.

RUE DU FAUBOURG-DU-TEMPLE *(section comprise entre la place de la République et la rue Saint-Maur)* / Cette rue est le très ancien chemin conduisant de la *porte du Temple* aux hauteurs de Belleville. Elle eut jusque vers 1850 une éclatante réputation avec la cavalcade qui, chaque année, faisait, le jour de mercredi des Cendres, « la descente de la Courtille » (la Courtille de Belleville).

N° 14. La RUE DE MALTE a été ouverte en 1781 sur des terrains appartenant à l'Ordre des Hospitaliers-Saint-Jean-de-Jérusalem, dits aussi Chevaliers de Malte. — N° 50. Emplacement d'un ancien cirque-théâtre, appelé *cirque du Prince-Impérial* en 1866, *Cirque-Américain* en 1867, transformé en théâtre en 1868 sous le nom de *Théâtre du Château d'Eau, Opéra-Populaire* en 1881 et Alhambra depuis 1903. On a retrouvé dans les fondations de cet établissement le fond du fossé de l'enceinte de Louis XIII. — N° 18. Emplacement de l'entrée du *Cirque anglais* Astley, inauguré en 1783, dont Franconi devint, en 1791, le directeur. Il transféra en 1801 le « cirque Franconi » rue Saint-Honoré (n° 251) et réoccupa, en 1817, le cirque du Faubourg-du-Temple, établissement qui fut détruit par le feu, en 1827, au cours de la représentation de l'*Incendie de Salins*.

N° 28 (et nos 29, 31, boulevard Jules-Ferry). Médaillons des fenêtres.

N° 36 *bis*. C'est près de cet endroit que se trouvait dans la première moitié du XVIIIe siècle le plus célèbre des cabarets-guinguettes de la Courtille du Temple. Il avait été fondé par un nommé Ruelle qui l'avait installé au milieu de marronniers, d'où son nom de *cabaret des Marronniers*; des jeux de bagues, des escarpolettes, une devineresse l'avaient mis en vogue, les maîtresses du Régent, Mmes de Prie et de Parabère, aimèrent le fréquenter. Le *cabaret des Marronniers* était aussi un lieu de rendez-vous recherché par les amoureux; Beaumarchais le cite dans le rendez-vous qu'il y fait donner par *Suzanne* au comte *Almaviva*. Il fut ensuite exploité par Jean Ramponeaux sous le nom du *Tambour Royal*; son enseigne représentait son patron à cheval sur un tonneau :

Voyez la France accourir au tonneau
Qui sert de trône à monsieur Ramponeaux.

Jean Ramponeaux vendait son vin moins cher que ses confrères de la barrière (cf. place d'Estienne-d'Orves), ce qui lui attira une telle affluence qu'il y avait autant de clients dehors que dedans. Après un procès retentissant dont s'occupa Voltaire, Ramponeaux céda le *Tambour Royal* à son fils et partit, en 1760, s'installer aux Porcherons. Ce cabaret disparut sous le Consulat.
No 68. La RUE DES GONCOURT a été percée, en 1883, sur l'emplacement de la caserne de la Courtille construite vers 1770 sur les terrains d'un autre cabaret de la Courtille, dit du *Pistolet*, où Cartouche avait été arrêté en 1721. Agé de 28 ans, il y avait dix ans qu'il défiait Paris par ses vols multiples. Il fut condamné à être rompu vif peu après son arrestation.

Revenir à la place de la République en prenant, à gauche, la rue Saint-Maur jusqu'à la
RUE DE LA FONTAINE-AU-ROI / Cette rue, amorcée en 1652, s'appelait, vers 1750, rue *des Fontaines-du-Roi*, appellation qui lui venait des conduites d'eau qui, depuis Philippe-Auguste, amenaient dans Paris les eaux des hauteurs de Belleville.
No 14. La RUE DE LA PIERRE-LEVÉE doit son nom au menhir qui y fut trouvé lorsqu'elle fut percée en 1782; elle fut fermée par la police de 1810 à 1825 comme étant trop mal famée. Fronton de la porte du no 17.

PLACE DE LA RÉPUBLIQUE / Le carrefour de la rue du Faubourg-du-Temple et du boulevard du Temple formait au début du XIXe siècle une petite place, qui fut appelée du *Château-d'Eau* jusqu'en 1879, du nom de la fontaine dessinée par Girard qui la décorait depuis 1811.
La place actuelle a été formée, de 1856 à 1865, sur l'emplacement d'un ancien bastion que recouvrait alors la moitié des immeubles de numéro pair du primitif *boulevard du Temple*. Ceux-ci disparurent donc à cette époque avec toutes leurs salles de spectacles. Quant à la fontaine de Girard, trouvée insuffisante pour la décoration de la nouvelle place *du Château-*

Le théâtre de Nicolet (*grav. 18e s.*)

Le cirque Napoléon (*vers 1855*)

A la courtille du Temple

d'Eau, elle fut remontée, en 1867, au marché de la Villette, avec ses lions, et remplacée, en 1874, par une seconde fontaine, par Davioud. Cette fontaine disparut à son tour pour faire place au bassin actuel où on édifia, en 1883, la statue de la République, inaugurée le 14 juillet 1884, et on la remonta dans un nouveau décor, sur la place Félix-Éboué *(Daumesnil)*, en 1882.

La caserne du Château-d'Eau a été construite, en 1854, sur l'emplacement d'une partie du second *Wauxhall d'Été* (celui de la rue *Samson* (de la Douane) mentionné au chapitre précédent) et sur celui d'un *Diorama*, construit par Daguerre, en 1822. Daguerre eut également là son laboratoire où il mit au point, de 1822 à 1835, l'invention de la photographie due à Niepce (inscription à l'angle de la rue de la Douane).

BOULEVARD DU TEMPLE / Ce boulevard, tracé de 1656 à 1705, fut alors planté de 5 rangées de grands arbres, 3, au nord, 2 au sud, séparées par une large allée. Il devint rapidement la promenade à la mode chère aux oisifs; aussi des pâtissiers et des cabaretiers y installèrent-ils leurs tréteaux, exemple suivi par des bateleurs qui attiraient le monde par leurs parades, leurs bouffonneries, leurs tours d'escamotage, de force ou d'adresse. Le succès vint très vite. Au siècle suivant, les baraques de toile, puis de bois, furent remplacées par des théâtres où on joua des comédies et des pièces dramatiques d'une nature telle que le boulevard du Temple fut surnommé le « boulevard du crime ».

On pouvait compter en 1791 une dizaine de ces baraques, plus des cafés, lyriques ou non : l'*Épi-Scié*, le *Café d'Apollon*, celui du *Bosquet*, le *Grand Turc*, *Paphos*, *le Jardin d'Hébé*, etc., plus des bals, et tout à l'entour des pâtissiers, des marchands de galettes, de coco, des diseurs de bonne aventure, des chanteurs en plein vent et des hercules forains.

Ce boulevard fut amputé en 1862, de la moitié de sa longueur par l'agrandissement de la place du *Château-d'Eau*, amputation qui a fait disparaître la presque totalité des salles de spectacles.

N° 41. Emplacement d'un ancien jeu de paume où fut fondé, en 1852, un petit théâtre, appelé les *Folies-Meyer*, dont le compositeur Hervé fit le théâtre des *Folies-Concertantes* en vogue en 1854. Mlle Déjazet obtint, en 1859, pour son fils ce théâtre où elle joua elle-même quelques années, et ce fut le *Théâtre Déjazet* jusqu'à ces dernières années.

N° 44. Maison du XVIIIe siècle.

Un peu à l'ouest de cet immeuble se trouvait, face au *Jardin Turc* (n° 29), la maison d'où Fieschi commit, le 28 juillet 1835, son attentat contre Louis-Philippe. Le roi venait, à l'occasion de l'anniversaire des trois journées de la révolution de Juillet 1830, de passer en revue la Garde Nationale massée entre la porte Saint-Martin et la place du *Château-d'Eau*. Une effroyable détonation se fit entendre lorsque le roi et son

escorte passèrent devant cette maison. Le roi ne reçut qu'un violent choc au coude gauche; le maréchal Mortier, duc de Trévise, fut tué ainsi que 18 personnes; 23 autres furent blessées. Fieschi, lui aussi gravement blessé, fut arrêté aussitôt; il fut guillotiné avec ses deux complices en février 1836.
Nº 40. Emplacement de la salle où les petits comédiens du comte de Beaujolais vinrent s'installer, en 1790, lorsque leur théâtre du Palais-Royal fut pris par Mme Montansier (cf. nº 68, galerie de Montpensier). Ce fut le *Lycée Dramatique* que dirigea, à partir de 1792, Lazzari, un mime plein d'adresse, sous le nom des *Variétés Amusantes de Lazzari*. Ce théâtre fut détruit, en 1798, par un incendie et Lazzari se brûla la cervelle peu après.
Nº 29. Emplacement du *Café Turc*, orgueil des habitants du Marais, ouvert ici en 1780. Ce café, entièrement décoré à la turque, disposait d'un jardin avec kiosque, tonnelles, illumination et sa vogue dura jusqu'au début du règne de Louis-Philippe, c'était alors un immense caravansérail tenu par Bonvalet.
Nº 27. Emplacement des jardins du *Cadran Bleu* situé au coin de la rue Charlot; ce café, tenu par Bancelin, était un rival du précédent. Les chefs de l'insurrection du 10 août 1792 tinrent là une réunion pour régler les détails de cette journée.

A la place Pasdeloup prendre, à gauche, puis à droite, la

RUE AMELOT *(section comprise entre la place de la République et la rue du Chemin-Vert)* / Cette rue, ex-rue des *Fossés-du-Temple*, est située sur tout son parcours sur l'emplacement du fossé de l'enceinte de Louis XIII, elle se trouvait donc en contre-bas du boulevard du Temple. Les théâtres qui étaient installés sur le côté des numéros pairs de ce boulevard avaient rue des *Fossés* une sortie de derrière où se pressaient les badauds à l'issue du spectacle.
Nº 110. Emplacement d'un immense réservoir, alimenté par les sources de Belleville et par un puits profond, construit en 1737, par Jean Bausire, pour constituer la chasse d'eau nécessaire au nettoiement du Grand Égout qui longeait le côté ouest de la rue.

Un des cafés du boulevard du Temple

Ce réservoir avait 70 mètres de long, 35 de large et contenait 59.000 hectolitres d'eau. Ce réservoir fut démoli en 1811 lorsqu'on mit en place dans Paris tout un nouveau réseau d'égoûts.
En 1852, Hitorff construisit à son emplacement le *Cirque Napoléon* qui devint, après 1870, le Cirque d'Hiver de nos jours, il jouait en alternance avec le *Cirque d'Été*. Il servit aussi à partir de 1861, le dimanche après-midi, de salle de concerts à Pasdeloup.
Riche décoration extérieure : sculptures de Pradier, Bosio et Duret; peintures de Gosse et de Barrais; bas-reliefs de Guillaume, Lesquesne, Husson et Dantan.
Nos 118-124. Maisons du XVIIIe siècle (restaurées).
Nos 136-138 (et no 7, rue J.-P. Timbaud). Hôtel du XVIIIe siècle construit par l'architecte Aubert. Portail Louis XVI, cour, haut-relief représentant *Minerve*, bas-reliefs de ses deux façades, plafonds.
No 141. La RUE JEAN-PIERRE-TIMBAUD, ouverte en 1781, s'est appelée jusqu'en 1945 la *rue d'Angoulême* du nom du dernier des Grands-Prieurs du Temple, le fils du comte d'Artois, neveu de Louis XVI. — No 3. Vieille maison, (restaurée), une fenêtre par étage, mansarde. — No 20. De la fin du XVIIIe siècle, porte, balcon, mascarons. — No 70. Mascaron. — No 94. De 1827, ferronneries du portail.
No 123. La RUE DE CRUSSOL, percée en 1788, doit son nom au chevalier Emmanuel de Crussol, bailli du Temple à l'ouverture de cette voie.
No 108. La RUE OBERKAMPF s'appelait au milieu du XVIIIe siècle rue du *Chemin-de-Mesnil-Maudan* ou de *Ménil-Mautemps ;* c'était un chemin raide et escarpé qui conduisait alors au village de *Mesnil-Maudan* (depuis Ménilmontant), sa pente fut adouci en 1782.
No 102. Vestiges d'un petit hôtel du XVIIIe siècle incorporé dans l'immeuble actuel; portail, vestibule, escalier.
No 90. Vieille maison dans la cour.
No 82. La RUE SAINT-SÉBASTIEN, ouverte vers 1670, conduisait au petit hameau de Popincourt situé à sa rencontre avec la *rue de Popincourt* (Folie-Méricourt). — No 1. Emplacement d'une « Manufacture de terre d'Angleterre » en 1743. — No 19. Hôtel du XVIIe siècle; restes d'une porte du XVIIe siècle, caves voûtées d'ogives. — No 50. Hôtel Empire, porte, ferronneries, statues de la façade et de la cour. — Nos 11, 8. Vieilles maisons.
No 62. l'IMPASSE AMELOT fut le *cul-de-sac des Jardins* de 1772 à 1877.

Prendre, à gauche, la
RUE DU CHEMIN-VERT / Cette rue est formée, depuis 1868, par la réunion de la rue du *Chemin-Vert* comprise entre les rues Amelot et Popincourt, et de la rue *des Amandiers-Popincourt* située au delà de la précédente.
No 8. La RUE SAINT-SABIN a été ouverte en 1777; elle doit son nom à Angelesme de Saint-Sabin, échevin

en 1777. — Nos 40, 52, 56, 60, 45, 43. Vieilles maisons du XVIIIe siècle.
No 68. Maison habitée par Auguste Broussonet, médecin et naturaliste, qui suppléa Daubenton au Collège de France et à l'École vétérinaire et qui fut membre de l'Académie des Sciences; il fut l'introducteur en France des premiers moutons mérinos et des chèvres d'Angora. Un autre botaniste, Lhéritier de Béruelle habita également cette maison. Enfin Parmentier mourut ici, le 13 décembre 1813, à 76 ans (inscription). Pharmacien militaire à l'armée du Hanovre en 1757, il fut pris cinq fois par l'ennemi; c'est pendant ce temps qu'il fut amené à étudier les propriétés alimentaires de la pomme de terre qui, en France, servait uniquement à la nourriture du bétail.
No 76. Emplacement jusqu'en 1864 d'une résidence champêtre de la fin du XVIIe siècle où habitèrent, en particulier, le marquis de Genlis, beau-père de Mme de Genlis, qui en fit une maison de jeu, la *Folie-Genlis*. Sous la Restauration, le fondeur Carbonneau y coula la statue de Louis XIV de la place des Victoires.
No 95. La RUE GUILHEM a été ouverte, vers 1869, en bordure de l'ancien *abattoir de Ménilmontant* (square Gardette), un des cinq construits de 1808 à 1818, et démolis en 1867 pour être remplacés par celui de La Villette.
No 103. Vieille maison.

No 134. La RUE DE LA FOLIE-REGNAULT *(section comprise entre les rues du Chemin-Vert et de la Roquette)* existait en 1540. Elle doit son nom actuel, du XIXe siècle, à un riche commerçant en épices nommé Régnault de Wandonne, propriétaire, en 1371, d'une maison de campagne située vers cet endroit, la *Folie-Régnault*. Alors le mot « folie » n'avait pas la signification qu'il eut au XVIIIe siècle pour désigner un lieu de divertissements; il indiquait un lieu « feuillu ». Cet endroit avait été antérieurement un ancien lieu-dit le *Champ-l'Évêque* propriété, au XIIe siècle, de l'évêque de Paris, lieu cultivé dont les légumes, les blés, les raisins surtout, étaient écoulés à Paris.
C'est dans ce lieu que les Jésuites de la Maison Professe de la rue Saint-Antoine édifièrent, en 1626, une maison de campagne destinée à leur servir de résidence de repos. Le Père de La Chaise d'Aix, dit le Père La Chaise, y eut sa maison particulière lorsqu'il devint, en 1675, confesseur de Louis XIV. Le roi connaissait bien cet endroit où Mazarin l'avait emmené, en juillet 1652, alors qu'il avait 14 ans, pour assister avec la Cour aux combats que la Fronde menait dans le faubourg Saint-Antoine. A la suite de cette visite le domaine des Jésuites prit le nom de *Mont-Louis*. Le Père Lachaise resta le confesseur du roi jusqu'à sa mort survenue, en 1709, à l'âge de 85 ans. L'étendue du domaine du *Mont-Louis* était alors considérable grâce aux libéralités que le roi avait accordées à son très bienveillant et très avisé

confesseur. C'était un endroit très recherché par les courtisans qui s'y rendaient, tant pour s'attirer la faveur du Père La Chaise, que pour participer aux fêtes qu'y donnait le comte de La Chaise, frère cadet du jésuite, qui y avait aussi sa maison particulière.
L'arrêt de 1763 qui suivit l'expulsion des Jésuites livra ce vaste domaine, en 1771, à la famille Baron qui le vendit, en 1804, à la Ville pour la formation du grand *cimetière de l'Est*, devenu le cimetière du Père-Lachaise.
La ferme du domaine des Jésuites se trouvait au voisinage de l'emplacement des ex-n°s 16, 18 et 20 de la rue de la Folie-Régnault, un pavillon de cette propriété était à la hauteur des n°s 138, 140 et 142 de la rue du Chemin-Vert. Le n° 60 de la rue de la Folie-Régnault est à l'emplacement du hangar où était remisée la guillotine lorsque les exécutions se firent, de 1853 à 1899, devant la prison de la Roquette.
La rue *des Amandiers-Popincourt* (du Chemin-Vert) aboutissait, au mur des Fermiers généraux, à *la barrière des Amandiers*, située à l'intersection du boulevard de Ménilmontant, de l'avenue Gambetta et de l'avenue de la République.

Revenir sur ses pas et prendre, à gauche, puis à droite, la
RUE SAINT-MAUR *(section comprise entre les rues de la Roquette et des Trois-Bornes)* / Rappelons que cette rue est une ancienne section du chemin qui conduisait, au XVIIe siècle, de l'abbaye de Saint-Denis à l'abbaye de Saint-Maur des Fossés.
N°s 33, 36, 54, 121. Vieilles maisons du XVIIIe siècle.
N° 124. La RUE DES TROIS-COURONNES doit son nom à une enseigne.

Prendre, à gauche, la RUE DES TROIS-BORNES, de la fin du XVIIe siècle; elle doit son nom, soit à trois bornes, limites de censives, soit à trois anciens monuments druidiques. Puis, prendre, au delà de l'avenue de la République, à gauche, la
RUE DE LA FOLIE-MÉRICOURT / Cette rue, indiquée en 1652, prolongement vers le sud de la rue Bichat, se continuait jusqu'à la rue du Faubourg-Saint-Antoine sous le nom de rues de Popincourt, Bas-Froid et Saint-Bernard. Elle doit son nom à une ancienne maison de campagne, propriété d'un sieur Marcaut, maître de la corporation des épiciers-apothicaires, dont le nom a été déformé en Mauricaut, Mauricourt, puis Méricourt.
N° 20. *La maison de santé de Nicolas Blégny :* Emplacement de la maison de santé du chirurgien-apothicaire Nicolas Blégny, qui fit paraître, sous le nom d'Abraham du Pradel, le *Livre commode des Adresses de Paris pour* 1692, dont un des principaux buts était de faire de la publicité aux remèdes de toutes sortes qu'il vendait.

33 LE FAUBOURG SAINT-ANTOINE

1. *De la porte Saint-Antoine à la barrière du Trône :* la rue de la Roquette / La rue de Charonne, la maison de santé du Docteur Belhomme, l'Hôtel de Chabanais / La rue de Montreuil / La rue Saint Bernard, l'église Sainte-Marguerite / La rue de Charonne, l'Hôtel de Mortagne / La rue du Faubourg Saint-Antoine, l'hospice des Enfants-Trouvés, l'abbaye Saint-Antoine-des-Champs / La place et la barrière du Trône.

2. *De la porte Saint-Antoine à la barrière de Picpus* : la rue de Charenton, la caserne des Mousquetaires-Noirs, la Folie-Rambouillet / La rue de Reuilly / La petite rue de Reuilly, le couvent des Mathurines / La rue de Picpus, le couvent des chanoinesses de Saint-Augustin, le cimetière et le couvent des religieux de Picpus.

Ce fut au quinzième quartier que l'on rattacha, en 1702, l'immense faubourg Saint-Antoine dont le noyau avait été l'abbaye Saint-Antoine-des-Champs. Son appellation s'appliquait dès le XVe siècle à un territoire très étendu englobant diverses localités, hameaux ou villages qui furent absorbés progressivement et dont les noms subsistent dans ceux de Basfroid, la Croix-Faubin, le Petit-Bercy, Picpus, la Rapée, la Roquette et Reuilly, appliqués à certaines rues ou quartiers de nos jours.
Le faubourg Saint-Antoine dut son développement aux franchises dont Louis XI fit bénéficier les personnes de tout sexe, de toutes professions et métiers, de toutes nations même, qui travaillaient sous le patronage de l'abbaye, édit que renouvela Colbert en 1657. Toutes les industries y furent pratiquées. Aussi ce faubourg était-il renommé dès le début du XVIIIe siècle par la prodigieuse quantité d'ouvriers en tous genres qui y étaient établis, menuisiers, ébénistes, chaudronniers, par ses importantes manufactures de glaces, de faïence, de porcelaine, de velours frappé, d'étain et de cuir, et, plus tard, parcelles de papiers peints et de coton.
Par la paix qui y régnait au XVIIe siècle et par sa population croissante, ce faubourg attira un grand nombre de communautés religieuses, contemplatives et actives, de maisons de campagne et quelques beaux hôtels dont nous allons parler en le parcourant au cours des deux itinéraires suivants :

I. DE LA PORTE SAINT-ANTOINE A LA BARRIÈRE DU TRÔNE

Point de départ : 1, rue de la Roquette.

Lorsqu'à la fin du XVIIIe siècle on sortait de Paris par la *porte Saint-Antoine*, on avait devant soi un important carrefour où débouchaient quatre routes devenues, de nos jours, les rues de la Roquette, de Charonne, du Faubourg-Saint-Antoine et de Charenton.

RUE DE LA ROQUETTE / La rue de la Roquette, du XVIIe siècle, est l'ancien chemin conduisant de Paris au couvent de la Roquette (cf. ci-après) qu'il contournait ensuite après 3 coudes à angle droit pour aboutir à la Folie-Régnault. Ces 3 coudes furent remplacés, en 1818, par un raccourci formé par le prolongement de la rue de la Roquette au travers de l'ancien couvent.

N°s 1 à 17. Emplacement des jardins de « l'Hôtel de la Compagnie royale des Chevaliers de l'Arbalète et de l'Arquebuse de Paris » formée avant le règne de Louis le Gros pour servir le roi et défendre la Ville. Leur nombre avait été fixé, en 1690, à 280; trop peu nombreux, ils cessèrent d'être employés au service de la Ville, mais ils se maintinrent en société et continuèrent de s'exercer dans leur jardin situé derrière leur hôtel à cet emplacement.

N° 17. Maison habitée par Verlaine en 1882, sa mère y mourut en 1886.

N°s 30-32. Vieilles maisons; mansardes du n° 30.

N° 32. La RUE DE LAPPE, appelée rue *Gaillard* en 1652, avait alors été ouverte sur les terrains du maraîcher Girard de Lappe.

N° 34. Vieille maison avec une niche vide de sa statue.

N°s 25, 27, 29, 56. Vieilles maisons du XVIIe siècle.

N° 43 *bis*. Fabrique de porcelaine en 1807, son enseigne est encore déchiffrable dans le fronton sculpté.

N° 49. Vieille maison, dépendance de celle, démolie en 1884, située à côté, propriété de Sedaine qui l'habita en 1751 et où Michelet demeura de 1818 à 1828. La rue du Commandant-Lamy donne la longueur du jardin de Sedaine.

N° 57. Vieille maison.

N°s 94, 92. Vieilles maisons. La RUE CHARLES-DALLERY est un ancien cul-de-sac de 1672, prolongé en 1840, sur les terrains de l'Hôtel Vaucanson; à son n° 5 : vue sur les derrières de cet hôtel (cf. n° 51, rue de Charonne).

N° 71. Dans la cour, ancienne maison de plaisance construite à la fin du XVIIIe siècle; sa porte monumentale sur rue, ses façades sur cour et la décoration XVIIIe siècle d'un de ses salons sont classées.

N° 79. La RUE POPINCOURT est une section de l'ancien chemin qui, au XVIIe siècle, conduisait de la Courtille-du-Temple à l'abbaye Saint-Antoine; elle était entiè-

rement construite en 1672. Elle a souvent été appelée, par abréviation, rue *Pincourt*.
Nos 98, 100. Vieilles maisons.
No 108. Maison du XVIIIe siècle.
No 126. Le boulevard Voltaire passe sur l'emplacement d'un hôtel construit, en 1708, par Dulin; Réaumur l'habita en 1750; était, en 1771, la propriété du marquis de Montalembert, grand-oncle de l'homme politique du XIXe siècle; sa femme tint là un salon que son esprit rendit célèbre.
No 142. Au début du règne de Louis-Philippe on construisit, sur l'ancien terrain des *Hospitalières de la Roquette*, au no 143, la prison des Jeunes-Détenus, dite « la Petite Roquette », et, en 1837, en face d'elle, depuis la rue Vacquerie jusqu'à la rue Gerbier, la *prison de la Grande-Roquette*, lieu de détention des condamnés à mort jusqu'à sa démolition en 1899. C'est devant celle-ci que les exécutions capitales eurent lieu publiquement de 1851 à 1899. On voit d'ailleurs encore au débouché de la RUE DE LA CROIX-FAUBIN (percée en 1902 sur l'emplacement de cette prison ainsi que la RUE MAILLARD) les cinq dalles servant d'assises à la machine, d'où le nom « d'abbaye des Cinq-Pierres » donné à la Grande-Roquette. Sous la Commune, l'archevêque de Paris, Mgr Darboy, le curé de la Madeleine, l'abbé Deguerry, et d'autres otages furent massacrés par les Fédérés dans la prison de la Roquette le 24 mai 1871; le surlendemain le reste de ces otages (52 personnes) en fut extrait pour être fusillé rue Haxo.
No 188. Vestiges de l'entrée d'un des anciens pavillons de la Folie-Régnault; piédroits du portail, entablement couronné d'un motif en fer forgé.

Prendre, à droite, la
RUE DE LA FOLIE-RÉGNAULT *(section comprise entre les rues de la Roquette et Léon-Frot)* / Cette section longeait le côté oriental du couvent des Hospitalières de la Roquette.
No 30. La RUE DE MONT-LOUIS, de 1670, que le mur des Fermiers Généraux coupa en deux, aboutissait au XVIIe siècle dans la rue *Saint-André* (du Repos), également de 1670, à proximité du pavillon principal de la Folie-Régnault.

Prendre, à droite. la
RUE LÉON-FROT *(section comprise entre les rues de la Folie-Régnault et de la Roquette)* / Cette partie de l'ancien chemin qui conduisait de Saint-Denis à Saint-Maur-des-Fossés, est un raccourci de 1818 percé au travers de l'ancien couvent des Hospitalières de la Roquette.

Prendre à gauche, la rue de la Roquette, jusqu'à la RUE BASFROI *(section comprise entre les rues de la Roquette et de Charonne)* / Comme les rues Popincourt et de la Folie-Méricourt, cette rue est une section du chemin conduisant, au XVIe siècle, de la Courtille-

du-Temple à l'abbaye Saint-Antoine; on l'appelait en 1672 rue *du Bas-Froid*, du nom d'un lieu-dit.
N° 28. Vieille maison; fenêtre à guillotine, cour pittoresque.

Prendre, à gauche, la

RUE DE CHARONNE *(section comprise entre la rue Basfroi et le boulevard de Charonne)* / Cette ancienne chaussée conduisant au village de Charonne commença à être bâtie et à devenir une rue au cours du XVIIe siècle.
Nos 87-89. Vieilles maisons.
Nos 95, 97, 99. Ancien *couvent de Notre-Dame-de-Bon-Secours*, prieuré de Bénédictines fondé en 1648. Sa chapelle fut remaniée en 1770 par Louis, alors qu'il n'était encore qu'un jeune architecte.
Ce couvent, fermé en 1790, fut occupé, en 1802, par la première filature de coton installée en France; Richard et Lenoir la dirigeaient. Napoléon vint la visiter en juin 1804 : « L'un et l'autre nous avons livré une rude guerre à l'industrie anglaise, dit-il au filateur, mais jusqu'ici le fabricant a été plus heureux que l'empereur. » Lenoir mourut en 1806; Richard continua seul, apportant toujours de nouveaux perfectionnements, mais la suppression des droits sur les marchandises anglaises par la Restauration le ruina; il mourut pauvre en 1839 à la grande peine de ses anciens ouvriers.
Cet établissement devint une École des Arts industriels et du commerce en 1832, un hospice en 1846 et servit à un temple protestant en 1863. La CITÉ DU COUVENT le traverse depuis 1926.
N° 100. Vestiges d'un ancien prieuré, de 1644, de religieuses Bénédictines dites de *la Madeleine-de-Traisnel*, que protégèrent Anne d'Autriche et, plus tard, l'ancien lieutenant de police Marc-René d'Argenson, devenu garde des Sceaux. Il y possédait un grand pavillon qu'emporta le boulevard Voltaire (n° 188) et où résida la duchesse d'Orléans, femme du Régent. Le cœur de d'Argenson fut déposé (1721) dans la chapelle de ce couvent où fut inhumée (1743) la duchesse douairière d'Orléans, veuve de Louis Ier d'Espagne, fille du Régent.
Ce couvent, fermé en 1790, fut vendu en 1802. Arcades de la façade sur rue, porte, dans la première cour, à gauche, façade latérale de l'ancienne chapelle actuellement divisée en deux par un plancher, arc sculpté de son ancienne porte; vieille maison au fond de la deuxième cour.
Nos 121, 116, 128. Vieilles maisons.

Faire, à gauche et à droite, un crochet dans la

RUE LÉON-FROT *(suite - section comprise entre les rues de la Folie-Régnault et le boulevard Voltaire)* / Une double barrière, dite de la Croix-Faubin, établie, sous Louis XV, au carrefour de nos rues Léon-Frot et de la Folie-Régnault, permettait la perception des droits d'octroi à qui se rendait dans Paris par l'une

et l'autre de ces deux rues. Ce nom de la Croix-Faubin était celui d'un hameau voisin de ce carrefour.
N° 48. Le PASSAGE GUSTAVE-LEPEU et les deux qui l'encadrent sont à l'emplacement de la *communauté des Filles de Sainte-Marthe,* chargée d'instruire des jeunes filles pauvres, installée ici de 1719 jusqu'à la Révolution.
N° 43. Maison ancienne; fenêtres du premier, mansardes.
N° 18. Ancien hôtel du XVIIIe siècle; portail avec une clef sculptée en tête de femme, numérotage de 1726 en haut du piédroit de gauche, cour.

RUE DE CHARONNE *(suite)* / N° 137. Vieille inscription (assez effacée) du nom de la rue.
N° 139. Sur le côté, numérotage de 1726 (N° 23).
N° 155. Vieille maison; mansardes.
N°s 157-161. Hôtel de la fin du XVIIe siècle, occupé à partir de 1787, par la *maison de retraite et de santé du docteur Belhomme.*
La maison de santé du Docteur Belhomme : Cet établissement prospéra vite car, à partir de 1793, le docteur Belhomme utilisa sa maison de santé pour y loger, contre paiement et sous prétexte qu'ils étaient malades, les riches suspects incarcérés dans les différentes prisons de la Terreur. Elle fut bientôt remplie par les détenus à qui leur fortune permettait de payer le prix de la pension demandé, pension fort médiocre et excessivement chère (1.000 livres par mois), mais qui permettait d'échapper à la guillotine.
Citons parmi les personnes qui y furent ainsi pensionnaires : la duchesse d'Orléans, veuve de Philippe-Égalité, le député Rouzet qui s'enflamma pour elle, flamme d'ailleurs partagée, Radix de Sainte-Foix, Portalis, Volney, la veuve de Pétion, Mlle Lange. Les duchesses de Choiseul et du Châtelet, n'ayant pu continuer à payer le prix de pension requis, furent impitoyablement refoulées par Belhomme sur la Conciergerie et décapitées quelques jours plus tard. Citons comme autre pensionnaire, mais plus tard, Jean Ramponeaux, le célèbre cabaretier du *Tambour-Royal* et de la *Grande-Pinte,* dont le cerveau fut dérangé; il mourut ici, en 1802, laissant une belle fortune à sa veuve.
Belhomme, qui avait été arrêté à la suite d'une dénonciation, se fit interner à son tour dans une maison de santé analogue à la sienne (cf. n° 35, rue de Picpus); sa jeune femme continua à diriger la maison jusqu'au 9 thermidor, date à laquelle tous les pensionnaires s'envolèrent comme des moineaux. Belhomme qui avait été condamné à six ans de bagne pour incivisme et concussions, rentra au début de 1798 et mourut en 1824, à 87 ans.
Porte avec vantaux et frise sculptés; sur le côté, numérotage de 1726 (n° 32).
Un immense jardin s'étend derrière l'ensemble des bâtiments ayant constitué la maison de santé du docteur Belhomme; il a gardé sa physionomie du temps de la Terreur. Chapelle.

Nº 163. *Hôtel de Chabanais :* Dans la cour, emplacement de l'ancien Hôtel du marquis de Chabanais, de la fin du XVIIIe siècle, loué sous la Révolution par le docteur Belhomme pour agrandir sa maison de santé. Hôtel démoli en 1956. Un corps de bâtiment bas et à gracieux rez-de-chausése, visible des jardins de la maison de santé, reliait jadis cet hôtel à la maison du docteur Belhomme.
Nº 165. Vieille maison.
La rue de Charonne s'arrêtait au mur des Fermiers Généraux au delà duquel le *chemin de Charonne* la prolongeait.

Suivre, à droite, le BOULEVARD DE CHARONNE, formé en 1864; la *barrière de Montreuil* se trouvait au débouché de la

RUE DE MONTREUIL / Cette ancienne chaussée conduisant au village de Montreuil a été transformée en rue vers 1750.
Nº 69. La RUE DES BOULETS, mentionnée en 1672, est une des sections de ce chemin de Saint-Denis à Saint-Maur; son nom actuel, du XVIIe siècle, est celui d'un lieu-dit.
Nº 75. Vieille maison.
Nº 52. Maison décorée de statuettes; cour, tympan de la porte.
RUE SAINT-BERNARD / Cette rue, que prolongent vers le nord les rues Basfroi, Popincourt et de la Folie-Méricourt, formait avec celles-ci le chemin conduisant, au XVIe siècle, de l'abbaye Saint-Antoine à la Courtille-du-Temple. Son nom rappelle que l'abbaye Saint-Antoine suivait la Règle de saint Bernard, patron de l'Ordre de Cîteaux.

Nº 36. *L'église Sainte-Marguerite :* Les habitants des cultures réparties entre l'enceinte de Paris et le village de Charonne ne disposant pas de lieu de culte autre que l'église Saint-Paul, située dans Paris, le curé de cette église, Antoine Fayet, remédia aux inconvénients de l'immense étendue de sa paroisse, de l'insécurité et du mauvais état des chemins en faisant construire ici, à ses frais, en 1627, une chapelle succursale de l'église Saint-Paul. Cette chapelle devint église paroissiale en 1712, car à cette date, le faubourg Saint-Antoine comprenait déjà près de 40.000 habitants. L'église fut agrandie à plusieurs reprises, et, en 1764, l'architecte Louis construisit la chapelle des Ames du Purgatoire que Brunetti décora curieusement de grisailles en trompe-l'œil (parois classées). Le dallage de cette chapelle est fait de pierres tombales, Vaucauson repose sous l'une d'elles depuis 1782. L'église Sainte-Marguerite desservie par un clergé constitutionnel ne fut pas fermée pendant la Révolution; son vicaire fut un des premiers prêtres qui se marièrent.
L'église en forme de croix latine, contient des œuvres d'art de mérite : des toiles de Restout, de Galloche, de Suvée, du frère André, de Lagrenée, de Troy

provenant du couvent des Visitandines de la rue Saint-Jacques et de la Maison de Saint-Lazare de la rue du Faubourg-Saint-Martin; une chaire du XVIIe siècle; une grande croix nue accostée d'anges désolés qui provient du tombeau exécuté par Robert le Lorrain et Nourrisson pour la femme de Girardon dans l'église Saint-Landry; un tableau sur bois, la *Descente de Croix*, de Francesco Rossi, dit Salviati (1510-1563), antérieurement dans une chapelle du couvent des Célestins (le Joseph d'Arimathie qui soutient le corps du Christ au centre de cette composition passe pour être un portrait d'Henri II). Enfin, on voit extérieurement aux frontons du transept deux sculptures (classées) œuvre du curé Goy.

Hôtel du No 57 de la rue de Charonne, démoli en 1908 (*phot. vers 1880*)

La prison de la Grande-Roquette (*vers 1850*)

Cette église est classée.
Le cimetière Sainte-Marguerite : Le cimetière paroissial ouvert en 1637, était situé le long du côté nord de l'église. Il avait été fait pour contenir 34 fosses communes, chacune d'elles devant servir environ pendant 10 mois. Le nombre croissant des inhumations nécessita la construction, en 1722, d'un charnier édifié tout le long du mur nord et du mur oriental du cimetière. Une partie de ce dernier mur est actuellement recouverte par la grande chapelle du catéchisme mais on voit encore sur toute la longueur du mur nord les piliers des travées qui soutenaient les galetas du charnier.
Ce cimetière reçut, en juin 1794, les corps des 73 personnes qui furent décapitées place de la Bastille pendant le court stationnement qu'y fit la guillotine.
C'est dans ce cimetière, affecté en 1785 aux Parisiens décédés dans l'ex-VIe arrondissement, que fut enterré, vers neuf heures du soir, le 10 juin 1795, « l'enfant mort au donjon du Temple ». Pour s'y rendre le cortège suivit les rues du Temple, de la *Corderie* (de Bretagne), du Pont-aux-Choux, Saint-Sébastien, Popincourt, Basfroi et Saint-Bernard. Il pénétra directement dans le cimetière, aucun service religieux ne fut célébré. La bière fut déposée dans la fosse commune en service, à la suite des autres bières. Contenait-elle bien le corps de Louis XVII ?... Les exhumations faites en 1846 et 1894 ont montré que ses ossements étaient ceux d'un jeune homme de 18 à 20 ans. Ils se trouvent actuellement dans une tombe située contre le mur de la chapelle des Ames du Purgatoire; une pierre, réduite à un petit bloc de faibles dimensions surmonté d'une croix, indique : « *L... XVII, 1785-1795.* »
Ce cimetière fut définitivement fermé en 1806. Il contint encore quelques dalles tombales du début du XIXe siècle et une croix de pierre érigée en 1717.

Prendre à gauche, la :
RUE DE CHARONNE *(suite - section comprise entre les rues Saint-Bernard et du Faubourg-Saint-Antoine) /*
N°s 51, 53. *L'Hôtel de Mortagne* a été construit, vers 1650, par Delisle Mansart. Il fut acheté en 1711 par le comte de Mortagne, premier écuyer de la duchesse d'Orléans. En 1746, Jacques de Vaucanson y installa sa collection d'automates : le joueur de flûte, le joueur de tambourin et de galoubet, le joueur d'échecs, les canards qui barbotaient, mangeaient, agitaient leurs ailes, et des machines industrielles comme celles à dévider la soie et à former une chaîne sans fin; cette collection fut le noyau du Conservatoire des Arts et Métiers. Vaucanson mourut dans cette maison le 21 novembre 1782, à 73 ans (inscription).
En 1784, le roi racheta cet hôtel où fut installé le *Cabinet de mécaniques du roi.* Des peintres y urent logés sous l'Empire, une manufacture de velours les remplaça.
Vestiges du portail, bas-reliefs et mascarons des faça-

des sur cour et sur jardin (celle-ci, visible du nº 5 de la rue Charles-Dallery), fronton, escalier, vastes caves; ses façades au fond de la première cour et sur la deuxième cour sont classées. Hôtel bien délabré mais qui pourrait être sauvé.
Nos 50, 37, 35, 23, 21, 15. Vieilles maisons.

Prendre, à droite, jusqu'à la place de la Bastille, la : RUE DU FAUBOURG-SAINT-ANTOINE / Cette rue a été, de tous temps, intimement liée à la vie de Paris. Le 20 avril 1474, Louis XI y passa en revue, entre la porte Saint-Antoine et l'abbaye, près de 100.000 Parisiens en armes qu'il montra aux ambassadeurs d'Aragon. Sous la Fronde, elle fut, le 2 juillet 1652, le théâtre d'un combat entre les troupes du roi et de Condé. Plus tard, on put définir le faubourg Saint-Antoine comme étant « le cratère d'où s'échappa le plus souvent la lave révolutionnaire ». Le 27 avril 1789 vit, huit jours avant l'ouverture des États Généraux, le pillage et l'incendie de la manufacture de papiers peints de Réveillon. Le 25 juin 1848, le faubourg se couvrit de barricades (il y en eut 29 dans cette seule rue) lorsque les députés eurent licencié les Ateliers nationaux, les combats qui s'y livrèrent entraînèrent la mort de Mgr Affre, archevêque de Paris. Et c'est sur une autre barricade du faubourg que fut tué, le 3 décembre 1851, le député Baudin.
La rue du Faubourg-Saint-Antoine possède de nombreuses cours, passages et impasses qui ont conservé la physionomie ouvrière des XVIIIe et XIXe siècles. C'est le domaine des fabricants de meubles.
Les règlements de cette corporation remontaient à 1290; celui de 1740 comportait 105 articles rigoureux édictés pour « éviter les fraudes du métier ». L'abbesse de Saint-Antoine obtint de Colbert la proclamation de la liberté du travail dans le faubourg et l'exemption pour ses artisans des réglementations corporatives. Cette exemption permit aux menuisiers et aux ébénistes du faubourg de laisser aller leurs inspirations, de faire des applications de bois des îles, des incrustations d'écaille et de filets de cuivre, d'imiter les meubles de Chine, de faire des placages de noyer, de cèdre, d'ébène ou de tout autre bois, toutes mesures qui favorisèrent l'industrie du meuble et ses artisans.
Nº 1. Maison où, en 1835, Fieschi prépara dans l'arrière-boutique d'un de ses complices, l'épicier Florentin Papini, son complot contre Louis-Philippe (cf. nº 44, boulevard du Temple).
Nº 4. Immeuble devant lequel fut blessé mortellement, le 25 juin 1848, Mgr Affre, archevêque de Paris (inscription).
Nº 18. Maison du XVIIIe siècle à l'enseigne de l'*Agneau Pascal*, toujours dans sa niche; façade, balcon, ferronneries.
Nº 33. Vieille maison; balcon, fenêtres, ferronneries, mansarde, couloir d'entrée, cours; la rampe de l'escalier en bois du XVIIe siècle est classée.

Nº 45. Couloir d'entrée, façade sur cour.
Nº 56. COUR DU BEL-AIR; dans une de ses maisons, magnifique escal er en bois, dit des Mousquetaires-Noirs (escalier D).
Nº 61. Fontaine Trogneux (du nom d'un brasseur du faubourg) de 1719; elle est l'une des trois qui furent mises en place sur les cinq dont l'installation avait été alors envisagée pour ce faubourg entièrement dépourvu d'eau.
Nºs 65-73. Vieilles maisons.
Nº 75. COUR DE L'ÉTOILE-D'OR, du XVIIIe siècle; dans la maison située entre les deux cours, cadran solaire de 1751; dans le petit pavillon de la première cour, frise de palmettes et belle rampe d'escalier en bois du XVIIe siècle *(les Quatre Saisons)*, rampe classée. Le nom de cette cour provient d'une enseigne *A l'Étoile d'Or*.
Nºs 106 à 118. La RUE ANTOINE-VOLLON, le SQUARE TROUSSEAU, les RUES BAUDELAIRE et DE PRAGUE sont, depuis 1904, à l'emplacement de l'ancien Hospice des Enfants-Trouvés.
L'hospice des Enfants-Trouvés. Pendant longtemps les enfants trouvés (« exposés », disait-on au XVIIIe siècle) étaient portés à l'*Hôpital de la Trinité* où ils devaient être élevés à l'aide de ressources fournies par les Hauts Justiciers de l'endroit où ils avaient été recueillis. Comme ceux-ci donnaient peu de choses et que le nombre des enfants abandonnés croissait, on décida la construction d'un établissement dans la rue du Faubourg-Saint-Antoine. La reine Marie-Thérèse posa la première pierre de sa chapelle en 1674, et le chancelier d'Aligre, sa femme Élisabeth Luillier, et le président de Bercy donnèrent des sommes considérables pour l'installation de cet hospice qui eut, à partir de 1748, une maison filiale sur le parvis Notre-Dame,
C'est dans le cimetière de cet hospice que furent provisoirement inhumés les restes de la princesse de Lamballe (cf. nº 2, rue du Roi-de-Sicile).
L'hospice des *Enfants-Trouvés* reçut des appellations diverses au cours du XIXe siècle; en 1880 ce fut l'hôpital Trousseau, démoli en 1902.
Nº 147. La RUE TROUSSEAU est l'ancienne rue *Sainte-Marguerite* de 1622. — Nºs 4, 6, 12, 14 : Maisons du XVIIIe siècle; ferronneries.
Nº 151. Immeuble du XVIIIe siècle devant lequel le député Baudin fut tué, le 3 décembre 1851, lorsqu'il engagea les Parisiens à protester contre le coup d'État du Prince-Président et leur montra comment un député savait se faire tuer « pour 25 francs par jour ». (Inscription).
Nº 163. Vieille maison; escalier.
Nº 167. La RUE DE LA FORGE-ROYALE, bâtie vers 1770 et ancien cul-de-sac, doit son nom, soit à une forge remontant au temps où les rois habitaient le palais des Tournelles, soit à une enseigne. — Nºs 1, 2 : Vieilles maisons.
Nºs 154-156. Anciens cabarets; balcon avec enseigne

du nº 156 : *A la grappe, Degois*; ferronneries.
Nº 166. Vieille maison à pignon.
Nº 170. Ancienne maison du portier de l'abbaye de Saint-Antoine; porte à pilastres.
Nº 184. Emplacement et vestiges de *l'abbaye de Saint-Antoine-des-Champs.*
Cette abbaye fut fondée, en 1198, par Foulques, curé de Neuilly-sur-Marne, prédicateur de la quatrième croisade, et par Pierre de Roissis, son compagnon, pour recevoir les femmes dévoyées qui, converties par les prédications, voudraient se consacrer à la pénitence pour le reste de leurs jours et embrasser la vie monastique. Eudes, évêque de Paris, transforma cette communauté en une abbaye qui fut rattachée, en 1204, à l'Ordre de Cîteaux. L'église de son enclos fut placée sous l'invocation de saint Antoine ce qui fit donner ce dernier nom à la rue de Paris qui y conduisait.
Hors de Paris, ce monastère était clos de hautes murailles, avec fossés, tours, tourelles et échauguettes, défendues par des hommes d'armes sous les ordres de l'abbesse, la « Dame du Faubourg », qui avait droit de haute, moyenne et basse justice sur une région qui comprendrait de nos jours tout le XIIe arrondissement et une partie des XIe et XXe. C'était, avec celui de Montmartre, le plus riche couvent de femmes de la région parisienne.
Lorsque saint Louis, venant de Sens, apporta à Paris, en 1239, la sainte Couronne d'épines, il l'exposa d'abord dans la chapelle de l'abbaye de Saint-Antoine-des-Champs. Le corps de Charles IX, mort à Vincennes (1574) y fut également exposé. Citons parmi les personnes inhumées dans cette chapelle : Jeanne et Bonne de France, filles de Charles V (1310) et Éléonore de Bourbon-Condé, abbesse pendant 38 ans.
Le monastère fut séquestré à la Révolution et affecté à un hôpital depuis 1795, l'hôpital Saint-Antoine de nos jours. Les bâtiments qui subsistent sont ceux que reconstruisit Samson-Nicolas Lenoir, en 1767-1770. Sous la voûte, au fond de la cour, une pierre encastrée dans le mur mentionne : « Pozé par Madame Marie de Bragelonne en présence de madame Marie Bouteiller, abbesse de céans, du règne de Louis XIII, 1643 ».
Dans l'enclos de l'abbaye se tint, à partir de 1719, une petite foire qui commençait à la fin du carême, le samedi saint. Elle se développa et déborda hors de ses murs pour se tenir, au début du XIXe siècle, dans la rue du Faubourg-Saint-Antoine et dans les rues voisines; cette foire était dite la « Foire aux pains d'épices ». Elle subsiste toujours dans ce quartier et elle commence toujours à cette même époque.
Nº 225. Devant l'ex-abbaye (débouché de la rue Saint-Jules) subsiste encore la fontaine qui a été édifiée en 1719 (cf. nº 61, rue du Faubourg-Saint-Antoine); elle recevait l'eau de la pompe à feu de Chaillot; c'était la *fontaine de la Petite-Halle* nom du marché voisin.

N° 245. PASSAGE ROUGE; niche d'un vieux puits, escalier.
N°s 206-202. Maisons de la fin du XVIIIe siècle; façade et ferronneries du n° 206.
N° 218. Vieille maison.
N° 220. Ancienne maison d'une communauté religieuse du XVIIIe siècle appelée les *Dames-Blanches*.
N° 303. Emplacement d'une « petite maison » du XVIIIe siècle qui devint sous la Révolution la maison de santé du docteur Dubuisson où fut interné de 1808 à 1812, le général Malet qui y prépara son complot contre Napoléon et d'où il s'évada, dans la nuit du 23 au 24 octobre 1812, pour tenter de l'accomplir.

PLACE DE LA NATION / Cette place, située sur la route qui allait de Paris à Vincennes, fut appelée place du *Trône*, de 1660 à 1880, en souvenir du « throsne » qui y avait été dressé, le jeudi 16 août 1660, lors de l'entrée solennelle à Paris de Louis XIV et de Marie-Thérèse revenant de Reims où ils avaient été sacrés. C'est assis sur ce trône que le jeune couple avait reçu, aux acclamations de la foule, l'hommage de tous les corps constitués de la capitale.
La *place du Trône* se trouva adossée ultérieurement au mur des Fermiers Généraux dont le tracé donna ici naissance aux boulevards de Charonne et de Picpus. Ledoux édifia, en 1778, pour la *barrière du Trône*, dite aussi de *Vincennes*, des propylées imposants : deux pavillons carrés qu'il avait envisagé de surmonter de deux colonnes de près de 25 mètres de haut, ce qui ne fut pas réalisé. Ces pavillons subsistent. Les deux colonnes doriques voisines, hautes de 30 mètres environ, furent élevées, en 1788, à côté de ces pavillons. Elles furent surmontées, en 1841, des statues de saint Louis et de Philippe-Auguste. Ces pavillons et ces colonnes sont classées.
La place prit, en 1793, le nom de *place du Trône-Renversé*. La guillotine y fut transférée du 13 juin au 28 juillet 1794; elle fit là près de 1306 victimes en 43 jours contre 1120 environ en 13 mois, place de la *Révolution* (de la Concorde).

2. DE LA PORTE SAINT-ANTOINE A LA BARRIÈRE DE PICPUS

RUE DE CHARENTON *(section comprise entre la place de la Bastille et le boulevard de Reuilly)* / Cette section de la rue de Charenton portait jusque vers 1702 le nom de *chaussée de Charenton*.
N° 12. Ancien cabaret; mansarde, cour.
N°s 20, 25. Vieilles maisons; bel escalier Louis XIII et mansardes du n° 20.
N° 26. Au fond de la cour, chapelle de l'hôpital des Quinze-Vingts.
N° 28. *La caserne des Mousquetaires-Noirs :* Sur l'emplacement d'un hôtel du XVIe siècle, Robert de Cotte bâtit ici, en 1699, un casernement pour la deuxième

compagnie des mousquetaires, appelés les *Mousquetaires-Noirs* du nom de la robe de leurs chevaux. Ils l'occupèrent de 1704 jusqu'en 1775, année où on les supprima.

En 1780, le cardinal Louis de Rohan, administrateur de l'*hôpital des Quinze-Vingts* y transporta les malades de cet hôpital installé depuis 1254 à l'angle des rues Saint-Honoré et *Saint-Nicaise*. Quelques tombeaux de l'ancienne chapelle furent transférés dans la nouvelle, dont celui de François de Gondi, premier archevêque de Paris.

Nº 47. Le PASSAGE DE LA BOULE-BLANCHE a été ouvert en 1700, son nom provient d'une enseigne.

Nº 55. Vieille maison.

Nº 38. La RUE MOREAU portait déjà ce nom au XVIIe siècle, mais on l'appelait aussi, en 1672, la rue des *Filles-Anglaises*. — Nº 18 : Vieille maison.

Nos 40 à 60. Emplacement du *couvent des Filles-Anglaises de la Conception* installé ici en 1635. Il y eut donc à Paris avant la Révolution 3 monastères de Filles-Anglaises : rue *Neuve-Saint-Victor* (des Boulangers), au *Champ de l'Alouette* (rue des Tanneries) et celui-ci. Ces 3 couvents furent fermés à la Révolution pendant laquelle ils servirent de prison. Celui-ci fut vendu en 1800.

Nº 67. Vieille maison.

Nº 69. La RUE SAINT-NICOLAS existait en 1672. — Nos 8 et 10 : ex-hôtel; couloir et façade du nº 10.

Nº 48. La COUR DU CHENE-VERT est sur l'emplacement du couvent des Filles-Anglaises.

Nº 95. La RUE D'ALIGRE, de 1778, porte le nom de la chancelière bienfaitrice de l'hospice des Enfants-Trouvés. Cette rue conduit au marché Lenoir, ex-*marché Beauvau-Saint-Antoine*, établi sur des terrains que l'abbesse de Saint-Antoine, Mme de Beauvau-Craon, avait mis, en 1778, à la disposition de la population. On ouvrit en même temps 5 rues pour en permettre l'accès, lesquelles forment les rues d'ALIGRE, BECCARIAT et COTTE de nos jours. Ce marché fut reconstruit en 1843. Voir les nos 4 et 15 de la PLACE D'ALIGRE.

Nos 98, 102, 104. Vieilles maisons.

Nº 160. La RUE DE RAMBOUILLET existait en 1672, elle longeait le côté ouest de la « folie » de ce nom (cf. ci-après).

Nº 157. La rue de Charenton s'arrêtait ici devant l'égout qui conduisait à la Seine les eaux usées de l'abbaye. On le franchissait à l'aide d'un ponceau, d'une *planchette* qui donna son nom (rue *de la Planchette*) au chemin continuant vers Charenton.

Nos 160 à 176. *La Folie-Rambouillet :* Emplacement de la *Folie-Rambouillet*, la plus remarquable de toutes les habitations de plaisir édifiées entre Paris, Charonne et Bercy. Elle avait été fondée, de 1633 à 1635, par Nicolas de Rambouillet, beau-père de Tallemant des Réaux.

Elle constituait un domaine considérable s'étendant jusqu'à la Seine où il se terminait par une terrasse

qui la dominait. Ses jardins étaient ouverts au public élégant de la Place-Royale qui s'y donnait rendez-vous.
Les Rambouillet reçurent là une société de choix. La *Folie* passa, après la mort du fondateur, à son fils Antoine Rambouillet de la Sablière, homme de goût et d'esprit, secrétaire du roi, poète, « le grand madrigalier français », disait le silencieux Conrart. Sa femme, également femme savante et d'esprit, fut la protectrice de La Fontaine qui a vanté :

Ses attraits, ses souris, ses appas,
Son art de plaire et de n'y penser pas
Et cet esprit qui, né du firmament,
A beauté d'homme avec grâce de femme...

Mme de la Sablière menait, cependant, une vie assez dissipée; à un magistrat qui la réprimandait en lui faisant valoir que les bêtes elles-mêmes se réservaient quelques périodes d'accalmies, elle répliqua : « Oui, monsieur, mais ce ne sont que des bêtes. »
C'est dans cette Folie que les ambassadeurs des puissances étrangères non catholiques (les Rambouillet étaient protestants) attendaient les carrosses de la Cour qui, le jour de leur présentation officielle au roi, devaient venir les prendre pour les conduire auprès de Louis XIV.
Tout ce domaine a été morcelé avant la Révolution. Il ne reste plus de cette magnifique résidence que le vieux pan de mur à bossages, amorce de l'ancienne porte du château, que l'on voit au nº 172.
Nº 185. Vieille maison à deux corps de bâtiment identiques; fronton.
Nº 189. La RUE MONTGALLET était déjà indiquée en 1672; son nom est celui d'un lieu-dit).
Nº 203. Vieille maison.
Nº 236. La RUELLE DE LA PLANCHETTE, indiquée en 1789, rappelle l'ancien nom de la partie de la rue de Charenton située au delà de l'égout de l'abbaye (cf. nº 157).
Nºs 227-233. Vieilles maisons; niche et statuette du nº 227 ; mansardes et cour du nº 233; ensemble pittoresque.
Le mur des Fermiers Généraux a donné naissance dans ce quartier aux boulevards de Picpus, de Reuilly et de Bercy. La rue de Charenton le traversait à la *barrière de Charenton,* par où le Premier consul entra à Paris, en juillet 1800, après la victoire de Marengo.

Faire, aller et retour, un crochet à droite par le BOULEVARD DE BERCY jusqu'à la :
RUE DE BERCY *(section comprise entre les boulevards de Reuilly et Diderot)* / Le quadrilatère limité par les rues de Bercy et Traversière, le quai de la Rapée et le boulevard de Bercy est une partie d'un ancien fief qui, au XIe siècle, s'étendait, le long de la rivière depuis notre bassin de l'Arsenal jusqu'au confluent de la Marne. Il donna naissance ultérieurement aux

domaines du château de Bercy, du Petit-Bercy, et à quatre autres belles propriétés; les uns et les autres sont actuellement recouverts par l'Entrepôt des Vins. La rue de Bercy allait alors jusqu'à hauteur de notre rue Nicolaï, elle était l'artère principale du village de Bercy situé en dehors de Paris.

Revenir sur ses pas, prendre le BOULEVARD DE REUILLY et, à gauche, à la PLACE FÉLIX-EBOUÉ (ex-*place Daumesnil* jusqu'en 1946) où était *la barrière de Reuilly*, la RUE DE REUILLY / Cette rue remplace le vieux chemin qui conduisait directement de l'abbaye Saint-Antoine au village de Charenton qu'elle rejoignait après avoir longé l'ancien manoir royal de Reuilly, résidence champêtre des rois mérovingiens autour de laquelle se forma le petit hameau de Reuilly qui disparut avec l'extension du faubourg Saint-Antoine. Le peintre Sébastien Bourdon l'habita en 1670 et le comte d'Artois eut, en 1781, à son extrémité est une « petite maison » où il reçut les visites de Mme de Polastron.
Nos 107 à 101. Couvent des dames de Sainte-Clotilde depuis la Restauration (1821).
No 99 *bis*. Pavillon classé, dit du duc de Guise, dans la cour de l'Association des Diaconesses; escalier. On a de la rue du Sergent-Bauchat un joli coup d'œil sur la toiture de ce pavillon, plus pittoresque à l'extérieur qu'à l'intérieur.
Nos 46, 57, 45. Vieilles maisons; façades refaites.
No 39. La COUR-SAINT-ÉLOI où la marquise de Brinvilliers a peut-être eu une maison de campagne abritait, au XVIIIe siècle, une fabrique de chandelles.
No 26. La RUE ÉRARD, indiquée en 1672, est l'ancienne *Petite-rue-de-Reuilly*.
Le couvent des Mathurines : Le côté de ses numéros pairs était occupé, sous la Régence, vers le no 4, par la « petite maison » du comte de Nocé, un des roués les plus en faveur auprès du Régent, et, au delà, vers le no 12, par un couvent de *filles de l'Ordre de la Trinité*, dites *Mathurines*, donnant aussi sur la rue de Reuilly. Ces religieuses, non cloîtrées, avaient été établies ici en 1713. Elles donnaient une éducation convenable à leurs pensionnaires et elles instruisaient gratuitement les filles pauvres du quartier. Établissement supprimé en 1790.
No 20. Emplacement de la Manufacture royale des glaces créée en 1634, patronnée par Colbert, transférée ensuite à Saint-Gobain et remplacée par une caserne en 1846.
No 11. Brasserie depuis 1320, cette maison était depuis 1772 la propriété de Santerre. C'est ici que se réunirent, le matin du 20 juin 1792, Santerre, le boucher Legendre, l'abbé de Lareynie, le libraire Poinsot et d'autres personnalités d'alors du faubourg Saint-Antoine afin de régler l'assaut qui allait être donné au palais des Tuileries (inscription). Santerre qui commanda la garde nationale de Paris fin 1792, reçut ici des visites du duc d'Orléans.

Suivre, à droite, la rue du Faubourg-Saint-Antoine, jusqu'à la :

RUE DE PICPUS *(section comprise entre la rue du Faubourg-Saint-Antoine et le boulevard de Reuilly)* / Cette rue, mentionnée en 1672, est une section de l'ancien chemin conduisant de Saint-Denis à Saint-Maur-des-Fossés, en traversant le village de *Picquepusse* datant du XIIe siècle dont le nom est devenu Picpus au XVIe siècle (étymologie inconnue).

N°s 4-6. Emplacement d'une « petite maison » devenue ensuite la maison de santé (ou de discipline) de Marie de Sainte-Colombe où Saint-Just fut enfermé, en 1786, à la demande de sa mère qu'il avait volée.

N° 12. Emplacement d'une maison de campagne ayant appartenu à Ninon de Lenclos à l'époque où elle menait une vie calme; elle y reçut la reine Christine de Suède. Le marquis de Sévigné y fut tué en duel, en février 1651, par le chevalier d'Albret avec qui il était entré en conflit au sujet de Mme de Gondran. Institution en 1775, filature de lacets sous la Révolution, puis hospice.

N° 22. La RUE DU SERGENT-BAUCHAT s'est appelée la *rue des Buttes* de 1659 à 1894.

N° 33. Ancien séminaire des Pères Blancs de Picpus (1830).

N° 35. *Le couvent des chanoinesses régulières de Saint-Augustin :* Cette communauté, installée ici vers 1640, et appelée, en 1647, Notre-Dame-de-la-Victoire-de-Lépante, avait alors à sa tête la Mère Suzanne Tubeuf, sœur de l'intendant des Finances d'Anne d'Autriche.

Cet établissement, fermé en 1792, fut loué par les domaines au citoyen Riédain qui le sous-loua, en 1794, au citoyen Coignard, lequel y installa une maison de santé du genre de celle du docteur Belhomme (cf. n° 157, rue de Charonne). Elle reçut, en 1805, des religieuses des Sacrés-Cœurs de Jésus et de Marie et de l'Adoration-Perpétuelle-du-Saint-Sacrement; sa chapelle contient la statuette miraculeuse en bois brun, dite de Notre-Dame-de-la-Paix, qui ornait, au XVIIe siècle, l'entrée du couvent des Capucins de la rue Saint-Honoré, et des tables de marbre noir contenant la liste de 1298 personnes inhumées dans l'enclos ci-après.

Le cimetière de Picpus : Tout au fond des jardins du couvent des Dames des Sacrés-Cœurs, presque en bordure du boulevard de Picpus, se trouve le petit cimetière de Picpus où furent enfouies, dans deux grandes fosses communes, les 1306 personnes décapitées *place du Trône-Renversé* (de la Nation) entre les 13 juin et 28 juillet 1794.

En 1796, la princesse de Hohenzollern-Sigmaringen, dont le frère, le prince de Salm avait été décapité, acheta la parcelle de terrain où étaient ces fosses communes et la clotura. En 1802, la comtesse de Montagu, petite-fille, fille et sœur de trois membres de la famille de Noailles décapités, apprit d'une ouvrière, Mlle Paris, dont le père et le frère avaient été inhumés à cet endroit, l'emplacement de ces fosses dont le lieu était resté secret. Pour préserver l'enclos — propriété d'une étrangère — de tout voisinage profane, elle ouvrit une souscription, d'une part, afin d'acheter le terrain voisin où les parents des victimes enfouies dans les fosses communes pourraient être enterrés, et, d'autre part, afin de reconstituer l'ancien domaine des Augustines.

L'ancien couvent fut donc racheté en 1803 et la congrégation des Dames des Sacrés-Cœurs ci-dessus désignée y fut installée en 1805. Une parcelle de leur jardin attenante à l'enclos des suppliciés fut réservée comme cimetière pour les descendants des victimes de 1794. Tout l'armorial de France y est représenté avec des La Rochefoucauld, Montmorency, Noailles, Rohan, Gramont, Montalembert, Biron, Polignac, Luynes, Chateaubriand, Crillon, Choiseul, Lévis, Lafayette (1834), gendre de la duchesse d'Ayen, etc. Au fond se trouve, au delà d'une grille, l'enclos des victimes avec ses deux fosses communes et cinq tombes de la famille de Salm, première acheteuse de l'enclos. Celui-ci est entré, en 1920, dans la propriété de la Société civile qui gère le cimetière et l'oratoire de Picpus.

N°s 37-39. Dépendances du couvent ci-dessus; écusson et fronton du n° 37.

N° 61. Emplacement d'une des entrées du *couvent des Pénitents Réformés du Tiers-Ordre de Saint-François*, dits *les religieux de Picpus*, installé ici en 1600. La Règle de ces religieux était sévère : ils se levaient toutes les nuits à minuit pour chanter les matines, se donnaient la discipline trois fois par semaine, étaient habillés d'une robe brune avec capuchon rond et ceinture de crin noir, avaient les pieds nus dans des sandales de bois, et couchaient sur des paillasses sans matelas. Cet Ordre comptait avant la Révolution 60 couvents en France, dont 2 à Paris, celui de la rue de Picpus qui était la maison-mère et celui de Notre-Dame-de-Nazareth près de la rue du Vertbois.

Les ambassadeurs des puissances catholiques faisaient leur entrée à Paris par le faubourg et la porte Saint-Antoine. Ils partaient du couvent de Picpus où des appartements somptueux étaient toujours disposés pour les recevoir; ils y recevaient les compliments des princes et des princesses du sang, puis un maréchal de France venait les prendre pour les conduire à la Cour dans un carrosse du roi. Cet usage fut aboli en 1722.

Ce couvent, fermé en 1790, fut vendu en 1796 comme bien national et morcelé; une manufacture de caoutchouc l'occupait sous le second Empire.

La *barrière de Picpus* se trouvait située à l'endroit où la rue de Picpus coupe les boulevards de Reuilly et de Picpus. Au delà de la barrière venait le quartier dit, au XVIIIe siècle, de la *Grande-Pinte* du fait des nombreuses guinguettes qu'on y trouvait.

Index alphabétique

NOMS DES RUES
ET DES PRINCIPAUX ÉTABLISSEMENTS
DÉCRITS OU CITÉS

RIVE DROITE

A

B

D

E

F

G

H

I

J

Table

RIVE DROITE

CHAPITRE 1

CHAPITRE 2

CHAPITRE 3

CHAPITRE 4

CHAPITRE 5

CHAPITRE 6

CHAPITRE 13

CHAPITRE 14

CHAPITRE 15

CHAPITRE 16

CHAPITRE 17

CHAPITRE 18

CHAPITRE 19

Saint-Lazare [illegible] la rue du Faubourg-Poissonnière [illegible] l'hôtel de [illegible] rue [illegible] Faubourg-Montmartre [illegible] rue de [illegible] Saint-Martin [illegible] la rue du Faubourg-Saint-Martin [illegible] Louis [illegible] barrière de Belleville.

CHAPITRE [illegible]

[illegible] rue du Faubourg-Poissonnière [illegible] de la [illegible] Roule [illegible] Chaillot [illegible]

CHAPITRE [illegible]

[illegible] de la [illegible] rue Saint-[illegible] de Charenton [illegible] Faubourg-Saint-Antoine [illegible] la place et la barrière du Trône [illegible]

rive gauche & les îles

1

A TRAVERS LE CLOITRE ET LE PARVIS NOTRE-DAME

L'antique Lutèce et l'histoire de la Cité / Le Cloître Notre-Dame / Les rues des Ursins, de la Colombe et Chanoinesse / Notre-Dame-de-Paris / Le parvis Notre-Dame.

Point de départ : square de l'Archevêché.

L'ANTIQUE LUTÈCE / L'habitant de Lutèce qui, quelques années avant l'occupation de la Gaule par les Romains, construisait sa cahute à l'emplacement du square de l'Archevêché, avait autour de lui le panorama suivant :

La rive droite n'était, surtout du côté est, qu'un vaste marécage d'où émergeaient ces quelques buttes que l'on appellera plus tard des *monceaux* (le monceau Saint-Gervais, par exemple), et, du côté ouest, qu'une grande forêt de chênes dont le Bois de Boulogne, les Bois de Chaville, de Meudon, la Forêt de Montmorency... constituent des vestiges, elle s'avançait alors jusqu'aux abords de notre palais du Louvre. Un éperon d'une hauteur de 70 mètres (la montagne Sainte-Geneviève) dominait la rive gauche; il était bordé, à l'est, par des marais situés au confluent de la Bièvre et de la Seine (gare d'Austerlitz) et, plus à l'ouest, par d'autres marais, l'actuelle plaine de Grenelle.

Entre ses deux rives bordées de saules, la Seine, deux fois plus large que maintenant, lente, majestueuse, baignait tout un archipel d'îlots à fleur d'eau, appelés plus tard, d'amont en aval :

— l'île *Louviers*; rattachée depuis 1843 à la rive droite, elle est maintenant délimitée par le boulevard Morland et le quai Henri-IV;

— l'île *Saint-Louis* qui, sous Charles V, en formera deux pour, sous Louis XIII, n'en former à nouveau qu'une;

— la *Cité* flanquée, d'une part, au sud-ouest, d'un îlot allongé, l'île de *Galilée* qui, rattaché à l'île vers 1310, forme maintenant le quai des Orfèvres et, d'autre part, à sa pointe aval, de deux autres îlots dont les noms seront divers mais dont ceux d'île aux *Juifs* et d'île du *Passeur* persisteront longtemps, rattachés à la Cité en 1607, ils constituent actuellement la place Dauphine;

— plus en aval, une file d'îlots qui formeront, au XVe siècle l'île *Maquerelle* appelée sous Louis XIV l'île des *Cygnes*; rattachée depuis 1773 à la rive gauche, elle forme les quais Branly et d'Orsay entre l'avenue de Suffren et la rue Jean-Nicot.

De toutes ces petites îles la plus grande était la Cité, « tête, cœur et moelle de Paris », a écrit un auteur du XIIe siècle. Elle était habitée par la tribu celte des *Parisii* du clan de la grande tribu des Sénons dans laquelle elle était enclavée. C'était une petite peuplade de pêcheurs et de bateliers chassant le gibier d'eau des marais, et les cerfs, loups et sangliers de la forêt. Deux passerelles reliaient les rives à l'île, mais celle-ci, seule, était habitée.
L'île était admirablement située au carrefour de ces deux voies naturelles : d'une part, la Seine et, de l'autre, la grande piste sud-nord qui, venant du midi, évitant les marais de la Bièvre et de Grenelle, accrochée au flanc de la montagne Sainte-Geneviève, passant entre la forêt et les marais de la rive droite, se dirigeait vers le nord par ce pas-de-la-chapelle, col naturel entre la butte Montmartre et les hauteurs de Belleville par où passent encore de nos jours les voies ferrées des réseaux du Nord et de l'Est ainsi que le canal de l'Ourcq.
Les Romains occupèrent cette île en l'an 52 avant J.-C. Ils y restèrent près de 500 ans, c'est-à-dire une période à peu près équivalente à celle qui sépare la mort de Jeanne d'Arc de celle du maréchal Foch. L'île de la Cité étant devenue trop petite pour les contenir et la rive droite étant inhabitable, ils se répandirent sur la rive gauche de la Seine où ils ont laissé de nombreuses traces : un établissement de thermes (angle des boulevards Saint-Michel et Saint-Germain), un théâtre (sous une partie du lycée Saint-Louis), d'autres thermes (carrefour de la rue Lanneau et de l'impasse Chartière), un temple (rue Soufflot), un cirque (Halle-aux-Vins), des arènes (rue Monge), une nécropole (maternité du boulevard de Port-Royal), un aqueduc (à Arcueil) et, sur la butte Montmartre, deux temples dédiés à Mercure et à Mars. Le tout formait *Lutèce*; l'origine de ce nom est inconnue.
Les deux passerelles reliant l'île aux rives furent remplacées par deux ponts de bois sur pilotis : le *Grand-Pont* (pont Notre-Dame) et le *Petit-Pont* qui est toujours le Petit-Pont.
Comment la Cité se présentait-elle au début du IIIe siècle ? L'île était bien plus petite que maintenant, 10 hectares au lieu de 17. On voyait dans sa partie aval, le « Palais » où résidait le préfet romain (notre palais de Justice est sur son emplacement), palais où Julien, général, fut, en 360, proclamé empereur par ses soldats (la seconde personne couronnée empereur à Paris fut Napoléon Ier). On voyait, dans la partie amont, un temple dédié à Jupiter, temple où la riche corporation des *Nautae Parisiaci*, des nautes parisiens, avait élevé, vers l'an 30, un autel votif à Tibère. (la cathédrale Notre-Dame est sur son emplacement).

L'agglomération gallo-romaine se situait entre le palais et le temple. Là étaient le forum, place publique où se tenait le marché, où se vendaient les esclaves et où se faisaient les rassemblements du peuple, la prison de Glaucia, la maison municipale, des maisons construites à la romaine, en pierre, à un étage, à toit-terrasse, et des rues de 3 mètres de large...
Lutèce, peuplée de près de 20.000 habitants, vécut un véritable âge d'or sous Vespasien (70), Trajan (98), Adrien (117) et Marc-Aurèle (161); elle connut pendant 2 siècles une prospérité et une paix que depuis elle n'a plus eues..

L'an 276 vit l'invasion des *Barbares*. La population de la rive gauche reflua dans l'île et le rempart naturel que formaient les deux bras de la Seine fut renforcé d'un mur d'enceinte. Avec cet afflux de la population, le niveau du sol de l'île commença à s'exhausser[1] tandis que sur la rive gauche tout fut rasé.
En l'an 360, le nom « Paris » remplaça celui de Lutèce, la tribu des Parisii ayant donné son nom à sa ville principale.
En l'an 508, Hlodowig, c'est-à-dire Clovis (nom d'où viendra Louis), chef des Francs, fit de Paris sa capitale; avec lui commença l'époque mérovingienne à laquelle fit suite, de 752 à 987, l'époque carolingienne, marquée, de 845 à 885, par 6 invasions des Normands au cours desquelles la population reflua à nouveau dans l'île tandis que sur les 2 rives tout était à nouveau rasé. Puis suivit, de 885 à 985, un siècle de calamités : inondations, famine, épidémies, mal des ardents et cette frayeur qui venait de l'approche de l'an 1000...
L'an 987 vit l'avènement de Paris avec l'avènement des Capétiens, des ces grands rois qui ont formé Paris et la France : Louis VI le Gros, Louis VII le Jeune, Philippe-Auguste, saint Louis, Philippe le Bel. Sous eux, la Cité ne fut qu'un vaste chantier de construction avec celle de Notre-Dame et celle du palais. En 1328, ce fut l'avènement des Valois; ce fut sous l'un d'eux, sous Charles V, que les rois évacuèrent la Cité, abandonnant leur palais à leurs services judiciaires.

Quelle était la physionomie de la Cité vers l'an 1300, sous Philippe le Bel ? En aval, on apercevait le jardin, la treille et le palais du roi, en amont, le quartier religieux composé de 3 parties : l'évêché, Notre-Dame et le cloître des Chanoines.
Entre le Palais-Royal et le quartier religieux, c'était la Cité proprement dite, avec l'Hôtel-Dieu, le Marché-Neuf et toute une floraison de clochers et de clochetons d'oratoires, de chapelles, d'églises, de couvents, de prieurés et d'abbayes... L'île était desservie par 30 à 40 rues étroites, tortueuses, non pavées, boueuses, exhalant une odeur infecte; les inondations

1. Les remblais successifs ont élevé de sept mètres le sol de la Cité, dont le niveau initial est celui de la petite pointe du Vert-Galant.

Vue de la Cité d'après plan de Ducerneau

de la Seine constituaient le seul nettoyage. Ces rues étaient bordées de maisons hautes de 3 ou 4 étages, leur rez-de-chaussée était en pierre, le reste en bois et en torchis recouvert de plâtre de Montmartre, les étages successifs avançaient les uns sur les autres, le dernier présentait un pignon.
Cet état subsista sans grands changements jusqu'au Second Empire. Alors Haussmann vint. Tout fut rasé entre le palais de Justice et Notre-Dame ainsi qu'à l'est du chevet de la cathédrale; 25.000 personnes furent expulsées. L'Hôtel-Dieu, la préfecture de police, le tribunal de commerce comblèrent une partie du désert.
Deux petites oasis avaient échappé à la tourmente : la place Dauphine et le cloître Notre-Dame. Haussmann les tenait en réserve pour ses futures démolitions mais son départ, en 1870, ne lui a pas permis de réaliser ce ténébreux dessein.

RUE DES CHANTRES / Cette rue, habitée par les chantres de Notre-Dame, portait déjà ce nom en 1540.
Le Cloître Notre-Dame : Le cloître Notre-Dame n'avait rien de commun avec les cloîtres ordinaires des monastères car il constituait en fait une véritable petite cité tout à fait à part, avec son mur d'enceinte percé de 4 portes, avec ses rues, ses maisons et ses jardins. Là vivaient en paix les chanoines de Notre-Dame qui disposaient aussi d'un jardin situé tout à la pointe orientale de l'île, jardin qui fut ouvert au public au XVIIIe siècle, mais aux hommes seulement. Des hauts dignitaires de l'Église sont sortis du cloître Notre-Dame, dont 7 papes, 29 cardinaux et un nombre considérable d'évêques.
L'école du Cloître-Notre-Dame : Les premières écoles parisiennes, nos écoles primaires, ont été ouvertes par l'Église tout à côté de ses sanctuaires; on y enseignait la lecture, l'écriture, des éléments de calcul, de catéchisme et de chant.
Ces écoles s'étaient tenues d'abord contre Notre-Dame. Lorsqu'elles furent réparties dans Paris, le cloître ne conserva qu'une école plus grave qui atteignit, au XIe siècle, un niveau élevé. Son enseignement portait sur les sept sciences alors connues, le *trivium :* grammaire, rhétorique et dialectique et le *quadrivium :* arithmétique, géométrie, astrologie et musique. Des rois y firent instruire leurs fils (comme le futur Louis VII le Jeune), le pape Alexandre III y envoya ses neveux.
L'école du Cloître-Notre-Dame eut des maîtres célèbres : Guillaume de Champeaux, Abélard, Alexandre de Paris (créateur de ces vers de 12 pieds dits alexandrins), Pierre Lombard, Maurice de Sully, saint Dominique, saint Bonaventure... Elle déclina lorsque Abélard devint l'adversaire de Guillaume de Champeaux dont il avait été l'élève et qu'il partit poursuivre son enseignement au milieu des vignobles de la montagne Sainte-Geneviève. Elle prit fin, en 1200, lorsqu'à cette date Philippe Auguste créa

l'Université; elle fut dès lors supplantée par les collèges de la rive gauche, mais l'École du cloître Notre-Dame n'en reste pas moins, en quelque sorte, le berceau de notre Université.

Rue des Chantres
(*grav. vers 1850*)

RUE DES URSINS / Cette rue s'appelait en 1321 la rue du *port Saint-Landry.* Son nom actuel lui vient d'un ancien hôtel que possédait dans cette rue la famille des Ursins.

N° 7. Revers d'une maison, ouvrant au fond du n° 16 de la rue Chanoinesse, où Racine aurait habité de 1672 à 1677.

N°s 8, 10, 12, 13. Vieilles maisons.

N° 19. Dans un hangar situé au fond de la cour de cet immeuble et à gauche se trouvent des vestiges de la chapelle Saint-Aignan, fondée vers 1116 et encastrée entre les rues des Ursins et Chanoinesse. C'est dans cette chapelle que saint Bernard vint souvent prier et gémir « sur la vie dissolue des étudiants qui préféraient ouïr le cliquetis des ceintures dorées et des boucles des ribaudes au corps gent plutôt que les psalmodies des moines ». Cette chapelle, vendue en 1791, fut partagée entre deux propriétaires, c'est la moitié où était son entrée qui subsiste, l'autre moitié où était le chœur a disparu. Ces vestiges sont classés.

RUE DE LA COLOMBE / Cette rue portait déjà ce nom en 1223.

Nº 4. Vieille maison, surtout par son rez-de-chaussée : grille de marchand de vin, porte basse surmontée d'un médaillon, vieil escalier.
Nº 6. Une inscription attire l'attention sur la double raie de pavés indiquant, sur la chaussée, l'emplacement et l'épaisseur de la première enceinte de Paris, celle de Lutèce, élevée en 276 lors de la grande invasion des Barbares.

RUE CHANOINESSE / Cette rue constituait l'artère principale du cloître Notre-Dame. Elle se prolongeait, au-delà du cloître, dans la Cité, par la rue des *Marmousets,* du XIIIe siècle.
C'est dans cette rue des *Marmousets* qu'écrase actuellement l'Hôtel-Dieu, que s'est passé, en 1387, un fait divers qui a longtemps captivé l'attention de nos ancêtres. Deux commerçants qui habitaient cette rue étaient voisins : un barbier et un pâtissier, celui-ci fort réputé par l'excellence de ses pâtés. En fait, le barbier tuait parfois un client de passage puis, par une trappe, basculait son corps dans sa cave qui communiquait avec celle du pâtissier qui le transformait en pâtés. Ce furent les aboiements d'un chien, resté plusieurs jours et plusieurs nuits à hurler à la mort devant la maison du barbier dont son maître, un étudiant venu d'Allemagne, n'était pas ressorti, qui donnèrent l'éveil et firent découvrir les procédés criminels de ces deux commerçants.
Nº 26. Le couloir de cette maison, de la fin du XVIIIe siècle, est dallé de très vieilles pierres tombales provenant sans doute d'une des nombreuses anciennes églises de la Cité. Au fond du couloir, des colonnes engagées font suite à celles qu'on a pu voir dans le couloir du nº 19 de la rue des Ursins, elles proviennent de la démolition d'un édifice de la Cité.
Nº 24. Maison du XVIe siècle, ancienne maison de chanoine : jolie grille de marchand de vins, portail, première cour avec logette d'un puits, escalier, couloir, deuxième cour.
Nº 22. Aussi du XVIe siècle et ancienne maison de chanoine : porte, bornes d'entrée, voûte, cour, mansarde, bel escalier.
Nº 17. Lacordaire logea dans cette maison ; porte.
Nº 12. Bel hôtel du XVIIe siècle dont les façades sur les rues Chanoinesse et des Chantres sont très bien conservées. Ferronneries des balcons, porte cloutée, voûte du vestibule d'entrée; de la cour intérieure on a un fort joli coup d'œil sur le corps du bâtiment principal, moderne reconstitution Renaissance de l'*Hôtel du Grand-Chantre.* La juridiction de celui-ci s'étendait à tout ce qui concernait les petites écoles de Paris.

RUE MASSILLON / Cette autre vieille rue du cloître Notre-Dame possède encore du côté des numéros pairs d'anciennes maisons.
Nº 2. Maison de chanoine; porte, cour.
Nº 4. Maison habitée, en 1676, par Ménage, écrivain

pédant et orgueilleux, le *Vadius* décrit par Molière dans *Les Femmes savantes,* et, plus tard, par La Harpe. Porte, cours, bâtiments intérieurs, escalier.
Nº 6. De la fin du XVIe siècle; escalier à rampe de chêne sculptée.
Nº 8. Hôtel *Roger de Gaillon* refait en 1740 et occupé depuis 1455 par la maîtrise de la cathédrale.

RUE DU CLOITRE NOTRE-DAME / Cette rue est également une ancienne rue du cloître Notre-Dame.

Face au débouché de la rue Massillon, le mur extérieur de Notre-Dame présente une série de 7 bas-reliefs encastrés datant de la fin du XIIIe siècle; ils sont relatifs à la Vierge : *la Mort, l'Ensevelissement, la Résurrection,* etc. Ces bas-reliefs n'ont pas leurs symétriques sur la face sud de la cathédrale, ce qui laisse penser qu'ils étaient là comme images pour l'instruction des écoliers du cloître.
La porte que l'on voit peu après, la *porte Rouge,* est l'ancienne porte de communication privée entre la cathédrale et l'enclos des chanoines. Œuvre de Pierre de Montreuil (vers 1250), elle présente, au tympan, saint Louis et sa femme, agenouillés devant la Vierge couronnée; aux voussures, des sculptures relatives à la vie de saint Marcel.
Plus loin, le *portail nord,* magnifique façade de ce côté-ci du transept, est l'œuvre de Jean de Chelles (vers 1260).
Son trumeau est orné de la véritable *Notre-Dame-de-Paris,* unique statue datant de l'origine, soit d'environ 1260, œuvre d'un inconnu. La Vierge portait jadis l'enfant Jésus dans ses bras, seul morceau qui fut brisé sous la Révolution. On voit sous ses pieds un animal symbolisant Satan, aux tympans, de bas en haut, des scènes de l'enfance de Jésus (*la Nativité, la Présentation, le Massacre des Innocents...)* et la légende du diacre Théophile qui a vendu son âme au diable (la Vierge arrache le contrat et, tout en haut, un évêque fait le récit de l'événement).
Ce portail, postérieur d'un siècle aux trois portails de la façade, est bien différent de ceux-ci par la présence de gables, pinacles, clochetons, caractéristiques du style gothique. Au-dessus du portail on admire des fenêtres à claire-voie dont le vide, 18 mètres sur 13, l'emporte de beaucoup sur le plein et rappelle la légèreté de la Sainte-Chapelle (les vitraux sont modernes), puis la grande rose de diamètre plus grand que la rose de la façade (13 mètres au lieu de 10). Divisée en 80 compartiments, elle contient des vitraux dont la majorité datent de 1275, ils diffusent une lumière bleu azur. Au-dessus encore, le pignon a été construit très ingénieusement en retrait afin de ne pas charger de son poids la grande rose.
Nº 14. Ancienne maison du chanoine Edme Picot, confesseur de la marquise de Brinvilliers.
Nº 16. Ancienne maison de chanoine.
Nº 18. Autre maison de chanoine au fond d'une

ruelle; la porte principale du Cloître était située à sa hauteur.
En face de ce n° 18, accotée à la tour nord de la cathédrale, se trouvait jusqu'en 1748, la petite chapelle *Saint-Jean-le-Rond* qui avait servi de baptistère à la cathédrale à l'époque reculée où le baptême se faisait par immersion.
C'est sur son seuil qu'un matin de novembre 1717, la femme du vitrier Rousseau, habitant rue Michel-le-Comte, trouva un enfant abandonné qu'elle recueillit. Baptisé Jean-le-Rond, l'enfant fut mis en pension de 4 ans à 12 ans, puis jusqu'à 17 ans au collège Mazarin. Dans la suite, il fut reçu à l'Académie des Sciences, fut membre de l'Académie de Berlin, de l'Académie Française, écrivit la préface de l'Encyclopédie, fut lié à Diderot, à Voltaire et resta célèbre sous le nom de d'Alembert, enfant naturel du chevalier Destouches et de Mme de Tencin.

NOTRE-DAME DE PARIS / C'est sur l'emplacement actuel de l'église Notre-Dame que les Romains édifièrent, dès le début de leur occupation, un temple en l'honneur de Jupiter. Des pierres en furent retrouvées, en 1711, au cours de travaux effectués sous le chœur de la cathédrale; on peut les voir au musée lapidaire des Thermes de Cluny.
En l'an 528, Childebert éleva, à côté et en avant de la première église chrétienne de Paris, dédiée en 375 à Saint-Étienne, martyr, et édifiée à l'emplacement de la sacristie actuelle de la cathédrale, une magnifique église dédiée, elle, à Notre-Dame. On a retrouvé dans ses fondations 12 pierres provenant des gradins des arènes, ce qui montre bien que celles-ci furent utilisées pour cette construction.
Tombant en ruines au XIe siècle, de même que l'église Saint-Étienne, le remplacement de la première église Notre-Dame s'imposait et, ce, d'autant plus que la population augmentait.
C'est alors qu'entra dans l'histoire de Paris, l'évêque Maurice de Sully. Né à Sully-sur-Loire, d'une famille très pauvre, il avait été envoyé à Paris faire ses études à l'école du cloître Notre-Dame; il devint chanoine, puis, fut élu, en 1160, évêque de Paris. Le 25 août 1165 il baptisa dans la petite église *Saint-Michel* (emplacement de la cour de la Sainte-Chapelle), Dieudonné-Philippe-Auguste, fils du roi Louis VII.
Ce fut lui qui décida de remplacer la vieille église Notre-Dame par une superbe cathédrale et, cela, malgré les protestations de saint Bernard qui trouvait offensant pour la pauvreté de Dieu de lui élever un temple somptueux; il recueillit les dons du roi, les offrandes du clergé et des nobles, les oboles des pauvres gens, ce qui permit au pape Alexandre III de poser, en 1163, la première pierre de la nouvelle cathédrale. Maurice de Sully mourut en 1196, aussi put-il surveiller pendant 33 ans la construction de son église.

Rue Chanoinesse (*1890*)

Notre-Dame de Paris (*grav. 17e s.*)

D'une façon générale on peut dire qu'ont été construits :
— sous Louis VII : le chœur, le maître-autel, le transept;
— sous Philippe Auguste : la nef, moins les premières travées;
— sous saint Louis : les premières travées, la façade et les tours.
Le tout en 75 ans; le génial architecte de cette église est encore inconnu.
Puis on fit quelques retouches : un léger allongement du transept; des additions : un jubé, les chapelles, les portails du transept; des consolidations : les magnifiques arcs-boutants de 15 mètres de volée; et des embellissements intérieurs... Les auteurs de ces travaux, architectes et sculpteurs, sont connus : Jean de Chelles, Pierre de Montreuil, Jehan de Ravy, Jean Le Boutellier... Tout fut terminé sous Philippe VI, en 1330, soit 170 ans environ après la pose de la première pierre.

Notre-Dame, qui est du point de vue architectural une transition du roman au gothique (« une greffe de l'ogive sur le plein cintre », a écrit Victor Hugo), eut la bonne fortune d'échapper aux surcharges du flamboyant et aux grâces maniérées de la Renaissance. Par contre, elle n'échappa pas aux XVIIe et XVIIIe siècles, époque néfaste pour l'art gothique. Ainsi sous Louis XIV, Mansart et Robert de Cotte étant architectes, le jubé disparut, la clôture de pierre entourant le chœur fut, en partie, détruite, le maître-autel remplacé, les murs badigeonnés, les tombeaux enlevés, les dalles funéraires remplacées par ce carrelage noir et blanc qui existe toujours et, afin d'y voir plus clair, les vitraux du XIIe siècle furent remplacés par des verres blancs bordés d'un liséré bleu et jaune.
La Révolution devait continuer ces mutilations. L'église fut pillée, le trésor envoyé à la fonte, sur le maître-autel brûlait le flambeau de la Liberté. A l'extérieur, toute la statuaire disparut, les 28 rois de Juda, tirés d'en bas par une corde, s'écrasèrent sur le parvis. On alla encore plus loin puisque Notre-Dame fut mise en adjudication aux fins de démolition, mais le 9 thermidor intervint avant que l'adjudication ait été définitive. Notre-Dame ne fut donc pas démolie.
La tourmente passée, Notre-Dame, rendue au culte en 1802, était dans un piteux état. Lors du sacre de Napoléon Ier, le 2 décembre 1804 (Napoléon a été avec le roi d'Angleterre Henri VI, le seul souverain sacré à Notre-Dame) des tapisseries, des tentures masquèrent les plaies les plus béantes. Il faut arriver à l'apparition, en 1831, du livre de Victor Hugo, *Notre-Dame de Paris,* pour réveiller l'opinion. Un mouvement naquit qui aboutit au vote par la Chambre d'un crédit de plus de 2.500.000 francs, mis, en 1845, à la disposition des architectes Lassus et Viollet-le-Duc chargés de restaurer la vieille cathédrale.
Cette œuvre fut surtout (Lassus étant mort en 1857)

l'œuvre de Viollet-le-Duc. Il travailla 25 ans au cours desquels il débarrassa Notre-Dame de la plupart des transformations malheureuses des XVIIe et XVIIIe siècles et s'efforça de reconstituer Notre-Dame telle qu'elle était en 1330.
La cathédrale faillit disparaître en mai 1871 pendant les heures tragiques de la Commune, mais heureusement la flammèche qui devait la détruire par le feu ne fut pas allumée.

Longtemps Notre-Dame est restée la *Maison Commune,* la maison du peuple. Là, les Parisiens se réunirent, les serfs y furent affranchis, on y joua des mystères, on y donna des festins; les pauvres, les pourchassés, les traqués y trouvèrent asile. Partait-on pour un lointain voyage, on y déposait auparavant ses objets précieux, on y dressait des contrats, on y montrait des curiosités, défenses d'éléphants, côtes de baleines, œufs d'autruche... Les États Généraux y furent réunis deux fois, en 1302 pour approuver Philippe le Bel en querelle avec le pape, et en 1316 pour décider si les filles des rois pouvaient porter la Couronne.

La façade de Notre-Dame frappe, avant tout, par son parfait équilibre. Quatre contreforts verticaux la découpent en trois parties égales; la hauteur est aussi divisée en trois parties, mais celles-ci sont de plus en plus petites en s'élevant, ce qui donne à l'ensemble une impression de hauteur qu'en fait il n'a pas.
Les 3 portails sont de dimensions inégales, le plus vaste est celui du milieu, celui de gauche a un gable, mais ce manque de symétrie, voulu pour éviter la monotonie, est si léger qu'on ne le remarque pas. Jadis toutes les statues étaient coloriées et se détachaient sur fond doré (il en reste des traces au portail central). Les vantaux des portails latéraux (ceux du milieu sont modernes) sont décorés de tentures admirables, travail de fer forgé et ciselé, œuvre de Biscornet qu'on avait accusé jadis d'avoir été secondé par le diable dans ce travail impossible à réaliser par la seule main humaine.
On voit de gauche à droite : le portail de la Vierge, le portail du Jugement Dernier, le portail Sainte-Anne et les statues de saint Étienne, de l'Église, de la Synagogue et de saint Denis.
Au-dessus, une galerie contient les statues des 28 rois de Juda, tribu à laquelle appartenait le Christ. Les révolutionnaires de 1793 ont été excusables de les avoir prises pour celles des rois de France, car déjà on le croyait au XVe siècle ainsi que le montre une estampe de cette époque où on voit 2 badauds les admirer et s'écrier : « Té, Vé Pépin le Bref, Vé Charlemagne... », alors qu'un adroit filou profite de leur état béat pour couper leur bourse.
Au-dessus, c'est la grande rose de 10 mètres de diamètre possédant des vitraux de l'époque de la construction. La rose forme une auréole à la statue de la

Vierge qu'encadrent 2 anges tenant des chandeliers. Ceux-ci portent des cierges qui étaient allumés la nuit du jeudi au vendredi de la Sexagésime tandis que tous les prêtres de la cathédrale se rassemblaient sur le parvis et passaient la nuit à chanter des litanies. A droite et à gauche, 2 grandes baies éclairent 2 grandes salles voûtées, celle de gauche était le logis du sonneur, celle de droite, le lieu d'asile. En leur centre, Adam et Ève.
Au-dessus, la grande galerie, formée d'une rangée de colonnettes de pierre d'une seule pièce, de 5 mètres de haut sur 0 m. 18 de diamètre, est surmontée d'une balustrade hérissée de gargouilles chimériques; elle relie les 2 tours.
Enfin les tours. Celle de gauche est plus large que celle de droite; la différence est tellement insensible que cette inégalité ne se remarque pas. La tour de droite a encore une cloche ancienne, (les autres ont été fondues à la Révolution); cette cloche nommée d'abord *Jacqueline,* offerte en 1400 par le sire de Montaigu pour remercier Dieu de ce que sa femme, Jacqueline, venait d'avoir une fille, fut descendue en 1686, sous le règne de Louis XIV et fondue avec une quantité égale de bronze; dans les matières en fusion les grandes dames et les femmes du peuple auraient jeté leurs bijoux d'or et d'argent ce qui aurait donné au bourdon la pureté actuelle de son timbre. Elle pèse 13.000 kilogrammes, donne le fa dièse et a un octave et un ton au-dessus de la cloche du Sacré-Cœur, la *Savoyarde,* qui pèse 19.000 kilogrammes et que l'on entend moins bien. Cette tour contient un beffroi de chêne indépendant de la maçonnerie, reposant sur des corbeaux placés à sa naissance et en haut duquel est suspendu le bourdon; lorsque celui-ci sonne à la volée, le haut du beffroi, refait par Viollet-le-Duc, n'oscille que de 5 centimètres.
Les tours de Notre-Dame n'ont jamais eu de flèche quoiqu'elles aient été bâties pour en supporter ainsi qu'en témoignent certains détails de leur construction. Mais lorsque les tours atteignirent leur hauteur actuelle (79 mètres) on jugea que des flèches n'embelliraient pas davantage ce miracle d'harmonie.
A la croisée de la nef et du transept Viollet-le-Duc a rétabli la flèche qui s'élève à 90 mètres et pèse 750.000 kilogrammes. Au-dessus d'elle, le coq-girouette s'élève à 96 mètres.

LE PARVIS NOTRE-DAME / Le parvis actuel, fruit de la dévastation d'Haussmann, est six fois plus vaste que le parvis du Moyen Age. Ce dernier avait été construit en même temps que la cathédrale et de niveau avec celle-ci; l'ensemble dominait les environs immédiats de 2 m. 50. Cette différence de niveau entre la plate-forme du parvis et les rues voisines a disparu, peu à peu, avec l'exhaussement du sol de la Cité.
On voyait sur le parvis jusque peu avant la Révolution le poteau de justice devant lequel certains condamnés à cette peine venaient présenter « l'amende hono-

Les portails de Notre-Dame de Paris (*photo*)

Le parvis de Notre-Dame (*grav. 17e s.*)

rable », et, à partir de 1769, celui qui indiquait le point zéro des routes qui sortaient de Paris et que des bornes devaient jalonner de 1.000 en 1.000 toises. Une étoile de bronze, scellée au sol, le remplace de nos jours.
En regardant la cathédrale on voyait, au fond et à droite, à la hauteur du chevet, l'*évêché de Paris,* construction mi-église, mi-forteresse, rebâtie par Maurice de Sully. Paris étant devenu archevêché en 1622, l'*archevêché* fut construit, sous Louis XIV, entre la cathédrale et la Seine. Ce bâtiment, qui contenait une magnifique salle voûtée à 2 nefs, la plus belle de Paris après celle du palais de Justice, a été démoli après l'émeute antilégitimiste du 13 février 1831.

L'Hôtel-Dieu : Entre le parvis et la Seine, à la place du square enfermant la statue de Charlemagne, était l'*Hôtel-Dieu*, hôpital fondé, en 660, par saint Landry, évêque de Paris. En 1168, il fut prescrit que chaque chanoine en mourant devait faire don à l'hôpital des ressources nécessaires pour y constituer un lit. Plus tard, le Régent préleva sur les recettes des spectacles une taxe d'un neuvième au bénéfice de l'Hôtel-Dieu : c'est l'origine du « droit des pauvres ».
La mortalité de l'Hôtel-Dieu était effroyable, elle frappait 20 % des malades. Ceux-ci couchaient à 2, 4, et même à 6 par lit ; on disait couramment que « dans chaque lit il y avait le malade, le mourant et le mort ». Un nouvel Hôtel-Dieu — l'actuel — fut construit sur les dévastations d'Haussmann, de 1868 à 1877, l'ancien fut démoli en 1878.
Sur le côté nord du parvis actuel on voyait les petites églises ci-après :
Saint-Pierre-aux-Boeufs (du xe siècle jusqu'en 1837). On raconte qu'un matin où le Saint-Sacrement sortait processionnellement de cette église tous les passants s'agenouillèrent. Deux bœufs qui, conduits à l'abattoir, passaient aussi, s'agenouillèrent également. De ce jour, 2 têtes de bœufs en pierre furent sculptées sur les façades de l'église dont le portail, démonté en 1837, a été remonté à l'église Saint-Séverin dont il constitue maintenant le portail principal.
Sainte-Marine (du xie siècle jusqu'en 1867). C'était la plus petite paroisse de Paris, son territoire ne s'étendant que sur une vingtaine de maisons. Mais c'était l'église où on célébrait le plus de mariages, car c'était elle qui avait été désignée par l'*Officialité* pour qu'y soient mariées les jeunes filles qui avaient commis une faute. Le prêtre passait alors à l'annulaire de la mariée, non une alliance en métal, mais une alliance de paille destinée sans doute à rappeler au mari la fragilité de la vertu de sa femme.

2

L'ILE SAINT-LOUIS ET SON SITE

Le Pont-Marie / Le quai de Bourbon, le Pont-Rouge / La rue et l'église Saint-Louis-en-l'Isle / Les rues Regrattière, Guillaume et Poultier / Les quais d'Anjou, des Balcons et d'Orléans / Jeu de paume, cabarets, maisons bourgeoises et nobles hôtels.

Point de départ : station du métro Pont-Marie.

Le Parisien qui l'année de la mort d'Henri IV (1610) flânait sur les bords de la Seine au débouché de la rue des Nonnains-d'Hyères voyait sur la rive droite, à l'est de cette rue, le *port Saint-Paul,* toujours très encombré par des barques de foin, et la rue de la *Mortellerie* (de l'Hôtel-de-Ville) bordée par le bel hôtel des archevêques de Sens; à l'ouest, il apercevait le revers de l'hôtel d'Henri du Plessis (le futur Hôtel d'Aumont) et le quai des *Ormes* (de l'Hôtel-de-Ville) qui conduisait au *port au blé* situé en amont de la place de Grève. Sur la Seine il voyait deux îlots bordés de saules et de peupliers; le plus petit, en amont, s'appelait l'*île aux Vaches,* le second, plus grand, en aval, était l'*île Notre-Dame.* Jadis ils n'avaient formé qu'une seule île, mais celle-ci avait été coupée en deux, en 1360, par un canal (la rue Poulletier) afin de renforcer la protection de l'enceinte de Charles V.
Ces deux îlots servaient de pâturage aux vaches amenées soit en barque, soit par la passerelle de la Tournelle; on y voyait aussi des lavandières qui étalaient leur linge, des amoureux venus cueillir la marguerite, des tireurs à l'arc, des canotiers, des baigneurs, des pêcheurs... Aussi le chapitre de Notre-Dame, propriétaire des îles, y avait-il installé un cabaret dont les recettes n'étaient pas négligeables.
Henri IV projeta de faire de ces deux îlots une seule île destinée à être transformée en un beau quartier. Sa mort l'en empêcha. Ce furent Louis XIII et Marie de Médicis qui réalisèrent son projet. D'où la construction, entre 1620 et 1650, sur l'île, redevenue unique en 1614, de toute une belle cité, édifiée d'après un plan régulier arrêté à l'avance.
Dès son début l'île *Notre-Dame* (elle ne prendra son nom actuel qu'au début du XVIIIe siècle) s'affirma devoir être une annexe du quartier du Marais par ses luxueux hôtels édifiés, par Louis Le Vau et par son frère, François, à l'écart de l'agitation de Paris. La plupart de ceux-ci, à haute porte cochère et à belles ferronneries, furent la résidence de grands

magistrats et d'opulents financiers. Tout le décor de cette île, qui ne possède aucun métro, aucune banque, aucun cinéma, aucun bureau de poste est resté miraculeusement intact; en la parcourant le flâneur se promène dans un charmant quartier du Paris du XVIIe siècle.

PONT-MARIE / La première pierre de ce pont, construit par Jean-Christophe Marie, fut posée, le 11 octobre 1614, par Louis XIII en présence de la reine-mère Marie de Médicis. Il fut terminé en 1635. Les 2 arches les plus voisines de l'île furent emportées en 1658 par une inondation.

QUAI DE BOURBON / Ce quai, construit de 1614 à 1646, doit son nom à la famille royale de Bourbon.
N° 1. Ancien cabaret à l'enseigne *Au Franc-Pinot* qu'on peut lire sur sa jolie grille décorée de pampres et de raisins (grille classée). Il fut fermé en 1716, des exempts ayant trouvé dans sa cave tout un paquet de pamphlets contre le Régent-Mansardes.
N° 3. Balcon du sixième.
N° 9. De 1640; porte, deux étages de mansardes, escalier du fond.
N° 11. Ferronnerie de la façade, cour, bâtiments ornés de mascarons, rampe de l'escalier du bâtiment du fond.
On aperçoit au fond de la cour, à gauche, le toit d'un ancien jeu de paume, le seul qui subsiste à Paris (cf. n° 54, rue Saint-Louis-en-l'Ile).
Cette maison a été habitée par le peintre Jean-Baptiste de Champaigne, neveu de Philippe de Champaigne, le célèbre peintre et portraitiste.
N°s 13 et 15. Hôtel Le Charron construit vers 1640. Mansarde de la façade, fenêtres à barreaux sur le quai, porte cloutée avec mascarons; cour (une des plus belles de l'île) ; tourelle d'angle, escaliers, mansarde à poulie. A l'intérieur, 5 plafonds du XVIIe siècle.
Les façades sur cour, le mascaron surmontant l'entrée de la cave et les 5 plafonds sont classés.
N° 17. De 1650. Porte avec imposte en ferronnerie, fronton.
N° 19. Hôtel Nicolas de Jassaud, de 1650. Porte, façade monumentale à 3 frontons ornés de guirlandes, balcon. La porte monumentale et le balcon de fer forgé du premier étage sont classés.
N° 19 *bis*. De 1650.

RUE LE REGRATTIER *(section comprise entre le quai de Bourbon et la rue Saint-Louis-en-l'Ile)* / Cette rue, construite de 1614 à 1646, s'est appelée d'abord Le Regrattier, du nom d'un des entrepreneurs de l'île, puis dans sa partie nord, de 1680 à 1870, rue de la *Femme-sans-Teste,* d'une enseigne représentant une femme sans tête tenant un verre à la main, avec comme devise : « Tout est bon ». La statue qui est à l'encoignure est celle de saint Nicolas; elle a été brisée en

1793 par le révolutionnaire Coffinhal, qui habitait alors cette rue.
Nos 28, 26, 24. Portes d'ex-hôtels.
No 22. Façade.
Nos 19, 21, 23. Vieilles maisons.
No 25. Mansardes.

QUAI DE BOURBON *(suite)* No 21 / Hôtel d'Arquinvilliers (1682), plus tard Hôtel Le Boullanger (1695), construit en 1635. Dessus de portes du XVIIIe siècle.
No 23. Porte.
No 27. Hôtel construit au XVIIe siècle pour un petit-neveu du cardinal Mazarin. Porte, voûte de l'entrée, entrée à bornes.
No 29. Hôtel du XVIIe siècle. Façade avec guirlandes au-dessus des fenêtres, deux étages de mansardes, porte, magnifique rampe d'escalier (du milieu du XVIIIe siècle) La porte et la rampe de l'escalier sont classés.
No 31. Porte, balcon.
No 43. Façade du XVIIe siècle; porte surmontée d'une imposte à monogramme, fronton, balcon à consoles rocaille, escalier à balustres de chêne.
No 45. Hôtel construit en 1659 par François Le Vau, frère cadet de Louis Le Vau.
En façade sur le pan coupé — d'où on a une belle vue sur la rive nord de la Cité — deux médaillons, du XVIIIe siècle, représentent *Hercule abattant Nessus.* Deux étages de mansardes.
No 49. De 1659.
Nos 51, 53. Du XVIIe siècle. Portes.

LE PONT-ROUGE / A partir de 1627 l'île Saint-Louis fut reliée à l'île de la Cité par un pont situé dans le prolongement même du quai de Bourbon. Il était donc oblique par rapport au fil de l'eau. Construit en bois, accessible seulement aux piétons, ne portant pas de maisons, il fut terminé en 1634. En 1709, la débâcle des glaces l'ébranla au point qu'on le détruisit pour le reconstruire en 1717. On le peignit au minium d'où son nom de *Pont-Rouge.* Démoli en 1795, il fut remplacé, en 1804, par un ouvrage qui, situé à l'emplacement de la passerelle actuelle, fut remplacé 4 fois entre 1804 et 1940.

RUE SAINT-LOUIS-EN-L'ILE / Percée de 1614 à 1646, cette rue fut de tout temps, ainsi que les rues *Regrattière* et *Guillaume,* la rue commerçante de l'île.
No 90. De 1629. Porte.
No 84. Ancien jeu de boules en 1648.
No 82. Porte cloutée.
No 80. Porte.
No 76. Vieille maison.
No 74. Mansardes.
No 71. Vieille maison.
No 69. Porte sculptée; escalier à balustres.

RUE LE REGRATTIER / *(Section comprise entre la rue Saint-Louis-en-l'Ile et le quai d'Orléans).* Nos 20, 18, 16. Vieilles maisons.

Nº 14. Porte cloutée et mansardes superposées.
Nº 12. Ferronneries et mansardes superposées, escalier.
Nº 10. Porte cloutée, mansardes, entrée à bornes, grille en bois.
Nº 8. Mansardes.
Nºs 4, 2. Portes cloutées.
Nº 1. Porte.
Nº 5. Maison habitée, en 1793, par Coffinhal, qui envoya Lavoisier à l'échafaud. Compromis lors de la chute de Robespierre, il fut décapité, à son tour, en novembre 1794. Porte, escalier.
Nºs 9, 15. Vieilles maisons (curieuse façade du nº 9).

RUE SAINT-LOUIS-EN-L'ISLE *(suite)* / Nº 61. Enseigne du XVIIe siècle : *Au petit Bacchus* avec statuette en ronde bosse; devanture de boutique classée.
Nº 57. Porte cloutée.
Nº 55. Porte et façade.
Nº 53. Mascaron.
Nº 51. Ancien hôtel du chancelier d'Aligre, transformé, en 1730, par Guyot de Chenizot. A remarquer ses décorations de style rocaille, sa porte, les refends vermiculés qui l'encadrent, la tête de faune qui la surmonte, son grand balcon soutenu par des consoles constituées de chimères grimaçantes, son fronton Louis XV avec ses coquilles, vases, plumes, etc.

L'Hôtel Chenizot dont le jardin s'étendait jusqu'au quai d'Orléans où il avait une sortie appartint, en 1770, au président Devin de Fontenay dont le fils épousa en 1788, Thérésia Cabarrus (la future Mme Tallien) qui y vécut jusqu'à la fin de 1792. Il devint, en 1831, la résidence de l'archevêque de Paris; c'est à ce titre que Monseigneur Affre, archevêque de Paris depuis 1840, l'habitait lors de la journée insurrectionnelle du 24 juin 1848. Ayant tenté de s'interposer, place de la Bastille, entre les troupes du gouvernement provisoire et les insurgés, il fut atteint d'une balle dont il mourut à l'Hôtel Chenizot trois jours après.
L'archevêché quitta l'Hôtel Chenizot en 1849. Ses bâtiments furent occupés de 1850 à 1862, par une caserne de gendarmerie; ils subirent ensuite un incendie qui acheva de les mutiler. Celui situé au fond de la cour présente un portique avec, au centre, une demi-rosace en éventail; celui situé à droite possède un escalier dont la rampe est remarquable. Rampe de l'escalier du bâtiment de gauche.
La porte d'entrée sur rue et l'étage qui la surmonte, l'escalier de droite et sa rampe, ses façades sur rue et sur cour sont classés.
Nº 47. Vieille maison.
Nº 58. Hôtel du XVIIe siècle. Porte, mansardes et toit curieux visibles de la rue Budé.
La plupart des maisons de la RUE BUDÉ (ex-rue *Guillaume* de 1630) que l'on traverse (nºs 18, 4, 9, 11, 13, 15) ne sont pas à porte cochère, ce qui

montre bien que cette rue fut une rue populaire du quartier.
Nº 54. Autre entrée du jeu de paume de l'île, ouvert en 1634 et désaffecté en 1756.
Nº 52. Charles de Valois de La Mare, membre de l'Académie des Inscriptions et numismate, mourut ici, en 1747, en laissant une collection de 6.000 médailles. Porte.
Nº 35. Porte.
On coupe ici la RUE DES DEUX-PONTS datant de 1614 et bien mutilée par son élargissement en 1913.
RUE DES DEUX-PONTS / Nº 1. Vieille maison.

Nº 31. Fronton.
Nºs 44 (porte), 42 et 40 (mansardes), 29, 27 (escalier), 38, 36, 34, 32, 25 (2 étages de mansardes), 23, 24, 22 (porte).

Nº 21. *Église Saint-Louis-en-l'Isle :* Une chapelle, dédiée à Notre-Dame-de-l'Isle, et bientôt transformée en paroisse, fut construite en 1623. Devenue insuffisante 40 ans plus tard du fait de l'afflux de la population, il fut nécessaire de la remplacer par une grande église — l'actuelle — dont la première pierre fut posée, en 1664, par l'archevêque de Paris. Le Vau la commença, mais les fonds ayant souvent manqué, ce ne fut que de 1702 à 1726 qu'elle fut terminée par les architectes Le Duc et Doucet; sa construction a donc demandé 62 ans. Elle fut consacrée en 1726 sous le nom de Saint-Louis-en-l'Isle.
Selon la coutume elle fut orientée est-ouest, mais le grand portail ouest n'a jamais été exécuté et c'est toujours un portail « provisoire » — l'entrée actuelle — qui le remplace (beaux vantaux de chêne ornés de médaillons, de rosaces et de guirlandes, surmontés, à l'imposte, de deux anges qui soutenaient jadis les armes de France). Son clocher, avec flèche à jour, haut de 30 mètres, remplace, depuis 1765, le campanile initial foudroyé en 1740. A remarquer son horloge suspendue à une potence de fer ouvragé comme l'étaient jadis les enseignes.
De style jésuite, cette église (60 mètres sur 30, sans transept saillant) a reçu intérieurement, au cours des XVIIIe et XIXe siècles, une surcharge de décorations d'ors, de rinceaux, de caissons, de consoles, de rosaces, etc. Dépouillée sous la Révolution de son mobilier et de ses œuvres d'art, cette église a été très enrichie, de 1864 à 1888, par un de ses curés, l'abbé Bossuet, qui la dota, à ses frais, d'un grand nombre d'œuvres d'art de tous genres (statuettes de bois, bibelots, bas-reliefs d'albâtre, panneaux peints, faïences, émaux, et une magnifique broderie) des XIVe, XVe, XVIe et XVIIe siècles, qui font de cette église un véritable musée.
Le fils de Racine, qui habita l'île en 1678, y a été baptisé; Jean-Baptiste de Champaigne et Le Vau s'y marièrent; Quinault et Nicolas Furetière y furent inhumés.

Porte de l'hôtel Chenizot (*grav. vers 1870*)

Le pont Marie et le pont Rouge (*grav. 17e s.*)

RUE POULLETIER / Cette rue occupe la place de l'ancien canal qui a séparé, de 1360 à 1614, l'*île aux Vaches* de l'*île Notre-Dame*.
N° 12. Porte, entresol, mascarons.
N° 8. Porte.
N° 4. Porte cloutée.
N° 3. Porte sculptée, ferronneries.
N° 5 *bis*. De 1639. Dans un écusson ovale, en marbre, placé au-dessus de la porte d'entrée, on lit : « École des Filles de Charité de la paroisse Saint-Louis »; cette école, installée au n° 7 depuis 1658, existe toujours. Fenêtres à barreaux, mansardes.
N° 7. De 1639. La porte est surmontée d'une image dans sa niche.
N° 9. Porte, escalier.
N° 20. Portail de l'Hôtel de Méliand dont une autre entrée était au n° 19 du quai d'Anjou. Ce portail monumental (style Louis XIV) présente un bandeau décoré de deux têtes d'Hercule couvertes d'une peau de lion; au-dessus est un écusson entouré de palmes dont les armoiries ont disparu. Portail classé ainsi que le grand escalier intérieur.

QUAI D'ANJOU / Ce quai, construit, de 1614 à 1647, porte le nom du quatrième fils d'Henri II, François, duc d'Anjou.
N°s 39, 37, 35. Hôtel de 1680 divisé en 3 immeubles ayant chacun leur porte cochère. Au n° 39 : voûte, escalier, cour. Au N° 37 : porte. Au n° 35 : porte, voûte d'entrée à solives; dans la cour, mansarde à poulie.
N° 33. Façade, fenêtres du troisième étage.
N°s 31, 29, 27. Hôtels du XVIIe siècle ayant constitué une même propriété. Porte; balcon, ferronneries; mansardes et puits bouché au n° 27.
N°s 25, 23. Maisons bâties sur pilotis.
N° 21. Façade. balcon.
N° 19. De 1641. Escalier de pierre, à balustres, avec clefs pendantes et masques.

N° 17. *Hôtel Lauzun :* La façade de cet hôtel si renommé apparaîtrait modeste, froide et nue si elle ne présentait ce magnifique balcon de ferronnerie; il semble que le nouveau riche pour lequel cet hôtel ait été construit ait voulu dissimuler sous cette austère façade l'étalage de sa fortune qui lui a permis de faire procéder à l'intérieur à des ornementations aussi somptueuses que remarquables.
Cet hôtel fut construit, de 1656 à 1657, par Louis Le Vau, pour Charles Gruÿn, commissaire général des vivres de la cavalerie du roi. C'était le fils d'un tavernier enrichi qui tenait, en la Cité, un cabaret, à l'enseigne de *la Pomme de Pin* que fréquentèrent Racine, Boileau, La Fontaine, Molière, Lulli, Mignard et Chapelle. Charles Gruÿn, étant devenu un personnage riche, prit le nom de la terre des Bordes qu'il acheta. Gruÿn des Bordes épousa une Geneviève de Mouy, d'où les M et G entrelacés que l'on voit répandus avec profusion dans cet hôtel. Ce nouveau

riche ne profita pas beaucoup de sa belle demeure car la chambre de Justice instaurée par Colbert le condamna pour malversation en 1662.
Il mourut en 1680 et l'hôtel fut acheté, en 1682, par Antonin Nompar de Caumont, alors comte de Lauzun, âgé de 49 ans. Petit, mais bien fait, d'un beau blond, au nez retroussé, il avait été, jadis, remarqué par Louis XIV qui l'avait traité en favori et nommé colonel-général des dragons. Devenu comte de Lauzun à la mort de son père, il avait pensé épouser, en 1670, la duchesse de Montpensier, la Grande Mademoiselle, cousine germaine du roi, plus âgée que lui de 6 ans et très férue de lui. Ce mariage aurait fait de Lauzun un des plus puissants personnages du royaume; sous la pression du frère du roi et de son entourage, Louis XIV retira son consentement et, pour mettre un terme à ce projet, il fit arrêter Lauzun en novembre 1671. Lauzun fut envoyé à Pignerol, il resta prisonnier 10 ans, jusqu'à ce que Mlle de Montpensier, inconsolable de cette captivité, réussit à obtenir sa libération. Ils s'épousèrent alors secrètement et ce fut à cette époque que Lauzun acheta l'Hôtel de Gruÿn-Desbordes que, d'ailleurs, il n'habita guère et garda seulement 3 ans. Les époux s'accordèrent peu, se battirent souvent et se séparèrent en 1684.
L'hôtel fut vendu, en 1685, à Louis-Armand Duplessis de Vignerod, marquis de Richelieu, petit-neveu du cardinal de Richelieu et époux de Marie-Charlotte de Mazarin, elle-même petite-nièce du cardinal Mazarin. Les époux donnèrent là de brillantes réceptions, s'y ruinèrent puis se séparèrent. L'hôtel, vendu en 1709, à Pierre-François Ogier, ancien receveur du Clergé de France, puis, en 1769, au marquis de Tessé, devint, en 1779, la propriété du marquis de Pimodan. Ce fut l'*Hôtel de Pimodan* qui devint, en 1842, la propriété du baron Jérôme Pichon, bibliophile et collectionneur. L'hôtel ayant souffert de nombreuses dégradations, le baron Pichon commença sa restauration tout en y ayant des locataires dont Baudelaire, Roger de Beauvoir, le peintre Boissard et Théophile Gautier (1845). La Ville de Paris devint, en 1928, définitivement propriétaire de cet hôtel qu'elle utilise actuellement pour certaines réceptions d'apparat.
L'intérieur de l'hôtel montre ce que pouvait être au XVIIe siècle une très riche demeure privée. C'est un somptueux ensemble où Lebrun, Monnoyer, Patel père, Lepautre, Michel Anguier, Sébastien Bourdon ont prodigué leurs talents. Hôtel classé.

N° 15. Porte; mansarde.
N°s 13. 11. Hôtel du XVIIe siècle, habité au XIXe siècle par de nombreux artistes : le peintre Daubigny, le statuaire Geoffroy de Chaume, le peintre sur verre Alfred Gérente et Zachée Prévost, graveur réputé. Porte cloutée et escalier du n° 13 (rampe avec balustres de chêne montant jusqu'au haut); façade ornée de guirlandes et balcon du n° 11.

Nº 7. Dépendance de l'Hôtel Lambert; porte, ferronneries, balcon.
Nº 5. Hôtel de 1640.
Nºs 3 et 1 : Ces numéros 3 et 1, de 1640, appartiennent à l'Hôtel Lambert dont l'entrée est au nº 2 de la rue Saint-Louis-en-l'Ile. A remarquer sur la façade située sur le quai le grand balcon, la rotonde et le jardin terrasse de l'Hôtel Lambert.

RUE SAINT-LOUIS-EN-L'ILE *(suite)* / Nº 1. Petit pavillon, dit des Arbalétriers, de 1640, dépendance de l'Hôtel de Bretonvilliers.
Nº 2. *Hôtel Lambert :* Cet hôtel, qui est la plus magnifique des demeures particulières du XVIIe siècle, a été construit par Le Vau, en 1640. Lebrun et Lesueur travaillèrent 5 ans à le décorer ; la *galerie d'Hercule* œuvre du premier, est remarquable, de même que plusieurs salons.
Son entrée (portail à voussure, vantaux sculptés : lions, mascarons, palmes) ouvre sur la cour d'honneur. Au fond de celle-ci s'élève le bâtiment principal comportant un rez-de-chaussée où aboutit un superbe escalier de pierre à double départ et un premier étage où 3 grandes baies, entre des pilastres ioniques, supportent un fronton triangulaire écussonné. La façade sur le jardin présente un rez-de-chaussée, un étage et un attique; un ordre ionique encadre l'étage et le rez-de chaussée; une rotonde domine le quai que longe un très grand balcon.
Cet hôtel appartint, peu après sa construction, au président aux comptes Nicolas Lambert de Thorigny, dit Lambert le Riche, puis aux siens. Il devint, en 1729, la propriété du fermier général Dupin, et, en 1739, celle du marquis du Châtelet, époux de Gabrielle Le Tonnelier de Breteuil dont les mœurs étaient aussi libres que celles de la plupart des femmes de son rang au XVIIIe siècle. Depuis 1733 (elle avait alors 27 ans) elle était liée avec Voltaire (39 ans) à qui elle donna ici asile en 1742; leur liaison célèbre dura plus de 15 ans.
L'hôtel devint, en 1745, la propriété du fermier général Marin de la Haye, et, en 1813, celle du comte de Montalivet. Il était bien dégarni de ses œuvres d'art lorsqu'il fut acheté, en 1843, par la princesse Czartoryska, épouse du prince Adam Czartoryski, banni de sa patrie, en 1831, après le soulèvement des Polonais contre les Russes. Cet hôtel appartient toujours à la famille Czartoryski. Hôtel classé.

Nº 3. Cette maison fit jadis partie de l'ensemble qui constituait l'Hôtel de Bretonvilliers. Porte (classée).
Nº 4. Porte.
Nºs 5, 7, 9. Ce vaste immeuble qui franchit la rue de Bretonvilliers par une arcade est un vestige d'une des dépendances d'un des plus beaux hôtels de Paris, un véritable château, celui du financier Claude Le Ragois, seigneur de Bretonvilliers. Il avait été cons-

truit, en 1637, par Jean Androuet du Cerceau; son jardin à terrasse était justement célèbre.
Vendu par morcellement après la Révolution, sa démolition, commencée en 1840, fut terminée en 1866.
Mansardes des nos 5, 7, 9; fenêtres à barreaux des nos 7 et 9.
No 10. Porte cloutée, mascaron, mansardes, plafond en solives de l'entrée, cour, escalier. Les vantaux de la porte et la rampe de l'escalier sont classés.
No 11. Porte cloutée, mansardes.
No 12. Maison habitée par l'ingénieur et chimiste Philippe Lebon, l'inventeur du gaz d'éclairage, assassiné à Paris en 1804 dans un fourré obscur des Champs-Élysées. Sa découverte profita d'abord à l'Angleterre et ne fut appliquée en France que longtemps après sa mort.
No 13. Hôtel du XVIIe siècle. Porte cloutée, mansardes.
No 14. Porte, mansardes, 2 escaliers à rampe en fer forgé.
No 15. Porte cloutée.

Revenir sur ses pas jusqu'à la :
RUE DE BRETONVILLIERS / L'Hôtel de Bretonvilliers avait au no 4 de cette rue, ouverte de 1614 à 1643, sa principale entrée. Ses bâtiments et ses jardins remplissaient tout le triangle délimité de nos jours par la rue Saint-Louis-en-l'Ile, la rue Bretonvilliers et les 2 quais.
No 3. Maison du XVIIe siècle habitée, de 1856 à 1868 par le grand philosophe et écrivain Taine; il y résidait lorsqu'il fit paraître son *Histoire de la littérature anglaise*, l'*Idéalisme et le Positivisme anglais*, *la Vie de Thomas Graindorge* etc. Toit, mansardes, escalier.
No 6. Toit et mansardes du bâtiment qui, situé au fond d'une agréable cour, possède un très bel escalier à balustres de bois, de forme ovale originale.
No 1 *ter*. Porte.
No 1. Porte.

QUAI DE BÉTHUNE / Ce quai, construit de 1614 à 1646, fut nommé jusqu'au XVIIIe siècle le quai *des Balcons*, Le Vau ayant suggéré que toutes les maisons de ce côté de l'île Saint-Louis en bordure de la Seine soient ornées de beaux balcons.
No 16. *Hôtel du Maréchal de Richelieu :* Cet hôtel, construit en 1661, devint, en 1729, la propriété du duc de Richelieu. Né en 1696, connu à la Cour sous le nom de duc de Fronsac, il y remporta de très bonne heure un grand succès par sa bonne mine, sa distinction et son esprit. Mais ses fredaines l'envoyèrent souvent à la Bastille, une première fois alors qu'il n'avait que 15 ans, une deuxième fois à 20 ans, et une troisième à 23 ans. Il avait été reçu à l'Académie Française à l'âge de 24 ans quoique sachant à peine l'orthographe.
Après avoir eu comme maîtresse la fille aînée du Régent, la duchesse de Berry, la sœur et la cousine de celle-ci, il prit au Régent ses propres maîtresses,

ce qui fit que le Régent l'éloigna de Paris en le nommant ambassadeur à Vienne. Habile général, lorsque vinrent les guerres, il reçut, en 1748, le bâton de maréchal de France. Plus tard, il prit d'assaut Port-Mahon et s'empara du Hanovre, qu'il pilla. Veuf pour la seconde fois, il épousa, en 1780, alors qu'il avait 84 ans, la jeune veuve d'un lieutenant-général. Le soir de son mariage, le maréchal de Richelieu conduisit la nouvelle duchesse dans son appartement privé, puis se retira dans le sien en lui laissant ce quatrain :

A minuit cachez-moi vos charmes
Je craindrai d'outrager l'amour.
Depuis que j'ai perdu ses armes
Mon bonheur finit avec le jour

Il mourut à 92 ans, en 1788, à la veille de la Révolution.
N° 18. Cet hôtel, de 1643, fut réuni, en 1706, au précédent. L'ensemble des n°s 16 et 18 appartint donc, de 1729 à 1788, au maréchal de Richelieu qui ne l'habita pas.
Sa façade est austère, sauf la porte, mais celle-ci franchie on trouve une entrée majestueuse (colonnes, arcades...) d'où part un escalier sur lequel donnent des portes surmontées de bas-reliefs. La façade sur le jardin a grande allure (pilastres corinthiens surmontés de pilastres composites, frise, encadrement de la porte...). Au fond, un mur décoré d'arcatures est surmonté de balustres de pierre, 2 murs avec arcades le relient au bâtiment.
L'escalier se poursuit dans le sous-sol où un souterrain conduit à une porte d'eau où, jadis, les bateaux de plaisance accostaient.
La porte sur rue et les façades sur cour sont classées.
N° 20. Hôtel de 1645.
Porte cloutée, balcon, escalier magnifique avec, au-dessus des portes, des bas-reliefs relatifs aux travaux d'Hercule. Plafonds décorés par Mignard. La porte, le balcon, la cage de l'escalier et sa rampe, les bas-reliefs et les plafonds de 2 salons sont classés.
N° 22. Cet hôtel dépendait du précédent. Porte cloutée balcon, escalier semblable au précédent, mais sa rampe ancienne ne dépasse pas le premier étage.
N° 24. Emplacement d'un des plus beaux hôtels de l'île, construit par Le Vau et jeté bas en 1935. Seule sa porte a été réemployée. C'était un hôtel de 1642 qu'habita Denys Hasselin, intendant des plaisirs et ordonnateur des ballets du roi, mort de goinfrerie pour avoir absorbé, à la suite d'un pari, 294 cerneaux de noix. La nonciature l'occupa de 1713 à 1719.
Porte (les têtes de bélier sont de Le Hongre).
N° 26. Hôtel de Nicolas Sainetot, maître des cérémonies du roi. Porte, façade décorée de guirlandes, cour.
N° 28. De 1640. Façade (du XVIIIe siècle) avec bas-reliefs mythologiques, porte, balcon.
N° 30. Façade de 1672, surchargée d'instruments de musique; porte, balcons.

Nº 32. De 1640; balcons.
Nº 34. Cet hôtel, de 1640, a appartenu, en 1750, au duc de Biron, colonel des gardes-françaises.
Nº 36. De 1648; balcon.
PONT DE LA TOURNELLE / Le premier pont qui relia l'île *Notre-Dame* à la rive gauche fut édifié, en 1369, à l'emplacement du pont actuel, construit de 1614 à 1654. Son nom est lié à celui de la tour où aboutissait l'enceinte de Philippe Auguste.
La statue de sainte Geneviève qui domine le pont rappelle la présence près de cet endroit de la châsse de la patronne de Paris qui y fut déposée comme palladium lors de l'invasion des Normands en 885.

QUAI D'ORLÉANS / Ce quai a été construit de 1614 à 1646.
Nº 6. Dans cet hôtel fut installée, en 1838, une bibliothèque polonaise dont le poète et patriote Adam Mickiewicz, professeur de littératures slaves au Collège de France (de 1840 à 1844) fut le conservateur; un musée polonais y a été annexé en 1903. L'ensemble appartient depuis 1893 à l'Académie polonaise des Sciences et des Lettres. Porte.
Nº 8.. Balcon.
Nº 12. Maison natale du poète Félix Arvers dont le nom a survécu grâce à son célèbre sonnet (médaillon et inscription). Royer-Collard l'habita au début de la Révolution.
Balcon à doubles courbures et consoles en fer (classé).
Nºs 18 et 20. Hôtel du XVIIIe siècle. Porte cloutée, heurtoir.
Nº 22. Balcon.
Nº 28. Balcon sur consoles de fer, porte.
Nºs 30, 32. Ferronneries.
A hauteur de ces dernières maisons le promeneur a sur le chevet de la cathédrale Notre-Dame la plus belle vue qu'on puisse en avoir.

24, quai de Béthune; ex-hôtel Hasselin, construit par Le Vau (*grav. 17e s.*)

3

DE LA COUR-DES-BŒUFS AUX THERMES DE CLUNY

Le Séminaire des Trente-Trois, le collège des Lombards / Les rues Saint-Hilaire, d'Ecosse et de la Charretière, le collège Coqueret / La rue Saint-Jean-de-Beauvais, le collège de Dormans / Une église du rite grec-orthodoxe / Les ruines gallo-romaines des Thermes de Cluny, le musée lapidaire, l'Hôtel des Abbés de Cluny.

Point de départ : 34, *rue de la Montagne-Sainte-Geneviève.*

RUE DE LA MONTAGNE-SAINTE-GENEVIÈVE *(pour son historique cf. chap. XXV)* / N° 34. Porte et vantaux classés.
Entrer dans la cour où se trouvent, à gauche et à droite, des bâtiments ayant appartenu à deux anciens collèges de Paris, celui des *Trente-Trois* et celui des *Lombards.*

Ancien collège des Lombards (*grav. vers 1850*)

Collège des Trente-Trois : Ce collège fût fondé, en 1633,

par Claude Bernard, ou le père Bernard, en faveur d'écoliers indigents se destinant aux études ecclésiastiques. Généreux, il fit don aux pauvres de 400.000 livres dont il avait hérité. Ce collège comporta à l'origine 5 bourses en l'honneur des 5 plaies du Christ, puis 12 à cause des 12 Apôtres, et, enfin, 33 en souvenir des 33 années de la vie terrestre du Christ. D'où son nom.

Ce collège, installé en 1654 dans l'ancien Hôtel d'Albiac, fut transformé, en 1657, en un séminaire qui s'étendit, en 1746, jusqu'au cul-de-sac de la *Cour-des-Bœufs*. Il fut supprimé à la Révolution et ses bâtiments, vendus comme bien national.

Façade du bâtiment sur cour, escalier.

Collège des Lombards : Ce collège fut fondé ici, en 1334, par le cardinal André de Cheni, originaire de Florence, pour 11 boursiers, fils de Lombards qui n'avaient pas réussi à faire fortune à Paris. Les bâtiments de ce collège qui avait périclité furent cédés, en 1677, à une communauté irlandaise, fondée au XVIe siècle par Jean Lee et jusqu'alors installée au *collège Montaigu*; cette communauté les utilisa comme séminaire et comme maison de retraite pour les prêtres missionnaires de son pays; l'ensemble formait le *collège des Irlandais*.

A partir de 1769, elle ne maintint ici que cette maison de retraite, dont les bâtiments furent alors reconstruits et le séminaire partit s'installer rue du *Cheval-Vert* où il existe encore. Ces deux établissements ne furent pas vendus à la Révolution (puisqu'ils étaient propriété étrangère) et Louis XVIII les restitua à l'église irlandaise qui, dès lors, loua les bâtiments de l'ancien collège des Irlandais successeur de celui des Lombards.

Si on monte le grand escalier du bâtiment situé à gauche dans la cour de l'ex-Hôtel d'Albiac, on trouve, au premier étage, une porte qui ouvre de plain-pied sur le *cul-de-sac de la Cour-des-Bœufs* percé au XIVe siècle. Il débouche dans la rue des Carmes.

RUE DES CARMES. Cette rue a été ouverte vers 1250 sous le nom de rue du *Clos-Bruneau* / No 17. Ancienne chapelle du collège des Irlandais reconstruite, en 1760, sur l'emplacement de l'ancienne chapelle du collège des Lombards. C'est, depuis 1925, l'église Saint-Ephrem du rite syrien-catholique. Porche elliptique avec colonnes et pilastres ioniques; fronton. Façade classée.

A l'intérieur, dans l'allée centrale, pierres tombales des prêtres irlandais qui y furent inhumés.

Remonter la rue des Carmes jusqu'à la rue de Lanneau. A l'angle de la rue des *Sept-Voies* (Valette) et de la rue *Saint-Hilaire* (de Lanneau) se trouvait, jusqu'en 1807, l'*église Saint-Hilaire-du-Mont*, église paroissiale depuis l'an 1200. Saint Hilaire ayant été marié avant de devenir, en 350, évêque de Poitiers, les jeunes époux avaient coutume de venir ici le prier afin que

ce saint, instruit, pensaient-ils, de l'expérience de la vie conjugale, favorise et prolonge l'harmonie de leur ménage.
Cette église connut, en 1513, un scandale qui divertit fort Paris. Deux peintres s'y querellèrent au sujet d'un tableau, *Adam et Eve au Paradis* que possédait l'église. L'un le trouvait parfait et l'autre plein de sottise. Leur dispute dégénéra en une rixe, puis en un pugilat auquel participèrent curé, vicaires, sacristains et paroissiens. Quel était donc le motif de cette dispute ? L'affirmation d'un des deux peintres qu' « Adam et Ève n'ayant pas eu de mère ne devaient pas être représentés avec un nombril », ce qui ne fut pas l'avis de l'autre...
Il reste un vestige de cette église. Pour le trouver, entrer dans le couloir de la maison du nº 1 *bis* de la rue de Lanneau. Il conduit dans une étroite courette oû subsiste encore un pilier avec chapiteau et départ d'arcade.

RUE DE LANNEAU / Cette rue, percée en 1185, est une des plus anciennes de Paris. Elle s'est appelée rue *Saint-Hilaire* jusqu'en 1880.
Cette rue, très animée et très bruyante au XVIe siècle du fait des écoliers des nombreux collèges voisins, comprenait, en 1571, 14 librairies...
Nos 1 à 5 et 4 à 8. Vieilles maisons; mansardes des nos 1 *bis* et 3.

RUE D'ÉCOSSE / Le nom actuel de cette rue, de la fin du XIIIe siècle, est un souvenir des écoliers écossais qui, de 1333 à 1603, habitèrent le voisinage.
On trouvait jadis dans cette rue trois collèges, à savoir : à l'emplacement des numéros impairs, le *collège de Toul* de 1340 à 1556; au fond, le *collège de Reims* de 1412 à 1763, et, à l'emplacement des numéros pairs, le célèbre *collège Coqueret* (voir ci-après).
Les maisons de cette rue datent du XVe au XVIIe siècle.
Nº 2. Belle vieille maison à trois étages; ferronneries des balcons.
Nº 6. Porte cloutée; courette curieuse.

RUE DE LANNEAU (suite) / Nº 8. IMPASSE BOUVART du XIVe siècle. C'était, en 1380, la ruelle de la *Longue-Allée* et, plus tard, la rue *Jusseline.* Large de 1 mètre et fermée par une porte, on risque de ne pas l'apercevoir.
Nº 10. Vieille maison.
Nº 7. En encorbellement.
Nº 9. Une fenêtre par étage.

IMPASSE CHARTIÈRE / Cette ancienne rue du XIIIe siècle comptait, en 1571, 2 libraires, 2 relieurs, un imprimeur et un laveur de livres.
Nº 1. Vieille maison.
Nº 3. Crochet de chaîne.
Nº 5. Vieille maison.
Nº 9. Cour.

On trouvait jadis cinq collèges dans la rue Chartière, à savoir les *collèges Coqueret,* de *Reims, Sainte-Barbe* du *Mans* et des *Bons-Enfants d'Arras.*

N° 11. *Le collège Coqueret.* Emplacement de l'entrée du collège *Coqueret* fondé en 1418, par Nicolas Coqueret, chanoine à Montreuil-sur-Mer.

Il eut, vers 1545, comme principal, Dorat, antérieurement précepteur des pages de François Ier, et comme élèves : Ronsard, Antoine de Baïf et Joachim du Bellay. Tous les 4 formèrent, en 1549, avec 3 autres, Jodelle, Rémy Belleau et Pontus de Thiard, un groupe poétique et littéraire qui, à l'imitation des 7 poètes d'Alexandrie, prit le nom de *Pléiade.*

A sa tête, Ronsard. Page du duc d'Orléans, troisième fils de François Ier, il avait une vingtaine d'années lorsque, frappé de surdité, il résolut de faire ses études. Il fut donc pendant 6 ans élève au collège Coqueret où Dorat lui apprit le grec et la poésie, ainsi qu'à son ami Baïf. Ronsard se donna comme but de régénérer la littérature française, d'enrichir le vocabulaire et d'affranchir le français de la tutelle excessive du latin. Ses théories littéraires firent, en 1549, l'objet d'un manifeste de Joachim du Bellay, le polémiste attitré de la Pléiade, intitulé *Défense et Illustration de la Langue française* où celui-ci exposait que la langue française devait atteindre désormais le degré de perfection du grec et du latin dont l'utilisation restait nécessaire à condition de ne pas les écorcher d'une façon inepte, et qu'elle devait cesser de passer pour une langue barbare à l'oreille de l'étranger.

Le *collège Coqueret* qui s'étendait jusqu'au n° 1 de la rue disparut en 1643; il ne reste rien de ce lieu où est née la langue française classique.

A la suite du *collège Coqueret* s'étendait le *collège de Reims* (1412-1763) et au fond était le collège *Sainte-Barbe* (cf. chap. XXV).

Du côté des numéros pairs, on avait, au n° 8 : le *collège du Mans* (1519-1682) et au n° 2 : le collège des *Bons-Enfants d'Arras* fondé sous saint Louis et disparu au XVe siècle. On trouve maintenant à la place du dernier une partie des laboratoires du collège de France. Ce collège, tout à fait particulier, avait été fondé, en 1529, par François Ier, à l'instigation de Guillaume Budé, sous le nom de *collège des Trois Langues :* grec, latin, hébreu. Il présentait deux particularités : il était hors de la tutelle de l'Université et ses cours étaient gratuits et publics. Depuis lors, ces deux particularités n'ont pas changé; le collège de France dépend directement du ministre qui nomme lui-même les professeurs, et ses cours sont toujours gratuits et publics. Seul le nombre des chaires a varié puisqu'il est passé de 3 à plus de 40.

En 1894, à l'occasion de travaux, on a retrouvé au débouché de la rue de Lanneau dans l'impasse Chartière un puits foré en 1572 par Robert Certain, curé de Saint-Hilaire, et, en 1903 et en 1936, les restes d'un établissement thermal gallo-romain. Celui-ci, qui s'étend sous une partie du collège de France, comprend 3 salles circulaires, de 17 mètres de diamètre, pourvues d'hypocaustes et de bassins, l'une d'elles est à gradins; une quatrième salle a encore tout son appareil de chauffage. L'ensemble, de l'époque de Marc-Aurèle (vers 170), semble avoir constitué les principaux thermes de la rive gauche de Lutèce alimentés par les eaux de Rungis amenées par l'aqueduc d'Arcueil.

RUE JEAN-DE-BEAUVAIS / Le nom de cette rue, qui remonte au début du XIVe siècle, vient de celui du *collège de Dormans-Beauvais* qui y était situé.
C'est dans la rue *Saint-Jean-de-Beauvais* qu'était installée dès le début du Moyen Age la Faculté, dite de Décret, où l'on enseignait le droit canon. Cette Faculté fut, comme les trois autres (Arts, Théologie, Médecine), supprimée à la Révolution pour être réorganisée par Napoléon en 1806. On trouvait aussi dans cette rue, sous le règne de François Ier, l'imprimerie de Robert Estienne, deuxième de la dynastie des célèbres imprimeurs mais premier d'entre eux par ses connaissances en grec, latin et hébreu, par son zèle à propager la culture littéraire des anciens et par le mérite de ses éditions. Sa maison se situait aux environs du n° 17; une affiche apposée sur la porte promettait une récompense aux écoliers qui trouveraient une coquille dans ses impressions. François Ier et sa sœur Marguerite y vinrent souvent.
N° 9 *bis*. *Le collège de Dormans-Beauvais*. Ce collège avait été fondé, en 1370, par Jean de Dormans, évêque de Beauvais, pour 24 écoliers originaires du diocèse de Soissons.
Saint François-Xavier, sortant du collège Sainte-Barbe, y enseigna la philosophie avant de fonder, en 1534, avec Ignace de Loyola, l'Ordre des Jésuites. Cyrano y fut élève de 1630 à 1635, et Boileau, vers 1650. Enfin, le célèbre Rollin, l'ami des jansénistes, en fut le principal de 1697 à 1712.
Rien ne subsiste de ce collège, si ce n'est sa chapelle, classée comme monument historique, construite, de 1375 à 1380, par Raymond du Temple, architecte du Louvre de Charles V. Sa voûte, de bois apparent, s'élève à 20 mètres.
Cette chapelle reçut des affectations diverses après la fermeture du collège à la Révolution. En particulier, elle servit à des dominicains de 1865 à 1880. Elle est, depuis 1885, propriété de la Roumanie qui l'utilise comme église du culte orthodoxe roumain.
N° 5. Vieille maison : fenêtres à guillotine, 2 étages de mansardes, comble très élevé.
N° 3. Ferronneries.

Prendre la rue du Sommerard et traverser la RUE SAINT-JACQUES (celle-ci présente, du n° 55 au n° 73, des vieilles maisons; au n° 67 la porte monumentale est classée ainsi que le balcon la surmontant). RUE DE

CLUNY. N° 7. Arcade qui est un vestige de la chapelle de l'ancien *Hospice des religieux de la Sainte-Trinité* installé, de 1205 à la Révolution, entre la rue Saint-Jacques et l'Hôtel de Cluny. La rue de Cluny a été percée en 1855 à travers cette chapelle.
On peut voir, en face, à travers les grilles du jardin situé en bordure de la rue de Cluny :
— une vasque de fontaine, avec des figures de l'école de Jean Goujon, la *Seine* et la *Marne,* qui décorait la *porte Saint-Antoine,* démolie en 1778;
— le portail de la *chapelle de la Vierge* construite sous le règne de saint Louis dans l'abbaye de Saint-Germain-des-Prés, par Pierre de Montreuil;
— l'absidiale de la chapelle de l'Hôtel de Cluny avançant en encorbellement au-dessus d'un portail, soutenue par un pilier central dont le chapiteau porte le monogramme de Charles VIII (un K couronné) et un écusson aux armes de Jacques d'Amboise.
HOTEL DE CLUNY *:* L'ensemble de l'Hôtel de Cluny comporte 4 parties : les ruines gallo-romaines, le musée lapidaire situé dans ces ruines, l'hôtel des abbés de Cluny et le musée de l'Hôtel de Cluny. Nous ne considérerons dans ce qui suit que les trois premières.
Les ruines gallo-romaines : Ces ruines sont les vestiges d'un établissement remontant à l'époque où la civilisation romaine se déployait sur la rive gauche de Lutèce.
De quand date cet établissement ? Les observations faites sur les fondations, sur le matériel archéologique et sur le mode de construction permettent de faire remonter cette date au début du IIIe siècle, soit vers l'an 215 environ. Il est donc postérieur de quelques années aux Arènes (qui ne comportent pas d'appareillage en briques), antérieur à Constance Chlore, né vers 250, et, à fortiori, à Julien, né en 331 et proclamé empereur à Paris en 355.
Démoli, comme les Arènes, lors de l'invasion des Barbares, vers 285, cet important établissement n'a donc pas servi très longtemps.
Quelle a été sa destination? Ses dimensions, 90 mètres sur 65, et la solidité de sa construction le désignent comme ayant été un édifice public. De plus, ses dispositions intérieures sont celles d'un établissement de thermes. Donc tout concourt à indiquer que cet ensemble fut un établissement de thermes publics et non un palais comme on l'a cru, à tort, pendant longtemps.
A qui le doit-on? Les 8 consoles en proues de navires de la salle centrale (il n'en existe plus que 4 dont 2 seulement sont bien conservées) semblent bien être là pour affirmer que c'est la plus riche corporation de Lutèce, celle des nautes parisiens, qui a fait édifier cette somptueuse maison de bains chauds.

Ce qui n'avait pas été détruit lors de l'invasion des Barbares, vers 285, le fut lors de celles des Normands au IXe siècle. Sur une partie de ces ruines fut construit plus tard l'hôtel des abbés de Cluny. L'autre partie, cachée derrière les maisons de la rue de *la Harpe* (boulevard Saint-Michel) fut, peu à peu, recouverte d'une couche de terre dans laquelle poussèrent des arbres dont les racines disjoignirent les voûtes tandis que l'intérieur était occupé par des remises pour voitures.

En 1819, Louis XVIII ordonna la démolition des maisons en bordure de la rue de *la Harpe* (boulevard Saint-Michel), fit enlever les terres qui pesaient sur les voûtes et acheter par la Ville les ruines que restaura Albert Lenoir, fils d'Alexandre Lenoir qui a sauvé tant d'œuvres d'art pendant la Révolution. La Ville de Paris céda, en 1842, ces ruines à l'État lorsqu'il créa le musée de Cluny.

Des fouilles en cours s'efforcent de jeter une lumière sur le passé de ces vestiges qui « gardent encore le secret de leur nom véritable et de leur âge exact ».

Les ruines actuelles (cf. plan ci-joint) : 1. Belle salle antique qui semble avoir été la salle la plus décorative ainsi que l'atteste la présence, dans ses murs, de nombreuses niches et fenêtres. Son sol n'est pas à son niveau normal; celui-ci est à 2 mètres plus bas. La voûte manque depuis 1737; l'actuelle est de 1875.

2. Grande salle centrale, de forme rectangulaire, de 20 m. 24 sur 11 m. 64 et de 18 mètres de haut. Cette salle pourvue d'une piscine en contre-bas, est l'ancien *frigidarium,* la salle des bains froids.

Pour bien la voir telle qu'elle était jadis il faut, en pensée, recouvrir ses parois d'un enduit revêtu de stuc ou de marbre, son sol, d'un dallage en mosaïque, fermer les baies par des rideaux, disposer des lits de repos, des statues, des bustes, etc.

Ses murs sont, comme ceux de tout l'édifice, en blocage de petit appareil régulier avec des chaînages de quatre rangs de briques rouges; le premier chaînage commence au rez-de-chaussée, il est quadruple, reparaît tous les six rangs de moellons; son but a été de renforcer la construction. Cette salle est couverte par quatre voûtes en berceau qui retombent sur des consoles sculptées en *proues* décorées de tritons et pourvues de rames; sur un de leurs côtés une sirène symbolise l'eau, l'intérieur contient des armes, des vivres, etc. Ses parois sont percées de trois grandes arcades en plein cintre, celle du milieu est plus élevée, celle du sud présente une grande niche demi-circulaire au bas de laquelle se voit encorc le passage des conduites d'eau.

3. Au-delà d'un vestibule situé au-dessus d'un caveau qui avoisine une cour, vient la salle du *tepidarium,* la salle des bains tièdes; elle a perdu sa voûte, mais elle possède encore les niches contenant les baignoires. A son extrémité, 2 escaliers conduisent aux fondations du fourneau (l'hypocauste), situé sous le boulevard Saint-Michel, servant au chauffage de l'eau qu'une tuyauterie conduisait dans l'établissement.

4. Emplacement des fouilles où l'on pense dégager

la salle du *caldarium,* ou salle des bains chauds. Il convient d'ajouter aux pièces qui précèdent d'autres, plus petites, situées tout à l'alentour de la grande salle et, aussi, les caves romaines du monument, revoûtées, les unes au XIIIe siècle, les autres au XVe lors de la construction de l'Hôtel de Cluny.

Le musée Lapidaire : Nous ne retiendrons de ce musée que les 9 pierres trouvées, en 1711, sous le chœur de l'église Notre-Dame, lors de la construction d'un caveau destiné à la sépulture des archevêques. Au cours de ces travaux on trouva, à 2 mètres sous la fouille, neuf grosses pierres antiques (avec des bas-reliefs et des inscriptions) qui entraient dans la composition du mur gallo-romain, première enceinte de Paris, construit vers 285.
Ces pierres, qui datent de l'an 14 à l'an 37, sont les plus vieilles pierres sculptées de Paris.
Première pierre : C'est la dédicace d'un autel élevé à Tibère. Sur une face on lit l'inscription...

TIB. CAESARE
AUG IOVI OPTUM
MIXSUMO... AM
NAUTAE PARISIACI
PUBLICE POSIERU
NT

C'est-à-dire : « Sous Tibère-César-Auguste, les bateliers parisiens ont publiquement élevé cet autel à Jupiter, très bon, très grand. »
Une autre face présente deux figures d'hommes à mi-corps, armés de piques et de boucliers de forme elliptique et on y voit la place d'une troisième figure. Ces figures sont celles d'hommes en marche. Au-dessus la cassure de la pierre a enlevé l'inscription.
Sur une autre face on voit trois figures à mi-corps drapées à la romaine; deux sont de face, la troisième, de profil, regarde les premières, elle paraît tenir un aviron. Au-dessus : SENANI V... IL.O.M. (Ce SENANI peut être le même nom que SENONES, habitants qui avaient Sens pour capitale).
La quatrième face montre trois soldats barbus armés de piques et de boucliers en forme de losange à pans coupés. Un de ses soldats porte sous le bras droit un grand cerceau. Au-dessus on lit EVRISES, nom contracté d'EBUROVICES, peuplade qui avait Évreux pour capitale.
Ces trois reliefs peuvent représenter différentes nations gauloises armées à la romaine; troupes supplétives des légions, elles habitaient les bords de la Seine et naviguaient sur cette rivière.
Deuxième pierre : Elle constitue l'autel dont parle l'inscription ci-dessus. Celui-ci a 1 m. 15 de haut, 0 m. 80 de large sur chacune de ses quatre faces et se compose de deux assises de pierres superposées.
La première face présente une figure d'homme barbu, à demi couvert d'une ample toge qui lui descend

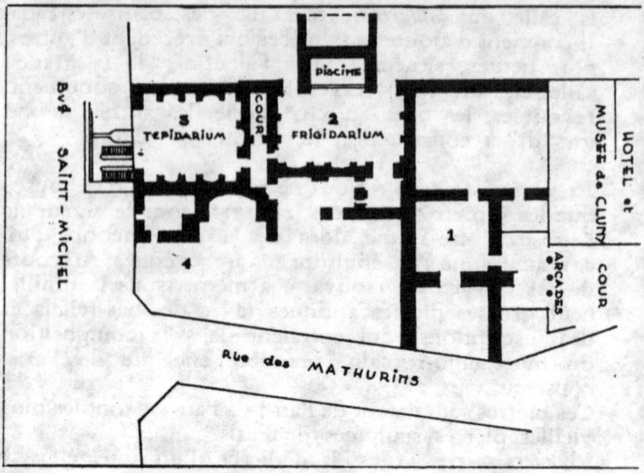

Plan des ruines des Thermes de Cluny

Chapelle du collège de Dormans-Beauvais (*grav. vers 1860*)

jusqu'aux pieds; il s'appuie d'une main sur une lance, attribut de la royauté, et tient la foudre de l'autre main; à ses pieds, un aigle déployé. Inscription : IOVIS (Jupiter).
Sur la deuxième face, un homme barbu couronné de lauriers lève de la main droite un instrument tranchant et semble abattre des branches d'arbre. Inscription : ESVS (divinité gauloise, le dieu Mars des Gaulois).
Sur la troisième face, on voit une figure en pied à moitié couverte d'une draperie tombant à hauteur des genoux; l'homme tient dans la main droite un marteau, dans la gauche, des tenailles. Inscription : VOLCANUS (le dieu Vulcain).
La quatrième est ornée d'un taureau couvert de l'étole sacrée, portant, sculptées sur fond de feuillage, trois grues, une sur sa tête, deux, queue à queue, sur son dos. Inscription TARVOS TRIGARANUS, le taureau aux trois grues (le taureau, objet de culte des Gaulois).
La troisième pierre : Elle faisait partie d'un autel de même hauteur que le précédent, mais on n'en possède que la partie supérieure. On peut lire sur une face le mot CASTOR; sur une autre (détériorée) devait figurer le mot POLLUX; sur une troisième, le mot CERNVNNOS, divinité gauloise, chauve et barbue, dont la tête porte des oreilles d'animal et des cornes de cerf auxquelles pend un anneau; sur la quatrième on voit un Hercule armé d'une massue menaçant un serpent, et l'inscription SEVI... RI... OS (l'Hercule gaulois).
La quatrième pierre : Ses sculptures sont moins bien conservées et elle ne présente aucune inscription lisible. On a cru y reconnaître Mars sur un côté, Vénus sur un autre; sur les deux autres les images sont frustes.
Puis cinq autres pierres moins importantes : deux semblent avoir fait partie d'autels de sacrifices; une autre était une table d'autel contenant encore à l'époque de sa découverte, dans une partie creuse et ronde taillée sur sa surface, du charbon et de l'encens (toujours odorant).

De l'examen de ces pierres on peut tirer la conclusion que, sous Tibère, donc entre les ans 14 et 37, existait une corporation de bateliers sur la Seine qui fit ériger à Lutèce un monument religieux spécialement dédié à Jupiter — que ce monument était isolé puisque les pierres cubiques qui le composaient étaient sculptées sur leurs quatre faces — qu'il formait une pile d'environ deux mètres de haut portant vraisemblablement la statue de Jupiter — qu'il était accompagné de deux autels, l'un pour les sacrifices, l'autre pour brûler l'encens.
Il est à remarquer que, dans ce monument, les dieux romains et gaulois sont réunis (Castor, Pollux, Jupiter, Vénus, Mars, Esus, Cernunnos). Cette juxtaposition des dieux des vainqueurs et des dieux des vaincus indique la libéralité d'esprit des conquérants romains.

L'Hôtel des Abbés de Cluny : Les ruines gallo-romaines de cet établissement de thermes restèrent propriété royale jusqu'en 1215, date à laquelle Philippe Auguste les aliéna. Une partie fut achetée, en 1334, par Pierre de Chalus, abbé de Cluny, pour le compte de la célèbre abbaye bénédictine bourguignonne qui y bâtit un pied-à-terre pour les abbés de Cluny lorsque ceux-ci se rendaient au collège de Cluny qu'ils venaient de fonder à hauteur de notre église de la Sorbonne. En 1485, l'abbé de Cluny, Jacques d'Amboise, frère du cardinal ministre de Louis XII, le remplaça par l'hôtel actuel, construit sur les substructions des Thermes et accolé aux ruines encore debout.

C'est un remarquable spécimen de l'architecture civile de la fin du Moyen Age. Construit en pur gothique flamboyant, l'hôtel comprend un bâtiment principal desservi par un escalier d'honneur, à vis, logé dans une tour extérieure à pans coupés et deux ailes en retour, de longueur inégale, que relie un mur crénelé. La plus longue de ces ailes comporte une galerie formée de quatre grandes arcades en tiers-point formant porche, prolongée de l'autre côté du bâtiment principal par une petite aile à l'extrémité de laquelle est la chapelle. L'aile la plus courte abritait les communs; ce côté, qui sert actuellement de salle d'entrée, possède encore une cheminée monumentale de l'époque. Depuis qu'il a été construit, l'Hôtel des Abbés de Cluny a été souvent modifié. Il ne reste absolument plus rien de son décor intérieur, si ce n'est cette cheminée, quelques passages de portes et quatre petits escaliers à vis. Le décor extérieur a été rajeuni à la fin du siècle dernier.

Cet hôtel appartint jusqu'à la Révolution au grand monastère bourguignon qui le loua souvent à des hôtes de marque. Parmi ceux-ci citons : en 1515, la jeune veuve du roi Louis XII, Marie d'Angleterre, sœur de Henri VIII, roi d'Angleterre. Au moment de son mariage, fin 1514, Marie d'Angleterre avait 16 ans et Louis XII 53. Celui-ci avait jusqu'alors réglé sa vie selon le dicton du Moyen Age :

Lever à cinq, dîner à neuf,
Souper à cinq, coucher à neuf
Font vivre d'ans nonante et neuf.

habitudes que la reine Marie lui fit vite changer. Le résultat fut que, moins de trois mois après ce mariage, le 1er janvier 1515, le *père du peuple* trépassa!

Son cousin, François d'Angoulême, lui succéda sous le nom de François Ier. Mais pour que son règne soit assuré il ne fallait pas que la jeune veuve, appelée alors la reine Blanche (les reines de France portant à cette époque le deuil en blanc) mette au monde un fils posthume. François Ier la logea dans l'hôtel des abbés de Cluny, la surveilla et l'ayant découverte en la galante compagnie du duc de Suffolk, la maria immédiatement avec celui-ci dans la chapelle de l'hôtel et envoya le couple en Angleterre.

Citons, comme autres locataires : le roi d'Écosse, Jacques V (1536), des nonces du pape dont Mazarin (1634), l'abbesse de Port-Royal, Angélique Arnaud, des astronomes, un libraire-éditeur...
A la Révolution l'hôtel fut vendu comme bien national. En 1833, Alexandre du Sommerard loua les six pièces du premier étage où, amateur éclairé et collectionneur impénitent, il installa ses achats; le musée qu'il organisa là devint un des plus courus de Paris. A sa mort, en 1842, l'État acheta toutes ses collections et, par surcroît, l'hôtel auquel il ajouta les ruines gallo-romaines cédées par la Ville.
Telle est l'origine du musée de Cluny, ouvert, le 16 mars 1844, sous le nom de « Musée des Thermes et de l'Hôtel de Cluny ».

Hôtel de Cluny au 15e s.

4

LA MONTAGNE SAINTE-GENEVIÈVE

La porte Saint-Victor / La rue des Fossés-Saint-Victor : l'Hôtel Lebrun, le collège des Ecossais / La rue Bordet, les collèges de Boncourt et de Navarre / La rue des Amandiers, le collège des Grassins / La rue des Sept-Voies, les collèges Sainte-Barbe et de Fortet / La rue de la Montagne-Sainte-Geneviève, le collège de Huban / L'abbaye Sainte-Geneviève / L'église Saint-Etienne-du-Mont / La curieuse histoire du Panthéon.

Point de départ : 32, rue du Cardinal-Lemoine.

RUE DU CARDINAL-LEMOINE *(côté sud de la rue Saint-Victor)* / La partie de cette rue comprise entre les rues Saint-Victor et Descartes est une section de l'ancien chemin qui suivait extérieurement le rempart de Philippe-Auguste, d'où le nom de rue des *Fossés-Saint-Victor* qui lui fut donné de 1684 jusqu'en 1868. Près de l'endroit où la rue Saint-Victor coupait ce chemin, s'ouvrait, depuis 1210, dans le rempart de Philippe-Auguste, une importante porte de Paris, la *porte Saint-Victor,* commandant la voie d'accès à l'*abbaye Saint-Victor* (Halles aux Vins) et au bourg Saint-Marcel. Cette porte, édifiée entre les n°s 4 et 5 de la rue Saint-Victor a été démolie en 1684 (inscription au n° 2 de la rue Saint-Victor), date à laquelle les fossés de l'enceinte furent comblés, comblement qui donna naissance à la dénomination indiquée ci-dessus de rue des *Fossés-Saint-Victor.*
N° 39. Vieille maison; ferronneries.
N° 49. Hôtel construit par Boffrand, en 1700 pour le neveu du peintre Charles Lebrun, qui fit édifier cet hôtel à la gloire de son oncle, premier peintre du roi en 1662, directeur des Gobelins et de l'Académie royale de peinture et de sculpture et qui travailla 14 ans à la décoration du château de Versailles.
Une de ses dépendances fut habitée, en 1718, par Watteau, le célèbre peintre de *l'Embarquement pour Cythère,* Buffon logea dans cet hôtel en 1766; il avait alors 59 ans et rédigeait sa célèbre *Histoire naturelle.* Les deux belles façades sur cour et sur jardin sont classées. Leur avant-corps central porte un large fronton; celui de la cour d'honneur présente un écusson, où, entre deux chevaux, étaient les armoiries de Charles

Lebrun; sur celui faisant face au jardin, jadis très vaste, on voit le médaillon de Lebrun, encadré de deux figures allégoriques. Mascarons; balcon.

N° 65. *Collège des Écossais :* En 1662, Robert Barclay, administrateur d'un collège pour Écossais, fondé à Paris en 1326 et depuis lors installé au collège de *Montaigu,* puis près de la rue d'Écosse, puis rue des *Amandiers* (Laplace), fit construire pour les besoins de son collège le grand immeuble que nous voyons à cet endroit.

Sa chapelle contient un mausolée où a été déposé, dans une urne en bronze doré, le cerveau de Jacques II, roi d'Angleterre, mort à Saint-Germain-en-Laye en 1701, après qu'il fut chassé d'Angleterre. Elle contient aussi les dalles mortuaires d'anciens principaux ou bienfaiteurs de cet établissement.

Celui-ci, fermé à la Révolution et quelque peu utilisé comme prison sous la Terreur, fut restitué, en 1806, à l'église d'Angleterre qui le loue.

Porte d'entrée, escalier avec rampe à balustres de chêne montant jusqu'au quatrième étage, chapelle. La façade du collège, la chapelle et cet escalier sont classés.

En 1665, le prévôt des marchands transforma en pente douce la descente jusqu'alors abrupte par laquelle la rue des *Fossés-Saint-Victor* se dirigeait vers la Seine. Ce faisant, il déchaussa le collège des Écossais qui fut repris en sous-œuvre; le rez-de-chaussée initial où était la chapelle est alors devenu le premier étage, ainsi que le montre actuellement la disposition de la porte d'entrée et de la baie qui la surmonte.

N° 67. Emplacement de la maison où Pascal mourut chez son beau-frère Périer, le 19 août 1662.

N°s 68, 64, 62. On voit au fond des cours de ces immeubles le mur, côté campagne, de l'enceinte de Philippe-Auguste.

Revenir sur ses pas jusqu'à la :

RUE CLOVIS / Cette rue a été percée en 1804 au travers de l'abbaye Sainte-Geneviève sur l'emplacement même de l'église de cette abbaye.

N° 1. Le bas-relief représentant un lion dans un écusson encadré de chardons, rappelle que le terrain de cette maison a été donné au collège des Écossais.

N° 5. Le mur de Philippe-Auguste est vu ici en coupe.

N° 7. On a, de la cour de cet immeuble, un très bel aperçu sur le rempart de Philippe-Auguste, côté Paris.

RUE DESCARTES *(partie située au nord de l'enceinte de Philippe-Auguste)* / Cette rue, ancienne section de la voie romaine de Lutèce à l'Italie s'est appelée du XIIIe siècle à 1809, rue *Bordelles* ou *Bordet* du nom de la porte du rempart de Philippe-Auguste à laquelle elle conduisait.

N° 42. Vieille maison; cave du XIIIe siècle.

Nº 45. Maison à pignon.
Nº 39. Maison mortuaire de Verlaine (1896).
Nºs 37, 35. Vieilles maisons.
Nº 31. Des cercueils appartenant à l'ancien cimetière mérovingien Saint-Pierre-Saint-Paul, nom initial de la première église Sainte-Geneviève, ont été retrouvés ici en 1909.
Nº 30. Hôtel du XVIIIe siècle construit pour Louis, duc d'Orléans, fils du Régent. Charitable, vertueux, fuyant la Cour dépravée de son père et de ses sœurs, le duc Louis d'Orléans, dit le Pieux, se retira à proximité de l'abbaye Sainte-Geneviève après la mort de sa jeune femme, la princesse de Bade. Ami des sciences, janséniste, il vécut 10 ans ici (1742-1752) d'une façon austère. Il mourut dans cet hôtel en 1752 laissant un fils, Louis-Philippe qui fut le père de Philippe-Égalité et le grand-père de Louis-Philippe.

L'architecture est classique, façade nue et sans ornementations, lucarne de style baroque accostée de deux volutes.
Hôtel classé.
Nºs 21 au nº 5. Les bâtiments de l'École Polytechnique sont installés sur l'emplacement de trois anciens collèges, à savoir : au nº 21, *les collèges de Boncourt* et de *Tournai* rattachés en 1638 et 1636 au collège de Navarre, et, au nº 5, le célèbre *collège de Navarre,* l'honneur de l'Université de Paris, fondé en 1304 par Jeanne de Navarre, femme de Philippe-le-Bel.
Le roi en fut, de tout temps, le premier boursier, mais le montant de sa bourse fut toujours consacré à l'achat des verges destinées à fouetter les élèves.
Il eut des maîtres et des élèves appartenant aux plus nobles et plus riches familles du royaume parmi lesquels les « trois Henri » (les futurs Henri III, Henri IV et Henri de Guise), Richelieu, Bossuet, Condorcet, André Chénier.
Ce collège fut supprimé à la Révolution et l'École Polytechnique, fondée en 1794, y fut transférée en 1805.

RUE DE LA MONTAGNE-SAINTE-GENEVIÈVE
(section comprise entre les rues des Écoles et Laplace) /
Cette rue est une autre section de l'ancienne voie romaine reliant Lutèce à Lyon et à l'Italie.
Nº 34. Ancien hôtel d'Albiac où s'installa le *collège des Trente-Trois* (cf. chap. XXIV).
Nº 36. Vieille maison, long et curieux couloir qui, après avoir traversé des courettes et des immeubles pittoresques, conduit à un escalier ayant, au premier étage, une porte ouvrant de plain-pied sur le cul-de-sac de la *Cour-des-Bœufs* (cf. chap. XXIV).
Nº 40. Grille de marchand de vin.
Nºs 42 à 48. Vieilles maisons.
La fontaine Sainte-Geneviève située devant l'École Polytechnique remplace, depuis 1810, une fontaine de 1632 alimentée par l'eau de l'aqueduc d'Arcueil.
Nº 58. Porte basse et vieil escalier à vis à rampe moulurée.

RUE LAPLACE / Cette rue s'est appelée de la fin du XIVe siècle à 1864 la rue des *Amandiers*.
N° 1. Caves voûtées classées.
N°s 4, 6, 8. Vieilles maisons.
N° 10. Sur la façade de cette maison on voit encore un de ces solides crochets auxquels étaient attachées les chaînes destinées à barrer les rues et à y contrarier la circulation en cas de troubles.
N° 12. Porte (de 1684) de l'ancien *collège des Grassins*, un des plus importants collèges de la montagne Sainte-Geneviève, un des dix grands collèges de l'Université de Paris maintenus avant la Révolution. Il avait été fondé, en 1569, par Pierre Grassin, pour 18 boursiers « pauvres de Sens ». C'est ce collège qui institua le palmarès, innové ici en 1747. Chamfort y fut élève en 1755.
N°s 18, 20, 22. Vieilles maisons; le n° 18 a 2 étages de caves superposées de style roman, avec pilier central à nervures; (caves classées).
N° 17. Le couloir de cette maison, après avoir traversé une cour curieuse, dite de la *Vérité* lorsqu'elle fut vendue, en 1564, au collège de Fortet, conduit, après un brusque crochet à droite, dans la rue Valette.

RUE VALETTE / Cette très vieille rue de Paris, en quelque sorte l'épine dorsale du quartier latin, s'est appelée, de 1180 à 1879, la rue des *Sept-Voies*, nom dû aux sept rues qui se déversaient dans cette importante artère.
N° 7. Hôtel de 1673. Sa façade présente trois baies en plein cintre renfermant l'entresol et le rez-de-chaussée, celle du milieu est surmontée d'un mascaron, les deux autres d'un ornement en forme de console. Les deux étages supérieurs, d'ordre colossal, sont séparés du soubassement par un bandeau, ils soutiennent des pilastres à chapiteau ionique et sont surmontés d'un fronton triangulaire à denticule.
L'intérieur contient deux escaliers à balustres de chêne et une statuette de la Vierge dans sa niche. Le bâtiment du fond, plus ancien, touchait le collège des Grassins.
N°s 9, 11, 13, 15. Vieilles maisons.
N° 19. Maison construite sur les substructions d'une maison du XIVe siècle. Elle conserve de celle-ci deux étages de remarquables caves gothiques (classées) ayant en leur centre un pilier supportant toute la maison; des huguenots s'y réfugièrent au cours des massacres de la Saint-Barthélemy.
N° 4. *Le collège Sainte-Barbe :* Ce collège fut fondé, en 1460, par Geoffroy Lenormand, prêtre et professeur de grammaire au collège de Navarre. Il eut comme élèves Ignace de Loyola et François-Xavier qui devaient, en 1534, fonder l'Ordre des Jésuites. On présume que Calvin y fut également élève.
Les bâtiments de ce collège, qui avait été rattaché, en 1763, au collège Louis-le-Grand, furent achetés, en 1798, par Victor de Lanneau qui y fonda une institution qui reprit, en 1802, le nom de Sainte-Barbe. Ce collège est le seul survivant de tous les collèges

de la montagne Sainte-Geneviève et le plus ancien établissement d'instruction publique de France.
N° 21. *Le collège de Fortet :* Ce collège fut fondé, en 1394, par Pierre Fortet, chanoine de Notre-Dame de Paris. Calvin, ancien étudiant en théologie, l'habitait en 1532 lorqu'on vint l'arrêter pour une harangue dont il n'était d'ailleurs pas l'auteur. Il put se sauver en gagnant les toits voisins par la tour que l'on voit encore dans la cour; il se réfugia à Angoulême, puis à Nérac chez la reine Marguerite et enfin à Genève. C'est au collège de Fortet que fut constituée, en 1585, par une assemblée de 80 personnes comprenant des gentilshommes, des prêtres, des gens de robe et des bourgeois, tous créatures du duc de Guise, la *Très-Sainte-Ligue.*
Il reste de ce collège ses caves gothiques (classées), sa tour hexagonale de 1505, dite de Calvin (escalier à vis et image), qui, de tout temps, a porté à son sommet une construction en bois, et une partie de ses bâtiments de 1560.

PLACE SAINTE - GENEVIÈVE / Cette place, commencée vers 1770 et appelée *carré Sainte-Geneviève,* est située sur l'emplacement d'une partie du cimetière paroissial de l'église Saint-Étienne-du-Mont.

RUE DE LA MONTAGNE-SAINTE-GENEVIÈVE *(suite)* / Nos 43 à 49. Emplacement du *collège de Huban* ou de l'*Ave-Maria* fondé en 1339, réuni à Louis-le-Grand en 1763 et vendu en 1810.
N° 47. Ferronneries du balcon.
N° 49. Cour curieuse qui longe la rue Saint-Étienne-du-Mont; elle en est séparée par de vieux bâtiments, restes du *collège de l'Ave-Maria.*
N° 51. Vieille grille avec une enseigne dite de Saint-Étienne.

RUE SAINT-ÉTIENNE-DU-MONT / Cette rue, du XIIIe siècle, longe, d'un côté, les anciens charniers de l'église et, de l'autre, de très vieilles maisons. Deux de celles-ci, les nos 18 et 8, portent encore des crochets de chaîne (2 au n° 18); le n° 14 faisait partie du *collège de Huban.*

ABBAYE SAINTE-GENEVIÈVE /
Il reste de cette abbaye d'importants vestiges, à savoir :
— le clocher de son église, laquelle remplaça de 1180 à 1802 (date de sa démolition) celle que les Normands avaient rasée en 857. C'est cette tour, appelée à tort tour de Clovis, qui est encastrée dans le lycée Henri-IV. Sa base, du XIIe siècle, est romane; les deux étages supérieurs, refaits au XVe siècle, sont de style gothique (cette tour a été restaurée en 1895);
— des caves, du XIIIe siècle, comportant deux étages, un rez-de-chaussée voûté d'ogives et un sous-sol divisé en deux nefs par une rangée médiane de grosses colonnes; anciennes cuisines des moines, ce sont maintenant celles du lycée;

— le réfectoire des moines, également du XIIIe siècle, voûté d'ogives; c'est actuellement la chapelle du lycée, située en bordure de la rue Clotilde;
— le cloître qui, lui, est du XVe siècle (il a été restauré en 1744).
A ces vestiges moyenâgeux, il faut ajouter ceux du XVIIIe siècle, à savoir :
— un imposant escalier reposant sur deux colonnes, commencé en pierre, continué plus tard avec une magnifique rampe de fer forgé, et éclairé du haut par la coupole vitrée mentionnée plus loin.
— un autre escalier, non moins solennel, avec rampe de fer forgé et grilles à chaque palier; il conduit à une entrée de la bibliothèque dont la porte est un chef-d'œuvre de la sculpture sur bois du début du XVIIIe siècle;
— la bibliothèque, fondée en 1624, formée de deux galeries en croix; leur intersection est éclairée par une coupole décorée, en 1730, par Restout, aux frais du duc d'Orléans *(le triomphe de saint Augustin)*. Cette coupole soutenue par quatre palmiers sculptés de style baroque, recouvre actuellement l'escalier, plus récent, desservant ces galeries devenues dortoirs du lycée;
— le « cabinet des médailles, antiquités et curiosités », refait en 1753, avec armoires, boiseries et plafond de style Louis XV.
Les 80.000 volumes et les 2.000 manuscrits accumulés pendant des siècles par les doctes génovéfains ont formé la plus grande partie de la bibliothèque Sainte-Geneviève; quant au contenu du cabinet des médailles,

Bibliothèque de l'abbaye de Sainte-Geneviève

il a été réparti après la Révolution entre la Bibliothèque Nationale et la Monnaie.
La tour, le réfectoire, l'escalier et le cabinet des médailles, les galeries qui formaient l'ancienne bibliothèque et la rotonde centrale, les rampes et grilles en fer forgé des XVIIe et XVIIIe siècles et le cloître sont classés.

L'ÉGLISE SAINT-ÉTIENNE-DU-MONT / Pour le besoin des habitants du petit bourg Sainte-Geneviève, on construisit en 1222, une église, tout à fait indépendante de l'abbaye; on la dédia à saint Étienne. Cette église était accolée sur tout un long côté à un long côté de l'église de l'abbaye Sainte-Geneviève laquelle, rappelons-le, se trouvait située à l'emplacement de la rue Clovis.
La population s'étant accrue avec l'afflux des collèges, il fallut, à la fin du XVe siècle, remplacer cette église par une autre de dimensions plus vastes; c'est l'église Saint-Étienne-du-Mont actuelle.
Les travaux commencèrent en 1492, mais la construction fut si lente que ce ne fut qu'en 1626 que l'église fut consacrée. Aussi si son ensemble appartient au style gothique flamboyant, sa façade — qui est d'ailleurs la partie la plus remarquable de l'extérieur — est d'inspiration Renaissance.
L'église Saint-Étienne-du-Mont, la plus grosse paroisse de l'Université, eut fort à souffrir de la Révolution; elle fut restaurée sous le second Empire par Baltard et c'est de 1862 que datent toutes les statues et sculptures de sa façade.
Façade : Cette façade, œuvre de Claude Guérin, fut plantée de biais par rapport à l'axe de la nef en raison du peu de terrain accordé par l'abbaye. De forme pyramidale, elle présente, au rez-de-chaussée, un grand portique où quatre colonnes, cannelées et baguées, entourent le portail dont seuls les vantaux sont du XVIIe siècle, et deux niches contenant, celle de gauche la statue de saint Étienne, celle de droite la statue de saint Geneviève accompagnée de son mouton. Au tympan, la lapidation des aint Étienne. Ces quatre colonnes soutiennent un vaste fronton triangulaire décoré d'un bas-relief représentant la Résurrection du Christ. On voit du côté de la rue Saint-Étienne-du-Mont, un petit portail de style dorique, édifié en 1632; c'est l'ancienne entrée du cimetière situé au chevet de l'église auquel on arrivait en suivant la longue galerie voûtée située derrière les chapelles latérales le long de la rue Saint-Étienne-du-Mont.
A l'étage, une rosace médiévale, encadrée par deux niches, est surmontée d'un fronton curviligne orné, au centre, d'un bas-relief représentant les armes de France et celles de l'abbaye. Et, par-dessus, un haut pignon à la française. Deux inscriptions latines, restaurées sous l'Empire, rappellent : celle qui est au-dessus du portail que l'église a été dédiée à saint Étienne *(Stephano archimartyri sacrum)*, celle qui est à l'entablement, le martyre de ce saint *(Lapis templum domini destruit*

lapis estruit : la pierre a détruit le temple de Dieu, la pierre l'a reconstruit).

Sur le côté gauche s'élève le clocher haut de 50 mètres; sa partie inférieure date du début de la construction de l'église, soit de 1492, le reste est de 1624. Contre lui est accolée une étroite tourelle contenant l'escalier à vis permettant d'accéder au lanternon ajouré qui, dominant le clocher, contient la cloche de l'horloge.

Citons parmi les personnes qui furent inhumées dans l'église Saint-Étienne-du-Mont de part et d'autre de la chapelle de la Vierge : à droite, Pascal, mort en 1662, et, à gauche, Racine, mort en 1669, inhumé d'abord à Port-Royal-des-Champs, puis transféré ici en 1711.

Les corps de Mirabeau et de Marat ont pu être déposées après leur expulsion du Panthéon dans le petit cimetière situé au chevet de l'église, le premier en septembre 1794, et le second en février 1795. Ce petit cimetière avait été entouré, en 1605, d'un charnier dont les arcades reçurent, de 1612 à 1622, en don des marguilliers, 22 superbes vitraux dont 12, à peu près complets, subsistent, formant, à Paris, l'ensemble le plus intéressant de vitraux de la fin du XVIe siècle. D'autres remarquables peintures sur verre se trouvent aussi dans le chœur et dans le déambulatoire.

A signaler enfin que l'église Saint-Étienne-du-Mont est la seule église de Paris qui ait conservé son jubé. Achevé en 1545, il a échappé aux destructions du XVIIIe siècle qui ont fait disparaître ceux de Notre-Dame, Saint-Germain-l'Auxerrois, Saint-Merri, etc. La chaire est de 1650, le buffet d'orgues de 1630.

LE PANTHÉON / En 1744, Louis XV, gravement malade à Metz, fit le vœu, s'il guérissait, de substituer un somptueux monument à la vieille église Sainte-Geneviève, alors bien délabrée. Le roi, ayant été guéri, n'oublia pas son vœu; il choisit pour architecte Soufflot, majora, pour financer la construction projetée, le prix des billets des loteries, ce qui donna 400.000 livres, et prit le terrain nécessaire à l'édification de la nouvelle église sur le jardin qui s'étendait à l'ouest de l'abbaye Sainte-Geneviève, au sommet de la montagne, point culminant de la rive gauche (60 mètres).

Les travaux commencèrent en 1755; les premières ressources qui y furent affectées furent entièrement consacrées à l'établissement de solides fondations, car Soufflot rencontra les puits foncés 16 siècles auparavant par les potiers gallo-romains pour extraire l'argile propice à leurs poteries. Finalement, ce ne fut qu'en 1764 que Louis XV put poser la première pierre des parties hors de terre.

Soufflot qui avait adopté comme plan une croix grecque et comme architecture, une décoration qui « allierait la noble décoration des Grecs à la légèreté des architectes gothiques », connut beaucoup de déboires. Loué par les uns, il fut attaqué par d'autres

d'où une polémique telle qu'il mourut découragé, en 1780, avant que son église soit achevée. Toutefois, il avait eu le temps d'établir le projet de la percée de la rue qui porte son nom et de commencer à élever, sur l'emplacement du *collège de Lisieux,* l'École de Droit, à laquelle on donna, en 1844, un pendant, la mairie du Ve arrondissement; il avait donc aussi créé tout le cadre nécessaire à la mise en valeur de son édifice. Son élève, Rondelet, prit la suite des travaux. L'église, achevée au début de la Révolution, était loin d'être le monument de nos jours. Elle avait alors 2 clochers, 3 entrées et 42 hautes et larges baies dont on reconnaît l'emplacement dans les façades actuelles du Panthéon.
Après la mort de Mirabeau, l'Assemblée Nationale Constituante décida, en avril 1791, de transformer la nouvelle église et de consacrer la crypte destinée aux sépultures des génovéfains à celles des Français illustrés par leurs talents, leurs vertus et leurs services à la patrie. L'architecte Quatremère de Quincy fut chargé de cette transformation. Il arasa les clochers, mura les entrées latérales et les baies, enleva la croix du dôme, remplaça le fronton, plaça l'inscription : « Aux grands hommes, la Patrie reconnaissante » et déménagea le mobilier (autels, confessionnaux, chaire...). On eut alors le Panthéon.
En 1806, Napoléon rendit l'édifice à sa destination première, celle d'église, tout en conservant ses caveaux pour qu'y soient déposées les dépouilles des grands dignitaires et serviteurs de l'Empire. En fait, ce ne fut que sous Louis XVIII le 3 janvier 1823, jour de la fête de la patronne de Paris, que l'église fut inaugurée. On mit en place un nouveau fronton — le troisième —, on remplaça l'inscription « Aux grands hommes... » par la suivante : « D.O.M. sub invocat. S. Genovefoe. Lud. XV consecravit. Lud. XVIII restituit », on remit en place la croix et le mobilier.

En 1830, Louis-Philippe retransforma l'église Sainte-Geneviève en Panthéon. On redéménagea le mobilier, on mit en place un nouveau fronton — le quatrième —, l'actuel, œuvre de David d'Angers. On y voit la Patrie distribuer des couronnes que lui tend la Liberté tandis que l'Histoire prend note. A gauche, les civils : Malesherbes, Mirabeau, Monge, Fénelon, Manuel, Carnot, Berthollet, Laplace, Louis David, Cuvier, La Fayette, Voltaire, Rousseau et Bichat; à droite, les militaires : le général Bonaparte, un groupe de soldats de toutes armes, un grenadier, l'enfant qui battait la charge au pont d'Arcole et des polytechniciens. On remit l'inscription « Aux grands hommes... » et on enleva la croix qu'un drapeau remplaça.
En 1851, le Prince-Président retransforma le Panthéon en église; de simple église paroissiale elle devint cette fois-ci basilique nationale. On remit en place le mobilier, on enleva l'inscription « Aux grands hommes... », on laissa le fronton et on remit la croix.

Églises Saint-Étienne et Sainte-Geneviève (*grav. 17e s.*)

Ancienne abbaye Sainte-Geneviève

Vint la Commune de Paris. Le monument resta église, mais on enleva la croix qu'un drapeau rouge remplaça jusqu'en juillet 1873.
Le 22 mai 1885 mourut Victor Hugo. La IIIe République retransforma alors l'église Sainte-Geneviève en Panthéon où le corbillard des pauvres apporta la dépouille du poète. On redéménagea encore le mobilier, on remit l'inscription « Aux grands hommes... », mais, cette fois-ci on laissa la croix. Elle y est toujours, et c'est sous sa protection que reposent, dans ce « Saint-Denis républicain et laïque » : Voltaire et Rousseau, Soufflot, Victor Hugo et Zola, Lazare et Sadi Carnot, Berthelot, le cœur de Gambetta, Paul Doumer, Paul Painlevé, Jean Jaurès, Langevin, Perrin, ainsi que 42 dignitaires du Premier Empire.
La masse énorme du Panthéon aux proportions grandioses (110 mètres de long sur 82 mètres de large) atteint plus de 83 mètres de haut. Son péristyle, élevé de 11 marches, est inspiré du Panthéon de Rome; il est formé de 22 colonnes cannelées d'ordre corinthien de 20 mètres de haut. Sous le péristyle s'ouvrent trois portes de bronze surmontées de cinq bas-reliefs et de guirlandes; à gauche et à droite, des groupes de marbre représentent le baptême de Clovis, sainte Geneviève et Attila.

5 DE LA RUE DU CHAT-QUI-PÊCHE A LA RUE DES ANGLAIS

Le Petit-Pont / Les rues de la Huchette, Zacharie, de la Harpe, de la Parcheminerie et Boutebrie / L'église Saint-Séverin et son charnier / La rue Saint-Séverin / L'église Saint-Julien-le-Pauvre / Les rues Galande, du Fouarre, des Anglais et du Plâtre-Saint-Jacques.

Point de départ : place du Petit-Pont

La majeure partie du quartier décrit dans ce chapitre, ainsi que dans le suivant, est appelée à être détruite lorsque les circonstances le permettront. C'est un très vieux quartier de Paris, ses rues existaient déjà au XIIIe siècle.

LE PETIT-PONT / S'il était à Paris un seul pont que l'on dût connaître et, par suite, aimer, ce serait certainement le Petit-Pont, situé au même endroit et appelé du même nom depuis plus de 20 siècles. Lutèce n'était pas encore occupée par les Romains qu'il y avait déjà là une passerelle pour relier le petit îlot de Lutèce à la rive gauche de la Seine, celle-ci bien plus large que maintenant. Il fut jusqu'en 1378 le seul pont reliant la Cité à cette rive; aussi connut-il un trafic très intense puisqu'il conduisait aux deux anciennes voies romaines reliant Paris à Orléans et à Lyon, et qu'on le prenait pour se rendre aux abbayes Saint-Victor et Saint-Germain-des-Prés ainsi qu'aux collèges de la montagne Sainte-Geneviève.
Depuis 1186 jusqu'en 1718 le Petit-Pont resta chargé de maisons. Celles-ci disparurent à cette date à la suite d'un incendie qui le détruisit complètement. Il fut alors reconstruit (pour la onzième fois), mais, cette fois-ci, avec défense de le surmonter de maisons, interdiction qui, dès lors, fut étendue aux autres ponts de la capitale.

RUE DE LA HUCHETTE / Au XIIe siècle, un vignoble, le *clos du Laas*, s'étendait depuis le Petit-Châtelet jusqu'à l'abbaye de Saint-Germain-des-Prés; le chemin qui fut percé au travers, vers 1200, s'appela la *rue de Laas*. Transformé de Laas en Ars, puis en Arcs et, enfin, en Arts, on retrouve ce nom dans celui de la rue Saint-André-des-Arts, prolongement de la rue de la Huchette.
La rue de la Huchette, dont le nom, de 1284, provient d'une enseigne : *A la Huchette d'Or*, fut longtemps une des plus belles rues de la rive gauche; aussi

Le Petit-Pont et le Petit-Châtelet (*grav. fin 18e s.*)

est-ce dans celle-ci, à l'Hôtel de l'Ange (ex-nº 15), que descendirent, en 1500, des ambassadeurs envoyés par Maximilien Ier, empereur d'Allemagne, pour saluer le roi Louis XII; en 1552, ceux du Dey d'Alger; en 1559, ceux de la république de Venise. Elle fut au XVIIe siècle le quartier des rôtisseurs et des traiteurs mais elle était alors moins bien fréquentée à en croire Claude Le Petit, qui dans *Le Paris ridicule* la définit comme un lieu qui « est la source d'où sortent les coupeurs de bourse ».

Nº 4. Maison de 1729; son enseigne *A la Hure d'Or* est encore visible dans un cartouche apposé sur la façade.

Nº 10. Ancien hôtel meublé à l'enseigne *Au Cadran Bleu* où aurait logé, en 1795, Bonaparte, général de brigade depuis un an et, depuis août 1794, plus ou moins suspendu de ses fonctions du fait de ses relations avec Robespierre. Il payait sa chambre trois francs par semaine. Barras, chargé par la Convention de protéger celle-ci contre les émeutes royalistes, le prit comme second à la veille de l'insurrection du 13 vendémiaire (5 octobre 1795). Bonaparte se rendit maître du mouvement en mitraillant les insurgés rassemblés devant l'église Saint-Roch. Dès lors la fortune lui sourit; en moins de trois semaines il devint successivement : commandant en second de l'armée de l'intérieur, général de division, général commandant en chef de l'armée de l'intérieur, puis, en mars 1796, général commandant en chef l'armée d'Italie qu'il partait rejoindre, le 7, après avoir épousé, le 6, Joséphine Tascher de la Pagerie, veuve du général de Beauharnais. Lorsqu'il résida à nouveau sur les bords de la Seine, ce fut aux Tuileries, en 1800.

La RUE DU CHAT-QUI-PÊCHE est une ancienne ruelle de 1540; son nom vient d'une enseigne.

N° 13. Ancien bureau où les apothicaires vinrent s'adresser à partir de 1684 lorsqu'ils recherchaient un garçon.

N° 14. Ancienne maison de commerce célèbre à Paris dès le XVe siècle par ses aiguilles fort réputées. Elle avait pour enseigne l' « Y », encore indiquée sur un ovale de marbre apposé sur sa façade et reproduite dans les ferronneries de quelques fenêtres du premier étage de la maison actuelle, du XVIIIe siècle. Cette enseigne-calembour faisait connaître qu'ici on vendait ces cordonnets, appelés des lie-grègues, servant à attacher les grègues au haut-de-chausse.

A ce n° 14, comme au n° 17, ancienne inscription du nom de la rue.

N° 16. Maison du temps de Louis XVI.

N° 21. Maison du temps de Louis XV.

•

RUE ZACHARIE (*dite Xavier-Privas*) / La partie sud de cette rue s'est appelée au XIIIe siècle *Sac-à-Lie*, nom dû à la présence dans cette rue de marchands fournisseurs de ces sacs dans lesquels on transportait la lie de vin, séchée et calcinée, appelée cendre gravelée. La *gravelée* était utilisée pour apprêter les peaux et les tissus; les peaussiers, tanneurs et parcheminiers avaient d'ailleurs, en 1787, leur bureau dans la rue de la Huchette. Le nom de *Sac-à-Lie* fut déformé en *Saqualie* puis, en 1636, en *Zacharie* (vieilles inscriptions aux nos 3 et 19).

Presque toutes les maisons actuelles de cette rue sont du XVIIe siècle.

RUE SAINT-SÉVERIN (*côté ouest de la rue Zacharie*) / Cette rue qui est une des plus anciennes voies de Paris s'appelait *Colin Pochet* au XVIe siècle. Depuis lors, elle a été élargie deux fois, en 1678 et 1825.

N° 26. Vieille inscription du nom de la rue (comme au n° 24); les lettres « St « ont été grattées sous la Révolution.

Nos 7, 9, 11. Du XVIIe siècle.

N° 13. La maison a conservé sa belle enseigne, *Au signe de la Croix* (un cygne qui enroule son cou autour d'une croix), encore sculptée sur sa façade.

N° 34. Hôtel du XVIIe siècle; porte, cour, mascarons, escalier à très belle rampe en fer forgé.

N° 36. Cette maison existait en 1660; c'était alors l'auberge de l'*Etoile*.

RUE DE LA HARPE (*côté sud de la rue Saint-Séverin*) / La rue de la Harpe est à l'emplacement d'une ancienne voie romaine, la *Via Inferior*, doublant, en contrebas de la montagne Sainte-Geneviève, l'autre voie romaine (la rue Saint-Jacques) conduisant vers le midi. Elle fut, jusqu'au XIXe siècle, avec les rues de la Montagne-Sainte-Geneviève, Saint-Jacques, Saint-

André-des-Arts, la plus importante des rues du Paris de la rive gauche, car elle desservait les Thermes, l'Hôtel de Cluny et, surtout, un grand nombre de collèges; de plus, des messageries pour l'ouest de la France y eurent leur point de départ et d'arrivée. Elle conduisait à la *porte Saint-Michel* au delà de laquelle elle s'appelait la rue *d'Enfer*; le percement du boulevard Saint-Michel a fait disparaître, entre la rue Saint-Séverin et la *porte Saint-Michel*, une bonne moitié de la rue de La Harpe.
N° 35. Hôtel Louis XV; fenêtres de l'entresol avec mascarons et ailerons sculptés, ferronneries; façade classée.
N° 45. Hôtel du XVIIIe siècle; ferronneries, mascarons, corniche saillante supportée par deux consoles; sa porte monumentale avec ses vantaux est classée.

RUE DE LA PARCHEMINERIE / Reliant les importantes rues de la Harpe et Saint-Jacques, longeant l'église Saint-Séverin, cette rue fut une des plus animées du quartier Latin. Au XIIIe siècle les écrivains publics et les copistes de manuscrits l'habitaient, d'où son nom d'alors de rue *des Ecrivains*. En 1387, elle prit celui de rue des *Parcheminiers*, étant celle des marchands de parchemins, commerce très prospère puisque ce ne fut qu'au milieu du XVe siècle que le parchemin commença à faire place au papier venu de Chine.
Depuis le VIIe siècle le parchemin employé par les copistes était épais, grossier, rugueux, ce qui nécessitait une large écriture; aussi un livre de très grand format ne contenait-il que peu de texte. Vers 1380, on fit un parchemin au grain plus serré et d'épaisseur moindre, de plus l'emploi des lunettes permit d'écrire en très petits caractères; c'est ainsi que tout le texte de la Bible entra dans un volume de petit format. Ces nouveaux parchemins étaient très répandus et c'est dans cette rue que les collèges et les étudiants venaient s'en approvisionner. Au XVIIe siècle on y allait encore se fournir en livres. Ce fut dans cette rue que Corneille, alors dans la misère et âgé, entra, en 1679, dans une boutique de cordonnier où il attendit, assis sur une planche, que soient recousues ses chaussures, les seules qu'il possédât. Plus tard, Diderot eut dans cette même rue son premier logis parisien.
N° 32. Porte à linteau sculpté.
N° 30. Vieille maison; une fenêtre par étage.
N° 28. Vieille maison de 1518.
N° 29. Charmant petit hôtel Louis XV, dit Hôtel Dubuisson, des environs de 1750. Sa façade — classée — comporte trois étages à deux fenêtres, des mansardes et un grenier surajouté. Baies à petits carreaux avec ferronneries et motifs sculpturaux.

RUE BOUTEBRIE / Le nom de cette rue est la corruption du nom d'Erembourg de Brie qui l'habitait à la fin du XIIIe siècle.

Nº 6. Maison à très joli pignon; escalier.
Nº 8. L'escalier situé au fond du couloir est, peut-être, le plus beau de ceux qui restent du XVIe siècle. Il est classé; sa rampe est un merveilleux travail de bois sculpté.

L'ÉGLISE SAINT-SÉVERIN / Dans un oratoire construit dans ces parages et dédié à saint Martin, habitait, vers 550, saint Séverin, *le solitaire*, à qui fut confié, pour qu'il soit tonsuré, Clodoald dont les deux frères avaient été assassinés par leurs oncles, fils de Clovis, afin qu'ils ne puissent régner.
On construisit, vers 1230, sur l'emplacement de la seconde chapelle édifiée, en 950, en souvenir du saint solitaire, une église dont le clocher, extérieur, attenait à la première travée de son bas-côté nord. C'est par cette tour-clocher que l'on pénétrait dans l'église et, qu'après avoir traversé celle-ci, on entrait dans le cimetière. Le temps passa, la paroisse s'agrandit; il fallut en faire autant de l'église; ce fut, là surtout, l'œuvre du XVe siècle.
L'église Saint-Séverin comporte donc deux périodes architecturales distinctes : celle du XIIIe siècle, de style gothique, dont il reste : les trois premières travées de la nef, les trois du premier collatéral sud et la tour-clocher jusqu'à sa balustrade exclue; et celle du XVe siècle, de style flamboyant, à laquelle appartient tout le reste, sauf quelques détails.
Le XVIIe siècle allait apporter à cette église ses retouches habituelles : enrobement des piliers et des arcades gothiques du chœur dans un placage de marbre et de faux marbre peint; démolition du jubé...
Façade : Le rez-de-chaussée de la façade date du XIIIe siècle. La petite baie en arc brisé qui servait de porte secondaire a été remplacée, en 1837, par la porte de l'ancienne *église Saint-Pierre-aux-Bœufs* dans la Cité, alors en cours de démolition. Cette porte date aussi de la première moitié du XIIIe siècle par ses colonnettes enguirlandées de feuillage et son archivolte en ogive; elle a gardé ses vantaux du XVIIe siècle où les apôtres Pierre et Paul figurent dans des médaillons; on voit encore, entrelacées dans un cartouche, les initiales S.P. de l'ancienne église. Son tympan, où la Vierge tenant l'Enfant est entre deux anges à genoux, est moderne.
Au-dessus de ce portail, la galerie de six clairevoies et la grande fenêtre à lacis flamboyant sont du XVe siècle, de 1487 environ. Le pignon qui les surmonte est de 1837.
Tour : La partie comprise entre le sol et la balustrade date d'avant 1230, la flèche est de 1487 environ. Sa porte fut longtemps l'entrée principale de l'église et du cimetière, comme le montre l'inscription, du XVe siècle, en lettre gothiques gravées sur le côté gauche.

Bonnes gens qui par cy passés
Priez Dieu pour les trépassés.

A côté une autre inscription, du XIVe siècle, et presque illisible, rappelle aux fossoyeurs que la veille de la Saint-Martin ils doivent nettoyer les voûtes de l'église. Saint Martin tient, en effet, une certaine place dans l'église Saint-Séverin, le pieux solitaire n'avait-il pas vécu dans un oratoire dédié à ce saint ? Aussi voit-on au tympan de la porte de la tour un bas-relief (de 1853) représentant saint Martin partageant son manteau.

A droite et à gauche du porche, on aperçoit les vestiges de deux lions encastrés dans les montants.

La tour a deux étages très élevés; le second renferme le beffroi de deux cloches modernes, dont l'une, donnée par Napoléon III après la guerre de Crimée, vient de Sébastopol.

Au sommet de la haute flèche à quatre pans recouverts d'ardoises se trouve dans le campanile, la cloche de l'horloge. Celle-ci date de 1412, et c'est certainement une des plus vieilles cloches de Paris; elle n'a pas de battant, mais un timbre qui frappe les heures; c'est elle qui indiquait, au XVe siècle, le couvre-feu aux collégiens de l'Université. Elle s'appelle *Macée* (du latin *Mathœa*, féminin de *Mathœus*, Mathias) et porte à sa partie supérieure extérieure deux lignes, fondues en relief, contenant douze vers qui indiquent qu'en 1412 les aumônes de bonnes gens l'ont donnée à Saint-Séverin, que son nom est *Macée* et qu'elle fut faite d'un métal pur et fin.

L'horloge, également de 1412, est celle qui est située en bas. On voit près d'elle, dans une niche d'angle finement sculptée, une statue de saint Séverin, reproduction, de 1847, de la statue initiale brisée par des huguenots au XVIe siècle.

RUE SAINT-SÉVERIN (*suite, côté est de la rue Zacharie*) / Nos 22, 20. Vieilles maisons (ex-hôtellerie et ex-rôtisserie).

No 12. Cette curieuse maison, une des plus étroites de Paris, quoiqu'elle ait deux fenêtres par étage, aurait été habitée par l'abbé Prévost d'Exiles, l'auteur de *Manon Lescaut*, seul ouvrage connu sur les 170 qu'il écrivit.

No 8. Vieille porte, basse et étroite, du XVIe siècle.

No 6. L'ex-CUL-DE-SAC SALEMBRIÈRE (inscription gravée à l'entrée) existait en 1239 et déjà était fermé par une grille.

No 4. Vieille inscription du nom de la rue; les lettres « St » ont été grattées à la Révolution.

Voir les maisons suivantes au carrefour formé par les rues Saint-Séverin, Saint-Jacques et du Petit-Pont :

RUE SAINT-JACQUES No 21 / Dans l'entrée, vantail d'une porte du XVIe siècle; dans la cour du fond, maison du XVIIIe siècle; dans une petite cour à gauche. escalier.

RUE DU PETIT-PONT N° 15 / Le couloir d'entrée conduit à une cour renfermant un hôtel du XVIIe siècle, celui d'Isaac de Laffémas, un des plus actifs agents du cardinal de Richelieu.
Fenêtres, escalier. La porte cochère, qui ouvre au n° 14 de la rue Saint-Julien-le-Pauvre, est classée (à son tympan extérieur, une Justice, étendue entre des branches d'olivier, tient une balance; derrière elle un enfant tient un sablier).

RUE SAINT-JULIEN-LE-PAUVRE / *Eglise Saint-Julien-le-Pauvre* : Cette église fut édifiée à un des points les plus importants de la rive gauche puisqu'il était situé à l'intersection même des deux grandes voies romaines conduisant, l'une, vers *Genabum* (Orléans) et le Midi (la rue Saint-Jacques), l'autre vers Lyon et l'Italie (la rue Galande).
Ce fut à cet *important carrefour*, que l'on éleva, au VIe siècle, la chapelle dédiée à saint Julien-l'Hospitalier (ou saint Julien le Pauvre), d'un hospice pour pèlerins, étrangers et voyageurs pauvres.

Saint-Julien-le-Pauvre, côté sud (*phot. vers 1880*)

Cet hospice et sa chapelle disparurent lors de l'invasion des Normands et des combats du Petit-Pont en 886.
Il faut attendre le XIIe siècle pour que ce lieu renaisse véritablement. Ce fut l'œuvre des bénédictins du prieuré de Longpont qui reconstruisirent ici une église (l'actuelle) entourée de quelques bâtiments conventuels dont il reste les caves superposées utilisées dans les maisons voisines.
Cette église, commencée vers 1170 et terminée vers

1240, constitue, comme Notre-Dame, du point de vue architectural, une transition du roman au gothique. Elle est, par son ensemble, la plus vieille de Paris, et cette petite église Saint-Julien, bien petite, bien pauvre, sans transept et sans clocher, prend place parmi cette vingtaine d'églises qui furent édifiées au début du Moyen Age aux alentours de Notre-Dame; toutes ont disparu, sauf celle-ci.
Située au cœur du centre universitaire des XIIIe et XIVe siècles, l'église Saint-Julien-le-Pauvre connut dès sa fondation une vogue considérable qui dura tant que les leçons furent professées en plein air, rue du Fouarre et place Maubert. Ce fut l'église des maîtres et des écoliers; Albert le Grand, saint Thomas d'Aquin, Dante, Pétrarque, y vinrent prier; plus tard, Villon et Rabelais. L'Université y fixa le siège de ses assemblées générales et celui de l'élection du *Rector Magnificus*, du recteur lui-même.
Le déclin du prieuré de Saint-Julien, prieuré qui fut aussi riche que célèbre, vint avec la création des collèges de la montagne Sainte-Geneviève vers laquelle maîtres et écoliers partirent au XIVe siècle. Avec l'année 1524 vint la fin de l'église Saint-Julien; l'élection du recteur mécontenta tous les étudiants qui l'envahirent, brisèrent ses vitres, son mobilier, ses statues, la saccagèrent à un point tel qu'on dût la fermer.
Le prieuré n'eut bientôt plus de ressources pour entretenir l'église abandonnée. Lorsqu'en 1651 la façade, la vieille façade gothique de l'an 1200, menaça de s'écrouler de vétusté, on la rasa ainsi que les deux premières travées de la nef et les deux du collatéral de droite; les deux du collatéral de gauche furent aménagées en sacristie, on voit encore sur un côté de cette dernière des vestiges (colonnettes) de la première façade de l'église. On érigea une nouvelle façade ornée de quatre pilastres doriques supportant un lourd entablement.
Fermé à la Révolution, l'église fut rendue au culte et restaurée en 1826. Elle est, depuis 1881, affectée au rite grec-catholique.

Le raccourcissement de l'église, en 1651, a mis au dehors un vieux puits du XIIe siècle situé jusqu'alors à l'intérieur du collatéral de droite; il a conservé sa vieille margelle de pierre et sa grille. Près de lui on a exposé deux dalles romaines en grès trouvées dans la rue Saint-Jacques où, posées sur du béton, elles constituaient une partie du pavage au IVe siècle.
Du petit square situé au nord de l'église on a de Notre-Dame une des plus belles vues que l'on puisse en avoir, et le contraste est grand entre l'énorme cathédrale et l'humble église Saint-Julien. Près de l'entrée latérale de l'église on voit un arbre qui passe pour être le plus vieux de Paris, ayant été planté, en 1601, par le botaniste Robin, directeur du *Jardin des Apothicaires* de la rue de l'Arbalète, d'où le nom de *robinier* donné à ce faux acacia (un arbre semblable est au Jardin des Plantes).

En contournant l'église par son chevet, on peut voir sur sa face sud l'embryon de son clocher, resté inachevé depuis le XIIIe siècle, et l'église telle qu'elle se présentait il y a près de huit siècles aux yeux du voyageur qui entrait dans Paris.
Remarquer dans l'intérieur de l'église, un remarquable lutrin du XVIIe siècle en fer forgé, la dalle mortuaire de Monthyon, la pierre tombale de l'avocat Rousseau, bienfaiteur de l'église Saint-Julien, mort en 1445, et, coupant le chœur en deux, l'iconostase qui rappelle, de suite, que cette église est affectée à un rite byzantin, en l'occurrence le rite grec-catholique, dit melkite. Cette iconostase, en bois marqueté, œuvre d'un artisan de Damas, porte selon la règle, en haut, le Seigneur sur la Croix encadré par sa Mère et par saint Jean-l'Evangéliste; en dessous, le Christ entre les douze apôtres, des scènes de la vie de Jésus; en dessous encore, l'Annonciation et les quatre Evangélistes.

RUE GALANDE / Cette rue constitue le début de cette ancienne voie romaine qui, par nos rues de la Montagne-Sainte-Geneviève, Descartes, Mouffetard, l'avenue des Gobelins, la place et la porte d'Italie, se dirigeait vers Lyon et vers Rome. C'était le chemin suivi pour se rendre de la Cité aux abbayes Sainte-Geneviève et Saint-Victor et aux nombreux collèges du quartier Latin et, vers 1672, une des plus belles rues de Paris, qu'habitèrent, au XVIIIe siècle, des gens d'épée et de robe.
N°s 67, 65 *bis*. Vieilles maisons.
N° 65. Hôtel du XVIe siècle; pignon arrondi, frises sculptées.
N° 63. Deux rangées de mansardes.
N° 44. Escalier.
N° 42. Le dessus de la porte d'entrée est surmonté d'un bas-relief en pierre du XIVe siècle (classé), encastré dans la façade, représentant la légende de saint Julien-l'Hospitalier. Lui et sa femme passent dans une barque le Christ et le conduisent vers une chapelle située sur l'autre rive. Ce bas-relief devait sans doute décorer la façade initiale de l'église Saint-Julien-le-Pauvre avant qu'elle ne s'écroule, en 1651.

RUE DU FOUARRE / Notre rue du Fouarre, ouverte vers 1215, n'est plus qu'un souvenir d'une des plus célèbres rues du Paris du Moyen Age. L'Université comprenait alors trois Facultés (la quatrième, celle de Médecine, ne fut créée qu'en 1331) qui étaient les Facultés de Théologie, de Décret (droit canon) et des Arts, celle-ci correspondait en quelque sorte à notre enseignement secondaire, c'était la plus fréquentée.
Ce fut à elle que l'Université assigna la rue du Fouarre pour ses cours publics, car ceux-ci étaient alors professés en plein air; le maître était juché sur un perchoir et les élèves assis par terre, cela par esprit d'abnégation et d'humilité, ainsi que le confirma le

pape Urbain V en 1366. D'où l'utilisation de bottes de paille (de *feurre*, de *fouarre*, vieux mots signifiant paille) que les élèves plaçaient entre le sol et eux et le nom donné à cette rue au XIVe siècle. Ici, Dante fut élève en 1304 et Buridan, professeur de philosophie vers 1330. La décence et le bon ordre ne furent pas toujours de règle dans la rue du Fouarre, surtout quand des ribaudes s'y infiltraient. Aussi Charles V la fit-il fermer, en 1358, par des chaînes tendues à chacune de ses extrémités.
No 8. Guirlandes, mascarons.
No 10. Vieille maison.

RUE GALANDE (*suite*) / No 41. Dans cette vieille maison, dite, au XVe siècle, de la Longue-Allée, se trouve l'entrée d'un curieux passage, fermé maintenant par une grille; nous le retrouverons au no 12 de la rue Domat.
Nos 31, 29. Vieilles maisons, mais remaniées. Le pignon en bois du no 31 date de la fin de l'époque gothique, de 1480 environ. Solives sculptées.
No 27. Vieille maison; toit curieux.

RUE DES ANGLAIS / Cette rue, du début du XIIIe siècle, doit son nom aux étudiants anglais qui y demeuraient. Elle possède des maisons des XVIIe et XVIIIe siècles à belles ferronneries. Le no 4 est l'ex-cabaret du *Père Lunette*, célèbre bouge du XIXe siècle.

RUE DOMAT / Cette rue, du début du XIIIe siècle, s'appelait, en 1247, la rue *des Plâtriers* car on y trouvait des dépôts de ce fameux plâtre blanc, le plâtre de Paris, retiré des carrières de la butte Montmartre.
No 4. Vieille maison.
No 6. Maison à pignon.
Nos 8, 10. Maisons du XVIe siècle.
No 12. Autre entrée du curieux passage conduisant au no 41 de la rue Galande. Huysmans l'a décrit comme suit : « Sa traversée est bizarre. On longe des allées qui se rétrécissent, puis s'évasent en de courts préaux, se resserrent encore et s'amincissent de telle sorte que lorsqu'on passe sous des corps de logis l'on est écrasé entre deux murs et que l'on se courbe pour ne pas se heurter contre les poutres en saillie du plafond. On chemine dans une fissure entre deux hautes maisons dont les toits se rapprochent loin du jour. »
A remarquer dans ce passage un vieux puits, un escalier Louis XIII et la façade sur cour du bâtiment d'entrée, vestige du *collège de Cornouailles* installé ici de 1380 à 1763.

6 DU PETIT-CHATELET AU COLLÈGE DES BERNARDINS

La rue de la Bûcherie, la première Faculté de Médecine de Paris / Les rues des Rats, l'impasse Maubert / La place Maubert / Les rues Perdues, de Bièvre et des Bernardins / Le quai de la Tournelle, la maison des Miramiones / Le collège des Bernardins / Le château de la Tournelle.

Point de départ : place du Petit-Pont

RUE DE LA BUCHERIE / La rue de la Bûcherie, actuellement coupée en deux tronçons par le square René-Viviani, a été percée en 1202.
Le bois nécessaire aux Parisiens pour la construction et le chauffage de leurs maisons arriva longtemps à Paris par flottaison. L'endroit où les radeaux étaient reçus et le bois amassé, le *port-aux-bûches*, était situé jusqu'au xvie siècle, dans cette partie-ci de la rive sud de la Seine et le chemin qui le longea fut appelé de ce fait la rue de la Bûcherie. Au xvie siècle, les marchands de bois quittèrent cet endroit pour s'installer à l'*île Louviers*.
La partie ouest de la rue de la Bûcherie conserve des vieilles maisons qui toutes ont vu le *Petit-Châtelet* :
Nº 43. Vieille maison; toit, mansardes.
Nº 41. Vieille maison.
Nº 39. Curieuse maison du début du xvie siècle, une des plus petites de Paris avec son rez-de-chaussée, ses deux mansardes et son très grand toit incliné. Au-dessus de celui-ci, on aperçoit, au fond et à gauche, un vieil escalier, moitié intérieur, moitié extérieur, également du début du xvie siècle, qu'il est intéressant de gravir.
Nº 18. Vieille maison.
Nº 16. Maison à porte cloutée.

Nºs 13 et 15. *Ancienne Faculté de Médecine de Paris :* Au début du Moyen Age la médecine n'était enseignée que dans les cloîtres; c'était encore celle d'Hippocrate (quatre siècles avant J.-C.) et de Galien (131-200); les premiers médecins furent donc des moines, leurs connaissances étaient d'autant plus limitées qu'ils étaient condamnés au célibat. En 1131, une ordonnance défendit aux gens d'Eglise l'étude de la médecine; en 1163, le pape Alexandre III la confirma au Concile de Tours et précisa que tous les religieux qui passeraient outre seraient excommuniés, leurs études devant être strictement limitées aux matières

ecclésiastiques. Il n'y eut donc plus de médecins jusqu'à ce que, vers 1220, des petites écoles laïques furent ouvertes de-ci de-là, telle celle voisine du cloître Saint-Germain-l'Auxerrois; elles s'agglutinèrent, prirent appui sur la Faculté des Arts et obtinrent, en 1274, d'avoir leurs statuts propres.
En 1331, Philippe VI confirma ces statuts; il créa la Faculté de Médecine qui fit, dès lors, partie de l'Université. Mais elle n'avait pas de domicile et pendant un siècle les leçons furent données en plein air dans la rue du Fouarre et les examens, passés au domicile des maîtres, appelés docteurs-régents.
En 1472, la Faculté de Médecine aménagea ici, à l'angle des rues de la Bûcherie et des *Rats* (de l'Hôtel-Colbert) deux maisons avec une chapelle; le tout fut terminé en 1502. Ces bâtiments furent réédifiés, en 1676, aux frais de Le Masle, chantre et chanoine de Paris, ainsi qu'en fait foi l'inscription latine gravée dans le marbre au-dessus de la porte du bâtiment qui fait face à l'entrée. En 1744, son amphithéâtre fut remplacé par le gracieux bâtiment situé à gauche, ceci, aux frais des médecins parisiens, ainsi qu'en témoigne l'inscription latine placée au-dessus de sa porte.

La Faculté de Médecine disparut à la Révolution. Elle fut reconstituée en 1808 et installée rue des *Cordeliers* (de l'Ecole-de-Médecine) dans des locaux qui ont formé le noyau de la Faculté actuelle.
Les bâtiments de l'ancienne Faculté, maintenant occupés par l'école d'administration de la Ville de Paris, sont classés comme monuments historiques. Cet ensemble présente, à gauche, l'amphithéâtre en rotonde couvert d'une coupole, dôme à lucarnes arrondies, œils-de-bœuf, mascarons, fronton Renaissance; cette construction repose sur un énorme pilier central dont le sommet s'épanouit et retombe en voûte sur les parois de la rotonde du sous-sol. Le bâtiment principal fait face à l'entrée; il est percé de baies ogivales, sa porte est surmontée d'un fronton Renaissance, son rez-de-chaussée (une ancienne grande salle de la Faculté) possède des piliers qui sont plusieurs fois séculaires.

RUE DE L'HOTEL-COLBERT / Cette rue, ouverte en 1202, s'est appelée jusqu'en 1829 la rue *des Rats*, nom encore gravé à l'angle de la rue de la Bûcherie. Son nom actuel vient d'un hôtel, de 1650, aujourd'hui disparu.
Nº 4. Cour curieuse.
Nºs 8, 10. Ancienne Faculté de Médecine.
Nºs 12, 13, 11, 9, 7. Maisons du XVIIe siècle. Au nº 9 : entrée, cour curieuse, deux vieux escaliers à rampe en bois pour l'un, en fer forgé pour l'autre.

RUE DE LA BUCHERIE (*suite*) / Nº 11. Maison (restaurée) du XVIIIe siècle, avec fronton du XVIIe.
Nº 9. Du XVIIe siècle. Ferronneries, cour, fenêtres,

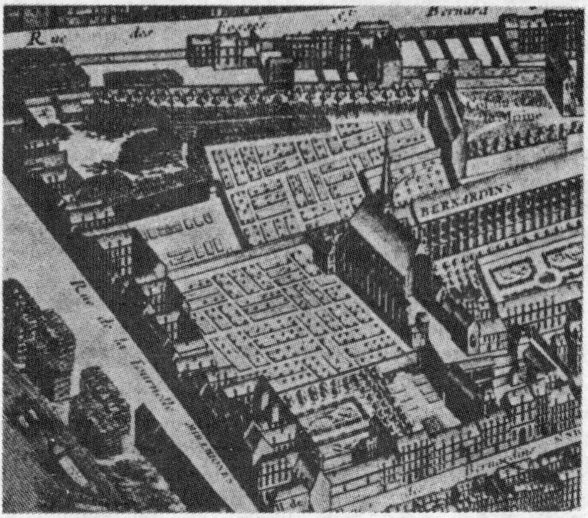

Collège des Bernardins, plan de Turgot

L'ancienne Faculté de Médecine

vieux puits, escalier.
N° 7. Du milieu du XVIIe siècle. Fronton, ferronneries.
Nos 5, 3, 1. Vieilles maisons.
Du carrefour situé en cet endroit on a une très belle vue sur le transept et la flèche de Notre-Dame. Au n° 3 de la RUE DU HAUT-PAVÉ, vieille maison. Dans la RUE DES GRANDS-DEGRÉS (des marches qui conduisaient vers la rivière), Voltaire fut, en 1714, clerc chez un procureur; il avait alors 20 ans. Voir dans cette rue les numéros 6 (mascarons), 4 et 1.

RUE FRÉDÉRIC-SAUTON / Cette rue est une extrémité de la vieille place Maubert située, au nord de la place actuelle, au débouché des rues Maître-Albert, Lagrange et des Trois-Portes.

N° 1. IMPASSE MAUBERT / On trouvait à cet endroit tout au début du XIIIe siècle le premier collège qui fut établi à Paris, le *collège de Constantinople*, fondé, en 1206, par Pierre, patriarche de Constantinople, à l'occasion d'un projet de réunion des églises grecque et latine. Il était donc situé dans le voisinage immédiat des premières écoles alors installées en plein air rue du Fouarre et place Maubert.
Les locaux de ce collège furent occupés, à partir de 1422, par un hôtel particulier, dit Hôtel d'Amboise, d'où le nom de *cul-de-sac-d'Amboise* que cette impasse garda jusqu'en 1867.
Vieille maison au n° 4 : entrée, plafond à solive, cour curieuse, escaliers remarquablement étroits. C'est sans doute dans cette maison que mourut subitement — et naturellement — en 1672, Godin de Sainte-Croix, amant et complice de la marquise de Brinvilliers. Il eut probablement ici son laboratoire de toxicologie; son domicile privé était à l'Hôtel des Abbés de Fécamp, (n° 5, rue Hautefeuille).
Nos 5, 2 à 4. Vieilles maisons.
N° 6. Grille de marchand de vin, mansardes.
N° 7. Ferronneries de la terrasse, mansarde, pompe sous la voûte d'entrée.
N° 8. Deux étages de mansardes.
N° 9. Du XVIIIe siècle.
Nos 13, 15 (mascaron); 17 (vieille maison); 21 (une fenêtre par étage, chacun avec sa décoration particulière); 23 (deux étages de mansardes); 23 *bis* (imposte

Marché des Carmes et ancienne place Maubert

couloir, cour). La plupart de ces maisons possèdent un très étroit et long couloir conduisant à des courettes sur lesquelles donnent des bâtiments infiniment plus anciens et plus sordides que ceux situés en bordure de la rue. De plus, la plupart de leurs caves communiquent avec celles des maisons de la rue Maître-Albert, telles celles du nº 19.

PLACE MAUBERT / Cette place date aussi de 1202; elle doit son nom à Jean Aubert, deuxième abbé de Sainte-Geneviève; c'est l'époque où les génovéfains étaient propriétaires de tous les terrains du quartier. Elle fut d'abord, comme la rue du Fouarre, un lieu de rassemblement pour les écoliers au temps des leçons données en plein air. Là, le célèbre dominicain Albert le Grand commenta, sous saint Louis, la physique d'Aristote et enseigna la philosophie.
Après l'exode des écoliers vers les collèges de la montagne Sainte-Geneviève, la place Maubert devint un lieu patibulaire; la potence, la roue, le bûcher y alternèrent, principalement tout au long du règne de François Ier. C'est là que furent pendus et brûlés des hérétiques, convertis à la doctrine nouvelle, dont, en 1546, Etienne Dolet, humaniste et imprimeur, accusé d'avoir imprimé des livres entachés d'hérésie. Tant de protestants furent suppliciés ici que cette place devint un lieu de sainteté pour ceux qu'illuminait la foi nouvelle.
La place actuelle résulte des travaux d'Haussmann; nous avons dit que la vieille place Maubert historique était située au nord de l'actuelle.

RUE MAITRE-ALBERT / Cette rue, qui existait en 1313, s'est appelée rue *Perdue* jusqu'en 1844. Presque toutes ses maisons sont anciennes.
Nº 15. Vieille maison; cour qui communique par le fond avec la rue de Bièvre.
Nº 13. Maison où vint habiter, en 1815, au deuxième étage sur cour, Zamor, l'ancien petit négrillon, page de la comtesse du Barry et gouverneur de son château de Louveciennes. Il y mourut en 1820, méprisé par tous pour avoir trahi sa maîtresse qui l'avait comblé de bienfaits.
Nº 16. Vieille maison; porte, cour, escalier, caves.
Nº 14. Vieille maison.
Nº 7. Hôtel de 1668, la plus belle demeure de la rue; vieilles et grandes caves.

RUE DE BIÈVRE / Cette rue s'appelait déjà ainsi en 1250. Elle doit son nom à une ancienne dérivation de la Bièvre qu'elle longeait. La rivière la Bièvre fut ainsi appelée par les Romains car alors des castors (en latin *Biber*) l'habitaient. C'était une claire rivière bordée de saules qui prenait sa source à cinq kilomètres de Versailles et qui, après un parcours de trente-deux kilomètres, se jetait dans la Seine près du pont d'Austerlitz. Un canal de dérivation fut creusé, en 1148, pour amener son eau dans les jardins de l'abbaye

Saint-Victor; il se jetait ensuite dans la Seine après avoir longé l'actuelle rue de Bièvre laquelle n'était alors qu'un sentier fleuri.
Dante aurait habité cette rue vers 1295 ou 1308; il y aurait alors commencé sa *Divine Comédie*. Le poète Crébillon l'habita vers 1700 lorsqu'il était clerc chez un procureur.
Nº 1. Vieille maison.
Nºs 4, 6. Anciennes dépendances du *collège Saint-Michel*.
Nº 8. De 1640.
Nºs 10, 12. Ici fut jusqu'en 1763 le *collège Saint-Michel*, fondé, en 1348, par la famille des Chanac, d'origine limousine; le futur cardinal Dubois (1721) et premier ministre du Régent (1722) y fut élève après y avoir servi comme domestique, en 1669, à 12 ans. Il devait connaître une brillante carrière. Saint-Simon a dit de lui : « Tous les vices, la perfidie, l'avarice, la débauche, l'ambition, la basse flatterie, combattaient en lui à qui demeurerait le maître. »
On voit encore au-dessus de la porte de la maison une statuette représentant saint Michel terrassant un dragon.
Nº 23. Vieille maison.
Nº 24. Vieille maison du XVIIe siècle.
Nº 28. Belle maison de la première moitié du XVIIe siècle. La marquise de Brinvilliers, déjà maîtresse de Godin de Sainte-Croix, y eut un appartement en 1659. Belles ferronneries.
Nº 31. Porte.

Suivre, à gauche, le boulevard Saint-Germain et prendre, à gauche, la :

RUE DES BERNARDINS *(section nord)* / Cette rue, appelée *Saint-Bernard* de 1246 à 1427, doit son nom au *collège des Bernardins* qui avait dans cette rue son entrée principale.
Nº 22. Porte, toit de tuiles.
Nºs 18, 16, 14. Vieilles maisons.
Nº 12. Maison du XVIIe siècle; un passage la met en communication avec la rue de Bièvre; escalier.
Nºs 10, 8. Vieilles maisons.
Nº 6. De 1705. Porte sculptée, escalier, cour curieuse qui communique aussi avec la rue de Bièvre.

QUAI DE LA TOURNELLE / Ce quai, construit en 1554, doit son nom au château de la Tournelle dont il sera question plus loin.
Nº 55. *Hôtel de Nesmond*. Sur cet emplacement fut édifié jadis pour le grand panetier de Philippe le Bel un hôtel appelé, de ce fait, l'Hôtel du Pain. Le grand panetier avait droit de justice sur toutes les communautés de boulangers du royaume, droit de regard sur leurs statuts et privilèges. L'hôtel actuel lui fit suite; il fut construit, en 1636, pour François de Nesmond, surintendant de la maison du prince de Condé, dont le fils Guillaume de Nesmond épousa, en 1661, la fille de sa voisine, Mme de Miramion.

Mme de Nesmond, fort vaniteuse, fut la première personne qui écrivit son nom au-dessus de la porte de son hôtel. « On en rit et on s'en scandalisa » a écrit Saint-Simon, « mais l'écriteau demeura ».
L'hôtel fut confisqué à la Révolution et l'inscription porta : *Hôtel cy-devant de Nesmond.*
N° 47. *Hôtel de Miramion.* Dans cet hôtel, construit aux environs de 1636, Mme de Miramion installa, en 1691, une communauté de filles dévotes, mais sans clôture, sans vœux et sans costume spécial, les *Miramiones,* qui avaient pour but de visiter les malades, de préparer des drogues, onguents, et médicaments, de faire des saignées et de tenir une école gratuite. On recevait aussi dans cet hôtel des jeunes pensionnaires ainsi que des dames désireuses de faire retraite. Mme de Miramion fonda également une maison de détention pour femmes débauchées, *le Refuge,* et une autre pour les femmes du meilleur monde qui, dégoûtées du libertinage, aspiraient à une vie plus tranquille, ce fut *Sainte-Pélagie,* installée, comme *le Refuge,* dans des bâtiments dépendant de la *Pitié.*
Mme de Miramion conduisait sévèrement la communauté des dames Miramiones. Sur le seuil de cet hôtel le bourreau venait y fustiger les filles qui, confiées à sa surveillance, continuaient à avoir une conduite laissant à désirer. Aussi, en 1791, des femmes du peuple du quartier Maubert tentèrent-elles d'envahir la maison des Miramiones pour fustiger celles-ci à leur tour.
Cet hôtel, fermé en 1792, fut affecté, en 1810, à la pharmacie centrale des hôpitaux, affectation qu'il a conservée. C'est là que sont préparées, entreposées et distribuées une grande partie des fournitures nécessaires aux hôpitaux de Paris. L'Assistance publique y a son musée depuis 1934.
Les façades sur cour et sur jardin et un plafond à poutres peintes et boiseries du XVIIe siècle sont classés. Escalier.
N° 37. Hôtel du XVIIe siècle. Inscription : *Hôtel cy-devant du président Rolland.*

Prendre ici, aller et retour, la :
RUE DE POISSY / N° 18. Restes du collège des Bernardins.
N° 24. *Réfectoire du collège des Bernardins :* Ce collège — dont les intéressants vestiges se classent en tête de ceux des monuments parisiens de l'époque gothique — avait été fondé ici, en 1244, par Etienne de Lexington, abbé de Clairvaux, pour le développement de l'instruction des religieux de son abbaye, dits Bernardins. L'abbaye de Citeaux dont dépendait Clairvaux, reprit cette fondation en 1320 et construisit à sa place, en 1338, avec l'aide de Benoît XII, ancien professeur au collège primitif, le *collège des Bernardins.* Ce collège s'étendait, d'une part, de la rue des Bernardins où était son entrée, jusqu'au *collège* du cardinal Lemoine (rue du Cardinal-Lemoine), et, d'autre part, de la rue Saint-Victor jusqu'à la Seine. Il était entouré

d'un mur de 8 mètres de haut afin que ses élèves ne puissent le sauter.

Ce collège fut supprimé en 1790; son cloître servit de prison pour les galériens jusqu'alors enfermés au *château de la Tournelle*. Pris pour des religieux déguisés, 70 d'entre eux sur 73 furent massacrés dans ce cloître en septembre 1792.

Depuis 1806, les rues de Pontoise et de Poissy passent au travers des jardins de l'ancien collège et, depuis 1845 une compagnie de sapeurs-pompiers occupe « provisoirement » ce qui subsiste de lui.

Les vestiges principaux comportent, d'une part, les celliers du XIVe siècle, immense salle voûtée souterraine, en partie comblée, en 1709, par les Bernardins (les inondations de la Seine empêchant son utilisation) et, d'autre part, au-dessus des celliers, le réfectoire, pareillement divisé en trois nefs voûtées d'ogives, de vingt travées chacune, pouvant former une unique salle gothique de près de 80 mètres de long sur 15 mètres de large contenant 32 piliers; c'est ce réfectoire que longe la rue de Poissy (vestiges classés). On peut aussi voir de la cour intérieure du nº 27 du boulevard Saint-Germain une partie de l'ancien mur de la sacristie de la chapelle du collège.

Rejoindre le quai de Tournelle :

QUAI DE LA TOURNELLE (*suite*) / Nº 27. Hôtel du XVIIe siècle, construit par Leduc.

Nº 21. En face de ce numéro se trouvait l'embarcadère du coche pour Fontainebleau lorsque la Cour y résidait. Trajet : douze heures; prix : deux livres dix sols.

Nº 15. Restaurant de la *Tour d'Argent* qui aurait été fondé en 1582.

C'est au début du quai, en aval du débouché actuel de la rue des Fossés-Saint-Bernard, qu'aboutissait l'enceinte de Philippe-Auguste qui, partant de la *tour de Nesle*, englobait tout le Paris de la rive gauche. Elle se terminait ici par une tour faisant pendant à la *tour Barbeau* située sur la rive droite (nº 32, quai des Célestins).

Contre cette tour on édifia plus tard, au milieu du XIVe siècle, une forte construction, dite le *château de la Tournelle*, dont le but était de défendre la passerelle qui venait d'être construite (1369).

Ce château, reconstruit en 1554, puis désaffecté, devint, en 1632, à la demande de saint Vincent de Paul, le dépôt des condamnés aux galères où ils séjournèrent dans des conditions bien meilleures que dans les cachots de la Conciergerie. Ils attendaient là le départ des *chaînes* des forçats qui avait lieu deux fois par an, en mai et septembre, pour Brest, Rochefort, Marseille et Toulon. Ce château fut démoli en 1790, comme suite à la démolition, en 1787, de la *porte Saint-Bernard* qui le flanquait au sud, et les galériens furent transférés dans le ci-devant *collège des Bernardins* voisin.

7

DE L'IMPRIMERIE DE MARAT A LA SAINTE-CHAPELLE

La cour du Commerce / La cour de Rouen / La rue Saint-André-des-Arts / Les rues Dauphine, de Nesle et de Nevers / Le Pont-Neuf / La place Dauphine / Le quai des Morfondus / Le Palais Royal des Capétiens / La Sainte-Chapelle.

Point de départ : 130, *boulevard Saint-Germain*

COUR DU COMMERCE-SAINT-ANDRÉ / Ce passage, appelé jusqu'en 1877 la *Cour-du-Commerce*, longe l'emplacement de l'enceinte de Philippe-Auguste; il est situé sur celui du fossé qui la renforça de 1360 à 1630. Il était occupé au XVIIe siècle par un jeu de boules, et le café Procope, situé au nº 13 de la rue de l'Ancienne-Comédie, avait sur cette cour une seconde entrée qu'utilisait Danton lorsqu'il s'y rendait. Le percement du boulevard Saint-Germain l'a amputé de la moitié de sa longueur.

La plupart de ses maisons (surtout celles du nº 8 au nº 4) furent construites, en 1776, par Ducellier, futur conventionnel.

Nº 8. Imprimerie où Marat faisait tirer son journal, *l'Ami du Peuple*, avant sa mort, le 14 juillet 1793.

Cette imprimerie avait eu comme prote, jusqu'en 1792, Brune, un des premiers fondateurs du club des Cordeliers avec Danton, Desmoulins, Marat, et Hébert. Il devint plus tard général de brigade (1796), maréchal de France (1806) et périt assassiné à Avignon (1815).

On trouve dans cette même maison après la Terreur, tenant un cabinet de lecture, la veuve de Brissot, un des plus illustres girondins. Décapité en octobre 1793, il laissait une importante bibliothèque, base de ce cabinet de lecture. Sainte-Beuve qui, en 1830, habitait l'hôtel meublé de Rouen, situé à l'actuel nº 2 du passage, y vint souvent.

Nº 9. Emplacement de l'atelier du charpentier allemand Schmidt; la guillotine fut expérimentée dans la cour voisine.

Le docteur Guillotin, député de Paris aux Etats-Généraux, avait déposé, en octobre 1789, un rapport tendant à l'unification des peines de mort jusqu'alors très diverses (la potence, la hache, le bûcher, la roue, l'écartèlement, etc.), qu'il proposait de remplacer par la décapitation. A une époque où la fraternité était à la mode, son rapport n'eut aucun succès; par contre Guillotin souleva l'hilarité lorsque, avec le ton ampoulé de l'époque, il dit à la tribune : *Le couperet siffle, la tête tombe, le sang jaillit, l'homme n'est plus ; avec ma machine je ferai sauter vos têtes en un clin d'œil et vous ne sentirez qu'une légère fraîcheur sur le cou.* On trouva qu'il « tranchait un peu trop dans le vif »... et son rapport fut classé !

Mais en 1792 les temps étaient changés ! Le projet de loi de Guillotin fut voté le 25 mars et le docteur Louis, secrétaire perpétuel de l'Académie Royale de Chirurgie, fut chargé d'étudier une machine à décapiter dont le principe était vieux de trois siècles.

Le charpentier Schmidt, ayant présenté le devis le moins élevé (de 305 à 824 livres) fut chargé par le docteur Louis de construire cette machine. Celle-ci fut expérimentée, d'abord au lieu cité plus haut, sur des moutons vivants, puis, dans la salle de dissection de l'hôpital de Bicêtre, sur trois cadavres (ceux de deux prisonniers et celui d'une folle).

Ces essais ayant été concluants, la première exécution capitale, à l'aide de *Louison* ou *Louisette*, eut lieu le 25 avril suivant, place de Grève. La victime était un condamné pour vol et agression nocturne. Depuis l'aube les Parisiens s'écrasaient tout autour de la place, les fenêtres et les toits étaient noirs de monde. Le montage ayant pris du temps, l'exécution n'eut lieu que la nuit venue, aux chandelles. Tout se passa si rapidement que les badauds furent déçus; par une chanson ils réclamèrent le lendemain « qu'on leur rendît leur potence de bois ».

C'est le journal les *Actes des Apôtres* qui lança le nom de « guillotine », qui devait dès lors être adopté au lieu de celui de *Louison.* La chute de Robespierre évita à Guillotin, emprisonné pendant la Terreur, de connaître cette « légère fraîcheur sur le cou » dont il avait parlé au début de la Révolution. Quant au charpentier Schmidt, il amassa une véritable fortune qu'il but... au point de mourir sous l'Empire de crises répétées de *délirium trémens.*

Nº 4. L'atelier de cette serrurerie contient une tour (classée) du rempart de Philippe-Auguste qui se poursuit au premier étage et jusqu'au toit.

COUR DE ROHAN / C'est à tort qu'on l'appelle ainsi depuis le XVIIIe siècle car son véritable nom est *Rouen,* les évêques de Rouen ayant eu ici leur pied-à-terre parisien depuis le XIVe siècle jusqu'en 1584. Elle comporte maintenant trois cours successives; dans la première, la petite terrasse située à gauche repose sur le rempart de Philippe-Auguste que l'on voit ici en coupe, restauré, modifié et élargi. Sur cette cour donne aussi le verso d'un hôtel Renaissance ouvrant sur la deuxième cour.

On voit dans celle-ci la façade principale de cet hôtel qui a remplacé, à la fin du XVIe siècle, l'Hôtel des évêques de Rouen dont on retrouve les armoiries au-dessous du soubassement d'une fenêtre de droite du rez-de-chaussée. Remarquer au fond de cette cour, sur le côté droit avant la grille, un *pas-de-mule* ou montoir, probablement le seul qui subsiste à Paris. La troisième cour particulièrement pittoresque, souvent peinte, dessinée, photographiée, filmée, présente un vieux puits ayant encore sa margelle à gargouille et sa poulie.

RUE DU JARDINET / La plus grande partie de cette rue, connue déjà en 1299, a disparu avec la percée du boulevard Saint-Germain; ce qui en subsistait fut réuni au *cul-de-sac de la cour de Rouen* datant du XVIe siècle.

RUE DE L'ÉPERON / Cette rue date du commencement du XIIIe siècle; son nom actuel (du XVIe siècle) provient d'une enseigne.
No 7. Emplacement d'une entrée secondaire de l'ancien *cimetière Saint-André*, cimetière de la paroisse Saint-André-des-Arts.
No 10. Hôtel du XVIIIe siècle.

RUE SAINT-ANDRÉ-DES-ARTS (*section située à l'ouest de la rue Séguier*) / Cette rue a été, avec les rues Saint-Jacques, de la Harpe et de la Montagne-Sainte-Geneviève, une des plus importantes rues du vieux Paris de la rive gauche. Elle était un sentier fleuri, bordé de haies vives, avant d'être ouverte en 1179 sous le nom de rue de *Laas*, du nom du clos qu'elle traversait. Plus tard ce fut la *grant-rue-Saint-Germain* jusqu'au rempart de Philippe-Auguste, on l'appela ensuite la rue *Saint-André-de-Laas* et, enfin, la rue Saint-André-des-Arts.
Lorsque l'enceinte de Philippe-Auguste coupa la région du clos de Laas en deux parties, les habitants, enfermés dans Paris, ne purent plus se rendre à l'église de l'abbaye Saint-Germain-des-Prés restée hors de la ville. D'où la construction, vers 1215, de l'*église Saint-André-des-Arts* sur l'emplacement de laquelle est maintenant la place du même nom. Eglise démolie de 1800 à 1808.
No 41. Emplacement d'une maison habitée par Racine de 1680 à 1684.
No 45. Emplacement d'une maison habitée depuis son mariage (1786) à sa déportation (1795) par Billaud-Varenne, le *tigre à perruque jaune*, orateur du club des jacobins et conventionnel farouche.
No 46. Fontaine dans la cour, face à l'entrée.
No 52. Très bel hôtel construit en 1740 pour du Tillet, baron de la Bussière. Il fut habité par Chérin, historiographe puis généalogiste du roi au temps de Louis XVI.
Cet hôtel présente des baies en plein cintre englobant les rez-de-chaussée et l'entresol, des balcons reposant sur des consoles s'appuyant sur des têtes de béliers, des ferronneries, une cour circulaire, des mascarons, une jolie tête de Bacchus au-dessus de l'entrée de la cave et un bel escalier. Les façades sur rue et sur cour, la rampe de l'escalier en fer forgé et le mascaron surmontant l'entrée de la cave sont classés.
Nos 47 et 49. Emplacement d'un hôtel ayant appartenu, au XIIIe siècle, à Jeanne de Navarre, épouse de

Philippe-le-Bel. C'était le *séjour de Navarre* que cette reine légua afin qu'on y installât un collège qui, finalement, fut construit rue de la Montagne-Sainte-Geneviève.
En 1640, l'hôtel fut loti et divisé en deux :
Le N° 47 devint l'hôtel de Vieuville; refait en 1728 (porte monumentale, vantaux et balcon classés) il devint l'Hôtel de Villayer où se tint, de 1781 à 1787, un salon ouvert aux savants, artistes et amateurs d'art de tous les pays; le n° 49 fut également reconstruit en 1728 (la façade sur rue, les vantaux et le heurtoir sont classés); sous ses caves se trouvent d'anciennes caves du séjour de Navarre.
N°s 53, 51. Cour.
N° 60. Portail.
N° 58. Portes Louis XIV.
Porte Buci Cette porte de Paris de l'enceinte de Philippe-Auguste puis de celle de Charles V était située à l'endroit où la rue Saint-André-des-Arts coupait le rempart, soit entre les débouchés actuels de la cour du Commerce-Saint-André et de la rue Mazet; elle était protégée par deux grosses tours crénelées, surmontée de défenses, doublée par une herse et un pont-levis.
C'est là que se situe le lieu de la trahison de Perrinet-Leclerc, lourde de conséquences pour l'histoire de Paris. Fils d'un quartenier de la Ville, marchand de fers au Petit-Pont, qui avait la responsabilité de la *porte Buci*, le jeune Perrinet prit, dans la nuit du 28 au 29 mai 1418, les clefs de cette porte dans la chambre de son père et, à une heure du matin, ouvrit celle-ci à 800 Bourguignons commandés par Villiers de l'Isle-Adam. Ceux-ci, réunis à d'autres Bourguignons qui les attendaient près du Châtelet, se livrèrent pendant trois jours et trois nuits à un effroyable massacre des Armagnacs alors maîtres de Paris, massacre encore plus sanglant que ceux, postérieurs, de la Saint-Barthélemy et des premiers jours de septembre 1792 (plus de 1.500 victimes dans les prisons seulement).
Murée en 1422, la *porte Buci* fut rouverte et reconstruite vers 1540. Lors des massacres de la Saint-Barthélemy, elle resta fermée devant les partisans du duc de Guise lorsqu'ils voulurent sortir de Paris pour aller massacrer la colonie protestante de la rue des *Marais-Saint-Germain* (Visconti) qui fut ainsi épargnée.
La *porte Buci* fut démolie en 1672, de même que toutes les autres portes de la vieille enceinte de Paris.

RUE MAZET / Cette ex-rue de la *Contrescarpe-Dauphine* longeait intérieurement le rempart de Philippe-Auguste.
N° 1. Niche avec une statuette moderne de saint André.
N° 5. Emplacement jusqu'en 1906 de l'ex-auberge du *Cheval Blanc* qui, de Louis XIV à Louis XVIII, fut la tête de ligne des coches et diligences pour

Orléans, Tours, Bordeaux, Bourges, Vendôme, La Rochelle. En 1650, le prix du parcours Paris-Bordeaux était de 96 livres, repas compris, la durée du trajet Paris-Orléans était de deux jours.
N° 9. Emplacement jusqu'à ces dernières années du restaurant Magny fréquenté par George Sand, Flaubert, Sainte-Beuve, Renan, Gavarni, Théophile Gautier, Taine, Tourgueniev, les Goncourt, Paul de Saint-Victor, etc., qui y fondèrent leur fameux dîner du vendredi.

RUE DAUPHINE / Liée à la création du Pont-Neuf dont elle devint le débouché sud, cette rue fut percée, en 1607, à travers les jardins du couvent des Grands-Augustins, malgré les protestations de ses moines. Avec ses 9 m 74 de large, la rue Dauphine fut longtemps la plus belle rue de Paris; aussi le lieutenant de police Sartine la désigna-t-il pour qu'y soient expérimentés, en 1763, les premiers réverbères (cf. chap. Ier).
Nos 44, 46. Emplacement de la *porte Dauphine* construite par Lemercier, en 1639, et démolie en 1672. L'inscription sur la façade rapporte : « Du règne de Louis le Grand, en l'année MDCLXXII, la Porte Dauphine qui estoit en cet endroit a esté démolie par ordre de MM. le Prévost des Marchands et Eschevins, et la présente inscription apposée en exécution de l'arrest du Conseil du XXIII septembre du dit an, pour marquer où estoit cette porte et servir ce que de raison. » Cette inscription maintenant presque illisible devrait bien être restaurée.
N° 41. Maison habitée en 1783 par Baudelocque alors âgé de 37 ans; sa réputation de chirurgien, surtout comme praticien, fut célèbre dans toute l'Europe.
N° 34. Ancien hôtel du XVIIe siècle. On voit dans l'entrée, à gauche, un vieux puits et, au fond de la cour, un vestige de la face intérieure d'une tour de l'enceinte de Philippe-Auguste, qui se prolonge dans la cave. La face extérieure de cette tour est visible du n° 35 de la rue Mazarine.
La RUE CHRISTINE, située en face, est aussi de 1607; elle fut ainsi nommée en l'honneur de la deuxième fille d'Henri IV, née en 1606, future épouse de Victor-Amédée, duc de Savoie.
N° 31. Hôtel de Mouy, du XVIIe siècle. Porte, balcon, fronton et ferronnerie.

RUE DE NESLE / Cette rue date aussi de 1607. Elle s'est appelée rue d'*Anjou-Dauphine* jusqu'en 1867.
N° 6. Vieille maison.
N° 8. De 1620.
N° 12. Cette maison est aussi de 1620 pour la partie donnant sur la rue, mais le corps du bâtiment du fond est bien plus ancien. Il est situé le long de la rue de Nevers sur laquelle il ouvrait par une vieille porte, basse et cloutée, actuellement condamnée.
N° 13. Vieux puits comblé dans la cour.

RUE DE NEVERS / Cette vieille rue, du XIIIe siècle, constituait alors la limite est de l'*Hôtel de Nesle* (remplacé plus tard par l'*Hôtel de Nevers*) et la limite ouest du *couvent des Grands-Augustins*. Sa largeur n'a pas varié depuis sa création. Presque toutes ses maisons sont très anciennes (barreaux, portes basses, fenêtres à tous les niveaux, couloirs d'accès, courettes...) Elle débouche sur le quai sous une arcade moderne sur la voûte de laquelle sont des vers extraits du *Paris ridicule*, de Claude Le Petit, ayant trait au Pont-Neuf et faisant allusion aux filous et *tireurs de laine* dont ce pont était le rendez-vous, et aux nombreuses réparations qu'il avait déjà subies.

LE PONT-NEUF / La première pierre du Pont-Neuf fut posée dans la soirée du 31 mai 1578 par Henri III, en présence de la reine-mère Catherine de Médicis et la reine Louise de Vaudémont.

C'était un samedi; il pleuvait à torrents et le roi, tout vêtu de noir, pleurait à l'unisson car le matin même il avait assisté au service funèbre célébré, en l'église Saint-Paul-des-Champs, en mémoire de ses mignons favoris Quélus et Maugiron, tués en duel le 27 avril précédent. Devant ce spectacle, les Parisiens proposèrent de baptiser le futur pont *le pont des Pleurs*.

Par suite des divers événements politiques de l'époque : la Ligue, la fuite d'Henri III de Paris, les guerres de religion, les combats d'Henri IV contre les Guise et les Espagnols..., la construction du Pont-Neuf n'avança que lentement. Ce ne fut qu'en décembre 1605 que, le pont étant terminé, Henri IV put le franchir à cheval, suivi d'une nombreuse escorte. Dès lors naquirent les rues Dauphine, d'*Anjou* (de Nesle) et Christine, la place Dauphine, la rue de Harlay et les deux quais.

La vogue du nouveau pont fut prodigieuse. Pas de maisons ! Pour la première fois les Parisiens pouvaient franchir la Seine en l'apercevant. De plus, des trottoirs, hauts de quatre marches, mettaient les piétons à l'abri de la circulation. Le pont devint un lieu de promenade, ensoleillé ou exposé à la brise, mais toujours égayé par des boutiques installées dans les demi-lunes. Dès lors le Pont-Neuf devait être pour de nombreuses générations ce qu'avaient été antérieurement les charniers du cimetière des Innocents et la galerie mercière du Palais. Là se rassemblèrent des marchands ambulants, des bouquetières, des arracheurs de dents, des chansonniers, des bateleurs, des saltimbanques... Brioché a ses tréteaux au débouché du pont sur la rive gauche ; Tabarin en pierrot et Mondor en docteur ont les leurs à l'entrée de la place Dauphine jusqu'à ce que le parlement les fasse partir, en 1634, trouvant leurs chansons *scandaleuses* et leurs actions *mal séantes*. Les tire-laine et coupeurs de bourse abondent, tandis qu'un dicton affirme « qu'on est toujours sûr de rencontrer sur le Pont-Neuf à n'importe quelle heure : un moine, un cheval blanc et une putain ».

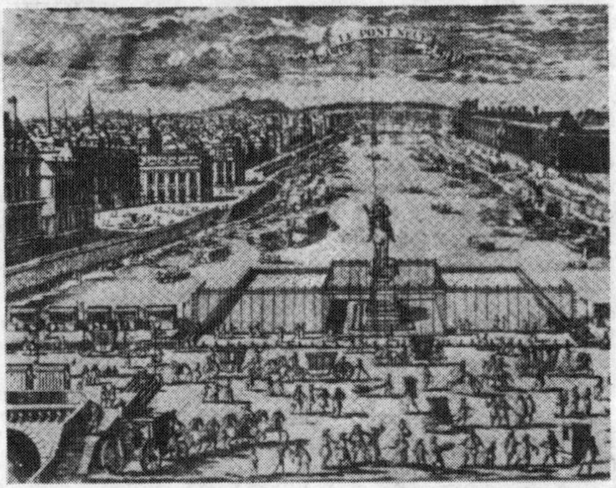

Le Pont Neuf (*grav. 17e*)

La statue d'Henri IV : Ferdinand, grand-duc de Toscane, avait fait couler en bronze, un cheval colossal avec le dessein de le surmonter ensuite de son effigie. Mais il mourut avant que cela ne soit réalisé et le grand-duc, Côme II, fit, après la mort d'Henri IV, cadeau de ce cheval à Marie de Médicis. On l'embarqua, en 1613, à Livourne, mais le bateau qui le transporta coula près des côtes de Sardaigne, le cheval aussi. On repêcha celui-ci un an après et on le hissa, en mai 1614, sur le piédestal de marbre où est actuellement la statue d'Henri IV; il y resta 21 ans sans cavalier. C'était « *le cheval de bronze* ».
En 1635, Louis XIII surmonta le cheval d'une statue de son père, et on compléta le piédestal en plaçant à ses quatre angles des esclaves enchaînés (actuellement au Louvre), et sur ses côtés, des bas-reliefs relatifs aux batailles d'Ivry et d'Arques. En 1788, on couronna la statue d'Henri IV de fleurs et de rubans blancs remplacés, en 1789, par la cocarde nationale; en 1790, on installa devant elle un bureau d'enrôlements volontaires; puis, en 1792 on la renversa, on la brisa, et les morceaux furent envoyés à la fonte ou jetés à la Seine.
En 1818, Louis XVIII fit ériger, par Lemot, la statue actuelle provenant de la fonte des statues de Napoléon surmontant la colonne Vendôme et la colonne de Boulogne-sur-Mer et de celle de Desaix érigée quelque temps place des Victoires. Le fondeur, ardent impérialiste, glissa en cachette dans le bras droit d'Henri IV une petite statuette de Napoléon et dans le ventre du cheval tout un ballot d'écrits, de chansons et de libelles bonapartistes qui, depuis, y sont restés.
Dans le socle du piédestal furent déposés : la copie du procès-verbal de l'inauguration de la première statue, le procès-verbal de l'inauguration de la deuxième, la *Henriade* de Voltaire (en deux volumes),

une vie d'Henri IV, le récit du retour de Louis XVIII, la Charte de 1815, les traités de paix de 1814, plus les pièces de monnaie et les médailles habituelles... Deux de ses côtés furent décorés d'un bas-relief relatif à Henri IV et à Paris.
Le Pont-Neuf a été restauré en 1848, mais le corps de construction demeure le même que celui du pont de 1605, âgé maintenant de plus de trois siècles et demi.
La pointe du Vert-Galant : Aménagée en square, cette pointe a, entre autres avantages, celui d'indiquer l'ancien niveau de l'île de la Cité et de montrer de combien le sol de celle-ci s'est exhaussé depuis l'époque de Lutéce (sept mètres).

LA PLACE DAUPHINE / Les îlots du *Passeur* et des *Juifs* ayant été réunis lors de la construction du Pont-Neuf et le bras de Seine qui les séparait de l'île de la Cité ayant été comblé, tout cet ensemble fut donné, en 1607, au président Achille de Harlay, à charge pour lui d'y construire une place bâtie de maisons en pierres et en briques de même symétrie. Cette place fut appelée la place Dauphine en l'honneur du jeune dauphin, le futur Louis XIII, alors âgé de six ans.
Elle a gardé à peu près sa forme initiale, sauf du côté est où elle communiquait, jadis, par une arcade monumentale, avec la rue de Harlay. Ce côté a été entièrement démoli en 1874, alors que les deux autres ont été bien défigurés par des exhaussement ou reconstruction de la plupart des maisons.
Les façades des numéros 12, 13, 14, 15, 16, 17, 19, 21, 23, 24, 25, 26, 27, 29 et 31, ainsi que leur revers sur les quais de l'Horloge ou des Orfèvres, son classées.
N° 28 (et 41, quai de l'Horloge). Une plaque apposée sur cet immeuble côté quai, indique que : *Madame Roland, née à Paris le* 17 *mars* 1754, *morte le* 8 *novembre* 1793, *fut élevée dans cette maison.* Façades et toitures classées.
N° 23. Ce fut jadis la maison de M. Josse, l'orfèvre cité par Molière, au Ier acte de *l'Amour Médecin :* (« Vous êtes orfèvre, monsieur Josse...); sa maison était à l'enseigne de *la Croix Verte.*
N° 12. Cette maison a appartenu, en 1689, au président de Harlay, petit-fils du fondateur de la place. Traité de *vieux singe* par une plaideuse qui craignait de perdre le procès qu'il instruisait, et ayant rendu un verdict reconnaissant le bon droit de la plaideuse, celle-ci vint lui faire une visite de remerciements : « Vous voyez, madame, lui dit-il, que les vieux singes peuvent encore être utiles aux vieilles guenons. »

RUE DE HARLAY / N° 2. Maison Louis XIII, dont la façade et la toiture sont classées.

QUAI DE L'HORLOGE / Ce quai, commencé en 1580, a été achevé en 1611.
Lorsque les rois habitaient la Cité, soit jusque vers

1360, leur résidence occupait, depuis Philippe le Bel, la région à peu près comprise, d'une part entre les deux rives de la Seine, de l'autre, entre le boulevard du Palais et une enceinte nord-sud partant du quai de l'Horloge à hauteur de la tour crénelée appelée la tour Bonbec.

A l'ouest de ce mur d'enceinte et jusqu'à la pointe aval de l'île étaient le jardin du roi et sa treille, placés par conséquent à l'endroit où s'élèvent actuellement la Cour de Cassation, le Dépôt, la salle des Assises et le Parquet.

La Seine baignait alors le pied des quatre tours ci-après :

La tour Bonbec : Cette tour, construite vers 1250 est la plus ancienne des quatre tours qui flanquaient l'enceinte du Palais située en bordure du bras nord de la Seine. Elle était jadis moins haute que les deux tours qui suivent. Lorsqu'une partie du palais fut affectée à la prison de la Conciergerie, on pratiqua dans cette tour la torture, ce qui donna *bon bec* aux personnes interrogées. D'où son nom.

Les tours d'Argent et de César : Ces tours jumelles ont été construites vers 1300. Elles ont encadré jusqu'en 1380 l'entrée du palais royal réservée aux magistrats. Elles ont toujours été dépourvues de créneaux et coiffées d'un toit en poivrière; chacune avait cinq étages formés d'une pièce voûtée. Sous la Terreur, Fouquier-Tinville eut ses bureaux au premier étage de ces deux tours.

L'entrée de la Conciergerie, à l'est de la tour de César, date de 1825, mais a été refaite en 1864. De même, toutes les parties hautes de la façade du palais de Justice en bordure du quai de l'Horloge ont été refaites au XIXe siècle, en style gothique à l'est, en style corinthien à l'ouest.

La tour de l'Horloge : Cette tour, de section rectangulaire, haute de 47 mètres, date de 1353 environ; elle a été souvent restaurée, surtout en 1848.

Sur sa façade, boulevard du Palais, se trouve la première horloge publique de Paris. Faite sous Charles V vers 1371, elle a été restaurée sous Henri III, en 1574; Germain Pilon refit alors les sculptures entourant le cadran. Deux inscriptions latines l'encadrent, celle du haut : *Celui qui lui a déjà donné deux couronnes lui en donnera une troisième,* est une allusion aux couronnes de Pologne et de France portées par le roi Henri III et à celle qu'il aura au Ciel; celle du bas signifie : *Cette machine qui fait aux heures douze parts si justes enseigne à protéger la justice et à défendre les lois.* L'horloge, encadrée du monogramme du roi et de bas-reliefs représentant, à droite la *Justice,* à gauche la *Loi,* est placée sur le manteau royal de France au fond d'azur fleurdelisé.

Tout en haut, un lanternon contenait une cloche, le tocsin du palais, qui tintait dans les grandes circonstances, par exemple trois jours et trois nuits de suite pour la naissance et la mort des rois ou de leurs fils aînés. Comme elle avait aussi sonné le massacre de la Saint-Barthélemy, la Commune de Paris l'envoya à la fonte en 1793. Elle a été remplacée par l'actuelle en 1848.

LE PALAIS ROYAL DES CAPÉTIENS / Le palais royal du Moyen Age n'a fait que se substituer au palais antique édifié à l'époque romaine à la pointe aval de la Cité; des débris de cet ancien palais ont été trouvés lors de fouilles effectuées de 1845 à 1849 (fragments de colonnes monolithes, cippe...).
Ce palais qu'habitèrent lorsqu'ils séjournèrent à Paris les rois mérovingiens et carolingiens fut remplacé par un nouveau auquel travaillèrent successivement les rois capétiens, dont Robert le Pieux (996-1031), Louis VI le Gros (1108-1137), Louis VII le Jeune (1137-1180) et surtout saint Louis (1226-1270). Louis VI le Gros et Louis VII le Jeune y moururent Philippe-Auguste y naquit.
Au temps de saint Louis, la partie de ce palais constituant le *logis du roi* ne comportait qu'un corps de bâtiment composé d'un rez-de-chaussée et d'un étage, chacun de 4 pièces seulement. Le couloir Duc et la salle des Appels correctionnels sont sur son emplacement.
Jugeant ce palais trop petit pour pouvoir y installer près de lui ses services administratifs, financiers et judiciaires, Philippe le Bel chargea Enguerrand de Marigny de le remplacer par une résidence bien plus vaste qui s'étendit alors avec ses jardins, à l'est jusqu'à la rue de la *Barillerie* (boulevard du Palais), au nord, au sud et à l'est jusqu'à la Seine.

C'est de cette époque (1301-1312) que date la grande salle basse du rez-de-chaussée, la *salle des gens d'armes*, appelée, à tort, salle Saint-Louis, salle d'environ 64 mètres de long sur 28 mètres de large et 9 mètres de haut, divisée en quatre nefs voûtées d'ogives par trois rangées de huit piliers. Cette salle communique d'une part, avec la *salle des gardes* (23 mètres de long sur 12 de large et 7 de haut, divisée en deux nefs de quatre travées aussi voûtées d'ogives), d'autre part, avec les cuisines, aussi appelées à tort les *cuisines de saint Louis* puisqu'elles furent construites en 1353. Celles-ci étaient formées de deux salles superposées contenues dans un pavillon carré massif, isolé, attenant à l'angle sud-ouest de la tour de l'Horloge; il ne reste que celle du bas, salle carrée voûtée, de 17 mètres de côté, que trois files de trois colonnes découpent en quatre nefs de quatre travées. Enfin, la grande *salle basse* communiquait avec la grande *salle haute* située au-dessus d'elle, à l'aide de l'escalier à vis, de 1353, encore existant.
Cet étage supérieur, de mêmes dimensions que le rez-de-chaussée, formait deux nefs en charpente à poutres et montants dorés sur fond d'azur. Chaque roi de France y avait sa statue sur un des hauts pilastres qui aboutissaient à la voûte, cela formait une longue suite de rois de pierre, tous peints et dorés. Dans

cette salle se trouvait, sur le côté ouest, la fameuse *table de marbre* où se dressaient les repas officiels et sur laquelle on jouait les farces et les mystères.
Cette Grand'salle, reconstruite, en 1622, après un incendie, par Salomon de Brosse, forme aujourd'hui la salle des Pas-Perdus du palais de Justice.
Une longue galerie la reliait à la Sainte-Chapelle, son premier nom fut la mercerie du palais, puis la galerie marchande du palais; au début on y vendait surtout des joyaux, plus tard on y vendit un peu de tout, mais surtout de la mercerie et des livres.
Ce palais, embelli et agrandi, fut inauguré en 1313. Le matin du 22 février 1357 le dauphin Charles (le futur Charles V) vit assassiner à ses côtés par les séides d'Etienne Marcel, ses ministres (cf. Chap. III) qui furent ensuite traînés sanglants jusque sur le perron du palais où ils restèrent longtemps exposés. Peu de mois après, le dauphin Charles quittait celui-ci que Charles VI abandonna définitivement, en 1418, aux services judiciaires. Ce fut la fin du palais des rois capétiens dont il subsiste seulement (restaurées) la salle des gardes, la salle des gens d'armes, la salle des cuisines, les quatre tours sur la Seine et la Sainte-Chapelle.
A signaler parmi les salles qui ouvrent sur la salle des Pas-Perdus, celle de la première chambre du tribunal civil. C'est l'ancienne *Grand'Chambre* du parlement de Paris, celle des lits de justice où Louis XIV âgé de 16 ans vint, en tenue de chasse, imposer ses ordres au Parlement, celle où celui-ci cassa son testament, celle où, sous la Terreur, siégea le tribunal révolutionnaire et où furent condamnés, en particulier, Charlotte Corday, Mme Roland, Marie-Antoinette. Cette salle a été reconstituée après l'incendie du palais par la Commune, en mai 1871, telle que l'avait faite Fra Giovanni Giocondo en 1502.
En 1776, un incendie consuma toute la partie du palais s'étendant depuis la Conciergerie jusqu'à la Sainte-Chapelle, ce qui entraîna la réfection de la façade est du palais telle qu'on la voit actuellement (magnifique grille en fer forgé, vaste escalier entre deux arcades, escalier Louis XVI sur le côté, etc.). C'est sous l'arcade de droite que fut de 1380 à 1825, l'unique entrée de la prison de la Conciergerie; c'est par la petite cour sombre située en contre-bas que passèrent les 2.278 victimes du tribunal révolutionnaire et c'est contre la petite grille actuelle que se rangeait journellement la charrette qui menait les condamnés à l'échafaud. Le greffe de la prison était à l'emplacement actuel de la buvette du Palais.

LA SAINTE-CHAPELLE / Avant de partir en croisade, saint Louis fit édifier, pour abriter les reliques que Baudoin II, dernier empereur français de Constantinople, lui avait vendues, une somptueuse chapelle. La magnificence de ce monument devait être d'autant plus grande qu'il s'agissait de la sainte Couronne d'épines de la passion de Jésus-Christ, d'un grand

La Sainte-Chapelle (*grav. 17e s.*)

La Sainte-Chapelle / La façade (*grav. 17e s.*)

morceau de la vraie Croix apportée par sainte Hélène à Constantinople, d'un morceau de la lance ayant percé le Christ, d'une partie de l'éponge qui servit à lui donner du vinaigre, du roseau dont on lui avait fait un sceptre, d'une partie de son manteau et de son linge, d'une pierre du saint Sépulcre et d'une autre portion de la Croix.

Ce monument, joyau de l'art gothique et véritable châsse en pierre et en verre, la Sainte-Chapelle, est l'œuvre, croit-on, de Pierre de Montreuil qui venait de construire, de 1239 à 1244, le réfectoire et la chapelle de la Vierge de l'abbaye de Saint-Germain-des-Prés. Edifiée sur l'emplacement de l'ancienne chapelle *Saint-Nicolas-du-Palais*, la Sainte-Chapelle, commencée en janvier 1246, fut consacrée le dimanche 25 avril 1248.

Cette chapelle, dont la longueur est sensiblement égale à la hauteur, est double : on a, au rez-de-chaussée, la chapelle, dédiée à Notre-Dame, destinée aux gens du roi et aux habitants de la cour du Palais, et à l'étage, celle destinée au roi et à son entourage, dédiée à la sainte Couronne d'épines et à la vraie Croix. Cette seconde chapelle, bien plus élevée, fut une innovation architecturale par les dimensions de ses fenêtres (environ 15 m. 40 de haut sur 4 m. 50 de large) qui occupaient tout l'intervalle compris entre les contreforts. Le porche, composé aussi d'un porche haut et d'un porche bas, donnait accès à l'une et l'autre de ces chapelles. L'ensemble, admirable de légèreté, svelte, élégant, de proportions très étudiées, est un véritable miracle d'équilibre.

(La façade nord de la Sainte-Chapelle a malheureusement été sacrifiée, en 1782, quand la cour d'honneur du palais de Justice fut reconstruite après l'incendie de 1776 et que, pour raison de symétrie, on éleva dans cette cour l'aile qui masque maintenant cette façade).

Les jours de grandes fêtes, saint Louis montait l'un des deux escaliers à vis situés, de part et d'autre du maître-autel, dans une tourelle à jour, en bois sculpté (celle de gauche seule est ancienne), afin d'accéder à la plate-forme du grand tabernacle d'or qui occupait le fond de la chapelle haute. Alors il retirait du reliquaire, dont lui seul avait la clef, la Couronne d'épines qu'il montrait aux fidèles assemblés dans la nef, et, par un panneau de verre dans la fenêtre du fond, aux personnes agenouillées dans la cour.

(Cet ancien maître-autel, de même que la châsse, furent fondus à la Révolution; la plate-forme actuelle est une reconstitution d'après des dessins anciens).

Pour mieux se recueillir aux offices sans être vu, Louis XI fit édifier cette construction qui fait saillie sur la face sud de la Sainte-Chapelle; elle comportait à l'étage un petit oratoire percé d'une ouverture oblique et grillagée au travers de laquelle le roi pouvait apercevoir l'autel et l'officiant.

Charles VIII fit établir dans la cour un escalier voûté, de 44 marches douces, qui, longeant extérieurement

la façade sud de la Chapelle, permettait d'atteindre directement la chapelle haute, sans passer par le palais.
En 1630, un incendie ravagea la flèche de la Sainte-Chapelle, déjà refaite en 1383 et 1460. Sa reconstruction, très lente, ne fut terminée qu'en 1671. Mal équilibrée, son état était tel qu'on crut prudent de l'abattre en 1793.
La Sainte-Chapelle faillit disparaître à la Révolution; elle servit successivement de magasin à farine, de club, de dépôt de paperasses; cette dernière affectation la sauva alors qu'elle portait l'inscription : « *Propriété nationale à vendre* » qui subsistait encore en 1837.
A cette date, on décida de rendre la Sainte-Chapelle à elle-même; ce fut le travail de Duban, de Lassus, de Viollet-le-Duc et de Bœswillwald. Lassus reconstruisit, en 1853, la flèche — (l'actuelle, la cinquième) — dans le style de celle qui avait été édifiée en 1460 : flèche à huit pans, charpente en cèdre, recouverte de plomb, hauteur : 33 mètres au-dessus du comble, 75 mètres en tout. Le soubassement de ce clocher porte, comme celui du clocher de 1460, douze statues représentant les apôtres. Sur le comble de l'abside on mit un ange en plomb de très grande taille, portant une croix, rappelant celui qui jadis pivotait régulièrement sur lui-même en montrant la croix à tous les points de l'horizon.
Le trésor de la Sainte-Chapelle se composait avant la Révolution d'un nombre considérable d'objets religieux, dont un buste de saint Louis en or, des livres d'église aux couvertures enrichies d'or et de perles, une grande croix en or couverte de pierres précieuses, etc. La plupart furent fondues. Quant aux saintes Reliques, l'église Notre-Dame détient actuellement celles qui ont pu échapper aux destructions de la Révolution.
Signalons, enfin, que Boileau, né tout près de la Sainte-Chapelle où il plaça le sujet de son *Lutrin*, fut inhumé, en 1711, à côté d'elle; ses restes furent plus tard transférés dans l'église Saint-Germain-des-Prés.
Une vingtaine de dalles de la Sainte-Chapelle basse sont des pierres tombales de chanoines des XIVe et XVe siècles dont, à l'entrée, celle du chantre Jean Mortis (1484), premier historien de ce monument.

8

DU COLLÈGE DES QUATRE-NATIONS A LA RUE DES CORDELIERS

Le Collège des Quatre-Nations / La rue des Fossés-de-Nesle : le jeu de paume des Métayers et l'illustre-Théâtre, le jeu de paume de la Bouteille et l'Opéra / Le carrefour Buci / La rue de l'Ancienne-Comédie : Le café Procope / L'Académie Royale de Chirurgie, la Confrérie des Barbiers-chirurgiens.

Point de départ : 21, quai de Conti

L'enceinte de Philippe-Auguste située sur la rive gauche de la Seine se terminait, en aval, à l'emplacement du pavillon oriental de l'Institut, par une grosse tour, appelée la *tour Hamelin,* du nom du prévôt de Paris en 1217. La Seine, bien plus large que de nos jours, baignait ses fondations. Une solide porte fortifiée, flanquée de deux fortes tours, fut percée dans le rempart un peu au sud de la *tour Hamelin.* Ce fut la *porte Hamelin* (emplacement de l'entrée de la bibliothèque Mazarine).

LE COLLÈGE DES QUATRE-NATIONS / Le cardinal Mazarin après avoir, comme le cardinal de Richelieu, gouverné 18 ans la France, mourut presque au même âge que lui, à 58 ans, en 1661, en laissant une fortune considérable. Par testament il affecta une petite partie de celle-ci, 2.000.000 de livres plus une rente annuelle de 45.000 livres, à l'édification à Paris d'un ensemble devant comporter : 1° un *collège* pour 60 boursiers, fils de gentilshommes, choisis dans chacune des quatre nations en partie réunies à la France pendant son gouvernement, soit : le territoire de Pignerol (Piémont), l'Alsace, la Flandre et l'Artois; 2° une *académie de manège,* ainsi que s'appelaient les établissements où on enseignait à des jeunes gens de la noblesse les sciences, les arts, l'équitation, les armes et la danse, destinée à 15 élèves; 3° une *bibliothèque* qui serait ouverte au public deux fois par semaine.

On décida de construire cet ensemble sur le *Petit-Nesle* et ses abords occidentaux. C'est alors que la *porte de Nesle*, la *tour de Nesle* et la partie du rempart de Philippe-Auguste les reliant furent rasées et que le fossé fut comblé. Le Vau fut chargé de cette construction qui, commencée en 1663, fut achevée en 1684.

La façade du collège avait une forme semi-circulaire; au milieu d'elle se trouvait l'entrée de la chapelle où Mazarin avait demandé que son tombeau soit érigé, son corps devant être inhumé dans les caveaux du sous-sol. De part et d'autre de cette chapelle, Le Vau fit construire deux pavillons massifs affectés, l'un à la bibliothèque, l'autre, à l'académie de manège.

La façade actuelle du palais de l'Institut diffère quelque peu de celle du *collège des Quatre-Nations*, car elle ne comporte plus les six groupes sculptés, composés chacun de deux personnages (Evangélistes et Pères de l'Eglise), situés au pied du dôme, seuls les six massifs de pierre qui les supportaient subsistent. La corniche n'a plus ses vases de pierre, mais on lit encore sur la frise du fronton qu'occupent aujourd'hui les mots : « Institut de France », l'ancienne inscription : JUL. MAZARIN S.R.E. CARD. BASILICAM. GYMNAS. F.C.A. MDCLXI. Au-dessus deux Vertus cardinales s'appuient, d'un côté sur les armes de Mazarin, de l'autre sur une horloge. Toutes les baies, sauf celle de la porte d'entrée du collège, située à gauche de celle de la chapelle, étaient fermées par des devantures vitrées et formaient une suite de 24 boutiques en arcades où on vendait de l'orfèvrerie, des estampes, des livres, des tableaux, des meubles d'art; là le père de Chardin eut une boutique d'ébéniste.

Le collège terminé, on s'adressa à l'Université pour qu'elle en assurât son fonctionnement, mais celle-ci exigea que le nouveau collège se conformât aux statuts généraux de l'Université, donc qu'on n'y enseignerait ni la théologie, ni le droit, ni la médecine; que l'académie de manège ne serait pas ouverte; et, enfin, que le théâtre que l'on venait d'ouvrir rue des *Fossés-de-Nesle* (Mazarine), à hauteur de la rue Guénégaud, devrait déménager. L'ouverture des classes eut lieu en octobre 1688, quatre années après le transfèrement en grande pompe dans la chapelle du collège de la dépouille du cardinal Mazarin.

Ce collège fut supprimé en mars 1793; on l'aménagea en une maison d'arrêt, où furent détenus : David, Guillotin, Mme de Tourzel, l'historien Michaud; sa chapelle devint un dépôt de sucre. En 1805, un décret prescrivit d'y installer l'Institut qui remplaçait depuis 1795 les cinq académies supprimées en 1793.

L'architecte Vaudoyer appropria le ci-devant collège

à sa nouvelle destination : la chapelle devint la salle des séances solennelles de l'Institut, le mausolée de Mazarin, œuvre de Coysevox, alla au Musée des monuments français et l'Institut prit place en aoû 1806. Le pont des Arts avait été lancé deux ans avant pour relier le palais des Beaux-Arts au Louvre.

Première cour : Deux portiques ouvrent sur cette cour, de forme octogonale, qui a gardé son aspect d'autrefois. Celui de droite conduit maintenant à la salle des séances solennelles située sous la fameuse coupole, celui de gauche, à la biliothèque fondée par Mazarin. Placés au-dessus d'un large perron de pierre, ces portiques comprennent chacun quatre pilastres corinthiens supportant un fronton représentant deux sujets allégoriques appuyés sur les armes de Mazarin. Un mur conserve encore un des deux cadrans solaires d'autrefois.

Le fonds de la bibliothèque Mazarine (indépendante de l'Institut) provient de celle du cardinal Mazarin augmentée, sous la Révolution, d'environ 50.000 volumes enlevés aux bibliothèques des couvents et à celles des personnes décapitées ou émigrées. C'est ainsi qu'on y trouve des ouvrages ayant appartenu à *Louis Capet*, à *la veuve Capet*, à *Adélaïde Capet*, etc. Elle contient actuellement 275.000 volumes, 6.000 manuscrits et 2.000 incunables.

Deuxième cour : Cour de récréation du collège, cette cour passait, en 1688, pour être une des plus grandes qu'il y eût à Paris. L'ancienne enceinte de Philippe-Auguste la bordait à gauche sur toute sa longueur. Le bâtiment de droite constituait le collège proprement dit avec, au rez-de-chaussée, ses classes, réfectoire et salles d'examens; aux premier et deuxième étages, se trouvaient les chambres des principaux fonctionnaires et professeurs et, au-dessus, celles des écoliers. Chaque élève avait sa chambre particulière souvent visitée afin de confisquer les liqueurs et mauvais livres que les élèves pouvaient détenir. Les élèves ne pouvaient être admis au collège avant l'âge de 10 ans, ni après 15; il leur fallait, naturellement, être originaires d'une des quatre nations désignées, être catholiques, prouver quatre degrés de noblesse paternelle et fournir leur trousseau. La division et la dénomination des classes étaient celles de nos jours; le réveil était à cinq heures et demie; à neuf heures du soir les élèves étaient enfermés à clef dans leur chambre. Pendant les repas, servis dans des couverts d'argent aux armes de Mazarin, l'un des élèves lisait à haute voix l'Histoire de France, la Vie des Saints, la Bible, etc. Les punitions corporelles y sévissaient comme dans tous les collèges de l'Université, l'emploi du fouetteur était ici rempli par le frotteur.

Troisième cour : Deux grandes portes cintrées ouvraient sur la troisième cour, celle des communs. Là étaient les cuisines, offices, buanderies, logements des domestiques, etc. Un vieux puits orné de fer forgé subsiste.

Cette cour avait une sortie de service sur la :

RUE MAZARINE / Cette rue est l'ancien chemin de contrescarpe du fossé de l'enceinte de Philippe-Auguste qu'il longeait jusqu'à la *porte Buci*. Converti, vers 1600, en une rue appelée des *Fossés-de-Nesle*, la fondation, par Mazarin, du *collège des Quatre-Nations* lui fit donner, en 1687, son nom actuel.

N°s 10, 12, 14. On trouvait là en 1595 un jeu de paume, dit des *Métayers*, que loua, en 1643, le jeune Poquelin, pour y installer son *Illustre Théâtre*. Il venait d'avoir 21 ans, venait de prendre le nom de Molière et de s'attacher à un groupe d'amateurs dont les quatre Béjart; la troupe ne comportait qu'une personne de talent, Madeleine Béjart, dont Molière fut l'amant.

La troupe ne fit ici que de très mauvaises affaires; dès septembre 1644, les dettes s'accumulèrent et Molière déménagea pour aller jouer dans un quartier jugé meilleur, d'où l'installation de l'*Illustre Théâtre*, en décembre 1644, dans le jeu de paume de la *Croix-Noire*, au port Saint-Paul.

N° 18. Maison du XVIIe siècle, habitée au XVIIIe par une actrice de la Comédie-Française, Mlle Hus, qui avait simultanément pour amants le duc de Bedford, ambassadeur d'Angleterre et le riche Louis-Charles Bertin de Blagny, chargé de l'encaissement des revenus casuels de Louis XV.

N° 20. Maison habitée, en 1791, par Barbaroux, avocat de Marseille, député à la Législative, girondin, décapité à Bordeaux en juin 1794, à l'âge de 27 ans. Remarquable par sa beauté, Mme Roland l'avait appelé : l'Antinoüs du Parti Girondin.

N°s 22, 26. Vieilles maisons.

N° 28. Maison qu'habitait Jean-François Champollion, dit Champollion le Jeune, lorsqu'il découvrit, en septembre 1822, la signification des hiéroglyphes, suite à la découverte de la *pierre de Rosette* trouvée en 1799. Il remit alors à l'Académie des Inscriptions et Belles-Lettres un mémoire d'où devait sortir toute l'égyptologie. Titulaire, en 1831, de la chaire d'égyptologie créée pour lui au Collège de France, Champollion mourut, épuisé de travail, en 1832, à 49 ans.

Cette maison fut aussi habitée par le célèbre peintre de batailles, Horace Vernet, qui contribua tant par ses peintures à la formation de la légende napoléonienne.

Porte; cour.

N° 30. Maison, dite l'Hôtel des Pompes, où mourut, en 1723, François Dumouriez du Périer, père (en deux mariages) de 32 enfants, ancien comédien et créateur, en 1722, du corps des pompiers de la Ville de Paris (inscription). Jusqu'alors c'étaient les capucins et autres moines mendiants qui étaient chargés de combattre les incendies dans la ville à l'aide de seaux, de haches, et... de seringues. C'est d'après un modèle de pompes fonctionnant déjà en Hol-

lande, que le roi dota Paris, en 1712, de 30 de ces pompes dont il donna la direction à Dumouriez. L'état-major des pompiers resta à cet endroit jusqu'en 1760.
Nos 5 à 17. Ces maisons, construites en 1670, appartenaient au *collège des Quatre-Nations* qui les louait. Parmi leurs habitants, citons, au no 5, Marie Desmares, la célèbre artiste dite la Champmeslé. Elle débuta à Rouen, puis vint à Paris où elle joua dans la troupe du Marais, en 1669, puis au théâtre de l'Hôtel de Bourgogne, enfin à celui de la rue Guénégaud. Interprète des principaux rôles des tragédies de Racine qui vint souvent ici la voir, la Champmeslé mourut à Auteuil, en 1698, à l'âge de 57 ans.
Les nos 7, 9 et 11 constituent un ensemble dont les façades et toitures sont classées ainsi que les vantaux de la porte du no 7.
Nos 36, 38, 40. Vieilles maisons.
No 42. Emplacement d'un autre jeu de paume, dit *de la Bouteille*, où l'abbé Perrin établit, en 1669, une académie chargée de jouer et de chanter en public des pièces en musique appelées opéras (cette date de 1669 est inscrite sur le rideau de l'Opéra). L'Opéra — qui eut ici un de ses berceaux — ouvrit, en mars 1671, avec *Pomone*, pièce qui eut un succès éclatant. Il resta peu ici car, en novembre 1672, il s'installa au jeu de paume du *Bel-Air*, rue de Vaugirard, proche du Luxembourg.
A la mort de Molière (26 mai 1673), sa troupe et celle du Marais s'installèrent ici à la place de l'Opéra. En octobre 1680, Louis XIV fusionna la troupe de la salle Guénégaud avec celle de l'Hôtel de Bourgogne, les deux troupes réunies formèrent la troupe des Comédiens-Français dont le premier théâtre fut cette salle de la rue Guénégaud. Le Théâtre-Français a donc eu, lui aussi, ici un de ses berceaux.
Mais à la demande de l'Université qui, nous l'avons vu, mit cela dans ses conditions pour exploiter le *collège des Quatre-Nations*, la Comédie-Française dut déménager en juin 1687, le voisinage d'une salle de comédie pouvant être funeste aux écoliers. C'est alors qu'elle s'établit dans le jeu de paume de l'*Etoile* situé un peu plus loin.
No 19. Porte classée.
Nos 23, 33, 43, 47. Vieilles maisons; mansardes du no 33.
Nos 46, 48, 54, 66, 70, 72, 78. Vieilles maisons.
No 51 (et 52, rue Dauphine). Façades classées.

CARREFOUR DE BUCI / Ce carrefour était déjà à la fin du règne d'Henri IV (1610) le plus animé de ceux de la rive gauche de Paris car deux portes de la Ville se trouvaient à proximité : la *porte Buci* et la *porte Dauphine*; aussi y trouvait-on, en 1621, un poste de 20 sergents. On y installa, le 2 septembre 1792, le premier bureau d'enrôlement des volontaires près duquel furent massacrés dans la soirée du même jour des prêtres que l'on conduisait à la prison de l'abbaye; ce fut le début des « massacres de septembre ». C'est aussi de la barricade dressée ici en 1848 que partirent les premiers cris de « Vive la République ».

RUE DE L'ANCIENNE-COMÉDIE / Ce prolongement de la rue des *Fossés-de-Nesle* appelé, vers 1560, rue des *Fossés-Saint-Germain*, prit son nom actuel vers 1780 après le départ de la Comédie-Française.
N° 4. Maison de 1585 habitée, en 1727, par le poète comique et académicien Philippe Destouche qui écrivit cette année-là son chef-d'œuvre, *le Philosophe marié*.
N° 10. Vieille maison.
N° 14. Ancien jeu de paume, dit *de l'Etoile*, qui existait depuis 1547 lorsqu'il fut acheté par le *théâtre de la Comédie-Française* qui occupa son emplacement de 1689 jusqu'à 1770.
Il n'existe plus grand-chose du théâtre de la Comédie-Française de la rue de l'Ancienne-Comédie. Sur la façade de cette rue, on voit une *Minerve*, de Le Hongre (haut-relief classé). Dans ses bâtiments les peintres David, Horace Vernet, le baron Gros eurent leur atelier et le baron Gérard, un logement.
N° 16. Marat habitait cette maison en 1790 lorsqu'on y vint pour l'arrêter; prévenu, il put la quitter peu avant. Cour.

N° 13. Le Café-Procope : En 1670, un noble Sicilien de 20 ans, venu de Palerme chercher fortune à Paris, François Procope, de son vrai nom Francesco Procopio dei Coltelli, aida à la *foire Saint-Germain* les Arméniens Pascal et Maliban à débiter en plein vent l'arôme nouveau appelé *café*, vendu deux sous et demi la tasse. Il s'installa à son compte, en 1675, rue de Tournon et puis, en 1684, rue des *Fossés-Saint-Germain*, face au jeu de paume de l'Etoile; le revers de sa maison donnait sur le jeu de boules de Malus, sur l'emplacement duquel est actuellement la cour du Commerce-Saint-André. Le café Procope eut aussitôt la clientèle du jeu de paume et celle du jeu de boules.
En 1689, la Comédie-Française s'installa au jeu de paume de l'Etoile. Dès lors, le café Procope devint le lieu favori des artistes et de leurs admirateurs, celui où s'affrontèrent les critiques théâtrales et mondaines, où l'on échangea des nouvelles, où l'on colporta les potins, où se firent et se défirent les réputations...; c'était le véritable journal parlé de Paris, un foyer de discussions d'idées. Les encyclopédistes s'y rassemblèrent : Voltaire, Rousseau, Diderot, Marmontel, Piron, Fréron, d'Alembert, etc. (*L'Encyclopédie* est née ici d'une conversation entre Diderot et d'Alembert). Beaumarchais y attendit l'accueil que le public allait faire à la première représentation de son *Mariage de Figaro* qui se jouait à l'Odéon, pièce qui lui valut trois jours de prison.
Quelques années plus tard ce café devint le lieu de

rencontre des révolutionnaires habitant le quartier : Danton, Marat, Legendre, Camille Desmoulins, Fabre d'Eglantine, Billaud-Varenne, celui d'où partirent les mots d'ordre pour les attaques des Tuileries des 20 juin et 10 août 1792, celui où le bonnet rouge fit sa première apparition.
Au temps du romantisme, le café Procope fut celui de Musset, George Sand, Théophile Gautier, Balzac, Gustave Planche, plus près de nous, celui de Gambetta qui y introduisit la coutume de fumer la pipe en public; plus près encore, celui d'Anatole France, de Huysmans, François Coppée, Verlaine, etc.
Magnifique balcon.
N° 21. Un appartement de cette maison, qui donnait aussi par derrière sur le jeu de boules de Malus, fut occupé au début de la Révolution par le docteur Guillotin.

Traverser le boulevard Saint-Germain, le suivre, à gauche, jusqu'à l'angle des rues Dupuytren et de l'Ecole-de-Médecine. Cette section du boulevard Saint-Germain est sur l'emplacement de la rue *des Boucheries* que le rempart de Philippe-Auguste séparait de la rue *des Cordeliers* située dans Paris.

RUE DE L'ÉCOLE-DE-MÉDECINE / Cette rue est sur l'emplacement d'un ancien sentier gallo-romain passant entre deux vignobles, le clos de Laas au nord, le clos Gibard au sud. Appelée rue *des Cordeliers* de 1300 à 1790, elle conduisait à la *porte Saint-Germain* de l'enceinte de Philippe-Auguste, édifiée en 1210, démolie en 1672, et située à hauteur du n° 87 du boulevard Saint-Germain.
N° 27. La RUE DUPUYTREN, de 1673, s'est appelée rue de *Touraine* jusqu'en 1851, du nom de l'hôtel sur l'emplacement duquel elle fut ouverte. Armande Béjart, veuve de Molière qui s'était remariée avec le comédien Guérin d'Estriché, habita l'emplacement du n° 4 en 1691. Les n°s 7 et 9 dépendaient du *collège des Cordeliers* qui s'étendait jusqu'à la rue *de l'Observance* (Antoine-Dubois). Porte et mansarde du n° 9.

N° 23. La RUE ANTOINE-DUBOIS, ouverte en 1672, s'est appelée rue de l'*Observance* jusqu'en 1851. A ses n°s 4 et 6 : restes du *collège des Cordeliers*, fondé au XIIIe siècle et supprimé à la Révolution. L'entrée principale du célèbre *couvent des Cordeliers* était, depuis 1715, située en face du n° 4, celle de son église était à côté.

N° 12. *La Faculté de Médecine*. La Faculté de Médecine comporte deux parties, l'ancienne et la nouvelle; la première, située au centre, date de 1776, l'autre, de 1878-1900.
La partie centrale a été construite sur l'emplacement du *collège de Bourgogne* fondé, en 1331, par le testament de Jeanne de Bourgogne, l'héroïne de la *tour de Nesle* ; ce collège fut réuni, en 1763, au collège Louis-le-Grand. La partie orientale a été bâtie sur l'emplace-

ment d'un autre collège, celui des *Prémontrés*, fondé, vers 1254, par des religieux installés à Prémontré, près de Laon. Son entrée était rue Hautefeuille; il fut supprimé à la Révolution.
En 1769, le roi fit l'acquisition des bâtiments de l'ex-*collège de Bourgogne* pour les donner à l'*Académie royale de chirurgie*, alors installée au nº 5. Ils furent démolis et remplacés, par Gondouin, par le bel édifice de nos jours inauguré en avril 1775. La première thèse y fut soutenue le 31 août 1776. Ce ne fut qu'après la Révolution que les étudiants en médecine et en chirurgie furent réunis ici dans une même école. Malgré l'agrandissement de l'Ecole pratique, située en face, la Faculté de Médecine s'y trouva à l'étroit moins d'un siècle après, d'où la construction des bâtiments modernes entourant, depuis 1878-1900, le noyau ancien.
Façade avec seize colonnes d'ordre ionique; au-dessus de la porte d'entrée, un grand bas-relief de Berruer où Louis XV, accompagné de la *Sagesse* et de la *Bienfaisance*, recevait du *Génie des Arts* le plan de cette école. Belle cour. Péristyle couronné par un fronton où, dans un bas-relief, *la Théorie* et *la Pratique* se donnent la main; dans la partie élevée du mur du fond, cinq médaillons, entourés de guirlandes de chêne, offrent les portraits de célèbres chirurgiens français, dont Ambroise Paré. Ces façades sur rue et sur cour sont classées.
Nº 11. Vieille maison, mansardes.
Nº 9. Maison à un seul étage.

Nº 5. Confrérie des Barbiers-Chirurgiens. Cet immeuble est à l'emplacement de la demeure de l'ancienne *confrérie des Barbiers-Chirurgiens* après la fusion, en 1655, de celle des chirurgiens de *robe longue* et de celle des chirurgiens de *robe courte*.
La confrérie des premiers avait été fondée, en 1255, à la demande de Jean Pitard, chirurgien de saint Louis. Elle s'installa dans des dépendances de l'église Saint-Cosme et prit le nom de *Confrérie de Saint-Cosme et de Saint-Damien*. Tous les lundis elle donnait gratuitement dans l'église les soins que l'état des malades réclamait de la médecine en tant qu'opérations manuelles, celles-ci constituant une marque de servage incompatible avec la dignité de médecin. (C'est ainsi qu'encore au milieu du XVIIIe siècle, un chirurgien qui voulait obtenir la licence d'exercer la médecine devait s'engager, par acte devant notaire, à ne plus faire d'opérations, même pas une saignée).
A partir de 1437, cette Confrérie fut autorisée à suivre les cours des écoles de médecine, et, en 1615, à disposer d'un local spécial.
En 1655 elle put avoir un amphithéâtre anatomique; cette même année ses membres fusionnèrent avec les chirurgiens de *robe courte*, celle des barbiers. Ceux-ci n'avaient pas été autorisés à suivre les cours des écoles de médecine; ils devaient se contenter de raser, de saigner et, éventuellement, d'accoucher. Cette fusion

dura jusqu'en 1743.
De 1691 à 1695, la confrérie des barbiers-chirurgiens fit reconstruire son amphithéâtre anatomique, bâtiment qui subsiste de nos jours (restauré en 1929), bâtiment de forme polygonale recouvert d'un dôme à grandes fenêtres et d'une lanterne.
L'*Ecole de Chirurgie* fut transformée, en 1731, en *Académie Royale de Chirurgie ;* c'est cette Académie qui fut transférée, en 1775, dans l'édifice spécialement construit pour elle par Gondouin, laissant ses lòcaux à l'*Ecole gratuite de dessin,* jusqu'alors rue de l'Hirondelle.
Ses façades, toitures et portiques, l'amphithéâtre en rotonde et la porte d'entrée sont classés.
Sarah-Bernhardt est née dans cette maison le 25 octobre 1841 (inscription).
N°s 4, 2. L'mplacement du *collège de Daimville,* de 1380 à 1763. Démoli en 1820, il en reste des vestiges dans les caves — classées — du n° 2.
N°s 1, 3 et 5. Emplacement de l'*église Saint-Cosme - Saint-Damien,* édifiée en 1212, fermée à la Révolution en 1790, vendue avec son cimetière et démolie, en 1836, lors du prolongement de la rue Racine

Façade de la Faculté de Médecine (*grav. 1775*)

9 DE LA TOUR DE NESLE A LA RUE DU SERPENT

Les Hôtels de Nevers, de Guénégaud et de Conti / Une mansarde de Bonaparte ; l'Hôtel de la Monnaie / Le quai et le Couvent des Grands-Augustins / La rue des Grands-Augustins et ses demeures célèbres / La rue Pavée-Saint-André, les Hôtels Séguier et d'Aguesseau / Les rues Gît-le-Cœur et de l'Hirondelle, le Collège d'Autun / La rue Hautefeuille, l'Hôtel des Abbés de Fécamp.

Point de départ : 21, *quai de Conti*

QUAI DE CONTI : Ce quai, construit par Etienne Barbette, au temps de Philippe-le-Bel, a été reconstruit de 1655 à 1662, puis de 1851 à 1853.
L'Hôtel de Nevers : Lorsque Henri II vendit, en 1552, l'Hôtel de Nesle, celui-ci fut acheté par Louis de Gonzague, qui prit le nom de duc de Nevers après son mariage avec Henriette de Clèves, sœur des derniers ducs de ce nom. Il fit jeter bas l'Hôtel de Nesle qu'il remplaça par une habitation d'une telle magnificence qu'Henri IV lui dit un jour en riant : « Mon neveu, j'irai loger chez vous quand votre maison sera achevée. »
Les princesses de la maison de Nevers-Gonzague ont donné à cet hôtel une certaine réputation de galanterie qui continua celle de l'Hôtel de Nesle; ce fut là qu'Henriette de Clèves eut une liaison avec un gentilhomme piémontais, Coconnas, dont elle conserva près de son lit la tête, embaumée, après qu'il eut été décapité, en 1574, pour complot. 68 ans plus tard, sa petite-fille, Marie-Louise de Gonzague, pleurait dans la même chambre la fin, également tragique de son amant Cinq-Mars à qui elle avait promis sa main s'il renversait Richelieu, mais Richelieu le fit décapiter avant (1642). Sa sœur cadette, Anne, qui vivait ici avec elle, « estimait, a dit Saint-Simon, autant la galanterie que le solide » et elle le prouva bien.
Marie de Gonzague fit démolir, en 1641, l'*Hôtel de Nevers* et fut autorisée à vendre son emplacement à des particuliers pour y ouvrir une rue et y bâtir des maisons.
L'Hôtel de Guénégaud : Henri de Guénégaud fut l'acquéreur du principal lot. Aimant le luxe, protecteur des arts, il fit bâtir ici, par Mansart, en 1648, un hôtel magnifique, le séjour le plus brillant de Paris, où

Boileau lut ses premières satires, Racine ses premières tragédies, et où on répéta *Pomone*, le premier des opéras français, représenté, en 1671, au théâtre de la rue Mazarine. La demeure qu'il fit construire porta son nom, ainsi que la rue qui, ménagée à l'extrémité du jardin, existe toujours. La façade de cet hôtel était perpendiculaire à la Seine, son entrée serait au n° 1 de l'impasse de Conti.

Lorsqu'en 1663 Le Vau commença l'édification du *collège des Quatre-Nations*, la place de Conti fut bâtie entre l'aile orientale de ce collège et l'Hôtel de Guénégaud. Les maisons nos 19, 17, 15 et 13 du quai de Conti datent de cette époque.

N° 13. L'Hôtel de Sillery : Déjà pour s'agrandir, Mme du Plessis-Guénégaud avait, en 1659, fait bâtir, meubler et décorer d'après les dessins de Mansart une noble demeure, dit le *Petit-Hôtel-Guénégaud*, située en face du grand hôtel, dans le recoin du cul-de-sac longeant la façade de celui-ci. En 1684, cet hôtel appartint au marquis de Sillery, d'où son nom actuel d'Hôtel de Sillery. En 1778, la marquise de Genlis, qui en était propriétaire, le loua, de 1785 à 1792, aux Permon qui arrivaient de Corse.

Mme Permon, dont la famille était établie en Corse depuis un siècle, était très liée avec Lœtitia Ramolino; aussi fut-elle, en quelque sorte, la correspondante du fils de celle-ci, le jeune Bonaparte, élève à l'Ecole Militaire de septembre 1784 à septembre 1785. Lorsque Bonaparte passait quelques nuits chez les Permon, il couchait dans la mansarde située au troisième étage à l'angle de la place et de l'impasse de Conti. C'est dans cet hôtel qu'il vint se montrer dans son premier uniforme d'officier lorsqu'il sortit de l'Ecole Militaire.

Le premier étage de l'Hôtel de Sillery fut habité, de 1803 à 1832, par le baron Dominique Larrey, chirurgien en chef de la garde impériale.

Les façades sur le quai, la cour et l'impasse, les toitures, le portail (n° 2, impasse de Conti), la cage et la rampe d'escalier de cet hôtel sont classées; ses boiseries sont à Carnavalet.

L'Hôtel de Conti : Par acte, d'avril 1670, l'*Hôtel de Guénégaud* fut cédé, à la suite d'un échange, à Anne-Marie Martinozzi, nièce de Mazarin, veuve d'Armand de Bourbon, prince de Conti. Elle l'agrandit en faisant construire le *Petit-Hôtel de Conti*, situé tout au fond de l'impasse et dont des vestiges sont actuellement enclavés dans l'Hôtel des Monnaies. Par la suite l'*Hôtel de Conti* devint, en 1758, le garde-meuble de la Couronne.

N° 11. *L'Hôtel des Monnaies :* En 1768, Louis XV ordonna de construire un nouvel Hôtel des Monnaies, en remplacement de l'ancien qui tombait en ruines, et de l'édifier sur l'emplacement des Grand et Petit Hôtels de Conti. Un concours entre les architectes désigna comme lauréat Jacques-Denis Antoine, âgé de 35 ans, fils d'un menuisier et d'abord simple maçon, inconnu jusqu'alors; Antoine avait renoncé aux monumentales

colonnades chères à Gabriel et à Soufflot et son projet, sobre mais de belle ordonnance, tirait un heureux parti des inégalités du terrain.
La première pierre du nouvel Hôtel de la Monnaie fut posée, en avril 1771, par l'abbé Terray, contrôleur-général des finances. Contrairement aux Hôtels de Guénégaud et de Conti, la façade principale de l'Hôtel de la Monnaie s'éleva parallèlement au quai et non perpendiculairement à lui. Cette façade offre 27 fenêtres avec un avant-corps de six colonnes ioniques élevées sur un soubassement de cinq arcades en plein cintre. Celle du milieu a une porte monumentale en chêne, à panneaux grillés, ornée du chiffre de Louis XV en bronze; son tympan porte l'écusson à fleurs de lis, entre *Mercure* et *Cérès*. A l'attique de l'avant-corps, six statues, debout et isolées, représentent, de gauche à droite, *la Loi, la Prudence* (par Pigalle), *la Force, le Commerce,* l'*Abondance* et *la Paix*. Suit un imposant vestibule en trois galeries dont les voûtes, ornées de caissons, sont soutenues par vingt-quatre colonnes doriques cannelées. Il conduit à un élégant escalier à double révolution, décoré de seize colonnes ioniques aux rampes d'entrelacs sculptés. La cour d'honneur forme un hémicycle terminé par un bâtiment à deux étages dont le péristyle est pourvu de quatre colonnes doriques. A son attique, deux figures, *l'Abondance* et *la Foi,* assises, de part et d'autre de l'écu de France, au-dessus d'une plaque de marbre noir portant en latin : « Les richesses, que l'Abondance laisse épancher de sa large corne, sont examinées avec une attention scrupuleuse par la Bonne Foi », symbolisent le contrôle sévère exercé par l'Hôtel des Monnaies sur ses fabrications. Contre la façade sont les bustes d'Henri II, de Louis XIII, de Louis XIV et de Louis XV.
L'Hôtel des Monnaies, achevé en 1777, est classé.

RUE GUÉNÉGAUD / Cette rue a été percée vers 1648 au travers des jardins de l'ex-Hôtel de Nevers. Un de ses côtés borde une longue façade latérale de l'Hôtel des Monnaies, dont l'avant-corps est orné de statues représentant : *la Terre, l'Eau, l'Air* et *le Feu.*
N° 7. Mansardes.
N° 15. Vieille maison.
N° 17. Maison habitée par le jurisconsulte Armand Camus. Secrétaire de la Convention, envoyé pour arrêter Dumouriez, il fut livré, en avril 1793, aux Autrichiens. Ceux-ci l'échangèrent, en décembre 1795, avec 4 autres prisonniers, contre la fille de Louis XVI toujours détenue au Temple.
N° 19. Maison à double pignon; grille, mansardes.
N° 25. Vieille maison.
N° 29. A l'intérieur de la scierie située au fond de la cour de cet immeuble se trouve une tour de l'enceinte de Philippe-Auguste, la mieux conservée de toutes celles qui subsistent. Elle était la deuxième tour de l'enceinte de Paris au delà de la porte de Nesle. Tour classée.

Nº 12. Façade et toiture classées.
Nº 10. A pignon.

QUAI DES GRANDS-AUGUSTINS / Cet ancien *chemin-sur-Seine* fut, en même temps que le quai de Conti, le premier quai construit à Paris (1313). Sa partie comprise entre la rue Gît-le-Cœur et la place Saint-Michel formait la rue du *Hurepoix*, supprimée en 1806.
Nº 55. Le couvent des Grands-Augustins : En 1293, des moines religieux de l'ordre des *ermites de Saint-Augustin* vinrent s'établir à cet endroit, antérieurement occupé par le couvent des Frères-de-la-Pénitence-du-Christ; c'étaient des moines prêcheurs et mendiants que Pie V plaça, en 1567, au dernier rang des Ordres mendiants, après les carmes, les cordeliers et les jacobins. En 1588, Sixte V fit une réforme de laquelle sortirent les *augustins déchaussés*, dits aussi Petits-Pères, tandis que, peu après, les augustins se divisèrent en *Grands* et en *Petits*. Il y eut donc à Paris à partir du début du XVIIe siècle trois sortes d'augustins : les *Déchaussés*, qui créèrent de l'autre côté de la Seine le couvent des Petits-Pères dont l'église Notre-Dame-des-Victoires fut la chapelle, les *Petits*, installés en 1613 dans un couvent que remplace, de nos jours, l'École des Beaux-Arts de la rue Bonaparte, et les *Grands*, toujours installés ici.
Ceux-ci disposaient à cet endroit d'un très important couvent qui, reconstruit au milieu du XIVe siècle, s'étendait, à l'ouest jusqu'à la rue de Nevers, au sud jusqu'à l'emplacement de la rue Christine, à l'est jusqu'à la rue qui garde leur nom. Henri IV perça, non sans peine, en 1607, la rue Dauphine au travers de leurs jardins. Ce couvent servait de collège à toutes les maisons que les augustins possédaient en France; il avait une salle qui était une des plus grandes salles de Paris; elle servit aux assemblées du clergé, à celles des chevaliers de l'Ordre du Saint-Esprit, parfois à celles du parlement.
C'est dans cette grande salle que le calviniste Anne Du Bourg, conseiller-clerc au parlement, osa, en 1559, en plein parlement et devant Henri II, défendre ses coreligionnaires et attaquer les vices de la Cour; arrêté, il fut pendu en place de Grève où son corps fut ensuite brûlé. C'est également là qu'Henri III fonda, en 1578, l'Ordre de chevalerie du Saint-Esprit, que Marie de Médicis fut proclamée régente après l'assassinat d'Henri IV et que le Régent installa, de 1716 à 1717, une Chambre de Justice chargée de taxer les financiers et traitants qui s'étaient livrés à des malversations (les dénonciateurs avaient droit au cinquième de la taxe). Les Parisiens approuvèrent fort ces poursuites; 4.400 personnes durent rendre des comptes et les amendes qu'elles eurent à payer se montèrent à 219.000.000 de livres. Mais, de ceux-ci, 160 seulement furent versés, dont 70 allèrent au Trésor; l'entourage du Régent, les courtisans et les

gens d'affaires gardèrent le reste, une centaine de millions, ce qui fit murmurer hautement.

Supprimé en 1790, le célèbre couvent des Grands-Augustins fut démoli en 1797, et la rue du Pont-de-Lodi fut percée au travers.

A ce nº 55 il ne subsiste de l'ancien couvent qu'un cadran solaire à hauteur du quatrième étage sur un mur qui en faisait partie, et, dans le vestibule, une belle pierre tombale d'abbé.

Nº 53. Emplacement de l'église du couvent des Grands-Augustins, édifiée en 1363 et démolie en 1794. A sa place on édifia une grande halle où s'installa, de 1809 à 1867, un marché à la volaille, au beurre et aux œufs, dit le marché de *la Vallée*.

RUE DES GRANDS-AUGUSTINS / Cette très ancienne rue de Paris s'est appelée, en 1269, rue de l'*Abbé-de-Saint-Denis*, puis du *collège-Saint-Denis*, *des Charités-Saint-Denis*, du nom d'un collège fondé dans cette rue, sous saint Louis, par un abbé de Saint-Denis. Son nom actuel date du XVIIe siècle.

Nº 1. Hôtel de 1760.

Nº 3. Cette maison fit partie de l'Hôtel de Savoie-Nemours morcelé en 1670; il s'étendait jusqu'à la rue Séguier où était son entrée. Lucarnes.

Nos 5 et 7. Hôtel d'Hercule : On construisit à cet emplacement, en 1470, un hôtel à qui fut donné le nom d'Hercule à cause des fresques et tapisseries relatives aux travaux de ce demi-dieu qui le décoraient. Cet hôtel appartint, en 1514, à Antoine Duprat, premier ministre, puis archevêque de Sens, et, après lui, à son fils, chef de la branche des Nantouillet et prévôt de Paris de 1553 à 1592.

C'est là que se situe une aventure qui fit grand bruit à Paris en 1573. Le frère de Charles IX, le duc d'Anjou (qui devait succéder à son frère sous le nom d'Henri III), venait d'être nommé roi de Pologne et était sur le point de partir pour Varsovie. Il fit prévenir Antoine Duprat, seigneur de Nantouillet, alors prévôt de Paris, qu'il irait auparavant faire collation chez lui en compagnie de Charles IX et du roi de Navarre, le futur Henri IV, honneur dont le prévôt se serait fort bien passé. Les trois rois, en veine de gaîté, firent grande chère, mais à son issue les coffres de Nantouillet furent fouillés, 50.000 livres et la vaisselle d'argent qui avait figuré sur la table disparurent, cela pour punir Nantouillet de n'avoir pas voulu épouser la Châteauneuf, une maîtresse que le futur roi de Pologne laissait derrière lui à Paris.

L'hôtel fut englobé, en 1639, dans le vaste hôtel de Savoie-Nemours mentionné ci-dessus, et, en 1670, il fut divisé en deux parties, les nos 5 et 7 actuels.

Cour du nº 7. Fenêtres à consoles, lucarne à fronton, corniche à modillons. Les façades sur cour de ces deux maisons sont classées.

Nº 6. La RUE DU PONT-DE-LODI a été percée en 1802 sur le couvent des Grands-Augustins; on voit à

l'intérieur du n° 3 des vestiges du réfectoire du monastère.
N° 8. Grille au monogramme E.B. rappelant la famille de Bussy.
N° 10. Hôtel de Bussy, du XVIIIe siècle.
N° 12. Maison habitée, en 1802, par Laplace, géomètre, astronome, physicien, membre de l'Académie des Sciences en 1783 et de l'Académie Française en 1816.
N° 14. Vieille maison qui a fait partie du *collège des Charités-Saint-Denis* (entrée au n° 1 de la rue Christine : porte, escalier); ses façades sont classées.
N° 16. Victorien Sardou a habité cette maison en 1854.
N° 18. Du XVIIe siècle.
N° 20. Gounod a habité le deuxième étage lorsqu'il avait trois ans.
N°s 22, 24, 26. Du XVIIe siècle.
N° 27. Vieille inscription du nom de la rue et Hôtel du Tillet de la Bussière (cf. chap. XXVIII).
N° 25. Cette maison fut habitée de 1676 à 1691, par La Bruyère, né en 1645. Attaché au prince de Condé en qualité d'homme de lettres, il put observer à loisir le monde de la Cour. C'est de cette observation et de ses réflexions qu'est sorti son livre des *Caractères* dont la première édition parut en 1688 alors qu'il habitait ici. La Bruyère mourut en 1696, cinq ans après avoir quitté cette maison.
Celle-ci fut habitée, de 1820 à 1830, par l'historien Augustin Thierry. Ce fut l'époque où il écrivit, entre autres importants ouvrages, son *Histoire de la Conquête de l'Angleterre par les Normands*. Quoique devenu aveugle, et malgré des souffrances toujours croissantes, mais bien secondé par sa femme et des collaborateurs dévoués, Augustin Thierry se livra avec ardeur à son travail d'historien jusqu'à sa mort, en 1856.
En 1841 cette maison fut habitée par le poète et prosateur Henri Heine. Né à Dusseldorf en 1799, il avait alors 42 ans, depuis longtemps il avait abjuré le judaïsme pour se faire baptiser luthérien. Son *Livre des Chants*, paru avant la révolution de juillet, avait soulevé l'enthousiasme; il en fut de même des suivants par la vertu et l'ironie qu'il déployait contre *la Vieille Germanie*. Il mourut aussi en 1856.
N° 21. Là, naquit, en 1801, le philosophe et homme politique Paul Littré. Interne des hôpitaux, il quitta la médecine, collabora au *National*, entra en relations avec Auguste Comte qu'il remplaça comme chef de l'école positiviste, fit son *Dictionnaire de la Langue française* (1863-1877), son œuvre capitale. Il mourut en 1884.
N° 19. Bel hôtel du XVIIIe siècle; cour.
N°s 15 et 13. Vieilles maisons.

RUE DE SAVOIE / Cette rue a été percée, en 1672, sur l'emplacement de l'hôtel de Savoie-Nemours. Presque toutes ses maisons sont à porte cochère,

indication qu'elle fut dès l'origine habitée noblement.
Nº 19. Ex-hôtel.
Nº 13. Maison où est décédée, en 1831, âgée de 55 ans, la mathématicienne Sophie Germain (inscription).
Nº 11. Escalier.
Nº 7. Mansardes, escalier.
Nº 5. Ferronneries de la terrasse.
Nº 3. Ex-dépendance de l'Hôtel de Savoie-Nemours; ferronneries, mansardes.
Nº 4. Vieille maison à porche oblique habitée par Billaud-Varenne lorsqu'il arriva à Paris en 1785. Il y épousa, en 1786, une co-locataire, une jeune Allemande, Angélique Doye.

RUE SÉGUIER / Cette rue s'est appelée, de 1300 jusqu'en 1864, rue *Pavée*, puis rue *Pavée-d'Andouilles* (XVIe siècle) et rue *Pavée-Saint-André*. Elle a gardé intacte sa physionomie de la fin du XVIIe siècle.
Nº 2. (Voir la façade sur le quai, nº 35). Cet ensemble date de la fin du XVIIe siècle. C'est là que s'installa, en 1740, à l'enseigne de *la Bible d'Or*, le fondeur, imprimeur, éditeur François Didot qui publia, par ordre de Louis XV, une triple édition des classiques français. François Didot, syndic de la communauté des libraires, fut l'ancêtre d'une célèbre famille d'imprimeurs. Laplace habita, sous le Directoire, l'appartement que décore le balcon du premier étage. C'est de là qu'il partit s'installer au nº 12 de la rue des Grands-Augustins.
La façade sur le quai, décorée de jolis dessus de croisées, est classée.
Nº 6. Restes de l'Hôtel de Savoie-Nemours.
Nº 3. L'hôtel actuel date, dans ses parties neuves, du XVIIIe siècle, les autres parties sont plus anciennes (XVIe et XVIIe siècle). Cour, escaliers.
Nº 10. Ferronneries à monogramme; façade classée.
Nº 12. Porte cloutée, ferronnerie.
Nºs 9, 11, 13. Cet ensemble appartint, en 1700, à Jobard, « maître cordonnier privilégié suivant la Cour et Conseil de Sa Majesté », qui installa ici la *Communauté des frères cordonniers de Saint-Crépin*, fondée en 1645. Indépendants des maîtres-cordonniers qui avaient le droit de faire et de vendre des chaussures, les *Frères Cordonniers* unis, sans faire de vœux, travaillaient, mangeaient et priaient en commun; le fruit de leur travail allait aux pauvres. Cette communauté resta établie ici jusqu'à la Révolution qui la supprima.
Nº 15. Cour.
Nº 17. Maison natale et mortuaire (1613-1677) du théologien J. de Sainte-Beuve; janséniste, il fut dépossédé de sa chaire en Sorbonne.
Nº 16. Hôtel Séguier : Après avoir été la propriété de nombreux personnages, cet hôtel, remanié, devint, de 1803 à 1848, celle du président Séguier dont la rue *Pavée* a pris le nom en 1864. Il descendait de cette famille de magistrats célèbre depuis François Ier. Cour; escalier.

N° 18. *Hôtel d'Aguesseau :* L'Hôtel d'Aguesseau actuel remplace celui qui fut ravagé, en 1714, par un terrible incendie, alors qu'il était habité par Henri-François d'Aguesseau, procureur général du parlement de Paris en 1700, qui avait su conserver son indépendance, même devant Louis XIV, et qui fut un des hommes les plus distingués et les plus honorables du XVIIIe siècle.
Citons, parmi les propriétaires qui suivirent, la famille du cardinal de La Roche-Aymon que la tradition fait descendre des quatre fils Aymon. Le cardinal de La Roche-Aymon, abbé de Saint-Germain-des-Prés, était aussi archevêque de Reims ; il baptisa, maria et sacra Louis XVI.
La porte monumentale sur la rue et la façade du fond de la cour sont classées.

RUE SAINT-ANDRÉ-DES-ARTS (*section située entre la rue Séguier et la place Saint-André-des-Arts*).
N° 33. Façade Louis XV.
N° 31. Porte.
N° 27. Hôtel construit en 1640 pour André Duchesne, géographe et historien du roi. Ses ouvrages lui ont valu le titre de *Père de l'histoire de France*. Il mourut en cette même année 1640, écrasé par une charrette. Cet hôtel a été modifié au début du XVIIIe siècle. De cette époque datent son balcon ventru et à monogramme, que supporte une console de pierre constituée par deux volutes asymétriques encadrant un cartouche, et le mascaron qui est au-dessus de la fenêtre. Celui-ci représente une tête de femme entre deux rinceaux avec des boucles d'oreilles en forme de poire. La porte et le balcon sont classés.
N°s 25, 23. Du XVIIe siècle.

RUE GIT-LE-CŒUR : Vieille rue de la fin du XIIe siècle, son nom est une altération de celui de Gilles-le-Queux ou Gui-le-Queux (le cuisinier).
N°s 12, 10, 4. Anciens hôtels ; porte et ferronneries du n° 4.
N°s 1 à 5. Ici s'élevait l'hôtel que François Ier fit construire pour sa favorite Anne de Pisseleu, duchesse d'Etampes.
La demeure de la duchesse d'Etampes, que les courtisans appelaient « la plus belle des savantes et la plus savante des belles », était richement décorée de peintures à fresque, de tapisseries et de devises.
Cet hôtel fut divisé en deux autres au début du XVIIe siècle : l'Hôtel de Luynes duquel a dépendu le n° 17 du quai (Racine, âgé de 17 ans, y logea, en 1656, chez son oncle Vitard, intendant du duc de Luynes) et l'Hôtel d'O. Pierre Séguier, marquis d'O, a habité ce dernier hôtel dont l'entrée était au n° 5. Arraché aux austérités de la vie monastique, il devint magistrat comme l'avaient été son oncle et son grand-oncle. Richelieu le nomma garde des sceaux et c'est à ce titre qu'il perquisitionna, en 1637, chez Anne d'Autriche, au Val-de-Grâce.

Portes des nos 1 et 3; cour et escalier du fond du no 5.
Nos 7, 9. Reconstruction, de 1689, des Hôtels de Luynes et d'O, plus ou moins démolis en 1671. Le no 7 appartint alors au lieutenant de police Berrier, et le no 9, au duc de Nivernais.

RUE DE L'HIRONDELLE / Contemporaine de la rue *Gui-le-Queux*, la rue de l'*Irondelle* (voir inscription gravée à son entrée) a été amputée, en 1809, par la création de la place Saint-André-des-Arts, de la moitié de sa longueur; son nom provient de celui d'une enseigne. Ambroise Paré, chirurgien d'Henri II, de François II, de Charles IX et d'Henri III, est mort dans cette rue en 1590.
Nos 27, 25, 23. Restes de l'ancien *collège d'Autun* fondé en 1327, par Pierre Bertrand, évêque de cette ville, qui mourut cardinal. Ce collège, rattaché à Louis-le-Grand en 1763, fut affecté, en 1767, à l'*Ecole gratuite de dessin* qui y resta dix ans avant d'aller s'installer dans les locaux de la Confrérie des Barbiers-Chirurgiens.
Nos 22, 20. Emplacement d'un hôtel, dit de la Salamandre, qui faisait partie du logis de la duchesse d'Etampes (la salamandre était le blason de François Ier). La maison actuelle est du XVIIIe siècle (ferronneries); on voit au-dessus de sa porte d'entrée et dans sa cour des bas-reliefs représentant une salamandre qui sont, soit des emblèmes remployés de l'hôtel d'Etampes, soit des reproductions de ceux-ci; celui au-dessus de la porte sur cour est classé.

PLACE SAINT-ANDRÉ-DES-ARTS : Cette place recouvre depuis 1809 l'emplacement de l'*église Saint-André-des-Arts*, bâtie vers 1215 et démolie de 1800 à 1808. Voltaire y fut baptisé.
No 11. Emplacement de la maison natale de Gounod (1818).
No 15. Vieille maison.

RUE SUGER : Cette rue, appelée rue des *Sachettes* en 1255, s'est appelée, de 1306 à 1844, rue du *Cimetière-Saint-André*, le cimetière de l'église Saint-André-des-Arts y ayant eu son entrée à hauteur du no 13.
No 5. Partie de l'ancien *collège de Boissy* fondé en 1358, pour des étudiants qui devaient être tous de basse extraction et pauvres. Porte, escalier.
No 11. Porte.
No 16. Du XVIIe siècle.
No 12. Maison habitée, en 1625, par Nicolas Cottignon, dont la belle-sœur épousa Tallemant des Réaux.

RUE HAUTEFEUILLE (*section comprise entre la place Saint-Michel et le boulevard Saint-Germain*) / La rue Hautefeuille prend place parmi les plus vieilles rues de la rive gauche de Paris. L'origine de son nom est encore sujet de controverses; vient-il du château Hautefeuille cité dans les Chansons de Gestes, comme la demeure du traître Ganelon, ou de ce temple

datant de l'occupation romaine, *Altum folium*, situé vers le nº 20 de la rue Soufflot, ou des arbres hauts et touffus qui, jadis, bordait cette ancienne voie qui conduisait jusqu'au faubourg Saint-Jacques ?
Nº 1 *bis*. Maison du XVIIe siècle; portail.
Nº 4. Maison, du XVIIe siècle, où habita, avant la Révolution, Treilhard, avocat au parlement de Paris. Il demanda, à l'Assemblée Nationale, les honneurs du Panthéon pour Voltaire et présida les débats de la Convention pendant une partie du procès de Louis XVI. Mort en 1810, il fut inhumé au Panthéon près de Voltaire.
Escalier ovale à belle rampe en fer forgé; mansarde.
Nº 3. Maison de 1683; porte, fenêtres, rampe d'escalier en fer forgé, cage d'escalier avec fenêtres à guillotine.
Nº 3. L'IMPASSE HAUTEFEUILLE fut, de 1262 jusqu'en 1877, une rue — la rue *Percée* — qui aboutissait dans la rue de la Harpe. Ange Pitou l'a habitée. Sur le côté droit, pittoresque façade latérale de l'Hôtel des Abbés de Fécamp.
Nº 6. La RUE DES POITEVINS qui, jadis, allait jusqu'à la rue Serpente, fut nommée ainsi au XIIIe siècle. Au nº 4, la famille de Thou eut, au XVIe siècle, son hôtel dont l'escalier à cage carrée et à balustres de chêne, subsiste. La *Gazette de France* y eut ses bureaux en 1788 et l'éditeur Charles-Louis Panckoucke l'habita en 1819.
Au nº 3, vieille maison; mansarde, ferronneries.
Nº 5. Hôtel des Abbés de Fécamp : En 1292, Guillaume V de Putôt fit construire ici une demeure, résidence parisienne des abbés du monastère de Fécamp dont il était le supérieur. L'hôtel fut reconstruit à l'époque de la Renaissance. Comme locataires on trouve : en 1560, quelques artistes italiens venus en France avec les Médicis, dont Georges Boba, élève de Titien, et, en 1663, le chevalier Godin de Sainte-Croix, l'amant et le complice de la marquise de Brinvilliers; la célèbre empoisonneuse se rendit souvent dans son appartement situé dans la tourelle. L'hôtel fut vendu comme bien national en 1791. Il est un rare témoignage d'une demeure du XVIe siècle avec sa jolie tourelle en cul-de-lampe, de style Renaissance, remarquable par les fines sculptures de l'encorbellement travaillées en dentelles, les perles et les entrelacs de la corniche. Tourelle classée.
A l'intérieur de la cour, deux des escaliers ont une belle rampe en fer forgé; vestige d'un puits; fenêtres à guillotine, mansardes, caves profondes. Une sirène en bois sculpté se voit encore dans la loge du concierge; cette curieuse console rappelle la sirène, *la serpent*, qui servit d'enseigne à la maison qui donna le nom de rue *de la Serpent* à la rue voisine (rue Serpente).
En façade, ancienne inscription du nom de la rue.
Nº 8. Construction de l'époque Louis XIII.

La tour et la porte de Nesle (*grav. 17e s.*)

Tourelle de l'hôtel des abbés de Fécamp (*grav. vers 1860*)

DE LA PORTE SAINT-VICTOR À LA SALPÊTRIÈRE

Les couvents de Notre-Dame-de-Sion et de la Congrégation Notre-Dame / Les Arènes de Lutèce / La rue des Coupeaux, l'hôpital de la Pitié / Le Jardin du Roi / La Croix-Clamart, le cimetière de Clamart / Le boulevard de l'Hôpital / La Salpêtrière.

Point de départ : nº 2, rue des Écoles.

L'inscription placée sur la façade du nº 2 de la rue des Écoles rappelle qu'à cet emplacement s'est élevée, de 1210 à 1684, la *porte Saint-Victor* de l'enceinte de Philippe Auguste, ce nom de Saint-Victor étant celui de l'abbaye que l'on rencontrait sitôt franchie la porte de Paris.

RUE DE JUSSIEU *(section comprise entre la rue des Fossés-Saint-Bernard et la place Jussieu)* / Cette section est une ancienne partie de la rue du *Faubourg-Saint-Victor*.
Depuis 1662, il y avait déjà dans ce quartier, à l'angle du quai et de la rue des Fossés-Saint-Bernard, un embryon de Halle-aux-Vins. En 1808, Napoléon ordonna son remplacement par une halle importante qu'on édifia sur l'emplacement de l'abbaye Saint-Victor. Devenue par la suite trop exiguë, on l'agrandit en 1868, et, dès lors, elle constitua une véritable ville avec ses rues, ses places et ses chaussées garnies de rails.
Nº 25. Emplacement d'un cabaret du XVIIᵉ siècle dont l'enseigne, *Au Buisson Ardent,* est rappelée par l'enseigne actuelle, de 1896. Porte sous la voûte.
Nº 47. Vieille maison.

RUE LINNÉ/ La rue Linné et la rue Geoffroy-Saint-Hilaire qui la prolonge sont, comme la rue de Jussieu, des anciennes sections de la rue du *Faubourg-Saint-Victor*.

Prendre, aller et retour la :
RUE DES BOULANGERS / Cette rue, ouverte vers 1350, porte son nom actuel depuis le XVIIᵉ siècle; de tout temps la rue a fait ce coude à angle droit que l'on voit de nos jours.
Nºˢ 1 à 17. Vieilles maisons; couloir, plafond, escalier, ferronneries, mansarde du nº 5; cour pittoresque et rampe en fer forgé de l'escalier du nº 13.
Nºˢ 19 à 31. Emplacement du *couvent des Filles-Anglaises,* dit *couvent de Notre-Dame-de-Sion.* C'était

un couvent de chanoinesses anglaises, de l'Ordre de Saint-Augustin, qui ne devaient, en principe, admettre que des filles nées de père et mère anglais. Il s'était installé ici, en 1639, dans une maison ayant appartenu à Antoine Baïf, un des poètes de la Pléiade. George Sand y fut pensionnaire de 1817 à 1820. Expropriées par le percement de la rue Monge en 1860, les Filles-Anglaises s'installèrent à Neuilly.
N° 34. Mascarons.
N° 22. Cage d'escalier au fond de la deuxième cour.
N°s 20, 18. Escalier.
N° 16. Courette.
N°s 14 à 10. Vieilles maisons.
N° 8. Cours pittoresques.
N°s 4, 2. Vieilles maisons.

RUE LINNÉ *(suite)* / N° 4. A l'intérieur de la cour, traces d'arcades ogivales, vestiges de l'abbaye Saint-Victor.
N° 9. Vieille maison qui a dû appartenir au couvent de la *Congrégation-Notre-Dame* mentionnée ci-après; au fond de la cour petit pavillon du XVIIIe siècle, balcon, escalier.

Par la rue des Arènes (de 1888) gagner la:
RUE DE NAVARRE / Cette rue est l'ex-rue *Montauban* incorporée dans la rue *Neuve-Saint-Etienne* (Rollin) de 1672 à 1877. Le square des Arènes qu'elle longe a été occupé par un hôtel qui fut donné, en 1673, aux augustines de la *Congrégation-Notre-Dame*, établissement d'instruction pour jeunes filles. Manon Philipon, la future Mme Roland, y entra comme pensionnaire, en mai 1765, à l'âge de 11 ans. Cet établissement, fermé en 1790, rouvert en 1821, a disparu en 1860 par expropriation.

LES ARÈNES DE LUTÈCE / Ces vestiges de l'occupation romaine de Lutèce constituent le plus ancien monument de Paris (l'obélisque de la place de la Concorde mis à part).
La date de la construction de ces arènes est environ voisine de l'an 200; elles sont donc un peu antérieures aux Thermes de Cluny; d'ailleurs leur appareillage ne comporte aucune brique. Elles furent, en grande partie, détruites lors de l'invasion des Barbares vers 285; on n'a pas retrouvé de médailles, ni de pièces de monnaies postérieures à Gordien III (décédé en 243) et à Numérien (décédé en 283); elles n'auront donc servi que 80 ans environ. Mais cette destruction a été volontaire; les Barbares approchant, toute la population de la rive gauche de Lutèce reflua dans l'île de la Cité où, pour avoir une meilleure protection, on doubla l'obstacle naturel de la Seine par un rempart encerclant l'île. Pour le construire, il fallait des pierres; le temps manquant pour les extraire et les tailler, on prit une grande partie de celles des gradins des Arènes. On en reprit d'autres encore un peu plus tard pour la construction, dans la Cité, de l'église

Saint-Etienne (vers 350), puis, ensuite et régulièrement, chaque fois que les Parisiens eurent besoin de pierres équarries.
Puis une masse de terre, qui atteindra 20 mètres de haut, recouvrit, petit à petit, les Arènes, qui disparurent pendant près de douze siècles. Toutefois deux textes permirent de conserver le souvenir de leur existence : l'un, d'un chanoine d'Exeter, Alexandre Neckham, qui, étudiant à Paris, avait mentionné, en quatre vers de son ouvrage *Laus sapientia divinae,* paru en 1180, « la vaste étendue du cirque et ses ruines imposantes qui indiquent l'amphithéâtre de Vénus... », l'autre, d'un cartulaire, de 1310, faisant état de l'existence dans cette région, en 1285, d'un vignoble portant le nom de *clos des Arènes.*
Depuis 1639, le dessus de la partie nord-ouest des Arènes était occupé par le jardin du couvent de *Notre-Dame-de-Sion,* et, depuis 1673, le dessus de la partie sud-est l'était par celui du couvent de la *Congrégation-Notre-Dame,* les deux couvents mentionnés ci-dessus.

1860-1869 : Percement de la rue Monge, travail d'Haussmann. Pour le nivellement de la chaussée on creuse le sol jusqu'à 12 mètres de profondeur et, en 1869, on découvre les Arènes!
Le monde savant s'émeut, les découvertes se complètent : squelettes, poteries, colliers, bas-reliefs, des pétitions demandent à la Chambre des Députés la conservation de ces vestiges; on s'adresse même à l'Empereur et Napoléon III vient visiter les lieux en avril 1870. Mais on se heurta à des pressions, à celle de la Compagnie des omnibus qui avait loué sur plan le terrain, à un *avis défavorable* de la Commission des Monuments historiques, à des hésitations de la part de la Ville pour engager des frais, et, finalement, on remblaya le tout.
1883-1885 : La question ayant évolué, et Victor Hugo et l'historien Duruy étant intervenus pour qu'on ne perçât pas une rue transversale prévue, on déblaya les Arènes où de nouvelles découvertes furent faites : des squelettes dont celui d'un géant de 2 m 10, un égout voûté débouchant sous le milieu du proscenium et assurant l'écoulement des eaux vers la Bièvre, enfin un couloir de 57 mètres de long.
1917-1918 : Restauration et reconstitution actuelles dues au docteur Capitan.

Les Arènes de Lutèce, adossées au versant est de la montagne Sainte-Geneviève d'où elles dominaient le beau panorama du confluent de la Seine et de la Bièvre, sont du type demi-amphithéâtre, fréquent dans les cités moyennement peuplées; elles servaient donc à la fois de cirque et de théâtre.
Le Cirque : On y accédait de l'extérieur par des vomitoires, galeries voûtées qui, de plus, soutenaient les gradins supérieurs. De là, on débouchait dans des couloirs flanqués de niches semi-circulaires destinées

à contenir la poussée des terres, et servant aussi de voies d'accès aux chars. Ils donnaient accès aux gradins. Les gradins étaient faits de larges blocs de pierre polie, unies au ciment; certaines de ces pierres portaient, gravé, le nom d'abonnés, *Tetricus, Marcellus, Verus...*, qui étaient sûrs que leur place leur était ainsi réservée. Conformément à l'édit d'Auguste, les gradins supérieurs étaient affectés aux esclaves, aux gens en haillons et aux femmes..., mais il est à penser que l'âme de la Parisienne couvait déjà dans ces dernières et que les femmes de Lutèce ont descendu les gradins petit à petit pour, finalement, venir s'installer au premier rang... La capacité des gradins était de 10.000 places, alors que Lutèce, qui avait là son plus grand lieu de rassemblement, comptait environ 20.000 habitants. Face au proscenium était la loge du préfet romain.

La *cavea,* de forme ovale, a, à l'intérieur, 56 mètres sur 48, dimensions honorables en égard à celles du Colisée de Rome (60 mètres sur 25) et à celles des Arènes de Nimes (70 mètres sur 40); dimensions extérieures : 230 mètres sur 97; son sol était recouvert de béton.

Les fouilles de 1869 ont montré l'existence, à 1 m 50 en avant du podium, de trous de scellement destinés à recevoir une cloison en charpente, amovible, formant un couloir de service entre les gradins et la piste, comme il en existe dans les arènes pour courses de taureaux; de plus, le podium pouvait être surmonté d'un grillage de protection contre les fauves. Pour ceux-ci il y avait des niches, l'une d'elles a été reconstituée. Sur le côté droit du proscenium était un puits. Dans l'arène on donnait les spectacles normaux du cirque : des combats de gladiateurs entre eux, de fauves entre eux, de gladiateurs contre des fauves, sans doute aussi des martyres de chrétiens.

Le théâtre : Au fond s'élevait un mur-fronton, de 44 mètres de long, servant de décor et renvoyant la voix. Devant lui se donnaient les spectacles ordinaires de comédies et de tragédies (œuvres latines de Plaute et de Térence, œuvres grecques d'Aristophane), des récitations mimées, des déclamations; à gauche et à droite du proscenium prenaient place les chœurs antiques. Derrière ce mur, des niches, alternativement carrées et semi-circulaires, recouvertes de marbre et de stuc, pouvaient être utilisées comme loges d'artistes. A remarquer que si les Arènes étaient intactes, elles s'étendraient au-delà de la façade des numéros pairs de la rue Monge. A noter aussi qu'à 17 mètres au-dessous du fond du cirque se trouve le ballast de la voie ferrée de la ligne n° 7 du Métropolitain.

Le musée lapidaire : A l'extrémité des Arènes, derrière le proscenium et sous un auvent, un petit musée lapidaire contient :

— 28 pierres, avec inscription, dont 16 ont été trouvées ici et 12, en 1847, dans le mur de l'enceinte gallo-romaine près du parvis Notre-Dame. En juxtaposant certaines d'elles, on peut lire les noms de :

CAS (sianus) LAT (inius) POSTUMI (us) qui fut gouverneur de la Gaule en 267, et (Esu) VI (us) TETRICI (us) qui fut empereur de Rome en 268 : — un fragment de colonne corinthienne, un fût dorique surmonté de son chapiteau, et des pierres à modillon pour l'encastrement des mâts du velarium destiné à abriter les gradins de la chaleur du soleil.

Reprendre la rue Linné.

RUE LINNÉ *(suite)* / N° 17. Vieille maison.
N° 33. Fontaine dans la cour, son robinet sort d'un mascaron.
N°s 37, 41, 43. Vieilles maisons; le n° 37 a été restauré.

Prendre, aller et retour, la :

RUE LACÉPÈDE *(section comprise entre les rues Linné et Monge)* / Cette rue, du XIVe siècle, s'est appelée jusqu'en 1853, rue des *Coupeaux*, du nom d'un moulin situé sur la Bièvre à côté d'une butte d'immondices et de gravois qu'on appela aussi des Coupeaux.
L'Hôpital de la Pitié : On trouvait ici en 1612 un refuge pour les vieux mendiants et les sans-abris qui prit le nom de sa chapelle consacrée à Notre-Dame-de-la-Pitié. En 1657, l'hospice de la Pitié fit partie de l'Hôpital-Général; il reçut de ce fait une nouvelle affectation, à savoir l'établissement où seraient désormais enfermés les enfants des mendiants, les enfants trouvés et les orphelins auxquels on apprendrait à lire et à écrire et on donnerait un métier.
De 1809 jusqu'à sa démolition, en 1912, la Pitié devint un hôpital pour malades. L'Institut Musulman, la Mosquée de Paris et leurs dépendances sont sur la plus grande partie de son emplacement.

N° 3. La RUE QUATREFAGES est l'ancienne ruelle *Saint-René* ouverte en 1540.
N°s 3-9. Vieilles maisons; ferronneries du n° 3, porte du n° 9.
N° 7. Bel hôtel de l'époque Louis XV situé entre cour et jardin. Sa façade sur cour, élégante quoique décorée simplement de guirlandes et de frises, est classée; corbeille au-dessus de la porte d'entrée.
Un souterrain, long de 18 mètres, faisant communiquer son jardin avec la prison de Sainte-Pélagie, permit l'évasion, en 1834, de Marrast, de Godefroy Cavaignac (le frère du général), de l'avocat Berryer, etc.

Faire un crochet de quelques pas dans la :

RUE CUVIER / Cette rue, du XIVe siècle, a porté des noms divers jusqu'en 1838, principalement celui de la *Seine-Saint-Victor*.
N° 61. Ex-dépendance de la communauté des *Nouveaux-Convertis (cf. n° 45)* où habitèrent et moururent : en 1836, Laurent de Jussieu, neveu de Bernard de Jussieu, réorganisateur du Muséum tel qu'il est à peu près de nos jours, et, en 1889, l'illustre chimiste Chevreul, alors âgé de 103 ans. Cette maison, dépen-

dant du Jardin des Plantes, est connue sous le nom de Maison de Chevreul.

N° 57. Ancien Hôtel de Magny, construit par Bullet en 1650, où habita, en 1701, le médecin et botaniste Chomel, second de Tournefort dans ses recherches botaniques et l'un des médecins de Louis XIV. En 1787, cet hôtel fut acheté par le roi à la demande de Buffon pour être annexé au Jardin des Plantes; Lacépède, Daubenton et Fourcroy, tous trois professeurs au Muséum, et André Thouin, botaniste en chef du Jardin des Plantes, l'habitèrent.

Le porche de l'entrée est classé; fronton sculpté.

N° 47. Le corridor de cette maison auquel manque son côté gauche, détruit, ainsi que le n° 45, par suite de la construction de laboratoires, est l'ex-*ruelle du Tondeur* du XIVe siècle, où habita Fagon, médecin de la reine Marie-Thérèse en 1680, des enfants du roi en 1683, de Louis XIV à partir de 1693, nommé, en 1698, surintendant du Jardin du Roi où il professait déjà la physique et la chimie. Il mourut en 1718. Cuvier est mort, en mai 1832, à l'âge de 63 ans, dans la maison (visible de la rue Cuvier) qui reste reliée par une arcade à l'aile droite de l'ancienne *ruelle du Tondeur*. Cuvier avait fait une carrière remarquable par ses études sur l'anatomie comparée, sur la géographie minéralogique du bassin de Paris, sur les ossements fossiles et les révolutions du globe. Coin pittoresque, maison classée, cadran solaire sur la façade côté jardin.

N° 45. Emplacement, de 1656 à 1793, de l'hôtel du recteur de la *communauté des Nouveaux-Convertis*, communauté d'hommes ayant pour but la propagation de la foi.

N° 20 (et n° 2 rue Linné). Fontaine, dite de Cuvier, remplaçant, depuis 1840, une fontaine datant de 1671. La fontaine actuelle a la particularité de montrer un crocodile tournant la tête, mouvement que la structure anatomique de cet animal lui interdit de faire.

Dans la cour, vestiges de l'abbaye Saint-Victor.

RUE GEOFFROY-SAINT-HILAIRE / Prolongement de la rue Linné, cette rue est également une section de l'ancienne rue du *Faubourg-Saint-Victor* du

Couvent des Filles-anglaises

XIVe siècle. Son nom actuel lui a été donné en 1848.

Le Jardin des Plantes : Jean Hérouard, botaniste et premier médecin de Louis XIII, préconisa, dès 1626, d'installer à Paris, à l'exemple de ce jardin créé à Montpellier à la fin du XVIe siècle, le *Jardin Royal des herbes médicinales,* un jardin où seraient plantées « toutes sortes d'herbes médicinales pour servir ceux qui en auraient besoin, même pour l'instruction des escoliers de l'Université de médecine. » Gui de la Brosse, collègue d'Hérouard, fut chargé, cette même année, de trouver le terrain voulu. Son choix s'arrêta sur un terrain inculte, voisin de la *butte des Coupeaux* que Louis XIII acheta en 1633. Il avait 24 arpents, soit le quart de la surface du Jardin des Plantes actuel. Gui de la Brosse, nommé intendant du nouvel établissement, y réunit, dès 1635, 1.800 plants différents.
Malgré l'opposition de la Sorbonne, on y professa la botanique et la chimie, puis, à partir de 1643, l'anatomie. Vallot, Fagon, Tournefort (qui créa les serres), Étienne Geoffroy, les trois Jussieu, Daubenton, Thouin, Lacépède, Fourcroy, Portal, Lamarck, et surtout Buffon qui en fut l'intendant pendant 49 ans, finirent par organiser le *Jardin du Roi* à peu près tel qu'il est de nos jours. Bernardin de Saint-Pierre, directeur du jardin en 1792, eut le premier l'idée d'y établir une ménagerie.
Le Jardin des Plantes devint, en 1793, le *Museum d'Histoire Naturelle* avec 12 chaires où professèrent, pour la minéralogie, Daubenton, Haüy, Brongniart; pour la chimie expérimentale, Fourcroy, Vauquelin, Gay-Lussac; pour la botanique, deux des trois Jussieu, Thouin, de Mirbel; pour la zoologie, Geoffroy Saint-Hilaire, de Blainville, Lamarck; pour l'anatomie, Cuvier; pour l'anthropologie, de Quatrefages, et, pour la géologie, de Saint-Fond et Daubée, On y verra plus tard, Vauquelin, Lacépède, Milne, Edwards et les Becquerel.
Le Jardin des Plantes possède actuellement 21 chaires d'enseignement, près de 15.000 espèces de plantes, une bibliothèque de 250.000 volumes, 2.000 manuscrits et la collection des Vélins du roi, formant 103 volumes contenant 8.000 dessins de plantes et d'animaux, commencée pour Gaston d'Orléans, frère de Louis XIII et, depuis, régulièrement continuée.
A mentionner, contre le laboratoire de productions coloniales qui fait suite à la maison de Cuvier, la coupe d'un tronc de sequoia âgé de 2.000 ans, sur laquelle est marquée la grosseur atteinte par cet arbre aux différentes époques de l'histoire de Paris. A signaler aussi, à gauche de l'entrée du Musée d'Orléans, ce faux acacia, ou robinier, rapporté de Guinée, en 1601, par le naturaliste Jean Robin avec celui que l'on peut voir dans le petit square attenant à l'église Saint-Julien-le-Pauvre; ces deux arbres sont les deux arbres les plus anciens de Paris.
La rue Geoffroy-Saint-Hilaire longe les deux buttes du

Labyrinthe, ex-dépôt de détritus et de gravois, datant, la plus grande, de 1303, l'autre, de 1535. Sur les pentes de la plus grande on voit : la tombe de Daubenton, ami d'enfance et collaborateur de Buffon, décédé, en 1800, le cèdre du Liban planté en 1734 par Bernard de Jussieu, et, tout en haut, un belvédère avec sphère armillaire et méridien.
Nº 36. Hôtel, de 1770, que Buffon acheta pour l'Intendant du Jardin, et où il mourut, en avril 1788, à 81 ans (inscription). Son cervelet est déposé dans le piédestal de sa statue édifiée face au milieu des nouvelles galeries de zoologie.
Mansarde à poulie, fenêtres à fronton. Hôtel classé.
Nº 33. Vieille maison.
Nº 32. Vieille maison.
Nºs 31-29. La rue Geoffroy-Saint-Hilaire franchit ici la Bièvre qui passe sous ces deux maisons.
Nºs 20-18. Vieilles maisons; mansardes du nº 18.
Nº 5. Ce pavillon, classé pour sa façade sur rue, est l'ancien pavillon de surveillance du marché aux chevaux. Deux inscriptions placées sur cette façade font connaître qu'il a été édifié en 1760 par ordre de M. de Sartine, lieutenant-général de police, pour assurer la police du marché. Fronton avec couronne royale, fenêtres en plein cintre avec mascaron, ferronneries, bas-reliefs.
Le Marché aux Chevaux : Après la place des Vosges, de 1565 à 1605, les alentours de la rue Molière, de 1605 à 1633, la rue Louis-le-Grand, de 1633 à 1687, le marché aux chevaux fut installé à l'emplacement du boulevard Saint-Marcel de 1687 à 1857. Le percement, en 1857, de ce boulevard le rejeta entre celui-ci et le boulevard de l'Hôpital (nºs 50 à 52) où il resta jusqu'en 1908, date à laquelle on le transféra dans la rue Brancion.

Traverser le BOULEVARD SAINT-MARCEL, de 1857. Ses nºs 58 à 66 sont sur l'emplacement du *cimetière Sainte-Catherine* qui remplaça, à partir de 1783, le *cimetière de Clamart (cf. rue Fer-à-Moulin)*. Une tranchée y fut réservée aux suppliciés parmi lesquels nous citerons ceux de la conspiration Cadoudal et Pichegru. Cimetière fermé en 1824.

RUE DUMÉRIL / Cette rue, prolongement de la rue *du Faubourg-Saint-Victor*, aboutissait au Marché aux chevaux, d'où son nom de rue *du Marché-aux-Chevaux* de 1806 à 1865.
Nº 15. Ancien hôtel du XVIIe siècle; escalier, terrasse.

Suivre, à gauche, le :
BOULEVARD DE L'HOPITAL / Ce boulevard résulte de l'ordonnance de Louis XIV créant les boulevards du Midi; ouvert en 1760, il fut achevé en 1768.
Nº 89. Emplacement de l'ancien cimetière de la Salpêtrière, remplacé par le magasin central des Hôpitaux.
Nº 82. L'église Saint-Marcel, de 1852, rappelle le souvenir de la *collégiale Saint-Marcel* où fut inhumé,

au début du ve siècle, le grand évêque de Paris *(cf. rue Michel-Peter)*.
N°s 52-50. Emplacement du marché aux chevaux depuis 1857 jusqu'en 1908.

N° 38. La RUE POLIVEAU existait déjà en 1243; son nom est un dérivé de celui du *pont Liveaut* qui servait à franchir la Bièvre.
N°s 29, 31, 33. Vieilles maisons; cour et mansardes du n° 29; cour, mansarde et escalier du n° 33.
N° 35. Porte.
N° 37. Vieille maison.

N° 39. La RUE DE L'ESSAI est l'ex-rue *Maquignonne* où se faisait, au XVIIe siècle, l'essai des chevaux à vendre.
N° 45. Vieille maison; ferronneries de la mansarde.

N° 47. *L'Hôpital de la Salpêtrière :* Jusqu'en 1634, la fabrication de la poudre se faisait à Paris au *Grand-Arsenal,* proche du couvent des Célestins (boulevard Henri IV). Cette fabrication constituant un danger pour le quartier, on la transféra dans un lieu désert de l'autre côté de la Seine. Ce fut le *Petit-Arsenal,* ou Salpêtrière, dont il subsiste des vestiges dans l'hôpital actuel, tel, au fond, le petit pavillon qui est affecté au service de la lingerie.
En avril 1656, Louis XIV signa un édit portant établissement d'une institution, appelée l'*Hôpital-Général,* sorte d'Assistance Publique, qui serait chargée de s'occuper des trop nombreux mendiants, gens sans aveu et vagabonds (près de 50.000), source de tant de désordres dans la capitale. On les y internerait de gré ou de force, et on ferait travailler ceux d'entre eux qui seraient reconnus valides. L'Hôpital-Général devait disposer de plusieurs maisons dont la Pitié pour les enfants, Bicêtre pour les hommes, et un établissement à construire pour les femmes. Celui-ci fut la Salpêtrière.
En 1684, Louis XIV ajouta à la Salpêtrière tout un quartier spécial indépendant de l'hospice, une « maison de force » pour les femmes prostituées, débauchées et condamnées, à laquelle on adjoignit un bâtiment pour les femmes et les filles détenues à la demande de leurs maris ou de leurs parents. La Salpêtrière comporta donc: un *hospice* pour femmes et une *prison* pour femmes. Tout cet ensemble de femmes de diverses catégories forma, avec le personnel hospitalier, une véritable ville qui atteignait, en 1790, 8.000 personnes.
La construction de l'hôpital de la Salpêtrière avait été confiée à Libéral Bruant qui la commença en 1660. Le Vau la continua et il vit très large puisque la superficie de la Salpêtrière atteignit le double de ce qu'elle est actuellement.
L'Hôpital de la Salpêtrière a quelque ressemblance avec l'Hôtel des Invalides par sa façade principale pareillement majestueuse, ses cours intérieures et ses jardins à la française. Au milieu de la longue façade

s'élève la chapelle, construite par Libéral Bruant, coiffée d'un dôme octogonal surmonté d'un lanternon. Le corps de bâtiment situé à sa droite n'a été construit qu'en 1756.
Deux des cours de l'ancienne prison portent le nom de Manon Lescaut et des « Massacres de Septembre ». Celui de Manon Lescaut est dû au roman de l'abbé Prévost qui enferme à la Salpêtrière l'amante du chevalier des Grieux. Quant à celui de la cour des Massacres-de-Septembre, il rappelle que, lors des tueries des 2, 3 et 4 septembre 1792, 35 détenues de droit commun, voleuses ou prostituées, furent odieusement assassinées dans cet endroit.
Rappelons que la comtesse de Lamotte fut enfermée à la Salpêtrière après le jugement du Parlement mettant fin à l' « Affaire du collier » et qu'elle s'en évada quelques mois après d'une façon qui n'a jamais été très bien éclaircie. Théroigne de Méricourt, l'*Amazone de la Liberté,* y fut enfermée et y mourut, folle, en 1817, à l'âge de 55 ans.
Les terrains de l'ancienne Salpêtrière sont actuellement partagés entre le Magasin Central des Hôpitaux, l'hôpital de la Pitié et la Salpêtrière actuelle, qui est à la fois un hôpital et un hospice pour femmes.

Le Jardin des Plantes (*grav. 18e s.*)

LES FAUBOURGS SAINT-MÉDARD ET SAINT-MARCEL

1 # DE LA PORTE SAINT-MARCEL A LA BARRIÈRE D'ITALIE

La porte Saint-Marcel / La rue Neuve-Saint-Etienne-du-Mont, les maisons de Descartes et Bernardin de Saint-Pierre / Le bourg Saint-Médard / La rue Mouffetard : le Cabaret de la Pomme-de-Pin, la fontaine du Pot de Fer, le couvent de Notre-Dame-de-la-Miséricorde / La rue d'Orléans-Saint-Marcel : le Séjour d'Orléans, l'église Saint-Médard / Les rues de la Clef, du Puits-de-l'Ermite et Censier, le couvent des Cent-Filles / L'Hôtel de Scipion Sardini, les églises Saint-Martin-du-Cloître et Saint-Marcel / La barrière d'Italie.

Point de départ : 47, rue Descartes.

RUE DESCARTES *(section située au sud de l'enceinte de Philippe Auguste)* / la rue Descartes s'est appelée, du XIIIe siècle jusqu'en 1809, rue *Bordelles* du nom de la porte ouverte, en 1200, dans le rempart de Paris. On l'a aussi appelée rue de la *Porte-Saint-Marcel.* Elle se prolongeait au-delà de l'enceinte de Philippe Auguste et au-delà de la Bièvre par un chemin que l'on appela la rue Mouffetard.
Nos 47-50. Emplacement de la *porte Bordelles,* édifiée, en 1200, et démolie en 1685 (plan et inscription sur la façade du no 50).
Le couloir de la maison du no 47 est dallé de pierres tombales provenant de l'ancien cimetière paroissial de l'église Saint-Étienne-du-Mont. Prendre un des escaliers de cette maison pittoresque; il aboutit, au premier étage, sur le haut du rempart de Philippe Auguste que l'on peut parcourir sur une longueur de près de 80 mètres; quelques pierres de son dallage sont également des anciennes pierres tombales.
Vestige classé.

Prendre, à gauche, la :
RUE THOUIN / Cette rue, ancienne section de la rue des *Fossés-Saint-Victor,* longeait, jadis, extérieurement l'enceinte de Paris.
Nos 6 à 2. Emplacement d'un jeu de paume où Turlupin, joua, de 1610 à 1620, avec Gros-Guillaume et Gaultier-Garguille. Ex-garçons-boulangers, ils avaient débuté. tous trois, sur les tréteaux de la foire

Saint-Laurent, puis au Pont-Neuf. Conviés à aller jouer devant le cardinal de Richelieu, ce dernier, satisfait, les fit joindre à la troupe du théâtre de l'Hôtel de Bourgogne.
N° 4. On voit dans la cour de cet immeuble, ainsi que dans celle des maisons adjacentes, une bonne longueur du rempart de Philippe Auguste.

Prendre, aller et retour, la :
RUE ROLLIN / Cette rue, ex-rue *Neuve-Saint-Etienne-du-Mont,* descendait jadis par une pente rapide jusqu'à la rue des *Coupeaux* (Lacépède); son nom actuel est de 1867.
N° 14. Maison habitée par Descartes au cours d'une des trois apparitions qu'il fit en France, en 1644, 1647 et 1648, car pendant 20 ans, il vécut surtout en Hollande. Invité par la reine Christine de Suède, il se rendit à Stockholm où il mourut, d'une pneumonie, en 1650, âgé de 54 ans. Seize ans après, son corps fut exhumé, transféré en France et déposé, d'abord dans une chapelle de l'église Saint-Paul-des-Champs, puis à l'abbaye Sainte-Geneviève, pour finalement, être transféré, en 1819, dans une chapelle de l'église Saint-Geermain-ds-Prés où il est encore.
Le crâne de Descartes a eu bien d'autres tribulations. Lors de l'exhumation du corps à Stockholm, en 1666, un crâne d'occasion fut substitué à celui de Descartes par l'officier qui avait dirigé cette cérémonie. Le crâne de Descartes passa de main en main et ses propriétaires successifs (7 au moins) y inscrivirent leur nom; le dernier, Arngren, l'avait acheté 37 francs! En 1821, le célèbre chimiste suédois Berzélius l'envoya à Cuvier qui, par la suite en fit don au Muséum. En 1913, il fut examiné par le docteur Paul Richer, professeur d'anatomie à l'École des Beaux-Arts qui, par comparaison avec des portraits de Descartes confirma son authenticité. On le renvoya au muséum où il figurait encore récemment dans une vitrine de la galerie d'anthropologie du Musée de l'Homme contiguë à celle où est exposé le squelette de Cartouche.
N° 19. Dans la cour, à droite, vestiges d'un hôtel, construit vers 1620, où habita Mgr de Caumartin, académicien, évêque de Vannes (1717), puis de Blois.
N° 7. Maison du début du XVIIe siècle; porte, façade, mansarde.
N° 6. Porte.
N° 4. Maison construite, en 1623, par Jean Hubert, maitre apothicaire, ainsi que l'apprend la première pierre qui fut posée à cette époque et qui subsiste scellée dans le mur du vestibule, à gauche en entrant. Cette maison fut habitée, de 1781 à 1786, par Bernardin de Saint-Pierre, alors âgé de 44 à 49 ans. Après avoir voyagé en Hollande, en Russie, en Pologne, il revint en France; toujours pauvre, malheureux et sensible, il fut le compagnon de promenades de J.-J. Rousseau et écrivit ses *Etudes de la nature,* dont la publication fut accueillie par un grand succès.

Peut-être celui-ci lui vint-il de sa simplicité et de sa candeur. C'est ainsi qu'il écrivit pour expliquer l'harmonie qui existe entre les plantes et les hommes : « Il y a des fruits qui sont taillés pour la bouche de l'homme, comme les cerises et les prunes; d'autres pour sa main, comme les poires et les pommes; d'autres beaucoup plus gros, comme les melons, sont divisés par côtes et semblent destinés à être mangés en famille. Il y en a même, comme la citrouille, qu'on pourrait partager avec ses voisins. » Mais ce succès fut dépassé par celui de *Paul et Virginie* commencé ici en 1786 et terminé en 1788.
Façade, mansardes, escalier Louis XIII à rampe en fer forgé et en bois.

Revenir sur ses pas jusqu'à la rue Descartes à laquelle fait suite la :
RUE MOUFFETARD / Cette ancienne voie romaine allant vers l'Italie, par Fontainebleau et Lyon, doit vraisemblablement son nom actuel, du XIIIe siècle, au mot *moffettes,* appliqué à l'odeur des exhalaisons putrides de la Bièvre et aux odeurs des industries de ses riverains, tanneurs, écorcheurs et tripiers.
La rue Mouffetard a été, de tout temps, la grande rue du bourg Saint-Médard.

Le bourg Saint-Médard : Dès le IXe siècle on trouvait le long de la rive gauche de la Bièvre, à proximité de l'église Saint-Médard, une petite agglomération entourée de vignes et de terres labourées. C'était le bourg Saint-Médard qui, du XIIe au XVe siècle, vit son développement s'accroître grâce aux villégiatures que d'importants personnages vinrent y établir. Il ne comportait au XIVe siècle que deux rues; la rue *des Bouliers* (Daubenton) parallèle à la rivière, et la rue *Mouftard,* perpendiculaire à celle-ci. Tout ce quartier

Maison habitée
par Descartes
(*grav. vers 1860*)

n'était composé, à part l'église Saint-Médard, que de riches propriétés situées en bordure de la Bièvre et de ces deux rues.
Ce bourg se développa progressivement, il finit par rejoindre le rempart de Paris distant de 700 mètres de la Bièvre, ce qui nécessita l'ouverture, au XIVe siècle, des rues appelées depuis : Saint-Médard, de l'Épée-de-Bois, Gracieuse, de la Clef, du Puits-de-l'Ermite, Quatrefages, etc. Au XVIIe siècle, il devint le quartier populaire qu'il est resté; érigé au faubourg il fut annexé à Paris en 1724.
No 6. Enseigne d'une boucherie du XVIIIe siècle (un bœuf en bas-relief); la maison est encore une boucherie.
No 9. Une inscription, peu lisible, rappelle la démolition, en 1685, M. de Fourcy étant prévôt des marchands, de la *porte Saint-Marcel :* « Du règne de Louis le Grand en l'année 1685, la porte Saint-Marcel qui était en cet endroit a été démolie par ordre de MM. le Prévôt des Marchands et Échevins et la présente inscription apposée en exécution de l'arrêt du 17 avril au dit an pour marquer où était cette porte et servir ce que de raison. »

PLACE DE LA CONTRESCARPE / Le nom de cette place, créée en 1852, vient de la contrescarpe du fossé de l'enceinte de Paris que longeaient les rues Thouin et de l'Estrapade. Là se terminait l'avancée de la *porte Saint-Marcel* et commençait le faubourg Saint-Médard; il y eut toujours à cet endroit un carrefour important formé par les rues Mouffetard, Blainville et Lacépède. Aussi cette sortie de Paris fut-elle de tout temps un lieu très animé. Les domestiques, les porteurs de chaises, les montures y stationnaient, on s'y réunissait pour « godailler »; les désordres, fréquents, justifièrent, au XVIIIe siècle, l'installation toute proche d'un poste de gardes-françaises.
De tous les cabarets de cet endroit, le plus célèbre était celui à l'enseigne de la *Pomme de Pin,* que rappelle une inscription en lettres gothiques placée sur la maison moderne portant le no 1. En réalité, le cabaret vanté par Rabelais était situé en face, au débouché de la rue Blainville. Dans ce tournebride se réunissait la Pléiade : Ronsard, Baïf, Joachim du Bellay, Dorat, Rémi Belleau, Jodelle et Pontus de Thiard. Il convient de ne pas le confondre avec un autre célèbre cabaret portant la même enseigne, celui de la rue de *la Juiverie,* situé en la Cité.

Faire aller et retour, un crochet dans la :
RUE BLAINVILLE / Cette rue est l'ancienne rue de la *Contrescarpe-Saint-Marcel* de 1685 à 1865.
Nos 1 à 7. Vieilles maisons; fenêtres et mansarde du no 1; ferronner es et mansarde du no 3; ferronneries du no 5.
No 9. Maison du XVIIIe siècle, à 8 étages; son belvédère — où aurait habité Murger — est surtout visible de l'intérieur de sa pittoresque petite cour.

Nº 11. Porte cloutée.
Nº 4. Vieille maison.

Faire, aller et retour, un crochet dans la :
RUE LACÉPÈDE *(section comprise entre les rues Mouffetard et Monge)* / Nº 45. Entrée.
Nº 55. Vieille maison.

RUE MOUFFETARD *(suite)* / Nos 12, 14, 28, 34. Vieilles maisons.
Nos 21, 23, 27. Vieilles maisons.
Nº 36. Cette maison servit de casernement, à partir de 1714, à une compagnie de fusiliers de gardes-françaises *(cf. nº 11, rue Tournefort)*.
Solives du plafond du couloir d'entrée, cour avec un vieux puits.
Nos 40, 43. Vieilles maisons.
Nos 48 à 52. Vieilles maisons; le côté gauche du couloir du nº 52 est pavé d'anciennes pierres tombales.
Nº 53. En démolissant, en mai 1938, la maison située à cet emplacement, on a découvert un trésor caché par Louis Nivelle, écuyer, conseiller et secrétaire du roi, trésor constitué par 3.351 pièces d'or, la plupart à l'effigie de Louis XV. Elles étaient enveloppées d'un papier par lequel Louis Nivelle déclarait les léguer à sa fille, Anne-Louise-Claude. Ces pièces ont été remises, en 1952, aux 84 descendants de celle-ci, à l'exception de la part revenant à la Ville de Paris et aux ouvriers qui les ont découvertes, déduction faite de la somme nécessaire à couvrir les frais des généalogistes. L'ensemble avait à cette dernière date une valeur de plus de 16 millions.
Nº 60. Cette fontaine, dite du Pot-de-Fer, est le seul monument du quartier qui soit classé. Elle fut mise en place, en 1624, lorsque Marie de Médicis fit entreprendre la réfection de l'aqueduc gallo-romain d'Arcueil pour amener de l'eau dans le palais et les jardins du Luxembourg alors en construction. L'excédent de cette amenée fut réparti entre 14 fontaines de la rive gauche, dont celle-ci, refaite en 1671.
Nº 61. Emplacement, depuis 1656, du *couvent de Notre-Dame-de-la-Miséricorde* où des Augustines se vouèrent au soulagement des malades. En 1717, leurs bâtiments tombant en ruines, leur supérieure fit appel à Mme de Maintenon. La toute-puissante marquise obtint que les dépenses de restauration fussent supportées par le trésor royal et elle chargea le lieutenant-général de police d'Argenson de veiller à ce que ces travaux soient faits. Ce magistrat avait un genre de vie peu en rapport avec l'austérité des mœurs qui convenait à sa fonction; lorsqu'il vint voir chez les Hospitalières de la Miséricorde les travaux qu'il y avait lieu d'entreprendre, il s'éprit d'une jeune et jolie novice au point de l'engager à s'évader, lui promettant de faire sa fortune. La supérieure, alertée sur ce projet d'évasion, en empêcha l'exécution

ce qui mit M. d'Argenson fort en colère; il informa alors la supérieure qu'il suspendait les travaux. Celle-ci, prise entre son désir de voir réparer le monastère et son devoir de veiller sur la jeune novice, opta finalement pour la restauration de sa maison et elle abandonna au marquis d'Argenson l'objet de ses amours.
Ce couvent fut fermé à la Révolution; plus tard, et très agrandi, il devint, en 1824, une caserne.
En continuant à descendre la rue Mouffetard, on voit, à droite et à gauche, un ensemble de vieilles maisons ayant appartenu au bourg populaire de Saint-Médard avant qu'il ne fût rattaché, en 1724, à Paris. Signalons parmi cet ensemble pittoresque les numéros suivants :
N° 70. Grille de marchand de vin.
N°s 78 (ferronneries), 74, 79, 73 (mansardes). Vieilles maisons.
N° 69. Enseigne *Au Vieux Chêne*. Séjour d'un club révolutionnaire en 1848, puis d'un bal populaire.
N° 86. Ferronneries.

N° 89. La RUE DE L'ÉPÉE-DE-BOIS, ouverte dans le courant du XVIe siècle, doit son nom à une enseigne. Son n° 5 est à l'emplacement de la maison où la sœur Rosalie (Jeanne-Marie Rendu) fonda, en 1820, une école et, en 1844, une crèche. Sa réputation, déjà grande, devint immense après son intervention, lors des journées révolutionnaires de juin 1848, près de la barricade dressée à l'angle des rues Mouffetard et de l'Épée-de-Bois. Sœur Rosalie mourut en 1856, à 70 ans; tout le quartier Mouffetard assista à ses obsèques. La maison des Filles de la Charité de la rue de l'Épée-de-Bois dont elle était la supérieure a été démolie en 1904.
N° 88. Vieille maison.
N° 81. Vestige du portail d'une chapelle du début du XVIIe siècle, peut-être chapelle particulière d'un ancien hôtel; deux pilastres surmontés d'un fronton brisé encadrent un panneau situé au-dessus de la porte; coquille du fronton.

N° 104. Entrée du PASSAGE DES POSTES : grille, entrée sous plafond à solives.
N° 115. Ici se trouvait, au XIVe siècle, l'entrée en allée, de la Maison des Patriarches *(cf. ci-après)*.
N° 122. Enseigne *A la Bonne Source* représentant des porteurs d'eau; enseigne classée.
N°s 134, 136, 138 (mansardes), 140 (mansardes). Vieilles maisons.

RUE DAUBENTON / Cette rue, ex-rue *des Bouliers* au commencement du XIIIe siècle, s'est appelée, du XIVe siècle jusqu'en 1864, la rue d'*Orléans-Saint-Marcel,* du nom de l'important fief qu'elle longeait, fief qui devint, au XIVe siècle, le :
Séjour d'Orléans : Cette résidence avait son entrée sur la rue des *Bouliers,* au voisinage des n°s 11 à 21 de notre rue Daubenton. Elle fut la propriété, en 1386,

du duc de Berry, frère de Charles V, qui la céda à la reine Isabeau de Bavière. Celle-ci la donna, en 1388, à son beau-frère et amant, le duc Louis d'Orléans, frère de Charles VI, que Jean sans Peur fit assassiner 19 ans plus tard. C'est alors que cet hôtel, entouré d'un vaste jardin rempli de cerisiers, de lavande, de treilles et qui descendait jusqu'à la Bièvre, s'appela le *Séjour d'Orléans*. Au XVIe siècle ce fief commença à être loti, puis, peu à peu morcelé, il disparut en 1663.
No 41. Entrée latérale de l'église Saint-Médard qu'utilisèrent les protestants lorsqu'ils pénétrèrent de force dans l'église le jour du *vacarme de Saint-Médard (cf. ci-après)*.
No 39. On voit sur le mur les traces de deux grandes portes cintrées; celle de droite correspond à un ancien passage longeant le presbytère, elle a été murée en 1649; l'autre était l'entrée d'un nouveau passage conduisant au charnier du cimetière de l'église, elle a été murée par la police en 1732.

L'église Saint-Médard : Au sud du bourg *Saint-Médard,* en bordure de l'endroit où la rue Mouffetard traversait la Bièvre sur le *Pont-aux-Tripes*, une église, dédiée à saint Médard, aurait été édifiée au VIIe ou au VIIIe siècle. Détruite par les Normands, elle fut remplacée, au XIIe siècle, par une autre église dont l'actuelle est l'élargissement. Celle-ci date de plusieurs époques :
— Du milieu du XVe siècle : la nef, sans transept, et la façade.
— De 1560 à 1586 : le chœur et les chapelles, style Renaissance. Toutefois, faute d'argent, le chœur ne fut recouvert que de voûtes en bois qui depuis y sont restées.
— De 1655 : les bas-côtés de l'église.
— De 1773 à 1784 : mise de l'église au goût du XVIIIe siècle : cannelure des colonnes du chœur, construction de la chapelle absidiale et du portail dont le style Louis XVI contraste fort avec le vitrail flamboyant du porche.
— De 1901 : la chapelle des catéchismes construite sur l'emplacement du petit charnier.
L'église Saint-Médard, fermée en 1793, fut la première église de Paris mise, en avril 1795, à la disposition du clergé constitutionnel.

L'église était bordée au sud et au nord-est par son cimetière ouvert en 1512; la partie sud, vendue en 1792, est devenue un square; sa partie nord, sur laquelle fut élevée, en 1901, la chapelle des catéchismes, renfermait le charnier, construction carrée, de 1691, de 9 mètres de côté.

Continuer la rue Daubenton et prendre, à gauche, la:
RUE DE LA CLEF *(partie située au nord de la rue Daubenton) /* Cette partie de la rue de la Clef est l'ancienne rue *Saint-Médard,* de 1530, appelée, depuis 1588, du nom actuel dû à une enseigne.

Nº 28. Vieille maison.
Nº 25. Ex-hôtel du XVIIIe siècle, occupé, en 1779 par la pension, puis collège Savouré où le prince Jérôme Bonaparte, frère de Napoléon, fut élève. Porte cloutée encadrée de pilastres ioniques supportant un entablement surmonté de vases; fenêtres à balustres de pierre, escalier.
Nº 38. Vieille maison, cour.
Nº 56. Emplacement de l'entrée de la prison de *Sainte-Pélagie*.

RUE DU PUITS-DE-L'ERMITE / Cette rue doit son nom à un puits foré à la fin du XVIe siècle par un de ses habitants nommé Adam l'Hermite. Olivier Patru est mort, en 1681, dans cette rue où les sculpteurs Coysevox et Coustou habitèrent successivement.
Nos 9, 7, 5, 1. Vieilles maisons; fenêtre-balcon du nº 7, statuette du nº 5, grille du nº 1.

Par la RUE LARREY (au nº 3 mourut, en 1834, Charlotte Robespierre, sœur de l'Incorruptible), regagner la :

RUE DAUBENTON *(suite)* / Nº 23. Vieille maison.
Nos 21 à 11. Emplacement d'une dépendance du *couvent des Filles-de-la-Croix* dont la maison mère était installée au cul-de-sac Guéménée, rue Saint-Antoine; elle servait de maison de campagne et de repos à ce couvent. Il reste de celui-ci, aliéné en 1797, la porte du nº 13 et la vieille maison du nº 11.

Par la RUE DU GRIL, du XVIIe siècle (ce nom, d'une enseigne), gagner la :
RUE CENSIER / Cette rue ouverte sur le lotissement de l'ancien *Séjour d'Orléans,* remplace un petit cul-de-sac donnant sur la rue Mouffetard; il était *sans chief* (sans tête), appellation qui fut déformée en *Sancier,* puis Censier.
Nos 7 et 9. Vieilles maisons.
Nº 11. Escalier à balustres de chêne.
Nº 13. Du début du XVIIIe siècle.
Nº 15. Petit hôtel du XVIIe siècle. Mascaron au-dessus de la porte; escalier, numérotage noir sur fond jaune.
Nº 17. Immeuble du XVIIe siècle, dont la façade attire l'attention par son haut fronton triangulaire, sa grande baie au-dessus de balustres de pierre, et ses fenêtres arrondies. Cet immeuble fut, en 1752, la maison natale de Santerre, plus tard brasseur au faubourg Saint-Antoine, animateur des journées des 20 juin et 10 août 1792. Commandant général de la garde nationale, il présida à l'exécution de Louis XVI.
Cour curieuse avec ses piliers de chêne soutenant un plafond, assez bas, formé de grosses poutres de bois; courette avec vestiges d'une ancienne habitation; caves.
Nos 21 à 25. L'*hôpital des Cent-Filles.* Du nº 19 jusqu'à la rue de la Clef, emplacement de l'*Hôpital de Notre-Dame-de-la-Miséricorde,* dit *des Cent-Filles,* fondé sous Louis XIII, pour 100 jeunes orphelines, nées à Paris

d'un légitime mariage. Cette maison fut fermée à la Révolution; sur son emplacement on a ouvert, en 1863, la rue Santeuil, et construit, en 1865, la Halle aux Cuirs.
Vestiges de l'Hôpital des Cent-Filles à ces nos 21 à 25.

RUE DE LA CLEF *(partie située au sud de la rue Censier)* / Nos 16-14 *ter*. Restes de l'*Hôpital de Notre-Dame-de-la-Miséricorde* ou *des Cent-Filles*; vieilles maisons avec d'immenses caves, aujourd'hui murées, s'étendant jusqu'au no 19 de la rue Censier.
Nos 14 et 12. Entre ces numéros se trouvait le *Pont-aux-Biches* sur lequel elle franchissait la Bièvre; le dos d'âne de ce pont est encore reconnaissable entre ces deux maisons.

RUE SCIPION / On trouvait au XVIe siècle dans cette rue, appelée rue *de la Barre* de 1540 jusqu'au XVIIIe siècle, la résidence d'un des plus opulents financiers

Hôtel Scipion, devenu boulangerie des Hôpitaux (*grav. 1840*)

Rue Censier / Fontaine

de cette époque, Scipion Sardini. En cet endroit, qui n'était alors que champs, vergers et clos de vignes, Scipion Sardini fit construire, à hauteur du nº 13 de la rue qui porte maintenant son prénom, un remarquable hôtel dont des vestiges subsistent à l'intérieur de la boulangerie centrale des hôpitaux de Paris.

L'hôtel Scipion Sardini : Lorsqu'on pénètre dans la cour de cette boulangerie, on aperçoit sur un de ses côtés une façade de style Renaissance (façade classée) qui, tout entière, date de 1565. C'est une construction en pierre et brique (la première de Paris où apparut ce mélange) d'un étage et d'un comble bas reposant sur une galerie formée de six larges arcades basses et en plein cintre dont trois (les 4e, 5e et 6e) sont encore ouvertes les autres étant condamnées par une cloison. Chacune de ces arcades était surmontée d'un curieux médaillon en terre cuite en haut-relief; quatre d'entre eux subsistent. Ils représentent, le premier, un buste de femme, dont l'épaule est nue et la robe sur le point de tomber; le second, un soldat avec casque à mentonnière et cuirasse ciselée; le troisième, un autre buste de femme, celle-ci pensive et la robe montante; le quatrième, un autre soldat à barbe longue, tête nue, une écharpe sur l'épaule gauche de sa cuirasse. Sur la façade qui fait retour d'équerre sur la gauche, on voit, accolant une fenêtre de style Louis XV, deux écussons semblables à celui de la deuxième arcade, mais ils sont badigeonnés. Cette décoration de médaillons en terre cuite était fréquente au XVIe siècle; sa fragilité explique qu'il n'en reste guère; les médaillons que l'on voit ici sont les derniers qui subsistent à Paris.

Tous les autres bâtiments de la boulangerie des hôpitaux sont modernes.

Qui était Scipion Sardini ? C'était un Toscan venu en France dans la suite de Catherine de Médicis; parti de rien il sut amasser une fortune considérable; un distique disait de lui : « Naguère sardine, aujourd'hui grosse baleine; c'est ainsi que la France engraisse les petits poissons italiens. » Il gagna la confiance de Catherine de Médicis, puis ne craignit point d'épouser Isabelle de Limeuil, de la maison des comtes d'Auvergne et, par là, quelque peu apparentée à la reine Catherine, quoique son inconduite fût notoire.

Isabelle de Limeuil faisait partie du célèbre « escadron volant » de Catherine de Médicis, dont les membres avaient mission de mettre à profit tout le charme de leurs séductions féminines pour arracher à certains grands seigneurs ce que la reine désirait obtenir d'eux. Isabelle, blonde, aux yeux bleus, au teint éclatant, sans moralité, avait été la maîtresse, entre autres, du duc d'Aumale, de Robertet du Fresne et de Brantôme.

Catherine de Médicis la chargea d'obtenir du prince de Condé, le plus brillant des chefs protestants, la rétrocession à la France du Havre, que les huguenots avaient livré aux Anglais en 1562; elle l'obtint malgré l'opposition de Coligny et de Calvin. Ce fut l'époque

où Ronsard s'éprit aussi d'elle et écrivit à son sujet des vers passionnés.
Isabelle fit si bien la conquête de Condé qu'elle eut de lui un garçon qui vint subitement au monde, en mai 1654, au cours d'une audience solennelle donnée à Dijon. L'historien Eudes de Mézeray a écrit à ce sujet : « On ne s'explique pas comment une personne si avisée ait si peu pris ses précautions. » Le scandale fut si grand que Catherine dut mettre « hors sa troupe » et faire enfermer Isabelle au couvent des Cordelières d'Auxonne. A l'instigation de Coligny, le prince de Condé, alors veuf, se remaria, en 1565, avec Mlle de Longueville qui le poussa à réclamer à son ancienne maîtresse tous les présents qu'il lui avait donnés. Isabelle les renvoya à Condé en y joignant un portrait de lui qu'elle avait enjolivé d'une superbe paire de cornes bien fournies en ramures.
C'est alors que Scipion Sardini épousa Isabelle de Limeuil en 1567, et qu'il l'installa dans ce fastueux hôtel dont les jardins descendaient vers la Bièvre.
La fortune de Scipion Sardini que Catherine de Médicis avait fait baron de Chaumont-sur-Loire continua à s'accroître sous le règne d'Henri III qui le chargea de la perception de taxes impopulaires comme celles sur les cabarets et les auberges, opérations sur lesquelles il sut percevoir d'importants pourcentages. Il devint le banquier du roi et celui d'illustres personnages de la noblesse et du clergé; il fut le premier financier de cette époque, mais aussi le plus impopulaire. Ayant moins bien réussi auprès d'Henri IV, il se retira des affaires et s'employa à protéger les arts et les belles lettres jusqu'à sa mort qui survint en 1609. En 1614, son hôtel fut transformé et devint un hôpital pour les pauvres, un dépôt de mendicité, dit l'*hôpital Sainte-Marthe*. Devenu propriété de l'Hôpital-Général en 1656, il fut affecté, en 1676, à la boulangerie et à la boucherie des hôpitaux et hospices civils de Paris, d'où on tira tous les jours la quantité de pain, de viande et de chandelle nécessaire aux maisons de l'Hôpital Général; il a conservé depuis la première de ces affectations.

Par la RUE VESALE,, ex-section de la RUE DU PETIT-MOINE, de 1540, gagner la :
RUE DE LA COLLÉGIALE / Cette rue a été ouverte, en 1858, sur l'emplacement de l'ancienne maison de justice des chanoines de Saint-Marcel.
N°s 1-2-3-4. Emplacement occupé, de 1158 à 1790. par l'église *Saint-Martin-du-Cloître,* une des trois églises du bourg Saint-Marcel, les deux autres étant Saint-Marcel et Saint-Hippolyte. C'est près d'elle qu'un jardinier trouva, en 1656, les 64 cercueils antiques indiqués plus haut.

RUE MICHEL-PETER / *L'église Saint-Marcel* était située dans l'îlot délimité de nos jours par le boulevard Saint-Marcel (N°s 53 à 57), la rue Michel-Peter (de 1883), la rue de la Reine-Blanche et l'avenue des Gobe-

lins. C'est au milieu de cet ilot que s'élevait le tombeau de saint Marcel, neuvième évêque de Paris, mort en 436 et célèbre par ses miracles. Il délivra Paris d'un dragon monstrueux qui le ravageait, il métamorphosa en vin l'eau tirée de la Seine et il convertit un grand nombre de païens. On peut voir sa statue au trumeau du portail de Sainte-Anne de la cathédrale Notre-Dame, terrassant avec sa crosse le dragon.
Son tombeau fut surmonté d'un oratoire remplacé, vers 1050, par une église collégiale, l''église Saint-Marcel qui fut démolie en 1806.

Prendre, à gauche, la rue de la Reine-Blanche, puis la RUE LEBRUN / Cette rue est une ancienne section de la rue des Fossés-Saint-Marcel.
N° 20. Dans la cour, à gauche, coquet pavillon du début du XVIIIe siècle en forme de rotonde.
Fenêtres, ferronneries, mascaron et consoles de la fenêtre, balcon; la décoration de son salon circulaire est classée.

AVENUE DES GOBELINS / *(coté impair)* / Cette avenue est le prolongement de la rue Mouffetard au sud de la Bièvre. On a trouvé à son début, peu après le franchissement de la Bièvre, au voisinage des nos 11, 12 *bis*, 14 et 16 d'autres tombes de la nécropole chrétienne indiquée plus haut.

N° 53. La RUE DU BANQUIER / Elle tient son nom, soit d'un banquier propriétaire au XVIe siècle de grands jardins, s'étendant jusqu'à la Bièvre, soit de celui d'un artiste des Gobelins nommé Branquier. N° 15. Belle porte sculptée, heurtoir.

PLACE D'ITALIE / Cet antique carrefour a pris une grande importance lorsqu'il fut traversé, à partir de 1785, par le mur des Fermiers-Généraux qui a donné naissance ici à nos boulevards de l'Hôpital et Auguste-Blanqui.
Le propylée de *la barrière d'Italie* qu'y éleva Ledoux a été démoli en 1877.

LES FAUBOURGS SAINT-MEDARD ET SAINT-MARCEL (suite)

DE LA PORTE SAINT-JACQUES A LA BARRIERE DE CROULEBARBE

La porte Saint-Jacques / La rue des Fossés-Saint-Jacques / La place et la rue de l'Estrapade / La rue des Postes, le collège des Irlandais, les rues du Puits-qui-parle et Neuve Sainte-Geneviève, une caserne de gardes-françaises au XVIIIe siècle, le séminaire du Saint-Esprit, la rue du Pot-de-Fer, le couvent des Filles-de-Saint-Michel / La rue de l'Arbalète / La rue de l'Oursine / Le couvent des Cordelières / La rue et l'église Saint-Hippolyte / La Folie-Gobelin et l'Hôtel de la reine Blanche / La Manufacture royale des Gobelins / La rue Croulebarbe.

Point de départ : 14, rue Soufflot.

RUE SAINT-JACQUES *(section comprise entre les rues Soufflot et des Fossés-Saint-Jacques)* / Lutèce n'était pas encore occupée par les Romains que déjà la rue Saint-Jacques, doyenne des rues de Paris, était une piste très fréquentée par les voyageurs qui franchissaient la Seine à hauteur de l'île de la Cité. Ils la traversèrent tout d'abord en barque, et plus tard par des passerelles appelées sous l'occupation romaine le *Petit-Pont* et le *Grand-Pont* (pont Notre-Dame).
A cette époque la rue Saint-Jacques constitua la route de *Genabum* (Orléans); c'était une voie romaine importante, large de 9 mètres, solidement pavée avec ces fortes dalles dont on peut voir deux exemplaires au parvis de la petite église Saint-Julien-le-Pauvre; située à flanc de coteau de la montagne Sainte-Geneviève, elle s'appelait la *Via Superior*. Son trafic devint tel qu'il fallut la doubler bientôt par une seconde voie romaine, parallèle, placée en contrebas, la *Via Inferior*, d'où découlera le nom de rue d'*Enfer*. La *Via Superior*, devenue ensuite la *Grant-Rüe-Oultre-Petit-Pont*, s'appela, vers 1230 la rue Saint-Jacques du nom du *couvent des Jacobins* (inscription au nº 14 de la rue Soufflot) qu'elle longeait, nom que depuis lors, elle a toujours conservé.
Nº 172. Emplacement de la *porte Saint-Jacques*,

une des quatre principales portes de Paris aux XIIIe et XIVe siècles, (inscription et croquis sur la façade du no 172), dont l'avancée s'étendait jusqu'à hauteur du no 171. Là, furent pendus aux ormes qui l'ombragaient sept bourgeois de Paris lorsque Philippe le Bel réprima, en 1306, l'insurrection qui avait suivi une de ses coutumières opérations de dévaluation de la monnaie. 21 autres bourgeois furent également pendus, 7 par 7, aux 3 autres portes principales de Paris, spectacle riche d'enseignements pour qui entrait dans la Ville ou se rendait en province. La *porte Saint-Jacques* fut, comme les autres portes de Paris des enceintes de Philippe-Auguste et de Charles V, démolie sous Louis XIV, en 1684.

No 151 *bis*. Bel hôtel Louis XV (surélevé). Balcon central, mascarons, ferronneries; façade classée.

L'entrée de cet hôtel conduit dans une cour au fond de laquelle s'élève un autre hôtel du XVIIIe siècle possédant un bel escalier en fer à cheval avec une élégante rampe en fer forgé. Sa façade sur le jardin présente un fort beau balcon supporté par quatre consoles de pierre sculptées; mascarons.

Nos 163 *bis* (et no 2 rue *des Fossés-Saint-Jacques*). Sur les 2 vieux noms de rues gravés dans la pierre de cet immeuble d'encoignure, rue Saint-Jacques et rue des Fossés-Saint-Jacques, les lettres « St. » ont été grattées sous la Révolution.

Le rez-de-chaussée de cet immeuble fut occupé au XVIIIe siècle par un cabaret à l'enseigne *Au Port-Salut,* nom qui peut rappeler l'exclamation que poussaient jadis voyageurs et pèlerins à leur arrivée dans la capitale. Grille de marchand de vin, deux étages de vieilles caves. Les lettres F.D.T. gravées sur leur soubassement indiquent une limite de l'ancien *Fief des Tombes*.

RUE DES FOSSÉS-SAINT-JACQUES / Cette rue remplace l'ancien chemin suivant extérieurement le rempart de Paris et son fossé, de 1357, comblé en 1646.

No 3. Vieille maison; escalier Louis XIII; de la cour, vue pittoresque sur tout un ensemble de toits et de mansardes.

No 4. Grand immeuble du XVIIIe siècle.

PLACE DE L'ESTRAPADE / Cette place a toujours été un important carrefour. C'était au XVIe siècle le carrefour de *Braque,* formé par la rencontre de trois rues; rues des Fossés-Saint-Jacques, Lhomond et de l'Estrapade. Ce nom de Braque était celui d'un vaste jeu de paume.

Elle prit son nom actuel au XVIIe siècle, car c'était ici qu'on fit subir, jusqu'en 1687, le châtiment dit de l'*estrapade* aux soldats déserteurs ou voleurs. Il était d'invention italienne : le patient était hissé, les mains liées derrière le dos, jusqu'au sommet d'une très haute potence d'où on le laissait brusquement tomber jusqu'à une courte distance du sol, ceci plusieurs fois de suite jusqu'à ce que ses bras et jambes fussent disloqués; pour favoriser cette dislocation on augmentait parfois la violence de la chute en suspendant un lourd poids aux pieds du patient. Sur la place de l'Estrapade, on trouvait, à partir de 1778, le Bureau Central des Falots où les promeneurs nocturnes pouvaient se procurer des lanternes numérotées portées par des petits garçons qui les éclairaient dans les rues et les accompagnaient jusqu'à la porte même de leur appartement, celui-ci fût-il au dernier étage de la maison.

Prendre, aller et retour, la :
RUE DE L'ESTRAPADE / Cette rue est un ancien sentier qui longeait également le fossé de l'enceinte de Paris.
Nos 21-23. Vieilles maisons; cette dernière, de 1750, environ, a une cour curieuse située en contre-bas.
No 11. Maison du XVIIIe siècle, plus tard habitée par le pamphlétaire Paul-Louis Courier (inscription).
No 9. Vieille maison.
No 7. Maison de 1827; porte, escalier.
No 5. Porte.
No 3. Maison construite, en 1681, mais modifiée et surélevée de deux étages. Son deuxième étage fut habité par Diderot qui y fut arrêté, en 1749, pour avoir écrit sa *Lettre aux aveugles* dans laquelle il avait professé un athéisme qui irrita même Voltaire, il avait alors 36 ans; on l'emprisonna au donjon de Vincennes où le gouverneur adoucit singulièrement la rigueur de sa peine; c'est en cette même année qu'il commença *l'Encyclopédie*. Cette maison fut aussi habitée par le physicien Fizeau jusqu'à l'année de sa mort (1876).

Revenir sur ses pas jusqu'à la hauteur de la rue Clotaire et prendre la :
RUE DES FOSSÉS-SAINT-JACQUES *(suite)* /
No 22. Maison qui fut habitée par le littérateur Antoine Ampère, fils du physicien; escalier.

RUE LHOMOND / Cette rue, percée au XVe siècle, s'est appelée jusqu'en 1867 rue *des Postes*, déformation de rue *des Pots*, ce dernier nom étant, peut-être, un souvenir des anciennes poteries gallo-romaines de la montagne Sainte-Geneviève.
No 6. Emplacement d'une dépendance du couvent de la *Visitation-Sainte-Marie* établi dans la rue du Faubourg-Saint-Jacques (no 193), occupée, à partir de 1817, par les sévères *Filles-de-Saint-Michel* dont le couvent mentionné plus loin (à hauteur des nos 48 à 54 de la rue *des Postes*) avait été fermé à la Révolution. Elles dirigèrent ici une maison de correction pour jeunes filles, remplacée, de 1826 à 1887, par celle qu'elles dirigèrent au no 193 de la rue Saint-Jacques, dans l'ancien couvent des Visitandines situé dos-à-dos avec ce no 6 où des Filles de la Croix les remplacèrent.
No 10. Emplacement occupé, au début du XVIIIe siècle, par l'hôtel du marquis de Flavacourt dont la femme

fut la seule des cinq filles du marquis de Nesle qui ne devint pas une maîtresse de Louis XV.
Michelet habita, en 1839, cet hôtel devenu une institution qu'absorba, en 1854, l'école Sainte-Geneviève (cf. ci-après).
L'église située à l'angle des rues Lhomond et d'Ulm est l'ancienne chapelle de cette école; construite en 1893, c'est tout ce qui subsiste du brillant établissement que les Jésuites eurent dans la rue *des Postes*; elle est actuellement affectée au culte maronite; c'est l'église Notre-Dame-du-Liban.

Prendre, aller et retour, la :
RUE DES IRLANDAIS / L'immeuble situé à l'angle des rues Lhomond et des Irlandais porte, gravées, les inscriptions des anciens noms de ces 2 rues; rue *des Postes* (Lhomond) pour la première et rue *du Cheval-Vert* (des Irlandais) pour la deuxième qui porta ce nom, provenant d'une enseigne, de 1602 à 1807.
N° 5. *Le collège des Irlandais :* En 1769, le séminaire des Irlandais, installé auparavant à l'ex-*collège des Lombards* (cf. n° 34, rue de la Montagne-Sainte-Geneviève) vint s'installer ici, danx ce grand et bel établissement construit, de 1755 à 1769, par l'architecte Bellanger. Sa chapelle porte à l'intérieur le monogramme de saint Patrick, apôtre de l'Irlande; les bustes de John Lee, fondateur, en 1578, de la communauté irlandaise de Paris, et celui de Patrice Maginn qui, avec Malachie Kelli, installa, en 1677, cette communauté dans les anciens locaux du collège des Lombards, sont érigés au-dessus des portes ouvrant sur le jardin.
Toujours propriété de l'Église Anglaise, il est mis, depuis 1944, à la disposition temporaire de l'église catholique polonaise.
Porte, façade.

RUE LHOMOND *(suite)* / N°s 10 à 26. L'ensemble constitué par l'hôpital Curie et par les laboratoires de l'École normale supérieure remplace, depuis 1914, la célèbre école tenue par les Jésuites, appelée École préparatoire Sainte-Geneviève ou *Ecole de la rue des Postes*. Elle-même avait remplacé, à partir de 1854, toute une suite de couvents et d'hôtels disparus à la Révolution et situés aux emplacements suivants :
N° 10. L'Hôtel de Flavacourt, du XVIIIe siècle, mentionné ci-dessus.
N° 18. Les communs de l'Hôtel de Juigné, propriété du dernier archevêque de Paris avant la Révolution. L'abbé Edgeworth y résidait lorsqu'il assista Louis XVI à ses derniers moments.
N° 24. Hospice, hôtellerie ecclésiastique et séminaire constituant le *couvent des Eudistes* installé ici en 1703.
N° 26. *Le séminaire des Anglais,* installé ici en 1687 pour des prêtres et écoliers catholiques réfugiés d'Angleterre.

RUE AMYOT / Cette rue s'est appelée, de 1588 à 1867, la rue *du Puits-qui-parle.* S'il n'était pas comblé, ce puits serait sur le trottoir, tangent à la façade de la maison portant le nº 10. Son nom était dû à son écho, mais, en 1588, la légende voulait qu'il provienne, soit d'une femme que son mari y aurait jetée, excédé de ses bavardages, ce qui ne l'aurait pas empêchée de continuer à parler, soit à un reclus qui, le puits étant tari, aurait vécu 30 ans tapi dans son fond, tel Job sur son fumier, chantant jours et nuits les *Sept Psaumes de la Pénitence.*
Nº 7. Petit pavillon ancien; porte.
On aperçoit de là le revers de l'hôtel situé au nº 27 de la rue Lhomond.
Nº 10. Gay-Lussac, célèbre physicien et chimiste, a habité cette maison en 1808.

Nº 10. La RUE LAROMIGUIÈRE, ex-rue des *Poules,* desservait au XVIe siècle un cimetière pour protestants, ceux-ci étant alors inhumés à part.

Prendre, à gauche, puis à droite, la :
RUE TOURNEFORT / Cette rue s'est appelée, de 1550 à 1864, la rue *Neuve-Sainte-Geneviève.*
Nº 15. Vieille maison.
Nºs 11-9-7 Cet ensemble est une ancienne caserne de gardes-françaises qui, construite en 1775, garda cette affectation jusqu'à la Révolution. Une ordonnance de Louis XIV, de 1692, avait prescrit de construire dans les faubourgs de Paris des casernes pour les gardes-françaises et pour les Suisses, jusqu'alors en billet de logement chez l'habitant. Mais ce ne fut qu'à la fin du règne de Louis XV que ce projet fut réalisé.
Entrée sous plafond à solives du nº 11, bâtiments, cour; au fond de celle-ci, une porte donne accès à une deuxième cour qu'entourent des bâtiments plus anciens où un détachement de gardes-francaises avait déjà été installé dès 1714; vieux puits dans cette cour et porte de sortie sur la rue Mouffetard (cf. nº 36, rue Mouffetard).
Nºs 19 *ter* à 19. Dans la cour, reste de l'Hôtel du Bel-Air, de la fin du XVIe siècle, où Mlle Douay installa, en 1765, une maison de détention pour femmes folles ou soi-disant telles. La prospérité de cette maison lui en fit ouvrir une deuxième dans notre rue de Chantilly.
Nº 25. Maison habitée en 1820 par Prosper Mérimée âgé alors de 17 ans.
Nº 20. Ancienne inscription du nom de la rue, *rue Neuve-Sainte-Geneviève,* où les lettres Ste. ont été grattées sous la Révolution.
Sur la partie descendante de cette rue, au-delà de la rue du Pot-de-Fer, à hauteur des bâtiments modernes situés à droite, Balzac a situé l'emplacement, en 1819, de la *pension Vauquer* de son roman *le Père Goriot* (30, rue Tournefort et 45, rue Lhomond).
Nº 18. Immeuble du début du XVIIe siècle, habité,

en 1753, par l'abbé Grisel, confesseur de l'archevêque de Paris alors directeur spirituel de la *communauté de Sainte-Aure* mentionnée ci-après. Il fut accusé de complicité avec l'économe de la communauté qui en avait dilapidé les fonds. De ce fait il fut embastillé et cessa de confesser l'archevêque de Paris; par contre, il confessa le gouverneur de la Bastille, M. de Jumilhac

N° 16. *La communauté de Sainte-Aure :* En pénétrant dans la cour, après être passé sous une voûte dans laquelle ouvrent quelques portes austères et où donne un escalier à belle rampe en fer forgé, on a : devant soi une église moderne encore inachevée; sur la gauche un passage voûté conduisant à une vieille chapelle et, derrière soi, la façade sur cour d'un immeuble dont les élégantes fenêtres sont garnies d'une belle ferronnerie.
On est ici à l'intérieur de l'ancienne *communauté de Sainte-Aure* qui, avant la Révolution, couvrait la totalité de l'îlot compris entre les rues du Pot-de-Fer, Tournefort, Amyot et Lhomond

Reprendre la rue Amyot et regagner la :
RUE LHOMOND *(suite)* / N° 25. Vieille maison jadis propriété de la communauté de Sainte-Aure; escalier.
N° 27. Immeuble de 1740 environ. Sa façade côté jardin est tout à fait remarquable, surtout par son balcon (façade classée). Cet immeuble fit aussi partie de la communauté de Sainte-Aure lorsqu'elle s'agrandit, en 1765, jusqu'à la rue des *Postes*. Toujours propriété des bénédictines ci-dessus, elle fut occupée, de 1854 à 1906, par une congrégation de religieuses missionnaires où Juliette Drouet, la future amie de Victor Hugo, fut pensionnaire.

Nos 28, 30. *Le séminaire du Saint-Esprit :* Le vaste immeuble situé aux nos 28 et 30, avec une façade en retour d'équerre sur la rue Rataud, est le séminaire du *Saint-Esprit* installé ici depuis 1731 et appelé, de nos jours, le Séminaire Colonial. Son but fut de former des prêtres, français ou étrangers, appelés à occuper des postes très peu recherchés, vicariats des hameaux perdus, missions et hôpitaux, ses séminaristes devant s'engager à n'accepter aucune dignité ecclésiastique. Des personnages importants de la Cour et de l'Église subventionnèrent cette fondation, ce qui lui permit de s'agrandir considérablement. Les Spiritains fournirent alors des prêtres aux cures du Canada, de l'Acadie, de la Chine, de la Cochinchine, du Cambodge, du Tonkin et des Indes et, à partir de 1773, à celles de la Guyane, du Sénégal et des îles de Saint-Pierre et Miquelon.
Supprimée à la Révolution qui confisqua ses locaux, la congrégation fut de nouveau reconnue en 1816; elle put racheter, en 1819, ses anciens bâtiments et continuer à fournir des prêtres à toutes les colonies françaises.
Depuis lors, ce séminaire n'a cessé de former des

missionnaires, non seulement pour les anciennes colonies françaises, mais aussi pour toutes les régions qu'il convient d'évangéliser. Il a d'ailleurs fusionné, en 1855, par ordre du Vatican, avec la congrégation du Sacré-Cœur-de-Marie fondée, en 1848, par un juif converti, le R.P. François Libermann, pour l'évangélisation des nègres. Le séminaire comporte près de 3.000 Spiritains et une quarantaine d'évêques ou de prélats de tous pays. Il constitue une des rares congrégations religieuses de Paris réinstallées après la Révolution dans les locaux qu'elles occupaient avant celle-ci.
Ses façades sur la rue et sur le jardin sont classées; porte, escalier.

La chapelle du *séminaire du Saint-Esprit*, terminée en 1780, est l'œuvre de Chalgrin. Le fronton qui surmonte sa porte (n° 28) est l'œuvre du sculpteur Duret ; un

L'école de la rue des Postes (*vers 1860*)

Place de l'Estrapade (*grav. vers 1850*)

peu trop haut perché, il représente deux missionnaires, l'un baptisant et l'autre instruisant des nègres.

A l'intérieur de la chapelle où règne l'ordre ionique, le maître-autel est surmonté d'une *Assomption,* œuvre d'Adam-le-Cadet.

L'École normale supérieure a possédé pendant un temps cette chapelle lorsqu'elle occupa une partie du séminaire de 1813 à 1822. Elle avait été créée par la Convention, en 1795, pour préparer au professorat des jeunes gens déjà très instruits. Les cours, d'une durée de deux ans, avaient lieu au jardin des Plantes dans l'amphithéâtre du Muséum d'histoire naturelle. Elle fut réformée par l'Empereur, en 1808, et installée, en 1813, dans une partie du séminaire du Saint-Esprit. Elle devint, en 1822, un foyer d'insubordination et d'idées antireligieuses, aussi fut-elle fermée et ses élèves licenciés (c'est alors que les Spiritains rachetèrent ce n° 28). L'École fut rétablie, en 1826, dans les locaux de l'ancien *collège du Plessis* où elle resta jusqu'à son installation en 1846, dans la rue d'Ulm.

Prendre, aller et retour, la :

RUE DU POT-DE-FER / Cette rue, citée en 1554, porte son nom actuel depuis 1625, il provient d'une enseigne.

Nos 20, 22. Vieilles maisons.

No 18. Toit.

No 1. Maison à pignon.

No 7. Ancien hôtel du début du XVIIIe siècle; façade, portail.

RUE LHOMOND *(suite)* / No 42. Emplacement de 1671 à la Révolution du *prieuré a la Présentation-de-Notre-Dame-au-Temple,* qui instruisait des jeunes filles et prenait des dames en pension. Rose Launay, la future baronne de Staal, y a été pensionnaire.

Nos 48 à 54. Emplacement, de 1724 à la Révolution, du couvent des *Filles de Saint-Michel.*

Les *Filles de Saint-Michel* provenaient d'un ordre fondé à Caen, en 1641, pour la surveillance et l'instruction des personnes ayant succombé aux tentations. L'archevêque de Paris, Mgr de Noailles, ayant senti la nécessité d'un pareil établissement à Paris, fit venir des religieuses de cet Ordre qu'il installa, en 1724, rue *des Postes.*

Les *Filles de Saint-Michel* étaient très sévères, leur main était de fer et elles savaient faire régner la discipline, aussi leur avait-on confié, dès 1720, la direction de la prison-couvent des *Madelonnettes.* La maison mère de la rue *des Postes* comprenait, dans des locaux séparés : les religieuses, un pensionnat, et des filles pénitentes, soit volontaires, soit enfermées là par ordre supérieur ou mises en cloître forcé à la demande de leur famille, père ou époux.

La RUE VAUQUELIN (1860) et la RUE BROSSOLETTE (1910) ont été percées au travers des deux anciens

domaines conventuels ci-dessus, que le collège Rollin occupa de 1830 à 1878.
Nos 61-63. Vieilles maisons.

Prendre à droite, aller et retour, la :
RUE DE L'ARBALÈTE / Cette rue, appelée des *Sept-Voies* au XIVe siècle, puis de la *Porte de l'Arbalète,* porte son nom actuel depuis 1844. Elle desservait, de la fin du XVIIe siècle à la Révolution, deux importantes institutions religieuses : au no 38, les *Filles de la Providence de Dieu,* au no 39, les *Filles de Sainte-Agathe* (ou *du Silence*) dont les bâtiments ont disparu avec le percement, en 1859, de la rue Claude-Bernard.
Nos 21 à 9. Emplacement du *Jardin des Apothicaires,* jardin botanique et de culture d'herbes médicinales annexé, en 1578, à l'école des jeunes apothicaires, fondée, la même année, par Nicolas Houel, maître apothicaire et épicier, dans un hôpital voisin, situé rue *de l'Oursine* (cf. ci-après). Il fut le premier Jardin des Plantes de Paris; vaste, il s'étendait au sud jusqu'à la rue *de l'Oursine* (ici RUE ÉDOUARD-QUENU). L'Institut agronomique occupe son emplacement depuis 1880.
Nos 16, 14, 4. Vieilles maisons; étages en retrait et escalier du no 14.

Descendre la rue Mouffetard jusqu'à la rue Édouard-Quenu, que l'on suivra, traverser la rue Claude-Bernard, et prendre, en face, la :
RUE BROCA / Cette vieille rue du bourg Saint-Médard qui longeait la Bièvre, commençait jadis à la rue Mouffetard près du *Pont-aux-Tripes* et conduisait au hameau de Gentilly; elle s'est appelée rue *de l'Oursine* depuis le XIIe siècle jusqu'en 1890. Elle était bordée, au XIVe siècle, de belles propriétés comprises entre elle et la Bièvre.
Les premiers numéros de la rue Broca forment depuis 1938 la rue Édouard-Quenu.
Nos 3 *(rue Édouard-Quenu)* à 17. Emplacement de *l'Hôtel-Dieu du Patriarche* et de *l'Hôtel des Patriarches.* Vers 1320, Guillaume de Chanac, avant d'être, vers 1342, patriarche d'Alexandrie, avait fait construire, à côté de son hôtel, un hôpital qu'on désigna plus tard sous le nom de *Sainte-Valère,* mais qu'on appelait alors *l'Hôtel-Dieu du Patriarche* où on envoya, à partir de 1559, toutes les personnes qui se présentaient à l'Hôtel-Dieu de Paris atteintes de la maladie qu'avaient rapportée d'Italie les troupes de Charles VIII.
En 1578, cette maladrerie fut confiée à Nicolas Houel qui y fonda l'école des jeunes apothicaires ci-dessus mentionnée. C'est alors que Nicolas Houel lui annexa le Jardin des Apothicaires mentionné aux nos 21 à 9 de la rue de l'Arbalète.
En 1596, cet hôpital, alors dit de la *Charité-Chrétienne,* fut ouvert aux soldats infirmes et estropiés. Il devint donc un hôpital militaire, et fut le premier établissement des Invalides à Paris. Louis XIII le transféra, en 1633, à Bicêtre. Ses bâtiments, cédés alors à l'Hôtel-

Dieu, ont été démolis, en 1859, lors du percement de la rue Claude-Bernard.

Il convient de remarquer que l'on trouve dans ces premiers numéros de la rue Broca les berceaux de deux grands établissements de nos jours, celui de l'Hôtel des Invalides à hauteur des nos 3 (rue Édouard-Quenu) à 9, et celui du Jardin des Plantes, en face, à hauteur des premiers numéros pairs.

A la suite de *l'Hôtel-Dieu du Patriarche* venait, de 1320 à 1418, *l'Hôtel des Patriarches,* propriété de Guillaume de Chanac, patriarche d'Alexandrie, puis de Bertrand de Chanac, patriarche de Jérusalem.

La majeure partie de la rue Broca a gardé tout le pittoresque de l'ancienne rue *de l'Oursine :* rue sinueuse, bordée de nombreuses vieilles maisons, celles de numéro impair étant, en général, dotées d'une cour dont l'extrémité baignait jadis dans la Bièvre.

No 25. Étage et mansarde, cour avec une vieille maison à étage en retrait et escalier Louis XIII.

No 28. Façade et mansardes.

No 27. Porte cochère, voûte d'entrée à grosse poutres et solives.

No 29. Couloir, cour.

No 31. Mansardes, escalier.

No 35. Vieille maison.

No 36. Du XVIIIe siècle; cour, puits.

No 37. Vieille maison; escalier.

No 39. Vieille maison.

No 41. Vieille maison; entrée, mansarde, cour.

No 43. Vieille maison.

No 40. Du XVIIIe siècle.

No 40. La RUE DES LYONNAIS a été ouverte, vers 1550, sur des terrains de Jean Lyonnet. Elle a encore quelques vieilles maisons.

Nos 44, 48. Vieilles maisons.

La rue Broca passe sous le BOULEVARD DE PORT-ROYAL, création d'Haussmann, percé de 1866 à 1873, et longe la caserne de Lourcine qui remplace une ancienne caserne de fusiliers et de grenadiers.

Nos 69, 71, 75, 77, 85, 89. Vieilles maisons.

No 92. Vieille maison; escalier Louis XIII, cour avec une autre vieille maison.

No 94. Ancien petit hôtel; porte, façade sur la cour d'honneur avec ailes en retour, deuxième cour et jardin.

On traverse la rue Saint-Hippolyte (cf. ci-après) et le BOULEVARD ARAGO, autre percée d'Haussmann prescrite en 1859. A partir de cet endroit la vieille rue *de l'Oursine* est dite, depuis 1944, rue :

LÉON-MAURICE-NORDMANN / No 111. L'hôpital Broca est situé à l'emplacement d'une partie d'un vaste couvent, le *couvent des Cordelières,* installé en cet endroit en 1289. Il fut agrandi, par la veuve de saint Louis, la reine Marguerite de Provence, qui, en 1290, se fit construire dans le voisinage une maison où elle

se retira jusqu'à sa mort, en 1295. Sa fille, Blanche de France, veuve depuis 1275, s'y fit religieuse et y fut inhumée en 1320. Ce couvent fut pillé, en 1590, par les troupes d'Henri IV, qui y cantonnèrent quelque temps. Les RUES JULIENNE, DES CORDELIÈRES et PASCAL ont été percées sur ses jardins au début du XIXe siècle et ses bâtiments transformés en hôpital en 1836.
Au-delà de sa bifurcation avec la rue Corvisart (rue *du Champ-de-l'Alouette* au XVIe siècle), la rue *de l'Oursine* (Léon-Maurice-Nordmann) longeait, près du débouché de l'actuelle RUE DES TANNERIES, ex-rue des *Filles-Anglaises*, un couvent de bénédictines anglaises installé ici en 1664, ses religieuses avaient pour but de prier pour la conversion de l'Angleterre. Ce couvent fut transformé, en 1793, en une prison où furent enfermés la veuve de Mirabeau, la maîtresse du baron de Batz, les dames de Sainte-Amaranthe. Il fut vendu en 1799; vestiges de son cloître dans la cour du n° 28 de la rue des Tanneries.

Revenir sur ses pas et, après le boulevard Arago, prendre à droite, la :
RUE SAINT-HIPPOLYTE / La rue Saint-Hippolyte est une vieille rue du bourg Saint-Marcel; habitée par des tanneurs et des teinturiers, elle franchissait la Bièvre vers les n°s 14-16 du BOULEVARD ARAGO. Celui-ci recouvre, depuis 1866-1876, la majeure partie de la rue Saint-Hippolyte et des petites ruelles qui la reliaient à l'ancienne rue *Mouffetard* (début de l'avenue des Gobelins), à l'exception d'une courte amorce de la rue des Marmousets; il recouvre aussi la totalité de l'*église Saint-Hippolyte* (1158-1791), ancienne église paroissiale de la Manufacture Royale des Gobelins.

Prendre la courte section de la rue des Marmousets et, avant de continuer par la rue Berbier-du-Mets, faire, aller et retour, un crochet dans la :
RUE DES GOBELINS / Cette rue porte ce nom depuis 1636; elle s'appelait auparavant la rue *de Bièvre*.
N° 19. Cette maison, de la fin du XVe ou du début du XVIe siècle, comporte en plus de ses façades sur rue et sur cour (cette dernière est particulièrement remarquable avec ses vieilles fenêtres à meneux), deux étages de caves superposées et voûtées en berceau avec puits, et, dans une tour faisant saillie sur la façade sur cour qu'elle partage en deux ailes, un admirable escalier à vis, à noyau en cœur de chêne, d'un seul morceau sur toute la hauteur de la cage de l'escalier. Il semble que cette maison et sa voisine (le n° 17) ont jadis fait partie de la même propriété comprenant, d'une part, une teinturerie au n° 17, et, d'autre part, une maison d'habitation au n° 19, qui a pu être un certain temps, la *Folie-Goubelin* dont a parlé Rabelais dans *Pantagruel*.

N° 17. *L'Hôtel de la Reine Blanche :* Nous avons vu ci-dessus, que la veuve de saint Louis, Marguerite de Provence, et sa fille Blanche de France, veuve de Ferdinand de la Cerda, fils aîné du roi de Castille,

Alphonse X, ont habité une maison voisine du *couvent des Cordelières* où cette dernière prit le voile et mourut en 1320. On a pensé que l'*Hôtel de la Reine-Blanche*, situé au fond de la cour de ce nº 17, pouvait être l'emplacement de cette ancienne maison royale. En fait, ce qu'on appelle l'*Hôtel de la Reine-Blanche* fut habité par la comtesse de Savoie, Alix de Méranie, morte en 1279, et par sa petite-fille, Blanche de Bourgogne, femme de Charles IV le Bel, morte en 1325. Juvénal des Ursins, auteur de l'*Histoire de Charles VI* qu'il a écrite vers 1430, cite cet hôtel comme ayant été le lieu du *bal des Ardents* qu'il est, par suite, logique de placer ici plutôt qu'au *Séjour d'Orléans* ou qu'à l'*Hôtel Saint-Pol,* résidence normale du roi.

Le mardi 28 janvier 1393, à l'occasion du mariage d'une de ses dames d'honneur, Catherine de Hainserville, allemande comme elle, Isabeau de Bavière donna un bal, qui, ainsi qu'il était de coutume pour le remariage d'une veuve, devait être un sujet de charivari. A cet effet, Charles VI eut l'idée de se déguiser en sauvage avec cinq de ses gentilshommes; chacun d'eux se masqua et revêtit une tunique enduite de poix et recouverte de plumes et d'étoupe. Le frère du roi, le duc d'Orléans, ayant approché un flambeau pour reconnaître lequel de ces sauvages était Charles VI, mit le feu à l'un d'eux, incendie qui se communiqua aux autres qui étaient enchaînés. Le roi, que sa jeune tante, la duchesse de Berry, enveloppa de son manteau, fut sauvé, ainsi que le sire de Nantouillet, qui, ayant réussi à se délivrer de sa chaîne, se précipita dans une énorme cuve pleine d'eau.

L'hôtel de la Reine-Blanche, démoli par ordre, en 1404, après ce drame, fut reconstruit à la fin du XVᵉ siècle et remplacé par celui dont on voit ici des vestiges et qu'occupèrent, tour à tour, deux grandes familles de *marchands teinturiers en écarlate,* celle des Gobelin dont le premier membre, Jean Gobelin, s'était installé sur les bords de la Bièvre en 1443, et celle des Canaye. Des Canaye y résidaient encore en 1539.

Hôtel restauré au XVIIIᵉ siècle; bâtiment à pignon entre le porche d'entrée, surmonté d'un étage en encorbellement soutenu par des consoles, et une tourelle contenant un remarquable escalier à vis, à noyau en cœur de chêne d'un seul tenant comme celui, d'ailleurs plus large, et plus beau, du nº 19. Les fenêtres de la façade latérale sont d'anciennes fenêtres à meneaux. Façade et escalier classés.

Le bâtiment du fond de la cour est attenant à une vieille et grande maison tout à fait pittoresque par son haut toit de tuiles et ses deux rangées de mansardes superposées qu'il convient de voir de la rue Gustave-Geoffroy.

Nᵒˢ 12, 10, 8 *bis*. Vieilles maisons.

Nº 3 *bis*. Au fond de la cour, hôtel du XVIIᵉ siècle ayant appartenu à la famille des teinturiers Gluck et Julienne, dont Jean Gluck qui avait importé de Hollande un nouveau procédé de teinturerie. Son neveu, Jean Julienne, porta la manufacture de son

oncle à un très haut degré de perfection, ce qui lui valut d'être anobli, en 1736. Il fut un grand ami des artistes, principalement de Watteau.
Watteau était le fils d'un maître-couvreur; venu à Paris, en 1702, à 18 ans, il végéta longtemps en peignant des images de saint Nicolas qui lui étaient payées à raison de 3 livres par semaine, plus la soupe du soir. En 1717, il peignit *l'Embarquement pour Cythère* : reçu à l'Académie, sa réputation devint considérable comme « peintre des fêtes galantes » et comme paysagiste hardi et spirituel.
On voit au fond du jardin situé à droite de la cour l'ancienne orangerie de cet hôtel, constituée par une galerie tenue par des colonnes toscanes formant des arcades maintenant murées, où Jean de Julienne exposa jadis ses riches collections de tableaux, dont ceux de son ami Watteau, mort 45 ans avant lui, en 1721.
Escalier (sa rampe est classée).

Revenir sur ses pas jusqu'à la :
RUE BERBIER-DU-METS / En faisant quelques pas à droite dans la RUE ÉMILE-DESLANDRES et en se détournant, on a une belle vue sur les maisons n°s 17 et 19 de la rue des Gobelins, sur leurs toits, et sur une maison à colombage.
La rue Berbier-du-Mets, ex-*ruelle des Gobelins* jusqu'en 1936, n'est autre qu'un ancien sentier qui cheminait le long de la Bièvre. Il passe toujours entre le lit de cette rivière, désormais recouverte, et la Manufacture Royale des Gobelins.

La Manufacture royale des Gobelins : En 1443, Jean Gobelin, d'origine flamande, prit à loyer une maison, à l'enseigne du *Cygne,* située rue *Mouffetard* et donnant par derrière sur la Bièvre. Il exerça là son métier de teinturier avec prospérité vu ses connaissances de la teinture écarlate; père de 13 enfants, il adjoignit à cette maison d'autres sises au voisinage de l'*église Saint-Hippolyte.* Il mourut dans les premiers jours de l'année 1476 et fut inhumé dans cette église. Son fils aîné, Philibert, lui succéda; il eut, lui, 8 enfants.
Des Gobelin continuèrent longtemps ce commerce de la teinturerie qu'ils accomplirent, comme leur ancêtre, avec compétence et probité. Vers 1601, devenus riches et honorés, ils embrassèrent une autre profession; par exemple, Balthazard Gobelin devint président à la cour des Comptes et son fils Antoine, marquis de Brinvilliers, mestre-de-camp du régiment de Normandie, épousa, en 1651, Marie-Madeleine de Dreux d'Aubray, la future empoisonneuse; un abbé Gobelin fut, en 1684, à la tête de la maison de Saint-Cyr.
D'autres teinturiers en écarlate, les Canaye, d'ailleurs leurs parents, leur avaient succédé et ce furent eux qui commencèrent à fabriquer des tapisseries de haute lisse. Henri IV fit venir deux Flamands, experts en tapisserie, François de la Planche et Marc de Comans,

qui s'établirent, en 1601, dans une maison appartenant aux Gobelin. Puis, en 1656, Jean Gluck (voir ci-dessus) fit venir de Bruges l'ouvrier Jean Liansen, dit Jans, qui perfectionna cette industrie au point d'attirer l'attention de Colbert.

Aussi, en 1666, Colbert acheta-t-il la fabrique et les maisons voisines qu'il remplaça par des bâtiments en rapport avec son but d'y créer des ateliers et d'y attirer des artistes distingués dont il assurait sur place le logement. Une chapelle fut construite en même temps que cet ensemble qui, en 1667, prit le titre de « Manufacture Royale des meubles et des tapisseries de la Couronne »; celle-ci devait être « remplie de bons peintres, maîtres tapissiers, orfèvres, fondeurs, sculpteurs, graveurs, lapidaires, menuisiers en ébène, teinturiers et autres ouvriers en toutes sortes d'arts et métiers »; on devait aussi y former des élèves susceptibles de les remplacer. Tout ce qui y était fabriqué appartenait au roi et servait à décorer les Maisons Royales en tapisserie, peinture, sculpture, orfèvrerie, meubles, etc.

Le Brun fut le premier directeur de cette manufacture à laquelle Colbert rattacha la fabrique de tapis de la Savonnerie (cette fabrique y transporta ses ateliers en 1826). A sa mort, en 1690, Mignard lui succéda et, depuis lors, la célébrité de la Manufacture des Gobelins, consacrée uniquement à la tapisserie, n'a cessé de croître.

Il reste de la manufacture du XVIIe siècle les bâtiments aux grands corps de cheminée que longe la rue Berbier-de-Mets; la chapelle (classée) dont le chevet fait saillie sur cette rue, une porte d'entrée encadrée de deux inscriptions relatives à l'historique de la manufacture, et, à l'intérieur, certains métiers à tisser datant de l'époque de Colbert. Ces deux inscriptions sont les suivantes :

« Jean et Philibert Gobelin, marchands teinturiers en écarlate, qui ont laissé leur nom à ce quartier de Paris et à la Manufacture des Gobelins, avaient ici leurs ateliers sur les bords de la Bièvre à la fin du XVe siècle. »

« Avril 1601 : Marc de Comans et Francis de la Planche, tapissiers flamands, installent leurs ateliers sur les bords de la Bièvre. Novembre 1667 : Colbert établit dans la Manufacture des Gobelins la Manufacture Royale des Meubles de la Couronne sous la direction de Charles Lebrun. »

No 9. Derrière le mur de clôture, près d'un portail et à l'intérieur d'un jardinet, vestige d'un pavillon ayant appartenu à Jean de Julienne qui le fit construire en 1732. Ce pavillon dont les trois fenêtres du rez-de-chaussée sont surmontées de frises représentant *Bacchus, Cérès* et *Pomone* entourés d'une délicate ornementation, est maintenant à l'abandon, le mauvais état dans lequel sont ses pierres le rendant irréparable.

RUE CROULEBARBE / Ce prolongement de la *ruelle des Gobelins,* doit son nom à un fief appartenant à une

famille Croulebarbe, propriétaire d'un moulin à l'endroit où la Bièvre était coupée par la rue du *Champ-de-l'Alouette* (Corvisart). L'antique moulin qu'on mentionnait déjà en 1214, et qui est noté sur tous les plans de Paris d'avant la Révolution, ne fut démoli qu'en 1840.
La rue Croulebarbe aboutit à la rue *du Champ-de-l'Alouette* (Corvisart) qui se terminait, en 1785, à *la barrière de Croulebarbe* du mur des Fermiers-Généraux.

Hôtel de la Reine Blanche (*grav. 19e s.*)

Manufacture des Gobelins (*vers 1797*)

LE FAUBOURG SAINT-JACQUES

13 DE LA PORTE SAINT-JACQUES A LA BARRIÈRE SAINT-JACQUES

Les rues du Faubourg-Saint-Jacques : la commanderie de Saint-Jacques-du-Haut-Pas, le couvent des Ursulines, le couvent des Feuillantines, le couvent des Bénédictins anglais, le carmel de l'Incarnation, l'abbaye royale du Val-de-Grâce, la crypte de la chapelle du prieuré de Notre-Dame-des-Champs, le noviciat des Capucins, l'abbaye de Port-Royal, la place et la barrière Saint-Jacques.

Point de départ : 14, rue Soufflot.

RUE SAINT-JACQUES *(suite)* / N° 172. Emplacement de *la porte Saint-Jacques* (cf. chap. XXXIX).
Nos 151 *bis* à 163 *bis.* (cf. chap. XXXIX).
N° 167. Le numérotage de cette maison, numéro noir sur fond jaune, est conforme à celui qui fut prescrit, en 1805, par le préfet Frochot.
N° 171. Là commençait depuis le XIIIe siècle le *faubourg Saint-Jacques* qu'annoncent encore les vieilles maisons situées du côté des numéros impairs; ce ne fut qu'à partir de 1806 que le faubourg Saint-Jacques commença au-delà du boulevard de Port-Royal.
Si, au début du XVIIe siècle, on entrait ici dans la campagne, le souvenir des pèlerinages à Saint-Jacques de Compostelle demeurait. Aussi de nombreuses communautés religieuses vinrent-elles s'installer de part et d'autre de la rue du *Faubourg-Saint-Jacques,* à savoir : du côté impair, les Visitandines, les Ursulines, les Feuillantines, les Bénédictins anglais, les Bénédictins du Val-de-Grâce et les Capucins, et de l'autre côté, au-delà de l'église Saint-Jacques-du-Haut-Pas, les Oratoriens, les Carmélites et l'abbaye de Port-Royal. Cette rue fut bien la « voie sublime des couvents ».
Toutes ces communautés étaient établies un peu en retrait de la chaussée, laissant les bords de celle-ci occupés par des maisons particulières.
Nos 173, 185, 177. Vieilles maisons.
N° 184. Là RUE ROYER-COLLARD, ex-rue *Saint-Dominique-d'Enfer,* a été ouverte en 1546. La maréchale Lannes, Royer-Collard l'ont habitée, Broussais y est mort en 1838.

Nº 9. Porte classée.
Nº 186 à 202. On a mis à jour à cet endroit, en 1898, une partie de l'aqueduc romain d'Arcueil.
Nºs 208, 210, 212, 216. Vieilles maisons; le nº 208 est à pignon.
Nº 218. Une inscription rappelle que Jean de Meung, auteur du *Roman de la Rose*, a habité au XIIIe siècle une maison située près de cet emplacement.
Ce monument poétique, le plus remarquable de la littérature ancienne, a excité au plus haut point l'enthousiasme des XIVe et XVe siècles; il fut très répandu (on en possède encore plus de 200 manuscrits) et, à l'invention de l'imprimerie, il connut de très nombreuses éditions en toutes langues. C'est un roman d'amour de forme allégorique : dans un château fort qu'entoure un mur crénelé, réside *la Rose,* la personne aimée, qui est gardée par *la Honte, la Peur, le Danger,* etc., et que veut approcher *le Poète.*
Le *Roman de la Rose* fut, en fait, l'œuvre de deux auteurs d'esprit très différent. Le premier des deux à été, sous saint Louis, Guillaume de Lorris qui, en 4.000 vers de huit syllabes, se montra courtois envers les nobles dames et respectueux envers les grands seigneurs. Le deuxième fut, 40 ans après, sous Philippe le Bel, Jean Clopinel (le boiteux), né à Meung-sur-Loire vers 1280. Il y ajouta 18.000 vers, aussi de huit syllabes, dans lesquels il méprisa l'amour et où il fut parfois grossier; de plus, flatteur envers le peuple, railleur envers les grands, il se montra injuste envers les femmes.
Nº 240. Le percement de la RUE GAY-LUSSAC (1859) a fait découvrir à ce carrefour des vestiges d'une villa gallo-romaine, avec thermes.

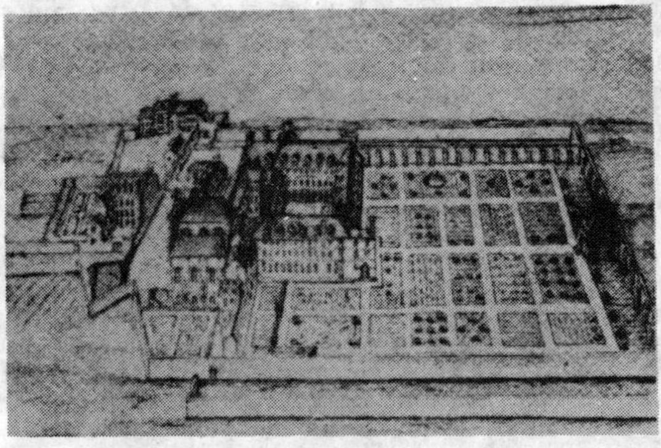

Couvent des Feuillantines (*plan Gaignières*)

N° 242. Vieille maison.

N° 252. *L'église Saint-Jacques-du-Haut-Pas :* La première pierre de cette église, qui remplaçait une chapelle de 1584, fut posée, en 1630, par Gaston, duc d'Orléans, frère de Louis XIII. Faute d'argent, sa construction fut lente et ce ne fut qu'en 1685 que, grâce aux libéralités de la duchesse de Longueville, héroïne de la Fronde, elle put être consacrée.

Citons parmi les personnages qui y ont été inhumés : en 1643, Jean du Vergier de Hauranne, abbé de Saint-Cyran, le véritable chef du jansénisme en France, aumônier de Port-Royal-des-Champs; en 1679, la duchesse de Longueville ci-dessus mentionnée; en 1712, l'astronome Jean-Dominique Cassini; et, en 1783, l'abbé Cochin, curé de cette église, célèbre par sa charité. Il fit construire, en 1765, le presbytère situé au n° 250 et, en 1780, l'hôpital qui porte encore son nom.

Fléchier et Harlay de Champvallon ont prêché dans cette église.

Son portail est décoré de quatre colonnes doriques qui soutiennent un entablement et un fronton avec un attique au-dessus ; une seule des deux tours prévues a été construite (1683), elle est formée d'un rez-de-chaussée avec trois étages terminés par une terrasse.

N° 254. *La commanderie Saint-Jacques-du-Haut-Pas :* Saint Louis installa à cet endroit la *commanderie des Frères-Hospitaliers de Saint-Jacques-du-Haut-Pas,* filiale d'un ordre militaire et religieux créé, au milieu du XIIe siècle en Italie, à Alto-Passo, près de Lucques, pour assister les pèlerins. Cet *hôpital* était le premier maillon d'une chaîne d'hôpitaux semblables placés sur l'itinéraire conduisant à Saint-Jacques-de-Compostelle, où les pèlerins trouvaient, durant leur rude parcours, soins spirituels et matériels, réconfort et repos.

Quelque peu hôpital militaire en 1554, il fut attribué, en 1572, aux *religieux de Saint-Magloire,* expulsés par Catherine de Médicis de leur couvent de la rue Saint-Denis. Ils n'y restèrent pas longtemps car, en 1618, Henri de Gondi, cardinal de Retz, évêque de Paris, affecta leur couvent à un *séminaire* dont il donna la direction aux *Pères de l'Oratoire* dont la mission était d'instruire autant que de prêcher.

Le séminaire des Oratoriens, supprimé à la Révolution, fut affecté, en 1794, à l'*institut des Sourds-Muets,* créé par l'abbé de l'Épée en 1760.

N° 255. La RUE DES URSULINES a été ouverte, en 1799, sur le *couvent des Ursulines* ou *Filles de la doctrine chrétienne.* Françoise d'Aubigné (la future Mme de Maintenon) y avait été pensionnaire avant son mariage avec Scarron. Ce couvent fut supprimé à la Révolution; le percement des rues des Ursulines, d'Ulm et Gay-Lussac l'ont fait disparaître complètement.

Nos 247, 249, 251. Vieilles maisons.
No 262. Vieille maison du début du XVIIIe siècle qui fut, de 1805 à 1850, la mairie de l'ex-XIIe arrondissement, puis, jusqu'en 1934, une vacherie, dite la ferme Saint-Jacques. Inscription au portail, façade sur rue, escalier.
Nos 257, 259, 261. Vieilles maisons.

Faire un crochet, aller et retour, dans la :
RUE DES FEUILLANTINES / Cette rue est un ancien cul-de-sac que fermait le *couvent des Feuillantines* dont l'entrée était au haut de la montée.
On trouve au no 10 une ex-dépendance de ce couvent; traverser l'immeuble, de 1621, (bel escalier de 4 étages avec une très fine rampe en fer forgé), et descendre quelques marches pour arriver dans son jardin, vestige de celui de l'ancien couvent.
En 1621, les Feuillants (congrégation de l'Ordre de Cîteaux originaire de l'abbaye de Feuillans, dans le diocèse de Rieux, près de Toulouse) installèrent ici leur noviciat. Mais, l'an suivant, ils le transférèrent dans la rue d'*Enfer* pour installer dans ses bâtiments un couvent de *Feuillantines* qu'Anne d'Autriche était désireuse de voir à Paris. La maison initiale fut remplacée, en 1626, par de grands bâtiments où les Feuillantines tinrent un couvent pour jeunes filles et une maison où pouvaient venir se retirer les dames attirées par la paix qui y régnait.
Ce couvent fut supprimé à la Révolution, ses bâtiments furent compartimentés en différents logements, puis il fut démoli en 1813 et en 1850.
Dans une de ses dépendances ont habité, de 1808 à 1813, Mme Hugo (son mari était alors en Espagne) et son fils, Victor (inscription au no 8); celui-ci y eut comme compagnon de jeu, de 6 à 11 ans, Adèle Foucher qu'il épousa à 20 ans. Il a décrit dans *les Orientales* le charme du grand jardin dans lequel il prenait ses ébats. Le général Lahorie, condamné par contumace au bannissement pour sa participation au complot de Cadoudal, s'y réfugia 18 mois au temps où Mme Hugo y habitait. Lamennais y logea en 1815, de même que George Sand en 1866. Dans une autre dépendance s'installa l'institution Barbet où Pasteur fut élève en 1838 et de 1842 à 1843, date de son entrée à l'École normale supérieure (inscription au no 8). Enfin, en 1852, Victorien Sardou habita l'*impasse des Feuillantines*.

RUE SAINT-JACQUES *(suite)* / Nos 263 à 267. Vieilles maisons.
Nos 269 et 269 *bis*. *Le couvent des Bénédictins Anglais :* On voit au-dessus de la porte du bâtiment qui ouvre au no 269 une large et haute baie en plein cintre qu'encadrent deux groupes de deux colonnes corinthiennes supportant un grand fronton triangulaire. Après avoir traversé le vestibule desservi par un bel escalier à balustres de chêne, on entre dans un jardin sur lequel donne l'ancien *couvent des Bénédictins Anglais*,

composé d'un bâtiment central et de deux ailes. La façade de l'aile sud, la cage d'escalier à rampe de fer forgé et la décoration d'un salon du rez-de-chaussée sont classés.

En 1640, des Bénédictins anglais, fuyant les persécutions de la reine protestante Élisabeth après le schisme qui sépara la Grande-Bretagne de l'Église romaine, achetèrent ici aux Feuillantines ce petit enclos contenant une maison qu'ils transformèrent en couvent; ils y élevèrent, en 1674, une chapelle. Celle-ci reçut, enfermé dans un triple cercueil, dont l'un en plomb, le corps de Jacques II, roi d'Angleterre, chassé de son trône par son gendre, Guillaume III d'Orange, réfugié en France et mort à Saint-Germain-en-Laye, en 1701. Son cerveau, mis dans une urne en bronze, avait été déposé au *collège des Ecossais*. Elle reçut aussi, en 1712, le corps de la fille aînée de Jacques II, Louise-Marie Stuart, épouse de Guillaume III d'Orange, décédée en 1695 sans laisser d'enfant; aussi la couronne passa-t-elle à sa sœur, Anne Stuart. Celle-ci étant morte, en 1714, également sans enfant, le trône d'Angleterre revint à George de Hanovre, arrière-petit-fils de Jacques Ier. Les sépultures de Jacques II et de Louise-Marie Stuart furent violées à la Révolution pour la récupération du plomb des cercueils, et les corps jetés à la fosse commune après que celui du roi, fort bien conservé parce que fort bien embaumé, eut été montré quelque temps comme un sujet d'attraction.

Supprimé à la Révolution, ce couvent fut loué jusqu'en 1896 à un certain nombre de maisons d'éducation religieuse. Sa partie sud fut occupée, à cette date, par la Schola Cantorum, conservatoire libre, école supérieure de musique fondée par trois élèves de César Franck, parmi lesquels Vincent d'Indy. Fréquentée par les musiciens espagnols de Falla, Albeniz, Granados, Turina, elle fut jusqu'à ces dernières années un haut lieu de culte de la musique, un véritable foyer d'art musical; la salle de ses concerts est l'ancienne chapelle, très défigurée, du couvent.

N° 282. Restes de l'Hôtel de Villefort que louaient les carmélites voisines. Façade curieuse par son ancienneté et sa vétusté, haute porte cochère, grande voûte d'entrée jadis décorée d'arcatures, vieil escalier à rampe de bois. Au fond de la cour subsiste un pavillon du XVIIe siècle avec un escalier à rampe Louis XIV et les vestiges d'une tourelle.

N° 284. *Le Carmel de l'Incarnation :* La sordide courette située à cet endroit est l'ex-*cul-de-sac des Carmélites* fermé, à une quinzaine de mètres de la rue, par le portail d'entrée du *carmel de l'Incarnation* (portail classé), monastère de carmélites réformées par sainte Thérèse. Au-delà de ce portail, ce cul-de-sac se continuait dans le carmel jusqu'à hauteur de la chapelle du monastère située au fond et à gauche. Ce monastère avait été installé à cet endroit, en 1603, par la duchesse de Longueville (qui fit achever

l'église Saint-Jacques-du-Haut-Pas) et par le cardinal de Bérulle et ses bâtiments avaient été construits, de 1604 à 1605, selon des plans venus de Tolède. A sa tête fut mise Mme Acarie, veuve d'un maître des Comptes, une fleur de sainteté qui avait vu à deux reprises sainte Thérèse lui apparaître et lui signifier de fonder un carmel à Paris; elle prit le voile sous le nom de Sœur Marie-de-l'Incarnation, d'où le nom de ce couvent.
Celui-ci, un des plus brillants de Paris et le plus ancien des 70 couvents que cet Ordre eut en France jusqu'à la Révolution, acquit vite une grande réputation de sainteté. Des demoiselles, des dames de la haute société et de la Cour vinrent s'y consacrer à Dieu, quoique la règle y fût particulièrement sévère et l'existence austère. On faisait bâtir des résidences dans son voisinage pour mourir à proximité et, si possible, pour être inhumé dans son cimetière comme le furent Julie d'Angennes, fille de la marquise de Rambouillet (1671), le duc de Montausier, son mari (1690), les trois filles d'Alphonse de Lorraine, prince d'Harcourt, l'historien Antoine Varillas (1696), Marie-Anne de Bourbon, Duchesse de Vendôme (1718), etc. De célèbres prédicateurs s'y firent entendre comme Bossuet (oraison funèbre de la princesse Palatine, 1685) et Fléchier (oraison funèbre du duc de Montausier (1690).
L'église, qui reposait sur une crypte dont il sera parlé plus loin, était une des plus ornées de Paris, elle contenait des monuments funéraires remarquables dont un beau portrait d'une *Madeleine,* par Lebrun, dont les traits rappelaient ceux de Mlle de La Vallière.

LE VAL-DE-GRACE / Devant la grille du n° 277 *bis,* la rue forme une place semi-circulaire inspirée de celle projetée par Mansart, premier architecte du Val-de-Grâce, qui avait compté ériger en son centre un obélisque. Une belle grille, que termine à chacune de ses extrémités un pavillon d'angle carré, sépare la rue de la cour d'honneur au fond de laquelle s'élève la chapelle. Deux murs ferment les côtés latéraux de cette cour. Celui de gauche avait une porte conduisant aux immeubles indiqués ci-dessus, celle en face conduisait aux communs du monastère.
Deux ailes flanquent la chapelle; celle de gauche contenait les logements des pensionnaires de marque (3 nièces de Mazarin, Henriette de France, reine d'Angleterre, la reine Christine de Suède, Marie de Gonzague, reine de Pologne, etc.) et ceux des ecclésiastiques affectés au couvent; dans celle de droite était l'entrée du monastère. Toutes ces constructions portent le monogramme A.L. (Anne d'Autriche, Louis XIII).
Historique : On trouve à ce tendroit, au XIIIe siècle, un fief royal, qui, au début du XVIe siècle devint une propriété privée appartenant au connétable de Bourbon et dite le *Petit-Bourbon.*
En 1621, la reine Anne d'Autriche, qui avait 19 ans et qui n'avait pas à se louer de son époux Louis XIII

qu'elle avait épousé à 13, rêva d'un monastère où elle pourrait trouver une tranquillité qu'elle n'avait pas souvent au Louvre. Aussi, elle acheta, en 1621, le *Petit-Bourbon* et y installa des religieuses bénédictines venues de l'abbaye du Val-Profond, fondée, au XIe siècle, près de Bièvres-le-Châtel (Seine-et-Oise). En 1624, elle posa la première pierre du cloître de ce monastère, dans la construction duquel entrèrent des parties du *Petit-Bourbon*. Déjà, elle s'y était fait aménager une modeste résidence composée de deux pièces seulement, un salon et une chambre, où elle prit coutume de se rendre deux fois par semaine, en particulier le vendredi, jour où elle prenait ses repas au réfectoire avec les bénédictines.
La reine avait trouvé là un asile discret d'où elle pouvait, à loisir, correspondre clandestinement avec sa famille espagnole, la Cour de Londres et la Maison de Lorraine. Mais rien n'échappait à Richelieu qui chargea, en 1637, le chancelier Pierre Séguier de perquisitionner tant dans les cellules des religieuses que dans le pavillon de la reine et, si nécessaire, sur la reine même. Séguier, embarrassé, ébruita habilement sa mission, ce qui fit qu'il ne trouva chez la reine que la correspondance anodine que celle-ci voulut bien y laisser. Anne n'en dut pas moins signer un humiliant procès-verbal relatant ses aveux de correspondance.
Mais l'an suivant, après 22 ans d'attente, Anne d'Autriche, qui avait alors 36 ans, mit au monde, le 5 septembre 1638, un fils, Louis XIV. Dès lors sa situation fut affermie; elle ne risquait plus d'être répudiée. Richelieu mourut, en 1642, Louis XIII quelques mois après, et l'arrière-petite-fille de Charles-Quint fut proclamée régente. Aussi allait-elle pouvoir réaliser son vœu d'élever à Dieu, pour le remercier de lui avoir donné un fils, un temple magnifique, et de transformer le monastère du Val-de-Grâce en une splendide abbaye. Celle-ci ne cessa de se développer jusqu'à la Révolution, laquelle la supprima.
Les bâtiments conventuels devinrent, en 1795, un hôpital militaire, heureuse affectation qui a permis de conserver intact un remarquable ensemble monastique du XVIIe siècle. La chapelle eut des affectations diverses jusqu'à ce qu'elle fût rendue au culte en 1826; elle est depuis lors la chapelle de l'hôpital militaire.

La chapelle : La première pierre de la chapelle fut posée, en 1645, par Louis XIV encore enfant. Commencée par François Mansart, elle fut continuée par Jacques Lemercier, et, à sa mort, par Pierre Le Muet, puis terminée par Le Duc qui édifia le dôme, les tourelles, la coupole et les bâtiments qui encadrent le parvis. L'église fut achevée en 1665.
Sa façade est haussée sur 16 marches. Au rez-de-chaussée, un portique de quatre colonnes d'ordre corinthien supporte un fronton triangulaire orné des armes royales, portant en corniche l'inscription : *Jesu Nascenti, Virginique Matri* (A Jésus naissant et à la Vierge Mère), allusion au motif qui avait déterminé la cons-

L'abbaye royale du Val-de-Grâce / La chapelle (*grav. vers 1670*)

truction de ce bâtiment. Les statues qui sont de part et d'autre du portique représentent les deux fondateurs de l'ordre des bénédictines, saint Benoît et sa sœur sainte Scholastique (copies de celles sculptées par Anguier). Au-dessus de l'étage, formé de colonnes d'ordre composite, s'élève un autre fronton triangulaire au milieu duquel une horloge remplace les armes de France. Les battants de la porte de la chapelle portent sculptés en plein bois une fleur de lis et le monogramme A.L.

L'église est inspirée de deux églises de Rome, celle de Saint-Pierre et celle du Gesu : nef à trois travées, voûte en berceau, profusion de sculptures de Michel Anguier; grilles en fer forgé d'une sobriété toute monacale; pavement du chœur en mosaïque de marbre avec le monogramme A.L.; baldaquin de l'autel dessiné par Le Duc, inspiré de celui du Bernin à Saint-Pierre-de-Rome, mais avec six colonnes torses en marbre noir veiné de blanc, avec bases et chapiteaux de marbre revêtu de palmes et de rinceaux de bronze doré; ces colonnes sont surmontées d'anges en bois doré, sculptés par Anguier, puis par des arcs soutenant un globe portant une croix.

La Nativité du maître-autel, est une copie de 1869, en plus grand, de l'original d'Anguier que l'impératrice Joséphine fit mettre dans la chapelle de la Vierge de l'église Saint-Roch où il est toujours.

A la coupole se trouve la célèbre fresque peinte en 14 mois par Mignard, *le Séjour des Bienheureux*; elle contient 200 personnages; Anne d'Autriche conduite par saint Louis, soutenue par sainte Anne, offre à Dieu la maquette de son église; un ange tient le livre de la Vie; des saints, des apôtres, des martyrs, des chérubins, des esprits célestes, contemplent la Majesté divine. Cette fresque inspira à Molière le seul poème qu'il ait fait : *la Gloire du Val-de-Grâce*.

La chapelle de droite, la chapelle Saint-Louis, est l'ancien chœur des religieuses. Un passage leur permettait de se rendre de cette chapelle dans celle du Saint-Sacrement, située derrière le maître-autel, où, sans être vues des personnes du dehors, elles recevaient la communion par une ouverture ménagée dans la grille (l'autel était à double face). La chapelle du Saint-Sacrement est décorée de quatre médaillons d'Anguier et d'une toile, *le Christ donnant la communion aux Anges,* de Jean-Baptiste de Champaigne.

A gauche de l'autel, est la chapelle Sainte-Anne; dans celle-ci le cœur d'Anne d'Autriche reposa jusqu'à la Révolution dans une urne placée sur l'autel; celui-ci recouvrait un caveau où deux armoires de marbre contenaient, depuis 1662, l'une, les cœurs des princes et princesses de la famille royale, l'autre, ceux de la branche cadette, la maison des Orléans. Il y avait au total, en 1792, 45 cœurs, parmi lesquels ceux de : Henriette d'Angleterre *(Madame se meurt... Madame est morte)*; Marie-Thérèse, reine de France, épouse de Louis XIV; Marie-Anne-Victoire de Bavière, épouse du Grand-Dauphin; Anne-Marie-Louise

d'Orléans, fille de Gaston d'Orléans (la Grande Mademoiselle); Philippe Ier d'Orléans, frère unique de Louis XIV; Marie Adélaide de Savoie, épouse du duc de Bourgogne, petit-fils de Louis XIV, et son mari; le régent Philippe II d'Orléans; la princesse de Bade, duchesse d'Orléans, épouse du duc d'Orléans dit le Pieux, et son mari. Le dernier qui y fut déposé fut celui du fils aîné de Louis XVI décédé en 1789.
Ces armoires furent profanées à la Révolution. Le peintre Martin Drolling acheta une dizaine de cœurs, dont ceux d'Anne d'Autriche, de la Grande Mademoiselle, de Madame née Henriette d'Angleterre, de la reine Marie-Thérèse, etc., afin d'obtenir de la « mummie » (cf. église Saint-Louis-Saint-Paul). On peut actuellement retrouver des parcelles de ces cœurs sur les tableaux de Drolling qui décorent l'église Saint-Sulpice, les palais du Louvre et de Versailles et sur cet *Intérieur d'une cuisine* qu'il fit en 1815, que Louis XVIII lui acheta, et qui est maintenant au musée de Strasbourg. L'orgue de la chapelle Sainte-Anne est celui de l'église *Sainte-Geneviève* installé ici lors de la dernière transformation de cette église en Panthéon.

Les bâtiments conventuels : On entre dans le monastère par le passage voûté situé au fond de la cour d'honneur, à droite de la chapelle; il conduit à une cour intérieure où l'on voit :
— devant soi : le bâtiment renfermant l'arrière-chœur des religieuses (la chapelle Saint-Louis), reconnaissable à ses grandes fenêtres encadrées par des contreforts à consoles renversées, que prolonge un passage conduisant jadis de la chapelle Saint-Louis au couvent. Le clocher octogone, jadis surmonté d'une flèche, qui domine l'extrémité droite est l'ancien clocher de la chapelle du monastère avant la construction de la grande chapelle décrite ci-dessus;
— à gauche : le bâtiment des sacristies;
— à droite : un passage qui conduit à un magnifique escalier de pierre à balustre Louis XIII et au cloître.

En prenant ce passage et en tournant à droite, on arrive à l'ancienne « Basse-Cour » ou cour des communs (actuellement cour Broussais).
La façade du monastère sur la cour Broussais est une des plus anciennes de l'ensemble; ses lourds contreforts gothiques épaissis à la base, ses fenêtres en arc brisé sont du XVIe siècle et appartiennent au *Petit-Bourbon.* Ces bâtiments contenaient jadis la cuisine et le réfectoire des bénédictines (maintenant musée). Les pavillons situés à chaque extrémité de ce bâtiment datent, ainsi que les deux pavillons d'angle côté jardin, de la fin de la construction de l'abbaye, soit de 1655.
Revenir sur ses pas jusqu'à la galerie du cloître. Celui-ci forme un rectangle régulier entourant un petit jardin, avec bassin, auquel conduisent quatre portes de chêne sculpté. Sa sévérité est toute bénédictine; il comporte un rez-de-chaussée et un étage de galeries superposées, aux baies en plein cintre jadis non vitrées; c'était le

promenoir intérieur des bénédictines. Le second étage contenait les cellules des religieuses, à la fenêtre étroite et allongée et au mobilier sommaire : une paillasse recouverte de draps en serge, une chaise, un prie-Dieu, un crucifix. Au-dessus, les combles à la Mansart sont égayés par de belles fenêtres à chapiteaux.

Le cloître ouvre, à l'est, sur un jardin immense composé de deux parties, la première forme un beau parterre à la française, avec un jet d'eau; la seconde, en contre-bas, est l'ancien potager qui a remplacé les vignobles et les champs du *Petit-Bourbon*.

Sur ce jardin, la façade d'honneur du monastère présente un immense fronton central curviligne avec le manteau royal étendu autour des armes de France et d'Autriche, des pots à feu, symboles de la Foi, des pélicans, symboles de l'Amour maternel, une toiture à la Mansart, et des balcons aux remarquables ferronneries.

L'appartement d'Anne d'Autriche : Dans l'angle nord-est, presque entièrement séparé du reste et d'un style tout différent puisque antérieur, on voit un péristyle ionique aux colonnes baguées, du style de la fin de la Renaissance, formant porche. C'était l'entrée de la résidence propre à Anne d'Autriche, composée uniquement : au rez-de-chaussée, d'un salon, et au premier, d'une chambre. C'est là qu'Anne venait deux fois par semaine, là que le chancelier Séguier fit sa perquisition, et c'est là enfin qu'elle aurait voulu mourir de ce cancer au sein qui l'emporta le 19 janvier 1666. Mais la règle voulait qu'elle mourût au Louvre où on la transporta après un pansement à l'eau de chaux recouvert d'un emplâtre à la ciguë.

Pour sortir, on longe une autre partie ancienne, également réutilisation du *Petit-Bourbon*. Une partie du rez-de-chaussée de cette façade éclairée par de hautes fenêtres ogivales encadrées de contreforts gothiques, était l'ancienne salle capitulaire; il contient maintenant les cuisines de l'hôpital.

On a de cet endroit une belle vue sur le dôme, le plus haut de Paris (40 mètres) après ceux du Panthéon et des Invalides. Ce dôme, imité de celui de Saint-Pierre de Rome, est couvert de plomb avec des plates-bandes dorées, et il est surmonté d'un campanile portant un globe sur lequel est une croix ; son tambour est encadré de quatre lanternes contenant les cloches de la chapelle. Entre les contreforts se trouvent des fenêtres à frontons alternativement curvilignes et triangulaires, elles sont surmontées de pots à feux, d'enfants, de médaillons où les fleurs de lis et le monogramme A.L. alternent, le tout offrant un cachet tout à fait original.

RUE DU VAL-DE-GRACE / Cette rue a été percée en 1797 à travers le couvent des Carmélites; elle traverse aussi l'emplacement d'un vaste cimetière gallo-romain s'étendant loin vers le sud et dont on a recueilli en 1873 et 1913 près de 200 sépultures.

RUE HENRI-BARBUSSE / Cette dénomination, de

1946, s'applique à une section de la rue Denfert-Rochereau, elle-même ancienne section de la rue d'*Enfer*, l'ex-*Via Inferior*.

N° 25. *Le Carmel de l'Incarnation* (suite) : Ce portail, ancienne entrée secondaire du carmel de l'Incarnation, une entrée de service en quelque sorte, ouvre sur ce qui fut la nouvelle maison des carmélites après la Révolution et pendant tout le XIXe siècle.

A la Révolution, le brillant couvent des carmélites avait été supprimé, morcelé et vendu. En 1802, ses religieuses rachetèrent la petite partie de leur ancien domaine située à cet endroit. Elles y réédifièrent une petite chapelle et un nouveau cloître que surmontaient leurs locaux d'habitation. En 1908, ce second carmel fut à son tour supprimé; un garage et une société d'éditions se partagèrent les locaux d'habitation et le cloître, reconnaissables de nos jours, les premiers, par leurs fenêtres sur la rue Pierre-Nicole que surmonte une petite croix en relief, le second par ses arcades visibles dans le garage ainsi que dans la société d'éditions.

Quelle raison avait poussé les carmélites à se réinstaller ici ? C'était le désir de sauvegarder une crypte jadis des plus saintes : la chapelle de Notre-Dame-des-Champs.

La chapelle de Notre-Dame-des-Champs : On voit au fond de la courette d'entrée du n° 25 cette chapelle du nouveau carmel, construite sous l'Empire dans le style ogival du XIIe siècle et refaite en 1896. Elle précède le cloître et contient un escalier de 53 marches, suivi d'un long couloir souterrain qui conduit à une crypte romane, située sous les maisons de côté impair de la rue Pierre-Nicole; cette crypte a été refaite, elle aussi, en 1896.

Au XVIIe siècle, la superbe et riche église du carmel de l'Incarnation fut bâtie au-dessus de ce lieu saint. Elle comportait deux cryptes superposées, dont la crypte primitive, celle de saint Denis, exclusivement réservée aux cloîtrées, et qui était la crypte romane ci-dessus indiquée.

Retrouvée et déblayée au retour des carmélites, elle fut restaurée en 1855 et plus tard remise à neuf avec ses anciennes dimensions. Cette crypte est maintenant désaffectée.

Reprendre la rue du Val-de-Grâce et revenir dans la RUE SAINT-JACQUES *(suite)* / N° 279. Façade et toiture classées.

Nos 281 à 285. Ensemble de maisons uniformes, propriété de l'abbaye qui les louait.

N° 289. Ce vieil hôtel, contigu à l'ancien monastere du Val-de-Grâce, peut avoir été la résidence de la duchesse douairière de Longueville. Vendu à la Révolution, converti en pensionnat, il est maintenant complètement délabré.

Nos 316, 318 et 328 à 330. Vieilles maisons.

N° 336. Vieille et curieuse maison.

Nos 291-293, 297 à 303, 338 à 342. Vieilles maisons.

Abbaye de Port-Royal / Coupe de l'église (*grav. 17e s.*)

Prendre, à gauche et à droite, le :

BOULEVARD DE PORT-ROYAL / Ce boulevard a absorbé à sa création, en 1866-1873, la rue de la *Bourbe* à l'ouest et la rue des *Capucins* à l'est.

Nº 111. *Le noviciat des Capucins Saint-Jacques* eut ici sa demeure de 1613 jusqu'en 1779, date à laquelle il fut transféré dans la rue Caumartin. Une partie de ses bâtiments fut adaptée en 1784 pour un hôpital de vénériens devenu l'hôpital Ricord. Il en reste son portail comportant une grande baie centrale entre deux portes basses, surmontée d'un entablement et d'un fronton triangulaire (portail classé). L'autre partie, considérablement agrandie, est devenue l'hôpital Cochin qui a absorbé le précédent.

Nº 113. Vieille maison.

Nos 121 à 125. *L'abbaye de Port-Royal,* actuellement la Maternité (inscription). Il existait au XVIIe siècle deux abbayes du nom de Port-Royal, l'une aux champs près de Chevreuse, l'autre ici, à Paris, toutes deux de l'ordre de Cîteaux. Celle aux champs, la première créée, fut, en 1609, réformée par l'abbesse Jacqueline-Marie Arnauld, la Mère Angélique, réforme éclatante qui augmenta le nombre des religieuses. Celles-ci furent bientôt à l'étroit alors que l'humidité pestilentielle du vallon rendait l'endroit malsain. Aussi Catherine de Marion, veuve de l'avocat Antoine Arnauld (1560-1619) et mère de l'abbesse, acheta, en 1625, à l'extrémité du *faubourg Saint-Jacques,* une ancienne propriété de Pierre Lescot, entourée de vastes jardins, qu'elle donna, en 1626, à l'abbaye de Port-Royal-des-Champs qui s'y transporta. Cette mère y fut religieuse avec ses six filles et ses six nièces, tandis que deux de ses petits-fils, Robert Arnauld d'Andilly, et le fameux Antoine Arnauld (1612-1694), allèrent occuper le Port-Royal-des-Champs avec d'autres personnalités célèbres qu'on appela « les solitaires de Port-Royal » ou « les Messieurs de Port-Royal ».

A Paris, on édifia, grâce aux dons et à la générosité de personnes aussi pieuses que fortunées, le grand monastère de Port-Royal de Paris. En 1627, la Mère Angélique fit retirer l'abbaye de la juridiction de l'abbé de Cîteaux pour la soumettre à celle de l'archevêque de Paris; en 1647, elle y établit l'adoration perpétuelle du Saint-Sacrement et les religieuses prirent le scapulaire blanc avec, par-dessus, la croix rouge.

Port-Royal-de-Paris se trouvant, à son tour, trop petit pour le grand nombre de ses religieuses, une partie de celles-ci furent renvoyées, en 1647, à Port-Royal-des-Champs dont les bâtiments avaient été assainis et les marais desséchés.

Dans ces deux maisons les religieuses furent initiées aux doctrines de Jansénius par l'abbé de Saint-Cyran, Jean du Vergier d'Hauranne, qui les répandit aussi parmi les savants solitaires établis à Port-Royal-des-Champs. Parmi ceux-ci était Pascal qui y habitait depuis 1655 et s'y était lié avec Arnauld, liaison qui lui fit composer ses *Provinciales* ou *Lettres écrites à un provincial de ses amis et aux RR. PP. Jésuites sur la morale et la politique de ces Pères* (18 lettres parurent de janvier 1656 à 1658).

En 1664, à la suite de l'opposition des religieuses aux mesures condamnant le jansénisme, douze d'entre elles furent expulsées, dont la Mère Agnès qui avait 73 ans, expulsion dramatique contée par Racine dans son *Abrége de l'histoire de Port-Royal*. En 1668, Louis XIV sépara les deux maisons en deux abbayes complètement indépendantes l'une de l'autre, celle de Paris restant désormais étrangère à tout ce qui concernait le jansénisme.

En 1709, Louis XIV se décida, à l'instigation des jésuites, à frapper Port-Royal-des-Champs. L'archevêque de Paris, Monseigneur de Péréfixe, le lieutenant de police d'Argenson et 300 mousquetaires, s'en firent ouvrir les portes; les religieuses furent dispersées dans divers couvents, les bâtiments furent démolis, l'église rasée, le cimetière dévasté (c'est alors qu'on recueillit les restes de Racine qui furent transférés dans l'église Saint-Étienne-du-Mont de Paris), les biens réunis à Port-Royal-de-Paris, et l'emplacement du monastère livré à la charrue. Il n'y eut plus qu'une seule abbaye de Port-Royal, celle du *faubourg Saint-Jacques,* confiée à des Sœurs de la Visitation.

Sa chapelle, œuvre de Lepautre, a été terminée en 1648; la Mère Angélique Arnauld repose sous les dalles de son chœur depuis 1661. On y conservait une sainte Épine dont l'attouchement avait guéri immédiatement, en 1656, la nièce de Pascal, Marguerite Périer, atteinte d'une fistule lacrymale à l'œil gauche.

Fermé à la Révolution, Port-Royal devint sous la Terreur une prison, puis en 1814, la Maternité.
Les principaux bâtiments de l'ancien monastère sont encore debout : le cloître, la chapelle, des escaliers, l'ex-salle capitulaire, l'infirmerie, l'ancien appartement de la marquise de Sablé (salle de malades) et des cellules des religieuses. La chapelle et le chœur des religieuses, l'ancienne salle du chapitre (actuellement musée), le cloître et son aire, les façades et les toitures du pavillon de l'Administration (où habita la marquise d'Aumont) sont classés.

RUE DU FAUBOURG-SAINT-JACQUES / Rappelons que ce n'est que depuis 1806 que le faubourg Saint-Jacques a eu son origine reportée ici.

N° 30. La RUE CASSINI, du XVIIe siècle, porte son nom actuel depuis 1790. Jacques Cassini, auteur de travaux pour déterminer la figure de la Terre, et peut-être son père, l'illustre astronome Jean-Dominique, ont habité une maison avec jardin (emplacement des n°s 1 à 19) qui donnait aussi sur le *faubourg Saint-Jacques*. Au n° 1 se trouve l'emplacement d'une maison habitée par Balzac, de 1829 à 1834, après sa faillite dans la rue *des Marais-Saint-Germain* (Visconti). Il écrivit là *le Dernier Chouan* et y reçut souvent George Sand ainsi que son égérie, Mme de Berny. Lorsqu'on a construit, en 1903, la maison actuelle, on a découvert une suite de galeries souterraines servant, au cours des XVIIe et XVIIIe siècles, à faire entrer en contrebande des marchandises dans Paris.
N° 38. Élégant hôtel de l'époque Louis XVI, dit Hôtel de Massa (cf. n°s 52-60, avenue des Champs-Élysées), construit en 1778, dans l'avenue des Champs-Élysées, par Le Boursier, et réédifié ici pierre par pierre en 1928. Il est occupé, depuis 1930, par la Société des Gens de Lettres.
Baies des fenêtres du rez-de-chaussée couronnées par une console décorée de guirlandes, fenêtres surmontées de panneaux sculptés, de guirlandes et de mascarons; hôtel classé.

LE BOULEVARD ET LA PLACE SAINT-JACQUES / Le BOULEVARD SAINT-JACQUES fait partie de ces « boulevards du Midi » prescrits en 1704 et achevés aux environs de 1760 seulement; il a porté ce nom dès son ouverture. Son tracé devint celui du mur des Fermiers-Généraux lors de la construction de celui-ci. La PLACE SAINT-JACQUES, ex-place de la *Barrière-Saint-Jacques,* existait en 1789. La guillotine — qui était remisée alors au n° 83 de la rue du Faubourg-Saint-Jacques (numéro actuellement englobé dans l'immeuble moderne du n° 81) — y fut dressée à partir du 4 février 1832, lorsqu'elle cessa d'être montée sur la *place de Grève*. Les exécutions capitales ont eu lieu à cet endroit jusqu'en 1851, date où la guillotine fut transportée devant le n° 143 de la rue de la Roquette où elle resta jusqu'en 1899.

4

LE FAUBOURG SAINT-MICHEL

DE LA PORTE SAINT-MICHEL A LA BARRIÈRE D'ENFER

La porte Saint-Michel / La rue d'Enfer, le noviciat des Feuillants, la Closerie des Lilas, l'Observatoire, le couvent des Filles-du-Bon-Pasteur, la barrière d'Enfer, l'infirmerie de Marie-Thérèse, l'institution de l'Oratoire / La Grande-Chaumière / L'enclos des Chartreux : le couvent des Chartreux, l'Hôtel de Vendôme / Le jardin du Luxembourg / Le séminaire Saint-Louis.

Point de départ : nº 58, boulevard Saint-Michel

La Porte Saint-Michel : La *porte Saint-Michel* était située à l'intersection actuelle du boulevard Saint-Michel et de la rue Monsieur-le-Prince; construite vers 1200, elle fut démolie en 1679; une fontaine la remplaça.
Une fois franchie la *porte Saint-Michel* et hors de Paris, on avait devant soi 2 importants chemins formant angle droit; celui de gauche constituait le *chemin de Bourg-la-Reine,* celui de droite le *chemin de Vaugirard.*

BOULEVARD SAINT-MICHEL *(section située au sud de la rue Monsieur-le-Prince, côté impair)* / Ce boulevard recouvre une partie du premier de ces deux chemins, ex-*via Inferior,* devenu, jusqu'en 1867, la rue *d'Enfer.* La *Via Superior* (rue Saint-Jacques) et la *Via Inferior* (boulevard Saint-Michel) avaient été séparées jadis par l'aqueduc d'Arcueil qui conduisait les eaux de Rungis dans l'agglomération gallo-romaine de Lutèce.
Nos 91 à 105. Emplacement du *noviciat des Feuillants* installé ici, en 1633, après qu'il eut dû quitter le faubourg Saint-Jacques pour faire place au *couvent des Feuillantines.* Il fut fermé à la Révolution.

RUE HENRI-BARBUSSE *(suite)* / Nº 1. Petit pavillon avec inscription : « Regard des Eaux d'Arcueil », se rapportant à la canalisation desservant, au XVIIIe siècle, le *séminaire des Oratoriens*; il a été réédifié en 1846 pour desservir l'institut des Sourds-Muets.
Nº 25. Entrée secondaire de l'ancien *carmel de l'Incarnation* (cf. p. 312).

Prendre à gauche, aller et retour, l'
AVENUE DE L'OBSERVATOIRE / Cette avenue a été ouverte à cet endroit en 1798. Le maréchal Ney

a été fusillé, le 7 décembre 1815, devant l'emplacement du nº 43 et non à l'endroit où l'on voit sa statue, œuvre de Rude, érigée en 1853 à l'emplacement réel de la mort du maréchal que l'extension du chemin de fer de Sceaux lui fit quitter en 1895.

Le bal Bullier : A proximité de ce nº 43 s'ouvrit, en 1838, dans un vaste jardin, un bal fameux, nommé *la Chartreuse,* fréquenté par les étudiants et les grisettes, qu'acheta, en 1847, Bullier, ancien garçon lampiste du bal de *la Grande-Chaumière.* Il le transforma complètement, il y planta 1.000 pieds de lilas; ce fut *la closerie des Lilas,* puis *le Bullier* où la mazurka et la scottish remplacèrent le quadrille. Ce bal a disparu entre les deux dernières guerres ; il fut le dernier de ces grands établissements d'amusements populaires en tête desquels on a placé *le Jardin Mabille* et *la Grande-Chaumière.*

L'Observatoire : Louis XIV ayant voulu marquer, à l'instigation de Colbert, la protection particulière qu'il accordait à l'astronomie, fit construire en cet endroit, alors hors de Paris et dégagé de tous côtés, l'*Observatoire Royal* dont les plans furent dressés par Claude Perrault. La construction de ce bâtiment, dans lequel n'entra ni fer, pour ne pas influencer l'aiguille aimantée, ni bois, par crainte d'incendie, commença le jour du solstice de l'été 1667 et fut achevée en 1672.

L'Observatoire est une construction à base rectangulaire d'environ 31 mètres sur 28 et de 26 mètres de haut; elle présente deux tours octogonales à ses angles méridionaux; une troisième, carrée, en saillie au milieu de la face nord, sert à l'entrée. Ses quatre faces sont situées aux quatre points cardinaux ; le méridien de Paris, décalé de 2º 20' 14" à l'est de celui de Greenwich, coupe l'Observatoire en deux parties égales (son tracé est indiqué sur le pavé d'une de ses salles). Sur sa plate-forme ouvre un puits qu'entoure un escalier à vis de 330 marches dont l'extrémité se perd dans la profondeur des Catacombes; ses caves, profondes de 27 mètres, renferment des instruments météorologiques, des pendules et « l'horloge parlante » qui sont ainsi déposés dans un lieu à température et pression constantes, la première étant de 11º86.

Jean-Dominique Cassini, venu d'Italie à la demande de Colbert, fut le premier directeur de l'Observatoire Royal de Paris; il fut nommé en 1669 à ce poste que sa famille conserva jusqu'en 1791. Après eux vinrent comme directeurs Lalande, Bouvard, Arago, Le Verrier, Delaunay et encore Le Verrier. Pingré, La Condamine, Méchain, Delambre, Laplace, illustrèrent cette maison.

AVENUE DENFERT-ROCHEREAU *(côté impair) /* Cette avenue, prolongement de la rue d'*Enfer,* porte son nom actuel depuis 1879.

Nos 65 à 73. *Couvent des Filles du Bon Pasteur :* Cette communauté instituée en 1686, pour des filles repenties dans la rue *du Chasse-Midi* (cf. nº 38, rue du Cherche-

L'Observatoire (*grav. 17e s.*)

La Grande Chaumière (*grav. vers 1830*)

Midi), dissoute à la Révolution, s'est rétablie ici en 1821. Son but est resté le même : la régénération morale des filles qui sortent de prison.
Ce couvent renferme un ancien réservoir des eaux du Rungis, construit par Salomon de Brosse, en 1613-1628, pour alimenter le palais et le jardin du Luxembourg ainsi que le quartier environnant. Ce château d'eau sert actuellement de lingerie et de dortoir, son sous-sol renferme l'ancien réservoir (bâtiment classé).
N° 91. Un éboulement considérable, dû aux carrières souterraines, a eu lieu à cet endroit le 17 décembre 1774. 300 mètres de la rue disparurent dans une excavation profonde de 25, semant la panique dans tout le quartier.

PLACE DENFERT-ROCHEREREAU / Cette place, appelée *place d'Enfer* de 1760 à 1879, correspond à l'ancienne demi-lune qui s'épanouissait au-delà de la *barrière d'Enfer* percée, en 1784, dans le mur des Fermiers-Généraux dont le tracé est marqué ici par les boulevards Saint-Jacques et Raspail. Pour cette très importante entrée de Paris où débouchait, en particulier, la route d'Orléans, Ledoux construisit, de 1784 à 1787, deux grands bâtiments sur arcades et à bossages, aux frises ornées de bas-reliefs représentant les villes auxquelles la barrière donnait accès. Ces bâtiments, anciens bureaux et logements du personnel de l'octroi, subsistent et sont classés; celui de l'ouest (n° 2, place Denfert-Rochereau) donne accès aux Catacombes, l'autre abrite l'Inspection générale des Carrières de Paris.
Sur cette place se trouve la gare du chemin de fer de Sceaux, créé en 1846, et dont elle fut le terminus avant que celui-ci n'ait été reporté, en 1895, au voisinage du Luxembourg.

AVENUE DENFERT-ROCHEREAU *(côté pair)* /
N° 92. *Infirmerie de Marie-Thérèse :* En 1819, l'épouse de Chateaubriand, née Céleste de Lavigne, fonda ici une maison hospitalière chargée de distribuer des soins et des médicaments aux malades et de recueillir des personnes de rang social assez élevé que l'infortune aurait fait tomber dans la misère (inscription). L'achat de la propriété fut possible grâce à l'aide de la duchesse d'Angoulême, Marie-Thérèse Charlotte, l'ancienne « orpheline du Temple », d'où le nom de Marie-Thérèse donné à cette fondation appelée « infirmerie » et non hospice ou hôpital afin qu'elle n'ait rien d'humiliant.
Chateaubriand et sa femme y habitèrent à diverses reprises un pavillon au cours de la période 1826-1838. Chateaubriand s'y plaisait car il se trouvait, écrivit-il, « à la fois dans un monastère, une ferme, un verger et un parc ». Il écrivit là ses *Etudes historiques,* un *Essai sur la littérature anglaise, le Congrès de Vérone* et la majeure partie de ses *Mémoires d'Outre-Tombe.*
Mais la fondation coûtait cher et avec le temps, l'entretien de l'infirmerie devint de plus en plus

lourd; aussi, en 1838, Chateaubriand et sa femme vendirent la propriété à l'archevêque de Paris qui n'en est plus que locataire depuis la loi de séparation et l'utilise comme maison de santé et de retraite pour ses prêtres âgés ou infirmes.
Il reste de l'infirmerie initiale : la chapelle, derrière le maître-autel de laquelle a été inhumée Mme de Chateaubriand, le grand bâtiment-infirmerie, un très vaste jardin qui s'étend jusqu'au boulevard Raspail, et un pavillon en façade, avant-dernière demeure de l'illustre écrivain.
N° 88. Institution religieuse de jeunes filles, fondée en 1858, où l'on enseigne un métier aux jeunes filles aveugles. Le vestibule de sa chapelle n'est autre que l'ancien salon, transformé, de Chateaubriand, lorsqu'il habitait le pavillon indiqué ci-dessus; l'institution a d'ailleurs été construite sur une partie du terrain de l'infirmerie de Marie-Thérèse.
N°s 76 à 70 *bis. L'Institution de l'Oratoire :* L'Hospice des Enfants-Assistés occupe ce qui subsiste de l'*Institution ou noviciat de l'Oratoire,* fondée, en 1650, par Nicolas Pinette, trésorier de Gaston d'Orléans. De grands personnages y vinrent faire retraite : le marquis d'Urfé, le chancelier de Pontchartrain, le philosophe Malebranche, l'abbé de Rancé. Ce dernier avait mené pendant plusieurs années une vie très dissipée lorsque la mort subite de Mme de Montbazon qu'il aimait éperdument le fit renoncer à tous les plaisirs. A 31 ans il donna tous ses biens aux pauvres, se retira dans son abbaye de la Trappe, qu'il réforma, et où il mourut, en 1700, à 75 ans, sur la paille et sur la cendre.
La chapelle de cette Institution a été construite en 1655 (elle est actuellement coupée horizontalement en deux par un plancher); sa façade donne sur l'avenue et porte à son fronton un enfant sculpté, les Institutions de l'Oratoire étant consacrées à la Sainte-Enfance; on a gravé au-dessus de sa porte, en 1655, l'inscription suivante : *Invenietis infantem pannis involutum.*
Supprimée en 1792, l'Institution de l'Oratoire, après de nombreuses transformations, est devenue l'hospice des Enfants-Assistés pour lequel on a construit un grand nombre de bâtiments dans lesquels est à peu près perdu le seul qui subsiste de l'ancienne Institution (escalier à balustres de chêne).
N° 68. Cette ancienne dépendance de l'Institution de l'Oratoire est affectée depuis 1859 à un couvent de la Visitation.

Faire, à gauche, un crochet, aller et retour, sur le : BOULEVARD DU MONTPARNASSE *(section comprise entre l'avenue de l'Observatoire et le boulevard Raspail) /* Ce boulevard fait partie de ces « boulevards du Midi » dont la construction fut prescrite par Louis XV en 1704. Il doit son nom à une colline artificielle constituée par de séculaires amas de gravois, située aux environs de notre carrefour Montparnasse-Raspail, et appelée, au début du XVIIe siècle, par les étudiants du quartier Latin, le *Mont Parnasse*. Cette butte fut supprimée vers 1725.

N° 148. La RUE CAMPAGNE-PREMIÈRE est un ancien chemin de terre qui se perdait dans les champs avant d'être bâti en 1797. Son nom actuel lui fut donné par le général Taponier, propriétaire des terrains qu'elle traversait, en souvenir de sa première campagne faite à Wissembourg en 1793.

N° 127. La RUE DE CHEVREUSE est le vestige d'une très ancienne voie limitant ici le fief de l'abbaye de Saint-Germain-des-Prés et qui conduisait à Vanves et à Issy; on la mentionnait déjà en 1210.

N°s 112 à 136 (et n°s 201 à 229, boulevard Raspail). *La Grande-Chaumière :* Emplacement du bal-jardin appelé *la Grande-Chaumière,* un des plus célèbres de Paris, un rival de Tivoli, de Mabille et du bal d'Idalie qui connut une vogue extraordinaire de 1788 jusqu'aux environs de 1853.

Ce fut, au début, un groupement de petites cabanes, couvertes de chaume où l'on servait à boire et où on pouvait danser. L'Anglais Tickson l'avait fondé en 1783; il s'associa ensuite avec un restaurateur voisin, nommé Fillard, et les deux nouveaux propriétaires substituèrent aux cabanes couvertes de chaume une maison à deux étages qu'entoura un grand jardin avec bosquets, parterres fleuris, escarpolettes, montagnes russes, tir au pistolet, grottes... Cet établissement devint rapidement un des plus réputés de Paris.

En 1837, *la Grande-Chaumière* passa aux mains du gendre de Fillard, le « père Lahire », qui, ancien grenadier de la garde doué d'une force redoutable, obtint de l'autorité de veiller seul sur le bon ordre de son établissement. La polka se montra là pour la première fois en 1845, ainsi qu'une danse osée, appelée « la Robert-Macaire », puis le « cancan » qui naquit ici et fit alors scandale. Sous le règne de Lahire apparut aussi le « chahut », sorte de quadrille, exagération du cancan, que la police dut interdire peu de temps après son apparition. Lola Montès, alors danseuse au théâtre de la porte Saint-Martin, y parut un soir dans un quadrille avec le clown Auriol; Jules Favre, Horace Vernet, Paul de Kock, Émile de Girardin, Barbès, Saint-Simon et Thiers fréquentèrent *la Grande-Chaumière* au temps de leur vie d'étudiant.

Puis la vogue passa; la Grande-Chaumière ferma ses portes en 1853 supplantée par la *Closerie des Lilas.*

Quatre établissements, moins célèbres et ouverts vers 1800, se trouvaient dans son voisinage : le *Jardin des Montagnes suisses,* ces dernières hautes de 65 mètres, le *bal de l'Arc-en-ciel* dont le premier trombone fut le créateur du populaire refrain :

Toi qui connais les hussards de la garde
Connais-tu pas l'trombone du régiment?

le *bal de l'Ermitage* et celui de l'*Elysée-Montparnasse.*

BOULEVARD SAINT-MICHEL *(section située au*

sud de la rue Monsieur-le-Prince, coté pair) / Le vaste îlot compris entre le boulevard Saint-Michel, la rue de Vaugirard et la rue d'Assas semble avoir été utilisé au temps de la conquête romaine et jusqu'au ve siècle par le camp des soldats romains; on a retrouvé, en 1810, dans la partie orientale du jardin du Luxembourg, des pièces de monnaie, des vases, des ustensiles propres à la cuisine ou à la toilette, des agrafes, des ornements de ceinturon et de harnais, des poteries et des médailles. Il ressort du millésime de celles-ci que ce camp a dû être évacué du temps de l'empereur Honorius (395-423); un clos de vigne le remplaça.
C'est ici qu'on situe également le fameux *château Vauvert* sur lequel couraient à Paris, au XIe siècle, les bruits les plus sinistres; apparitions nocturnes de revenants, réunions de diablotins, de fantômes, de démons, etc. Cette terreur a donné naissance à la locution adverbiale : « Aller au diable Vauvert », pour signifier un voyage dangereux. (« Cet Anglois est un autre diable Vauvert », fait dire Rabelais à Pantagruel). D'après une légende, ce château aurait été construit, vers 998, par Robert II, fils de Hugues Capet, après son excommunication, pour lui servir de lieu de retraite. Puis abandonné, délabré, des maraudeurs, des pillards et des truands s'y seraient installés et, pour ne pas être délogés, se seraient livrés à ces extravagances nocturnes que leur facilitait la crédulité publique.
N° 64. *L'enclos des Chartreux :* En 1257, saint Louis installa dans le château Vauvert des religieux d'un ordre très austère, fondé en 1086, par saint Bruno près de Saint-Pierre-de-Chartreuse, dans le Dauphiné, qu'on appela les *Chartreux*. Les moines se mirent à reconstruire, à bâtir, à agrandir et à embellir ce domaine qui constituait à la Révolution un vaste enclos triangulaire dont les sommets se trouvaient, à peu près, l'un à l'extrémité nord de la façade de l'École des Mines, le deuxième au coude que fait la rue Duguay-Trouin, le troisième à l'intersection de la rue Henri-Barbusse et du boulevard de Port-Royal.
Cet enclos était public, à l'exclusion des femmes. L'entrée du monastère était rue d'*Enfer* (n° 64, boulevard Saint-Michel), une allée plantée d'arbres conduisait à une première cour, puis à une seconde cour où se trouvaient la chapelle principale, construite par Eudes de Montreuil, en 1325, et l'entrée des bâtiments conventuels. Cette chapelle était décorée de tableaux de Coypel, Philippe de Champaigne, Boullongne, Jouvenel, Charles de La Fosse, etc., et renfermait des tombeaux de personnages illustres. Le petit cloître était décoré de 22 tableaux peints sur bois par Eustache Le Sueur en 1648; celui-ci, nommé inspecteur des recettes à la *barrière de l'Oursine,* ayant tué en duel un gentilhomme qui voulait frauder, chercha asile au couvent des Chartreux où il peignit ces tableaux.

Après cinq siècles d'existence, au cours desquels les chartreux étaient devenus très populaires par leur bienfaisance et leurs vertus, la chartreuse de Vauvert fut fermée en 1790; l'église, ses bâtiments et ses cloîtres furent démolis par la suite, et, en 1798, des rues furent percées sur une partie de son emplacement; l'autre, plus grande, fut réunie au jardin du Luxembourg.

La serre située à gauche, à l'entrée de la rue Auguste-Comte, se trouve sur l'emplacement de l'ancienne entrée du couvent des Chartreux à qui appartenait la maison du fond où Leconte de Lisle résida de 1872 jusqu'en 1895, année où il y mourut, âgé de 77 ans (inscription). Cette maison, restaurée, bien visible du trottoir du n° 107, a gardé, avec ses dépendances, beaucoup de cachet. Cour.
N° 60 *bis. L'Hôtel de Vendôme :* En 1707, l'architecte Jean Courtonne construisit ici pour les chartreux un hôtel que ces derniers louèrent, en particulier, en 1714, à la veuve de Louis-Joseph de Vendôme, arrière-petit-fils d'Henri IV, et, en 1733, au duc de Chaulnes. Celui-ci le légua, en 1744, à son fils, duc de Picquigny, pair de France, un des premiers parmi les gentilshommes de la cour de Louis XV, membre de l'Académie des Sciences, mécanicien et électricien distingué.
Vendu à la Révolution comme bien national, cet hôtel fait partie depuis 1815, de l'École des Mines. Il reste de l'Hôtel de Vendôme la partie centrale de cette École, à belle façade ornée de fenêtres cintrées, donnant sur le jardin du Luxembourg (façade classée).
N° 60. L'École des Mines a installé ses laboratoires sur l'emplacement du Petit-Hôtel de Vendôme, du XVIIIe siècle, qui servait aux réceptions intimes; il fut habité sous l'Empire par le maréchal Lefebvre et « Madame Sans-Gêne ».

Le jardin du Luxembourg : La création du jardin du Luxembourg résulte de celle du palais du Luxembourg et date, comme lui, de 1613. Le jardin du palais fut tracé sur une partie nord de l'enclos des chartreux, que Marie de Médicis avait obtenu, par échange, en 1627.
Du temps de Marie de Médicis, le jardin du Luxembourg n'était pas aussi vaste que de nos jours; ce ne fut qu'à partir de 1790, soit lors de la suppression du couvent des chartreux, qu'il reçut ses dimensions actuelles. Très fréquenté depuis 1650, il fut très recherché au XVIIIe siècle par les gens de lettres, les nouvellistes et les artistes.
Ce jardin est l'œuvre de Descamps, puis de Boutin pour ses plantations, de Boyceau de la Barauderie pour le tracé de ses parterres, de Francine pour ses bassins et fontaines et, finalement, de Chalgrin pour son aspect actuel.
La fontaine de Médicis, construite, en 1620, par Salomon de Brosse, a été déplacée lors du percement, en 1860, de la rue de Médicis et réédifiée à l'emplacement de l'ancien *Séminaire Saint-Louis* (cf. ci-après). Le revers de sa façade a été masqué, en 1857, par la fontaine qui lui a été adossée et qui, antérieurement, était située au carrefour des rues de Vaugirard et du

Regard; elle représente *Léda assise aux bords de l'Eurotas près de Jupiter métamorphosé en cygne.*
Le jardin du Luxembourg où trois ormes subsisteraient encore de ceux qui furent plantés, en 1613, à la demande de Marie de Médicis, est dans son ensemble, avec ses bassins, ses terrasses, ses parterres et ses quinconces, un jardin à la française, sauf sa partie sud-ouest tracée en jardin anglais. Il est garni d'une cinquantaine de statues dont une moitié, datant du temps de Louis-Philippe, représente d'anciennes reines et princesses de France, et l'autre moitié, des sujets allégoriques et des personnages illustres à des titres différents; la plus remarquable d'entre elles est le monument d'Eugène Delacroix, œuvre de Dalou. On y voit aussi des fragments des ruines du palais des Tuileries.

RUE DE MEDICIS / Cette rue, percée en 1860, passe, à hauteur de la fontaine Médicis, sur l'emplacement du *séminaire Saint-Louis*, transformation, de 1704, du *séminaire de la Providence,* créé, rue du *Pot-de-Fer* (Bonaparte), en 1667, par François de Chansiergues d'Ornano, diacre d'Uzès. Le *séminaire Saint-Louis* fut supprimé en 1792.
Nº 13. Emplacement du *jeu de paume du Bel-Air* où Lulli transféra, en 1672, l'Opéra jusqu'alors installé rue Guénégaud dans l'ex-*jeu de paume de la Bouteille.* L'Opéra fit son ouverture avec une pastorale de Quinault : *les Fêtes de l'Amour et de Bacchus*; il ne resta là qu'un an. Sa salle fut occupée, de 1715 à 1742, par l'académie de manège de la Guérinière, une des trois plus célèbres académies de ce genre dans la première moitié du XVIIIe siècle.
Nº 11. L'acteur Le Kain mourut, en 1778, dans une maison située à cet emplacement. Fils d'un orfèvre, il avait fait ses études au *collège des Quatre-Nations* et, encouragé par Voltaire, embrassa la carrière d'acteur dont il fut un des plus remarquables animateurs. On lui doit une première réforme du costume et la suppression des banquettes qui encombraient la scène.

Couvent des Chartreux / Péristyle séparant les deux cours

LE FAUBOURG DE VAUGIRARD

15

DE LA PORTE SAINT-MICHEL A LA BARRIÈRE DU MONTPARNASSE

La rue des Fossés-Monsieur-le-Prince / Le Théâtre de l'Odéon et son quartier / Les rues de Condé et de Tournon, les Hôtel de Montmorency, de Brancas, du maréchal d'Ancre et d'Entragues / Le palais du Luxembourg / Les rues de Vaugirard, Garancière, Palatine, des Fossoyeurs, Férou, du Pot-de-Fer, Madame et Cassette, l'Hôtel de Sourdéac, le couvent des Bénédictines de l'Adoration - Perpétuelle - du - Saint - Sacrement, l'Hôtel de la Trémoïlle, l'Hôtel de Polignac, le couvent des Carmes Déchaux / La rue Notre-Dame-des-Champs / La rue du Montparnasse / La barrière du Montparnasse et ses abords.

Point de départ : nº 58, boulevard Saint-Michel.

Nous avons vu au début du chapitre précédent que l'on avait, sitôt sorti de Paris par la *porte Saint-Michel,* un chemin qui, à droite, se dirigeait vers Vaugirard. On trouvait, en effet, dès le XIIᵉ siècle vers le carrefour de nos rues de Vaugirard et Saint-Lambert, le village de *Vau-Boitron,* appelé, vers le milieu du XIIIᵉ siècle, le Vau-Gérard ou Vaugirard, l'abbé de Saint-Germain-des-Prés, Gérard de Moret, y ayant fait construire une maison de retraite pour les moines de son abbaye. Une vaste exploitation agricole s'étendait au-delà de ce village jusqu'à la Seine, elle était connue sous le nom de *Garnelles,* devenu ensuite Grenelle; cet écart de Vaugirard ne devint un important village qu'à partir de 1830.

RUE MONSIEUR-LE-PRINCE / Cette rue est l'ancien chemin qui longeait extérieurement, entre les *portes Saint-Michel* et *Saint-Germain,* le rempart de Philippe-Auguste, et plus tard, le fossé de l'enceinte de Charles-V, d'où son nom, au XVIᵉ siècle, de rue *des Fossés-Monsieur-le-Prince,* le prince en question étant le prince de Condé, propriétaire d'un hôtel voisin.

Nᵒˢ 65-63. Du XIIIᵉ siècle; haut-relief du nº 65, ferronneries du nº 63.

Nᵒˢ 47, 45, 43, 41. L'enceinte de Philippe-Auguste

constitue la partie inférieure du mur du fond de ces maisons; dans la cave du nº 41 un vestige du rempart s'étend jusqu'à la rue Racine.
Nºs 21, 19, 15, 13, 11. Vieilles maisons.
Nº 4. Hôtel de Bacq, construit, en 1753, il s'étendait en profondeur jusqu'à la rue de Condé. Cour, escalier; la porte, avec ses vantaux, et la fenêtre qui la domine au premier étage sont classées. Inscription du vieux nom de la rue.
Nº 10. C'est devant cette maison, à l'angle de la rue des *Fossés-Monsieur-le-Prince* et de *l'Observance* (Antoine-Dubois) que l'on arrêta Georges Cadoudal, le 9 mars 1804, après une course folle en voiture commencée près du *collège Montaigu*. Auguste Comte habita, en 1857, le premier étage de cette maison (inscription).
Nº 22. Ex-hôtel, de 1821, où est mort, en 1917, le peintre Antonio de la Gandara (inscription).
Nº 40. Ancienne inscription du nom de la rue.
Nº 46. Porte cloutée, ferronneries, escalier.
Nº 54. Maison où Pascal habita de 1654 à 1662 et où il a écrit la plupart des *Provinciales* et les *Pensées*.
Nºs 58-60. Le comédien Dazincourt qui donna des leçons de théâtre à Marie-Antoinette a habité ici. Mansarde du nº 60; mascarons et consoles du nº 58 dont les façades sur rue (vantaux de la porte compris) et sur cour sont classées; cour, belle maison au fond, avec mansarde à poulie et ferronneries.

LE THÉATRE DE L'ODÉON ET SES ABORDS / Le quartier compris à l'intérieur du triangle formé par les rues Monsieur-le-Prince, de Vaugirard et de Condé date de la fin du XVIIIe siècle; sa création est la conséquence de la construction du théâtre de l'Odéon.
Le *Théâtre de l'Odéon :* Le *Théâtre-Français* a été construit, de 1779 à 1782, d'après les plans de Peyre et de Wailly, sur l'emplacement des jardins de l'Hôtel de Condé achetés par le roi en 1773 et donnés par lui à la Ville à charge pour celle-ci de construire une salle de théâtre destinée à recevoir la Comédie-Française. Celle-ci était provisoirement installée, depuis 1770, dans la salle des Machines du palais des Tuileries. Ce théâtre ouvrit le 9 avril 1782.
Devenu *Théâtre de la Nation* en 1789, puis *Théâtre-Égalité* en 1793, le théâtre fut fermé après l'incarcération sous la Terreur de ses comédiens et comédiennes restés fidèles à la monarchie. Il rouvrit, en 1797, avec une troupe installée par Mlle Montansier, sous le nom d'Odéon. La salle brûla en 1799; elle ne fut restaurée, par Chalgrin, que huit ans après, en 1807. Le théâtre fit sa réouverture en 1808; c'était le *Théâtre de l'Impératrice* qu'un autre incendie fit disparaître en partie en 1818. Restauré pour la troisième fois, il rouvrit en 1819 comme second Théâtre-Français.

L'entrée du théâtre se trouve sur la PLACE DE L'ODÉON, de 1779, dont les maisons Nº 1 (et 21, rue de l'Odéon, et 10, rue Casimir-Delavigne); Nº 2 (et 7, rue Crébillon et 22, rue de l'Odéon); Nº 3 (et 11, rue Casimir-

Delavigne et 30, rue Racine); N° 4 (et 8, rue Crébillon et 4, rue Regnard); N° 5 (et 25 rue Racine); N° 6; N° 7 (et 1, rue Corneille); N° 8 (et 2, rue Rotrou), sont classées pour leurs façades et toitures. L'inscription du n° 1, relative à la résidence de Camille Desmoulins en 1792, est mal placée, sa demeure ayant été, en réalité, au n° 2.
Les RUES ROTROU, CASIMIR-DELAVIGNE, CRÉBILLON et CORNEILLE datent comme le théâtre, de 1779; André Chénier habita, en 1789, la première de ces rues. Dans la RUE CORNEILLE, l'actrice de la Comédie-Française, Louise Contat, l'interprète préférée de Beaumarchais, la créatrice de *Suzanne* dans *le Mariage de Figaro,* alors l'artiste la plus fêtée, « la reine de Paris », habita le n° 1 où son appartement devint l'un des premiers salons de Paris après qu'elle eut quitté le théâtre, en 1808, pour se marier avec le très jeune frère du poète Parny. Elle y mourut en 1813, âgée de 53 ans, ayant eu cinq enfants de cinq pères différents. Le n° 3 de la rue Corneille est classé pour ses façades et ses toitures; monogramme de ses ferronneries, escalier.
La RUE RACINE, fut ouverte aussi en 1779. George Sand loua, à partir de 1860, le 4ᵉ étage de l'ex-n° 3, elle avait alors 56 ans; c'était là sa huitième résidence parisienne.
La RUE DE L'ODÉON, également de 1779, fut la première à avoir des trottoirs et des caniveaux latéraux. Camille Desmoulins habitait, avec sa jeune femme, Lucile, le troisième étage du n° 24 actuel (également n° 2, place de l'Odéon) lors de son arrestation. Le romancier Pigault de l'Epinoy, dit Pigault-Lebrun, est mort, en 1835, au n° 15, à l'âge avancé de 82 ans malgré une vie très mouvementée. Le philologue Jean-Louis Burnouf mourut, en 1844, au n° 20; il était alors bibliothécaire de l'Université. Flaubert habita un peu plus tard cette même maison.
Les maisons de 1780 : N° 1 (et 2, rue Monsieur-le-Prince); N° 2 (et 1, rue de Condé); N°s 3, 6, 7, 8, 9 et 14 sont classées pour leurs façades sur rue et leurs toitures; les N°s 5, 10 et 12, pour leurs façades sur rue et sur cour et leurs toitures. Cour du n° 5; les cours des n°s 10 et 12 forment de vastes cours avec celles des n°s 11 et 9 de la rue de Condé : puits à margelle, mansardes à poulie, restes d'arcades des remises à carrosses, anneaux pour les chevaux.

Par le CARREFOUR DE L'ODÉON, de 1779 (n°s 1, 7, 11, 13, 15, 18, 16 : maisons de la fin du XVIIIᵉ siècle, ferronneries et mascaron du n° 11), gagner la :
RUE DE CONDÉ / Avec cette rue on retrouve une vieille rue de Paris qui fut formée au XVᵉ siècle sur d'anciens vignobles ; elle porte ce nom depuis 1612, Henri II de Bourbon, prince de Condé, y ayant fixé, à cette date, sa résidence parisienne.
N° 1. Façade classée.
N° 3. Immeuble qu'habita Louis Picard qui dirigea l'Odéon de 1816 à 1821. Façade classée; balcon.
N° 5. Cette maison faisait partie, en 1645, de l'Aca-

Théâtre de l'Odéon (*grav. 18e s.*)

Hôtel du maréchal d'Ancre

démie d'équitation d'Arnolfini qui apprit à Louis XIV à monter à cheval.
N° 8. George Sand habita ici, en 1848, dans l'appartement de garçon que son fils y avait. Ferronneries, ancien numérotage.
N° 10. Hôtel de la fin du XVIIIe siècle; consoles, ferronneries.
N° 12. Petit-Hôtel de Sourdéac, de 1713; porte, ferronneries, mascaron, mansarde, cour, escalier.
Nos 9 à 15. Emplacement de l'Hôtel de Henri II de Bourbon, prince de Condé, époux de Mlle de Montmorency tant courtisée par Henri IV, et beau-frère du comte de Montmorency-Bouteville, décapité par ordre de Richelieu. Cet hôtel resta la propriété des Condé jusqu'en 1764; ils le quittèrent alors pour habiter le Palais-Bourbon. Louis XV l'acheta en 1773 et le fit démolir, ainsi qu'il a été dit ci-dessus, pour permettre la construction du *Théâtre-Français*.
N° 18. Maison qu'habita le docteur Orfila, particulièrement versé dans la chimie et l'anatomie, auteur d'un *Traité des poisons,* et créateur d'un musée d'anatomie pathologique; il mourut en 1853, à l'âge de 66 ans.
Escalier du petit hôtel situé au fond de la cour.
N° 20. Hôtel du début du XVIIe siècle; Pascal et sa famille l'habitèrent de 1634 à 1635. Cour avec une vieille maison.
N° 22. Avant son mariage avec Camille Desmoulins, sa fiancée, Lucile, habitait avec ses parents le deuxième étage de cette maison.
N° 24. Hôtel des Gramont-Caderousse, du XVIIe siècle. Escalier à rampe en fer forgé, puis en bois sculpté, plaques armoriées aux paliers de l'escalier avec la devise : « Seul contre tous », et la date : « 1691 ».
N° 26. Hôtel construit vers le milieu du XVIIe siècle pour un chevalier du Guet; Beaumarchais y fut locataire de 1763 à 1776. Il se maria là pour la deuxième fois, en 1768, et y composa, en 1775, le *Barbier de Séville*. Ferronneries; balcon avec le monogramme A.C.
N° 28. Cet hôtel fut la propriété, de 1763 jusqu'à la Révolution, du président Le Rebours, décapité en 1794 avec la « fournée des présidents ». Escalier.
N° 30. Hôtel du XVIIIe siècle, habité au début de la Révolution par le baron Alquier, procureur du roi, maire de La Rochelle. Il fut occupé plus tard par le fils du conventionnel Philippe Le Bas, membre de l'Institut, précepteur du futur Napoléon III. Façade, porte à vantaux sculptés, mascarons, mansarde à poulie.
N° 34. Emplacement des écuries de l'Hôtel du maréchal d'Ancre, situé rue de Tournon. Pittoresque mansarde à poulie.
N° 31. Toit à deux étages de mansardes.

RUE DE TOURNON / Cette rue a été percée, vers 1510, sur un terrain appartenant à l'abbaye de Saint-Germain-des-Prés; elle porte depuis 1541 le nom du cardinal de Tournon, conseiller et ambassadeur de

François Ier, abbé de Saint-Germain-des-Prés en 1530. Un marché aux chevaux se tenait alors à son extrémité sud, appelée le *Pré-Crotté.*

N° 29. Façade du XVIIIe siècle, porte avec mascaron, balcon.

N° 27. Ici s'élevait, en 1539, une maison donnée par François Ier au poète Clément Marot, elle avait pour enseigne *Au Cheval d'airain.*

N° 19. Maison mortuaire du marin anglais John-Paul Jones qui prit, en 1775, du service dans la marine américaine; il pilla, puis brûla, le port anglais de Whitehaven et fut nommé premier amiral de la marine des États-Unis. Plus tard, il servit la Russie comme contre-amiral; il mourut ici, en juillet 1792, à 45 ans (inscription).

Mascaron.

N° 7. Vieille maison qu'habita Alphonse Daudet à son arrivée à Paris, puis Gambetta, de 1858 à 1861; c'était alors l'hôtel meublé du Sénat et des Nations (inscription).

N° 5. Le « Père Duchesne », le redoutable Hébert, résida ici, en 1793, avant d'aller se loger, avec son imprimerie, dans la rue des Forges. La célèbre pythonisse Mlle Lenormand y tint ses consultations depuis 1798 jusqu'en 1840; elle y fit accourir tout Paris.

Fille d'un drapier d'Alençon, elle travaillait comme apprentie couturière dans sa ville natale lorsqu'elle commença à tirer les cartes à ses compagnes, ce qui lui attira une certaine renommée. Celle-ci la poussa à se rendre à Paris où elle se plaça comme vendeuse dans un magasin de frivolités et où elle reprit ses prédictions. L'aplomb ne lui manquant pas, elle fit aisément des dupes et fut vite en vogue. Robespierre, Saint-Just, Barras, Tallien, Talma, David, Garat, vinrent la voir, sinon la consulter; Joséphine Tascher de la Pagerie, comtesse de Beauharnais, eut en elle une foi que lui conserva l'impératrice Joséphine. Elle possédait son métier à fond : marc de café, plomb fondu, tarots, miroirs cassés, cendres jetées au vent, blancs d'œufs, etc..., et un vocabulaire aussi mystérieux que ses signes cabalistiques. Elle conserva sous la Restauration sa réputation de devineresse qu'elle avait su appuyer par la publication de nombreux ouvrages, dont les *Mémoires historiques et secrets sur l'impératrice Joséphine* (3 volumes). Bien qu'elle ait prédit qu'elle mourrait à 124 ans, elle s'éteignit en 1843, à 71 ans.

Charles Cros, inventeur du phonographe et poète, est mort dans cette maison en 1888 (inscription).

Ferronneries.

N° 2. Hôtel de Châtillon, du début du XVIIe siècle, où la fille du peintre Boucher mourut en 1784; Balzac l'habita trois ans, de 1827 à 1830, au deuxième etage sur cour. Le poète Victor de Laprade résida dans cette maison en 1860; il avait succédé à Alfred de Musset à l'Académie Française.

Cour, mansarde à poulie; la façade sur la rue est classée.

Nº 4. Hôtel de Jean de Palaiseau, de 1650, dit aussi de Montmorency, où habitèrent Lamartine et Ledru-Rollin (1848).
Porte, péristyle à colonnes, cour, perron à colonnes, escalier avec rampe en fer forgé, escalier de service dans une tourelle extérieure, mansarde à poulie. La porte, le vestibule, les façades sur cour et sur jardin, la décoration du XVIIIᵉ siècle d'un salon et de 2 antichambres sont classés.
Nº 6. Hôtel de Brancas. Cet hôtel a été construit, par Bullet, en 1719, pour Terrat de Chantosme, chancelier du Régent. Le duc de Brancas, lieutenant-général pour la Provence, l'habita en 1775, puis Laplace en 1806. Il appartint, en 1816, à la famille des Montmorency-Laval.
Porte, fronton, belle cour, étoiles et lyres de la rampe de l'escalier.
Nº 8. Hôtel de 1713 qu'habita, en 1792-1793, Théroigne de Méricourt qui y reçut Danton, Camille Desmoulins, Fabre d'Églantine. Elle fut habitée, en 1830, par le critique et romancier Jules Janin qui tint, en 1835, le feuilleton théâtral des *Débats* où il mérita l'épithète de *Prince de la critique*.
Ancien numérotage dans un écusson entouré de guirlandes sculptées, porte, fenêtres, consoles du balcon, couloir d'entrée, escalier, cour.
Nº 10. *Hôtel du maréchal d'Ancre* : En 1607, Concino Concini, qui n'était pas encore maréchal d'Ancre, mais simplement de la suite de Marie de Médicis dont il avait épousé la confidente, Éléonora Galligaï, fit construire ici, sur l'emplacement de l'Hôtel Garancière où était né Pierre de l'Estoile, un vaste hôtel que les Parisiens pillèrent en 1616, puis à nouveau en 1617 après que Concini fut assassiné à la porte du Louvre par Vitry, capitaine des gardes de Louis XIII. On trouva alors sur lui 1.980.000 livres en papiers, et dans sa Capitainerie, au Louvre, d'autres valeurs d'un montant de 2.200.000 livres. Louis XIII résida dans cet hôtel de temps à autre lorsque sa mère était au Luxembourg, il s'y trouvait lors de la Journée des Dupes. Il y logea saint François de Sales en 1618 et 1619; puis le donna à son favori Charles, marquis d'Albert, duc de Luynes, qui, à son tour, amassa d'immenses richesses. Il vendit son hôtel à Louis XIII qui l'affecta comme résidence aux ambassadeurs extraordinaires, lesquels étaient, ainsi que leur suite, les hôtes du roi les trois premiers jours de leur arrivée. L'ancien hôtel du maréchal d'Ancre garda cette affectation jusqu'en 1748. L'hôtel devint alors, par échange, la propriété de Mancini-Mazarini, duc de Nivernais, puis, en 1758, celle de son petit-fils, le duc Louis-Jules de Nivernais, ministre d'État sous Necker, qui y mourut en 1798, à 82 ans. Après diverses autres affectations (les domaines, l'archevêché, la demeure de la veuve de Philippe-Égalité), l'hôtel devint finalement, en 1819, une caserne, affectation qui l'a complètement dénaturé.
Porte, façade sur cour; la façade sur la rue est classée.

Nº 12. Grand-Hôtel d'Entragues. Hôtel du début du XVIIIe siècle, reconstruit par Neveu, sous Louis XVI, ayant appartenu, en 1735, à la famille Balzac d'Entragues. Ducis, le poète qui remplaça Voltaire à l'Académie, l'habita en 1795; la comtesse d'Houdetot, belle-sœur de Mme d'Épinay, célèbre pour son attachement pour Saint-Lambert, par la passion qu'elle inspira à J.-J. Rousseau, par son esprit et sa grâce, y mourut en 1813. Monseigneur Garibaldi, chargé d'affaires du Vatican, y demeura de 1832 à 1834; le frère d'Augustin Thierry, Amédée Thierry, également historien, y est mort en 1873.
Porte, ferronneries, cour, remises à carrosses, puits; les façades sur la rue et sur la cour, une fontaine en étain dans l'appartement du rez-de-chaussée sont classées.
Nº 14. Petit-Hôtel d'Entragues du XVIIIe siècle. Façade classée.
Nº 16. Le publiciste suisse Jacques Mallet du Pan habitait cet hôtel, en 1792, lorsque Louis XVI le chargea d'une mission secrète auprès des souverains de Prusse et d'Autriche.
Nº 18. Vieille maison.

RUE DE VAUGIRARD / Cette vieille rue de Paris, peut-être ancienne voie romaine, est actuellement la plus longue de Paris (4 km 360).

Le Palais du Luxembourg : Marie de Médicis fit construire ici à la place de plusieurs hôtels qu'elle avait achetés en 1612, dont celui du duc de Piney-Luxembourg, un palais magnifique que Salomon de Brosse commença en 1615. En même temps elle acheta une partie du jardin des chartreux qu'elle annexa à son nouveau palais. Ce fut le *palais Médicis,* nom qui ne fut pas adopté par les Parisiens qui s'obstinèrent à lui préférer la vieille appellation de « Luxembourg ».

Marie de Médicis s'installa, vers 1625, dans ce palais qu'elle fit décorer des célèbres tableaux commandés, en 1622, à Rubens, aujourd'hui au musée du Louvre. Elle ne put en jouir longtemps puisqu'elle dut quitter Paris en 1631 pour se retirer, finalement, à Cologne où elle mourut, en 1642, dans un état fort pitoyable. A la mort de Louis XIII, en 1643, l'hôtel passa à son frère Gaston d'Orléans qui le légua à sa veuve, la duchesse de Montpensier (qui y mourut, en 1672) et à sa première fille, la Grande Mademoiselle, l'épouse de Lauzun. Il passa ensuite à sa troisième fille, Élizabeth d'Orléans, duchesse de Guise et d'Alençon qui en fit don, en 1694, à Louis XIV. Celui-ci le céda à son frère Philippe d'Orléans. Il fut habité par la duchesse de Berry, fille du Régent, qui fit murer les portes du jardin pour s'y promener la nuit en toute licence, et, après elle, par Louise d'Orléans, veuve de Philippe V, petit-fils de Louis XIV et roi d'Espagne, qui y mourut en 1742. Le comte de Provence, frère de Louis XVI, occupa l'hôtel de 1779 jusqu'au 20 juin 1791, jour où il émigra.

En 1793, le palais devint une prison, appelée la *Maison Nationale de Sûreté*. Le maréchal Philippe de Noailles-Mouchy y fut enfermé (il fut décapité, à 79 ans, avec des membres de trois générations de Noailles), ainsi que Hébert, Danton, Camille Desmoulins, Fabre d'Eglantine, Hérault de Séchelles et, plus tard, le peintre David qui y esquissa son tableau *Les Sabines*. Le Directoire l'affecta à ses directeurs en 1795; Bonaparte qui avait présenté au Directoire, en décembre 1797, le traité de Campo-Formio, l'affecta au Sénat en 1801. Louis XVIII (l'ancien comte de Provence), Charles X et Louis-Philippe l'affectèrent à la Chambre des Pairs; celle-ci y jugea Ney en 1815, puis les ministres de Charles X et, en 1840, Louis-Napoléon Bonaparte, après son débarquement à Boulogne. Napoléon III y mit le Sénat en 1852, affectation qu'il a conservée.
Le palais de Salomon de Brosse ne rappelle le palais Pitti, cher à Marie de Médicis, que par ses bossages et l'architecture de sa cour d'honneur. Son entrée sur la rue de Tournon est constituée par un corps avancé quadrangulaire, surmonté d'un dôme circulaire, relié de part et d'autre, par une terrasse supportée par un mur percé de quatre arcades, à un pavillon, également en avant-corps, situé à chacune de ses extrémités. La cour d'honneur, plus large que profonde, est entourée de bâtiments sur trois de ses côtés; au fond, l'avant-corps du bâtiment central offre les ordres toscan, dorique et ionique superposés; les bâtiments d'aile se terminent aux pavillons qui s'élèvent aux deux extrémités de l'entrée.
Après les modifications apportées en 1804 par Chalgrin (vestibule d'entrée, escalier d'honneur, salle de séances), tout le palais fut remanié par l'architecte de Gisors de 1836 à 1841; il installa la salle des séances au centre du bâtiment principal et agrandit considérablement le palais en construisant, en avant de la façade ouvrant sur le jardin, une nouvelle façade, l'ancienne devenant un mur de refend.
N° 17. *Le Petit-Luxembourg :* En 1546, on voyait à cet emplacement, situé alors en pleine campagne, un hôtel qui appartint, en 1570, à François de Luxembourg, prince de Tingry; cet hôtel fut dit le Petit-Luxembourg. Marie de Médicis l'acheta en 1612 et le mit, en 1627, à la disposition du cardinal de Richelieu pendant qu'on construisait son *Palais-Cardinal*.
Cet hôtel eut ensuite différents propriétaires : Mme de Combalet, le Grand Condé, son fils Monsieur le Prince qui y logea La Bruyère, puis sa veuve, Anne de Bavière, princesse palatine. Celle-ci fit restaurer l'hôtel par Boffrand, en 1709. Sa fille, Mlle de Clermont le posséda après elle et y mourut en 1741. En 1768, le *Petit-Bourbon,* comme on l'appelait alors, fut loué à l'ambassadeur d'Autriche qui y reçut, en 1777, l'empereur Joseph II. Le comte de Provence avant l'émigration, les directeurs sous le Directoire, les consuls sous le Consulat, Laplace, chancelier du Sénat et Joseph Bonaparte l'habitèrent ensuite.

Depuis 1825, le sort du Petit-Luxembourg est resté lié à celui du palais du Luxembourg dont le chef (président de la Cour des Pairs, président du Sénat) eut désormais là sa résidence.
N° 19. Vestiges du *couvent des Religieuses du Calvaire* que Marie de Médicis avait installé à proximité de son palais en 1622.
On peut voir au travers de la grille d'une petite cour située à l'emplacement de la chapelle de ce couvent, la façade Renaissance de cette chapelle démontée en 1845; l'ancien cloître sert de jardin d'hiver au Petit-Luxembourg. Le reste du couvent a été démoli en 1848.

RUE GARANCIÈRE / Cette rue existait déjà en 1540; son nom est celui d'un hôtel (peut-être teinturerie où on teignait la garance).
N° 15. Vieil hôtel Les fenêtres du rez-de-chaussée sont surmontées de figures allégoriques symbolisant les *Saisons,* et le portail, d'une autre évoquant *Hercule*; façade sur cour.
N° 13. Revers du Grand-Hôtel d'Entragues, de 1735, ouvrant au n° 12 de la rue de Tournon. Vieille maison dans sa cour.
N° 11. Petit-Hôtel du Nivernais communiquant jadis avec le Grand-Hôtel du Nivernais ouvrant au n° 10 de la rue de Tournon. Propriété de la famille de l'historien Thureau-Dangin à partir de 1819. Belle cour circulaire, bornes.
N° 9. Revers de l'Hôtel du Nivernais ouvrant au n° 10 de la rue de Tournon.
N° 5. Vieille maison habitée, en 1827, par le poète Népomucène Lemercier.
N° 1. Vieille maison.
N° 2. A côté de la chapelle absidiale de l'église Saint-Sulpice, en partie construite sur trompe, se trouve la porte de la chapelle de l'Assomption, gracieux pavillon du XVIIIe siècle dont l'épi de faîtage, en plomb, figure un pélican.

Faire un crochet, aller et retour, dans la :
RUE PALATINE / Cette rue (vieille inscription de son nom sur le mur de la chapelle de l'Assomption) doit son nom à la princesse palatine Anne de Bavière, veuve de Henri-Jules de Bourbon, prince de Condé (Monsieur le Prince) qui résidait au Petit-Luxembourg.

RUE GARANCIERE *(suite)* / N° 4. Dans la cour, vestiges d'un hôtel, de 1624, où s'installa, de 1663 à 1664, le couvent des *Filles de la Société de la Vierge.* Devenu Hôtel de l'Aubépine en 1750, Talleyrand y naquit en 1754.
N° 8. *Hôtel de Sourdéac :* Cet hôtel a été construit, en 1640, par l'architecte italien Bobelini, pour René de Rieux, évêque et comte de Léon en Bretagne, qui le céda, en 1651, à son neveu, Guy de Rieux, seigneur de Sourdéac. L'hôtel eut ensuite différents

propriétaires avant de devenir, de 1818 à 1849, mairie de l'ex-XIe arrondissement (inscription) et, depuis 1854, la propriété de la famille Plon.
Pilastres de la façade ornés de têtes de bélier, magnifique cour entourée de pilastres, escalier; les façades sur la rue et sur la cour sont classées. L'attique est moderne.
N° 12. On voit, encastrée dans le mur de l'immeuble, une fontaine très simple érigée, en 1715, par les soins de la princesse palatine (inscription).

Tourner à droite dans la :
RUE DE VAUGIRARD *(suite)* / N° 36. Dépendance du Petit-Luxembourg que la princesse palatine fit reconstruire, par Boffrand, en 1709, pour servir de cuisines et de communs à sa résidence. On la relia à celle-ci par un passage sous la rue de Vaugirard par lequel se faisait le service de la table. Cet hôtel, habité, en 1793, par le féroce Marino, directeur de la prison du Luxembourg, fut affecté, en 1795, à l'agence des Poids et Mesures; aussi peut-on voir sur sa façade, à droite de l'entrée, un mètre en marbre scellé en 1796 pour l'instruction des Parisiens. Cet ancien hôtel est toujours resté une dépendance du Petit-Luxembourg, soit du Sénat.
Portail.

RUE SERVANDONI / Cette rue existait en 1424; ex-rue des *Fossoyeurs* de 1620 à 1806, elle porte son nom actuel depuis cette dernière date.
N° 25. Vieille maison; ferronneries, mansarde,
N° 15. Maison où mourut, en 1784, le sculpteur François Vernet; sa veuve y cacha, du 10 juillet 1793 au 25 mars 1794 Condorcet qui y composa son *Esquisse des progrès de l'esprit humain* (inscription).
N° 9. Une fenêtre par étage, porte cloutée.
N° 1. Emplacement de la maison où habitaient les fossoyeurs du cimetière Saint-Sulpice. L'architecte italien Servandoni mourut en face, en 1766.
N° 12. Maison où en 1666, François de Chansiergues d'Ornano entreprit la fondation des Petits-Séminaires (inscription). Une communauté religieuse l'occupa en 1692. Ferronneries, cour.
N° 14. Vieille maison; porte sculptée du XVIIIe siècle, avec médaillons et des bas-reliefs dont l'un d'eux, suivant la tradition, représenterait Servandoni montrant le plan de l'église Saint-Sulpice; l'autre montre un enfant qui écoute une histoire ou apprend à lire. Porte classée, ferronneries.
N° 16. Vieille maison.
Nos 18 et 20. Hôtel du XVIIIe siècle; escalier du n° 20.

RUE DE VAUGIRARD *(suite)* / N° 46. Ex-hôtel; porte à vantaux sculptés, escalier.
N° 48. Maison où mourut Massenet en 1912 (inscription).

RUE FÉROU / Cette rue a été ouverte vers 1517 sur des terrains appartenant à Étienne Férou.
Nº 11. Premier emplacement du *couvent des Bénédictines de l'Adoration-Perpétuelle-du-Saint-Sacrement*, installé ici en 1654. Ce couvent avait été fondé pour réparer les outrages que les hérétiques et les impies faisaient au Saint-Sacrement. Transféré ensuite dans la rue Cassette, en 1669, l'ancien monastère devint, au XVIIIe siècle, l'hôtel Fénelon.
Nº 9. Vieille maison.

Nº 3. La RUE DU CANIVET existait déjà en 1550.
Nº 2. Du XVIIe siècle, grande porte cochère cloutée.
Nº 3. Hôtel de Breteuil de 1730; portes, mansardes, guirlandes, cour.

Nº 4. Hôtel du XVIIIe siècle. Mascaron, escalier, cour, puits. Vieille inscription du nom de la rue.
Nº 6. Hôtel de Luzy, du XVIIIe siècle.
Cet hôtel fut donné, en 1770, à Dorothée Doronville, dite Luzy, comédienne à la Comédie-Française; elle l'habita jusqu'en 1785. Talleyrand qui habitait à côté l'hôtel paternel, en fut pendant deux ans un familier. Il préparait alors sa première thèse intitulée : « Quelle science les lèvres du prêtre garderont-elles. »
Façade, sphinx sur les piliers de l'entrée, décoration de l'intérieur. La façade du bâtiment au fond de la cour, la façade sur le jardin et sa toiture, les boiseries de deux pièces sont classées.
Nº 8. Petit-Hôtel de la Trémoille en communication directe avec le grand (cf. ci-après, nº 50, rue de Vaugirard). Balcon, terrasse.

RUE DE VAUGIRARD *(suite)* / Nº 50. Grand-Hôtel de la Trémoille qui appartint à M. de La Vergne et où sa fille naquit en 1634. Marie Pioche de La Vergne épousa, en 1655, le comte de La Fayette. Très liée avec les personnages les plus importants de son temps, Mme de Lafayette fut un des ornements de l'hôtel de Rambouillet. Son livre *La princesse de Clèves* (1678) excita l'admiration générale.
Actuellement, presbytère de Saint-Sulpice.
Portail classé.
Nº 52. Au fond de la cour, hôtel de la fin du XVIIIe siècle; vestibule, escalier.
Nº 56 *bis*. Emplacement, de 1738 à la Révolution, du *couvent des Filles de l'Institution-Chrétienne* où s'installèrent, de 1802 à 1826, les sulpiciens qui, rétablis, n'avaient pu disposer de leurs anciens locaux.
Nº 58. Du XVIIIe siècle.

RUE BONAPARTE *(section comprise entre la rue de Vaugirard et la place Saint-Sulpice)* / La rue Bonaparte est, depuis 1852, la réunion de la rue du *Pot-de-Fer-Saint-Sulpice* entre les rues de Vaugirard et du Vieux-Colombier, de la rue Bonaparte entre celle-ci et la rue Jacob, et de la rue des *Petits-Augustins* entre cette dernière et la Seine.

Nos 90-88. *Hôtel de Polignac.* Cet hôtel du XVIIIe siècle, fut la propriété, en 1741, du cardinal de Polignac qui joua un rôle important dans la vie politique de la fin du XVIIe siècle et sous la Régence. Il mourut ici en 1742. Cet hôtel fut également la résidence du conventionnel Roger Ducos et de l'abbé Grégoire qui, à la Constituante, défendit les Israélites et les nègres. Lorsqu'il mourut, en 1831, à 81 ans, l'archevêque de Paris tenta de s'opposer, mais sans succès, à la célébration de son service funèbre à Saint-Germain-des-Prés; à la fin de la cérémonie, des jeunes gens tirèrent à bras son char jusqu'au cimetière du Montparnasse.
Magnifique escalier du no 90; porte du no 88; cette porte, la façade sur la cour et la rampe de l'escalier sont classées. Ancienne inscription du nom de la rue du *Pot-de-Fer* à l'angle de la rue Honoré-Chevalier.

L'ALLÉE DU SÉMINAIRE située du côté des numéros impairs a été tracée, en 1936, sur l'ancienne demeure des « Messieurs de Saint-Sulpice ». Décorée d'une colonnade factice, elle descend en terrasses jusqu'à la hauteur de la rue de Vaugirard, elle est ornée de la fontaine de la Paix et des Arts. Celle-ci fit partie du groupe de 15 fontaines nouvelles commandées par l'Empereur à l'achèvement de la construction du canal de l'Ourcq; elle a été construite par Destournelles. C'est un petit monument de style classique à quatre faces avec une cuvette semi-circulaire sur deux d'entre elles, décorées chacune d'un bas-relief, de marbre, œuvre d'Especieux, à la gloire de la *Paix,* de l'*Agriculture,* du *Commerce* et des *Arts.*
Cette fontaine, construite pour la place du Châtelet, fut érigée, en 1807, sur la place Saint-Sulpice, reléguée en 1824 dans le marché Saint-Germain et, finalement, réédifiée ici en 1935.

Prendre, à gauche, la :
RUE DE MÉZIERES / Cette rue existait déjà en 1595, elle longeait un côté du *noviciat des Jésuites,* installé, en 1630, dans tout l'îlot compris entre les rues du *Pot-de-Fer* (Bonaparte), Mézières, Cassette et Honoré-Chevalier. Son entrée était dans la rue du *Pot-de-Fer,* ses jardins s'étendaient jusqu'à la rue Cassette. Il fut vendu en 1763 lors de l'expulsion des Jésuites ; la rue Madame passe, depuis 1824, sur son emplacement.

Prendre, à droite, puis à gauche, la :
RUE MADAME / Cette rue est la réunion, depuis 1877, d'une rue moderne entre les rues du Four et du Vieux-Colombier, de la rue du *Gindre* (de 1547) entre celle-ci et la rue de Mézières, au-delà de celle-ci d'une rue percée au travers du *Noviciat des Jésuites* et du *Couvent des Filles du Précieux-Sang,* et, enfin, de la rue de Vaugirard à la rue d'Assas, d'une rue percée, en 1790, sur les terrains du jardin du Luxembourg. Celle-ci fut appelée Madame en l'honneur de l'épouse de Mon-

sieur, comte de Provence, qui habitait alors le palais du Luxembourg.

N° 19. La mairie du VIe arrondissement a été construite, en 1860, sur l'ancien emplacement du *couvent des Bernardines du Précieux-Sang* installé rue du *Pot-de-Fer* de 1636 à 1656 (cf. : 58, rue de Vaugirard).

N° 12. Ancienne inscription du nom de cette rue en 1547 : *rue du Gindre*; le *gindre* était le maître-mitron d'un boulanger.

N° 16. Vieille maison.

N° 65. Emplacement d'un hôtel construit par Chalgrin pour Anne de Caumont La Force, comtesse de Balbi, maîtresse du comte de Provence, avant qu'elle n'aille résider au Luxembourg dont le comte de Provence avait nommé son mari gouverneur. Son jardin touchait celui du palais, car la RUE GUYNEMER, percée en 1866, sur une ancienne allée du jardin du Luxembourg, n'existait pas encore.

N° 63. Le *Théâtre Bobino :* Emplacement, de 1816 à 1868, du *Théâtre Bobino*, du nom de son directeur, Sax, dit Bobino, pitre de grande classe, rival de Bobèche et de Galimafré. Ce théâtre, démoli en 1868 pour raison d'urbanisme, se réinstalla alors à Montparnasse, rue de la Gaîté.

Reprendre la rue de Mézières jusqu'à la :

RUE CASSETTE / Le nom de cette vieille rue, de 1412, est une corruption de *Cassel,* nom d'un hôtel auquel elle conduisait.

N° 1 (et n° 8, rue Pape-Carpentier). Vieille maison.

N° 7. Hôtel du XVIIe siècle. Ferronneries, balcon, mansarde, escalier, façade de l'aile droite.

N°s 12 à 16. Emplacement, de 1669 jusqu'à la Révolution, du second *couvent des Bénédictines de l'Adoration-Perpétuelle-du-Saint-Sacrement* mentionné au n° 11 de la rue Férou. Mme Guyon, connue pour sa doctrine du *quiétisme,* s'y retira quelque temps après être sortie de la Bastille. Ce couvent fut fermé en 1790.

N°s 18, 20 et 22 / Hôtels construits par les carmes de 1667 à 1680, loués par eux jusqu'à la Révolution. Citons parmi les personnes qui habitèrent le n° 18 : le futur consul Lebrun en 1791, le comte de Salvandy de 1828 à 1856 et Montalembert dans sa jeunesse; Portail, balcon, fronton, escalier du n° 20; porte du n° 22.

N° 21. Cette maison est le seul vestige qui reste du grand *noviciat des jésuites* de la rue *du Pot-de-Fer* (cf. rue de Mézières).

Joli cul-de-lampe Louis XV à l'angle de la rue Honoré-Chevalier (la madone est moderne).

La RUE HONORÉ-CHEVALIER, de la fin du XVIe siècle, porte le nom d'un ancien propriétaire de son terrain. N° 10. Vieille maison du XVIe siècle ayant encore son puits, escalier. N° 3. Ex-hôtel du XVIIIe siècle qu'aurait habité Lacordaire; fronton, mansarde à poulie.

N° 26 *bis*. On a de la cour de cette maison un intéressant coup d'œil sur l'église Saint-Joseph-des-Carmes dont le mur est mitoyen; escalier.

N° 25. Petit-Hôtel de Cossé-Brissac, du XVIIIe siècle; escalier.

N° 27. Hôtel du XVIIIe siècle où le père d'Alfred de Musset, dit Musset-Pathay, habita de 1818 à 1832, Paul et Alfred de Musset, ses deux fils, sont nés respectivement, en 1804 et 1810, dans la rue des *Noyers* (boulevard Saint-Germain).

RUE DE VAUGIRARD *(suite)* / Jusqu'à la Révolution la rue Cassette aboutissait dans la rue de Vaugirard entre deux couvents, celui des *Filles du Précieux-Sang* et celui des *Carmes-Déchaux*.

Nos 58-60. Emplacement du premier de ces couvents de 1659 à la Révolution. Il fut démoli en 1797 et remplacé par des immeubles sous le premier Empire. Porte, balcon du n° 58.

N° 70. *Le couvent des Carmes-Déchaux :* En 1611 s'installèrent ici, dans des locaux que leur avait donnés Nicolas Vivien, maître à la Chambre des Comptes, des religieux venus d'Italie, des *Carmes Déchaussés,* qui appliquaient la réforme de sainte Thérèse et qui, de plus, marchaient pieds nus. Ils faisaient suite à la venue à Paris des carmélites du faubourg Saint-Jacques. En 1613, Marie de Médicis posa la première pierre de l'église que l'on voit de nos jours. Son dôme (en bois), le premier élevé à Paris, reçut une peinture représentant *le Triomphe d'Élie*; en 1656, le grand chœur des religieux, invisible de l'église et situé au premier étage derrière le chœur, reçut à son tour une grande décoration; enfin, en 1664, la chapelle de la Vierge reçut une admirable statue de marbre blanc, *la Vierge et l'enfant Jésus,* sculptée d'après le modèle qu'en avait fait Bernin. Cette église a été restaurée en 1802 et son portail refait en 1819.

Le monastère s'étendait, avec ses dépendances, jusqu'aux rues du Regard et du Cherche-Midi; il était simple et tout enduit d'une peinture blanche, aussi brillante que le marbre, qui fut pendant longtemps un secret connu seulement des moines; on l'appelait le *blanc des carmes.* C'est dans l'apothicairerie de ce monastère que fut inventée l'eau de mélisse, dite *eau des Carmes,* composée d'herbes cultivées dans leurs jardins. Enfin, les carmes possédaient autour de leur couvent des espaces vides sur lesquels ils firent construire, rue du Regard et rue Cassette, plusieurs beaux hôtels qu'ils louèrent. Leurs richesses ne les empêchaient point, toutefois, de faire partie des quatre grands Ordres des moines mendiants.

En août 1792, leur église devenue prison, reçut 160 prêtres insermentés, dont l'archevêque d'Arles et les évêques de Beauvais et de Saintes; ces trois prélats furent tués lors des massacres des 2, 3 et 4 septembre 1792 avec 115 de ces prêtres. Peu après, les carmes durent se disperser, la totalité du monastère devint une prison où plus de 700 personnes furent enfermées dont la duchesse d'Aiguillon, Alexandre de Beauhar-

nais et sa femme Joséphine, Mme de Custine, le prince de Salm-Kyrburg, Hoche... La Révolution finie, on y installa un bal public, le bal des Marronniers. En 1797, Mlle de Soyecourt, religieuse carmélite, racheta une partie des bâtiments du couvent où son père avait été emprisonné, regroupa ses compagnes et fit restaurer l'église. En 1841, elle revendit son monastère à l'archevêché qui y installa diverses écoles ecclésiastiques où Lacordaire séjourna de 1849 à 1853; elles furent transformées, en 1875, en cette école réputée qu'est de nos jours l'Institut catholique. Celui-ci a gardé la majeure partie des anciens bâtiments des carmes, affectés de nos jours à un séminaire, dit le Séminaire des Carmes.
On a aménagé sous l'église des caveaux où l'on voit la croix sur laquelle se faisait fixer le Père Lacordaire le vendredi saint. On a recueilli, dans la chapelle qui vient après, les ossements des victimes des massacres de septembre 1792; on aperçoit aussi le tombeau de l'écrivain Frédéric Ozanam, l'un des fondateurs de la Société de Saint-Vincent-de-Paul. Dans le jardin on trouve intact le petit perron sur les marches duquel tant de prêtres furent massacrés après un simulacre de jugement; on y voit aussi la statue de saint François de Paule, œuvre de Gilles Guérin, élève de Sarrazin, antérieurement située sur l'autel du couvent des Minimes de la place Royale.

La rue de Vaugirard coupe la :
RUE D'ASSAS / Cette rue a été ouverte, en 1798, en partie sur les *couvents des Carmes* et des *Bénédictines du Cherche-Midi* supprimés en 1790, et, en partie, sur les terrains de l'enclos des Chartreux. David d'Angers est mort à l'emplacement du no 18 en 1856; de même que Littré, en 1881, au no 44 (inscription). Michelet a habité le no 76 de 1869 à 1874 (inscription). Au no 8. Immeuble du XVIIIe siècle, sans doute reste du *couvent des Bénédictines du Cherche-Midi* (cf. no 23, rue du Cherche-Midi); mascaron, cage d'escalier en saillie, décoration d'une pièce au premier étage.

No 57. Ce carrefour a fait disparaître le *couvent des Sœurs Hospitalières de Saint-Thomas-de-Villeneuve* et nombre d'hôtels des XVIIe et XVIIIe siècles.

RUE NOTRE-DAME-DES-CHAMPS / Cette rue est une partie de l'ancien chemin suivi pour transporter, en 1564, depuis les carrières de Vaugirard les pierres nécessaires à la construction du château des Tuileries; c'était alors le *Grand Chemin Herbu*.
No 16. Ancien hôtel, de 1750, qui devint en 1753 la propriété du marquis de Mailly-Hôtel occupé depuis 1824, ainsi que les nos 18 et 20, par les Sœurs de la Congrégation du Bon-Secours. La porte du no 16 et la porte à colonnades du XVIIIe siècle du bâtiment sur cour parallèle à la rue du Montparnasse sont classées.
No 22. L'ancienne institution Liautard, appelée collège Stanislas, en 1822, enl 'honneur des prénoms du roi

Palais du Luxembourg (*grav. 17e s.*)

Église du couvent des Carmes-déchaussés (*grav. 17e s.*)

Louis XVIII (Stanislas-Xavier), s'installa ici en 1847.
N° 17. Dans la cour, restes d'une maison de campagne construite, en 1774, par Cellerier, pour le duc de Montmorency-Laval; grand balcon, fronton.
N° 57. Vieille maison.

N° 61. Couvent de Notre-Dame-de-Sion dont une partie des bâtiments, construits par Vavin, datent de 1790.

Remonter la rue Notre-Dame-des-Champs et prendre la :
RUE DU MONTPARNASSE / Cette rue, ouverte vers 1776 à travers la campagne, contient encore quelques vieilles maison.
N° 11. Maison qu'habita le poète et le critique Sainte-Beuve à partir de 1850 et où il mourut, en 1869 à 65 ans (inscription).
N° 28. Ancienne « folie » du XVIIIe siècle, qui a appartenu, en 1777, à son architecte, le comte d'Orliane. Cet hôtel a été absorbé par le collège Stanislas. Façade sur cour et jardin, boiseries, escalier.
N° 32. Maison habitée, de 1840 jusqu'en 1851 (inscription), par l'historien et philosophe Edgar Quinet alors âgé de 37 à 48 ans. Augustin Thierry est mort dans cette même maison en 1856.
N° 40. La rue du Montparnasse coupe le BOULEVARD DU MONTPARNASSE où on situe au n° 85 une maison de campagne qui aurait appartenu au peintre Rigaud; monogramme R dans les ferronneries du balcon.
La rue du Montparnasse atteignait le mur des Fermiers généraux à la *barrière du Montparnasse*; celle-ci connut de tout temps une très grande animation puisqu'elle était située à l'entrée de la rue de la Gaîté dont les nombreux cabarets entretenaient une chaude allégresse dans tout le quartier.
En suivant ce mur vers l'ouest (tracé du boulevard Edgar-Quinet) on arrivait à la *barrière du Maine* (place Bienvenüe) ainsi appelée parce qu'on trouvait au-delà d'elle le chemin conduisant vers le château du duc du Maine. La *barrière du Maine* fut aussi un lieu très animé, surtout vers 1840 lorsque s'installa dans son voisinage le *bal Tonnellier*, puis, en 1848, la gargote *Aux Cuisiniers associés*, assises d'un groupement ouvrier né de la Révolution de Février et siège des banquets socialistes et égalitaires.
La RUE D'ODESSA qui débouche sur le carrefour où se trouvait la *barrière du Montparnasse* est une ancienne impasse, repaire de chiffonniers à sa création lors de la guerre de Crimée.
La RUE DU DÉPART conduit à la gare Montparnasse, édifiée sous le nom d'*embarcadère de Chartres* sur l'avenue du Maine et inauguée en septembre 1840. Sous le second Empire on la transféra sur la place de Rennes, travail qui fut terminé en 1852.
La RUE DELAMBRE qui débouche également sur ce carrefour a été ouverte en 1839 à travers des champs de bluets et de coquelicots qui firent place, en 1860, des baraques de chiffonniers.

LE FAUBOURG DE VAUGIRARD (suite)

16

DE LA BARRIÈRE DE VAUGIRARD AU CARREFOUR DE LA CROIX-ROUGE

La rue de Vaugirard (suite), le cimetière de Bagneux / La rue du Cherche-Midi, l'Hôtel de Choiseul-Praslin, l'Hôtel de Montmorency-Bours, la rue du Regard et les Hôtels de la Comtesse de Verrue, l'Hôtel de Marsilly, la congrégation des Dames de Saint-Joseph, la communauté des Bénédictines du Cherche-Midi, le couvent des Prémontrés, l'Hôtel de Châtillon, le carrefour de la Croix-Rouge / La rue de Sèvres, l'Abbaye-au-Bois, l'hospice des Incurables, le pensionnat de l'Enfant-Jésus, le couvent des Bénédictines de Notre-Dame-de-Liesse / Le boulevard des Invalides, l'Hôtel de Masserano : La rue de Babylone, la rue Monsieur et ses Hôtels de Jarnac, de Bourbon-Condé et de Montesquiou, l'Hôtel Cassini, le séminaire des Missions Etrangères.

Point de départ : carrefour des rues de Vaugirard et de l'Abbé-Grégoire.

RUE DE VAUGIRARD *(suite)* / N° 77. Maison où Volney est mort, en 1820, à l'âge de 63 ans. Ayant quitté la médecine pour l'érudition et recueilli un héritage de 6.000 francs, il partit, en 1782, à pied, le sac sur le dos, pour l'Orient, où il visita la Syrie et l'Égypte pendant quatre ans. Il avait été fait comte par Napoléon et pair par Louis XVIII.
N° 102. La paroisse de Saint-Sulpice a eu ici, de 1745 à 1784, et s'étendant le long de la rue de Bagneux, un de ses cimetières, le cimetière de Bagneux, où fut enterré Montesquieu, en 1755, à 66 ans. Sa porte représentait un sablier ailé avec cette inscription qu'on lit maintenant sur les deux piliers de la porte des Catacombes : *Has ultra petas requiescant beatam spem expectantes* (Au-delà de ces bornes ils reposent en attendant une autre vie).
N° 85. Ancienne borne avec une inscription, bien

effacée, indiquant que l'on se trouvait ici à une demi-lieue du point zéro situé à l'intersection des axes de la cathédrale Notre-Dame et du Petit-Pont.
N°s 108, 110, 110 *bis*. L'entrée du n° 108 est à l'emplacement de celle de la maison qui fut louée, de 1670 à 1674, par Mme de Montespan pour y installer la veuve de Scarron chargée d'élever dans le plus grand secret les enfants que la marquise avait eus de Louis XIV (cf. n° 31, rue des Francs-Bourgeois). Cet hôtel appartint de 1674 à 1781, à la famille des teinturiers Gluck et Julienne; depuis 1820 les n°s 110 et 110 *bis* appartiennent aux Sœurs de la Visitation installées avant la Révolution dans la rue du *Faubourg-Saint-Jacques*.
N°s 130-132. Vieilles maisons; mansarde à poulie du n° 132.
N° 132 (et n° 25 du boulevard du Montparnasse). Cet hôtel, dont l'entrée est au n° 25 du boulevard du Montparnasse, a été souvent indiqué à tort comme ayant été celui où la veuve de Scarron avait élevé les enfants de Mme de Montespan et du Roi-Soleil. Cet hôtel-ci, construit par Mathurin Chouanne, date de 1712; il a eu parmi ses propriétaires le Grand Prieur Philippe de Vendôme, de 1722 à 1725. Saisi à la Révolution comme bien d'émigré, il fut vendu en 1806. Par la belle grille d'entrée du n° 25 on entre dans une courette qui conduit, au fond, aux communs (mascaron de l'entrée de la cave), et, à gauche, à l'hôtel : hautes fenêtres avec mascaron, balcon, fronton triangulaire écussonné; sa façade sur le jardin, visible du n° 23, est classée.
La rue de Vaugirard coupe le boulevard du Montparnasse au-delà duquel elle était prolongée par un chemin de terre, appelé *chemin d'Issy* au XIVe siècle.

Après ce boulevard, elle coupe la RUE FALGUIÈRE, vieux chemin existant en 1516 et appelé jusqu'en 1900 la rue des *Fourneaux* : n° 13 : vieille maison, cour; N° 42 : vieux pavillon du XVIIIe siècle.

N° 144. Dans l'aile droite de l'hôpital Necker ouvrant sur al rue de Vaugirard, vieux bâtiment de l'*hôpital de l'Enfant-Jésus,* puis des *Enfants-Malades,* fondé, en 1724, par Languet de Gergy, curé de Saint-Sulpice (cf. n° 149, rue de Sèvres).
Le BOULEVARD PASTEUR résulte de la création du mur des Fermiers généraux, il a été formé en 1864 et porte son nom actuel depuis 1896.

Revenir sur ses pas jusqu'à la :
RUE DU CHERCHE-MIDI / Cette rue est la réunion, depuis 1832, de trois rues, dont, entre la rue du Regard et le carrefour de la Croix-Rouge, celle appelée du *Cherche-Midy* en 1595 et du *Chasse-Midi* à partir de 1628. Paut-être ce nom s'appliquait-il à une rue qui, partant de « l'Hôtel de la Chasse », situé dans la rue du Dragon, se dirigeait vers le sud de Paris.
N° 107. Vieille maison dans la cour; mansarde.
N° 103. Statuette de Notre-Dame dans sa niche.

Barrière de Montparnasse (*grav. vers 1810*)

Nº 112. La RUE SAINT-JEAN-BAPTISTE-DE-LA-SALLE, ex-rue de la *Barouillère,* date de 1644; Nº 1. Maison de rapport du XVIIIe siècle, à 6 étages.
Nº 95. Hôtel de 1750, restauré en 1850; porte, fronton, ferronneries; ses façades sur rue et sur cour sont classées.
Nº 100. La RUE SAINT-ROMAIN a été ouverte sous ce nom vers 1645.
Hôtel de Choiseul-Praslin : A ses nos 4, 6, 8, s'élève l'hôtel que la comtesse de Choiseul fit élever, par Gaubier, en 1732. Son entrée principale était alors rue de Sèvres (nº 111). Elle le légua, en 1746, à son neveu, le comte de Choiseul, plus tard duc de Praslin qui le fit agrandir et embellir dès 1750. Ambassadeur, ministre des Affaires Étrangères, ministre de la Marine, ce fut lui qui conçut le grand voyage de circumnavigation qu'exécuta Bougainville. Cet hôtel appartint, en 1768, à Henry Rouvroi de Saint-Simon qui le loua. Sa veuve l'aliéna en partie après la Révolution afin de pouvoir vivre. Il le fut encore après sa mort d'où de nombreuses modifications dans la distribution et la décoration de ses pièces.
Cet hôtel, acheté par l'État en 1886, est maintenant le Musée postal; c'est un élégant hôtel avec avant-corps, mascarons et balcon à ferronneries armoriées dont les façades sur cour sont classées; des bâtiments de service ont été construits sur les anciens jardins de l'hôtel, dans un style vaguement Renaissance.
Nº 89. Sur un terrain qui était sa propriété, le comte de Montmorency-Bours fit construire, en 1756, cet hôtel, le Grand-Hôtel de Montmorency qui appartint, en 1776, au maréchal de camp Pérusse des Cars. Confisqué à la Révolution, il fut acheté, en 1808, par le maréchal Lefebvre; sa femme, *Madame Sans-Gêne,* le vendit, en 1821, à un enfant adoptif de Mirabeau. Cet hôtel constitue un très bel ensemble. On voit dans son escalier un médaillon de Louis XV, un buste en plâtre de Mirabeau, et une statue de Napoléon, maquette en plâtre de celle de l'Institut ; heurtoir de la porte ; très beau puits; sa façade sur rue est classée.
Nos 87-85. Hôtel de 1743, propriété du comte de Montmorency-Bours, appelé le Petit-Hôtel de Montmorency; il fut en 1790, la propriété des frères Mallet, banquiers.
Écusson au-dessus de la porte d'entrée, ferronneries, fenêtres de l'entresol; ses façades sur les deux rues sont classées.
Madone dans sa niche au coin de la rue Jean-Ferrandi.

Nº 85. La RUE JEAN-FERRANDI, ex-*rue de Bagneux* jusqu'en 1935, a été percée, vers 1530.
Nº 4. Vieille maison, escalier.
Nº 6. Emplacement de l'ancien cimetière mentionné au nº 102 de la rue de Vaugirard.

Nº 83. Hôtel du comte Stanislas de Clermont-

Tonnerre, député de la noblesse aux États-Généraux, massacré, le 10 août 1792, sur le seuil de son hôtel, Ce dernier fut habité plus tard par le docteur Cabanis. médecin et ami de Mirabeau dont il reçut le dernier soupir.
N° 86. L'IMPASSE DES VIEILLES-TUILERIES, du XVIIIe siècle (fontaine au fond de la cour), rappelle par son nom celui que portait à cette époque la section centrale de la rue du Cherche-Midi.
N° 81. Hôtel du XVIIIe siècle.
N° 71. Immeuble où mourut, en 1841, le général Hulin, l'un des gardes-françaises vainqueurs de la Bastille, plus tard président du conseil de guerre qui condamna à mort le duc d'Enghien; il fit échouer la conspiration du général Malet en 1812.

N° 59. La RUE DE L'ABBÉ-GRÉGOIRE a été ouverte en 1644, elle a pris son nom actuel en 1880.
N° 15. Vieille maison dans la cour.
N° 9. Emplacement de la maison où mourut le peintre Charlet en 1845.

N° 64. Hôtel de 1682; ferronneries, guirlandes.
N°s 56, 54, 52. Vieilles maisons; fronton du n° 56; labyrinthe de courettes, escaliers, ferronneries et toit du n° 54; porte, ferronneries, mansardes du n° 52.

N° 50. La RUE SAINT-PLACIDE a été percée en 1644.
N° 2. Statuette de Notre-Dame.
N° 9. Maison où naquit, en 1810, le poète Hégésippe Moreau (inscription); ferronneries.
N° 31. Maison où est mort J.-K. Huysmans en 1907 (inscription).

N° 48. La RUE DUPIN, existait déjà en 1625, c'était alors la *Petite-rue-du-Bac*.
N° 19. Vieille maison.

N° 44. Hôtel de 1768 habité, en 1793, par Garat qui avait succédé, en 1792, à Danton comme ministre de la justice; à ce titre il fut chargé de lire à Louis XVI son arrêt de mort. L'abbé Grégoire mourut dans cette maison en 1831 *(cf. rue Bonaparte, n° 90-88)*.

Prendre à droite, aller et retour, la :
RUE DU REGARD / Cette rue, ex-*Petit Chemin Herbu* au XVIe siècle, porte, depuis 1667, son nom actuel dû à un regard de la fontaine située, en 1667, à l'intersection de cette rue et de la rue de Vaugirard et qui a été adossée, en 1855, à la fontaine de Médicis du jardin du Luxembourg.
Le côté des numéros pairs de cette rue a longé des champs jusqu'à la Révolution; Louis XIII y chassa la perdrix en 1614. Les immeubles de l'autre côté ont été en grande partie construits, par Victor Dailly, pour les carmes enrichis à la fois par le bénéfice qu'ils retiraient de la vente de leur eau de mélisse et par

d'heureuses spéculations. Ils furent vendus, en 1791, comme bien national.
N° 6. Maison occupée par les Sulpiciens depuis 1906. Les chandeliers de l'autel de leur chapelle viennent de celui du château de Versailles; ils ont été utilisés à Notre-Dame lors du sacre de Napoléon.
N° 15. Sur un terrain enclavé chez les carmes on construisit, en 1711, un hôtel qui, rebâti en 1752, appartint, en 1754, au comte de la Guiche, arrière-petit-fils d'une comtesse de Guiche, la *belle Corisande,* maîtresse d'Henri IV. Il fit faire dans cet hôtel des décorations magnifiques. Le nonce du pape, Monseigneur Macchi, l'habita en 1820, puis une communauté religieuse. C'est sur une partie de celui-ci que s'installa, en 1886, le Mont-de-Piété.
Plan et vestiges de cet hôtel dans la cour où une façade a été réédifiée, sa porte est celle de l'Hôtel de Guiche; ses façades sur cour sont classées.
N° 13. Hôtel construit pour les carmes en 1739. Portail, fronton, mascaron, façade sur cour; la façade sur rue, la baie donnant accès à l'escalier, la rampe d'escalier en fer forgé sont classées.
N° 7. Hôtel construit, par Victor Dailly, pour les carmes en 1719. Il appartint, de 1830 à 1841, au maréchal Victor, duc de Bellune ministre de la guerre sous Louis XVIII.
Porte, fronton, mascarons, ferronneries; les façades sur la rue du Regard et sur le n° 70 du boulevard Raspail sont classées.
N° 5. Sur cour, hôtel construit pour les carmes, en 1728, qu'on pensa affecter après la Révolution, avec le n° 7, au garde-meuble national. Une communauté religieuse l'occupa en 1806. Porte sculptée, mascarons, mansarde.

N° 1. En 1696, les carmes devinrent propriétaires du terrain situé à l'encoignure des rues du Regard et du Cherche-Midi; ils y firent construire, à partir de 1719 sur sa demande et d'après ses plans, deux grands hôtels pour la comtesse de Verrue donnant sur l'une et l'autre de ces deux rues; elle ne vit pas leur achèvement.
La personnalité de la comtesse de Verrue domine toute l'histoire de ce quartier au début du XVIIIe siècle. Fille du duc de Luynes et de Anne de Rohan, Jeanne-Geneviève de Luynes, née en 1670, fut élevée à Port-Royal avec une telle austérité qu'emmenée une fois à l'Opéra elle ne leva pas les yeux de tout le spectacle. Riche, elle fut mariée à 13 ans au comte de Verrue, colonel des dragons au service de la Savoie. Le duc de Savoie, Victor Amédée II, s'éprit de la jolie comtesse et celle-ci devint officiellement la maîtresse du prince. Mais excédée par l'humeur très changeante de Victor-Amédée, la comtesse se sauva, en 1700, déguisée en cavalier et galopa de Turin jusqu'à Grenoble. Elle chercha refuge à Paris dans le *couvent des Bénédictines du Cherche-Midi* fondé par sa tante. Après la mort de son mari, tué à la bataille d'Hoch-

staedt, en 1704, la comtesse reparut dans le monde où son esprit, sa beauté, ses relations de famille firent sensation; elle tint un salon que fréquentèrent les beaux esprits et les artistes, et elle gagna une fortune considérable pendant l'agiotage de Law. C'est alors qu'elle acheta les nos 9, 11 et 13 de la rue du Cherche-Midi et fit bâtir les 2 hôtels indiqués plus haut. Elle mourut, en novembre 1736, après avoir composé son épitaphe :

Ci-gît, dans une paix profonde,
Cette Dame de Volupté,
Qui, pour plus grande sûreté,
Fit son paradis en ce monde.

Cet hôtel fut loué, en 1744, par le marquis de Brézé, grand maître des cérémonies, emploi tenu par sa famille de 1701 à la Révolution; il fut acheté, en 1817, par le docteur Joseph Récamier, membre de l'Académie de Médecine, professeur au Collège de France, qui reçut ici des personnages célèbres, tels Chateaubriand, Brillat-Savarin, les Pères Lacordaire, Ravignan et Monseigneur Dupanloup. Il est resté la propriété de la famille Récamier.
Portail classé, ainsi que la façade sur le boulevard Raspail.

RUE DU CHERCHE-MIDI *(suite)* / On franchit la rue du Regard, c'est à partir de là que commence la véritable rue du Cherche-Midi.
No 39. Vieille maison.
No 42. Maison de 1776, surélevée, où naquit le peintre Léon Cogniet (inscription), mort en 1880. Il obtint un véritable succès avec son tableau *Tintoret peignant sa fille morte*.
Porte encadrée de deux pilastres ioniques cannelés, étages avec balustres de pierre, entablement, cours avec pavillon à mansardes dans l'une d'elles; façade classée.
No 40. Hôtel de 1710, qui appartint, en 1779, au comte de Rochambeau que Louis XVI envoya, en 1780, en Amérique, avec un corps de 6.000 hommes, pour secourir Washington et l'aider à secouer le joug de l'Angleterre. Rochambeau força, en 1781, les Anglais à capituler à Yorktown et leur prit 22 drapeaux. Revenu d'Amérique, il réhabitait cet hôtel (inscription) lorsqu'il fut nommé, en 1791, maréchal de France.
Porte, escalier, façade sur cour.

No 26. Maison de 1628 qui, en 1806, fut divisée en deux parties dont le no 28 qui est moderne.
No 22. Immeuble ancien, mais remanié; ferronneries.
No 18. Hôtel de Marsilly, construit, en 1720, par Claude Bonneau, pour sa fille mariée au chevalier de Marsilly. La façade sur cour a grand air, et la rampe de son escalier est un chef-d'œuvre.
Séquestré à la Révolution, l'hôtel fut vendu, en 1803, au comte de Lambrechts, ministre de la Justice de

1797 à 1799, sénateur après le 18 brumaire, un des rédacteurs de l'acte de déchéance de Napoléon en 1814.
Heurtoir, écussons, fenêtres, ferronneries, fronton; belle cour avec hôtel au fond; la façade sur la rue avec les vantaux et le heurtoir de la porte cochère, la façade sur le jardin et la rampe de l'escalier sont classées.
Nº 23. Emplacement, depuis 1634, d'un pensionnat de la *congrégation des Dames de Saint-Joseph*. Ce dernier fit place, par suite de mauvaises affaires, à une communauté de *religieuses bénédictines de Notre-Dame-de-Consolation du Chasse-Midi* dites les *Bénédictines du Cherche-Midi,* fondée par Marie-Éléonore de Rohan. Elle était fille d'Hercule de Rohan, duc de Montbazon, qui, à 80 ans, courtisait la fille du concierge d'un de ses châteaux, et de Marie de Bretagne, mariée à 16 ans avec le duc alors âgé de 60, et dont les amants furent nombreux. Marie-Eléonore, qu'attristait la conduite de ses parents, prit le voile à 15 ans et devint vite abbesse. C'est dans ce couvent que la comtesse de Verrue chercha refuge auprès de sa tante, à son retour à Paris (voir ci-dessus). Ce couvent tenait une maison de retraite et un pensionnat ouverts aux personnes de grande noblesse et de grande condition; tous leurs occupants furent toujours des hôtes de marque. Ce couvent fut supprimé à la Révolution, ses bâtiments disparurent en partie, en 1796, du fait du percement de la rue d'Assas et, sur les terrains rendus libres, on construisit les nºs 23, 25, 25 *bis,* 27, 29 et 31.
Nº 19. L'enseigne de cette maison *Au Cherche-Midi* est une restauration, de 1874, de la reproduction faite au XVIIIe siècle de celle, pendante, existant en 1675, c'est-à-dire postérieurement au nom déjà porté par la rue qui ne peut donc tenir de celle-ci son appellation. Cette enseigne, classée, est un médaillon sculpté représentant un astronome grec, ou romain, qui, à l'aide d'un compas, mesure les degrés d'un cadran.
Nº 16. Hôtel (restauré) de 1686, occupé à partir de 1782 par le vicomte Le Veneur de Tillières qui servit fidèlement la France sous la Révolution. Il prit comme aide-de-camp Hoche qui vint dans cette maison à chacun de ses séjours à Paris.
Nº 14. Hôtel du XVIIIe sièclé.
Nº 17. Cet immeuble fut la propriété de la *communauté des Bénédictines de l'Adoration-Perpétuelle-du-Saint-Sacrement*, installée rue Férou puis rue Cassette, qui le loua, en 1680, à Isabelle de Montmorency, duchesse de Châtillon, princesse de Mecklembourg, fille de Montmorency-Bouteville décapité en Grève pour ses duels. Jeanne-Marie Guyon, fille de la célèbre quiétiste mentionnée précédemment y mourut en 1736. Hôtel au fond de la cour surélevé en 1803; fenêtres.
Nºs 12 à 2. Ces immeubles appartinrent au *couvent des Prémontrés Réformés* qui possédait aussi les maisons nº 1 à nº 13 de la rue de Sèvres. Ce couvent se trouvait à la pointe des rues du Cherche-Midi et de Sèvres, son église, de 1662, avait été refaite en 1719. Ce

couvent, après avoir joui au XVIIIe siècle d'une grande réputation, fut supprimé à la Révolution et vendu en 1797.

No 15. Hôtel du XVIIe siècle ainsi que ceux des nos 13, 11 et 9, ayant fait partie de la même propriété. Parmi ses propriétaires nous trouvons ici, entre autres, en 1693, Isabelle de Montmorency mentionnée ci-dessus, et, en 1804, Nicolas Lemercier, président du Sénat. Il était assez avare : s'étant rendu un jour au palais des Tuileries dans un fiacre, Napoléon, qui tenait à ce que ses grands fonctionnaires aient un certain train de maison, fit conduire à la porte de son hôtel un carrosse neuf attelé de deux chevaux; Lemercier crut à un cadeau et remercia, mais quelques jours après il recevait du carrossier de l'empereur la note à payer.

Ferronneries, belle cour.

No 13. Hôtel acheté en 1719 par la comtesse de Verrue qui le loua à Paul-Sigismond de Montmorency-Luxembourg, duc de Châtillon. Il venait de se marier, à 67 ans, avec une veuve Bouchu, du même âge, qui lui apportait 100.000 écus de rente; comme elle épousait un duc et pair, elle obtenait de ce fait le droit d'être assise à la Cour sur un tabouret. D'où ce couplet :

Elle a donné cent mille écus
Pour asseoir le plus vilain c...
Qu'à la Cour jamais on verra;
Alleluia !

L'hôtel fut acheté, en 1732, par Jean de Montullé, conseiller au Parlement, bibliophile et collectionneur, apparenté aux familles Glucq et Julienne, teinturiers aux Gobelins. Il le fit démolir et le remplaça par l'immeuble actuel qu'acheta en 1830, le général-comte Hulin.

Hôtel dans la cour, pilastres, écusson, niche sans statue.

No 11. Cet hôtel fut, en 1686, la propriété de Monseigneur Martin de Ratabon, évêque de Viviers, qui le vendit à la comtesse de Verrue, et, en 1767, celle du prince de Béthune-Sully. Celui-ci fit faire les magnifiques décorations de l'appartement du premier étage, construire un pavillon à 2 étages entre cour et jardin et surélever malheureusement l'immeuble d'un troisième étage. Parmi les locataires après la Révolution, nous trouvons ici, vers 1800, le général de division Chasseloup-Laubat, un des meilleurs ingénieurs militaires des guerres de l'Empire et, de 1804 à 1807, Joseph Servan.

Balcons Louis XIV, boiserie du premier étage; la rampe de l'escalier est classée.

No 9. Hôtel du XVIIIe siècle, en partie reconstruit sous la Restauration. La comtesse de Verrue en était propriétaire depuis 1719 et elle le loua, en 1735, au marquis de Parabère, fils de la célèbre maîtresse du Régent. Il fut la propriété, en 1736, de Jean de Mon-

tullé, mentionné ci-dessus, habitué du salon de Mme de Verrue.
Porte, cour, mansarde à poulie, frises, escalier. Monogramme M des ferronneries des balcons du premier étage.
N° 7. Hôtel du XVIIe siècle reconstruit vers 1750.
Porte, vantaux, ferronneries, escalier.
N° 5. Escalier.
N° 1. Le CARREFOUR DE LA CROIX-ROUGE porte depuis le XVe siècle ce nom dû à une croix de couleur rouge. Il fut de tout temps un carrefour fort animé : stationnement de carrosses de louage, rassemblement de marchands ambulants, de sergents-recruteurs, etc., la potence et un pilori y furent dressés en 1721 et 1722. Nos 1, 3 et 5. Maisons de 1657.

Prendre, à gauche, la :
RUE DE SÈVRES / Cette rue, ex-rue de *Sève,* est l'ancien chemin qui, au XIIIe siècle, conduisait de Paris à Sèvres.
Nos 1-3. Vieilles maisons.
N° 11. Emplacement de l'entrée du *couvent des Prémontrés* installé à cet endroit de 1662 à 1789 (cf. ci-dessus) ; le peintre Martin Drolling eut son atelier dans une partie du bâtiment principal situé à droite dans la cour.
On a, du débouché de la rue Récamier, une vue pittoresque sur la partie haute des vieilles maisons qui sont encastrées derrière la maison moderne édifiée à cet endroit.
N° 16. *L'Abbaye aux Bois* Emplacement, en 1640, du *couvent des Annonciades du Saint-Esprit,* ordre créé à Bourges, en 1500, par Jeanne de France, fille de Louis XI, que répudia Louis XII. Les religieuses de ce couvent cédèrent, en 1654, leur immeuble aux *religieuses de l'Abbaye-aux-Bois* lorsqu'elles allèrent s'installer à Popincourt.
L'Abbaye-aux-Bois était une abbaye de filles, de l'ordre de Cîteaux, fondée en 1207, par Jean, seigneur de Nesle, au milieu des bois, dans le diocèse de Noyon. Cette abbaye royale n'eut que des grandes dames comme abbesses et, comme élèves, que des filles de qualité ; aussi le prix de pension y était-il très élevé (600 livres par an).
L'abbaye, supprimée en 1790, fut transformée en prison sous la Terreur, puis vendue en 1797. Une de ses ailes (emplacement de la rue Récamier) fut transformée en une maison de repos laïque où Mme Récamier vécut 30 ans, de 1819 à 1849, et tint un salon célèbre. Elle avait 42 ans lorsqu'elle vint à l'Abbaye-aux-Bois où des revers de fortune l'avaient obligée de se retirer. Dans son salon de l'Abbaye-aux-Bois, « décoré de riches draperies de soie blanche », elle reçut Chateaubriand, amoureux fidèle et platonique, qui venait la voir chaque après-midi vers 3 heures et qui lui donna là la primeur de ses *Mémoires d'Outre-Tombe,* Lamartine, Ballanche, Montalembert, Arago, Delacroix, Balzac, Ampère, Hugo, Sainte-Beuve,

Benjamin Constant, Musset, Stendhal...
Le percement de la rue Récamier et celui d'un nouveau tronçon du boulevard Raspail a fait disparaître, en 1906-1907, les derniers vestiges de cette abbaye.
N° 21. Maison où mourut, en 1817, le peintre Martin Drolling.
Façade, ferronneries; les rampes du XVIIIe siècle de ses deux escaliers sont classées.
N°s 59, 65, 69, 71. Vieilles maisons; terrasse du n° 59, mansarde du n° 69, ferronneries du n° 71.
N° 81. Grille de marchand de vin.
N° 83. Hôtel de Prunelay. Façade sur cour avec balcon de pierre et mansarde à poulie.
N° 42. *L'Hospice des Incurables :* Cet hospice avait été fondé, de 1633 à 1637, par le cardinal de La Rochefoucauld et Marguerite de Rouillé pour le soulagement des malades incurables, hommes et femmes, que soignaient et servaient les Sœurs de la Charité. La veuve du cordonnier Simon, le « précepteur » de Louis XVII, est morte dans cet hôpital en 1819, après avoir affirmé qu'un enfant avait été substitué au Temple à Louis XVII.
Les incurables hommes furent transférés en 1802 dans l'ex-*couvent des Récollets* du faubourg Saint-Martin (hôpital Villemin), et les incurables femmes le furent, en 1870, à Ivry. L'ancien hospice des Incurables est depuis cette dernière date l'Hôpital Laennec.

Le petit bâtiment à droite de la chapelle (inscription) aurait été habité par Mme de la Sablière, en 1680 (cf. n° 68, rue Rousselet) et par la duchesse de Luynes en 1693.
Belle cour, façades de briques et de pierres; chapelle de 1663 avec flèche en bois, sa façade est classée.

La fontaine égyptienne, dite du Fellah, fait partie du groupe des 15 fontaines qui furent mises en service en 1806 après l'amenée à Paris des eaux de l'Ourcq. Fontaine classée.
N° 91. Hôtel du XVIIIe siècle; mascaron.
N° 95. La maison des Lazaristes, ou de la *Congrégation de la Mission,* occupe, depuis 1816, cet emplacement où s'élevèrent antérieurement, de 1685 à 1715, l'Hôtel de Gaignières, puis une « folie » du prince de Rohan-Guéménée qui y tint des dîners quelque peu licencieux. Les restes de saint Vincent de Paul, restitués en 1795 aux Lazaristes, ont été déposés, en 1830, dans la chapelle de cette maison, édifiée en 1827.
N° 48. Vieille maison.
N° 111. Emplacement de l'entrée principale de l'Hôtel de Choiseul-Praslin (cf. rue Saint-Romain).
N° 125. Le plan de Turgot situe à cet endroit un enclos où l'on montrait, de 1730 à 1778, des combats d'animaux (lions, tigres, ours), surtout pendant les époques, telle la semaine sainte, où les théâtres ne jouaient pas. Ce cirque fut transféré, en 1778, à proximité d'une barrière qui fut appelée la *barrière du combat* (place du Colonel-Fabien).

N° 58. Vieille maison; escalier.
N° 60. La RUE PIERRE-LEROUX, mentionnée en 1672, s'appelait alors la rue *Traverse*. N°s 25, 27 (escalier), 6 : Vieilles maisons.
N°s 62, 64, 66. Vieilles maisons; bas-reliefs du n° 64.
N° 68. La RUE ROUSSELET, ancien *chemin des Vachers* au XVIIe siècle, doit son nom actuel au propriétaire des terrains qu'elle traversait. A son n° 2 (et 19, rue Oudinot) : emplacement d'une maison où la protectrice de La Fontaine, Mme de la Sablière, bienfaitrice alors de l'hôpital des Incurables, où elle avait un logement, vécut de 1685 jusqu'à sa mort survenue en 1693 des suites d'un cancer au sein. N° 25 : Barbey d'Aurevilly habita cette maison pendant 30 ans et y écrivit la plupart de ses romans et de ses ouvrages critiques; il y mourut en 1889 (inscription). Puits dans la cour.
N° 70. Vieille maison; ferronneries.
N° 72. Vieux puits dans une cour très pittoresque avec ses vieilles maisonnettes.
N°s 133-135. Vieilles maisons; mansarde à poulie
N° 90. Ancienne folie ayant appartenu sous la Régence au prince de Cellamare, plus tard pension des Sœurs de la Croix-Saint-André. La façade à fronton et la chapelle du couvent sont visibles de la rue Sizeranne.
N° 149. Emplacement d'une ancienne maison d'éducation, dite le *pensionnat de l'Enfant-Jésus,* pensionnat pour 30 jeunes filles pouvant prouver 200 ans de noblesse, fondé en 1724 et tenu par les Filles de Saint-Thomas-de-Villeneuve. Fermé à la Révolution, l'établissement devint, en 1795, la *Maison Nationale des Orphelins* et, en 1802, l'*Hôpital des Enfants-Malades*. (Cf. n° 144, rue de Vaugirard).
N° 96. RUE BERTRAND, tracée vers 1790.
N° 98. AVENUE DE SAXE, tracée vers 1780.
N° 151. En 1777, Mme Necker, femme du contrôleur général des finances, fonda dans l'ancien *couvent des Bénédictines de Notre-Dame-de-Liesse,* installé ici en 1644 mais qui avait périclité, un hospice de 120 places, desservi par des religieuses; c'est cet hospice qui devint, en 1802, l'Hôpital Necker.
N° 163. Vieille maison du XVIIe siècle, cour curieuse.

Revenir sur ses pas jusqu'au boulevard des Invalides que l'on prendra à gauche.

BOULEVARD DES INVALIDES *(section comprise entre les rues de Sèvres et de Babylone)* / Le boulevard des Invalides a fait partie des boulevards *du Midi* prescrits en 1704; il a été achevé en 1761.
N° 56. L'Institution des Jeunes Aveugles, fondée en 1768 par Valentin Haüy, installée de 1791 à 1795 dans l'ancien *couvent des Célestins*, de 1795 à 1817 dans l'ancien *hôpital Sainte-Catherine,* et ensuite dans l'ex-*séminaire Saint-Firmin,* dispose ici, depuis 1843, de ces bâtiments construits en 1838.
N° 52 (et n°s 7, 9, 11 rue Masseran) : Hôtel du prince de Masserano, construit, en 1787, par Brongniart, pour le prince de Masserano qui fut ambassadeur

d'Espagne en France en 1805, puis grand maître des cérémonies de Joseph Bonaparte.
Sa façade sur le jardin, que l'on voit du boulevard des Invalides, est ornée de huit pilastres corinthiens d'ordre colossal; ses combles ont été surélevés. Les bâtiments entourant la cour d'entrée du n° 11, rue Masseran et 2, rue Duroc et ses jardins sont classés. N° 50 (et n°s 1, 3 et 5, rue Masseran). Hôtel du XVIIIe siècle; ses façades sur le jardin sont classées.

N° 46. La RUE EBLE est la rue *Neuve-Plumet* de 1790. La RUE OUDINOT qui la prolonge était, en 1672, le chemin *Blomet,* nom transformé en *Plumet.* N° 27 : Hôtel de 1781 ayant appartenu alors au comte de Montmorin-Saint-Hérem, successeur de Vergennes aux Affaires Étrangères, qui périt sous la Révolution ainsi que sa femme et que son fils; une de ses filles mourut à l'archevêché, devenu hôpital des prisons, une autre de ses filles fut Pauline de Beaumont chère à Chateaubriand. L'Hôtel de Montmorin fut occupé, de 1801 à 1806, par le cardinal Caprara, légat puis nonce du pape; il appartint, en 1810, au général Rapp, puis, de 1847 à 1905, au Noviciat des Frères des Écoles Chrétiennes et depuis au ministère des Colonies. Ses façades sur cour, remaniées à plusieurs reprises, notamment par Brongniart, sont classées. - N° 19. Emplacement de la maison où mourut Mme de la Sablière en 1693 (cf. n° 2, rue Rousselet), actuellement maison de santé des religieux hospitaliers de Saint-Jean-de-Dieu. - N° 8. Derrières de l'ancienne caserne des gardes-françaises de la rue de Babylone (cf.ci-après). - N° 12. Maison où François Coppée mourut en 1908 (inscription). - N° 22. Même immeuble que ci-après.

N° 49 (et n° 22, rue Oudinot).Hôtel de Luppé, construit, en 1781, par Brongniart pour lui-même.
Porte, mascarons à tête de renard; la façade sur le boulevard est classée.
N° 41. Arrières de l'Hôtel de Bourbon-Condé *(cf. ci-après : n° 12, rue Monsieur).*
N° 35. Emplacement de l'Hôtel de Verteillac ou de Rohan, construit, en 1782, par Brongniart.

RUE DE BABYLONE / Cette rue est un vieux chemin de la banlieue de Paris qui, partant de la rue du Bac, se perdait dans la région de Grenelle. Son nom actuel, de 1673, provient du titre de Bernard de Sainte-Thérèse, évêque de Babylone, fondateur du *séminaire des Missions* installé dans cette rue. Cette rue a été prolongée, en 1868, de la rue du Bac à la rue de Sèvres à travers l'emplacement de l'ancien hospice des Petits-Ménages.
En 1763, tout le côté de ses numéros pairs limitait les vastes jardins des hôtels construits en bordure de la rue de Varenne.

Faire, aller et retour, un crochet dans la :
RUE MONSIEUR / Cette rue a été ouverte, en 1778, à

la demande de Monsieur (le comte de Provence, frère de Louis XVI) pour dégager l'entrée de ses écuries. L'architecte Brongniart acheta alors la plupart des terrains de la nouvelle rue afin de les revendre avec profit.
N° 8. *Hôtel de Jarnac :* Cet hôtel a été construit, en 1783, par Legrand, et loué aussitôt après à Marie-Charles de Rohan-Chabot, vicomte de Chabot, puis comte de Jarnac. Il fut acheté, en 1834, par le chirurgien Dupuytren, et, en 1847, par la duchesse de Valençay.
Ses façades sont ornées de colonnes ioniques d'ordre colossal; à l'intérieur, plusieurs pièces ont gardé leur décoration de la fin du XVIIIe siècle. Hôtel classé avec ses dépendances et son jardin.
N° 12. *Hôtel de Bourbon-Condé :* Cet hôtel a été construit, en 1782, par Brongniart (dont c'est peut-être le chef-d'œuvre) pour Louise-Adélaïde de Bourbon-Condé, née en 1757, nommée, en 1786, abbesse de Remiremont. Elle était la sœur du prince Louis de Bourbon-Condé que l'on trouva pendu, en 1830, à l'espagnolette d'une fenêtre de son château de Saint-Leu (cf. n° 18, place Vendôme). Nattier l'ayant peinte en *Hébé,* ses intimes prirent la coutume de l'appeler *Hébé-Bourbon*. Ayant été envoyée, en 1786, à la suite d'une fracture, aux eaux de Bourbon-l'Archambault, elle s'y lia avec le marquis de la Gervaisais, officier aux carabiniers, d'une affection qui fut toute platonique malgré la mauvaise réputation des eaux de Bourbon dont on disait « qu'il s'y fait maint petit poupon qui bien souvent a plus d'un père ».
Cet hôtel est de nos jours affecté à l'Institut social, familial et ménager. Il a gardé une partie de ses décorations intérieures; il est classé avec ses dépendances et son jardin.
N° 20. *Hôtel de Montesquiou.* Cet hôtel, restauré, est une autre construction de Brongniart, édifiée, en 1781, à l'emplacement des écuries de Monsieur, pour le marquis Anne-Pierre de Fezensac, marquis de Montesquiou, premier écuyer du comte de Provence. Cet hôtel a été englobé dans le couvent des Bénédictines du Saint-Sacrement qui s'y installa en 1815 et où furent ramenés les restes d'*Hébé-Bourbon* morte, en 1824, chez les Bénédictines du Saint-Sacrement installées par elle dans l'ex-hôtel du Grand Prieur du Temple. Immeuble acheté par l'État pour les besoins d'un de ses ministères.
Les façades sur le jardin et le jardin sont classés; celle sur le jardin a son attique surmonté d'un fronton triangulaire, finement décoré, que flanque de chaque côté une balustrade en pierre.
N° 7. Hôtel du XVIIIe siècle acheté, en 1786, par Lefranc de Pompignan; façade sur cour ornée de bustes dans des niches.
N° 3. Ancien hôtel (morcelé) de 1783.

RUE DE BABYLONE *(suite)* / N° 51. Ex-hôtel; porte.
N° 49. Ancienne caserne des gardes-françaises faisant

partie de la série des cinq casernes dont la construction avait été prescrite à la fin du règne de Louis XV.
N° 36. Extrémité du jardin de l'Hôtel de Matignon *(cf. n° 57, rue de Varenne).*
N° 32. Hôtel construit en 1773 ; il appartenait alors à la famille Cassini qui le loua au nonce du pape, Mgr Guiaud. Les boiseries d'une salle à manger et de deux salons proviennent de l'Hôtel de Créqui, de 1786, qui, situé au n° 35 de la rue d'Anjou, a disparu du fait du percement, en 1855, du boulevard Malesherbes. Portail; la décoration d'un de ses salons est classée.
N° 22 (et n° 128, rue du Bac). *Le séminaire des Missions étrangères :* En 1663, Jean Duval de Clamecy, dit le R.P. Bernard de Sainte-Thérèse, évêque de Babylone, fit don de toutes les maisons qui lui appartenaient à l'angle des rues de Babylone et du Bac, ainsi que de ses meubles et de sa bibliothèque, à condition qu'il y soit établi un séminaire pour les étudiants ecclésiastiques reconnus aptes aux études, sciences et langues nécessaires pour les missions et, par préférence, pour celles de Perse.
La première pierre de la chapelle de ce séminaire (celle que l'on voit de nos jours) fut posée, en avril 1683, au nom du roi, par l'archevêque de Harlay. Des pilastres ioniques, un fronton triangulaire décorent sa façade. Cette chapelle était à deux étages : une église haute (maintenant bibliothèque) décorée de toiles de Van Loo, de Boulogne, de Restout..., disparues pendant la Révolution, sauf celle de Coudère, *l'Adoration des Mages,* et une église basse où on lisait les épitaphes des personnes inhumées dans les cryptes.
Ce séminaire fut rebâti en 1736, supprimé en 1792, vendu en 1796 et rétabli en 1805. C'est le bâtiment situé, au fond d'un petit jardin, à droite de la cour de la chapelle : sa façade porte encore un cadran solaire. Il possède un musée, dit la Salle des Martyrs, où des tableaux représentent les supplices qu'ont endurés des missionnaires morts martyrs de leur foi.
N° 20. Statuette de Notre-Dame de la Paix dans une niche vitrée, avec une inscription de 1815.

7

L'ABBAYE DE SAINT-GERMAIN-DES-PRÉS ET SES ABORDS

Les rues de Buci et de Seine / Les rues Bourbon-Guise, de l'Echaudé-Saint-Germain, Sainte-Marguerite, de la Petite-Boucherie et Cardinale / l'abbaye Saint-Germain-des-Prés, son histoire, ses vestiges / Les rues de l'Egoût et du Colombier / La rue des Marais-Saint-Germain et ses hôtes illustres / La rue de Seine, le palais de la reine Margot.

Point de départ : Carrefour de Buci.

L'ordonnance de Louis XIV, de janvier 1702, qui divisait le nouveau Paris en vingt quartiers indiquait que le vingtième serait celui de Saint-Germain-des-Prés auquel serait rattaché le faubourg Saint-Germain.
Ce vingtième quartier devait son existence à l'*abbaye de Saint-Germain-des-Prés* dont l'épanouissement avait commencé au XIIIe siècle; c'est elle qui donna naissance au *bourg Saint-Germain-des-Prés* dont l'importance ne cessa de croître du XIIIe au XVIIe siècle, puis, au XVIIIe siècle, au *noble faubourg*.

Prendre, aller et retour, la :
RUE GRÉGOIRE-DE-TOURS *(section située au nord du boulevard Saint-Germain)* / Ex-ruelle de la *Grant-Boucherie* au XIVe siècle, de la *Folie-Régnier* au XVIe, des *Mauvais-Garçons* au XVIIe, cette rue porte son nom actuel depuis 1841.
N°s 3-4. Ferronneries.
N° 6. Enseigne sculptée représentant un sauvage nu vêtu d'une guirlande.
N°s 8, 9, 12, 13. Vieilles maisons; cour du n° 12.
N°s 17, 19. Emplacement de la façade de derrière de la *Comédie-Française* lorsque ce théâtre était installé au n° 14 de la rue de l'Ancienne-Comédie; les loges des artistes se trouvaient de ce côté.

RUE DE BUCI / Prolongement de la rue Saint-André-des-Arts, cette rue porte, depuis la fin du XIVe siècle, son nom actuel dû à celui de Simon de Buci, premier président du Parlement, qui loua, en 1352, les locaux de la porte de Paris qui prit aussi son nom.
N° 4. Emplacement, de 1726 à 1732, de la première

loge maçonnique de Paris et de l'établissement du traiteur Landel, lieu de réunion, de 1733 à 1739, du *Caveau,* société gastronomique et littéraire où se rencontraient des chansonniers et des grands seigneurs, des beaux esprits et des littérateurs notoires, tels que Crébillon, Piron, Helvétius, Rameau, Gresset... Un deuxième Caveau siégea avant la Révolution dans un sous-sol du Palais-Royal, avec Marmontel, Suard..., et un troisième, de 1806 à 1845, au *Rocher de Cancale,* rue Montorgueil, avec Béranger et Désaugiers.
N° 10. Dans cette maison, jadis à l'enseigne *Au Griffon,* on trouvait, en 1790, une imprimerie, dite de l'Égalité, où était composé le journal de Marat.
N° 12. Emplacement du jeu de paume *de l'Étoile* où les comédiens qui jouaient à la *foire Saint-Germain* le répertoire de l'Opéra-Comique vinrent s'installer, de 1726 à 1735, lorsqu'ils durent quitter la foire dont une partie venait d'être transformée en marché public; Favart y joua sa première pièce en 1734. Sur la façade, mascaron et une étoile dans les nuages. Façades et toitures classées.

Faire un crochet, aller et retour, dans la :
RUE DE SEINE *(section comprise entre le boulevard Saint-Germain et la rue Visconti)* / La section de la rue de Seine comprise entre la rue de Buci et la Seine est la seule partie de cette rue qui soit ancienne; elle remonte au milieu du XIIIe siècle, mais ne fut bâtie qu'à partir de 1535 environ.
Nos 73, 71, 65, 63. Vieilles maisons; ferronneries du n° 73, une fenêtre par étage au n° 65.
N° 57. Hôtel du règne de Louis XV; écusson du dessus de la porte, fenêtres à balcon et à mascaron, dont une avec fronton triangulaire. Façade classée.
N° 51. Maison du jardin.
N° 49. Vieille maison.
N° 41. Ex-hôtel du XVIIe siècle, dit Hôtel d'Arras, où Armande Béjart habita lorsque après la mort de Molière la troupe du grand comédien vint s'installer, rue des *Fossés-de-Nesle* (Mazarine), dans le jeu de paume de la *Bouteille* (cf. n° 42, rue Mazarine). Porte, frise, ferronneries, mansarde; les façades sur rue et sur cour sont classées.
N° 27. Puits dans la cour.
N° 21. Cour pittoresque, rampe de l'escalier.
N° 20. Imposte.
N° 26. Ancien cabaret du Petit-Maure dont les grilles et l'enseigne *(Petit Mavre)* subsistent encore. Créé en 1618, ce cabaret était tenu, en 1661, par un nommé Montglat, ami du poète Marc Girard, sieur de Saint-Amant. Plein de verve et de belle humeur, Saint-Amant fit partie des premiers académiciens; ses confrères le chargèrent de rédiger dans le Dictionnaire, les mots du langage burlesque. Auteur d'une chanson où il raillait Monsieur le Prince, il fut roué de coups de bâton près du Pont-Neuf; transporté au Petit-Maure, il y mourut des suites de cette bastonnade deux jours après, en décembre 1661. Le poète Voiture

fut aussi un client très assidu du Petit-Maure, de même que Tallemant des Réaux.
N° 38. Enseigne.
N°s 40, 42, 44, 46. Vieilles maisons; escalier du n° 46.
N° 54. Façade et toiture classées.
N° 56. Maison à pignon.

RUE DE BUCI *(suite)* / N° 18. Même maison que la précédente.
N° 28. La maison antérieure à cet immeuble abrita en 1675 l'une des deux premières maisons de café qui furent ouvertes dans Paris. Celle-ci le fut par l'arménien Maliban, l'autre par Procope rue de Tournon. Il y avait alors quatre ans que le café avait commencé à être débité à la *foire Saint-Germain,* par l'Arménien Pascal, tout chaud et prêt à être consommé. L'immeuble actuel date de 1743. Mlle Clairon fut parmi ses premiers locataires; elle avait alors 20 ans et jouait *Phèdre* à la Comédie-Française située à quelques dizaines de mètres de là.
N° 30. La maison antérieure à celle-ci était la propriété, en 1656, d'Henri Sauval, l'auteur du livre *Histoire et recherches sur les antiquités de Paris* que les historiens de Paris ne cessent encore de consulter. La maison actuelle est de 1743; ses façades et ses toitures sur rue et sur cour sont classées.
N°s 32 à 40. Maison du XVIIIe siècle.

La rue de Buci se terminait, au sud du n° 39 actuel, par un important carrefour formé par la rencontre des rues de Buci, du Four, *des Boucheries* et *Sainte-Marguerite.*
Le BOULEVARD SAINT-GERMAIN, ouvert ici, de 1866 à 1875, remplace ces 2 dernières rues, laissant toutefois encore apparentes quelques vieilles maisons (n°s 148 à 164) de la rue *des Boucheries.* Enfin la *foire Saint-Germain* avait sur ce carrefour une entrée marquée de nos jours par la rue de Montfaucon.

Reprendre la rue de Buci jusqu'à la :
RUE BOURBON-LE-CHATEAU / Cette rue a été percée en 1610 afin de créer un raccourci entre la *porte Buci* et le *guichet* de l'abbaye ouvrant rue de l'Échaudé.
N° 1. Même maison que le n° 28 de la rue de Buci; mascaron.
N° 2. Maison de 1828; sa cour est tout à fait originale par sa construction en forme de puits.
N° 4. Cette vieille maison a gardé la hampe de son enseigne lorsqu'elle était, en 1769, l'hôtellerie de *l'Écu.* Elle était alors tenue par un nommé Dialan, le gîte y était de 10 sols, et le souper de 20, en revanche, un cheval payait 40 sols par nuit.
N° 6. L'almanach des Arts et Métiers de 1769 fait connaître que cette maison était alors habitée par les sieurs Rousset et Lasserre qui vendaient le *Béchique,* remède souverain contre les maux de poitrine, et un élixir « agréable à la vue et flatteur pour l'odorat »

apaisant et guérissant radicalement tous les m. dont les dents pouvaient être attaquées. « Prix 3 livres 36 sols, et gratis pour les pauvres », disa. l'annonce.

N° 3. Vieille maison.

RUE DE L'ÉCHAUDÉ / Cette rue, appelée, en 1388, le *chemin sur les fossés de l'Abbaye* car elle longeait le fossé de l'enceinte de l'abbaye, porte son nom actuel depuis le XVIIe siècle. Rappelons que ce nom d'« échaudé » était alors donné aux îlots de maisons en forme d'échaudé, nom d'une pâtisserie triangulaire.

L'abbaye Saint-Germain-des-Prés n'ayant pu être englobée dans l'enceinte que Charles V fit construire autour de Paris à partir de 1368, le roi donna l'ordre à cette abbaye, restée hors des murs, de se protéger elle-même. Aussi s'entoura-t-elle d'un rempart haut, épais et crénelé, flanqué de trois grosses tours d'angle, de deux tourelles et de cinq échauguettes, doublé par un fossé profond. Ce rempart comportait une porte principale, appelée *le Guichet,* située à hauteur du n° 26 de la rue de l'Échaudé, porte qui fut remplacée, en 1637, par celle édifiée sur la rue *Sainte-Marguerite* (absorbée par le boulevard Saint-Germain). Ce rempart fut démoli vers la fin du XVIIe siècle lorsque la Ville eut rejoint l'abbaye et que les brillantes campagnes de Louis XIV eurent éloigné tout danger de la capitale. Les fossés, déjà comblés entre 1637 et 1640, devinrent des rues, et des maisons furent construites en bordure.

N°s 14, 16, 18, 17, 19, 22, 24, 26, 23 (hampe d'enseigne), 27, 29. Vieilles maisons.

N° 26. rue de Seine / Enseigne « Au petit Maure »

Traverser le boulevard Saint-Germain et le remonter jusqu'à la :

RUE GOZLIN / Les maisons de numéro impair de cette rue sont des anciennes maisons de la rue *Sainte-Marguerite* qui, en 1637, remplaça le fossé longeant le sud de l'abbaye. L'entrée de l'abbaye fut alors reportée du *cul-de-sac du Guichet* dans la rue *Sainte-Marguerite,* face au débouché dans cette rue de la rue des Ciseaux.
Nos 1, 3, 5, 7. Vieilles maisons datant de la création de la rue *Sainte-Marguerite,* soit de 1637; ferronneries du no 3, fronton des nos 5 et 7.

Revenir sur ses pas jusqu'au :

PASSAGE DE LA PETITE-BOUCHERIE / En 1699 le cardinal de Furstemberg, évêque de Strasbourg et abbé commendataire de l'abbaye royale de Saint-Germain-des-Prés, aliéna une partie de l'enclos dans laquelle il ouvrit trois rues, à savoir : la rue de la Petite-Boucherie qui prit, en 1816, ce nom dû à quelques étaux de bouchers voisins, la rue Cardinale qui lui fait suite, et la rue de Furstemberg. Les plus vieilles maisons de ces rues remontent donc à une quinzaine d'années avant la mort de Louis XIV.

RUE CARDINALE / Prolongement de la précédente, cette rue a été créée comme elle en 1699.
No 4. Maison habitée, en 1832, par l'écrivain Gustave Drouineau. Un matin qu'il entrait chez lui, après avoir assuré une faction toute la nuit comme garde national, il entendit des cris terribles poussés par une femme dans la maison située en face. Croyant qu'on l'égorgeait il appliqua une échelle contre le mur, défonça la fenêtre, sauta dans la pièce où il fut fort mal reçu par un homme assistant une femme en train d'accoucher.
La maison située au tournant de la rue Cardinale présente une jolie ferronnerie au-dessus d'une petite terrasse. De ce retour d'équerre on a une vue très pittoresque sur cette maison et sur sa voisine; c'est un coin du Paris de 1700 qui n'a pas changé.

RUE DE FURSTEMBERG / La petite place, d'aspect tout provincial, ombragée de quatre magnolias, à laquelle conduit la rue Cardinale, remplace l'ancienne cour d'honneur du palais abbatial situé à l'extrémité sud de la rue de Furstemberg, créée aussi en 1699. Ses nos 6 et 8 sont d'anciens communs (écuries et remises) de ce palais dont l'entrée se trouvait située au débouché de la rue de Furstemberg dans celle du *Colombier* (Jacob). On aperçoit encore à l'angle du no 4 de la petite place, un vestige de la décoration de cette cour d'honneur.
No 6. Le peintre Delacroix a habité six ans cet ancien commun, depuis 1857, année où il était entré à l'Institut, jusqu'en 1863, date où il mourut, à 60 ans. Son appartement était au premier étage du bâtiment situé entre cour et jardin et son atelier, dans un autre bâtiment en bordure du jardin. Là il a peint *la Des-*

cente au Tombeau et *la Montée au Calvaire,* tout en exécutant ses célèbres peintures murales de l'église Saint-Sulpice. Arrivé à Paris en 1806, il habita au nº 114 de la rue de l'Université, au nº 15 du quai Voltaire, au nº 17 de la rue Visconti, au nº 58 de la rue Notre-Dame-de-Lorette et ici.

Le comte Paul de Saint-Victor, collectionneur, littérateur, critique dramatique et critique d'art, a habité le troisième étage de la même maison; il y mourut, en 1881, à 54 ans.

Les anciennes écuries et remises du palais abbatial sont encore reconnaissables dans la cour de cette maison (voûte à grande arcade charretière).

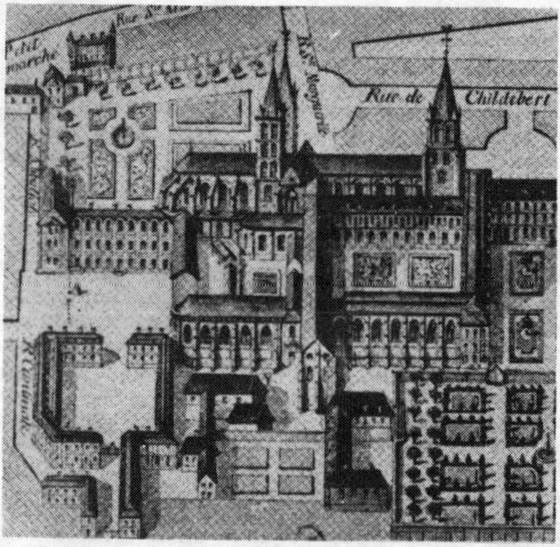

L'abbaye Saint-Germain-des-Prés au 17e s. / Plan

L'ABBAYE DE SAINT-GERMAIN-DES-PRÉS / A la demande de saint Germain, évêque de Paris, Childebert Ier, fils de Clovis, fit bâtir, dans des prés voisins de Paris, une belle basilique afin d'y abriter la tunique de saint Vincent que le roi avait prise à Saragosse. L'église qui fut alors construite était remarquable par sa richesse, par ses mosaïques et par son toit recouvert de lames de bronze doré étincelant au soleil; elle fut consacrée, en décembre 558, sous le double vocable de Saint-Vincent et de Sainte-Croix. Childebert mourut le lendemain même du jour de cette consécration. Il fut inhumé dans l'église Saint-Vincent-Sainte-Croix, ainsi que, par la suite, tous les rois mérovingiens; cette église fut donc la nécropole de ces rois.

Saint Germain mourut 18 ans après Childebert, en 576, âgé de près de 80 ans; il fut inhumé, d'abord dans la chapelle Saint-Symphorien de l'église Saint-Vincent,

puis, en 754, au milieu du chœur de l'église qui, dès lors, prit son nom. On y ajouta la qualification « des-Prés » en raison du voisinage des grand et petit Prés-aux-Clercs et aussi pour la distinguer de l'église *Saint-Germain-le-Vieux* édifiée dans la Cité.
Lorsque les Normands envahirent la région parisienne, en 845, 857, 858, 861 et 885, ils pillèrent, ravagèrent et incendièrent cette église et le monastère qui s'était constitué autour d'elle; toutefois la dépouille de saint Germain put être mise en sécurité.
L'église fut reconstruite vers l'an 1000 (c'est l'église actuelle dont il sera question plus loin) et un nouveau monastère, réédifié. Celui-ci devait prendre une importance considérable, tant par sa richesse que par ses hommes de talent, et Paris allait lui devoir la majeure partie de son extension sur la rive gauche.
Au XIIIe siècle, de belles constructions conventuelles furent édifiées, de 1239 à 1255, autour de l'église, la plupart par Pierre de Montreuil, à savoir : la chapelle de la Vierge, le réfectoire, le cloître, le dortoir, le parloir et la salle du chapitre.
La chapelle de la Vierge était un véritable bijou gothique, une réduction de la Sainte-Chapelle que Pierre de Montreuil construisit aussitôt après. On peut en voir 2 vestiges : son portail, remonté pierre par pierre dans le jardin de l'hôtel de Cluny et des débris divers dans le jardinet situé entre la rue de l'Abbaye et l'église Saint-Germain-des-Prés.
L'enclos, que limiteraient de nos jours les rues de l'Échaudé, Gozlin, Saint-Benoît et Jacob, contenait, de plus : l'église abbatiale et son parvis, le jardin de l'abbaye, ses cuisines, des logements pour les moines et les domestiques, et le palais abbatial avec son jardin particulier.
Les revenus de l'abbaye de Saint-Germain-des-Prés étaient très importants. En fait, elle était propriétaire de toute la région qui constitue nos VIe et VIIe arrondissements, son domaine s'étendait même jusqu'aux environs de Saint-Cloud; elle ne dépendait pas de l'évêque de Paris, mais directement du pape.

Ces revenus abondants firent nommer de très importants personnages au siège abbatial. Citons parmi eux : le cardinal François de Tournon, archevêque de Bourges, puis de Lyon; il avait célébré le mariage d'Éléonore d'Autriche, sœur de Charles-Quint, avec François Ier dont il eut la faveur; il mourut en 1562; le cardinal Charles de Bourbon, oncle d'Henri IV, que les Ligueurs avaient nommé, après la mort d'Henri III, roi de France sous le nom de Charles X, il mourut en 1591; Jean Casimir V, roi de Pologne; il abdiqua à la mort de sa femme, se retira en France et devint abbé de Saint-Germain-des-Prés; il mourut en 1672; le cardinal de Furstemberg cité plus haut, mort en 1704. Puis aussi des bâtards de roi, de très grands seigneurs qui n'avaient d'abbé que le titre, tel Louis de Bourbon-Condé, comte de Clermont, nommé, à l'âge

de 9 ans, abbé de Saint-Germain-des-Prés, plus tard mauvais général, académicien presque illettré, mais amant fastueux de la Camargo.
La règle bénédictine de Cluny, introduite en 1024, avait été remplacée par celle de saint Maur en 1631. Dès lors, l'abbaye devint un centre intellectuel important; l'ardeur au travail de ces bénédictins est passée en proverbe. Là s'honorèrent : Dom Mabillon, écrivain remarquable, mort en 1707; Dom Michel Félibien, auteur d'une *Histoire de la Ville de Paris,* mort en 1719; Dom Bernard de Montfaucon, archéologue célèbre et auteur d'une *Bibliotheca bibliothecarum manuscriptorum nova* chère aux érudits, mort en 1741.
L'abbaye fut supprimée à la Révolution, 15.000 tonnes de poudre furent entreposées dans son réfectoire. En août 1794, une explosion, suivie d'un incendie, détruisit ce réfectoire, la chapelle de la Vierge et une grande partie de la bibliothèque dont une grande partie des manuscrits put, heureusement, être sauvée.

RUE DE L'ABBAYE / Cette rue a été percée en 1800 au travers des décombres de l'abbaye.
Nos 3, 5, 7. *Le palais abbatial.* Le cardinal Charles de Bourbon fit construire, en 1586, le palais abbatial que l'on voit actuellement; avec l'église actuelle c'est à peu près tout ce qui subsiste de l'ancienne abbaye. Il fut, après l'Hôtel de Scipion Sardini (cf. rue Scipion) le second hôtel de Paris bâti avec un mélange de briques et de pierres. Le palais est flanqué, du côté de la rue de la Petite-Boucherie, d'un grand pavillon dont le fronton est orné d'un motif sculpté représentant un écusson, maintenant martelé, qui paraît avoir porté un chapeau de cardinal (on en voit encore les cordons). Sa face arrière donnait sur un jardin bordant, à son autre extrémité la cour de la prison et longeant le côté sud de l'église; il en reste une partie en bordure du boulevard Saint-Germain où on a édifié un grand bas-relief en grès céramé de Sèvres.
Le palais abbatial formait, avec son jardin, sa cour d'honneur et ses communs une partie de l'abbaye tout à fait indépendante de celle-ci.
Vendu en 1797, le palais abbatial abrita par la suite de nombreux artistes qui y eurent leur atelier, comme le sculpteur Pradier qui a exécuté les douze *Victoires* ornant, aux Invalides, le tombeau de l'Empereur et les statues de Lille et de Strasbourg de la place de la Concorde.
Ses façades sur rue et sur cour et son escalier du XVIIe siècle sont classés.
Nos 6-8. Emplacement de la chapelle de la Vierge.
No 7. Vieille maison; lucarne.
No 10. Emplacement du parloir dont il reste des caves du XIIIe siècle (classées).
Nos 11, 13, 12, 14, 16. La rue de l'Abbaye passe sur l'emplacement des bâtiments monastiques reconstruits aux XVIIe et XVIIIe siècles, la salle du chapitre (no 11), le cloître (no 13), le réfectoire (nos 12, 14), et la maison des hôtes (nos 14, 16) dont des vestiges (le

mur mitoyen entre les n° 14 et 16) et la façade sur cour du n° 16 sont classés.
A remarquer, du côté de l'église, les arcs-boutants du chœur et la souche d'un de ces deux clochers latéraux mentionnés plus loin; celle-ci est une construction des environs de l'an 1000. Voir, dans le petit square qui fait suite, les vestiges signalés plus haut de la chapelle de la Vierge et d'autres de l'ancien cloître. Alphonse Daudet a habité la maison antérieurement élevée à l'emplacement de ce square; il l'a décrite dans *le Petit Chose*.

Prendre, à droite, aller et retour, la :
RUE BONAPARTE *(section comprise entre la place Saint-Germain-des-Prés et la rue Jacob)* / Cette section comprend, d'une part, le prolongement, effectué en 1804, de la rue des *Petits-Augustins* depuis la rue Jacob à celle de l'Abbaye, et, d'autre part, la partie ouverte, en 1852, entre cette rue et la rue du Vieux-Colombier. La première partie est sur l'emplacement de l'ancien jardin de l'abbaye; ses nos 27 et 29 sont sur l'emplacement du grand bassin de ce jardin; son n° 35 touche par le fond l'emplacement des cuisines et son n° 37 est sur une partie de la maison des hôtes. La seconde partie est moderne.

PLACE SAINT-GERMAIN-DES-PRÉS / Cette place date de 1866; elle occupe l'ancien parvis de l'église et la grande cour qui le précédait.
C'est vers son emplacement que Camulogène rassembla, en l'an 52 avant J.-C., les défenseurs de Lutèce lorsqu'il se prépara à tenir tête aux légions de Labienus établies de l'autre côté de la Seine *(cf. place du Louvre)*. En 1514, Guillaume Briçonnet, abbé de Saint-Germain, fit abattre une statue, dite d'*Isis* qui, trouvée dans la plaine de Grenelle, avait été réédifiée près du portail de l'église et devant laquelle beaucoup de femmes venaient encore faire leurs dévotions. Il la remplaça par une grande croix qu'il fit peindre en rouge vif afin de la rendre plus visible. Cette croix fut transportée plus tard au centre du carrefour principal du bourg Saint-Germain appelé, depuis lors, le carrefour de la Croix-Rouge. Enfin, c'est sur l'emplacement de ce parvis que furent tuées une grande partie des victimes des massacres de septembre 1792.

L'ÉGLISE SAINT-GERMAIN-DES-PRÉS / Nous avons indiqué ci-dessus l'extraordinaire richesse de l'église *Saint-Vincent-Sainte-Croix*, richesse qui la fit appeler *Saint-Germain-le-Doré*. Tant de richesses ne pouvaient que lui être néfaste, aussi fut-elle pillée, incendiée et détruite par les Normands.
Entre 990 et 1014, l'abbé Morard, aidé par le roi Robert le Pieux, fit construire une nouvelle église dont la majeure partie des éléments subsiste dans l'édifice de nos jours, à savoir : la tour-clocher jusqu'aux arcades exclues, la nef, les bas-côtés, le transept et les souches des deux tours latérales encadrant le chœur,

Nº 24, rue Visconti / Maison de Racine (*grav. vers 1860*)

Église Saint-Germain-des-Prés (*grav. 17e s.*)

car la nouvelle église Saint-Germain possédait trois clochers. Tous ces éléments sont de style roman. La tour-clocher, carrée, simple, sans ornement, soutenue par quatre contreforts d'angle, a l'aspect d'un donjon féodal; à remarquer ses baies éclairées par des tessons, souvenir de l'époque où les vitraux n'existaient pas. Henri IV utilisa ce clocher comme observatoire lorsqu'il fit le siège de Paris en 1589.
Le nombre des moines desservant l'abbaye ne cessant de s'accroître, le chœur de cette église fut jugé insuffisant un siècle et demi après qu'elle eut été construite. D'où la construction d'un nouveau chœur que consacra le pape Alexandre III, le 21 avril 1163, quelques semaines avant qu'il ne posât la première pierre de Notre-Dame. L'évêque de Paris, Maurice de Sully, crut de son devoir d'assister à la cérémonie d'inauguration, mais les moines de l'abbaye, afin de bien marquer qu'ils dépendaient directement du pape et non de cet évêque, ne voulurent point recevoir ce dernier et demandèrent au pape de lui ordonner de se retirer, ce qui fut fait.
Ce nouveau chœur, construit selon le style de l'époque, était gothique, voûté d'ogives; il fut muni d'un triforium pour lequel on remploya des colonnettes de marbre de la primitive église *Saint-Vincent* (ces colonnettes constituent donc la partie la plus ancienne de cette très vieille église). En même temps que le nouveau chœur on édifia, à l'entrée, un beau portail, le « portail royal », portant de chaque côté quatre statues-colonnes et, au linteau du tympan, un bas-relief représentant la *Cène*. C'est aussi en 1163 que la tour-clocher fut surmontée d'arcades et d'une flèche restaurée à plusieurs reprises.
Le porche qui précède le portail est de 1607. En 1646, on remplaça la voûte en bois de la nef romane par une voûte de style gothique analogue à celle du chœur, et on construisit la charmante porte Renaissance donnant sur la façade sud, ainsi que le gracieux presbytère situé à droite de l'entrée (il a conservé un pan de mur arrondi, amorce de l'ancien parvis).
En résumé, l'église Saint-Germain-des-Prés est une église romane à chœur gothique. Elle est petite puisque sa longueur n'est que de 65 mètres, sa largeur de 21 et sa hauteur de 19. Mais il faut observer que c'était l'église de l'abbaye et non celle du bourg Saint-Germain; l'église paroissiale était l'église Saint-Sulpice. A la Révolution on installa dans cette église, en 1793, une fabrique de salpêtre; elle y resta 8 ans et valut à l'église de très graves dégâts. Sa restauration fut entreprise, de 1819 à 1822, par Godde, mais elle ne permit pas de sauver les deux tours latérales situées aux angles du chœur et du transept. Ébranlées par les secousses des cloches, crevassées et lézardées, on les démolit en 1822, et, faute d'argent, on n'a jamais pu les rebâtir. A la même époque la plupart des chapiteaux des piliers de la nef furent déposés au musée de Cluny et remplacés par des copies. Une restauration plus complète de l'église fut entreprise en 1843, et c'est de

cette époque que datent : les peintures polychromes du chœur, de la nef et des piliers, effectuées sous la direction de Baltard, les fresques d'Hippolyte Flandrin, et les colonnes du portail.
Ont été inhumés dans cette église en plus des rois mérovingiens (Childebert, Frédégonde, Ultrogothe, Childéric II,...), de nombreux abbés et bénédictins (Morard, Montfaucon, Mabillon,...). On y a transporté, en février 1819, la dépouille de Descartes, et, en juillet suivant, celle de Boileau (dalles funéraires commémoratives).

Suivre la rue de l'Abbaye, dite à son extrémité ouest, depuis 1952, la RUE GUILLAUME-APOLLINAIRE, jusqu'à la :
RUE SAINT-BENOIT / Cette rue a remplacé le sentier qui suivait jadis le fossé ouest de l'enceinte de l'abbaye. Ce fut la rue de l'*Egout* de 1640 à 1742.
N° 15. Cette maison, de 1953, masque un beau vestige d'une des trois tours rondes de l'enceinte fortifiée de l'abbaye (1368).

RUE JACOB / *(section située à l'est de la rue Bonaparte)* / Cette section de la rue Jacob s'appela, en 1585, rue *du Colombier,* d'un colombier de l'abbaye situé à hauteur du n° 5. Elle a pris, en 1836, celui de la section qui la prolongeait à l'ouest de la rue Bonaparte, soit celui de Jacob, souvenir de l'autel que la reine Margot avait fait vœu d'édifier en l'honneur du célèbre patriarche si, un jour, elle revenait habiter Paris.
Anacharsis Clootz, l'abbé Grégoire, Chauveau-Lagarde, Ingres, Pajou, Pradier ont habité cette rue.
N° 39. Hôtel où la famille Anspach, branche cadette de la maison de Brandebourg, eut pour hôte, en 1772, Christian VII, roi de Danemark.
Balcon.
N° 37. Ex-hôtel.
N° 33. Maison où mourut, en 1686, Blondel, l'architecte de la porte Saint-Denis.
N° 27. Ingres eut ici un petit appartement avant d'aller résider au n° 17, puis au n° 11 du quai Voltaire. Bas-relief dans la cour.
N° 19. Prudhomme habita cette maison de juillet 1789 à mars 1790 avant d'aller résider rue Visconti (cf. ci-après).
Joli jardin par derrière entouré de bâtiments, anciennes dépendances de l'infirmerie de l'abbaye.
N° 15. Vieil hôtel; portes.
N°s 13, 11, 9. Ces trois maisons ont formé jadis un seul immeuble. Mascarons des n°s 11 et 13, escalier du n° 11; les jardins de l'infirmerie de l'abbaye se trouvaient au fond de ces deux dernières maisons.
N° 7. Hôtel construit vers 1640. Racine y logea, en 1656, chez son oncle Vitard, lorsqu'il vint à Paris, à l'âge de 17 ans, après avoir quitté Port-Royal-des-Champs.
Bel escalier Louis XIII, deux beaux plafonds à poutres et solives peintes.

Nº 3. Hôtel du XVIIIe siècle; restes d'un pilier de la porte d'honneur du palais abbatial, mascarons, consoles.
Nº 2. Vieille inscription du nom de la rue de l'Échaudé.
Nº 12. Appelé Hôtel de Saxe, le maréchal de Saxe y ayant, dit-on, résidé.
Nº 14. Un logement situé au fond de la cour fut habité quelques mois, fin 1841, par Wagner; là, il acheva *Rienzi* et commença la composition du *Vaisseau Fantôme* dont le poème lui fut acheté 500 francs. Ce logement fut occupé ultérieurement par Proudhon.
Nº 20. On voit au fond du jardin un petit temple à colonnes doriques datant du premier Empire, portant à son fronton les lettres D.L.V. gravées dans une couronne et l'inscription : « A l'amitié. » Ce petit temple est classé.
En façade, quatre étages d'une ordonnance régulière; belles ferronneries aux balcons.
Nº 22. Arrière cour.
Nº 26. Hôtel de 1710. Le duc Decazes l'habita avant qu'il ne devienne un hôtel meublé.
Nº 28. Portes Empire.
Nº 32. On trouvait à cet emplacement, en 1581, une maison appartenant à Baptiste Androuet du Cerceau, l'architecte du roi, qui avait jeté les fondements du Pont-Neuf en 1578. Huguenot, « il aima mieux quitter l'amitié du Roy que d'aller à la messe et laissa sa maison ». Elle fut remplacée au milieu du XVIIIe siècle par l'hôtel actuel. Fenêtres.

RUE BONAPARTE *(section située entre les rues Jacob et Visconti)* / Cette section de la rue Bonaparte est l'ancien lit d'un petit bras mort de la Seine, appelé la *Noue* ou la *Petite-Seine,* aménagé, au XIVe siècle, en canal pour amener l'eau de la rivière dans les fossés de l'enceinte de l'abbaye. Ce canal séparait le petit Pré-aux-Clercs, situé à l'est, du grand Pré-aux-Clercs, situé à l'ouest; le premier était la propriété de l'abbaye; le second, bien plus vaste puisqu'il s'étendait jusqu'aux abords de notre Hôtel des Invalides, était celle de l'Université, les étudiants de la montagne Sainte-Geneviève venaient y prendre leurs ébats (le nom de rue de l'Université porté par une rue de ce quartier rappelle ce souvenir). En 1368, l'abbaye céda le petit Pré-aux-Clercs à l'Université.
Ce bras de la Seine fut comblé en 1540; le chemin qui le longeait fut appelé, de 1628 à 1852, la rue *des Petits-Augustins,* du nom des augustins réformés desservant le couvent (emplacement du nº 14) où la reine Margot avait édifié l'autel qu'elle avait dédié à Jacob. Mérimée a habité le nº 16 en 1837, et le peintre Paul Delaroche le nº 20, de 1832 à 1834, années où il peignit *Cromwell contemplant le cadavre de Charles Ier* et *le Supplice de Jane Gray.*
Nº 21. Hôtel Prévost-de-Saint-Cyr, du milieu du XVIIIe siècle.
Nº 28. Hôtel habité vers 1676 par l'historien ecclésiastique Jean de Launoy, surnommé le « dénicheur

des « saints » parce qu'il poursuivait âprement les fausses légendes et les traditions peu fondées.
Porte cochère (son imposte est classée); cour.
Nº 26. Cour.
Nºs 24-22. Anciens hôtels.
Nº 20. L'hôtel situé au fond de la cour aurait appartenu à César de Vendôme, fils naturel d'Henri IV et de Gabrielle d'Estrées; il aurait succédé à Henri IV si Louis XIII n'était né; il mourut, peut-être ici, en octobre 1666. Cet hôtel appartint sous l'Empire à Bastide, tailleur de Napoléon.

RUE VISCONTI / Le véritable nom de cette rue, ouverte en 1540 sur le petit Pré-aux-Clercs, est rue des *Marais-Saint-Germain,* nom encore gravé au nº 1. Dès sa création les huguenots adoptèrent cette rue, alors très retirée, comme lieu de leur réunion, ce qui lui valut d'être appelée pendant un certain temps « la petite Genève ». Beaucoup de protestants l'habitèrent, tels le sieur Le Vicomte qui y tenait un hôtel garni où les huguenots eurent, en mai 1559, leur premier synode national, et, aussi, en 1586, Bernard Palissy. Celui-ci, arrêté par les Seize, fut enfermé à la Bastille en 1588, il y mourut deux ans après, âgé de 80 ans.
Nº 23. Hôtel du XVIIIe siècle.
Nº 21. Hôtel construit, en 1713, pour le marquis de Rannes, lieutenant-général du roi. Large arcade charretière permettant l'évolution des carrosses, façade sur cour, rampe d'escalier.
Nº 24. Emplacement d'un hôtel s'étendant jusqu'au nº 14 lorsqu'il appartenait, en 1599, au poète Nicolas Vauquelin, sieur des Yveteaux, alors âgé de 32 ans. Devenu le précepteur de César de Vendôme, puis celui du dauphin en 1609, il quitta la cour après la mort d'Henri IV, peut-être disgracié pour la hardiesse de son langage. Il vécut alors ici en joyeux épicurien en compagnie d'une joueuse de harpe, Jeanne Dupuy, ramassée dans la rue.
Au même numéro habita, en 1658, l'historien Nicolas Fontaine, qui partagea les travaux et les épreuves des solitaires de Port-Royal, et fut, à la Bastille, de 1664 à 1669, le compagnon de captivité de Lemaistre de Sacy. En 1692, Racine vint habiter cet endroit où il résida sept ans et où il mourut à 60 ans, le 21 avril 1699, de dysenterie, d'érysipèle, de rhumatismes, d'une maladie de foie et peut-être aussi du chagrin de ne plus avoir la faveur du roi. Sa maison, que l'on peut essayer de rechercher dans les bâtiments de nos jours, comportait une cour avec remises, un rez-de-chaussée, trois étages et une terrasse. Il travaillait ici comme historiographe du roi. Marié depuis 15 ans, il avait renoncé à la fréquentation diabolique des comédiennes. Le cadet de ses sept enfants, Louis Racine, le poète didactique, naquit ici le 2 novembre de l'année de l'arrivée.
Autre locataire, de 1748 à 1755, Mlle Clairon, de son nom Claire Legris de Latude. Elle débuta à 13 ans, à la Comédie-Italienne, comme soubrette dans une comédie

de Marivaux, puis à 20 ans, en 1743, à la Comédie-Française dans le rôle de *Phèdre*; elle y resta 22 ans jusqu'à ce qu'elle quittât le théâtre à la suite d'un incident qui la fit emprisonner quelques jours au For-l'Évêque. Rivale de Mlle Dumesnil, elle porta l'art jusqu'à la perfection, sa diction était remarquable et son accent passionné. Elle mourut à 84 ans, en janvier 1803. Louis XV l'avait fait peindre, par Van Loo, dans son rôle de *Médée*.
No 20. Maison dont un étage fut habité par une autre comédienne, Marie-Duclos de Châteauneuf, dite « la galante Duclos », rivale d'Adrienne Lecouvreur au théâtre. Elle débuta à la Comédie-Française en 1693 et y joua la tragédie pendant 40 ans. A 55 ans elle épousa son jeune camarade Duchemin, âgé de 17 ans. Ferronneries.
No 18. Maison bâtie, en 1682, achetée, en 1790, 35.648 francs par Prudhomme, alors habitant le no 19 de la rue Jacob. Escalier.
No 17. Maison construite en 1825, où Balzac eut pendant 2 ans, de 1825 à 1827, au rez-de-chaussée, son imprimerie et, au premier étage, un petit appartement n'ayant qu'une fenêtre sur la rue. Il avait 26 ans; rêvant de spéculations, il se fit éditeur, imprimeur, fondeur. Quoique aidé par son égérie, Mme de Berny, (Mme de Mortsauf, du *Lys de la Vallée*), il fit de mauvaises affaires avec son imprimerie et décida dès lors de se consacrer aux lettres; le premier ouvrage qui fut publié sous son nom, *le Dernier Chouan,* parut en 1829.
Dans cette même maison, le peintre Delacroix eut, pendant 8 ans, de 1836 à 1844, son atelier au deuxième étage. Ici il composa : *Saint Louis à Taillebourg, l'Entrée des Croisés à Constantinople, la Noce juive, Hamlet au Cimetière, Médée, la Justice de Trajan,* et fit quelques portraits dont celui de George Sand et de Chopin.
Nos 15-13. Maisons, du début du XVIIe siècle, ayant appartenu, en 1636, aux religieuses de la Visitation qui les louaient.
No 16. Hôtel habité à partir de 1718 par Adrienne Lecouvreur qui y mourut, le 20 mars 1730, à l'âge de 38 ans. Elle connut, comme tragédienne, un succès considérable. Parmi ses adorateurs il faut nommer Voltaire et, surtout, le maréchal Maurice de Saxe, fils d'Aurore de Kœnigsmark et de l'Électeur de Saxe, Il fut grand capitaine et brillant maréchal de France, mais, en revanche, son éducation et son instruction restèrent assez frustes malgré les efforts d'Adrienne Lecouvreur. C'est pour cette raison que celui qui devait être l'arrière grand-père de George Sand, refusa net d'entrer à l'Académie, écrivant à ce sujet : « Il veule me fere de la cadémie, sela m'iret comme une bage à un chas. »
Quelque mystère entoure la mort d'Adrienne Lecouvreur. *(Pour son inhumation, cf. no 115, rue de Grenelle).*
Portique avec fronton, escalier, emplacement des écuries et des remises.

Nº 14. Cet immeuble et ses bâtiments sur cour sont des anciennes dépendances du bel et grand hôtel de la Rochefoucauld-Liancourt qui disparut avec le percement de la rue des Beaux-Arts en 1825.
Porte, serrure, cour, jolie rampe d'escalier.
Nº 12. Porte cloutée.
Nºs 2-4. Maison, restaurée, remplaçant, en partie, celle habitée, vers 1547-1570, par le grand artiste français Jean Cousin, peintre du *Jugement dernier,* sculpteur sur ivoire, graveur sur bois et écrivain, auteur du tombeau de Diane de Poitiers, de celui de Philippe de Chabot, des bustes de François Ier et de Charles-Quint.

RUE DE SEINE *(section comprise entre la rue Visconti et la Seine)* / Nº 31. Maison habitée par George Sand en 1831, année où elle vint résider à Paris, avec sa fille, après la séparation volontaire qui venait d'avoir lieu entre elle et son mari. Elle avait alors 27 ans et cherchait à se créer des ressources pour vivre indépendante, en faisant des traductions, des portraits à l'aquarelle, et en coloriant des tabatières; c'est alors qu'elle s'habilla en homme pour être plus libre d'allure.
Nº 24. Ferronneries du XVIIIe siècle.
Nº 14. La RUE DES BEAUX-ARTS que l'on traverse a été percée en 1825; elle a eu au XIXe siècle des habitants célèbres : au nº 3 *bis,* Lacordaire, Montalembert et Coux qui y fondèrent la première École libre en mai 1831 (inscription); au nº 4, Pradier; au nº 5, Gérard de Nerval; au nº 13, Oscar Wilde, qui y mourut en 1900; au nº 10, Corot, Mérimée (1844-1846) et J.-J. Ampère; enfin au nº 8 Fantin-Latour eut son atelier en 1868.
Nº 23. Vestier, bon peintre émailleur, portraitiste habile, membre de l'Académie de Peinture en 1786, mourut dans cette maison en 1824 (inscription).
Nºs 17-15. Vieilles maisons du XVIIe siècle.
Nº 13. Emplacement de l'entrée de l'ex-*Jeu de Paume des Métayers* qui s'étendait jusqu'à la rue des *Fossés-de-Nesle* (Mazarine) (cf. : nºs 10, 12, 14, rue Mazarine).

Nºs 10 à 2. Ici fut le palais de la reine Margot.
Le palais de la reine Margot : Lorsque Marguerite de Valois, première femme d'Henri IV, quitta l'Hôtel de Sens après l'événement dramatique du 5 avril 1606 (cf. : rue du Figuier), elle vint s'installer sur la rive gauche de la Seine, face au Louvre. Elle acheta, en bordure de la rivière, des terrains situés sur la partie orientale du Pré-aux-Clercs et y fit construire, par Jean Antissier, un majestueux palais dont l'entrée était rue de Seine (au nº 6). Un immense jardin s'étendait derrière son imposante façade; il était percé d'allées reconnaissables sur un plan de Paris de nos jours puisqu'elles constituent, les unes, nos rues de Lille et Verneuil, les autres, nos rues Bonaparte, des Saints-Pères et de Beaune; c'étaient *les allées du jardin de la reine Marguerite,* d'ailleurs ouvertes au public. Au centre de ce jardin, la reine Margot fit édifier, en 1608,

une chapelle ronde, avec dôme et lanterne, où fut dressé l'autel qu'elle voulait dédier à Jacob; ce fut *la chapelle des louanges (cf. 14, rue Bonaparte).*

La reine Margot vécut dans cet hôtel de 1606 jusqu'à sa mort, en mars 1615, tenant une cour où « elle entremêlait bizarrement les voluptés et la dévotion, l'amour des lettres et celui de la vanité, la charité chrétienne et l'injustice... ». A sa mort, elle légua son hôtel à Louis XIII qui, pour régler toutes les dettes de la défunte, le vendit, en 1623, avec son parc et ses dépendances. Les jardins furent lotis, tout un quartier naquit de ce morcellement; quant au bâtiment principal, situé en bordure de la rue de Seine, il fut divisé en trois lots.

Une partie, le nº 10, devint l'Hôtel de la Moinière en 1628; un autre lot, le nº 6, fut, en 1629, l'Hôtel de Garsanlan qui devint un hôtel meublé où logèrent, en 1697-1698, des ambassadeurs de Hollande et, en 1713, le nonce du pape. Il appartint, en 1775, au marquis de Mirabeau, l' « ami des hommes », père du tribun des premiers jours de la Révolution.

L'hôtel situé au fond de la cour du nº 6, du XVIIIe siècle, a de très belles façades (classées) sur la cour d'honneur et sur son jardin où l'on descend, comme au temps de la reine Margot, par un double perron; peut-être quelques-uns de ses arbres sont-ils des descendants de ceux du jardin de l'aimable reine?

Les façades du XVIIe siècle sur cour et sur jardin du nº 8 sont également classées.

LE BOURG SAINT-GERMAIN-DES-PRÉS

18 DE LA PORTE SAINT-GERMAIN AU CARREFOUR DE LA CROIX-ROUGE

Les rues Grégoire-de-Tours et des Quatre-Vents / Les rues du Sabot, du Sépulcre et Taranne / Les rues des Ciseaux, des Canettes et Saint-Sulpice / La place, le séminaire et l'église Saint-Sulpice / La rue du Vieux-Colombier, le couvent des Filles de Notre-Dame-de-la-Miséricorde, l'Orphelinat dc la Mère-de-Dieu.

Point de départ : 87, *boulevard Saint-Germain.*

Le côté des numéros impairs de la partie du boulevard Saint-Germain comprise entre la rue Dupuytren et le carrefour de l'Odéon n'est autre que le côté sud de l'ancienne rue *des Boucheries.* Rappelons que celle-ci prolongeait la rue des *Cordeliers* (de l'École-de-Médecine) dont la sépara, de 1210 à 1672, la *Porte Saint-Germain.*

RUE GRÉGOIRE-DE-TOURS *(section située au sud du boulevard Saint-Germain)* / Cette section, qui correspond à la rue située jadis entre la rue des *Boucheries* et la rue des Quatre-Vents, remonte au XVIe siècle; c'était, au XVIIe, la rue du *Cœur-Volant.*
Nos 30-36. Vieilles maisons.

RUE DES QUATRE-VENTS / Le nom actuel de cette rue qui date du XVe siècle lui vient d'une enseigne du XVIIe siècle qui représentait des têtes d'amours soufflant vers les quatre points cardinaux.
Nos 6, 7, 8, 9, 10, 12, 13, 18, 19, 20. Vieilles maisons; ferronneries des nos 12 et 13.

RUE DE SEINE / *(section comprise entre le rue Saint-Sulpice et le boulevard Saint-Germain)* / Cette section ne date que de 1812.
No 101. Maison avec une niche à madone à l'angle de la rue Saint-Sulpice; la madone, en bois sculpté et doré, est à l'intérieur de la maison de commerce du rez-de-chaussée.
Nos 81, 60. Vieilles maisons; entrée du no 81. On a

du trottoir situé en face un pittoresque coup d'œil sur tout un ensemble de toits.

RUE CLÉMENT / Cette rue date de 1817.
N° 12. Vieille maison. En face, deux inscriptions placées sur le mur du marché actuel sont relatives, l'une à la *foire Saint-Germain,* l'autre, au *marché Saint-Germain* fondé en 1726.

RUE DE MONTFAUCON / Cette rue est l'ancien *passage de Bissy,* une des entrées de la *foire Saint-Germain,* converti en rue en 1817. N° 3. Vieille maison.

RUE MABILLON / Cette rue, ouverte en 1584, conduisait aussi à la *foire Saint-Germain* dont elle longeait le côté est; c'était alors la *rue de la Foire.* Ses vieilles maisons (nos 6, 8 et 10) étaient en bordure d'un des préaux de la foire dont le sol était en contre-bas de 3 mètres du niveau de la rue actuelle.

RUE GUISARDE / Cette rue, fut ouverte en 1620 sur l'emplacement d'un hôtel qui avait, peut-être, été fréquenté, pendant la Ligue, par les partisans des Guises.
Nos 25, 21, 9, 8. Vieilles maisons, ancienne inscription du nom de la rue aux nos 25 et 8.
N° 1. Grille de marchand de vin.

RUE PRINCESSE / Cette rue, ouverte en 1620 comme la précédente, doit, peut-être, son nom à une princesse de Guise.
N° 13. Maison habitée par le peintre Chardin depuis son remariage en 1744 jusqu'en 1757.
N° 12. Le chanoine Jean-Baptiste de la Salle, fondateur des *Frères de la Doctrine-Chrétienne,* installa là, de 1688 à 1707, la première école gratuite pour filles pauvres. Porte.
N° 10. Vieille maison; mansardes avec fronton et consoles.
N° 1. Emplacement de la maison habitée par Chardin de 1720 à 1744 et où il perdit sa première femme en 1735.

RUE DU FOUR / Cette rue, du XIIIe siècle, doit son nom au four banal, propriété de l'abbaye, où les habitants du bourg Saint-Germain étaient tenus, sous peine d'amende, d'aller faire cuire leur pain. Situé au carrefour actuel de la rue du Four et de la rue de Rennes, il fut supprimé vers 1470. Les percements du boulevard Saint-Germain (1860), de la rue de Rennes (1866) et ses élargissements ont considérablement modifié cette vieille rue de Paris.
N° 18. Du XVIIIe siècle.
N° 20. Vieille maison; ferronneries.
N° 29. Maison à pignon du XVIIe siècle.
N° 31. Du XVIIIe siècle.
N° 33. Vieille maison du XVIe siècle; porte cloutée,

couloir, cour pittoresque, puits, escaliers dont un à vis, seconde cour.

RUE BERNARD-PALISSY / Cette rue, ex-*petite rue Taranne,* ouverte vers 1550, reliait depuis le milieu du XVIe siècle la rue de l'*Égout* (de Rennes) à la rue du *Sépulcre* (du Dragon). Presque toutes ses maisons sont anciennes et certaines d'entre elles, de numéro impair, sont restées identiques à celles indiquées par le plan de Turgot (1734).
N°s 5, 5 *bis*. Vieilles maisons.
N° 7. Vieille maison surhaussée, après 1734, d'un troisième étage et d'un étage de mansardes; cave.
N° 9. Vieille maison également surhaussée.
Le carrefour que forment les rues Bernard-Palissy et du Sabot est un des coins les plus pittoresques du vieux Paris du XVIIe siècle.

Le Séminaire Saint-Sulpice (*grav.*)

Saint-Sulpice / Projet de façade par Servandoni

Nº 16. Vieille maison; heurtoir, porte basse cintrée, fenêtres à barreaux.
Nº 16 *bis*. Vieille maison.

RUE DU SABOT / Cette rue a été percée au XVIe siècle; son nom actuel provient d'une enseigne du début du XVIIIe. Ses maisons les plus anciennes sont sur le côté de ses numéros pairs.

Suivre la rue Bernard-Palissy jusqu'à la :
RUE DU DRAGON / Cette rue, appelée du *Sépulcre,* depuis le XIVe siècle, les chanoines de l'*église du Saint-Sépulcre* y ayant alors une propriété, a pris son nom actuel en 1791, à la demande de ses habitants qui trouvaient que le nom de leur rue était par trop lugubre.
La plupart des maisons de cette rue sont à grande porte cochère et à belles ferronneries.
Nos 17 (du XVIIIe siècle), 19, 21, 23 (porte), 25. Vieilles maisons.
Nos 27, 29, 31, 33. Ces quatre maisons uniformes ont été construites, en 1784, par Raveneau, carrossier de la Cour. Le balcon du nº 31 porte son initiale, R. Façades sur cour.
Nº 35. Vieille maison basse; mansarde.
Nº 37. Une inscription indique : « Ici, l'hôtel de la Chasse habité aux XVIIe et XVIIIe siècles par une colonie de peintres flamands. » Ce nom de « la Chasse » peut être l'origine du nom de la rue du Cherche-Midi, appelée, en 1628, *rue qui va de la Chasse au Midi*.
Nº 44. Maison habitée, de 1809 à 1815, par le conventionnel Jean Panis, beau-frère de Santerre avec qui il conduisit les habitants du faubourg Saint-Antoine à l'assaut des Tuileries le 20 juin 1792.
Enseigne, ferronneries.
Nos 36, 34, 32. Du XVIIIe siècle; ferronnerie du nº 32, façade et cour du nº 34.
Nº 30. Maison habitée en 1802 par le poète Guillaume Andrieux, membre du Conseil des Cinq-Cents et membre du Tribunat après le 18 brumaire. C'est lui qui, pour justifier son indépendance, répondit au Premier Consul : « On ne s'appuie que sur ce qui résiste. » Éliminé peu après du Tribunat, il vint alors s'installer dans la rue du Dragon.
Une mansarde de cette maison fut habitée, en 1821, par Victor Hugo (inscription) alors âgé de 19 ans; il avait gagné l'année précédente le grade de Maître des Jeux Floraux avec son *Moïse sur le Nil,* et il venait de perdre sa mère, décédée le 27 juin 1821. Aussi avait-il une petite aisance, plus une pension de 1.000 francs octroyée par Louis XVIII, ce qui lui permit, l'année suivante, d'épouser Adèle Foucher près de qui il était venu loger puisqu'elle habitait avec ses parents à l'Hôtel des Conseils de guerre (nº 37, rue du Cherche-Midi); Paul de Musset fut un de ses témoins. C'est de 1818 à 1822 qu'il composa les *Odes et Ballades* dont le succès considérable le fit traiter par Chateaubriand d'*enfant sublime*; une partie

de ces poèmes à donc été écrite dans une mansarde de cette maison.

Victor Hugo a manifesté une certaine affection pour ce quartier de Paris puisqu'il a habité rue du Cherche-Midi, rue Bonaparte, rue de Mézières, rue du Dragon, rue du Cherche-Midi encore, rue de Vaugirard et rue Notre-Dame-des-Champs.

Porte, ferronneries, mansarde à poulie.

Nº 24. Emplacement d'une maison qu'aurait habitée Bernard Palissy en 1585. Il avait alors 65 ans; il avait consacré 16 années de sa vie, toute de sacrifice (brûlant ses meubles pour alimenter ses fourneaux), à chercher le secret de l'émail. Calviniste convaincu, il fut poursuivi à plusieurs reprises, puis finalement arrêté alors qu'il habitait la rue des *Marais-Saint-Germain* (Visconti) et conduit, comme nous l'avons dit, à la Bastille où il mourut en 1590.

En façade, médaillon représentant Bernard Palissy; vieil escalier à balustres de bois à partir du premier étage.

Nº 20. Fronton arrondi de la façade, encadrement du portail d'entrée; dans la cour, deux beaux escaliers, l'un à gauche, à rampe de fer forgé, l'autre, dans le bâtiment du fond, à rampe en fer forgé d'abord, à balustres de chêne style Louis XIII ensuite.

Nº 18. Hôtel du XVIIᵉ siècle ayant appartenu sous l'Empire, au baron Boyer qui, ex-garçon d'un barbier-chirurgien, devint premier chirurgien de Napoléon. Porte, façade avec vases sur consoles engagées.

Nº 15. Ferronneries.

Nº 16. Porte, cour.

Nºˢ 14-12. Maisons de 1673; au nº 14, entrée à bornes, pompe de la cour.

Nº 10. Façade de 1673 (surélevée). On voit au fond de la cour un coquet petit hôtel, de date postérieure, comprenant seulement un rez-de-chaussée, un étage et des mansardes. Il fut habité, en 1823, par Lacave-Laplagne qui devint deux fois ministre des Finances sous le gouvernement de Louis-Philippe.

Porte, cour, ferronneries.

Nº 8. De 1673.

Nº 13. Porte, fenêtres de l'entresol.

Nºˢ 6, 4. Vieilles maisons; mansardes, ferronneries.

Nº 7. Ici se trouvait jusqu'à ces dernières années une seconde entrée de la *Cour du Dragon*.

Nº 2. Vieille maison du XVIIᵉ siècle; mansardes.

Nº 1. Emplacement de l'*Hôtel Taranne,* des XVᵉ et XVIᵉ siècles. Jean-Christophe, Charles et Simon Taranne qui l'habitèrent à partir de 1412 et lui donnèrent leur nom, lequel, par la suite, s'étendit au quartier, furent, successivement, les argentiers de Charles VI, de Charles VII et de Louis XI. Dépouillés par les Anglais pendant leur occupation de Paris, les Taranne retrouvèrent ultérieurement leurs biens et c'est par ironie que, dans son *Grand Testament,* Villon légua *cent solz à sire Charlot Taranne.*

Mentionnons avant de quitter la rue *du Sépulcre*

qu'elle fut habitée par Germain Brice (1653-1727), le célèbre auteur d'une *Description du Paris,* et par Monge en 1784.

BOULEVARD SAINT-GERMAIN *(section comprise entre les rues des Saints-Pères et des Ciseaux)* / La plupart des maisons du boulevard Saint-Germain comprises entre les numéros 175 (rue des Saints-Pères) et 153 sont des anciennes maisons du côté sud de la rue *Taranne* (inscription au n° 175); plusieurs de ces maisons sont à porte cochère.
Sur le côté sud de cette rue, donc sur le terre-plein actuel, se trouvait, à son ex-n° 2, la maison dont Diderot, « le philosophe de la rue Taranne » habita, avec sa femme et sa fille, le quatrième étage de 1754 à 1784 (sa statue a été longtemps édifiée à l'emplacement de sa maison avant son transfèrement devant le n° 145 du boulevard).
D'Holbach a aussi habité la rue *Taranne,* à son ex-n° 12, dans la partie voisine de la rue des Saints-Pères.
N° 175. Emplacement, au XVIe siècle, d'un cimetière de lépreux dépendant de la *Maladrerie Saint-Germain.* Hôtel, du XVIIe siècle, occupé vers 1680 par l'ambassade de Hollande.
Porte.
N° 173. Hôtel du XVIIIe siècle; balcon.
N° 169. Hôtel du XVIIIe siècle; porte, façade surmontée de vases, ferronneries.
N° 159. Du XVIIIe siècle; c'était l'ex-n° 11 de la rue *Taranne.* Balcon sur consoles de pierres sculptées, mascaron, encadrement de la porte.

Continuer le boulevard Saint-Germain au-delà de la rue de Rennes et par la petite rue Gozlin prendre, à droite, la :

RUE DES CISEAUX / Cette rue, mentionnée en 1429, doit, depuis 1595, son nom à l'enseigne *Aux Ciseaux d'or.* Elle aboutissait dans la rue *Sainte-Marguerite* (Gozlin) face à l'entrée principale de l'abbaye.
Nos 2, 3, 4, 5, 6. Vieilles maisons du XVIe siècle.
N° 10. Vieille maison du XVIIe siècle; ses façades sur les rues des Ciseaux et du Four sont classées.

RUE DES CANETTES / Cette vieille rue, appelée rue *Saint-Sulpice* vers 1260, a pris, en 1636, son nom actuel dû à l'enseigne du n° 18.
Nos 2, 3, 4, 5, 9, 11. Vieilles maisons. Le n° 5 fut, en 1840-1843, le « Cénacle des buveurs d'eau », lieu de réunion des compagnons de *la Vie de Bohème,* de Murger.
N° 15. Maison du XVIIe siècle.
N° 17. Maison habitée par La Motte-Collier, l'époux de la comtesse de La Motte de l'Affaire du Collier, de 1829 jusqu'à sa mort survenue, en 1831, à l'hôpital Saint-Louis.
Petite niche avec statuette de la Vierge.
N° 18. Enseigne représentant, dans un médaillon de style rocaille, quatre canes nageant sur un étang.

Façade du début du XVIIIe siècle; écussons, guirlandes, mascarons, ferronneries, escalier.
N° 20. Cette maison fut habitée, vers 1735, par le sculpteur Jean-Jacques Caffieri, petit-fils du sculpteur Philippe Caffieri.
N° 26. Ancien hôtel du XVIIe siècle.

RUE SAINT-SULPICE / Cette rue est depuis 1851, la réunion de deux rues appelées, en particulier, entre les rues de Condé et de Tournon, rue du *Petit-Lion-Saint-Sulpice,* et entre la rue de Tournon et la place Saint-Sulpice, rue du *Petit-Bourbon.* La partie comprise entre la rue Garancière et la place Saint-Sulpice s'est appelée, de 1697 à 1815, rue *des Aveugles* (inscription sur la base de la tour nord de l'église Saint-Sulpice).
N° 36. Emplacement de l'entrée du *Petit-Cimetière-Saint-Sulpice* ou *des Aveugles,* de 1664 à 1783.
N°s 30, 26, 22, 16, 12, 10, 8, 6, 4. Vieilles maisons; ferronneries, porte et imposte du n° 30; façade, ferronneries, mansarde à poulie et escalier du n° 26; n° 22 : du XVIIIe siècle; niche du n° 16; mascaron, écusson, ferronneries et mansarde du n° 12; ferronneries du n° 10; escalier du n° 8; façade, ferronneries et escalier du n° 6.
N°s 13, 19, 23, 25. Vieilles maisons; écussons, fenêtres et balcon du n° 23; ferronneries du n° 25.
N° 21. Du XVIIIe siècle, façade latérale de l'Hôtel Châtillon (n° 2, rue de Tournon); mansarde à poulie.
N° 27. Hôtel du XVIIe siècle. La porte à fronton sculptée est classée; de la cour on a une jolie vue sur l'Hôtel de Brancas (n° 6, rue de Tournon).

PLACE SAINT-SULPICE / Cette place a été commencée en 1757 par Servandoni, architecte de la façade de l'église. La démolition, en 1802-1808, de l'ancien séminaire Saint-Sulpice dont les bâtiments masquaient cette façade permit d'agrandir la place qui reçut une forme rectangulaire; elle fut achevée en 1838, et dotée, en son centre, en 1844, de la fontaine actuelle, de Visconti, ornée des statues des quatre célèbres prédicateurs, Bossuet, Fénelon, Fléchier et Massillon, placées dans des niches que surmontent leurs armes épiscopales, et de quatre lions couchés. Fontaine classée.
La maison du n° 6 avait été édifiée comme modèle pour toutes les maisons qui auraient dû être construites autour de la place; mais ce projet ne fut pas réalisé. Sa façade est classée ainsi que les vantaux de sa porte.
N° 9. *Le séminaire de Saint-Sulpice :* L'abbé Olier, curé de Saint-Sulpice en 1642, fit construire, en 1645, dans la partie de la rue du Vieux-Colombier disparue avec la formation de la place, un grand séminaire. Ce *Grand-Séminaire* recouvrait tout l'emplacement de la place actuelle, le cimetière particulier des Sulpiciens était situé près de l'emplacement de la fontaine de Visconti.

Ce séminaire fut, à partir de 1686, doublé d'un second édifié à l'entrée de la rue Férou (n°s 2 et 4), destiné aux étudiants moins fortunés; d'où son nom de Petit-Séminaire.
Ces séminaires furent fermés à la Révolution et leurs bâtiments démolis en 1802. Lorsque la compagnie des Sulpiciens fut rétablie, elle s'installa, de 1802 à 1826, à l'angle de la rue *du Pot-de-Fer* (n° 56 *bis*, rue Bonaparte) et de la rue de Vaugirard.
En 1820, Godde construisit, sur le côté sud de la place, le nouveau séminaire des Sulpiciens; ils s'y installèrent en 1826, mais durent l'évacuer en 1906, après la loi sur la Séparation. Il est devenu la propriété de l'État qui y a installé un service du ministère des Finances.

L'église Saint-Sulpice : L'église actuelle, dédiée à saint Sulpice, évêque de Bourges en 621, fut construite à l'emplacement d'une première église, de 1211, devenue trop petite pour contenir la population du bourg Saint-Germain qui ne cessait d'augmenter. Sa première pierre fut posée par Anne d'Autriche en février 1646. Commencée par l'architecte Christophe Gamard, elle fut continuée par Le Vau et après la mort de celui-ci, en 1670, par l'architecte Gittard. Le manque d'argent arrêta les travaux en 1678, alors que, seuls, le chœur, les bas-côtés et le transept étaient achevés. Les travaux reprirent 40 ans plus tard (1718), sous la direction de l'architecte Oppenord, grâce à la diligence du curé Languet de Gergy qui sut trouver les fonds nécessaires, en particulier, en 1721, dans le bénéfice d'une loterie. Finalement, la nef fut achevée en 1736; tout l'intérieur constitua alors une église, de style jésuite, de proportions imposantes.
La façade, dessinée par Servandoni, avait été commencée en 1733. C'était une œuvre très belle, très pure, composée de deux vastes portiques superposés, montés sur un perron engagé entre les colonnes. Ce manque de largeur de la rue Férou, qui la longeait, n'ayant pas permis de faire avancer les marches sur la chaussée. Le portique inférieur est formé de colonnes d'ordre dorique, celui du haut de colonnes d'ordre ionique. Cette belle façade à l'antique avait, toutefois, le défaut d'être sans rapport avec une église de style jésuite. La construction des tours qui avaient été prévues dans le plan de Servandoni n'ayant pu être réalisée, fut confiée, en 1749, à l'architecte Maclaurin qui fut chargé de construire deux tours différentes de celles qu'avait proposées Servandoni. Il édifia donc deux tours conformes à l'actuelle tour sud, mais elles déplurent à leur tour et ce fut l'architecte Chalgrin qui fut chargé de les reconstruire sur un modèle différent. Il remplaça alors, de 1777 à 1788, la tour nord, de Maclaurin, par celle que l'on voit actuellement, mais ne put en faire autant de la tour sud, toujours restée en place et toujours inachevée. L'église Saint-Sulpice a, de ce fait, deux tours d'architecture différente : celle du sud est formée d'une partie inférieure octogonale, à

frontons curvilignes, que surmonte la partie supérieure, circulaire; celle du nord est formée d'une partie quadrangulaire à frontons triangulaires que surmonte une partie, plus élevée, de forme également circulaire; de plus, la seconde tour est plus haute que la première (tour nord : 73 mètres, tour sud : 68 mètres). Une balustrade termine l'une et l'autre tour.

L'église Saint-Sulpice est, par ses dimensions intérieures, une des plus grandes de Paris (110 mètres de long sur 56 mètres de large et 33 mètres de haut); elle repose sur de vastes cryptes, avec couloirs, voûtes basses, piliers moyenâgeux et deux vieux puits; ces cryptes servirent pendant longtemps de lieu de sépultures.

Citons parmi les personnes qui y furent inhumées : en 1686, l'architecte Blondel, en 1717, le peintre Juvenet, en 1750, le curé Languet de Gergy à qui on doit l'achèvement de l'église (son mausolée est l'œuvre de Slodtz), en 1755, le maréchal de Lowendal et la comtesse de Lauraguais (tombeau par Girardon).

Camille et Lucile Desmoulins se sont mariés dans cette église; Robespierre était un des témoins. Un grand banquet de 700 couverts, ouvert par souscription, y fut offert trois jours avant le 18 brumaire, le 5 novembre 1799, aux généraux Bonaparte et Moreau.

A remarquer à l'intérieur :

— Les bénitiers situés du côté de l'entrée principale; ils offrent 2 coquilles de grand volume appartenant à un poisson appelé *la tuilée,* sorte de tricdane géante; la République de Venise en avait fait présent à François Ier; Pigalle a sculpté les rochers de marbre qui les soutiennent.

— La ligne méridienne établie, en 1727, au milieu de la croisée. Le rayon solaire entre dans l'église par une petite ouverture percée dans une plaque disposée dans la fenêtre sud de la croisée, sa trace est marquée par une longue ligne de cuivre, encastrée dans le pavé de la nef; son extrémité nord s'élève verticalement sur un obélisque en marbre blanc.

— Dans le chœur, deux statues de Bouchardon; *la Mère de Douleurs* et *le Christ à la Colonne*.

— La chapelle de la Vierge dont l'abside est en encorbellement sur la rue Garancière. Le plafond de sa coupole représentant *l'Assomption,* peinte par Le Moyne, a été restauré par Callet. Cette chapelle, décorée par Servandoni, contient quatre peintures de Van Loo. Languet de Gergy l'avait embellie d'une statue en argent massif, surnommée *Notre-Dame de la Vieille-Vaisselle* en souvenir des couverts d'argent qu'il avait coutume de dérober, dans ce but, dans tous les dîners où il était invité. Cette statue fut fondue sous la Révolution et remplacée par une statue en marbre, la *Vierge à l'Enfant,* de Pigalle.

— La chapelle de l'Assomption, couverte d'un gros toit bulbeux, où un confessionnal soutient une chaire, et qu'ornent des toiles de Noël Hallé, de Le Moyne et de J.-B. Pierre.

— La chaire, de la seconde moitié du XVIIe siècle.

— Le buffet d'orgues, dessiné par Chalgrin en 1776 et exécuté par Joudot en 1781; l'instrument, par Cliquot, comporte 6.500 tuyaux et passe pour être un des meilleurs de France.
— Les fresques de la chapelle des Saints-Anges (la première chapelle située à droite en entrant), œuvre de Delacroix qui les a peintes de 1853 à 1861; elles se classent parmi les plus grands de ses chefs-d'œuvre.
— Dans la chapelle située sous la tour sud, le petit orgue blanc et or qui fut construit, en 1749, pour le dauphin, père de Louis XVI, et qu'utilisa plus tard Marie-Antoinette à Trianon.
— Les boiseries de la sacristie des messes.

RUE DU VIEUX-COLOMBIER / Cette rue du XIIIe siècle, doit son nom, du XVIIe siècle, à un colombier dépendant de l'abbaye Saint-Germain-des-Prés, installé dès le XIIIe siècle dans son voisinage.
Boileau a occupé rue du Vieux-Colombier, de 1661 à 1683, un appartement où, de 1661 à 1665, Racine, Molière, La Fontaine et Chapelle avaient coutume de venir trois fois par semaine pour lire leurs ouvrages et souper gaiement. Lorsqu'il y avait sujet de mettre un convive à l'amende on lui faisait lire des vers de *la Pucelle,* de Chapelain, en nombre proportionné à la gravité de la faute; lire une page entière était assimilé à la peine de mort.
No 1. (et no 74, rue Bonaparte). Hôtel de Louvencourt, du XVIIIe siècle; bas-reliefs et sculptures de la façade.
No 11. Ancien établissement des orphelines de la paroisse Saint-Sulpice, dites les *orphelines de la Mère-de-Dieu,* établi ici, en 1680, par le curé de Saint-Sulpice. Cet établissement fut dirigé, de 1802 à 1813, par les Filles de la Charité regroupées à cet endroit après la Révolution; il fut transformé par la suite en une caserne de pompiers.
Voir, par la porte située à l'angle de la rue Madame et de la rue Pape-Carpentier, la façade sur cour de l'ancien *orphelinat de la Mère-de-Dieu* et sa curieuse cage d'escalier montée sur quatre poteaux.

19

LE NOBLE FAUBOURG SAINT-GERMAIN

Le noble faubourg / Le quai Malaquais, les Hôtels de Châteauneuf et de la Bazinière / La rue et le couvent des Petits-Augustins / La rue des Saints-Pères, les Hôtels Pidou, de Tessé et de Fleury, l'Hôpital de la Charité, l'Hôtel de Cavoie / La rue de la Chaise, l'Hôtel de Vaudreuil / La rue Saint-Guillaume, les Hôtels du président Talon et de Mortemart / La rue de Beaune, la caserne des Mousquetaires-Gris / Le quai des Théatins, l'Hôtel de Villette, le couvent des Théatins, l'Hôtel de Mailly-Nesle / Le pont Royal / La rue de Verneuil / Les hôtels d'Avejean et de Poulpry / La rue du Bac, l'Hôtel de Jacques-Samuel Bernard, le Noviciat général des Dominicains / La rue Saint-Dominique, les Hôtels de Luynes et de Roquelaure / La rue de Lille, les Hôtels de Seignelay, de Beauharnais, de Salm et du président Duret / La rue de l'Université, les Hôtels de la Ferté-Senneterre, d'Aligre, de Bochart de Saron, de Cambacérès et de Soyécourt.

Point de départ : 3, quai Malaquais.

Les quartiers qui constituent le « noble faubourg Saint-Germain », soit ceux compris entre la rue des Saints-Pères, la Seine, le boulevard des Invalides et la rue de Varenne, ne furent jusqu'à la fin du XVIe siècle qu'un lieu inhabité, que des prés, propriété de l'abbaye de Saint-Germain-des-Prés et de l'Université.
Les premiers occupants furent, au début du XVIIe siècle, des couvents; c'est ainsi que vinrent s'y installer les Dominicains, les Récollettes, les Théatins, les missions Étrangères, les Visitandines, les Petites-Cordelières, les Carmélites..., puis des établissements militaires comme l'Hôtel des Invalides et celui des Mousquetaires-Gris. La construction, en 1685, du Pont-Royal qui évitait aux carrosses un long détour par le Pont-Neuf eut une répercussion considérable sur le développement de ce quartier puisqu'elle favorisait la création de nobles hôtels à proximité du château des Tuileries. Ce quartier prit son plein essor au XVIIIe siècle avec le séjour de la cour aux Tuileries

pendant la Régence, puis avec la création de l'École militaire. Le faubourg Saint-Germain devint, dès lors, un quartier très recherché, un centre de l'élégance et du bon ton, qui se substitua progressivement au quartier du Marais comme le faisaient, de l'autre côté de la Seine, les quartiers Saint-Honoré, Gaillon, Vendôme et de Richelieu. Dans les grandes lignes, on peut dire que ses hôtels furent édifiés pour une moitié entre 1690 et 1725, pour un quart entre 1725 et 1750, pour le reste entre 1750 et 1790. A cette dernière date il y en avait près de deux cents; une cinquantaine seulement subsistent.
Nous donnons ci-après le nom des demeures les plus célèbres et celui de leurs hôtes les plus illustres; leur grand nombre les a fait répartir en deux chapitres successifs correspondant aux rues situées de part et d'autre de l'artère boulevard Saint-Germain-boulevard Raspail.

QUAI MALAQUAIS / Ce quai fut construit vers 1552 sur une levée en dos d'âne destinée à protéger le Petit-Pré-aux-Clercs contre les inondations. Il prit, en 1581, son nom actuel qui était celui d'un lieu-dit.
N° 3. Hôtel construit au XVIIe siècle pour Christophe de Sève, seigneur d'Estainville. Le girondin Buzot l'habita sous la Révolution; le peintre Vien, élève de Natoire et précurseur de David, qui rendit obligatoire l'étude du modèle vivant, y mourut en 1809, à 93 ans; Alexandre de Humboldt l'habita sous la Restauration.
Balcon. Sa façade sur le quai avec les vantaux de sa porte, ses façades sur cour et toitures sont classées.
N° 5. Hôtel de Châteauneuf, construit vers 1630 pour Jacques de Garsanlan. Le maréchal Maurice de Saxe l'habita à partir de 1748 (médaillon dans le vestibule de l'escalier). Hôtel loué, en 1791, à la baronne de Korff qui, amie de Fersen, procura un passeport à Louis XVI pour faciliter sa fuite des Tuileries. Le docteur Magendie l'habita de 1834 à 1844.
La cage de l'escalier, sa façade sur le quai avec les vantaux de sa porte et sa toiture sont classées.
N° 7. Hôtel du XVIIe siècle, également propriété de Jacques de Garsanlan vers 1630. Hôtel Chavandon de Sainte-Maure de 1730 à 1900.

Faire, aller et retour, un crochet dans la :
RUE BONAPARTE *(section comprise entre le quai et la rue Visconti)* / Cette section de la rue Bonaparte a été une allée des jardins de la reine Margot.
N°s 1-3. Hôtel de Chavandon, du XVIIIe siècle, qui a appartenu, en 1789, au vicomte de Beauharnais, époux de Joséphine. Le médecin et anatomiste Félix Vicq d'Azir, premier médecin de Marie-Antoinette en 1789, y est mort, en 1794, à 46 ans.
N° 5. La porte sur rue, les façades sur cour et jardin, et la décoration XVIIIe siècle de deux salons de cet hôtel sont classées.
N°s 7-9. Hôtel du marquis de Persan, premier maréchal des logis du comte d'Artois à la fin du XVIIIe siècle,

où habita Mlle Clairon de 1768 à 1773. Monge y résida en 1803, il était alors sénateur, comte de Péluse, et professeur à l'École Polytechnique où il avait abandonné son traitement en faveur des élèves sans fortune.

Escalier en fer forgé, porte classée du nº 7; toit plat, guirlandes sculptées, ailes arrondies du nº 9 dont les façades sur cour et sur jardin sont classées.
Nº 19. Hôtel de Rohan-Rochefort avant la Révolution.
Nº 18. Ancien hôtel; belle façade, porte à guirlandes sculptées, cour.
Nº 16. L'Académie de Médecine, fondée en 1776 par Vicq d'Azir, s'est installée ici en 1902.
Nº 14. *Le couvent des Petits-Augustins :* Emplacement du couvent que fit construire, en 1608, dans le jardin de son hôtel de la rue de Seine, la reine Margot lorsqu'elle accomplit son vœu d'élever à Paris, si elle revenait habiter la capitale, un temple à Jacob. Elle fit bâtir d'abord la *chapelle des Louanges* où 14 pères Augustins Déchaussés, se relayant toutes les heures, chantèrent par groupe de deux, jour et nuit, les louanges de Jacob sur des airs modernes qu'elle avait composés. Au bout de 5 ans elle les chassa, trouvant qu'ils chantaient faux (c'est alors qu'ils allèrent s'installer près de la future place des Victoires), et elle les remplaça en 1613, par des Augustins Réformés, dits Petits-Augustins, nom donné au couvent édifié autour de la chapelle.
Ce couvent fut supprimé en 1790; Alexandre Lenoir y installa le *Musée des Monuments francais* dans lequel il déposa toutes les œuvres d'art qu'il avait pu soustraire aux iconoclastes révolutionnaires; c'est, depuis 1820, l'École des Beaux-Arts. Elle a conservé, des bâtiments du couvent des Augustins, l'ancienne chapelle avec dôme que borde, à l'ouest, l'ancien cloître (cour du Murier).
La cour d'honneur de l'École des Beaux-Arts est classée avec la décoration architecturale et sculpturale qu'elle comporte : le portique du château de Gaillon, la façade du château d'Anet, et les restes de l'Hôtel de la Trémoille.
Nºs 12-10. Dépendances du couvent des Augustins au XVIIIe siècle.
Nº 8. Maison habitée par le naturaliste Lacépède en 1801, époque où il publia son *Histoire des Poissons.*
Nº 6. Maison construite, en 1629, pour Barbier, le lotisseur du quartier, mais remaniée et restaurée au XVIIIe siècle.
Nºs 4-2. Emplacement, en 1602, de la première maison des *Frères de Saint-Jean-de-Dieu* ou *de la Charité* que la reine Margot leur acheta pour pouvoir construire son hôtel; ils s'installèrent alors dans la rue des Saints-Pères (cf. nºs 39 à 45, rue des Saints-Pères). Petite maison basse du début du XVIIe siècle et mansarde à poulie du nº 2.

QUAI MALAQUAIS *(suite)* / Nº 9. Hôtel, de 1625 environ, loué, en 1686, au comte de Tallard, plus

Couvent des Petits-Augustins (*grav. 17e s.*)

Nº 5, rue Bonaparte / Enseigne du Cercle de la Librairie

tard maréchal de France, en 1712, à François Ragoczy, prince de Transylvanie, qui y installa, en 1714, une *académie de jeu* qu'a popularisée *Manon Lescaut*. Il appartint, en 1737, au maréchal de Lautrec, qui y mourut en 1762, puis au maréchal de Noailles.
Citons, parmi ses locataires, le ministre Vergennes, Joseph Carnot, le mathématicien Legendre et la fille du maréchal Davout, la marquise de Blocqueville, qui y tint, de 1869 à 1892, un salon très réputé.
La façade et la décoration XVIIe siècle de plusieurs salons sont classées.
N°s 11-13. Emplacement d'un hôtel construit, en 1629, pour le spéculateur Barbier, et dans lequel nous trouvons aux XVIIe et XVIIIe siècles comme propriétaires ou locataires les noms les plus illustres de la noblesse : des Loménie de Brienne; Armand de Bourbon, prince de Conti; sa veuve, Anne-Marie de Martinozzi; Henri de Guénégaud puis son fils; Chrétien-François de Lamoignon (1678); le duc de Créqui (1680); le célèbre duc de Lauzun qui y résida avec sa jeune femme (1712); la princesse Louise-Adélaïde de Bourbon-Conti (1733); le prince de Conti (1750); la duchesse de Mazarin (1767) et la famille de Juigné avant la Révolution.
L'hôtel, confisqué à la Révolution, devint le ministère de la police de 1796 à 1815. Rendu à la famille de Juigné, il devint, en 1820, la propriété de Vincent Caillard, fondateur des *Messageries*. Il fut démoli en 1845, et remplacé par une extension de l'École des Beaux-Arts, construction de Duban de 1858 à 1862 (façade du bâtiment de *la Salle Melpomène*).
N°s 15-17. Hôtel de la Bazinière, ou de Bouillon, ou de Chimay. Ce double hôtel a été construit, en 1640, par Mansart, pour Bertrand de la Bazinière, trésorier de l'Épargne. Nous trouvons également ici parmi ses propriétaires et locataires des personnages de haut rang telles que : en 1662, Henriette de France, sœur de Louis XIII et, de 1676 à 1714, Marie-Anne Mancini, duchesse de Bouillon, nièce de Mazarin, qui le fit embellir par Lebrun et Le Nôtre. Le comédien Dugazon y fut logé et nourri par le duc de Rothembourg. L'empereur le donna à Stéphanie de la Pagerie, nièce de Joséphine, lorsqu'elle épousa le duc d'Aremberg (1808); il appartint finalement au prince de Chimay.
Le n° 15, habité, de 1844 à 1853, par Anatole France (inscription), a été annexé, en 1892, avec le n° 17 à l'École des Beaux-Arts.
Portail encadré d'un portique, décoré des figurines de *Mars* et de *Bellone,* balcon, cour.
N° 19. Dépendance du précédent hôtel où Anatole France naquit le 16 avril 1844, dans la boutique de son père, le libraire Thibault. George Sand a habité, de 1833 à 1836, le troisième étage de l'immeuble du fond, côté jardin. Brouillée avec Jules Sandeau et Mérimée, elle commença ici sa liaison avec Alfred de Musset.
N° 21. Hôtel de Falcony, en 1640, refait à la fin du

XVIIIe siècle, habité, en 1787, par Mme de Bandeville qui y montrait un beau cabinet d'histoire naturelle.

RUE DES SAINTS-PÈRES / Cette rue n'était qu'un simple chemin lorsqu'on l'appela, en 1535, rue *Saint-Pierre,* du nom de la chapelle située à hauteur du nº 49 actuel, nom qui fut déformé en *Saint-Père,* puis en *Saints-Pères* avant 1652.
Nº 2 (et nos 1, quai Voltaire; 2, rue de Lille). *Hôtel de Tessé :* On trouvait ici, en 1640, un hôtel dont le propriétaire, le marquis de Bacqueville, tenta, transformé en homme-oiseau, de franchir la Seine en vol plané; il ne réussit qu'à se casser une jambe. Cet hôtel fut plus tard scindé en deux parties, celle en bordure de la rue de Lille devint, en 1825, propriété de la Couronne; l'École des Langues Orientales s'y installa en 1873 et reconstruisit cette partie en 1885.
L'autre partie, celle en bordure du quai, appartint, en 1765, au maréchal de Tessé qui fit reconstruire l'hôtel par Letellier. Le maréchal Bugeaud y est mort, en 1849, à 65 ans, enlevé par le choléra; le sculpteur Pradier, premier amant de Juliette Drouet, y est mort en 1852, à 66 ans.
Belle façade avec hauts pilastres surmontés d'un entablement et d'une balustrade, ferronneries, balcon sur toute la longueur de l'immeuble en bordure du quai Voltaire. Cette façade et la rampe de l'escalier sont classées, ainsi que la décoration de six pièces du premier étage.
Nos 7-7 *bis.* Hôtel du XVIIIe siècle; le compositeur Charles Widor l'habita. Balustres de pierre.
Nº 6 (et nº 1, rue de Lille). *Hôtel Pidou* de 1640. La comtesse d'Artois y eut ses écuries en 1775 et la première division militaire, son siège en 1850.
Mascaron de la façade, cour; sa porte monumentale sur la rue de Lille et son balcon sur la rue des Saints-Pères, soutenu par quatre têtes de lions, sont classés.
Nº 13. Hôtel (remanié) du XVIIIe siècle où la future Mme Récamier, Juliette Bernard, habita dans sa jeunesse. La Police générale, dont la direction était aux nos 11 et 13 du quai Malaquais, s'étendait jusqu'à cet hôtel où est mort, en 1889, à 70 ans, l'historien de Paris Édouard Fournier (inscription).

Faire à gauche, un crochet, aller et retour, dans la : RUE JACOB *(section située à l'ouest de la rue Bonaparte).* Nº 56. Hôtel du XVIIIe siècle (surélevé), balcon. - Nº 52. Hôtel de la fin du XVIIIe siècle, fenêtres de l'entresol. - Nº 48. Maison mortuaire du sculpteur Augustin Pajou, décédé, en 1809, à 79 ans, après avoir eu une très grande célébrité sous les règnes de Louis XV et de Louis XVI. - Nº 46. Façade Directoire; porte, cour, maison du fond, escalier, statues et bustes. - Nº 41. Ex-hôtel; porte. - Nº 45. Emplacement de l'ancienne pharmacie de Rouelle, chimiste et maître de Lavoisier, où Pelletier et Caventou découvrirent le sulfate de quinine dont ils ne voulurent pas garder le secret et qui leur valut un prix de 10.000 francs décerné par l'Académie des Sciences.

N° 28. *Hôtel de Fleury*, construit par Antoine en 1768. La direction des Affaires écclésiastiques l'occupa sous la Restauration, puis le ministère des Travaux Publics de 1840 à 1842. L'École des ponts et chaussées, installée, en 1812, rue de l'Université, et, en 1841, à l'Hôtel Carnavalet, l'occupa, de 1829 à 1840 et le réoccupe depuis 1845. Hôtel agrandi en 1868-1879.
La façade composée de trois bâtiments identiques reliés par deux autres, en retrait et moins élevés, et le très bel escalier sont classés.
N°s 39 à 45. Emplacement, en 1608, de l'*Hôpital de la Charité,* installé, en 1602, au quai Malaquais (cf. n°s 2-4, rue Bonaparte). Il était alors dirigé par cinq Frères de l'Ordre Saint-Jean-de-Dieu que Marie de Médicis avait fait venir de Florence. Ces cinq Frères devaient, suivant leur règlement, être chirurgiens et pharmaciens et soigner eux-mêmes les malades.
Cet hôpital devint le chef-lieu de tous les couvents du même Ordre établis en France; il couvrait presque tout le quadrilatère limité par nos rues des Saints-Pères, Jacob, Saint-Benoît et la rue *Taranne* (boulevard Saint-Germain); c'était le mieux tenu de tout Paris.
L'hôpital de la Charité, reconstruit en 1841, a été démoli en 1935-1937 pour être remplacé par la nouvelle Faculté de Médecine de Paris.
N° 30. Emplacement d'un cimetière affecté aux protestants en 1604, en remplacement de celui qu'on leur enleva alors et qui était situé à hauteur du n° 49; une inscription mentionne que des Ducerceau, des Gobelins, S. de Brosse, Conrart y ont été inhumés. Ce cimetière avait remplacé une butte d'immondices et de gravois qui avait été arasée *(cf. rue Saint-Guillaume).*
La décoration du magasin situé à gauche de la porte d'entrée date de 1819; à cette époque un pharmacien, Sulpice Debauve, y vendait « du chocolat pectoral, tonique, carminatif et antispasmodique » de son invention.
Dans la cour, colonnes provenant du cimetière de l'église de *Saint-Benoît-le-Bétourné* (rue de la Sorbonne).
N° 34. Vieille maison; ferronneries, escalier.
N° 38. Du XVIIIe siècle; mascarons des fenêtres de l'entresol, mansardes.
N° 42. Vieille maison.
N° 49. Emplacement de la *chapelle Saint-Pierre* ou *Saint-Père* qui servit d'église paroissiale jusqu'à la construction de la première église Saint-Sulpice. En 1611, elle devint la chapelle de l'hôpital des Frères Saint-Jean-de-Dieu, qui l'agrandirent de 1613 à 1621. Elle fut reconstruite, en 1732, par Robert de Cotte. Désaffectée à la Révolution, elle servit de clinique au docteur Corvisart en 1802, fut affectée à l'Académie de Médecine en 1857, puis utilisée comme salle de conférences; c'est aujourd'hui, l'église catholique ukrainienne appelée Saint-Vladimir-le-Grand. Ses

façades sur rue et sur cour et les vantaux de sa porte sont classés.
Le petit SQUARE DE LA CHARITÉ situé à côté fut, depuis le milieu du XIIIe siècle jusqu'à 1752, un cimetière affecté successivement : aux pestiférés, aux protestants (1598-1604, ce fut le premier qui leur fut accordé), et aux catholiques de 1604 à 1752. Fermé à cette dernière date, on y installa une fontaine.
No 44. Le percement du boulevard Saint-Germain a fait disparaître l'immeuble où naquit, en 1675, Louis de Rouvroi, duc de Saint-Simon, et où le maréchal Augereau habita en 1810.
No 50. Ex-hôtel; fronton, au-dessus des vantaux de la porte un cartouche sculpté, représentant une ruche et des abeilles, est surmonté d'une devise entourée de feuillage : *Di niente molto* (De rien, beaucoup); mascaron.
No 53. Hôtel du XVIIIe siècle où habita la comédienne Louise Contat.
No 52. *Hôtel de Cavoie* construit, en 1640, par Girard, et acheté en 1679 par le marquis Louis d'Oger de Cavoie qui avait été élevé avec Louis XIV. Il appartint, en 1730, au comte de Pons qui y eut comme locataire, de 1743 à 1753, le nonce du Pape. Hôtel restauré en 1927.
Portail, curieux heurtoir, cour, façade sur le jardin avec grand balcon sur consoles et fronton armorié, décorations intérieures. Les façades et toitures sur cour et sur jardin, le portail et le mur sur la rue des Saints-Pères, et la décoration d'un salon sont classés.
No 54. Ex-hôtel. Inscription : « Sur ce terrain s'élevait la maison de Salomon de Brosse, architecte du palais du Luxembourg, du temple protestant de Charenton, mort en 1626. »
No 56. Hôtel de la Meilleraie, construit en 1640, par Gittard, pour la maréchale de la Meilleraie; il fut habité; en 1725, par Timoléon de Cossé, duc de Brissac.
Portail, cour, escalier, façade sur le jardin visible du no 27 de la rue Saint-Guillaume.
No 58. Ex-hôtel réuni au précédent.
No 60. Ex-hôtel; deux mansardes à poulie sur la rue, une sur la cour.
No 68. Ex-hôtel; ferronneries.

Suivre la rue de Sèvres jusqu'au boulevard Raspail que l'on prendra, à droite, jusqu'à la :
RUE DE LA CHAISE / Cette vieille rue de Paris constituait, au XVIe siècle, une section du chemin qui conduisait de la *Maladrerie Saint-Germain* à la *chapelle Saint-Pierre*. Son nom actuel, de 1588, provient de l'enseigne voisine située au no 36 de la rue de Grenelle.
No 11. Emplacement d'une seconde entrée de l'*Abbaye-aux-Bois* (cf. 16, rue de Sèvres).
No 9. Hôtel de 1763; guirlande du portique, porte.
No 7. Hôtel construit, en 1763, par La Brière, pour Gaillard de Beaumanoir, fils et frère de fermiers généraux, qui fit aussi construire les nos 9 et 5 à 3, tous sur

le terrain du *couvent des Petites-Cordelières* morcelé en 1771 (cf. nº 11, rue de Grenelle).
Cet hôtel fut acheté, en 1785, par le comte de Vaudreuil, grand collectionneur, grand fauconnier de France, ami du comte d'Artois. Il le décora et meubla magnifiquement. Il devint, en 1787, la propriété de la veuve de Phélipeaux, comte de Maurepas, puis celle de sa nièce. Hôtel confisqué du fait de l'émigration et concédé au Ministère des Relations Extérieures, puis au département de la Seine. Il appartint, en 1803, à Elisa Bonaparte, sœur aînée de Napoléon, mariée au prince Bacchiochi. Napoléon l'acheta, en 1807, avec le nº 5, pour y loger des hôtes de distinction. En 1809, l'hôtel appartint à François Borghèse, prince Aldobrandini, frère de Camille Borghèse qui avait épousé Pauline Bonaparte, et à sa mort, en 1840, au duc de Crussol d'Uzès. La famille d'Uzès le loua jusqu'en 1890 aux Dames de la Retraite qui y prenaient des pensionnaires. Il fut occupé, de 1890 à 1905, par des Dominicaines et il l'est, depuis cette dernière date, par une maison de santé.
Nºs 18-16. Vieilles maisons; ferronneries.
Nº 5. Hôtel construit en 1763 pour Gaillard de Beaumanoir, acheté en 1805 par Élisa Bonaparte, princesse Bacchiochi, en 1807, par Napoléon, puis par la comtesse de Sainte-Suzanne, et, en 1857, par la famille d'Uzès. Son histoire se confond avec celle du nº 5.
Nº 3. Hôtel construit en 1763 pour Gaillard de Beaumanoir, ayant appartenu, de 1785 à 1810, aux Béthune-Pologne.
Porte, vantaux à guirlandes.
Nº 10. Ex-hôtel du XVIIIe siècle.
Nºs 8 à 2. Vieilles maisons; ferronneries des nºs 8 et 6, escalier du nº 6.
Nº 1. Hôtel ayant appartenu au comte de Vertus en 1725 et aux Béthune-Pologne en 1785.
Coquille sculptée, escalier; ancienne inscription du nom de la rue.

RUE SAINT-GUILLAUME / Cette rue est une autre section du vieux chemin conduisant de la *Maladrerie Saint-Germain* à la *chapelle Saint-Pierre*. Elle se heurtait à une butte d'immondices et de gravois qui l'obligea à un brusque coude à angle droit constituant la section appelée, depuis 1865, la rue Perronet.
Nºs 32, 30, 31. Anciens hôtels; le nº 31 a été habité par Émile Olivier qui, ayant épousé une fille de Liszt et de Mme d'Agoult, devint le beau-frère de Wagner, et par Léon Daudet.
Cour, jardin, escalier du nº 30; mascaron et mansarde du nº 31; façade, porte, mansarde du nº 32.
Nº 27. Hôtel (remanié) habité, en 1663, par Gabriel de Rochechouart, duc de Mortemart, père de la future Mme de Montespan; il mourut ici en 1675. Propriété, en 1880, de l'École libre des Sciences Politiques, actuellement Institut des Sciences Politiques.
Ferronneries, bel escalier, cour, jardin.
Nº 28. Hôtel de la fin du XVIIIe siècle qui appartint

à Henri d'Aguesseau, petit-fils du chancelier. Portail, jardin.
N° 24. Hôtel du XVIIe siècle; fronton de la porte.
N° 22. Œil-de-bœuf à coquille.
N° 16. *Hôtel du président Talon,* de 1710, qui y composa une remarquable bibliothèque. Il devint la propriété, de 1728 à 1775, de la famille Créqui. Mgr Garibaldi et Mgr Fornari, nonces du pape, l'occupèrent respectivement de 1837 à 1843 et de 1843 à 1850. Renan l'a habité en 1877.
Le mur de soutènement, avec mascarons du XVIIIe siècle, situé dans la deuxième cour est classé.
N° 11. Hôtel de la fin du XVIIe ou du début du XVIIIe siècle, vieux puits à l'intérieur des anciens communs, porte.
N° 14. *Hôtel de Mortemart,* construit, par Jean Marot, vers la fin du XVIIe siècle pour les Mortemart à qui il appartint jusqu'à la Révolution. Il fut, de 1754 à 1759, la résidence du nonce du pape. Hôtel remanié.
Porte classée, vestibule, escalier, belle cour, salon Régence au premier.
La RUE PERRONET est le prolongement normal, en retour d'équerre, de la rue précédente. - N° 9. Porte, ferronneries. - N° 3. Ex-hôtel. - N°s 2, 4 (ferronneries, mansarde), 6 vieilles maisons jadis adossées au *cimetière de la Charité*. - N° 10. Emplacement de l'ancien moulin qui dominait la butte d'immondices ci-dessus mentionnée.

Prendre, à l'extrémité de la rue Saint-Guillaume, la RUE DU PRÉ-AUX-CLERCS, percée en 1844, tourner à gauche dans la rue de l'Université et prendre la :
RUE DE BEAUNE / Cette rue, de 1640, appelée la rue *du Pont,* conduisait alors au *Pont-Rouge* (Pont-Royal).
N°s 16 à 10. Emplacement occupé, de 1630 à 1659, par une halle, dite la *Halle Barbier,* de 1671 à 1755, par la caserne des *Mousquetaires-Gris,* et, de 1781 à 1843, par le *marché de Boulainvilliers.*
N° 5. Ancien hôtel meublé où habitèrent, en 1793, le conventionnel Boissy d'Anglas, et, en 1804, Chateaubriand qui venait d'écrire *Atala* et *René.*
N° 3. Ex-hôtel du XVIIe siècle où habitèrent Mme du Deffand et l'amiral Dumont d'Urville. Porte, mansarde à poulie avec fronton et coquille.
N°s 4 et 2. Hôtel de Mailly-Nesle (cf. n° 29, quai Voltaire).
N° 1. Hôtel du marquis de Villette (cf. n° 27, quai Voltaire).
Portail Directoire encadré de sphinx, vantaux sculptés, bas-reliefs au-dessus du portail côté cour.

Prendre à droite, puis, à gauche, le :
QUAI VOLTAIRE / N° 27. *Hôtel de Villette :* Cet hôtel, édifié, en 1712, pour un trésorier de France, fut habité par le président de Bernières qui y logea Voltaire pendant un an, en 1724. Il devint, en 1766, la propriété du marquis Charles de Villette. Ce dernier y accueillit Voltaire, qui avait été l'ami de sa

mère, et sa nièce, Mme Denis, lorsque après une très longue absence de la capitale Voltaire revint à Paris, en février 1778. Il fut accueilli par la Cour et par la Ville, avec un enthousiasme extraordinaire. Après une courte maladie, Voltaire s'occupa avec une activité fébrile de sa tragédie *Irène* qui, jouée le 16 mars, fut un véritable triomphe. Voltaire retomba malade le 20 mai et mourut le 30 dans l'appartement situé au deuxième étage sur la cour (inscription). Pour éviter que son corps, refusé par le curé de Saint-Sulpice, ne soit jeté dans un champ vague, son neveu, l'abbé Mignot, l'empaqueta dans un fiacre où il l'attacha avec des courroies, et le transporta à l'abbaye de Scellières, près de Troyes, où Voltaire put être inhumé.
La porte cochère ouvrant sur le quai a disparu, de même que son péristyle; l'hôtel a été surélevé d'un étage et sa porte sur la rue de Beaune date du Directoire. Le salon de réception du marquis de Villette où défilèrent tant de visiteurs, subsiste intact au premier étage, à l'exception du plafond qui a été repeint sous Louis-Philippe et des ferronneries de son balcon, remplacées par des balustres de pierre.
La décoration du grand salon du premier étage et du cabinet attenant, celle d'un boudoir ovale au troisième étage sont classées.
N° 25. Hôtel de la Housse en 1636, propriété des Théatins. Musset l'a habité dix ans à partir d'octobre 1839; on gagnait son appartement par l'escalier de gauche sous la voûte. Hôtel refait.
N° 23. Hôtel de 1640, propriété des Théatins. Mlle Clairon l'habita de 1790 à 1793. Hôtel refait.
N° 19. Vieil hôtel Voltaire où logèrent Baudelaire en 1856-1858 (il y écrivit, en 1857, *les Fleurs du Mal*) et Wagner pendant l'hiver 1861-1862, celui-ci y acheva *les Maîtres Chanteurs*. Hôtel remanié.
N° 17. Emplacement de l'entrée du *couvent des religieux Théatins* qui s'étendait du n° 19 au n° 25. Ces religieux appartenaient à un Ordre, fondé en Italie, vers 1524, dont les membres professaient une grande pauvreté, vivaient de ce qu'ils recevaient, mais ne demandaient rien. Mazarin qui, en 1647, les avait fait venir à Paris leur légua 100.000 écus, ce qui leur permit de remplacer la petite chapelle de leur couvent par une belle église, appelée *Sainte-Anne-la-Royale,* dans laquelle fut déposé, en mars 1661, le cœur de Mazarin, apporté de Vincennes.
Ce couvent fut supprimé à la Révolution et démoli en 1815.
N° 13. Hôtel de 1660; son entrée était aussi celle de l'église du *couvent des Théatins*. Le *Moniteur universel* s'y installa en 1789, Louvet de Coudray y eut sa librairie de 1792 à 1795, et Delacroix son atelier au cinquième de 1829 à 1835.
Porte, mascaron, balcons.
N° 11. Hôtel de 1660, refait au XVIIIe siècle. Ingres y mourut en 1867, âgé de 86 ans (inscription).
Porte, mascaron, balcon.
N° 9. Hôtel refait au XVIIIe siècle. Le baron Denon,

directeur général des Musées de 1804 à 1815, y mourut en 1825. Balcon.
Nos 5-3. Cet hôtel fut, en 1622, la propriété de Louis Barbier, le lotisseur du quartier. Il fut habité, de 1695 à 1705, par Louise-Renée de Penacoët de Kéroualle, ex-maîtresse du roi Charles II, la plus avide des treize que ce roi ait eues; il l'avait faite baronne de Petersfield, comtesse de Farsam et duchesse de Portsmouth. Sa principale rivale fut une comédienne, Nell, qui, traitée de haut par la duchesse de Portsmouth, disait en pleine cour : « Puisqu'elle se dit de si grande qualité, pourquoi s'est-elle fait p... ? Pour moi, c'est mon métier. » Louis XIV utilisa la duchesse de Portsmouth pour sa politique envers l'Angleterre et la rétribua largement. Lorsqu'elle s'installa ici elle y entassa tout ce qu'elle avait pu soustraire des magnifiques collections de Charles II après la mort de celuici. Le no 3 fut loué au ministre Chamillart, de 1709 à 1713; puis il appartint, de 1713 à 1823, aux Glucq, de la famille des teinturiers des Gobelins. Le no 5 s'appela, en 1754, l'Hôtel de la Briffe.
L'ensemble qui avait été reconstruit au XVIIIe siècle fut morcelé à partir de 1823.
No 1. Hôtel de Tessé (cf. no 2, rue des Saints-Pères, et no 2, rue de Lille).

Revenir sur ses pas jusqu'au:
No 29 (et nos 2 et 4, rue de Beaune). On voyait en 1635 à l'angle du quai et de la rue du Bac la maison dans laquelle vint habiter, en 1659, le chevalier Charles de Batz-Castelmore d'Artagnan, lieutenant aux mousquetaires du roi, après son mariage avec une riche veuve, Mme Damas de la Claixe. D'Artagnan, promu maréchal de camp en 1672, fut tué, le 25 mai 1673, devant Maëstricht.
Après la mort de d'Artagnan, cette maison fut acquise par Louis-Charles de Mailly; elle passa, en 1714, à son petit-fils, Louis-Alexandre, lieutenant des gendarmes écossais et cousin germain de Louis III de Mailly dont la famille possédait, depuis 1666, l'hôtel adjacent situé à l'angle du quai et de la rue de Beaune. Il ne reste plus de l'Hôtel de Mailly-Nesle du XVIIIe siècle que l'aile en bordure de la rue de Beaune sur laquelle ouvrait alors l'escalier de service; on l'appelait le Petit-Mailly. Le reste a été absorbé par l'élargissement de la rue du Bac et les immeubles modernes du *Journal Officiel*.
Cet hôtel appartint, de 1767 à la Révolution, à la famille d'Aumont. Sa partie est, celle située au coin de la rue de Beaune, fut habitée, en 1830, par le comte Flavigny et sa fille, Marie, depuis trois ans comtesse d'Agoult, avant d'être connue comme romancière, philosophe et historienne sous le nom de Daniel Stern. Le *Cercle Agricole* s'y installa en 1835 et Victor Considérant, l'apôtre du fouriérisme, l'habita en 1848. La chambre où la duchesse de Châteauroux mourut, le 8 décembre 1744, chez son père, se trouvait au premier étage de l'aile qui subsiste. Son plafond, en

plâtre peint et doré de la fin du XVIIe siècle, les boiseries Régence d'un autre salon du premier, un petit salon du deuxième étage, (décoration de l'époque du Directoire), sont classés.

LE PONT-ROYAL / Ce pont a été construit par Jacques Gabriel et le Frère François Romain, dominicain, de 1685 à 1689, aux frais de Louis XIV, en remplacement du *pont Barbier*, passerelle en bois appelée couramment le *Pont-Rouge* du fait de sa couleur. C'est sur le Pont-Royal que fut commise, le 19 novembre 1832, la première tentative d'assassinat de Louis-Philippe sur qui fut tiré un coup de pistolet qui ne l'atteignit pas.

Hôtel de la Bazinière (*grav. 17e s.*)

Hôtel de Falcony (*grav. 17e s.*)

RUE DU BAC *(section comprise entre la Seine et le boulevard Saint-Germain)* / L'origine de cette rue remonte en mai 1564 lorsqu'il fut nécessaire d'installer un bac permettant la traversée de la Seine aux blocs de pierre qui, extraits des carrières de Vaugirard, étaient destinés à la construction du château des Tuileries.
Nº 2 (et nºs 1, quai Anatole-France; 52, rue de Lille). Emplacement du lieu-dit *la Grenouillère,* du nom d'un certain sieur de la Grenouillère, propriétaire, qu'acheta, en 1727, Robert de Cotte, à qui on attribue l'idée d'avoir orné de glaces le dessus des cheminées. Robert de Cotte y construisit deux maisons, une au nº 1 du quai Anatole-France, l'autre au nº 2 de la rue du Bac (avec entrée au nº 52, rue de Lille).
La première fut habitée par le comte Ferriol d'Argental, familier de Voltaire et grand ami d'Adrienne Lecouvreur. Son rez-de-chaussée fut loué, au XVIIIe siècle, à un bureau de voitures, dites de la Cour, allant de Paris à Versailles, Saint-Germain, etc. Ce bureau fut remplacé, au début du XIXe siècle, par le *café d'Orsay,* rendez-vous des officiers de la caserne voisine (5 à 7, quai Anatole-France), que fréquentèrent George Sand, Sainte-Beuve, Béranger et toute la société élégante jusqu'à ce que l'immeuble fût occupé, en 1858, par la Caisse des Dépôts et Consignations. Celle-ci, incendiée par la Commune en 1871, a été reconstruite, puis agrandie sur la rue de Lille.
La seconde maison fut habitée par le confesseur de Louis XVI, l'abbé Edgeworth de Firmont, et, de 1885 à 1897, par Édouard Pailleron, auteur du *Monde où l'on s'ennuie.*
Il reste de l'Hôtel de Robert de Cotte, dans la cour de la Caisse des Dépôts et Consignations, un fronton (classé) représentant *Minerve examinant un plan.*
Nº 1. Emplacement de l'hôtel de d'Artagnan et de l'aile est de l'Hôtel de Mailly-Nesle. *(cf. ci-dessus).*
Nº 13 à 17. Emplacement de la *Halle Barbier,* puis de la caserne des *Mousquetaires-Gris* (cf. nº 16 à 10, rue de Beaune).

Voir à gauche, puis à droite, la :
RUE DE VERNEUIL / Cette ancienne allée du jardin de la reine Marguerite a été ouverte en 1640; son nom provient de celui de l'abbé de Saint-Germain-des-Prés, Henri de Bourbon, duc de Verneuil, fils naturel d'Henri IV et d'Henriette d'Entragues.
Nº 30. De 1750; ferronneries.
Nº 22. RUE ALLENT, de 1650. - Nº 5. Vieille maison.
Nºs 1-5. Restes d'un hôtel du XVIIIe siècle.
Nºs 13-15. Ancienne académie d'équitation de Dugast, en 1710, dont la fille, de 18 ans, offrait une attirance particulière par son adresse dans tous les exercices à cheval. Cette maison fut affectée, de 1804 à 1834, à la mairie de l'ex-X^e arrondissement.
Fronton du nº 13; portes, frise, vestibule et bas-relief de l'escalier du nº 15.
Nº 17. Du XVIIIe siècle, dépendance de l'Hôtel de la Ferté-Senneterre *(cf. nº 24, rue de l'Université).*

N° 21. Hôtel de Montchevreuil, de 1785; antérieurement un Montchevreuil avait été, avec du Harlay, Champvallon et Louvois, un des témoins du mariage de Louis XIV avec Mme de Maintenon.
Mascaron et guirlandes de la façade.
N° 23. Ex-hôtel.
N° 29. Vieille maison.
Nos 33 (et 21, rue du Bac). Restes d'un hôtel du XVIIIe siècle. Très jolie cour, arcades, frise, coquilles, pilastres, mascarons, ferronneries de la façade sur rue.
N° 47. Hôtel du marquis de Saint-Thierry, de 1662; puis de son héritier, Louis Carré de Montgeron, conseiller au Parlement en 1711, qui, partisan fanatique des convulsionnaires de Saint-Médard, fut envoyé à la Bastille par Louis XV.
Ancien numérotage.
Nos 53-55. Entrée et dépendances de l'Hôtel d'Avejean de 1725 (cf. n° 11, rue de Poitiers et nos 60, 64, rue de l'Université).
Mansardes à poulie des nos 53 et 55, couloir d'entrée, escalier.
N° 57. Vieille maison.

LA RUE DE POITIERS a été ouverte en 1680 sur des terrains provenant de l'ancien jardin de la reine Marguerite.
Hôtel d'Avejean : On voit à son n° 11 (et nos 60, 64, rue de l'Université) le ravissant ensemble de l'Hôtel d'Avejean, construit en 1725 pour le marquis d'Avejean, capitaine-lieutenant aux mousquetaires, qui y mourut en 1738. L'hôtel fut partagé en deux en 1770 : une maison à l'angle des rues de Poitiers et de l'Université, l'autre à la suite sur la rue de Verneuil.
Fenêtres, balcons, ferronneries.
Hôtel de Poulpry : On voit à son n° 12 (et nos 66, 68 de la rue de l'Université) un hôtel qui avait appartenu, en 1766, à la femme du marquis de Poulpry et qui fut affecté, lorsqu'elle émigra, à la mairie de l'ex-Xe arrondissement qui y resta de 1795 à 1801. Il fut loué, de 1820 à 1848, à l'Académie de Médecine.
Portail, ferronneries, mascaron, fronton; quelques salons ont gardé une partie de leur décoration du XVIIIe siècle.
Nos 42 (et 17, rue du Bac). Maison du XVIIIe siècle où se trouvait le cabaret dans la cave duquel Dubosc et Chopart préparèrent, en 1796, l'assassinat du courrier de Lyon.

RUE DU BAC *(suite)* / N° 20. Vieille maison.
N° 21. Hôtel construit en 1700, acheté, en 1729, par le président Hénault qui le loua. Façade, ferronneries, départ de l'escalier.
La section de la rue du Bac comprise entre la rue de l'Université et le boulevard Saint-Germain a été élargie récemment; tout le côté des numéros impairs est moderne.
Aux nos 27 à 31 : Emplacement d'un hôtel du XVe siècle, habité, de 1815 à 1818, par Chateaubriand et rem-

placé, de 1820 à 1921, par le magasin le *Petit-Saint-Thomas*. Aux nos 35 à 45 : emplacement de sept maisons, propriété du *Noviciat des Dominicains* (cf. ci-après); le général marquis de Custine, décapité en 1793, habita le no 35 et Élisa Mercœur, en 1828, le no 43 où elle mourut en 1835.

Nos 28 à 36. Emplacement de 3 propriétés, de 1710, dont celle du comte Valbelle d'Oraison, marquis de Touvres, qui fut pendant 19 ans le protecteur officiel de Mlle Clairon. Fouché habita l'Hôtel de Valbelle en 1810, après que l'empereur l'eut disgracié.

No 40. Hôtel du XVIIIe siècle où est mort Montalembert en 1870. Au fond d'une longue allée pavée, appelée l'*impasse de Valmy,* se trouve un hôtel, orné d'un fronton, que l'économiste Le Play fit bâtir sous le second Empire; cet hôtel est actuellement incorporé dans le ministère des Travaux publics. Le nom de Valmy donné à l'allée rappelle que Kellermann, duc de Valmy, a occupé un hôtel voisin (cf. ci-après); cette longue allée servait alors de sortie de dégagement à ses équipages.

No 44. Hôtel construit en 1696 pour le comte de Vassé et acheté, en 1729, par Le Vayer, président au Grand Conseil, qui y eut une célèbre galerie de tableaux. Louis Veuillot l'a habité en 1857.

Façades sur rue et sur cour, ferronneries, beaux escaliers, balcon, cour.

No 46. *Hôtel de Jacques-Samuel Bernard :* Jacques Bernard, comte de Coubert, était le fils aîné du célèbre financier mort, en 1739, en laissant un héritage de 33 millions. Jacques Bernard fit construire, par Boffrand, de 1741 à 1744, cet hôtel où il vécut d'une façon si fastueuse qu'il mourut, en 1753, complètement ruiné après une banqueroute scandaleuse dont Voltaire fut victime. Son hôtel, immense et somptueusement décoré, comportait une façade de 40 mètres sur la rue du Bac, et une autre, de 58, sur la rue *Saint-Dominique* (boulevard Saint-Germain), celle-ci a été remplacée par des maisons de rapport.

Cet hôtel fut habité sous l'Empire par Chaptal et par Barras, et, en 1857, par le fougueux polémiste Louis Veuillot, véhément défenseur du pouvoir du pape contre tous ses ennemis déclarés ou secrets. Il fut vendu, en 1880, en deux lots : l'hôtel du no 46, et les deux maisons des nos 48 et 50. Toutes les boiseries intérieures ont été enlevées et remontées à l'Hôtel d'Edmond de Rothschild, 41, rue du Faubourg-Saint-Honoré.

Porte (classée) à vantaux sculptés, monogramme S.B. sur l'imposte, encadrement de consoles surmontées de vases, œil-de-bœuf au-dessus de la voussure ornée d'un mascaron, façade sur cour, deux vastes escaliers.

No 43. La RUE DE GRIBEAUVAL est un ancien passage, créé en 1680, faisant partie du *noviciat des Dominicains*. En 1632, des dominicains, venus de Rome, installèrent dans un clos situé à l'angle de la rue du Bac et du *Chemin-aux-Vaches* (maintenant boulevard Saint-Germain) une troisième maison de leur Ordre, *le noviciat général de l'Ordre de Saint-Dominique en France,* les deux autres maisons étant celles de la rue Saint-Jacques et de la rue Saint-Honoré.

Ils agrandirent, en 1682, leur maison du *Chemin-aux-Vaches* et la duchesse de Luynes, Anne de Rohan-Montbazon, dont l'hôtel était voisin, posa, en mars 1683, la première pierre de leur nouvelle église (l'église Saint-Thomas-d'Aquin actuelle), construite par Pierre Bullet en forme de croix grecque, dans le style jésuite, et qui fut consacrée sous le vocable de saint Dominique. Son portail, de style classique, d'ordre dorique et ionique, dessiné par le frère Claude, dominicain, ne fut achevé qu'en 1787.

Son chœur, à double rang de stalles sculptées, était orné d'un lambris, et le plafond de la chapelle de la Vierge était décoré d'une *Transfiguration* peinte par Le Moyne, en 1724.

L'entrée du couvent donnait sur la rue *Saint-Dominique,* elle est représentée de nos jours par la RUE SAINT-THOMAS-D'AQUIN; elle conduisait à une place demi-circulaire plantée d'arbres — notre PLACE SAINT-THOMAS-D'AQUIN — où aboutissait une autre entrée, celle-ci secondaire, qui est devenue notre rue de Gribeauval.

Ce noviciat fut supprimé en 1790; ses tableaux et ses tombeaux furent transportés au musée des Monuments français.

En février 1791, l'église devint paroissiale sous le titre de Saint-Thomas-d'Aquin. Fermée peu après, elle fut rendue au culte catholique en 1803, et depuis lors elle est devenue la véritable église paroissiale du noble faubourg Saint-Germain.

Les ci-devant bâtiments conventuels servirent de musée d'armes, ils sont maintenant occupés par le Comité Technique de l'Artillerie.

BOULEVARD SAINT-GERMAIN *(section comprise entre la rue Saint-Guillaume et le pont de la Concorde, côté des numéros pairs)* / Dans cette section le boulevard Saint-Germain (1866-1878) a absorbé un côté de la rue *Saint-Dominique.*

Faire d'abord un léger crochet, aller et retour, à gauche, avant de prendre ensuite le boulevard à droite.

N° 230. La RUE SAINT-THOMAS-D'AQUIN est l'ancien passage, de 1680, conduisant de la rue *Saint-Dominique* au noviciat des Dominicains.

N° 201. *Hôtel de Luynes :* La RUE DE LUYNES et le SQUARE DE LUYNES ont été ouverts, en 1901, sur l'emplacement de l'Hôtel de Luynes démoli en 1900. Cet hôtel avait été construit, en 1650, par Le Muet, pour Marie de Rohan-Montbazon, veuve, depuis 1621, du connétable de Luynes, puis remariée au duc de Chevreuse. Il fut un des premiers hôtels construits dans le faubourg Saint-Germain. La duchesse de Chevreuse vint l'occuper vers 1657, à la mort de son second mari, Charles de Lorraine, duc de Chevreuse. La célèbre frondeuse ne mourut pas là, mais dans sa maison de campagne proche de Gailly, en 1679, à 79 ans.

Cet hôtel, souvent agrandi, toujours embelli, revint au duc de Luynes, fils du premier mari de la duchesse, époux de sa tante Anne de Rohan-Montbazon. Il resta dans cette famille jusqu'à sa démolition; c'était le plus majestueux du quartier. Il appartenait, à la Révolution, à Louis-Joseph, duc de Luynes, maréchal de camp, qui n'émigra pas et se retira dans son château de Dampierre; son hôtel ne fut donc pas confisqué, mais le Consulat y logea l'ex-abbé Grégoire.
Les percements des boulevards Saint-Germain et Raspail emportèrent une grande partie de cet hôtel et de ses jardins. Il ne restait guère que le bâtiment principal où l'on remarquait des riches salons du XVIIIe siècle et un escalier monumental décoré, en 1748, par les Brunetti, de peintures à l'huile peintes à même la pierre. Les fresques de cet escalier ont été achetées par le musée Carnavalet qui les a remontées dans son escalier d'honneur, lorsque ce bâtiment fut démoli pour faire place à des immeubles de rapport.
No 206. Porte, guirlandes sculptées, ferronneries.
Nos 236, 238. Anciennes propriétés du noviciat des dominicains qui les louaient.
No 240. Ancienne dépendance de l'Hôtel de Jacques-Samuel Bernard (cf. no 46, rue du Bac).
No 244. Emplacement d'un hôtel où s'installa la mairie de l'ex-Xe arrondissement de 1801 à 1804, et qu'acheta, en 1812, le maréchal Kellermann qui y mourut en 1835. Hôtel démoli en 1861.
No 246. *Hôtel de Roquelaure :* Cet hôtel, commencé en 1722 par Lassurance, terminé en 1733 par Leroux, a été construit pour le duc de Roquelaure, ancien commandant dans le Languedoc de la lutte contre les camisards et maréchal de France depuis 1724. Saint-Simon l'a représenté comme une sorte de bouffon effronté. Cet hôtel servit d'asile aux teigneux sous la Révolution, puis appartint, en 1808, à Cambacérès alors archichancelier de France, président du Sénat, prince et duc de Parme et, en 1815, à la duchesse douairière d'Orléans. Le Conseil d'État s'y installa en 1832 et le ministère des Travaux publics en 1840. Portail encadré de chaque côté de deux colonnes doriques surmontant un entablement. Cour avec perrons sur les ailes (les portes situées au centre de la façade sont des anciennes fenêtres).
No 248. Hôtel du XVIIIe siècle ayant appartenu, en particulier, à la duchesse de Lesdiguières, en 1740, et sous l'Empire, au cardinal de Cambacérès, frère de l'archichancelier.
La façade sur le jardin est presque restée intacte.
No 254. RUE DE BELLECHASSE *(section comprise entre le boulevard Saint-Germain et la Seine)* / No 15. Hôtel du XVIIIe siècle où Bernardin de Saint-Pierre logea de 1801 jusqu'à sa mort, en 1814, à 77 ans. — Nos 11, 11 *bis :* Du XVIIIe siècle, vieille inscription du nom de la rue. — No 2. Palais de la Légion d'honneur (cf. no 64, rue de Lille).
No 284. Emplacement de l'Hôtel d'Humières, de 1726, apanage, en 1812, du maréchal Mortier. Celui-ci

eut pour locataire le maréchal Masséna qui y mourut en 1817. La comtesse du Cayla l'acheta en 1824, et Mme Grand qu'épousa Talleyrand y mourut en 1835.

Prendre, à droite, la :

RUE DE LILLE / La partie orientale de cette rue est une ancienne allée du jardin de la reine Marguerite; elle fut ouverte en 1640, sous le nom de rue de *Bourbon*, de celui d'Henri de Bourbon, duc de Verneuil.
No 109. Emplacement du petit Hôtel d'Humières où Mlle Clairon mourut le 31 janvier 1803, âgée de 80 ans.
No 80. Hôtel construit en 1714, par Boffrand, habité par le marquis de Seignelay, petit-fils de Colbert, en 1778, et par le fils du maréchal de Lauriston, en 1839. Ses façades et toitures sur rue, cour et jardin et la décoration de deux salons sont classés.
No 78. *Hôtel de Beauharnais :* Cet hôtel a été construit, en 1714, par Boffrand pour lui-même. Eugène de Beauharnais, qui venait d'être nommé prince et colonel-général des chasseurs, l'acheta et l'habita à partir de 1803, il y fit faire de somptueux remaniements et des décorations d'un luxe inouï pour la somme, énorme, de 1.500.000 francs; sa sœur, la reine Hortense, l'habita également. Le roi de Prusse l'acheta, en 1814, et y logea, en 1818, la légation de Prusse, remplacée, en 1871, par l'ambassade d'Allemagne. La façade sur le jardin est visible entre les nos 13 et 23 du quai.
La décoration que fit faire le prince Eugène est restée intacte avec tout son mobilier : chambre à coucher de la reine Hortense, salle de bains du prince Eugène, grand salon *des Saisons*, salon de musique, boudoir turc. Le péristyle néo-égyptien, plaqué sur sa façade côté cour, résulte des modifications apportées par Eugène de Beauharnais.
Hôtel classé avec sa cour et son jardin ainsi que les décorations de trois salons.
No 76. Ancien hôtel; guirlandes.
No 64. *Hôtel de Salm :* Cet hôtel construit par Rousseau, en 1782, pour Frédéric III, rhingrave de Salm-Kyrburg, fut vendu par ce dernier à son architecte, en 1787, afin de pouvoir lui payer les sommes qu'il lui devait. Le prince continua à habiter son ancien hôtel, mais comme locataire. Arrêté en 1794, il fut décapité à la barrière du Trône six jours avant la chute de Robespierre. Mis en loterie, l'hôtel fut gagné, en 1795, par un garçon perruquier enrichi, un nommé Lieuthraud, qui se nommait comte de Beauregard; il acheta aussi le château de Bagatelle, entretint Mlle Lange à qui il accordait 10.000 livres par jour et donna ici des fêtes somptueuses. En 1797, il fut condamné, comme faussaire à quatre années de fers. L'ambassade de Suède s'installa alors à l'Hôtel de Salm, l'ambassadeur était le baron de Staël-Holstein, époux de Mlle Necker. Mme de Staël y reçut le *Cercle Constitutionnel* dont elle était l'âme, et Benjamin Constant, l'orateur. Là, elle publia son livre : *De l'influence des passions sur le bonheur des individus et des nations.*

Église Saint-Thomas-d'Aquin (*grav. 1690*)

Hôtel de Roquelaure / Décoration de l'antichambre

Depuis 1804, l'Hôtel de Salm est affecté à la Grande Chancellerie de la Légion d'honneur. Il fut incendié, en 1871, par la Commune; sa reconstruction intérieure (aux frais des légionnaires) est de 1878; elle a conservé les bas-reliefs du palais de 1782 car les façades extérieures avaient peu souffert de l'incendie. La façade sur la rue de Lille (porte en arc de triomphe, colonnade d'ordre ionique encadrée de deux pavillons surmontés chacun d'un bas-relief, cour entourée d'une colonnade, portique) et la façade sur la Seine, particulièrement gracieuse avec sa rotonde qui donnait jadis sur un jardin descendant jusqu'à la rivière sont classées ainsi que deux salons intérieurs.
N° 79. Hôtel de Lannion, construit en 1758 (derrière l'immeuble moderne, visible au n° 5 *bis* de la rue de Bellechasse). Là, mourut, en 1836, Mme Atkins, née Charlotte Walpole, ancienne actrice du théâtre de Drury-Lane, qui s'efforça vainement de faire évader du Temple la famille royale après la mort de Louis XVI.
Portail avec entablement et pilastres à chapiteaux formés par des têtes et des pattes de lion; perron.
N° 71. Hôtel construit en 1775, propriété de Condorcet en 1791. Fronton, petit hôtel du fond de la cour.
N° 69. Hôtel de Mouchy en 1728.
N° 67. *Hôtel du président Duret :* Cet hôtel, construit, en 1706, par Prédot, pour le président Duret, a été habité, en 1728, par le marquis de Dangeau, auteur du *Journal Historique* de la cour de Louis XIV et de la Régence, contrepartie des *Mémoires* de Saint-Simon; puis, en 1792, par Gaillot de Mandat, commandant la garde nationale. Accusé de délit contre la sûreté publique, il fut tué d'un coup de pistolet dans le dos alors qu'il descendait les marches de l'Hôtel de Ville; ce fut Santerre qui le remplaça.
L'hôtel du N° 65 que le président Duret avait aussi fait construire et qui fut (1739) la propriété du maréchal de Maillebois, petit-fils de Colbert, et celle du duc de Valentinois (1775) a été annexé à l'hôtel ci-dessus. Porte centrale monumentale, cour.
N° 56. Emplacement d'un hôtel construit par Bruant, en 1721, pour le maréchal de Belle-Isle, petit-fils de Fouquet. Plus tard hôtel Choiseul-Praslin, il fut absorbé, en 1858 par la Caisse des Dépôts et Consignations et incendié par la Commune (cf. n° 2, rue du Bac).
N° 39. Vieille maison.
N° 34. Immeuble du XVIIIe siècle où Carle Vernet, peintre et gastronome, eut son atelier en 1808.
Porte sculptée.
N° 19. Hôtel construit en 1720 pour le comte de Lauraguais, duc de Brancas, protecteur officiel de Sophie Arnould qui renvoya un jour à la duchesse les bijoux et, dans un berceau, les deux enfants que le duc lui avait donnés.
N° 30. Façade du XVIIIe siècle, mascarons.
N° 26. La façade de cette maison encadre le portail de l'entrée sud de la chapelle *Sainte-Anne-la-Royale* du

couvent des Théatins (cf. nº 17, quai Voltaire), démolie en 1822.
Pilastres à chapiteaux, balcon, frise, la porte sur rue et la façade sur cour sont classées.
Nºs 15, 13, 16, 14. Hôtels du XVIIIe siècle; ferronneries et numérotage du nº 15; niche richement sculptée surmontant la porte d'entrée du nº 13 (classée); cadran solaire du nº 14 avec les inscriptions, en haut : *Dum petis, illa fugit*, et, en bas : *Quid aspicis fugit.*
Nº 9. Ancien Hôtel de Sérant, en 1787.
Nº 18. Niche vide, mais avec une jolie clôture en fer forgé.
Nº 3. Restes d'un hôtel de Créqui, de 1720.
Nº 2. Emplacement de l'Hôtel de Tessé (cf. nº 1, quai Voltaire et nº 2, rue des Saints-Pères).
Nº 1. Hôtel Pidou en 1640 (cf. nº 6, rue des Saints-Pères). Porte classée.

Prendre à droite la rue des Saints-Pères jusqu'à la :
RUE DE L'UNIVERSITÉ *(section comprise entre la des Saints-Pères et l'esplanade des Invalides)* / Cette autre allée du jardin de la reine Marguerite est un ancien chemin sinueux qui traversait le Pré-aux-Clercs et qu'on appelait le chemin des *Treilles*. Son nom actuel, du XVIIe siècle, rappelle que le grand Pré-aux-Clercs avait appartenu jusqu'à 1539 à l'Université.
Nºs 1 et 3. Cf. nº 22, rue des Saints-Pères.
Nº 6. Façade d'un hôtel de 1787.
Nºs 7-9. Emplacement d'un hôtel, construit par Le Vau, en 1639, pour le président à la Chambre des Comptes Jean Tambonneau. Il s'étendait depuis la rue de l'Université jusqu'à la rue Saint-Guillaume (ce fut un des premiers hôtels construits dans le quartier). Claude Chappe y installa, en 1793, le service de son télégraphe par signaux.
Nº 18. Chauveau-Lagarde, le défenseur de Charlotte Corday, de Brissot, de Marie-Antoinette, habita ici en 1808.
Cour, escalier, parquets.
Nº 20. Immeuble construit, en 1668, sur le jardin de la reine Marguerite. Hôtel remanié. Balcon.
Nº 11. Petit hôtel du président Jean Tambonneau habité par son fils, Michel-Antoine, de 1640 à 1719. Il avait eu pour précepteur Jean de la Quintinie qui consacra ses loisirs à l'étude de l'agriculture et joignit la pratique à la théorie dans les jardins de Tambonneau dessinés par Le Nôtre.
Bas-relief du couloir, escalier.
Nº 24. *Hôtel de Senneterre :* L'hôtel du fond de la cour, dit de Clérambault et aussi de la Ferté-Senneterre, a été construit en 1700, peut-être par Servandoni, pour Bernard de la Monnoye, poète, érudit et fils de pâtissier, membre de l'Académie Française en 1713. Il serait mort ici (ou au nº 26), en 1728, à 87 ans, asphyxié avec sa femme, âgée de 16, la nuit même de son troisième mariage. Hôtel de Clérambault en 1728, du maréchal de la Ferté-Senneterre, en 1789.

Cet hôtel est affecté, en partie aux Ponts et Chaussées, en partie à une école maternelle.
Porte du XVIIIe siècle, façade sur rue du début du XIXe siècle. Les façades sur cour, le vestibule, l'escalier et la décoration XVIIIe siècle de l'ancienne salle à manger sont classés.
No 15. *Hôtel d'Aligre* ou de *Beauharnais* ; Ce joli hôtel a été acheté, en 1681, par le fermier général Langeois d'Imbercourt à un d'Aligre par contrat signé par-devant maître Arouet, père de Voltaire. Cet hôtel redevint, en 1716, la propriété de la famille d'Aligre et appartint, en 1812, à Joseph de Beauharnais, troisième enfant d'Eugène.
La façade sur rue avec les vantaux de sa porte monumentale, le grand et magnifique escalier, la décoration premier Empire des quatre salons et d'une chambre à coucher sont classées.
No 17. *Hôtel Bochart de Saron :* Cet hôtel a été construit, en 1639, pour François Lhuillier, maître des requêtes, père de Claude-Emmanuel Lhuillier, le poète plus connu sous le nom de Chapelle, étant né à la Chapelle-Saint-Denis. De 1646 à 1655, cet hôtel fut habité par Tallemant des Réaux qui venait d'épouser sa cousine germaine, Élisabeth de Rambouillet, qu'il avait demandée en mariage lorsqu'elle eut onze ans et qu'il épousa quand elle en eut treize.
Il appartint, en 1695, à Bochart de Saron. Talleyrand l'habita du temps où il était membre de la Constituante. La façade sur cour est ornée de guirlandes au-dessus des fenêtres du premier étage, œils-de-bœuf de l'attique central; la façade sur le jardin, visible de la rue Montalembert, présente un avant-corps à pans coupés également décoré de guirlandes, escalier.
No 21. *Hôtel de Cambacérès :* Cet hôtel, construit, en 1639, pour Thomas de Bragelongne, fut acheté, en 1815, par l'archichancelier Cambacérès. Il y vécut sous la Restauration en compagnie de son frère, cardinal, sénateur et pair, qui y mourut six ans avant lui, en 1818. L'hôtel est aujourd'hui la propriété de l'État qui l'a affecté à un service du ministère des Finances. Porte à fronton, façade latérale visible du no 2 de la rue Sébastien-Bottin et façade postérieure avec fronton arrondi visible du no 2 de la rue Montalembert sur laquelle cette façade se présente de biais; vestibule, escalier. Hôtel classé.
No 38. Ancien hôtel.
No 33. Hôtel du XVIIIe siècle. Portes cochères jumelles aux vantaux finement sculptés, surmontées de têtes de faunes sortant d'une coquille garnie de feuillage, consoles, balustrades, façade sur cour, balcon, mascarons, escalier, façade sur le jardin.
No 41. Maison où Alphonse Daudet mourut en 1897 (inscription).
Nos 54-56. Vieilles maisons; mansardes du no 56.
Nos 64-60. Hôtel d'Avejean du XVIIe siècle (cf. nos. 53, 55, de la rue de Verneuil, et no 11, rue de Poitiers).
No 66. Vieille maison (cf. 12, rue de Poitiers).
No 51. *Hôtel de Soyecourt :* Cet hôtel, construit, en

Nº 9, rue de l'Université / Hôtel Tambonneau (*grav. vers 1650*)

Nº 67, rue de Lille / Hôtel du président Duret / Façade (*17e s.*)

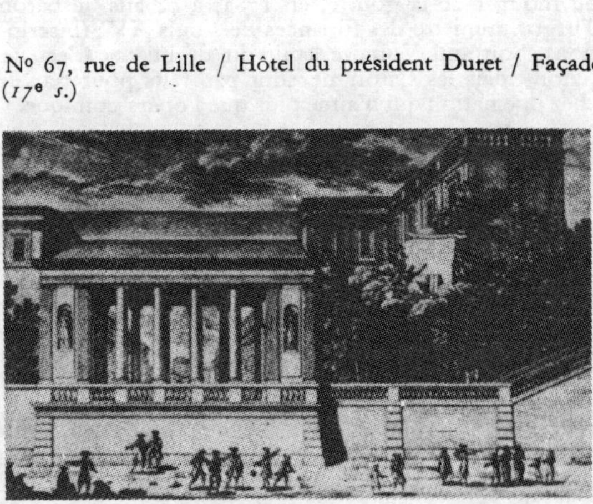

1707, par Lassurance et décoré par Ledoux, fut, en 1736, la propriété du comte de Soyecourt dont le nom se rattache à l'histoire du couvent des Carmes sous la Terreur; c'est dans cet hôtel que le comte de Soyecourt fut arrêté avec sa femme, en février 1794, et conduit à la prison des Carmes. Cet hôtel fut affecté au ministère des Cultes de 1800 à 1812.
Son portail, encadré de deux colonnes doriques, ouvre sur une vaste cour au fond de laquelle se trouve le bâtiment d'habitation, avec un avant-corps central en saillie orné de deux ordres de pilastres soutenant un fronton triangulaire; escalier; l'intérieur possède encore des salons décorés par Ledoux. La porte sur rue et la façade sur le jardin sont classées.
N° 72. Hôtel construit en 1707 pour le marquis de Nointel. Escalier.
N°s 74-76. Hôtel du XVIIIe siècle.
N° 78. Hôtel construit, en 1687, par le sculpteur Noël Jouvenet sur un terrain appartenant à J.-H. Mansart. Mascaron et écusson au-dessus de la porte, façade sur cour, ferronneries.
N° 80. Hôtel du XVIIe siècle, habité par Talleyrand lorsqu'il fut membre de la Législative (il le quitta, le 30 septembre 1792 pour passer en Angleterre) et habité par Lamartine en 1843. Hôtel remanié.
N° 82. Hôtel de 1753, restauré.
N° 88. Hôtel datant de l'Empire, où Lamartine habita en 1848.
N°s 98 et 102. Hôtels construits, en 1730, par Dullin, pour le marquis de Locmaria. Le n° 98 a appartenu à la marquise de Pimodan, le n° 102 a été occupé par le dépôt des archives de la guerre en 1812.
Façade sur cour avec fronton triangulaire décoré d'un œil-de-bœuf; bel escalier.
N° 75. Jardins de l'Hôtel de Brienne (cf. 14, rue Saint-Dominique).
N° 106. La RUE DE COURTY a été ouverte en 1777.
N°s 108 (et 121, rue de Lille). Emplacement de l'hôtel où mourut de la goutte, en 1781, à 54 ans, le baron Turgot, ministre des Finances de Louis XVI (inscription). Son ami Voltaire avait dit de lui : « C'est un Caton, mais les Caton ne sont pas faits pour réussir chez une nation qui n'aime plus que l'opéra-comique. »

Par la rue de Courty et, à gauche, par l'extrémité du boulevard Saint-Germain, gagner le :
QUAI ANATOLE-FRANCE / Ce quai, prolongement du quai *des Théatins*, a été commencé en 1708 par Boucher d'Orsay, prévot des marchands, et terminé sous Napoléon 1er.
De la rue de Bellechasse à la rue de Poitiers s'est élevé le palais d'Orsay qui, construit de 1810 à 1838, avait été affecté à la *Cour des Comptes*. Incendié par la Commune en 1871, il a été remplacé, en 1898, par la gare d'Orsay. L'emplacement des n°s 7 et 5 fut occupé, vers 1740, par une entreprise de coches d'eau, remplacée par une caserne de police (1795), de guides consulaires (1800) et de cavalerie jusqu'en 1898.

LE NOBLE FAUBOURG SAINT-GERMAIN (suite)

La rue du Bac, le couvent des Récollettes, l'Hôtel de la Vallière, l'Hôtel de Clermont-Tonnerre, le couvent de la Visitation-Sainte-Marie / Le quai d'Orsay, le Palais-Bourbon, l'Hôtel de Lassay / La rue Saint-Dominique, les Hôtels de Gournay et de Tavannes, le couvent des Filles de Saint-Joseph, les Hôtels de Brienne, de Broglie, d'Auvergne, de Monaco / La rue de Grenelle, la communauté des Filles de Sainte-Valère, les Hôtels de Chanac de Pompadour, du Châtelet et de Noirmoutiers, le couvent des Carmélites, les Hôtels de Rothelin, de Villars, de Rochechouart, de Bauffrémont, les Hôtels d'Avaray, d'Estrées, de Furstemberg et de Gallifet / La rue de Varenne, les Hôtels de Narbonne, de Boisgelin, de Gouffier de Thoix, de Matignon / L'abbaye de Pantémont, le couvent des Dames de Bellechasse / La rue Vaneau / Les Hôtels de Villeroy, de Seissac, de Broglie et de Biron.

Point de départ : carrefour de la rue du Bac et du boulevard Saint-Germain.

RUE DU BAC *(section comprise entre le boulevard Saint-Germain et la rue de Sèvres)* N° 69. Vieille maison.

Faire, à gauche, un crochet, aller et retour, dans la RUE DE GRENELLE *(section comprise entre la rue du Bac et le carrefour de la Croix-Rouge)* / Au XIVe siècle cette rue n'était encore qu'un sentier conduisant à un marécage situé dans la boucle que fait la Seine entre nos ponts des Invalides et de Passy; il était la propriété de l'abbaye de Saint-Germain-des-Prés qui l'avait mis en culture. Ce sentier devint au XVe siècle le *grand chemin des vaches* et, au XVIIe, le *petit chemin de guarnelles*.
N°s 72-70. Vieilles maisons.
N° 68. Façade décorée de guirlandes; vieille maison du fond de la cour.
N° 66. Escalier.
N° 42. Entrée d'un ancien hôtel, mascaron du dessus de la porte.

Nº 38. Du XVIIIe siècle.
Nº 36. L'enseigne *A la petite chaise*, d'où vient le nom de la rue voisine, date de 1681. Grille.
Nº 26. Ancien hôtel.
Nº 24. Fenêtres de l'entresol, guirlandes et volutes.
Nº 20. Petit hôtel ayant appartenu, en 1666, à la baronne de Beauvais, dite Cateau-la-Borgnesse (cf. nº 68, rue François-Miron).
Grand portail avec mascaron, heurtoir, cour, mansarde à poulie, rampe d'escalier, avec fleur de lis et monogramme.
Nº 6. Vieille maison; ferronneries.
Nos 7-9. Emplacement d'une grande propriété ayant appartenu, vers 1628, à Sébastien Zamet, fils du financier d'Henri IV, en 1661, à la baronne de Beauvais ci-dessus citée, et, en 1686, au *couvent des Petites-Cordelières* (cf. ci-après).
Lorsque ce couvent disparut, en 1749, cet hôtel devint, en 1762, la propriété de Gaillard de Beaumanoir (cf. nº 7, rue de La Chaise) qui le lotit. On construisit, en 1767, l'hôtel du nº 7 que loua, de 1834 à 1865, la mairie de l'ex-Xe-arrondissement; le prolongement de la rue des Saints-Pères jusqu'à la rue de Sèvres l'a fait disparaître en 1865.
Nº 11. Emplacement du *couvent des Petites-Cordelières*, transféré de la rue Payenne et installé ici en 1686. Il s'étendait du carrefour de la Croix-Rouge à la rue de La Chaise et avait englobé l'ancien hôtel Zamet ainsi qu'il vient d'être dit. Mal géré, il fut fermé en 1749 et loti.
Nº 15. *Hôtel de Bérulle :* Cet hôtel a été bâti par Brongniart, en 1766, pour le marquis de Bérulle. Sa façade sur rue a été construite en demi-cercle afin de favoriser l'entrée et la sortie des voitures.
Les façades sur cour et sur jardin sont classées; beau balcon en fer forgé de la façade sur le jardin.
Nos 21-23. Vieilles maisons.
Nº 25. Hôtel de 1747; frise.
Nos 27-29. Hôtel du XVIIIe siècle ayant appartenu, en 1785, aux Béthune-Pologne (cf. nos 1 et 3, rue de La Chaise); façade austère.
Nº 31. Vieille inscription du nom de la rue.
Nos 33 à 37. Du XVIIIe siècle; bas-reliefs du nº 35, mansarde du nº 37.
Nº 51. Vieille maison au fond de la cour.
Nos 57-59. Fontaine de la rue de Grenelle, dite des Quatre-Saisons, édifiée par Bouchardon, de 1736 à 1739. Cet édifice est formé d'un avant-corps et de deux ailes en demi-cercle; l'avant-corps repose sur des congélations et contient trois statues représentant la ville de Paris entre la Seine et la Marne, son fond est formé de colonnes ioniques cannelées supportant un fronton triangulaire où depuis la Révolution une couronne de lauriers remplace les armes de France. Les ailes contiennent, dans des niches, les statues des Quatre Saisons. Délicats bas-reliefs avec des scènes allégoriques et enfantines caractéristiques du style Louis XV. Une table de marbre noir porte une

inscription latine rédigée par le cardinal Fleury; une seconde inscription, effacée, indiquait le nom du prévôt des marchands (Étienne Turgot) et ceux des échevins en exercice lorsque cette fontaine fut érigée, ainsi que celui de Bouchardon.
Monument classé.
Alfred de Musset a habité de 1824 à 1830, une maison de la cour du nº 59; il y vécut de 14 à 20 ans.

Reprendre à gauche la :
RUE DU BAC *(suite)* / Nº 83. Ancienne dépendance du *couvent des Récollettes* (cf. ci-après). Couloir intéressant avec ses restes d'arcades; la façade du bâtiment situé au fond de la dernière courette a, au premier étage, des petites fenêtres rappelant une chapelle.
Nº 85. *Le couvent des Récollettes* a occupé, de 1627 à 1790, presque tout le côté de numéro impair de la rue du Bac compris entre les rues de Grenelle et de Varenne et il s'étendait le long de cette dernière rue. Cet ordre de religieuses, fondé à Tolède, en 1484, était assujetti à la règle de sainte Claire. En 1658, des Récollets de la province de Saint-Denis (récollets : de *recollecti,* recueillis) chargés de diriger les récollettes, firent construire rue de Varenne un hospice touchant le couvent des religieuses. Mais le voisinage de ceux-ci causa des désordres dans la communauté des Récollettes et, en 1708, les Récollets furent obligés de s'installer ailleurs.
Fermé en 1790, le couvent fut vendu à des particuliers et l'église, transformée en théâtre jusqu'en 1807, puis en salle de bal, et, de 1830 à 1860, en une salle de concerts; le nº 85 occupe actuellement son emplacement.
Curieuse façade à fronton.

Faire, à gauche, un crochet, aller et retour, dans la :
RUE DE VARENNE *(section comprise entre les rues du Bac et de la Chaise)* / Cette section est l'ancienne rue de la *Planche* de 1640 à 1850. Ce nom lui venait de celui de Raphaël de la Planche qui installa, de 1628 à 1648, à la pointe de l'îlot formé par les rues de Varenne, de la Chaise et de Grenelle, une manufacture de tapisseries.
Nºs 6-4. Vieilles maisons; entresols, ferronneries, escalier.
Nºs 1-5. Vieilles maisons; ferronneries du nº 1.
Nº 13. Le nom de la RUE DE LA PLANCHE actuelle, rue de 1882, est un souvenir de l'ancienne appellation de la section de la rue de Varenne comprise entre les rues du Bac et de la Chaise.
Nº 19. Hôtel du XVIIIe siècle; porte, mascaron, ferronneries, guirlandes.
Nº 22. Hôtel de Biron de 1775; vestibule.
Nº 21. Hôtel de Narbonne-Pelet, de 1775, où l'ardent polémiste Louis Veuillot mourut, en 1883, âgé de 70 ans.
Nº 23. Restes d'un hôtel de 1713; mansarde à poulie, balcon.

Nos 25, 27. Vieilles maisons.

Reprendre à gauche, aller et retour, la :
RUE DU BAC (*suite*) / Nos 89-95. Vieilles maisons.
No 97. Hôtel de Ségur, construit vers 1720; le vicomte Pierre de Ségur, maréchal de camp aux armées, en fut propriétaire en 1795, époque où il ne s'occupait plus que de littérature.
Citons parmi ses propriétaires et locataires : le prince de Salm-Dyck et sa femme, Constance de Théis, la maréchale de Gramont, Bochart de Saron et le maréchal Vaillant.
Balcon, écusson, mascaron de la façade sur rue; dans l'angle de la cour, galerie en rotonde décorée de mascarons, escalier, mascaron de l'entrée de la cave; la porte sur rue et la rampe de l'escalier sont classées.
No 99. Hôtel de la fin du XVIIe siècle, habité par la princesse Galitzine en 1825.
Porte, balcons, escaliers, boiseries et dessus de portes.
No 101. Hôtel de la Feuillade. Cet hôtel (surélevé) date de la fin du règne de Louis XIV. Le comte de Falloux y a été locataire en 1850 et la comtesse de Montalembert après 1870.
Boiseries Louis XV et Louis XVI du corps de bâtiment entre cour et jardin, plafonds et dessus de portes, vestibule; la façade sur cour, l'escalier et la décoration d'un salon sont classés.
La plupart des maisons de numéro impair situées à la suite des précédentes ont toutes disparu, soit du fait des magasins du Bon Marché, soit de celui du prolongement de la rue de Babylone depuis la rue du Bac à la rue de Sèvres.
No 136. *Hôtel de la Vallière ou de Châtillon :* Cet hôtel a été la propriété, en 1760, du duc Louis-César de la Vallière, petit-neveu de la célèbre duchesse; il légua à l'État sa collection de livres qui constitue un fonds important de la Bibliothèque de l'Arsenal. L'hôtel appartint à sa mort, en 1780, à sa fille, la duchesse de Châtillon. Il appartient depuis 1813 aux Sœurs de Saint-Vincent-de-Paul et est englobé dans leur couvent. Cette communauté, dispersée à la Révolution, fut reconstituée en 1802 dans l'ancienne maison des *orphelines de la Mère-de-Dieu* (cf. 11, rue du Vieux-Colombier), puis se vit attribuer, en 1813, cet hôtel qu'elle a agrandi.
C'est dans sa chapelle qu'ont été transférés, en 1824, les restes de sainte Louise de Marillac, la plus dévouée des collaboratrices de saint Vincent de Paul et la fondatrice des Filles-de-la-Charité. La Vierge serait apparue dans cette chapelle plus de cinq fois de suite à Catherine Labouré, ex-fille de ferme avant de prendre le voile; on y montre le fauteuil dans lequel la Vierge s'asseyait.
Toit, escalier, cour dont un côté est occupé par la chapelle et le réfectoire.
No 128. Séminaire des Missions Étrangères (cf. no 22, rue de Babylone).

Nos 126, 124, 122. Maisons du XVIIe siècle. Vastes cours et couloir, jardins.
Nos 120-118. *Hôtels de Clermont-Tonnerre :* Ces deux hôtels jumeaux, de la fin du règne de Louis XIV, auraient été construits pour deux évêques du séminaire des Missions Étrangères.
Chateaubriand fut locataire du rez-de-chaussée du no 120, de 1838 à 1848. Pauvre et malade, souvent triste et silencieux, il n'avait d'autre distraction que d'aller passer chaque jour quelques heures chez Mme Récamier qui habitait alors l'*Abbaye-aux-Bois* (cf. no 16, rue de Sèvres). Il mourut ici, le 4 juillet 1848, à 80 ans (inscription); ses obsèques furent célébrées, le 8, en la petite église des Missions où son corps fut déposé dans un caveau avant d'être transporté sur l'un des rochers de l'entrée de la rade de Saint-Malo. L'appartement du premier fut occupé, de 1852 à 1854, par la marquise de la Roche-Cambert dont les filles reçurent souvent la visite d'Eugénie de Montijo avant de devenir dames d'honneur de l'impératrice. Dupin, alors procureur général à la Cour de Cassation habita le no 118 en 1845.
Les façades sur rue, sur cour et sur jardins de ces deux hôtels et la décoration d'un salon à boiseries du XVIIIe siècle du no 120 sont classées. Leurs portes cochères, dessinées par Toro, présentent chacune deux médaillons où l'on voit les quatre parties du monde; escalier du no 118.
No 116. Vieille maison.
No 108. On trouve parmi les locataires de cet immeuble le mathématicien, astronome et politicien Laplace, qui y mourut, le 3 mars 1827, à 78 ans (inscription). Pavillon du fond de la cour.
No 104. Hôtel du XVIIIe siècle, habité par la vicomtesse de Talleyrand, de 1816 à 1827. Porte, imposte.
No 102. *Hôtel de Sainte-Aldegonde* du XVIIIe siècle. Ses façades sur rue et sur cour et son escalier sont classés; porte à mascaron, imposte, entresol, escalier; au fond de la cour, petit hôtel restauré.
No 98. Ex-cabaret de *la Cloche d'Or*, puis des *Deux Anges*, où Cadoudal habita en cachette, en 1804, lorsqu'il fomenta sa conspiration contre le premier Consul.
Les bas-reliefs encadrant l'imposte de la porte d'angle sur la rue de Varenne sont classés.
Nos 80 à 68. Emplacement du *couvent de la Visitation Sainte-Marie*, installé ici en 1673 et fermé en 1790. Il s'étendait le long de la rue du Bac entre nos rues Paul-Louis-Courier et de Grenelle et le long de cette dernière rue. La RUE et l'IMPASSE PAUL-LOUIS-COURIER, le PASSAGE DE LA VISITATION et la RUE SAINT-SIMON ont été percés, en 1823 et 1877, sur son emplacement.

Suivre à gauche, le boulevard Saint-Germain et prendre, à gauche, le :
QUAI D'ORSAY *(section comprise entre la rue de Bourgogne et la rue de Constantine)* / Le PONT DE LA CONCORDE, œuvre de l'ingénieur Perronet, commencé en

1787 a été achevé en 1790 par utilisation, pour ses parties hautes, de la majorité des pierres provenant de la démolition de la prison de la Bastille.

Le Palais-Bourbon : La façade du Palais-Bourbon située au débouché du pont de la Concorde est un placage décoratif posé, de 1804 à 1807, sur l'*Hôtel de Bourbon*, pour faire face au *Temple de la Gloire* (église de la Madeleine). Un perron conduit à un portique, de style grec, orné de douze colonnes corinthiennes, surmonté d'un attique supportant un vaste fronton triangulaire sculpté par Cortot en 1841 ; des bas-reliefs et des statues encadrent ce portique.
En 1722, la duchesse douairière Louise-Françoise de Bourbon, dite Mademoiselle de Nantes, fille légitimée de Louis XIV et de la marquise de Montespan, fit construire, sur la suggestion de son ami, le marquis de Lassay, un hôtel qui fut appelé le Palais-Bourbon. La construction de cet hôtel, confiée à Ghirardini qui mourut. les plans à peine terminés, fut commencée par Lassurance et terminée, en 1728, par Gabriel et Aubert. La duchesse y mourut en 1743. En 1756, Louis XV acheta son hôtel pour l'utiliser dans la décoration de la place qui portait son nom. En 1764, le prince de Condé, qui venait de vendre son hôtel pour faire place à l'Odéon, acheta le Palais-Bourbon où il fit faire des transformations considérables; ses jardins descendaient alors jusqu'à proximité de la Seine, son entrée principale était, comme maintenant, dans la rue de l'Université.
Confisqué à la Révolution, on affecta, en 1795, une partie du Palais-Bourbon au Conseil des Cinq-Cents, et les architectes Gisors et Lecomte transformèrent les grands salons de réception en une salle des séances, terminée en 1798. La Restauration restitua l'hôtel au prince de Condé qui le loua à l'État. Pour que les députés puissent continuer à y siéger, l'architecte Joly remplaça la première salle des séances par l'actuelle qui fut terminée en 1832. Le prince de Condé résidait dans l'autre partie qui comprenait l'Hôtel de Lassay. Il mourut en 1818 laissant cet hôtel à son fils, le dernier des Condé, qui mourut, en 1830, d'une façon tragique. L'État acheta alors au duc d'Aumale, héritier du dernier prince de Condé, ce qui restait de l'ancien Palais-Bourbon. Dès lors, celui-ci n'a cessé d'être affecté au corps législatif, affectation qui a complètement modifié le palais initial dont, seule, la grande cour a conservé, à peu près, son premier aspect.
N° 35. *Hôtel de Lassay :* Le palais de la Présidence de l'Assemblée Nationale est l'ancien hôtel d'Armand de Madaillan de Lesparre, marquis de Lassay, ami et conseiller de la duchesse de Bourbon, célèbre au XVIIe siècle par ses aventures romanesques. Il a été édifié, de 1722 à 1724, par Ghirardini, Lassurance et Aubert qui construisaient alors le Palais-Bourbon. Il ne comportait qu'un simple rez-de-chaussée, éclairé par de larges baies en plein cintre, surmonté

d'une balustrade ajourée supportant des vases et des groupes d'enfants. Ce rez-de-chaussée a été surélevé, mais il a conservé une suite de cinq salons ornés de glaces en plein cintre alternant avec des portes sculptées ou des peintures, merveille de l'art classique.
L'Hôtel de Lassay fut incorporé, en 1768, dans le Palais-Bourbon par le prince de Condé; ce fut l'Hôtel du Petit-Bourbon affecté depuis 1832 à la résidence du président de la Chambre des députés.
N° 37. Le ministère des Affaires étrangères, à la façade surchargée de marbre et de festons, est une construction de 1845 à 1853.

Prendre, à gauche, la rue de Constantine, et, à gauche, la :
RUE DE L'UNIVERSITE *(section comprise entre la rue de Constantine et le boulevard Saint-Germain)* / N° 128. Entrée de l'Hôtel de Lassay (cf. ci-dessus). Le portail par Aubert, de l'hôtel initial subsiste en partie; il était encadré de part et d'autre de deux colonnes ioniques, et surmonté d'une coquille portant les armoiries entourées d'*Hercules* et *d'Amours*.
N° 126. Entrée du Palais-Bourbon (cf. ci-dessus).
La PLACE DU PALAIS-BOURBON a été créée, en 1776, par le prince de Condé pour dégager l'entrée de son palais. Les immeubles qui y furent construits dès 1776 sont tous d'une même ordonnance. N°s 6 et 6 *bis :* Ancien hôtel de l'architecte Aubert, de 1789 (salons du n° 6). N° 7 *bis* : Hôtel de Saisseval, de 1787 — Les façades et toitures des nos. 1 et 3, 2, 4, 5, 6, 6 *bis*, 7, 7 *bis*, 8, 9 et 11 sont classées.

Prendre, à droite, le boulevard Saint-Germain jusqu'à la :
RUE SAINT-DOMINIQUE *(section comprise entre le boulevard Saint-Germain et l'esplanade des Invalides)* / Cette rue commençait à la rue des Saints-Pères avant le percement du boulevard Saint-Germain qui en a fait disparaître, avec les hôtels qu'elle contenait, une très grande partie.
N° 1. Hôtel de Gournay aussi dit de Tingry, construit par Boffrand, en 1695, pour l'ambassadeur Michel Amelot, marquis de Gournay. Il appartint, en 1725, à Louis de Montmorency, duc de Luxembourg, prince de Tingry. Les parents de Talleyrand l'habitèrent en 1764.
Façade concave sur une cour ovale, décorée de pilastres d'ordre colossal; les communs, moins élevés, continuent la courbe de l'ovale; la façade sur le jardin est rectiligne; son portail d'entrée, sa cour et son jardin sont classés; escalier.
N° 3. Hôtel de 1688 ayant appartenu au couvent des *Dames de Bellechasse* qui le louait. Hôtel d'Aguesseau en 1804. Le chimiste J.-B. Dumas l'a habité (inscription). Mansarde à poulie, bel escalier.
N° 5. Hôtel de Tavannes du XVIIe siècle, propriété du même couvent qui le louait.
Sophie Soymonof qu'épousa le général Svetchine, la

« madame de Sévigné russe » eut dans la cour, un appartement où elle tint un salon qui eut une grande influence sur le couvent religieux entre 1818 et 1857. La porte à voussure arrondie est classée, portail à refends, coquille, fronton triangulaire supporté par deux consoles, escalier.

N° 4. Emplacement, de 1703 à 1787, d'un hôtel de Broglie qu'habitèrent en locataires les nonces apostoliques de 1766 à 1791. Il ne faut pas le confondre avec l'autre hôtel de Broglie situé au n° 35.

N° 6. Emplacement de l'Hôtel de Hautefort dans une dépendance duquel s'installa, en 1764, Julie de Lespinasse qui y tint un salon célèbre que les savants, les prélats, les littérateurs en renom fréquentèrent. Elle mourut là, le 22 mai 1776, après avoir gravi pendant douze ans un douloureux calvaire dû à son amour pour le colonel-comte de Guibert.

N°s 10 à 12. Ancien *couvent des Filles de Saint-Joseph* installé dans cette rue en 1641. Son but était d'élever des orphelines pauvres jusqu'à ce qu'elles aient atteint l'âge de vingt ans.

Mme de Montespan combla cet établissement de ses bienfaits; elle s'y retira lorsque, supplantée par Mme de Maintenon, elle abandonna la Cour en 1687. En 1755, Mme du Deffand s'y retira aussi; elle avait alors 58 ans et depuis deux ans était aveugle. Elle tint là son célèbre salon « tapissé de moire bouton d'or », où elle reçut pendant 25 ans les personnages les plus distingués de son temps, le président Hénault, Pont-de-Veyle, Turgot, Montesquieu, Voltaire, Choiseul, Boufflers, d'Alembert, Walpole, etc. C'est là qu'elle se brouilla, en 1764, avec sa nièce et lectrice Julie Lespinasse, de 35 ans plus jeune qu'elle, avec un éclat qui amena une scission dans sa société. C'est alors que Mlle de Lespinasse se transporta dans l'Hôtel de Hautefort indiqué ci-dessus. Mme du Deffand mourut en 1780.

Le couvent fut fermé en 1790 et affecté à des bureaux du ministère de la Guerre en 1804.

N° 14. *Hôtel de Brienne :* Cet hôtel, commencé, en 1714, pour Frédéric de Beaujeu, fut achevé, par Aubry, en 1730. Louise-Élisabeth de Bourbon, princesse douairière de Conti, l'acheta en 1733, et lui adjoignit le petit hôtel voisin construit en 1714, également par Aubry. L'Hôtel de Conti appartint, en 1776, à Charles de Loménie de Brienne, archevêque de Toulouse, académicien, premier ministre des Finances de Louis XVI en 1787, Il se fit donner le riche archevêché de Sens, essaya de se soutenir par des expédients désastreux, faillit être assassiné dans cet hôtel, en août 1788, par une populace fort excitée contre lui et, enfin, se fit nommer cardinal en 1789. Arrêté à Sens en novembre 1793, Loménie de Brienne mourut en 1794. Lucien Bonaparte loua l'hôtel en 1797, puis l'acheta en 1802; il le céda, en 1804, à sa mère, Mme Lœtitia, qui le loua en 1814 et le vendit, en 1817, au ministère de la Guerre.

L'hôtel n'a guère été modifié; haut portail, rez-de-

Nº 57, rue de Grenelle / Fontaine dite des Quatre-Saisons

Le Palais-Bourbon / Façade côté rivière (*grav. vers 1730*)

Le Palais-Bourbon / Façade côté place (*grav. vers 1730*)

chaussée toscan, premier étage ionique avec grand fronton triangulaire reposant sur deux ordres de pilastres; quelques salons, dont l'appartement de Mme Lœtitia, ont conservé des vestiges de leur mobilier et de leur décoration. Le derrière de l'hôtel donne sur un parc dont le mur longe la rue de l'Université, il est percé de la petite porte par laquelle passait Mlle George lorsqu'elle allait rendre visite à Lucien Bonaparte au temps où il occupait l'Hôtel de Brienne.

La façade sur cour et la décoration de quatre salons sont classées.

N° 16. Hôtel construit en 1714 aussi pour Frédéric de Beaujeu, par Aubry. Après avoir été propriété de l'abbé de Broglie, de la princesse de Conti (*cf. ci-dessus*), du prince de Condé qui le lotit en 1776, puis des Bourbon-Busset, l'hôtel fut annexé au ministère de la Guerre en 1834.

Immense porte cochère au fronton arrondi; porte classée.

Ces deux hôtels (n°s 14 et 16), l'ancien couvent des Filles de Saint-Joseph et un Hôtel de Noailles voisin sont entrés dans la formation du ministère de la Guerre; les n°s 14 et 16 constituent l'Hôtel du Ministre.

N° 35. ***Hôtel de Broglie :*** Charles-Guillaume de Broglie, fils du maréchal Victor-Maurice, comte de Broglie (ce dernier possédait l'hôtel du n° 4 de cette rue qu'emporta le percement du boulevard Saint-Germain) fit construire en 1724, cet élégant hôtel qu'il céda, en 1735, à son frère Achille. L'hôtel resta dans la famille de Broglie jusqu'en 1810, date à laquelle il fut acheté par le baron Corvisart, médecin de l'empereur, alors dans toute sa gloire et très fortuné. Il avait fondé, en 1782, dans l'hôpital de la Charité une clinique qui fut célèbre et il avait retenu l'attention de Joséphine qui le présenta à Bonaparte dont il devint dès lors le médecin attitré. Corvisart reçut dans cet hôtel Marie-Louise à l'époque où celle-ci attendait la naissance du futur roi de Rome. Hôtel vendu, en 1818, au comte d'Haussonville dont la famille le vendit, en 1882, au marquis de Nicolaï qui le restaura et le défigura.

L'Hôtel de Broglie a conservé sa magnifique porte sculptée, munie de ses heurtoirs, une partie de ses façades, en particulier celle donnant sur le jardin (façade visible de la rue Las-Cases), et la décoration XVIIIe siècle et Empire de quelques salons.

N°s 22-20. Anciennes inscriptions du nom de la rue où les lettres St ont été grattées.

N° 24. Vieille maison.

N° 41. Hôtel de La Vallière, de 1787, devenu sous le Consulat l'hôtel meublé de Rome où logèrent, en 1800, Mgr Spina, archevêque de Corinthe, et, en 1801, le cardinal Caprara. Il appartint dans la première moitié du XIXe siècle à la famille Talleyrand-Périgord.

N° 43. Hôtel de Ravannes, de 1745.

Nº 45. Hôtel de Comminges, de 1728.
Nº 26. Hôtel de Montmont, de 1700.
Nº 47. Restes de l'hôtel de Seignelay, de 1785; ce fut dans ses jardins qu'eut lieu une des premières démonstrations de l'éclairage au gaz.
Nºs 28 et 28 *bis*. Hôtel d'Auvergne, construit en 1710, par Le Camus des Touches qui y mourut en 1713, habité par le comte d'Auvergne en 1775. Le nº 28 est recouvert par un immeuble moderne, et le nº 28 *bis* a été dénaturé.
Nº 49. Hôtel du XVIIIe siècle au fond de la cour.
Nº 55. Petit-Hôtel de Monaco construit pour le comte de Valentinois, beau-frère de la princesse indiquée ci-après. Le maréchal Davout l'acheta en 1809.
Escalier.
Nº 57. *Grand-Hôtel de Monaco ou de Sagan :* Cet hôtel a été bâti, entre 1774 et 1777, par Brongniart, pour Marie de Brignoles, épouse séparée d'Honoré Grimaldi, prince de Monaco. En s'installant ici elle se rapprochait de son ami, le prince de Condé, qui logeait au Palais-Bourbon, et qu'elle épousa, en Angleterre, durant l'émigration. Séquestré du fait de cette émigration, l'hôtel a depuis été occupé par : l'ambassade de Turquie en 1797; le maréchal Davout en 1808, il y mourut en 1823; l'ambassade d'Autriche en 1826; le banquier hollandais William Hope qui le dénatura considérablement; la princesse de Sagan, et, enfin, par l'ambassade de Pologne depuis 1907.
Cour.
Nº 59. Hôtel de Kinsky, de 1785; restes des décorations de Cauvet.
Nº 34. Vieille maison, porte cloutée.

Prendre, à gauche, la rue de Constantine, et, à gauche, la :
RUE DE GRENELLE *(section comprise entre le boulevard des Invalides et la rue du Bac)* / Nº 144. Emplacement de la *communauté des Filles-Pénitentes-de-Sainte-Valère*, créée, en 1706 et supprimée en 1790. Le Grand Hôtel de Monaco absorba sa chapelle lors de son extension en 1838.
Nº 142. *Hôtel de Chanac de Pompadour*, dit aussi *de Besenval*. Cet hôtel a été construit, vers 1750, par Delamair, pour l'abbé de Chanac de Pompadour. Il fut, en 1765, la propriété du chevalier de Boufflers, surtout connu par ses poésies badines, et, en 1785, celle du baron Pierre-Victor de Besenval, bien en cour près de Marie-Antoinette. Propriété, en 1804, du marquis de Chabrillan. Hôtel occupé par la Légation de Suisse.
Les façades sur cour et sur jardin présentent un avant-corps avec une porte arrondie sur la cour, deux portes entre des colonnes accouplées sur le jardin. A l'intérieur, salle de bains souterraine soutenue par des colonnes toscanes, de Brongniart.
La façade sur le jardin et la décoration de trois pièces sont classées.

Nº 127. *Hôtel du Châtelet.* — Cet hôtel fut construit par Cherpitel, en 1770, pour le comte, puis duc du Châtelet, décapité sous la Terreur. L'hôtel fut affecté, en 1796, à l'École des Ponts et Chaussées; en 1811, à la Maison de l'Empereur, dirigée par le duc de Cadore dont Napoléon fit la fortune, ce qui ne l'empêcha pas d'adhérer à la déchéance de l'empereur; de 1815 à 1830, à la Maison du Roi; à l'ambassade de Turquie; à celle d'Autriche; et, en 1849, à l'archevêché de Paris installé depuis 1832 dans l'Hôtel Chenizot, rue Saint-Louis-en-l'Isle. Il y resta jusqu'à la promulgation, en 1906, de la loi de Séparation, date à laquelle l'hôtel fut affecté au ministère du Travail.

La façade sur cour présente un avant-corps orné de quatre colonnes composites, d'ordre colossal, supportant, au-dessus du deuxième étage, un entablement surmonté de balustres sur toute la longueur de la façade; un attique domine le tout. La façade sur le jardin est ornée d'un avant-corps convexe, à trois pans coupés, à fenêtres arrondies au rez-de-chaussée. Quelques salons ont gardé leur belle décoration intérieure de style Louis XV et Louis XVI. Porte cochère toscane.

L'hôtel avec ses boiseries, sa porte d'entrée, les murs limitant les communs sur la cour d'honneur sont classés.

Nos 140-138. *Hôtel de Noirmoutiers* ou *Hôtel de Sens :* Cet hôtel fut construit, en 1722, par Jean Courtonne, sur un terrain appartenant au comte de Noirmoutiers. Mlle de Sens, arrière-petite-fille de Louis Ier de Bourbon, prince de Condé, qui l'occupa en 1735, et le fit décorer par Lassurance. Louvet de Couvray, l'auteur des *Aventures du chevalier de Faublas*, habita l'hôtel, en 1797, lorsqu'il quitta les galeries du Palais-Royal. Le nº 138 fut occupé, de 1816 à 1818, par les gardes du corps du comte d'Artois, puis fut affecté, en 1818, à l'École d'État-Major, et, peu après, à l'État-Major de l'Armée (c'est dans cet hôtel que le maréchal Foch mourut le 20 mars 1929). Le nº 140 a été affecté au Service Géographique de l'Armée.

Au nº 138, l'avant-corps présente un balcon supporté par des consoles; au-dessus de lui, quatre pilastres à chapiteaux corinthiens soutiennent un fronton triangulaire dénué de ses armoiries. L'intérieur a été totalement saccagé; deux pièces seulement ont gardé quelques vestiges de leur décoration.

La porte sur rue la façade sur cour et la décoration XVIIe siècle d'un salon sont classées.

Nº 115. Hôtel de Sommery.

Ce serait dans un chantier privé situé à l'emplacement de cet hôtel, qu'aurait été inhumée Adrienne Lecouvreur, décédée le 20 mars 1730, dans la rue des *Marais* (cf. nº 16, rue Visconti), le curé de Saint-Sulpice, Languet de Gergy, ayant refusé une sépulture chrétienne à la comédienne. Son corps y fut conduit par M. de Laubinière, ami de Voltaire et de Maurice de Saxe, accompagné d'un exempt. Un de ses anciens adorateurs, le comte de Ferriol d'Argental, a fait sceller, en 1786, alors qu'il avait 86 ans, une plaque commémorative sous le porche de cet hôtel, plaque qui depuis a été pieusement respectée.

N° 113. Hôtel Empire.

N° 130. La RUE MARTIGNAC a été ouverte en 1828 sur les jardins du couvent des Carmélites de la rue de Grenelle et du couvent des Dames de Bellechasse (cf. ci-après).

N° 111. La CITÉ MARTIGNAC a été ouverte à la même époque sur l'emplacement d'un hôtel du XVIIIe siècle où mourut, en 1832, la comtesse de Balbi, ex-maîtresse du comte de Provence (cf. n° 65, rue Madame).

N° 107. Hôtel du vicomte de Martignac lorsqu'il remplaça, en 1827, Villèle comme ministre de l'Intérieur.

N° 103. Ancienne dépendance de l'Hôtel de Conti de la Marche situé au n° 101, annexée à l'administration centrale des télégraphes. La tour située au milieu du bâtiment du fond fut longtemps surmontée par un télégraphe Chappe.

N° 122. Emplacement d'un ancien *couvent de Carmélites*, installé antérieurement, de 1656 à 1689, dans la rue du Bouloi, puis ici à partir de cette dernière date. Il fut fermé en 1790 et ses bâtiments servirent de casernement à la garde consulaire en 1800. Ils furent démolis en 1828; les RUES MARTIGNAC, CASIMIR-PERIER, DE CHAMPAGNY et le SQUARE SAINTE-CLOTILDE, ainsi que l'église Sainte-Clotilde, construite, par Ballu, de 1846 à 1856, sont sur l'emplacement de ce couvent et de ses jardins.

N° 118. *Petit-Hôtel de Villars*. Il a été construit, en 1712, par Boffrand, comme dépendance de l'Hôtel du maréchal de Villars situé au n° 116.

Guirlandes au-dessus de la porte; la façade sur le jardin offre un avant-corps surmonté d'un fronton triangulaire. Deux pièces (classées) ont gardé une partie de leur décoration où l'on voit le bâton de maréchal dans des trophées militaires.

N° 101. *Hôtel de Rothelin*, dit aussi de *Charolais*. — Cet hôtel a été construit, de 1700 à 1704, par Lassurance pour le marquis de Rothelin qui l'occupa jusqu'en 1714. Il devint, en 1735, la propriété de Mlle de Charolais, et, en 1758, celle de Conti de la Marche, il s'étendait alors jusqu'au n° 103 inclus. Le ministère de l'Intérieur l'occupa de 1827 à 1860 et Casimir-Périer y mourut du choléra en 1832. Ambassade d'Autriche, de 1861 à 1869, la princesse Pauline de Metternich y tint son salon sous le Second Empire; ministère du Commerce depuis 1870.

La façade sur cour présente, au rez-de-chaussée, quatre colonnes ioniques surmontées de pilastres soutenant un fronton triangulaire dont la base a été arrondie pour loger le cintre de la fenêtre centrale. Même façade côté jardin. Cette dernière, dont le fronton est resté intact, est classée.

N° 116. *Hôtel de Villars :* Cet hôtel est une reconstruction, en 1709, par Boffrand, pour le maréchal duc de Villars, d'un hôtel datant de 1645. On y

ajouta le gracieux hôtel portant le n° 118 qui en fut séparé en 1849 et Boffrand construisit une porte monumentale flanquée de colonnes auxquelles étaient adossées deux statues.
Le maréchal mourut en 1734. Ses héritiers vendirent l'hôtel, en 1772, à Louis-Hercule-Timoléon de Cossé, duc de Brissac, commandant la garde constitutionnelle de Louis XVI. Il fut massacré rue de l'Orangerie à Versailles le 9 septembre 1792; des patriotes versaillais détachèrent sa tête qu'ils allèrent porter, à Louveciennes, à son ancienne maîtresse, la comtesse du Barry, celle-ci la fit inhumer dans un coin de son jardin. Le ministère de l'Intérieur s'y installa en 1795, Lucien Bonaparte l'occupa en 1799 et Chaptal en 1803. L'hôtel, loti en 1845 fut occupé, de 1845 à 1862, par l'ambassade de Turquie, date à laquelle la Ville l'acheta pour la mairie du VIIe arrondissement.
Les travaux d'aménagement ne laissent plus rien subsister de son ancienne décoration intérieure, surtout de sa galerie, longue de près de 24 mètres, qui passait pour une des plus belles de Paris. Il ne reste que les colonnes de la porte de gauche qui sont celles du portail de Boffrand et les deux statues qui le flanquaient, *la Guerre* et *la Marine*, situées maintenant de part et d'autre du perron central de la façade sur le jardin. Cette façade est classée.
N° 110. *Hôtel de Courteilles*, dit aussi *de Rochechouart*. — Cet hôtel a été construit, en 1778, par Cherpitel, pour Mme de Courteilles dont la fille épousa le comte de Rochechouart. Le maréchal Augereau l'acheta en 1804 et le conserva jusqu'à sa mort, en 1816. Le ministère de l'Instruction publique l'occupe depuis 1829.
Sa façade sur cour présente dix pilastres corinthiens cannelés qui embrassent le rez-de-chaussée et le premier étage, ils sont surmontés d'un entablement, puis d'un attique à balustrade ajourée; balcon central de la façade sur jardin.
Ses façades sur cour et sur jardin, et trois des salons sont classés.
N° 87. *Hôtel de Bauffremont :* Cet hôtel a été construit, de 1721 à 1736, pour Paul de Grivel, comte d'Ourouer. Il fut ensuite occupé par diverses personnes, dont, en 1756, Pâris de Montmartel; en 1779, la comtesse de Boisgelin; en 1780, l'archevêque de Bourges; en 1848, la princesse de Bauffremont, fille du duc de Montmorency, et ensuite, de 1850 à 1859, par l'ambassade d'Autriche qui l'avait déjà occupé de 1742 à 1745.
Porte cochère dans niche ionique, mansarde à poulie, façade sur cour avec avant-corps à fronton triangulaire, plus large façade sur le jardin avec avant-corps bombé pourvu de fenêtres arrondies, d'un fronton curviligne et d'un beau balcon; escalier.
Les façades sur rue, sur cour et sur jardin et la décoration des salons du rez-de-chaussée et du premier étage sont classées.
N° 104. Dépendance de l'*abbaye de Pantémont (cf. n° 37, rue de Bellechasse)*.

N° 106. Temple de Pantémont *(cf. n° 37, rue de Bellechasse).*
N° 85. *Hôtel d'Avaray* : Cet hôtel, construit, par Leroux, en 1718, est resté pendant deux siècles la propriété de la famille d'Avaray. En 1920, le gouvernement des Pays-Bas l'acheta à la duchesse d'Avaray afin d'y installer son ambassade à Paris.
La façade sur le jardin offre un corps central surmonté d'un fronton triangulaire ayant, dans son tympan, un cartouche entouré de palmes, un salon a gardé sa décoration, bel escalier.
N° 83. Hôtel de Bonneval ou de Monceaux, construit en 1672, occupé par de Bonneval, marquis de Martonne, en 1710; par le ministre Cretté, en 1807; par Maret, duc de Bassano, en 1812.
N° 102. Hôtel de Maillebois, construit par Delisle-Mansart, et habité, en 1738 par le duc de Saint-Simon; celui-ci y vécut dans la retraite, travaillant à la rédaction de ses volumineux *Mémoires* et y mourut, en 1755, âgé de 80 ans. Le comte de Maillebois, neveu de Colbert de Seignelay, le fit remanier, en 1771, par Antoine. Séquestré à la Révolution, l'hôtel fut mis en vente par loterie.
Sa façade est ornée de hauts pilastres surmontés de vases, grand fronton curviligne, rangée de balustres au-dessus du premier étage.
N° 81. *Petit-Hôtel d'Estrées*, construit, en 1709, pour la duchesse d'Estrées, réuni au Grand Hôtel-d'Estrées, en 1762, par le marquis de Beuvron-d'Harcourt. Le comte Daru, intendant général de la Maison de Napoléon, en 1805, académicien et pair de France, l'a habité (inscription).
N° 96. Hôtel de l'époque du premier Empire.
N° 100. Restes d'un petit hôtel au fond de la cour.
N° 79. *Grand-Hôtel d'Estrées*. Il fut construit, en 1713, par Robert de Cotte, pour la duchesse d'Estrées. Il fut habité par Charlotte-Aglaé d'Orléans, fille du Régent, épouse du prince d'Est, duc de Modène. L'Empire l'affecta au général Clarke, duc de Feltre, la Restauration, à la marquise de Tourzel. Ambassade de l'U. R. S. S.
Cet hôtel présente, sur la cour d'honneur, un corps principal avec un avant-corps surmonté d'un fronton triangulaire supporté par trois étages de pilastres, et deux ailes étroites; des salons ont conservé leur ancienne décoration; bel escalier, porte.
N° 77. Hôtel de la comtesse de la Mothe-Houdancourt construit en 1708, propriété à la fin du XVIIIe siècle du duc de l'Infantado.
N° 88. Hôtel de la marquise de Noaillac, de 1712; propriété sous l'Empire du Comte Chaptal.
Balcon.
N° 75. Hôtel de Furstemberg, construit par Delisle-Mansart vers 1703, propriété du comte Egon de Furstemberg, du maréchal de Tessé; de Louis Phélipeaux de la Vrillière; en 1728 de Jean de Phélippeaux de Maurepas, « le plus séduisant des ministres » de la maison du roi, a dit Marmontel, et,

en 1787, de son héritier, Moreton de Chabrillan.
N° 86. Hôtel construit en 1698, également par Delisle-Mansart.
Mascaron.
N° 73. *Hôtel de Gallifet*, construit sur l'emplacement du *cimetière de Sainte-Croix*, cimetière paroissial de Saint-Sulpice de 1652 à 1680. Il fut construit en 1739 pour le président Talon, dont la veuve vendit le jardin au marquis Louis de Gallifet qui y fit bâtir, en 1775, par Legrand, un hôtel qui fut affecté, sous le Directoire, au ministère des Relations extérieures (Talleyrand reçut là le général Bonaparte, Joséphine, Mme de Staël) puis à celui des Affaires étrangères jusqu'en 1821. Ambassade d'Italie depuis 1894 (son entrée principale est au n° 50 de la rue de Varenne, *cf. ci-après*).
Portail flanqué de pilastres, bas-relief.
Nos 71 à 67. Emplacement du Grand-Hôtel Talon, qui fut ambassade d'Espagne de 1703 à 1711. Le nonce du pape y demeura en 1850-1851. Le n° 71 a été réuni à l'ambassade d'Italie.

Prendre, à droite, la rue du Bac, puis à droite, la RUE DE VARENNE *(section comprise entre la rue du Bac et le boulevard des Invalides)* / Cette section a été ouverte au commencement du XVIIe siècle sous le nom de rue de *la Garenne* ou de *la Varenne*.
N° 38. Maison où la comédienne Marie Dorval mourut en 1849 (cf. n° 110, rue du Bac).
Nos 41-43. Hôtels déjà réunis à la fin de l'Empire et affectés, de 1812 à 1814, au ministère des Cultes.
N° 46. Petit-Hôtel de Narbonne-Pelet en 1812; mascaron.
N° 45. Hôtel de Narbonne, construit, en 1732-1733, par Cartaud, propriété de la duchesse de Narbonne-Sérant en 1812.
Vaste portail où quatre colonnes ioniques supportent un lourd entablement, façade sur cour à deux étages, façade sur jardin décorée de pilastres ioniques, mansarde à poulie.
La porte sur la rue et la façade sur le jardin sont classées.
N° 48. Hôtel du début du XVIIIe siècle.
N° 47. *Hôtel de Boisgelin*, dit aussi *de La Rochefoucauld-Doudeauville*. Le rez-de-chaussée de cet hôtel a été construit, en 1732, par Cartaud. Il appartint, en 1787, à Mgr Boisgelin de Cucé, archevêque d'Aix en 1770, qui fit surhausser l'hôtel d'un étage par Parent. Député du clergé aux États-Généraux, président de la Constituante en 1790, Boisgelin émigra peu après. Cet hôtel appartint, vers 1860, aux La Rochefoucauld-Doudeauville qui y firent remonter une partie des boiseries du château de Bercy, bâti par Le Vau et démoli en 1861. Hôtel affecté à l'ambassade d'Italie. Sa façade sur le jardin présente un avant-co central et deux avant-corps latéraux; balcons, or ments du dessus des fenêtres, attique surmo d'une balustrade, escalier.

Ses façades sur cour et jardin, son escalier et la décoration de six pièces sont classés.

N° 50. *Hôtel de Gallifet*, dépendance de l'ambassade d'Italie *(cf. n° 73, rue de Grenelle)*.

La façade sur cour présente un portique de huit hautes colonnes ioniques supportant un entablement avec corniche à modillons; celle sur jardin, six hautes colonnes semblables à moitié engagées supportant un balcon.

Plusieurs salons ont gardé leur décoration. Cage d'escalier ornée de fausses fenêtres encadrées par des colonnes ioniques surmontées de bas-reliefs et éclairée par une coupole.

N°s 52-52 *bis*. Dans la cour, ancien Hôtel de Guébriant.

N° 51. La CITÉ DE VARENNE, a été ouverte sur l'emplacement d'un hôtel ayant appartenu, en 1788, à l'archevêque d'Aix, Mgr de Boisgelin.

N° 56. *Hôtel de Gouffier de Thoix*. — Cet hôtel a été construit en 1719 pour Henriette de Penacoët de Kéroualle, marquise de Gouffier de Thoix, sœur de la duchesse de Portsmouth, favorite du roi Charles II (cf. n°s 5-3, quai Voltaire) .

Magnifique portail surmonté d'une coquille sculptée style rocaille, vantaux sculptés, fronton armorié du bâtiment sur cour, bas-reliefs des bâtiments en aile, escalier.

L'extérieur et l'intérieur de cet hôtel sont classés.

N° 58. *Hôtel d'Ourouer*, de 1730, propriété sous l'Empire du général Rampon. Nonciature de 1885 à 1897.

La façade sur rue est ornée d'un balcon surmonté d'une baie à large fronton arrondi, portail, escalier. Façade et escalier classés.

N° 57. *Hôtel de Matignon :* Cet hôtel qui est la plus magnifique résidence du faubourg Saint-Germain a été commencé en 1721, par Jean Courtonne, pour le quatrième fils du maréchal de Luxembourg, le « tapissier de Notre-Dame », Christian-Louis de Montmorency, duc de Luxembourg, puis prince de Tingry, maréchal de France. Il le vendit, en 1723, alors qu'il était inachevé à Jacques Goyon de Matignon, comte de Torigny, gouverneur de la Normandie, époux de sa propre nièce. Celui-ci mourut en 1725 et ce fut son fils, Jacques-François, époux de la fille ainée du prince de Monaco, qui fit achever l'hôtel. Il mourut en 1751 et l'hôtel passa à son fils, Honoré-Camille, reconnu prince souverain de Monaco depuis la mort de sa mère.

L'hôtel, séquestré en 1793, fut restitué à ses enfants qui le vendirent, en 1804, à une danseuse de Venise qui le revendit, en 1808, à Talleyrand. Talleyrand y donna par ordre de l'Empereur, des réceptions retentissantes. Il vendit, en 1811, l'hôtel à l'État. Louis XVIII l'échangea, en 1816, contre le palais de l'Élysée qui appartenait alors à la duchesse de Bourbon rentrée en possession de ses biens.

Brongniart le remania. A la mort de la duchesse, en

1822, l'hôtel passa à sa nièce, Adélaïde d'Orléans, sœur de Louis-Philippe, qui le légua, en 1844, à son neveu, le duc de Montpensier. Le général Cavaignac, chef du pouvoir Exécutif, en fit sa résidence en 1848, de même que Baroche, président du Conseil d'État, en 1851. En 1852, le duc de Montpensier vendit l'hôtel au duc de Galliéra, qui en accorda la jouissance au comte de Paris; celui-ci y donna une brillante fête à l'occasion du mariage de la princesse Marie d'Orléans avec le prince Manoël de Bragance, le futur roi du Portugal; on vit là une manifestation réactionnaire qui ne fut pas étrangère au vote de la loi d'expulsion des princes. A la mort de son mari, la duchesse de Galliéra donna cet hôtel à l'ambassade d'Autriche qui l'occupa de 1888 à 1914. Il est depuis janvier 1935, l'Hôtel de la Présidence du Conseil.
Immense porte cochère flanquée de deux paires de colonnes ioniques ouvrant sur un mur en retrait, de forme semi-circulaire. La façade sur cour, surmontée d'une balustrade ajourée, présente un avant-corps central, semi-circulaire, avec consoles sculptées supportant un beau balcon orné de trophées; celle sur les jardins possède un avant-corps central et deux avant-corps d'extrémité, le premier ayant un fronton orné d'armoiries.
Des jardins immenses, les plus grands des jardins privés de Paris, s'étendent derrière l'hôtel jusqu'à la rue de Babylone en bordure de laquelle s'élève un pavillon de musique, petite construction d'un rez-de-chaussée seulement avec avant-corps hexagonal, appelée le Petit-Trianon.
L'intérieur a conservé de très beaux salons somptueusement décorés, mais d'époques différentes.
Cet hôtel et ses dépendances, son parc et son pavillon de musique au fond du jardin sont classés.
N° 60. *Hôtel du Prat :* Cet hôtel a été construit, en 1728, pour Charlotte de Bourgoin, veuve de Bernard du Prat, marquis de Formeries. Il appartint en 1775 aux Montmorency-Tingry, puis aux Béthune-Sully.
Porte surmontée d'un cartouche entouré de feuillages; façade sur rue avec fronton, ferronneries, escalier. Les façades sur rue (avec les vantaux de la porte) et sur cour et trois salons sont classés.
N° 62. Hôtel construit par Antoine vers 1785.

Prendre, aller et retour, la :
RUE DE BELLECHASSE *(section comprise entre la rue de Varenne et le boulevard Saint-Germain)* / N° 39 à 37. *L'abbaye de Pantémont :* Cette abbaye de religieuses de l'Ordre de Cîteaux, fondée en 1218 dans le diocèse de Beauvais s'installa ici en 1671. C'était à la fois un lieu de retraite et une maison d'instruction; la plus grande partie des jeunes filles de la noblesse du XVIIIe siècle furent élevées ici.
Supprimé en 1790, ce couvent fut vendu. Sa chapelle qu'avait reconstruit Contant d'Ivry entre 1747 et 1756 (chapelle d'ordre ionique avec coupole) devint un temple protestant en 1803. Les bâtiments conven-

tuels situés en bordure des nos 37 et 39 et visibles à travers la grille du no 37, servirent de caserne des gardes sous les Premier et Second Empire; ils sont actuellement occupés par le ministère des Pensions. Belle façade sur la cour. Temple classé.
No 31. Ancienne dépendance de l'abbaye ci-dessus; Monge y mourut en 1818, et aussi le médecin général Villemin en 1892 (inscription); Alphonse Daudet l'habita en 1894.
Façade du XVIIIe siècle, balcon, mascarons.
Nos 46 à 50. Anciennes dépendances de l'abbaye de Pantémont.
La partie centrale de la rue de Bellechasse a été percée, en 1805, au travers du *couvent des Chanoinesses Augustines du Saint-Sépulcre*, dit des *Dames de Bellechasse*, du nom de l'enclos, sans doute ancienne réserve de chasse. Ce couvent, ouvert en 1636, fut fermé en 1790 et loti en 1805.
No 66. Ancien ministère des Affaires ecclésiastiques sous la Restauration, École des Ponts et Chaussées de 1830 à 1848, direction des Cultes de 1862 à 1906; actuellement ministère de la Production industrielle.
No 70. Ancien hôtel du maréchal de Mac-Mahon en 1870.

De retour dans la rue de Varenne prendre, en prolongement de la rue de Bellechasse, aller et retour, la RUE VANEAU / Cette rue est la réunion depuis 1850 de trois rues que délimitaient les rues Oudinot et de Babylone et qui ont pris à cette date le nom de celle comprise entre les rues de Babylone et de Varenne, qui est celui d'un jeune polytechnicien tué, le 29 juillet 1830, à la tête des insurgés qui attaquaient la caserne de Babylone.
Le peintre et lithographe Charlet, dont les œuvres eurent, en 1818, la popularité des chansons de Béranger, a habité cette rue.
No 18. Immeuble habité par Victor Dalloz qui, avocat, avait été un des défenseurs des quatre sergents de La Rochelle.
No 24 (et no 2, rue de Chanaleilles). *Hôtel de du Prat*, marquis de Barbançon, de 1770, que le financier Ouvrard offrit, en 1799, à Mme Tallien. Mariée à 16 ans et divorcée à 20, elle avait épousé, en décembre 1793, Tallien, représentant de la Convention en Gironde; on l'appela bientôt « Notre-Dame de Thermidor » car elle sauva beaucoup de proscrits. Après son divorce d'avec Tallien en 1802, elle épousa, en 1805, le comte de Caraman, depuis prince de Chimay. C'est en remerciement des bontés de toute nature qu'elle avait eues pour lui, que le financier Ouvrard (il gagna 15 millions en trois ans [1797-1800] comme fournisseur des subsistances de la marine) donna cet hôtel à Mme Tallien qui continua à l'utiliser lorsqu'elle fut princesse de Chimay.
Ses façades et toitures à l'exception de l'aile moderne sur le jardin, quelques boiseries, stucs et parquets et son jardin sont classés.

N° 26. RUE DE CHANALEILLES, percée en 1844; son n° 5 fut habité par l'abbé Michon, inventeur, en 1875, de la graphologie.
N° 34. Ancien hôtel.
N° 40. Immeuble où habita, au cinquième étage, pendant 57 ans, à partir de 1875, Lenôtre, l'historien de Paris, auteur de *Vieilles maisons, vieux papiers*.
N° 39. Le comte de Falloux aurait habité cet immeuble.
N° 29. Ernest Renan a habité au quatrième étage de cet immeuble, à partir de 1864. Il resta ici jusqu'en 1882 et ce fut pendant ce séjour de 18 ans qu'il écrivit la majeure partie de ses ouvrages d'histoire religieuse. Il quitta cette maison pour habiter le Collège de France dont il était administrateur depuis 1873.

Reprendre, à gauche, la :
RUE DE VARENNE *(suite)* / N° 72. *Hôtel de Castries :* Cet hôtel, construit par Dufour en 1700, propriété en 1708 d'un marquis de Castries, fut complètement saccagé le 13 novembre 1790, à la suite du duel que le duc Armand de Castries eut avec le comte Charles de Lameth, tous deux députés de la noblesse aux États-Généraux. Ce dernier, qui s'était rallié à l'esprit nouveau, fut blessé par son adversaire. Le duc de Castries ayant émigré, son hôtel fut occupé par le ministère de la Guerre de 1795 à 1804.
Haut portail à entablement; la façade sur cour a un avant-corps central avec fronton triangulaire où un œil-de-bœuf remplace les anciennes sculptures. Hôtel classé avec son jardin.
N° 63. La CITÉ VANEAU se trouve depuis 1888 sur l'emplacement de l'Hôtel de la duchesse de Mazarin, de 1736, devenu hôtel de Rohan-Rochefort en 1787, et de l'Hôtel d'Étampes, de 1704, devenu hôtel de Mézières vers 1788.
La RUE BARBET-DE-JOUY a été percée en 1838 sur l'emplacement de l'ancien hôtel Grimaud d'Orsay; ses hôtels sont modernes. N° 30 : Archevêché de Paris.
N° 76. Petit hôtel de Castries construit en 1760; ministère de l'Agriculture depuis 1880.
N° 78. *Hôtel de Villeroy :* Cet hôtel, situé derrière un grand bâtiment moderne qui l'écrase, a été construit, en 1724, par Aubry et décoré par Leroux, pour la comédienne Desmares, modèle de Watteau. Il devint, en 1735, la propriété de Villeroy, duc et pair, gouverneur du Lyonnais. Il fut affecté, en 1793, à la direction du Service de Santé; à l'École d'État-Major, de 1823 à 1826; à la police générale de 1852 à 1853 et à la présidence du Conseil d'État, de 1853 à 1869. C'est le ministère de l'Agriculture depuis cette dernière date.
Façade sur le jardin, avant-corps central avec fronton triangulaire et balcon, rampe de l'escalier. Les façades sur cour et sur jardin sont classées.
N° 69. *Hôtel de Seissac* ou *de Clermont* ou *d'Orsay :*

Cet hôtel a été construit, de 1711 à 1714, par Alexis Leblond, pour la marquise de Seissac, née Charlotte d'Albert de Luynes. C'était alors l'Hôtel de Clermont, autre nom de la famille de Seissac. La marquise vivait ici avec son frère qui y mourut en 1734. Elle-même mourut en 1756, léguant l'hôtel à son petit-neveu, Charles-Louis d'Albert, duc de Luynes et de Chevreuse, qui le vendit à la duchesse du Chaulnes. Celle-ci le céda, en 1768, au comte Durfort d'Orsay qui le décora somptueusement.
Séquestré à la Révolution, cet hôtel fut, après avoir servi à des « jeux gymniques », acheté, en 1804, par Armand Séguin qui sut s'enrichir comme fournisseur des armées. Il appartint, en 1836, à Barbet de Jouy, en 1838, à la comtesse Tanneguy-Duchâtel qui eut là, sous Napoléon III, un salon politique très réputé.
Portes; inscription : « Ancien Hôtel de Clermont construit de 1714 à 1775 ». Ses façades sur cour et sur jardin, ses toitures, son jardin et la décoration XVIIIe siècle de deux de ses salons sont classés.

Prendre, à droite, aller et retour, la :
RUE DE BOURGOGNE *(section comprise entre la rue de Varenne et la place du Palais-Bourbon)* / Cette rue a été ouverte en 1719.
N° 52. De la fin du XVIIIe siècle.
N° 50. De la fin du XVIIIe siècle. Archevêché de Paris en 1907, le Cardinal Richard y mourut l'an suivant.
N° 48. Ancien Hôtel de Praslin; sa façade sur le jardin et la décoration de son escalier sont classées.
N° 46. Hôtel d'Antzy, de 1777; ses façades sur cour et sur jardin sont classées.
N° 34 (et n° 136, rue de Grenelle). Vieille maison.
N° 8. Vieille inscription du nom de la rue Saint-Dominique sur laquelle les lettres « St » ont été grattées.

RUE DE VARENNE *(suite)* / N° 73. *Grand-Hôtel de Broglie* aussi dit *Hôtel Julliet*, construit vers 1735, par Boffrand, pour le comte de Langaunay et la dame Julliet de Franconville, son épouse. Propriété, en 1752, du duc Victor-François de Broglie, alors lieutenant-général. Il devint maréchal de France en 1759, fut ministre de la Guerre à la Révolution et fut l'un des premiers émigrants.
Son hôtel, confisqué et mis en loterie, fut gagné par un négociant de Hambourg qui le vendit, en 1802, au marquis de Semonville. L'ancien consul Lebrun y fut locataire en 1815. L'hôtel devint, en 1826, la propriété de la duchesse de Montebello, veuve du maréchal Lannes, qui le fît agrandir.
Frontons, jardin.
N° 75. Hôtel de Châtillon en 1704; il suivit, à partir de 1775, le sort de l'hôtel suivant.
N° 77. *Hôtel de Biron :* Cet hôtel a été construit, de 1728 à 1731, par Aubert, sur les dessins de Jacques Gabriel, pour Abraham Peyrenc, ancien perruquier

enrichi par le système de Law. Ayant acheté une terre appelée Moras et une charge de maître des requêtes au Conseil d'État, il prit le nom de Peyrenc de Moras et continua sa brillante ascension. Il mourut dans cet hôtel en 1732. L'hôtel devint alors la propriété de Louise de Bourbon, veuve du duc du Maine, second fils de Louis XIV et de Mme de Montespan. La duchesse décéda dans cet hôtel en 1753, âgée de 78 ans. L'hôtel fut alors acheté par Louis-Antoine de Gontaut, duc de Biron, colonel des gardes-françaises, maréchal et pair de France; il rendit cet hôtel célèbre par les réceptions qu'il y donna et par la somptuosité de ses jardins où les Parisiens étaient admis. Après sa mort, survenue en 1788, à l'âge de 88 ans, l'hôtel passa à son neveu, Armand de Béthune, duc de Charost, qui, emprisonné pendant la Terreur fut sauvé par le 9 Thermidor; il reprit possession de son hôtel où il mourut en 1800, maire du Xe arrondissement, victime de son dévouement en soignant des sourds-muets atteints de la petite vérole. L'hôtel fut loué, de 1806 à 1810, au légat du pape, au cardinal Caprara qui avait, en 1805, sacré, à Milan, Napoléon roi d'Italie, puis, jusqu'en 1811, à l'ambassadeur de Russie, le prince Kourakine.

En 1820, Mme Sophie Barat acheta l'hôtel afin d'y installer l'aristocratique *couvent des Dames du Sacré-Cœur-de-Jésus*, qui comportait un noviciat et un pensionnat. Ce couvent occupa donc l'Hôtel Biron jusqu'à la dissolution des congrégations en 1904. Le sculpteur Rodin en obtint la jouissance jusqu'à sa mort; l'État l'acheta en 1910 et l'affecta au musée Rodin.

Porte monumentale. Les façades de cet hôtel sur cour et sur jardin présentent un avant-corps central à fronton avec fenêtres en plein cintre et deux pavillons d'angle; mascarons, consoles, rocaille, balcon, escalier. La décoration intérieure a disparu, la supérieure du couvent du Sacré-Cœur ayant vendu les boiseries aux barons de Rothschild. Le magnifique jardin à l'anglaise, qui a été créé vers 1753, a été restauré, en 1927, dans son état primitif et on a dégagé son bassin, une belle vasque de près de 18 mètres qui avait été comblée par les religieuses.

La rue de Varenne aboutit au :

BOULEVARD DES INVALIDES *(section comprise entre les rues de Grenelle et de Babylone)* / Ce boulevard, qui a appartenu aux *boulevards du Midi* et fut terminé en 1761, marque la limite occidentale du noble faubourg Saint-Germain.

No 38. Hôtel de Biron *(cf. no 77, rue de Varenne)*.

No 33. Le lycée Victor-Duruy occupe une partie de l'ancien couvent du Sacré-Cœur *(cf. ci-dessus)*.

21

LA PLAINE DE GRENELLE

L'ile Maquerelle / La plaine de Grenelle / L'Hôtel Royal des Invalides : l'église Saint-Louis, l'église du Dôme, le tombeau de l'Empereur / Le puits artésien de Grenelle / L'esplanade des Invalides / Le bourg du Gros-Caillou / L'Hôtel Royal de l'Ecole Militaire / Le Champ-de-Mars / La barrière de Grenelle.

Point de départ : Hôtel des Invalides (entrée nord).

Vers 1650, la région comprise entre notre boulevard des Invalides, la Seine, nos boulevards de Grenelle et de Garibaldi, appartenait à la plaine de Grenelle, lieu assez désert où l'on chassait le lièvre et la caille ; ce nom de Grenelle venait de *garanella* (la petite garenne) ; quelques cultures maraîchères apparaissaient de loin en loin.

Près de la rive gauche de la Seine, depuis notre rue Jean-Nicot jusqu'à l'avenue de Suffren, s'étendait l'*isle Maquerelle* où on inhuma, en 1544, des pestiférés et, en 1572, bon nombre des huguenots massacrés le soir de la Saint-Barthélemy. En 1676, Louis XIV la peupla de cygnes, ce qui lui valut, dès lors, le nom d'*île des Cygnes*, île qui fut rattachée à la rive gauche en 1773. (Deux des pieds de la Tour Eiffel sont sur son emplacement.)

La région maraîchère et potagère de la plaine de Grenelle était traversée par deux routes, appelées toutes deux, au XVIe siècle, *le chemin des Vaches*, les vacheries de l'abbaye de Saint-Germain-des-Prés envoyant par ces itinéraires leurs vaches paître le grand Pré-aux-Clercs ; ces anciennes routes forment de nos jours les sections des rues Saint-Dominique et de Grenelle situées à l'ouest de l'Esplanade.

La majeure partie de la plaine de Grenelle appartenait à l'abbaye de Saint-Germain-des-Prés ; le reste était la propriété de l'abbaye de Sainte-Geneviève. Un énorme rocher appelé le *Gros-Caillou*, situé vers l'intersection de nos rues Saint-Dominique et Cler, indiquait les limites des censives de ces deux abbayes. Ce rocher fut démoli en 1738 ; le nom du Gros-Caillou continua toutefois à subsister, ayant été pris comme enseigne par une maison de prostitution bien achalandée.

L'HOTEL ROYAL DES INVALIDES / La première maison destinée à recueillir et à abriter les soldats

estropiés, vieux et caducs, devenus invalides à la suite des guerres, fut fondée par Henri IV en 1604; c'était la *Maison Royale de la Charité Chrétienne* établie rue de l'*Oursine* (cf. rue Pascal). Marie de Médicis n'ayant pas soutenu cet établissement après la mort d'Henri IV, les soldats invalides redevinrent, comme par le passé, des gueux que les abbayes recueillaient comme oblats, à charge pour eux de sonner les cloches et de balayer l'église. Richelieu reprit la question et affecta au logement des invalides le château de Bicêtre qu'il érigea en *commanderie de Saint-Louis*, mais celle-ci périclita à son tour.
La question fut reprise par Louis XIV qui, secondé par Louvois, prescrivit, en 1670, la construction d'un hôtel où tous les soldats devenus invalides à son service seraient entretenus, les fonds étant prélevés sur les revenus des abbayes et des prieurés. Ce fut une institution royale, administrée par un gouverneur représentant le Secrétaire d'État à la Guerre, où les médecins, chirurgiens, apothicaires étaient nommés par le roi et jouissaient des mêmes privilèges que ceux attachés à la cour du monarque.
On fixa comme emplacement du futur Hôtel Royal des Invalides le large espace de terrain situé hors de Paris dans la partie de la plaine de Grenelle comprise entre le faubourg Saint-Germain et le bourg du Gros-Caillou. La première pierre fut posée le 30 novembre 1671. Près de 6.000 invalides purent prendre, en 1676, possession de leur hôtel dont la construction fut achevée en 1706. Les architectes en furent, de 1671 à 1676, Libéral Bruant pour l'Hôtel, puis, à partir de 1677, Jules-Hardouin Mansart qui acheva l'église et construisit le Dôme.
La grille d'entrée, flanquée de deux pavillons en pierre, ouvre sur un parterre qui remplace les petits jardins particuliers que cultivaient jadis les invalides. Il est bordé par un fossé large de 6 mètres, profond de 3, soutenu par un mur d'escarpe à balustrade, terminé à chacune de ses extrémités par une demi-lune bastionnée. On aperçoit, alignés à l'intérieur le long de cette clôture, de vieux canons français ou étrangers, dont les huit pièces prussiennes de la *Batterie Triomphale* fondues, en 1708, pour Frédéric Ier, roi de Prusse, et capturées à Vienne par Napoléon, en 1805.
Une patte d'oie conduit aux trois portes, en bois sculpté, de la longue façade que terminent deux pavillons en avant-corps; ceux-ci ont porté à leurs angles jusqu'en 1939 les quatre statues d'esclaves en bronze qui, jadis, décoraient le socle de la statue érigée à la gloire de Louis XIV sur la place des Victoires. Cette façade, de plus de 200 mètres de long, décorée de mascarons, de casques, cuirasses et pots à feu, comporte un rez-de-chaussée, deux étages et un attique surmonté d'un comble dont les lucarnes, toutes différentes, sont en forme de trophées. Sa partie centrale forme un avant-corps qu'une élégante incurvation relie aux ailes; des pilastres ioniques accouplés soutiennent un arc sculpté s'élevant jusqu'à la hauteur du toit et portant

Hôtel Royal des Invalides (*grav. vers 1710*)

Hôtel Royal des Invalides / Plan

en son centre un bas-relief représentant, au-dessus d'un piédestal encadré par *la Justice* et *la Prudence*, Louis XIV à cheval en costume romain. Sa figure, par Cartellier, remplace depuis août 1816 la figure primitive, œuvre de Coustou, mutilée pendant la Révolution. Coustou a sculpté aussi les statues colossales de *Mars* et de *Minerve* placées de chaque côté de la porte d'entrée.

La cour d'honneur — ou cour Royale — de forme rectangulaire est fermée par quatre bâtiments identiques, composés d un rez-de-chaussée et d'un étage dont les arcades, en plein cintre, sont superposées. Ils forment quatre portiques coupés chacun par un avant-corps central à fronton triangulaire sculpté; celui du nord porte un cadran solaire. A remarquer, à chaque angle de la cour, les groupes de chevaux piaffant, et, parmi les originales mansardes qui éclairent les combles, la cinquième à droite du pavillon de gauche en entrant. Cette mansarde est formée d'un loup sculpté à mi-corps dont la tête est à moitié cachée par des palmes et dont les pattes soutiennent l'œil-de-bœuf; ce « loup » qui regarde le sol de la cour, qui « voit », est destiné à rappeler à la postérité la participation de Louvois à la création de l'Hôtel Royal des Invalides.

L'avant-corps central du fond, plus orné que les trois autres, forme la façade principale de l'église Saint-Louis-des-Invalides. Au-dessous de l'horloge de Lepaute (1784), se trouve la statue de Napoléon, par Seurre, qui fut dressée, pendant un temps, au sommet de la colonne Vendôme.

Tout l'hôtel a conservé son aspect du XVIIe siècle : façades, corridors et couloirs à poutres et à solives apparentes, et escaliers à balustres ou à rampe de fer forgé. Ses corridors couvrent une longueur de 16 kilomètres.

L'église Saint-Louis-des-Invalides : L'église Saint-Louis-des-Invalides, dans laquelle on entre par la cour d'honneur, comporte une grande nef de dix travées soutenue par des pilastres corinthiens; elle était, jadis, réservée aux officiers et au personnel de l'Administration, et aux soldats invalides. Les bas-côtés supportent une galerie à balustrade dominée par des drapeaux pris à l'ennemi, suspendus à la corniche (1417 drapeaux furent brûlés en 1814 pour qu'ils ne tombent pas entre les mains des Alliés, lors de l'entrée de ceux-ci à Paris); les piliers qui séparent les bas-côtés de la nef portent les noms de certains gouverneurs de l'Hôtel des Invalides inhumés dans la crypte.

Celle-ci, de 17 mètres de long sur 6 de large, s'ouvre derrière l'autel; elle contient des caveaux et un colombarium où reposent les cœurs de Vauban, de Kléber, de la Tour d'Auvergne, des généraux Eblé et Baraguay d'Illiers, de Mlle de Sombreuil, et les corps des gouverneurs des Invalides, ainsi que ceux de glorieux soldats. A la suite de ces caveaux, une quarantaine de maréchaux, amiraux, commandants en chef, commandants de groupes d'armées et d'armées des guerres 1914-1918 et 1939-1945 sont inhumés sous l'église.

Le chœur de l'église Saint-Louis est commun avec celui de l'église du Dôme (cf. ci-après), il en était de même de son autel jusqu'à ce que l'on ait construit, en 1842, la crypte qui est au centre de l'église du Dôme. Les deux églises sont maintenant séparées; cette séparation a été encore plus complète avec la mise en place, entre elles deux, en 1852, d'un portique en marbre vert, sur socle de marbre blanc et colonnes en marbre rouge et blanc, et, en 1873, de la grande verrière décorée qui le surmonte.

Les deux cours intérieures, situées de part et d'autre des façades latérales de la cour d'honneur, sont suivies d'autres cours réparties entre deux vastes quadrilatères situés de chaque côté des églises Saint-Louis et du Dôme. A noter parmi elles, la cour où se trouvent, depuis 1676, les bâtiments de l'infirmerie de l'Hôtel des Invalides, jadis composée de grandes salles, aux lits nombreux, desservies par les Filles de la Charité; en plus des invalides on y soigna, à partir de 1702, tous les soldats atteints de maladies vénériennes.

L'église du Dôme : Alors que l'Hôtel des Invalides a été l'œuvre intégrale de Libéral Bruant, l'église du Dôme, ou église Royale, est celle de J.-H. Mansart; il la commença en 1677 et elle était presque achevée lorsqu'il mourut en 1708. Robert de Cotte l'acheva conformément aux dessins de Mansart, sauf quelques détails concernant son parvis.

Cette église constitue un des plus beaux monuments de Paris, surtout par son dôme qui se dresse, d'un seul jet, jusqu'à 107 mètres de hauteur.

Sur un large perron, haussé sur 15 marches, s'élève l'avant-corps de la façade, composé de deux ordres superposés, dorique en bas, corinthien en dessus, celui-ci portant un fronton triangulaire; deux ailes sont en retrait; leur décoration ne comporte que des pilastres. Il ne reste, au rez-de-chaussée, que les statues de saint Louis et de Charlemagne exécutées, en 1706, par Coustou et par Coysevox; au-dessus d'elles, à l'étage, des panneaux de trophées sculptées par Pierre Legros père, et, sur la première corniche, les quatre vertus cardinales, *la Prudence, la Justice, la Tempérance* et *la Force*, par Mazeline; les autres statues qui décoraient la balustrade ont disparu.

Au-dessus de la terrasse qui termine l'avant-corps et ses deux ailes s'élève le dôme. Celui-ci est constitué par un tambour, percé de douze fenêtres qui, placées entre quarante colonnes corinthiennes engagées, fournissent un grand jour à l'église; ces colonnes soutiennent un attique percé aussi de douze fenêtres cintrées; au-dessus, la corniche de l'attique porte douze vases ardents derrière lesquels s'amorce la coupole.

Celle-ci est plus allongée que ne le sont les coupoles des églises Saint-Pierre de Rome, Saint-Paul de Londres, et du Val-de-Grâce. Sa couverture est revêtue de douze grandes côtes de plomb doré, séparées par des espaces remplis de guirlandes, de casques et de trophées aussi dorés, chacun de ces casques dissimule une lucarne qui éclaire l'intérieur du dôme. La coupole est terminée par un lanternon ouvert sur quatre arcades, chargées d'une haute pyramide terminée par un globe, lui-même surmonté d'une croix de fer doré. La coupole a été dorée pour la première fois en 1715; elle l'a été à nouveau en 1813, 1853, 1867 et 1934.

Les vantaux du portail portent des panneaux cloués reproduisant les fleurs de lis et les initiales de saint Louis.

L'église, de style jésuite, forme, à l'intérieur, un carré de 56 mètres de côté, divisé par une croix grecque délimitant, à droite, la chapelle de Sainte-Thérèse, à gauche, celle de la Vierge, et, dans les quatre angles, quatre autres chapelles. Le dôme repose sur quatre piliers séparés par des arcades, les quatre pendentifs sont décorés par les *Évangélistes* de Ch. de Lafosse qui a peint aussi, à la coupole, la composition représentant *saint Louis remettant son épée au Christ*. Sur l'entablement, au-dessus des fenêtres, des médaillons représentent les principaux rois de France. Toute l'église est richement décorée de sculptures, trophées, devises, bas-reliefs, statues, chérubins, médaillons; les peintures l'emportent sur les sculptures, contrairement à la décoration antérieurement adoptée pour l'église Saint-Louis-Saint-Paul et pour la chapelle du Val-de-Grâce.

Le pavement, en marqueterie de marbre, représente des rinceaux, des ornements, des feuillages, avec des fleurs de lis et le chiffre de Louis XIV.

Le Tombeau de l'Empereur : Le 15 décembre 1840, la dépouille de Napoléon fut transportée aux Invalides et déposée dans la chapelle Saint-Jérôme de l'église du Dôme; elle y resta pendant 20 ans jusqu'à ce que l'on ait construit le « tombeau de l'Empereur » où elle fut transportée solennellement le 2 avril 1861. Ce tombeau est l'œuvre de Visconti qui fit creuser, au centre de l'église, la crypte découverte dont la construction a tant modifié l'intérieur de l'église de Mansart. Au centre de la crypte, le corps de Napoléon, vêtu de l'uniforme vert des chasseurs de la Garde, la tête du côté de la place Vauban, avec, à ses pieds, deux urnes d'argent contenant son cœur et ses entrailles et, à côté, des pièces de monnaie et son couvert, repose dans six cercueils successifs (le premier, au centre, en fer-blanc, le second en acajou, les deux suivants en plomb, le cinquième en bois d'ébène, le sixième en chêne) enfermés dans un colossal sarcophage de porphyre rouge de Carélie dont le couvercle est d'une seule pièce, placé sur un soubassement en granit vert des Vosges. Au fond de la crypte, douze *Victoires* colossales taillées par Pradier, dans le même bloc de marbre que les piliers auxquels elles sont adossées, délimitent un promenoir circulaire.

Hôtel Royal des Invalides / Réfectoire

Fontaine de Mars (*grav. 1810*)

Eglise du Dôme (*grav. vers 1710*)

Un baldaquin doré, soutenu par quatre colonnes torses en marbre blanc, conduit au vestibule de la crypte où se dressent les cénotaphes des maréchaux du palais, Duroc et Bertrand, et où, entre deux statues de Duret, s'ouvre une porte, fondue avec le bronze de canons pris à Austerlitz, surmontée de la célèbre phrase : « Je désire que mes cendres reposent sur les bords de la Seine auprès de ce peuple français que j'ai tant aimé. » Cette porte franchie et 26 marches de marbre blanc descendues, on arrive dans le promenoir circulaire qui s'étend sous le pavé de l'église; dix bas-reliefs de marbre blanc de Simart, relatifs aux principaux faits de la vie de l'empereur, le décorent; une chapelle, revêtue de marbre noir, contient divers objets ayant appartenu à Napoléon (l'épée d'Austerlitz, le chapeau d'Eylau, ses décorations) et sa statue, dans le costume du sacre, en marbre blanc, par Simart.
Les chapelles de l'église du Dôme, contiennent, outre les mausolées de Turenne et de Vauban, les monuments funéraires de Joseph, frère aîné de Napoléon, roi de Naples; de Jérôme, le plus jeune de ses frères, roi de Westphalie, et de son fils aîné; de Napoléon II, le roi de Rome, et celui du maréchal Foch; plus certaines urnes funéraires.

Louis XIV se rendit souvent à l'Hôtel des Invalides, tantôt incognito, tantôt en grande pompe. Par la suite, Pierre le Grand en 1717, Gustave III de Suède en 1770, et Joseph II d'Autriche (le comte de Falkenstein) en 1779 ne manquèrent pas de visiter cet hôtel que Montesquieu a appelé « le lieu le plus respectable de la terre ».
En 1777, on transporta à l'Hôtel des Invalides les plans en relief de certaines places fortes jusqu'alors dans la grande galerie du Louvre; dès lors l'hôtel commença à devenir un musée. L'hôtel ne connut guère de grands changements pendant la Révolution : les invalides furent seulement appelés les « pensionnaires de la République », et l'église royale, le « temple de Mars ». Le Premier Consul y vint, le 14 juillet 1800, célébrer l'anniversaire de la prise de la Bastille. La même année, le corps de Turenne, qui avait échappé aux profanations de la Révolution (le botaniste Desfontaines ayant pu le transporter au Muséum du Jardin des Plantes en le faisant passer pour une momie), fut transféré, en grande pompe, au « temple de Mars »; de ce jour l'hôtel commença à devenir une nécropole de héros.
L'Hôtel des Invalides allait bientôt s'enrichir des nombreux trophées arrachés à l'ennemi par les conquêtes impériales — le premier fut l'épée de Frédéric II — et des restes d'illustres généraux, dont le cœur de Vauban.
Napoléon passa souvent dans la cour d'honneur la revue de ses vétérans auxquels il avait voué une affection profonde; cet hôtel était, en quelque sorte, sa maison. La Restauration et le gouvernement de

Louis-Philippe marquèrent le même intérêt pour la fondation de Louis XIV dont l'apogée atteignit son comble avec la translation, le 15 décembre 1840, de la dépouille de Napoléon.

La IIIe République allait détourner une grande partie de l'Hôtel des Invalides de sa destination première, celle que Louis XIV avait édictée, car on y transféra en 1898, les bureaux du Gouvernement militaire de Paris. Depuis lors, ces bureaux n'ont cessé de proliférer. D'autre part, des Musées s'y installèrent : Musée de l'Artillerie en 1872, Musée historique de l'Armée en 1896. Aussi l'Hôtel ne peut-il plus abriter maintenant, faute de locaux, que 180 invalides.

Avant de revenir sur ses pas, jeter un coup d'œil sur l'

AVENUE ET PLACE DE BRETEUIL *(place de Lattre-de-Tassigny)* / La place de Breteuil a été dessinée en 1782. En 1808, on y édifia (emplacement du nº 4) un des cinq abattoirs dont la construction venait d'être ordonnée par Napoléon.

En 1833, on commença des travaux pour forer à l'angle de nos rues Valentin-Haüy et Bouchut, le *puits artésien de Grenelle* destiné à alimenter la rive gauche de Paris en eau potable. Celui-ci fut terminé en 1841; le forage avait atteint 547 m. 60 lorsque l'eau, à une température de 28°, jaillit à 33 mètres. au-dessus du sol, inondant l'abattoir. L'entrepreneur s'appelait Mulot; le soir de ce jaillissement il envoya vite ce mot au maire de Paris : « Arago, nous avons de l'eau ! Mulot. » « On boit la Seine, la Marne, l'Yonne, l'Oise, le Cher, la Vienne et la Loire dans un verre d'eau du puits de Grenelle », a écrit Victor Hugo. Le soubassement en maçonnerie de la statue de Pasteur (1898) est celui de la tour de 43 mètres de haut contenant un tube pour l'élévation de l'eau jusqu'à hauteur de la place du Panthéon et le tube de décharge.

L'ESPLANADE DES INVALIDES / L'esplanade des Invalides a été construite vers 1704, d'après les plans de Robert de Cotte qui a transformé la partie de l'ancien Pré-aux-Clercs appelée les *Prés-Saint-Germain* en une vaste place rectangulaire, semée de gazon et bordée d'arbres sur ses deux côtés.

L'Empereur fit placer en son centre, en 1804, un lion ramené de Venise en 1797; mais, en 1815, l'Autriche le récupéra, il domine actuellement une des colonnes de la Piazzetta, à Venise.

LE BOURG DU GROS-CAILLOU / La construction de l'Hôtel Royal des Invalides donna lieu, dans la seconde partie du XVIIe siècle, à l'établissement, à ses confins ouest, d'un grand nombre d'artisans et autres personnes, ce qui commença à transformer cette région de la plaine de Grenelle, jusqu'alors maraîchère, en un bourg dont l'importance augmenta, au XVIIIe siècle, avec la création du Palais-Bourbon, et, surtout, avec celle de l'École Militaire. Ce fut le bourg du Gros-Caillou.

A l'extrémité nord de l'Esplanade, prendre, à gauche le :

QUAI D'ORSAY *(section comprise entre l'esplanade des Invalides et l'avenue Bosquet)* / N° 63. La RUE SURCOUF est l'ancienne rue de *la Boucherie* de 1710, qui conduisait à la *boucherie des Invalides* située dans la rue Saint-Dominique.

Tout le quadrilatère compris entre les rues Surcouf, de l'Université, Jean-Nicot et le quai a été occupé de 1810 à 1909, par une importante manufacture des tabacs (transportée depuis à Issy-les-Moulineaux) qui avait englobé une ancienne ferme, dite *la Grenouillère*, propriété de Beaumarchais. Cette manufacture était contiguë (n° 67) à la *pompe à feu du Gros-Caillou*, construction des frères Périer, dont la première pierre avait été posée en juillet 1786. La pompe à feu du Gros-Caillou, d'un débit de 1.350.000 litres par 24 heures, était une pompe aspirante et foulante actionnée par la vapeur et destinée à alimenter en eau l'École Militaire, le bourg du Gros-Caillou, les Invalides et le faubourg Saint-Germain. Elle était analogue, mais moins puissante, à celle que les frères Périer avaient construite, en 1781, à Chaillot.

N° 67. La RUE JEAN-NICOT s'est appelée, en 1720, la *rue des Cygnes* car elle conduisait à l'île de ce nom après avoir franchi un petit bras de la Seine.

N° 73. La rue MALAR est une ancienne ruelle de 1716.

Tourner à gauche dans l'avenue Bosquet et prendre, à gauche la :

RUE SAINT-DOMINIQUE *(section comprise entre l'avenue Bosquet et l'esplanade des Invalides)* / N°s 129-131. Fontaine de Mars, œuvre de Beauvallet, édifiée de 1806 à 1809. Le bas-relief d'une de ses faces représente *Hygie, la déesse de la Santé, donnant à boire à Mars, dieu de la Guerre ;* on voit entre ses pilastres des vases entourés par le serpent, symbole d'Esculape. Elle recevait l'eau de la pompe à feu du Gros-Caillou. Fontaine classée.

Près de cette fontaine se trouvait, de 1765 à 1899, l'*hôpital militaire du Gros-Caillou*, fondé par le Maréchal de Biron pour ses gardes-françaises.

N° 113. La RUE CLER est l'ancienne rue de l'*Église*, de 1738.

N° 92. Église Saint-Pierre du Gros-Caillou, édifiée d'après les plans de Godde, en 1822, en remplacement de la première église de ce bourg, de 1738, dédiée à Notre-Dame-de-la-Délivrance et érigée en cure en 1776.

N° 93. La RUE AMÉLIE, date de 1772.

N° 74. Vieille maison; toit curieux par ses mansardes. Là mourut, en 1829, Bruslart, gouverneur de la Corse du temps où Napoléon était détenu à l'île d'Elbe.

N° 68. Vieille maison.

N° 66. Vieille maison dans la cour.

Nº. 81. Ancien cabaret du *Canon-ci-devant-royal*, ouvert sous la Régence, qui, avec l'auberge du *Soleil d'Or* (cf. nº 226, rue de Vaugirard), fut le centre de la conspiration, dite du camp de Grenelle, ourdie contre le Directoire en septembre 1796, par les Babouvistes.
Nºs 79-54. Vieilles maisons; ferronneries du nº 79.

Prendre, à droite, le boulevard de la Tour-Maubourg et, à droite la :
RUE DE GRENELLE *(section comprise entre le boulevard de la Tour-Maubourg et l'avenue Bosquet)* / Nº 160. La RUE DE LA COMÈTE date de 1775; son nom est un souvenir de la comète de 1763 reproduite sur une enseigne.
Nº 153. Vieille maison.

Par la rue Cler, gagner l'avenue de la Motte-Piquet et l'École Militaire.
L'HOTEL ROYAL DE L'ÉCOLE MILITAIRE / En 1750, la région de la plaine de Grenelle, située à l'ouest de l'agglomération du Gros-Caillou, était encore un lieu désert, sablonneux et stérile, où l'on chassait toujours le lièvre et la perdrix. L'abbaye de Sainte-Geneviève y possédait depuis le XIIe siècle un fief, la seigneurie de Grenelle, dans lequel était une maison, avec granges, cours, colombiers et jardins, située à l'emplacement du quartier Dupleix et appelée le *château de Grenelle*. Celle de Saint-Germain-des-Prés y avait une ferme, appelée *la ferme de Grenelle*, située à l'intérieur du rectangle que forment de nos jours les avenues de la Motte-Picquet, de Suffren et la rue de la Cavalerie.
En 1750, le financier Pâris-Duverney, avec l'appui de la marquise de Pompadour, proposa à Louis XV l'établissement, à proximité de l'Hôtel des Invalides, d'un *Collège académique* pour 500 jeunes gentilshommes pauvres, de préférence fils d'officiers tués ou devenus infirmes au service, destinés à fournir à l'armée des officiers instruits; cet établissement devait être dans la pensée des fondateurs, un édifice aussi grandiose que l'était l'Hôtel Royal des Invalides construit sous le règne de Louis XIV.
Louis XV accepta le projet, ainsi qu'il l'écrivit à la marquise en janvier 1751 : « Approuvé, le projet, approuvé, petite bien-aimée, puisque vous le voulez absolument.» En conséquence, on acheta, en juin 1751, les terrains de la ferme de Grenelle, acquisition, suivie, en février 1753, de celle du château et de la seigneurie de Grenelle. Jacques-Ange Gabriel, qui avait succédé à son père, en 1732, comme premier architecte du roi, fut chargé d'établir le projet des constructions.
La construction de l'Hôtel Royal Militaire commença en 1752; elle fut assez lente étant donnés, d'une part, son ampleur et, d'autre part, le manque de fonds; à celui-ci, Mme de Pompadour remédia souvent en prélevant des sommes importantes sur sa cassette

particulière, et le roi en allouant à l'École les produits d'une loterie, les revenus de l'abbaye de Laon, et ceux d'un impôt sur les cartes à jouer.
L'École put ouvrir ses classes dès 1760, mais sa chapelle ne fut terminée qu'en 1770. Pâris-Duverney, fondateur de l'École décédé la même année, y fut inhumé.
L'École Militaire fut réorganisée ,en 1777, par le comte de Saint-Germain, sous le nom d'*École des Cadets-gentilshommes ;* elle n'était plus réservée aux seuls gentilshommes, et l'élite des écoles militaires de province y était reçue en stage pendant un an. C'est ainsi qu'elle reçut, parmi ses élèves, le 22 octobre 1784, cinq jeunes gens du collège de Brienne dont Bonaparte, âgé de quinze ans. Il fut incorporé sous cette mention : 22 *octobre* 1784, *de Buonaparte (Napoleone), né le* 15 *août* 1769 *(E. R.)* (élève du roi); il quitta l'École un an après avec le grade de sous-lieutenant dans le régiment de la Fère-Artillerie qui tenait garnison à Valence.
Après avoir servi quelque temps au début de la Révolution de dépot de blé et de farine, l'École Militaire servit de quartier de cavalerie à partir de 1793. Le Second Empire l'agrandit pour qu'elle servît aussi à un quartier d'artillerie. L'École est aujourd'hui le siège de l'École supérieure de Guerre et d'autres centres d'études militaires; elle sert également de casernement.

Le terrain ne manquant pas, Gabriel avait pu construire un ensemble grandiose occupant un rectangle de 440 mètres de long sur 260 mètres de large. La façade principale, érigée de 1768 à 1772, donne sur le Champ-de-Mars; elle est décorée d'un pavillon central où des colonnes corinthiennes embrassent les deux étages, percé de trois portes, et couronné d'un fronton triangulaire ayant, à son centre, l'écusson de Louis XV porté par deux génies. Au-dessus se trouve un attique à pilastres corinthiens, surmonté d'un dôme quadrangulaire tronqué.
Du côté intérieur, la façade sur cour, qui des deux est la plus riche et la plus variée, comprend, au centre, un pavillon où des colonnes corinthiennes encadrent pareillement le rez-de-chaussée et l'étage; ce dernier est surmonté d'un fronton triangulaire où des figures allégoriques sont entourées de trophées. Au-dessus de l'attique, le dôme tronqué est décoré d'une horloge, de Lepaute, flanquée du *Temps* et de l'*Étude ;* il est percé de mansardes analogues à celles de l'Hôtel des Invalides. De part et d'autre de ce pavillon central, part une colonnade qui le relie aux pavillons des extrémités; elle comporte un ordre dorique au rez-de-chaussée, un ordre ionique à l'étage, et se termine par un mezzanine et un toit à la française orné de balustrades et de lucarnes. Ces deux pavillons d'extrémité sont analogues aux colonnades, mais leur attique supporte un dôme à quatre pans surmonté d'un lanternon.

Cette façade sur cour est encadrée par deux élégants portiques aux colonnes doriques accouplées, formant ailes ; ils sont coupés en leur milieu, par une avancée où huit colonnes supportent un fronton triangulaire, orné de l'écusson de Louis XV que des génies recouvrent de la Couronne. Ces portiques se terminent près d'une grille par deux petits pavillons décorés de guirlandes et de trophées. Cette grille, mise en place en 1787, ferme le quatrième côté de cette belle cour, jadis appelée la Cour Royale. Celle-ci est séparée par une très vaste cour, ancien terrain d'exercices, de la PLACE DE FONTENOY, de 1770, que Gabriel avait tracée en demi-lune. Une longue grille délimite ici le côté sud de l'École sur lequel avait tout d'abord été prévue l'entrée principale de l'établissement. Le surplus de l'École comprend des bâtiments plus simples, des cours, jardins et dépendances diverses.
A remarquer, à l'intérieur de l'École, le vestibule d'honneur, la bibliothèque, les salons de réception du rez-de-chaussée, l'escalier, les salons d'apparat du premier étage, la chapelle où le jeune Bonaparte fut confirmé, en mai 1785 (colonnes corinthiennes engagées, bas-reliefs de Pajou, voûte en berceau percée d'œils-de-bœuf), et la Salle des Maréchaux qui a gardé sa belle décoration de style Louis XV.

LE CHAMP-DE-MARS / Le Champ-de-Mars, terrain de manœuvres des élèves de l'École Militaire, a été commencé en 1765. Il servit surtout comme terrain de revues des troupes de la Maison du Roi, en remplacement du terrain des Sablons. Pour cela il fut nécessaire de l'agrandir, et de remuer et de niveler 14.000 toises cubes de terre ; lorsque cela fut terminé, on eut une esplanade qui pouvait contenir 10.000 hommes rangés en bataille. Elle était entourée de fossés, ornée intérieurement et extérieurement de quatre rangées d'arbre sur chacun de ses quatre côtés et de grilles aux cinq portes qui formaient ses entrées. Ce fut sa réalisation qui fit construire, de 1768 à 1772, le monumental corps de logis de l'École situé en façade sur le Champ-de-Mars et transporter de ce côté-ci l'entrée principale de l'École jusqu'alors prévue sur le côté opposé.
Ce terrain de manœuvres ayant été jugé insuffisant, on l'agrandit en lui incorporant, en 1773, l'extrémité occidentale de l'*île des Cygnes* après comblement du petit bras de la Seine qui l'en séparait.
Le Champ-de-Mars fut utilisé pour l'expérience aérostatique du physicien Charles et des frères Robert lorsqu'ils lâchèrent ici, le 27 août 1783, le premier ballon (sans nacelle et sans équipage) conçu scientifiquement. Ce ballon s'abattit à Gonesse, près d'Écouen, trois quarts d'heure après son envol. L'an suivant, le 2 mars 1784, Blanchard s'envola à son tour du Champ-de-Mars afin de démontrer qu'il avait trouvé le problème de la direction des ballons, mais au lieu d'atterrir, comme il l'avait prévu, à La Villette, il atterrit à Billancourt.

A partir de 1790, le Champ-de-Mars devint le théâtre de nombreux événements révolutionnaires dont le premier fut la fête de la Fédération où Talleyrand officia, le 14 juillet 1790, devant 300.000 spectateurs. L'évêque d'Autun était assisté de 300 prêtres et d'une centaine d'enfants de chœur : Lafayette prêta le premier le serment de fidélité à la Nation et à la Constitution que répétèrent, sous une pluie diluvienne, les 300.000 spectateurs et la famille royale installée dans une tribune devant l'École Militaire. En novembre 1793, Bailly fut décapité, dans des conditions odieuses, dans un des fossés en bordure du Champ-de-Mars, à l'angle du quai et de l'avenue de la Bourdonnais. Le 8 juin 1794, le Champ-de-Mars vit l'apothéose de la fête de l'Etre Suprême et aussi celle de Robespierre dont la popularité commença de ce jour à décliner. La Restauration y reconstitua, en 1827, un des combats de l'expédition d'Espagne, de 1823, en édifiant sur la colline située en face, de l'autre côté de la Seine, un fort de Cadix, le « Trocadéro », qu'avaient défendu les Espagnols. Louis-Philippe y donna, en août 1837, pour le mariage du duc d'Orléans avec la princesse Hélène de Mecklembourg-Schwerin, une grande fête populaire qui se termina par une effroyable bousculade où plusieurs personnes périrent étouffées. La IIe République y installa, en 1848, ses « ateliers nationaux », et le Second Empire, des courses de chevaux jusqu'à la création, en 1855, de l'hippodrome de Longchamp.
Au Champ-de-Mars se tinrent les expositions universelles de 1867, 1878, 1889 (édification de la Tour Eiffel), de 1900 et de 1937.

Par l'avenue de la Motte-Picquet et, à droite, l'avenue de Suffren, gagner la :
RUE DUPLEIX / Cet ancien chemin de terre de la plaine maraîchère de Grenelle conduisait, au XVe siècle, à ce *château de Grenelle* dont il a été question ci-dessus. L'abbaye de Sainte-Geneviève a eu dans cette rue ses fourches patibulaires, d'où son nom, en 1540, de *Chemin du gibet* [1].
En 1792, on installa dans le *château de Grenelle* une fabrique de poudre dont la direction fut confiée au chimiste Chaptal; cet endroit avait été choisi pour sa solitude. Le 31 août 1794, 150.000 kilos de poudre explosèrent pour une cause qui n'a jamais été connue. Les dégâts furent considérables et s'étendirent loin puisque le grand orgue de l'église Saint-Germain-l'Auxerrois fut détérioré, et que de nombreuses personnes furent tuées ou blessées dans Paris.

BOULEVARD DE GRENELLE / Le boulevard de Grenelle résulte de la création du mur des Fermiers-Généraux.
C'est contre le mur des Fermiers-Généraux, près de

1. L'abbaye de Saint-Germain-des-Prés avait les siennes au débouché de la rue Chevert sur le boulevard de la Tour-Maubourg.

la *barrière des Ministres*, appelée plus tard la *barrière de Grenelle*, à l'emplacement actuel de la station Dupleix de la ligne du métro, que furent fusillés, entre 1797 et 1815, différents condamnés politiques comme : le comte de Mesnard en 1797; Armand de Chateaubriand, cousin de l'écrivain en 1809; les personnes gravement compromises dans la conspiration du général Malet, dont celui-ci et les généraux Lahorie et Guidal, le 29 octobre 1812; et, le 19 août 1815, le général La Bédoyère (qui avait commandé le feu lors de la fusillade précédente), tenu responsable, par Louis XVIII, du succès à Grenoble du retour de Napoléon de l'île d'Elbe.

École Royale Militaire / Façade sur le Champ de Mars (*grav. vers 1780*)

[illegible]

[illegible] Alfred [illegible]

[illegible]

[illegible]

[illegible] Sultan [illegible]

Index alphabétique

NOMS DES RUES ET DES PRINCIPAUX ÉTABLISSEMENTS DÉCRITS OU CITÉS

RIVE GAUCHE

M

N

O

T

Table

RIVE GAUCHE

CHAPITRE 17

CHAPITRE 18

CHAPITRE 19

CHAPITRE 20

CHAPITRE 21

les villages

1 L'ANNEXION DE 1860.

Le mur des Fermiers Généraux / Les communes limitrophes de Paris / L'enceinte fortifiée de Thiers / L'annexion du 1er janvier 1860.

Le mur des Fermiers Généraux

C'était une forte muraille de pierre, haute de 3 m. 30 environ et longue de 23 kilomètres. Son tracé suivrait de nos jours celui des boulevards de la Gare, Auguste-Blanqui, Saint-Jacques, Raspail, Edgard-Quinet, Vaugirard, Pasteur, Garibaldi, de Grenelle, des rues Beethoven et Franklin, de l'avenue Kléber, des rues Lapérouse, de Presbourg et de Tilsitt, de l'avenue de Wagram, des boulevards de Courcelles, des Batignolles, de Clichy, de Rochechouart, de la Chapelle, de la Villette, de Belleville, de Ménilmontant, de Charonne, de Picpus, de Reuilly et de Bercy.
Cette enceinte fiscale était longée, intérieurement, par des *chemins de ronde*, extérieurement, par des *boulevards* qui fusionnèrent après la démolition du mur et donnèrent naissance à nos boulevards extérieurs. Elle était percée d'une soixantaine de portes, de *barrières* où les employés de l'octroi percevaient les taxes qui frappaient l'entrée de certaines marchandises dans Paris.
Sa construction fut, à peu près, achevée en 1787. La superficie de Paris passa alors de 1.103 hectares à 3.370 hectares, et sa population compta près de 600.000 habitants.
Les communes limitrophes de Paris : Hors de Paris, la banlieue était constituée par un certain nombre de villages où, depuis la loi du 14 décembre 1789, une administration municipale remplaçait l'ancienne administration paroissiale. Les communes des arrondissements de Sceaux et de Saint-Denis avoisinant Paris en 1860 étaient au nombre de 24, à savoir : Ivry, Gentilly, Montrouge, Vanves, Issy, Vaugirard, Grenelle, Auteuil, Passy, Neuilly-sur-Seine, Clichy, Saint-Ouen, les Batignolles-Monceau, Montmartre, la Chapelle-Saint-Denis, Aubervilliers, Pantin, la Villette, Belleville, le Pré-Saint-Gervais, Charonne Bagnolet, Saint-Mandé et Bercy.

L'enceinte fortifiée de Thiers : Le mur des Fermiers Généraux n'étant qu'une enceinte fiscale, Paris était du point de vue militaire une ville ouverte. Aussi le souvenir des invasions de 1814 et de 1815 fit-il penser, sous le règne de Louis-Philippe, à la nécessité de fortifier la capitale. Le projet de loi que déposa Thiers à cet effet, fut adopté, le 1er août 1841, malgré l'opposition de Lamartine qui pronostiqua son inutilité; les travaux, dirigés par le général Dode de la

Brunerie, furent immédiatement entrepris. Ce rempart, concentrique au mur des Fermiers Généraux et à une distance de un à trois kilomètres de celui-ci, traversa les villages indiqués ci-dessus et les coupa en deux. Il avait un développement de 39 kilomètres, 52 entrées y furent ménagées, non compris les passages des chemins de fer. Cette enceinte bastionnée était longée intérieurement par la *Route Militaire* qui donna naissance, à partir de 1860, à nos boulevard extérieurs porteurs de noms de maréchaux de l'Empire; elle l'était extérieurement par une zone militaire *non aedificandi* d'une profondeur de 200 mètres environ.
La construction de cette enceinte ne modifia en rien la situation administrative de Paris toujours enfermé dans le mur des Fermiers Généraux.

L'annexion de 1860 *:* Le 26 mai 1859, la Chambre des Députés adopta un projet de loi décidant que les limites de Paris seraient portées, à partir du 1er janvier 1860, du mur des Fermiers Généraux qui serait abattu jusqu'à la *Route Militaire* de l'enceinte fortifiée et que les communes ou les parties de communes qui se trouveraient comprises entre le mur des Fermiers Généraux et l'enceinte de Thiers seraient annexées à Paris.
Les chapitres qui suivent se rapportent, d'une part, aux communes supprimées par cette mesure et dont le territoire a été entièrement annexé à Paris, soit celles de Vaugirard, Grenelle, La Villette et Belleville; d'autre part, aux communes supprimées dont la plus grande partie du territoire a été annexée à Paris, le reliquat l'étant à des communes voisines, soit celles d'Auteuil, de Passy, des Batignolles-Monceau, de Montmartre, La Chapelle-Saint-Denis, Charonne et Bercy; et, finalement, aux communes subsistantes limitrophes de Paris dont une petite partie seulement du territoire a été annexée à Paris, à savoir celles d'Ivry, de Gentilly, Montrouge, Neuilly-sur-Seine et Saint-Mandé.
L'application de la loi du 26 mai 1859 porta la superficie de Paris de 3.370 hectares à 7.802 hectares et sa population de 600.000 habitants à 1.696.141 habitants. Ceux-ci furent répartis entre 20 arrondissements et 80 quartiers au lieu des 12 arrondissements et 48 quartiers qui existaient antérieurement.
La majorité des habitants des nouveaux arrondissements (nos 13 à 20) était composée, soit d'anciens habitants des communes, cultivateurs, maraîchers, meuniers, carriers, soit de petits rentiers et employés que la dureté des temps et la cherté des loyers avaient chassés de la capitale peu d'années auparavant, soit d'ouvriers fixés à proximité de leurs usines. Ces habitants avaient jusqu'alors payé peu d'impôts (5 francs par an et par habitant dans la commune de La Villette en 1857), aussi critiquèrent-ils cette annexion qui allait leur valoir des charges, droits d'octroi et impôts.
Ces communes étaient, en effet, très en retard sur

Paris du point de vue urbanisme, instruction, hygiène, voirie et police et leur annexion entraîna une quantité considérable de travaux dont les dépenses ne compensèrent qu'en partie la plus-value des recettes de l'octroi. D'où pour les Parisiens, de fortes majorations de leurs impôts.

Enfin, rappelons que la loi du 19 avril 1919 a prononcé l'arasement de l'enceinte fortifiée de Thiers; sa démolition, commencée en 1920, fut terminée en 1924. Depuis lors, Paris s'est étendu jusqu'à la limite extérieure de la zone *non aedificandi* indiquée précédemment.

2 LE VILLAGE D'IVRY.

Résumé de l'historique d'Ivry / Le quartier de la Gare, le village d'Austerlitz, la cité Doré, l'église Notre-Dame de la Gare / *Historique de quelques rues d'Ivry annexées à Paris.*

Jusqu'au rattachement, en 1860, d'une petite partie de son territoire à Paris, la commune d'Ivry communiquait avec la capitale par quatre *barrières :* les barrières *de la Gare* (carrefour du boulevard de la Gare et du quai), de l'*Hôpital* ou *des Deux-Moulins* (carrefour du boulevard de l'Hôpital et de la rue Jenner), d'*Ivry* (place Pinel) et d'*Italie* (place du même nom.). Elle était séparée de la commune de Gentilly par la *route de Choisy* (avenue de Choisy).

Résumé de l'historique d'Ivry : Ivry comprenait trois régions distinctes : la plaine, le coteau et le plateau. La première, située entre la Seine et le chemin de fer Paris-Orléans, est devenue IVRY-PORT. La seconde, falaise de l'ancien lit de la Seine, l'ex-*Mons Glandeolus,* le mont Glandiol, situé entre ce chemin de fer et les rues du Château-des-Rentiers (dans Paris) et de Paris (dans Ivry), est devenue IVRY-CENTRE, noyau d'Ivry où avait pris naissance le bourg antique. La troisième, située à l'ouest de la précédente, appartenait à un plateau s'étendant jusqu'à la plaine de Grenelle; c'était une région de carrière d'où on extrayait, soit la pierre à bâtir, soit l'argile employée pour la fabrication des briques et des poteries. Quelques-unes de ces carrières furent utilisées plus tard comme champignonnières. Une partie de ce plateau est devenue le PETIT-IVRY.

La première, terrain d'alluvions, fut pendant longtemps un centre de pâturages et de cultures maraîchères; les deux autres furent une région de vignes qui, au début du XIXe siècle, étaient encore renommées et d'un bon revenu. Le vin fut longtemps la principale richesse d'Ivry; apprécié des connaisseurs, il jouissait d'une bonne réputation. On fait mention de lui dans le *Décret Poëtique,* donné en l'île de Co, au sujet des vins de Bourgogne et de Champagne :

Neustriacus ille limus, illa suavius
Titillet haustus dolio Yvriaco latex.

(Que le sol de la Neustrie produise sa liqueur plus limpide, il reste que le liquide puisé au tonneau d'Ivry me chatouille d'une manière plus suave).

On voit, par cette citation, que le mot d'Ivry découle d'*Yvriacum,* nom romain provenant d'un ancien nom

gaulois qui aurait donné primitivement *Eburiacum*, terre d'Eburus.
A partir du VIe siècle, les terres d'Ivry furent données par leur possesseur, l'Église cathédrale de Paris, à différentes formations ecclésiastiques. Des laïques vinrent ensuite, aussi à la fin du Xe siècle, Ivry était-il composé, pour une partie, de fiefs ecclésiastiques dépendant de l'évêque de Paris et de différentes abbayes de la capitale et pour une autre partie de fiefs laïques, dont celui du roi. Pas d'établissements religieux à Ivry sous l'Ancien Régime.

Lorsque vint la Révolution, la paroisse d'Ivry ne comptait que 8 à 900 habitants groupés dans deux quartiers : le premier était le *quartier de la Gare*, celui de la gare d'eau qu'on avait commencé de creuser en 1764 dans la rive gauche de la Seine à hauteur du futur débouché du pont de Bercy pour abriter les bateaux et le deuxième, celui *des Deux-Moulins* que l'on appela d'*Austerlitz* après la victoire napoléonienne de 1805.
L'ouverture, en 1829, de la route nº 19 de Paris à Bâle, la construction, en 1831, du pont de Bercy, celle, de 1838 à 1843, de la ligne de chemin de fer de Paris à Orléans, celle, en 1845, du chemin de fer de Ceinture et surtout celle, à partir de 1840, de l'enceinte bastionnée de Thiers devaient précipiter la transformation de ces quartiers.
Cette enceinte coupa en deux la commune d'Ivry. Vingt ans après, la loi de juin 1859 annexa à Paris, à dater du 1er janvier 1860, toute la partie d'Ivry comprise entre le boulevard de la Gare, la Seine, les *fortifications* et l'avenue de Choisy, partie qui allait former un des quatre quartiers du XIIIe arrondissement, le quartier populaire et industriel de la Gare.

Le quartier de la Gare. Précisons bien que cette appellation de « gare » donnée en 1843 à la gare des marchandises du chemin de fer d'Orléans venait de celle de la *gare d'eau* voisine, de ce bassin pour abriter les bateaux mentionnés ci-dessus. Nos gares de chemin de fer s'appelaient alors des *embarcadères* et des *stations ;* et les trains, des *convois*.
C'est dans ce primitif *quartier de la Gare* que s'installa, en 1780, le premier établissement industriel d'Ivry, une verrerie pour bouteilles et verres à vitres, occupant 300 ouvriers; mais ce ne fut que près de trois quarts de siècle après que vinrent d'autres usines, avec, vers 1860, une raffinerie de sucre, dite de la Jamaïque, une usine à gaz, une fabrique de produits chimiques, une raffinerie de mélasse, etc.

Le village d'Austerlitz : Lors de sa construction en 1784, le mur des Fermiers Généraux s'étendait de la *barrière d'Italie* (place d'Italie) au futur pont de Bercy en suivant le boulevard de l'Hôpital jusqu'à proximité de la Salpêtrière, puis en contournant cet établissement, par le sud, le long de la rue *des Deux-*

Moulins (Jenner) et de notre boulevard de la Gare. Il faisait ainsi un angle aigu pénétrant dans Paris qui était occupé par ce hameau des *Deux-Moulins*, appelé ensuite d'*Austerlitz*, mentionné précédemment. En 1818, on rattacha à Paris cet angle rentrant, ce qui coupa en deux ce hameau, le mur d'octroi allant désormais tout droit de *la barrière d'Italie* à la Seine en suivant ce qui est devenu notre BOULEVARD DE LA GARE.
Ce hameau possédait vers 1840 une curiosité locale : la *Cité Doré*.

La Cité Doré : Cette Cité avait eu comme origine, avant 1818, une brasserie Écossaise qui ne fit pas de bonnes affaires et qu'acheta par la suite un fonctionnaire de l'École Polytechnique, M. Doré. Il en fit une propriété d'agrément. Dans les jours qui suivirent la révolution de 1848, une brigade de 1.500 ouvriers des « Ateliers Nationaux » affectée à la mise en état du *chemin de ronde de la Gare* (boulevard de la Gare) abattit la clôture de cette propriété et s'installa dans le parc où, couchée sur le gazon elle discuta de ses droits à l'ombre des grands arbres, cela tant et si bien que M. Doré se détermina à louer sa propriété qu'il découpa en lopins de terrains à bâtir. En fait de pavillons ouvriers avec petit jardin, ce furent surtout des cabanes insalubres qui occupèrent ce lotissement signalé, en 1853, comme un « cloaque extraordinairement ignoble », habité par 400 ouvriers parqués dans cette enceinte « comme pour croupir sur un fumier ». En 1859 c'était une cour des Miracles où près de 2.000 chiffonniers s'étaient entassés. Il n'en reste plus que le souvenir avec le nom de la rue appelée la Cité Doré.
Cet angle aigu comporta aussi, de 1818 à 1867, un des cinq abattoirs prescrits par Napoléon. Ce fut l'*abattoir de Villejuif* que remplace de nos jours une École des Arts et Métiers.

Il ne reste de nos jours dans la partie de la commune d'Ivry qui a été rattachée à Paris qu'un seul souvenir de cette ancienne commune, c'est l'église qui fut édifiée pour les besoins religieux des habitants du *village d'Austerlitz* et du primitif *quartier de la Gare* lorsque après la construction de l'enceinte de Thiers il leur fut malaisé de se rendre à leur église paroissiale normale située au sud de cette enceinte. Ils disposèrent d'abord, de 1852 à 1854, d'un ancien cabaret de la rue Nationale que remplaça l'église actuelle, construite, de 1855 à 1864, par Claude Naissant dans le style roman du XIIe siècle. Sa façade présente un porche voûté surmonté d'une tour carrée portant une haute flèche; l'intérieur, très sobre, est divisé en trois nefs terminées chacune par une abside. Elle a été dédiée à Notre-Dame-de-la-Gare.

HISTORIQUE DE QUELQUES RUES D'IVRY ANNEXÉES A PARIS

Le RUE ALBERT remplace une partie de l'ancien *sentier de la Coupe des terres au Curé*, entre les rues des Terres-au-Curé et de Tolbiac, et l'ancien *sentier des Chamaillards* ou du *Champ Maillard*, entre les rues des Terres-au-Curé et Régnault.

La RUE DU CHATEAU-DES-RENTIERS, qui se prolonge au sud du boulevard Brune sous le nom de rue du *Vieux-Chemin d'Ivry* et dans la commune d'Ivry sous le nom de rue de Paris, est un très ancien chemin, déjà indiqué en 1672, conduisant de Paris au centre du village d'Ivry. Le « Château des Rentiers » qui lui a donné son nom au début du XIXe siècle, était une magnifique propriété d'avant la Révolution, située à hauteur des emplacements des n°s 90 et 92 de la rue de Paris (dans Ivry). On avait de son parc une très belle vue sur Paris, Bercy, Conflans et Charenton.

La RUE DU CHEVALERET était indiquée en 1730, son nom est celui d'un lieu-dit.

L'AVENUE DE CHOISY est l'ancienne route conduisant de Paris à Choisy-le-Roi, elle était indiquée dès 1672.

Le QUAI DE LA GARE existait en 1670 à l'état de chemin; son nom lui vient de l'ancienne gare d'eau indiquée précédemment.

La RUE HARVEY est l'ancienne ruelle *Saint-Honoré*, dite aussi de *l'Hôpital ;* elle était formée presque exclusivement de maisons de prostitution (dix sur quinze maisons); l'ancien cabaret qui servit de lieu de culte avant la construction de l'église Notre-Dame-de-la-Gare était situé dans la rue Nationale, face au débouché de la rue Harvey.

L'AVENUE D'IVRY est l'ancienne *route d'Ivry* qui se détachait de la *route de Choisy* (avenue de Choisy) pour conduire de la barrière d'Italie au cœur du village d'Ivry.

La RUE NATIONALE actuelle ne comporte qu'une partie ancienne, celle qui est comprise entre le boulevard de la Gare et la place Nationale, c'est l'ancienne rue des *Deux-Moulins* de la commune d'Ivry; artère principale du hameau de ce nom dès 1812, elle aboutissait à la *barrière d'Ivry*. Son nom actuel lui a été donné après la révolution de 1848.

3 LE VILLAGE DE GENTILLY.

Résumé de l'historique de Gentilly; la Bièvre, la Maison-Blanche, la Butte-aux-Cailles, l'assassinat du général Bréa, la chapelle Saint-Marcel de la Maison-Blanche, la Maison de Santé, le puits artésien / *Historique de quelques rues de Gentilly annexées à Paris.*

La commune de Gentilly, séparée de la capitale par le mur des Fermiers Généraux, communiquait avec Paris par les barrières d'*Italie* (place d'Italie), de *Croulebarbe* (rue Corvisart), de *la Glacière* (rue de la Glacière) et de *la Santé* (rue de la Santé). La rue des *Catacombes* (Dareau) et le *chemin des Prêtres* (avenue du Parc-Montsouris, la séparaient de la commune de Montrouge.

Résumé de l'historique de Gentilly : Cet ancien village était un des plus séduisants des environs de Paris au temps de Louis XIV. Au VIIe siècle saint Éloi y avait établi une colonie d'orfèvres étrangers, des païens, des « gentils » disait-on; le nom de Gentilly découle, peut-être, de cette appellation, à moins qu'il ne provienne de *Gentiliacum*, terre de Gentilius. En 762, Pépin le Bref vint passer l'hiver à Gentilly où il tint, en 767, un concile, *Concilium Gentiliacense*, à l'occasion d'une dispute entre les Églises d'Orient et d'Occident.
Gentilly fournissait, en plus de l'herbe qu'il était de coutume de répandre dans Notre-Dame le jour de l'Assomption, une terre argileuse réputée fort recherchée par les potiers. Mais sa principale industrie était celle des tanneurs et des mégissiers installés sur les bords de la Bièvre où leurs fabriques alternaient avec des tavernes que fréquentaient les amoureux. Gentilly possédait aussi des prairies qui eurent une grande célébrité, à la fin du XVIIIe siècle, par leur incomparable richesse botanique et entomologique; Tournefort y fit d'intéressantes découvertes au cours de ses herborisations autour de Paris.
En 1820, la commune de Gentilly se composait de quatre écarts appelés : le PETIT-GENTILLY (région de l'hospice Sainte-Anne), la MAISON-BLANCHE (intérieur de l'angle formé par nos avenues de Choisy et d'Italie), BEL-AIR (entre la route de Fontainebleau et la Bièvre, vers notre place des Peupliers) et BICÊTRE (au voisinage de l'hospice).
La construction de l'enceinte fortifiée de Thiers sépara, en 1844, Gentilly et son important écart de Bicêtre de ses autres écarts, le Petit-Gentilly, la Maison-

Blanche et Bel-Air, lesquels furent incorporés, en 1860, dans Paris, où ils formèrent, le premier, le quartier de la Santé du XIVe arrondissement et, les autres, le quartier de la Maison-Blanche du XIIIe. Ce qui restait de Gentilly fut amputé une seconde fois, en 1897, lorsque l'écart de Bicêtre fut émancipé pour devenir la commune du Kremlin-Bicêtre.

La Bièvre : La Bièvre (cf. rue de Bièvre et rue Berbier-du-Mets) arrose, au cours de son parcours de 32 kilomètres : Bièvres, Buc, Jouy, Igny, Verrières, Antony, Fresnes, Bourg-la-Reine, Cachan, Arcueil et Gentilly où elle se divise en deux bras très voisins, larges chacun de 2 à 3 mètres.

Ceux-ci passaient sous l'enceinte fortifiée de Thiers dans de longs tunnels voûtés et munis de grilles, au lieu-dit la Poterne des Peupliers, puis ils décrivaient ensuite un grand S en coulant lentement du sud au nord entre deux rangées de beaux arbres, dont le nom de la rue des Peupliers nous a laissé le souvenir. Arrivés à hauteur de la rue Vandrezanne, ces deux bras contournaient les pentes sud de la Butte-aux-Cailles, redescendaient vers le sud-est jusqu'aux environs du carrefour de nos rues Brillat-Savarin et Auguste-Lançon où ils laissaient un grand étang (la cité Florale), puis remontaient vers le nord, le long de la rue du *Pot-au-Lait* (Brillat-Savarin et Wurtz) que le bras gauche longeait en contre-bas. Dans cette dernière section, la Bièvre formait de nombreuses mares et étangs où les troupeaux s'abreuvaient l'été. L'hiver, ces cuvettes gelaient et se transformaient en patinoires recherchées par les Parisiens; elles fournissaient aussi de grandes quantités de glace que l'on conservait pour l'été dans des puits en maçonnerie recouverts de terre; aussi cet endroit était-il appelé la Glacière, nom qui lui est resté.

Après sa traversée du mur des Fermiers Généraux, à hauteur du carrefour du boulevard Blanqui et de la rue Gondinet, on trouvait, un peu plus au nord, en surplomb de la Bièvre, une ancienne « folie » construite par Peyre en 1762 pour le financier Le Prestre de Neufbourg. Celle-ci avait une entrée sur la rue du *Champ-de-l'Alouette* (Corvisart) et une autre à l'emplacement du no 68 du boulevard Blanqui. Napoléon Ier et Corvisart l'auraient ultérieurement utilisée. Cette folie a été démolie en 1909; une partie de ses boiseries a été remontée dans la maison de Rodin, à Meudon, ainsi qu'une grande partie de sa façade.

Au-delà, les deux bras de la Bièvre enserraient des jardinets, dépendances de la manufacture des Gobelins, (le square Le Gall) et continuaient leur chemin par l'itinéraire indiqué rue Berbier-du-Mets.

Les riverains de la Bièvre eurent de tous temps l'habitude de disposer de cette rivière à leur gré; ils étaient nombreux à l'utiliser puisque, rien que dans Paris, la Bièvre desservait en 1860, depuis son entrée dans la capitale jusqu'à son confluent, un peu en amont du pont d'Austerlitz, plus de 100 fabriques, usines,

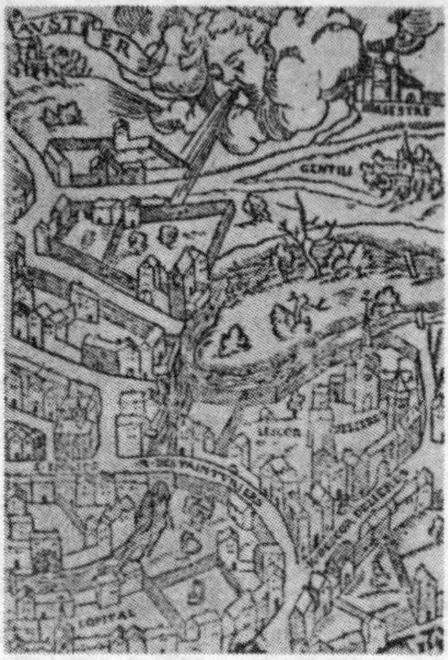

Le cours de la Bièvre d'après un plan de 1552

La Bièvre près des Gobelins (*grav. vers 1850*)

moulins, blanchisseries, tanneries, mégisseries, filatures, teinturerie, etc. La Bièvre constituait alors une véritable richesse pour la rive gauche.
Mais ses eaux, qui recevaient tant de déchets de matières organiques et insalubres, étaient fort empuanties; elles répandaient des exhalaisons dangereuses et des miasmes délétères qui entraînèrent des mesures d'assainissement au XIXe siècle. Les travaux, commencés à plusieurs reprises pour régulariser son régime, pour la canaliser et établir des chasses permettant de la débarrasser de sa vase, ne furent achevés qu'en 1910; depuis lors, la Bièvre, transformée en égout, n'est plus visible dans Paris.

La Butte-aux-Cailles : La Butte-aux-Cailles s'élève entre notre boulevard Blanqui et nos rues Barrault, de Tolbiac et du Moulin-des-Prés. Son sommet est coiffé de nos jours par la rue de la Butte-aux-Cailles et les petites rues, ruelles, cours, cités et passages qui y débouchent; il est pittoresque de le gagner par le petit chemin à escalier qui aboutit au n° 55 du boulevard Blanqui. Malheureusement on n'y a plus la vue que l'on avait encore en 1860 sur la masse de l'hôpital de Bicêtre, sur la vallée de la Bièvre avec ses marécages, ses prairies et ses moulins à eau, sur l'Observatoire, le Val-de-Grâce, le Panthéon et sur de nombreux clochers de Paris. C'était alors un belvédère merveilleux.
La célébrité de la Butte-aux-Cailles commença le 21 octobre 1783, puisque ce fut là, entre le *Moulin des Merveilles* et le *Moulin Vieux*, distants l'un de l'autre d'une centaine de mètres, que se posa la « montgolfière » construite dans les ateliers du fabricant de papiers peints Réveillon. Ce premier voyage aérien avait été accompli par le chimiste et physicien Pilâtre de Rozier et le marquis d'Arlandes qui s'étaient élevés du château de la Muette à 1 h. 54 de l'après-midi pour se poser à 8 kilomètres de là, après un parcours de 25 minutes au cours duquel ils étaient montés à 950 mètres. La foule, accourue à la descente du ballon, s'arracha, comme souvenir, la redingote que Pilâtre de Rozier avait oubliée dans la nacelle; le ballon faillit d'ailleurs subir le même sort.

La Maison-Blanche : La *Grand-Route de Fontainebleau* (avenue d'Italie) commença à se garnir d'habitations à la même époque que la Butte-aux-Cailles, c'est-à-dire vers 1850. Parmi ces dernières, l'une (ex-n° 65) était une auberge servant aussi de relais de poste qui avait été tenue par le père de Victor Duruy; elle donna son nom de *Maison-Blanche* au hameau qui allait se former entre cette grande route et celle de *Choisy* (avenue de Choisy). Une autre de ces maisons était une guinguette à l'enseigne *A la Belle Moissonneuse*.

L'assassinat du général Bréa : C'est dans cette dernière guinguette (emplacement du n° 76 de l'avenue d'Italie) que le général Bréa et un de ses aides de camp furent

massacrés par les insurgés le dimanche 25 juin 1848. Paris étant alors en insurrection, le général Bréa s'était porté avec 2.000 hommes sur la *barrière de Fontainebleau* (place d'Italie) que défendaient 2.500 insurgés. Désireux d'éviter une effusion de sang, il se rendit à la grille de la barrière parlementer avec les insurgés qui s'en emparèrent comme otage et le menacèrent de le fusiller si les troupes régulières essayaient d'avancer. L'ordre d'attaque ayant été maintenu par Cavaignac, le colonel Clément Thomas, commandant un détachement de gardes mobiles, donna celui de démolir les barricades à coup de canon. C'est alors que les insurgés qui avaient conduit le général et ses officiers à *La Belle Moissonneuse* le massacrèrent sauvagement à coups de hache ainsi que le commandant Mangin.
Après jugement par le Conseil de Guerre, les responsables de ce crime, Daix et son principal complice, Lahr, furent guillotinés, en mars 1849, à la *barrière de Fontainebleau.*

La chapelle Saint-Marcel de la Maison-Blanche : La population de la Maison-Blanche étant très éloignée des églises les plus proches, on construisit, vers 1840, en bordure de la route de Fontainebleau une chapelle qui fut érigée en paroisse en 1847.
On la reconstruisit en 1853 sur l'emplacement même de *La Belle Moissonneuse.* Devenu insuffisante en 1867, on envisagea son remplacement, projet dont la guerre de 1870 ne permit pas la réalisation.
Cette église a disparu en 1894 après la construction de l'église Sainte-Anne.

La Maison de la Santé : Dans un enclos, dit de la Charbonnière à cause d'une mine de charbon qu'il contenait, sur un emplacement où on construira plus tard la prison de la Santé (n° 42, rue de la Santé), la veuve de saint Louis, Marguerite de Provence, avait établi un petit hôpital appelé la *Maison de la Santé,* nom qui resta depuis à tout le quartier. Lors de l'épidémie de peste qui ravagea Paris en 1606 et 1607, on construisit au nord de Paris l'hôpital Saint-Louis et, au sud, à la place de cette *Maison de la Santé,* un autre hôpital que l'on nomma *Sainte-Anne* en 1607, mais qui pratiquement conserva l'appellation d'*hôpital de la Santé.*
En mai 1651, Louis XIV l'ayant trouvé « trop petit et incommode », ordonna de construire dans le voisinage un nouvel hôpital qui servirait surtout de maison de convalescence aux malades sortant de l'Hôtel-Dieu. Cet hôpital ne fut jamais terminé, ses vastes bâtiments et son enclos furent convertis en ferme au XVIIIe siècle, la *ferme Sainte-Anne,* qu'on utilisa, en 1833, comme succursale de l'hôpital de Bicêtre.
Cet ensemble fut remplacé, en 1861, par *l'Asile Clinique,* fondation d'Haussmann destinée aux aliénés du département de la Seine que construisit Questel de 1861 à 1876. Situé entre les rues Broussais, Cabanis, de la Santé et d'Alésia, il constitue de nos jours

l'hôpital Sainte-Anne (entrée : n° 1, rue Cabanis).

Le puits artésien de la Butte-aux-Cailles : Afin d'établir une forte chasse d'eau pour nettoyer la Bièvre, François Arago fit creuser, de 1864 à 1868, un puits artésien de 547 mètres de profondeur, rue Bobillot, au nord de la place Verlaine. Ce puits débita une eau à la température de 28°, légèrement sulfurique comme les eaux de Passy, et d'un débit de 6.000.000 de litres en 24 heures. On l'utilise depuis 1924 pour une piscine municipale.

HISTORIQUE DE QUELQUES RUES DE GENTILLY ANNEXÉES A PARIS

La majeure partie de la commune de Gentilly comprise entre le mur des Fermiers Généraux et l'enceinte de Thiers a été longtemps un vaste marécage. La rue de Tolbiac, formée en 1878, le surplombait sur un remblai de près de 15 mètres de haut avant qu'il fût comblé à partir de 1887 pour devenir habitable. Il n'y a donc pas eu de rues dans toute cette région.

La RUE BRILLAT-SAVARIN a été, jusqu'en 1894, une section de l'ancienne rue *du Pot-au-Lait* déjà mentionnée en 1730; la *rue du Pot-au-Lait* longeait la rive ouest de la Bièvre depuis la Poterne des Peupliers jusqu'à notre rue Daviel.

La RUE DE LA FONTAINE-A-MULARD provient d'un sentier devant son nom à celui d'une petite source qui donnait de l'eau potable au quartier et qui alimentait la Bièvre; elle était située à l'extrémité sud de cette rue sur un coteau dominant la rivière.

La RUE DE LA GLACIÈRE est l'ancien *chemin de la Glacière* existant déjà en 1636, et conduisant de Paris à Gentilly.

L'AVENUE D'ITALIE, ancienne voie romaine de Lutèce à Lyon et à Rome, s'est appelée la *route de Fontainebleau* jusqu'en 1867.

La RUE DU MOULIN-DE-LA-POINTE est un ancien chemin figurant sur les plans de 1730; il doit son nom au *Moulin de la Pointe* édifié à la pointe que ce chemin formait avec la *route de Fontainebleau* (avenue d'Italie).

La RUE DU MOULIN-DES-PRÉS, longe, au sud de la rue de Tolbiac, le côté oriental du bras droit de la Bièvre; elle était indiquée en 1672. Cette rue doit son nom au *Moulin des Prés* situé à son extrémité sud au bord de la Bièvre.

La RUE DU MOULINET tire son nom d'un petit moulin situé à l'angle de cette rue et de la *route de Fontainebleau*.

La RUE DES PEUPLIERS, indiquée comme *chemin des Peupliers* en 1730, longe le bras gauche de la Bièvre depuis l'église de Gentilly jusqu'au *chemin de la Fontaine-à-Mulard*.

La section de la RUE DE LA SANTÉ comprise entre la rue de la Glacière et le boulevard Saint-Jacques est l'ancien *chemin de Gentilly* faisant suite, sur le territoire de Gentilly, au *chemin d'Arcueil* ainsi que s'appelait, en 1672, la rue de la Santé au nord de l'*hôpital Sainte-Anne* (ou de *la Santé*) auquel elle conduisait.

4 LE VILLAGE DE MONTROUGE.

Résumé de l'historique de Montrouge / *Le Petit-Montrouge*, Montsouris, leurs moulins; les carrières de Paris, les Catacombes, l'embarcadère de Sceaux, le cimetière Montparnasse, le château du Maine, le Géorama, la maison de retraite de La Rochefoucault, la mairie et l'église Saint-Pierre de Montrouge, le parc de Montsouris / *Historique de quelques rues de Montrouge annexées à Paris ;* la rue de la Gaîté, la chaussée du Maine, la rue de la Tombe-Issoire; le géant Ysoré.

L'ancienne commune de Montrouge, dont une petite partie seulement a été annexée à Paris en 1860, avait communiqué avec la capitale par les barrières *Saint-Jacques* (place Saint-Jacques), d'*Enfer* (place Denfert-Rochereau), *du Montparnasse* (rue du Montparnasse) et du *Maine* (place Bienvenüe). Une cinquième, celle *de Montrouge*, avait été ouverte en 1854 au débouché de la rue Campagne-Première. La *chaussée du Maine* (avenue du Maine) et la *route de Vanves* (rue Raymond-Losserand) la séparaient de la commune de Vaugirard.

Résumé de l'historique de Montrouge : Ce nom de Montrouge — le *Mons Rubeus* des Romains — semble devoir être dû à la couleur du limon (argile et oxyde de fer) que laissa la Seine lorsque, aux temps préhistoriques, elle cessa de recouvrir les pentes du plateau de Montrouge, élevé de 78 m. à son point culminant, situé dans le parc Montsouris; c'est d'ailleurs là le sommet de la rive gauche de Paris, la « montagne » Sainte-Geneviève n'ayant que 65 mètres d'altitude.
Ce plateau dénudé, sans eau et sans arbres, ne fut pendant longtemps qu'un terrain de carrières, de moulins à vent et de chasses, donc peu attirant et peu habité.
Le nom de Montrouge apparaît pour la première fois dans l'histoire en 1194, date où un texte signale un bien appartenant au prieuré de Saint-Lazare en un lieu appelé *de Rubeo Monte*. Un petit hameau se forma à cette époque autour de l'église actuelle de Montrouge; il devint paroisse au cours du XIIIe siècle. Deux couvents seulement s'installèrent dans cette localité : le premier, celui des *Guillemites* (n° 16, rue Aristide-Briand, à Montrouge) n'y resta que de 1258 à 1287; le second, un couvent de Jésuites, y vint en 1668 (n° 50, rue Aristide-Briand, à Montrouge). Ces Jésuites, chassés en 1762, revinrent en 1814; les

« Messieurs de Montrouge », « noirs frelons que Montrouge essaime par milliers », a dit d'eux Hégésippe Moreau, furent l'objet de nombreux pamphlets et et de manifestations hostiles, surtout au cours de la révolution de 1830.
Quelques grandes familles de Paris possédèrent des terres à Montrouge parmi lesquelles celles de Pomponne de Bellièvre, du duc de la Vallière, petit-neveu de la duchesse, de Fillon de Villemur, garde du Trésor royal en 1749, et de la comtesse de Guerchy qui fut la dernière Dame de Montrouge. La première assemblée municipale se réunit chez elle en mars 1788.
Au début du XVIIIe siècle un écart se détacha de l'agglomération précédente, on l'appela le PETIT-MONTROUGE; l'autre partie s'appela le GRAND-MONTROUGE, c'est elle qui constitue la commune de Montrouge actuelle.

LE PETIT-MONTROUGE / Le Petit-Montrouge est mentionné sur le plan de Roussel de 1731. Celui-ci indique une remise à gibier appartenant aux Condé, située à l'angle des rues Raymond-Losserand et d'Alésia, et de très nombreux moulins à vent.
L'ensemble des hauteurs de Montrouge et Montsouris comportait, à la fin du XVIIIe siècle, une trentaine de ces moulins, situés de part et d'autre de la route conduisant vers la Beauce (avenue du Général-Leclerc); certains remontaient au XIVe siècle; c'était là le vrai centre de la minoterie parisienne. Ils servaient également de cabarets, de vide-bouteilles où les Parisiens aimaient venir boire, s'amuser et danser le dimanche.
L'agglomération du Petit-Montrouge, jusqu'alors assez insignifiante, commença à se développer avec la mise en place des barrières d'octroi du mur des Fermiers Généraux. Ces barrières devinrent des pôles d'attraction de cabarets, logeurs, restaurateurs de toute nature, de loteries et jeux de hasard qui eurent toute la clientèle des militaires casernés à l'École Militaire et rue de Babylone.
Le Petit-Montrouge se développa à nouveau avec la construction, en 1844, de l'enceinte fortifiée qui le sépara totalement du Grand-Montrouge. Il s'y créa des fabriques diverses (amidon, produits chimiques, bougies, toiles cirées), on y cultiva en grand des plantes de serre et on y perça un assez grand nombre de rues devenues nos rues Ducouëdic, Thibaud, Daguerre, Mouton-Duvernet, Liancourt, etc. Le Petit-Montrouge connut alors une extension prodigieuse tandis que le Grand-Montrouge restait stationnaire.

Montsouris : Le quartier situé entre la rue de la Tombe-Issoire et la ligne du métro de Sceaux est une ancienne dépendance de la commune de Montrouge connue plus particulièrement sous le nom de Montsouris et, au Moyen Age, sous celui de Tombissoire. L'origine de ces noms n'est pas nettement établie; peut-être sont-ils une transformation de *Mons Ysori*, le mont du

La barrière de Fontainebleau (ou d'Italie)

géant Ysoré dont la légende est rappelée ci-après (cf. rue de la Tombe-Issoire).
Comme le Petit-Montrouge, le hameau de Montsouris fut une région de carrières et de moulins à vent. Cette région, encore déserte vers 1870, a été très transformée par l'établissement des lignes de chemin de fer de Sceaux et de la Petite-Ceinture, par la création du parc Montsouris et par le voisinage de la Cité universitaire.

Les Carrières de Paris : La plupart des pierres qui sont entrées dans la construction de Paris, dans celle des Thermes, des églises Saint-Germain-des-Prés, Notre-Dame, Saint-Julien-le-Pauvre, Saint-Séverin, du prieuré de Saint-Martin-des-Champs, des croix « Montjoie » de la route de Saint-Denis, etc. ont été, jusqu'au milieu du XIVe siècle, extraites des carrières ouvertes sur les bords de la Bièvre, dans les faubourgs Saint-Victor et Saint-Marcel, dans le voisinage de l'enclos des Chartreux et au Mont-Parnasse, puis à partir de cette époque, dans le faubourg Saint-Jacques et sur les territoires de Vaugirard, de Montrouge et de Gentilly. Pendant plusieurs siècles ces exploitations d'argile, de pierre à bâtir et de plâtre se firent sans méthodes, sans règle, sans précautions et sans surveillance tandis qu'à la surface des quartiers on construisait au-dessus de véritables abîmes. D'où des accidents, des éboulements, des affaissements qui finirent par attirer l'attention des pouvoirs publics. En 1776, on ordonna une visite générale et une levée des plans de toutes ces excavations et on créa, en 1777, un service spécial d'ingénieurs, dit « l'Inspection générale des Carrières », chargé, sous la direction de l'architecte Guillaumot, de la consolidation et de l'entretien des 340 hectares qu'elles comportaient alors. Le jour même de son installation une maison de la rue d'*Enfer* proche du Luxembourg fut engloutie à 28 mètres de profondeur.
D'autres éboulements s'étant encore produits et ayant jeté la panique dans Paris, on finit par interdire, en 1823, toute exploitation de carrières souterraines à l'intérieur de la capitale, mesure qui fut appliquée en 1860 à la zone annexée. L'ensemble de la région parisienne sous-minée par ces vides couvre actuellement une superficie de 720 hectares (le dixième de la superficie de Paris) et il existe près de 300 kilomètres de galeries souterraines, dont 69 pour le seul XIVe arrondissement, tant sous les voies publiques que sous les propriétés privées.

Les Catacombes : Lorsque, en novembre 1785, le lieutenant de police Thiroux de Crosne ordonna à l'architecte Guillaumot de chercher et de préparer un endroit susceptible de recevoir les ossements des centaines de milliers de morts que contenait le *cimetière des Innocents*, celui-ci choisit les anciennes carrières situées sous la plaine de Montrouge, au lieu-dit la Tombe-Issoire. On acheta dans la *Voie creuse* (rue

Dareau) une maison connue sous le nom de la *Maison de la Tombe-Issoire*. On lui adapta un escalier de 77 marches pour atteindre le fond et on ménagea à côté un puits maçonné par lequel on déversa les ossements que l'on devait entasser dans un immense ossuaire occupant 11.000 mètres carrés, soit environ les 7/100e de la superficie totale des carrières souterraines de Paris. De nos jours, cet ossuaire déroule ses méandres sur 800 mètres (1.500 avec ses accès) sous l'espace compris entre les rues Dareau, d'Alembert, Hallé, et l'avenue du Parc-Montsouris; un mur d'enceinte en maçonnerie l'isole des carrières avoisinantes.

Les Catacombes — ainsi que fut appelé cet ossuaire — furent bénites et consacrées en grande pompe le 7 avril 1786. Aux ossements retirés du cimetière des Innocents s'ajoutèrent successivement ceux de tous les cimetières supprimés dans Paris depuis la fin du XVIIIe siècle jusqu'en 1859 environ. Les Catacombes servirent aussi de lieu d'inhumation aux personnes tuées au cours d'échauffourées révolutionnaires ou massacrées dans les prisons de Paris les 2, 3 et 4 septembre 1792.

Les Catacombes furent restaurées, développées et terminées en 1810 et 1811 par les soins du comte Frochot, premier préfet du département de la Seine. Pour rendre leur aspect moins lugubre, Héricart de Thury, inspecteur général des carrières, successeur de Guillaumot, fit faire certaines décorations à l'aide de crânes, de fémurs et de tibias. Il aéra l'ossuaire, creusa des puisards et élargit des galeries.

Depuis lors, les Catacombes continuent à recevoir tous les débris humains que l'on a l'occasion de trouver dans le sol parisien; elles contiennent actuellement les ossements de plus de 6.000.000 de personnes entassés pêle-mêle sur plus de 30 mètres d'épaisseur à certains endroits.

L'entrée des Catacombes est située dans le pavillon ouest de l'ancienne *barrière d'Enfer* (place Denfert-Rochereau). On accède dans l'ossuaire après avoir descendu 90 marches et parcouru plusieurs galeries situées à une profondeur de 19 mètres. On rencontre sur ce parcours une maquette, sculptée dans la pierre, de la forteresse de Port-Mahon, exécutée, de 1777 à 1782, par un ouvrier, ancien soldat du maréchal de Richelieu, qui travaillait aux consolidations; il trouva la mort à la fin de son travail du fait d'un éboulement. On passe ensuite devant un puits qui fut foré pour indiquer l'épaisseur du champ de calcaire dans lequel sont les Catacombes, et on arrive à la porte de l'ossuaire sur le linteau de laquelle on lit ce vers de Delille:

— *Arrête, c'est ici l'empire de la Mort.*

Cette porte franchie, on se trouve dans les galeries contenant les millions d'ossements retirés des divers cimetières supprimés de Paris. On y voit divers

monuments: la fontaine dite de « Léthé » ou de la « Samaritaine » à cause des versets de l'Évangile qu'on y a gravés, la « crypte du Sacellum », « l'autel des obélisques », de 1810, copié sur un tombeau antique découvert en 1807, le « Sarcophage du Lacrymatoire », dit le « Tombeau de Gilbert » à cause des vers qu'il écrivit, en 1780, huit jours avant sa mort, et qui sont reproduits sur la pierre inférieure du sarcophage.
On voit, dans les galeries qui suivent, un pilier renfermant le cœur du général baron Campi, mort en 1832 (son nom est inscrit sur l'Arc de Triomphe); la pierre tombale de la dame Legros qui fit libérer Latude de Bicêtre en 1784, et, avant la sortie, deux cloches de fontis hautes de 11 à 12 mètres, ce qui donne une idée du vide au-dessus duquel sont construites nombre de maisons de Paris. On sort des Catacombes au n° 92 de la rue Dareau par un escalier de près de 17 m. 50 de haut (84 marches).

L'embarcadère de Sceaux : Rappelons (cf. place Denfert-Rochereau) que le premier *embarcadère* de la ligne de Sceaux fut établi, sur le sol miné des Catacombes, à la place Denfert-Rochereau, non loin de l'ancienne *barrière d'Enfer.* Il se trouvait au-dessus de la place, le chemin de fer arrivant sur un remblai. Cette gare ne comportant pas de plaques tournantes, le train repartait après avoir décrit sur la place une large courbe. Son inauguration eut lieu, le dimanche 7 août 1846, en présence des ducs de Nemours et de Montpensier. Les prix du transport de Paris à Sceaux étaient alors : en voiture de luxe, de 1 fr. 25 la semaine et 1 fr. 50 le dimanche; en première, de 1 fr. et 1 fr.10; en seconde, de 0 fr. 70 et 0 fr. 85; en troisième, de 0 fr. 50 et 0 fr. 60.
On a reporté en 1895 ce terminus au voisinage du Luxembourg, ce qui a fait disparaître l'*embarcadère de Paris-d'Enfer.*
Pour leurs relations avec Paris, les habitants du Petit-Montrouge disposèrent, à partir de 1840, des *Montrougiennes,* voitures omnibus qui les conduisaient à la place Dauphine, des *Favorites* qu'ils trouvaient à la *barrière d'Enfer,* des *Parisiennes* à la *barrière Montparnasse,* et des *Tricycles* à la *barrières du Maine.* Les premières étaient des voitures à 24 places, dont 10 à l'impériale, les dernières étaient une caisse portée par trois roues et tirée par deux chevaux.

Le cimetière Montparnasse : l'Assemblée Nationale ayant interdit, en 1790, l'inhumation dans les églises, la municipalité de Paris préconisa, en 1794 la création de grands cimetières hors de Paris. Leur ouverture fut progressive. C'est ainsi qu'en 1804 Paris disposait des cimetières suivants :
— le cimetière du *Sud-Est* ou Sainte-Catherine,
— le cimetière du *Sud-Ouest* ou de Vaugirard,
— le cimetière du *Nord* ou du Champ-du-Repos (sous Montmartre),

— le cimetière de *l'Est* ou du Père-Lachaise.
Les trois premiers, déjà fort encombrés durent être fermés : le troisième vers 1806, les deux précédents en 1824. Ils furent alors remplacés par :
— le cimetière du *Sud,* ou Montparnasse, ouvert en juillet 1824,
— le cimetière du *Nord,* ou Montmartre, ouvert en janvier 1825.
Une partie de ce cimetière du Sud — ou Montparnasse — occupa un enclos qui avait servi de cimetière aux religieux de la Charité de la rue des Saints-Pères. Cet enclos possédait un moulin, le *moulin des Frères-de-la-Charité,* que l'on avait surnommé au XVIIIe siècle le *moulin Moliniste,* les élèves Jésuites ayant coutume d'y venir prendre leurs ébats. Ce cimetière entra en service en juillet 1824. Il s'étendit, en 1847, jusqu'au *boulevard d'Enfer* (Raspail) et prit à peu près sa forme actuelle, celle d'un pentagone limité par les boulevards Raspail, Edgard-Quinet, la rue Froidevaux et les maisons en bordure du côté oriental de la rue de la Gaîté. L'élargissement de la rue Froidevaux en 1878, l'ouverture des rues Émile-Richard, Victor-Considérant et Schoelcher en 1891, ont diminué sa superficie tout en le séparant de la place Denfert-Rochereau à laquelle il avait été contigu pendant près d'un demi-siècle. Ce cimetière a conservé l'ancien *Moulin Moliniste* réduit à une tour qui est classée.
L'annexion de 1860 incorpora dans Paris les grands cimetières Montparnasse, Montmartre et du Père-Lachaise créés à l'extérieur de la capitale, incorporation qui était contraire aux réglementations antérieures rejetant les cimetières en dehors des villes. Une loi autorisa Paris à les conserver sous réserve qu'il soient fermés dès qu'ils seraient remplis; seules les sépultures en concessions perpétuelles continueraient à y être admises.

Le cimetière Montparnasse renferme un grand nombre de tombes intéressantes. Nous citerons parmi les personnages inhumés avant l'annexion : Girodet (1826), Houdon (1828), l'abbé Grégoire (1831), le peintre Gérard (1837), Chauveau-Lagarde (1841), Dumont-d'Urville (1842), le docteur Récamier (1852), Orfila (1853) Blanqui (1855), la sœur Rosalie et Augustin Thierry (1856).
Une tranchée fut réservée dans ce cimetière aux suppliciés, de 1825 à 1883, c'est à ce titre que s'y élève le monument commémoratif des Quatre Sergents de La Rochelle.

Le château du Maine : Le duc du Maine, fils naturel de Louis XIV et de Mme de Montespan, était devenu par son mariage célébré, en 1692, avec Anne-Louise de Bourbon, petite-fille du Grand Condé, propriétaire du terrain de chasses que les Condé possédaient sur le plateau de Montrouge. Il y aurait fait bâtir, sur le chemin conduisant de Paris à son château de Sceaux; un rendez-vous de chasse au lieu-dit *le Terrier aux*

Lapins. Ce fut le *Château du Maine* élevé sur l'emplacement des nos 45 à 49 de la rue Raymond-Losserand et des nos 124 à 146 de la rue du Château sur laquelle était son entrée (ex-no 142); il s'étendait jusqu'à la rue Didot.

Cette vaste demeure (13 fenêtres en façade) comportait de vastes dépendances et 30.000 mètres carrés de jardins dessinés en parcs, pelouses, bassins, terrasses et autres agréments.

L'ensemble fut acheté, en 1842, par un sieur Couesnon qui mourut en 1857. Son fils, géomètre et architecte, lotit par la suite l'immense parc, ce qui donna naissance, entre 1858 et 1860, au quartier de Plaisance devenu, malgré son nom, un des plus importants îlots insalubres de nos jours. Les héritiers de Couesnon vendirent en 1898 le château et le petit parc qui l'entourait à la Compagnie Générale des Omnibus, laquelle rasa parc et château pour y installer son dépôt et ses ateliers.

Le Géorama : En 1821, un géographe, nommé Sanis, créa sur une pelouse du parc de ce château un immense *géorama*, carte en relief à grande échelle où l'on voyait sur 33 ares de terrain : « la France entière, une partie de la Méditerranée, l'île de Corse, le Piémont, le Milanez *(sic)*, la Suisse entière, une partie de la Belgique et des provinces rhénanes, enfin une portion de l'océan. » Le *Géorama* connut un grand succès, on venait y apprendre la géographie de la France, le prix d'entrée était de 2 francs. Un incendie le fit disparaître en 1844.

La maison de retraite de La Rochefoucauld : La maison de retraite de La Rochefoucauld, no 15, avenue du Général-Leclerc, a été fondée en 1781, comme maison de santé en faveur de militaires et d'ecclésiastiques malades et dénués de ressources, par Anne-Rosalie Chauvelin, veuve du vicomte Jean-François de La Rochefoucauld. L'architecte Antoine, à qui l'on doit la Monnaie, fut chargé de sa construction.

La *Maison Royale de Santé* ouvrit en 1783; elle comptait seulement 16 lits, prévus pour des prêtres âgés, des officiers et des magistrats. La Révolution mit fin à son existence et la transforma, en 1792, en *l'Hospice National de Montrouge.* Cet hospice devint, en 1801, la *Maison de retraite de Montrouge* pour des personnes des deux sexes, âgées de plus de 60 ans, mises dans l'impossibilité de travailler et sans ressources. Les admissions s'y faisaient dans l'ordre des inscriptions, prescription qui est toujours en vigueur. On lui donna, en 1821, son nom actuel pour rappeler celui de sa fondatrice. Très agrandi, c'est actuellement un asile payant pour vieillards des deux sexes, pouvant recevoir, en dortoirs, près de 340 personnes.

Les façades de cette institution sont classées.

La mairie de Montrouge : Nous avons signalé plus haut la grande extension que prit le Petit-Montrouge,

d'abord avec la construction du mur des Fermiers Généraux, ensuite avec celle de l'enceinte fortifiée de 1844. Cette extension fut telle que ce fut dans le Petit-Montrouge même que la municipalité de la commune de Montrouge érigea sa mairie en 1852. Celle-ci était la troisième; elle fut construite par l'architecte Naissant sur un vaste terrain, acheté à l'Assistance Publique, situé à l'angle des rues *Montyon* (Mouton-Duvernet) et Boulard; sa première pierre fut posée le 29 juin 1852, par le préfet de la Seine, Berger.
Cette mairie entra en service en novembre 1855, mais, quatre ans plus tard, le Petit-Montrouge ayant été annexé à Paris, elle le fut, elle aussi, et devint la mairie du XIVe arrondissement. Elle avait été décorée, en 1867, de quatre hautes statues qui, s'élevant aux quatre coins du campanile, symbolisaient les travaux de l'État civil : la *Naissance*, la *Conscription*, le *Mariage* et la *Mort*.
On planta devant elle, en 1870, un « arbre de la Liberté » que la foudre abattit en 1936; c'était le dernier survivant des « arbres de la Liberté » plantés dans la capitale.

L'église Saint-Pierre de Montrouge : Le développement du Petit-Montrouge devait entraîner l'établissement, dans cette agglomération, d'une église particulière. Aussi édifia-t-on, en 1847, dans la rue Thibaud, une église qui se révéla vite trop petite.
L'embellissement de la capitale, par Haussmann, comportant la construction de plusieurs églises, il en fut prévu une pour l'ancien Petit-Montrouge devenu le XIVe arrondissement. On choisit comme emplacement la pointe de terrain située à l'intersection de la *route d'Orléans* et de la *chaussée du Maine* et on confia sa construction à Vaudremer qui, à la même époque, édifiait, à proximité, la prison de la Santé. Vaudremer tira un bon profit de la forme triangulaire du terrain mis à sa disposition en mettant le clocher sur la façade. Il s'inspira des premières basiliques chrétiennes; aussi l'église Saint-Pierre-de-Montrouge est-elle un mélange des styles roman et byzantin; un élégant porche surmonté d'une tour-clocher, haute de 58 mètres, la précède.
Pendant le siège de Paris sa nef servit, à partir d'octobre 1870, d'ambulance, et son clocher de poste de guet. La Commune utilisa la nef comme siège du « Club Montrougien », la crypte comme dépôt de munitions, et le clocher comme observatoire pour tirer sur les Versaillais lorsque ceux-ci enlevèrent le Petit-Montrouge, le 23 mai 1871. 37 fédérés, pris dans le clocher les armes à la main, furent fusillés sur place.

Le parc de Montsouris : Ce parc de 16 hectares, le plus grand de Paris après celui des Buttes-Chaumont, est l'œuvre d'Alphand; il fut achevé en 1878. Il recouvre une pépinière qu'il fallut raser, quatre carrières qu'il fallut combler et un certain nombre

de propriétés. Il est traversé du nord au sud par la ligne du métro de Sceaux, et de l'est à l'ouest en tranchée, puis en tunnel, par celle du chemin de fer de Ceinture.
Il contient un lac artificiel de près d'un hectare que l'on commença à creuser en 1869; le jour de l'inauguration du parc, ce lac se vida par suite d'une faute de construction, dit-on; son auteur se suicida. Ce parc renferme une stèle quadrangulaire, haute de 4 mètres, vestige de l'ancienne *mire de l'Observatoire* ainsi qu'on peut le lire sur son socle : « ... *du règne de...* (le nom de Napoléon a été gratté), *mire de l'Observatoire - MDCCCVI* » ; cette mire est classée. Le parc renferme aussi le Bardo, reproduction de la résidence d'été des beys de Tunis qui figura dans la section tunisienne de l'Exposition universelle de 1867 comme spécimen du style mauresque. On a installé, dans le Bardo, en 1872, un observatoire météorologique.

Le réservoir de Montsouris : Les eaux de Rungis et d'Arcueil aboutissant au château d'eau installé depuis 1619 dans le faubourg Saint-Jacques (cf. nº 65, avenue Denfert-Rochereau) ayant été reconnues impures, on les remplaça, en 1838, par celles de la Seine dont on emplit un réservoir alimentant Montrouge, Vanves et Malakoff. En 1858, Haussmann et Belgrand remplacèrent ce dernier par l'actuel réservoir de Montsouris, construit de 1871 à 1874 (nº 115, rue de la Tombe-Issoire) après que l'on eut consolidé les carrières au-dessus desquelles on l'éleva. Les eaux de la Vannes, du Lunain, de la Voulzie, du Loing et les eaux filtrées d'Ivry l'alimentent.

HISTORIQUE DES PRINCIPALES RUES DE MONTROUGE ANNEXÉES A PARIS

La RUE D'ALÉSIA est formée de deux sections dont la plus ancienne (celle comprise entre la rue de Vouillé et la place Victor-Basch) faisait partie, en 1730, d'un chemin champêtre tracé sur un terrain appartenant aux *Cordelières de Saint-Marcel* et conduisant de Vaugirard au Petit-Montrouge; on l'appelait, en 1804, le *chemin de la Justice* ou *des Boeufs*.
La RUE ASSELINE s'appelait l'*avenue du Château* sur le plan cadastral de la commune de Montrouge dressé en 1845 ; elle venait d'être ouverte dans les dépendances du château du Maine.
La RUE AUGUSTE-MIE, indiquée en 1670 sous le nom de *chemin menant à Vanves*, a reçu son nom actuel en 1885.
La RUE CELS porte le nom de Jacques-Martin Cels, fondateur d'une dynastie d'horticulteurs tous réputés. Cels qui avait débuté comme receveur d'octroi à la *barrière Saint-Jacques*, devint membre de l'Institut et inspecteur général des Pépinières nationales jusqu'à sa mort en 1806. Le second de ses trois fils fut l'un des fondateurs de la Société d'Horticulture, il mourut du choléra en 1832. Deux de ses fils se consacrèrent

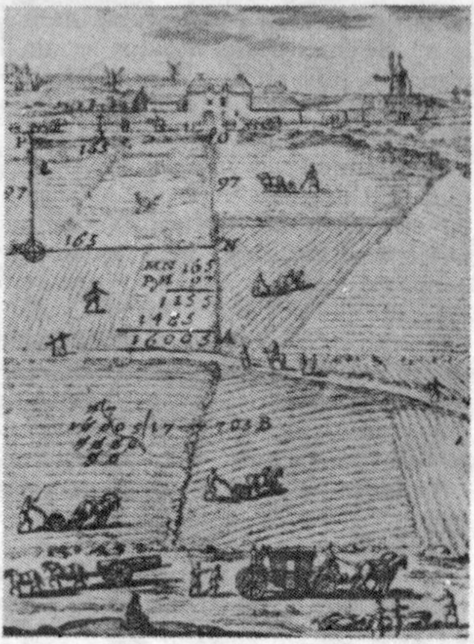

Le village de Monstouris

Le réservoir de Montsouris (*vers 1875*)

à la culture des cactées, des azalées et des palmiers. L'AVENUE DE CHATILLON s'appelait, en 1730, le *Grand Chemin de Chevreuse* lequel passait par Châtillon-sous-Bagneux.
La RUE DE CHATILLON, s'appelait avant 1877, l'*impasse des Marais*. Un horticulteur presque aussi célèbre que Cels, du nom de Moynet, y possédait un grand terrain où il se livrait au forçage du lilas et à la culture raisonnée des roses.
La RUE DU COMMANDEUR, tient son nom de la Commanderie de Saint-Jean-de-Latran autrefois propriétaire du fief de la Tombe-Issoire et de Montsouris.
La RUE DAGUERRE, ancien chemin indiqué en 1730, s'est appelée jusqu'en 1867 la rue *de la Pépinière*, à cause de la grande pépinière de Cels située à son extrémité ouest.
La RUE DAREAU est l'ancien prolongement sur les communes de Gentilly et de Montrouge de la rue parisienne *de l'Oursine* (Broca et Léon-Maurice Nordmann). C'est l'ancienne *Voie-Creuse* devenue la rue *des Cavées*, puis la rue *des Catacombes*. On a vu que celles-ci ont une sortie au nº 92.
La RUE FRIANT, indiquée sur les plans de 1730, aboutissait à l'entrée du château de Montrouge; elle se prolongeait, en effet, dans le Grand-Montrouge où elle porte actuellement le nom d'avenue de la République.

LA RUE DE LA GAITÉ / La rue de la Gaîté était indiquée, en 1730, comme un chemin de terre, et, en 1804, comme une partie du chemin vicinal conduisant de la *barrière du Montparnasse* à Clamart.
Elle doit son nom au voisinage des anciennes *barrières du Montparnasse* et *du Maine* qui, bordées de bals, de guinguettes, de restaurants, de théâtres, de marchands de moules et de frites, firent de cette rue un pays de cocagne.
Citons parmi les établissements de la rue de la Gaîté qui furent les plus connus au siècle dernier :
Au nº 1. Le *restaurant Richefeu* fondé en 1802; c'était un restaurant de trois étages avec, au-dessus, une terrasse, et en bas un jardin à tonnelles. La qualité du menu et du service et les prix diminuaient au fur et à mesure que l'on montait. Si au premier on avait une serviette et on ne payait pas d'avance, au troisième, on ne recevait que des « arlequins » et sur la terrasse que des pommes frites et du fromage. Les propriétaires Richefeu père et fils, gagnèrent ici une belle fortune.
Au nº 20. Le *bal Constant*, de 1800, surnommé le « bal des Gigolettes », puis le « bal des Escargots », tenu par Constant père et fils. Cette salle devint, en 1850, le *café des Mille Colonnes ;* elle fut occupée, à partir de 1868, par le second *théâtre Bobino*, après que le premier eût dû quitter l'angle des rues Madame et de Fleurus (cf. nº 63, rue Madame). C'est notre actuel Music-hall Bobino.
Au-delà des *Milles Colonnes*, l'établissement des

Acacias devait son nom aux magnifiques acacias qui ombrageaient sa terrasse.

Au nº 27. Face aux *Mille Colonnes* dont il était le rival, le *Jardin de Paris*, bal fondé en 1840; il prit ensuite le nom du *Prado d'Été*. Il eut comme lampiste un jeune homme nommé Bullier qui devait fonder un peu plus tard un bal devenu célèbre (cf. avenue de l'Observatoire).

Au nº 31. Le *théatre Montparnasse-Montrouge* ouvert, en 1819, par Seveste dont le grand-père, fossoyeur en 1793, avait participé à l'inhumation de Louis XVI. Il communiqua à Louis XVIII les renseignements qu'il tenait de son grand-père sur l'emplacement de cette inhumation et reçut, en récompense, le privilège d'exploiter pendant 40 ans, lui ou les siens, des salles de théâtre dans la banlieue avec représentations des pièces jouées dans les théâtres parisiens.

Des acteurs, plus tard célèbres, firent leurs débuts dans ce théâtre : Frédérick Lemaître, Surville, Mme Dorval, Félix, Laferrière. Au début, l'orchestre comportait cinq musiciens, le chef compris; les banquettes étaient en bois; la salle était chauffée par un poêle sur lequel des spectateurs faisaient mijoter soupe aux choux et ragoût, le spectacle commençant à six heures. En 1886, ce théâtre fut entièrement reconstruit; il subsiste de nos jours.

Citons comme autres salles de la rue de la Gaîté : *le bal du Sauvage*, le *bal des Gigoteurs* (nº 18) le cabaret *Aux Quatre Saisons* (nº 17), La *Belle Polonaise* (nº 21), les restaurants *Au Veau qui Tette* (nº 32), le *Lapin Blanc*, la *Mère Cadet* où Henry Murger situa la première rencontre de Chaunard et de Colline, le bal *Aux Deux Éléphants*, de 1800, qui eut son heure de vogue et où George Sand vint plusieurs fois, etc.

L'AVENUE DU GÉNÉRAL-LECLERC est l'ex-*avenue d'Orléans* qui, prolongement de la rue *d'Enfer*, dédoublait la vieille *route d'Orléans* (rue de la Tombe-Issoire); elle l'avait même supplantée depuis le XVIIIe siècle.

Au nº 70, un disciple de l'abbé Châtel installa, vers 1840, une chapelle succursale de l'*Église catholique française* fondée, en 1830, par cet abbé, ex-prêtre du diocèse de Moulins. Il rêvait d'une Église entièrement indépendante de Rome où les prêtres ne seraient pas soumis aux jeûnes, aux abstinences, au célibat. La police ferma cette salle, en 1842, ainsi que toutes les autres salles parisiennes où était célébré ce culte.

L'AVENUE DU MAINE / Cette avenue est une création du duc du Maine mentionné plus haut. Sa résidence parisienne était dans la rue de Varenne (elle devait devenir plus tard l'Hôtel Biron, le Musée Rodin d'aujourd'hui); sa résidence champêtre était à Sceaux où sa femme tenait une cour brillante qu'animaient les beaux esprits, Chaulieu, Boufflers, Voltaire, Fontenelle, etc. Pour aller de la première à la seconde, on devait emprunter normalement les petites rues de

Paris qui conduisaient à l'emplacement de l'ancienne *porte Saint-Michel* et prendre, au-delà, la rue d'*Enfer*. Pour les éviter, et, aussi, pour raccourcir le parcours, le duc du Maine fit percer, à travers la campagne du plateau de Montrouge, un chemin constitué par une avenue aussi large que les *boulevards du Midi*, alors en construction. Il partait de l'un d'eux aux environs des débouchés des rues de Sèvres, de Vaugirard et du Cherche-Midi, et rejoignait le prolongement de la rue d'*Enfer* (avenue du Général-Leclerc), soit la route de Sceaux, à la *Croix-des-Sages* (place Victor-Basch) au lieu-dit *les Quatre-Chemins*. Cette avenue fut coupée en deux sections, en 1785, par le mur des Fermiers Généraux (boulevards de Vaugirard et Edgar-Quinet). Au point d'intersection, Ledoux éleva deux pavillons d'octroi reliés par une grille; ce fut *la barrière du Maine*. Au-delà, ce fut la *chaussée du Maine* jusqu'en 1877. Elle commença à être bâtie vers 1821.

On trouvait dans cette dernière section, de 1849 à 1868, à l'intérieur d'un îlot que délimiteraient de nos jours l'avenue du Maine, le boulevard Edgar-Quinet, les rues du Départ et Poinsot (ex-*passage des Vaches*), un restaurant populaire de grande célébrité. Fondé par le père Cadet (il mourut maire du XIVe arrondissement), il s'appelait *la Californie*. Là se trouvait « la plus riche collection de porte-haillons, de loqueteux, de guenilleux qu'il soit possible d'imaginer ». Le père Cadet et sa femme, nommée, parce qu'elle boitait « la mère Cinq-et-Trois-font-Huit », débitaient, dans un vaste hangar muni de bancs et de tables en bois massif, auxquels les couverts, l'assiette et le gobelet d'étain étaient attachés par une chaînette de fer, des portions copieuses de viande que chiffonniers, bohèmes et clochards payaient huit sous. Également cabaret, on y buvait près de 3.000 pièces de vin par an.

La RUE DU MOULIN-VERT existait en partie en 1730. Elle tient son nom d'un ancien moulin sur l'emplacement duquel avait été établie une guinguette.

La RUE DU PÈRE-CORENTIN est un ancien sentier de Montrouge, nommé, en 1730, la *Voie Verte*, nom dû aux cultures qu'il traversait.

La RUE DES PLANTES est, pour sa section comprise entre la rue du Moulin-Vert et le boulevard Brune, l'ancien *chemin des Plantes* indiqué sur les plans de 1730.

La RUE RAYMOND-LOSSERAND constitue la limite ouest du Petit-Montrouge. Cet ancien *chemin de Vanves*, déjà mentionné en 1210, remonte à une époque encore plus reculée; il limitait ici le fief de Saint-Germain-des-Prés. Jusqu'en 1613 son extrémité nord aboutissait dans la rue d'*Enfer* après avoir longé le sud de l'enclos des Chartreux. Elle fut en partie incorporée dans Paris, en 1860, sous le nom de *rue de Vanves*, remplacé, en 1945, par l'appellation actuelle. La rue *de Vanves* posséda au XIXe siècle un cabaret assez célèbre, celui du *Moulin de la Vierge*.

Le restaurant de la « Californie » (*vers 1860*)

Une matinée à la Gaîté-Montparnasse

LA RUE DE LA TOMBE-ISSOIRE / Cette ancienne rue, prolongement hors de Paris des rues Saint-Jacques et du faubourg Saint-Jacques, s'appelait, en 1672, le *chemin de Bourg-la-Reine* et, ensuite, la *vieille route d'Orléans*.

Son nom actuel, de 1868, vient du lieu-dit la *Tombe-Issoire* auquel se rattache la légende du géant Ysoré contée dans une chanson de geste des environs de 1180, dite le *Moniage Guillaume* ou *la vie de Guillaume devenu moine*.

Ysoré, roi païen de Coïmbre en Portugal, sarrasin et, de plus, géant de près de 4 m. 50, était arrivé devant Paris qui « estoit à cel jour moult petite » ; il s'était établi à Montmartre et venait chaque matin lancer un défi aux Parisiens. Pour se défaire de lui, le roi Louis (on ne dit pas lequel) envoya un messager à Guillaume d'Orange, dit aussi « au Court-Nez », seul capable d'abattre le terrible Ysoré en combat singulier. Guillaume vivait en reclus dans son ermitage de Gellone, près de Montpellier, après s'être illustré dans de nombreux combats contre les Sarrasins. Il se déclara mort à l'envoyé du roi Louis qui ne le reconnut pas, puis, tandis qu'à Paris l'affliction était grande, il reprit son vieil équipement de guerre et s'arracha de son ermitage pour secourir son suzerain. Arrivé un soir devant une porte de Paris, il se vit refuser l'entrée de la Ville, ordre étant donné de ne laisser entrer qui que ce soit pendant la nuit. Guillaume passa celle-ci chez un pauvre homme, Bernard, dont la cabane était cachée dans un fossé abandonné. Bernard du Fossé lui confirma que chaque matin Ysoré venait jusqu'au pied du rempart jeter un défi que jusqu'ici personne n'avait encore osé relever.

Le lendemain matin, Guillaume s'en alla à la rencontre du géant et les deux adversaires en vinrent aux mains. Guillaume tua Ysoré, lui coupa la tête, la porta à Bernard du Fossé à qui il se fit reconnaître, puis il reprit, au galop, le chemin de son ermitage.

Ysoré fut enterré à l'endroit même où il était tombé, et, comme on supposa que cet endroit se trouvait en bordure de la *route d'Orléans*, on attribua, vers 1212, sa tombe au premier monument énigmatique important que l'on y trouva, lourde dalle ou grand tumulus. Ce fut alors que l'on spécifia que le *sepulcrum Isoreti* était une tombe sarrasine de vingt pieds de long (6 m. 60) et c'est de cette époque que commença la transformation du nom du fameux géant en *Isoere, Isore, Isoire* puis Issoire.

La PLACE VICTOR-BASCH s'appelait, en 1731, le *carrefour de la Crois-des-Sages*, et plus tard la *place du Puits-Rouge* ; ce puits était situé à l'angle de la *route d'Orléans* et du *chemin de Chevreuse* (avenue de Châtillon), à côté de l'abreuvoir, peint en rouge, d'une auberge pour rouliers située à l'ex-nº 94 de l'avenue du Général-Leclerc.

Cette place s'appela aussi le *carrefour des Quatre-Chemins ;* son nom actuel est de 1944.

5 LE VILLAGE DE VAUGIRARD.

Historique, la seigneurie laïque de Vaugirard / *De la barrière de Vaugirard à la porte de Versailles et du cimetière de Vaugirard à la barrière de Sèvres :* le cimetière parisien de Saint-Sulpice, l'auberge du Soleil d'Or, le parc de l'École Militaire, le collège de Laon (ou de Lisieux), la mairie de Vaugirard, la maison de campagne du petit séminaire de Saint-Sulpice, la seconde église Saint-Lambert, la maison de campagne des Petits-Augustins, les Filles de la Croix, la maison de campagne du séminaire des Trente-Trois, la première église Saint-Lambert, le premier cimetière de Vaugirard, le séminaire Saint-Sulpice, la maison de campagne des prêtres de Saint-Sulpice, la maison de campagne des Théatins, l'institution Poiloup, le collège de l'Immaculée-Conception et celui des Jésuites; le cimetière de Vaugirard / *Historique de quelques rues de Vaugirard annexées à Paris*, le cabaret de la mère Saguet, la chapelle Notre-Dame de Plaisance.

Au contraire des communes qui précèdent (Ivry, Gentilly, Montrouge), c'est en totalité que la commune de Vaugirard fut rattachée à Paris en 1860. Jusqu'alors elle était séparée de celle de Montrouge par la *chaussée du Maine* (boulevard du Maine) et par la *route de Paris à Vanves* (rue Raymond-Losserand). Le mur des Fermiers Généraux la séparait de la capitale avec laquelle elle communiqiait par les *barrières du Maine* (place Bienvenüe), des *Fourneaux* (rue Falguière), de *Vaugirard,* de *Sèvres,* des *Paillassons,* fermée depuis 1835 (avenue de Ségur), et de l'*École Militaire* (place Cambronne). Et, jusqu'en 1830, elle s'étendit, à l'ouest, jusqu'à la Seine dont la sépara à partir de cette date la commune de Grenelle détachée d'elle.

HISTORIQUE

La première appellation de Vaugirard a été, en 1234, le vocable *Valboistron,* peut-être formé des mots *vallis, bos, stare* indiquant une vallée riche en étables à bœufs; sans doute cette région fertile était-elle, au début du Moyen Age, un centre d'approvisionnement

de Paris en bestiaux. Elle appartenait depuis 558 à l'abbaye de Saint-Germain-des-Prés comme dépendance de son fief d'Issy.
En 1256, Gérard de Moret, qui fut abbé de Saint-Germain jusqu'à son décès en 1278, prit en affection ce lieu où sa communauté possédait de belles fermes. Il fit construire à *Valboistron*, dans le quadrilatère que limitent nos rues de Vaugirard (nos 335 à 353), Dombasle, Olivier-de-Serres (nos 8 à 22) et Fourcade, une maison de campagne pour les moines convalescents de son abbaye. Cette résidence devint le siège de la *seigneurie ecclésiastique* de Vaugirard. Ses bâtiments, bien vétustes, furent démolis à partir de 1704, la rue de la Convention traverse depuis 1896 une partie de leur emplacement.
Cette fondation de l'abbé Gérard contribua à l'accroissement du petit hameau initial que les habitants appelèrent, par reconnaissance pour son fondateur, *Val Gérard, Vaulgérard* et, par suite, Vaugirard.
Les successeurs de l'abbé Gérard, Pierre de Courpalay, Jean de Précy, agrandirent la résidence précédente; le second entoura, en 1336, le clos de Vaugirard d'un mur d'enceinte haut de plus de trois mètres, et y incorpora un moulin (carrefour des rues Olivier-de-Serres et Lacretelle).
La seigneurie laïque de Vaugirard : Simon de Bucy, premier président au Parlement et protecteur de Vaugirard, où il possédait un domaine, mourut en 1350; il fut inhumé, de même que sa femme et son fils dans l'église de Vaugirard dont il avait favorisé la création en 1341, l'église Saint-Lambert la première de ce nom. Celle-ci avait fait de lui le *seigneur-patron* de Vaugirard. Cette *seigneurie laïque*, distincte de la *seigneurie ecclésiastique*, passa à un de ses gendres, Jean Chartier, et par celui-ci à la famille des Chartier, tous avocats réputés. L'un d'eux, Alain, poète, historiographe et secrétaire de Charles VII, était célèbre autant par son éloquence que par sa laideur. Un jour qu'il sommeillait sur un banc, Marguerite d'Écosse, la première femme du dauphin (le futur Louis XI), l'embrassa sur les lèvres, et comme on s'en étonnait, surtout étant donnée cette laideur : « Ce n'est pas l'homme, dit-elle, que j'ai embrassé; c'est la bouche qui a prononcé tant de belles choses. »
Par suite de mariages, la *seigneurie laïque* de Vaugirard passa, vers 1560, dans la famille des Montholon, puis, en 1690, dans la famille Angran d'Alleray qui fournit tous les seigneurs-patrons de Vaugirard jusqu'au dernier, Denis-François Angran d'Alleray, lieutenant civil au Grand-Châtelet depuis 1774, que Fouquier-Tinville fit condamner pour avoir fourni des secours à ses gendres émigrés et envoya à l'échafaud, en avril 1794; il avait alors 78 ans.
Le domaine des seigneurs-patrons était au sud de celui des seigneurs ecclésiastiques qu'il touchait. Il formait un quadrilatère limité par la rue de Vaugirard (nos 355 à 371), la rue Dombasle, la rue Olivier-de-

Serres (nos 24 à 34) et par un mur parallèle à la rue Eugène-Gibez, un peu au nord de celle-ci.

Le village de Vaugirard fut pendant un temps l'objet de quolibets comme, plus près de nous, le furent ceux de Landerneau et de Quimper-Corentin; François Ier signait ironiquement : « Roi de France et comte de Vaugirard », et La Fontaine a écrit dans *le Singe et le Dauphin :*

Notre magot prit pour le coup
Le nom d'un port pour un nom d'homme.
De telles gens il en est beaucoup
Qui prendraient Vaugirard pour Rome.

En fait, Vaugirard fut un village paisible avec ses maisonnettes, ses auberges et ses relais de poste en bordure de sa *Grande-Rue,* avec ses fermes et ses champs plantés de vignes, surmontés de nombreux moulins à vent ou troués de carrières. Il était, au XVIIIe siècle, voisin des grandes chasses réservées au roi, au prince de Condé et au prince de Conti et ne comportait à la mort de Louis XIV, en 1715, qu'une douzaine de rues.
La population du village de Vaugirard a été la suivante : en 1350, 300 personnes; en 1500, 350; en 1717, 700 répartis dans une centaine de maison basses; en 1792, 2700; et en 1825, 6500. La plaine de Grenelle était encore presque toute en cultures lorsqu'en mai 1824 Léonard Violet l'acheta pour la lotir et y former un village qu'il appela *Beau-Grenelle,* village qui devint, en 1830, une commune distincte de celle de Vaugirard. Comme suite à cette amputation la population de Vaugirard ne compta, en 1831, que 6.700 habitants, mais Vaugirard se releva vite puisqu'elle en comptait 37.500 au moment de son annexion à Paris.

DE LA BARRIÈRE DE VAUGIRARD A LA PORTE DE VERSAILLES ET DU CIMETIÈRE DE VAUGIRARD A LA BARRIÈRE DE SÈVRES.

RUE DE VAUGIRARD *(section située au sud du boulevard Pasteur)* / La rue de Vaugirard suit sensiblement le tracé d'une ancienne voie romaine reliant Lutèce à *Autricum* (Chartres); des sépultures gallo-romaines du IIe siècle ont été retrouvées, en 1902, à proximité de cette voie en bordure de la rue du Hameau. Elle fut, entre les boulevards Pasteur et Lefebvre, la *Grande-Rue* du village de Vaugirard, celle le long de laquelle se trouvaient la plupart des demeures impor-

tantes de ce bourg. Sa largeur d'alors était la moitié de celle d'aujourd'hui.
N° 172. *Le cimetière parisien de Saint-Sulpice :* Le lycée Buffon et la RUE DE STAEL sont situés en partie sur l'emplacement d'un cimetière de la paroisse Saint-Sulpice ouvert à cet endroit en 1784 comme suite à une prescription du parlement, de 1765, relative au remplacement des cimetières paroissiaux urbains par des cimetières extra-muros. Il devint un cimetière de la capitale lorsque, à la Révolution, les ex-cimetières paroissiaux furent administrés par les municipalités. Ce cimetière, dit de Vaugirard, opposa un obstacle au développement du village. Complet en 1824, il fut fermé et remplacé à cette date par celui de Montparnasse. Citons parmi les 150.000 personnes qui y furent inhumées pendant ces 40 ans : les prêtres massacrés au couvent des Carmes en 1792; Mlle Clairon (1803), le littérateur La Harpe (1803), le médecin accoucheur Baudelocque (1810), les 10 personnes qui participèrent à la conspiration du général Malet, dont ce dernier, fusillées le 29 octobre 1812 à la plaine de Grenelle et le baron Montvon (1820). C'est dans cet ancien cimetière que Victor Hugo a situé l'épisode des *Misérables* où Jean Valjean est enterré vivant dans la bière de la Sœur Crucifixion, d'où Fauchelevent le sort non sans peine.
Ce cimetière parisien de Vaugirard fut amputé en 1837 du terrain nécessaire à l'implantation du boulevard Pasteur; ce qui en restait fut, en 1856, désaffecté complétement à la demande de la commune de Vaugirard. Son emplacement servit alors de dépôt de pavés jusqu'à la construction, en 1887, du lycée Buffon et à l'ouverture, à la même date, de la rue de Staël.

Jusqu'à la Révolution on ne voyait depuis *la barrière de Vaugirard* et la *Croix-de-Vaugirard* (celle-ci face au n° 185) jusqu'à la rue Copreau, que des champs de seigle, des vignes, des prés et des carrières.
N° 204. La RUE COPREAU est l'ex-*ruelle Copreau* du XVIe siècle, son nom est celui d'un ancien propriétaire.
Au-delà de cette rue on entrait dans le village de Vaugirard; aussi, dès 1737, sa *Grande-Rue* fut-elle pavée à partir de cet endroit.
N° 224. RUE BORROMÉE, du XVIIIe siècle.
N° 226. *L'auberge du Soleil-d'Or :* Cette ancienne auberge, construite au commencement du XVIIIe siècle comme maison de campagne pour un riche bourgeois, fut le foyer de la conjuration dite du Camp de Grenelle dont le but était de renverser le Directoire. (cf. chap. suivant). Soixante conspirateurs y étaient réunis le soir du 8 septembre 1796, lorsque la police, informée, survint pour les arrêter; ils s'échappèrent en empruntant la ruelle *Cadot* (du SOLEIL-D'OR), étroit boyau passant entre les n°s 224 et 226 de la rue de Vaugirard et se terminant entre les n°s 61 et 63 de la rue Blomet.

Maison d'un rez-de-chaussée et d'un étage à dix fenêtres, les trois de gauche sont surmontées d'un comble mansardé. Enseigne au-dessus de la porte principale (tête d'ange entourée de rayons dorés) ainsi que sur le pignon tourné vers Paris (grand cercle mouluré dans lequel était répété le motif précédent).

Nº 245. La RUE DE LA PROCESSION est, dans sa section comprise entre la rue de Vaugirard et la place Falguière, l'ancien *chemin de la Procession* qu'utilisait le clergé de Vaugirard pour sa procession paroissiale dite la Grande-Procession.

Nº 228. Emplacement, de 1590 environ à 1654, d'un cimetière du village de Vaugirard, dit le *cimetière* d'*En-haut*.

Nº 230. La RUE CAMBRONNE était en 1730 une chaussée plantée d'arbres qui allait de Vaugirard à l'École Militaire.

Nº 242. Vieille maison, mansarde.

Nº 271. La RUE DES FAVORITES est l'ancien *passage des Favorites*, nom dû à celui qui était donné, en 1838, à certains omnibus. Paris était alors sillonné par un assez grand nombre de voitures s'appelant : les *Dames Blanches* (le cocher à chapeau blanc jouait de six trompettes différentes), les *Écossaises* (voitures dont l'extérieur était peint de carreaux de couleurs), les *Béarnaises* (avec cocher en costume basque, itinéraire Bourse = Saint-Sulpice), *les Hirondelles* (barrière Rochechouart = barrière Saint-Jacques), *les Batignollaises*, les *Dames Françaises*, les *Diligentes*, les *Parisiennes*, les *Montrougiennes* (Montrouge = place Dauphine), les *Carolines* (École-Militaire = place du Louvre), les *Joséphines*, les *Sylphides*, les *Gazelles*, les *Dames Réunies*, les *Tricycles*, etc. Toutes ces compagnies particulières furent fusionnées, en 1855, dans la Compagnie Générale des Omnibus.

Les *Favorites* exploitaient quatre lignes dont l'une conduisait de la mairie de Vaugirard à la rue Saint-Lazare; leur dépôt était dans l'impasse qui a gardé leur nom; les *Parisiennes* conduisaient de l'église à la place Saint-Sulpice, et des *Tricycles* de la *barrière du Maine* à cette même place.

Nº 250. Emplacement d'une des trois hautes portes de l'enceinte dont la Ligue avait autorisé Vaugirard, en 1589, à s'entourer. La seconde porte se trouvait au carrefour des rues de Vaugirard et Olier; la troisième au carrefour des rues Saint-Lambert et Lecourbe. Cette clôture subsistait encore en 1704.

Nº 250. La RUE DU GÉNÉRAL-BEURET fut appelée jusqu'en 1864 la rue du *Parc*, ayant été ouverte, en diagonale, au travers d'un parc appartenant à l'École Royale Militaire. Ce parc, formé en 1751, renfermait les attelages et les voitures nécessaires au transport des pierres extraites d'une carrière voisine de la rue de Dantzig pour construire l'École Militaire. Il y avait là parfois 600 chevaux et 100 voitures. Ce parc fut désaffecté en 1785 après la construction de l'École Militaire, loué à un boucher qui y fit paître ses bêtes et loti en 1803.

N° 275. Vieille maison; mansarde.

Nos 258 à 272. La PLACE ADOLPHE-CHERIOUX, ex-*place de la Mairie* jusqu'en 1867, puis ex-*place de Vaugirard* jusqu'en 1935, recouvre l'emplacement d'une maison que le *collège de Laon* utilisa, à partir de 1756 comme maison de campagne. Mise en vente à la Révolution, la commune de Vaugirard ne put l'acheter pour y installer sa mairie, son prix ayant été jugé trop élevé. Cette propriété fut alors divisée et sur une de ses parties on ouvrit (nos 258 à 264) une place qui donna naissance à la place actuelle.

La commune de Vaugirard acheta, en 1835, une maison de cette place (n° 18) et y installa sa mairie qui servit jusqu'en 1895.

Nos 264 à 274. La RUE MAUBLANC a été ouverte en 1843 à travers la propriété d'un avocat M. Maublanc, provenant de la division de la maison de campagne du collège de Laon.

Nos 281 à 289. Vieilles maisons avec cours et courettes pittoresques; enseigne du n° 283.

N° 299. La RUE D'ALLERAY, sentier en 1730, est une ancienne partie du long *chemin des Tournelles* (nom dû aux petites tours d'une de ces anciennes portes de Vaugirard) qui a aussi donné naissance aux rues Marmontel, Vaugelas, Olivier-de-Serres, Victor-Duruy (nos 8 à 12), François-Villon, d'Alleray (nos 6 à 14), Yvart, et à la dernière partie de la rue. Sa section comprise entre la rue de Vaugirard et le *chemin des Fournaux* (rue Falguière), rectifiée après la Révolution, a reçu, en 1864, le nom de Denis-François Angran d'Alleray (1716-1794), dernier seigneur-patron de Vaugirard, ainsi qu'il a été indiqué précédemment.

Nos 276 à 296. La *Compagnie des Prêtres de Saint-Sulpice* avait acheté, en 1755, une ancienne propriété que Charles de Maupéou, conseiller du roi et maître à la Chambre des Comptes avait eu, en 1660, en bordure de la rue de Vaugirard (nos 258 à 296); elle avait affecté une partie de cette acquisition (nos 258 à 274) au *collège de Laon*, emplacement d'où naquirent, comme nous l'avons vu, la *place de la Mairie* (nos 258 à 264) et la propriété Maublanc (n° 264 à 274). Cette compagnie conserva pour elle une seconde partie comprise entre les nos 276 à 296 de la rue de Vaugirard et les nos 109 à 129 de la rue Blomet.

Elle y installa, en 1756, une maison de campagne pour les élèves de son petit séminaire de la rue Férou afin que ceux-ci puissent y venir passer, soit leur jour de récréation, soit leurs vacances. On appela cette maison la « maison des philosophes de Saint-Sulpice ».

Fermée à la Révolution et vendue comme bien national en 1793, elle eut dès lors divers propriétaires, dont Dom Groult d'Arcy (1760-1843). Celui-ci avait été nommé directeur, en 1817, de la *Maison d'Éducation de l'Ordre royal et militaire de Saint-Louis*, fondée à Senlis, en 1815, par Louis XVIII, le prince de Condé et l'élite de la noblesse pour élever et procurer une situation aux enfants des chevaliers de Saint-Louis ruinés par la Révolution et les préparer aux grandes écoles militaires. Dom Groult d'Arcy transféra, en 1821, cet établissement de Senlis à Vaugirard où il resta jusqu'en 1827, date où on l'installa à Versailles. Cet établissement disparut après la Révolution de 1830.

L'abbé Groult d'Arcy, resté propriétaire et unique habitant de ce domaine, fit, en 1832, don d'une partie de cette propriété à la commune de Vaugirard pour que celle-ci puisse percer la rue qui, depuis, porte son nom.

En 1912, le reste de cette propriété fut acheté par la Ville dans un but d'expropriation. Tout cet ensemble a disparu en 1913 et a été remplacé par l'immeuble numéroté 284 et 288; il n'en reste que le jardin qui s'étend derrière jusqu'au n° 17 de la rue Bausset.

N° 280. RUE GERBERT. Cette rue, ouverte en 1851, conduit à la nouvelle église de Vaugirard, l'église Saint-Lambert actuelle, la deuxième de ce nom à Vaugirard, construite par Naissant, de 1848 à 1853. Élevée sur sept marches, elle présente un haut clocher en pierre que domine une flèche, de forme octogonale, recouverte d'ardoises et surmontée de la croix de la première église. Trois bustes en pierre, de Toussaint, le Christ, la Vierge et un ange portant l'encensoir, couronnent le porche. L'extérieur et l'intérieur sont froids, sans caractère, ni inspiration. Les peintures sont de la seconde moitié du XIXe siècle, sauf la *Salutation Angélique* attribuée à l'école de Lagrenée, de la fin du XVIIIe siècle, et la *Résurrection de Jésus-Christ* attribuée à l'école française du XVIIe siècle. Elle contient, depuis 1854 une statue de la Vierge provenant de la première église Saint-Lambert.

N° 319. RUE DE L'ABBÉ-GROULT. Ainsi qu'il vient d'être dit, l'abbé Groult d'Arcy avait prélevé, en 1832, sur sa propriété et donné à la commune de Vaugirard le terrain nécessaire à la rue que cette commune désirait ouvrir entre les rues de Vaugirard et Lecourbe pour établir une route de grande communication qui relierait le Petit-Montrouge (traversé par la *route d'Orléans*) à Vaugirard, Grenelle et Passy, et qui aboutirait à l'Arc de Triomphe (où passait la *route de Rouen*). Vaugirard gagna beaucoup avec cette route, dite alors du *Transit*, qui favorisait le transport des marchandises; des maisons se construisirent rapidement le long de son itinéraire, baptisé, en 1868, de son nom actuel. A son n° 85, reste d'un pavillon avec fenêtres des deux ailes latérales ornées de clés; bâtiment à trois étages au fond.

N° 323. Vieille maison; mansarde.

N° 304. La RUE FERDINAND-FABRE passe depuis 1890 sur l'emplacement du jardin de la propriété du marquis de Vézannes, qui, maréchal de camp, se retira à Vaugirard après 56 ans de services militaires. Cette propriété s'étendait des n°s 298 à 306.

N° 325. Dans la cour, pavillon d'un rez-de-chaussée et d'un étage à toit-terrasse; colonnes, niches avec

statues. A droite dans la cour, mansarde à poulie du nº 327.
Nos 327 à 333. Emplacement d'un jardin qui appartint au chancelier d'Aguesseau, loué après sa mort (1751) au *couvent des Petits-Augustins* comme jardin de campagne. Après 1845, ce jardin fut la propriété de Jacques Fourcade, industriel et philanthrope. Les rues VICTOR-DURUY et FOURCADE ont été ouvertes, en 1905, sur son emplacement.
Nos 335 à 353. Emplacement de *la seigneurie ecclésiastique*, indiquée précédemment, fondée à Vaugirard, en 1256, par l'abbé Gérard de Moret. Cette maison de campagne était séparée de la *seigneurie laïque* par la *rue des Vignes* (Dombasle); la rue de la Convention recouvre une grande partie de son emplacement.
Nº 355. La RUE DOMBASLE, indiquée en 1730, s'est appelée, jusqu'en 1864 le *chemin des Vignes*.
Nos 342 à 348. Emplacement d'une maison de campagne qui appartint, de 1653 à la Révolution, au *couvent des Petit-Augustins* installé à Paris dans l'hôtel de la reine Margot (cf. nº 14, rue Bonaparte). Cette maison était située entre deux jardins où les religieux cultivaient des poires, pêches et prunes réputées. Propriété vendue à la Révolution et démolie après 1845.
Nº 350. Emplacement de la maison où s'installa en 1641, la *communauté des Filles de la Croix* avant son transfert à Paris, en 1643, dans le cul-de-sac Guéménée (cf. impasse Guéménée). Cette demeure fut achetée, en 1669, par le *couvent des Petits-Augustins* pour agrandir leur maison ci-dessus indiquée.
Nos 355 à 371. Emplacement de la *seigneurie laique* de Vaugirard mentionnée précédemment.
Son domaine comportait un vaste jardin s'étendant jusqu'à la rue des *Tournelles* (Olivier-de-Serres, nos 24 à 34). Une partie de cette seigneurie fut louée, vers 1780, à l'*Hospice de Santé pour les enfants atteints de maladie vénérienne ;* on y soignait à la fois la mère et l'enfant. Établissement supprimé en 1792.
Nos 373 à 377 *bis*. Emplacement, à partir de 1747, de la maison de campagne du *séminaire des Trente-Trois* (cf. nº 34, rue de la Montagne-Sainte-Geneviève) qui, avec ses dépendances, s'étendait depuis la rue de Vaugirard, où était sa porte monumentale en demilune, jusqu'aux rues *des Vignes* (Dombasle) et *des Tournelles* (Marmontel). Les élèves du séminaire venaient passer ici la journée du mercredi si celui-ci n'était pas un jour de fête. On voyait au fond du jardin, peut-être dessiné par Lenôtre, un pavillon d'où on avait une vue étendue sur la campagne; Lalande et Chevalier vinrent y faire des observations astronomiques. Un pensionnat et des religieuses l'occupèrent à partir de 1858 et 1860.
Les rues Leriche et Eugène-Gibez passent, depuis 1883, sur son emplacement.
Nº 352. La RUE SAINT-LAMBERT, indiquée en 1730, s'est longtemps appelée la rue *des Prêtres* car elle conduisait au presbytère de l'église installée, jusqu'à

sa confiscation en 1791, au nº 6 de la rue Desnouettes.
Nº 352 (et nº 2, rue Desnouettes). Vieille maison; mansarde, toit.
La première église Saint-Lambert. C'est sur le carrefour que forment actuellement les rues de Vaugirard, Saint-Lambert et Desnouettes, que s'est dressée, de 1341 à 1853, la première église de Vaugirard.
Les habitants de Vaugirard, alléguant la distance qui les séparait de leur église *paroissiale* située à Issy obtinrent de celle-ci, en 1341, la construction d'une chapelle publique dans leur village sous condition qu'ils payeraient au curé d'Issy une rente annuelle pour le dédommager. Ce payement fut effectué jusqu'à la Révolution quoique Simon de Bucy ait réussi à faire transformer, en 1342, cette chapelle succursale en église paroissiale.
Cette petite église de campagne, alors dédiée à Notre-Dame, fut agrandie en 1400; elle reçut, en 1453, de l'abbaye de Saint-Germain-des-Prés, les reliques de saint Lambert, évêque de Maestricht, héros du christianisme, assassiné en 708. Il était de règlè d'invoquer ce saint pour être guéri de la maladie de la pierre et des hernies; ces guérisons durent être nombreuses car, au XVIIIe siècle, l'église était tapissée des ligatures offertes en ex-voto par les malades; l'église devint ainsi un lieu de pèlerinage, ce qui fut une source de revenus pour les habitants de Vaugirard. Elle possédait aussi un précieux missel, de 1478, que l'on recouvrit d'une riche reliure lorsque la Bibliothèque du roi l'acheta en 1712; ce missel est actuellement à la Bibliothèque Nationale.
Sous la Révolution l'église fut consacrée à la déesse *Raison* et ornée des bustes de Lepelletier de Saint-Fargeau et de Marat; ce fut l'époque où Vaugirard s'appela la *commune de Jean-Jacques-Rousseau.*
Devenue bien vétuste et située trop loin du centre de Vaugirard, cette église fut remplacée, en 1853, par l'église actuelle, puis démolie.
Le peintre Fragonard s'y était marié en 1769, alors qu'il avait 37 ans, avec Marie-Anne Gérard, âgée de 17; ce fut une joyeuse noce de campagne à laquelle participèrent tous les amis du peintre.
Le premier cimetière de Vaugirard : Le premier cimetière qu'eut Vaugirard (le cimetière d'En-Bas) occupait le terre-plein de la place Henri-Rollet; il était situé derrière la primitive église Saint-Lambert, son entrée était sur la rue de Vaugirard (nº 354).
Il resta en service jusqu'en 1787, année où on le ferma car il ne pouvait contenir que 134 fosses particulières au lieu des 200 devenues alors nécessaires. Son terrain, libéré, devint une place publique, origine de la place actuelle.
On voyait jadis près de l'église et du cimetière le poteau de la justice seigneuriale de Vaugirard; ses fourches patibulaires comportaient, en 1522, trois piliers.
Nº 377. Vieille maison.

Nos 354 à 356. *Le séminaire Saint-Supice :* Emplacement de ce qui fut le berceau du célèbre *séminaire de Saint-Sulpice* fondé ici, en 1641, par Monsieur Olier, alors abbé de Pibrac dans le diocèse de Saint-Flour. Ce séminaire fut transféré, en 1642, à proximité de l'église Saint-Sulpice dont l'abbé Olier était devenu le curé. Cette institution conserva sa maison de Vaugirard où elle installa quelque temps son noviciat, puis la mit, en 1759, à la disposition de la *Communauté des Pauvres-Écoliers,* dite aussi les *Robertins,* chargée d'élever les enfants pauvres destinés à l'état ecclésiastique.

Maison vendue à la Révolution, puis, en partie, démolie. Le Supérieur des Sulpiciens acheta, en 1808, ce qui en restait et qu'acquirent, en 1831 et en 1852, l'institution Poiloup et les Jésuites installés en face. La RUE DE LANGEAC passe depuis 1806 sur l'emplacement de cette propriété.

No 360. Emplacement d'une des trois portes de l'enceinte de Vaugirard (cf. no 254).

Nos 358 à 364. Emplacement, de 1752 à la Révolution, de la *maison de campagne des prêtres de l'église Saint-Sulpice.* Celle-ci était contiguë à la propriété du séminaire de Saint-Sulpice. Elle devint également la propriété, en 1831, de l'Institution Poiloup, et, en 1852, celle des Jésuites.

No 364. La RUE OLIER, du nom du fondateur du Séminaire de Saint-Sulpice, est un ancien sentier antérieur à 1730.

No 389. Emplacement d'une maison de campagne que *les Théatins* (cf. no 17, quai Voltaire) eurent à Vaugirard de 1661 à la Révolution.

Nos 391 à 393. Emplacement du vaste jardin que le curé de Saint-Sulpice, Dulau d'Allemans, avait aménagé et réuni, en 1755, à la maison de campagne des prêtres de son église par un souterrain de 1 m. 50 de large passant sous la rue (absorbé par la ligne du métro).

L'Institution Poiloup, le collège de l'Immaculée-Conception et celui des Jésuites. Vendue à la Révolution, cette propriété fut achetée, en 1829, par l'abbé Poiloup qui y installa un collège pour jeunes enfants, annexe de celui pour grands élèves qu'il dirigeait à Paris au no 20 de la rue du Regard. Il l'agrandit en achetant, en 1838, l'ancienne propriété de la *Communauté des Prêtres de Saint-Sulpice,* située en face. Le passage souterrain servit donc à nouveau. Le tout s'appela le *Collège de l'Immaculée-Conception.* Il compta jusqu'à 400 élèves.

Il périclita à partir de 1848 et il y eut une scission dans son personnel enseignant en 1852. Les Jésuites en prirent alors la direction. Cette maison connut avec eux une belle prospérité jusqu'à ce qu'elle dût fermer ses portes en exécution de la loi de 1901. L'archevêque de Paris y installa alors et jusqu'en 1911 le séminaire diocésain.

Actuellement hôpital de Vaugirard et annexe d'un ministère.

Revenir sur ses pas et prendre, à gauche, la

RUE DESNOUETTES / Cette rue, indiquée en 1730, s'est appelée rue *Notre-Dame* jusqu'en 1863. Le château du marquis de Feuquières y avait sa façade principale; par derrière, ses jardins s'étendaient le long de la rue Saint-Lambert jusqu'à la rue Lecourbe. En allant vers la campagne, cette rue se divisait en deux branches conduisant à Issy, à droite, la rue *Notre-Dame* (Desnouettes), à gauche, un chemin qui s'appela, en 1818, la RUE DU HAMEAU lorsqu'il desservit un groupe de masures, le *Hameau du Brave Homme*, édifié par un philanthrope.

Prendre à droite, la rue de la Croix-Nivert et, à gauche la

RUE LECOURBE / Ancienne rue des communes de Vaugirard et d'Issy, la rue Lecourbe suit le tracé d'une voie romaine reliant Lutèce à Sèvres et à Meudon. Indiquée sur les plans de 1672 sous le nom de *grand chemin de Bretagne*, elle s'est appelée rue *de Sèvres* de 1825 à 1865.
N° 318. *Le cimetière de Vaugirard :* Le principal cimetière de la paroisse de Vaugirard, installé près de l'ancienne église (place Henri-Rollet), ayant été jugé, en 1784, insuffisant, fut remplacé, en 1787, par le cimetière actuel qui a été agrandi à plusieurs reprises entre 1798 et 1853.
Réservé, après l'annexion de Vaugirard à Paris, au XVe arrondissement, il n'est ouvert actuellement qu'aux inhumations en concessions perpétuelles.

Revenir sur ses pas en suivant la rue Lecourbe.
Un peu au delà du cimetière les champs cessaient. Le chemin longeait, à droite, entre nos n°s 269 à 261, et avant d'arriver à la rue Saint-Lambert, le mur du parc du château du marquis de Feuquières se terminant sur ce chemin par une demi-lune. Un des descendants du marquis de Feuquières, tué en 1590 à la bataille d'Ivry, habitait ce château en 1761. Les rues THÉODORE-DECK, la VILLA DECK et la RUE DU CLOS-DE-FEUQUIÈRES passent de nos jours sur l'emplacement de cette belle propriété.
En continuant ce chemin au delà de la rue Saint-Lambert on trouvait, à l'angle sud de la rue de la Convention, un autre château, celui des Deux-Girouettes, aux jardins ornés de bosquets avec statues. Il avait été la propriété de Mme de Saint-Prix que protégeait le prince de Condé. Il fut démoli à la Révolution. Dans la maison qui le remplaça, le docteur Colon, tenta les premières expériences de la vaccine après son importation d'Angleterre. Les RUES DU COMMANDANT-LEANDRI, FRANÇOIS-MOUTHON et JACQUES-MAWAS ont été ouvertes sur son emplacement.

N° 241. RUE DE JAVEL *(section située au sud de la rue de la Croix-Nivert)*. Une grande propriété longeait, au milieu du XVIIIe siècle, la rue de *Grenelle* (Javel) depuis notre rue Lecourbe jusqu'à la rue Blomet. Elle appartenait au duc de Choiseul-Praslin qui la mit, vers 1760, à la disposition de Marie-Anne Botot, plus connue à la Comédie-Française sous le nom de Mlle Dangeville. Elle s'y retira lorsqu'elle quitta le théâtre en 1763; elle y reçut des beaux esprits, des anciens camarades de théâtre et aussi d'anciens amants et y donna de grandes fêtes avec feu d'artifice auxquelles les habitants de Vaugirard avaient liberté d'assister. Cette propriété fut confisquée à la Révolution, son propriétaire ayant émigré. En 1858, les Frères de Saint-Jean-de-Dieu y établirent un asile pour enfants incurables qui existe de nos jours.

Nos 199 à 175 (et no 134 à 126, rue Blomet). Emplacement du *Château-Frileux* du nom d'un lieu-dit; c'était un des plus vieux domaines de Vaugirard, son origine remontait au début du XVIIe siècle, des religieuses de l'Enfant-Jésus l'occupèrent avant la Révolution.

No 155. La RUE PECLET constituait une partie de la *descente de la Sablonnière* qui conduisait à la sablonnière indiquée ci-après.

No 136. RUE DE L'AMIRAL-ROUSSIN. On trouvait à l'extrémité nord-est de cette rue, une sablonnière exploitée à partir de 1785 par le service du « pavé de Paris ». Épuisée en 1813, il y avait encore à cet endroit, en 1840, un vaste creux où les eaux stagnaient, ce qui le rendait assez malsain. Cela n'empêcha pas toutefois que plusieurs guinguettes s'installèrent dans son voisinage.

No 114. La RUE MADEMOISELLE, tracée vers 1790 pour relier Vaugirard au camp de la plaine de Grenelle, doit son nom à Mademoiselle, fille du duc de Berri, qui assista, avec la duchesse d'Angoulême, sa tante, à la pose de la première pierre de l'église Saint-Jean-Baptiste-de-Grenelle.

Nos 96 à 82. Emplacement d'une maison de campagne dite *la Folie*, d'où le nom de *pavé de la Folie* donné au chemin qui devait devenir la rue Cambronne. Là s'arrêtaient les maisons du village et on n'en trouvait plus jusqu'à la *barrière de Sèvres*. On disait alors pour indiquer un amour de peu de durée : « Je t'aimerai jusqu'à la Folie, mais je te quitterai à Vaugirard. » La VILLA POIRIER est sur son emplacement.

HISTORIQUE D'AUTRES RUES DE VAUGIRARD ANNEXÉES A PARIS

La RUE ALAIN-CHARTIER est un tronçon de l'ancienne rue *de Grenelle* (Javel), indiquée en 1730, qui reliait Vaugirard à Grenelle.

La RUE BLOMET était indiquée, en 1672, comme chemin allant à Issy et à Meudon. Une propriété, située à l'ex-no 15 de cette rue, possédait une source d'eau appelée, contre l'avis de la Faculté, « eau minérale ». On la considérait, en 1764, comme « rafraîchissante, délayante, apéritive, laxative et stomachique ». Les « Eaux minérales de Vaugirard » étaient vendues sur place 6 sous la pinte et 8 sous à Paris en bouteilles cachetées. Le propriétaire de 1842 fit édifier à cet endroit un bâtiment de trois étages et construire quatre pavillons, chacun d'eux à l'un des coins du jardin, afin de faire de l'ensemble une maison de santé. Nos 48, 50, 52. Vieilles maisons. No 67. Cave du XVIIe siècle, genre crypte, avec pilier central.

La RUE BRANCION résulte d'un ancien sentier qui reliait le *chemin des Morillons* (rue des Morillons) au *sentier des Périchaux* (rue des Périchaux).

La section de la RUE CASTAGNARY, comprise entre la place Falguière et la rue de Vouillé, résulte d'un ancien sentier existant déjà en 1516.

La section de la RUE DU CHATEAU comprise entre les rues Bourgeois et Raymond-Losserand est une ancienne voie de la commune de Vaugirard. Son nom actuel vient de ce qu'elle conduisait au *château du Maine*.

La RUE DU COTENTIN est une partie de l'ancien *chemin de la Gaîté*, indiqué en 1804, qui conduisait de la rue *des Fourneaux* (Falguière) à la *chaussée du Maine* (la rue Vandamme est une autre partie de cet ancien chemin).

La section de la RUE DE DANTZIG située au sud de la rue *des Vignes* (Dombasle) faisait autrefois partie d'une sente appelée, vers 1680, le *chemin du Moulin-de-Vaugirard.*

Ce *moulin de Vaugirard* se trouverait de nos jours à l'intersection de la rue de Dantzig et du boulevard Lefèbvre, point culminant de Vaugirard. Il était originaire de Paris, de la *butte des Trois-Moulins*, voisine de la porte Saint-Martin d'où il fut transféré ici, en 1672, lors de l'arasement de cette butte.

On trouvait, vers 1852, à l'angle des rues de Dantzig et Dombasle, un cabaret pour carriers et maraîchers qui avait une grande célébrité. Il avait été fondé par « le père Bonvin », garde-champêtre de Vaugirard, dont un des fils, François Bonvin, devait devenir un peintre réputé. Le « père Bonvin » avait été antérieurement domestique, perruquier, soldat, puis gendarme; ayant trouvé finalement la vie sans intérêt, il alla se pendre, en 1865, dans la forêt de Meudon.

La RUE FALGUIÈRE *(section située au sud du boulevard Pasteur)* est, ainsi que la rue Castagnary, une partie de ce *chemin des Fourneaux* existant en 1516 et indiqué sur les plans de 1730.

La section de la RUE DE GERGOVIE située à l'ouest de la rue Raymond-Losserand est une ancienne partie du *chemin-Vert*, prolongement du *chemin de la Procession* indiqué plus haut.

La RUE MALASSIS, ex-ruelle Malassis, du nom d'un lieu-dit, s'appelait jadis la rue *du Poil-de-l'Ane:* c'était, en 1730, un sentier à travers les vignes.

La RUE MIOLLIS s'est appelée la rue *Saint-Fiacre* jusqu'en 1864. Le village de Vaugirard, comptant beaucoup de jardiniers, possédait une « confrérie de Saint-Fiacre ».

La RUE DES MORILLONS porte le nom d'un lieu-dit; sa section comprise entre les rues de Dantzig et Castagnary était indiquée, en 1730, comme un sentier traversant des vignobles de raisins noirs.

Le terrain compris entre les rues des Morillons, Olivier-de-Serres, de la Convention et de Cronstadt, est celui d'une ancienne carrière d'où furent extraites, en 1756, une partie des pierres nécessaires à la construction de l'École Militaire; l'autre partie provenait des carrières de Meudon et de Vanves.

La RUE DU MOULIN-DE-BEURRE actuelle est un tronçon d'un chemin de ce nom, existant en 1730, qui conduisait au *Moulin-de-Beurre* situé près de l'endroit où il débouchait sur la rue Vercingétorix actuelle.

On trouvait à cet endroit, au début du règne de Louis XV, une ferme qui devint un peu plus tard un lieu de rendez-vous de seigneurs, d'abbés de ruelles et de grandes dames qui s'amusaient à venir jouer là au berger et à la bergère; sa vogue continuait encore sous Charles X et Louis-Philippe. Transformée en restaurant en 1848, cette ferme fut démolie en 1885.

Le cabaret de la Mère Saguet : Tout à côté, près de l'ex-nº 7 de la rue *du Moulin-de-Beurre*, se trouvait une célèbre guinguette fondée en 1784. La « Mère Saguet » la transforma sous la Restauration en un cabaret, jolie maisonnette aux volets verts, visible de la route, située entre une cour fleurie et un jardin ombragé, que fréquentèrent jusqu'en 1850 les libéraux, les bonapartistes, les républicains, tous hostiles aux Bourbons : Béranger, Victor Hugo, Deveria, Charlet, Adolphe Thiers, Raffet, Gavarni, Villemarest, Horace Vernet, Alexandre Dumas, Armand Carrel, Désaugiers, Romieu, Scribe, Lamartine, etc. Raffet y composa la plupart de ses dessins; Béranger y réunissait la société des chansonniers dont il était le président, il vanta son hôtesse sous le nom de Madame Grégoire. Le restaurant « *Au rendez-vous des artistes* » le remplaça en 1855.

La RUE DU MOULIN-DE-LA-VIERGE doit son nom à celui d'un moulin situé à l'angle de cette rue et de la rue Vercingétorix.

L'IMPASSE DE L'OBÉLISQUE doit son nom au souvenir d'un obélisque que Chauvelot, associé de Couesnon (cf. le château du Maine), avait érigé au milieu du lotissement appelé le *Village de l'Avenir*, qu'il avait créé, en 1850, au lieu-dit les *Maisons-Blanches*, situé entre nos rues Castagnary, Brancion et des Morillons. Il donna aux rues de ce lotissement les noms de Palestro, Magenta, Nice et Camulogène. L'obélisque fut démoli par la suite, vu son manque de solidité.

La RUE DES PERICHAUX est un ancien sentier qui traversait un vignoble appelé, en 1730, le clos Périchot.

La RUE DE LA SABLONNIÈRE formait avec la rue Miollis un chemin conduisant de la *barrière des Morillons* à la sablonnière de Vaugirard.

La RUE DU TEXEL est une ancienne section de la rue du *Moulin-de-Beurre*.

Ce fut au nº 33 de la rue du *Moulin-de-Beurre*, soit à l'emplacement du nº 7 de la rue du Texel, qu'on construisit, en 1844, une petite chapelle, succursale de l'église Saint-Lambert. Elle fut érigée en paroisse en 1849 et prit le nom de *Notre-Dame-de-Plaisance*.

C'était la plus humble et la plus petite de toutes les églises parisiennes (18 mètres sur 8). Elle possédait dans sa cour d'entrée une cloche de Sébastopol offerte par Napoléon III. Convertie en club pendant la Commune, elle fut désaffectée en 1903, puis démolie l'an suivant.

La RUE DES VOLONTAIRES résulte d'une ancienne impasse qui devint la *ruelle Volontaire* lorsque des propriétaires de terrains la prolongèrent volontairement, en 1822 pour relier la rue de Vaugirard au *chemin des Fourneaux* (rue Falguière).

La RUE DE VOUILLÉ est l'ancien *chemin des Boeufs* de 1730, devenu ensuite une section de la rue du Transit (cf. rue de Vaugirard, n° 319).

6 LE VILLAGE DE GRENELLE.

Historique, la conjuration du camp de Grenelle, Beau-Grenelle, le pont de Grenelle, l'église Saint-Jean-Baptiste, la mairie, le cimetière, le théâtre de Grenelle, l'écart de Javel / *Historique de quelques rues de Grenelle annexées à Paris.*

Comme la commune de Vaugirard, la commune de Grenelle a été rattachée tout entière à Paris le 1er janvier 1860, alors qu'elle n'avait même pas encore 30 ans d'existence.

HISTORIQUE

Le territoire que la commune de Grenelle occupait alors était celui de l'ancienne *Garanella* (petite garenne), nom d'où découlèrent ensuite ceux de *Guarnelles*, *Garnelles*, puis Grenelle. Il fut peut-être le lieu du combat que se livrèrent, en l'an 52 avant J.-C., les Gaulois de Camulogène et les légions romaines de Labienus (cf. place du Louvre). C'était une plaine sablonneuse, assez aride, qui, depuis les temps mérovingiens, appartenait à l'abbaye de Sainte-Geneviève. Celle-ci y avait possédé le *château de Grenelle* (emplacement de la caserne Dupleix) alors que l'abbaye de Saint-Germain-des-Près était propriétaire de la *ferme de Grenelle* (intérieur du rectangle limité par les avenues de la Motte-Picquet, de Suffren et la rue de la Cavalerie) que ses moines avaient fait valoir.
Cette plaine servait de lieu de promenades, de terrain d'exercice militaire, de canton de chasse avec remise de gibier; elle ne fit jamais beaucoup parler d'elle avant la terrible explosion du 31 août 1794 au cours de laquelle la poudrière installée dans le *château de Grenelle* sauta à 7 h. 30 du matin (cf. rue Dupleix). Les maisons du village de Vaugirard furent fortement secouées, et l'épouvante dans Paris fut considérable.

La conspiration du camp de Grenelle : Il y eut ensuite la conspiration du camp de Grenelle. Un camp militaire ayant été installé par le Directoire, en 1796, dans la plaine de Grenelle, quelques anciens « montagnards » hostiles à la réaction thermidorienne, résolurent de soulever les troupes, de se mettre à leur tête et de renverser le Gouvernement. Une dénonciation informa le ministre de la Police, au cours de la nuit du 8 au 9 septembre 1796, qu'une soixantaine de conjurés étaient réunis dans l'*auberge du Soleil d'Or* (cf. 226, rue de Vaugirard) et que, dans d'autres auberges, dans des jardins et sur la route de Vaugirard, de grandes quantités de gens armés étaient rassemblées prêts à se porter sur l'état-major du camp tandis que d'autres devaient s'emparer des membres du Directoire. La tentative de soulever les troupes échoua, 132 conjurés furent arrêtés, 52 passèrent en jugement, 31 furent condamnés à mort et fusillés, dont le général Lay et les ex-conventionnels Javogues, Huguet et Cusset. Ces fusillades eurent lieu contre le mur des Fermiers Généraux (emplacement de la station Dupleix du métropolitain), lieu des exécutions militaires (cf. boulevard de Grenelle).

Beau-Grenelle : Les 345 arpents qui constituaient la plaine de Grenelle, furent vendus à la Révolution comme bien national. Ils furent achetés, en 1796, par Ginoux, administrateur des Domaines, qui les paya 106.000 francs. En 1824, l'entrepreneur Léonard Violet, conseiller municipal de Vaugirard, acheta à Ginoux, à un prix voisin de 1 franc le mètre carré, les 320 arpents qui restaient alors disponibles et qui étaient affermés à un nommé Frémicourt. Son but était de les lotir et d'y fonder une agglomération commerciale et industrielle avec un port, des places et des rues. Pour réaliser son plan, il s'associa avec Alphonse Letellier. C'est ainsi que se forma ce quartier décomposé en damiers, appelé pompeusement *Beau-Grenelle*, édifié tout d'une pièce, qu'un pont relia, en 1827, à Auteuil.

Le Pont de Grenelle : Ce pont — le pont de Grenelle — fut mis en place aux frais d'un groupement qui construisit en même temps un port et une gare d'eau; il reçut, en échange, le droit de percevoir pendant 47 ans un péage pour le passage sur le pont et un autre sur le stationnement des bateaux. La Ville de Paris acheta le pont en 1866 et supprima ce péage.

L'église Saint-Jean-Baptiste : Une église fut également construite. Sa première pierre fut posée en septembre 1828 par la duchesse d'Angoulême qu'accompagnait Mademoiselle, fille du duc de Berry. Tout le quartier n'était alors qu'une fondrière, le cortège dut cheminer sur des planches. Cette église, dédiée à saint Jean-Baptiste, un des prénoms de Violet, est l'œuvre de Bontat; elle fut ouverte au culte en 1831; son architecture est dépourvue de tout intérêt, sauf son clocher. Elle fut érigée en paroisse indépendante de celle de Vaugirard le 1er janvier 1837.

Sur la demande des habitants de Beau-Grenelle et malgré la vive opposition des habitants de Vaugirard, ce nouveau quartier fut détaché de la commune de Vaugirard par un décret d'octobre 1830, et transformé en une commune autonome à laquelle fut donné le nom de commune de Grenelle.

La mairie : La nouvelle commune eut donc en propre sa mairie, située, d'abord à l'angle des rues Violet et du Théâtre, puis, à partir de 1842, à l'ex-nº 21 de la rue Violet, actuellement nº 69 de cette rue.

Le cimetière : Le cimetière de Vaugirard resta commun aux deux communes jusqu'à ce que celle de Grenelle eût le sien, installé, en 1832, tout à l'extrémité de la ville, en bordure sud de la rue Cauchy, sur le territoire d'Issy. Agrandi en 1841 et 1845, il n'est plus ouvert depuis l'annexion qu'aux inhumations en concession perpétuelle.

Le théâtre : Grenelle eut aussi son théâtre; à vrai dire celui-ci existait déjà depuis 2 ans; il était situé au débouché de la rue du Théâtre sur celle de la Croix-Nivert. Il avait 1.300 places. Il était dirigé par la veuve de Seveste (cf. nº 31, rue de la Gaîté) et ses fils qui l'administrèrent mal jusqu'à ce que leur fût retiré, en 1852, le privilège accordé à cette famille par Louis XVIII. Larochelle les remplaça.

Enfin, la rive fut embellie d'un grand quai avec port, magasins et entrepôts.
Grenelle était relié à Paris par la compagnie d'omnibus des *Dames Françaises*, ensuite par celle des *Dames Réunies*. Ses voitures conduisaient, en 1839, du carrefour des rues du Commerce et Fondary jusqu'au Palais-Royal et au faubourg Poissonnière.
La nouvelle commune, qui avait en 1830 1.500 habitants, en comptait 20.000 lorsqu'elle fut réunie à Paris le 1er janvier 1860.

L'écart de Javel : Cet écart avait pris naissance au XVe siècle avec un petit port et un garage de bateaux cité, en 1485, sous le nom de *Javetz*. Mais il fut surtout connu à partir du XVIIe siècle par son moulin à vent où les baigneurs, les pêcheurs et les canotiers venaient se délasser. En 1777, des industriels créèrent dans son voisinage une manufacture de produits chimiques où on fabriqua de l'acide sulfurique, de l'acide nitrique, de l'esprit de sel, de la céruse, de l'alun. C'est de cette usine que sortit l'hypochlorite de potasse dit eau de Javel. Sous l'Empire, d'autres fabriques s'installèrent à proximité de celle-ci et de la Seine : fabriques de colle forte, de noir animal, de cuirs vernis, qui commencèrent à faire de Javel le quartier industriel et la ruche ouvrière qu'il n'a cessé d'être.

HISTORIQUE DE QUELQUES RUES DE GRENELLE ANNEXÉES A PARIS

La majorité des rues de l'ancienne commune de Grenelle est sans intérêt; ouvertes en 1824-1828, elles ont été annexées à Paris une trentaine d'années après. Ci-après quelques-unes de ces rues avec indications du nom que certaines d'entre elles portaient avant leur classement dans la voirie parisienne.
PLACE DU COMMERCE (place de *la Mairie*; en 1832, on y planta 82 marronniers qui furent débités en bois

de chauffage au cours du cruel hiver 1870-1871). RUE DU COMMERCE (*Saint-Guillaume* ; elle fut la principale rue commerçante de l'ancienne commune de Grenelle). — RUE DES ENTREPRENEURS (les entrepreneurs du village de Grenelle). — RUE FONDARY (nom d'un des fondateurs et maire du village de Grenelle, marchand de vin enrichi dans ce commerce). — RUE FRÉMICOURT (Frémicourt fut le dernier fermier de la plaine de Grenelle avant la construction de Beau-Grenelle.) — RUE GINOUX (Ginoux fut le propriétaire, sous la Révolution, de la ferme et des terrains de Grenelle). — RUE JUGE (du nom du premier maire de Grenelle, de 1831 à 1845). — RUE LETELLIER (du nom d'un des fondateurs du village de Grenelle). — RUE DE LOURMEL (ancien chemin allant de la *barrière de Grenelle* à Issy). — RUE SAINT-CHARLES (nom donné en l'honneur de Charles X qui régnait lors de la fondation de Beau-Grenelle). — RUE TIPHAINE (autre fondateur du village de Grenelle, adjoint à son maire de 1845 à 1848). — RUE VIOLET (le principal de ces fondateurs. On a mis à jour, en 1866, dans une sablière voisine de cette rue, des débris d'hippopotame, de mammouth, d'éléphant, de cerf, de renne et même d'ossements humains remontant à l'âge de la pierre. En 1831, des fraudeurs établirent un souterrain qui, passant sous le mur des Fermiers Généraux, reliait le nº 1 de la rue Violet au nº 8 de la place Dupleix; il fut découvert par la police, qui, toutefois, ne trouva jamais ses auteurs. — Nºs 67-75 : Maisons datant de la fondation de Grenelle. — Nº 77 : Ancienne demeure du chimiste Anselme Payen, important manufacturier de Grenelle et membre de l'Institut, incorporée dans l'asile actuel, ouvert, en 1874, trois ans après la mort de Payen. — PLACE VIOLET (la caserne de pompiers située sur cette place a incorporé dans ses bâtiments l'ancien *château Violet* construit pour le fondateur de Beau-Grenelle. C'était, au moment de l'annexion, la maison la plus importante de Grenelle. Son parc devint, en 1860, la place publique actuelle).

7 LE VILLAGE D'AUTEUIL.

Historique, les seigneurs d'Auteuil / *De l'Hôtel des Haricots au cimetière d'Auteuil :* la rue de Boulainvilliers, l'Hôtel des Haricots / La rue de l'Assomption, le château de la Tuilerie / La rue de la fontaine / La rue des Perchamps / La place d'Auteuil : la première église et le premier cimetière d'Auteuil, le monument de d'Aguesseau, la maison de campagne des Génovéfains, la maison de retraite Chardon-Lagache, les rues du Buis, Verderet et Désaugiers / L'Hôtel de Choiseul-Praslin, la maison de Molière, la demeure de François Gérard et l'institution Sainte-Périne / Le second cimetière d'Auteuil / *De l'église d'Auteuil à la maison de Boileau :* la rue d'Auteuil, le château Ternaux, l'Hôtel de Puscher, l'Hôtel des demoiselles de Verrières, l'Hôtel de Madame Helvétius, le château du Coq / Le chemin de fer d'Auteuil / La propriété des dames de Boufflers, le Grenier Goncourt / Les eaux d'Auteuil / La rue Boileau, la maison de Boileau / *Historiques de quelques autres rues d'Auteuil annexées à Paris*.

La commune d'Auteuil a été entièrement rattachée à la capitale le 1er janvier 1860 à l'exception d'une toute petite partie qui le fut à Boulogne. Elle n'était pas limitrophe de Paris; elle était séparée par la Seine de la commune de Grenelle, par l'enceinte fortifiée de celle de Boulogne et du Bois, et par les rues de l'Assomption et de Boulainvilliers, de la commune de Passy.

HISTORIQUE

Il est vraisemblable que c'est au voisinage de notre pont Mirabeau que le lieutenant de Jules César, Labienus, franchit la Seine en l'an 52 avant J.-C. pour attaquer et défaire dans la plaine de Grenelle les troupes gauloises de Lutèce commandées par le vieux chef Camulogène (cf. place du Louvre). Ce souvenir est le premier qui se rattache à Auteuil avec celui des druides qui auraient élevé leurs autels là où se trouve de nos jours le hameau La Fontaine. Une trace du passage de Labienus a été retrouvée, en 1886, quand on a découvert à trois mètres sous la plate-forme de l'allée des Cygnes une « longue barque formée d'un tronc de chêne renforcée par six courbes du même bois fixées avec des chevilles de sapin ». Un autre souvenir de l'occupation romaine avait déjà été retrouvé lors de la mise à jour des vestiges de l'aqueduc qui conduisait les eaux ferrugineuses d'Auteuil à un établissement thermal situé dans la partie nord de notre jardin du Palais-Royal (cf. jardin du Palais Royal).

Une petite agglomération se forma, vers l'an 600, en bordure de la Seine sur un monticule de la forêt de Rouvray (emplacement du palais de Chaillot) que l'on venait de déboiser et de défricher. Ce fut le village de *Nigeon* (cf. rue Quentin-Bauchart). Ses habitants débordèrent sur les versants nord et ouest de cette colline, créant ainsi deux petits hameaux; l'un d'eux absorba *Nigeon* et devint plus tard Chaillot; l'autre, appelé *Altogilum*, donna naissance à Auteuil. Les terres d'Auteuil furent jusqu'en 1109 la propriété de l'abbaye normande du Becq-Hellouin; à cette date elle les échangea contre d'autres que l'abbaye de Sainte-Geneviève possédait à Vernon. C'étaient des terres riches en vignobles; la majeure partie de ceux-ci fut exploitée par les chanoines de Sainte-Geneviève qui se livrèrent à un important commerce de son vin, allant même jusqu'à l'exporter au Danemark où les crus d'Auteuil étaient très appréciés.
Les seigneurs d'Auteuil : Les abbés de Sainte-Geneviève furent seigneurs d'Auteuil depuis 1110 jusqu'à la Révolution. Citons parmi eux : Herbert, le premier abbé de Sainte-Geneviève autorisé, en 1227, par le pape à porter la mitre, la crosse et l'anneau pastoral; Thibaut, qui, en 1247, affranchit les serfs de l'abbaye; Joseph Foulon, abbé pendant près de 50 ans, qui assista Henri IV à son abjuration; François de La Rochefoucauld, cardinal et grand aumônier de France, qui réforma l'abbaye, et le dernier de tous, Claude Rousselet, en fonction lorsque vint la Révolution.

En 1343, un petit hameau, déjà cité en 1119, se détacha de celui d'Auteuil; situé dans la forêt de Rouvray, il se nommait *les Menuls ;* il allait devenir le noyau d'un village de bûcherons qu'on appellera le « village de Boullongne » et ce fut là le premier démembrement d'Auteuil. Pillés au cours de la guerre de cent ans, puis pendant la Jacquerie, les habitants de Boullongne et d'Auteuil ne commencèrent à connaître quelque quiétude que lorsque Louis XI mit sous une surveillante spéciale la partie de la forêt de Rouvray, voisine des deux villages; celle-ci forma dès lors « le bois du village de Boullongne ».
Auteuil ne comptait que 70 feux environ lorsqu'il commença, en 1651, à retenir l'attention des Parisiens, tant par sa situation privilégiée, puisqu'il donnait à la fois sur la Seine et sur le bois de Boulogne, que par ses sources d'eau ferrugineuse qu'un médecin de la

Cour, Habert d'Orgemont, avait lancé en vantant, en 1628, ses qualités pour guérir l'anémie et les maladies du foie. De plus, il se trouvait en bordure des routes de Versailles à Paris, de Versailles à Saint-Denis, et il était bien desservi par les coches d'eau qui, à la belle saison, se rendaient deux fois par jour de Paris à Saint-Cloud, moyennant cinq sols, avec escale à Passy et à Auteuil. Aussi devint-il très en vogue. En 1672, on détacha d'Auteuil ce qui devait devenir la paroisse de Passy et ce fut là son second démembrement.

Des personnages célèbres ont eu à Auteuil une maison de campagne ou une agréable demeure : Molière, Boileau, la Champmeslé, le chancelier d'Aguesseau, des cantatrices de l'Opéra : Mlles Antier et de Verrières, le pastelliste La Tour, Louis XV, la comtesse de Boufflers, Mme Helvetius. Cette vogue continua au XIXe siècle; après la « deuxième société d'Auteuil » (Daunou, Ampère, Volney, Cabanis, J.M. Chénier), Auteuil compta parmi ses habitants des personnalités illustres comme Chateaubriand, Mme Récamier, le docteur Véron, le compositeur Musard, le peintre Gérard, Guizot, Jules Janin, de Villemessant, Carpeaux, Gavarni, Charles Lecoq, Victor Hugo et les Goncourt.

On commença à cette époque à y construire de nombreuses maisons de villégiature à l'usage des Parisiens désireux d'y venir passer l'été; aussi sa population qui comprenait un millier d'habitants en 1800 en comptait-elle près de 8.000 lorsqu'on la rattacha à Paris en 1860. Cette croissance ne fit que s'accentuer; le quartier d'Auteuil comptait près de 30.000 habitants en 1900 et 74.000 en 1946.

En 1860, les trois principales rues du village d'Auteuil étaient la rue *de la fontaine* (La Fontaine) qui le coupait en deux parties presque égales et le reliait au village de Passy, la *Grande-Rue* suivie par la rue *Molière* (nos rues d'Auteuil et Rémusat) qui conduisait de la porte d'Auteuil à la Seine, et la rue Boileau. Le reste d'Auteuil comprenait des propriétés bien closes avec des parcs plus ou moins étendus. C'était encore la campagne avec des oasis de verdure et des chemins bordés de haies lorsque des lotissements et les travaux d'Haussmann commencèrent la transformation de ce quartier : percée de l'avenue Mozart, des rues Michel-Ange, Molitor, Erlanger, Mirabeau, Chardon-Lagache, quai Louis-Blériot; création du chemin de fer de Ceinture et du boulevard Exelmans.

Auteuil souffrit de la guerre de 1870-1871; des obus prussiens tombèrent dans les rues Boileau et La Fontaine et sur l'institution Sainte-Périne. Pendant la Commune, d'autres bombardements écrasèrent le marché, la maison de Mme Hélvetius et bouleversèrent le cimetière. Les Versaillais pénétrèrent dans Paris, le 21 mai 1871, par la rue d'Auteuil après avoir enlevé les portes d'Auteuil et de Saint-Cloud.

Signalons enfin qu'au cours des XVIIe et XVIIIe siècles on exploita à Auteuil des carrières d'où on retira les pierres nécessaires à la construction de ses maisons On y extraya aussi l'argile plastique, utilisée par des poteries et des tuileries, ce qui fait qu'une bonne partie du sous-sol d'Auteuil (celui de plus de 40 rues du XVIe arrondissement) reste encore miné.

DE L'HOTEL DES HARICOTS AU CIMETIÈRE D'AUTEUIL.

Point de départ : Chaussée du Pont-de-Grenelle.

RUE DE BOULAINVILLIERS *(section située au sud de la rue de l'Assomption)* / Cette section était indiquée en 1730 sous le nom d'*avenue de Boulainvilliers*, du nom du château auquel elle conduisait.
N° 1. La RUE GROS est une ancienne partie de la rue *de la Fontaine* (cf. rue La Fontaine) qui existait en 1730; Théophile Gautier, dont le père était receveur de l'octroi à Auteuil, habita dans sa jeunesse une maison située du côté du quai.
N° 15. *L'Hôtel des Haricots :* Emplacement, à partir de 1864, du quatrième *Hôtel des Haricots* (les trois premiers se trouvaient dans la capitale entre 1792 et 1864). On désignait sous ce nom la maison d'arrêt des militaires de la Garde nationale punis pour infraction à la discipline. Elle resta ici en service, dans une villa d'ailleurs élégante, gaie et confortable, jusqu'à sa suppression en 1870. Prison pour officiers pendant le siège de 1870-1871, elle fut finalement absorbée, en 1875, par des magasins de la Préfecture de la Seine (dépôt des œuvres d'Art de la Ville de Paris).

RUE DE L'ASSOMPTION / Cette vieille rue était indiquée en 1730 sous le nom de *chemin des Tombereaux ;* son nom actuel, de 1854, est dû au *couvent des Dames de l'Assomption situé* dans cette rue de 1855 à 1901.
N° 25. *Le château de la Tuilerie :* Emplacement du domaine et du *château de la Tuilerie.* — Ce dernier, édifié au XVIe siècle, était un rendez-vous de chasse que François Ier utilisa pour ses chasses de la Muette et du Bois de Boulogne. Il appartint plus tard au fermier général Grimod de la Reynière qui le légua à son fils Balthazar-Alexandre, l'excentrique gastronome qui y donna, naturellement, de fastueux dîners.
Ce château fut reconstruit, en 1782, par le marquis de La Tour du Pin-Gouvernet qui l'habita jusqu'à ce qu'il devînt, en 1789, ministre de la Guerre (il devait être décapité en 1794). Le château devint un peu plus tard la propriété de la comtesse de Brienne; elle s'était occupée de Bonaparte lorsque celui-ci était élève à l'École Militaire; aussi le Premier Consul et Joséphine de Beauharnais vinrent-ils y séjourner après l'expédition d'Égypte. En 1849, il devint la propriété du docteur Véron qui y donna de superbes réceptions : Velpeau, Ricord, Trousseau, Orfila, Changarnier,

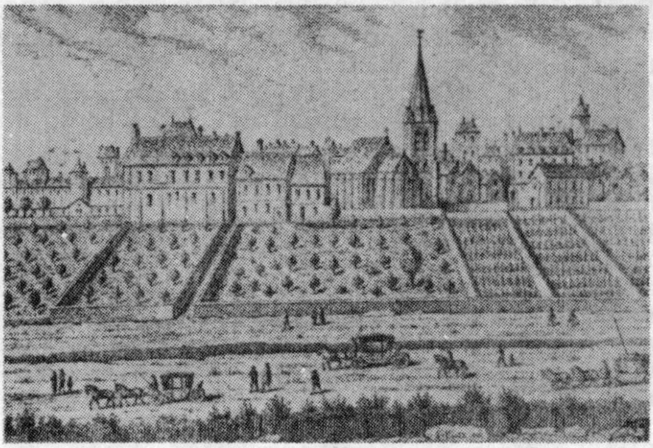

Vue du village d'Auteuil (*grav. 17e*)

L'église d'Auteuil (*grav. par I. Sylvestre*)

Eugène Sue, Balzac, Scribe, Nestor Roqueplan, Delacroix, Sainte-Beuve, Jules Janin, Meyerbeer furent ici de ses familiers.
Ce domaine fut cédé, en 1855, à une congrégation d'augustines de l'Assomption qui firent construire le couvent proprement dit et affectèrent le château à un pensionnat pour jeunes filles de très grandes familles.
En 1901, cette magnifique propriété fut lotie; depuis 1928, neuf voies passent sur l'emplacement de ses cinq hectares, à savoir les rues DU RECTEUR-POINCARÉ, MEILLERET-DE-BROU, THÉODORE-ROUSSEAU, ADRIEN-HÉBRARD, LÉOPOLD-II, DU GÉNÉRAL-DUBAIL, la PLACE RODIN et les squares JEAN-PAUL-LAURENS et LEROY-BEAULIEU.

Revenir sur ses pas jusqu'à la
RUE LA FONTAINE / Cette rue a été formée en 1685 par la réunion de la rue de *la Tuilerie* et de la rue *de la fontaine* dont le nom se rapportait à une source qui y répandait son eau et transformait ce chemin en un marécage.
N° 11. Le sculpteur Pradier habitait, vers 1839, une maison située face à l'emplacement du Hameau-Béranger. De sa liaison avec Juliette Drouet, qui avait été son modèle, était née une fille, Claire, dont Victor Hugo ne cessa de s'occuper jusqu'à qu'elle mourût, en 1846, au n° 57 de cette même rue.
N° 33. La RUE FRANÇOIS-MILLET, de 1889, est à l'emplacement d'une ancienne dépendance du château de la Tuilerie où habita le compositeur Musard, chef d'orchestre du *Tivoli*, de la salle de concerts qui porta son nom, des bals de l'Opéra, de ceux du *Jardin Turc* et de *Valentino*.
N° 40. Immeuble occupé par une œuvre fondée, en 1866, par l'abbé Roussel pour des orphelins abandonnés et vagabonds auxquels on apprenait divers métiers. Le nombre de ces apprentis est passé de 5, en 1866, à 3000, en 1953.
N° 41. RUE FRANÇOIS-GÉRARD. De 1730; l'artiste dramatique Samson habita à l'ex-n° 2 (cf. n° 16, rue d'Auteuil).

Prendre à gauche, la
RUE DES PERCHAMPS / Cette très ancienne rue d'Auteuil remonte au XIVe siècle; son nom est celui d'un lieu-dit dont l'étymologie n'a pu être précisée.

Prendre la rue d'Auteuil à gauche pour gagner la
PLACE D'AUTEUIL / La place d'Auteuil a été formée, en 1793, sur l'emplacement du premier cimetière d'Auteuil. Elle fut dès lors la place publique du village, appelée, de 1802 à 1867, la *place d'Aguesseau*. Dans l'ancien presbytère, vendu en 1793, qui se trouvait, jusqu'en 1875, à droite de l'église, ont habité successivement l'académicien Antoine-Léonard Thomas, le poète Ducis et le colonel du génie Coutelle, le premier aérostier militaire puisqu'il

montait le ballon qui participa à la bataille de Fleurus.
Église d'Auteuil. La première église d'Auteuil s'élevait à l'emplacement de l'église actuelle; elle datait du XIe siècle et fut reconstruite au XIVe siècle. Un de ses curés, l'abbé Loyseau, s'entremit pour que Molière puisse être inhumé en terre bénite; il assista aussi la Champmeslé lorsqu'elle mourut à Auteuil.

Devenue insuffisante et vétuste, cette église fut remplacée, en 1877, par l'église actuelle construite par Vaudremer en forme de croix latine dans un style romano-byzantin; son clocher, composé de deux cônes bulbeux, ne saurait rappeler celui de l'ancienne église. Il ne reste de celle-ci que le tombeau de Mme Blanche Rousseau-Ternaux, fait, en 1820, par de Bay et une cloche, *Marie*, remontée en 1884 dans le clocher de l'église actuelle, et datant de 1565 ainsi que l'indique une inscription.

Le premier cimetière d'Auteuil : Ce cimetière se trouvait devant son église, il se terminait en pointe dans la rue d'Auteuil. Henri-François d'Aguesseau, qui fut trois fois chancelier de France et qui habita près de l'église de 1727 jusqu'à sa mort, en 1751, fut enterré dans celle-ci après son épouse, Anne Lefèvre d'Ormesson, décédée en 1735. En 1753, Louis XV fit ériger dans le cimetière, dans l'axe de l'église, un monument à la gloire de d'Aguesseau, constitué par une belle pyramide de porphyre couronnée par un globe d'or surmonté d'une croix.

Les tombes de d'Aguesseau et de sa femme furent profanées en 1793, sous la Terreur et la pyramide fut détériorée. Après que le cimetière eut été transféré, en 1793, dans le terrain actuel et remplacé par une place publique, on restaura et on remit en place au centre de celle-ci, en 1802, le monument élevé par ordre de Louis XV à la mémoire de d'Aguesseau. Ce monument est classé; ses inscriptions sont bien effacées.

La maison de retraite Chardon-Lagache : Cet établissement s'élève sur une partie de l'emplacement de l'ancienne résidence champêtre des Génovéfains, seigneurs d'Auteuil; on voyait encore devant son entrée, en 1850, les « pierres de la justice seigneuriale ». C'était un domaine immense, si immense qu'une partie en fut aliénée en 1650 (l'école J.-B. Say occupe son emplacement). Le reste fut confisqué à la Révolution et vendu en plusieurs lots.

La maison de retraite Chardon-Lagache, conçue en 1857, a été créée sur un de ces lots, par les soins de M. et Mme Chardon-Lagache, pour des vieillards des deux sexes de condition modeste, âgés d'au moins 60 ans. Le père de Chardon, Pierre Chardon, appelé le « médecin des pauvres », avait exercé la médecine à Auteuil pendant près d'un demi-siècle. Son premier fils le remplaça. Son second fils, Pierre-Alfred, avait acquis une fortune considérable dans le magasin de nouveautés, *Aux Montagnes Russes*, qu'il avait acheté au no 9 de la rue du Faubourg-Saint-Honoré. Il affecta cette fortune à la création de la maison de retraite qui porte son nom avec celui de sa femme, née Lagache.

Les rues du Buis, Verderet et Désaugiers délimitent, au sud de l'église, un petit îlot du village d'Auteuil. La RUE DU BUIS possède (nos 2, 4, 6) trois maisons du début du XVIIIe siècle provenant de la transformation d'un hôtel de cette époque; pilastres, guirlandes, mascarons, frise. Olympe de Goujes, la « femme de laître », comme indiquait son passeport, vint habiter le no 4 avant la Révolution. Ce fut dans cette maison qu'on vint l'arrêter, un soir de 1793, après l'envoi de sa lettre à Robespierre où elle lui proposait de se jeter dans la Seine avec elle (cf. no 13, rue du Mail).
La RUE VERDERET est l'ancienne rue *Merderet* où se trouvaient au XVe siècle un puits et le four banal. La RUE DESAUGIERS possède (nos 4, 5) deux vieilles maisons; mascarons du no 5.

AVENUE THÉOPHILE-GAUTIER *(section comprise entre la place d'Auteuil et la rue François-Gérard)* / No 57. Emplacement de l'*Hôtel de Choiseul-Praslin* du XVIIIe siècle, que le duc Théobald de Choiseul-Praslin loua à la veuve du prince de Carignan. Elle y mourut tragiquement, en 1829, sa robe ayant pris feu alors qu'elle se rendait au bal. Le duc Théobald fit alors de cet hôtel sa résidence d'été. Il avait épousé la fille du maréchal Sébastiani et en eut 5 enfants; mais il s'entendait mal avec sa femme. Celle-ci l'ayant menacé d'une séparation, il la tua, en août 1847, dans son hôtel au no 53 de la rue du Faubourg-Saint-Honoré.
Cet hôtel qui avait abrité, de 1844 à 1901, le *couvent des Dominicaines* d'Auteuil, institution pour jeunes filles, a été démoli en 1908.
No 62. La RUE DE RÉMUSAT fut appelée, de 1801 à 1868, rue *Molière* en l'honneur du poète qui dut avoir sa maison à l'angle formé par les rues de Rémusat (no 29, ex-no 1 de l'ancienne rue *Molière*) et Théophile-Gautier (no 62).
La maison de Molière : Cette maison qu'on situe aussi à l'emplacement du no 2 de la rue d'Auteuil, avait été construite sur une ancienne propriété des Génovéfains. Molière y loua, en 1667, un appartement qu'il habita avec sa fille Esprit-Madeleine, alors âgée de 18 mois. Il y écrivit *Amphytrion* qu'il créa au théâtre du Palais-Royal en janvier 1668, et y reçut Boileau, La Fontaine, Racine, Mignard, Lulli, Chapelle, La Bruyère. Ce fut ici qu'à la fin d'un repas — le fameux « souper d'Auteuil » — Chapelle proposa aux autres convives de s'aller tous noyer ensemble, la vie n'étant qu'une chaîne de misères dont il convenait de se débarrasser au plus vite, ce dont réussit à les détourner Molière. Louis Racine a conté à ce sujet : « Ils y allaient (se jeter à la rivière). Molière leur reprit alors qu'une si belle action ne devait pas être ensevelie dans les ténèbres de la nuit. Ils s'arrêtèrent et dirent, en se regardant les uns les autres : « Il a

raison. » A quoi Chapelle ajouta : « Oui, messieurs, ne nous noyons que demain et, en attendant, allons boire le vin qui nous reste. »

Faire aller et retour, un crochet jusqu'à la Seine en suivant la

RUE WILHELM / Cette rue est l'ancien *sentier des Arches* conduisant de l'église d'Auteuil à la rivière. La RUE COROT, qui débouche dans la rue Wilhelm près de l'église, est l'ancienne *impasse de Seine*. Son nº 4, de 1876, est à l'emplacement de l'ancienne maison du chancelier d'Aguesseau, devenue celle d'Antoine Destutt, marquis de Tracy. Né en 1754, député de la noblesse aux États-Généraux où il siégea à côté de La Fayette, son ami, il fut à la tête de la « deuxième société d'Auteuil », celle des « idéologues » que n'aima guère Napoléon. Sa fille, Françoise, avait épousé dans l'église d'Auteuil, en 1802, le fils de La Fayette, Cabanis était l'un des témoins.
Quelques vestiges de l'antique église d'Auteuil ont été conservés dans la cour du presbytère érigé à l'emplacement de la propriété ci-dessus.

Faire quelques pas, à droite et à gauche, dans l'

AVENUE DE VERSAILLES / Cette avenue, appelée jadis *route de Versailles*, puis *chaussée d'Auteuil*, est une ancienne section de la route de Paris à Bayonne; son nom actuel date de 1877. Les fourches patibulaires des abbés de Sainte-Geneviève, seigneurs d'Auteuil, se trouvaient sur la *route de Versailles* à hauteur de notre place de la porte de Saint-Cloud. Là, l'abbé Guérin des Andelys, seigneur d'Auteuil de 1225 à 1296, fit enterrer vive, en 1295, Marie de Romainville, coupable de vols, et Jean de Roissi, seigneur d'Auteuil de 1298 à 1307, fit subir la même peine, en 1302, à Amelotte de Christeuil également coupable de quelques larcins domestiques.

Revenir sur ses pas et prendre, à gauche, la

RUE CHARDON-LAGACHE / Nº 8. École Jean-Baptiste-Say *(cf. nº 11 bis, rue d'Auteuil)*.
Nº 17. *Institution Sainte-Périne :* Cette institution se trouve, avec la maison de retraite Chardon-Lagache, sur un lot provenant de la vente de l'ancienne seigneurie des Génovéfains. La maison que ceux-ci y possédaient, au centre d'un vaste parc planté de très nombreux arbres, fut confisquée sous la Révolution. Elle devint, d'abord la résidence de Crétet, gouverneur de la Banque de France, puis ministre, qui y mourut en 1809, et en 1812, la propriété de François Gérard, « le peintre des rois et le roi des peintres ». Il venait de peindre (1810), la *Bataille d'Austerlitz* et devait se signaler ensuite par l'*Entrée d'Henri IV à Paris* (1817), ce qui lui valut d'être nommé premier peintre du roi, puis baron deux ans plus tard.
L'Assistance Publique acheta, en 1858, une partie de cette propriété aux héritiers de la comtesse d'Aubusson de la Feuillade qui l'avait acquise, en 1852, des

descendants de François Gérard. L'Assistance Publique y fit construire, en 1860, par Monthieu, les bâtiments actuels dans lesquels s'installa, en 1865, l'institution Sainte-Périne-de-Chaillot (cf. nos 1 à 19, rue Quentin-Bauchart). Celle-ci comporte, en bordure de la rue Wilhem, un enclos où se trouve, depuis 1889, la fondation Rossini, créée par testament du compositeur pour recueillir les chanteurs français et italiens âgés et dénués de ressources.
Nos 27 *bis*, 29, 29 *bis*. Emplacement d'une maison, comprise dans la villa de la Réunion (créée en 1804), qu'habita Leroy, modiste de Joséphine, et où mourut, en 1866, Gavarni, de son nom Sulpice Chevalier, âgé de 65 ans. Il avait habité antérieurement à l'ex-no 49 de la *route de Versailles*, au Point-du-Jour, dans une villa qui fut expropriée en 1865 pour la création du chemin de fer de Ceinture.

Prendre, à droite, la rue Charles-Marie-Widor, puis la RUE CLAUDE-LORRAIN / Cette rue, tracée, en 1823, sous le nom d'*allée du cimetière*, porte, depuis 1869, son nom actuel en mémoire du peintre Claude Gelée, dit le Lorrain.
No 57. *Le nouveau cimetière d'Auteuil :* Cette rue conduit au second cimetière d'Auteuil ouvert, en 1793, en remplacement de celui qui entourait l'église. Il renferme parmi les tombes des personnes qui y furent inhumées avant l'annexion d'Auteuil à Paris, celles de la comtesse Amélie de Boufflers (1825); de la mère de Mlle Mars; dans le même cercueil, le corps de Charlotte Grouchy (1844) et le cœur de son mari Cabanis (1808) (son corps est au Panthéon); d'Antoine Chardon; du docteur Pierre Chardon (1845), le « médecin des pauvres »; de la mère de Destutt de Tracy (1804); de Mme Helvétius (1800); du mathématicien Legendre (1833); du compositeur et chef d'orchestre Musard (1859), ancien maire d'Auteuil; de Hubert Robert (1808); de Benjamin Thomson (1814); de la famille Ternaux; de l'architecte Lacornée (1856).
Ce cimetière n'est plus en service depuis le 1er janvier 1870, sauf pour les concessionnaires perpétuels.

DE L'ÉGLISE D'AUTEUIL A LA MAISON DE BOILEAU.

Point de départ : la place d'Auteuil.

PLACE D'AUTEUIL / *Cf. ci-dessus.*

RUE D'AUTEUIL / La rue d'Auteuil, ex-*Grande-Rue* du village, conduisait au XVIe siècle de la Seine et de la *route de Versailles* à la sablière d'Auteuil située à l'entrée du Bois de Boulogne. Cette rue a gardé en certains endroits sa largeur d'autrefois, elle possède encore un grand nombre de vieilles maisons évocatrices de l'ancien village.

La Champmeslé (cf. nos 5 à 17, rue Mazarine) est morte, le 15 mai 1698, chez un maître à danser, dans une maison de cette rue, voisine de l'église, que l'on ne peut situer.
N° 2. Emplacement souvent indiqué comme étant celui de la maison de Molière (cf. ci-dessus : avenue Théophile-Gautier et rue de Rémusat).
Condorcet vint habiter cet endroit, chez la citoyenne Pignon, après les événements d'août 1792; il se fixait ainsi à proximité de Mme Helvétius et de Cabanis; sa jeune femme, Sophie de Grouchy, et sa belle-sœur, Charlotte de Grouchy, l'accompagnaient.
N° 4. Emplacement de la maison du docteur Pierre Chardon, le « médecin des pauvres », où naquit, en 1807, Chardon (Lagache), bienfaiteur d'Auteuil.
N° 8. Vieille maison où mourut, en 1820, âgé de 99 ans, le bibliophile Clérisseau, membre de l'Académie des Beaux-Arts en 1769, architecte et premier peintre de l'impératrice Catherine II.
N° 12. Cour, escalier, grand pavillon au fond de la cour.
N° 11. Maison dans laquelle mourut chez son fils, en 1859, le compositeur et chef d'orchestre Musard.
N° 11 *bis* (ex-n° 17 de la rue Molière). *Le château Ternaux :* On trouvait ici au XVIIe siècle une vaste propriété de 12 hectares provenant de l'aliénation, vers 1650 d'une partie de la résidence des Génovéfains. Cet immense domaine appartint au cours des XVIIe et XVIIIe siècles à différents personnages (la fille du chancelier d'Aligre, le chancelier d'Aguesseau), pour devenir, en 1804, la propriété du manufacturier Nicolas Ternaux qui avait introduit de nombreux perfectionnements dans la fabrication des lainages, doté l'industrie des « cachemires Ternaux », concurrents de ceux des Indes; il installa là une teinturerie. Presque ruiné après la révolution de Juillet, Ternaux mourut en 1833; son domaine fut, vers 1850, morcelé et loti. Le château et une partie du parc furent achetés, en 1852, par l'abbé Lévêque, ancien collaborateur de l'abbé Poiloup (cf. nos 391-393, rue de Vaugirard) qui y installa l'*Institution Notre-Dame d'Auteuil.* Celle-ci déclina après la mort de l'abbé, en 1864 et disparut après la guerre de 1870.
En 1872, la Ville de Paris acheta ce qui restait de l'ancien parc pour y établir l'école Jean-Baptiste Say et une école normale d'instituteurs.
Il ne reste de l'ancien château Ternaux que la cour d'honneur et le pavillon central englobés dans des constructions modernes. La façade sur la première cour, décorée de pilastres et de colonnes engagées, est classée, ainsi que les décorations du cabinet du proviseur et du parloir (boiseries, rosaces du plafond).
N° 10. Vieille maison.
N° 16. (ex-n° 26 de la rue *Molière*). *Hôtel de Puscher ou Hôtel Pérignon :* C'est sur l'emplacement d'une ancienne propriété située à cet endroit, et mentionnée vers 1600, ayant appartenu, au XVIIe siècle, à Joseph de Puscher (ou de Bruchères), que Louis-Henri Véron

(père du célèbre docteur Véron) fit édifier l'hôtel que l'on voit de nos jours. Cet hôtel appartint, en 1777, au fermier général Antoine Chardon qui fit, sans doute, refaire la façade côté jardin (monogramme A. C. du fronton), et, en 1800, à Pierre Pérignon, avocat. En 1852, l'hôtel devint la résidence de Chardon-Lagache qui y mourut en 1879, puis celle de son fils qui y mourut en 1893. Caroline Archambaut-Dufays qui, orpheline, épousa à 26 ans, en 1819, le père de Baudelaire, âgé de 60 ans, l'habita au temps de Pierre Pérignon. Le comédien Samson y fut locataire de 1867 jusqu'à sa mort, en 1871; enfin les demoiselles Bouré y installèrent un pensionnat jusqu'en 1893.

Les RUES LECONTE-DE-LISLE et MIGNET ont été ouvertes sur ses jardins en 1895 lorsque le dernier propriétaire de ce domaine, le marquis de Casa-Riéra l'aliéna.

Il en reste l'hôtel, remanié au XVIIIe siècle, dont la belle façade sur le jardin est visible du carrefour des rues des Perchamps et Leconte-de-Lisle. Cette façade, qui est classée, présente au centre une décoration de quatre pilastres cannelés d'ordre colossal, des guirlandes au-dessous des balcons, un attique à fronton triangulaire. Le portail sur la rue d'Auteuil est encadré de deux pavillons reliés par une terrasse et fermant la cour; la façade Louis XV qui est plaquée contre le mur de gauche a été rapportée pierre par pierre de la région de Nancy.

Nos 19, 21, 25, 29. Vieilles maisons; mansardes à poulie, une fenêtre par étage au no 25, cour de ferme au no 29.

No 40. Ancienne *auberge du Mouton Blanc* dans laquelle Molière, Racine, Chapelle, Boileau, La Fontaine avaient coutume de se réunir, et Ninon de Lenclos et la Champmeslé de les rejoindre. On y voit une ancienne peinture représentant *Molière lisant à ses amis le Misanthrope* (1666). Maison altérée.

La PLACE JEAN-LORRAIN est l'ancienne *place de la fontaine* dont l'eau était si salubre que Louis XV ne voulait en boire d'autre lorsqu'il venait à Auteuil.

Nos 43-47. *Hôtel Antier ou des demoiselles de Verrières :* Cet hôtel constitue le dernier vestige complet d'une belle propriété du XVIIIe siècle; c'est le joyau d'Auteuil. Il fut construit en 1715 pour Mlle Antier, une cantatrice de l'Opéra, spirituelle et quelque peu cynique, qui eut simultanément pour amants le prince de Carignan et le fermier général Le Riche de la Popelinière. Elle y donna des fêtes magnifiques auxquelles assistèrent la Cour et la Ville.

Cet hôtel devint, en 1752, la propriété de deux sœurs, Geneviève et Marie Rainteau de Verrières, nées respectivement en 1728 et 1730, filles d'un limonadier de la rue Greneta qui les offrit, en quelque sorte, en 1745, au maréchal Maurice de Saxe. Marie Rainteau, devenue la maîtresse officielle du maréchal alors qu'elle faisait partie de la troupe théâtrale qui l'accompagnait aux armées, ajouta à son nom celui de Verrières et sa sœur l'imita.

Peu fidèle, elle eut de nombreux amants, (Marmontel, le duc de Bouillon, prince de Turenne, Colardeau, La Harpe), parmi lesquels il faut retenir le marquis d'Épinay qui lui offrit un bel et grand hôtel dans la rue de la Chaussée-d'Antin, puis, comme maison de campagne, l'Hôtel Antier, d'Auteuil, qu'elle habita avec sa sœur, Geneviève, également fort jolie, mais dépourvue d'intelligence au point qu'on l'appelait « la Belle et la Bête ».

Les demoiselles de Verrières s'installèrent somptueusement dans l'Hôtel Antier; elles y donnèrent également de très grandes fêtes, suite de celles qu'elles donnaient dans leur autre hôtel de la Chaussée-d'Antin. Au fond du grand parc qui subsiste de nos jours, elles firent édifier un théâtre où l'on représentait les pièces inédites ou interdites.

Marie de Verrières, qui mourut en 1775, avait eu de M. d'Épinay une fille, Mlle de Salnat, du duc de Bouillon un fils, l'abbé Charles de Beaumont, et du maréchal de Saxe, en 1748, une fille, Marie-Aurore. Celle-ci fut mariée à un bâtard de Louis XV, le comte de Horn, qui, malade, ne fut son époux que de nom; il fut tué en duel peu après cette union fictive. Aurore se remaria en 1777, au séduisant Dupin de Francueil, veuf depuis 22 ans et qui avait le double de son âge. Un fils naquit de cette union, Maurice Dupin, qui fut le père de George Sand.

La façade sur la rue d'Auteuil est en retrait au fond d'une cour encadrée de deux ailes ajoutées, décorées de refends, surmontées de balustres et de fronton. La façade sur le jardin a un fronton arrondi, décoré d'un cartouche représentant une jeune femme, peut-être Mlle Antier. Son attique est surmonté de deux amours accoudés à un autre cartouche et reliés par des guirlandes; des pendentifs sculptés d'instruments de musique l'accompagnent, des statues de Coustou sont à chaque extrémité. Le parc, très profond, ombragé de grands arbres, a conservé un peu de sa décoration : balustres, bancs de marbre, roseraie, vases et statues de Coustou, bassin rond avec jet d'eau, petit pavillon. Le petit théâtre a disparu.

Nº 59 (ex-nº 24 de *la Grande-Rue*). *L'Hôtel de Mme Helvétius :* Emplacement d'une maison, incendiée en 1871 par les Fédérés, construite vers 1720, à côté du château du Coq (cf. ci-après). Le peintre pastelliste Quentin La Tour en fut propriétaire en 1770; c'est là qu'il reçut le maréchal de Saxe dont il fit le portrait, ainsi que ceux de Rousseau, Fontenelle, Diderot, d'Alembert, Helvétius, La Condamine, Buffon, Mlles Clairon, Favart, Adrienne Lecouvreur, Sophie Arnould, Sallé et la Camargo.

La Tour vendit sa maison, en 1772, à Mme Helvétius, alors âgée de 53 ans et veuve depuis un an. Mme Helvétius ouvrit à Auteuil le salon que son mari avait fondé à Paris, rue Sainte-Anne. Il devait être l'un des plus célèbres de la fin du XVIIIe siècle et du début du XIXe, celui de la « première société d'Auteuil » que fréquentèrent l'abbé Raynal, Turgot, d'Holbach,

Condorcet, d'Alembert, Houdon, Diderot, Talleyrand, Destutt de Tracy, André Chénier, Roland et sa femme. Les familiers en étaient : Franklin qui y introduisit Jefferson et demanda après Turgot la main de Mme Helvétius (il avait 80 ans et elle 65), Volney, Condorcet, et surtout Cabanis « le fils spirituel ». Mme Helvétius consacra, par ailleurs, une bonne partie de l'immense fortune qu'elle tenait de son mari à soulager les infortunes, ce qui lui valut de Franklin le nom de « Notre-Dame d'Auteuil », encore inscrit sur sa tombe.

Mme Helvétius avait eu quatre enfants : deux fils qui moururent jeunes et deux filles, Mmes de Mun et d'Andlau, appelées par Franklin « les étoiles ». Cabanis avait été présenté à Mme Helvétius alors qu'il avait 21 ans, l'âge qu'aurait eu un de ses fils. Elle reporta sur lui toute l'affection qu'elle gardait pour l'enfant disparu. Cabanis habita chez elle; lorsqu'il épousa à Auteuil, en mai 1796, Charlotte de Grouchy, sœur de la femme de Condorcet et du futur général, il continua à vivre, avec sa femme, dans le pavillon situé au fond du petit parc et démoli en 1877. Volney introduisit Bonaparte dans le salon de Mme Helvétius que la Révolution n'avait pas inquiétée. Un jour qu'il se promenait dans le parc avec Mme Helvétius, il s'étonna de la petitesse de celui-ci : « Général, lui dit *Notre-Dame d'Auteuil*, si l'on savait tout ce qui peut tenir de bonheur dans trois arpents de terre, on songerait moins à conquérir le monde. »

Mme Helvétius mourut ici en août 1800, âgée de 81 ans. Elle fut enterrée au fond de son jardin, dans un caveau situé sous le pavillon de Cabanis d'où elle fut exhumée, en 1817, après que sa maison eut été vendue. Celle-ci appartint, en 1808, à Benjamin Thomson, comte de Rumfort (cf. rue Lavoisier) et en 1854, au prince Pierre Bonaparte, sixième fils de Lucien, neveu de Napoléon; son fils Roland Bonaparte y naquit en 1858.

A la suite d'une altercation dans son salon, le prince Bonaparte tua, le 10 janvier 1870, Victor Noir, rédacteur à *La Marseillaise* d'un coup de pistolet (il mourut dans une pharmacie située au nº 42 de la rue d'Auteuil). L'enterrement de Victor Noir donna lieu à une violente manifestation contre l'Empire à laquelle participèrent près de 100.000 personnes. Maison reconstruite en 1871 et occupée par un service de l'Alliance israélite.

Nos 63 à 73. *Le château du Coq :* Emplacement du *château du Coq* propriété, en 1717, du riche banquier Samuel Bernard qui la légua à sa maîtresse, Mme de Fontaine. Louis XV l'acheta en 1761 et en fit une « petite maison » qu'il fit décorer luxueusement et meubler de tapisseries des Gobelins et de la Savonnerie, et de glaces de Saint-Gobain. Il s'en servit aussi comme rendez-vous de chasse, y fit construire des serres et un jardin fleuriste pour satisfaire ses goûts pour la botanique.

Cette propriété, rebatie, fut habitée au XIXe siècle par

le chancelier Pasquier, Guizot, et Lecouteulx de Canteleu. Elle appartint, en 1861, au baron Erlanger qui la morcela; la RUE ERLANGER passe depuis 1862 à travers l'emplacement de cette ancienne résidence royale.

BOULEVARD DE MONTMORENCY / Ce boulevard résulte de l'établissement, en 1853, du chemin de fer d'Auteuil; il doit son nom à la famille de Montmorency, propriétaire, de 1822 à 1853, de l'ex-domaine de Boufflers en bordure duquel ce chemin de fer fut construit.
Le chemin de fer d'Auteuil : Celui-ci résulte d'un décret d'août 1852 ordonnant de prolonger jusqu'à Auteuil, sur le territoire des communes de Neuilly et de Passy, le chemin de fer de Ceinture établi à l'intérieur des fortifications de Paris.
La future Compagnie de l'Ouest fut donc amenée à acheter la propriété de Montmorency-Boufflers (cf. ci-après) sur laquelle elle établit la gare d'Auteuil, alors terminus du chemin de fer, et ses abords. Le chemin de fer d'Auteuil fut inauguré en septembre 1853 et la gare d'Auteuil, ouverte au public le 2 mai 1854.
A l'occasion de l'Exposition de 1867, on prolongea ce chemin de fer jusqu'au Point-du-Jour, à Grenelle et à Vaugirard, d'où il alla rejoindre le chemin de fer de Ceinture. Le principal ouvrage d'art de cette dernière voie est le viaduc du Pont-du-Jour, à deux étages, commencé en 1864 et achevé en 1865.
Le château de Boufflers : La partie du quartier d'Auteuil limitée par les rues d'Auteuil, La Fontaine, Pierre-Guérin, Raffet et le boulevard de Montmorency (jusqu'où venait jadis le Bois de Boulogne) correspond à l'emplacement de la propriété que les dames de Boufflers eurent à Auteuil. Elle comportait un château et un grand parc taillé à l'anglaise, sorte de jardin enchanté; l'entrée se trouvait où est de nos jours l'entrée principale de la villa Montmorency, vers le n° 12 de la rue Poussin.
Cette demeure, jadis propriété du financier Étienne d'Aligre, devint, en 1773, celle de Charlotte Campet de Saujon, 48 ans, veuve du comte de Boufflers-Rouverel. La comtesse de Boufflers, dame d'honneur de la duchesse d'Orléans, avait été la maîtresse du frère de celle-ci, le prince de Conti, « position équivoque et brillante qui fit sa gloire, si ce n'est son honneur. et qui fit aussi son tourment », a dit Saint-Simon. Elle avait suivi le prince de Conti au Temple et à la mort, en 1776, du prince, qu'elle aurait bien voulu épouser, elle se retira avec sa belle-fille, la comtesse Amélie de Boufflers, à Auteuil où les habitués de son salon du Temple, poètes, philosophes, financiers, rejoignirent celle qu'on avait surnommé l'*Idole du Temple*.
La Terreur ménagea les dames de Boufflers, mais elle les ruina. La comtesse mourut à Rouen, en 1800, à 76 ans; sa belle-fille avait été réduite à habiter au n° 14

de la *Grande-Rue* d'Auteuil chez son ancien cuisinier où elle mourut en 1825.

La propriété, achetée, en 1822, par la duchesse de Montmorency, fut revendue par ses héritiers, en 1852, à Péreire et à la compagnie du chemin de fer de l'Ouest qui la morcelèrent pour y faire passer le chemin de fer de Ceinture. Une partie fut occupée par la voie ferrée; le reste devint la VILLA MONTMORENCY actuelle sur laquelle furent ouvertes, en 1854, les AVENUES DES SYCOMORES, DES TILLEULS, DES PEUPLIERS, BOUFFLERS, DE MONTMORENCY, le BOULEVARD DE MONTMORENCY, les RUES POUSSIN et GÉRICAULT.

N° 67. Maison où, venant du n° 43 de la rue Saint-Georges, les frères Edmond et Jules de Goncourt s'installèrent en 1868. Le « grenier » Goncourt où se réunirent Zola, Alphonse Daudet, Maupassant, Huysmans, Jules Janin, Murger, Roger de Beauvoir, Théophile Gautier, était au deuxième étage. Ils écrivirent là la plupart de leurs œuvres. Jules mourut en juin 1870, âgé de 32 ans, et Edmond, en 1896, à Champrosay, âgé de 74 ans; ses obsèques eurent lieu à Auteuil.

RUE RAFFET / N° 14. La RUE DU DOCTEUR-BLANCHE porte le nom du médecin aliéniste Esprit Blanche qui eut, à partir de 1847, une maison de santé dans le voisinage (cf. n° 17, rue Berton).

N° 10. La RUE JASMIN est une section de l'ancienne rue *de la Cure* dont le nom venait des vertus que possédaient les sources minérales découvertes dans les vignes d'Auteuil.

Les eaux d'Auteuil : On désignait sous le nom de « sources d'Auteuil » un réservoir situé au haut de la rue *de la Cure* (Jasmin) recueillant trois filets d'eau froide, sulfureuse et ferrugineuse, provenant de drainages opérés dans le coteau. Ces eaux avaient été découvertes en 1628; le docteur Pierre Habert d'Orgemont les recommanda alors à ses malades. Mais quoiqu'elles aient été vantées, en 1720, comme « vitrioliques », ces eaux furent moins célèbres que celles de Passy découvertes à la même époque. En 1842, Quicherat découvrit, au n° 6 de la rue *de la Cure*, une autre source dont l'eau fut proclamée souveraine pour éveiller l'appétit, guérir la chlorose et activer les fonctions digestives. On en vendait 140.000 bouteilles par an. Une foule de buveurs s'est pressée longtemps dans le jardin qui l'avoisinait. Cette source débita jusqu'en 1894, puis les travaux du métropolitain la firent complètement disparaître.

Prendre, à droite, la
RUE DE LA SOURCE dont le nom provient de ce qu'elle conduisait aussi aux sources d'Auteuil et, à gauche, la

RUE PIERRE-GUÉRIN / Cette rue est un ancien sentier qui cheminait entre les murs du parc du château de Boufflers à l'ouest et les vignes qui recou-

vraient, à l'est, le coteau montant vers Passy.
Nos 10, 12, 14, 16. Vieilles maisons; derrière elles existe une cour pittoresque avec petite maison à fenêtres cintrées ; toit.

RUE BOILEAU / Cette rue est l'ancienne rue *des Garennes* du nom d'un lieu-dit; elle conduisait à la potence de la Justice d'Auteuil dressée à proximité de notre place de la Porte-de-Saint-Cloud. Elle a conservé, en partie, son tracé sinueux et son caractère du XVIIIe siècle.
Nos 3, 5. Vieilles maisons.
Nos 10, 12. Vieilles maisons.
No 16. Emplacement de l'entrée d'un vaste établissement hydrothérapique, de 1820, que dirigea, en 1859, le docteur Béni-Barde. Centre mondain de repos, il fut fréquenté par Thiers, Falloux, Mgr Sibour, Victor Hugo, Alexandre Dumas qui y écrivit *Antony*, Émile de Girardin.
Nos 20, 22. Emplacement d'une propriété qu'habita Hubert Robert à partir de 1787, à son retour de Rome.
No 26. Emplacement de *la maison de Boileau :* Boileau acheta à Auteuil en 1685, soit 12 ans après la mort de Molière, une maisonnette qu'il agrandit et embellit car, souffrant alors d'un asthme tenace et de la maladie de la pierre, il avait pensé qu'il serait mieux à la campagne que dans sa maison du cloître Notre-Dame. Il devait résider à Auteuil près de 13 ans. Il y recevait ses amis et surtout le ménage Racine. Boileau mourut à Paris, en 1711, à 75 ans.
Sa propriété appartint à Claude Gendron, oculiste du Régent, l'« ami des pauvres » qui y mourut, en 1750, à 87 ans. Voltaire y vint souvent le voir. Elle appartint aussi à la duchesse d'Ayen; Chamfort l'habita; le général de Caulaincourt en fut le propriétaire de 1813 à 1816. Elle allait alors du no 10 au no 38 de la rue Boileau.
La RUE MOLITOR passe au travers depuis 1862.
No 37. Pavillon du XVIIIe siècle; fronton.
No 38. Le HAMEAU-BOILEAU est une propriété privée située, avec les AVENUES DESPREAUX et MOLIÈRE, les impasses RACINE, VOLTAIRE et CORNEILLE, sur une partie de la propriété, extension du domaine de Boileau.
No 67. RUE DE MUSSET : Le père d'Alfred de Musset. Musset-Pathay, chef de bureau au ministère de la Guerre, habita quelques années avec ses trois enfants une maison de la rue Boileau voisine de la rue qui porte maintenant son nom.
Le statuaire Carpeaux a habité, à l'angle de la rue Boileau et du boulevard Exelmans (no 25), une maison qui a été démolie en 1898.
La rue Boileau finit au Point-du-Jour, dont le nom est celui d'un très ancien lieu-dit indiqué en 1731.
A signaler le maintien dans le quartier d'une petite partie de l'enceinte bastionnée de Thiers (angle de la rue Daumier et du quai).

Salon des Goncourt

Emplacement de la maison de Boileau

8 LE VILLAGE DE PASSY.

Historique : De la barrière Sainte-Marie à la porte de Passy : la rue Franklin, la rue Raynouard, la rue des Eaux, le quai de Passy, les Eaux de Passy, l'Hôtel Delessert, l'église Notre-Dame-des-Grâces, le premier cimetière de Passy, la Folie-Bertin, l'Hôtel de Valentinois / La rue Berton, l'Hôtel de la princesse de Lamballe, la maison de Balzac / La rue de Boulainvilliers, le château de Passy, le parc de Beauséjour / *De la Barrière Sainte-Marie à la porte de la Muette :* le second cimetière de Passy, les petits réservoirs, la rue et le château de la Tour, la rue de Passy, l'Hôtel de la Folie, la seconde mairie de Passy, la place de Passy, la rue Bois-le-Vent, l'Hôtel de Bandeville, le cabinet de physique du roi, la rue de la Pompe, la Petite-Muette, le chalet de Jules Janin, la chaussée de la Muette, le château de la Muette, le Ranelagh / *Historique de quelques rues de Passy annexées à Paris*, l'avenue de l'Impératrice, le puits artésien de Passy.

La commune de Passy, entièrement supprimée en 1860, avait été jusqu'alors séparée de celle d'Auteuil par les rues de Boulainvilliers et de l'Assomption et de celle de Neuilly par les rues de Longchamp, Spontini, Pergolèse et par l'avenue de la Grande-Armée. Elle était séparée du Bois par l'enceinte fortifiée de Thiers et de Paris par le mur des Fermiers Généraux percé de six barrières, celles de Passy, Franklin, Sainte-Marie, Longchamp, des Bassins et de l'Étoile. La petite partie de la commune de Passy qui ne fut pas annexée à Paris fut rattachée à la commune de Boulogne.

HISTORIQUE

Passy était désigné au Moyen-Age par le mot *Passiacum* signifiant terre de Passius ou de Pacius, nom mentionné pour la première fois dans une charte de 1250. Un peu plus tard, en 1312, Philippe le Bel — qui eut peut-être un château à Passy — data de cette localité son ordonnance accordant aux Quinze-Vingts le droit de porter une fleur de lis sur leur cotte pour les distinguer des autres aveugles. Plus tard encore,

Charles V montra l'intérêt qu'il portait aux habitants de ce petit hameau en les autorisant à clore de murs leurs champs, afin qu'ils puissent préserver leurs récoltes des ravages des lapins et, même, à tuer ceux-ci, privilège précieux à une époque où les paysans n'avaient pas le droit de chasse.
Passy fut érigé en seigneurie au XVe siècle. Le premier seigneur justicier de la « terre et seigneurie de Passy et du fief de Saint-Pol » (terre située dans le voisinage de notre rue Pajou, ex-*ruelle Saint-Pol*) fut, en 1416, Jeanne de Paillard, dame de Passy, d'Espigneul et d'Espigneulet-sur-Seine. Le dernier fut le marquis de Boulainvilliers cité plus loin.
Les laboureurs, vignerons, tuiliers et cultivateurs qui formaient la population du petit hameau de Passy dépendaient de l'église d'Auteuil, alors bien éloignée. En 1666, Claude Chahu, conseiller du roi, trésorier général des Finances et seigneur de Passy dont il fut le vrai fondateur, obtint de l'archevêque de Paris, la faveur d'ériger à Passy une chapelle succursale de cette église; ce fut la chapelle Notre-Dame-de-Grâce. Cette dépendance de l'église d'Auteuil dura peu, car, en 1672, le village de Passy était érigé en paroisse distincte et indépendante.
L'accroissement et la prospérité de Passy datent de ce jour, mais l'essor fut lent : environ 1.000 habitants en 1700 et seulement 1.700 en 1800. Passy, qui bénéficiait du voisinage du château de la Muette où la Cour venait séjourner, de ses eaux minérales découvertes en 1719, de quelques maisons galantes, du brillant château de Boulainvilliers, de ses carrières et de son coteau sur lequel quelques moulins tournaient au milieu des vignes, du Bois de Boulogne, et de la Seine, est resté longtemps un petit village confiné étroitement à l'intérieur d'un triangle limité par la Seine, nos rues Scheffer (*des Moulins*), de la Pompe et de Boulainvilliers. Il ne comportait à la Révolution qu'une demi-douzaine de rues, devenues de nos jours les rues Raynouard, de Passy, Nicolo, de l'Annonciation, de la Tour et Scheffer; le reste n'était guère que sentiers.
La population augmenta plus rapidement au cours de la première moitié du XIXe siècle : 2.300 habitants en 1807, 17.500 en 1856, date du dernier recensement avant l'annexion (le quartier de la Muette, du XVIe arrondissement, dont les limites correspondent sensiblement à celles de l'ancien village de Passy, comportait, en 1946, 55.500 habitants). A partir de 1825 la « plaine de Passy », région située au nord de l'ancien village jusqu'à l'avenue de la Grande-Armée et la lisière du Bois de Boulogne, jusqu'alors lieu de cultures et de vignes coupé de carrières et de sablières, fut lotie par une société, la « Société des terrains de la plaine de Passy », qui la transforma en un quartier nommé, au début, « l'Élysée-Charles-X », et qui depuis n'a cessé d'être un quartier très élégant.
Plus que celui d'Auteuil, le sous-sol de Passy a été largement exploité pour l'extraction de la pierre à

Vue du village de Passy (*grav. 17e s.*)

Ruelle des Eaux (*vers 1830*)

bâtir; les carrières étaient particulièrement nombreuses tout le long du côté nord de la rue Nicolo (ex-*des Carrières*), certaines servent encore de caves à des maisons des rues Raynouard et de Passy. Le XVIe arrondissement compte d'ailleurs plus de cinq kilomètres de voies publiques sous-minées, toutes consolidées.

DE LA BARRIÈRE SAINTE-MARIE A LA PORTE DE PASSY.

Point de départ : place du Trocadéro

La *barrière Sainte-Marie*, ouverte dans le mur des Fermiers Généraux, se trouvait sensiblement placée à hauteur du square Yorktown.

RUE FRANKLIN / Cette rue est en partie située sur l'emplacement du *couvent des Minimes de Chaillot (les Bonshommes de Chaillot*. Cf. nº 10, quai de New-York); elle remplace un ancien chemin, déjà indiqué en 1730.
Nº 18. Emplacement d'une modeste maison avec jardin où habita jusqu'à sa mort, en 1839, alors qu'il avait 72 ans, Joseph Michaud, auteur de l'*Histoire des Croisades*. Il avait été condamné à mort par contumace le 13 vendémiaire et exécuté en effigie, puis avait été condamné, le 18 fructidor, à une déportation à laquelle il échappa par une nouvelle fuite.
Nº 13. Maison construite, vers 1771, par les Bonshommes de Chaillot qui la vendirent en 1791. Elle est vraisemblablement la plus vieille maison de Passy.
Nº 3. Emplacement de la maison où la *seconde mairie de Passy* s'installa de 1804 à 1834.

RUE RAYNOUARD / Cette vieille rue de Passy, appelée, en 1726, *rue qui conduit du monastère des Pères Minimes à la maison de la seigneurie de Passy*, et, de 1770 à 1867, la rue *Basse*, était indiquée sur les plans de 1730 comme la plus bâtie de Passy. Les peintres François Desportes et Hallé, les abbés Raynal et Prévost, les architectes de Cotte, père et fils, l'ont habité.
En 1803, un arrêté, confirmé en 1819, défendit la circulation dans cette rue aux voitures attelées de plus d'un cheval afin de ne pas ébranler ses maisons édifiées, pour la plupart, au-dessus d'anciennes carrières.

Prendre à gauche, aller et retour, la
RUE DES EAUX / Cette rue indiquée sur une gravure du Bas-Passy faite en 1675, s'est appelée plus tard (1754) la *ruelle des Eaux*, nom qui lui venait du voisinage des Eaux de Passy.

QUAI DE PASSY / Ce quai est une ancienne section de la *route de Versailles*.

Nº 18. Emplacement d'une maison construite, en 1734, par les *Pères Minimes* qui la louèrent, en 1744, au joaillier Mussard. J.-J. Rousseau, qui était un ami du joaillier, vint l'habiter lorsque dans l'été de 1750, il chercha dans les eaux de Passy le rétablissement de sa santé. Il composa chez son hôte, épris de musique comme lui, l'air du *Devin du Village*, représenté en 1752 à Fontainebleau.
Nº 32. Emplacement de la maison habitée, de 1717 à 1730, par l'abbé Le Ragois, précepteur du duc du Maine et confesseur de Mme de Maintenon. Il découvrit dans son jardin, en 1719, trois sources ferrugineuses qui allaient rendre Passy célèbre.
Les eaux de Passy : Des eaux minérales avaient été découvertes à Passy pour la première fois, vers 1657, au nord de l'emplacement ci-dessus; elles ne jouirent pas d'un long crédit. Les sources trouvées en 1719 par l'abbé Le Ragois bénéficièrent d'un meilleur lancement; ferrugineuses (on disait « martiales ») et sulfureuses, elles furent décrétées, de plus, balsamiques et propices pour combattre la stérilité des femmes. Les médecins (ils avaient droit à la gratuité de la table d'hôte de l'établissement thermal) indiquèrent aux Parisiens Passy comme étant une station thermale d'été supérieure à celles de Spa et de Forges avec, de plus, un air salubre dû au voisinage du Bois de Boulogne.
Ces Eaux connurent dès lors une belle vogue. Vers 1760 l'établissement thermal comptait cinq sources, les trois anciennes et deux nouvelles trouvées, en 1754, au nº 21 de la rue Raynouard. Mais vers 1785, les Eaux de Passy commencèrent à connaître une certaine désaffection; elles eurent une dernière vogue sous le Directoire, lorsque les *Incroyables* et les *Muscadins* les fréquentèrent, ce qui fit d'ailleurs d'elles un nid de conspirateurs. En 1803, les sources furent englobées dans la propriété de Delessert; elles furent exploitées au ralenti jusque vers 1868, puis cessèrent d'être estimées du jour où on donna leur eau gratuitement. Elles ont finalement disparu à la suite des travaux qui furent exécutés pour les fondations des maisons construites dans leur voisinage.

Revenir sur ses pas jusqu'à la
RUE RAYNOUARD *(suite)* / Nos 21 à 29 (ex-nos 11 à 19). Emplacement, en 1692, d'une maison de campagne du duc de Lauzun qui l'échangea, en 1702, avec une propriété que le duc de Nevers, neveu de Mazarin, possédait à Fontainebleau.
L'Hôtel Delessert : Le banquier Benjamin Delessert devint propriétaire, à partir de 1800, de l'ancien domaine de Lauzun. En 1801, à l'époque du blocus continental, il fonda sur la partie des terrains de sa propriété donnant sur le quai de Passy (nos 14 et 16), une raffinerie de sucre de betterave qui fut la première de ce genre en France. Elle communiquait avec son domicile privé par un pont en fil de fer qui fut le premier pont suspendu construit en France.

Napoléon vint visiter cette raffinerie; enthousiasmé, il remit à Delessert la croix d'honneur qu'il portait sur sa poitrine et le fit baron. Nommé régent de la Banque de France en 1812, alors qu'il n'avait pas encore 30 ans, il conserva cet emploi 30 ans. Passionné de botanique, Delessert aima aussi les arts; grand philantrope, il créa la Caisse d'Épargne et de nombreuses autres œuvres de bienfaisance. Benjamin Delessert mourut à Paris en 1847, à 64 ans, au n° 19 (n° 29 actuel); il fut inhumé à Passy, rue Lekain, n° 3. Son frère François Delessert, qui eut les mêmes goûts que son frère pour les sciences et pour les arts, mourut, en 1868, dans cet hôtel au n° 17 (n° 27 actuel). Un autre frère, Gabriel Delessert, maire de Passy de 1830 à 1834, puis préfet de Paris de 1836 jusqu'à la révolution de février 1848, mourut également dans cet hôtel en 1858.
Ce fut dans un des salons de l'Hôtel Delessert que furent décidées, en 1852, les fiançailles de Napoléon III et d'Eugénie de Montijo. Cet hôtel resta à la famille Delessert jusqu'en 1900.
Depuis 1930 les AVENUES MARCEL-PROUST, du PARC-DE-PASSY et RENÉ-BOYLESVE, passent au travers de ce qui fut l'ancien parc thermal de Passy, remplacé ensuite par les jardins de la propriété Delessert.
N° 21. Emplacement de l'hôtel de Pierre et de Joseph Paullian, chez qui La Tour d'Auvergne, alors âgé de 53 ans et capitaine en retraite, résida à partir de 1796 jusqu'à son départ, en 1797, pour faire campagne en Suisse comme simple grenadier à la place du dernier fils de son ami, l'érudit Le Brigand, que la conscription avait appelé. Il revint en France à la fin de 1797, et en repartit une deuxième fois en avril 1799 et une troisième fois au printemps de l'année 1800, toujours à la place du jeune Le Brigand. Ce fut alors que le Premier Consul lui décerna le titre de « premier grenadier de la République » et lui remit un sabre d'honneur. Le 27 juin suivant, La Tour d'Auvergne était tué d'un coup de lance au cœur sur le champ de bataille d'Oberhausen.
L'Hôtel des Paullian se composait de deux maisons contiguës dont l'une portait l'inscription : « Nouvelles eaux minérales, vitrioliques, astringentes et ferrugineuses » car elle était adossée au corps de logis où se trouvaient les deux sources découvertes en 1754. Cet hôtel fit partie, ultérieurement de la propriété Delessert.
N°s 34, 36. Emplacement d'une maison, construite sur une tuilerie du XVIIIe siècle, où mourut, en 1836, âgé de 75 ans, le poète et littérateur François Raynouard.
N° 38. Maison du XVIIIe siècle.
N° 39. Hôtel du XVIIIe siècle; mascarons et consoles de la porte centrale et de la fenêtre qui la surmonte; ferronneries.
N° 42. Le chansonnier Béranger a habité, de 1833 à 1835, au second étage de cette maison.

Prendre, aller et retour, la

RUE DE L'ANNONCIATION / Portée sur les plans de 1730, cette rue est bien antérieure à cette date. Son nom actuel, de 1867, est dû à ce qu'elle conduisait à l'église de Passy placée sous le vocable de l'Annonciation.

Nº 4. Le chansonnier vaudevilliste Nicolas Brazier, auteur d'une *Histoire des petits théâtres de Paris*, a habité cet endroit et y mourut en 1838, à 55 ans.

Nº 10. *L'Eglise Notre-Dame-de-Grâce* ou de l'*Annonciation* citée ci-dessus remplace la chapelle que Claude Chahu fit construire en 1666 et qui devint église en 1672. Elle a été très agrandie, de 1846 à 1849 et de 1856 à 1859, par l'architecte Debressenne qui doubla sa longueur et construisit un nouveau clocher dont on posa la première pierre en novembre 1846. L'abbé Le Ragois, cité plus haut, décédé en 1730, fut inhumé dans cette église. Elle possède une jolie toile, le *Couronnement d'épines*, par Luca Giordano (1632-1705).

Nº 31. RUE LEKAIN, ouverte en 1839.

Le *premier cimetière de Passy* : Le premier cimetière de Passy avait été établi, au début du XVIIe siècle, à proximité de son église, à l'angle des rues de l'Annonciation et Lekain. Désaffecté en 1802, il fut remplacé par le cimetière indiqué plus loin. Il en reste, toutefois, un petit terrain de cinquante mètres carrés à hauteur des nºˢ 3 à 5 de la rue Lekain où se trouvent la tombe d'Etienne Delessert, père des trois Delessert cités plus haut et celles de deux de ceux-ci : Benjamin (1775-1847) et François-Marie (1780-1868). Cet enclos, racheté par la famille Delessert, constitue un petit cimetière réservé aux seuls membres de cette famille.

Le compositeur Nicolas Piccini, mort à Passy, en 1800, à la suite d'une chute malheureuse qu'il avait faite dans la rue *de la Montagne* (Beethoven) à l'âge de 72 ans, avait été enterré au cimetière de la rue Lekain. Sa ville natale, Bari, demanda ses cendres en 1888, mais il ne fut pas possible de lui donner satisfaction, celles-ci se trouvant sous les maisons. Sa plaque funéraire est encastrée près de la porte d'entrée dans le mur de la maison située à l'angle des rues de l'Annonciation et Lekain.

Nº 33. Du XVIIIe siècle; mansarde.

Nº 26. Façade du XVIIIe siècle; balcon, pilastres, guirlandes et rinceaux.

Nº 9. Emplacement de l'entrée de l'Hôtel de Valentinois (cf. nº 68, rue Raynouard).

RUE RAYNOUARD (*suite*) / Nº 47. Emplacement de l'immeuble où Louise Contat, l'actrice de la Comédie-Française (cf. rue Corneille), a habité de 1791 à 1793. L'entrée et un escalier de cet immeuble conduisent au pavillon, situé en contrebas au fond du jardin, où Balzac habita de septembre 1841 à février 1847 (cf. ci-après, rue Berton).

Nºˢ 49-47. Emplacement d'une propriété construite,

vers 1750, pour Jean de Julienne, le célèbre teinturier des Gobelins, ami de Watteau (cf. nº 3 *bis*, rue des Gobelins). Séparée de la rue par une école, elle avait sa façade principale du côté de la Seine vers laquelle descendait un grand jardin à terrasse, avec une salle de théâtre sur laquelle fut bâti plus tard, lorsque la propriété fut morcelée, le pavillon qu'habita Balzac.

La Folie-Bertin : Louis Bertin, trésorier particulier du roi de 1742 à 1788, possesseur d'une belle fortune, acheta, toute meublée, à Jean de Julienne, cette propriété qu'il agrandit. Ce fut la *Folie-Bertin* où il installa Mlle Hus, de la Comédie-Française. Pauline Hus était une actrice médiocre, mais en revanche une célèbre courtisane; elle eut avec Bertin une liaison qui lui laissa un grand nombre d'enfants, dont l'auteur dramatique Bertin d'Andilly. Chassée, en 1761, par Bertin pour son infidélité, Mlle Hus eut encore de nombreux amants, mais elle mourut néanmoins dans la misère en 1805, à 71 ans.

Cette propriété fut morcelée en 1809; une partie devint le nº 49, l'autre le nº 47.

Nº 51 (ou 53). Hôtel d'Hardencourt depuis 1778 où le savant archéologue Quatremère de Quincy a habité à son retour de proscription, en 1802, jusqu'en 1815.

Nº 60. Ancien hôtel.

Nº 62. Endroit où Benjamin Franklin, qui habitait un pavillon de l'ancien Hôtel de Valentinois (cf. ci-après) fit ses premières expériences de paratonnerre.

Nº 64. La RUE SINGER a été ouverte en 1836 sur des terrains, anciennes dépendances du château de Boulainvilliers et de l'Hôtel de Valentinois, devenus la propriété de David Singer (1778-1846). Celui-ci avait acquis dans l'industrie du coton une grande fortune qu'il consacra à des œuvres charitables.

Eugène Scribe a demeuré quelque temps vers 1849, au nº 40 de la rue Singer; il avait alors 58 ans et sa popularité était à son apogée. — Nº 2 : Restes d'un hôtel particulier du début du XIXe siècle; jardin avec vieille maison à mansarde à poulie.

Nº 68. L'*Hôtel de Valentinois :* Emplacement d'un hôtel ayant appartenu, en 1736, au duc de Valentinois, prince de Monaco. Franklin habita souvent, de 1777 à 1786, un pavillon de cet hôtel qui appartenait depuis 1774 au comte de Semonville. Ce pavillon était situé à hauteur du nº 66, à l'emplacement qu'occupa la chapelle de l'institution des Frères des Écoles-Chrétiennes lorsque celle-ci vint s'installer, en 1838, dans une partie des jardins et dans deux pavillons de l'Hôtel de Valentinois. Les bâtiments de cette institution furent démolis en 1905. La plaque commémorant le séjour de Franklin et la pose de son premier paratonnerre se trouve sur le pan coupé de l'immeuble.

Prendre, à gauche, aller et retour, la curieuse et très pittoresque

RUE BERTON / Cette rue résulte de la réunion, en

1865, de deux vieilles rues de Passy appelées au XVIIIe siècle *rue de Seine*, depuis 1956 : rue d'*Ankara*, pour celle perpendiculaire à la Seine, et *rue du Roc* pour celle en retour d'équerre. Cette dernière section a conservé, avec ses bornes et lampadaires, entre ses n°s 20 et 30, sa physionomie ancienne.
On a découvert en 1826, à l'angle des rues Raynouard et Berton, quelques vieux cercueils en pierre et en plâtre contenant encore des ossements; ce genre de cercueils n'étant plus utilisé au XIVe siècle, il en résulte que cet endroit de Passy devait déjà être habité avant cette époque.
N° 17. L'*Hôtel de la princesse de Lamballe :* Le terrain qu'entourent les rues du Docteur-Germain-Sée, Berton, d'Ankara et la Seine a contenu une propriété dont un des premiers occupants fut, vers 1400, Jean de Paci. Elle devint par échange, en 1653, la propriété de Claude Chahu, seigneur de Passy, et de sa femme, Christine de Heurles. Elle fut louée, en 1700, au duc de Lauzun, marié depuis 1695 à la fille du maréchal de Lorges, il l'acheta en 1705. Ce domaine avait alors deux grandes entrées, l'une sur la *chaussée de Paris à Versailles* (le quai), l'autre sur la rue *de Seine* (Ankara); le corps de bâtiment principal faisait face à la Seine, et son parc présentait trois terrasses successives descendant vers le fleuve.
La duchesse de Lauzun donna dans cet hôtel, en 1702, une grande fête en l'honneur de la duchesse de Bourgogne qu'elle reçut encore en 1707 et 1711. Elle y logea, en juillet 1719, sa sœur et son beau-frère, la duchesse et le duc de Saint-Simon, lorsque la duchesse de Saint-Simon voulut se rapprocher du château de la Muette, où la duchesse de Berry, fille du Régent, dont elle était demoiselle d'honneur, était à l'agonie.
Lauzun mourut en 1723. Sa femme devint propriétaire du domaine en 1727, et le vendit, en 1734, à Charlotte d'Albert de Luynes, marquise de Seissac (cf. n° 69, rue de Varenne) qui y mourut en 1756, à 80 ans. Un de ses descendants, Louis-Charles-Amable d'Albert, duc de Luynes, le vendit, en 1783, à Marie-Thérèse-Louise de Savoie-Carignan, veuve depuis 1768, après quelques mois de mariage, du prince de Lamballe, fils du duc de Penthièvre, mort à 20 ans dans la débauche. Le parc du château seigneurial de Passy, propriété à vie du duc de Penthièvre, beau-père de la princesse de Lamballe, avait sur la *rue Basse* (Raynouard) une sortie située presque en face d'une des entrées de l'Hôtel de Lamballe; le duc et sa belle-fille étaient donc tout à fait voisins.
Après la mort tragique de la princesse de Lamballe, le 3 septembre 1792 (cf. n° 2, rue du Roi-de-Sicile), son hôtel fut séquestré en 1794 et le mobilier vendu. En 1797, le prince Charles-Emmanuel de Savoie-Carignan, neveu et héritier de la princesse, rentra en possession de l'hôtel et le loua à un citoyen qui le transforma en une sorte de *Tivoli*, où le public commit tant de déprédations que cet établissement ferma bientôt.

En 1846, le docteur Sylvestre-Esprit Blanche transféra dans cet hôtel la maison de santé pour aliénés qu'il dirigeait, à Montmartre, dans l'ex-*Folie-Sandrin*. Il y mourut en 1852. Son fils, le docteur Emile Blanche, conserva la direction de l'établissement jusqu'en 1872, date à laquelle il le vendit au docteur Meuriot.
Gérard de Nerval y fut soigné deux fois, en 1853 et 1854; Gounod y séjourna en 1857, et Maupassant, qui y avait été transporté en janvier 1892, y mourut en juillet 1893.
Les héritiers du docteur Meuriot lotirent la propriété en 1901, et, en 1922, on perça sur ses terrains les AVENUES DE LAMBALLE et DU GÉNÉRAL-MANGIN. L'hôtel, acheté par le comte de Limur, subsiste avec une très petite partie du parc d'autrefois (ambassade de Turquie actuellement).
La façade sur cour présente un grand fronton arrondi qui surmonte des arcades encadrant trois fenêtres au premier étage et trois autres au rez-de-chaussée; la façade sur le jardin en contrebas offre de hauts pilastres cannelés et un bel escalier à double révolution conduisant à un perron élevé.
Nº 18. Emplacement de l'entrée de l'ancien parc des Eaux minérales, plus tard parc Delessert.
Nº 24. *La maison de Balzac :* Le portail rustique, à droite duquel se trouve une borne placée en 1731 pour délimiter les seigneuries de Passy et d'Auteuil, est l'entrée de la cour sur laquelle donne le pavillon où Balzac a habité de septembre 1841 à février 1847; la fenêtre de son cabinet de travail était au deuxième étage, à gauche sur la rue. Balzac devait habiter ensuite, le nº 14 de la rue *Fortunée* (Balzac) où il mourut en 1850 (cf. rue Berryer).
Balzac était venu ici pour pouvoir disposer à nouveau d'un domicile retiré où il pourrait éviter à la fois ses créanciers et les servitudes de la garde nationale. Ce pavillon l'enchanta parce qu'il avait deux issues, une sur la rue *Basse* (Raynouard), l'autre sur la rue *du Roc* (Berton); pour plus de précautions il y vint sous le nom de M. de Brugnol, nom inspiré de celui de sa gouvernante, Louise Breugiol.
Pour entrer dans cette maison en venant de la rue *Basse*, il fallait descendre deux étages pour atteindre la cour :

Dans ce charmant logis on entre par en haut,
Juste comme le vin entre dans les bouteilles.

On traversait la cour et, au fond, on trouvait le pavillon de l'écrivain où, pour pénétrer, il fallait donner les mots de passe : « J'apporte des dentelles de Belgique » et « La saison des prunes est arrivée ».
C'est ici que Balzac écrivit : *La muse du Département, Eve et David, Splendeurs et misères des courtisanes* (1843), *Béatrice, Modeste Mignon* (1844), *Les paysans, Le curé de village, La cousine Bette, Les ressources de Quinola, La Rabouilleuse* et *Le cousin Pons* (1847). A cette époque, Balzac se levait « tous les soirs à minuit,

écrivait jusqu'à huit heures, déjeunait en un quart d'heure, travaillait jusqu'à cinq heures, dînait, se couchait, pour recommencer le lendemain ».
Ce pavillon est classé.

RUE RAYNOUARD (*suite*) / N° 72. La RUE DES VIGNES a remplacé *le chemin des Vignes* indiqué en 1730.
N° 69. Emplacement d'une des terrasses du parc du château de Passy (inscription).
N° 80. La RUE DES MARRONNIERS a remplacé, en 1842, une ancienne allée de marronniers ayant appartenu au parc du château de Passy.
Nos 73 et 75. Emplacement de la maison des gardes de l'hôtel de la princesse de Lamballe où Florian était logé lorsque la princesse venait à Passy. Le fabuliste était entré, en 1768, comme page chez le duc de Penthièvre; il le suivit partout et il fut, plus tard, le secrétaire de ses commandements, avant d'être attaché à la princesse de Lamballe, belle-fille du duc.

A la place du Docteur-Hayem, prendre, à droite, la RUE DE BOULAINVILLIERS (*section comprise entre la place du Docteur-Hayem et la rue Davioud*) / Cette section, qui prolongeait l'*avenue de Boulainvilliers*, a été ouverte, vers 1831, dans les jardins de l'ancien château de Passy jusqu'à la rue de Passy.
Le château de Passy (*ou de Boulainvilliers*) *:* Le château seigneurial de Passy, du XVe siècle, ne commença à avoir de l'importance que lorsqu'il fut acquis, en 1658, par Claude Chahu qui le fit refaire entre 1660 et 1668. Le riche banquier Samuel Bernard acheta cette propriété, en 1722, dépensa 300.000 livres pour l'embellir et y installa son ancienne maîtresse, Mme de Fontaine, qui fut dame de Passy jusqu'à sa mort survenue en 1740. La propriété revint, en 1745, au petit-fils de Samuel Bernard, Gabriel-Henri Bernard, marquis de Boulainvilliers, qui devait être prévôt de Paris de 1766 à la Révolution.
Cette vaste propriété était située en amphithéâtre sur la hauteur que traverse la rue de Boulainvilliers; elle étendait ses 8 hectares de parc, tracé sur les dessins de Le Nôtre, entre nos rues des Vignes, Bois-le-Vent, Mozart, de l'Assomption et Raynouard, et son potager, de 4 hectares, entre la rue Raynouard et le quai. L'hôtel était situé à peu près à hauteur de cette dernière rue, au voisinage de la rue des Vignes.
Vers 1747, le marquis de Boulainvilliers céda, à vie, son château : d'abord au fermier général Le Riche de la Popelinière, puis, lorsque celui-ci mourut, en 1762, au duc de Penthièvre, unique descendant du comte de Toulouse, l'un des fils légitimés de Louis XIV et de Mme de Montespan. Il l'habita avec sa fille, Louise-Adélaïde de Bourbon, future femme de Philippe-Egalité. Confisquée à la Révolution, cette propriété, vendue en 1794, tomba entre les mains de spéculateurs qui la morcelèrent en 1827 pour créer tout un nouveau quartier. Le parc et le château étaient alors en piteux état par suite des dévas-

tations qu'y avaient commises les Anglais lorsqu'ils campèrent dans le Bois de Boulogne en 1815.
Le château de Passy eut sa vie la plus brillante du temps du célèbre fermier général Le Riche de La Popelinière; on l'appelait alors « le Temple des Muses et des Plaisirs ». Le Riche de la Popelinière y reçut, en plus des personnes de la Cour et du monde, des gens de lettres et des artistes : J.-J. Rousseau, Rameau, Gossec, Marmontel qui s'y installa de 1749 à 1753 et y composa plusieurs de ses tragédies, la Condamine, La Tour, Mme de Genlis, Suard, Carle Van Loo, Vaucanson, Chardin, Pigalle...; il y reçut également des danseuses et d'autres demoiselles de grand renom, Mlles Dallières, Sallé, Clairon, etc. Après ses déboires conjugaux avec Mimi Dancourt (cf. nº 59, rue de Richelieu), il s'était remarié, en 1760, avec une jeune femme de 21 ans alors qu'il en avait 68; aussi mourut-il deux ans après. Un mois après sa mort, sa veuve accoucha d'un fils, Alexandre-Louis-Gabriel Le Riche de La Popelinière, plus tard marquis de Breuilpont, dont on attribua la paternité à Louis XV.

Pour être auteur, ci-gît qui paya bien,
C'est la coutume ;
L'ouvrage seul qui ne lui coûta rien
C'est son posthume !

Ce fut dans ce château que la marquise de Boulainvilliers recueillit, vers 1766, Jeanne de Luz de Saint-Rémy, une enfant de huit ans, qui devait devenir célèbre sous le nom de comtesse de La Motte.

Prendre, à gauche, la
RUE DU RANELAGH / Cette rue a été ouverte en 1824.
Nº 3. Emplacement de la maison où Mlle George, de son vrai nom Marguerite-Joséphine Weimer, qui avait été reine du théâtre et amie de l'Empereur au point d'avoir inquiété Joséphine, et qui avait eu pour adorateurs une demi-douzaine de rois, mourut presque dans le dénuement, à 78 ans, en 1867. Elle avait demandé à être enterrée dans son manteau de *Rodogune ;* ce fut Napoléon III qui régla les frais des obsèques.
Nos 45 et 61. Le HAMEAU DE BOULAINVILLIERS a été formé en 1838 sur une partie du parc du château.
Nº 80. La RUE DAVIOUD, précédemment partie de la rue Pajou, est l'ancienne *ruelle Saint-Pol* ou du *Fief-Saint-Pol*. Ce fief appartenait aux seigneurs de Passy qui le mentionnaient dans leurs titres.

BOULEVARD DE BEAUSÉJOUR / Ce boulevard, ouvert, en 1853, lors de la construction du chemin de fer d'Auteuil, a remplacé un chemin de ronde du Bois de Boulogne indiqué en 1847 comme *route de ronde à Auteuil*.
On se trouvait avant d'arriver à celle-ci dans le *parc*

La maison de Balzac (*vers 1845*)

Le château de Passy ou de Boulainvilliers (*grav. vers 1825*)

de Beauséjour que le percement, en 1867, de l'avenue Mozart a coupé en deux. Il renfermait quelques pavillons champêtres qui, isolés au milieu des arbres, avaient remplacé d'anciennes écuries royales situées elles-mêmes sur l'emplacement d'un ermitage où, jadis, le Père La Chaise s'était fait bâtir une retraite (à hauteur du nº 1 actuel). Mme Récamier habita ce parc sous le premier Empire, Chateaubriand y travailla à ses *Mémoires*, Rossini y eut, vers 1829, une habitation où il donna ses premières soirées musicales, les princesses de Talleyrand, de Liéven, la marquise d'Aguesseau, Ampère l'habitèrent aussi. L'AVENUE INGRES coupe le BOULEVARD SUCHET, qui a remplacé, depuis 1864, la *route Militaire* entre les portes d'Auteuil et de la Muette; elle conduit à la *porte de Passy*, ancienne entrée percée dans le rempart de Thiers, face au Bois de Boulogne.

DE LA BARRIÈRE SAINTE-MARIE A LA PORTE DE LA MUETTE.

Point de départ : place du Trocadéro

RUE DES RÉSERVOIRS / Cette ancienne rue de la commune de Passy doit son nom aux petits réservoirs de Passy auxquels elle conduisait.

Nº 2. *Le second cimetière de Passy :* Jusqu'en 1802, le cimetière de Passy était celui de la rue Lekain. Par raison de salubrité on décida, à cette date, de le déplacer et de l'installer à cet endroit situé alors en lisière du mur des Fermiers Généraux.

Citons parmi les personnages qui y ont été inhumés avant l'annexion de Passy à Paris : Raynouard (1836), Michaud (1839), le comte de Las Cases (1842), son fils le marquis de Las Cases (1854), le docteur Esprit Blanche (1852) et Gabriel Delessert (1858).

Les petits réservoirs de Passy : Ce cimetière est contigu, à son angle sud-ouest, à l'emplacement des *petits réservoirs* de Passy, construits en 1828, et alimentés par une usine créée à la même date pour y refouler l'eau de la Seine nécessaire à Passy et à Auteuil. Une partie de cette eau servait au service public de ces deux communes et une autre partie, filtrée, aux besoins de leurs habitants. En 1850, cette dernière était vendue aux porteurs d'eau dans l'enceinte même des réservoirs au prix de 0 fr. 90 à 1 franc les mille litres. Ces porteurs la montaient à domicile par 20 litres qu'ils vendaient 0 fr. 10 le litre.

Par la RUE PÉTRARQUE prendre à gauche, la RUE SCHEFFER, appelée en 1730 le *chemin des Moulins* car il desservait trois moulins placés sur la partie culminante de Passy, et prendre, à droite, la

RUE VINEUSE / Cette vieille rue de Passy, aussi indiquée en 1730, doit son nom à une plantation de

vignes, propriété du *couvent des Bonshommes de Chaillot* dont Louis XIII aimait boire le vin lorsque, revenant de la chasse aux loups dans le Bois de Boulogne, il s'arrêtait au couvent pour prendre quelques heures de repos.
Béranger, qui avait déjà habité Passy de 1833 à 1835 (cf. nº 42, rue Raynouard) y vint habiter de nouveau, de 1841 à 1848, à l'ancien nº 19 de cette rue. Il devait mourir en 1857.
La rue Vineuse aboutit au carrefour des rues Raynouard, de Passy et de La Tour où se dressait jadis la potence seigneuriale de Passy.

Prendre, aller et retour, la
RUE DE LA TOUR (*section comprise entre les rues de Passy et de la Pompe*) / Cette rue provient d'un ancien chemin champêtre qui, en 1730, conduisait du *couvent des Bonshommes au château royal de la Muette ;* c'était le *chemin des Moines*. Il fut transformé, à la fin du XVIIIe siècle, entre les rues de Passy et de la Pompe, en une rue appelée la rue *du Moulin-de-la-Tour* à cause d'un moulin qui avait été édifié sur l'ancienne tour actuellement située dans le jardin de l'immeuble portant le nº 86 (cf. ci-après). Elle prit, à la démolition du moulin, le nom de rue de la Tour qui subsiste de nos jours.
Nº 78. La RUE CORTAMBERT a absorbé entre la rue Scheffer et l'avenue Georges-Mandel l'ancienne rue *des Bornes* qui devait son nom aux bornes qui limitaient de ce côté, les dépendances du *couvent des Bonshommes*.
Nº 78. Maison où mourut, en 1858, à 80 ans, le comte Portalis, jurisconsulte et pair de France, premier président de la cour de Cassation lorsque Napoléon III le nomma sénateur.
Nº 86. *Le château de la Tour :* Dans le jardin de cet immeuble, vieille tour dénaturée sous l'Empire et restaurée à nouveau en 1897.
Il n'est pas certain que Philippe le Bel ait possédé un château à Passy d'où pourtant, il signa, en 1312, l'ordonnance indiquée au début de ce chapitre au sujet des aveugles des Quinze-Vingts. On ne sait pas non plus où se trouvait ce château, ni si la tour située ici en est un vestige. Le nom *de Tournelles* que porta la rue Louis-David voisine découle peut-être de l'ancien emplacement des remparts de ce château. Cette tour servit plus tard de prison, sans doute fut-ce la prison de la seigneurie de Passy, puis on la surmonta d'un moulin.
L'immeuble du nº 86 a été habité pendant quelques étés après 1831, par François Villemain, brillant défenseur de notre littérature des XVe, XVIe et XVIIe siècles, et ministre de l'Instruction publique (1839 et 1840). Il avait refusé d'accepter la pension de 15.000 francs qui avait été proposée en sa faveur aux Chambres par le maréchal Soult. Il mourut en 1870, à 80 ans. Aimé Martin, autre littérateur, habita aussi cet immeuble; admirateur de Bernardin de Saint-

Pierre, il avait épousé sa veuve et adopté sa fille; il mourut en 1847, à 66 ans. L'immeuble est depuis 1860 affecté à une institution.

Nº 102. La RUE EUGÈNE-DELACROIX est l'ancien *chemin de Versailles* qui traversait, en 1730, la plaine de Passy. Eugène Delacroix n'a jamais habité Passy.

Nº 73. Hôtel Louis XV, entre cour et jardin, où mourut prématurément, en 1861, âgée de 37 ans, la comédienne Rose Chéri, de son vrai nom Rose Cizos. Venue de la Dordogne, elle connut à Paris un grand succès. Le directeur du Gymnase, Lemoine Montigny, l'épousa en 1847; cette nouvelle rendit le père de Rose Chéri fou de joie à un point tel qu'il se jeta par la fenêtre et se tua. Le mari de Rose Chéri, Montigny, qui depuis 1844 avait fait longtemps du Gymnase le plus brillant théâtre de Paris après la Comédie-Française, est aussi mort dans cet hôtel en 1880.

Jolie façade sur rue et sur jardin, celle-ci visible de la rue Desbordes-Valmore, ferronneries.

Nº 53. RUE VITAL où l'historien Henri-Martin mourut, en 1884, au nº 38 qu'il habitait depuis 1878 (inscription).

RUE DE PASSY / Cette vieille rue, appelée d'abord la *rue qui conduit au Bois de Boulogne*, puis la *Grande-Rue*, a été l'artère principale du village de Passy. Elle a possédé longtemps un grand nombre d'hôtels particuliers.

Nº 7. Emplacement, jusqu'en 1909, d'un hôtel où séjourna, en 1798, le général Moreau.

Nº 12. Hôtel où habita à partir de 1861 et où mourut, en 1865, à 56 ans, l'écrivain socialiste Joseph Proudhon. Fils d'un tonnelier de Besançon, il s'occupa, tout en étant employé typographe, de théologie et d'économie politique; c'est alors qu'il écrivit, en 1840, son mémoire *Qu'est-ce que la propriété ?*

Nº 16. *Hôtel de la Folie :* Emplacement d'un hôtel du XVIIIe siècle, construit sur l'emplacement d'une ancienne propriété appelée au XVIIe siècle *la Folie*. Il appartenait à Jacques Silvestre, conseiller du roi et notaire au Châtelet, lorsque Louis XV le loua, en 1761, pour y loger Mlle de Romans.

Le roi avait remarqué celle-ci pour sa beauté un jour que, se rendant de Paris à Versailles, il longeait la terrasse des Tuileries. Il la fit rechercher par Lebel qui, de concert avec les parents, conduisit Mlle de Romans à Versailles. N'ayant pas voulu être logée au Parc-aux-Cerfs, le roi l'installa à Passy dans cet *Hôtel de la Folie*. Mlle de Romans avait alors 21 ans. Ayant eu du roi, en 1762, un fils, elle obtint de Louis XV que le curé de Passy le baptisât sous le nom de Louis-Aimé N... de Bourbon. Ce fils, le seul bâtard de Louis XV qui ait porté le nom de Bourbon, entra par la suite dans les ordres : ce fut l'abbé Louis-Aimé de Bourbon, dont la ressemblance avec Louis XV était frappante.

Après les descendants de Jacques Silvestre, dont le cadet, Isaac, fut le célèbre orientaliste Silvestre de Sacy (ce dernier nom est l'anagramme de son prénom), cet hôtel eut comme propriétaires, en 1836, Nicolas Deyeux, ancien pharmacien de l'Empereur et, en 1837, Jules Janin, l'étincelant critique de théâtre, qui l'habita jusqu'en 1845. Cet hôtel fut acheté, en 1868, par le prince Demidoff, mari de la princesse Mathilde; il devint ensuite une maison de santé, un pensionnat, puis il disparut en 1891 pour faire place à la RUE CLAUDE-CHAHU, du nom du fondateur de Passy. Les boiseries et la rampe de l'escalier de cet hôtel sont en Belgique.

Nº 36. La RUE NICOLO : Cette rue est l'ancien chemin qui conduisait aux carrières de Passy. Il avait, en 1776, un peu moins de 2 mètres de large. On l'appela la rue des *Carrières* de 1791 à 1865.

L'énigmatique comtesse de Castiglione, maîtresse de Napoléon III, de Victor-Emmanuel, des princes de Poniatowski, de la Tour d'Auvergne, du duc d'Aumale et de plusieurs autres princes et ducs, habita le nº 51 de cette rue de 1859 à 1870. Elle était alors dans toute sa gloire. Elle mourut en pleine déchéance morale et matérielle, en décembre 1899, au nº 14 de la rue Cambon, ayant depuis longtemps perdu sa merveilleuse beauté et fait disparaître tout miroir de chez elle.

Nº 55. Le compositeur Gossec, de son vrai nom Gossé, habita cette maison de 1822 jusqu'à sa mort, en 1829, survenue à l'âge de 95 ans. Il avait dirigé l'Ecole Royale de chant en 1784, était devenu inspecteur du Conservatoire à sa création en 1795, et, plus tard, membre de l'Institut.

Nº 58. Emplacement d'un hôtel Louis XV, disparu en 1903, où habita la comtesse de Genlis, ancienne gouvernante des enfants du duc d'Orléans, Philippe-Egalité. Elle avait eu une enfance assez mouvementée puisque d'abord un gros bailli manqua s'asseoir sur l'oreiller où, poupon, elle reposait, qu'ensuite, à dix-huit mois, on la repêcha dans un étang, qu'un peu plus tard elle se brûla en s'asseyant dans une cheminée, et qu'à sept ans le prieur qui la reçut chanoinesse lui enleva un bout de l'oreille en lui coupant une mèche de cheveux.

Nº 64. Emplacement d'une maison qui servit de résidence d'été à Henri Heine.

Nº 67. La *troisième mairie de Passy :* La mairie de Passy, trop à l'étroit dans les locaux qu'elle louait au nº 3 de la rue Franklin, vint s'installer ici du 1er janvier 1836 jusqu'en 1877, date à laquelle la mairie de ce qui était alors devenu le XVIe arrondissement fut transférée dans l'avenue Henri-Martin. Maison remaniée et exhaussée.

PLACE DE PASSY / Cette place est l'ancienne place *de la Mairie* de 1836 à 1867.

C'est de cette place que partaient, à partir de 1824, les cabriolets de la compagnie *les Accélérées* qui, moyennant 75 centimes, transportaient les voyageurs jusqu'aux environs du Palais-Royal. La com-

pagnie concurrente *des Omnibus* faisait ce même parcours pour 25 centimes. La compagnie des *Accélérées* obtint, en 1829, du maire de Passy d'assurer dorénavant seule le transport pour 35 centimes seulement. La compagnie *des Omnibus* périclita à la suite de cette décision, et son principal administrateur, le colonel Baudry, alla se jeter dans le canal Saint-Martin.
La construction du chemin de fer d'Auteuil en 1854, puis la construction d'un chemin de fer, dit américain, qui suivait les quais, celle du chemin de fer de Ceinture en 1862, et la mise en service des bateaux-mouches en 1867, améliorèrent heureusement les voyages entre Passy et Paris.

Au nº 2 de la place de Passy débouche la
RUE BOIS-LE-VENT / Cette rue fait partie des rues initiales du village de Passy indiquées en 1730 car elle appartenait jadis à la rue de *l'Église* (de l'Annonciation). Son nom est dû, dit-on, à ce qu'elle se trouvait sous le vent venant du Bois de Boulogne. Son prolongement vers Beauséjour s'appela la rue *des Vignes*. Dans la partie de la rue *des Vignes* qui faisait face au château de la Muette avant le percement de l'avenue Mozart se trouvait une maison dans laquelle fut arrêté, par un agent du comité de Sûreté générale, le 7 mars 1794, André Chénier. Conduit à la prison du Luxembourg, puis à celle de Saint-Lazare, il en sortit le 24 juillet suivant pour être enfermé à la Conciergerie. Il fut jugé le lendemain matin et guillotiné le soir même place du *Trône-Renversé*.

RUE DE PASSY (*suite*) / Nº 70. La RUE GUICHARD a été percée, en 1854, sur un emplacement où s'élevait une maison de campagne appartenant au vice-amiral d'Estaing, terreur des Anglais au temps de la guerre de l'Indépendance américaine. Il partageait son temps entre cette maison et son hôtel parisien de la rue Sainte-Anne lorsqu'il fut arrêté, en 1793, comme suspect et enfermé à Sainte-Pélagie. Il en partit pour l'échafaud le 28 avril 1794; ses derniers mots furent : « Quand vous aurez fait tomber ma tête, envoyez-la aux Anglais; ils vous la payeront cher. »
Son parc, qui s'étendait alors de la rue de Passy à la rue Desbordes-Valmore, devint plus tard le parc de M. Guichard, ancien avocat. Il mourut en 1854. Son fils céda le parc à des lotisseurs qui percèrent au travers, la place Possoz et les rues Guichard, Cortambert, Faustin-Hélie, Delaroche, Nicolo et Desbordes-Valmore. L'hôtel d'Estaing fut démoli à la même date.
Nº 80. *Hôtel de Bandeville :* Cet hôtel fut acheté, en 1763, par la marquise Doublet de Bandeville qui, grande collectionneuse, possédait aussi, à Paris, dans l'*Hôtel Falcony*, un beau cabinet de curiosités (cf. nº 21, quai Malaquais).
Il devint, en 1841, la propriété d'une marchande de meubles, Mme Barra qui le dénatura en le surélevant

et en le divisant en de nombreux logements garnis qu'elle loua.

Le docteur Orfila a habité le premier étage de cet hôtel vers 1830-1832. Il y donna avec sa femme, fille du statuaire Lesueur, des soirées consacrées à la musique, où venait Rossini. La princesse Galitzine l'habita aussi.

Nº 84. *Le cabinet de physique du roi :* Emplacement d'un hôtel qu'acheta Mme de Pompadour en 1751 et qu'elle revendit à Louis XV en 1761. Le roi y fit installer les microscopes, télescopes, machines, appareils et autres curiosités d'optique qui avaient été rassemblés par l'abbé Nollet dans un petit bâtiment situé dans les jardins de la Muette et dont un savant bénédictin, Dom Noël, était le conservateur. Ce cabinet contenait aussi un curieux tableau peint en 1763 par Amédée Van Loo; il représentait des vertus allégoriques (la *Justice*, l'*Intrépidité*, la *Bonté*) qui, vues à distance à travers un verre à facettes, ne formaient qu'une seule image, celle du roi.

Par l'ingénieux artifice
Et de l'optique et du pinceau,
Les Vertus *et surtout la* Bonté, *la* Justice
De Louis forment le tableau.
(L'abbé Aubert).

Ce cabinet fut transféré, en 1790, à l'Observatoire de Paris après que Louis XVI eut prescrit, en 1788, par raison d'économie, la vente du domaine de la Muette.

Prendre aller et retour, la

RUE DE LA POMPE (*section comprise entre la place Possoz et la rue Decamps*) / Cette autre vieille rue du village de Passy était indiquée sur les plans de 1730 comme un chemin longeant les murs du château de la Muette et aboutissant à une porte du Bois. C'était le *vieux chemin*, qui fut transformé à la fin du XVIIIe siècle en une rue appelée de la Pompe, en raison de la proximité d'une pompe alimentant en eau le château de la Muette.

Nº 9. Emplacement de la maison où mourut, en 1867, âgé de 53 ans, le poète dramatique Francis Ponsard, membre de l'Académie Française en 1855. Joueur invétéré, étant allé, en 1853, à Spa, en compagnie du ménage Janin, il y perdit un soir tous les droits d'auteur que lui devait l'Odéon.

Nº 11. *La Petite-Muette :* La RUE GUSTAVE-NADAUD a absorbé depuis 1894 une grande partie de l'*avenue de la Petite-Muette* dont l'avenue Emile-Augier a absorbé l'autre partie en 1896.

On appelait *Petite-Muette* un ensemble de bâtiments, dépendances du château, dont le sépara la construction du chemin de fer d'Auteuil. Elles s'étendaient jusqu'à la rue de la Pompe et, même, au-delà puisque le *cabinet de physique* du roi, ci-dessus indiqué, en faisait partie. Elles renfermaient les écuries du roi,

Nº 11, rue de la Pompe / Chalet de Jules Janin (*grav. vers 1860*)

remplacées sous l'Empire, par la Vénerie impériale.
N° 11. *Le chalet de Jules Janin :* Emplacement du chalet que se fit construire, en 1854, Jules Janin (cf. n° 16, rue de Passy) qui y passa la fin de sa vie avant d'y mourir en 1874, à l'âge de 70 ans. Il avait fait graver sur une façade ces vers de Clément Marot :

Que le ciel nous préserve en ce bas monde, icy,
De faim, d'un importun, de froid et de soucy.

Jules Janin, jadis si svelte, était alors si gros que la compagnie du chemin de fer de l'Ouest lui aménageait un wagon spécial lorsqu'il se rendait en Normandie. Il reçut dans son chalet, en voisin, le curé d'Auteuil l'abbé Lamazou, qui fut évêque de Limoges, le docteur Orfila, Lamartine, Béranger, Ponsard, Gérard de Nerval, Berlioz, Emile Ollivier.
Le chalet fut démoli en 1908 lors du percement de la RUE GUSTAVE-NADAUD.
N° 43. La RUE DE SIAM, ouverte en 1884, a fait disparaître un hôtel occupé, de 1825 jusqu'à sa mort, en 1842, par le comte de Las Cases, auteur du *Mémorial de Sainte-Hélène*. Son fils, Emmanuel, qui était allé à deux reprises à Sainte-Hélène, du vivant de l'Empereur et lors du retour de ses cendres, habitait vers le n° 47 de la même rue une maison où il mourut en 1854.
N° 24. Emplacement d'une villa où habita pendant quelque temps Rossini avant de s'installer, en 1857, dans l'avenue Ingres; il avait alors 65 ans.

LA CHAUSSÉE DE LA MUETTE / Cette chaussée, ainsi que les avenues Prud'hon et Raphaël qui firent partie d'elle, conduisait à la *porte de la Muette*. Elle est traversée par deux voies ferrées, celle de la gare Saint-Lazare aux Invalides et celle du chemin de fer de Ceinture, ex-chemin de fer de la gare Saint-Lazare à Auteuil.
N° 20. *Le château de la Muette :* L'origine du mot *Muette* est discutée. Pour les uns c'est l'orthographe ancienne de *Meute*, du temps où l'on partait jadis de cet endroit pour courir le cerf dans le Bois de Boulogne; jusqu'à la fin du XVIIIe siècle on disait d'ailleurs le château de la *Meute*. Pour d'autres, ce nom viendrait de *mue ;* Charles IX ayant eu à *Passy-lès-Paris*, près du Bois de Boulogne, un pavillon de chasse où on gardait les *mues* des cerfs, soit les bois qu'ils perdent à l'automne, on y aurait mis aussi les faucons de chasse pendant l'époque où ils étaient en mue; or, en terme de fauconnerie, ce dernier genre d'abris s'appelait une *muette* (de *mota*, contraction de *movita*).
Ce pavillon de chasse fut transformé par Philibert Delorme, au milieu du XVIe siècle, en un petit château qui fit partie du domaine de la reine Margot. Louis XIII hérita des biens de la reine de Navarre; aussi ce château devint-il, en 1615, la propriété de la Couronne. Catelan, capitaine des chasses du Bois de

Boulogne sous Louis XIV, y fit faire des aménagements importants. Fleuriau d'Armenonville, directeur des Finances, acheta à Catelan, en 1702, cette charge de capitaine des chasses du Bois de Boulogne, à laquelle Louis XIV ajouta la jouissance du château de la Muette et une pension de 12.000 livres.
La duchesse de Berry, fille aînée du Régent, ayant désiré habiter la Muette, le Régent l'acheta, en 1716, à M. d'Armenonville. La duchesse de Berry fit aménager le château à son goût, elle y donna des fêtes fastueuses, reçut Pierre le Grand en 1717 et y mena une vie quelque peu scandaleuse, menant de front la bonne chère et l'amour :

La Messaline de Berry,
L'œil en feu, l'air plein d'arrogance,
Dit en faisant charivari
Qu'elle est la première de France.
Elle prend, ma foi, tout le train
D'être la première p...

Prise de fièvre au cours d'un souper à Meudon en mai 1719, la duchesse de Berry, qui s'était donné comme devise « Courte et bonne », se fit transporter au château de la Muette où elle mourut le 21 juillet suivant, à l'âge de 24 ans. L'autopsie qui fut pratiquée quelques heures après sa mort révéla que « la princesse avait un ulcère à l'estomac, un autre à l'aine, la rate entièrement pourrie et en bouillie, la tête pleine d'eau et la cervelle réduite de moitié ». Son corps fut déposé dans la chapelle de la Muette avant son transport à Saint-Denis.
Le Régent donna alors la Muette à Louis XV, âgé de neuf ans. Plus tard, ce roi l'utilisa comme demeure galante et la mit à la disposition de ses maîtresses; la comtesse de Mailly, la duchesse de Châteaufort et Mme de Pompadour y résidèrent. Louis XVI, alors dauphin, en fit une résidence familiale où il aimait venir se détendre de la vie de Versailles. Marie-Antoinette y descendit à son arrivée en France en attendant la célébration de son mariage, et elle y séjourna, avec la duchesse de Polignac, au cours des années 1770 à 1786. Le domaine de la Muette était alors considérable : il comportait de nombreuses dépendances, une laiterie, une orangerie, une faisanderie qui s'étendait jusqu'à l'avenue *de Neuilly* (de la Grande-Armée) et dont la rue du même nom situe l'emplacement.
Des économies s'imposant, Louis XVI ordonna, en 1787, de vendre les châteaux de la Muette et de Madrid, mais la Révolution survint avant que ces ventes ne fussent effectuées. Le domaine, devenu bien national, fut divisé, en 1792, en deux lots. Le premier comportant le bâtiment principal fut démoli, mais on put toutefois sauver l'autre lot dont, finalement, il ne resta plus en 1818 qu'un pavillon et un petit parc.
Ils furent achetés, en 1818, par le facteur de pianos

Sébastien Erard qui, jadis, avait joué dans ce même lieu devant Marie-Antoinette. Il y habita jusqu'à sa mort survenue en 1831. Sa propriété resta dans sa famille; son dernier propriétaire fut le comte de Franqueville, membre de l'Institut, époux de la nièce de Mme Pierre Erard. Après sa mort, en 1920, la Muette, qui avait été déjà sévèrement amputée par suite de la construction du chemin de fer d'Auteuil, fut morcelée; le château et le parc disparurent, les maisons de la RUE DE FRANQUEVILLE, de l'avenue PILATRE-DE-ROZIER et celles comprises entre ces rues sont, depuis 1904-1921, sur leur emplacement.
C'est dans le parc du château de la Muette que Pilâtre de Rozier et le marquis d'Arlandes firent, le 21 octobre 1783, en présence de la famille royale, de la Cour, de Franklin et d'une foule considérable, la première ascension aérostatique. Leur « machine » avait été construite par les frères Montgolfier dans l'atelier du fabricant de papiers peints Réveillon; elle était gonflée à l'air chaud. Le point du lâcher était sur une pelouse du parc située à peu près dans l'axe de notre rue d'Andigné. La montgolfière se posa vingt minutes plus tard sur la Butte-aux-Cailles. Les aéronautes auraient d'ailleurs pu aller plus loin : ils avaient encore de la paille pour alimenter leur feu.

Prendre les avenues Prudhon et Raphaël.
Le Ranelagh : Ces avenues traversent le parc du Ranelagh dont voici l'origine. Un pair d'Angleterre, lord Ranelagh, grand amateur de musique, avait fait installer, en 1750, dans le parc de sa propriété de Chelsea, voisine de Londres, une rotonde à jour où un orchestre donnait quotidiennement des concerts publics. Une société acheta son parc après sa mort, y continua les concerts, y installa un bal, y donna des fêtes et perçut un droit d'entrée. En 1772, deux artificiers du roi qui avaient vu le Ranelagh anglais, obtinrent du maréchal de Soubise, alors gouverneur du château de la Muette, l'autorisation de fonder un pareil établissement sur une pelouse de la Muette où on avait parfois dansé en plein air. Ils établirent, en 1774, à peu près à hauteur du n° 26 de l'avenue Raphaël, une salle de bal avec café, restaurant, concert et spectacle, ce fut le *Petit-Ranelagh* qu'ils agrandirent en 1779. La Cour adopta cet endroit qui devint vite à la mode après que Marie-Antoinette, le comte d'Artois et des dames de la Cour y vinrent danser pour la première fois en avril 1780 : Audinot (cf. boulevard du Temple) installa à côté pendant un an, en 1784, son théâtre des *Petits Comédiens de Bois*.
Le Ranelagh retrouva sa vogue sous le Directoire; Talleyrand, Barras, Joséphine de Beauharnais, Mmes Tallien et Récamier le fréquentèrent. Quelque peu mutilé par les cosaques qui y campèrent en 1814 et 1815, le Ranelagh connut encore de beaux jours sous la Restauration grâce à la duchesse de Berry qui patronna la reprise des bals d'abonnés; ceux du samedi étaient de bonne tenue, « les abonnements

n'étant délivrés aux dames qu'après enquête de ses commissaires ».

L'établissement disparut, en 1858, à la suite de travaux de voirie liés à l'aménagement du Bois de Boulogne d'où résultèrent les AVENUES INGRES, PRUDHON et RAPHAEL ouvertes en 1860.

Laisser à gauche l'AVENUE INGRES où, au n° 5, se trouve la villa que Rossini, jusqu'alors installé rue de la Pompe, au n° 24, se fit construire, en 1857, sur un terrain que lui avait donné la Ville, et où il mourut en 1868, âgé de 76 ans.

L'AVENUE RAPHAEL (ex-*boulevard du Ranelagh*) conduit à la PLACE DE LA PORTE DE LA MUETTE aménagée en 1928.

HISTORIQUE DE QUELQUES RUES DE PASSY ANNEXÉES A PARIS

Les rues de l'ancienne commune de Passy qui n'ont pas été mentionnées précédemment découlent, pour une partie, du lotissement effectué, à partir de 1825, par cette « Société des terrains de la plaine de Passy » indiquée au début du chapitre, et, pour l'autre, de la nécessité qu'il y eut, à partir de 1852, de loger une population dont l'accroissement résultait tant de l'établissement des lignes de chemin de fer que de l'embellissement du Bois de Boulogne. La plupart d'entre elles sont donc sans passé historique; nous en retiendrons seulement :

La RUE BOISSIÈRE qui était, en 1730, un chemin qui prolongeait extra-muros la rue *de la Croix-Boissière* située à l'intérieur de Paris et dont le nom est dû au souvenir de la croix à laquelle il était d'usage de suspendre du buis le jour des Rameaux.

L'AVENUE FOCH, une des plus belles réussites d'Haussmann. Elle résulte de l'heureuse transformation qu'il venait de faire subir au Bois de Boulogne. Un si beau parc demandait une non moins belle voie d'accès. L'Empereur chargea donc Hittorf d'étudier un tracé qui fût celui d'une voie triomphale.

Hittorf proposa à Haussmann le tracé de ce qui est de nos jours l'avenue Foch. Longue de 1.300 mètres, il comptait lui donner une largeur impressionnante, de 40 mètres. Haussmann fut indigné : « Quarante mètres ! Mais, monsieur, c'est le double, le triple qu'il nous faut. Oui, je dis bien : le triple : 120 mètres ! Ajoutez à votre plan deux pelouses quatre fois plus larges que les contre-allées que vous proposez, c'est-à-dire de 32 mètres chacune, et, au delà, deux voies de 8 mètres pour desservir les propriétés riveraines que je grèverai d'une servitude *non aedificandi* de 10 mètres. Nous aurons de cette manière 140 mètres d'espace entre les habitations, soit 100 mètres de plus que dans votre projet. »

Ainsi fut fait. En 1854, l'*avenue de l'Impératrice* était

créée. Son succès fut éblouissant. Enfin les beaux équipages des années de prospérité du second Empire avaient un cadre pour étaler leur luxe; de cette époque, le « tour du lac » prit une importance de premier plan.
Cette avenue aboutit à la porte Dauphine, ainsi nommée en l'honneur de Marie-Antoinette qui la fit ouvrir à l'extrémité de *la Faisanderie* lorsqu'elle résida au château de la Muette.

Le SQUARE LAMARTINE a été créé en 1863.
Le puits artésien de Passy : On trouve au centre de ce square un puits artésien creusé, de 1855 à 1866, dans le but de fournir l'eau nécessaire aux lacs, mares, étangs, rivières, à l'arrosement du Bois de Boulogne et, éventuellement à celui de quelques quartiers de Paris. L'eau qui exhala une forte odeur d'hydrogène sulfuré fut trouvée à 587 mètres de profondeur et à une température de 28°. Dès que ce puits eut été mis en service, le débit de celui de Grenelle diminua, ce qui montra que les nappes d'eau souterraines de Passy et de Grenelle n'en faisaient qu'une.

La RUE DE LONGCHAMP (*section située à l'est de l'avenue Kléber*) a été ouverte, en 1834, sur l'emplacement d'un chemin, indiqué en 1730, que les habitants de Chaillot prenaient pour aller à *l'abbaye de Longchamp*. A son n° 48 : Cour de ferme; à son n° 9 : emplacement de la ferme Magu (ou Mayeux) où Boileau et La Fontaine auraient aimé venir boire du lait (inscription).

9 LE BOIS DE BOULOGNE.

Historique : la croix et le pré Catelan, les duels du Bois de Boulogne, la première course de chevaux. L'abbaye de Longchamp, le défilé de Longchamp / L'ancien cimetière de Boulogne / Le château de Madrid, le Petit-Madrid / Le château de Bagatelle.

Quoique le Bois de Boulogne n'ait été annexé à Paris et incorporé au XVIe arrondissement qu'en 1925 et 1929, il a paru indiqué de ne pas le dissocier des villages d'Auteuil et de Passy avec lesquels il eut tant de relations et de le mentionner à la suite de ceux-ci.

HISTORIQUE

Le Bois de Boulogne est un vestige d'une vaste forêt de taillis épais et de chênes touffus — la forêt de Rouvray — qui recouvrait, il y a plus de vingt siècles, toute la région située à l'ouest et au nord de Paris; les bois de Chaville, de Meudon, la forêt de Saint-Germain-en-Laye, celle de Montmorency, en constituent d'autres vestiges. Au temps des Gaulois, les derniers confins de cette forêt s'étendaient dans le Paris actuel jusque vers le faubourg du Roule où on chassait l'ours, le cerf, les loups et les sangliers. Les Romains l'appelaient *Roburitum*, d'où découlèrent les noms de *Roveritum*, *Rouveret* et *Rouvray*.
Le premier texte qui mentionne cette forêt est une charte signée par Chilpéric II à Compiègne, en 717, par laquelle il donnait à l'abbaye de Saint-Denis « la forêt de Rouvray située dans le Parisis, au bord de la Seine ». Cette abbaye vendit, en 1109, à celle de Sainte-Geneviève la partie occidentale de la forêt et, en 1212, à Philippe-Auguste la partie qui restait; le roi annexa celle-ci à la Couronne.
Au XIe siècle, quelques bûcherons se groupèrent dans la boucle de la Seine située au sud de cette forêt où ils formèrent une toute petite agglomération qu'on appela *les Mesnuls, les Menus-lèz-Saint-Cloud, les Menus*, mentionnée pour la première fois dans des actes officiels de 1114; les dames de Montmartre en furent propriétaires de 1134 à 1549. En souvenir d'un pèlerinage qu'il venait de faire, en 1308, à Notre-Dame de Boulogne-sur-Mer, Philippe le Bel décida de faire construire, sous ce vocable, une chapelle dans une clairière de la forêt de Rouvray, proche de ce hameau des *Menus*. Ce fut la chapelle de Notre-Dame de Boulogne-sur-Seine. Peu à peu le nom de Boulogne remplaça celui de Menus et la partie de la forêt de Rouvray qui en était voisine s'appela le Bois de Bou-

logne, appellation que Louis XI rendit officielle par un édit de 1469. En 1474, Louis XI confia à Olivier le Daim la garde des garennes du Bois; plus tard il érigea celui-ci en une seigneurie au profit de son médecin Jacques Coictier.

Ce bois fut pendant longtemps un repaire pour les détrousseurs de grands chemins et pour les hommes de guerre. C'est ainsi que la suite de Du Guesclin y fut pillée un jour que le connétable, revenant de Bretagne, traversait cette partie de la forêt de Rouvray, que des Anglais s'y embusquèrent en 1358, et des Bourguignons en 1416 pour tuer des Français.

Lorsque François Ier fit bâtir, en 1528, le château de Madrid, il prescrivit de faire des plantations dans le Bois et de le peupler de cerfs et de chevreuils. En 1556, Henri II le fit entourer d'une muraille, ce qui réduisit de quelque peu sa superficie, mais permit de le débarrasser de ses bandits.

Henri III pensa y tracer 6 allées, bordées d'ifs et de cyprès, convergeant vers un mausolée destiné à recevoir son cœur, ces allées devant être ornées des tombeaux, avec statue, des chevaliers de l'ordre du Saint-Esprit qu'il venait de créer. Les événements politiques s'opposèrent à la réalisation de ce projet qui avait fait dire à Henri III : « Dans cent ans ce sera une promenade bien amusante; il y aura au moins 400 tombeaux. »

Ce fut sous le règne de Louis XIV que l'on publia, en 1679, les premiers règlements relatifs à la conservation du Bois. Terrain de chasse, le Bois eut les faveurs de Louis XIV et de Louis XV; il resta interdit au public et ses 8 portes fermées jusqu'à ce que Louis XVI les fît ouvrir lors de son avènement. Dès lors, chacun put venir s'y promener librement, ce qui motiva, de l'Assemblée Nationale de nouvelles mesures de conservation.

Le Bois souffrit de la période révolutionnaire, il servit de refuge à des personnes traquées, comme, en 1794, à l'internonce du pape, Mgr de Salomon, aux suspects, aux réfractaires; des vagabonds, des maraudeurs, des braconniers en firent leur repaire. Napoléon Ier avait prescrit son embellissement afin d'en faire une promenade agréable, mais vinrent les invasions de 1814 et de 1815; 40.000 Anglais et Russes y campèrent et le ravagèrent à un point tel que la Restauration dut entreprendre son reboisement et refaire ses routes.

La construction des fortifications de Thiers, à partir de 1840, restreignit son étendue vers l'est. Une loi de 1848 raya le Bois de la liste civile du souverain et le rattacha au domaine de l'Etat; celui-ci le céda, en 1852, à la Ville de Paris sous condition qu'elle y effectuât des travaux d'embellissements afin de faire de ce lieu inculte une promenade magnifique.

Napoléon III rêva d'opposer aux parcs de Londres un Bois de Boulogne disposé en un superbe parc à l'anglaise avec une rivière devant laquelle la Serpentine, d'Hyde-Park, ferait figure de ruisselet. Il

confia ce travail à Hittorf et, surtout, à l'architecte paysagiste Varé.
Haussmann, ayant été nommé, en 1853, préfet de la Seine, remplaça Varé par Alphand, un ingénieur des Ponts et Chaussées, qu'il avait apprécié lorsqu'il était préfet de la Gironde. Alphand substitua à la rivière projetée par Napoléon III, deux lacs avec îles, séparés par une digue de six mètres sur laquelle passa une chaussée et sous laquelle l'eau s'écoulait en cascade d'un lac à l'autre. Il créa une autre cascade, la grande cascade, de 10 mètres de large sur 14 mètres de haut, déversant, en des chutes distinctes, le trop-plein du réservoir de Longchamp. Pour alimenter ces lacs, Alphand fora, en 1861, le puits artésien de Passy (cf. square Lamartine).
Il traça dans le Bois 95 kilomètres de routes sinueuses, ne conservant seulement des anciennes allées droites à la française que deux routes de jadis : l'allée de la Reine-Marguerite et l'allée des Acacias (actuellement de Longchamp). Un horticulteur, Barillet-Deschamps, planta des corbeilles et massifs de verdure et 200.000 arbres que devaient dès lors entretenir les pépinières du Bois créées par lui à cet effet. L'architecte Davioud garnit le nouveau Bois de chalets, de pavillons, de kiosques, de restaurants divers et il créa, au nord, le Jardin d'Acclimatation qui fut inauguré en 1860.
Jusqu'alors le Bois avait été ceinturé d'une muraille qui, à l'ouest, allait de Bagatelle à l'antique cimetière de Boulogne. Au delà, s'étendait jusqu'au bord de la Seine la plaine maraîchère de Longchamp.
Haussmann abattit de tous côtés cette muraille et il expropria, en 1857 et 1864, les terres de Longchamp et de Bagatelle qu'il annexa au Bois.
Dès lors celui-ci s'étendit, de l'est à l'ouest, depuis les fortifications de Paris jusqu'à la Seine et il longea celle-ci depuis la passerelle de l'Avre jusqu'au pont de Saint-Cloud. Haussmann le parsema de mares, de pièces d'eau, de grottes, il l'orna d'une butte artificielle et, sur le terrain récemment annexé, il établit, au sud, l'hippodrome de Longchamp, après avoir comblé un bras de la Seine qui le coupait et, au nord, le champ d'Entraînement que le parc de Bagatelle relia au Bois. L'hippodrome de Longchamp fut inauguré en 1857 (celui d'Auteuil ne date que de 1873).

La porte Maillot : Lors de sa démolition, le mur d'enceinte du Bois de Boulogne était percé de onze ouvertures fermées par une grille, dont la principale fut, en tous temps, la porte Maillot. Il importe de ne pas la confondre avec la *barrière de Neuilly ;* la porte Maillot était une porte du Bois et non une porte de Paris, elle a toujours été parallèle à l'avenue de Neuilly.
La porte Maillot s'appelait, en fait, la porte *Mahiaulx* ou *Mahiau,* nom peut-être dû à la présence d'un jeu de mail. En 1668, ce nom était orthographié *Mahiot.* Le char funèbre qui transporta, en 1715, de Versailles à Saint-Denis la dépouille mortelle de Louis XIV a

franchi cette porte que franchit aussi, en 1774, le cortège funèbre de Louis XV.

La croix et le pré Catelan : D'après une légende, l'origine de la croix Catelan serait la suivante : en 1306, Philippe le Bel aurait fait venir à sa Cour un gentil troubadour, Arnould de Catelan (ou Catalan), réputé pour le charme avec lequel il distrayait, à Aix, Béatrix de Savoie, épouse de Raymond Béranger, comte de Provence. Comme il lui fallait traverser la forêt de Rouvray, qui était loin d'être sûre, Philippe le Bel envoya au-devant de lui une escorte pour le protéger. Le capitaine de celle-ci, ayant supposé que Catelan apportait au roi de riches présents, le tua pour s'emparer de ces cadeaux, meurtre dont Philippe le Bel tira une vengeance éclatante. Il ordonna d'ériger sur le lieu de ce meurtre une croix destinée à perpétuer la mémoire du jeune poète.
En fait, cette croix (actuellement une pyramide de pierre érigée au XVIIIe siècle) doit son nom à Théophile Catelan (ou Catalan) qui fut capitaine des chasses du Bois de Boulogne à la fin du règne de Louis XIV. Elle avait été jusqu'alors une de ces croix qu'il était de tradition d'élever à certains carrefours. Sans nom, on lui donna plus tard celui de Catelan, appellation qui fut étendue à un pré voisin.
Ce pré, alors de quatre hectares, fut concédé, en 1855, à Nestor Roqueplan qui y groupa, au milieu de pelouses et de massifs de fleurs, un café, un restaurant, une laiterie, un aquarium, et des petites salles de théâtre, marionnettes ou autres. Cet établissement public contribua à la fin du Ranelagh dont il constituait une sorte de reproduction.

Les duels du Bois de Boulogne : Le Bois de Boulogne a été le lieu d'un grand nombre de duels dont certains sont restés célèbres. Citons parmi ceux-ci la rencontre au pistolet qu'y eurent sous la Régence deux dames de la Cour, la marquise de Nesle et la comtesse de Polignac, l'une et l'autre amoureuses de Fronsac, le brillant duc de Richelieu. La comtesse blessa la marquise dont elle aurait voulu aussi « manger le cœur ». De même s'y déroula la rencontre à l'épée, au début du règne de Louis XV, de deux élégantes personnes, une Parisienne et une Polonaise, l'une et l'autre amoureuses d'un chanteur de l'Opéra. La Française fut blessée, et la Polonaise expulsée. Il vit la rencontre au pistolet de Mme Théodore et de Mlle Beaumesnil, respectivement danseuse et cantatrice à l'Opéra (Mlle Guimard était l'un des témoins); ce duel fut arrêté sur le terrain par le chef d'orchestre de l'Opéra qui se jeta entre les deux combattantes. Citons encore le duel du comte d'Artois (le futur Charles X) et du duc de Bourbon (le dernier des Condé), duel arrêté à la dernière seconde par ordre du roi, celui du même duc de Bourbon et du vicomte d'Agoult, et, en 1785, celui des comédiens Desessarts et Dugazon qui se termina joyeusement. Mirabeau

L'avenue de l'Impératrice (*vers 1855*)

et de Latour-Maubourg vinrent s'y battre dans le courant de l'année 1790; Benjamin Constant et Forbin des Essarts, tous deux assis dans un fauteuil, sous la Restauration; et plus tard, le général Bugeaud en 1834 et Amédée Achard en 1848.

La première course de chevaux : La première course de chevaux connue a eu lieu le 15 mai 1651 dans le Bois de Boulogne, soit un siècle avant les premières courses organisées dans la plaine des Sablons. L'enjeu était de mille écus. Elle fut courue par le prince d'Harcourt et par Le Plessis du Vernet, maître d'académie de manège, tenant du duc de Joyeuse. Le prince d'Harcourt « avait trois livres de plomb dans sa poche pour peser autant que Le Plessis du Vernet ». La relation ajoute : « force gens de la Cour y assistaient ».

L'abbaye de Longchamp Le terrain situé, à l'ouest du Bois, entre la route de Sèvres à Neuilly et la Seine a été pendant longtemps une plaine longue et étroite provenant d'un défrichement de la forêt de Rouvray; on l'appelait *longus campus*, nom d'où découla celui de Long-champ. Isabelle de France, sœur de saint Louis, y fonda, en 1255, un monastère de femmes, dit des *Sœurs mineures encloses de l'Humilité Notre-Dame*, où elle installa des nonnes de l'Ordre de Sainte-Claire; elle s'y retira en 1263 et y mourut, en 1269, sur un lit de paille, ainsi que l'avait fait sa mère, Blanche de Castille.
Philippe V le Long y mourut en 1322; sa fille, Blanche, qui avait pris le voile en 1317, y mourut en 1358; Marguerite de Brabant et Jeanne de Navarre y prirent aussi le voile. Henri IV y prit une maîtresse en la personne de la supérieure, Catherine de Verdun, jeune religieuse de 22 ans, à laquelle il donna ensuite le prieuré de Saint-Louis de Vernon. A cette époque les mœurs de ce monastère étaient assez déréglées ainsi que saint Vincent de Paul le fit connaître, par sa lettre d'octobre 1652, au cardinal Mazarin : « Il est certain, que, depuis deux cents ans, ce monastère a marché vers la ruine totale de la discipline et la dépravation des mœurs, ses parloirs sont ouverts aux premiers venus, même aux jeunes gens sans parents; les religieuses portent des vêtements immodestes... »
L'abbaye de Longchamp devint, au début du règne de Louis XV, un but de promenade qui atteignit son apogée lorsque, en 1727, une cantatrice réputée de l'Opéra, Mlle Le Maure, s'y retira. Pendant les trois ans qu'elle y resta, le timbre et la puissance de sa voix, la perfection de sa diction, son accent pathétique attirèrent une foule si nombreuse qu'on ne pouvait fermer les portes de l'église. Tout Paris accourait pour entendre les religieuses chanter *Ténèbres* pendant la Semaine Sainte; on se rendait à l'abbaye « faire Ténèbres », ce qui n'était pas sans causer des désordres de tous genres; on y parlait,

on y riait, « une quêteuse s'y fit voir dans une parure peu faite pour exciter la dévotion ».

Le défilé de Longchamp : Aussi Mgr Christophe de Beaumont, archevêque de Paris, ferma-t-il l'abbaye. Mais l'habitude était prise; le pèlerinage annuel n'en continua pas moins chaque semaine sainte, le mercredi, jeudi et vendredi, mais il se transforma en une joyeuse promenade, en une cavalcade qui faisait le tour du couvent puisqu'on ne pouvait plus y entrer. L'héroïne de ces défilés fut, en 1742, Mlle Le Duc qui se montra toute couverte de diamants, dans un carrosse à six chevaux pas plus grands que les ânes qu'elle conduisait elle-même. En 1768, Mlle Guimard parut dans un char orné de ses armes parlantes : un gui de chêne s'élevant d'un marc d'or, et, en 1774, Mlle Duthé, assise dans un char doré traîné par six chevaux fringants. L'archevêque de Paris demanda, en 1776, que les portes du Bois de Boulogne soient fermées pendant la semaine sainte, mais il ne l'obtint pas. En 1780, la duchesse de Valentinois, fille de la duchesse de Mazarin, s'y fit remarquer par son carrosse de porcelaine tiré par quatre chevaux gris pommelé avec harnais de soie rouge. Elle fut cependant éclipsée par Mlle Beaupré, simple figurante de l'Opéra, avec un carrosse également en porcelaine, traîné par quatre chevaux isabelle harnachés de velours bleu foncé rehaussé par une broderie d'or, décoré de peintures représentant Diane et Endymion. Alors la file des voitures s'étirait, entre deux haies de soldats, sans interruption de la place *Louis XV* (de la Concorde) jusqu'à la porte Maillot.
Le monastère fut fermé à la Révolution et ses religieuses, expulsées en 1792. Mis en vente comme bien national, le couvent ne trouva pas d'acquéreur. Il fut démoli en 1795 et il n'en reste qu'une tour et le pignon d'une grange; le moulin actuel n'est qu'une reconstruction moderne de celui de 1312.
Cette démolition n'arrêta pas la promenade de Longchamp. Elle reprit en 1797; ce fut celle des *merveilleuses*, des *muscadins*, des *incroyables* où s'étalèrent en costumes grecs et en déshabillés hardis Mlle Lange, du théâtre Feydeau, Mmes Tallien, Hamelin, Hainguerlot, où caracola Franconi précédé des musiciens de son cirque réunis dans une gondole. Sous l'Empire, le défilé fut encore très brillant, il commençait à onze heures et ne se terminait qu'à la nuit. Mme Récamier y remporta un véritable triomphe :

A Longchamp je vais en berline ;
De toutes parts on m'examine,
Et je tâche d'avancer pour
Examiner tout à mon tour.
Hélas ! ma peine est inutile ;
Il faut au pas suivre la file ;
Je me trouve, par ce moyen,
Fort bien vu... mais je ne vois rien.

Mon Dieu ! que de riches parures !
Mon Dieu ! que de belles voitures !
Combien de messieurs élégants !
Et combien de chevaux fringants !
Que de fiacres, que de dentelles,
De bijoux et de demoiselles !
Que d'or, quel éclat, que d'appas
De ma place je ne vois pas.

(Armand Bouffé, *Le Longchamp de* 1802).

Le défilé continua sous la Restauration. Son déclin vint vers le milieu du règne de Louis-Philippe et il disparut en 1847. Alors « ce fut la mode de ne plus y aller » a écrit cette année-là Mme de Girardin.

L'ancien cimetière de Boulogne : On trouve dans le Bois, à 600 mètres environ au nord de la porte de Boulogne, l'ancien cimetière de cette localité qui a été fermé en 1859. Il renfermerait, en particulier, la tombe de Mlle Guimard, la « belle damnée », décédée en 1816, à l'âge de 73 ans.

Le château de Madrid : A son retour de captivité en Espagne, François Ier se fit construire, en 1528, un château en lisière du Bois, face à la porte de Madrid actuelle. Pierre Gadyez fut son architecte et della Robbia son décorateur. Ce *château de Boulogne*, appelé quelquefois le *château de Faïence* en raison de sa décoration extérieure, fut surnommé par raillerie le « château de Madrid » par des courtisans mécontents de ne pas plus pouvoir y rencontrer le roi qu'au temps où il était prisonnier dans la capitale de l'Espagne.
Ce château de forme rectangulaire (46 mètres sur 16), à 4 étages et un comble, avait sa façade principale sur le Bois, il possédait, dit-on, « autant de fenêtres qu'il y avait de jours dans l'année ». Son revêtement extérieur était orné de faïences polychromes que décoraient des médaillons de della Robbia en terre cuite recouverte d'émaux colorés. François Ier l'utilisa autant comme lieu de rendez-vous de chasse que comme lieu de repos, de plaisir et de rendez-vous galants; sa maîtresse Anne de Pisseleu, future duchesse d'Etampes, fut une des premières à y résider; le roi y logea aussi des écrivains et des artistes.
Henri II y logea sa maîtresse Diane de Poitiers; et Charles IX, sa vertueuse maîtresse Marie Touchet; il y composa un poème et y signa, en 1573, l'édit qui mit fin à la guerre contre les huguenots. Henri III y vint avec ses mignons. Il mourut en 1589 et le château devint la propriété de sa sœur, la reine Margot. Pendant l'exil de celle-ci, son mari, Henri IV, y reçut ses maîtresses, l'abbesse de Longchamp, Catherine de Verdun, mentionnée précédemment, l'abbesse de Montmartre, Claude de Beauvilliers, puis Gabrielle d'Estrées. Il restitua le château à sa femme lorsqu'elle revint, en 1605, de son séjour forcé à Usson, l'aimable reine l'utilisa autant que sa résidence parisienne de la rue de Seine.

Le moulin de Longchamp (*vers 1820*)

L'abbaye de Longchamp (*grav. 17e s.*)

A sa mort, le château devint la propriété de la Couronne, Louis XIII vint y chasser et l'habita quelque temps en 1636; Anne d'Autriche y incarcéra le conseiller Broussel le premier jour de la Fronde, en août 1648.
Louis XIV se désintéressa de ce château; il y maintint seulement une meute pour ses chasses dans le Bois de Boulogne et l'abandonna à des locataires. En 1667, Colbert établit dans ses communs une manufacture de bas de soie; ce fut la première qu'il y eut en France, elle resta très prospère jusqu'à sa fermeture en 1697.
Louis XVI, tout comme il avait fait pour le château de la Muette, donna, par mesure d'économie, l'ordre, en 1788, de vendre le château de Madrid qui commençait d'ailleurs à tomber en ruines, mais cela, non plus, n'eut pas le temps d'être réalisé.
Mis en vente à la Révolution comme bien national, le château de Madrid fut acheté, en 1793, par un nommé Jean Le Roy qui vendit les boiseries, les objets d'art, les marbres, les tapisseries, voire les tuyaux de plomb; un paveur acheta les émaux de della Robbia afin d'en faire du ciment. Le château, après avoir résisté aux tentatives de démolition qu'avait faites le sieur Le Roy, fut revendu avec le *Petit-Madrid* (cf. ci-après) en plusieurs lots; l'un (ancienne orangerie) devint un restaurant réputé; le second lot (anciennes écuries) devint une maison de santé, puis un haras; le troisième fut transformé en habitations.

Le Petit-Madrid : Les communs du château de Madrid, orangeries, écuries, logements des portiers, soit une trentaine de petites constructions, formaient un ensemble que les gouverneurs louaient. Mlle Le Petit de Verno de la Chausseraye, la « Sibylle du Bois », y fut installée par Louis XIV en 1707.
Louis XV en donna, en 1735, la jouissance à vie à Mlle de Charolais, sixième enfant du duc Louis de Bourbon et de Mlle de Nantes, fille légitimée de Louis XIV et de Mme de Montespan; ce fut alors que cette demeure prit le nom de *Petit-Madrid*. Mlle de Charolais allait la rendre célèbre par ses fêtes, ses turpitudes et sa vie galante. Avec sa sœur, Mlle de Clermont, elle y reçut ses amants : le comte de Coigny, le maréchal-duc de Richelieu, le duc de Melun; elle y accoucha plusieurs fois et s'y fit peindre en moine cordelier, tableau qui motiva cet impromptu de Voltaire :

Frère Ange de Charolais
Dis-nous par quelle aventure
Le cordon de Saint-François
Sert à Vénus de ceinture.

Enfin, quand l'âge vint, Mlle de Charolais, assagie, se fit la procureuse de Louis XV à qui elle ouvrit les portes de l'abri discret du *Petit-Madrid*.
Le *Petit-Madrid* fut occupé après le départ de Mlle de Charolais, en 1753, par le prince de Conti, et, en

1782, par Mme de Maurepas. Il appartenait, en 1852, au marquis d'Hertford et à Mme Cavé lorsque le percement du boulevard Richard-Wallace le coupa en deux.

Le château de Bagatelle : En 1720, le maréchal d'Estrées, marquis de Cœuvres, fit édifier à l'extrémité du parc qui s'étendait devant le château de Madrid, en lisière du Bois de Boulogne et vis-à-vis de la Seine, une « petite maison » qu'il céda à sa femme. On l'appela *Babiole* ou encore *Bagatelle,* quoique en fait elle ait coûté plus de 100.000 livres au maréchal qui les avait gagnées d'ailleurs facilement dans l'agiotage de Law et dans d'heureuses spéculations sur le café et sur le chocolat.
La maréchale était loin d'être vertueuse. Fort liée avec Mlle de Charolais, elle eut à cette époque une longue suite d'amants, toutes liaisons dont se soucia guère le maréchal, âgé de 61 ans qui, avec elle, donna, à Bagatelle, en 1721, un retentissant souper en l'honneur du Régent et de sa nouvelle maîtresse, Mme d'Averne.
Le maréchal mourut en 1737. Louis XV eut souvent sujet de se rendre à Bagatelle au cours des années 1737 à 1742, car il y bénéficiait des agréables rencontres avec les demoiselles de Nesle que lui ménageait la maréchale d'Estrées, secondée par Mlle de Charolais, toutes deux fort douées pour l'emploi de procureuse. D'Argenson écrivait en 1739 : « On dîne à Madrid chez Mademoiselle; on soupe à la Muette; dans l'après-midi, à Bagatelle, chez la maréchale d'Estrées, on passe joyeusement le temps, on y fait l'amour, si vous voulez; tout est très bien réglé. »
Après la mort de la maréchale survenue en 1745, Bagatelle fut habitée par la marquise de Mauconseil, épouse d'un colonel qu'elle fit envoyer par Louis XV dans l'Est comme gouverneur de Colmar et de Huningue. Débarrassée de lui, elle marcha sur les traces de la maréchale d'Estrées, continua à faire de Bagatelle un pavillon galant où Louis XV rencontra, en 1748, la princesse de Robecq. Les fêtes cessèrent en 1760, la marquise étant ruinée. Elle mourut en 1770.
En 1775, le comte d'Artois, frère cadet de Louis XVI, alors âgé de 18 ans, devint propriétaire de Bagatelle. Il fit raser cette « petite maison » et la fit reconstruire par Bellanger après avoir parié 100.000 livres avec Marie-Antoinette que Bagatelle serait rebâti en 64 jours, la durée d'un séjour que la reine faisait à Choisy. Bellanger reconstruisit Bagatelle dans le délai fixé avec « ses dépendances, ses jardins, ses grottes, ses eaux et ses plantations de fleurs », mais il y dépensa 1.200.000 livres au lieu des 600.000 prévues. 900 ouvriers travaillèrent jour et nuit, des patrouilles de gardes-suisses s'en allèrent saisir sur les grands chemins voisins toutes les voitures qu'elles rencontraient chargées de matériaux de construction,

pierres de taille, chaux et plâtre. Les constructions du nouveau Bagatelle comprenaient le petit château, composé d'un rez-de-chaussée, d'un étage et d'un attique, et le bâtiment des pages, situé en face, sous lequel on passait par une voûte pour entrer dans la cour d'honneur. Le comte d'Artois meubla Bagatelle somptueusement, bronzes de Gouthière, panneaux d'Hubert Robert, boiseries de l'Huillier; il fit de ses jardins et de son parc un magnifique décor.

Ce fut *la Folie d'Artois* décorée de glaces qui connurent bien des scènes de débauche. *Parva sed apta*, disait l'inscription gravée à son fronton. Le général Thiébault a conté dans ses *Mémoires*, au sujet d'un boudoir revêtu de miroirs et de panneaux peints : « J'amenais souvent des dames à Bagatelle (le comte d'Artois autorisait très facilement cette visite) et je m'amusais parfois de l'embarras que leur causait un boudoir dans lequel, au milieu de peintures très peu orthodoxes, le plancher, les murs et le plafond étaient tout en glaces et où il ne leur restait d'autre parti à prendre qu'à se dépêcher de faire de leurs robes des espèces de pantalons. »

Le comte d'Artois avait doté Bagatelle de magnifiques jardins faisant 5 hectares auxquels il ajouta 10 autres hectares prélevés sur le Bois. Le tout fut aménagé en un ensemble fort pittoresque du genre anglo-chinois.

La Folie d'Artois fut inaugurée par une fête brillante au cours de laquelle fut joué *Rose et Colas* avec, comme interprètes, la reine, le comte d'Artois et Mme de Polignac.

Après la Révolution Bagatelle eut parmi ses propriétaires l'ex-garçon perruquier Lieuthraud, devenu comte de Beauregard; il avait pris pour maîtresse Mlle Lange et acheté les somptueux équipages du prince de Croy. Mais, trouvant Bagatelle indigne de lui, il s'en défit et le remplaça par l'Hôtel de Salm.

En 1806, Napoléon fit acheter Bagatelle; il y vint déjeuner quelquefois et le roi de Rome y fut souvent conduit; c'est là que Joséphine vint le voir.

Le comte d'Artois retrouva sous la Restauration, sa « petite maison » de Bagatelle. Assagi et dévot, il fit badigeonner les peintures galantes qu'il y avait fait jadis mettre, puis il le donna à son fils, le duc de Berry. Après l'assassinat de celui-ci, Bagatelle passa à son fils, le duc de Bordeaux, qui en disposa jusqu'en 1830. Distrait des biens de la Couronne, le domaine de Bagatelle fut vendu, en 1835, à lord Yarmouth. Ce dernier perdit son père en 1842, ce qui fit de lui le quatrième marquis d'Hertford. Le marquis d'Hertford agrandit le parc et mit à profit les travaux qu'exécutait Alphand dans le Bois de Boulogne pour adapter son domaine au décor du nouveau Bois.

Le marquis d'Hertford mourut à Bagatelle en 1870. Il avait légué Bagatelle à son ami, et peut-être fils naturel, sir Richard Wallace qui mourut en 1890,

également à Bagatelle. Sa veuve le légua à son secrétaire, sir Henri Murray Scott, à qui la Ville de Paris l'acheta en 1904 pour y tenir des expositions temporaires d'œuvrès d'art et pour aménager ses 24 hectares de jardin comme terrain de collections horticoles, d'arbres, d'arbustes et de végétaux d'ornement.
Le site de ce jardin est classé, de même que le château, l'orangerie et les petits bâtiments à usage de communs.

10 LE VILLAGE DE NEUILLY.

Résumé de l'historique de Neuilly : la plaine des Sablons, la route de la Révolte, la chapelle Saint-Ferdinand-des-Ternes, la Faisanderie, la place de l'Étoile, l'Arc de Triomphe, le château des Ternes, l'agglomération des Ternes / *Historique de quelques rues de Neuilly annexées à Paris.*

La partie de la commune de Neuilly qui fut annexée à Paris en 1860 était limitée : à l'est, par le mur des Fermiers Généraux depuis la *barrière de Courcelles* jusqu'à la *barrière de l'Etoile ;* au sud, par l'avenue de la Grande-Armée, la rue Pergolèse, la rue Spontini et par la rue de Longchamp jusqu'à l'enceinte fortifiée; à l'ouest, par l'enceinte fortifiée depuis la rue de Longchamp jusqu'à la rue de Courcelles; et enfin, au nord-est par cette dernière rue jusqu'à la *barrière de Courcelles.*

Résumé de l'historique de Neuilly ; Neuilly doit son origine à quelques maisons groupées autour de celle du passeur qui manœuvrait le bac établi par l'abbé Suger en 1140, permettant aux voyageurs de franchir la Seine lorsqu'ils se rendaient de Paris en Normandie. Ils suivaient alors la rue et le faubourg Saint-Honoré, la chaussée du Roule (avenue des Ternes), et gagnaient Saint-Germain-en-Laye après avoir franchi la Seine au petit port de Neuilly, appelé successivement *Luniacum, Lulliacum* ou *Nuilliacum,* d'où *Lully* et *Nully.* Le *Port-Nully* ne comptait que douze maisons vers 1415; il garda ce nom jusqu'au XVIIIe siècle. Un pont de pierre fut substitué en 1768 au pont de bois, construit en 1620 en remplacement de l'antique bac, cause de la noyade, en 1606, d'Henri IV et de Marie de Médicis.

Neuilly commença à être en vogue lorsque Marc-Pierre Voyer d'Argenson s'y fit construire un château. Propriété, en 1818, du futur roi Louis-Philippe, ce château fut détruit lors de la révolution de février 1848. Son parc fut alors vendu, de nombreuses constructions s'y élevèrent; aussi Neuilly comptait-il près de 16.000 habitants lorsque la partie de son territoire comprenant la moitié de l'agglomération de Sablonville et la totalité de celle des Ternes fut annexée à Paris en 1860.

La plaine des Sablons ; Sablonville, dont une partie seulement fut annexée à Paris, s'élevait au nord du Bois de Boulogne dans la *plaine des Sablons,* laquelle s'étendait entre nos avenues de Neuilly, du Roule et le boulevard Gouvion-Saint-Cyr. C'est aux Sablons qu'à partir de 1750 Louis XV passa tous les ans, dans les premiers jours de mai, la revue des gardes-françaises et des gardes-suisses constituant la garnison de Paris. La plaine des Sablons fut aussi utilisée à partir du 27 février 1776 pour les premières courses de chevaux où Marie-Antoinette assista souvent d'un belvédère à 28 glaces spécialement édifié pour elle.

C'est dans cette plaine des Sablons que Parmentier expérimenta, en 1787, la culture de la pomme de terre. Louis XVI y vint visiter ses plants, mit à sa boutonnière une fleur de ce tubercule et ordonna qu'on lui en servit tous les jours un plat. Les courtisans l'imitèrent, et bientôt tout le monde fit de même.

Un peu plus tard la Convention créa dans la plaine des Sablons (1er juin 1794) un camp militaire où les élèves de « l'Ecole de Mars », âgés de 16 à 17 ans, devaient recevoir « avec une éducation révolutionnaire, les connaissances et les mœurs d'un soldat républicain ». Le camp fut levé le 24 octobre de la même année et ses 3.500 élèves renvoyés dans leurs foyers.

Un parc d'artillerie prit la place de « l'Ecole de Mars » jusqu'en 1796, date à laquelle la plaine des Sablons fut vendue comme bien national provenant de l'abbaye de Saint-Denis; ce fut le « parc des Sablons » où un industriel installa sous le Directoire un *Waux-Hall*, jardin public avec attractions, précurseur de Luna-Park. Cet endroit fut loti en 1825, puis bâti; il s'y créa alors le petit village de Sablonville.

La route de la Révolte : Le 16 mai 1750, un exempt de police de Paris conduisit au poste un enfant de la rue des Nonnains-d'Hyères coupable de quelques peccadilles. La mère, éplorée, ameuta le quartier; on fit courir le bruit que Louis XV faisait enlever les enfants de 5 à 6 ans afin qu'ils soient sacrifiés et que leur sang soit utilisé à composer des bains dans lesquels le roi et ses courtisans retrouveraient leurs forces épuisées par la débauche. L'émeute prit de la consistance à un tel point que 2.000 personnes se portèrent sur la route de Versailles pour attendre le retour du lieutenant de police Nicolas Berryer qui était allé prendre des ordres auprès du roi.

Louis XV décida de priver désormais les Parisiens de sa présence et il fit construire, pour se rendre de Versailles à Saint-Denis et à Compiègne, une route qui contourna la capitale. Cette route fut appelée, en souvenir de son origine, la *route de la Révolte* (boulevards Pershing, Gouvion-Saint-Cyr, de Reims, du Fort-de-Vaux, du Fort-de-Douaumont, etc.).

La chapelle Saint-Ferdinand : Le 13 juillet 1842, à 11 heures, le duc Ferdinand d'Orléans, fils aîné du roi Louis-Philippe, quittait les Tuileries pour aller inspecter des régiments à Saint-Omer. Il voulut

La revue de la Maison du Roy dans la plaine des Sablons (*grav. 1750*)

passer d'abord par le château de Neuilly faire ses adieux à sa famille. Il était seul dans sa calèche, voiture à quatre roues attelée de deux chevaux. Arrivé à l'extrémité de la *route des Ternes* (place de la Porte-des-Ternes), le duc d'Orléans ordonna au postillon de prendre la rue *de la barrière du Roule* (de Sablon-ville) au lieu de la *route de la Révolte* (boulevard Pershing), ainsi qu'il en avait l'habitude. Les chevaux se cabrèrent, puis s'emballèrent; le duc sauta sur la route, mais tomba si violemment qu'il se fractura le crâne. Transporté dans l'arrière-boutique d'un épicier, l'héritier du trône expira en présence de toute la famille royale à quatre heures et demie; il était âgé de 32 ans. Son corps fut transféré dans les caveaux de Dreux, et une petite chapelle fut élevée, en 1842, à l'emplacement de la maison de l'épicier. Cette chapelle — la chapelle Saint-Ferdinand — située au nº 25 du boulevard Pershing, fut construite, par Lefranc et Fontaine, dans un style néo-byzantin rappelant par sa forme celle des anciens tombeaux. Le tabernacle de l'autel de la Vierge de cette chapelle est situé à l'endroit même où reposait la tête du duc lorsqu'il expira.
Appelée aussi chapelle Notre-Dame-de-la-Compassion, elle a conservé le cénotaphe du prince exécuté, par Triquetti, d'après les dessins d'Ary Scheffer. Le prince, de grandeur naturelle, revêtu de l'uniforme d'officier général, est étendu sur un matelas comme il l'était au moment de sa mort; au-dessus de sa tête prie un ange à genoux, œuvre de la princesse Marie d'Orléans. La statue et l'ange sont de marbre blanc. A remarquer : les bas-reliefs du sarcophage, les vitraux exécutés à Sèvres d'après des cartons d'Ingres, la *Descente de la Croix,* par Triquetti, le prie-dieu brodé par la reine Amélie, la reine des Belges et la duchesse d'Orléans, et le tableau de Jacquand (1844) représentant l'agonie du prince.
Chapelle classée (c'est le seul monument classé de tout le XVIIe arrondissement).

La Faisanderie : La partie de la commune de Neuilly comprise dans le rectangle limité par la rue Pergolèse, la rue Spontini jusqu'à la rue de Longchamp, par cette dernière rue, par l'enceinte fortifiée jusqu'à la place de Verdun et par l'avenue de la Grande-Armée, correspond sensiblement à la faisanderie du château de la Muette; cette propriété était aussi appelée le *Petit-Parc.* Vendue comme bien national en 1796, elle fut achetée : un quart par un M. de Béhague et trois quarts par le comte de Saint-Simon, fondateur du *Saint-Simonisme* et grand spéculateur sur les biens nationaux. Elle appartint ensuite à l'associé de Saint-Simon, Redern de Berndorff, qui, en 1818, vendit l'enclos de la faisanderie et ses dépendances à Casimir Périer, futur ministre de Louis-Philippe, alors banquier. La faisanderie fit ensuite partie des terrains que lotit, en 1825, la Société des terrains de la plaine de Passy; le percement, en 1854, de l'avenue de *l'Impératrice* (avenue Foch) finit de faire disparaître ce qui pouvait encore rester d'elle.

La Place de l'Étoile : La place de l'Étoile coiffe l'ancienne colline du Roule dont l'écrêtement, proposé par Ange Gabriel, inspecteur des Bâtiments du roi, fut commencé, en 1768, par Perronet, afin que « le chemin fût d'une égale pente depuis la *place Louis XV* jusqu'au pont de Neuilly ». Ces travaux de terrassement durèrent de 1772 à 1776 et eurent pour effet d'abaisser de plus de 5 mètres le sommet de la « butte de l'Étoile »; les terres enlevées servirent à remblayer les Champs-Élysées et à former les pentes de nos rues Balzac et Washington.
Cette butte portait déjà depuis 1730 le nom d' « étoile de Chaillot » à cause des quelques allées qui s'y croisaient. Le mur des Fermiers Généraux la contourna par l'est, et la barrière de l'octroi, située antérieurement dans l'avenue des Champs-Élysées à la hauteur de la rue de Chaillot y fut transférée, avec sa grille, en 1787. Ledoux édifia pour le service de l'octroi, à hauteur du débouché, sur l'avenue, de nos rues de Presbourg et de Tilsitt, deux lourds monuments ornés chacun de vingt colonnes cannelées qui restèrent là jusqu'en 1860, date à laquelle l'octroi fut transféré à la *porte de Neuilly* (place de Verdun).
Jusqu'en 1854, cinq voies seulement rayonnaient de cette place : deux qui constituaient la *route de Paris à Neuilly* (nos avenues des Champs-Élysées et de la Grande-Armée), deux autres qui étaient les *chemins de ronde* extérieurs au mur d'octroi des Fermiers Généraux (nos avenues Kléber et de Wagram), et, enfin, la cinquième, l'avenue de *l'Impératrice* (Foch) que Hittorf venait de terminer.
Comme suite à un décret, pris à Biarritz en août 1854, on ouvrit, en 1857, sept autres voies ; ce furent les avenues de Friedland, de *la Reine-Hortense* (Hoche), du *Roi-Jérôme* (Mac-Mahon), *d'Essling* (Carnot), d'*Eylau* (Victor-Hugo), d'Iéna et *Joséphine* (Marceau). Douze avenues rayonnèrent, dès lors, d'une façon rigoureusement géométrique de cette place de 240 mètres de diamètre, convergeant toutes vers l'Arc de Triomphe, monument qui est à l'origine du développement de tout le quartier. Une étroite rue circulaire (nos rues de Presbourg et de Tilsitt) entoura la place. Entre cette place et cette rue, Hittorf édifia douze hôtels d'architecture symétrique, aux façades uniformes, qu'il conçut trop basses (elles n'ont que 16 mètres de haut). « Ils se trouvèrent si mal en harmonie avec les vastes proportions de la place, a écrit Haussmann, que je dus faire planter en avant des massifs d'arbres pour les masquer. » Et il a ajouté : « Je considère cette belle ordonnance, que je suis fier d'avoir su trouver, comme une des œuvres les plus réussies de mon administration. »

L'Arc de Triomphe : L'idée de la mise en valeur de la place de l'Étoile par l'édification d'un monument grandiose remonte au temps de Louis XV. Mais ce n'est qu'après la victoire d'Austerlitz que ce projet se concrétisa. Napoléon ordonna, par décret de février 1806, qu'un arc de triomphe colossal serait élevé en l'honneur des victoires des armées françaises sur la place située à l'ouest de la *barrière de l'Étoile*. Le projet de Chalgrin fut retenu : celui d'un arc sans colonnes, avec piédroits décorés de figures et de trophées; la première pierre en fut posée le 15 août 1806. Deux ans furent nécessaires pour établir ses fondations car les couches calcaires du terrain n'offraient aucune garantie de solidité pour supporter une masse pareille. Il fallut établir, à 8 mètres de profondeur, un sol factice assez fort pour porter ce poids.

Comme on ne se faisait pas une idée exacte de ce que serait ce monument une fois qu'il serait terminé, on mit à profit l'entrée solennelle de Marie-Louise et de Napoléon à Paris, le 2 avril 1810, pour dresser en grandeur naturelle une maquette de l'Arc faite en charpente et en toile peinte; l'effet produit fut satisfaisant.

Chalgrin mourut en 1811, alors que l'Arc n'avait que 5 m 40 de haut. Louis XVIII prescrivit, en octobre 1823, la reprise des travaux, mais en spécifiant que les sculptures décoratives seraient consacrées aux succès de la guerre d'Espagne. Ces travaux, que dirigèrent successivement Goust, Huyot et Blouët, n'avancèrent guère et les Parisiens raillèrent longtemps « l'unique maçon de l'Arc de Triomphe »; de fait, la maçonnerie ne fut terminée qu'en 1831. Thiers fit, en août 1833, la répartition entre différents artistes des commandes des sculptures qui devaient être, comme il était prévu à l'origine, commémoratives des faits militaires de la Révolution et de l'Empire et non plus de ceux de la guerre d'Espagne. Étex, Rude, Cortot reçurent la commande des groupes allégoriques; la *Résistance* et la *Paix* par Étex, le *Départ de* 1792 (communément appelé la *Marseillaise)* par Rude, et le *Triomphe* par Cortot. Thiers confia à Feuchères, Chaponnière, Lemaire, Seurre aîné, celle des bas-reliefs; à Pradier, celle des *Renommées* des tympans des grands arcs. Pour éviter un trop grand contraste entre la nudité de certaines surfaces et la richesse de ces sculptures on décida, en 1836, de graver sur ces surfaces les noms des généraux et des batailles de l'Empire.

L'établissement de la liste des généraux ne se fit pas sans peine, elle fut pendant plus de 60 ans l'objet de maintes récriminations; ainsi fut omis le nom du père de Victor Hugo, ce que fit remarquer son fils dans son poème *À l'Arc de Triomphe,* qu'il dédia (1837) : « À Joseph, Sigisbert, comte Hugo, lieutenant général des armées du roi, né en 1774, volontaire en 1791, colonel en 1805, général de brigade en 1809, gouverneur de province en 1810, lieutenant-général en 1825, mort en 1828 — *Non inscrit sur l'Arc de Triomphe de l'Étoile* — Son fils respectueux, V. H. ». Les dernières récriminations furent émises — et satisfaites —

Feu d'artifice à l'Arc de Triomphe de l'Étoile

La place de l'Étoile

en 1893 et 1895. Cette liste contient actuellement 660 noms de généraux et 128 noms de batailles.
L'Arc fut inauguré le 29 juillet 1836 par Louis-Philippe. Toutefois, son couronnement n'était pas terminé : on ne savait quel motif placer au sommet. Des nombreux projets envisagés, aucun ne fut exécuté ; finalement, on n'a encore rien mis et l'Arc est resté inachevé.
Ce monument, élevé par l'Empire, maintenu par la Restauration, décoré par Louis-Philippe, conservé par les Républiques, est le plus considérable de ce genre puisqu'il a près de 50 mètres de haut sur 45 de large alors que l'Arc de Constantin, à Rome, n'a, environ, que 25 mètres sur 21. De vastes salles ont été ménagées à l'intérieur; elles contiennent un musée.
En 1810, Marie-Louise et Napoléon passèrent dessous; de même, le 2 décembre 1823, le duc d'Angoulême lorsqu'il rentra victorieux d'Espagne; le 4 juillet 1837, le duc Ferdinand d'Orléans, fils de Louis-Philippe, et la princesse Hélène de Mecklembourg qu'il venait d'épouser; le 15 décembre 1840, les cendres de Napoléon ramenées de Sainte-Hélène, et, le 3 août 1842, la dépouille du duc Ferdinand d'Orléans après son accident mortel *route de la Révolte*. Dès lors, un nouveau rite fut créé, les cercueils de Thiers (1877), de Gambetta (1882), de Victor Hugo (1885), de Lazare Carnot (1889), de Mac-Mahon (1893), de Sadi Carnot (1894), de Foch (1929), de Joffre (1931), y furent déposés quelques heures avant d'être acheminés vers leur sépulture. Le 14 juillet 1919 y vit l'inoubliable défilé de la Victoire.
Le Soldat Inconnu y a été inhumé le 28 janvier 1921; la « flamme » a jailli pour la première fois le 11 novembre 1923.

Le château des Ternes : L'évêque de Paris, propriétaire du fief d'où vinrent la *Couture-l'Évêque* et la *Ville-l'Évêque* avait aussi possédé au Moyen Age, au-delà du Roule, une ferme ou maison de campagne qui, étant extérieure à ce fief, était appelé *Villa Externa*. Un manuscrit de 1412 cite la *Villa Externa prope Rotulum* (la ferme externe proche du Roule); de ce mot *Externa* découlèrent Estern, puis *Ternes*.
Cette ferme devint, en 1548 la propriété de Pierre Habert, poète, prosateur, réputé par son savoir-vivre, plus tard secrétaire et valet de chambre d'Henri III. Il remplaça la maison de bois par un petit château flanqué de deux tours avec fossés et pont-levis.
Ce château appartint ensuite à son petit-fils, Isaac Habert, que Louis XIII confirma « seigneur et propriétaire d'une maison appelée les Ternes, sise entre les villages du Roule et du port Nully, à Villiers-la-Garenne », privilège que confirma Louis XIV, en 1664. Nommé évêque de Vabres, en Rouergue, Isaac Habert vendit, en 1665, son château avec sa ferme, ses cours, sa basse-cour et son jardin.

Ce château appartint, en 1715, à Mirey de Pomponne, trésorier-secrétaire de l'administration des Finances qui le fit rebâtir, il devint, dès lors, une élégante demeure du XVIIIe siècle. Après la mort de Mirey de Pomponne, survenue dans ce château en 1740, celui-ci eut plusieurs propriétaires, puis, finalement, appartint, en 1778, à l'architecte Nicolas Lenoir, dit le Romain, qui le mutila.
Il perça un chemin, devenu la rue Bayen, qui, passant au travers d'une baie du rez-de-chaussée, coupa la propriété en deux parties : la partie gauche (nº 17, rue Pierre-Demours) et la partie droite (nº 19, rue Pierre-Demours). Elles eurent dès lors, l'une et l'autre, une longue suite de propriétaires dont une maison de santé et le général Dupont.
L'ensemble est, depuis 1866, la propriété de la famille de Saint-Senoch, qui possédait déjà, depuis 1811, une ancienne dépendance du château (nº 23, rue Pierre-Demours).
La création du chemin de fer d'Auteuil (1854) et de nombreuses aliénations, dont la création, en 1908, de la rue Saint-Senoch ont entraîné la disparition du vaste et magnifique parc d'autrefois qui s'étendait jusqu'à la rue Jean-Baptiste-Dumas. Toutefois, la façade du château de 1715 subsiste sous la forme du pavillon formant passage voûté dans lequel passe la rue Bayen.

L'agglomération des Ternes : Un petit hameau se forma autour de la ferme puis du château des Ternes; il n'était pas très important puisqu'il ne comptait, en 1755, que 18 maisons. A la Révolution, ce hameau entra dans la composition de la commune de Neuilly; la rue de Courcelles, la *route de la Révolte*, l'avenue de la Grande-Armée et le mur des Fermiers Généraux le limitaient alors. Il passait pour être le lieu le plus sain des environs de Paris; les médecins y envoyaient leurs malades.
En 1844-1847 ses habitants eurent la satisfaction de voir remplacer le hangar qui leur servait de chapelle par une église que l'on édifia à l'angle des rues d'Armaillé et Saint-Ferdinand sur un terrain qu'acheta le marquis d'Armaillé; c'est l'église Saint-Ferdinand-des-Ternes, œuvre de Lequeux qui a été agrandie en 1877 et reconstruite au cours de ces dernières années.
L'agglomération des Ternes a été coupée en deux lorsque fut construit, en 1854, le chemin de fer de Paris à Auteuil devenu ensuite une des sections du chemin de fer de Ceinture. C'est alors que furent créés les boulevards Péreire (cf. ci-après) dont le percement fut une des causes de la transformation de ce quartier.
Celui-ci comptait un peu plus de 16.000 habitants lorsqu'on le rattacha, en 1860, à la Capitale.

La RUE DES ACACIAS, de 1814, doit son nom à une plantation d'acacias disparue vers 1875.

La RUE D'ARMAILLÉ, ouverte en 1840 sur la propriété du marquis d'Armaillé, a été nivelée avec les terres retirées pour la mise en place des fondations de l'Arc de Triomphe.

La RUE BAYEN était indiquée à l'état de chemin sur les plans de 1730; elle est devenue la rue de *l'Arcade* lorsque ce chemin traversa le château des Ternes. N° 28. Pavillon formant arcade, restes du château des Ternes.

La section de la RUE DE COURCELLES située au nord du boulevard de Courcelles est un ancien chemin figurant sur les plans de 1672, dit, en 1842, le chemin de *la Planchette à Courcelles*; il séparait alors les communes de Neuilly et des Batignolles. Son nom lui vient du hameau de Courcelles auquel ce chemin conduisait.

La RUE DU DÉBARCADÈRE, ouverte en 1846, doit son nom au voisinage de la station du chemin de fer d'Auteuil.

La RUE DE LA FAISANDERIE, ancienne voie des communes de Passy et de Neuilly, doit son nom à l'ancienne faisanderie du château de la Muette.

Le BOULEVARD GOUVION-SAINT-CYR est une ancienne section de la *route de la Révolte* ouverte vers 1750 comme il a été dit précédemment.

L'AVENUE DE LA GRANDE-ARMÉE a reçu sous Louis XVI sa largeur actuelle (70 mètres).

La RUE GUERSANT était indiquée en 1825 sous le nom de rue *de Villiers*. Jusqu'en 1860 c'était la route directe conduisant de *la route des Ternes* (avenue des Ternes) au bourg de Villiers.

La RUE HÉLIOPOLIS s'appelait avant 1877 la rue *de la Fontaine-des-Ternes,* conduisant à une source, maintenant tarie, à laquelle les habitants des Ternes venaient puiser leur eau.

La RUE LAUGIER, indiquée déjà en 1730, longeait le mur nord du parc du château des Ternes; elle s'est appelée jusqu'en 1864 la rue *de la Chaumière*.

La RUE DE MONTENOTTE; ancienne section de la longue rue *des Dames,* s'appelait, avant 1869, la rue *de la Plaine* car elle bordait la plaine des Sablons.

Les BOULEVARDS PÉREIRE ont été ouverts, après le décret ministériel de mars 1853 approuvant l'établissement du chemin de fer d'Auteuil. Émile Péreire fut le concessionnaire de la construction de cette voie. Celle-ci fit disparaître à son croisement avec la rue Bayen un ancien étang du château des Ternes, appelé « la grenouillère ».

La RUE PIERRE-DEMOURS s'appelait avant 1868 la rue *des Ternes,* déjà indiquée en 1730. Le n° 21 recouvre une source d'eau froide, sulfureuse et ferrugineuse, découverte en 1839; elle était la plus riche de France en fer et en soufre. Livrée à la consommation en 1856, cette source a disparu lors de l'établissement du chemin de fer de Ceinture.

La RUE PONCELET, également indiquée en 1730, est aussi une ancienne section de cette rue *des Dames* qui conduisait des Ternes à l'abbaye de Montmartre (une autre section subsiste encore sous ce nom dans le quartier des Batignolles); aussi a-t-elle porté ce nom de rue *des Dames* jusqu'en 1868.

L'AVENUE DES TERNES remplace une section du très vieux chemin qui conduisait de Paris à Saint-Germain-en-Laye. Sur cette route se trouvait, à l'endroit où est maintenant la PLACE DE LA PORTE-DES-TERNES, une croix appelée la *Croix des Sablons*. On appela cette route en 1793, la *route de la Montagne du Bon-Air*, du nom donné à Saint-Germain-en-Laye pendant la Révolution. A son n° 96, l'avenue de Verzy conduit à la VILLA DES TERNES créée en 1822 par Verzy, conseiller municipal de Neuilly. Cet enclos est un ancien reste du parc du château des Ternes qui fut utilisé sous la Restauration comme jardin public avec des attractions genre Tivoli.

La PLACE DES TERNES a été construite en 1864. Le *chemin de ronde de Courcelles* était percé à cet endroit par la *barrière du Roule.*

L'AVENUE DE WAGRAM (*section située au sud de la place des Ternes*) a été ouverte en 1853. Elle a été formée après la disparition du mur des Fermiers Généraux. La salle Wagram, située à son n° 39, fut fondée, en 1812, sous le nom de *bal Dourlan*; c'était alors un bal champêtre où les Parisiens venaient se distraire tout en profitant de l'air pur de la campagne. Il a eu comme comptoir jusqu'en 1871 un ancien autel, en marbre blanc richement sculpté, provenant du pillage sous la Révolution de l'église du Petit-Val, à Sucy-en-Brie.

11 LES VILLAGES DES BATIGNOLLES ET DE MONCEAUX.

Historique : le village, le château, la chapelle et la campagne de Monceaux; le village des Batignolles, les églises Sainte-Marie et Saint-Michel des Batignolles, le théâtre, le tunnel des Batignolles; la commune des Batignolles-Monceau, sa mairie / *Historique de quelques rues des Batignolles-Monceau annexées à Paris*, le cabaret du père Lathuile.

La commune des Batignolles-Monceau a été supprimée en 1860 et son territoire annexé à Paris, sauf une légère fraction qui le fut à Clichy. Jusqu'alors elle avait été séparée de la commune de Neuilly par notre rue de Courcelles, et de celle de Montmartre par une ligne qui, de nos jours, partirait du sommet de l'angle que forme le boulevard de Clichy pour suivre les rues Cavalotti, Ganneron, Étex, Eugène-Carrière et Damrémont; le mur des Fermiers Généraux, percé des *barrières de Courcelles, Monceaux* et de *Clichy,* la séparait de Paris.

HISTORIQUE

Le village de Monceaux : On trouvait dans cette région, au IXe siècle, un petit hameau dont le nom, celui d'un lieu-dit très répandu en France, provenait, soit de *Mons Calvus* (mont chauve, terrain dénudé), soit de *Monticellum* (petit mont), soit de *Muscelli* (terrain couvert de mousse), noms qui ont formé ceux de *Mousseaux,* de *Monceaux,* et, enfin de Monceau après que l'x final ait été perdu au cours du XIXe siècle. Ce hameau était couvert de vignes lorsque Charles le Chauve le donna, en 862, à l'abbaye de Saint-Denis, déjà propriétaire des moulins de cette région.
Ce village de Monceaux se trouvait en bordure de la route *de Paris à Argenteuil* (nos rues d'Argenteuil, de Sèze, de l'Arcade, du Rocher, de Lévis...); il était relié *à l'abbaye de Saint-Denis* par les rues des Moines, à celle de Montmartre par la rue des Dames, et à Clichy par la *route d'Asnières* (rue de Tocqueville); il dépendait de la paroisse de Clichy.

Le château de Monceaux : Monceaux possédait un château féodal qui, de nos jours, serait situé aux environs de l'angle ouest de la place Lévis avec entrée à hauteur de l'emplacement du nº 22 de la rue Legendre. C'était un château-fort avec tours, salle des gardes,

colombier, pressoir, bergerie et prison, les seigneurs de Monceaux étant justiciers sur leurs terres. Citons parmi ceux-ci : en 1529, Étienne Desfriche; en 1569, Jehan de Charon, valet de chambre de Charles IX, et ses héritiers jusqu'en 1727, puis, à partir de 1728, la famille de Gesvres (un duc de Gesvres, gouverneur de Paris, fut capitaine des chasses de Monceaux).
Le château de Monceaux appartint, en 1753, au fermier général Grimod de la Reynière, alors propriétaire à Paris d'un bel hôtel situé rue de la *Bonne-Morue* (Boissy-d'Anglas), puis à son fils, Alexandre-Balthazard, l'écrivain humoriste et gastronome. Cette antique propriété, morcelée vers 1830, disparut sous le second Empire.

La chapelle de Monceaux : Les habitants du primitif village de *Monceaux,* tous laboureurs, jardiniers ou fermiers, avaient été autorisés par l'évêque de Paris à suivre l'exercice du culte dans la chapelle qu'Étienne Desfriche, seigneur de Monceaux en 1529, avait fait construire dans son château. Cette chapelle, située à l'angle de nos rues de la Terrasse et de Tocqueville, avait été consacrée, en 1529, sous le vocable de Saint-Étienne, du nom du saint patron du châtelain.
Mais la paroisse normale du hameau était Clichy et malgré l'effort des habitants de Monceaux pour obtenir de l'évêque de Paris l'érection en paroisse de leur agglomération, leur demande fut vaine et la chapelle de Monceaux resta une église succursale de celle de Clichy jusqu'en 1828.
Cette chapelle, fermée sous la Terreur, fut vendue comme bien national en 1796. Rendue au culte sous l'Empire, elle fut démolie en 1828 après la construction de l'église Sainte-Marie-des-Batignolles; celle-ci hérita de sa cloche, baptisée *Étiennette,* du nom du saint patron de son fondateur.

La campagne de Monceaux : La région qui forme actuellement les quartiers de la Plaine-Monceau, des Batignolles et des Épinettes, constituait sous l'ancien régime un important lieu de chasses puisqu'elle possédait 11 « remises de gibiers » formées de jeunes arbres servant d'abri aux cerfs, chevreuils, lièvres et lapins destinés à alimenter les tables royales et celles des grands seigneurs. Les habitants détruisirent ces remises en 1791 car depuis longtemps ils étaient excédés de cette institution qui était un fléau pour eux puisqu'ils n'avaient pas le droit de détruire les animaux qui s'échappaient de ces réserves et qui ravageaient leurs champs.
La campagne de Monceaux était donc avant la Révolution un endroit giboyeux où les grands châtelains des environs aimaient venir chasser (l'AVENUE DES CHASSEURS en est un souvenir). Citons parmi ceux-ci : le maréchal-duc de Richelieu (sa « folie » était rue de Clichy), le duc d'Aumont (château du Coq), le marquis de Vaubrun (château de Clichy), le duc de

Créqui (château de la Planchette), le duc de Gesvres (château de Monceaux) et le duc d'Orléans (à la Folie-Monceau). Elle était aussi un lieu de villégiature pour des personnes importantes : le conseiller au Parlement Brochant, le maître de fauconnerie Langlois, etc..., dont les noms subsistent avec ceux de certaines rues du XVIIe arrondissement. Lavoisier y eut aussi une propriété. Mais si l'agglomération de Monceaux était ancienne, elle n'était cependant pas très importante puisqu'elle ne comptait guère que 450 habitants lorsque vint la Révolution.

Le village des Batignolles : Le quartier du XVIIe arrondissement situé au nord du quartier de la Plaine-Monceau et appelé quartier des Batignolles était un endroit encore bien moins peuplé que Monceaux puisqu'il n'était, en 1800, qu'une campagne déserte, presque inculte, comprenant seulement quelques maisons éparses et quelques fermes isolées (la RUE DES FERMIERS rappelle ce souvenir). Située sur le territoire de la paroisse de Clichy, elle avait été, jusqu'à la Révolution, la propriété des Dames de Montmartre. Sous Louis XVIII, on utilisa cette lande dénudée et sans ombrages comme terrain militaire.
On l'appelait « les Batignolles ». L'origine exacte de ce nom n'a jamais été établie. Peut-être dérive-t-il de *bastillole* ou de *bastidiole*, petite « bastide » ou petite maison de campagne. Jusqu'en 1860 on disait Batignolles; c'est depuis cette époque que l'on prit coutume de dire Les Batignolles.
Quoi qu'il en soit, il faut attendre le premier Empire pour que ce lieu-dit commençât à se développer. Il le dut à des spéculateurs, à la Société des entrepreneurs Navarre et Rivoire qui y construisirent de modestes habitations de campagne avec jardinet qu'ils vendirent avec bénéfice à de petits rentiers. Puis surgirent au milieu des champs de pommes de terre des grands immeubles à plusieurs étages à destination de personnes moins aisées. Ses premières rues, impasses ou cités, portèrent le nom des propriétaires et des spéculateurs qui venaient de les créer : Boulay, Boursault, Capron, Cardinet, Chalabre, Chazelles, Deligny, Geffroy-Didelot, Guttin, Jadin, Lacroix, Lagille, Lathuille, Lebouteux, Le Chapelais, Lécluse, Lecomte, Lemercier, Puteaux, Rothschild (un loueur de voitures), Salneuve et Truffaut.

L'église Sainte-Marie des Batignolles : Une chapelle étant nécessaire à l'agglomération naissante des Batignolles et Charles X ayant, avec la duchesse d'Angoulême, donné l'argent qu'il fallait, une chapelle fut construite en 1828 par l'architecte Lequeux. Dès qu'elle fut terminée, elle remplaça l'ancienne petite chapelle Saint-Étienne-de-Monceau et son campanile abrita la petite cloche de cette dernière, *Étiennette,* ainsi qu'il a été dit ci-dessus.
La population des Batignolles continuant à croître,

on dut agrandir cette chapelle en 1834; cet agrandissement fut l'œuvre de Molinos fils. En même temps, elle devenait église paroissiale.
Elle a la forme d'un temple grec; son fronton triangulaire est soutenu par quatre colonnes d'ordre toscan. La nef comprend cinq travées; son plafond, plat, est divisé en compartiments; la vasque des fonts baptismaux, de marbre blanc, a été donnée en 1844 par un sieur Varlet (inscription).

L'église Saint-Michel des Batignolles : La commune des Batignolles-Monceau fut dotée plus tard, en 1858, d'une seconde église qui fut « provisoirement » construite en bois au nº 19 de l'avenue de Saint-Ouen. C'était l'église *Saint-Michel-des-Batignolles,* œuvre de l'architecte L.-A. Boileau. Cette construction était remarquable par ses voûtes en coupoles établies au moyen d'une ingénieuse charpente.
Devenue insuffisante, elle a été remplacée par la basilique érigée en 1926 dans la rue Saint-Jean, presque à l'angle des avenues de Saint-Ouen et de Clichy.

Le théâtre des Batignolles : Le premier théâtre des Batignolles fut construit en même temps que son église. Il se trouvait alors dans la rue Lemercier. Il fut remplacé, en 1838, par le *Théâtre des Arts,* construit sur le boulevard des Batignolles (nº 76 *bis*). Il fut dirigé pendant 40 ans par les frères Seveste dont le père avait obtenu de Louis XVIII le privilège de l'exploitation des théâtres de la banlieue. Le prix des places était, en 1857, de 1 fr 50 à l'orchestre et de 0 fr 60 au balcon. Cette salle, restaurée en 1873, est devenue le théâtre Hébertot.

Le tunnel des Batignolles : Le chemin de fer de Paris au Pecq fut inauguré, avons-nous dit (cf. place de l'Europe) le 24 août 1837. Émile Péreire avait eu la concession de sa construction pour laquelle la banque Rothschild lui avança cinq millions. Il plaça le premier *embarcadère* sur la place de l'Europe; au-delà de celle-ci, la voie ferrée franchissait le quartier des Batignolles, partie en tunnel et partie en tranchée, avant de gagner la plaine de Clichy et d'atteindre les rives de la Seine. Ce tunnel, long de 331 mètres, commencé en 1835, fut achevé en 1837; il présentait une grande nouveauté et donna maints arguments aux nombreux détracteurs des chemins de fer qui annoncèrent que les voyageurs trouveraient là une température de 45° et qu'ils s'exposeraient à des risques mortels avec de pareils passages du chaud au froid.
En 1862, le prix des places en chemin de fer pour Saint-Germain était : 2 francs en « coupés », 1 fr 50 en « diligences » et 1 franc en « wagons »; pour Versailles, il était le même, sauf en « wagons » où il était de 1 fr 25. Il y avait un train toutes les demi-heures pour Versailles et toutes les heures pour Saint-Germain. Dernier départ : 10 heures du soir.

Ce tunnel a disparu après la catastrophe d'octobre 1921 où un train immobilisé sous le tunnel prit feu.

La commune de Batignolles-Monceau : Le village des Batignolles appartenait à la commune de Clichy. En 1827, les habitants des Batignolles réclamèrent leur autonomie, exposant qu'ils formaient avec les habitants de Monceaux une agglomération de 3.300 habitants alors que tout le reste de la commune de Clichy n'en possédait que 2.150. Cette autonomie leur fut accordée après de multiples démarches, interventions et pétitions, le 10 février 1830. Mais quel nom donner à la nouvelle commune ? Batignolles ou Monceaux ? Finalement, ce fut celui de Batignolles-Monceau qui prévalut.
Sa population n'allait cesser de croître : 14.000 habitants en 1842, près de 20.000 en 1846. La révolution de 1848 ayant attiré aux Batignolles-Monceau beaucoup de bourgeois paisibles inquiétés par les événements qui se déroulaient dans la capitale, cette commune compta, en 1851, plus de 28.000 habitants et 65.000 lorsqu'elle fut rattachée à Paris le 1er janvier 1860 [1]. Cette rapide extension amena une hausse sur les terrains dont le prix était en 1855 de 30 à 50 francs le mètre alors qu'il ne valait que 0 fr. 50 ou 1 franc dans la Plaine-Monceau.
Cette population était composée, d'une part, de petits employés, d'ouvriers en chômage, de femmes déclassées, d'exilés polonais, d'institutrices sans ouvrage et de « rapins » pour lesquels s'édifièrent nombre de garnis, de maisons meublées avec « table d'hôte » à 0 fr. 75 le déjeuner et à 1 fr. 25 le dîner. D'autre part, on y trouvait des petits retraités, des commerçants retirés des affaires, de modestes fonctionnaires, type d'habitants d'où découla celui du « petit rentier des Batignolles » cher à Henri Monnier, à Daumier, à Gustave Doré, à Scribe et à Labiche. Le budget quotidien d'une famille de trois enfants d'un fonctionnaire habitant les Batignolles s'élevait, en 1860 à 7 fr. 15, soit 2.609 fr. 75 par an.
L'eau était rare. Elle fut fournie à partir de 1837 par une machine installée sur les bords de la Seine, à Clichy, qui la refoulait dans un réservoir placé au point le plus haut de la commune (nº 33, rue Capron). De là, elle se déversait dans des bornes-fontaines où les porteurs d'eau, Auvergnats pour la plupart, venaient l'acheter et en remplir leurs tonneaux pour la revendre aux particuliers au domicile desquels ils la montaient. Quant à l'éclairage, la commune des Batignolles-Monceau n'eut ses premiers réverbères à gaz qu'à partir de 1855 ; le gazomètre était situé en bordure de l'avenue de Clichy (ex-nº 142).

1. La population des trois quartiers du XVIIe arrondissement à l'ancienne commune de Batignolles-Monceau comptait en 1952 :

Plaine-Monceau	52.139	habitants
Batignolles	55.900	—
Les Épinettes	58.534	—
	166.573	—

Le tunnel des Batignolles vers 1850

Les transports avec Paris furent assurés, à partir de 1830, par la compagnie des omnibus les *Batignollaises*; mais alors que les autres compagnies prenaient 5 sous, les *Batignollaises* — qui ne desservaient qu'une ligne — en prenaient 6 « à cause de la côte des Batignolles qui obligeait pour cette montée a ajouter un cheval ». Toutes ces compagnies furent fusionnées, en 1855, dans la Compagnie générale des Omnibus qui, en 1860, possédait 506 voitures, 6.716 chevaux et transporta cette année-là 76 millions de voyageurs. Deux lignes desservirent les Batignolles à partir de 1862 : c'étaient « Batignolles-Monceau - Bastille » (ligne F) et « Batignolles-Clichy - Jardin des Plantes » (ligne G).
Pendant la guerre de 1870-1871, les Batignolles recueillirent des réfugiés des communes de Clichy et de Levallois évacués par ordre du général Trochu. Sous la Commune, les Batignolles furent, les 21 et 22 mai 1871, le lieu de violents combats entre les Versaillais et les Fédérés; ces derniers avaient élevé des barricades au pont Cardinet, dans les rues Beudant (nº 15), des Dames, La Condamine, Legendre et à la Fourche pour défendre l'accès de la place Clichy, clef de la Butte Montmartre, où ils avaient établi une formidable barricade, forte de 8 canons. Cette barricade fut enlevée le 23, au début de l'après-midi, et les cadavres des Fédérés furent enterrés au parc Monceau et dans le square des Batignolles (emplacement du kiosque à musique), dans de grandes fosses remplies de chaux.

La mairie des Batignolles-Monceau : La population des Batignolles-Monceau ayant atteint, en 1842, 14.073 habitants, le maire, M. Balagny, pensa doter la commune d'un nouvel Hôtel de Ville pour remplacer l'ancien qui était installé dans un pavillon actuellement situé dans la cour du nº 50 de la rue Truffaut. L'architecte Lequeux (qui avait aussi construit l'église Sainte-Marie) fut chargé de sa construction; il réalisa là une mairie que l'on considéra alors comme une des plus belles de la banlieue de Paris. Son inauguration eut lieu le 21 octobre 1849 en présence du prince Napoléon, fils du roi Jérôme. Cette mairie devint celle du XVIIe arrondissement. Elle dut assurer plus tard l'administration d'une agglomération de 200.000 habitants; aussi a-t-on été conduit à l'agrandir considérablement au cours des dernières années.

HISTORIQUE DE QUELQUES RUES DES BATIGNOLLES-MONCEAU ANNEXÉES A PARIS

La commune des Batignolles-Monceau forma, lorsqu'on la rattacha à Paris, en 1860, les 3 quartiers du XVIIe arrondissement appelés la Plaine-Monceau, les Batignolles et les Épinettes. Le premier ne comptait alors qu'une demi-douzaine de rues ou avenues;

son développement lui vint de l'ouverture du boulevard Malesherbes et de l'aménagement du parc Monceau; de somptueux hôtels particuliers s'y construisirent et il devint, dès cette date, un quartier résidentiel fort recherché. Le quartier des Batignolles continua sa rapide croissance, et la petite bourgeoisie lui resta attachée.

Ci-après quelques-unes des rues existant dans cette commune avant son annexion :

Quartier de la Plaine-Monceau : Le BOULEVARD DE COURCELLES *(côté pair)* est l'ancien *chemin de Courcelles*; il s'appelait, en 1846, dans la partie qui séparait les communes de Neuilly et des Batignolles, le *chemin de la Planchette à Courcelles*. On appelait *la Planchette* un château situé entre les portes de Courcelles et de Clichy où résida, vers 1740, la famille des Créqui.

La RUE DE LÉVIS est une partie de l'ancien chemin qui conduisait de Paris à Argenteuil par le village de Monceaux; aussi est-elle l'une des plus vieilles rues du quartier; son nom (de 1840) est celui d'un des derniers propriétaires du château de Monceaux. Elle posséda, à son nº 8, une salle de bal, la *Salle de la Réunion* qui fut fort fréquentée de 1810 à 1865.

La PLACE DE LÉVIS est l'ancien centre du village de Monceaux. Rappelons que le château de Monceaux était situé vers l'angle ouest de cette place et qu'à côté était la chapelle Saint-Étienne utilisée de 1529 à 1828.

Le BOULEVARD MALESHERBES est de 1862. Son aménagement urbain, effectué de 1862 à 1866, a nécessité l'adoucissement de sa montée, ce qui a conduit à l'enlèvement de près de 400.000 m³ de terre.

La PLACE MALESHERBES construite en 1862, remplace l'ancien carrefour situé en 1858 à l'intersection des routes départementales nº 3 et nº 15. La reproduction à échelle réduite de l'aile du château de Blois, au nº 1 de cette place, a été construite en 1862 par le financier Gaillard, banquier du comte de Chambord et régent de la Banque de France.

Quartier des Batignolles : La RUE DES BATIGNOLLES est formée de deux rues, celle *de l'Église* et celle *de l'Hôtel-de-Ville,* qui formaient la principale rue du village des Batignolles.

De l'autre côté de l'église, l'ancienne *Promenade Publique,* appelée *square des Batignolles* en 1862, est aujourd'hui la PLACE CHARLES-FILLION. C'est sur cette place que se tenait la fête du quartier.

La RUE BRIDAINE a été ouverte en 1852. Son nom est celui de l'abbé Bridaine, célèbre prédicateur sous Louis XV. Il prononça 256 sermons dont un devant le roi, qui eut ensuite sujet de lui dire : « J'aime bien entendre des sermons, mais je n'aime pas qu'on m'en fasse. »

La RUE DES DAMES est une des plus anciennes voies du quartier; elle existait à l'état de chemin en 1672 et conduisait alors à « l'abbaye d'en-bas » des Dames de Montmartre suivant le tracé jalonné de nos jours par les rues Ganneron (partie ouest), de Maistre et des Abbesses.

La RUE HÉLÈNE a été ouverte en 1837 et s'est appelée d'abord le *chemin des Moulins*. Celui-ci contournait une butte artificielle formée par un amoncellement successif de déblais de carrières que surmontaient, au début du XVIIIe siècle, trois moulins appelés *les Moulins des Batignolles*.

La RUE LEGENDRE est l'ancienne rue d'Orléans. Rappelons que l'ancien château de Monceaux avait son entrée à hauteur du nº 22 de cette rue.

La RUE LEMERCIER, de 1825, prolongée en 1845, desservait l'abattoir de la commune des Batignolles-Monceau (cf. avenue de Clichy). Le poète Baour-Lormier, de l'Académie Française, est mort, en 1854, à son nº 2 où il habitait depuis 1842.

La RUE LÉON-COSNARD, indiquée sur les plans de 1672, était connue pour être particulièrement mal famée.

La RUE DES MOINES semble occuper l'emplacement du *chemin des Noyers* indiqué sur les plans de 1730 entre le *chemin des Bœufs* (rue de la Jonquière) et la place de Lévis; son nom s'applique aux moines de Saint-Denis et est une opposition à celui de la rue des Dames (de l'abbaye de Montmartre) située dans le voisinage.

La RUE NOLLET a été ouverte, en 1824. Alfred de Vigny loua, au nº 1, en 1838, un atelier pour y recevoir Julia Battelegang, âgée de 20 ans, cousine de sa femme, ainsi que la sœur de Julia, Maria. Le caricaturiste Cham, de son nom le vicomte Amédée de la Noé, fils d'un pair de France, qui épousa la cuisinière de son père, habita au nº 5, au premier étage. Il y mourut en 1879, à 61 ans. Quelque temps après, sa femme se jeta par la fenêtre.

La RUE PUTEAUX porte depuis son ouverture, en 1852, le nom d'un entrepreneur qui fut l'un des grands bâtisseurs du village des Batignolles. Ce M. Puteaux, un des fondateurs du *Théâtre des Arts,* utilisa pour la construction d'un grand nombre de maisons, principalement de cette rue et de la rue de Chéroy, des matériaux qu'il avait achetés lors de la démolition, en 1845, de l'abbaye cistercienne de Notre-Dame-du-Val, à Mériel (Seine-et-Oise), datant de 1125.

La RUE SALNEUVE est une très vieille rue qui faisait partie en 1672, du *chemin de Monceaux à Clichy*. Son nom actuel date de 1850.

La RUE TARBÉ, prolongement de la rue Salneuve, est une autre section de ce *chemin de Monceaux à Clichy* existant en 1672.

La RUE TRUFFAUT a été ouverte vers 1825. Ce fut dans la cour du nº 50 actuel que s'installa, le 8 avril 1830, la première municipalité de la commune des Batignolles-Monceau.

Le quartier des Épinettes situé à l'intérieur de la fourche formée par les avenues de Saint-Ouen et de Clichy, doit son nom à celui d'un lieu-dit cité en 1693. Il fut formé en 1860; rapidement loti et bâti, il reçut alors une population industrielle et ouvrière qui fit de lui le quartier le plus dense du XVIIe arrondissement. Ce quartier est sans passé, il ne comportait encore aucune rue en 1842; celles qui ont été tracées entre cette date et 1860 ne méritent aucune mention, sauf les suivantes :

L'AVENUE DE CLICHY résulte de l'ancien chemin qui conduisait à Clichy. On y voyait en 1846 le gazomètre des Batignolles (n° 143) et, au-delà, une entrée de l'abattoir de la commune des Batignolles-Monceau absorbé par le chemin de fer. Il avait une autre entrée sur la rue Lemercier.

Le cabaret du père Lathuile : Le n° 7 de l'avenue de Clichy est à l'emplacement de la guinguette du « père Lathuile ». Ce cabaret, créé aux environs de 1765 était fréquenté avant la Révolution par des Parisiens qui trouvaient trop proche de Paris le restaurant de Ramponeaux (cf. place d'Estienne d'Orves). Sa célébrité date surtout du 30 mars 1814, lors de l'héroïque défense de la *barrière de Clichy* par les troupes du maréchal Moncey. Celui-ci installa son poste de commandement dans le restaurant du « père Lathuile » dont le propriétaire distribua tous ses vivres aux soldats : « Mangez, buvez, mes enfants, il ne faut rien laisser à l'ennemi. » Ce restaurant fut en butte aux coups des Russes que commandait, dans ce secteur, le général comte de Langeron, ancien émigré français. L'établissement, dont la vogue alla en grandissant et que fréquentèrent des gens de qualité, des hommes politiques, des écrivains, des chansonniers, des artistes a disparu en 1906.

La RUE GUY-MOQUET est une partie d'un ancien chemin, dit *des Bœufs,* qui se prolongeait vers l'est par la rue Marcadet; il reliait les villages de Clignancourt et de Clichy. Cette partie s'appelait la rue *Balagny,* du nom du fondateur du quartier, notaire, maire de la commune des Batignolles-Monceau depuis 1843 jusqu'en 1848 et de 1850 jusqu'en. 1870. Ce fut lui qui attira ici un grand nombre de fabriques et d'industries, lesquelles doublèrent la population.

La RUE SAUFFROY a été ouverte en 1849. Il y eut en bordure de cette rue, à hauteur de son n° 11, un puits de 17 mètres de profondeur, permettant de capter l'eau d'une source sulfureuse et ferrugineuse; cette source, qui débitait 3 litres d'eau par minute à une température de 15°, a cessé d'être exploitée en 1884.

12 LE VILLAGE DE MONTMARTRE.

Historique : la butte Montmartre / *De la barrière des Martyrs au Château-Rouge* : la rue des Martyrs, le village d'Orsel; la rue des Abbesses, les différentes mairies de Montmartre / La légende de saint Denis, le *Sanctum Martyrium*, la fondation de l'abbaye, la fondation de la Société de Jésus, le roi de Navarre à l'abbaye, l'abbaye d'en bas, les abbesses de Montmartre / La place du Tertre, la rue du Mont-Cenis / L'abbaye d'en haut, l'église Saint-Pierre de Montmartre, le cimetière du Calvaire, le Calvaire de Montmartre / La rue du Chevalier-de-la-Barre, ses fontaines, son moulin, la tour de Solférino / Le Château-Rouge / *De la barrière Blanche au Manoir de Clignancourt* : la rue Lepic; la rue Ravignan, la guinguette du Poirier-sans-Pareil, le Bateau-Lavoir / Les moulins de Montmartre, le Moulin de la Galette, la Mire du Nord, la fontaine Saint-Denis, les carrières de Montmartre, la Folie-Sandrin / Les rues Cortot et de l'Abreuvoir, le château des Brouillards, la fontaine du Buc / Le cimetière Saint-Vincent, le Lapin-Agile, les vignes de Montmartre / Le hameau de Clignancourt, la chapelle de la Trinité, la rue Marcadet / *Historique de quelques rues de Montmartre annexées à Paris*, le cimetière Montmartre.

La commune de Montmartre fut entièrement supprimée lors de l'annexion de 1860. Nous avons indiqué dans le chapitre précédent les rues qui la séparaient alors de la commune des Batignolles-Monceau. A l'est, la rue des Poissonniers la séparait de La Chapelle-Saint-Denis et, au sud, le mur des Fermiers Généraux la séparait de Paris avec qui elle communiquait par les *barrières Blanche, Montmartre,* des *Martyrs, Rochechouart* et *Poissonnière.*

La partie de la commune de Montmartre située à l'extérieur de l'enceinte de Thiers fut rattachée à la commune de Saint-Ouen.

HISTORIQUE

A l'époque tertiaire, la Butte Montmartre faisait partie d'un vaste plateau dont les eaux de l'époque quaternaire la détachèrent. Elle est constituée par une masse gypseuse qui a fourni longtemps le fameux « plâtre de Paris » et dont la hauteur atteint, au nº 2 de la rue du Mont-Cenis, 129 m 35; c'est là le point culminant de la capitale puisque le relief n'atteint que 128 mètres au cimetière de Belleville. Des ossements fossilisés découverts, en 1798, par Cuvier près d'une ancienne entrée des carrières de Montmartre (rue Ronsard) ont montré que la Butte fut habitée très anciennement par des animaux d'espèces disparues, quadrupèdes nageurs et herbivores, reptiles et oiseaux. On a retrouvé aussi, dans une couche de marnes calcaires, un tronc de palmier d'un volume considérable pétrifié en silex.
L'étymologie du nom de Montmartre reste un sujet de controverses. Les uns le font dériver de *Mons Mercurii* (le mont de Mercure) ou de *Mons Martis* (le mont de Mars) : la Butte ayant été surmontée, au temps de l'occupation romaine, par deux temples élevés à ces divinités; les autres le font dériver de *Mons Martyrum* (le mont des Martyrs) à cause du martyre que saint Denis et ses compagnons subirent, selon la légende, à mi-hauteur de la Butte. Cette dernière étymologie est la plus régulière, c'est l'étymologie savante, celle dont se servit au IXe siècle Hilduin, abbé de Saint-Denis, mais il est possible qu'il l'ait créée à cette époque pour les besoins de la cause qu'il défendait, c'est-à-dire la légende de saint Denis. Mais quoique le nom de *Mont des Martyrs* fut, sous Louis XIV, l'appellation officielle de la colline, le nom de Montmartre peut fort bien cependant être une déformation populaire de *Mons Mercurii* ou de *Mons Martis*.

On trouvait déjà, au VIe siècle, au haut de la Butte, un petit hameau qui s'était formé autour d'une chapelle dont on dut, en 835, changer la charpente toute mangée par les vers. Cette chapelle, son cimetière et le terrain environnant devinrent, en 1096, la propriété des moines du prieuré de Saint-Martin-des-Champs qui les cédèrent, en 1133, à l'*abbaye des Dames de Montmartre* dont il sera question plus loin. La Butte Montmartre souffrit de la guerre entre les Armagnacs et les Bourguignons et, en 1475 de celle de la Ligue du Bien Public contre Louis XI. Henri IV, qui n'était alors que roi de Navarre, y campa en 1590; son séjour à l'abbaye y causa quelques remous (cf. ci-après). Il y revint, en juillet 1593, après son abjuration dans l'église Saint-Denis, et y fit allumer, le soir, un grand feu de joie en réjouissance de ses victoires.
La Butte Montmartre se présentait à la fin du XVIIIe siècle comme une colline verdoyante, égayée par les ailes d'un grand nombre de *moulins*, cultivée, plantée en vignes, aux pentes garnies de chaumières

près desquelles coulait l'eau d'une douzaine de *sources* — ces « pleurs de la Montagne », a dit une abbesse — qui alimentait l'*étang des Poissonniers*, les *marais de la Grange-Batelière*, les *Porcherons*, le *Château-Rouge* et le *hameau de Clignancourt*. Son sommet était occupé par une assez grande église (l'église Saint-Pierre) flanquée de quelques communs de l'abbaye. Ses pentes étaient coupées de gorges, parfois profondes, provenant des excavations creusées pour l'extraction du plâtre. Un chemin escarpé, venant de Paris (la rue Ravignan), escaladait difficilement son versant sud à travers les vignes et un chemin semblable, également abrupt (la rue du Mont-Cenis) descendait vers Saint-Denis. Un grand monastère de femmes, l'*abbaye de Montmartre*, était situé à mi-hauteur de son flanc sud (rue Antoinette).
Le hameau juché au haut de la Butte possédait son église, son cimetière, sa place publique (la place du Tertre), son abreuvoir et une demi-douzaine de rues, c'est-à-dire, en plus des deux chemins indiqués plus haut, le *chemin des Fontaines* (rue Girardon), les rues *des Moulins* et *Traînée* (Norvins), du *Pressoir* (Saint-Eleuthère), *Notre-Dame* (Saint-Rustique), *Saint-Jean* (Cortot), de l'Abreuvoir, *des Rosiers* (du Chevalier-de-la-Barre), *de la Saussaye* (des Saules) et de la Bonne.
La Butte Montmartre, mise en état de défense en mars 1814, lors de l'avance des Alliés, fut occupée peu après par les Russes; elle le fut par les Anglais en 1815; les uns et les autres y causèrent de grands dégâts. Ses carrières servirent de refuge aux insurgés de juin 1848; elles furent alors l'objet de sévères combats. Montmartre, qui fut toujours doué d'un esprit insurrectionnel, manifesta violemment ce dernier lors des tristes jours de la Commune de 1871 qui prit naissance ici.
Montmartre se développa considérablement après la Révolution. La commune de Montmartre, créée en 1790, avait alors moins de 400 habitants; elle en compta 638 en 1806, 5.200 en 1832, 36.000 en 1857 et 57.000 un an après son annexion à Paris (les deux quartiers du XVIIIe arrondissement qui recouvrent de nos jours le territoire de l'ancienne commune, soit ceux des Grandes-Carrières et de Clignancourt, en comptent actuellement plus de 190.000). Ce dernier accroissement résultait de la transformation de Paris par Haussmann; les expropriations, les percées, les démolitions dans la capitale avaient refoulé nombre de Parisiens vers la banlieue proche où les loyers étaient moins chers qu'à Paris et où, en outre, les objets de consommation courante, tel que le vin, étaient meilleur marché n'ayant pas d'octroi à payer. Ces habitants étaient alors composés de cabaretiers, de meuniers et de carriers, et, aussi, d'employés, d'ouvriers, de petits rentiers et d'artistes.
Le haut de la Butte Montmartre garda longtemps son caractère villageois. En 1854, Gérard de Nerval décrivait ainsi ce qu'était alors la Butte Montmartre : « Il y a des moulins, des cabarets et des tonnelles,

des élysées champêtres et des ruelles silencieuses bordées de chaumières, de granges et de jardins touffus, des plaines vertes coupées de précipices où les sources filtrent dans la glaise, détachant peu à peu certains îlots de verdure où s'ébattent des chèvres qui broutent l'acanthe suspendue aux rochers; des petites filles à l'œil fier, au pied montagnard, les surveillent en jouant entre elles. Par sa forme, ses ombrages, ses tilleuls, les beaux horizons que l'on y découvrait... tout rappelait certains points de la campagne romaine. »

La Butte conserva ce caractère champêtre jusqu'à la guerre de 1914-1918; depuis près de 40 ans ce village était devenu la « terre libre des artistes », peintres, sculpteurs, graveurs, dessinateurs, poètes, écrivains, dont les phalanstères et lieux de bruyante détente voisinaient avec les communautés religieuses ramassées autour du Sacré-Cœur. La récente histoire de ce « Montmartre de la Bohème » sort du cadre de cet ouvrage. Un autre Montmartre, celui qui malheureusement est si connu, était resté longtemps au bas de la Butte, aux abords des boulevards Rochechouart et de Clichy et des rues du IXe arrondissement qui convergent vers les places Blanche et Pigalle. Ce Montmartre « d'en bas » avait remplacé, ainsi que cela était normal, le Montmartre d'antan des *Porcherons* et des *Barrières*. Mais, après 1918, des romanciers ayant décrit le charme du Montmartre « d'en haut », du véritable Montmartre, des spéculateurs songèrent à exploiter à leur profit la renommée du vieux village, d'où une ruée de commerces divers qui, en le falsifiant, l'ont complètement dénaturé. Ainsi qu'il a été dit, la « Butte sacrée » a été massacrée.

DE LA BARRIÈRE DES MARTYRS AU CHATEAU-ROUGE

Point de départ : n° 67, rue des Martyrs.

RUE DES MARTYRS *(section située au nord du boulevard Rochechouart)* / N° 77. L'Asile National de la Providence a été créé en 1804 par le lieutenant-colonel Micault de la Vieuville et sa femme pour y recevoir 60 Français ou Françaises du département de la Seine âgés d'au moins 70 ans, mais encore valides, jadis de condition aisée mais tombés dans la misère. Une des reines du *bal Mabille,* Céleste Mogador devenue plus tard Mme Lionel de Moreton, comtesse de Chabrillan, y est morte en 1909.
Chapelle.

N° 88. *Le village d'Orsel :* La rue d'Orsel, de 1825, s'appela jusqu'en 1873 rue *des Acacias.* Elle porte le nom du spéculateur qui, en 1795, acheta, comme bien national, des terres ayant appartenu à l'abbaye de Montmartre sur lesquelles il fit bâtir de nombreuses maisons dont l'ensemble, assez éloigné du village de Montmartre, fut pendant longtemps considéré comme un village à part, appelé le *village d'Orsel.* La rue *des Acacias* en était la rue principale.

Le théâtre Montmartre : La rue d'Orsel coupa la RUE DANCOURT, (de 1821), appelée jusqu'en 1869 la rue *du Théâtre* car elle conduisait au théâtre fondé, en 1822, par Seveste, le *théâtre Montmartre,* qui passait pour être le meilleur théâtre de la banlieue. La petite place plantée d'arbres devant laquelle Seveste installa ce théâtre était reliée au boulevard longeant le mur d'enceinte par une allée brillamment éclairée le soir par deux files de lanternes. Seveste fit aussi du théâtre Montmartre une école d'application pour les jeunes comédiens; ce fut le *Théâtre des Jeunes Élèves* d'où sortirent Mélingue, Lassouche et Paulin-Mettnier; l'Opéra-bouffe y fut créé, en 1847, sous l'impulsion du compositeur Hervé, organiste à Saint-Eustache et ténor léger. Actuellement, théâtre de l'Atelier.
Nos 96-98. Emplacement d'un pavillon construit, en 1675, pour Marguerite d'Orléans, grande-duchesse de Toscane, fille de Gaston d'Orléans, frère de Louis XIII. Elle l'habita jusqu'en 1692 et y mena une vie désordonnée en marge du couvent.

Prendre à gauche, la
RUE DES ABBESSES *(section comprise entre les rues des Martyrs et Ravignan)* / Le nom de cet ancien sentier se rapporte aux abbesses de Montmartre.
No 5. La RUE HOUDON a été percée, en 1793, sur l'emplacement d'une vaste propriété appartenant au comte de Montdidier.
No 15. Emplacement, à la fin du XVIIIe siècle, d'une « petite maison », les *Folies-Montigny,* appartenant au comte Chartraire de Montigny, trésorier des États de Bourgogne, décapité sous la Révolution. Le bruit ayant couru, en 1846, que c'était dans une cave de sa maison que la dernière abbesse de Montmartre, Mme de Montmorency-Laval, aurait caché, à la Révolution, le trésor de l'abbaye, la commune de Montmartre prescrivit des fouilles qui ne donnèrent aucun résultat.
No 19. L'église Saint-Jean-l'Évangéliste, édifiée en ciment armé et parements en brique (« Saint-Jean-des-Briques »), a été construite, de 1894 à 1904, pour remplacer l'église Saint-Pierre de Montmartre alors vouée à une prochaine démolition.
No 21. La RUE ANDRÉ-ANTOINE, ex-passage *de l'Élysée-des-Beaux-Arts,* a été percée, en 1793, sur les dépendances de la propriété du comte de Montdidier; elle tirait son ancien nom d'*Élysée-des-Beaux-Arts* de celui d'un bal public situé dans cet endroit. No 14. Pavillon. No 18. Décoration de la façade, guirlandes, mascarons. No 19. Façade. No 23. Petit hôtel. No 37. Emplacement d'une ancienne petite salle de théâtre vers la fin du XIXe siècle (inscription).
No 14. Le SQUARE JEHAN-RICTUS est à l'emplacement de la mairie de Montmartre de 1837 à 1860 et de celle du XVIIIe arrondissement de 1860 à 1892.

Les différentes mairies de Montmartre : Le mur des Fermiers Généraux ayant coupé en deux la paroisse de Montmartre, il y eut, après 1786, le *Montmartre intra-muros,* ou Bas-Montmartre, et le *Montmartre extra-muros,* ou Haut-Montmartre. Lorsque peu après, dès le début de la Révolution, il y eut lieu, en vertu de la loi de décembre 1789, d'élire les municipalités qui allaient gérer les nouvelles communes, les notables de Montmartre se réunirent pour choisir les personnes à présenter pour constituer leur municipalité.

Or, le Montmartre *extra-muros* était constitué par une population paisible de meuniers, de laboureurs, de vignerons et de carriers; celle du Bas-Montmartre, composant les trois quarts et demi de la population totale, était surtout riche en cabaretiers, restaurateurs, lieux de plaisirs, bals et jeux champêtres. Le Haut-Montmartre reprochait au Bas-Montmartre d'être la cause des lourds impôts dont l'ancienne paroisse les avait accablés. Il jugea donc que le moment était propice pour se séparer de lui et pour élire sa propre municipalité à l'heure où les notables discutaient de celle de l'ensemble de Montmartre. De ce fait, deux municipalités furent élues en mars 1790, celle du Montmartre *intra-muros* et celle du Montmartre *extra-muros*: mais la première, se considérant comme étant la seule légale et officielle, voulut gérer tout le territoire de Montmartre, celui du haut comme celui du bas.

L'Assemblée Nationale trancha le différend, en juin 1790, en rattachant à Paris le *Montmartre intra-muros* soit les *Porcherons* et la *Nouvelle-France* qui devaient constituer plus tard les quartiers Saint-Georges et Rochechouart du IXe arrondissement. Le *Montmartre extra-muros* forma donc à lui seul la commune de Montmartre, réduite dès lors au sixième environ de l'ancien domaine des Dames de Montmartre.

Sa première mairie s'installa place du Tertre (cf. ci-après), puis, après plusieurs autres emplacements, dans des bâtiments situés « *place de l'abbaye nos 8 et 10* » (place des Abbesses). Ce nouvel hôtel de ville fut inauguré en mai 1837; il resta à cet emplacement jusqu'en 1892, date à laquelle la mairie du XVIIIe arrondissement, qui avait pris la suite de celle de Montmartre, s'installa sur la place Jules-Joffrin.

Citons parmi les personnes qui furent maires de Montmartre : Félix Desportes (cf. ci-après), le baron de Trétaigne, père de l'historien de Montmartre (1855-1865), Clemenceau (1870), J. B. Clément sous la Commune (du 19 mars au 25 mai 1871), Clemenceau encore, etc.

RUE ANTOINETTE / Cette rue, ouverte vers 1840 sur une partie de l'emplacement de l'abbaye des Dames de Montmartre, s'est appelée jusqu'en 1879 rue *Marie-Antoinette,* prénom de la femme de l'un des propriétaires qui l'ont percée.

Nº 23. (angle de la place des Abbesses). Emplacement de l'entrée de l'abbaye des Dames de Montmartre.

Nº 9. Couvent des Dames Auxiliatrices de la Rédemption, élevé, en 1887, sur l'emplacement du *Sanctum Martyrium* ou chapelle du Martyre.

Il était naturel que la Butte Montmartre, par son altitude, ses horizons, ses bois, ses ravins et ses sources, ait été choisie pour être, dès les premiers temps du paganisme, un lieu de culte, un lieu sacré. Sans doute la religion druidique eut-elle là des autels, mais de ceux-ci on n'a trouvé aucune trace.

La légende de Saint Denis : Puis vint le christianisme. Une légende orale, née sous le règne de Clovis, allait donner à la Butte Montmartre un vif éclat. Alors que l'histoire ne sait rien sur saint Denis, si ce n'est qu'il a dû vivre vers le milieu du IIIe siècle, que l'on ignore d'où il venait, comment et où il mourut, s'il était réellement accompagné par le diacre Éleuthère et le prêtre Rustique, la tradition de la mort du premier évangéliste parisien décapité près de Paris pour ne pas avoir consenti à renier son Dieu était déjà assez fortement établie dans la seconde moitié du Ve siècle pour que sainte Geneviève fasse ériger à Saint-Denis, vers 475, une basilique sur le lieu supposé de sa mort. Hilduin, abbé de Saint-Denis vers 820, reprit cette légende; il la modela, l'altéra au mieux des intérêts de son abbaye, affirma que saint Denis était le disciple que saint Paul avait converti sur l'Aréopage, que saint Clément, troisième successeur de saint Pierre, l'avait chargé d'évangéliser la Gaule, et que, mort décapité, il avait continué à marcher tenant sa tête entre ses mains jusqu'à Saint-Denis-de-l'Estrées où il serait finalement tombé.
Cette légende fut reprise au XIIIe siècle par Jacques de Voragine lorsqu'il écrivit sa *Vie des Saints,* devenue populaire sous le nom de *Légende Dorée.* D'après cette légende, saint Denis avait été chargé, avec d'autres missionnaires, d'évangéliser le nord de la Gaule. Saint Denis et ses compagnons, Éleuthère et Rustique, vinrent vers Lutèce, s'arrêtèrent à sa lisière sud et répandirent le nom du Christ jusqu'à ce que le préfet romain, Sisinius Fescenninus, les fît arrêter dans une carrière du faubourg Saint-Jacques, lieu de la première station de leur martyre (cf. nº 25, rue Henri-Barbusse). Saint Denis, qui avait eu sujet de célébrer l'office en des lieux sur lesquels seront plus tard édifiées les églises *Saint-Etienne-des-Grés* et *Saint-Benoît-le-Bétourné* (2e et 3e stations), fut incarcéré dans la Cité à la prison de *Glaucus* (4e station, église *Saint-Denis-de-la-Châtre,* maintenant Marché aux Fleurs), torturé et mis sur le gril à la pointe amont de la Cité (5e station, église *Saint-Denis-du-Pas),* et condamné à être décapité au haut de Montmartre devant le *Temple de Mercure.* Les soldats qui condui-

saient saint Denis, Éleuthère et Rustique, ayant renoncé à gravir la Butte jusqu'à son sommet, les décapitèrent à mi-pente (6e station, nº 9, rue Antoinette). La décollation faite, saint Denis se releva, ramassa sa tête, continua à monter la Butte conduit par un ange, lava son chef, souillé, à une source, descendit le versant nord, parcourut ainsi près de 6 kilomètres pour finalement, tomber et expirer près d'une pieuse veuve, Catulla, qui l'inhuma (7e station). Le blé poussa aussitôt sur sa tombe pour la masquer aux profanateurs; plus tard sainte Geneviève y éleva une basilique, celle de Saint-Denis. Cette légende eut un retentissement énorme et connut un succès triomphal; les ménestrels, les trouvères, les troubadours la colportèrent de châteaux en châteaux, de fermes en fermes, et la contèrent le soir lors des veillées sous l'âtre. Dès lors, la Butte Montmartre fut connue de toute la chrétienté.

La Sanctum Martyrium : Ce qui est certain est qu'il y eut à Montmartre, comme aux autres lisières de Paris, des inhumations de chrétiens et que leurs ossements furent recueillis et groupés dans une carrière de plâtre située à mi-hauteur de la Butte. C'était là un *martyrium,* mot qui au haut Moyen Age désignait un champ des morts, un cimetière de chrétiens persécutés. On le surmonta, on ne sait à quelle époque, vraisemblablement au IXe siècle, d'une petite chapelle, le *Sanctum Martyrium,* qui devint un lieu de pèlerinages.

Fondation de l'abbaye : Vers 1123, le monastère parisien de Saint-Martin-des-Champs, qui possédait déjà la chapelle et le cimetière situés au sommet de la Butte, reçut aussi en don la petite chapelle du *Martyrium.*

En 1133, le roi Louis VI le Gros, cédant aux instances de sa femme, la reine Adélaïde de Savoie, sœur du pape Calixte II, résolut d'installer à Montmartre un monastère de femmes. Il fit un échange avec les moines de Saint-Martin-des-Champs et, contre leur domaine de Montmartre, il leur céda le sanctuaire parisien de Saint-Denis-de-la-Châtre. Ceci fait, il fit construire au haut de la Butte une église et un monastère que desservirent des bénédictines venues du couvent de Saint-Pierre-des-Dames, récemment fondé à Reims, et il leur donna un grand nombre de biens. La reine Adélaïde vint s'y retirer dans sa vieillesse, elle y prit le voile et y mourut en 1154; son corps fut inhumé devant le maître-autel. Dès lors l'abbaye allait se développer considérablement et devenir une des plus importantes et des plus riches du royaume.

Fondation de l'Ordre des Jésuites : Le 15 août 1534, Ignace de Loyola et 6 compagnons, un Navarrais, François Xavier, alors professeur de philosophie au *collège de Beauvais,* un Français, Pierre Fabre, prêtre

L'abbaye de Montmartre / Plan de Turgot 1734

savoyard, trois Espagnols, Jacques Lainez, Alphonse Salmeron, Nicolas Bobadilla, et un Portugais, Simon Rodriguez, gravirent les pentes de la Butte Montmartre pour aller officier dans la *chapelle du Martyrium*. Cette chapelle, refaite en 1134, comportait une crypte à laquelle conduisait un escalier de 15 marches; au-dessous d'elle était un caveau auquel conduisait un escalier de 45 marches, mais il y avait des siècles que cet escalier s'était effondré et que le caveau était oublié. Pierre Fabre célèbra la messe dans la crypte. Avant la communion, lui et ses compagnons firent, un à un, « vœu de pauvreté, de chasteté, de s'embarquer pour Jérusalem et, au retour, de se consacrer avec l'aide de Dieu au salut des infidèles, non moins qu'à celui des fidèles, par la prédication, la confession et l'administration de l'Eucharistie sans recevoir aucune rémunération ». Le pape Paul III approuva, par une bulle de 1540, cet Ordre qu'ils avaient appelé, en 1537, *Compagnie de Jésus.*
Les Jésuites de Paris apposèrent, au début du XVIIe siècle, dans la *chapelle du Martyrium,* une plaque de cuivre, disparue à la Révolution, dont la copie a été replacée, en 1890, dans la chapelle actuelle du couvent des Dames Auxiliatrices du Purgatoire. Son inscription latine dit :

Arrête-toi, spectateur, et lis dans ce tombeau des martyrs quel fut le berceau d'un grand ordre religieux. La Société de Jésus qui reconnaît saint Ignace de Loyola pour père, eut Paris pour mère, l'an du salut 1534, *le* 15 *août. Elle a pris naissance ici le jour qu'Ignace lui-même et ses compagnons mystiquement unis à Dieu par la sainte communion, se consacrèrent perpétuellement à son service par des vœux religieusement prononcés au pied de cet autel.*

Le roi de Navarre à l'abbaye de Montmartre : En 1590, l'abbesse de Montmartre était Claude de Beauvilliers. Elle avait 17 ans et était la fille de Claude de Beauvilliers, comte de Saint-Aignan, et de Marie Babou de la Bourdaisière (cf. n° 21, rue de l'Arbre-Sec). Lorsque le roi de Navarre, le futur Henri IV, vint, cette année-là, assiéger Paris avec 12.000 hommes, il mit en batterie sur la Butte 2 pièces d'artillerie et se logea à l'abbaye.
On a raconté bien des choses sur le séjour qu'y fit le « Vert-Galant ». Pour les uns, il prit grand soin du monastère, pour d'autres, il arriva entre le roi de Navarre et Claude de Beauvilliers ce qui n'aurait pas dû arriver... L'exemple du roi et de l'abbesse fut suivi par ses lieutenants et par ses nonnes. Cela parvint rapidement à la connaissance des Parisiens assiégés qui, irrités, traitèrent l'abbaye de Montmartre de « magasin des p... de l'armée ». Lorsque le roi de Navarre leva, en juillet 1590, le siège de Paris et partit pour Senlis, Claude de Beauvilliers le suivit. Elle eut sujet de présenter au roi sa cousine germaine, Gabrielle d'Estrées, fille de Françoise Babou de la Bourdaisière, qui devait la supplanter dans le cœur du roi. Peu

après, Henri IV donnait à Claude de Beauvilliers l'abbaye de Pont-aux-Dames en dédommagement de celle de Montmartre.

Ce qui est certain, c'est que l'abbaye de Montmartre était depuis l'époque de la Ligue fort déréglée. La sœur de Claude de Beauvilliers, Marie de Beauvilliers, trouva cette abbaye en piteux état lorsqu'elle en fut nommée abbesse en 1598. Elle avait alors 24 ans. L'abbesse dit à l'historien Sauval que « le jardin était en friche, les murs par terre, le réfectoire converti en bûcher, le cloître, le dortoir et le chœur, en promenade; peu de religieuses chantaient l'office, les moins déréglées travaillaient pour vivre et mouraient presque de faim; les jeunes faisaient les coquettes; les vieilles allaient garder les vaches et servaient de confidentes aux jeunes ». La crosse abbatiale avait été mise en gage pour la somme de 200 écus, la grange était saisie, les bâtiments tombaient en ruines et on ne trouva pas de meubles pour garnir la chambre de la nouvelle abbesse. La Mère de Blémur a précisé, par écrit, en 1668, qu'il « n'y avait ni clôture, ni pauvreté observée, que les entretiens de galanterie étaient fort fréquents »... et « qu'il se passa bien des choses au déshonneur du couvent ».

La courageuse abbesse réussit finalement à remettre de l'ordre dans la communauté. Elle entreprit la réparation des bâtiments de son monastère en commençant par le *Martyrium* qui, loin de la clôture, était encore en plus mauvais état que l'abbaye.

Le 13 juillet 1611, les ouvriers qui travaillaient aux fondations de la crypte de cette chapelle virent, avec surprise, une de leurs pioches disparaître dans le sol. Ils élargirent la brèche, découvrirent les vestiges d'un profond escalier dont ils descendirent les 45 degrés et trouvèrent en bas un caveau voûté d'environ 10 mètres de long sur 2 à 3 mètres de large, pris dans le roc de plâtre. On y découvrit, sur le côté de l'orient, une dalle élevée sur deux pierres, sans doute un autel, portant en son centre une croix gravée au ciseau, deux autres croix étaient gravées sur la roche, ainsi que 2 inscriptions illisibles, sauf trois groupes de lettres : MAR, CLEMIN et DIO, que l'on traduisit par *Martyre, saint Clément* et *Denis*.

Sans aucun doute on venait de retrouver le lieu du martyre de saint Denis! L'émotion à Paris fut considérable. Marie de Médicis s'y rendit; toute la Cour et 60.000 personnes firent de même et les pèlerinages prirent de ce jour une nouvelle ampleur.

Marie de Beauvilliers mit à profit cette affluence de pèlerins pour recueillir des dons qu'elle employa à la restauration de son abbaye. Elle obtint, en 1622, la transformation de la chapelle du *Sanctum Martyrium* en prieuré; dix religieuses de l'abbaye descendirent alors occuper les locaux que l'on construisit autour d'elle pour la circonstance. Comme les allées et venues entre « l'abbaye d'en haut » et le « prieuré d'en bas » étaient difficiles du fait des 400 mètres que les religieuses devaient parcourir sur un chemin toujours escarpé et souvent glissant, la duchesse de Guise fit construire entre les deux établissements une longue galerie de cloître (celle-ci était située un peu à l'ouest de notre rue Drevet).

L'abbaye d'en bas : L'abbaye était donc divisée en deux, ce qui était incommode. Finalement, toute l'abbaye se transporta en bas en 1686. Les bâtiments du haut, d'ailleurs bien vieux et bien délabrés, ne servirent plus que de communs; seule fut conservée la chapelle abbatiale réduite au « chœur des Dames » (cf. ci-après.)
De nouveaux bâtiments avaient été élevés autour de l'ancien prieuré devenu, dès lors, l'abbaye des Dames de Montmartre. Celle-ci comprenait un cloître et de grands édifices; son entrée était à l'endroit indiqué plus haut (place des Abbesses). La chapelle était riche en reliques; on y voyait entre autres un morceau de la robe du Christ, une dent de la reine Berthe, des ossements des martyrs de Montmartre, etc.
L'abbaye de Montmartre resta à cet emplacement de 1686 jusqu'à la Révolution.

Les abbesses de Montmartre : 46 abbesses dirigèrent ce monastère. Citons parmi elles, en plus de Claude et de Marie de Beauvilliers, Antoinette Auger (1532-1539), en fonction lorsque Ignace de Loyola et ses compagnons firent au *Sanctum Martyrium* le pèlerinage d'où sortit la Compagnie de Jésus; François-Renée de Lorraine (1657-1682), dont l'importante famille considéra l'abbaye de Montmartre comme étant sienne; citons aussi Marie de Bellefonds (1700-1717), Marguerite de Rochechouart (1717-1727), Louise de la Tour d'Auvergne (1727-1735) et Catherine de la Rochefouchauld-Cousage (1735-1760) dont quatre rues de Paris portent leur nom. La 46e et dernière abbesse de Montmartre fut Louise de Montmorency-Laval, décapitée le 2 juillet 1794, à l'âge de 71 ans. Mme de Montmorency-Laval, complètement sourde et aveugle n'entendit rien de ce que lui raconta le Tribunal Révolutionnaire, rien à ce qu'il lui montra; aussi, un instant après, était-elle condamnée à mort à la requête de Fouquier-Tinville pour « avoir comploté sourdement et aveuglement contre la République ».

Les biens de l'abbaye, confisqués en 1792, furent lotis et vendus en 1794; la plupart de ses acheteurs furent des maçons, entrepreneurs et carriers. L'un d'eux acheta le lot renfermant le *Sanctum Martyrium* et les bâtiments du monastère; il les rasa complètement pour tirer profit de la vente des matériaux de démolition, puis il défonça le sol pour en extraire le plâtre. Aussi, ne reste-t-il absolument plus rien de l'abbaye de Montmartre, de sa chapelle et de ses deux cryptes légendaires jusqu'alors si connues des Parisiens. Lorsqu'on combla plus tard la carrière ainsi ouverte, on perça sur le dessus des rues où on

édifia des constructions qui rendirent l'endroit méconnaissable.
Les Jésuites recherchèrent vainement, en 1824, les traces de la chapelle et ne cessèrent depuis de s'intéresser au lieu qui avait été le berceau de leur Ordre. Ils achetèrent une partie de l'ancien terrain sur laquelle l'abbé Le Rebours, curé de la Madeleine, fit élever, en 1870, une chapelle provisoire.
En 1880, les Pères de la Compagnie de Jésus et l'abbé Le Rebours confièrent ce terrain et cette chapelle aux Dames Auxiliatrices du Purgatoire. Elles firent élever, en 1887, en bordure du nº 9 de la rue Antoinette, la façade grave du monastère actuel dont la chapelle, avec sa crypte décorée de tableaux relatifs à certains des événements ci-dessus relatés, est située, à quelques mètres près, sur l'emplacement du légendaire *Sanctum Martyrium*, lieu de la décapitation de saint Denis et berceau de la Compagnie de Jésus.

Revenir sur ses pas et prendre, à droite, la rue des Martyrs jusqu'à la RUE LA VIEUVILLE, de 1840. Au nº 20, ouvre une cité qui a conservé le nom de CITÉ DE LA MAIRIE dû au voisinage de l'ancienne mairie de Montmartre. Prendre les escaliers constituant la rue Drevet; son côté gauche longe quelque peu l'emplacement de cette galerie de cloître qui, de 1625 à la Révolution, relia l'abbaye d'en bas à celle d'en haut.
La RUE DREVET est de 1840; elle coupe la RUE DES TROIS-FRÈRES, de 1840, dont le nom se rapporte aux trois frères Dufour, propriétaires; elle coupe ensuite les RUES BERTHE et GABRIELLE également de 1840; ces noms de Berthe et de Gabrielle sont les prénoms de la fille et de la femme d'un ancien propriétaire (à noter que les immeubles situés du côté pair de la rue Gabrielle limitent le côté méridional du site du Vieux Montmartre, classé en 1949. Ce site est délimité par les rues Gabrielle, Norvins, Girardon, Saint-Vincent, de la Bonne, et le square Saint-Pierre).
Prendre, presque en prolongement de la rue Drevet, la RUE DU CALVAIRE, toute en escaliers; elle aboutit à la PLACE DU CALVAIRE, la plus petite de Paris, épanouissement de la place du Tertre, appelée jusqu'en 1873, place *Sainte-Marie*.

PLACE DU TERTRE / Cette place, ancienne place publique du village de Montmartre indiquée sur les plans de 1672, a été ouverte (et plantée d'arbres) en 1635 sur un terrain donné par l'abbaye. Son nom peut provenir, soit de ce qu'elle était située sur le sommet de la Butte, soit d'une famille Dutertre dont un membre, Guillaume Dutertre, avait été engagé en 1503 par l'abbesse de Montmartre comme receveur des biens de l'abbaye.
La potence de la justice de l'abbesse et son carcan, ont été dressés, de 1674 à la Révolution, sur cette place qui possède encore quelques maisons du

XVIIIe siècle comme le n° 3 (restaurant fondé en 1793) et les nos 6, 9 et 1. D'autres ont disparu, remplacées par des constructions modernes qui ont fait perdre à cette place une partie de son cachet.
A la fin de la guerre de 1870-1871, on rassembla sur la place du Tertre 171 canons qui avaient été utilisés pour la défense de Paris; ce parc d'artillerie allait être l'origine de la Commune de 1871.
N° 3. Ancien siège de la mairie de Montmartre (inscription) installée, à partir de 1790, au premier étage du ci-devant presbytère, à côté du domicile de son premier maire, Félix Desportes, dont l'existence fut mouvementée car il servit tous les régimes. Fils d'un épicier de Rouen, quelque peu avocat, il habitait la place du Tertre depuis 1788. Président de l'assemblée des représentants du *Montmartre extra-muros,* il fut élu maire en mars 1790; il avait 27 ans. Il devint, en 1794, ministre plénipotentiaire près de la République de Genève, mais quelque peu traité de réactionnaire, il fut exclu du club des Jacobins, puis arrêté; il aurait fini sur l'échafaud si le 9 thermidor ne l'avait sauvé. Ce « caméléon politique », ainsi qu'on l'appela (car il servit le Directoire, le Premier Consul, l'Empire qui le fit baron, les Bourbons en 1814, puis à nouveau Napoléon...) mourut en 1849, à 86 ans, rue Laffitte, complètement oublié.

Prendre, aller et retour, la
RUE SAINT-ÉLEUTHÈRE / Cette rue qui porte, depuis 1867, le nom d'un des compagnons de saint Denis, est la réunion de deux anciennes rues du village de Montmartre ouvertes vers la fin du XVIIe siècle sur l'enclos de l'abbaye : la rue *du Pressoir* et la rue *Saint-Paul*; elle possède encore quelques vieilles maisons.
A son n° 2, la RUE AZAIS, de 1867, passe sur le pressoir de l'ancienne abbaye où les vignerons de Montmartre devaient, obligatoirement, faire pressurer leur vendange.

RUE DU MONT-CENIS *(section comprise entre les rues Norvins et du Chevalier-de-la-Barre)* / Cette rue est à l'emplacement d'un vieux chemin très abrupt qui constitua longtemps la seule voie d'accès à la Butte par son versant nord. Il reliait l'abbaye de Saint-Denis à celle de Montmartre et, à ce titre, il était emprunté par la procession qui se rendait de l'abbaye de Saint-Denis à celle de Montmartre tous les 7 ans au début de mai. En tête de cette procession 4 moines, vêtus de rouge, portaient la tête de saint Denis que les nonnes à l'église venaient baiser dévotement pendant que l'on chantait le *Te Deum.* La dernière de ces processions eut lieu en 1784, la suivante aurait dû se faire en 1791.
Ce chemin s'appela donc le chemin *de la Procession* jusqu'en 1868.
Cette rue a perdu tout son caractère pittoresque depuis qu'y ont été construits, en 1925, des immeubles qui l'ont irrémédiablement mutilée.

Nº 2. Église Saint-Pierre de Montmartre, cimetière du Calvaire et jardin du Calvaire.

L'abbaye d'en haut : Nous avons vu que les Dames de Montmartre étaient restées installées sur le haut de la Butte depuis la fondation de l'abbaye, en 1133, jusqu'en 1686, date à laquelle elles furent groupées dans l'abbaye d'en bas.
Jusque vers 1635, les bâtiments conventuels de l'abbaye d'en haut formaient, avec les jardins et les vignobles attenants, un ensemble de 13 hectares qui recouvrirait de nos jours le jardin du Calvaire (emplacement du cloître), les réservoirs, la rue Azaïs, le square Nadar et s'étendrait jusqu'à la branche sud de la rue Saint-Éleuthère. L'entrée du monastère se trouvait sur le parvis de l'église, à l'emplacement actuel de l'entrée du jardin du Calvaire.
Lorsque les religieuses s'établirent en bas, en 1686, elles utilisèrent pour la construction de leur nouveau monastère une partie des pierres des bâtiments, alors bien vétustes, de l'abbaye d'en haut. Elles cédèrent à la paroisse un coin de leur verger et conservèrent la galerie couverte (ce chemin de cloître indiqué plus haut), afin de pouvoir continuer à aller prier dans la partie qu'elles s'étaient réservée dans l'église Saint-Pierre.

L'église Saint-Pierre-de-Montmartre : Lorsque Louis VI le Gros ordonna, en 1133, l'édification d'un monastère au haut de la Butte, il pensa aux besoins religieux des laïcs habitant cet endroit. Un seul bâtiment pouvait suffire pour les religieuses et pour les laïcs. L'église que l'on construisit fut donc double : un mur élevé à hauteur de la fin de la troisième travée la séparait en deux parties, l'une, côté façade, fut l'église de la paroisse (l'église Saint-Pierre) et l'autre, côté du chœur, la chapelle du couvent (la chapelle saint-Denis).
Ce bâtiment, commencé en 1133, fut terminé en 1147. Il constitue la plus vieille église de Paris.
C'est une église, orientée est-ouest, de style gothique, comportant une nef de quatre travées séparée de chaque bas-côté par un rang de six piliers, un transept sans saillie, et une abside transformée, à la fin du XIIe siècle, en un hémicycle éclairé par trois grandes fenêtres en ogive. L'abside est flanquée de deux absidioles, l'une en cul-de-four, l'autre voûtée d'arêtes qui constituent les parties les plus anciennes de l'église avec la voûte d'ogives du chœur achevée en 1147. Les trois travées de la nef qui précèdent le chœur sont de la même époque, mais leurs voûtes ne sont que de 1470. Les bas-côtés ne sont pas voûtés. Des boudins montent du sol jusqu'à la naissance de la voûte de la nef, ils se convertissent en nervures dont, aux points d'intersection, les clefs représentent : à la première travée une rosette à 8 rayons, à la deuxième un bouquet de feuilles, à la troisième un écusson, à la quatrième les armes de France. L'église comporte deux étages de

fenêtres qui semblent avoir été autrefois celles d'une galerie longeant chaque côté de la nef; il en reste des tribunes qui furent pendant un temps un ossuaire. Elle comporte, en outre, un comble dont une partie de la charpente date encore du milieu du XIIe siècle et elle possède quatre antiques colonnes de marbre (deux à l'entrée, deux encerclées, dans le chœur) provenant de la chapelle du VIe siècle qui existait ici avant l'église Saint-Pierre, laquelle avait pu les tenir elle-même d'un temple romain jadis édifié à cet endroit. La colonne située à gauche de l'entrée centrale porte sur son chapiteau une croix pattée de l'époque carolingienne, symbole de sa purification.

Il y a d'autres chapiteaux anciens : l'un d'eux, en face de l'entrée de la sacristie, représente la *Luxure* sous la forme d'un homme à tête de porc chevauchant à rebours un bouc dont il relève la queue; d'autres sont ornés de feuilles d'acanthe et de nénuphar stylisées.

A remarquer (transept gauche) les fonts baptismaux, portant le millésime de 1537, avec deux clefs en sautoir sur un écusson; la cuve, ovale, rappelle le berceau de Moïse, elle est enjolivée de sculptures style Renaissance. A remarquer aussi, à gauche de l'entrée de la sacristie et dans les absidioles, des pierres tombales dont il sera question plus loin. L'orgue, de 1770, provient de l'église de *Saint-Pierre-des-Arcis,* jadis dans la Cité.

La façade actuelle remplace, depuis 1775, la vieille façade gothique de 1133 à trois pignons percés de baies circulaires lobées de trèfles à quatre feuilles. A l'extérieur, le chevet est soutenu par de massifs contreforts à glacis; le clocher a été reconstruit au début du XIXe siècle sur les fondations de l'ancien.

L'église fut réparée un grand nombre de fois; en particulier on remit à neuf, en 1461, le clocher, une partie de la charpente et la couverture.

Lorsque les religieuses descendirent à l'abbaye d'en bas, en 1686, les paroissiens de Saint-Pierre obtinrent l'agrandissement de leur église au détriment de celle des moniales (la chapelle Saint-Denis) en reportant plus près du chœur le mur de séparation, ne laissant aux religieuses que le *chœur des Dames,* nom donné à l'abside et aux 2 absidioles qu'elles se réservèrent pour quelques cérémonies et pour la sépulture de leurs abbesses. L'église Saint-Pierre, ainsi agrandie, bénéficia, en outre, d'un clocher particulier édifié à l'extérieur contre la façade nord, mais il avait été bien spécifié qu'il serait moins haut que celui du *chœur des Dames* afin de bien marquer l'état de dépendance de la paroisse vis-à-vis de l'abbaye. Ce clocher fut démoli en 1850, jusqu'à cette date l'ensemble eut 2 clochers.

A la Révolution, le *chœur des Dames* fut désaffecté. En 1794, on le surmonta d'une tour supportant un télégraphe Chappe qui fonctionna jusqu'en 1844, date où il fut détruit par un incendie.

L'église Saint-Pierre connut une existence bien plus

mouvementée que le *chœur des Dames*. Elle ne fut pas vendue, étant paroissiale, mais on la ferma de 1793 à 1795. Sa vétusté était devenue telle en 1850 que l'on envisagea de la jeter bas; toutefois il ne fut pas donné suite à ce projet. Mais le jour arriva où il fut nécessaire de la fermer; son effondrement sur la tête des fidèles devenant de plus en plus probable. Sans attendre sa démolition, on commença la construction en 1894, sur la place des Abbesses, de son église de remplacement, « Saint-Jean-des-Briques ».

En 1899, à une époque où l'anticléricalisme était en vogue, des artistes de Montmartre, dont Willette, décidèrent d'offrir au conseiller municipal Eugène Fournière, socialiste et anticlérical notoire, un « bon déjeuner » à la suite duquel ils le convainquirent de demander à la Ville les crédits nécessaires à la restauration de l'église Saint-Pierre dont le maintien, lui dit-on, « jouerait un bon tour au Sacré-Cœur », alors en construction. Ainsi fut fait. Les crédits furent obtenus et l'église Saint-Pierre, surnommée un instant « Notre-Dame-de-Fournière », fut reprise détail par détail, réparée complètement et mise en son état actuel par Sauvageot. Elle rouvrit ses portes en 1908; le *chœur des Dames,* pareillement restauré, lui fut alors adjoint.

Sauvageot trouva dans l'église Saint-Pierre plusieurs pierres tombales d'abbesses. On voit, à gauche de la porte de la sacristie, un fragment de la dalle ayant fait partie du tombeau de la fondatrice de l'église, la reine Adélaïde de Savoie, décédée en 1154 et enterrée alors devant le maître-autel du *chœur des Dames*. L'abbesse Françoise-Renée de Lorraine avait fait restaurer, vers 1650, son tombeau sur lequel fut gravée une inscription en hommage à « l'illustre et très pieuse Princesse Madame Alix de Savoye, Reine de France... ».

On voit dans l'absidiole nord (celle de gauche) deux autres pierres tombales : celles d'Antoinette Auger, abbesse de 1518 à 1539, et de Catherine de La Rochefoucauld de Cousage, abbesse de 1735 à 1760. L'absidiole sud contient aussi deux pierres tombales d'abbesses, la première est celle d'Ade de Mincy (1317); la seconde, en plusieurs morceaux, représente une effigie d'abbesse debout dans une baie gothique entre des fleurs de lis, tenant d'une main la crosse, de l'autre un missel à fermoir; c'est la pierre tombale de Mahaut de Fresnoy qui trépassa en janvier 1280.

Citons parmi les personnes qui furent enterrées à Saint-Pierre : Mlle Camille, actrice de la Comédie-Italienne (1768) et le fermier général Gaillard de la Bouexière (1773); parmi celles qui y furent baptisées en 1637, Marie-Anne de Lorraine-Harcourt, âgée de 10 ans, habitant l'abbaye dont elle devint, en 1683, la 41e abbesse, et, en 1779, Hélène Vassal qui, comtesse de Montholon, devait, avec son mari, accompagner Napoléon à Sainte-Hélène; et parmi celles qui s'y marièrent : les princes François et

Henri-Charles de Lorraine (1660 et 1669) et le bourreau Charles-Henri Sanson (1766) qui décapita Louis XVI.

Le cimetière du Calvaire : Le petit cimetière de ce nom, ouvrant sur le côté gauche du parvis de l'église Saint-Pierre, se trouve sur l'emplacement d'un ancien cimetière mérovingien s'étendant jusque sous le Sacré-Cœur et remontant à l'époque où, à la place de l'église Saint-Pierre, s'élevait la chapelle du VIe siècle.
Quoiqu'on ait découvert, en 1875, derrière l'abside de l'église Saint-Pierre des sépultures des XIIIe, XIVe, XVe et XVIe siècles on n'a pas de renseignements sur l'endroit où les paroissiens de Saint-Pierre de Montmartre purent être inhumés avant 1688; peut-être l'ont-ils été tous dans l'église, ce qui n'est pas impossible étant donné qu'ils n'étaient guère nombreux. En 1688, les Dames de Montmartre donnèrent à la paroisse un petit terrain, prélevé sur leur verger, pour servir de cimetière (en fosse commune) aux paroissiens infortunés. Il devint, à la Révolution, la propriété de la commune de Montmartre. Fermé peu après, remplacé par celui du *Champ-du-Repos* (cimetière Montmartre), il fut rouvert en 1801, puis fermé en 1823 lorsqu'il fut plein. Toutefois, des vides s'étant produit (on inhumait alors en fosses particulières) des inhumations purent y avoir lieu de 1828 à 1831. Il fut remplacé à cette date par le cimetière Saint-Vincent (cf. ci-après) et, depuis lors, il ne sert plus qu'aux membres des rares familles qui y ont une concession faite à perpétuité.
Citons, parmi les tombes aux inscriptions bien effacées qu'il renferme, les sépultures des Bougainville représentés par le cœur du navigateur (1814) et par celui de son fils (1801); celles de la princesse Galitzine (1804); de Mme Swetchine, la « Mme de Sévigné russe », (1857) et de son mari, le général (1850); de Mgr Bernier (1806) l'un des négociateurs du Concordat; des familles Rigaud de Vaudreuil, Fitz-James, de Laborde, de Vintimille, de Portal; du premier maire de Montmartre Félix Desportes; des meuniers comme les Debray, au monument reconnaissable à son petit moulin (cf. ci-après).

Le Calvaire de Montmartre : En 1833, l'abbé Ottin installa un Chemin de Croix à l'extérieur de son église. Son Calvaire comportait, autour d'un jardin anglais, neuf stations en bas-reliefs de plâtre et un rocher factice aménagé en une grotte qui, dans sa pensée, devait rappeler le Saint-Sépulcre. Ce rocher était surmonté de trois grandes croix alors visibles de la capitale qu'elles dominaient. Celle du Christ est, peut-être, originaire de l'ancien calvaire du Mont-Valérien.
Malgré les indulgences plénières qu'y avait attachées le Saint-Siège, l'« œuvre du Calvaire » fut désastreuse pour les finances de l'abbé Ottin qui, finalement, dut se démettre de ses fonctions. Le voisinage de la

L'Église Saint-Pierre de Montmartre / Le chœur des dames, désaffecté de 1792 à 1908

basilique du Sacré-Cœur devait achever de porter un coup mortel à la tentative de faire de ce Calvaire un lieu de pèlerinage.

RUE DU MONT-CENIS *(suite)* / N° 5. Maison à pignon.
N° 6. Statuette de saint Joseph dans sa niche.
N° 18. Emplacement d'une maisonnette, dite de *Mimi-Pinson,* qui eut sa célébrité à l'époque récente du Montmartre « terre libre des artistes ». Un bas-relief placé sur cet immeuble rappelle cette maisonnette emportée lors de la « modernisation », en 1925, de la rue du Mont-Cenis.

Revenir sur ses pas et prendre la
RUE DU CHEVALIER-DE-LA-BARRE / Cette rue, déjà indiquée en 1672, a été formée, en 1868, par la réunion de deux rues, à savoir, la rue *des Rosiers* et la rue *de la Fontenelle.*
N° 36. Emplacement du mur (remplacé en 1914) contre lequel furent fusillés, le 19 mars 1871, les généraux Lecomte et Clément Thomas, événement qui marqua le début de la Commune. Le général Lecomte avait été chargé de faire enlever les 171 canons qui avaient été parqués sur la place du Tertre afin de les soustraire aux Prussiens, enlèvement auquel s'opposèrent des Montmartrois à l'esprit échauffé par la signature de la capitulation.
N° 30. La RUE DE LA BONNE doit son nom à une antique fontaine de la Butte Montmartre appelée de la *Bonne Eau,* et encore de la *Bonne Fée* et, également de la *Bonne Fontaine.* Cette fontaine, dont on fit un très grand usage au XVIIIe siècle, a disparu vers 1850. L'ancienne rue *de la Fontenelle* commence au-delà de la rue de la Bonne; c'était un chemin escarpé passant entre deux carrières à ciel ouvert; l'une de celles-ci est encore reconnaissable sur le côté gauche de la partie inférieure de la rue. Cette rue devait son nom à une source naturelle abondante, *la Fontenelle,* située sur son côté droit, à mi-chemin de sa descente. L'exploitation d'une carrière de plâtre la fit tarir vers le milieu du XVIIIe siècle.
La rue du Chevalier-de-la-Barre aboutit dans la rue Ramey à proximité du carrefour des rues Ramey et Clignancourt. La RUE RAMEY a été jusqu'en 1865 une ancienne section de la *chaussée de Clignancourt* conduisant de la *barrière Rochechouart* à la rue Marcadet, voie principale du hameau de Clignancourt.

RUE DE CLIGNANCOURT *(section comprise entre la rue Ramey et le boulevard de Rochechouart)* / Cette section est une autre partie de l'ancienne *chaussée de Clignancourt.*
N°s 42 à 54. Emplacement du *Château-Rouge.*
Le Château-Rouge : Le *Château-Rouge* avait été édifié, en 1780, en bordure de la *chaussée de Clignancourt,* par un sub-délégué de l'intendance de Paris nommé Christophe. C'était alors une belle demeure, en briques

et en pierres, située au milieu d'un vaste parc. L'ensemble couvrait un emplacement que délimiteraient de nos jours les rues Doudeauville, des Poissonniers, Christiani et Ramey.

Le roi Joseph, frère de Napoléon, qui avait été mis, fin mars 1814, à la tête des troupes chargées de la défense de Paris, installa au *Château-Rouge* son poste de commandement et le Conseil de défense. Lorsque celui-ci lui fit connaître, le 30 mars, que toute résistance était inutile, le roi Joseph autorisa « M. le Maréchal duc de Trévise et M. le Maréchal duc de Raguse à entrer en pourparlers avec le prince de Schwartzemberg et l'empereur de Russie qui sont devant eux », et il partit pour Blois rejoindre l'Impératrice.

Cette propriété fut lotie en 1844 et disparut avec le percement des rues *du Château-Rouge* (Poulet), *Frédéric* (Myrha), *Neuve-de-Clignancourt* (de Clignancourt) et *Charles-Henri* (section de la rue Custine).

Il n'en restait plus, en 1845, que la partie centrale du pavillon qu'acheta un M. Bobœuf. Il y installa un bal public, un bal champêtre, le *bal du Château-Rouge* ou du *Nouveau Tivoli* très en vogue de 1848 à 1864. Ce fut dans les jardins de ce bal qu'eut lieu, le 9 juillet 1847, le premier de ces banquets « réformistes » d'où devait sortir la révolution de février 1848; le prix du banquet était de 5 sous par personne; 1.200 personnes y assistèrent, dont 86 députés; le retentissement de cette réunion fut considérable.

Le bal du Château-Rouge ferma ses portes en 1882 et fut démoli; des maisons de rapport uniformes furent alors édifiées sur son emplacement du n° 42 au n° 54 de la rue de Clignancourt et du n° 7 au n° 13 *bis* de la rue Custine.

N° 1. Emplacement du cabaret du *Petit-Ramponeaux,* fondé en 1790. Il devint, vers 1859, un restaurant et un café élégant qui fit de cet établissement une curiosité parisienne.

DE LA BARRIÈRE BLANCHE AU MANOIR DE CLIGNANCOURT

Point de départ : la place Blanche.

RUE LEPIC / Cette rue n'était qu'un vague chemin de terre aboutissant dans des champs lorsque Napoléon se rendit à Montmartre, un jour de l'année 1809, visiter le télégraphe Chappe dressé sur le chevet de l'église Saint-Pierre. Il avait pris pour s'y rendre le seul chemin d'accès à la Butte, le *Vieux-Chemin* (rue Ravignan). Mais celui-ci était si escarpé et si mauvais que l'Empereur dut descendre de cheval à mi-hauteur et poursuivre son ascension à pied. Reçu à l'église Saint-Pierre par le curé Caire de Blazer, celui-ci ne manqua pas de lui signaler l'intérêt qu'il y aurait à doubler le *Vieux-Chemin* d'une bonne route praticable en tous temps aux cavaliers et aux voitures. L'Empereur lui promit qu'il aurait satisfaction; d'où la construction de la rue Lepic qui gravit en lacets le flanc sud-ouest de la Butte. On l'appela d'abord rue *de l'Empereur,* nom qui fut remplacé en 1864 par le nom actuel.

N° 12. La RUE COUSTOU est l'ancienne rue *Florentine* de 1800 à 1864. Un restaurant y servait, en 1860, pour 28 sous, des repas comprenant le potage, le bœuf bouilli, un gigot, des légumes, une salade, un dessert et une bouteille de vin, le tout de bonne qualité.

N° 22. La RUE ROBERT-PLANQUETTE a été, de 1843 jusqu'en 1926, l'*avenue des Tilleuls*; celle-ci se terminait dans un enclos, appelé *Lucas,* puis de la *Californie,* où habitèrent, vers 1855, une actrice des Variétés, Mlle Flore, vers 1858 l'acteur Hyacinthe, du Palais-Royal, et vers 1860 François Coppée.

N° 31. La RUE JOSEPH-DE-MAISTRE est l'ancienne rue *des Dames* du XVIIe siècle, prolongement de la rue *des Dames,* du quartier des Batignolles; elle conduisait, par la rue des Abbesses, à l'abbaye d'en bas des Dames de Montmartre.

Au carrefour des rues Lepic et Joseph-de-Maistre prendre, à droite, la rue des Abbesses jusqu'à la

RUE RAVIGNAN / Cette rue, une des plus anciennes du village de Montmartre, est une partie de l'unique chemin qui conduisait de Paris à l'abbaye d'en haut. Son trafic était si important qu'il fût nécessaire de la paver en 1646, mais les charrois des plâtriers furent tels que ce pavage ne tint pas. A la Révolution on la nommait déjà le *Vieux-Chemin*; elle a pris, en 1867, son nom actuel.

N° 13 (et PLACE ÉMILE-GOUDEAU). Le *Vieux-Chemin* traversait, à l'endroit où est maintenant cette place, des jardins fruitiers jadis propriété de l'abbaye. On conte que ce serait là que Napoléon attacha son cheval à un arbre lorsque, se rendant, en 1809, au haut de la Butte Montmartre, il dut abandonner sa monture pour gravir à pied la côte du *Vieux-Chemin.*

Un de ces arbres était un poirier énorme appelé, de ce fait, le *Poirier-sans-Pareil*; sous l'Empire il était enclos dans le jardin d'une guinguette située vers le n° 13 de la place Émile-Goudeau. Les Parisiens y venaient boire et danser, et aussi dîner sur une table installée, avec des chaises, dans les branches du poirier. La guinguette du *Poirier-sans-Pareil* connaissait un vif éclat lorsque, peu avant 1830, des grondements et des craquements se firent entendre dans son sous-sol miné par des carrières à plâtre. Ce fut la fin de la guinguette dont le nom fut rappelé jusqu'à ces derniers temps par un misérable hôtel meublé, logis d'artistes.

Alphonse Karr loua, vers 1830, une petite bicoque située dans les dépendances de l'ex-guinguette du *Poirier-sans-Pareil.* Il avait à cette époque 22 ans. Il a conté le charme de cet endroit où se trouvaient « de grands arbres, des buissons, des pelouses, une grotte avec une source limpide », d'où la vue s'étendait sur Paris « qui, la nuit, faisait l'effet de la mer, le bruit lointain des voitures rappelant celui des vagues ». Alphonse Karr reçut dans son « Tivoli » Alexandre Dumas, son aîné de cinq ans, et aussi Gavarni, de son véritable nom Sulpice Chevalier, son aîné de quatre ans. Celui-ci dessinait alors des costumes de théâtre et des gravures de modes; depuis un an il habitait avec ses parents une maisonnette voisine de l'église Saint-Pierre où il resta jusqu'en 1837. Alphonse Karr et Gavarni furent les premiers des artistes qui vinrent habiter la Butte.

Le Bateau-Lavoir : Une curieuse maison remplaça, vers 1860, la guinguette du *Poirier-sans-Pareil.* Construite, en grande partie en bois, sur le flanc d'une carrière éboulée, son rez-de-chaussée, situé au nº 13 de la rue Ravignan, correspond au deuxième étage de sa façade de derrière. Elle est encore compartimentée en petits logements d'une pièce qu'habitèrent, à partir de 1880, de nombreux artistes qui l'appelèrent le *Bateau-Lavoir.* Le premier de ces deux noms peut s'expliquer par l'agencement de l'intérieur où des couloirs, sur lesquels donnent les portes de ces logements, peuvent rappeler la disposition des coursives des paquebots; quant au second il n'a pu être donné que par ironie, la maison ne comportant qu'un unique poste d'eau. Cette maison allait devenir célèbre dans le monde des artistes depuis la fin du XIXe siècle jusqu'au début de la guerre 1914-1918; ne l'a-t-on pas appelée, au temps du cubisme, la « Villa Médicis de la peinture moderne » ?

Imposte de la porte (le monogramme est celui du premier propriétaire).

Nº 15. Vieille maison contemporaine de la précédente; toiture.

Prendre la RUE D'ORCHAMPT, ex-rue *Barthélémy,* puis la

RUE LEPIC *(suite — section comprise entre la rue d'Orchampt et la place Jean-Baptiste-Clément)* / Le peintre Ziem a eu au nº 72, un atelier qu'il quitta lorsqu'on construisit en face de celui-ci un immeuble qui masqua sa vue. Il installa alors son nouvel atelier au plus haut de la crête du Moulin de la Galette; il devait l'utiliser jusqu'à sa mort (1911).

Nº 100. Le haut de cette maison supporte un ancien observatoire qu'y fit construire, sous Napoléon III, le docteur autrichien David Gruby.

Nº 112. La RUE DE LA MIRE s'est appelée jusqu'en 1877 la *petite rue des Moulins.* Une plaque apposée sur ce nº 112 rappelle que cette maison fut habitée par Jean-Baptiste Clément, maire du XVIIIe arrondissement pendant 72 jours au temps de la Commune; il est l'auteur de la chanson *Au temps des cerises,* écrite en 1866 et qui lui rapporta, a-t-on dit, 14 francs. Il la dédia, en 1885, à une jeune citoyenne dont il avait admiré la vaillance alors qu'elle portait des cerises aux défenseurs d'une barricade au temps de la Commune.

PLACE JEAN-BAPTISTE-CLÉMENT / Cette place a été formée en 1905. Il existait jadis à son emplacement un vignoble, appelé *Bel-Air,* près duquel on construisit, en 1559, un moulin qui fut appelé le *Moulin du Palais* du fait que les matériaux qui servirent à le construire provenaient du *palais des Tournelles* alors en cours de démolition. Il est à penser qu'il s'élevait là où se dresse de nos jours le réservoir octogone et la fontaine Renaissance construits, en 1835, pour les besoins de la population du haut de la Butte.

Revenir sur ses pas et prendre la rue Girardon jusqu'au CARREFOUR DES RUES GIRARDON, NORVINS ET AVENUE JUNOT.

L'AVENUE JUNOT, ouverte en 1909, a fait disparaître, non seulement une sorte de zone, nommée *le Maquis,* s'étendant jusqu'à la rue Caulaincourt, terrain inculte chargé de taillis, de misérables cabanes, domaine de clochards, de chiffonniers et de bohèmes divers, mais aussi deux vieilles ruelles. Il reste de celles-ci, du côté des numéros impairs de l'avenue Junot, les maisons qui bordaient le côté sud de l'*impasse des Deux-Moulins* (actuellement voie privée conduisant à une entrée du Moulin de la Galette), et, du côté de ses numéros pairs, les maisons qui bordaient le côté nord de l'*impasse Girardon.* Ce percement a fait disparaître aussi le *Moulin de la Poivrière,* un des trois moulins à vent qui subsistaient à cette date; c'était un petit moulin originaire de Montrouge; il était situé dans un jardin attenant à la ferme de la famille Debray.

Les moulins de Montmartre : Il fut une époque où la Butte était couronnée de très nombreux moulins à vent. Étienne Marcel fit de l'un d'eux son poste d'observation lorsqu'il vint voir, en juillet 1358, les mouvements des bandes de mercenaires qui ravageaient le nord de Paris. Deux siècles plus tard, Le Tasse écrivit, en 1570, que les deux choses qui l'avaient le plus frappé à Paris avaient été les vitraux de Notre-Dame et les moulins de Montmartre, et, un siècle après, Regnard vanta à son tour ces moulins qui lui apprenaient chaque jour la direction du vent :

Où de trente moulins les ailes étendues
M'apprennent chaque jour quel vent chasse les nues.

On pouvait, en effet, apercevoir au XVIIIe siècle sur le haut de la Butte : le *Moulin des Prés,* le *Moulin de la Fontaine-Saint-Denis,* le *Moulin-Vieux* et le *Moulin-Neuf,* le *Moulin de la Béquille,* du nom de la pièce de bois qui servait à orienter ses ailes, le *Moulin du Vin* près du château des Brouillards, la *Vieille-Tour,* la *Grande-Tour* et la *Petite-Tour,* tous trois rue Norvins, le *Moulin Paradis,* la *Turlure,* la *Lancette,* la *Poivrière* et, enfin le *Blute-Fin* et le *Radet,* les deux seuls qui subsistent.

Ces moulins avaient différents usages : moudre le blé, presser les vendanges, concasser les matériaux nécessaires aux manufactures. Mais ils étaient aussi un but de promenade dominicale pour les Parisiens. On se rendait à âne jusqu'au sommet de la Butte en empruntant le *Vieux-Chemin* (rue Ravignan); on choisissait son moulin où on se balançait à l'escarpolette, on y dansait, on y dînait, on y buvait..., le soir, plus d'un bonnet s'envolait par-dessus les ailes du moulin.

Le moulin de la Galette : Les deux moulins qui subsistent occupent un tertre assez élevé sur lequel les Romains auraient édifié leur *Temple de Mars*. Ce sont : *le Radet,* anciennement le *Chapon,* situé à l'angle des rues Lepic et Girardon et le *Blute-Fin*. Le premier viendrait de la *Butte Saint-Roch* qu'il aurait quitté lors de son arasement en 1636; il a changé assez souvent de place du fait de mesures d'alignement avant que la carcasse vide qui le remplace n'ait été édifiée, en 1925, à l'angle ci-dessus indiqué. Le second, construit en 1621, peut-être à la place d'un moulin du XIIIe siècle tombé de vétusté, est connu sous le nom de Moulin de la Galette. Il a été souvent restauré, toutefois, il a conservé intact son mécanisme intérieur, son escalier, ses meules et le lit du meunier.

Le *Blute-Fin* a été le théâtre d'un événement dramatique. Il appartenait en 1814 à la famille Debray, dont les ancêtres avaient été, de père en fils, depuis le XIVe siècle, meuniers-fermiers des Dames de Montmartre. Les Debray achetèrent le *Blute-Fin* lorsque celui-ci fut vendu, en 1792, comme bien national. Le 30 mars 1814, quatre frères Debray et le fils de l'aîné se battirent toute la journée contre les Russes qui, sous la conduite du général comte de Langeron [1], attaquaient les pentes nord de Montmartre; trois frères Debray furent tués au cours de ces combats. Le soir vint. Une colonne russe, ayant envahi le tertre sur lequel était le moulin, reçut à bout portant des volées de mitraille tirées par deux pièces de canon commandées par l'aîné des Debray qui avait à cœur de venger ses trois frères et de défendre son moulin. Les négociations pour l'armistice étaient alors en cours; peut-être était-il déjà signé. Un officier russe demanda qui venait de tirer. Pour toute réponse, Debray le tua d'un coup de pistolet. Il fut aussitôt massacré — tandis qu'un cosaque transperçait d'un coup de lance son jeune fils — puis découpé en quatre morceaux que les Russes attachèrent à chacune des ailes de son moulin. Pendant la nuit, Mme Debray rassembla dans un sac de farine les 4 tronçons du corps de l'héroïque meunier et l'inhuma au cimetière du Calvaire où l'on voit sa tombe surmontée d'un petit moulin.

Le fils Debray survécut à son coup de lance, mais ne put absorber que du lait pendant toute sa vie. On l'appelait, en 1833, le « petit père Debray ». Féru de la danse, bon danseur lui-même, il transforma son

1. Ce général était d'origine française; il avait émigré à la Révolution et servi le tzar Paul Ier qui le fit comte.

Les Moulins à Montmartre en 1845

Le moulin de la Galette (*phot. vers 1880*)

Vue d'une partie des moulins de Montmartre (*dessin, col. Détailleur*)

moulin en un bal public qui, depuis, y est toujours resté.

La Mire du Nord : Cette *impasse des Deux-Moulins* dont le percement de l'avenue Junot a fait disparaître le côté nord, passe devant un ensemble de constructions du XVIIIe siècle qui constituaient l'ancienne ferme Debray. Au fond de cette impasse et avant l'entrée des jardins du Moulin de la Galette un très court passage conduit à la Mire du Nord, construction enclavée de trois côtés, masquée et presque ignorée.
L'abbé Jean Picard chargé de mesurer la longueur du méridien de la section Paris-Amiens planta, en 1675, à proximité du *Blute-Fin,* un repère, dit *poteau de la Méridienne,* placé exactement sur le méridien de l'Observatoire. On le remplaça, en 1736, par une pyramide quadrangulaire en pierre, appelée la *Mire du Nord.*
La Mire du Nord, d'une hauteur de 3 mètres, a porté à son sommet une fleur de lis sur laquelle l'Observatoire pointa ses lunettes, puis, à partir de 1793, un fer de pique. On lit difficilement sur sa face sud : « L'an MDCCXXXVI cet obélisque a été élevé par ordre du roy pour servir d'alignement à la Méridienne de Paris du côté du nord. Son axe est à 2.931 toises 2 pieds de la face méridionale de l'Observatoire. »
Ce petit monument est classé.

L'*impasse Girardon,* dont le percement de l'avenue Junot a fait disparaître le côté sud, s'est appelée jusqu'en 1869 l'*impasse de la Fontaine-Saint-Denis.* Elle conduisait à une célèbre fontaine située au fond de son cul-de-sac.
La fontaine Saint-Denis : Cette fontaine avait déjà dû servir de fontaine sacrée au temps du paganisme, car sa tradition de fontaine miraculeuse était déjà établie dès les premiers temps du christianisme. On l'indiqua donc, vers le XIe siècle, comme étant celle où saint Denis serait venu laver sa tête peu après sa décapitation et avant de continuer sa marche vers Saint-Denis; ce fut la « fontaine du Martyr », près de laquelle on éleva une statue, reproduite de nos jours dans le petit square voisin, représentant le saint portant sa tête entre ses mains. L'eau de cette fontaine avait beaucoup de vertus; un adage disait d'elle : « Jeune fille qui a bu l'eau de la fontaine Saint-Denis reste fidèle à son mari. »
Cette source a disparu en 1810, engloutie dans une carrière de plâtre ouverte à cette époque dans son voisinage.

Les carrières de Montmartre : Dès l'antiquité, la Butte Montmartre a fourni le plâtre nécessaire aux constructions de Paris; le plâtre de la Butte est un gypse particulier qui résiste longtemps aux intempéries. Les carrières et les fours à plâtre furent nombreux sur la Butte; après cuisson, le plâtre était transporté

dans Paris où il était mis en dépôt dans des lieux appelés plâtrières, appellation que portèrent dès lors plusieurs rues.
L'extraction de ce plâtre avait lieu d'une façon désordonnée, soit par des carrières à ciel ouvert d'une superficie parfois considérable (elles ont laissé leur nom au quartier des Grandes-Carrières : le cimetière Montmartre est dans une ancienne grande carrière), soit par des carrières souterraines bien plus dangereuses car elles s'étendaient sous les chemins et sous les maisons. Elles sont la cause de la disparition de toutes les sources de la Butte, du *Sanctum Martyrium,* et de graves accidents, tel celui dont faillit être victime toute une noce qui manqua d'être engloutie dans un bal public, l'*Ermitage,* qui s'effondra subitement sous les pieds des danseurs. Le versant de la Butte tourné vers Paris présentait, sous un escarpement à pic, quatre immenses cavernes, refuge de loqueteux, de vagabonds, de voleurs et de rôdeurs de nuit qui rendaient dangereux, la nuit venue, les abords de la Butte.
Les craquements, les effondrements, les lézardes aux maisons devinrent si nombreux que l'on dut interdire, en 1845-1860, toute nouvelle exploitation souterraine et arrêter celles qui étaient en cours. Cela fait, on combla les cavages en procédant à des éboulements volontaires, on combla les excavations à l'aide de terre enlevée à d'autres parties de la Butte, tous travaux qui modifièrent sérieusement la physionomie extérieure de celle-ci, surtout du côté de son versant sud.

RUE NORVINS / Cette rue est la réunion sous ce nom, depuis 1868, de la rue *des Moulins* et de la rue *Trainée.*
N° 22. *La Folie Sandrin :* On retrouve encore dans l'encadrement de la porte et dans la façade de cet immeuble des éléments d'une belle maison de campagne, construite en 1774 avec un vaste parc ombragé; ce fut la *Folie-Sandrin* jusqu'en 1795.
Elle fut occupée, de 1805 à 1820, par une maison de santé pour aliénés dirigée par le docteur Prost. Le général comte de Langeron, ci-dessus indiqué, y installa un instant son poste de commandement le soir de la journée du 30 mars 1814, mais il l'abandonna vite du fait du vacarme auquel se livraient les clients du docteur Prost, énervés et déchaînés par le bruit des combats de la journée.
Le docteur Sylvestre-Esprit Blanche la dirigea ensuite, de 1820 à 1847, date à laquelle il installa sa clinique à Passy dans l'ancien hôtel de la princesse de Lamballe (cf. n° 17, rue Berton).
Citons parmi les personnes soignées dans cette maison : Jacques Arago, qui avait composé un livre de 62 pages dont aucun mot ne comportait la lettre A; une ancienne demoiselle d'honneur de Marie-Antoinette qui avait perdu la raison de n'avoir pu épouser Robespierre; et, à plusieurs reprises, Gérard de

Nerval, à cette époque où il promenait en laisse dans les jardins du Palais-Royal un homard vivant.
N° 9. La pittoresque IMPASSE TRAINÉE était indiquée sur les plans de 1672; une *trainée* était, paraît-il, le nom que l'on donnait alors à une sorte de piège à loup; on traînait de la viande jusqu'au piège pour y amener le loup qui flairait cette trace.

Tourner à gauche dans la rue du Mont-Cenis et prendre la RUE SAINT-RUSTIQUE.
Cette rue du XVIIe siècle, est, avec les rues Norvins et de l'Abreuvoir, une des rares rues du village de Montmartre dont l'ensemble des maisons n'a pas été trop altéré; elle s'est appelée, de 1672 jusqu'en 1867, la rue *Notre-Dame*.

Prendre, à droite, la
RUE DES SAULES / Cette rue, anciennement bordée de saules, se terminait au-delà de la rue Saint-Vincent, par un chemin de terre descendant rapidement vers la campagne de Clignancourt; c'était la rue *de la Saussaye,* indiquée en 1672.

Prendre, à droite, aller et retour, la
RUE CORTOT / Cette autre rue, également indiquée en 1672, s'appelait alors la rue *Saint-Jean,* nom remplacé par le nom actuel en 1864.
N° 12. *La maison de Roze de Rosimond.* — La vieille maison aux mansardes pittoresques qui se trouve au fond du jardin de cet immeuble est la propriété de la Ville de Paris; c'est la plus vieille maison de Montmartre. Construite au milieu du XVIIe siècle, elle eut parmi ses premiers propriétaires, en 1680, Claude Roze, sieur de Rosimond, dit Roze de Rosimond, comédien au théâtre de l'Hôtel de Bourgogne où il jouait le répertoire de Molière et y tenait les rôles que Molière avait tenus. Comme Molière, il écrivait des comédies et, comme lui, il mourut en jouant *Le Malade imaginaire* (31 octobre 1686).
Cette maison n'aurait plus beaucoup fait parler d'elle si elle n'avait été habitée, à partir de 1875 et jusqu'à nos jours par des artistes fort célèbres.
Porte à vantaux de bois, fléau et serrure du XVIIe siècle; voûte flanquée de deux constructions plus récentes; jardin devant et derrière le vétuste bâtiment du fond; le second jardin descend en terrasse jusqu'à proximité de la rue Saint-Vincent.

Revenir sur ses pas et continuer, tout droit par la RUE DE L'ABREUVOIR / Cette rue qui, jusqu'ici, n'a pas été trop mutilée et reste la plus évocatrice du vieux Montmartre, a gardé son nom du temps où les troupeaux de la Butte l'empruntaient pour se rendre à l'abreuvoir du village situé à son extrémité et dont l'emplacement reste très reconnaissable.
La rue de l'Abreuvoir longe sur son côté sud l'ancien parc de la *Folie-Sandrin*.

Prendre, en prolongement de la rue de l'Abreuvoir, aller et retour, l'

ALLÉE DES BROUILLARDS / Cette courte avenue a été ouverte en 1929. On voit sur son côté sud le château des Brouillards.

Le château des Brouillards : On trouvait à son emplacement au début du XVIIe siècle une ferme, une vacherie, où venaient les Parisiens qui préféraient boire le lait fraîchement tiré aux pis des vaches plutôt que le vin piquant du meunier voisin, celui du *Moulin du Vin*, dit aussi *des Brouillards* on ne sait pourquoi. Un bal champêtre s'installa ensuite dans cette ferme, seule construction qui, avec la ferme des Debray, couvrait alors cette partie de la Butte.

Cet établissement fit place, en 1772, à une folie, la première des deux seules que connut la Butte Montmartre; ce fut le *château des Brouillards,* construit pour un trésorier général de l'extraordinaire des guerres, le marquis Lefranc de Pompignan.

Ce château fut habité, en 1846, par Gérard de Nerval, qui avait alors 34 ans. Il pensa acheter la vigne voisine « la dernière du crû célèbre de Montmartre qui luttait au temps des Romains avec l'Argenteuil et le Suresnes », écrivit-il en 1854.

Les communs du château disparurent en 1850, pour faire place aux pavillons édifiés sur le côté nord de l'allée des Brouillards, et ses potagers devinrent ce *maquis* cité plus haut. Quant au château, il fut livré à des locataires divers, modèles, faux-monnayeurs, anarchistes et artistes qui le mirent en piteux état jusqu'à sa restauration en 1924.

Prendre, à gauche, la RUE GIRARDON, sentier en 1672, appelé ensuite *chemin des Fontaines*, (son nom actuel est de 1867); elle débouche sur la PLACE CONSTANTIN-PECQUEUR, où se trouvait depuis une très haute antiquité et jusque vers 1840, une autre célèbre fontaine de Montmartre, la *fontaine du Buc*.

La fontaine du Buc : Cette ancienne fontaine était déjà honorée comme une divinité, celle du *génie des Eaux,* au temps des paganismes gaulois et romain. L'étymologie de son nom a reçu deux explications: soit un dérivé du mot *bucca,* bouche, soit une variante du mot bouc, animal que les païens sacrifiaient à leurs divinités. Ce nom a été transformé plus tard en celui de Buc. L'eau de cette fontaine, au débit abondant, coulait dans un réservoir, puis elle descendait vers le hameau de Clignancourt où elle avait desservi dans le passé une belle et grande villa gallo-romaine dont des vestiges furent retrouvés en 1737 (cf. ci-après).

Le cimetière Saint-Vincent : Prendre, à droite, la courte rue Lucien-Gaulard qui conduit au cimetière Saint-Vincent. Situé dans un site gracieux qu'abritaient les ombrages d'un petit bois, il avait été ouvert, le 1er janvier 1831, par les soins du maire de Montmartre pour remplacer le *cimetière du Calvaire,* alors complet. De dimensions trop restreintes, il fut fermé en 1858 et remplacé par un nouveau cimetière situé, au-delà des fortifications, au lieu appelé la *pointe Saint-Denis*.

Revenir sur ses pas, suivre à droite la rue Caulaincourt et monter, à droite, la

RUE DES SAULES *(suite)* / N° 4. *Le Lapin-Agile :* Le cabaret du *Lapin-Agile* ne date que de 1860, de l'époque à laquelle Montmartre fut rattaché à Paris. C'était alors une guinguette à l'enseigne *Au rendez-vous des voleurs* transformée en celle de *Cabaret des assassins* lorsqu'elle fut décorée d'une peinture relative aux crimes de Troppmann. En 1880, le peintre André Gill peignit sur sa façade un tableau amusant, dont on voit de nos jours la copie, représentant un lapin sortant tout guilleret d'une casserole et tenant une bouteille de vin. En 1886, son propriétaire, un nommé Sals, employé à la mairie, céda ce cabaret à une ancienne danseuse de cancan, Adèle, qui en fit un « beuglant »; on désignait alors l'établissement sous le nom du *Lapin à Gill* qui devint rapidement le *Lapin-Agile*.
L'histoire de ce cabaret, célèbre dans les fastes de la bohème, appartient aux temps présents.

Prendre, à gauche, la

RUE SAINT-VINCENT / Cette rue est une voie de l'ancien village de Montmartre, indiquée en 1672.
Les vignes de Montmartre : Le « Clos de Montmartre », propriété de la Ville de Paris, situé à l'angle des rues des Saules et Saint-Vincent, a été créé en 1933, d'une part, pour éviter que son terrain ne devienne un jour l'emplacement d'un inopportun gratte-ciel et, d'autre part, pour rappeler le souvenir des vignobles de Montmartre. Il contient 3.250 plants de Thomery.
La vigne, introduite dans les Gaules vers 390 avant Jésus-Christ, était déjà assez répandue au Xe siècle sur la Butte Montmartre. La majeure partie des vignobles de la Butte furent la propriété des Dames de Montmartre; citons parmi eux, au XVIIIe siècle, ceux du *Haut-Coteau* (au nord de la place Saint-Pierre), du *Bas-Coteau* (au voisinage de la rue Gazotte), de *La Rochefoucauld* (entre les rues Tardieu et d'Orsel), de *Montaigu* (réservoirs de Montmartre), de l'*Eglise* (à l'est du chevet de l'église Saint-Pierre) et du *Bel-Air* (place Jean-Baptiste-Clément).
Le vin de Montmartre avait la réputation de faire « sauter comme une chèvre »; il devait être aussi quelque peu diurétique puisqu'un dicton du XVIIe siècle disait de lui :

C'est du vin de Montmartre
Qui en boit pinte en pisse quarte.

La pinte valait environ 93 centilitres et la quarte 67 litres!

Prendre, à gauche, la

RUE DU MONT-CENIS *(suite — section comprise entre les rues Saint-Vincent et Marcadet)* / N° 22. On voit à l'angle des rues Saint-Vincent et du Mont-Cenis, au pan coupé du n° 22 de cette rue, une plaque signalant que « c'est dans cette maison » que Berlioz composa *Harold en Italie, Benvenuto Cellini, Le Paysan, La Esmeralda,* et son *Requiem* pour les funérailles du général Damrémont. En réalité Berlioz habita, à cet emplacement, une maisonnette — son *Ermitage* — qui a été démolie pour être remplacée, en 1925, par l'immeuble actuel sur lequel on replaça la plaque qui avait été apposée, en 1908, sur la demeure initiale. Berlioz vint habiter ici en 1834 avec sa jeune femme, une comédienne anglaise, miss Harriett Smithson. Berlioz avait alors 29 ans; il habita ici jusqu'en 1837; Liszt, Chopin, Eugène Sue, Jules Janin, Alfred de Vigny vinrent l'y voir. Vers 1844, il se sépara de sa femme, qui vint réhabiter, seule, la rue Saint-Vincent. Mme Berlioz mourut en 1854; on l'inhuma au cimetière Saint-Vincent.

On n'y voit pas sa tombe, pour la raison suivante. Berlioz se remaria avec Marie Recio, cantatrice à l'Opéra, qui mourut en 1862; on l'inhuma, elle, au cimetière Montmartre. Berlioz fit alors transférer dans le caveau de sa seconde femme la dépouille de la première, et il demanda d'être, à sa mort, placé entre elles deux, ce qui fut fait en 1869.

Descendre la rue du Mont-Cenis jusqu'au-delà de la rue Custine.

La seigneurie de Clignancourt : On entre maintenant dans l'ancien hameau de Clignancourt, écart de la paroisse de Montmartre situé au bas du versant nord de la Butte.

On ne connaît pas l'étymologie du mot Clignancourt. Peut-être provient-il de ce que cette région aurait appartenu à un certain *Cleninus* dont serait venu *Clenini-Curtis* et, finalement, Clignancourt?

Lors de la fondation de l'abbaye de Montmartre, une partie des terres de ce versant appartenait à l'abbaye de Saint-Denis. Les abbés de Saint-Denis furent donc, dès l'origine, propriétaires des terres du hameau de Clignancourt lesquelles firent partie, soit de la seigneurie de Clignancourt, comportant, en 1597, le lieu seigneurial avec corps d'hôtel, colombier, pressoir, vignes et cens divers, soit de deux fiefs mouvants appelés, l'un le fief *Turquan,* l'autre le fief *Pommereux.*

L'abbaye de Saint-Denis, ayant besoin d'argent, vendit, en 1569, la seigneurie de Clignancourt à Jacques Liger, trésorier général du cardinal de Bourbon, lequel était, au moment de la vente, abbé de Saint-Denis (c'est ce cardinal de Bourbon, oncle d'Henri IV, que la Ligue porta sur le trône à la mort d'Henri III sous le nom de Charles X).

Jacques Liger, goutteux et impotent au point de ne pouvoir se rendre à l'église Saint-Pierre de Mont

Rue Saint-Vincent

Maison habitée par Berlioz de 1834 à 1837 (*phot.*)

martre, sa paroisse, obtint, en 1579, l'autorisation de l'évêque de Paris, Pierre de Gondi, de faire édifier à Clignancourt, près de son manoir, pour son usage personnel, une chapelle qui, dédiée à la *Sainte Trinité*, dépendait de l'église paroissiale.

En 1669, l'abbaye de Montmartre fit l'acquisition de la seigneurie de Clignancourt; elle acheta aussi, en 1705, le fief *Pommereux* et la *chapelle de la Trinité* et elle conserva le tout jusqu'à la Révolution.

Quant au fief *Turquan*, il fut vendu à la Révolution comme bien national, puisqu'il relevait de l'abbaye.

Le hameau ne fut, jusqu'au XIXe siècle, qu'une petite agglomération, établie le long de deux chemins qui se coupaient à angle droit : le *chemin des Bœufs* (rue Marcadet) et le *chemin de la Procession-Saint-Denis* (rue du Mont-Cenis).

No 53. Emplacement d'une fabrique de porcelaine, en 1771, qui, placée sous le patronage du comte de Provence, commença à donner une certaine animation au petit hameau; elle cessa de fonctionner en 1798.

No 61. Emplacement d'une ancienne vacherie de Clignancourt, la *Vacherie de la Tourelle*, où les habitants s'approvisionnaient en lait.

Nos 63 (et no 103, rue Marcadet). Vieille maison avec, en angle, une tourelle qui déborde sur les trottoirs et qui peut être celle d'un ancien colombier.

La façade XVIIIe siècle de cette maison, côté rue Marcadet, a été mutilée; celle sur la rue du Mont-Cenis est plus pittoresque.

No 67. Emplacement de l'ancienne *chapelle de la Trinité*. Son parvis est encore marqué par l'élargissement de la rue. Cette chapelle joua un rôle important dans le déroulement des célèbres processions septennaires de l'abbaye de Saint-Denis à l'abbaye de Montmartre. Le clergé de Montmartre se rendait alors au-devant du grand cortège jusqu'à cette chapelle où les religieux de Saint-Denis s'arrêtaient pour faire oraison; les deux cortèges se fondaient ensuite.

La chapelle de la Trinité fut fermée vers 1783 et louée à des laïcs. Elle devint après 1869 un cabaret *A la Belle Gabrielle*. De nos jours, une salle de cinéma est sur son emplacement.

Prendre, à gauche, puis à droite la

RUE MARCADET *(section comprise entre les rues de la Fontaine-du-But et des Poissonniers)* / Cette rue est une partie du grand *chemin des Bœufs*, indiqué en 1672, qui conduisait de La Chapelle-Saint-Denis à Clichy-la-Garenne et que marquent de nos jours le début de la rue Ordener, les rues Marcadet et de La Jonquière. Le nom de Marcadet provient de celui d'un lieu-dit, *la Mercade*, situé à La Chapelle-Saint-Denis.

No 143. La RUE DE LA FONTAINE-DU-BUT, indiquée en 1672, doit son nom au voisinage de l'ancienne *fontaine du Buc* indiquée ci-dessus.

On découvrit, en 1737, sur son côté est, les restes d'une ancienne construction gallo-romaine avec, dans les murailles, des séries de rangs de briques comme on en voit aux Thermes de Cluny. Cette construction avait dû servir pour les bains d'une maison de campagne du IIIe siècle; l'eau y était amenée de la *fontaine du Buc* par un conduit de plomb dont des morceaux furent retrouvés; c'étaient, en quelque sorte, les *Thermes* de Montmartre. Un ouvrier y trouva une belle tête en bronze, de grandeur naturelle, représentant le triumvir Lépide.

D'autres fouilles faites en 1838 permirent de retrouver d'autres vestiges; tuiles à rebord, fragments de poterie, briques, carreaux.

Nos 112 à 112 *ter*. Emplacement d'une ancienne « folie » construite en 1771, dite plus tard *Maison de la Boule d'Or* à cause de la magnifique boule dorée qui surmontait son belvédère. Cet hôtel appartint, en 1839, au baron Michel, ancien médecin principal des armées de l'Empire, maire de Montmartre de 1855 à 1865, qui le légua à sa mort, en 1865, à son fils, Léon-Michel de Trétaigne, un des historiens de Montmartre et de Clignancourt. Celui-ci y mourut en 1876. L'hôtel resta dans sa famille jusqu'à sa démolition vers 1900; les RUES TRÉTAIGNE et LAPEYRÈRE passent depuis 1903 sur l'emplacement de son parc séculaire.

No 104. L'îlot compris entre les rues du Mont-Cenis et Hermel est à l'emplacement d'une ancienne ferme de la seigneurie de Clignancourt dont le manoir était situé en face.

No 71. Emplacement de l'*Hôtel Labat,* construit en 1663, qui appartint, au début du XIXe siècle, à Jean Labat, inspecteur des carrières, puis à son fils, Achille Labat, maire de Montmartre après 1871.

La rue Labat, le boulevard Barbès, les rues de Clignancourt et Simart ont été percées au travers de cette vaste propriété.

Il ne reste plus rien de cet hôtel si ce ne sont 2 vases de pierre situés au haut de l'encadrement de son ancienne porte cochère.

No 75. Hôtel de la fin du XVIIIe siècle; façades avec tourelle d'angle, toits, mansardes.

No 101. Emplacement du manoir des seigneurs de Clignancourt démoli en 1861.

Les habitants de Clignancourt, devenus au milieu du XIXe siècle de plus en plus nombreux, étaient éloignés de l'église Saint-Pierre. Aussi leur construisit-on, sur la place *Sainte-Euphrasie* (Jules-Joffrin), ouverte en 1858, l'église Notre-Dame de Clignancourt, construite par Lequeux et inaugurée le 29 octobre 1863.

HISTORIQUE DE QUELQUES AUTRES RUES DE MONTMARTRE ANNEXÉES A PARIS

Les rues de la commune de Montmartre qui n'ont pas été indiquées dans les pages qui précèdent n'étaient encore, en grande partie, en 1860 que des *chemins* ou des *sentes* perdus dans la campagne. En fait, Montmartre ne s'étendait au nord pas plus loin que la rue Marcadet; toute sa partie comprise entre cette rue et l'enceinte de Thiers était presque inhabitée, donc sans voies de communication.

Les RUES BACHELET, BIRON, LAMBERT, LÉCUYER et NICOLET constituaient, en 1846, un ensemble, appelé la *cité Clignancourt,* adossé d'une part à la Butte Montmartre et de l'autre à la *chaussée de Clignancourt* (rue Ramey). Avant l'annexion on trouvait dans cette cité, à l'angle de la rue *Biron* (Labat) et de *la chaussée de Clignancourt* (rue Ramey) un petit boqueteau, dit *des Ilettes*; situé à une entrée de carrière, il possédait un cabaret, la *Cuve Renversée,* qui, ancienne cantine pour carriers en 1840, connut une grande vogue en 1848; il était alors un sérieux concurrent pour le cabaret le *Réduit Solitaire* situé à l'angle de cette même chaussée et de la rue *de La Fontenelle* (du Chevalier-de-la-Barre).

La RUE CHRISTIANI ancienne rue *des Vinaigriers,* constituait la limite sud de la propriété du *Château-Rouge.*

La RUE DES CLOYS est l'ancienne *sente des Cloys,* du nom d'un lieu-dit planté en vignes en 1730.

Les RUES ÉTEX et GANNERON ont une origine commune; l'une et l'autre de ces deux rues sont une section de la nouvelle voie qui fut construite lors de la création du cimetière de Montmartre, et qui, en le contournant, constituaient le prolongement de la rue *des Dames* allant jadis des Batignolles à l'abbaye de Montmartre.

La RUE EUGÈNE-CARRIÈRE est l'ancien *chemin des Grandes-Carrières* de 1825; ce nom a été transformé dans le nom actuel en 1907.

La RUE DU POTEAU doit son nom à un lieu-dit où était situé un poteau de justice élevé sur la route de Saint-Ouen.

L'AVENUE RACHEL est l'ancienne *avenue du cimetière Montmartre.*

Le cimetière Montmartre : D'anciennes carrières de plâtre abandonnées, dites les *Grandes-Carrières,* reçurent pendant la Révolution des corps de personnes tuées au cours d'émeutes diverses, corps jetés en vrac dans des conditions déplorables. Ce fut le *cimetière de la Barrière Blanche.*

En septembre 1798, sous le Directoire, l'administration parisienne fit ouvrir aux *Grandes-Carrières* un cimetière réservé à la sépulture des habitants des 4 premiers arrondissements de Paris, en remplacement de celui établi depuis 1783 dans la capitale au haut de la rue Pigalle (cf. rue Pigalle). Ce fut le *cimetière du Champ-du-Repos* qui fut fermé vers 1806-1808. Agrandi, il fut rouvert le 1er janvier 1825, sous le nom de *cimetière du Nord* ou de Montmartre que l'on agrandit à nouveau par la suite.

Citons parmi les personnes qui ont été inhumées avant l'annexion tant dans le *Champ-du-Repos* qu'au *cimetière du Nord :* le maréchal de Ségur (1801), le poète de Saint-Lambert (1803), Greuze (1805), Vestris (1808), Legouvé (1812), les peintres et graveurs Alfred et Tony Johannot (1837, 1852), le maréchal Lannes, duc de Montebello (1809, — son cœur est seul ici, son corps est au Panthéon), l'amiral de Rigny (1837), le peintre Paul Delaroche (1856) et sa femme, fille d'Horace Vernet, Daniel Manin (1857), le critique Gustave Planche (1857), le compositeur Adam (1856), Delphine Gay, première femme d'Émile de Girardin (1855), Alphonsine Plessis « la Dame aux Camélias » (1847), Mme Récamier (1849), Stendhal (Henry Beyle 1842), Carle Vernet (1836), le peintre Ary Scheffer, beau-frère de Renan (1858), Charles Fourier (1837), Marceline Desbordes-Valmore (1859), le député Baudin (1851), l'amiral Baudin (1854), Henri Heine (1856), Ampère (1836), la famille des Cavaignac (1823, 1845, 1857), etc.

La RUE DU RUISSEAU est l'ancien *chemin du Ruisseau*, indiqué en 1730, le long duquel finissait de couler l'eau en provenance de la *fontaine du Buc.*

Vieille maison de la rue du Mont-Cenis en 1890

13 LE VILLAGE DE LA CHAPELLE-SAINT-DENIS.

Historique : Jeanne d'Arc à La Chapelle-Saint-Denis, quelques notabilités de La Chapelle, l'église Saint-Denis de La Chapelle; les cimetières, les croix, les moulins et les mairies de La Chapelle / *Le quartier de la Goutte d'Or*, les vignes, les moulins de la butte des Couronnes, la rue Polonceau, le hameau de la Goutte d'Or / *Historique de quelques rues de La Chapelle annexées à Paris*, l'église Saint-Bernard.

La commune de La Chapelle-Saint-Denis, supprimée en 1860, avait été jusqu'alors séparée de celle de Montmartre par la rue des Poissonniers et de celle de La Villette par la rue d'Aubervilliers. Le mur des Fermiers Généraux la séparait de la capitale avec laquelle elle avait communiqué par les *barrières Poissonnière, Saint-Denis* et *des Vertus*.

La partie de la commune de La Chapelle-Saint-Denis située à l'extérieur de l'enceinte bastionnée fut rattachée, en 1860, aux communes de Saint-Denis, de Saint-Ouen et d'Aubervilliers.

HISTORIQUE

Le village de La Chapelle doit son origine à l'antique voie romaine qui, partant de Lutèce, conduisait par le Pas-de-la-Chapelle, col naturel entre la Butte Montmartre et les hauteurs de Belleville, vers les provinces du Nord. Elle devint ensuite la route de Saint-Denis en bordure de laquelle on édifia, à une époque imprécise, un oratoire en souvenir de l'endroit où, au ve siècle, sainte Geneviève, selon la légende, s'était arrêtée pour prier lorsqu'elle s'était rendue sur le lieu où saint Denis avait été inhumé. Plus tard, on remplaça ce petit oratoire par une chapelle, la chapelle *Sainte-Geneviève,* nom qui fut donné à l'agglomération qui se forma autour d'elle. Comme celle-ci se trouvait située au centre de la seigneurie que possédait dans cette région l'abbaye de Saint-Denis, on l'appela également la chapelle *Saint-Denis.* Aussi ce village a-t-il porté indifféremment l'un et l'autre de ces deux vocables depuis son origine jusqu'au XVIIe siècle.

Cette agglomération se trouvait aussi sur le chemin des splendides cortèges des empereurs, rois et princes, lorsque ceux-ci, venant du Nord, se dirigeaient vers Paris; ses habitants ont vu passer tous les cortèges des rois de France qui firent, par la *porte Saint-Denis,* leur entrée solennelle dans la capitale, et également ceux de leur dépouille lorsque, quelques années plus tard, ils étaient inhumés dans l'abbaye de Saint-Denis. C'est ainsi qu'ils purent voir le cortège de Philippe le Hardi lorsqu'il porta sur ses épaules, le 22 mai 1271, le corps de son père, le roi saint Louis; ceux de Charles V et de l'empereur d'Allemagne Charles IV lorsqu'ils se rencontrèrent dans le village de La Chapelle en 1378; celui de Charles VI lorsqu'il reconduisit, en 1415, l'empereur d'Allemagne; celui de l'entrée d'Henri VI, roi d'Angleterre, lorsque, âgé de 9 ans, il vint, en 1431, se faire couronner roi de France à Notre-Dame; celui de Charles VII lorsqu'il fit son entrée solennelle dans Paris, en 1437, et lorsqu'il fut inhumé à Saint-Denis en 1461 (les officiers qui portaient le corps du roi refusèrent d'aller plus loin que la *Croix Penchée* s'il n'était payé sur-le-champ à chacun d'eux un supplément de 10 sols). Les derniers cortèges de cet ordre furent ceux de Louis XVIII; il traversa ainsi trois fois La Chapelle, deux fois pour faire son entrée solennelle à Paris, les 3 mai 1814 et 8 juillet 1815, et la dernière fois lors de ses obsèques, le 23 septembre 1824.

Le petit bourg de La Chapelle vit aussi passer des troupes qui souvent le mirent à mal. En 1358, les Anglais et les soldats du roi de Navarre dévastèrent ses champs et ses vignes; en 1411 et en 1418, ce furent les Armagnacs qui y installèrent un de leurs quartiers que les Bourguignons vinrent attaquer. Au XVIe siècle, le village de La Chapelle se trouva au centre d'un grand combat, la « bataille de Saint-Denis », que se livrèrent, en novembre 1567, les catholiques et les huguenots, combat au cours duquel fut blessé mortellement le connétable de Montmorency alors âgé de 74 ans. Enfin, il fut l'objet de sérieuses déprédations par les Alliés en 1814 et en 1815.

Jeanne d'Arc à la Chapelle-Saint-Denis : Le passage de Jeanne d'Arc à La Chapelle constitue la première station de son chemin de croix dont la dernière devait être le bûcher de Rouen.

Jeanne d'Arc, ayant décidé de délivrer Paris occupé par les Anglais, Charles VII abandonna, sur ses instances, Senlis et s'installa à Saint-Denis le 3 septembre 1429. Jeanne d'Arc vint loger au village de La Chapelle avec les ducs d'Alençon et de Bourbon, les comtes de Vendôme et de Laval, les maréchaux de Rais et Lahire, et une grande quantité d'hommes de guerre.

Le jeudi 8 septembre, vers 8 heures du matin, Jeanne d'Arc, le duc d'Alençon, les maréchaux de Boussac et de Rais et leur troupe partirent de La Chapelle pour donner l'assaut à la *porte Saint-Honoré* (cf. no 161, rue Saint-Honoré). Celui-ci échoua, Jeanne fut blessée et ramenée à son logis de La Chapelle situé à un endroit qui n'a pu être précisé.

Au cours de ses deux séjours à La Chapelle, avant et

après ce combat, Jeanne ne manqua pas de venir prier dans l'église que l'on voit encore de nos jours (cf. ci-après).

Le village de La Chapelle-Saint-Denis, modeste agglomération de vignerons, de maraîchers et de cabaretiers, situé de part et d'autre de la grande route de Paris à Saint-Denis, faisait partie de la seigneurie de Saint-Denis, propriété de l'abbaye du xve siècle jusqu'à la Révolution. Des baillis, nommés par l'abbaye, l'administraient. Le bailliage possédait, contre l'église, une maison où se rendait la justice, où se tranchaient les différends et où on enfermait les délinquants. Ce fut autour de ces deux constructions, l'église et la maison du bailli, que se groupèrent les maisons constituant La Chapelle-Saint-Denis. Elles ne furent jamais très nombreuses; aussi ce village ne comportait-il guère, vers 1750, qu'une dizaine de rues en plus de la *Grande-Rue*.

Quelques notabilités de La Chapelle : Aucune communauté religieuse ne s'est établie à La Chapelle; c'est le seul village limitrophe de Paris qui soit dans ce cas; toutefois, différentes terres et vignes furent la propriété de congrégations. Quelques notabilités parisiennes eurent à La Chapelle une maison de campagne, comme des membres de la famille de Jean de Dormans vers 1440, des Mansart et des Hardouin vers 1675. Claude-Emmanuel Lhuillier, fils naturel de François Lhuillier, maître des requêtes, y naquit en 1626, peut-être dans la maison que Louis Lhuillier possédait dans la *Grande-Rue,* 2 portes après l'église en venant de Paris. Il garda après sa légitimation, en 1642, le nom de Chapelle qu'il portait auparavant et sous lequel, indépendant, caustique, bon causeur et savant quand il le fallait, il devint célèbre tant par ses poésies légères que par son intempérance. Sainte-Beuve l'a qualifié de « paresseux trop souvent ivre ».

A ses plaisirs toujours fidèle,
Ci-gît l'ingénieux Chapelle,
Le plus aimable débauché
Que jamais ait produit la France,
Et qui n'admettait de péché
Que celui de la tempérance.

L'historien François Eudes de Mézeray, historiographe de Louis XIV, aimait venir à La Chapelle où il prit un cabaretier en telle estime qu'il l'institua son légataire universel. Ce cabaretier était installé, à l'enseigne *Le Grand Faucheur,* dans une maison située à l'encoignure sud de la rue du Curé et de la rue de la Chapelle. Eudes de Mézeray mourut, en 1683, de la goutte, qui « lui venait de la fillette et de la feuillette ».

L'édification du mur des Fermiers Généraux eut, pour La Chapelle, l'avantage d'agrandir son territoire en lui annexant toute la partie comprise entre la transversale Riquet-Ordener et le nouveau mur d'octroi; cette région comprenait aussi la pittoresque région de la Goutte d'Or dont il sera question plus loin.

La commune de La Chapelle fit parler d'elle, le 24 janvier 1791, à la suite d'une échauffourée entre des représentants de l'octroi et des habitants quelque peu contrebandiers. Le maire prit la défense de ceux-ci, sonna le tocsin et appela à son aide des éléments de la garde nationale de Paris; ceux-ci tirèrent sur les renforts envoyés au personnel de l'octroi. La politique s'en mêla, Bailly défendit les agents de l'octroi et La Fayette, la garde nationale. Cet événement, connu sous le nom des *massacres de La Chapelle,* n'avait, en réalité, fait que deux victimes, toutes deux appartenant à la population. Inhumées au cimetière de La Chapelle, leur épitaphe fut gravée sur une pierre de la Bastille offerte à cet effet par son démolisseur Palloy.

La Chapelle Saint-Denis s'appela *La Chapelle-Franciade* pendant l'année 1794, le nom de *Franciade* ayant été donné à la ville de Saint-Denis.

La population de La Chapelle, restée stationnaire au XVIIIe siècle, augmenta rapidement après la Révolution; de 800 habitants en 1805, elle passa à 2.200 en 1830, à 10.000 en 1845, et à 40.000 au moment de son annexion à Paris. La ville connaissait alors une grande animation due à une célèbre foire aux moutons qui s'y tenait le 11 juin, et à la présence d'un *marché aux bestiaux* d'une importance considérable puisqu'on y vendit, en 1854, 124.000 porcs et 110.000 veaux. La *Grande-Rue* servait, les jours où le marché aux bestiaux n'était pas ouvert, de marché à la paille et aux fourrages. Ce marché aux bestiaux disparut en 1860, lors du rattachement de La Chapelle à Paris; les RUES DE LA LOUISIANE, DE LA GUADELOUPE, DE LA MARTINIQUE, DE L'OLIVE (ex-rue *du Marché*) et DU CANADA (ex-impasse *Bizioux*) ont été percées sur une partie de son emplacement.

Le territoire de La Chapelle fut fortement diminué au début de la seconde moitié du XIXe siècle par l'emprise des voies ferrées du Nord et de l'Est, par l'installation des ateliers et gares aux marchandises des chemins de fer du Nord et de « Strasbourg », par l'emprise du chemin de fer de Ceinture et par celle de toutes les voies de raccordement. En revanche, l'installation de ces ateliers amena à La Chapelle un nombre considérable d'industries diverses, usines et services de camionnage.

L'église Saint-Denis de La Chapelle : Comme le village, l'église de La Chapelle a été connue sous l'un et l'autre des deux vocables de Sainte-Geneviève et de Saint-Denis et même sous les deux à la fois.

La primitive chapelle élevée à la mémoire de sainte Geneviève fut remplacée, en 1204 environ, par une église dont il subsiste encore des éléments malgré qu'elle ait été restaurée presque complètement vers 1670 et 1856 et que sa superficie ait été presque doublée en 1895.

Son insignifiant portail classique date de 1757; il présente quatre pilastres à chapiteaux doriques et une porte surmontée d'une corniche au-dessus de laquelle un œil-de-bœuf est entouré d'une draperie; il supporte un fronton triangulaire, dominé par une croix, portant au centre un écusson actuellement uni surmonté d'une couronne royale. On voit devant la fenêtre, à droite du portail, une modeste statue de Jeanne d'Arc, de 1890.

Les quatre premières travées sont séparées les unes des autres par des piliers ronds, trois de chaque côté, qui constituent des vestiges de l'église primitive; Jeanne d'Arc a pu prier près d'eux. Les piliers de droite ont des chapiteaux à crochets, ceux de gauche, des chapiteaux à fleurons.

A remarquer la chaire, du XVIIIe siècle, avec les lettres D et G, chiffres de saint Denis et de sainte Geneviève; dans la chapelle de gauche, le maître-autel en forme de tombeau est de la fin du XVIIIe siècle. On voit derrière le chœur, plaquées contre le mur du fond, les deux portes finement sculptées, de style Louis XVI, qui reliaient jadis l'ancien chœur à la sacristie située derrière lui. Enfin cette église contient une toile attribuée à Restout, *Jésus-Christ guérissant un boiteux,* et deux peintures sur bois de l'école flamande du XVIIe siècle provenant de l'ancienne église *Saint-André-d'Antin.*

Le clocher, de 1770, restauré en 1856, est constitué par une tour carrée, surmontée d'une galerie de balustres en pierre avec, à ses quatre angles, un vase décoratif.

(Une basilique, dédiée à Sainte-Jeanne-d'Arc, est en cours de construction; elle est contiguë à la vieille église qui lui servira de chapelle lorsqu'elle sera achevée).

Les cimetières de La Chapelle-Saint-Denis : Le village de La Chapelle a eu successivement 4 cimetières. Le premier, situé devant l'église, débordait sur la grande route qui le longeait sur une longueur de 40 mètres. Il est resté à cet emplacement depuis la fondation de l'église, vers l'an 1200, jusqu'au début du XVIIIe siècle. Le deuxième cimetière fut ouvert vers 1704, derrière l'église, à notre place de Torcy. C'est dans celui-ci que fut érigée la Croix Cottin, située maintenant sur le parvis de l'église Saint-Pierre de Montmartre, et que furent inhumées les deux victimes des « massacres de La Chapelle ».

Le troisième cimetière fut ouvert, vers 1804, à l'extérieur de l'agglomération, dans un enclos que délimiteraient de nos jours les rues Marcadet, des Poissonniers, d'Oran et Ernestine; ce fut le *cimetière Marcadet* sur lequel passent actuellement les RUES LÉON et PIERRE-BUDIN.

Le quatrième cimetière fut ouvert, en 1849, en dehors de l'enceinte fortifiée de Thiers, à l'extrémité de l'avenue du Cimetière, à la Plaine-Saint-Denis. Fermé lors de l'annexion, il contient les concessions

Les massacres de la Chapelle Saint-Denis en janvier 1791

perpétuelles et trentenaires transférées du *cimetière Marcadet* et des tombes de notabilités de La Chapelle, anciens maires et anciens curés.

Les croix de la Chapelle-Saint-Denis : Beaucoup de carrefours de sentiers ou de chemins de terre de La Chapelle ont porté des croix de pierre, appelées ici des *Montjoies*. Érigées vers 1280, elles indiquaient les sept stations que fit Philippe le Hardi lorsqu'il porta sur son dos jusqu'à l'abbaye de Saint-Denis le corps de saint Louis. C'étaient de grandes pyramides à base quadrangulaire, montées sur un soubassement de plusieurs marches, avec une croix au sommet; un fragment de la dernière subsiste devant la basilique de Saint-Denis.
Des croix ordinaires, des calvaires, existaient en plus de ces *Montjoies*. Toutes ont disparu, détruites, soit par les guerres de religion, soit par les travaux de viabilité de la grande route de Paris à Saint-Denis, soit par la vétusté. Il en restait encore six en 1704, parmi lesquelles la *Croix Penchée,* croix ordinaire située dans la partie *extra-muros* de l'ancien village de *La Chapelle*.
La légende conte qu'un voleur, ayant dérobé le saint ciboire de l'église Saint-Gervais, cacha l'hostie qu'il contenait au pied d'une croix située sur le chemin de Saint-Denis; la croix « se pencha aussitôt par respect au Saint-Sacrement ». Le miracle, reproduit sur un vitrail (disparu) de l'église Saint-Gervais, donna naissance à un service commémoratif qui continue à être célébré dans cette église en septembre de chaque année, au jour anniversaire du vol.

Les moulins de La Chapelle-Saint-Denis : Indépendamment des moulins de la *Butte des Couronnes* mentionnés plus loin, d'autres moulins se dressaient au lieu-dit les *Potences,* que le mur des Fermiers Généraux devait couper en deux. La RUE PHILIPPE-DE-GIRARD, dont l'ancien nom est rue *des Potences,* traversait ce lieu-dit. On trouvait là au XVIIe siècle : le *Moulin Bleu,* le *Moulin Yvon* et le *Moulin de la Maison*; au XVIIIe siècle le *Moulin Neuf,* le *Moulin du Poulet Bleu,* le *Moulin des Potences* et le *Moulin des Sureaux,* ces deux derniers à hauteur du n° 34 de la rue Philippe-de-Girard (donc *intra-muros*).
Il y eut aussi vers cet endroit, au XVe siècle, un moulin appelé de *la Tour* qui peut être celui près duquel Jeanne d'Arc batailla en septembre 1429 :

Outre, en procédant plus avant,
Son ost tira à Lachapelle
Et de là au moulin à vent
Où y eut escarmouche belle.

(*La chronique de la Pucelle,* MARTIAL D'AUVERGNE)

Les mairies de La Chapelle : La première assemblée municipale de La Chapelle a siégé jusqu'en 1834 dans une salle dépendant du presbytère situé à l'emplacement du nº 14 actuel de la rue de La Chapelle. En 1834, la mairie fut installée au nº 14 de la rue du *Bon-Puits* (de Torcy) où elle resta jusqu'en 1845. A cette date elle fut installée dans un hôtel, édifice construit à l'angle sud de nos rues Marx-Dormoy et Doudeauville, pour elle, pour des salles d'école et pour une salle d'asile. Elle y resta jusqu'à la création du XVIIIe arrondissement. Immeuble démoli en 1906.

LE QUARTIER DE LA GOUTTE-D'OR / Le décret de juillet 1790 relatif à la constitution des communes, incorpora à La Chapelle toute la partie de l'ancien faubourg Saint-Denis, appelé le *faubourg de Gloire,* situé entre le mur des Fermiers Généraux et la transversale actuelle Ordener-Riquet.
Ce territoire comprenait la région de la Goutte-d'Or ayant appartenu jusqu'alors à la congrégation de Saint-Lazare. Située entre nos rues Marx-Dormoy et Ordener et nos boulevards Barbès et de La Chapelle, elle comportait une butte pittoresque, la *butte des Couronnes.*

Les vignes de la Goutte-d'Or : L'appellation *Goutte-d'Or* existait déjà en 1474; elle venait soit d'un lieu-dit où l'on cultivait la vigne, soit de l'enseigne d'un cabaret débitant un vin blanc cultivé à cet endroit. Ce cru fut très réputé. On conte que sous le règne de saint Louis on procéda, à la suite d'une grande beuverie présidée par un savant philosophe nommé Rudolf, à un classement des vins. Le premier prix fut décerné au vin de Chypre proclamé le « pape » des vins, le second au vin de Malaga, « cardinal » des vins, le troisième fut partagé entre les vins de Malvoisie, d'Alicante et de la Goutte d'Or déclarés les « rois » des vins. La Ville de Paris eut, d'ailleurs, coutume au Moyen Age d'offrir chaque année au roi de France, au jour anniversaire de son couronnement, 4 muids du vin de la Goutte d'Or.

Les moulins de la Butte des Couronnes : La région limitée, au sud, par la rue de la Goutte-d'Or, au nord, par les rues Richomme et Cavé, à l'ouest, par la rue des Poissonniers et, à l'est, par la rue Affre, a été occupée par une butte, encore reconnaissable de nos jours, descendant en pente douce vers l'est; la rue Polonceau est située sur sa crête.
Cette butte, appelée *des Couronnes,* fut couronnée de moulins qui, à partir de 1750 environ, étaient au nombre de cinq, donc bien près les uns des autres; ils existaient encore sous la Restauration.
On peut essayer de les rechercher en suivant l'itinéraire ci-après dont une partie a fort souffert du bombardement d'avril 1944.

RUE POLONCEAU / Cette rue, appelée successivement le *chemin des Meuniers,* le *chemin des Couronnes,* le *chemin des Cinq-Moulins,* est l'ancien chemin qui desservait les moulins de la *Butte des Couronnes.* Son nom actuel est de 1842.

Nos 40-36. Emplacement du *Moulin des Couronnes.* On reconnaît encore l'emplacement de ce qui a dû être la maison du meunier située au haut de marches encore visibles, et séparée du chemin par un jardinet. Il fut le dernier survivant de ces cinq moulins.

No 41. La pittoresque VILLA POISSONNIÈRE, de 1848 environ, ouvrant sur la rue Polonceau par une arcade située sous une maison du règne de Louis-Philippe, montre la déclivité de la butte sur son versant sud. Elle est bordée de maisons construites, vers la même époque, dans le genre des cottages anglais.

No 24. Le second de ces moulins était édifié à hauteur du no 23 de la RUE DES GARDES, autre point culminant.

No 18. En haut de l'escarpement du passage Léon, ex-*passage Fauvet,* à l'emplacement du no 14 du passage, se trouvait le *Grand Moulin,* appelé plus tard le *Moulin Fauvet,* nom dû à la guinguette qu'y tint le « père Fauvet », sous la Restauration. Il était voisin d'un puits du XIIIe siècle qu'un acte de 1768 déclara commun à plusieurs moulins.

No 10. La RUE SAINT-LUC est de 1858; ses nos 3 et 5 sont à l'emplacement du *Petit Moulin.*

No 2. C'est vers les nos 8, 10 de la RUE PIERRE-L'ERMITE que se trouvait le dernier des cinq moulins de la *Butte des Couronnes,* le *Moulin Neuf.*

Le hameau de la Goutte-d'Or : Un hameau se forma vers 1814 sur le versant sud de cette butte. Un sentier, existant depuis 1720, le relia à la rue des Poissonniers; aussi l'appela-t-on, en 1814, le *chemin du hameau de la Goutte-d'Or* devenu la rue *de la Goutte-d'Or* en 1842 (cf. rue de Jessaint).

L'existence de ce hameau fut, sans doute, due à la nitrière artificielle qui y fut installée en 1787 et qui fournit cette année-là plus de 6.000.000 de livres de salpêtre à l'État.

Le *hameau de la Goutte-d'Or* touchait, à l'est, un autre petit hameau, le *hameau Saint-Ange,* créé aussi vers 1815; son nom est celui du premier propriétaire du terrain, M. Trutal de Saint-Ange.

HISTORIQUE DE QUELQUES RUES DE LA CHAPELLE ANNEXÉES A PARIS

La partie de la commune de La Chapelle annexée à Paris en 1860 ne possédait pas beaucoup de rues en raison de la place que tenaient sur son territoire les réseaux ferrés du Nord, de l'Est et de la Petite-Ceinture. Ces rues ont été depuis tellement rectifiées et modernisées que le nombre des maisons contemporaines du vieux village reste infime.

La RUE AFFRE, ouverte sous Louis-Philippe, conduit à l'église Saint-Bernard dont la construction fut décidée en 1854, par la commune de La Chapelle pour doubler l'église Saint-Denis-de-la-Chapelle devenue insufisante. Elle fut construite par l'architecte Magne dans le style gothique du XVe siècle et consacrée, en octobre 1861, sous le vocable de saint Bernard, le cardinal Morlot qui l'avait bénite ayant cru que saint Bernard était venu prêcher à La Chapelle la seconde croisade. Une flèche de 60 mètres de haut la surmonte.

La RUE DE LA CHAPELLE est une section de l'ancienne voie romaine de Lutèce vers les villes du Nord, un prolongement des rues Saint-Jacques, du faubourg-Saint-Martin, du Château-Landon et Philippe-de-Girard. Elle devint ensuite, à partir de l'époque des derniers Mérovingiens, une section de la route historique de Paris à Saint-Denis qui ne fut fréquentée qu'à partir de la reconstruction du *Grand-Pont,* car la rue et le faubourg Saint-Denis constituèrent alors un chemin plus court que la rue et le faubourg Saint-Martin pour aller de Paris à Saint-Denis et à la foire *du Lendit.* Cette route porta, dans sa traversée de La Chapelle, le nom de *Grande-Rue* de 1675 jusqu'en 1867, date à laquelle elle prit son nom actuel; on l'a amputée, en 1945, de la section nommée RUE MARX-DORMOY.

Les seuls vestiges de l'ancien village de La Chapelle sont les suivants : dans la rue Marx-Dormoy :
N°s 28, 40, 42, 52. Vieilles maisons (mansardes du n° 28). N° 57. Emplacement de la mairie de La Chapelle de 1845 à 1860. N° 70. Vieilles maisons. Dans la rue de La Chapelle; N° 15. L'église Saint-Denis-de-La-Chapelle. N°s 27, 35, 37. Vieilles maisons (entrée du n° 35, bâtiment du fond de la cour).

L'IMPASSE DU CURÉ est un reste de l'ancienne *ruelle au Curé,* déjà mentionnée en 1655; ce nom lui venait de la proximité de terres appartenant à la cure.
La RUE DOUDEAUVILLE *(section comprise entre les rues Marx-Dormoy et des Poissonniers)* a été ouverte en 1826. On lui donna alors son nom actuel en considération de « l'intarissable bonté et la haute protection dont son Excellence le Ministre, Secrétaire d'État de la Maison du Roi, Mgr le duc de Doudeauville », honorait la commune de La Chapelle.
La RUE DE L'ÉVANGILE résulte de la fusion, en 1868, sous le nom actuel, de la rue *d'Aubervilliers,* située entre les places de Torcy et Hébert, et du *chemin de la Croix-de-l'Évangile,* nom de toute la partie située au-delà de cette dernière place. Ce chemin tenait son nom d'une croix, déjà citée en 1540, érigée à son intersection avec notre rue d'Aubervilliers.
La RUE DES FILLETTES est un vestige d'un vieux chemin, de 1648, qui conduisait d'un carrefour, devenu la place Hébert, jusqu'à Aubervilliers. Coupée en deux par les voies ferrées, on retrouve son extrémité dans Aubervilliers.
La PLACE HÉBERT, ancien carrefour des rues *des Rosiers,* du *chemin de la Croix-de-l'Evangile,* du *chemin*

des Fillettes et de la rue de la Flache, date de 1859. Dans le but d'alimenter le quartier en eau potable, on a foré à cet endroit, de 1863 à 1874, un puits artésien d'une profondeur de 719 mètres. Son eau qui est à une température de 30° alimente actuellement une piscine.

La RUE DE JESSAINT a, comme la rue de la Goutte-d'Or, son origine dans le sentier que « les messieurs de Saint-Lazare » ouvrirent sur leurs terres, vers 1720, pour relier le *faubourg de Gloire* à la rue des Poissonniers. Sa partie orientale a reçu le nom de rue de Jessaint en 1829.

La RUE DE LA MADONE date de 1704; c'était la rue *Notre-Dame,* devenue en 1834 la rue *de la Vierge*; son nom actuel date de 1867. Une haute vierge en pierre, replacée dans une niche grillée à l'encoignure de cette rue et de la rue des Roses, rappelle ce parrainage.

La RUE MARCADET *(section comprise entre les rues des Poissonniers et Ordener),* tient son nom, ainsi qu'il a été dit au chapitre précédent, d'un lieu-dit *la Mercade,* déjà mentionné en 1540, situé à La Chapelle. Peut-être ce nom venait-il lui-même du mot latin *Marcadus,* marché, d'un marché qui se serait tenu vers cet endroit du temps de la foire *du Lendit?*

La RUE MYRHA a été ouverte en 1841, son nom est celui d'une fille de M. Biron, ancien maire de Montmartre.

La RUE PHILIPPE-DE-GIRARD, ancienne partie d'une voie romaine, ainsi qu'il a été dit ci-dessus au sujet de la rue de La Chapelle appelée *chemin des Potences* vers 1633, faisait jadis partie du faubourg Saint-Denis; elle a été incorporée à La Chapelle lors de la création du mur des Fermiers Généraux. Son nom actuel est de 1865.

La RUE DES POISSONNIERS, ancien *chemin des Poissonniers,* est une section de ce chemin de la marée, déjà indiqué en 1307, que prenaient les marchands pour amener à Paris le poisson pêché dans la mer du Nord. Cette route a été utilisée pour le transport de la marée jusqu'à la mise en service du chemin de fer, soit jusque vers 1850.

L'IMPASSE DU PRÉ est un reste du *chemin du Pré-Maudit* qui aboutissait à celui des Fillettes; son nom était dû à un lieu ainsi dit, des bestiaux y ayant été atteints d'un mal mortel.

La RUE RIQUET *(section comprise entre les rues de la Chapelle et d'Aubervilliers)* est une section de l'ancien chemin reliant les villages de La Chapelle et de La Villette. Elle formait la limite sud de La Chapelle jusqu'à la création du mur des Fermiers Généraux.

La RUE DES ROSES s'est appelée, de 1704 à 1867, la rue *des Rosiers,* du nom du lieu-dit où elle conduisait.

La PLACE DE TORCY s'appelait la *place du Cimetière* en 1704. On l'appela ensuite le *carrefour du Bon-Puits,* puis, et jusqu'en 1859, la *place du Marché.*

La RUE DE TORCY est une vieille rue de La Chapelle. On l'appela, de 1540 à 1704, la rue *du Bon-Puits*; elle conduisait au village de La Villette. Sa partie orientale a été absorbée par le chemin de fer de l'Est, et sa partie ouest a reçu, en 1867, le nom actuel.

14 LE VILLAGE DE LA VILLETTE.

Historique : quelques notabilités de La Villette, les églises de La Villette, ses cimetières, le cimetière des juifs portugais, le couvent de Sainte-Périne, la grande voirie de Montfaucon, les mairies de La Villette, ses guinguettes; le bassin de La Villette, les canaux de l'Ourcq et de Saint-Denis, le Marché aux Bestiaux et les Abattoirs Généraux / *Historique de quelques rues de La Villette annexées à Paris.*

La Villette a fait partie des quatre communes dont le territoire fut entièrement rattaché à Paris lors de l'extension de 1860. Jusqu'alors elle avait été séparée de La Chapelle par la rue d'Aubervilliers, et de Belleville par une ligne idéale que jalonneraient de nos jours les rues des Carrières-d'Amérique et Manin, la rue d'Hautpoul jusqu'à sa rencontre avec la rue Compans, un chemin sinueux coupant le nord du parc des Buttes-Chaumont jusqu'à la rue Cavendish, la lisière ouest de cette rue jusqu'à la rue de Meaux et cette rue jusqu'à la place du Colonel-Fabien. Elle communiquait avec Paris par trois barrières ouvertes dans le mur des Fermiers Généraux : les *barrières des Vertus, de la Villette* et *du Combat.*

HISTORIQUE

L'origine de La Villette est liée à l'existence de la voie romaine qui reliait Paris à la région des Flandres par Louvres, Senlis et Compiègne en suivant dans Paris nos rues Saint-Martin, du Faubourg-Saint-Martin et de Flandre. Il dut y avoir le long de cette voie romaine, à hauteur de la rue de Nantes, une petite agglomération gallo-romaine car on a découvert à cet endroit, en 1807, en creusant le canal de l'Ourcq, un trésor, enfoui vers 310, contenant dans un vase en terre 2.500 pièces de monnaies de bronze à l'effigie de Dioclétien, Constance Chlore, Sévère, et Constantin. Cette agglomération fut, sans doute, le noyau d'où découla, vers 1198, la *Ville Neuve Saint-Ladre* devenue, vers 1374, la *Petite Ville Saint-Ladre,* et vers 1426 *La Villette-Saint-Ladre-lez-Paris.*
Le territoire du village de La Villette resta partagé jusqu'à la Révolution entre 3 juridictions différentes, toutes 3 religieuses, ressortissant respectivement au *bailliage de La Villette Saint-Lazare,* au *bailliage de La Chapelle-Saint-Denis* et enfin à *la prévoté de Saint-*

Le 25 novembre 1807, l'armée française traverse le village de La Villette.

Laurent. Ces bailliages et prévôté représentaient respectivement le supérieur général de la Maison de Saint-Lazare, l'abbé de Saint-Denis et le chapitre de l'église Notre-Dame-de-Paris. La Villette dépendit surtout de la première de ces trois juridictions dont le siège, la maison de justice, la geôle et le poteau de justice restèrent installés jusque vers 1771 tout à côté de l'église du village, l'église Saint-Jacques-Saint-Christophe; les deux autres juridictions fusionnèrent souvent leur siège avec celui de la précédente.
Le noyau du village de La Villette, d'abord à cheval sur la *route des Flandres,* à hauteur de notre carrefour des rues de Flandre et de Nantes, s'étendit à la fin du XVIIIe siècle jusqu'à la *route d'Allemagne* (avenue Jean-Jaurès), de part et d'autre de laquelle il se développa également.
Ce village a donc vu passer les cortèges de tous genres entrant ou sortant de Paris par la *route des Flandres* et par la *route d'Allemagne,* mais surtout par la seconde. Citons : la « fuite à Varennes » et le « retour de Varennes » de Louis XVI et de sa famille, les 20 et 28 juin 1791; l'entrée triomphale, le 25 novembre 1807, de la garde impériale revenant de la campagne de Prusse; l'entrée, non moins triomphale, le 31 mars 1814, des Alliés ayant à leur tête le tzar Alexandre, le roi de Prusse, et le prince de Schwartzemberg représentant l'empereur d'Autriche; l'entrée, le 12 avril 1814, du comte d'Artois représentant Louis XVIII; et, enfin, celle de Charles X, le 6 juin 1825, venant de Reims où il avait été sacré le 29 mai précédent.

Quelques notabilités de La Villette : Quoiqu'il ne comportât pas le moindre petit ruisseau, le site de La Villette dut offrir un certain attrait par ses champs, ses vignes et ses jardins, puisque des Parisiens distingués vinrent y installer leur maison de campagne. En 1396, Nicolas Flamel y possédait des maisons et des vignes que lui avait léguées dame Pernelle, son épouse. L'évêque de Castres, en 1528, Emeric de Thou, en 1593, y eurent une résidence. On cite une propriété, la *Maison Verte,* située sur la route de Flandre, vers le no 52 actuel, qui appartint, de 1549 à la Révolution, à une suite de grands magistrats. Le cardinal François de Joyeuse, archevêque de Rouen, qui sacra Louis XIII à Reims et présida les États Généraux de 1614, eut avant 1616, un logis dans la rue Riquet actuelle; le maréchal de France, duc de Roquelaure, puis son fils, Gaston, possédèrent à La Villette un domaine qui pouvait être situé vers le no 152 de la rue de Flandre, où ils seraient morts respectivement en 1683 et en 1738. Bien d'autres personnages importants de la Cour et des Finances eurent, rue de Flandre, de riches demeures, tant au voisinage de la rue de Nantes actuelle que vers les nos 139 à 143 de la rue de Flandre. Là, le duc de Bouillon posséda au commencement du XVIIIe siècle un hôtel dans lequel éclata, en 1749, un incendie terrible qui endommagea le quartier. Le comédien Lesage, fils de l'auteur du *Diable boiteux,* de *Gil Blas* et de *Turcaret,* est mort à La Villette en 1743.

Les alentours du petit village étaient plantés de vignes qui, en 1744 s'étendaient jusqu'à la rue *Saint-Jacques* (de Nantes), soit jusqu'au cœur même de la localité, et de champs de blé qui, en 1708, s'étendaient également jusqu'au centre du village, en bordure de la rue de Flandre, face à des auberges; les oies et les oisons de celles-ci venaient y commettre des dégâts. Pas ou peu de moulins à La Villette, le pays étant essentiellement plat.

Une partie du territoire de La Villette était traversée par l'aqueduc qui amenait les eaux du Pré-Saint-Gervais à la *Maison de Saint-Lazare* située rue du Faubourg-Saint-Denis à Paris. Quelques privilégiés de La Villette comme l'évêque de Castres, en 1529, et M. d'Angivilliers, en 1627, obtinrent la faveur d'y installer une dérivation.

La Villette possédait cinq remises à gibier réservées aux chasses royales comme celle que Louis XIV offrit à tous les ambassadeurs en 1699. Ces chasses causèrent aux cultures de grands dégâts.

La Villette comptait, vers 1750, près de 650 habitants. Vers 1777, on n'y voyait que six à sept rues : le *chemin des Vertus* (rue d'Aubervilliers), la *chaussée du Bourget* (rue de Flandre), le *nouveau chemin de Meaux* (début de l'avenue Jean-Jaurès), l'*ancien chemin de Meaux* (rue de Meaux), le *chemin de la Villette à La Chapelle* (rue Riquet), la rue *Saint-Jacques* (rue de Nantes), et le *chemin de La Villette à Belleville* (rue d'Hautpoul).

La création du mur des Fermiers Généraux lui annexa, en 1785, tout le territoire des faubourgs de Paris situé à l'extérieur de ce mur et compris entre nos rues d'Aubervilliers, Riquet, Dehaynin et de Meaux. Sa population compta 1.800 habitants en 1797, 12.000 en 1847, et, enfin, près de 30.000 lors de l'annexion. Ces dernières augmentations furent dues en grande partie à la création du bassin de La Villette et des canaux de l'Ourcq et de Saint-Denis qui commencèrent à faire perdre à ce petit village, situé au milieu de labourages, de vignes et de jardins, son aspect champêtre. Le dépotoir des vidanges, le Marché aux Bestiaux, les Abattoirs Généraux, l'emprise des voies ferrées des chemins de fer de l'Est et de Ceinture, celle de la gare aux bestiaux, les usines à gaz, magasins généraux et entrepôts devaient achever cette transformation d'une manière irrémédiable.

Les églises de La Villette : La première église de La Villette fut construite, au xve siècle, à l'angle nord de l'intersection des rues de Flandre et de Nantes, à l'emplacement du n° 132 de la première de ces deux rues. Elle fut consacrée tardivement, en 1578.

La deuxième église de La Villette, dédiée comme la précédente à Saint-Jacques-Saint-Christophe, fut édifiée, en remplacement de celle-ci devenue trop vétuste, sur la place de Bitche actuelle (ex-place *de l'Église)* par Lequeux, de 1841 à 1844. Cette église n'a rien de remarquable; elle est ornée à l'intérieur de peintures à fresque de Brémond.

Les cimetières de La Villette : Le premier cimetière de La Villette se trouvait situé au chevet de l'église primitive. Il resta plus de 3 siècles en service, jusqu'à l'ouverture, vers 1770, d'un second cimetière situé devant le portail de l'église, à l'angle des rues de Flandre et de Nantes.
Ces deux cimetières furent fermés et leur terrain vendu après qu'ils eussent été remplacés, en 1806, par un troisième situé dans un endroit écarté en bordure de la rue de Flandre, à hauteur des nos 1 à 7 de l'actuelle avenue Corentin-Cariou. Devenu à son tour insuffisant on remplaça ce cimetière, vers 1831, par un quatrième, situé, bien à l'écart de La Villette, sur le *chemin de Belleville* (rue d'Hautpoul). Complètement rempli en 1867, il a été fermé définitivement en 1880 et ne renferme plus que des concessions perpétuelles.

Le cimetière des juifs portugais : Le cimetière israélite situé au no 44 de la rue de Flandre, au fond d'une ancienne cour de ferme et à la suite d'un vaste hangar, est, avec le cimetière du Calvaire de Montmartre, et celui de Saint-Germain-de-Charonne, l'un des plus anciens de Paris.
On trouvait, en 1691, au no 46 de cette rue, une auberge, à l'enseigne de *l'Étoile,* tenue par le sieur Camot. Cette auberge avait un jardin où Camot admettait que l'on inhumât des juifs, allemands pour la plupart, à condition de recevoir 50 francs pour une grande personne et 20 francs pour un enfant. Cet endroit était appelé officiellement, en 1765, le « cimetière des juifs ». L'auberge et le jardin devinrent, en 1773 la propriété du sieur Matard, écorcheur. Sa profession l'amena à enfouir dans ce même jardin, pêle-mêle avec les corps des juifs, les dépouilles des chevaux et des bœufs qu'il avait écorchés.
Des israélites ayant protesté contre cette profanation, une communauté de juifs portugais acheta, en 1780, à un voisin de Matard, un jardin contigu à celui qui avait jusqu'alors servi à tous les israélites et elle l'affecta à l'inhumation des juifs portugais exclusivement.
Le promoteur de cette acquisition avait été Jacob Rodriguez Pereire, pensionné de Louis XV pour s'être occupé de l'éducation des sourds-muets. Il y fut enterré.
Ce cimetière ne reçut donc que des tombes de juifs méridionaux, communauté dont les premiers membres, originaires d'Espagne et du Portugal, en avaient été expulsés au temps de la sainte Inquisition. Les juifs nordiques, soit ceux originaires d'Allemagne, de Pologne, de Hongrie et de Russie achetèrent de leur côté, en avril 1785, un terrain au Petit-Vanves lequel

existe toujours au n° 94 de la rue Gabriel-Péri, à Montrouge.

La petite nécropole de la rue de Flandre fut fermée en février 1810 après qu'une partie du cimetière du Père-Lachaise eut été attribuée aux israélites décédés à Paris mais elle resta la propriété du Consistoire. Elle contient une trentaine de dalles funéraires, éparses sur le sol, avec des inscriptions gravées en hébreu ou en français :

« Le Dieu suprême m'a appelé l'an vingt-troisième de mon âge. J'aime mieux ma situation que l'esclavage. O âme immortelle, cherche à vivre libre ou suis-moy, comme un bon républicain. Ici est le repos du bienheureux Samuel Fernandez Patto, décédé le 28 prairial an II de la République française une et indivisible. »

Le couvent de Sainte-Périne : La Villette a possédé, de 1648 à 1742, un important monastère de religieuses situé en bordure de la rue de Flandre, du n° 61 au n° 65, et s'étendant en profondeur jusqu'aux abords de notre rue de Tanger.

Ces religieuses étaient des chanoinesses régulières d'un ordre de Saint-Augustin, dit de *Saint-Jean-des-Vignes,* ou de *Sainte-Périne,* fondé dans le diocèse de Soissons par Philippe le Bel. L'une de ses religieuses, fille naturelle du maréchal de Bassompierre et d'une princesse de Conti, obtint de son père 36.000 livres pour acheter une maison près de Paris. C'est ainsi que l'Ordre vint s'installer en 1646 à La Villette; sa maison s'appela le *couvent de Sainte-Périne de La Villette.* Cette communauté, par suite de difficultés, fusionna, en 1742, avec une autre maison d'augustines, celle de *Sainte-Geneviève-de-Chaillot* (cf. n°s 1 à 19, rue Quentin-Bauchard), qui prit dès lors le nom de *couvent de Sainte-Périne de Chaillot.*

Après sa fermeture, l'ancien couvent fut occupé, de 1748 à 1757, par une manufacture de rubans qui s'appela la *manufacture royale de Sainte-Périne de La Villette.* Ses bâtiments et terrains furent achetés à cette dernière date par la princesse Marie-Louise de Rohan Soubise, veuve du prince Charles de Lorraine, comte de Marsan, et gouvernante des enfants de France, qui les mit à la disposition de la Sœur Malo, anciennement supérieure des Filles de la Charité de la paroisse de la Madeleine. Celle-ci, ayant trouvé, un jour qu'elle visitait ses pauvres, une jeune fille de 13 ans couchée avec son frère, âgé de 20, et leur mère complètement ivre, s'occupa de sauver d'autres jeunes filles de dangers semblables, en les installant ici. Ce fut la *communauté de la Sainte-Famille du Sacré-Cœur-de-Jésus de La Villette,* laquelle fut supprimée à la Révolution.

La grande voirie de Montfaucon : La Villette eut à souffrir de l'établissement sur son territoire (ou à la limite de celui-ci) de l'établissement de voiries et dépôts d'immondices provenant de Paris.

La première voirie de ce genre avait été installée,

en 1763, aux abords du *chemin d'Aubervilliers*. La situation s'aggrava lorsqu'on utilisa comme voirie le voisinage du *second gibet de Montfaucon* dressé, en 1772, à la limite des futures communes de Belleville et de La Villette, à hauteur du n° 46 actuel de la rue de Meaux. Lorsque ce gibet fut démoli au début de la Révolution et son cimetière des suppliciés fermé, son voisinage fut affecté à la *Grande Voirie,* à la fois réceptacle de vidanges et clos d'équarissage, car on y tuait les chevaux âgés, blessés, malades ou hors d'état de servir. Il fut une époque où en en abattit là 15.000 par an. De sordides baraquements s'installèrent autour de la *Grande Voirie* où on fabriqua l'engrais appelé *poudrette,* où on monta des boyauderies, et où on cultiva les asticots pour la pêche. Les crinières et les crins de chevaux étaient vendus aux bourreliers et aux tapissiers, la peau était envoyée aux tanneurs et les dépouilles inutiles abandonnées. ce qui attira des multitudes de rats. Ceux-ci transformaient en squelettes en moins d'une nuit les carcasses des chevaux abattus. Ils creusèrent des galeries souterraines tellement nombreuses que des masures s'effondrèrent.
En 1830, la Ville de Paris acheta un terrain, rue du *Dépotoir* (quai de Metz) pour y installer un dépotoir de vidanges destiné à recueillir et à rendre utilisables les matières fécales de la capitale. Dès lors, une longue file de voitures de vidanges se rendit chaque jour à La Villette par un itinéraire fixé (place du Colonel-Fabien, rue de Meaux et avenue Jean-Jaurès).
En 1837, on transféra la *Grande Voirie* dans la forêt de Bondy; mais ce ne fut guère qu'en 1845-1849 que l'endroit fut complètement assaini.

Les mairies de La Villette : Ce ne fut qu'en 1808 que la municipalité de La Villette, jusqu'alors installée au domicile de son maire, eut sa première mairie; elle était située au milieu de la *Grande Rue* (rue de Flandre).
On la remplaça, en 1837, par une plus grande maison située à l'emplacement du n° 2 du quai de l'Oise, jugé alors plus central, mais, le bâtiment n'étant guère solide, on la remplaça, en 1850, par une troisième mairie installée dans un immeuble au n° 13 de la rue *de Bordeaux,* aujourd'hui n° 160 de la rue de Crimée.
Cette mairie fut utilisée après l'annexion comme mairie du XXe arrondissement jusqu'à l'édification, en 1876, du bâtiment situé sur la place Armand-Carrel.

Les guinguettes de La Villette : La situation de La Villette, à cheval sur les routes des Flandres et d'Allemagne, devait amener la présence de nombreuses guinguettes. Sur la route des Flandres on trouve en 1667 et 1670, des guinguettes à l'enseigne *A l'image de saint Laurent* et *au Cygne de la Croix* auxquelles firent suite de nombreuses autres jusqu'en 1787.
Après la création du mur des Fermiers Généraux,

d'autres guinguettes s'installèrent à la sortie des barrières, surtout près de la Rotonde de La Villette et de la *barrière du Combat*; elles étaient souvent de mauvaise tenue comme celle de la « mère Radig » prônée par les journaux comme étant une curiosité parisienne, la « mère Radig » recevant ses clients en les injuriant.

Le bassin de La Villette, les canaux de l'Ourcq et de Saint-Denis : L'idée d'amener à Paris les eaux de l'Ourcq et de la Marne remonte à 1520. D'autres études très poussées furent faites sous Henri IV, en 1590, mais la mort de Riquet, en 1680, et celle de Colbert, en 1683, y mirent fin. Cette idée fut reprise, en 1787, par Brullée; elle fit l'objet d'un décret de l'Assemblée Nationale ordonnant, en 1790, d'ouvrir un canal entre le confluent de la Marne et de l'Ourcq et La Villette.

Le projet fut repris en 1802 avec le but d'établir une voie navigable entre l'Ourcq et Paris, et de former, à La Villette, un bassin alimentant, d'une part, 2 voies navigables aboutissant, l'une, à Saint-Denis, l'autre au bassin de l'Arsenal, et, d'autre part, des fontaines et des réservoirs destinés à la population parisienne et au nettoiement des rues et égouts de la capitale.

Le canal de l'Ourcq est une dérivation de la rivière de ce nom, dont il prend les eaux à Port-aux-Perches. Commencé en 1802, il fut terminé en 1826. Le bassin de La Villette fut commencé en 1806 et terminé en 1809; ses eaux pénètrent dans Paris par 4 galeries s'épanouissant vers le faubourg Saint-Antoine, le faubourg Saint-Honoré et les Invalides, la place Vendôme, l'Hôtel de Ville et le boulevard Saint-Michel. Le canal Saint-Denis, commencé en 1802 et livré en 1826, part d'une gare d'eau établie au nord du bassin de La Villette et rejoint la Haute-Seine à La Briche, près de Saint-Denis. Enfin le canal Saint-Martin, établi à la même époque, rejoint la Basse-Seine à l'Arsenal, après 9 écluses.

La première arrivée de l'eau dans le bassin de La Villette eut lieu le 2 décembre 1808, jour anniversaire du sacre de l'Empereur. Elle donna lieu à une manifestation imposante; le ministre de l'Intérieur la présida, assisté du préfet de la Seine, du préfet de police et des maires et adjoints des 12 arrondissements de Paris.

Le bassin de La Villette servit de patinoire pendant les hivers de 1810, de 1816, de 1820 et pendant le rigoureux mois de février 1827 où on promena les dames, moyennant 15 sous le tour ou 40 sous l'heure, en des traîneaux improvisés provenant d'anciens chars des Montagnes-Russes de *Tivoli* et de *Beaujon*. On y planta deux rangées d'arbres sur chacun de ses longs côtés, ce qui fit de lui une des plus belles promenades de Paris; aussi ses guinguettes furent-elles très fréquentées. On mit en service en 1837, entre le bassin de La Villette et Meaux, un bateau pour touristes tiré par des chevaux; le prospectus annonçait

Le canal de l'Ourcq (*grav. vers 1830*)

que « la vitesse serait de 4 lieues à l'heure, et les voyageurs placés face à face avec table pour leurs papiers et journaux »; on ajoutait que 100 voyageurs seraient à l'aise dans ce bateau « qui volerait avec la rapidité de l'oiseau ».

Le Marché aux bestiaux et les Abattoirs Généraux : Deux autres établissements furent installés par la Ville de Paris sur le territoire de La Villette en 1859 : ce sont le Marché aux Bestiaux et les Abattoirs Généraux. Ces deux installations furent faites de 1865 à 1868; elles entraînèrent la pose d'une voie ferrée de raccordement, ce qui fit une nouvelle emprise sur le territoire de l'ancien village.
Rappelons (cf. place de la République) que l'ancienne fontaine édifiée par Girard, en 1811, sur la *place du Château-d'Eau* (de la République) se trouve, depuis 1867, au centre de la cour du Marché aux Bestiaux de La Villette.
Le bassin de La Villette, ses canaux, ses abattoirs, son marché aux bestiaux, ses gares d'eau et de chemin de fer devaient faire de l'ancien village un énorme entrepôt jouissant d'une grande prospérité.
Cette prospérité fut la raison de l'hostilité de la commune de La Villette à son annexion à Paris; à elle seule elle présenta contre cette annexion plus d'oppositions que toutes les autres communes réunies, opposition émanant de toutes les classes sociales de ses habitants : chefs d'établissements industriels, commerçants et ouvriers.

HISTORIQUE DE QUELQUES RUES DE LA VILLETTE ANNEXÉES A PARIS

La RUE D'AUBERVILLIERS, limite entre les communes de La Chapelle et de La Villette, figure sur les plans de 1567; elle était connue en 1730 sous le nom de *chemin de Notre-Dame-des-Vertus.* Au nº 101, le service municipal des Pompes Funèbres occupe, depuis 1872, l'emplacement de l'abattoir de la commune de La Villette, créé à cet endroit en 1850.
La RUE DE CAMBRAI est l'ancienne *sente du Vivier* de 1707, dite aussi *sente des Postes.*
La PLACE DU COLONEL-FABIEN est une ancienne partie du boulevard de La Villette appelée *place du Combat,* de 1904 à 1945, en souvenir de la *barrière du Combat,* appelée aussi *barrière du Combat du Taureau* à cause de l'arène voisine indiquée au chapitre suivant. Cette barrière fut démolie en 1871, lors des luttes de la Commune dans ce quartier.
La RUE DE CRIMÉE *(section comprise entre la rue d'Aubervilliers et la rue Manin)* a commencé par être, en 1822, une partie de la route départementale nº 22 faisant communiquer les routes royales de Paris à Maubeuge (rue de Flandre) et de Paris à Mayence (avenue Jean-Jaurès).

La RUE DE FLANDRE est, comme il a été dit ci-dessus, une section de l'ancienne voie romaine de Lutèce à Senlis, par Louvres. Cette voie a été la principale rue du village de La Villette.

N° 60. Statue dans une niche représentant saint Laurent avec son gril et une palme.

La RUE D'HAUTPOUL *(section comprise entre l'avenue Jean-Jaurès et la rue Manin)* est une section de l'ancien *chemin de La Villette à Belleville* indiqué en 1730, son nom actuel date de 1865.

L'AVENUE JEAN-JAURÈS est l'ancienne route d'Allemagne, par Meaux. En 1731, elle partait d'un rond-point, situé à l'intersection de l'avenue Jean-Jaurès et de la rue de Crimée, où aboutissait la rue de Meaux actuelle. On remplaça, en 1768, cette dernière voie, qui devint l'ancien chemin de Meaux, par une route nouvelle, le nouveau chemin de Meaux, qui prolongeait en droite ligne la route d'Allemagne vers Paris. C'était en 1777 une belle voie plantée de 2 rangées d'arbres.

La RUE DE MEAUX est une section du vieux chemin qui conduisait de Paris à Meaux (cf. *avenue Jean-Jaurès*).

La RUE DE NANTES fut, avec la rue de Flandre, la rue principale du village de La Villette. Elle s'est appelée la rue de l'*Église* au XVIIe siècle.

N° 152. Façade, fenêtres avec frise et bas-reliefs.

La RUE RIQUET *(section comprise entre la rue d'Aubervilliers et le quai de la Seine)*, ancien chemin de La Villette à La Chapelle, a été formée en 1865.

N°s 67, 89 (enseigne), 91 (mansarde), 97, 104, 108, 121, 134, 136 (cour). Vieilles maisons.

Sur la PLACE DE STALINGRAD, appelée *Rond-Point de la Villette* jusqu'en 1945, se trouve la Rotonde de La Villette du mur des Fermiers Généraux (cf. rue du Faubourg-Saint-Martin), antérieurement flanquée de la *barrière de La Villette* (deux pavillons) au débouché de la *route de Flandre*, et de la *barrière de Pantin* (deux pavillons) au débouché de la *route d'Allemagne* (avenue Jean-Jaurès), auxquelles elle était reliée par une grille.

Le sort des combats du 30 mars 1814 qui mirent fin à la campagne des Alliés contre les troupes de l'Empire se décida à La Villette où se faisait la liaison des 2 ailes de l'armée française échelonnée de La Chapelle à Belleville. Cet endroit était défendu par le maréchal Mortier qui, accablé par le nombre, dut ordonner le repli de ses troupes sur les barrières.

Les pourparlers de l'armistice furent discutés le 30 mars au soir par les représentants des Alliés, d'une part, et par le maréchal Marmont, d'autre part, dans l'auberge *Au Petit Jardinet* située au Rond-Point de La Villette, face à la Rotonde. Ils furent régularisés à Paris au domicile de Marmont.

15 LE VILLAGE DE BELLEVILLE.

Historique : quelques notabilités de Belleville, les carrières, le combat du Taureau, la descente de la Courtille / *De la barrière de Belleville à la porte des Lilas :* la rue de Belleville, la Haute-Courtille, l'allée des Faucheurs, le théâtre de Belleville; la rue Saint-Laurent, les thermes de Belleville, la rue Piat, la ferme de Savy, les moulins de la butte de Chaumont, la maison de Favart; les églises et cimetières de Belleville, ses mairies, l'Ile d'Amour, la société des Amis de la Constitution; le couvent des moines de Picpus; les eaux de Belleville, le regard de la Lanterne; les moulins de la butte de Beauregard; le télégraphe de Chappe, le troisième cimetière de Belleville; la villa des Otages / *De la barrière de Ménilmontant à la porte de Ménilmontant :* la chaussée de Ménilmontant, l'église Notre-Dame-de-la-Croix, le curieux passage de Notre-Dame-de-la-Croix, les regards de la Roquette, Saint-Martin et des Messiers, la maison de Carré de Beaudoin, le passage de la Duée, la maison des Saint-Simoniens, la propriété de Sainte-Croix-de-la-Bretonnerie, le château de Ménilmontant et le domaine des Le Pelletier de Saint-Fargeau / *Historique de quelques rues de Belleville annexées à Paris.*

La commune de Belleville a été entièrement supprimée en 1860[1]. Elle avait été jusqu'alors séparée de celle de La Villette par la ligne définie au début du chapitre précédent; les rues des Amandiers, des Partants, Villiers-de-l'Isle-Adam, Pelleport et du Surmelin l'avaient séparée de la commune de Charonne; enfin, elle avait communiqué avec Paris par les *barrières du Combat, de la Chopinette, de Belleville, de Ramponeaux, des Couronnes, de Ménilmontant* et *des Amandiers* percées dans le mur des Fermiers Généraux.

Ces limites dépassaient de beaucoup celles de l'ancien village de Belleville car, lorsque la commune de Belleville fut formée par application de la loi de décembre 1789, on lui adjoignit de très importants territoires qui, pris sur La Villette, Pantin, Bagnolet et Paris, doublèrent sa superficie. En revanche,

Belleville perdit, au bénéfice de Paris, la *Basse Courtille* que limiteraient de nos jours le boulevard de Belleville, les rues du Buisson-Saint-Louis, Saint-Maur et Oberkampf.

C'est à l'intérieur du polygone limité par les rues de Ménilmontant, des Amandiers, des Partants, de Villiers-de-l'Isle-Adam, de Chine, Pixérécourt, des Annelets, puis par une ligne idéale allant du carrefour des rues Compans et d'Hautpoul à la rue Édouard-Pailleron et, de là, au débouché de la rue Rébeval sur le boulevard, et par celui-ci jusqu'à la rue de Ménilmontant qu'il faut chercher le vieux village de Belleville. Il se trouvait au sommet d'un plateau élevé, descendant vers Paris par une pente assez raide, flanquée, au nord, de deux grosses buttes (la *butte de Chaumont* et la *butte de Beauregard)* qui le séparaient de La Villette.

Il n'a pas été question de ce plateau avant le VIIe siècle où on l'appela *Savies,* du mot saxon *Sawhardt,* terre sauvage et inculte, en basse latinité *Savia*. Ses mentions devinrent plus fréquentes à partir du XIe siècle et s'appliquèrent à diverses agglomérations appelées : *Savies,* à l'est de notre rue des Pyrénées entre les rues de Belleville et de Ménilmontant, *Poitronville* aux environs de notre place des Fêtes, et le *Mesnil Maudan* au sud. L'ensemble ne prit que très tardivement, au XVIIIe siècle seulement, le nom de Belleville découlant de celui de *Belleville-sur-Sablon* dans lequel le mot *Belleville* était peut-être une corruption du mot *Bellevue.*

L'extrême morcellement de la propriété fit qu'il y eut à Belleville presque autant de seigneuries que de propriétaires. C'est ainsi qu'on y comptait au moment de la Révolution 12 seigneuries ecclésiastiques et 7 seigneuries laïques. Comme à Montmartre, la population de Belleville appartenait, en 1789, à deux milieux très différents. En bas de la côte, à proximité du boulevard, c'était le quartier de la *Haute-Courtille* dont les guinguettes, les limonadiers et les traiteurs étaient aussi réputés que ceux de la *Basse-Courtille* située de l'autre côté du mur d'octroi; c'était aussi celui des ouvriers des carrières et des manufactures. En haut de la côte, sur le plateau, on trouvait une population paisible de paysans, jardiniers et vignerons, à laquelle étaient venus s'ajouter des Parisiens attirés par le site et la verdure de ce lieu champêtre.

Quelques notabilités de Belleville : Il y eut parmi ces derniers beaucoup d'artistes venus y chercher une habitation moins coûteuse et un air plus salubre que dans Paris. Nous citerons parmi eux : le compositeur Mondonville, surintendant de la chapelle de Versailles, décédé en 1773; l'architecte Soufflot, dit Soufflot le Romain, neveu de l'architecte du Panthéon, mort en 1799; les peintres Romagnesi, Nicolas Thouard décapité sous la Révolution et Laurent Houel, mort en 1813; les sculpteurs Mathieu Thierret, décédé

en 1800, et Nicolas Hourlier; le décorateur Sallembier; les graveurs François Beaumont, mort en 1769, et François Régnault, décédé en 1792. Enfin l'auteur dramatique Favart mentionné plus loin.
Citons comme autres habitants notables de Belleville : la marquise de Favras, belle-mère du conspirateur pendu le 19 février 1790, le général Miranda qui avait formé de bonne heure le projet d'émanciper les colonies espagnoles (il fut arrêté à Belleville en 1793) et l'érudit Charles-François Dupuis qui commença à Belleville son grand ouvrage sur les religions, interrompu par la Révolution.

Belleville ne fut guère peuplé avant le XVIe siècle et ce village ne devint paroisse qu'à partir de 1543 seulement. Sa population augmenta rapidement après la Révolution; de 1.500 habitants, elle monta à 3.200 en 1820, à 5.000 en 1830, à 35.000 en 1851, à 65.000 en 1857, chiffre qui faisait alors de cet ancien village la treizième ville de France.
Aucun coin de Paris n'a conservé autant que Belleville son caractère champêtre de commune suburbaine, aucun quartier de Paris n'a comme lui des paysages étonnants formés d'un lacis d'étroites ruelles qui s'enchevêtrent, où des poules picorent, où des canards barbotent, où s'allument le soir des réverbères au gaz, des passages dont la largeur varie entre 0 m 60 et 2 mètres, des terrains vagues, des jardins abandonnés, des maisons grises d'un à deux étages seulement, des cours fermées par des petites barrières de bois.
Les deux itinéraires décrits ci-après permettent de retrouver la plupart de ces lieux.

Les carrières de Belleville : La Grande Voirie de Montfaucon était attenante, à l'est, à la *butte de Chaumont,* croupe dénudée (monts chauves, d'où Chaumont) d'une altitude de 80 à 100 mètres, percée d'excavations considérables qui se prolongeaient en carrières souterraines d'où on extrayait le sable, la pierre à bâtir, l'argile ou le plâtre. Ses flancs accidentés avaient été le lieu de violents combats, le 30 mars 1814, entre les Alliés que commandaient l'empereur de Russie, le roi de Prusse et le prince de Schwartzemberg, et les troupes de Marmont qui avait mis en batterie sur les buttes plusieurs canons.
Tout cet endroit a été heureusement transformé, en 1866-1867, par Alphand et Barillet qui, sous la direction d'Haussmann, en firent ce parc des Buttes-Chaumont qui est une de leurs meilleures réussites. Sa grotte, de 20 mètres de haut, où tombe en cascade un ruisseau artificiel est une ancienne entrée de carrière.
D'autres carrières existaient sous les pentes nord de la *butte de Beauregard,* située à l'est de la *butte de Chaumont.* C'étaient des carrières qui possédaient en certains endroits 3 étages de galeries superposées, de 15 mètres de hauteur chacune. Le plâtre retiré ici était exporté

jusqu'en Amérique, d'où le nom de « carrières d'Amérique » que porte encore une rue de ce quartier. Ces dernières carrières restèrent exploitées jusqu'en 1872.
Enfin, l'on trouvait d'autres carrières en bas de la rue Piat, dans la rue Juillet, près de la rue des Amandiers *(des Plâtrières)*, mais par suite d'effondrements qui entraînèrent des accidents graves, une ordonnance prescrivit, en 1779, de cesser les exploitations souterraines et d'extraire le plâtre uniquement en tranchée ouverte.

Le combat du Taureau : Le triangle limité par les rues de Meaux, des Chaufourniers et l'avenue Mathurin-Moreau est un ancien terrain vague où l'on donna, à partir de 1778, des combats d'animaux lorsque ceux-ci cessèrent d'avoir lieu en bordure de la rue de Sèvres (cf. nº 125, rue de Sèvres). On lisait dans une annonce du *Journal de Paris* du 14 avril 1781 :

Il y aura demain, jour de Pâques, sur l'ancien chemin de Pantin, au-delà de l'hôpital de Saint-Louis, grand combat d'animaux féroces et courses de taureaux à l'espagnole suivies d'un taureau mis à mort par les tauréadores tel que ce spectacle se fait en Espagne, le tout terminé par l'enlèvement du bouledogue anglais au milieu d'un double feu d'artifice. On commencera à cinq heures.

Du lundi 16 :

Combat d'animaux et courses de taureaux à l'espagnole, le taureau sera caparaçonné d'artifices.

On y venait assister à de sanglantes batailles entre chiens et sangliers, entre chiens et loups, entre chiens et ours, de chiens entre eux; on mit une fois aux prises un tigre et un verrat. Mais les batailles les plus courantes étaient entre chiens et taureau, d'où le nom de « combat du Taureau » donné à cette arène. Souvent fermé, mais toujours réouvert, le « combat du Taureau » ne disparut pas avant 1840.

La descente de la Courtille : Belleville eut à la fin du XVIIIe siècle et pendant la première moitié du XIXe une autre célébrité, mais d'un genre tout différent. C'était la fête qui clôturait le mardi gras, connue sous le nom de *descente de la Courtille,* le plus pittoresque spectacle de toutes les folies, de toutes les orgies. « Voir Paris sans la Courtille, c'est voir Rome sans le Pape », disait-on vers 1830. Ce soir-là tout le Paris mondain, vêtu en pierrots et en paillasses, montait s'encanailler à Belleville avec les gens des barrières. Le vin coulait à grands flots dans les gargotes du *Bœuf Rouge,* du *Coq Hardi,* de *la Carotte Filandreuse,* et surtout, dans celle du *papa Dénoyez,* qui hérita, en 1826, de la vogue connue par Ramponeaux un demi-siècle avant. Après des heures folles d'entrechats et de beuveries, une foule en délire envahissait le matin tous les véhicules possibles pour descendre en hurlant et en vociférant, en jetant des dragées,

Une ferme de la Butte-Chaumont

des fleurs, des œufs, de la farine, jusqu'aux grands boulevards où se faisait la dislocation. Un cortège de près de 1.000 voitures diverses défilait devant 60.000 badauds massés sur les trottoirs et aux fenêtres du parcours, louées depuis des mois.
Le meneur de ce jeu fut longtemps Charles de La Battut, fils naturel né, en 1806, d'une Française émigrée et d'un pharmacien anglais, reconnu par un gentilhomme breton, le comte de La Battut, riche, à la mort du pharmacien, de 100.000 francs de rente. On le saluait en tous lieux sous le nom de *Mylord l'Arsouille,* épithète qui avait été appliquée antérieurement à lord Seymour lorsqu'il fréquentait le *combat du Taureau.* La Battut se rendait le soir du mardi gras à la *Courtille* dans un équipage somptueux, précédé de ses piqueurs et suivi de voitures remplies de ses amis aux déguisements extravagants. Tout Belleville attendait *Mylord l'Arsouille,* tout Belleville l'acclamait et le suivait.
Cette *descente* passa de mode avec la ruine de La Battut; celle de 1838 fut la dernière.

DE LA BARRIÈRE DE BELLEVILLE A LA PORTE DES LILAS.

Point de départ : 1, rue de Belleville.

RUE DE BELLEVILLE / La rue de Belleville constituait la principale rue de l'ancien village de Belleville.
Lorsque avant la Révolution, venant de Paris, on franchissait la *barrière de Belleville,* on sortait de la *Basse-Courtille* et on entrait dans la *Haute-Courtille* qui s'étalait jusqu'au bas de la montée, soit jusqu'à proximité de la transversale formée par les rues *Saint-Laurent* (Rébeval) et Piat; des guinguettes la bordaient des deux côtés.
N° 1. ALLÉE DES FAUCHEURS. Malgré son titre d'allée, cette ruelle est, avec le passage de la Duée (cf. ci-après), la voie la plus étroite de Paris puisqu'elle ne mesure, sur ses 145 mètres de long, que 0 m 60 de large. Elle aboutit dans une cour après laquelle l'ALLÉE RÉBEVAL, longue de 85 mètres sur 0 m 80 de large, la prolonge jusqu'à proximité du n° 16 de la rue Rébeval dans laquelle elle aboutit par une étroite fente.
N° 8. La RUE DÉNOYEZ, de 1812, tient son nom de la taverne qui, installée au n° 8 de la rue de Belleville, était l'un des points de départ de la « descente de la Courtille ». Son propriétaire, Dénoyez, fut un des maires de Belleville.
Le *théatre des Folies-Belleville* a été construit sur l'emplacement du cabaret Dénoyez.
N° 13. Emplacement du *bal Favié,* autre point de départ, vers 1830, de la « descente de la Courtille ».
N° 32. La RUE DE TOURTILLE, indiquée en 1730,

porte le nom d'un propriétaire de cette époque, Tourtille-Sangrain, qui avait obtenu, en 1769, avec son associé, Bourgeois de Château-Blanc, l'inventeur des réverbères, le privilège de l'éclairage de Paris pendant vingt ans. A son n° 28, la RUE LE SAGE offre à son n° 16 une maison de quatre étages à fenêtres intéressantes.

La rue de Tourtille coupe la RUE RAMPONEAU, formée en 1867. Son nom lui vient de celui du célèbre cabaretier Jean Ramponeaux (cf. place d'Estienne-d'Orves) dont le cabaret, le *Tambour Royal,* était situé dans la *Basse-Courtille* au voisinage de la rue de l'Orillon actuelle.

N° 46. *Le théâtre de Belleville :* La COUR LESAGE — ex-*cour du Théâtre* de 1830 à 1877 — contourne l'emplacement de l'ancien *Théâtre de Belleville* qui fit partie des théâtres ouverts sous la Restauration dans la banlieue de Paris par Seveste (cf. les théâtres de Montparnasse, de Grenelle, des Batignolles et de Montmartre). Il ouvrit en octobre 1828. Des acteurs qui devaient devenir célèbres, Mélingue et Brasseur, sont sortis du théâtre de Belleville.

N° 56. La RUE JULIEN-LACROIX *(section comprise entre les rues de Belleville et des Couronnes)* a été percée sur des terrains vagues que Julien Lacroix avait reçu en cadeau de Charles X en récompense de sa lutte pour la restauration des Bourbons; il y fit ouvrir une rue et bâtir des maisons. N° 38. Balcon de 1847 avec monogramme. N° 78. Façade et inscription.

N° 69. La RUE RÉBEVAL, ancien chemin indiqué en 1672, conduisait à Paris au quartier Saint-Laurent par le *chemin de la Chopinette* (rue de Sambre-et-Meuse) qui une fois franchie la *barrière de la Chopinette,* lui faisait suite de l'autre côté du boulevard.

Toutes les anciennes rues qui débouchent dans la rue Rébeval du côté de ses numéros impairs sont d'anciennes ruelles qui se heurtaient à la *butte de Chaumont* et par lesquelles on pouvait atteindre, soit les carrières situées au pied de la butte, soit les moulins édifiés sur son sommet.

Le côté des numéros pairs, du n° 70 au n° 48 longeait l'ancienne usine à gaz de la commune de Belleville sur l'emplacement de laquelle on a percé, en 1890, les RUES DU GÉNÉRAL-LASALLE et RAMPAL. Au n° 17, l'IMPASSE DU PUITS est l'ancien *passage du Puits :* ce puits était un puisard servant à l'écoulement des eaux usées de l'abattoir mentionné ci-après.

N° 3. Emplacement de l'abattoir de Belleville édifié à l'angle de la rue de l'Atlas vers 1852.

Les thermes de Belleville : La RUE DE L'ATLAS a possédé à son n° 10, au fond d'un puits, une source d'eau minérale à 10°, sulfatée et calcique découverte en 1852. Il fut question alors de conduire cette eau par un aqueduc jusqu'à l'hôpital Saint-Louis où elle aurait remplacé les eaux sulfureuses artificielles utilisées pour le traitement des maladies cutanées.

Une société acheta cette source en 1868; elle refoula « l'eau de l'Atlas » au nº 6 *ter* où elle créa les *Thermes de Belleville*; on y débita jusqu'à 350.000 bouteilles par an. Cette source est maintenant tarie.

Nº 64. La RUE PIAT desservait encore au début du XIXe siècle deux moulins situés aux environs de l'emplacement de la Villa Ottoz; le *Moulin Neuf* et le *Moulin Vieux*. L'extrémité de la rue Piat se trouve à l'un des points culminants de Belleville d'où on a encore de nos jours un beau coup d'œil sur les quartiers sud-est de Paris. Il est intéressant de descendre, par le très pittoresque PASSAGE PIAT, son versant sud jusqu'à la rue des Couronnes.

Nº 94. *La ferme de Savy :* — La COUR DE LA MÉTAIRIE est à l'emplacement de l'entrée de l'ancien *Hôtel de Savy,* dit l'*Hôtel de Saint-Martin,* appelé par les paysans la *Ferme de Savy* ou tout simplement la *Ferme,* propriété du prieuré de Saint-Martin-des-Champs. Les moines de Saint-Martin l'avaient reçue, en 1069, du roi Henri Ier lorsqu'il fonda, à cette date, l'*abbaye de Saint-Martin-des-Champs* transformée 20 ans plus tard en un prieuré. Il y avait eu jusqu'alors sur cette éminence un fief royal où, pendant la période mérovingienne, les rois avaient frappé des pièces de monnaie sur lesquelles on lit encore l'inscription *Savi*. Petit à petit, ce domaine qui, avec ses dépendances, avait, en 1705, une superficie voisine de 23 hectares, diminua d'importance; il fut affermé, morcelé, puis définitivement aliéné en 1767.

Nº 97. *Les moulins de la butte de Chaumont :* La RUE CLAVEL, indiquée en 1730, provient de l'ancien *chemin tendant de la Montagne de Belleville aux Moulins et Terres de la Butte Chaumont,* appelé ensuite *chemin des Moulins*. En 1746, il conduisait aux *Moulins du Coq* et *des Bruyères* situés à hauteur du square Bolivar, puis il se prolongeait vers l'ouest par un sentier devenu une section de la RUE FESSART.

Ce sentier desservait le *Moulin de la Chopinette,* le *Grand Moulin,* le *Moulin de la Folie,* le *Moulin Macquereau,* le *Moulin Vieux,* le *Moulin du Carrosse* et le *Moulin de la Tour de Chaumont,* tous édifiés au haut du versant méridional de la butte de Chaumont, dont le versant jusqu'à la rue Rébeval était troué de carrières de plâtre. Au-delà du *Moulin de la Tour* le sentier descendait en pente rapide vers le premier *gibet de Montfaucon,* proche de la rue de la Grange-aux-Belles.

Nº 145. La RUE DE LA VILLETTE, indiquée en 1730, est l'ancien chemin conduisant de Belleville à La Villette. A son nº 50 la RUE DES SOLITAIRES, du début du XVIIIe siècle, reçoit, au nº 38, la CITÉ DU PALAIS-ROYAL DE BELLEVILLE dont le nom rappelle une grande maison située en face du *couvent des moines de Picpus* (cf. ci-après), appelée la *Maison-Rustique* et aussi le *Palais-Royal,* propriété, en 1812, d'un notable de Belleville. Au nº 44 de la rue des Solitaires, le filet d'eau, au-dessus duquel était le *regard Le-*

Le cabaret de Ramponeaux (*grav. 18e s.*)

Amusement à la Courtille

Le village de Belleville (*grav. 18e s.*)

couteux (classé), passe encore dans les caves de cette maison.
Avant la création du parc des Buttes-Chaumont, la rue de La Villette se prolongeait au nord sous le même nom jusqu'au cimetière de La Villette; sa dernière section est devenue la rue d'Hautpoul.

Nº 112. Emplacement de l'entrée de la maison qu'habita, à partir de 1764, l'auteur dramatique Favart. Fils d'un pâtissier de Paris qui créa cette sorte de gâteaux nommés « échaudés » et qui était aussi chansonnier, il continua le métier de son père jusqu'à la réussite de son premier vaudeville *Les Deux Jumelles*. Il dirigea l'Opéra-Comique, fut attaché par le maréchal de Saxe au théâtre de l'armée de Flandre, mais fut persécuté odieusement par celui-ci, fort épris de Mme Favart. Celle-ci qu'il avait épousée en 1745 alors qu'elle avait 18 ans mourut en 1772; son mari lui survécut vingt ans. Il mourut à Belleville, dans la maison située à cet emplacement, à l'âge de 82 ans, presque aveugle.

Nº 114. RUES JEAN-BAPTISTE-DUMAY et DE LA MARE *(section située au nord de la rue des Cascades)*. Cette rue existait à l'état de chemin en 1612, c'était alors la *ruelle des Nonnains*. Le nom de la Mare qu'elle eut ensuite était dû à une ancienne mare formée par les eaux de Belleville sur le versant méridional de la colline, vers l'emplacement de l'église de Notre-Dame-de-la-Croix. Nº 71. La RUE DES ENVIERGES, sentier en 1685, se terminait, en 1812, dans les champs de la Ferme de Savy; son nom est celui d'un lieu-dit, déformation de « La Vierge ». Nº 84. La RUE LEVERT, sentier en 1730, se heurtait au couvent des moines de Picpus (cf. ci-après).
Nº 94. Hôtel du début du XIXe siècle; médaillons, figurines.

Nº 139. *Les églises et cimetières de Belleville :* On se trouve ici au cœur du petit bourg campagnard de Belleville. Jusqu'en 1543 les habitants de ce village dépendaient de plusieurs paroisses suivant le seigneur du terrain sur lequel ils étaient installés; ils dépendaient donc selon le cas des églises de Pantin, ou de Bagnolet ou de Saint-Merry.
Ce n'est qu'en 1543 qu'un acte, où est mentionné pour la première fois le nom de Belleville, autorisa ses habitants à avoir une chapelle. Celle-ci fut constuite, en 1548, à cet endroit. Une église la remplaça en 1635; dédiée à saint Jean-Baptiste, desservie par un vicaire de Saint-Merry, elle servit à tous les habitants de Belleville, de quelque paroisse qu'ils fussent, sous réserve du paiement d'une dîme aux curés de Pantin et de Bagnolet. Mais quoique agrandie plusieurs fois, l'église devint insuffisante au point qu'un certain nombre de fidèles devaient rester sur la place située devant l'église pour écouter la messe. Pour mieux voir le prédicateur, un Bellevillois monta, un jour

de juillet 1761, sur son âne, lequel se mit à braire au cours du sermon : « Faites taire cet âne », s'écria un fidèle installé dans l'église. Le prédicateur crut qu'il s'agissait de lui et répliqua, furieux, en montrant l'interpellateur : « Faites sortir cet insolent ».
A l'église étaient attenants le presbytère et le cimetière. Le premier cimetière avait été créé en 1543 devant l'église; non clos, il servait de lieu de réunion aux habitants et de terrain de jeux aux enfants. On le ferma donc en 1765 et on le remplaça par un autre, ouvert sur le côté ouest de l'église, dans un endroit clos (la rue Lassus passe sur son emplacement). L'emplacement du cimetière initial fut planté d'ormes et servit dès lors de place publique, des dalles tombales retournées en formèrent les bancs. Le second cimetière fut remplacé à son tour, en 1809, par celui qu'on installa dans des terrains de l'ancien parc du château de Ménilmontant (cf. ci-après).
L'église de 1635, devenue trop petite, a été remplacée par l'église actuelle, commencée par Lassus en 1854 et achevée, après sa mort, en 1857, par Truchy. Elle est dédiée, comme la précédente, à saint Jean-Baptiste. Conçue dans le style ogival du XIIIe siècle, elle est flanquée de deux hautes tours surmontées de flèches s'élevant à une hauteur de 57 mètres; au centre du portail se trouve la statue de saint Jean-Baptiste recouvert d'un manteau de poils de chameau; toute l'iconographie est l'œuvre de Perrey. Elle possède une des six cloches de l'ancienne église.

N° 141. *Les mairies de Belleville :* La première mairie de Belleville avait été installée, en 1790, à l'angle des rues de Belleville et de Palestine. Elle fut transportée, vers 1847, en face, à l'emplacement du n° 136 jadis occupé par la maison seigneuriale de l'abbaye de Saint-Victor. Vendue à la Révolution, elle était devenue une guinguette réputée sous la Restauration, appelée l'*Ile d'Amour,* du nom de son premier propriétaire, Damour, et du fait qu'un fossé l'entourait sur trois de ses côtés :

L'Ile d'Amour,
C'est un amour d'île.
L'Ile d'Amour,
C'est un chouette séjour.
Flâneurs du faubourg,
Flâneurs de la Ville,
*V'nez à l'*Ile d'Amour.

Cet établissement avait des salons splendidement décorés et des beaux jardins que la mairie conserva avec ses charmilles assez longtemps. La mairie continua à fonctionner à cet endroit après l'annexion de 1860 comme mairie du XXe arrondissement; elle y resta jusqu'à son installation, en 1875, sur la place Gambetta.
N° 141. La RUE DE PALESTINE est une ancienne partie de la *place de l'Église*. On trouvait jusqu'à ces der-

nières années, à son nº 2, le *regard du Chaudron* situé sur le vieil aqueduc de Belleville.

Nº 130. Emplacement où se tint, à partir de mars 1792, la société des *Amis de la Constitution,* important groupement politique de Belleville fondé en avril 1791. Ce club prit, en août 1792, le nom des *Amis de l'Égalité et de la Liberté* et, ensuite, celui de *Société Populaire et Républicaine.* Il devait jouer un rôle de premier plan dans la vie de la commune de Belleville. Il siégea à partir de novembre 1793 dans l'église, alors fermée, et y resta jusqu'à son extinction en novembre 1795.

Nº 132. Les RUES CONSTANT-BERTHAUT et DES RIGOLES proviennent d'un sentier indiqué en 1730 sous le nom de *ruelles des Rigolles,* du nom des ruisseaux de Belleville; en effet, on appelait aux XIVe et XVe siècles *Rigolles, Rigaunes, Rigones,* les petits chéneaux qui conduisaient vers les regards les eaux du plateau. Cette ruelle longeait, au XVIIIe siècle, la clôture ouest du *couvent de Picpus.*

Nos 160 à 174. *Le couvent des moines de Picpus :* En 1638, Jean Bordier, argentier de la Petite-Écurie du roi, acheta à l'archevêque de Paris, François de Gondi, un domaine situé à cet emplacement et composé d'une ancienne maison seigneuriale avec 12 hectares de terres, pour y installer des religieux du « Tiers-Ordre de Saint-François de l'Étroite Observance de la Province de France » venus du couvent de Picpus (cf. nº 61, rue de Picpus). Ces religieux rachetèrent ce domaine en 1673.

L'entrée de leur couvent était située au débouché actuel de la rue Levert, leur chapelle était en retrait des nos 162 à 164 de la rue, leurs vastes jardins s'étendaient jusqu'à la rue des Rigoles; on y voyait une fontaine alimentée par une dérivation prise sur les eaux de Belleville dont la canalisation traversait leur terrain.

Ce couvent fut fermé à la Révolution, puis vendu. Le prolongement de la RUE LEVERT, existant en 1730 entre les rues des Cascades et des Rigoles, les RUES OLIVIER-MÉTRA et FRÉDÉRICK-LEMAITRE ont été percées sur son emplacement, la première en 1837, les deux autres entre 1906 et 1912.

Nº 169. Emplacement de l'ancien *regard Saint-Louis* (classé); le filet d'eau de l'aqueduc passe toujours dans les caves de cette maison.

Nº 169. La RUE DES FETES indiquée en 1730, longe la PLACE DES FETES, créée en 1836 pour servir de place où se tiendraient les fêtes de la commune de Belleville, celle qui était devant l'ancienne église étant devenue bien trop petite. Nº 11. Hôtel du XVIIIe siècle; mascarons, balcon, toit. Nº 13. Pittoresque cité-jardin. Nos 25-29. La RUE DE CRIMÉE *(section comprise entre les rues des Fêtes et Manin)* a été ouverte de 1844 à 1853. Nº 55. Emplacement, en 1774, d'un regard appelé le *regard des Saussaies.*

Nº 171. La RUE DU PRÉ-SAINT-GERVAIS, indiquée en 1730, est une ancienne voie des communes de Belleville et du Pré-Saint-Gervais appelée parfois la *ruelle des Cerisiers*. Nº 25. La RUE DES LILAS, également indiquée en 1730, doit son nom au voisinage de l'agglomération des Lilas, démembrement de Romainville; son terminus sur le boulevard Sérurier constitue un autre belvédère sur Paris. Nº 40 *bis*. Jardin dont les bancs ont été formés avec des pierres tombales provenant, en 1854, du *cimetière de Saint-Benoît-le-Bétourné*; puits avec poulie. Nº 42 *bis*. La RUE DES BOIS, aussi indiquée en 1730, est un souvenir du *bois des Rigones* situé vers cet endroit au XIVe siècle. On trouvait avant 1902, à son nº 32, la maison de campagne où François Soufflot, dit Soufflot le Romain, mourut en 1799.

Nos 195 (cour, puits avec poulie), 201, 205 (toit), 211. Vieilles maisons.

Nº 213. *Les eaux de Belleville :* Au fond de l'impasse et à droite : le regard de la Lanterne.
Le sol sablonneux du plateau de Belleville recouvre une glaise impénétrable à l'eau sur laquelle glissent les eaux de ruissellement. Celles-ci suintaient à certains endroits. Aussi, dès le XIIe siècle, les moines propriétaires de ces terrains pensèrent à l'intérêt qu'il y aurait à canaliser ces suintements et à diriger ces ruisselets vers des petites mares ou bassins d'où un aqueduc les conduirait jusqu'à leur maison de Paris. De là, l'eau qu'ils n'auraient pas utilisée pour leurs besoins propres pourrait être répartie entre des privilégiés, communautés religieuses et demeures seigneuriales et aussi être dirigée vers des fontaines au bénéfice des Parisiens. C'est ainsi que, vers 1220, les religieux de la léproserie de Saint-Ladre amenèrent dans leur maison de Saint-Laurent les eaux du Pré-Saint-Gervais, et que ceux du prieuré de Saint-Martin-des-Champs amenèrent dans leur prieuré les eaux de Belleville. Ces aqueducs furent munis le long de leur parcours de *regards*, petites constructions permettant de surveiller la conduite et, au besoin, de dériver l'eau.
Le prévôt des marchands eut la surveillance de ces aqueducs puisqu'une partie de leur eau alimentait les fontaines publiques. Il devait les inspecter une fois l'an, vérifier la propreté des regards, goûter l'eau, et réprimer les dérivations clandestines.
L'*aqueduc de Belleville* alimentait au XVe siècle les fontaines *Maubuée*, de *Marle*, de la rue *Sainte-Avoye*, de la rue *Barre-du-Bec*, de la *porte Baudoyer* et de *Saint-Julien*.

Le regard de la Lanterne : Ce regard a constitué la tête de l'*aqueduc de Belleville*; pendant longtemps il est resté en pleine campagne au milieu de champs ou de jardins. C'est une haute et forte construction en pierre, de forme ronde, surmontée d'un dôme couronné d'une lanterne; sa porte cintrée ouvre sur un palier où aboutissent deux escaliers contournant de part et d'autre les parois de l'édifice. A leur pied se trouve un bassin circulaire où trois « pierrées », canalisations souterraines d'une section de 0 m 30 × 0 m 30 environ, amènent les eaux captées, et d'où part l'aqueduc, longue canalisation souterraine, voûtée, se dirigeant vers Paris sous la rue de Belleville et transportant dans sa rigole centrale l'eau recueillie dans le bassin. On peut la suivre fort longtemps sans avoir à baisser la tête.

On voit à l'intérieur du regard deux inscriptions. La première, située au-dessus de l'aqueduc voûté, est en vers; datée de 1457, elle fait l'éloge des échevins de l'époque qui ont reconstruit l'aqueduc « car si brièvement on ne l'eût fait, fontaine tarie étoit ». La seconde inscription est gravée sur une plaque de marbre noir située au-dessous de la porte d'entrée; elle indique que la construction actuelle, commencée en 1583, fut parachevée en 1613.

On voit sur le pourtour extérieur de ce regard les anneaux où les gardes de la Ville qui escortaient le prévôt des marchands et les échevins lors de leur inspection annuelle attachaient leurs montures

Ce monument est classé.

N° 219. La RUE COMPANS, indiquée en 1730, reçoit à son n° 72 la RUE DE BELLEVUE, de 1812, qui, située sur l'ancienne *butte de Beauregard,* délimitée par les rues Compans, Bellevue et des Lilas, desservait, en 1746, les moulins dressés sur la crête méridionale de cette butte réputée par ses points de vue.

Les moulins de la butte de Beauregard : Ces moulins s'appelaient, en suivant la rue de Bellevue de l'est à l'ouest et de part et d'autre de celle-ci : le *Moulin Vieux,* le *Moulin Neuf,* le *Moulin de la Motte,* le *Moulin Basset,* le *Petit Moulin* et le *Moulin du Costre.* Les RUES DE MOUZAIA, du GÉNÉRAL-BRUNET et DAVID-D'ANGERS ont été ouvertes sur le versant nord de cette butte.

N° 210. La RUE PIXÉRÉCOURT (*section comprise entre les rues de Belleville et des Rigoles*) indiquée en 1672, s'est appelée la rue *de Calais* jusqu'en 1875; ce dernier nom lui venait d'une très vieille enseigne.

Ses n°s 91 à 81 sont à l'emplacement d'une grande propriété contiguë au couvent des moines de Picpus et touchant la rue de Belleville au n° 208. A la suite de cette propriété se trouvait la maison du compositeur de Mondonville, surintendant de la chapelle de Versailles.

N° 234. La RUE PELLEPORT (*section comprise entre les rues de Belleville et du Surmelin*) indiquée en 1730, reliait la rue de Belleville à la rue de Ménilmontant et cette dernière rue à la rue de Bagnolet; cette section longeait extérieurement le mur de clôture du parc du *château de Ménilmontant* (cf. ci-après). Nom actuel de 1868. A son n° 180 la commune de Belleville fonda, en 1851, un hospice pour vieillards qui tomba en ruines peu d'années après l'annexion; il fut alors pris par l'Assistance Publique de Paris qui le restaura en 1789.

A son n° 154, la rue Pelleport reçoit la RUE DU BORRÉGO, ancienne allée du parc ci-dessus indiqué.

La partie de Belleville située à l'est de la transversale Compans-Pixérécourt et entre la rue des Bois et la rue du Borrégo est constituée par une butte dont le sommet est le point culminant de toute cette région de Paris; la partie nord du parc du château de Ménilmontant l'a longtemps occupée.

N° 244. La RUE DU TÉLÉGRAPHE *(section comprise entre les rues de Belleville et du Borrégo)* est dans cette section, l'ancien chemin de ronde intérieur du parc du château de Ménilmontant.

Le télégraphe de Chappe : Le cimetière de Belleville est situé sur ce point culminant de toute la région est de Paris; son altitude (128 mètres) est de très peu inférieure à celle de la Butte Montmartre (129 m 35). Aussi était-il normal que Claude Chappe utilisât cet endroit pour expérimenter son système télégraphique.

Il avait présenté celui-ci à l'Assemblée Nationale, le 22 mars 1792, sous le nom de *Tachygraphe,* auquel on substitua celui de *Télégraphe*; sa machine pouvait transmettre 98 signaux différents qui, par leur combinaison, fournissaient un code de termes suffisant pour les besoins courants. Il installa, en septembre 1792, son modèle d'essai dans le ci-devant parc du château de Ménilmontant, un peu au sud de l'entrée du cimetière actuel (lequel n'existait pas encore). Les habitants de Belleville, ayant cru que cette machine était destinée à échanger des signaux clandestins avec la famille royale enfermée dans le donjon du Temple, envahirent le parc, brisèrent et saccagèrent l'installation de Chappe qu'ils auraient pendu s'il n'avait fui à temps. Il put reprendre ses expériences en juillet 1793; il échangea des signaux entre Belleville et deux autres stations érigées sur les hauteurs d'Écouen (13 km 500) et de Saint-Martin-du-Tertre (10 kilomètres). Ces essais furent probants; aussi Chappe reçut-il de la Convention le titre d'*ingénieur-télégraphe* et la solde d'un lieutenant du génie.

Il construisit alors les lignes Paris-Lille et Paris-Strasbourg dont les stations de la Butte-Montmartre et de Belleville furent les origines.

Le troisième cimetière de Belleville : Le cimetière de Belleville créé, en 1765, sur le côté ouest de l'église étant devenu insuffisant, et se trouvant, en outre, au cœur du village, de qui était contraire aux nouvelles prescriptions, fut fermé en 1809 et remplacé par un cimetière installé loin de la localité, dans un terrain acheté, en 1804, dans le ci-devant parc du château de Ménilmontant. Ses arbres sont tout ce qui reste du vaste domaine ayant constitué jadis le château et le parc de Ménilmontant.

Le réservoir d'eau situé au sud du cimetière (n° 36, rue du Télégraphe) a été mis en place en 1862. A côté, isolée, se trouve au nº 34 de la rue du Télégraphe une petite pyramide de pierre qui marque la tombe d'un sieur Guillot enterré ici, en 1849, dans sa propriété.

Nº 278. La RUE HAXO, ouverte en 1834, occupe l'emplacement d'une allée du parc du château de Ménilmontant.

La villa des Otages située au nº 85 de la rue Haxo, est une propriété où les Fédérés établirent un de leurs derniers postes de commandement à la fin de la Commune. On y conduisit, le 26 mai 1871, 52 personnes extraites de la prison de la Roquette dont 11 prêtres et Pères Jésuites, 36 gardes de Paris ou gendarmes et des civils; tous ces otages furent massacrés. Les Jésuites achetèrent en 1872 cet endroit; ils y ont indiqué tous les détails de ce massacre et ont reconstitué les cellules où 5 Pères Jésuites avaient été enfermés à la Roquette, avec mise en place des grilles, portes, verrous et carrelage achetés lors de la démolition de la prison.

Nº 337. Au débouché de la rue de Romainville dans la rue de Belleville, se trouvait un carrefour, dit le *Trou-aux-Vaches,* qui avait été aménagé par M. de Saint-Fargeau, lorsqu'il était propriétaire du château de Ménilmontant, pour l'inhumation des suppliciés de sa justice. Pratiquement il ne servit qu'à l'enfouissement d'animaux morts, d'où son nom.

Nº 351. La RUE DU LEMAN est un reste du chemin appelé la rue *de Bagnolet*; sa partie centrale a disparu lors de la construction de l'enceinte fortifiée.

Après l'aliénation, en 1763, du parc de Ménilmontant qu'elle avait jusqu'alors contourné au nord par la rue de Romainville, la rue de Belleville reprit, au-delà de la rue Pelleport, sa ligne droite vers l'est; on appella plus tard rue *du Parc* cette dernière section. Celle-ci s'arrêtait à l'enceinte fortifiée de Thiers percée à cet endroit d'une porte appelée *porte des Lilas* ou *porte de Romainville.*

En suivant le boulevard Sérurier on trouve (difficilement) sur sa droite avant d'arriver à l'ex-*porte du Pré-Saint-Gervais,* dans une dépression de l'ancienne zone, à une centaine de mètres en face de l'église en construction, le *regard des Maussins,* le plus important de tous les regards de l'aqueduc du Pré-Saint-Gervais, bâtiment analogue au regard Saint-Martin (cf. nºs 40, 42, rue des Cascades). On trouve au-delà, mais au Pré-Saint-Gervais, à l'angle de la rue des Cornettes et de l'avenue Édouard-Vaillant, un autre regard du même aqueduc, le *regard du Trou-Morin.* Ces deux regards sont classés.

DE LA BARRIÈRE DE MÉNILMONTANT A LA PORTE DE MÉNILMONTANT.

Point de départ : 1, rue de Ménilmontant.

RUE DE MÉNILMONTANT / Cette rue provient d'un ancien chemin conduisant à un petit hameau formé autour d'un « mesnil » ou villa, dit dans une charte de 1224 *Mesniolum mali temporis* (mesnil du mauvais temps) et dans une autre, de 1231, *Mesnilium mautenz*, appellation transformée vers le XVIe siècle en *Mesnil montant*. L'abbaye de Saint-Antoine, la Maison de Saint-Lazare et les religieux de Sainte-Croix-de-la-Bretonnerie possédèrent longtemps des biens à Ménilmontant, surtout des vignobles.
La rue s'appela, de 1672 à 1869, la *chaussée* et aussi l'avenue de Ménilmontant. C'était une belle route bien droite plantée de deux rangées d'arbres vers 1748, fréquent but de promenade des Parisiens car elle conduisait au plateau de Ménilmontant qui atteint, aux environs de la rue Pelleport, une altitude voisine de 117 mètres. Parallèle à la rue de Belleville, mais en contre-bas, elle en était séparée par des cultures, ce qui faisait de Ménilmontant un écart assez indépendant de Belleville. Toutefois, des sentiers à travers champs reliaient, de distance en distance, ces deux voies ; ceux qui devinrent plus tard la rue de la Mare et la rue Pixérécourt étaient les plus fréquentés, ce dernier surtout.
No 4 (et no 138, boulevard de Ménilmontant). Emplacement d'un bal appelé, en 1827, *Aux Armes de France* et, en 1856, la *Salle Graffard* laquelle fut un lieu de réunions politiques sous le second empire.
No 27. Emplacement du bal des *Grands-Pavillons*.
No 40. Emplacement du bal des *Barreaux Verts*. Ce bal était réputé par sa bonne tenue; par exemple, un cavalier présentait une rose à la dame avec qui il désirait danser, celle-ci l'épinglait à son corsage si elle acceptait le cavalier.
No 49. La RUE JULIEN-LACROIX *(section comprise entre les rues de Ménilmontant et des Couronnes)* est, dans cette section, une partie de l'ancien *chemin des Couronnes*, indiqué en 1730. No 8. Emplacement du bal de l'*Élysée-Ménilmontant* disparu lors du percement, en 1897, de la rue qui porte son nom. No 17. La RUE DES MARONITES, ex-rue de *Constantine* jusqu'en 1867, occupe l'emplacement d'un chemin indiqué en 1730. No 20. La RUE DES COURONNES tient son nom du lieu-dit les *Couronnes-sous-Savies*; elle reçoit à son no 43 le PASSAGE JULIEN-LACROIX, appelé *passage des Envierges* jusqu'en 1877; il est intéressant de le gravir pour accéder au belvédère sur Paris mentionné au sujet de la rue Piat.

Le quadrilatère compris de nos jours entre les rues de Ménilmontant, Julien-Lacroix, des Couronnes et le boulevard de Belleville est à l'emplacement d'un ancien lieu-dit la *Haute-Borne* qui séparait le bas de Ménilmontant du bas de Belleville.
Nº 42. La RUE DELAITRE, ouverte en 1837, conduit à la RUE DES PANOYAUX qui fut, jusqu'en 1837, un sentier ayant traversé jadis un vignoble dit le « Pas noyaux », ses raisins étant sans pépins.
Nº 67. La PLACE DE MÉNILMONTANT a été ouverte de 1851 à 1859.

L'église Notre-Dame-de-la-Croix : Pendant longtemps le hameau de Ménilmontant dépendit de la paroisse Saint-Jean-Baptiste de Belleville. Sa population augmentant, on construisit, en 1823, à Ménilmontant, une modeste chapelle qui fut érigée en paroisse en 1847. Elle fut appelée Notre-Dame-de-la-Croix en souvenir de la statue de la Vierge qui, portant ce vocable, se trouvait avant la Révolution dans l'oratoire de la maison de campagne que les religieux de Sainte-Croix-de-la-Bretonnerie possédaient à Ménilmontant. Cet oratoire avait été détruit à la Révolution, mais la statue avait pu être préservée et cachée; la tourmente passée on la transporta dans l'église de Bagnolet où elle est encore.
Cette chapelle, bien petite (400 places) a été remplacée par l'église actuelle, de style roman, construite par Héret de 1863 à 1880. Elle est située sur une pente ce qui a nécessité un perron de 54 marches. Sa façade est surmontée d'un remarquable clocher de 78 mètres de haut.

Prendre à gauche, la
RUE DE LA MARE / *(section située au sud de la rue des Cascades)* / Cette rue est un vieux chemin de 1672; nous avons indiqué ci-dessus l'origine de son nom.
Nº 1. Le PASSAGE NOTRE-DAME-DE-LA-CROIX, long de 220 mètres, a, à certains endroits, une largeur de 2 mètres; il reçoit de courtes et pittoresques ruelles de même largeur (le PASSAGE D'EUPATORIA, la CITÉ BILLON, la CITÉ DE L'ISLY) qui font avec lui un ensemble très caractéristique du vieux village de Belleville.
Nº 12. Le PASSAGE DE LA STATION-DE-MÉNILMONTANT conduit à la pittoresque station de Ménilmontant du chemin de fer de Ceinture.
Nº 38. Dans le fond de la cour, *regard de la Roquette,* ainsi nommé car il avait appartenu à la canalisation desservant le domaine de la Rochette (ou de la Roquette) au temps où celui-ci était, en 1575, la propriété de Philippe-Hurault, comte de Cheverny (cf. nº 142, rue de la Roquette). Ce regard, de forme triangulaire, restauré en 1812, contient un écusson sculpté aux armes du comte de Cheverny. Regard classé.

Prendre, à droite la RUE DE SAVIES, sentier en 1730, puis la

RUE DES CASCADES / Cette rue figure encore à l'état de sentier sur les plans de 1812; son nom actuel rappelle les chutes qui y avaient été aménagées pour recueillir les eaux de Belleville dans le regard Saint-Martin.
Nº 70. Fenêtre.
Nºs 62, 60. Façade.

Nºs 42, 40. *Le regard Saint-Martin :* Ce regard, dit aussi des *Petites-Rigoles,* est constitué par un petit bâtiment de pierre faisant saillie sur la rue; il porte un écusson de part et d'autre de sa porte, celui de droite a été martelé, celui de gauche, bien mutilé, serait relatif à saint Martin.
Ce regard était celui d'un aqueduc dont le prieuré de Saint-Martin-des-Champs partagea les eaux avec ses voisins les Hospitaliers de Saint-Jean-de-Jérusalem installés au Temple, et, plus tard, avec la Ville de Paris et différents particuliers.
L'inscription latine située au-dessus de la porte donne l'historique de cette construction, car elle relate qu'après avoir été trente ans négligée et, pour ainsi dire, méprisée, cette source a repris « son ancienne destination et a recommencé à couler l'an du Seigneur 1633, non moins à notre honneur que pour notre commodité », et que « les mêmes travaux et dépenses ont été recommencés en commun, en l'an du Seigneur 1722 ».
Monument classé.
Nº 17. *Regard des Messiers,* en contre-bas d'un jardin en pente, du genre du précédent. Monument classé.
Les « messiers » étaient des gardes qui, à l'époque des moissons et des vendanges, veillaient à ce que les bergers, vachers et autres conducteurs de troupeaux ne fassent pénétrer leurs animaux dans les terres et dans les vignes; leur emploi prenait fin à l'automne, après les récoltes.

Descendre, à droite, la rue de Ménilmontant et prendre à gauche, au nº 52, la

RUE DES AMANDIERS / Cette rue, indiquée en 1672, faisait suite à l'ancienne rue *des Amandiers* située dans Paris et qui a été réunie à la rue du Chemin-Vert; elle avait été percée sur un terrain planté d'amandiers.
Nº 79. La RUE DES CENDRIERS était, en 1812, un sentier qui conduisait du boulevard de Ménilmontant au passage Rivière.
Nº 60. L'IMPASSE DES AMANDIERS était, en 1730, un sentier traversant le vignoble des Panoyaux.

Prendre, au nº 61, la RUE DE TLEMCEN, ouverte en 1840, et prendre, à gauche, la RUE DURIS, de 1837. Remonter ensuite la rue des Amandiers pour prendre, à son nº 40, le PASSAGE DES MURIERS (de l'ancienne commune de Charonne) ouvert en 1840. Il reçoit la

RUE DES PRUNIERS et aboutit dans la RUE DES MURIERS, laquelle se termine au nord dans la

RUE DES PARTANTS / Cette rue appartenait en 1812 à un sentier appelé le *sentier de la Cloche à l'Eau*; il avait été pris, en 1790, comme limite des communes de Belleville et de Charonne. Son nom est celui d'un lieu-dit.

RUE VILLIERS-DE-L'ISLE-ADAM *(section comprise entre les rues des Partants et des Pyrénées.* Le côté de ses numéros pairs appartenait à la commune de Charonne) / N° 4. La RUE DE LA CLOCHE doit son nom à une fondrière de carrière appelée la Cloche à l'Eau.

Prendre, à gauche, la rue des Pyrénées, et au n° 271, la RUE DU RETRAIT / Indiquée en 1812, cette rue s'appelait autrefois rue *du Ratrait,* du nom d'un ancien vignoble, mentionnée vers 1530.

N° 7. La RUE D'ANNAM était en 1812 un sentier réputé par son panorama sur Paris. Fieschi et ses complices, Pépin et Morey, essayèrent leur machine infernale dans un champ en bordure de ce sentier avant leur attentat contre Louis-Philippe, le 28 juillet 1835.

RUE DE MÉNILMONTANT *(suite)* / N° 119. *La maison de Carré de Beaudoin :* On voit à l'intérieur de l'orphelinat situé à cet endroit, sur le côté droit du jardin d'entrée, un grand pavillon du XVIIIe siècle présentant en façade quatre colonnes ioniques supportant un fronton triangulaire (pavillon classé). C'est une ancienne maison de campagne avec dépendances qu'un certain François Bourtil fit construire en 1723. En 1770, cette propriété appartint à Nicolas Carré de Beaudoin qui fit bâtir la façade actuelle entre 1771 et 1773, année de sa mort. Le domaine passa ensuite, en 1782, à un lieutenant aux gardes-françaises, Nicolas Le Bas du Plessis. Celui-ci ayant émigré, sa propriété fut vendue en 1792 à son ancien portier, Tissot, marchand à Paris. Elle comprenait alors un grand corps de bâtiment à deux étages, une chapelle privée, de grands jardins avec serres, volières, remises et écuries pour 20 chevaux. Tissot revendit le tout en 1836.

Cette maison abritait alors et depuis l'Empire un pensionnat de jeunes filles que remplaça un orphelinat pour les enfants des victimes du choléra de 1832. La Ville l'acheta en 1864 lors de l'ouverture de la rue des Pyrénées; c'est toujours un orphelinat; des Sœurs de la Charité le dirigent depuis 1852.

N° 133. RUE PIXÉRÉCOURT *(section comprise entre les rues de Ménilmontant et des Rigoles).* Cette rue reçoit à son n° 6 le PASSAGE DES SAINT-SIMONIENS (cf. ci-après); à son n° 8, la RUE DE LA DUÉE (une « duée » était une source jaillissante), ancien sentier indiqué en 1672; à son n° 11, la RUE DE L'EST, et à son n° 26, le PASSAGE DE LA DUÉE, de 65 mètres de long sur 0 m 60 de large, la voie la plus étroite de Paris avec l'allée des Faucheurs (cf. n° 1, rue de Belleville).

Nº 126. La RUE DE LA CHINE *(section comprise entre les rues de Ménilmontant et Villiers-de-l'Islè-Adam)* est indiquée sur les plans de 1730; son nom actuel est dû à une ancienne construction de style chinois du début du XIXe siècle.

Nº 145. Derrière l'immeuble actuel qui la masque, s'élève la maison des Saint-Simoniens, bâtisse grise et rectangulaire, visible, en partie, du square voisin.

La maison des Saint-Simoniens : Cette maison avait été achetée en 1793 par un banquier de Paris, Berthélemy Enfantin, qui avait un fils nommé Prosper. C'était alors une grande propriété avec chapelle, jardins, kiosques, pelouses et une avenue de tilleuls.

Le comte de Saint-Simon, philosophe et chef de secte, mourut en 1825, à 65 ans, peu de temps après avoir publié le *Nouveau Christianisme* d'où son école tira les principes d'une hiérarchie sociale fondée sur le travail, et ceux d'une Église universelle réglant les vocations, fixant les salaires et partageant les héritages.

Ses dernières paroles furent recueillies par Prosper Enfantin, ancien polytechnicien, âgé alors de 29 ans. Il accepta avec enthousiasme la mission de faire connaître la doctrine saint-simonienne, présida des réunions publiques et devint, avec Bazard, l'un des deux *Pères Suprêmes*. Mais tandis que Bazard faisait du saint-simonisme une doctrine politique, Enfantin établissait des règles pour les relations intimes entre individus. Ses 40 disciples habitèrent cette maison avec lui; ils passèrent après 1830 de la théorie à la pratique, proclamèrent dans des réunions passionnées la réforme du mariage, l'abolition de l'hérédité, et fondèrent un culte nouveau. L'autre école saint-simonienne les attaqua et les accusa d'attentats à la morale. Enfantin et ses adeptes furent poursuivis par la justice dans cette maison de Ménilmontant qui leur servait de couvent. Celui-ci était devenu pour les Bellevillois le but d'une promenade d'agrément du fait du ridicule de la mise en scène et des exagérations en tous genres des Saint-Simoniens. Ils étaient vêtus d'un pantalon blanc, d'un gilet rouge et d'une tunique violette, couleurs qui symbolisaient l'amour, le travail et la foi. Les Saint-Simoniens furent condamnés, en 1832, à un an de prison et leur société fut dissoute. Mais beaucoup d'hommes distingués s'étaient laissé entraîner par ce qu'il y avait d'élevé et de vrai dans la doctrine de Saint-Simon, laquelle allait éveiller une foule de questions nouvelles et de problèmes à une époque où naissait le mouvement social et industriel du XXe siècle. La majeure partie des adeptes du saint-simonisme rentrèrent dans la vie privée et devinrent des ingénieurs ou des écrivains distingués, tels Émile Péreire, Michel Chevalier, Charles Romey, auteur d'une *Histoire d'Espagne,* Gustave d'Erichtal, etc. Quant à Enfantin, il termina ses jours en 1864, après avoir exercé des fonctions importantes dans l'administration du chemin de fer de Paris à Lyon.

La maison des Saint-Simoniens fut, par la suite, compar-

timentée en petits logements et tous ses jardins disparurent.
N°s 162 à 168. Emplacement d'une propriété ayant appartenu ,à partir de 1449, aux religieux *de Sainte-Croix-de-la-Bretonnerie* qui en firent leur maison de campagne; elle s'étendait entre la rue Pelleport, la rue et l'impasse Villiers-de-l'Isle-Adam. Elle fut vendue à la Révolution comme bien national. La statue de sa chapelle, fort vénérée, dite de Notre-Dame-de-la-Croix, a été transportée, avons-nous dit, à l'église de Bagnolet.
N° 166. La RUE PELLEPORT *(section comprise entre les rues du Borrégo et Villiers-de-l'Isle-Adam)* longeait extérieurement les murs du parc du château de Ménilmontant.

Le château de Ménilmontant : Le domaine du château de Ménilmontant serait limité de nos jours par les rues de Romainvillo, Pelleport, du Surmelin et, approximativement, par les rues des Glaïeuls et des Fougères, parallèles au boulevard Mortier, à l'est de celui-ci. C'était donc un domaine considérable; sa superficie était supérieure à celle qu'a actuellement le cimetière du Père-Lachaise. Il comprenait le vieux château, le grand château (emplacement des réservoirs de Ménilmontant), un beau jardin à la française, terrasses, grand parc boisé, le tout clos de murs qui barraient les rues de Belleville et de Ménilmontant. Ce domaine appartenait depuis 1695 à la famille des Le Peletier; il était nommé Saint-Fargeau en mémoire de la seigneurie de ce nom que les Le Peletier avaient dans l'Yonne.
Les Le Peletier utilisaient comme villégiature d'agrément ce domaine dont ils tiraient un bon revenu par la vente de son bois, de ses fruits et de ses légumes. Citons parmi eux : Claude Le Peletier, prévôt des marchands de Paris en 1668 et contrôleur général des Finances en 1683; son neveu Michel Le Peletier, intendant des Finances, qui construisit le château; Louis Le Peletier, riche de 600.000 livres de rente, président à mortier au Parlement de Paris, député de la noblesse aux États-Généraux, conventionnel, assassiné par le garde du corps Pâris, au Palais-Royal, le 20 janvier 1793.
C'était ce Louis Le Peletier de Saint-Fargeau qui était propriétaire du domaine le jour où, en octobre 1776, Jean-Jacques Rousseau fut renversé dans la descente de Ménilmontant, à la *Haute-Borne,* vis-à-vis du *Galant-Jardinier*, par un des chiens danois du châtelain. Il rentrait à Paris après avoir herborisé sur la colline lorsqu'il fut heurté violemment par ce chien qui gambadait devant le carrosse de son maître. Jean-Jacques Rousseau a raconté lui-même cette aventure et décrit comme suit la région : « Le jeudi 24 octobre 1776, je suivis après dîner les boulevards jusqu'à la rue du Chemin-Vert, par laquelle je gagnais les hauteurs de Ménilmontant, et, de là, prenant les sentiers à travers les vignes et les prairies, je tra-

versois jusqu'à Charonne le riant paysage qui sépare ces deux villages; puis je fis un détour pour revenir par les mêmes prairies en prenant un autre chemin... » C'est alors qu'il rencontra le chien...

Le parc commença à être aliéné en 1763. La fille de Louis Le Peletier, que la Nation avait adoptée à la mort de son père, continua en 1802 ce lotissement, lequel fut achevé vers 1850, et vendit, en 1803, le vieux château. Finalement, tout a disparu; il ne reste rien, sauf, de-ci de-là, quelques arbres (au cimetière de Belleville en particulier), de l'immense domaine Saint-Fargeau sur lequel les rues de Belleville, du Borrégo, Saint-Fargeau, Haxo, du Télégraphe, une partie de l'avenue Gambetta et du boulevard Mortier passent actuellement.

La RUE SAINT-FARGEAU qui prolonge la rue de Ménilmontant, fut jusqu'en 1843 le *chemin de Ménilmontant à Rosny* (les réservoirs de Ménilmontant situés à hauteur du n° 50 ont été construits en 1864 par Belgrand). Elle conduit à la rue Haxo qu'on prendra à droite jusqu'à la

RUE DU SURMELIN / Cette rue, indiquée en 1730, longeait, au sud, les murs du parc du château de Ménilmontant; celui-ci avait sur cette rue son entrée principale à hauteur des n°s 1 à 11 actuels. Elle limita à partir de 1790 les communes de Belleville et de Charonne et on l'appela le *chemin neuf de Ménilmontant* jusqu'en 1877.

N° 70. La RUE DE LA JUSTICE est l'ancien sentier qui aboutissait à la justice de la seigneurie de Charonne dont les échelles patibulaires et les gibets étaient dressés, entre les lieux-dits *Montibeuf, les Gouvieux* et le parc de Ménilmontant, le long du chemin de Bagnolet à Ménilmontant.

HISTORIQUE DE QUELQUES AUTRES RUES DE BELLEVILLE ANNEXÉES A PARIS

La RUE DES ALOUETTES, ancien *chemin des Alouettes* en 1734, venait de la *butte de Chaumont* et descendait jusqu'à la rue de la Villette; son nom était celui d'un lieu-dit.

La RUE DES CHAUFOURNIERS doit son nom au voisinage des anciens fours à chaux des carrières des Buttes-Chaumont.

La RUE DU GUIGNIER existait en 1812; elle tient son nom d'une ancienne plantation de cerisiers.

La RUE HENRI-TUROT a été ouverte en 1840 entre la rue de la Villette et la rue Monjol sous le nom de rue *Asselin*. En 1856, un nommé Monjol-Jourdan, entrepreneur de démolitions, ouvrit ici une impasse qui communiquait par les trois étages d'escalier de la rue *Asselin* (Henri-Turot) avec la rue *de la Puebla* (Simon-Bolivar). La RUE MONJOL devint pendant 24 ans une véritable Cour des Miracles (analogue à la Cité-Doré).

La RUE JUILLET, du nom d'un des propriétaires de ses terrains devint célèbre en juillet 1778 lorsque 7 de ses habitants disparurent dans le sol à la suite de l'effondrement d'une carrière. Leurs corps furent retrouvés entre 17 et 27 mètres de profondeur.

Le PASSAGE DES SOUPIRS était indiqué à l'état de sentier en 1812.

La RUE DES TOURELLES existait en 1812 pour sa partie ouest. Son nom résulte de celui d'un lieu-dit qui le tenait des tourelles à pans coupés d'un pavillon situé dans le parc Saint-Fargeau.

16 LE VILLAGE DE CHARONNE.

Historique : la seigneurie, le château, les couvents et quelques notabilités de Charonne; faits militaires concernant Charonne; le village de Charonne; le cimetière du Père-Lachaise; les moulins, les carrières et les guinguettes de Charonne; le parc de Bagnolet / *De la barrière de Charonne à la porte de Bagnolet :* la rue de Bagnolet, le hameau de Fontarabie, l'avenue de Madame, l'église de Charonne et son cimetière, le pavillon de l'Ermitage; la rue Saint-Blaise, le pavillon de Fouquier-Tinville, la place du Carcan, la croix Saint-Simon; les rues des Maraîchers et d'Avron / *Historique de quelques rues de Charonne annexées à Paris.*

La commune de Charonne, entièrement supprimée en 1860 lors du rattachement à Paris des communes limitrophes de la capitale, avait été jusqu'alors séparée de celle de Belleville par nos rues des Amandiers, des Partants, Villiers-de-l'Isle-Adam, Pelleport et du Surmelin, et de celle de Saint-Mandé par la rue de Lagny. Séparée de Paris par le mur des Fermiers Généraux, elle avait communiqué avec la capitale par 5 barrières, celles des *Amandiers,* du *Père-Lachaise,* des *Rats,* de *Charonne* et de *Montreuil*; une sixième barrière fut édifiée après le prolongement, en 1818-1827, de la rue de la Roquette jusqu'au boulevard extérieur, c'était la barrière *de la Roquette,* mais à la même époque on ferma, comme inutiles, celles des *Rats* et du *Père-Lachaise.*
La partie du territoire de la commune de Charonne restée au-delà de l'enceinte fortifiée lors de l'annexion de 1860 fut partagée entre les communes de Montreuil et de Bagnolet.

HISTORIQUE

La seigneurie de Charonne : Le premier texte qui fait mention de Charonne — dont l'origine du nom *(Cadarona, Carrona)* est inconnue — est celui par lequel le roi Robert le Pieux céda, en l'an 1008, à l'abbaye de Saint-Magloire tous les droits qu'il avait sur Charonne.
Cette abbaye vendit sa seigneurie de Charonne en 1576. Dès lors, celle-ci eut jusqu'à la Révolution toute une suite de propriétaires parmi lesquels nous citerons : en 1586, Martin de Bragelongne, président

de la chambre des Enquêtes, plus tard prévôt des marchands; en 1622, le trésorier général des Finances, Honoré Barentin; en 1643, les religieuses de la *congrégation de Notre-Dame* indiquée ci-après; en 1684, Louis Le Tonnelier de Breteuil, maître des requêtes et Hadrien de Hannivel, marquis de Crèvecœur; de 1693 à 1755, François Molé, maître des requêtes, puis sa famille. A cette date elle passa à François Thoré qui mourut en 1783. Son gendre, Antoine de La Mouche, fut le dernier seigneur de Charonne.

Le château de Charonne : Le château de Charonne reconstruit vers 1600, constituait, avec ses dépendances, ses jardins, son parc, ses terrasses, ses écuries ses vacheries, laiterie, orangerie et colombier, le tout clos de murs, un domaine considérable. De nos jours il serait compris dans un rectangle limité par la rue de Bagnolet depuis la rue de la Réunion jusqu'à la rue des Prairies, par cette rue des Prairies, par la rue Lisfranc que prolongerait vers l'ouest une ligne idéale, et, au sud-ouest, par une autre ligne idéale qui prolongerait vers le nord la rue de la Réunion jusqu'à sa rencontre avec la précédente en un point qui serait actuellement situé à l'intérieur du cimetière du Père-Lachaise, alors inexistant.
Son entrée se faisait par une grille arrondie située à peu près au nº 109 de la rue de Bagnolet. Le château faisait face à une longue avenue de grands marronniers devenue de nos jours le chemin du Parc-de-Charonne; la rue des Pyrénées passe sur son emplacement depuis 1862.
Martin de Bragelongne, seigneur de Charonne de 1586 à 1622, reçut Henri IV dans ce château, en août 1601, lors de la visite que le roi fit, cette année-là, aux grands propriétaires de la banlieue parisienne. Honoré Barentin, seigneur de Charonne de 1622 à 1639, y reçut le cardinal de Richelieu. Celui-ci y vint souvent coucher au cours des années 1635, 1636 et 1637; la *Gazette de France* du 12 juillet 1636 signale : « Le cardinal-duc est à Charonne, maison du sieur Barentin, où la bonté de l'air, la beauté du lieu et le bon esprit de l'hoste plaisent fort à Son Eminence. » Le duc de la Meilleraye, apparenté à Richelieu, se fiança dans ce château avec Melle de Brissac. Enfin, ce fut dans le pavillon d'angle situé à proximité du *clos de Mont-Louis* (cimetière du Père-Lachaise) que Mazarin conduisit Louis XIV, en 1652, pour lui montrer le combat qui mettait aux prises près de la *porte Saint-Antoine* les troupes royalistes de Turenne et celles de la Fronde commandées par Condé; le domaine appartenait à cette époque à la *Congrégation de Notre-Dame*.
Le domaine de Charonne s'amenuisa peu à peu, et en 1798 son parc fut loti. Son château, compartimenté, modifié, dénaturé, a fini de disparaître vers 1857. Actuellement, les RUES STENDHAL, des PYRÉNÉES, la VILLA GODIN, la RUE DE LESSEPS, l'IMPASSE DE SUEZ, la RUE DU PARC-DE-CHARONNE et la tranchée du chemin

de fer de Ceinture traversent l'emplacement du domaine seigneurial de Charonne que recouvre aussi l'angle sud-est du cimetière du Père Lachaise (mur des Fédérés).

Le calme de la vie champêtre de Charonne, l'exposition de son site à flanc de côteau devaient attirer dans cette localité, avant la Révolution, des communautés religieuses. De même, beaucoup de Parisiens distingués y établirent leur résidence de campagne

Les couvents de Charonne : Le premier couvent qui vint s'installer à Charonne fut, en 1640, celui d'une congrégation, dite des *Filles de la Croix,* fondée par Marie Lhuillier, dame de Villeneuve, pour « instruire les filles et femmes dévotes en la crainte de Dieu ». Cette communauté ne fit que passer à Charonne, car elle s'installa, en 1641, à Vaugirard (cf. nº 350, rue de Vaugirard) et, en 1643, à Paris, dans *le cul-de-sac Guéménée* (cf. nº 28, impasse Guéménée).

Le second couvent fut, en 1643, celui des *Filles de la Providence de Dieu,* fondé en 1630 par Marie de Lumagne, pour soustraire au libertinage les jeunes personnes qui pourraient y être conduites par la misère. Il quitta Charonne, à son tour, en 1651, pour s'installer à Paris, rue de l'Arbalète (cf. nº 38, rue de l'Arbalète).

Le court séjour que ces deux communautés firent à Charonne n'a pas permis de situer le lieu de l'emplacement de leur couvent.

Le troisième couvent fut un couvent d'augustines, celui de la *congrégation de Notre-Dame*, fondé par Marguerite de Lorraine, duchesse d'Orléans, femme de Gaston d'Orléans, frère de Louis XIII. Elle acheta, à cet effet, en août 1643, la seigneurie et le château de Charonne et les donna à ces augustines. Mal administrées, les *Dames de Charonne* s'endettèrent; de plus, elles souffrirent de rivalités internes et d'un conflit qui s'éleva entre le roi et le pape au sujet de la désignation de leur abbesse. Aussi le Parlement supprima-t-il, en janvier 1681, cet établissement; ses biens furent vendus, et ses religieuses transférées en d'autres monastères.

Le quatrième couvent fit également un court séjour à Charonne, mais il fut plus heureux que les trois précédents. Il doit son origine à une demoiselle Croze. Très riche, elle entra en religion, devint la Sœur Anne de Croze et donna, en 1672, la maison de campagne qu'elle possédait à Charonne pour que s'y installât le séminaire de *l'Union-Chrétienne,* émanation des *Nouvelles-Catholiques* de Paris (cf. passage Sainte-Anne) qui avait pour but l'instruction dans leur nouvelle religion des jeunes filles protestantes converties et dénuées de protection.

Ce séminaire, situé dans un enclos que délimiteraient la cité Adrienne, les rues de Bagnolet, Saint-Blaise et Galleron, fut transféré, en 1684, à Paris, rue Saint-Denis dans l'*Hôtel de Saint-Chaumond* (cf. nº 226, rue Saint-Denis).

Leur propriété de Charonne fut achetée par Catherine Chanlat, dame Le Maire, veuve d'un procureur au Parlement, pour y installer le *séminaire des Filles séculières de la Sainte-Famille de l'Adoration perpétuelle du Saint-Sacrement* dont le but était l'éducation et l'instruction religieuse des jeunes filles du village de Charonne et lieux voisins.
Cette communauté, très prospère, disparut en 1793; la rue des Pyrénées passe sur son emplacement.

Quelques notabilités de Charonne : On trouve parmi les personnalités qui séjournèrent à Charonne ou y eurent une demeure de plaisance : en 1562, le chancelier Michel de l'Hospital; en 1610, la marquise de Verneuil, née Henriette de Balzac d'Entragues, maîtresse d'Henri IV depuis la mort de Gabrielle d'Estrées (1599) jusqu'à son arrestation en 1604; vers 1615, le premier président du Parlement, Nicolas Le Jay, qui y eut une belle résidence avec « jardins, parterres, allées, fontaines et bocages délicieux »; en 1632, l'évêque de Luçon; en 1706, Mlle de Blois, fille légitimée de Louis XIV et de Mlle de Montespan, épouse du Régent qui y acheta une maison de plaisance. Citons encore parmi les personnes qui eurent au début de la seconde moitié du XVIIIe siècle une maison de campagne à Charonne : des Le Camus de Mézières; une duchesse d'Uzès; la baronne d'Estat, amie de l'avocat Joly de Fleury; Mme de Chambonas, mère du marquis de Chambonas, ministre des Affaires étrangères en 1792 en remplacement de Dumouriez; le géographe François Perrier; le prince Louis de Wirtemberg, lieutenant-général des armées du roi en 1757, et, enfin, en 1786, Fouquier-Tinville, alors procureur au Châtelet (cf. ci-après).

Faits militaires concernant Charonne : Lors de la guerre du *Bien public* Charonne fut occupé, en 1465, par les troupes qui escortaient Louis XI lorsque celui-ci alla coucher au château de Vincennes. Les allées et venues des gens de guerre autour de Charonne devinrent si nombreuses à la fin du XIVe siècle que les habitants de cette localité demandèrent et obtinrent l'autorisation d'enclore leur village pour le défendre contre les déprédations des soldats.
Le village de Charonne fut, naturellement, englobé dans les combats qui, depuis Saint-Denis jusqu'à Bercy, mirent aux prises, le 30 mars 1814, les Alliés avec les troupes placées sous le commandement de Moncey et de Marmont. Au cours de ces combats, les Russes de Gortschakow poursuivant l'infanterie française, traversèrent la localité et poussèrent jusqu'aux *barrières de Charonne* et *de Montreuil.* Les Russes cantonnèrent à Charonne à partir de ce soir-là; leur occupation, suivie de celle qu'ils y firent à nouveau en 1815, causa de sérieux dégâts à la localité.

Le village de Charonne : Une petite agglomération s'était formée à proximité du château de Charonne, mais son développement fut très lent. Aussi ne comptait-elle au début du XVIIIe siècle que 700 habitants, répartis, en 1758, entre 4 rues : la *Grande rue Saint-Germain* (rue Saint-Blaise), la rue Riblette, la rue *Aumaire* (Vitruve) et la rue Courat.

Le même plan de 1758 indique 4 écarts de Charonne : un tout petit, d'une douzaine de maisons, appelé *Fontaraby* (débouché de la rue de Bagnolet sur le boulevard de Charonne), un autre, un peu plus dense, appelé le *Petit-Charonne,* formé, vers 1700, au nord de la *place du Trône* (de la Nation), de part et d'autre de nos avenues Taillebourg et de Bouvines, et deux autres, très vastes, le *domaine de Mont-Louis* et le *parc du château de Bagnolet.* Il indique aussi deux grands moulins, les *Moulins Gobert,* en bordure du *chemin de Paris à Montreuil,* vers le n° 31 de notre rue d'Avron. C'était tout. Le reste de la paroisse n'était que champs et vignes. De-ci, de-là, quelques carrières à plâtre, quelques calvaires, la *Croix de Montreuil* (place de la Porte-de-Montreuil), la *Croix Saint-Simon* (carrefour des rues des Orteaux et Saint-Blaise) et la *Croix devant l'église* (place Saint-Blaise), ainsi qu'un grand étang, *l'étang de Launay* (carrefour des rues de la Cour-des-Noues et Pelleport), formé des écoulements des ruisseaux de Ménilmontant.

Lorsque la commune de Charonne fut formée en 1790, on lui retira le *Petit-Charonne,* peuplé surtout de guinguettes, qui, situé en deçà du mur des Fermiers Généraux, fut incorporé dans Paris. De ce fait, sa population tomba au chiffre de 600 habitants. Ce chiffre remonta lentement : 800 habitants en 1822, 2.400 en 1832, 4.700 en 1843, 6.000 en 1850 et, au moment de son annexion à Paris, de 16.000 à 17.000 habitants répartis dans une cinquantaine de rues.

Les communications entre la commune de Charonne et Paris et les communes avoisinantes, ne furent améliorées qu'en 1852 quand Charonne eut des voitures qui lui furent spécialement affectées, car jusqu'alors ses habitants avaient dû utiliser celles qui desservaient Lagny, Villemomble, le Pré-Saint-Gervais et Montreuil. Ces habitants, jusqu'alors peu favorisés, mirent beaucoup d'espoir dans le chemin de fer de Ceinture dont la section Bercy-La Rapée - les Batignolles fut construite de 1852 à 1854. Cette construction offrit beaucoup de difficultés dans la traversée de Charonne, car on rencontra une couche de glaise qui faillit glisser et entraîner toute la colline, avec les rues et maisons qu'elle portait. La traversée du cimetière du Père-Lachaise dut être faite par un tunnel tubulaire à double voûte, ce qui ne l'empêcha pas d'ailleurs de s'ébouler, en partie, en 1874, recueillant quantité de sépultures et d'ossements situés audessus de lui.

Le cimetière du Père-Lachaise : Nous avons vu (cf. rue de La-Folie-Regnault) que l'ancien domaine de *la Folie-Regnault* avait été acheté par les Jésuites en

1626 pour y établir une résidence de campagne à l'usage des prêtres de leur maison professe; ils la nommèrent, en 1652, le *Mont-Louis* en l'honneur de Louis XIV. Le Père La Chaise l'embellit et l'agrandit en achetant, en particulier, la *ferme des Bauges* qui serait située de nos jours entre le boulevard de Charonne, la rue de Bagnolet, la rue de la Réunion et la lisière sud du cimetière. L'ensemble de ce domaine fut vendu, en 1763, au moment de l'expulsion des Jésuites et eut dès lors différents propriétaires, dont la famille Baron à partir de 1771.

Le 21 ventôse de l'an IX, le préfet de la Seine, Frochot, prescrivit la création de 3 grandes nécropoles parisiennes, dont une à l'est de Paris. En conséquence, la propriété de *Mont-Louis* fut achetée, en 1803, à Jacques Baron par la Ville de Paris qui chargea l'architecte Brongniart de l'aménager en cimetière. Ce fut le *cimetière de l'Est* qui fut ouvert aux inhumations le 1er prairial de l'an XII (21 mai 1804). La première personne qui y fut inhumée en fosse commune fut un employé de l'un des commissariats de police du faubourg Saint-Antoine; l'ancien propriétaire et vendeur du terrain, Jacques Baron, y fut aussi inhumé, et Brongniart également, de même que l'architecte Godde qui avait édifié, en 1825, la porte monumentale ouvrant sur le boulevard. Le cimetière fut agrandi souvent au cours du XIXe siècle.

Il possède, depuis 1823, une chapelle, annexe de Saint-Germain de Charonne, affectée au culte catholique, édifiée, par Godde, sur l'emplacement de l'ancienne maison du Père La Chaise, démolie en 1820. L'allée qui y conduit et celle de marronniers qui domine le faîte du cimetière sont les derniers vestiges des jardins de l'ancien *Mont-Louis*. Il possèdait aussi deux enclos israélites ouverts en 1804 et 1865, qui ont été fusionnés avec le reste du cimetière en 1881 et 1882, et il a possédé jusqu'en 1885 un enclos musulman ouvert, en 1856, à la demande de l'ambassade de Turquie.

Les élèves des écoles Polytechnique et d'Alfort crénelèrent ses murs et le transformèrent en redoute fortifiée lors des combats du 30 mars 1814; les Russes s'en emparèrent et coupèrent les arbres de plusieurs allées pour leurs besoins. La Commune de 1871 en fit un autre terrain de combat à la suite duquel le cimetière présenta un aspect pitoyable. Les Fédérés tués au cours de ce combat furent inhumés dans une tranchée située en bordure du mur qui porte leur nom; ceux qui furent fusillés au cours de la répression furent enterrés dans une ancienne carrière du Père-Lachaise, voisine du mur contre lequel ils furent passés par les armes.

Citons parmi les tombes des personnes inhumées ou dont les restes furent transférés dans ce véritable *Campo Santo* avant 1860 : les doyens du cimetière, Abélard et Héloïse (1142, 1165 — cf. rue du Chantre), le poète Andrieux (1833), François Arago (1853), le maréchal Augereau (1816), Honoré de Balzac (1850), Barras (1829), Beaumarchais (1799), le général

Le cimetière du Père-Lachaise (*grav. 1805*)

Le domaine du Mont-Louis / Décoration d'un jardin

Belliard (1832), le compositeur Bellini (1835), le chansonnier Béranger (1857), Bernardin de Saint-Pierre (1814), Bichat (1802), Boïeldieu (1834), Boissy d'Anglas (1828), Brillat-Savarin (1826), l'amiral Bruat (1855), l'amiral Bruix (1805), Cambacérès (1824), le général de Caulaincourt (1827), Champollion le Jeune (1832), Claude Chappe (1805), Chaptal (1852), Marie Chénier (1811), Chérubini (1842), Chopin (1849) Mlle Clairon (1803), Auguste Comte (1857), Louise Contat (1813), Cortot (1843), Coustou (1825), Cuvier (1832), Daunou (1840), le peintre David (1825), le maréchal Davoust (1823), Casimir Delavigne (1843), Denon (1825), Desaugiers (1827), Eléonore Duplay (1832), Dupuytren (1835), Sébastien Erard (1831), Fontanes (1821), Fourcroy (1809), le général Foy (1825), Garat (1823), Garnier-Pagès (1841), Gay-Lussac (1850), Gérard de Nerval (1855), Géricault (1824), Godde (1833), le baron Gourgaud (1852), Gouvion Saint-Cyr (1830), Grétry (1813), Grouchy (1847), l'abbé Haüy (1822), le général Hugo (1828), Isabey (1855), le maréchal Kellermann (1820), Labédoyère (1815), Jacques Laffitte (1844), Lakanal (1845), Laromiguière (1837), Larrey (1842), Lavoisier (1836), le consul Lebrun (1824), le maréchal Lefèvre (1820), le maréchal Lobau (1838), le maréchal Macdonald (1840), le maréchal Maison (1840), Mlle Mars (1847), le maréchal Masséna (1817), Méhul (1817), Merlin de Thionville (1833), Monge (1818), le maréchal Mortier (1835), Alfred de Musset (1857), le maréchal Ney (1815), Parmentier (1813), Pleyel (1836), le peintre Prud'hon (1828), Rachel (1858), le duc de Savary (1833), Royer-Collard (1825), Saint-Lambert (1803), Saint-Simon (1825), le maréchal Sérurier (1819), l'abbé Sicard (1822), l'abbé Siéyès (1836), le maréchal Suchet (1826), Sylvestre de Sacy (1838), Tallien (1820), Talma (1826), le maréchal Victor (1841), etc.
Molière et La Fontaine sont rappelés par un cénotaphe; les ossements que leur monument abrite n'étant pas les leurs.

Les moulins, carrières et guinguettes de Charonne : Il y eut peu de moulins à vent à Charonne quoique cette localité fût située sur un endroit élevé; les plus connus furent les deux *moulins Gobert,* du XVIIe siècle : le *Neuf* et le *Vieux,* édifiés au voisinage du no 31 de notre rue d'Avron. Démolis au cours du XVIIIe siècle, ils n'étaient plus en 1788 qu'une guinguette.
Il y eut également, à Charonne, peu de carrières de plâtre; la plus importante était située dans le parc du château; le seigneur de Charonne la fit exploiter en grand en 1736. On en trouvait encore quelques autres dans la deuxième moitié du siècle dernier, dont celle située, en 1860, près de l'enceinte de Thiers qui occupait plus de 100 ouvriers, et, en 1870, celle du *père Roussel,* voisine de la porte de Bagnolet. En revanche, Charonne posséda un nombre considérable de guinguettes, surtout ses écarts de *Fontarabie*

et du *Petit-Charonne* situés à proximité des barrières. Sur un total de 102 guinguettes à Charonne à la fin du XVIIIe et au début du XIXe siècle, on en comptait 54 au *Petit-Charonne* et 16 à *Fontarabie*. En 1828, un petit opuscule, le *Nouveau Guide des Dîneurs,* les définissait comme suit : « L'on y danse et l'on y dîne; l'on y fait l'amour et l'on s'y balance; l'on y file le sentiment et l'on y soupe, et tout cela le plus agréablement du monde. Mais quand? le dimanche, le lundi et le jeudi. »

Le parc du château de Bagnolet : La seigneurie de Bagnolet était devenue, en 1719, la propriété de la duchesse d'Orléans, ex-Mlle de Blois. Son immense parc longeait dans Charonne la partie sud de la section de la rue de Bagnolet comprise entre la rue des Prairies et le boulevard Davout actuels. Il comptait, en 1759, 200 arpents dont 140 sur le territoire de Charonne; le château était, lui, sur le territoire de Bagnolet. Pour y aller de Paris en évitant la rue populaire de Bagnolet, la duchesse d'Orléans avait fait ouvrir dans Charonne, vers 1720, une traverse, soit une belle avenue plantée d'ormes, dite *avenue de Madame,* représentée de nos jours par la rue des Orteaux.
La duchesse mourut en 1749. Sa propriété passa à son fils, Louis d'Orléans (Louis Le Pieux), qui mourut en 1752, et, après lui, au fils de ce dernier, Louis-Philippe le Gros, père de Philippe-Égalité, qui procéda, en 1769, à la vente complète du domaine de Bagnolet.
La duchesse d'Orléans avait fait construire, en 1734, à l'extrémité occidentale de son parc, à l'angle des rues actuelles de Bagnolet et des Balkans, un petit bâtiment, dit *l'Ermitage,* aujourd'hui incorporé dans l'hôpital Debrousse (cf. ci-après).

DE LA BARRIÈRE DE CHARONNE A LA PORTE DE MONTREUIL.

Point de départ : 2, rue de Bagnolet.

RUE DE BAGNOLET / Cette rue, déjà indiquée en 1672, s'appelait, en 1758, la *Grande-Rue de Charonne*; son nom actuel date de 1868.
Le commencement de la rue de Bagnolet constituait jadis la rue principale de la petite agglomération de *Fontarabie,* du début du XVIIIe siècle, qui, vers 1750, comportait une douzaine de maisons avec jardins.
N° 10. Au fond de la cour, vieille maison, puits.
N° 16. La RUE PLANCHAT n'est ancienne que dans sa partie comprise entre les rues de Bagnolet et de Terre-Neuve; cette partie, indiquée en 1730, s'appelait la rue *du Bois*. Son nom actuel est de 1875.
La RUE DE TERRE-NEUVE (son nom est de 1877)

était encore un sentier en 1846; il conduisait du boulevard à l'ancienne *avenue de Madame* (rue des Orteaux) et s'appelait le *chemin des Vignoles.*

Nº 42. Prendre, aller et retour, la

RUE DES ORTEAUX / Comme nous l'avons vu ci-dessus, cette rue est l'ancienne *avenue de Madame*; elle aboutissait à une porte du parc située au-delà du boulevard Davout. L'*avenue de Madame,* propriété du château, fut vendue comme le parc de ce domaine en 1769; elle devint alors un simple chemin appelé, en 1869, la rue des Orteaux, nom qui lui vient de celui d'un lieu-dit Horteaux, dérivant lui-même du mot latin *Hortus* (jardin).

Nº 40. La RUE VITRUVE *(section comprise entre la place de la Réunion et la rue Saint-Blaise)* a été ouverte dans cette section en 1849.

La PLACE DE LA RÉUNION a été ouverte à la même date (1849); son nom lui vient de celui de la rue qui la traverse. Place ronde, entourée d'arbres, elle avait reçu, en 1858, une fontaine en bronze avec vasque, dessinée par Lequeux; il avait été prescrit que son eau ne coulerait que les dimanches et jeudis, jours de marché à Charonne.

La RUE DE LA RÉUNION fut ouverte de même en 1849. Ce nom de « Réunion » venait de ce que cette rue réunissait le grand et le petit Charonne respectivement traversés par les routes départementales nº 28 (rue de Bagnolet) et nº 41 (rue d'Avron), lesquelles n'avaient eu jusqu'alors d'autres liens entre elles que le boulevard et la route départementale nº 23 (rue Saint-Blaise).

Nº 44. La RUE DES VIGNOLES est une partie de l'ancien *sentier des Basses-Vignoles.* Son nom, de 1873, est celui d'un très ancien lieu-dit du début du XVe siècle dont l'appellation dérivait sans doute du mot « vignobles ». Elle reçoit plus d'une quinzaine d'impasses et de passages (dont certains ont de 1 m 50 à 2 mètres de large), tous postérieurs à 1860, sauf le SENTIER DE LA POINTE, ancien chemin rural en 1830, et l'IMPASSE VERAN, de 1856. La plupart des noms actuels de ces impasses datent de 1877.

Nº 50. La RUE DES HAIES était indiquée à l'état de sentier en 1730. Comme la rue des Vignoles, la rue des Haies reçoit quelques impasses et passages assez pittoresques quoique récents.

RUE DE BAGNOLET *(suite)* / A partir du carrefour que forme la rue de Bagnolet avec la rue des Orteaux, on entre dans ce qui constituait jadis la véritable agglomération de Charonne; celle-ci était surtout située sur le côté sud, car le côté nord de la rue longeait la clôture du domaine du seigneur de Charonne depuis la pointe de la rue de Fontarabie jusqu'à l'église paroissiale.

Nº 60. La RUE DE FONTARABIE, encore sinueuse et pittoresque, figure sans aucun nom dans un plan de 1672. Elle a reçu en 1844 son nom actuel.

Nº 109. Emplacement de l'entrée de l'ancien château de Charonne.
Nº 83. Derrière cette maison s'ouvrait, en 1852, une carrière à plâtre qui s'étendait jusqu'au cimetière du Père-Lachaise; c'était la *carrière Collet* avec fours et meules à plâtre.
Nº 104. La RUE FLORIAN s'est appelée la rue *du Château* de 1844 à 1867.
Nº 119. La PLACE SAINT-BLAISE a été formée vers 1420. En 1426, une croix de pierre y fut plantée par les héritiers de Jehan de Plessis, laboureur à Charonne. De beaux ormes l'ombrageaient à la fin du XVIIᵉ siècle; aussi l'appelait-on au début du XVIIIᵉ siècle la *place des Ormes*; on y allumait le feu de la Saint-Jean le 23 juin de chaque année.
Le niveau de cette place a été abaissé de 0 m 70 lorsqu'on a procédé, en 1847, à la réduction de la pente de la rue de Bagnolet depuis l'église jusqu'aux fortifications.

L'église Saint-Germain de Charonne : Une première chapelle aurait été élevée, à l'emplacement de l'église actuelle, tout au début du Moyen Age, en souvenir d'une légende d'après laquelle saint Germain, évêque d'Auxerre, aurait, en 429, rencontré à cet endroit et béni pour la première fois sainte Geneviève, de Nanterre, alors âgée de 6 ans. Cette rencontre reste problématique, le chemin d'Auxerre à Paris évitant alors, comme de nos jours, un plateau aussi escarpé.
L'église actuelle est une reconstruction du XVᵉ siècle, sauf l'étage inférieur de son clocher qui est du XIIᵉ et de la fin du XIIIᵉ siècle. Elle a subi entre 1714 et 1752 de sérieuses restaurations et améliorations, sur l'initiative de son curé : exhaussement du clocher, ouverture du portail latéral, réfection de la voûte. Elle a été restaurée à nouveau en 1820, 1838 et 1880.
Située à flanc de coteau, elle repose sur une terrasse à laquelle on accède par un perron de 23 marches en éventail qui remplace depuis 1841 un double perron.
L'église, orientée est-ouest selon la coutume, a été raccourcie à ses deux extrémités : du côté de l'abside à une date très lointaine et inconnue, et du côté opposé sans doute vers 1737, à la suite d'un incendie. Ce sinistre fit reporter l'entrée de l'église sur sa façade latérale où elle est encore de nos jours et actuellement, le chemin qui monte au cimetière passe sur l'emplacement de ses premières travées.
Le clocher, de section carrée, élevé sur la seconde travée, est soutenu par des contreforts s'élevant jusqu'à son toit en forme de pyramide, recouvert d'ardoises; sa cloche de 1606, fut alors baptisée *Germaine*. Ce clocher porte un cadran solaire qui semble figurer une harpe. Le comble de l'église, assez élevé, a une pente très inclinée.
On accède à l'église par un perron de 8 marches. Le portail latéral servant d'entrée depuis 1737 est très simple; il est flanqué de deux pilastres doriques soutenant un fronton triangulaire surmonté d'une croix; il

ouvre sur la première travée de l'édifice actuel.

L'intérieur, sans transept et réduit à quatre travées, comporte une nef centrale flanquée de deux autres plus étroites; celle du côté du cimetière est éclairée par quatre baies en plein cintre relativement modernes, séparées par des contreforts de construction grossière; l'autre, par deux hautes fenêtres ogivales qui ont conservé leurs meneaux et quelques fragments de vitraux du XVe siècle. Ces nefs sont soutenues par des piliers octogonaux reconstruits au XVe siècle; leurs arêtes ont des frêles colonnettes qui supportent, en guise de chapiteaux, une couronne d'arcatures portant les nervures des voûtes. La base du clocher, du XIIe et de la fin du XIIIe siècle, repose sur de massifs piliers cylindriques aux chapiteaux décorés de feuillages gothiques. Sa travée (la deuxième du bas-côté droit) constitue la partie la plus ancienne de l'église; elle porte un cul-de-lampe du XVe siècle représentant une grappe de raisin et des feuilles de vigne symbolisant les anciens vignobles de Charonne. Le maître-autel est une reconstruction de 1661 enrobée dans des aménagements modernes.

On voit à la clef de voûte de la travée du portail d'entrée deux écussons qui ont été martelés; près d'eux on lisait encore dernièrement « 1737 », date de la construction du pignon ouest et de l'ouverture de la porte actuelle. On voit aussi, à la partie supérieure des piliers du clocher, des blasons qui sont, les uns, ceux de François Thoré, seigneur de Charonne de 1755 à 1783, et les autres ceux de sa femme, née Louise Tronchy.

L'église Saint-Germain-de-Charonne ne contient pas d'œuvre d'art; la toile représentant *saint Germain bénissant sainte Geneviève* est, toutefois, attribuée à Joseph Suvée (1743-1807).

Une pierre incrustée dans un pilier du clocher, à droite dans la grande nef, porte une inscription relative à la consécration de l'église le 27 juillet 1460. Les deux évêques mentionnés sur cette pierre sont Jacques du Chatellier et Guillaume Chartier, évêques de Paris de 1427 à 1438 et de 1447 à 1472.

Deux autres inscriptions, modernes, appliquées sur le mur pignon du côté du porche sont relatives à la rencontre, en 429, de saint Germain-d'Auxerre et de sainte Geneviève, et à la consécration, le 27 juillet 1460 de l'église par Guillaume Chartier.

Le cimetière de Charonne : Le cimetière paroissial de Charonne a bordé de tous temps l'église paroissiale; il est avec le cimetière du Calvaire de Montmartre, le seul cimetière de Paris qui ait continué à subsister à côté de son église. Limité d'abord à la partie située derrière le mur de l'ancienne abside, il a été agrandi à plusieurs reprises, puis fermé en 1860 après l'annexion de Charonne à Paris; il n'est actuellement utilisé que pour les inhumations dans les concessions perpétuelles. On a découvert, en 1897, au nord du cimetière, de l'autre côté du chemin du Parc-de-Charonne, un grand nombre d'ossements provenant de corps de fédérés tués au cours des combats de 1871 et inhumés à cet endroit, qui était alors une annexe du cimetière. Ces ossements ont été transportés dans le vieux cimetière sur toute la longueur du mur qui surplombe le presbytère.

On retrouve des tombes de 1804, 1811, 1823, 1832, 1839, 1845, celles du baron Duchastel de la Martinière, volontaire en 1791, décédé en 1850, et de sa petite-fille Antoinette Morel-Fatio, fille du peintre de marine, conservateur du musée du Louvre pendant les dernières années du second Empire et maire du XXe arrondissement. Trois dalles de marbre blanc indiquent les sépultures de la famille Papier, le père, la mère et le fils; la tombe de celui-ci, placée entre les deux précédentes, est ornée de trois mains enlacées avec l'inscription : « Je tiens cordialement la main de mon père ainsi que celle de ma mère. » On voit aussi la sépulture de François Pomerel, décédé en 1851, qui fut, en 1820, l'un des propriétaires du *pavillon de l'Ermitage* indiqué ci-après; elle a porté longtemps l'indication « confiseur de S.A.R. la duchesse de Berry ».

Au haut du cimetière, le long du mur, se dresse une statue en fonte représentant, en grandeur naturelle, un vieillard, debout sur un socle de pierre, coiffé d'un bicorne, habillé à la mode du XVIIIe siècle, une canne à la main gauche et tenant une rose de la main droite. Aucun emblème religieux. Une des quatre inscriptions, depuis enlevées, indiquait jadis :

Icy repose
Bègue dit MAGLOIRE
Peintre en bâtiments,
Patriote, poète,
Philosophe et secrétaire
de Monsieur
De Robespierre.
1793

Cette sépulture est, en effet celle du peintre en bâtiments François Bègue, dit Magloire, né en 1750; mais il ne fut jamais un des collaborateurs de Robespierre et il ne se livra jamais à la culture des roses. On ne sait d'où provient la légende qui fit de François Bègue un secrétaire de l'Incorruptible et un rosiériste réputé.

François Bègue avait acheté cette sépulture et fait construire ce monument en 1833. Ami de la bouteille au point que ceux qui l'ensevelirent placèrent un litre à côté de lui dans son cercueil, il mourut en 1837, âgé de 87 ans. Son inhumation fut joyeuse :

Il nous faut chanter à la gloire
De Bègue François-Eloy;
Ami rare et sincère,
Fit mention dans son testament

Qu'il fût enterré en chantant.
Pour le fêter en bon vivant,
Il nous laissa chacun CINQ FRANCS.
En vrais disciples de Grégoire,
Versons du vin, et puis trinquons.
Buvons ensemble à sa mémoire;
C'est en l'honneur de son trépas
Qu'il a commandé ce repas.

Les mairies de Charonne : La première mairie de Charonne, installée, en 1790, au domicile de son maire, eut, sous le premier Empire, son logement propre, la *Maison Commune,* qui abritait aussi le presbytère et le maître d'école. Elle fut reconstruite, en 1837, sur son même emplacement situé à droite de l'église en montant le perron et sur la même terrasse que celle-ci, face à la rue Saint-Blaise. Elle devint, lors de l'annexion, en 1860, la propriété de la Ville de Paris qui l'utilisa comme maison de rapport avant de la démolir finalement.

La rue de Bagnolet a été, avons-nous dit, abaissée en 1847 pour réduire sa forte pente entre l'église et le rempart de Thiers; cela a entraîné l'édification sur une partie de son parcours des murs de soutènement que l'on voit encore.
Nº 123. La RUE DES PRAIRIES était indiquée, en 1672, comme un sentier, appelé plus tard la *ruelle des Champs*; son nom actuel date de 1873.
Elle reçoit le CHEMIN DU PARC-DE-CHARONNE, ancienne avenue de marronniers qui faisait face à la façade principale du château de Charonne, et la RUE LISFRANC, ex-sentier rural, indiqué en 1812. Elle reçoit aussi la RUE DE L'INDRE, autre sentier de 1812.
Nº 133. Emplacement du réservoir de Charonne cédé à la Ville en 1860. L'amenée de l'eau de la Seine dans ce réservoir datait de 1834. Son arrivée à Charonne fut un bienfait pour ce village qui ne disposait jusqu'alors que de quelques sources.
Nº 137. Pavillon de la fin du XVIIIe siècle, petit fronton avec mansarde, niche sans sa statue.
Nº 143. La RUE PELLEPORT *(section comprise entre les rues de Bagnolet et du Surmelin)* s'est appelée dans cette section jusqu'en 1868, la *rue de Belleville,* du nom du village où elle conduisait. Elle possédait à son intersection avec la rue de Bagnolet une guinguette qui fut célèbre pendant la première moitié du XIXe siècle. Son enseigne, de 1 m 50 sur 1 mètre, représentait le cabaret au milieu des arbres qui l'entouraient avec, au premier plan, un enfant accroupi faisant ses besoins. C'était la guinguette *Au Petit Bonhomme qui c....* Cet établissement était très fréquenté car il se trouvait sur le chemin unique conduisant de Pantin à Vincennes par La Villette, Belleville et Charonne.
La rue Pelleport reçoit la RUE DE LA COUR-DES-NOUES, ancien sentier rural. Le nom de Cour-des-Noues est lié au souvenir des petits ruisselets (ou *noues*) provenant des sources de Ménilmontant qui

s'écoulaient dans le parc du château de Bagnolet. On voit au n° 1 de la rue de la Cour-des-Noues une maison dont les fenêtres et les décorations sont de l'époque de la Restauration; un large balcon orne son troisième étage sur toute sa longueur. Cette maison avait appartenu à un certain Bocage, soit à l'acteur de ce nom, mort en 1863, soit à son neveu Paul, littérateur, soit enfin à l'auteur dramatique Henri Bocage.
N° 171. La RUE DE LA PY résulte de la fusion de deux sentiers appelés *chemin de la Py,* du nom d'un lieu-dit.

N° 148. *Le pavillon de l'Ermitage :* La duchesse d'Orléans avait fait construire par Serin, en 1734, à l'extrémité occidentale du parc de son *château de Bagnolet,* un petit pavillon, dit de *l'Ermitage.* Ce pavillon, situé à l'angle des rues de Bagnolet et des Balkans, est actuellement incorporé dans l'Hospice Debrousse; c'est tout ce qui subsiste de la somptueuse propriété des Orléans.
Ses façades sur cour et sur jardin ont été modifiées; celle sur cour a encore sa porte flanquée de deux colonnes ioniques et de bossages; mais ici, comme à la façade côté jardin, son ordonnance de balustres a disparu pour faire place à un comble recouvert d'ardoises. Il possède à l'intérieur un grand salon au fond arrondi précédé d'un vestibule ovale dont les murs ont été peints à fresque par Valade. François Pomerel, qui avait acheté le pavillon en 1820, a substitué sur le beau fronton en fer forgé de la grille d'honneur ouvrant sur la rue de Bagnolet ses initiales F.P. au chiffre de la famille d'Orléans.
Ce pavillon, vendu par Louis-Philippe d'Orléans en 1769 avec l'ensemble du domaine de Bagnolet, a eu jusqu'en 1851 une succession de propriétaires parmi lesquels nous citerons : en 1787, le baron de Batz, connu pour avoir tenté de délivrer Louis XVI sur le trajet que le roi suivit du *donjon du Temple* à la *place de la Révolution* (Concorde), le 21 janvier 1793. Après cet échec, le baron de Batz entreprit la mise sur pied d'une conspiration à laquelle sa maîtresse, Marie Badin de Grandmaison, ancienne actrice de la *Comédie-Italienne,* participa. La police fit une perquisition à l'*Ermitage* le 30 septembre 1793, arrêta les personnes qui s'y trouvaient, dont Marie de Grandmaison, qui fit partie de la fournée des 54 personnes décapitées le 17 juin 1794.
Comme déjà indiqué, l'*Ermitage* appartint, en 1820, à François Pomerel « confiseur de S.A.R. la duchesse de Berry », et, en 1851, à un certain Mader, dont les héritiers le vendirent à l'Assistance Publique, en 1887, moyennant une somme de 356.184 francs.
Ce pavillon est classé ainsi que sa grille en fer forgé, du début du XVIIIe siècle, où les rinceaux et les palmes s'enchevêtrent, encadrant deux médaillons ovales dans lesquels il y eut jadis les armoiries des Orléans.

Revenir sur ses pas et prendre, à gauche, la RUE SAINT-BLAISE / Cette rue, principale rue du village de Charonne, doit son nom actuel à celui d'une des chapelles de l'église Saint-Germain-de-Charonne consacrée à saint Blaise.

N° 2. Emplacement d'une propriété qui, datant du commencement du XVIIIe siècle, était curieuse par sa disposition : vaste cour ronde bordée d'arbres, avec au fond un petit pavillon de campagne derrière lequel s'étendait un jardin en s'évasant, puis en se rétrécissant; au fond du jardin se trouvait un bassin avec jet d'eau. Cette propriété avait été édifiée d'après les plans de François Blondel, architecte de la porte Saint-Denis. Il ne reste plus rien de cette propriété, divisée en 1820.

N° 5. Emplacement d'un petit pavillon du milieu du XVIIIe siècle ayant fait partie d'un groupe d'habitations que possédait dans ce quartier la famille Le Camus de Mézières dont Nicolas Le Camus de Mézières, architecte de la *Halle au blé* et de l'*Hôtel de Beauvau*. Pavillon démoli en 1929.

N°s 6, 12. Vieilles maisons avec cour pittoresque.

N° 15. La RUE RIBLETTE fait partie des quatre plus vieilles rues du village de Charonne; un procureur du Parlement y avait sa maison de campagne en 1561. Elle était entièrement bâtie en 1672 et des personnages de marque l'habitèrent. N° 9. Portail en demi-lune, avec pilastres et bâtiment ancien, vieille maison au fond de la cour. N° 23. Petit pavillon de l'époque de la Restauration.

N° 20. La RUE GALLERON est une ancienne ruelle indiquée en 1758; elle constituait la limite sud du couvent de l'*Adoration-Perpétuelle du Saint-Sacrement*.

N° 24. Vieille maison; niche à pilastres et à fronton avec une statue de la Vierge en couleur.

N° 28. L'IMPASSE DES DEUX-PORTES est l'ancien *cul-de-sac des Deux-Portes*, boyau de 3 mètres de large sur 30 de long, qui a encore des vieilles maisons, des vieilles bornes et son caniveau axial. Les bâtiments entourant sur trois côtés la cour du fond peuvent avoir été ceux d'un ancien hospice religieux dans lesquels le docteur Le Camus installa, en 1771, un centre d'inoculation contre la petite vérole ouvert aux personnes de Paris et de province; ce centre fut mal vu des habitants de Charonne qui craignirent une contamination.

On voit, au fond de cette cour, qu'une grille en fer forgé de style Louis XVI séparait de l'impasse, un bâtiment avec 2 ailes en retour, jadis à deux étages; sa façade opposée donnait sur un jardin ayant une seconde entrée, avec grille, dans la *ruelle Galleron*. Cette maison fut louée à partir de 1781 comme maison de campagne par Fouquier-Tinville, procureur au Châtelet, habitant rue Vieille-du-Temple à Paris; il l'habitait encore en 1786 avec sa seconde femme Henriette Gérard d'Haucourt; il avait alors 37 ans. Escalier.

N°s 21, 23. Vieille maison avec mansardes prises

Le pavillon de l'Ermitage / Façade sur jardin

dans l'entablement; l'entrée sous voûte du nº 21 conduit dans une cour très pittoresque ayant, au fond, une vieille maison campagnarde; mansarde à poulie, vieux puits, escalier; porte cloutée du nº 21.
Nº 31. Enseigne.
Nº 31. La PLACE DES GRÉS, ex- « place principalle de Charonne », portait jadis le poteau de justice des seigneurs de Charonne. Ceux-ci y avaient aussi dressé le carcan d'infamie d'où les autres appellations de *place du Carcan* et de *place du Poteau* données à cet endroit. Les pendaisons et décapitations ne se faisaient pas sur cette place, le gibet de la justice de Charonne étant érigé tout au nord de la localité (cf. rue de la Justice).
La RUE VITRUVE *(section comprise entre les rues Saint-Blaise et le boulevard Davout)* est l'ancienne rue *Aumaire* indiquée en 1672; elle longeait le côté sud du parc de Bagnolet qui avait sur cette rue une porte, dite la *Porte-Jaune*. La marquise de Chambonas, mère du ministre de Louis XVI, habita cette rue en 1792. Nºˢ 51, 53, 55, 57 : Vieilles maisons.
Nº 46. Vestiges de l'ancien pensionnat du Sacré-Cœur installé ici, de 1836 à 1906, dans une maison de plaisance du XVIIIᵉ siècle, plus tard savonnerie. Long bâtiment à rez-de-chaussée, portail du XVIIIᵉ siècle à refends et bossages ét tête de *Neptune* flanquée d'ailes; consoles sculptées, porte.
Nº 46. RUE COURAT, indiquée en 1730. Nº 31. Vestiges de 2 pavillons surmontés de terrasses, réunis par un corps de logis.
Nº 58. La RUE DU CLOS était désignée en 1758 sous le nom de *ruelle à Colot*.

La croix Saint-Simon : Cette croix (antérieurement Saint-Siméon) était un calvaire de campagne planté au milieu des vignes en 1731; il existait encore en 1860 au carrefour actuel des rues Saint-Blaise et Saint-Simon. D'après la légende, un garçon boucher, nommé Simon, passant à cet endroit avec la recette de son maître fut assailli par 3 maraudeurs. Il se défendit, tua ses adversaires, mais périt en fin de combat. Son maître, tout heureux d'avoir retrouvé intact l'argent que portait son serviteur, fit élever sur le terrain du combat une croix dédiée au saint patron de celui-ci.

Prendre, à droite, la RUE DE LA CROIX-SAINT-SIMON, ancien sentier champêtre de Charonne, qui coupe la RUE DES RASSELINS, autre sentier rural de Charonne, et le pittoresque SENTIER DES ÉCUYERS qui conserve encore son appellation de sentier; prendre, à gauche, la RUE DES MARAICHERS, puis, aussi à gauche, la :
RUE D'AVRON / Cette rue s'est appelée, avant 1877, *chemin de Paris à Montreuil,* puis *rue de Montreuil*; seule sa partie ouest a gardé ce nom. Elle fut aussi une partie de la route départementale nº 41 conduisant à Montreuil et à Vincennes.
En 1859, l'année avant l'annexion, la rue d'Avron ne

comportait des maisons que dans sa partie comprise entre le boulevard et le chemin de fer de Ceinture; au-delà de celui-ci s'étendait la campagne avec ses lieux-dits, les *Rasselins* au nord, *les Grands-Champs* et *les Gouttes d'Or* au sud; les maisons ne réapparaissaient qu'au-delà de l'enceinte, là où est maintenant la place de la Porte-de-Montreuil.

HISTORIQUE DE QUELQUES RUES DE CHARONNE ANNEXÉES A PARIS

La grande majorité des rues que possédait Charonne lors de son annexion sont sans passé. La plupart d'elles n'était encore, peu d'années avant, que des sentiers ruraux desservant des lieux-dits; elles ne sont devenues des rues bâties et habitées que d'une façon très progressive.

Nous ne retiendrons seulement que les suivantes :

Le SENTIER DE LA POINTE est, avec le sentier des Écuyers, le deuxième chemin de Charonne qui ait gardé de nos jours cette appellation de sentier; son nom est celui d'un ancien lieu-dit voisin de l'angle aigu formé par nos rues de Bagnolet et de Fontarabie. Un rapport établi, en 1761, par deux gardes-messiers nous apprend que ce lieu-dit était alors planté en luzerne; ils y trouvèrent, au cours d'une ronde, un ébéniste de la rue de Charenton avec une fillette de 13 ans, fille de journée chez sa femme, qu'il avait invitée d'abord dans une guinguette, appelée le *pavillon du Château* : « ...trouvèrent au canton appelé la *Pointe de Charonne* un homme d'environ 40 ans, avec une fille d'environ 13 à 14 ans dans une posture indécente et que la pudeur défend de nommer, s'en sont à l'instant saisi et conduit en prison... ».

La RUE DU REPOS, indiquée en 1672, s'est appelée la rue *Saint-André* jusqu'en 1873.

N° 8. Un immeuble de 1911 masque un logis du début du XVIIIe xiècle situé entre cour et jardin. Sa façade comprend un rez-de-chaussée élevé sur 12 marches et flanqué de deux terrasses aussi élevées, un premier étage de cinq fenêtres et un comble couvert en tuiles et ardoises avec belvédère. La façade sur le jardin ne présente que deux étages du fait de la déclivité du terrain. Cette maison était appelée, en 1835, la « Maison aux Lions », deux lions surmontant les pieds-droits de sa grille d'entrée sur rue. Une partie de son vaste jardin a été incorporée dans le cimetière du Père-Lachaise.

Ferronneries.

N° 13. Maison du XVIIIe siècle dont les deux encoignures portent les incriptions suivantes, sur la rue du Repos : CTE G G, et sur la rue Pierre-Bayle : CTE F F. Les caractères CTE indiquent le mot Cote et les doubles lettres G G et F F sont relatives au bornage de 1724, suite à l'interdiction de bâtir au-delà de certaines limites ainsi matérialisées.

Nos 29, 31. Vieilles maisons, ferronneries du dessus du portail-grille.

La RUE DES RONDONNEAUX est une ancienne partie du *sentier du Centre de la Cour-des-Noues* indiqué en 1812. Une source très abondante coulait encore dans son voisinage avant l'annexion de 1860. Cette source *de la Cloche* allait se perdre dans les noues; elle fut rejetée dans les égouts après l'annexion.

17 LE VILLAGE DE SAINT-MANDÉ.

Résumé de l'historique de Saint-Mandé; l'hospice Saint-Michel, le chemin de fer de Vincennes / *Historique de quelques rues de Saint-Mandé annexées à Paris.*

La commune de Saint-Mandé, partiellement annexée à Paris en 1860, avait été jusqu'alors séparée de la commune de Charonne par la rue de Lagny, et de celle de Bercy par la *chemin de la Croix-Rouge* (rue de Picpus) depuis la *barrière de Picpus* jusqu'au *sentier Saint-Antoine* (rue de Toul) et par *le chemin des Marais* (avenue Daumesnil) depuis ce sentier jusqu'aux fortifications. Elle avait communiqué avec Paris par les *barrières de Vincennes,* de *Saint-Mandé,* et *de Picpus.* Deux tiers de Saint-Mandé étaient situés à l'est de l'enceinte fortifiée de Thiers, l'autre tiers forma le quartier du Bel-Air et une petite partie du quartier Picpus lorsqu'il fut incorporé à Paris.
Ce quartier du Bel-Air a vu son territoire presque doublé par l'annexion à Paris, en 1929, de la zone *non aedificandi* située à l'est du boulevard Soult, annexion qui lui a apporté le seul établissement qui ait quelque passé.

Résumé de l'historique de Saint-Mandé : Le village de Saint-Mandé devait son nom à celui de la petite chapelle que l'on y construisit dans la seconde moitié du IXe siècle pour abriter une relique évacuée de la Bretagne afin qu'elle ne tombât pas entre les mains des envahisseurs normands. Cette relique — en l'espèce un os du bras — provenait de saint Maudet ou Mandet. Ce saint, assez obscur, dixième enfant d'un roi d'Irlande, aurait vécu au VIIe siècle; réfugié en Bretagne, il y aurait vécu en solitaire et serait devenu, après sa mort, un sujet d'adoration.
Un petit prieuré, dépendant de l'abbaye parisienne de Saint-Magloire, fut construit autour de cette chapelle; il est mentionné pour la première fois dans un acte de 1203. L'agglomération qui se forma autour de lui eut tendance à s'étendre vers l'est, dans le bois de Vincennes, mais ses habitants durent évacuer celui-ci au cours des années 1274 à 1280, et céder à Philippe le Hardi les maisons et les jardins qu'ils y avaient établis. Le roi leur avait acheté ces terres afin d'agrandir son *parc de Vincennes* (le bois de Vincennes) qu'il entoura dès lors d'un mur de clôture, mesure qui s'opposa désormais à toute extension de Saint-Mandé vers l'est. Les habitants de Saint-Mandé durent donc reconstituer ailleurs leur hameau, ce

qu'ils firent en bâtissant leurs maisons tout le long du mur ouest de l'enceinte du bois. D'où la création d'une rue nord-sud, étroite et sinueuse jusqu'à sa rectification en 1781 (la rue de la République).
Le village de Saint-Mandé comptait à peine 200 habitants lorsqu'il fut érigé en commune en 1790. Le chiffre de sa population monta à 450 en 1820, à 2.700 en 1840, à 3.900 en 1851 et, enfin, à 5.200 au moment de l'annexion. Cette dernière amputa Saint-Mandé d'un bon tiers de son territoire et de ce fait sa population tomba à 2.800 habitants. Saint-Mandé est restée la petite ville bourgeoise qu'elle a toujours été, sans grand commerce et sans industrie, devant surtout sa prospérité au voisinage du bois de Vincennes.

L'hospice Saint-Michel : En 1825, un ancien tapissier de Napoléon, Jacques Boulard, légua à l'Assistance Publique une somme de 1.050.000 francs pour la fondation d'un hospice destiné à 12 pauvres septuagénaires de Paris, un par arrondissement. L'Assistance Publique fit choix de Saint-Mandé et édifia dans la partie de l'avenue du *Bel-Air,* devenue la rue Courteline, un bâtiment élégant. Son inauguration eut lieu en 1830; ce fut l'hospice Saint-Michel.
Bâtiment central avec deux ailes en retour, chapelle au centre avec fronton triangulaire; les façades sur la cour et sur le jardin et cette chapelle sont classées.
La fondation Boulard comportait de vastes jardins sur lesquels l'Assistance Publique édifia en 1876 l'hospice Lenoir-Jousseran qui est voisin, mais qui est situé sur le territoire de la commune de Saint-Mandé.

Le chemin de fer de Vincennes : La compagnie des chemins de fer de l'Est livra à l'exploitation, le 22 septembre 1859, la ligne du chemin de fer reliant la place de la Bastille à la Varenne-Saint-Maur. Sa première station fut celle de Bel-Air, incorporée l'année suivante dans Paris.

HISTORIQUE DE QUELQUES RUES DE SAINT-MANDÉ ANNEXÉES A PARIS

Le SENTIER DE LA LIEUTENANCE, large de 2 mètres, tient son nom de celui d'un lieu-dit.
Le SENTIER DES MERISIERS, large de 1 mètre, tient aussi son nom de celui d'un lieu-dit.
Le SENTIER DE MONTEMPOIVRE large de 2 mètres, est indiqué sur les plans de 1730; ce nom est celui d'un lieu-dit.
La RUE DE PICPUS *(section comprise entre le boulevard de Picpus et l'avenue Daumesnil)* est une partie de l'ancien *chemin de la Croix-Rouge,* elle-même section du *chemin conduisant de Saint-Denis à Saint-Maur* indiqué dès 1672.

La RUE DU RENDEZ-VOUS, indiquée comme chemin en 1672 et 1730, tient son nom de celui d'un lieu-dit, ancien rendez-vous de chasse.

La RUE ROTTEMBOURG a été ouverte en 1862; elle s'était appelée avant 1813 rue *de la Vallée de Fécamp*, puis la rue *des Vaches*.

L'AVENUE DE SAINT-MANDÉ a été ouverte entre le boulevard de Picpus et Saint-Mandé en 1697 avec une largeur fixée à 21 toises. Comme elle passait devant la *Ménagerie royale* de Saint-Mandé on l'appela l'*avenue de la Ménagerie*. Après le départ, en 1706, de cette ménagerie pour Versailles, on l'appela l'*avenue du Bel-Air* du nom d'une propriété de Saint-Mandé appartenant, en 1704, à Jacques Petitmaire, petit-fils du gouverneur de l'ancienne ménagerie.

Les RUES DE LA VÉGA et DE LA VOUTE sont des sections d'un ancien chemin, indiqué en 1730, appelé ultérieurement rue *de la Voûte-du-Cours* car elle traversait le cours de Vincennes sous un passage voûté. La troisième section de cet ancien chemin constitue la rue du Général-Michel-Bizot.

18 LE VILLAGE DE BERCY.

Historique : la seigneurie de la Grange-aux-Merciers, la seigneurie de Bercy, le château de Bercy, les maisons de plaisance, le couvent des Pères de la Doctrine-Chrétienne, l'église et le cimetière de Bercy; le village de Bercy, sa mairie, son théâtre, ses moyens de transports; l'Entrepôt des Vins; les guinguettes; les ponts / *Historique de quelques rues de Bercy annexées à Paris.*

La commune de Bercy, partiellement incorporée à Paris en janvier 1860 (le reste de cette commune le fut alors à Charenton), avait été séparée de celle de Saint-Mandé par le *chemin de la Croix-Rouge* (rue de Picpus), depuis la *barrière de Picpus* jusqu'au *sentier Saint-Antoine* (rue de Toul), et par le *chemin des Marais* (avenue Daumesnil), depuis ce sentier jusqu'aux fortifications. Elle avait communiqué avec Paris par cinq barrières, celles *de Picpus,* de *Reuilly,* de *Charenton,* de *Bercy* et de *la Râpée.*
La partie de cette commune située entre le mur des Fermiers Généraux et l'enceinte fortifiée de Thiers comportait, en 1860, trois agglomérations: celle de la *vallée de Fécamp* (rue Claude-Decaen), celle *de la Grande-Pinte* (rue de Charenton), et celle de Bercy proprement dite, comprenant la *Grange-aux-Merciers,* le *Petit-Bercy* et *La Rapée.*

HISTORIQUE

C'est dans une charte de 1134 de Louis VI le Gros, accordant des biens à l'abbaye de Montmartre, que l'on trouve pour la première fois le mot Bercy dont l'origine est inconnue; cette charte mentionne, en effet, une *insula de Bercilliis* (île de Bercy), appellation qui s'appliquait non pas à une île de la Seine, mais à un endroit de terre ferme entouré sur trois côtés par un étang et deux ruisseaux (qui furent comblés en 1734) et sur le quatrième par la Seine.

La seigneurie de la Grange-aux-Merciers : Un nommé Thibaud était propriétaire, aux environs de l'an 1172, d'une seigneurie, dite *la Grange de Bercix* (appellation qui a pu se transformer en *Grange de Mercix* puis en *Grange aux Merciers),* située à l'endroit où la rue de Bercy aboutissait dans la rue *Grange-aux-Merciers* (partie sud de la rue Nicolaï s'étendant jusqu'à la Seine avant qu'elle n'ait été absorbée par les Entrepôts de Bercy). Cette seigneurie eut par la suite différents propriétaires dont : en 1398, le duc de Berry, frère de Charles V; en 1450, le prieur de Saint-Martin-des-Champs; en 1598, Thomas Le Cocq, sieur de La Rapée, qui la vendit, en 1624, à son voisin Charles de Malon II, seigneur de Bercy. La Ligue du Bien Public organisée par Charles le Téméraire, occupa en 1465, avec Saint-Maur, Conflans et le château de Beauté, cette *Grange-aux-Merciers* lorsque les princes rebelles avancèrent jusqu'aux abords de Paris.

La seigneurie de Bercy : La seigneurie de Bercy fut beaucoup plus importante que la précédente. Elle eut à son origine une tour, *Turrim de Berciaco,* manoir fortifié situé entre nos rues de Bercy et de Charenton; il en est fait mention pour la première fois dans un texte de 1316 relatif à un don de Philippe le Long à sa belle-mère. Elle appartint, en 1383, à la troisième femme du maréchal de Montmorency; en 1485, à Antoine Robert, greffier au Parlement de Paris; en 1522, à son beau-frère Jacques de Malon, dans la famille de qui ce domaine resta jusqu'en 1861.
Cette famille Malon compta parmi ceux de ses membres qui furent seigneurs de Bercy Charles de Malon II (1598), conseiller au Parlement, qui agrandit la seigneurie de Bercy en lui rattachant, en 1624, celle de la *Grange-aux-Merciers* comme il a été dit plus haut.
La plupart de ces seigneurs de Bercy furent réputés par leur avarice; l'un d'eux servit de sujet à une scène de *La Belle Plaideuse* (1655), de Boisrobert, et à une scène de *l'Avare* (1668), de Molière. Comme on s'étonnait un jour que les Grands-Augustins se livrassent au prêt sur gage, quelqu'un rétorqua : « Mais c'est naturel, n'ont-ils pas chez eux le cœur de M. de Bercy ? ». Son petit-fils continua la tradition; aussi eut-il sa place dans une chanson faite en 1715 contre les gens de finance :

Que le Desmarets soit pendu,
Que le Bercy, dans l'or fondu,
Satisfasse son avarice,
Et que, malgré l'horreur de son supplice,
Il meure après l'avoir rendu.

La seigneurie de Bercy avait ses échelles patibulaires à mi-chemin entre le *chemin des Marais* (avenue Daumesnil) et celui *de la Croix-Rouge* (rue de Picpus), là où se trouve de nos jours la rive occidentale de l'île de Bercy du lac Daumesnil.
Grâce à la protection de Tallien, fils d'un maître d'hôtel de Nicolas-Charles de Malon seigneur de Bercy, mort en 1790, à 82 ans, ses héritiers, son petit-fils et sa petite-fille, tous deux alors en bas âge, ne furent pas inquiétés pendant la Révolution, mais le château et le parc furent loués à différentes personnes qui les mirent assez à mal.
L'ensemble du domaine de Bercy recouvrait à cette époque un immense emplacement limité, à peu près, au sud par la Seine, au nord par notre rue de Charen-

ton et par la rue de Paris située dans Charenton-le-Pont, à l'ouest par la rue *de la Grange-aux-Merciers* (rue Nicolaï et son prolongement jusqu'à la Seine), et à l'est par la rue de la Liberté, à Charenton-le-Pont. Il constituait le tiers environ de la commune de Bercy et il comprenait, en outre, une centaine d'hectares de culture situés sur le territoire de Vincennes (les lacs Daumesnil marquent leur emplacement).

Après la mort du dernier des Malon, en 1809, les héritiers du domaine, des Nicolaï, commencèrent l'aliénation du vaste parc, aliénation qu'accentuèrent successivement l'installation à cet endroit de commerçants en vins (1809), la construction de l'enceinte fortifiée de Thiers (1841), celle des voies ferrées du chemin de fer de Paris à Lyon (1847) avec ses dépendances, gares de marchandises et ateliers (1852), et, finalement, celle des Magasins Généraux de Bercy hors Paris (1861).

Le château de Bercy : L'antique manoir fortifié avait été démoli en 1658 par Charles-Henri de Malon Ier qui, en remplacement, fit édifier, par Le Vau, une magnifique résidence presque aussi fastueuse que Versailles par son parc, ses jardins, ses perspectives et ses aménagements; elle ne fut achevée que vers 1714 par les soins de l'architecte Jacques de la Guépière.

Le château était situé un peu en retrait de la route de Paris à Charenton, à hauteur du débouché sur celle-ci de l'actuelle route du Château (dans Charenton); il était séparé de la Seine par deux terrasses successives percées de deux vastes perrons encadrés de lions.

Ce château renfermait de grands salons, un théâtre, deux bibliothèques, qu'embellissaient de nombreuses œuvres d'art, joyaux des XVIIe et XVIIIe siècles, et, surtout, des superbes boiseries du XVIIIe siècle. Sa démolition commença en 1861, après qu'il eut été vendu avec son parc à une société de spéculateurs, dont faisait partie le duc de Morny; celle-ci réalisa très vite de confortables bénéfices grâce au morcellement des terrains. Les décorations du château furent dispersées en tous sens, surtout les boiseries qui eurent comme principaux acquéreurs Napoléon III, l'impératrice Eugènie, le duc de la Rochefoucauld, le baron Jean de Rothschild. C'est ainsi qu'on retrouve quelques-unes de ces boiseries dans le salon des Aides de camp au palais de l'Élysée, au château de Courmont près d'Armainville, dans l'Hôtel de la Rochefoucauld, 47, rue de Varenne, dans l'ancien hôtel du baron Maurice Hirsch, 2, rue de l'Élysée, dans l'Hôtel d'Armaillé, rue de la Boétie, à Cambden-Place, à Chislehurst, etc. Le tout fut vendu pour un prix dérisoire : 217.000 francs le mobilier, 25.000 francs le corps de bibliothèque, bijou de bois sculpté, et 420 francs le manuscrit du *Roman de la Rose*.

Peu après ces ventes, le château fut démoli. Il n'en reste rien si ce ne sont quelques vestiges des communs construits par La Guépière, situés de nos jours à

Le château de Bercy / Façade (*grav. 17e s.*)

Le château de Bercy / Détails d'une de ses boiseries (*18e s.*)

Charenton (rues de Paris et du Petit-Château).

Les maisons de plaisance de Bercy : Si on suivait vers 1725 la rue de Bercy depuis la dernière borne limite de Paris jusqu'au parc du château de Bercy, on rencontrait toute une suite de demeures de plaisance dont les jardins descendaient jusqu'à la Seine.
La première de ces maisons était le *Clos de la Rapée,* déjà appelé ainsi en 1548 du nom de son premier propriétaire; il s'étendait jusqu'à hauteur du nº 14 du quai de Bercy.
A sa suite venait, en 1702, le domaine du duc de Gesvres, (angle des rues de Bercy et de Dijon), qui devint, par la suite, la propriété de Mme de Parabère, maîtresse du Régent. C'était le *Petit-Château* de Bercy, aussi dit le *Petit-Bercy*. Ce domaine eut ensuite toute une série de propriétaires dont, en 1809, M. de Chabons qui fut le premier à constituer dans cet endroit un entrepôt qu'il loua à des commerçants en vins. Il appartint, en 1819, à un de ces commerçants, M. Gallois, qui le lotit, et y perça les rues Gallois, Laroche et Léopold, englobées, comme l'avenue du Petit-Château (ex-*allée des Pommiers*), dans l'Entrepôt des Vins. Un pavillon de cette avenue est l'ancien pavillon du concierge du *Petit-Château*; il a conservé son architecture extérieure.
A la suite du *Petit-Bercy* s'étendaient d'autres domaines importants également situés entre la rue de Bercy et la Seine. Citons parmi eux une ancienne propriété du duc de Chaulnes, appartenant alors à Pajot d'Onzenbray, directeur de la Poste, membre de l'Académie des Sciences et amateur de collections que Pierre le Grand vint voir lors de son séjour à Paris en 1717. Venaient ensuite la propriété du duc de Rohan-Chabot, pair de France; la maison du notaire Le Chanteur située à l'angle des rues de Bercy et de la *Grange-aux-Merciers*.
Au-delà de la rue *Grange-aux-Merciers* venait la propriété des frères Antoine et Claude Pâris. La demeure que fit édifier ici Pâris de Montmartel fut surnommée le *Pâté-Pâris* (et aussi le *Pâté-Bercy*) du fait de sa construction massive et de forme carrée à pans coupés. Le *Pâté-Pâris* appartint, en 1779, au marquis de Marigny, frère de Mme de Pompadour, directeur des bâtiments du roi, et, en 1785, au trésorier-payeur Mégret de Sérilly. Ses dépendances en bordure de la rue de Bercy furent vendues en 1814 à l'État qui y installa une caserne; celle-ci disparut en 1883 pour permettre l'accroissement des Entrepôts. Il reste encore dans ceux-ci, dans les rues Nicolaï et Thorins, quelques pans de mur de l'ancien *Pâté-Pâris* dont la Cour Pajol marque l'emplacement.

Le couvent des Pères de la Doctrine-Chrétienne : Les habitants de Bercy étant fort éloignés de leur église paroissiale, l'église *Saint-Paul,* située dans Paris, Jacques Champion, ancien avocat au Parlement, donna, en 1677, sa maison de Bercy à des prêtres

de la Doctrine-Chrétienne pour que ceux-ci y installassent une communauté qui permettrait aux habitants de Bercy d'accomplir plus aisément leurs devoirs religieux.
Ce couvent était situé sur le côté nord de la rue de Bercy, vers l'extrémité est de notre rue Gabriel-Lamé prolongement de la précédente. Sa chapelle, construite en 1679 et dédiée à *Notre-Dame-de-Bon-Secours,* constitua la véritable église de l'agglomération de Bercy, mais elle ne devint paroissiale qu'en 1791. Jusqu'à cette date l'église paroissiale de Bercy fut l'église Sainte-Marguerite qui, depuis 1712, avait cessé d'être succursale de l'église Saint-Paul.

L'église de Bercy : L'église *Notre-Dame-de-Bon-Secours* étant devenue trop petite et trop vétuste fut démolie en 1821 et remplacée par une nouvelle construite par l'architecte André Chatillon en bordure et au nord de la rue de Bercy, au lieu-dit les *Fonds-Verts.* Elle fut consacrée en octobre 1826 sous le vocable de Notre-Dame-de-la-Nativité.
Incendiée au cours de la Commune, en mai 1871, elle fut reconstruite au même endroit par l'architecte Hénard; c'est celle que l'on voit de nos jours sur la place Lachambaudie. Elle a les mêmes dimensions que la précédente dont elle a conservé les murs (39 mètres sur 18). Elle possède deux toiles datant du XVIIe siècle, dont *Jésus et la Samaritaine* par Jacques Stella.

Le cimetière de Bercy : Le premier cimetière dont disposèrent les habitants de Bercy fut celui de l'église Sainte-Marguerite de Paris. Le second fut celui que l'on créa autour de l'église de *Notre-Dame-de-Bon-Secours* lorsque celle-ci devint paroissiale en 1791. Sa démolition, en 1821, entraîna la fermeture, puis la désaffection de ce cimetière, lequel ne dura donc que 30 ans. Le troisième, ouvert déjà en 1816, est celui que l'on voit de nos jours à l'angle des rues de Charenton et Théodore-Hamont. Ce cimetière, fermé en 1860, ne reçoit plus que des concessions perpétuelles.

Le village de Bercy, sa mairie, son théâtre, ses transports : Le village de Bercy comportait à la Révolution une population de près de 1.400 habitants répartis entre 8 rues : les rues de Charenton, de la Lancette, des Fonds-Verts, *des Chemins-Verts* (partie de la rue Nicolaï), *de la Planchette* (supprimée), de Bercy, (amputée), *de la Rapée* (supprimé), et *Grange-aux-Merciers* (supprimée, sauf la section devenue la rue Nicolaï).
Après avoir occupé différents emplacements, la mairie de Bercy fut construite, en 1844, à l'angle nord-ouest de la place *de l'Église* (Lachambeaudie) et de la rue de Bercy. La mairie du XIIe arrondissement conserva ses locaux en 1860 et y resta jusqu'à ce qu'elle fût incendiée sous la Commune; elle devait

s'installer définitivement, en 1875, dans les bâtiments actuels de l'avenue Daumesnil.

Les habitants de Bercy disposèrent, en 1832, d'une première salle de spectacle aménagée dans une maison appartenant à la commune, sa concession fut donnée à la famille Seveste puisqu'elle avait le monopole de l'exploitation des théâtres de la banlieue. Cette salle fut fermée peu après, la police ne l'ayant pas jugée assez sûre. La deuxième salle de spectacle, aménagée en 1855, se retrouve de nos jours dans la Cour Margaux de l'Entrepôt (œil-de-bœuf en ferronnerie).

La population de Bercy, qui était passée de 1.400 habitants à la Révolution, à 1.455 en 1820, à 4.400 en 1831, à 7.900 en 1841, atteignait 10.600 habitants deux ans avant l'annexion de 1860.
Ses habitants disposaient, en 1846, pour se rendre à Paris, des voitures, dites *Orléanaises,* qui les conduisaient de la *barrière de la Rapée* (angle du boulevard de Bercy et des quais) au Louvre, et de celles dites *Omnibus* qui allaient de la rue *de la Grange-aux-Merciers* à la Bastille. On voit dans la cour Chamonard de l'Entrepôt les anciennes écuries de la ligne d'omnibus Bercy-Louvre, elles-mêmes installées dans les vestiges d'un ancien relais de la *poste aux Chevaux.*

L'entrepôt des vins et les Magasins-Généraux : La majeure partie des vins et des liquides destinés à Paris étant amenée dans la capitale par voie d'eau passait nécessairement devant Bercy; La Rapée était au XVIIIe siècle le port où se garaient ces bateaux. Ces vins et liquides étant passibles de l'octroi, leur vente était interdite au port de la Rapée; elle se faisait dans Paris même, aux ports Saint-Paul, Saint-Nicolas et de la Tournelle. D'où la nécessité d'avoir avant l'entrée de ces liquides dans Paris un entrepôt où ils pourraient être déposés et manipulés. Pour cela, le choix des commerçants en vins et eaux-de-vie se porta sur le port de la Rapée. M. de Chabons, propriétaire du *Petit-Bercy,* en prit l'initiative en 1809, et pour réaliser cet entrepôt, son successeur, M. Gallois, opéra, en 1819, le lotissement définitif de son domaine ainsi qu'il a été dit ci-dessus. Le baron Louis, secrétaire des Finances, acheta le reste des terrains situés entre la *barrière de La Rapée* et la rue *Grange-aux-Merciers* que ses héritiers cédèrent après sa mort, en 1837, à une société de spéculateurs, la *Société Civile,* qui édifia un peu partout les magasins celliers et chais nécessaires au commerce des vins.
La commune de Bercy devint, dès lors, le centre le plus considérable de la région parisienne pour le commerce en gros des vins et eaux-de-vie, et, même, le plus vaste marché de l'Europe, groupant autour de lui toutes les industries qui se rattachaient à ce commerce, comme la tonnellerie et le camionnage. Lorsque vint, en 1860, l'annexion, un délai de 10 ans fut donné à ces commerçants pour acquitter les droits

A l'octroi de Paris, les douaniers (*phot. vers 1890*)

d'octroi aucquels ils se trouvaient maintenant assujettis. Pendant ce temps, la Ville de Paris prenait des mesures pour établir à Bercy son Entrepôt officiel, rigoureusement clos, ce qui fut fait en 1878, tandis qu'une société, celle des Magasins Généraux de Bercy, achetait à la famille Nicolaï l'ancien grand parc du château situé hors des fortifications, pour y installer ses celliers et ses chais.

Les guinguettes : Bercy fut toujours particulièrement bien pourvu en guinguettes car, en plus de celles qui étaient installées à proximité des barrières, il y en eut d'autres qui furent attirées par sa situation au bord de l'eau.
Une des plus fameuses guinguettes des barrières fut le cabaret de la *Grande Pinte* qui, situé à l'emplacement du n° 302 de la rue de Charenton, donna son nom à toute l'agglomération voisine et faillit même le donner, en 1790, à l'ensemble de la commune de Bercy. Cartouche en fut un habitué. Un puits se trouvait dans la cour de ce cabaret; il était percé à l'intérieur, à un mètre en dessous de la surface du sol, d'une ouverture, entrée d'une voie souterraine qui se perdait assez loin dans la campagne. Cartouche, traqué par la police, échappa plus d'une fois à celle-ci, sans laisser derrière lui aucune trace, en empruntant ce mystérieux chemin. Arrêté finalement à la *Courtille* de Belleville, il fut rompu vif, sur la place de Grève, en novembre 1721.
Les guinguettes du bord de l'eau, renommées pour leurs fritures et leurs matelotes, se trouvaient échelonnées le long du quai de Bercy. Parmi les plus réputées de la première moitié du XIXe siècle, citons le *Rocher de Cancale, les Marronniers,* et, à l'ex-n° 22 du quai de Bercy, une petite gargote à l'enseigne *Au Soleil d'Or.* Celle-ci était tenue, vers 1832, par Françoise Veuillot dont le mari travaillait à côté comme tonnelier. L'aîné des 4 enfants, Louis Veuillot, né dans le Loiret en 1813, devait devenir le célèbre écrivain catholique.
Sur la rivière, on voyait, les dimanches et jours de fêtes, des joutes, des courses et des feux d'artifice, de nombreuses barques à voiles, des bateaux à rames, tout un spectacle de gaîté qui faisait de cet endroit un lieu fort animé.

Incendies et inondations : La commune de Bercy eut à souffrir de deux sortes de calamités; les incendies et les inondations. Parmi les premières, l'incendie du 31 juillet 1820 fut une terrible catastrophe; en quelques minutes, le feu qui avait trouvé une proie facile dans les eaux-de-vie, spiritueux et huiles des entrepôts, dévora un grand nombre de hangars et magasins. Plus de 700 personnes furent sinistrées. D'autres incendies éclatèrent en 1823, 1853, 1859 et 1860, causant, tous, de très lourdes pertes.
Autre fléau, les crues de 1817, 1833, 1836 et 1850 submergeant chaque fois près de la moitié de la

commune, entraînant ou détériorant un nombre considérable de pièces de vin et d'eau-de-vie (50.000 en 1836).

Les ponts de Bercy : Jusqu'en 1831, la traversée de la Seine à hauteur de Bercy fut assurée par un bac entre la Rapée et les abords de la Salpêtrière. En 1832, Louis-Philippe inaugura un pont suspendu situé à hauteur de la *barrière de la Rapée*. Le trafic intense auquel il fut soumis fit craindre qu'il ne s'effondrât, aussi était-il question de le remplacer par un pont en pierre lorsque vint la révolution de 1848, laquelle mit un terme à ce projet. Celui-ci fut exécuté sous le second Empire, en 1863.
La construction du chemin de fer de Ceinture entraîna, en 1852, la construction d'un second pont, auquel fut donné le nom de pont *Napoléon*, remplacé, en 1870, par celui de pont National.

HISTORIQUE DE QUELQUES RUES DE BERCY ANNEXÉES A PARIS

La RUE DE BERCY *(section située à l'est du boulevard de Bercy)* est l'ancienne rue principale du village de Bercy. Jusqu'en 1877 elle s'étendit jusqu'à la rue Nicolaï, laquelle descendait alors jusqu'à la Seine.
La RUE DE LA BRÈCHE-AUX-LOUPS existait au XIIIe siècle; elle fut longtemps un sentier tortueux; son nom est celui d'un lieu-dit.
La RUE DE CHARENTON *(section située à l'est du boulevard de Reuilly)* s'est appelée dans cette section et depuis la rue Montgallet la rue de la *Vallée-de-Fécamp*, nom porté dès 1498 par la petite vallée située au confluent des ruisseaux de Montreuil et des Orgueilleux, mais dont l'origine est inconnue.
N° 302. Emplacement du cabaret de la *Grande Pinte* avec le puits dont se servit Cartouche.
N° 277. Niche avec statuette de sainte Marguerite, datant de 1745, et indiquant la limite de l'ancienne paroisse.
N° 306. Ancien cabaret qui était, en 1774, à l'*image Saint-Pierre*; en façade, borne limite de 1724-1726 interdisant de bâtir au-delà.
La RUE DES FONDS-VERTS s'est appelée jusqu'en 1845 la *ruelle des Fonds-Verts,* du nom du quartier bas et marécageux donné, à cet endroit, à la vallée de Fécamp.
La PLACE LACHAMBEAUDIE s'est appelée la place *de l'Église* (nom encore indiqué sur le chevet de l'église) de 1823 à 1867, puis la place *de la Nativité* jusqu'en 1905.
La RUE DE LA LANCETTE, indiquée en 1730, tiendrait son nom de l'endroit où auraient eu lieu des rixes entre catholiques et protestants armés d'épées et de lancettes (petites lances).
La RUE NICOLAI a été formée en 1865; elle est une partie de l'ancienne rue *des Chemins-Verts* et de

73

l'ancienne rue *de la Grange-aux-Merciers* qui, anciennement, allait jusqu'à la Seine.

La RUE DE PICPUS *(section située à l'est du boulevard de Reuilly)* est, dans cette section, l'ancien *chemin de la Croix-Rouge,* du nom d'une croix érigée au carrefour que formaient cette rue et le *chemin des Marais* (avenue Daumesnil).

Index alphabétique

NOMS DES RUES ET DES PRINCIPAUX ÉTABLISSEMENTS DÉCRITS OU CITÉS

A

B

N

Table

LES VILLAGES

CHAPITRE 1

CHAPITRE 2

CHAPITRE 3

CHAPITRE 4

CHAPITRE 5

CHAPITRE 10

CHAPITRE 11

CHAPITRE 12

CHAPITRE 13

Dépôt légal: à parution

1985

N° d'éditeur 127
I.S.B.N. 2-85961-019-7

IMPRIMÉ EN ROUMANIE